三门峡市仰韶文化研究中心考古·研究丛书

三门峡仰韶文化研究·续编

李久昌　杨鸿星　主编

马　啸　樊莉娜　李　敏　副主编

陕西师范大学出版总社　西安

图书代号　　SK24N1951

图书在版编目（CIP）数据

三门峡仰韶文化研究：续编 / 李久昌，杨鸿星主编；
马啸，樊莉娜，李敏副主编. -- 西安：陕西师范大学出版
总社有限公司，2024. 9. -- ISBN 978-7-5695-4675-0

Ⅰ. K871.134

中国国家版本馆CIP数据核字第20244TM960号

三门峡仰韶文化研究·续编

SANMENXIA YANGSHAO WENHUA YANJIU · XUBIAN

李久昌　杨鸿星　主编

马　啸　樊莉娜　李　敏　副主编

出 版 人	刘东风
责任编辑	徐小亮　王丽敏
责任校对	张　姣　庞祥辉
出版发行	陕西师范大学出版总社
	（西安市长安南路199号　邮编　710062）
网　　址	http://www.snupg.com
印　　刷	陕西龙山海天艺术印务有限公司
开　　本	889 mm×1194 mm　1/16
印　　张	63.25
字　　数	1400千
版　　次	2024年9月第1版
印　　次	2024年9月第1次印刷
书　　号	ISBN 978-7-5695-4675-0
定　　价	498.00元

读者购书、书店添货或发现印装质量问题，请与本公司营销部联系。
电话：（029）85307864　85303635　传真：（029）85303879

编辑说明

一、2011年在仰韶文化发现九十周年之际，我们集中收集梳理了仰韶文化发现以来学者研究三门峡仰韶文化的主要成果，编辑出版了《三门峡仰韶文化研究》，受到了学界的关注和好评。十多年来，仰韶文化又有了许多重要考古发现，对仰韶文化的研究也取得了丰硕的成果。特别是在仰韶文化发现和中国现代考古学诞生一百周年之际，习近平总书记专致贺信，令全国考古工作者和学者倍感振奋，砥砺前行。为此，我们整理汇集2011年至今关于三门峡仰韶文化研究的主要成果，编辑出版《三门峡仰韶文化研究·续编》。

二、三门峡市仰韶文化研究中心是在整合原三门峡市文物考古研究所基础上成立的专业考古发掘和科研机构。身处仰韶文化发现地、命名地和中国现代考古学诞生地，我们深感责任重大。编辑出版《三门峡仰韶文化研究·续编》，旨在再现近十多年来学术界对三门峡仰韶文化研究的历程与丰硕成果，揭示三门峡仰韶文化在中华文明的起源、发展、演变过程中的独特意义和价值，加强和深化三门峡区域文化发展和文明化进程的研究，促进三门峡区域文明起源的探索，也为学界和读者深入研究三门峡仰韶文化和中华文明，探索未知、揭示本源，提供借鉴与参考。

三、本书所收论文内容以研究三门峡仰韶文化为主，适当收录若干涉及三门峡仰韶文化的综合性研究论文，涵盖文化性质与年代、文明起源与早期中国、环境与生业、彩陶与纹饰、墓葬和人骨、技术与工艺研究等多个领域。所收论文以学术刊物上发表的为主，凡已见专著者，则不再收录。

四、本书编排延续以往的结构框架，分为仰韶村遗址与仰韶文化研究，庙底沟遗址与庙底沟文化研究，西坡遗址研究，底董、笃忠等遗址研究，考古学史和考古学家五个部分。排序原则上以主题同类论文发表时间先后为序。另设特稿，收录《习近平致仰韶文化发现和中国现代考古学诞生100周年的贺信》等。

五、为保障所收论文的严肃性和科学性、系统性和真实性，保存资料原貌，本书所收论文文字、线图、图版全部照录，引文也不校不改。插图基本保持原大，个别尺寸较大或较小的则适当缩小或放大，个别插图、图号则根据具体情况做一些改动。原刊论文有明显文字错讹的做适当的校正。原刊论文中的英文摘要、关键词等统一删除，脚注统一改为尾注，在原信息基础上，格式稍作统一处理。论文初刊出版社及时间、刊名和刊期等信息，统一在书后注明，以示尊重。在此我们诚挚地向作者和原刊机构表示谢意。书后另附三门峡仰韶文化研究文献存目（2011—2024），以便查阅。

六、本书的编辑出版工作，得到了各方的热情关怀和大力支持，得到了论文作者的慷慨支持和帮助，在此谨表谢意。由于我们水平有限，时间仓促，在大量论文中选辑本书，其中错选漏选、缺点错误以及不当之处，在所难免，敬请相关作者鉴谅指正，并请广大读者提出意见和批评。

序

◎赵　辉

　　三门峡的研究者在这几年默默地做了一件非常有意义的大事情，即把三门峡地区除大部头的单行本田野考古报告之外的散见于各种学术期刊的仰韶文化田野考古报告、简报、消息报道等全部收集汇编起来，又把正式发表于各种学术刊物、会议或研究者个人论文集中的与三门峡仰韶文化有关的研究论文也收集汇编在一起。这项工作工程浩大，所以分阶段进行。第一阶段的工作于2011年完成，成果即为由李久昌先生主编的《三门峡地区考古集成》（上、下）和《三门峡仰韶文化研究》。接着，李久昌先生再接再厉，又率众编纂了上述两种的续集。在付梓之前，李先生通过曹兵武先生的中介，邀我为其《三门峡仰韶文化研究·续编》做个序。为此，李久昌先生把2011年版的《三门峡仰韶文化研究》送给了我，又把已经编辑好的《三门峡仰韶文化研究·续编》的电子版也发送给我。

　　前后两集研究文献汇编共收集了与三门峡地区的仰韶文化有关的研究论文约190篇。我从头到尾看了一遍，有些是早就拜读过的，但必须承认，还有一些是头一次阅读。这要感谢李、曹二位先生，给了我一次补课的机会。这也给了我一个强烈的感觉，即这两本汇编给研究者的工作带来极大的方便，我不必再为一篇文章在书架上东翻西找，何况有的发表在那些冷僻刊物上，而这类刊物手头上未必会有。

　　通览过程中，我依自己的习惯，按照这些文章的研究课题把它们做了重新分类，而非如《三门峡仰韶文化研究》和《三门峡仰韶文化研究·续编》那样按照遗址来编排。如此一来就发现，大约以2000年为界，三门峡地区的仰韶文化研究取向悄然地发生了变化！

　　统计编者收录的2000年前的论文计58篇。其中与仰韶文化研究史相关的有6篇。有关考古学文化的研究33篇，其问题诸如仰韶文化的源流、文化分期和分区，文化内部各地区的地方特点及与其他地区乃至与其他文化之关系等。有关仰韶社会各领域的研究19篇，其中尤以仰韶文化社会性质的研究为主，计8篇，集中讨论的问题是仰韶文化是母系社会，还是父系社会，以及其是否进入军事民主制的社会发展阶段等。显然，这类问题的讨论，是与中国考古学一度受到苏联学术影响的大背景有关。而对环境、农业等社会诸重要领域的研究，或者阙如，或者寥寥一两篇而已。总体而言，自仰韶文化发现以来的八十年间，物质文化史的建设是这个阶段的学术主题。

进入 21 世纪，仰韶文化研究空前繁荣，编者收录的 2000 年以来的二十多年里发表的研究文章计 131 篇，是前八十年总和的两倍半还多！更深刻的变化是对仰韶文化的探讨扩大到仰韶社会几乎所有的方面。虽然有关物质文化史问题的研究仍然受到关注，相关论文数量仍是最多，计 38 篇，但从这类研究在论文整体数量中所占比例看，明显下降了不少。另有关于仰韶文化研究史的文章多达 20 篇。反映出学术界通过回顾总结仰韶文化的研究历程的经验和问题，从而探索仰韶文化未来研究方向的期许和努力。而这些努力，体现在另外 70 多篇研究文章上。这些研究分别涉及了仰韶社会所处环境；她的农业经济和陶器、石器、丝织等手工业技术以及建筑技术；主要从聚落形态分析角度入手所见的仰韶文化社会组织和社会形态；社会成员的食物构成和健康状况；仰韶社会的习俗与艺术，以及其与文献传说的关系；等等。总之，有关仰韶社会的方方面面都被摄入研究者的视野之中了。

发生在仰韶文化研究中的变化，表面上如上述论文分类和数字统计上所见研究课题极大地多样和丰富起来，学术界不再是仅仅关注仰韶的文化过程的重建。更底层的变化则是为了获得足以支撑开展全方位研究所需资料，田野考古的工作方式也发生了深刻的变革，包括引进了全覆盖式的田野考古调查方法和旨在揭露聚落结构全貌的发掘方法。总之，进入新世纪的仰韶文化研究，从资料获取到研究课题的整个研究体系都发生了变化。这种情况乍一看很像美国科学史学者托马斯·库恩所说的"范式转变"（Paradigm Shift）。但是仔细斟酌起来，似乎又并非全是如此。我们看到，虽然随着被视为学术前沿的仰韶社会的复原研究日益昌盛，传统的仰韶物质文化史的研究也就越发具有基础性色彩，但它并未过时，仍然被坚持开展着。这是因为在这个基础性的层面，考古学尽管辛勤耕耘了百余年，但依然有大量细节有待澄清落实。更重要的是，把对考古学文化面貌上耙梳整理出来的种种现象视为其背后社会运作的表象线索，从而引导学者进一步探索这些物质文化面貌之所以如此的深层原因，一直是中国考古学颇有特色且行之有效的研究方法。如此一来，中国考古学就未曾出现曾经在西方学术界的"新考古学"和传统考古之间的断层或革命，而是更为稳健的、循序渐进的发展，而且步幅越来越大。

放眼整个中国考古学，发生在三门峡地区仰韶文化研究上的变化并非个案、特例，相反却是整个仰韶文化乃至整个中国考古学进步发展的缩影。上世纪 80 年代初，苏秉琦先生提出了"区系类型"学说，标志着中国考古学对物质文化史大框架的建设初具轮廓，也意味着中国考古学从此有了在此基础上进而深入古代社会复原研究的越来越强烈的冲动和能量。包括仰韶文化大地湾宫殿级建筑和良渚文化最高贵族墓地、红山文化大规模丧葬祭祀场所等在内的一系列重要发现，催生了本质上是史前社会发展状态的中国文明起源问题的提出。两个方面的因素叠加起来，导致了上世纪 80 年代中后期以来，中国考古学从物质文化史研究向古代社会复原研究的全面转型。仰韶文化研究发生的种种变化，正是中国考古学发生的这一深刻变化的一个重要组成部分。

2024 年 9 月 1 日

（作者为北京大学考古文博学院教授、郑州市文物考古研究院研究员）

目录

特稿

习近平致仰韶文化发现和中国现代考古学诞生100周年的贺信 …………………………003

仰韶文化发现暨中国现代考古学诞生100周年纪念大会在三门峡举行 / 王　征……………004

卷一　仰韶村遗址与仰韶文化研究

仰韶文化的文化成就以及在中国文明起源中的地位与作用 / 朱乃诚 …………………009

从文化到文明化——仰韶文化百年历程及其文明化成就 / 魏兴涛 ………………028

华族开始的标志——仰韶文化的审美意义 / 陈望衡 ………………………………038

仰韶文化：华夏文明的奠基者 / 曹兵武 …………………………………………050

仰韶文化年代讨论 / 张雪莲　仇士华　钟　建　卢雪峰　赵新平　樊温泉　李新伟

　　　马萧林　张翔宇　郭永淇 ……………………………………………………053

纵论仰韶时代 / 赵春青　高范翔 ……………………………………………………079

从中国文明化历程研究看国家起源的若干理论问题 / 李伯谦 ……………………084

中国早期文明路径与文明史观的产生 / 张天恩 ……………………………………090

大仰韶与龙山化——管窥史前中国文化格局的关键性演变 / 曹兵武 ……………103

豫西晋西南地区新石器时代植物遗存的发现与初步研究 / 魏兴涛 ………………111

河南仰韶村文化遗迹点分布特征研究 / 查理思　吴克宁　冯力威 ………………131

河南仰韶村遗址原始农业活动研究 / 杜凯闯　王文静　吴克宁　查理思 ………138

仰韶村遗址土壤理化特征及古环境研究 / 查理思　吴克宁　梁思源　庄大昌 ……150

考古学视角下月牙纹彩陶罐纹饰的解读 / 黄　洋 …………………………………162

卷二 庙底沟遗址与庙底沟文化研究

庙底沟时代与"早期中国" / 韩建业 ………………………………………………………… 171

庙底沟时代：早期中国文明的第一缕曙光 / 陈星灿 …………………………………………… 184

庙底沟文明是迄今发现的中国最早文明 / 赵春青 …………………………………………… 191

"彩陶中国"的重新思考 / 李新伟 ……………………………………………………………… 195

彩陶与史前中国的文化融合 / 王炜林 ……………………………………………………… 201

庙底沟化与二里头化：考古所见华夏族群与华夏传统的形成与演进 / 曹兵武 …………… 217

从仰韶文化鱼纹的时空演变看庙底沟类彩陶的来源 / 张宏彦 ……………………………… 234

庙底沟文化起源的机制和地域 / 薛新明 …………………………………………………… 245

庙底沟期仰韶文化研究的几个问题 / 韩建业 ……………………………………………… 252

河南地区仰韶文化庙底沟期遗存的发现与研究 / 马萧林 ………………………………… 257

中原地区庙底沟时期农业生产模式初探 / 钟 华 李新伟 王炜林 杨利平 赵志军 …… 274

仰韶文化兴盛时期的葬仪 / 张 弛 ………………………………………………………… 291

庙底沟二期文化再研究——以豫西晋西南地区为中心 / 魏兴涛 ………………………… 306

庙底沟遗址"龙山文化"陶器再分析——兼说庙底沟二期文化已进入龙山时代 / 邵 晶 …329

60年来的中国史前彩陶研究 / 张 弛 …………………………………………………… 336

仰韶文化彩陶研究日趋兴盛 / 赵春青 ……………………………………………………… 344

庙底沟遗址的发掘与庙底沟彩陶的分期 / 赵春青 樊温泉 …………………………… 348

仰韶文化发现九十年来的又一个重要发现——关于"鸟龙"纹彩陶盆

　　学术认识的综述 / 李宝宗 ………………………………………………………………… 356

庙底沟彩陶上的指印纹饰——庙底沟彩陶艺术的新发现 / 杨拴朝 ……………………… 366

鱼鸟共融图试析 / 赵春青 …………………………………………………………………… 382

仰韶文化庙底沟类型彩陶鸟纹研究 / 朱乃诚 ……………………………………………… 389

"西阴纹"的解读 / 李新伟 …………………………………………………………………… 417

仰韶文化庙底沟类型彩陶的鱼鸟组合图像 / 李新伟 ……………………………………… 425

庙底沟类型彩陶鸟纹的解读与研究 / 金秀妍 ……………………………………………… 438

庙底沟遗址出土仰韶文化彩陶的科学研究 / 赵灵委 陈海龙 赵虹霞 董俊卿

　　李青会 ……………………………………………………………………………………… 454

庙底沟文化核心遗址彩陶图案分析 / 朱雪菲 ·· 466

庙底沟遗址陶器制作研究 / 苏明辰　宋海超　董祖权　樊温泉 ························ 490

庙底沟遗址出土石制品的初步研究 / 樊温泉　贺存定　郑立超 ························ 502

庙底沟遗址动物遗存的鉴定与研究 / 刘一婷　李　婷　樊温泉 ························ 519

庙底沟遗址出土陶鼓的初步研究 / 郑志强 ·· 533

卷三　西坡遗址研究

西坡墓葬与"中原模式" / 韩建业 ·· 541

西坡墓地再讨论 / 张雪莲　李新伟 ·· 552

灵宝西坡墓地再分析 / 马萧林 ··· 573

西坡墓地初探 / 孙　卓 ··· 580

仰韶文化中期的聚落与社会——灵宝西坡遗址微观分析 / 马萧林 ···················· 591

庙底沟期仰韶文化"大房子"功能浅论 / 陈星灿 ·· 604

新石器时期大型建筑基址的建筑学解读——以河南灵宝西坡遗址

　　F105、F106 为例 / 岳岩敏 ·· 626

庙底沟文化"大房子"功用的新认识 / 王炜林 ··· 636

仰韶文化玉钺群的交叉学科探索——基于灵宝西坡与咸阳尹家村

　　玉钺群的对比分析 / 叶舒宪 ·· 646

河南灵宝三件馆藏玉钺的年代及相关问题 / 马萧林　权　鑫 ·························· 662

引魂升天——灵宝西坡大墓随葬玉钺与陶灶的二元结构及宗教功能 / 叶舒宪 ········ 667

灵宝西坡出土朱砂及相关问题研究 / 马萧林 ··· 681

西坡遗址出土器物的光谱学分析 / 鲁晓珂　李伟东　李新伟 ·························· 688

灵宝西坡遗址所见青灰色泥及相关问题探析 / 马萧林　刘丁辉　贺传凯 ············· 699

中原地区古代居民的健康状况——以贾湖遗址和西坡墓地为例 / 王明辉 ············· 709

古人得牙病——河南仰韶文化人群龋病研究 / 李　楠 ·································· 720

河南灵宝铸鼎塬仰韶文化聚落群的结构分析 / 范　洁 ·································· 727

灵宝铸鼎原新石器时代聚落变迁的地貌背景考察 / 魏兴涛　张小虎 ·················· 736

灵宝新石器时代遗址的"三普"收获及其重要意义 / 魏兴涛　胡小平　宁建民 ········· 745

三门峡灵宝盆地史前遗址的调查收获及重要意义 / 魏兴涛　崔天兴　张小虎　李天鹤

　　李金斗 ……………………………………………………………………………………756

灵宝在中国历史上的重要地位和贡献 / 李久昌 ……………………………………………759

卷四　底董、笃忠等遗址研究

河南渑池笃忠遗址仰韶晚期人骨的肢骨研究 / 孙　蕾 ……………………………………777

河南渑池不召寨遗址发现石磬的音乐考古研究 / 杨柳青 ………………………………785

渑池丁村遗址仰韶文化的曲酒和谷芽酒 / 刘　莉　李永强　侯建星 ……………………792

灵宝底董仰韶文化遗存的分期与相关问题探讨 / 魏兴涛 ………………………………806

晓坞遗址人骨的碳氮稳定同位素分析 / 舒　涛　魏兴涛　吴小红 ……………………819

卷五　考古学史和考古学家

仰韶遗址发掘和中国考古学的诞生 / 李新伟 …………………………………………831

仰韶文化百年学术史（1921~2021 年）/ 马　龙 ………………………………………834

三门峡百年考古的回顾与展望 / 祝晓东 ………………………………………………847

仰韶文化西来说的形成及论争——学术史视野下的考察 / 周书灿 ……………………851

建国以来国内学术界安特生研究综述 / 张　华 ………………………………………862

履约与权变：安特生、翁文灏在仰韶文化研究中的互动 / 李学通　李锐洁 ……………868

《中华远古之文化》重要价值再认识——纪念中国考古学初创标志性发掘

　　研究报告发表 100 年 / 魏兴涛　宋　倩 …………………………………………885

中国新石器时代考古学上的一座里程碑 / 张光直 ……………………………………895

中国古代文化连续发展的标杆之作：重读《庙底沟与三里桥》有感 / 朱乃诚 …………899

献礼中国考古百年——《三门峡庙底沟》编辑手记 / 宋　丹 …………………………909

追祭仰韶先民　致敬考古前辈——《河南史前遗址》译后记 / 王　涛 …………………912

中国考古学　起自仰韶村——从仰韶开始的中国考古启蒙 / 陈洪波 …………………915

严文明：我的仰韶文化研究之路 / 韩建业　程鹏飞　李金涛　王月梅 ………………924

苏秉琦先生与彩陶研究 / 王仁湘 ………………………………………………………935

考古人生　缅怀父亲安志敏先生 / 安家瑶　安家瑗 …………………………………944

夏鼐先生与仰韶文化研究 / 袁　博 ·· 956

袁复礼与仰韶文化 / 员雪梅　刘晓鸿 ·· 966

花开中国　献礼百年——三门峡庙底沟博物馆基本陈列综述 / 王宏民　张　翼 ··············· 974

描画史前繁荣图景　弘扬中华灿烂文明——三门峡庙底沟博物馆

　　基本陈列"花开中国"解读 / 李清丽　种　坤 ·· 979

附一　本书论文初刊信息 ·· 984

附二　三门峡仰韶文化研究文献存目（2011—2024）/ 李久昌 ································ 989

后记 ··· 994

特稿

习近平致仰韶文化发现和中国现代考古学诞生100周年的贺信

值此仰韶文化发现和中国现代考古学诞生 100 周年之际，我代表党中央，向全国考古工作者致以热烈的祝贺和诚挚的问候！

100 年来，几代考古人筚路蓝缕、不懈努力，取得一系列重大考古发现，展现了中华文明起源、发展脉络、灿烂成就和对世界文明的重大贡献，为更好认识源远流长、博大精深的中华文明发挥了重要作用。

希望广大考古工作者增强历史使命感和责任感，发扬严谨求实、艰苦奋斗、敬业奉献的优良传统，继续探索未知、揭示本源，努力建设中国特色、中国风格、中国气派的考古学，更好展示中华文明风采，弘扬中华优秀传统文化，为实现中华民族伟大复兴的中国梦作出新的更大贡献！

2021 年 10 月 17 日

仰韶文化发现暨中国现代考古学诞生 100 周年纪念大会在三门峡举行

◎王 征

10月17日，仰韶文化发现暨中国现代考古学诞生 100 周年纪念大会在河南省三门峡市举行。大会宣读了中共中央总书记、国家主席、中央军委主席习近平贺信。

中央宣传部副部长、文化和旅游部部长胡和平，中国社会科学院院长

谢伏瞻，河南省委书记楼阳生出席大会并讲话。文化和旅游部副部长、国家文物局局长李群主持会议。考古学界专家代表、中国社会科学院考古研究所所长陈星灿发言。河南省省长王凯、中国社会科学院副院长高培勇、国家文物局副局长宋新潮，河南省领导李亚、穆为民、戴柏华、何金平等出席大会。

胡和平在讲话中指出，党的十八大以来，习近平总书记高度重视考古工作，多次发表重要论述、作出重要指示批示，特别是此次专门发来贺信，为我们做好工作提供了根本遵循。要深入贯彻落实习近平总书记贺信精神和关于考古工作重要论述精神，增强工作责任感使命感，以科学可信的考古成果，塑造全民族正确历史认知、构建各民族共有精神家园；牢固树立保护历史文化遗产责任重大的观念，积极动员凝聚各方面力量，建强考古学科、考古队伍，为新时代考古事业健康可持续发展创造良好条件；推动考古成果利用，更加系统、更加生动地转化为坚定文化自信的宝贵资源，更好发挥以史育人、以文化人作用。

谢伏瞻代表中国社科院向广大考古工作者表示热烈祝贺。他说，习近平总书记的贺信立意高远，思想深邃、内涵丰富、语重心长，充分体现了习近平总书记对考古工作的高度重视，对广大考古工作者的殷切希望和重托。广大考古工作者要积极响应号召，自觉肩负起党中央赋予的崇高使命，不断开创考古工作繁荣发展新局面。

楼阳生向关心支持河南省改革发展和文物工作的中央部委、中国社科院和社会各界表示感谢。他说，习近平总书记高度重视考古和文物工作，这次专门发来贺信，体现了党中央对考古工作的高度重视、对考古工作者的亲切关怀，必将推动新时代考古工作和文化发展不断开创新局面。河南是文物大省、考古大省。以仰韶遗址发掘为起点，河南考古工作迎来重大契机，取得累累硕果。在这片沃土上，有了一系列重大考古发现，产生了考古学重要方法，建立了考古学基本时空框架，涌现出一批著名考古学家，为中国现代考古学发展打下了坚实基础、贡献了河南力量。

李群就全国文物系统贯彻落实习近平总书记重要指示精神作出部署。要求文物部门及时传达和部署学习习近平总书记贺信，切实领会、深入贯彻习近平总书记关于考古和文物工作的重要论述和重要指示批示精神，将习近平总书记的要求落实落细。加强中华文明起源发展研究，以"中华文明起源与早期发展综合研究"、"考古中国"、国家重要遗址考古等重大项目为依托，拓展考古学研究的广度和深度，探索未知、揭示本源。加强行业能力建设和人才队伍建设，支持国家级科研机构和文物大省考古机构建设发展，支持更多高校创建世界一流考古学科，推动考古事业人才辈出、健康发展。

纪念大会由中国社会科学院、国家文物局、河南省人民政府联合主办。文化和旅游部、中国社会科学院、国家文物局、河南省委省政府有关负责同志，部分省级文物部门负责同志，文博科研学术机构、高校考古专家代表，第三届中国考古学大会参会代表等参加会议。

卷一 仰韶村遗址与仰韶文化研究

仰韶文化的文化成就以及在中国文明起源中的地位与作用

◎ 朱乃诚

90 年前的 1921 年对仰韶遗址的发掘，揭启了中国新石器文化研究的序幕，标志着中国考古学的诞生，开创了中国远古文化研究的一个新时代。1985 年 11 月 5 日为纪念仰韶遗址发现 65 周年，在渑池县召开的"仰韶文化学术讨论会"则吹响了在仰韶文化中探索中国文明起源问题的号角。

26 年过去了，中国文明起源研究获得了极大的进展。与全国各主要区域的文明起源研究得到快速发展一样，对仰韶文化的研究，又获得了许多重大的发现，产生了许多新的认识。尤其是河南灵宝西坡遗址、陕西高陵杨官寨遗址等一批重大考古发现的问世，促使我们对 26 年前形成的有关仰韶文化的发展程度等认识进行更深入的探索，对仰韶文化在中国文明起源中的地位与作用予以重新评价。

目前，学术界对仰韶文化的概念，有多种认识。我谈的仰韶文化，是指主要分布在豫西、晋南至甘肃东部地区存在早晚发展演变关系的半坡类型、庙底沟类型、西王村类型，其年代大致在距今 6900 年至距今 4900 年之间。

仰韶文化在中国文明起源中的地位与作用，是以其取得的文化成就所决定的。所以，下面将首先分析仰韶文化主要的文化成就，然后以此为基础，探讨仰韶文化在中国文明起源中的地位与作用，以及相关问题。

一、仰韶文化的文化成就

仰韶文化分布区域在我国黄土分布区域中自然条件最适于原始农业的发展。对于农业文化及其氏族聚落社会而言，晋南、豫西至甘肃东部这一区域，是自然条件最为优越的区域。仰韶文化经过在这里的长期开发，形成了一套适合于黄土地带原始粟作农业经济的生产方式和氏族聚落生活方式及其意识观念，取得了许多重要的文化成就。其主要的文化成就，我简要分析概括为以下几点。

第一，重视农业，产生了一套适合于黄土地带农作物种植的农工具与种植方式，以及相关的物质文化与精神文化，维护着原始农业经济的稳定发展。

仰韶文化的农业生产是以种植粟类作物为主，在陕西西安半坡、华县元君庙与泉护村、邠县下孟村、临潼姜寨等遗址发现的半坡类型时期的粟类作物遗存，已充分说明了这一点。与种植粟类作物的农业生产方式相适应，农工具也得到了不断的改进与发展。

仰韶文化的农业生产工具，主要是石铲、石刀与陶刀，以及石斧等。石斧在农业生产方面的作用，主要是砍伐灌丛林木，以便开垦田地。石铲与石刀（包括陶刀）是农业生产的专用工具。石铲的作用主要是翻土，以便播撒种子；石刀与陶刀的作用主要是收割谷穗。从当时的农业生产工具主要局限于这两种工具的现象分析，当时的粟作农业生产，是一种粗放性的农作物生产模式。即整个农作物生产过程大致是开垦荒地或烧垦原田地、翻土播种、成熟之后收割，然后是加工、食用或储藏之后再食用。在播撒种子之后到作物成熟收割之前的农作物生长过程中，是否还使用其他的工具进行灌溉、除草等农事活动，因缺少考古发现尚不能做具体的分析，推测当时还不具有这些农事活动。因此，分析石铲与石刀（包括陶刀）的形制与数量比例等，大致可以从中看到当时原始粟作农业的发展状态。

半坡类型的石铲，如临潼姜寨一期石铲，一般呈尖头刃，形体较宽大，通常长20多厘米，宽10~15厘米（图一，1、2）[1]，较大地湾文化、裴李岗文化的长条形石铲有明显的进步，铲土

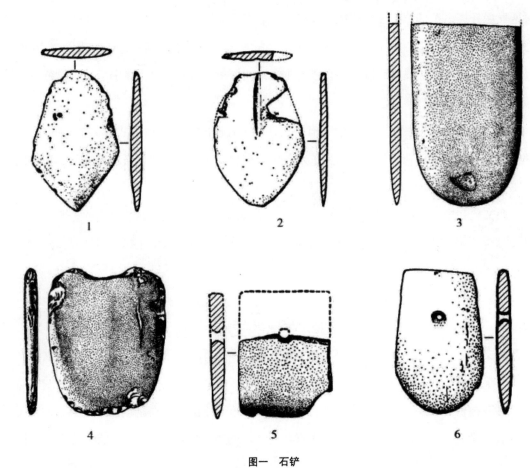

图一 石铲

1. 姜寨遗址一期石铲 T265H344：6　2. 姜寨遗址一期石铲 T167 ③：18　3. 庙底沟遗址舌形石铲 T351：04
4. 庙底沟遗址舌形石铲 T81：10　5. 福临堡遗址一期穿孔石铲 F6：12　6. 大地湾遗址二期石铲 T331 ②：14

翻土工效提高。至庙底沟类型时期，石铲形制趋于规整，如陕县庙底沟遗址出土的舌形大石铲，形体薄平而宽大，有的石铲在端部有凹口，便于安装木柄（图一，3、4）[2]，提高了翻土效率。在庙底沟类型时期还出现了穿孔石铲，如在宝鸡福临堡一期发现了穿孔石铲（图一，5）[3]。这种穿孔石铲最早见于甘肃秦安大地湾遗址第二期。如大地湾 T331②：14 石铲，长 17.2 厘米，宽11 厘米，厚 1.7 厘米，为舌形铲（图一，6）[4]。

半坡类型的石刀，最具特征的是两侧有内凹口的长方形石刀（图二，1）[5]。两侧制作呈内凹形是便于将石刀用绳缚于手上。庙底沟类型时期新出现了中间穿孔、两侧不见内凹口的石刀（图二，2、3）[6]。穿孔的目的是更便于将石刀把握于手中。石刀上穿孔之后，两侧的内凹口失去了作用，所以穿孔石刀上不见两侧内凹的现象。穿孔石刀无疑比两侧内凹口的石刀更便于收割。这种穿孔石刀最早见于甘肃秦安大地湾遗址第二期，如大地湾 F363：7 石刀，为长条形，在刀背中部穿孔（图二，4）[7]。大地湾第二期还出现了穿双孔石刀，如大地湾 F5：1、F385：4，都为长条形，在刀背穿双孔（图二，5、6）[8]。这种穿双孔石刀应是更为进步的现象。但其穿孔的位置近于刀背，不如在中部的进步。值得注意的是，这时期还出现了穿三孔的石刀。如秦安王家阴洼遗址发现的一件石刀，在近刀背处穿三孔[9]。庙底沟类型时期，不仅石刀的形制进步了，而且数量比例较半坡类型有明显的增多，这可能是当时收割需求增大的结果，反映了当时播种的面积在扩大，从事收获的成员在增多。

至西王村类型时期，石铲与石刀的形制，在庙底沟类型的基础上，没有更多实质性的发展。但至庙底沟二期文化时期，石铲与石刀都出现了新的形制，而且穿孔石铲与穿孔石刀的数量明显增多。

庙底沟二期文化的石铲，出现了长方形平刃穿孔石铲。如陕西扶风案板遗址第三期的 GNDT6③：1 石铲为长方形，长 15、宽 10、厚 0.5 厘米，通体磨光，刃部有使用痕迹，在中

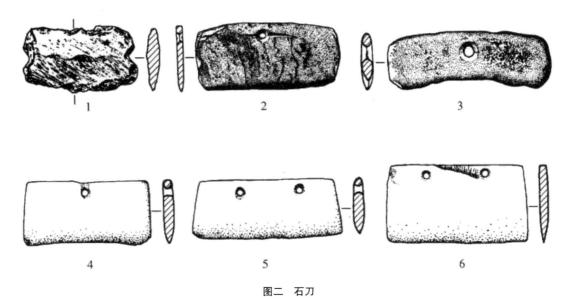

图二 石刀

1. 半坡遗址石刀 T16H316　2. 庙底沟遗址穿孔石刀 H319：04　3. 庙底沟遗址穿孔石刀 H46：94
4. 大地湾遗址二期穿孔石刀 F363：7　5. 大地湾遗址二期双孔石刀 F5：1　6. 大地湾遗址二期双孔石刀 F385：4

部偏上处对钻一圆孔，孔径较大（图三，1）[10]。在石铲上穿孔，无疑是便于安装铲柄，使铲柄与铲体的结合更加牢固，发挥更有效的翻土功能。

庙底沟二期文化的石刀，出现在中部穿双孔的石刀。如案板遗址第三期的 GBH14：1 石刀为长方形，长 13、宽 6、厚 0.8 厘米，通体磨光，中部有两个对钻而成的圆孔，孔径较大（图三，2）[11]。在石刀中部穿双孔，比穿一孔或在近刀背处穿双孔更易于将石刀系绳后缚于手掌中，提高割谷穗的功效。

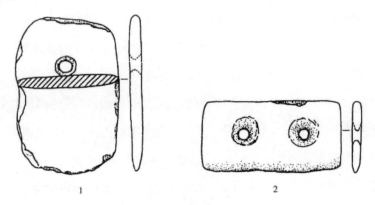

图三　石铲与石刀

1. 案板遗址三期石铲 GNDT6 ③：1　2. 案板遗址三期双孔石刀 GBH14：1

以上的分析，揭示出两个重要的现象。

一是石铲与石刀的形制，从半坡类型至庙底沟类型有明显进步，而至西王村类型却没有明显的发展。

二是穿孔石铲与石刀以及穿双孔石刀，最先出现在甘肃东部的天水秦安大地湾遗址第二期，但在大地湾遗址第三期、第四期，石铲与石刀的形制，没有明显的发展。

这两个现象说明仰韶文化原始粟作农业发展的两个问题。

一是仰韶文化农业生产在庙底沟类型时期有着明显发展，而至西王村类型时期发展缓慢。

二是仰韶文化农业生产的快速发展，最初（在半坡类型晚期至庙底沟类型早期）可能是发生在西部地区，即甘肃东部一带，西部地区快于东部地区；而在后来即西王村类型时期，西部地区与东部地区基本处于相同的发展水平。

通过以上的分析，我们还可以看出，仰韶文化的农业生产，自半坡类型时期形成自身的模式并发展至西王村类型时期，虽然存在着不同地区、不同时段的发展快慢的现象，但生产方式没有改变，没有出现新型的农业生产工具，始终是以石铲、石刀为主导的粗放型耜耕农业。也就是说在仰韶文化长达近 2000 年的发展中，农业生产方式没有发生质的变化或是质的飞跃，而是处于稳定的发展之中。这种稳定的农业生产发展形势，可能一直延续到庙底沟二期文化。

仰韶文化的石铲，是适合于黄土地带均匀松软土质条件的产物。但是与大地湾文化、裴李岗文化时期通常在墓中随葬农业生产工具的现象不同，仰韶文化几乎不将农业生产工具作为随葬品埋入墓中。这无疑是反映了当时珍惜农业生产工具、重视农业生产的社会特点。

仰韶文化重视农业生产的特点，在仰韶文化的一些文化现象中也有明确的体现。如储藏粟类粮食、将粟类粮食作为珍贵的祭品或随葬品等。

仰韶文化储藏粟类粮食的现象，在半坡遗址中有较多的发现。如在半坡遗址 F37 方形房址地面上的一个陶罐内存有粟粒；在 F20 圆形房址靠近门道口的 1 件双耳大陶瓮内有谷物粉末[12]；在 F38 长方形房址内的一个小窖穴中堆积着粟粒灰；在一座室外窖穴 H115 内，有防潮设施，并且在窖穴内有堆积粮食腐朽后形成的谷灰，厚达 18 厘米；在 H2 窖穴的东壁龛中储藏了两小罐粟种等。

在半坡遗址的地层中曾出土了 1 件盛粟粒的贮藏陶罐，陶罐的形制与半坡 H2 窖穴中盛粟种的陶罐相同，犹似微缩形袋状窖穴。其出自地层中，可能是用作祭祀的珍贵祭献物品。

将粟粒作为随葬品埋入墓中，在半坡类型中有较多的发现，如西安半坡、华县元君庙、临潼姜寨等遗址都有发现。其中半坡遗址 M152 是一座实行厚葬的女孩墓，在其随葬品中，有将粟粒盛在大陶钵中随葬的现象[13]。

以上这些现象，贮藏粟类粮食是以备食用，贮藏粟种是以备来年播种，而将粟粒随葬或是作为祭品，说明粟在当时社会生活中具有重要地位，这是当时重视农业生产而产生的反映其精神文化的一种意识观念。这种意识观念的社会作用，对于维护原始粟作农业经济的稳定发展，具有积极而重要的意义。

仰韶文化趋于稳定的农业生产发展方式，应是仰韶文化聚落形态呈逐步发展的重要基础条件。

第二，重视制陶手工业，产生了一批适合于黄土地带以原始粟作农业经济为基础的聚落生活活动的陶器群，满足了自给自足的原始粟作农业经济的聚落生活需求。由此而形成的一批特征鲜明的陶器及其艺术风格，成为中华传统文化的一项重要内容。

仰韶文化陶器风格的形成，是从半坡类型开始的。

半坡类型的陶器，一改大地湾文化流行的三小足罐、三小足盆与钵，外壁饰绳纹的碗与钵等，流行平底鼓腹绳纹罐与瓮、圜底翻沿外表光素的盆、外表光素的圜底钵（碗）、红顶碗、绳纹尖底瓶、蒜头形壶、葫芦形壶等。而且开始盛行以鱼纹为主要特征的各种形式的彩陶艺术，主要施绘于有特殊用途的陶盆等器皿上。

半坡类型时期产生的一批新的陶器器形，与当时适合于黄土核心区域自然环境条件的原始粟作农业经济的聚落生活活动密切相关。其中小平底鼓肩绳纹瓮是储藏器，储藏的对象可能主要是粟粒。一种袋状窖穴形的小型罐，可能是存放粟种的。平底鼓腹绳纹与弦纹夹砂罐是炊器，使用方式可能是架在灶坑中炊煮食物。平底或圜底盆是盛器，施复杂彩陶者可能是特殊用品，如葬具或珍贵的随葬品。平底或圜底碗与小钵，是食器。尖底瓶是水器。蒜头形壶与葫芦形壶，有的施彩，应是一种特殊用途的器皿，或许与临时盛放小鱼苗有关。在半坡类型晚期出现的大口尖底、垂腹缸，其除了储藏的功能外，还是一种专用的葬具。这些器类多样、功能专一的陶器群，满足了当时原始粟作农业经济的聚落生活活动的各种需求，是在当时特定的经济生活条件下聚落生活活动的产物。

半坡类型的这些陶器种类与器形风格，在庙底沟类型及西王村类型时期得到了继承与发展，成为我国延续六千多年的农业经济生活用陶器的基本器类与器形。

庙底沟类型时期的陶器，在半坡类型陶器器类的基础上，新出现了灶与釜、甑、盂、篦形器、陶鼓形器[14]等，在炊器方面有明显的发展。原有器类的形态也略有变化，如陶盆、陶钵为曲腹或折腹，小口尖底瓶演变出小口平底瓶。陶器器形的造型比半坡类型的陶器更具艺术特点。其中彩陶更为盛行，鸟纹及变体鸟纹，由简化鱼纹与鸟纹演变而来的圆点连弧纹与棱形三角纹、花瓣纹等，线条流畅、变化绚丽，影响到以陕晋豫交界处为中心的半个中国的范围之内，即东到山东、南过长江、西抵青海东部，北达河套并发展至辽西，使得庙底沟类型成为距今 6000 年至距今 5500 年前后我国一个具有强势影响力的文化核心。

西王村类型的陶器，在庙底沟类型陶器器类的基础上，又有了新的发展。釜与灶的形制有了进一步发展，变得更加实用。陶罐（包括瓮、缸）的种类与数量，明显增加（如扶风案板二期），可能反映了物产较以前丰富，需要更多的储存。为适应陶器数量的需求，提高生产率，可能出现了快轮制陶。陶盆有深腹与浅腹之分，应有不同的用途。罐与深腹盆大多设有鋬手，便于存物后搬动。出现的新的器类有带流罐或带流盆、陶豆、直壁平底浅盘、陶抄、陶鼎、陶尊等；小口尖底瓶的演变，出现宽深腹的大型器。

西王村类型的陶器种类及其器形，表现出更为实用的特点，这种特点在各种式样的陶罐方面表现得尤为突出，以至于在陶器艺术造型方面都不如以往那样的美观，彩陶艺术开始衰败，结合陶豆、陶鼎、陶抄等新器类的出现，如秦安大地湾第四期与扶风案板第二期的发现等，反映了西王村类型的陶器风格表现出向一个新时代转变的总体特征。

仰韶文化的陶器风格，从半坡类型的创新，经庙底沟类型的发展，至西王村类型的充实，奠定了我国黄土核心区域生活器皿风格的根基，对中华 6000 多年来的农业经济社会的生活器皿的发展，产生了重大的影响。其中半坡类型与庙底沟类型的陶器以及彩陶艺术风格，还充分反映了当时人们的想象力与艺术创新意识，成为中华文化发展不断汲取的艺术源泉。

第三，重视聚落与房屋的营建，开创了红烧土房屋类建筑的一个新时代。产生了一批居于先导地位的聚落形态与房屋建筑，满足了人口发展对居所的需求以及社会形态发展对高档房屋的需求。而形成的以土木结构形式的建筑特点及其取得的重要成就，奠定了我国乃至世界东方建筑文化的风格，成为中华传统文化的又一项重要内容。

中国的聚落，伴随着原始农业的兴起，在距今 8000 年前后发展起来，并发展至仰韶文化半坡类型形成成熟的模式。所以，仰韶文化半坡类型的聚落在中国聚落形态的发展史上具有重要的地位。临潼姜寨一期聚落址、西安半坡聚落址是其中的代表。聚落址面积约 5 万平方米，聚落四周以宽大的壕沟围绕，在壕沟内围绕中心广场分布着上百座房屋，并以大房址为中心可以分为五个区域,但房屋门向都朝广场。在广场边有牲畜圈养栏。在居住边还有集中分布的陶窑。在大壕沟外围分布着墓地。从考古发现推测,这种聚落在关中的浐、灞流域,大约相距10多千米就有一个。

半坡类型的聚落是向心式的,内部又有几个中心,是平等的氏族聚落社会生活的结晶。这种聚落的形成,无疑是经过了系统的规划设计,应是半坡类型的一大创举。

继半坡类型之后,庙底沟类型以及更晚的西王村类型的聚落有了进一步的发展,主要表现在两个方面。

一是聚落面积增大,出现了大型遗址和聚落。如主要是庙底沟类型遗存的华县泉护村遗址,面积约90多万平方米[15]。2004年以来发掘的高陵杨官寨遗址,面积达80万平方米。灵宝西坡遗址的面积约40万平方米,北阳平遗址的面积达90万平方米[16]。其中杨官寨遗址发现的庙底沟类型环壕聚落面积达24.5万平方米[17];西坡遗址位于东西两条河流之间,而遗址的南北两端挖设壕沟,亦呈"环壕聚落",其面积达40万平方米。这是目前所见的庙底沟类型的两处规模最大的环壕聚落。

虽然因没有全面揭露庙底沟类型的聚落址,目前对庙底沟类型聚落址内部的结构尚不够明了,但这种大型聚落址无疑是我国小型聚落向城发展过程中的一个重要的发展环节,是城出现之前的一种重要的聚落形态。

二是聚落分布的密度增大,如在灵宝铸鼎原东部的沙河流域至铸鼎原西部的阳平河流域的范围内,半坡类型时期的遗址有13处,至庙底沟类型时期增加到18处[18]。

庙底沟类型时期,聚落规模空前扩大与聚落分布密度增大,充分说明了在庙底沟类型时期聚落得到了快速发展。这种聚落的发展,无疑是与当时人口数量的发展密切相关。半坡类型、庙底沟类型时期,反映重视人口繁衍、重视男性成员生存数量的遗存较为丰富。当时对人口繁衍的重视,使得社会人口数量及其劳动力资源得到快速的发展,促进了氏族社会的繁荣。

仰韶文化的房屋,开始出现红烧土房屋,这是房屋建造开创一个新时代的标志。这种红烧土房屋建筑,从半坡类型开始,影响极广,并延续发展3000年而不绝。房屋的主体形式以半地穴式为主,这是仰韶文化的人们为适应黄土地带地下水位较低、土质结构均匀、保温条件较好的特点,在房屋建筑方面的一种发明创造。反映仰韶文化房屋建筑的成就,主要体现在仰韶文化大房址的营建方面。

仰韶文化的大房址,目前已发现有近20座。

半坡类型的大房址以姜寨一期F1为代表。姜寨F1系地面起建的方形房屋,房内东西长10.6、南北宽11.85米,面积128平方米。门开向房址西部的广场,斜坡式门道长2.8、宽1.4米。墙很厚,宽1.5米,可能用粉碎了的红烧土和黏土筑成,残高0.24米。墙体内有木骨柱,可能与墙一起支撑屋顶。居住面和墙内表皮,用草泥土涂抹,厚1~2厘米,经烧烤,光滑平整。在房屋中心偏门道处设灶。室内前端两侧为两处土床,面积分别为17.6平方米和15.4平方米。高出室内地面约 9 厘米。在室内中央偏后有一对直径约 20 厘米的柱洞，可能与支撑屋梁有关[19]。姜寨一期 F1 是目前所见年代最早的地面经烧烤、室内设土床、面积达 100 平方米以上的大型房址。房屋的墙、柱、门道等的构造特点，表现出许多原始的状态。

庙底沟类型的房屋建筑有了重要的发展。反映庙底沟类型大型房屋建筑水平的，可以西坡 F105 为代表。

西坡 F105 是半地穴与地面式相结合的大型建筑，由主室与四周回廊及斜坡式门道组成，整座房屋的建筑面积达 516 平方米，建造工艺复杂。其主要的特点是：1. 首先处理夯筑深 2.75 米、长宽大于房屋主室、面积达 372 平方米的房基坑，在房基坑上建半地穴主室；2. 以料姜石粉处理地面；3. 夯筑宽大的墙基与墙体，墙体内栽粗大的柱子，间距 1.2~1.6 米，四周墙体内柱子有 41 根；4. 在墙表及地表用辰砂涂成朱红色；5. 在室内设对称的 4 个大柱子，大柱子底部置柱础石；6. 主室四周设回廊，回廊宽 3.55~4.7 米至 2.9~3.2 米；7. 设斜坡式长门道，门道长 8.75、宽约 1 米，门道两侧立柱支撑门蓬，门道前端两侧支撑门蓬的柱础坑直径达 0.5 米，表明其门蓬较为宽大而有气势；8. 房屋的屋顶，推测可能是四面坡式的方锥体，或许是重檐式的[20]。

西坡 F105 大房屋是至今发现的距今 4000 年前体量最大的单体房屋建筑，表明我国距今 5600 年前后的房屋建筑已具有高超的水平，反映了庙底沟类型在房屋建筑领域所取得的巨大成就。

西王村类型的房屋建筑，在庙底沟类型的基础上又取得了重大发展，并达到了我国史前房屋建筑的高峰。代表性遗存是秦安大地湾遗址第四期的 F901 与 F405。

大地湾 F901 房址为地面建筑，分为主室、侧室与后室。主室房基保存基本完整。留有部分墙体和柱体，以及灶台，有一个正门，两个旁门，两个侧门，共 5 个门。主室平面呈长方形，室内宽约 16、进深约 8 米，室内面积 120 多平方米，正门门道与门蓬面积约 5 平方米。F901 主室的建筑工艺十分先进[21]。其主要的特点是：

1. 夯筑坚硬的黄土地基，精心处理地面，即在夯筑地基上铺由草筋泥团（直径约 3~4 厘米）制成的烧土块层，再铺由砂粒、小石子和人造轻骨料（用料姜石煅烧后制成）组成的混凝层，在混凝层表面细加工，形成料姜石粉的浆面状态的水泥地坪，色泽光亮。

2. 墙体一改庙底沟类型大房子的大墙体的特点，墙体变薄，但更为坚固。F901 主室墙体厚 0.4~0.45 米，由内外三层分别筑成。中间层为密集的木骨及草泥组成，木骨柱洞深达 1 米多。四周墙体内木骨柱洞有 142 个，间距很密，约 0.2~0.3 米。内外层为红烧土。在房屋的前墙与后墙的内壁和东西两侧墙的外壁还分别立南北、东西对称的附墙柱，柱下有柱础石，附墙柱间距约 1.13~2.26 米。这种由密集的木骨作为墙的主体，再辅以草泥与红烧土外层，加立附墙柱，是房屋墙体营造技术的重大的进步，如此使墙体更加结实，并且能够筑高，支撑屋檩类设施。

3. 开创房屋内采光与通风设施。主要体现在房屋比以前高大，据 F405 的发现，墙体高约 3.6 米，屋顶无疑更高；另在墙体上开设左右两个窗洞；并一改庙底沟类型的长条形斜坡式门道，设以宽敞的门与门蓬，门蓬高 2.5 米；并在前墙设三座门，在两侧的东西墙各设一座门。

4. 室内灶坑由庙底沟类型的地面下大灶坑发展为地面上蘑菇状大灶台。大灶台底部外径 2.51~2.67 米，残高 0.5 米，灶台泥圈厚 0.33~0.43 米，灶膛直径在 1 米以上。

5. 房顶屋梁结构有重大的改进，主要体现在室内设两个粗大的承梁柱与屋顶木椽的结构。两个承梁柱分别由中心大柱和 3 个小柱组成。外裹红烧草泥土防护层，柱下有青石柱础。房屋四周墙壁有附墙柱及室内中部与房屋开间平衡的两个中心大柱的分布结构，似表明屋顶是由一道屋脊横梁与墙上木檩或墙头架起屋顶。屋顶是在横梁及檩或墙头上架设密集的椽木，椽木有粗加工的树干、细加工的枋木与木板。椽木上铺草泥土。

6. 开始注重室内的整体装饰。F901 主室内的四周墙壁包括附墙柱外表、地面、灶台、室内大柱外表等可视或手可触及的各种土石质设施的表面，都以料姜石粉涂抹装饰，形成坚硬、平整、光滑的外表，开创了室内整体装饰的先河。

仰韶文化的房屋建筑，从半坡类型的主要以大土墙为主要特点的形制，发展至西王村类型的木结构作用的进一步发挥与土墙结构的改进，由此奠定了以土木结构为主要特征的中国传统文化中古代建筑工艺的基础。

第四，重视精神文化生活活动，形成了一套独特的意识观念，成为中华传统文化的又一重要组成部分。

仰韶文化的精神文化生活活动的内容，因原始粟作农业的发展及其社会生活方式的发展，以及人口的增长与社会聚落形态的发展，开始丰富起来。其中考古发现所表现的内容十分有限，主要有彩陶艺术与陶塑艺术、刻划符号、埋葬习俗，以及各种遗存所反映的生殖崇拜、祖先崇拜、自然崇拜等精神文化现象。

在彩陶艺术方面，半坡类型的人面鱼纹彩陶盆（如半坡、姜寨等遗址都有发现），以鱼纹为主题的各种图案，反映了当时祈望获得更多鱼的美好心愿，姜寨遗址蟾蜍纹，可能还反映了祈望多产的含义。半坡类型的这些彩陶盆，大多为婴儿瓮棺葬的葬具，其彩陶图案无疑是寄托了人们对亡灵的某种美好愿望。宝鸡北首岭遗址出土的蒜头形彩陶壶上的鸟啄鱼尾彩陶图案（图四，1）[22]，则反映了当时利用鱼鹰捕鱼的现象，应是当时捕捞渔猎经济的写照。

1　　　　　　　　　　　　　　　　　　2

图四　彩陶图案

1. 北首岭遗址蒜头形彩陶壶鸟啄鱼尾图案 M52：1　2. 泉护村遗址彩陶盆飞鸟负日图案 H165：402

半坡类型彩陶艺术所反映的精神文化生活的内容，在庙底沟类型时期有了发展，并且发生了变化。如鱼纹逐渐演变得面貌全非，而鸟纹越来越突出，反映了庙底沟类型崇尚鸟的意识观念。这种崇尚鸟的意识观念可能不再是半坡类型的鱼鹰捕鱼的朴实的生活活动的意识反映，而可能已升华到更高的意识观念。其中有的鸟纹中增加有太阳纹，如华县泉护村遗址 H165：402 彩陶盆，绘有飞鸟负日图案（图四，2）[23]，似表明庙底沟类型的鸟纹及各种变体鸟纹，有的已反映着人们对天体活动认识的某种意识观念。蟾蜍在庙底沟类型时期继续存在，体态变得更加丰满。

西王村类型时期彩陶艺术衰落。但值得注意的是发现了一幅绘于房屋室内的地画，如大地湾遗址第四期 F411 房内地面画有不少于两人的十分阳刚的男子，围绕两个仰卧在框内的女子[24]，似表现着一种男女交媾的习俗或是反映了生殖崇拜的意识观念。

陶塑等艺术品方面，半坡类型主要有陶塑人首和人面，蟾蜍、陶塑兽、陶器上附塑壁虎等，还有骨雕喜、怒、哀三种表情的三个人面纹饰[25]。庙底沟类型时期陶塑动物增多，有鹰、鸮鼎、鸟、羊头，陶器附塑蛇等[26]。西王村类型时期出现了较大型的陶塑人像。如宝鸡福临堡遗址第三期发现陶塑人像、陶祖、石祖[27]，扶风案板遗址第二期发现 9 件陶塑人像，有裸体女像，也有男像[28]。

陶塑人像、陶祖、石祖、裸体女像，以及表现男女交媾习俗的地画等应是与生殖崇拜、祖先崇拜有关，也是当时重视人口繁衍的反映。

刻划符号主要见于半坡类型，在半坡、姜寨、铜川李家沟、秦安王家阴洼等遗址，发现约270 多件，50 多种。这些刻划符号记录了当时某种思想意识，包括记事、记数的概念[29]。

仰韶文化重视埋葬活动，形成了各种形式的土葬埋葬习俗，并且由普通的埋葬习俗逐步发展为一种显示身份等级高低的埋葬制度。如从半坡类型时期流行的单人仰身直肢葬、屈肢葬、侧身屈肢葬、俯身葬、多人二次合葬、小孩瓮棺葬，以及同性一次合葬，家族多人二次合葬等，还出现了专埋小孩的墓地[30]、二层台土坑竖穴墓、红烧土铺砌与红烧土块填塞墓圹墓、石块填椁墓[31]、小孩木板葬具墓等[32]。小孩瓮棺葬具上穿孔现象则反映了当时的灵魂不灭的观念。发展至庙底沟类型晚期，出现了大型墓葬，如在灵宝西坡遗址发现了带脚坑、有木板等覆盖的二层墓穴[33]。反映了在庙底沟类型晚期，埋葬仪式复杂了，埋葬方式正在向显示身份等级高低的埋葬制度的方向发展。

在半坡类型晚期出现了以人头奠基的现象，如半坡遗址 F1 大房址房基下埋有一个人头骨和两个陶罐[34]。这在仰韶文化半坡类型中是极少见的现象，或许与祖先崇拜的意识观念有关。在半坡遗址还发现了埋于地下的两个盛有粟米的小陶罐，可能是举行祈求丰产仪式的遗存[35]，应与自然崇拜的意识观念有关。这种埋种子罐、以人头奠基等现象还表明当时存在着的巫术礼仪行为，表现了精神文化的发展。

第五，在原始粟作农业经济发展的基础上，平稳地推进社会组织结构的发展，形成了以基本固定的地缘与血缘关系作为纽带的社会组织结构，并由两级制社会组织逐步向五级制社会组织的政治实体演变。

在半坡类型时期，社会组织以两级制为主。即以小型家族为社会生活或消费的基本单位，称为第一级社会组织；以聚落或村落为单位作为第二级社会组织。第二级社会组织是一个独立的社会生产及其活动的基本单位，由若干个小型家族即第一级社会组织组成。这种两级制社会组织在华县元君庙、华阴横阵村等墓地的考古发掘资料中有明显的反应[36]。其社会组织的名称，可称之为"氏族"。

在半坡类型时期还有一种三级制社会组织，即在第二级社会组织的基础之上形成的第三级社会组织。第三级社会组织可能也是一个独立的社会生产及其活动的基本单位，由若干个第二级社会组织组成。在三级制社会组织中的第二级社会组织，可能是小型氏族也可能是大家族。这种三级制社会组织应是大型氏族或是胞族。临潼姜寨二期埋有2200多人的大型墓地，可能就是这种三级制社会组织遗存的代表。[37]

在半坡类型时期，二级制社会组织与三级制社会组织是同时并存的。其中三级制社会组织可能是在半坡类型的晚期，即姜寨二期开始出现的，是二级制社会组织逐渐扩大发展的结果，也是当时在适应原始粟作农业经济稳定发展的基础上，人口的正常繁衍而促进社会组织逐步扩大的结果。

庙底沟类型时期，社会组织结构应有进一步的发展。但目前缺乏全面揭露的庙底沟类型的聚落址或墓地的资料，致使分析研究当时的社会组织结构受到了限制。目前分析庙底沟类型的社会组织结构，主要依据以下两个方面的资料。

一是庙底沟类型时期涌现出一批大型聚落址。如前面已介绍的灵宝西坡遗址面积达40万平方米，北阳平遗址面积达90万平方米，华县泉护村遗址面积达90万平方米，高陵杨官寨遗址面积达80万平方米，其环壕聚落面积达24.5万平方米。

二是在一些大型的庙底沟类型的聚落址中，发现了大型房屋建筑。如西坡遗址发现的F105、F106大房址，泉护村遗址发现的F201大房址，白水下河遗址发现的两座大型房址[38]。

庙底沟类型出现了大型聚落址，而不再仅仅是半坡类型的那种约5万平方米的聚落址，庙底沟类型同时还存在着大量与半坡类型时期相同大小的小型聚落址。由此表明庙底沟类型的大型聚落址应是比第三级社会组织更高的社会组织，暂可将这种大型聚落址作为第四级社会组织的代表。

庙底沟类型大型聚落中的大型房址，应是与这种第四级社会组织形成有关联的房屋建筑设施，以满足第四级社会组织高层成员的社会活动与生活。庙底沟类型大型房屋的出现是与当时产生大型聚落的现象相一致，共同反映着当时社会组织结构的发展。

庙底沟类型第四级社会组织下应有许多三级制社会组织或二级制社会组织，第四级社会组织应是这众多三级制社会组织与二级制社会组织的联合体。有大型房屋建筑的大型聚落应是这种四级制社会组织的中心，即中心聚落。灵宝西坡遗址所在的沙河流域有 10 多处庙底沟类型遗址，其中以西坡遗址规模最大[39]，可能即是反映着以西坡中心聚落为核心的由众多聚落组成的一个四级制社会组织。这种四级制社会组织具有聚落联合体的形式，其名称似可称为"部落"[40]。

至于庙底沟类型是否存在第五级社会组织，目前尚没有确切的资料予以证明。如果说灵宝铸鼎原周围地区近 20 处庙底沟类型的聚落可分别以北阳平、西坡为中心聚落分为两群，分属两个四级制社会组织，而北阳平聚落比西坡聚落更大，或许档次、级别更高，那么由此形成铸鼎原区域以北阳平聚落为核心的一个五级制社会组织。对此，有待于今后的发现，以便深入地分析揭示。

庙底沟类型出现中心聚落及其聚落联合体，是仰韶文化社会组织发展的重大进展。以往我将这种中心聚落及其聚落联合体限定于西王村类型时期[41]，现予以修正。庙底沟类型能够向四周扩大发展，应是在这种聚落联合体的基础上实现的。庙底沟类型时期的社会组织已达到了聚落联合体的状态，为庙底沟类型的扩展，提供了社会组织方面的保障。这也就表明了庙底沟类型向四周的扩展应是与其社会组织的发展相对应的。

西王村类型的社会组织结构应比庙底沟类型的更为复杂，应存在着第五级社会组织甚至是第六级社会组织。但是目前可供作分析研究的资料十分匮乏，唯有秦安大地湾遗址第四期遗存可做分析。

大地湾遗址第四期遗存，从山坡下分布到山坡顶，面积达 50 万平方米。其规模似乎没有超越四级制社会组织的中心聚落——西坡遗址与泉护村遗址，但在渭河上游地区的山谷地带，这已是规模最大的仰韶文化遗址。遗址中有两座特大型房屋，F405 与 F901。F405 在山坡顶部，F901 在半山腰的平坡上。两座房址南北相对，可能存在着早晚。F405 为早，朝北，面向聚落址及河谷。F901 为晚，可能吸取 F405 朝北迎风、不利于生活的经验，选址在半山腰的平坡上，朝南、背河谷，并且能够面向部分聚落。这两座房址是目前所见仰韶文化中结构最复杂、建筑工艺水平最高的大型房屋，亦是仰韶文化中档次最高的房屋建筑。比西坡 F105、F106 大房址既先进又豪华，或许是反映着比西坡 F105、F106 及其中心聚落所代表的第四级制社会组织更高一级，即第五级社会组织的代表性遗存。大地湾遗址第四期聚落是否属第五级社会组织的代表，目前仅仅是推测，有待于今后的进一步发现与研究。

如果说在西王村类型时期存在第五级社会组织甚至是第六级社会组织，那么这种五级制社会组织，应是部落联盟了。

部落联盟具有武力联盟的性质，是政治实体的雏形。

在庙底沟类型晚期的较大的墓中，如西坡遗址 M6、M8、M9、M11、M22、M24、M31、M34 等，在人骨头部或手边置有玉石钺现象，表明在庙底沟类型晚期，社会已重视武力。在仰韶文化墓葬中随葬专用的武器，这是从庙底沟类型晚期开始的，但主要见于中型墓。西坡遗址中特大型墓如 M27 不随葬玉石钺。这表明当时首领一级的人物，不崇尚武力。由此表明当时社会没有达到武力联盟的程度，不会存在部落联盟的组织。但是这种社会现象的进一步发展的方向，应是武力联盟，即部落联盟。所以，西坡遗址以 M27 为代表的西坡墓地时期，其社会组织可能正处于由部落向部落联盟的发展转变中。

但是，目前在庙底沟类型之后的西王村类型的文化遗存中没有发现能够说明其存在武力联盟的任何迹象。即使在房屋建筑十分先进的大地湾第四期也没有见到崇尚武力的现象。或许西王村类型的社会组织结构仍然停留在四级制社会组织而没有得到进一步发展，或许是西王村类型的一些重要的社会现象还没有被发现。

仰韶文化的社会组织结构，从半坡类型开始至西王村类型，有一个十分平稳的、不受外部势力干扰的持续发展过程，它是在粟作农业经济基础之上，遵循着自身的社会发展规律逐步地发展演变。由两级制社会组织发展至三级制社会组织，再由三级制社会组织发展至四级制社会组织，平稳、和谐地演变发展，没有发生暴力冲突或是曲折反复，是我国氏族聚落社会组织发展的一种典范。这种社会组织发展模式，可称之为"仰韶模式"。

仰韶模式的社会组织结构，是以原始农业经济为基础，以基本固定的地缘与血缘关系为纽带，以两级制社会组织逐渐发展为四级制社会组织为其社会组织发展的主要形式。这种社会组织的发展模式，对长期以农业经济为主导的中国古代社会的发展，产生了深远的影响。

二、仰韶文化在中国文明起源中的地位与作用

1. 形成一个长达 2000 年的稳定文化圈

在仰韶文化分布的豫西、晋南至甘肃东部这一区域内，文化的发展表现出十分平稳的状态，形成了一个稳定的文化圈。主要表现在以下几个方面。

（1）文化的发展基本上是同步进行的，各时期的文化特征基本相同。

在豫西、晋南至甘肃东部这一区域内，大约从距今 6900 年前后起至距今 5000 年前后，仰韶文化各个发展阶段的文化特征基本相同，也基本上同时经历了由北首岭类型向半坡类型的转变，由半坡类型向庙底沟类型的转变，由庙底沟类型向西王村类型的转变，以及由西王村类型向庙底沟二期文化的转变。

（2）社会经济形态相同，基本上是同步发展的。

在豫西、晋南至甘肃东部这一区域内，仰韶文化各个发展阶段的社会经济形态基本相同。如半坡类型时期，关中中部的临潼姜寨一期、关中东部的华县元君庙墓地、关中西部的宝鸡北首岭中层、甘肃东部的秦安大地湾二期的社会生产经济都是以粗放的耜耕农业生产与村落饲养业为主要特点；而至庙底沟类型时期，河南陕县庙底沟一期、陕西华县泉护村一期、秦安大地湾三期的社会生产经济，虽仍然是以耜耕农业生产为主，但耜耕方式与效率同时得到了提高。

（3）聚落形态及其反映的社会形态相同，基本上也是同步发展的。

在豫西、晋南至甘肃东部这一区域内，仰韶文化各发展阶段的聚落形态及其反映的社会形

态基本相同。如半坡类型时期，关中中部的临潼姜寨一期聚落与西安半坡聚落、关中西部的宝鸡北首岭聚落等，都表现出向心凝聚式的聚落形态，反映的是平等的社会形态。而庙底沟类型时期，从东往西，在聚落中都产生了一些建筑工艺很高的特大型的房址，反映了当时的社会几乎是同步出现分化的现象。

（4）精神文化生活及其思想意识相同，并且也是同步发展的。

在豫东、晋南至甘肃东部，仰韶文化各发展阶段的精神文化生活及其思想意识相同，并且也是同步发展。如半坡类型时期，各小区都流行以鱼纹为特征的彩陶纹饰，而庙底沟类型时期，各小区都流行以鸟纹或变体鸟纹、变体鱼纹，以及圆点与连弧纹为特征的彩陶纹饰；半坡类型时期还多见陶器刻划符号，庙底沟类型时期很少见到。又如半坡类型时期各地出现多人二次堆骨葬（见于史家、姜寨二期、横阵村、元君庙墓地等），这种葬俗在庙底沟类型时期，各小区内都已不复见到。

豫西、晋南至甘肃东部这一区域内的仰韶文化，在文化面貌、社会经济形态、聚落形态及其社会形态，以及精神文化生活及其思想意识等方面处于相同的发展状态，并且是同步发展的特点，使得这一区域内在长达近2000年的社会发展中，呈现出一个十分稳定的文化发展状态，而没有出现中断或是突变。这种稳定的文化发展模式，十分有利于原始文化持续不断的发展，使得仰韶文化的社会发展能够沿着自身发展的规律及其轨迹逐渐地发展演变，最终在仰韶文化末期，即在距今5000年前后社会发展达到了高峰。呈现出有如秦安大地湾第四期的聚落及其以F405、F901那种规模宏大、建筑工艺成熟的高档次的土木结构房屋为代表的先进的社会发展形态及其丰富的物质文化面貌。

所以，仰韶文化在她的晚期出现一批中心聚落，如大地湾第四期的中心聚落及其类似"殿堂"形式的结构复杂、做工考究的大型房屋建筑，说明社会的发展已临近发生质的变化，这是豫西、晋南至甘肃东部这一区域长达近2000年稳定而持续的文化发展的结果。

2. 对周边地区的文化发展产生了重要的影响

豫西、晋南至甘肃东部这一区域的仰韶文化对周边地区的文化发展产生的重要影响，已有许多研究成果进行过阐述，目前对此已认识得比较充分。如半坡类型对豫西南地区文化发展的影响，庙底沟类型对豫西以东直到山东地区、对淮河上游及长江中游地区、对甘青黄河上游地区以及河套地区文化发展的影响，西王村类型对晋中直至河套地区的文化发展的影响。仰韶文化各个发展阶段分别对其分布的周边地区的文化影响，无疑都促进了这些地区文化的发展。

值得重视的是，在远离仰韶文化分布区的太湖地区，亦受到了仰韶文化的影响。如2009年发掘江苏省张家港东山遗址，于马家浜文化晚期阶段的M97墓葬中发现了红陶大口尖底器，颈部饰弦纹，颈下有一周作用于系绳的双齿板，颈部以下的器腹周身饰斜绳纹，整件器物具有半坡类型晚期的风格[42]。这表明仰韶文化对外的文化影响达到了较远的地区。

这种对其周边地区乃至较远地区的文化影响，显然是其本身在同时期的文化发展中具有较高发展水平的原因；被影响的区域，自然因接受了新的先进的文化因素而加速了文化的快速发展。

3. 产生了一批突出的文化成就

仰韶文化产生的一批突出的文化成就，主要有前面已分析阐述的五个方面。这五个方面的文化成就的核心内容是：有效的生产与生活方式与趋于现实的世界观及其思维模式。这些文化成就是在黄土分布的核心区域产生的，是仰韶文化的人们在适应黄土地带的自然环境条件下，发展粟作农业经济及其聚落生活活动而逐步形成的。仰韶文化的这些文化成就，奠定了我国黄土地带农业文化的根基，形成的丰富而独特的精神文化，成为中华传统文化中影响最为深远的核心内容。

4. 小结

仰韶文化长达 2000 年的发展，形成了一个极为稳定的文化发展核心区域，对周边地区的文化发展产生了重要的影响；而产生的一批突出的文化成就，奠定了黄土地带核心地区农业文化的基础，深深地影响着中国文明起源、形成、发展的进程，并在以农业经济为主导的中国古代文明发展中产生了深远而重要的作用。

仰韶文化是中国文明形成的一支主要的根基。

三、有关的几个问题

1. 如何确立在仰韶文化中探索中国文明起源的年代坐标

仰韶文化前后发展达 2000 年之久，即距今 6900~4900 年间，其中以灵宝西坡墓地为代表的庙底沟类型晚期或末期，以及以大地湾遗址第四期大型房址为代表的西王村类型晚期所表现的社会发展程度最高，呈现出一个社会的发展处于文明前夜的壮丽景观。这是自庙底沟类型早期以来的文化发展演变而形成的，而半坡类型与庙底沟类型的社会发展程度，有明显的落差。所以，在仰韶文化中探索文明起源的年代坐标，可定在距今 6000 年，即大约是庙底沟类型的开始年代。将在仰韶文化中探索文明起源的年代坐标，定在距今 6000 年，苏秉琦先生在 1992 年就已提出 [43]。近 20 年的考古发现，进一步证实其观点的前瞻性。

2. 如何看待仰韶文化发展中出现阶段性的东西不平衡的现象

仰韶文化在长达 2000 年的发展中，出现发展程度不平衡的现象，大致是从庙底沟类型开始至西王村类型之末结束。而且在不同的发展阶段，呈现出不同的不平衡现象。

在庙底沟类型时期，咸阳以东的关中东部地区以及豫西、晋南的文化发展程度，高于咸阳以西的关中西部地区以及甘肃东部地区，即东部地区的社会发展快于、高于西部地区。如东部地区出现了 40 万平方米以上乃至 90 万平方米的大型聚落（西坡、泉护村等中心遗址）及其大型房屋建筑，西部地区则没有见到如此大型的聚落与大型房址。这种东西部地区文化发展高低不平衡的现象，可能与东部地区的自然环境条件比西部地区的更为优越有关，东部地区更适宜于氏族聚落社会的发展，适宜大型聚落的产生。

在庙底沟类型晚期，东部地区的氏族聚落社会在原先比西部地区发展较快的基础之上，又呈现出快速发展的迹象，如西坡墓地发现的大墓即是证明。西部地区至今没有发现仰韶文化的大墓，或有如西坡墓地大墓规模的墓葬。

西坡大墓有四个主要的特点。一是墓坑为二层级梯状墓穴，即二层墓穴（也称二层台墓）。二是在下层墓穴口部，即二层台的坑口搭盖原木或木板（如 M27、M29）。三是在下层墓穴的脚端设器物坑，器物坑底部一般低于下层墓穴墓室底部。四是开始随葬作为武器的玉石钺。

其中在大墓的下层墓穴口部搭盖木板的现象，在大汶口文化中期也见到类似的现象，如大汶口墓地第一次发掘的早期墓 M53[44]。于是提出这样问题：西坡大墓中以木板搭盖下层墓穴的现象，是因仰韶文化埋葬习俗的发展而自身产生的还是受东方文化的影响而产生的？

在墓中随葬作为武器的玉石钺，在仰韶文化墓葬中是不多见的。西坡墓地约有三分之一的墓随葬玉石钺，表明仰韶文化发展至西坡墓地时期，开始重视玉石钺的制作与使用。而在东南方的凌家滩文化、崧泽文化，在距今 5500 年或更早，随葬玉石钺现象较为多见。于是也提出相同的问题：西坡墓地大墓中随葬作为武器的玉石钺现象，是仰韶文化埋葬习俗的发展而自身产生的还是受东南方文化的影响而产生的？

由于受资料的限制，目前探讨西坡墓地的埋葬现象是否接受东方或东南方文化的影响，还较难深入。不过从西坡遗址位于仰韶文化分布区的东部边缘的现象分析，它有条件与其东部的文化有更多接触、交流的机会。再从墓中随葬作为武器的玉石钺现象分析，当时显然已发生争斗性战争，社会的发展已经不再是平静的了。这与西部仰韶文化仍然处于和平的发展状态是不同的。至于争斗性战争的对象是谁，目前虽然无法分析明了，但依据西坡墓地处于仰韶文化庙底沟类型分布区的东部边缘的地理位置推测，对象可能是外部族。

由此分析，我们认为，西坡墓地反映的在庙底沟类型晚期，这里的文化发展程度高于西部地区的主要原因，是这里处于东西文化发展交流影响的前沿要冲地带，比西部地区有更多的机会与其东部的文化进行交流。一个处于文化交流的地区，就会产生文化交流的火花，促进社会的更快发展。西坡墓地在文化面貌方面表现出的文化变异现象以及呈现出的文明化发展趋势，应是与这种文化交流有关。

至西王村类型阶段，原先的东部地区的文化发展高于西部地区的现象已不再见到，而西部地区的文化发展程度似乎要高于东部地区。如西部地区大地湾遗址第四期以 F405、F901 大房址为代表的遗存所反映的社会发展高度高，而在东部地区则还没有发现相同档次的文化遗存。

西王村类型的西部地区文化发展程度高于东部地区，似乎是个不正常的现象。或许这与东部地区的考古发现的局限性有关。而如果这是一种正常的原本现象，那么这似乎说明了这么一个问题：西部地区长期处于平稳的、遵循着社会自身发展的规律有序地发展着，最终呈现出有如大地湾遗址第四期所表现的社会的繁荣发展状态；而东部地区在庙底沟类型晚期以来出现了不稳定的社会发展因素，社会处于动荡发展之中，至西王村类型时期，社会的发展出现了曲折或是反复。

3. 对在仰韶文化中探索文明起源问题的突破点的推测

西坡遗址大房址与大墓的发现，为在仰韶文化中探索文明的起源，提供了极为重要的资料，研究者们为之眼睛一亮。但是，我们看到，西坡墓地的现有发现所反映的当时社会的发展程度，可能处于第四级社会组织向第五级社会组织的发展演变过程中。西坡墓地的资料还没有显示出贵族阶层中中心人物的涌现，或是还没有产生中心人物以掌握争斗性战争的指挥权为尊的意识。所以，进一步揭示西坡墓地及其有关的高层次的遗存，如中心墓葬、与中心大墓相匹配的大型房屋建筑，以及铸鼎原区域以北阳平遗址为代表的高层次文化遗存，应是探索文明起源的突破点之一。

另外，在关中东部、豫西、晋南地区晚于庙底沟类型晚期的西王村类型，目前缺乏高层次文化遗存的发现。这一地区的西王村类型应比庙底沟类型晚期有更高的发展。在其东部的郑州发现了西山城址，表现出郑州地区在距今 5000 年前的社会发展程度高于豫西的西王村类型。但是郑州地区在西山城址以前相当于庙底沟类型晚期阶段的文化遗存所反映的社会发展程度，似不及西坡墓地所反映的社会发展程度高。这似乎说明在西王村类型阶段应有比西坡墓地更高档次的文化遗存。所以，探索关中东部、豫西、晋南地区西王村类型的大型聚落址乃至城址以及与此相匹配的高层次的文化遗存，将是揭示这一地区 5000 年文明的关键所在。

4. 仰韶文化稳定性发展中包含着保守性特征

仰韶文化前后 2000 年的发展，一直处于耜耕农业状态，长期的稳定发展，以及生产方式没有出现质的发展，是社会保持长期的稳定发展、没有发生突变的重要原因。但是，这种原始农业经济及其文化发展所具有的稳定性特点，自然也包含着保守性特征。

仰韶文化的一些文化成就，如大地湾遗址第四期的大型房屋建筑技术等，至西王村类型之后中断了。仰韶文化分布区内继西王村类型之后的庙底沟二期文化，其文化没有持续地向高度发展，如聚落及其房屋建筑、工具、武器、墓葬等，长期保持一个稳定的状态，缺乏来自内部或外部的文化冲突而促进文化快速发展的各种因素，在文化发展达到一定的高峰时，没有能力产生质变，一些文化成就中断了。其原因目前不明，或许与环境条件发生了变化有关。其中房屋建筑方面的原因，可能与新的房屋建造技术的出现有关，如使用石灰、白灰面等技术。但大型房屋建筑为何没有呢？

只是在其东部区域，河南西部，在仰韶文化晚期表现出文化变异的现象而呈现出文明化进一步发展的趋势，如西坡遗址的大墓所表现的高层次的文化遗存，这应是在其东部地区的文明化进程所及而反映在文化方面所产生的变化。

这些现象，或许是与仰韶文化中心分布区的环境因素有关，也许与其经济、文化所具有的稳定性中包含着保守性特征有关。而其东部区域受东部文化的影响或是文化冲突的结果，持续着文明化的进程。

仰韶文化在中国文明起源过程中，做出了积极的贡献。但是，由于受其环境条件的限制及文化发展特征中稳定性包含着保守性的特点的束缚，所以，当太湖地区已进入古国发展阶段时，仰韶文化分布的中心区域却停留在文明的前夜，成为其他地区尤其是东部地区文明化进程中被发展影响的区域。

注释：

[1] 西安半坡博物馆、陕西省考古研究所、临潼县博物馆：《姜寨》，文物出版社，1988年，第76页，图六三，1、2。

[2] 中国科学院考古研究所：《庙底沟与三里桥》，科学出版社，1959年，第59页，图三九，3、4。

[3] 宝鸡市考古工作队、陕西省考古研究所宝鸡工作站：《宝鸡福临堡》，文物出版社，1993年，第34页，图二八，1。

[4] 甘肃省文物考古研究所：《秦安大地湾》，文物出版社，2006年，第201页，图一四九，2。

[5] 中国科学院考古研究所、陕西省西安半坡博物馆：《西安半坡》，文物出版社，1963年，第70页，图六四，1。

[6] 中国科学院考古研究所：《庙底沟与三里桥》，科学出版社，1959年，第56页，图三八，7、8。

[7] 甘肃省文物考古研究所：《秦安大地湾》，文物出版社，2006年，第202页，图一五〇，8。

[8] 甘肃省文物考古研究所：《秦安大地湾》，文物出版社，2006年，第202页，图一五〇，15、19。

[9] 甘肃省博物馆大地湾发掘小组：《甘肃秦安王家阴洼仰韶文化遗址的发掘》，《考古与文物》1984年第2期，第11页，图一九，1。

[10] 西北大学文博学院考古专业：《扶风案板遗址发掘报告》，科学出版社，2000年，第208页，图一五五，3。

[11] 西北大学文博学院考古专业：《扶风案板遗址发掘报告》，科学出版社，2000年，第211页，图一五八，1。

[12] 仰韶文化半坡类型的大陶瓮可能大都是存放粟粒的。

[13] 中国科学院考古研究所、陕西省西安半坡博物馆：《西安半坡》，文物出版社，1963年，第214、215页。

[14] 陕西省考古研究院：《陕西高陵杨官寨遗址发掘简报》，《考古与文物》2011年第6期。

[15] 王炜林等：《华县泉护村新石器时代至汉代遗址》，见《中国考古学年鉴（1998）》，文物出版社，2002年。

[16] 中国社会科学院考古研究所河南第一工作队等：《河南灵宝市北阳平遗址试掘简报》，《考古》2001年第7期。

[17] a.陕西省考古研究院：《陕西高陵杨关寨遗址》，见《2008中国重要考古发现》，文物出版社，2009年。

b.陕西省考古研究院：《陕西高陵杨官寨遗址发掘简报》，《考古与文物》2011年第6期。

[18] 河南省文物考古研究所等：《河南灵宝铸鼎塬及其周围考古调查报告》，《华夏考古》1999年第3期。

[19] 西安半坡博物馆、陕西省考古研究所、临潼县博物馆：《姜寨》，文物出版社，1988年，第25—26页，图一五。

[20] 河南省文物考古研究所、中国社会科学院考古研究所河南一队等：《河南灵宝西坡遗址105号仰韶文化房址》，《文物》2003年第8期。

［21］甘肃省文物考古研究所：《秦安大地湾》，文物出版社，2006年，第413—423页。

［22］中国社会科学院考古研究所：《宝鸡北首岭》，文物出版社，1983年，第105页，图八六，1。

［23］北京大学考古学系：《华县泉护村》，科学出版社，2003年，第35页，图28，8。

［24］甘肃省文物考古研究所：《秦安大地湾》，文物出版社，2006年，第435页，图二八八。

［25］陕西省考古研究所等：《陕南考古报告集》，三秦出版社，1994年，第144页，图九三，1。

［26］何周德、李润泉：《陕西史前雕塑艺术概论》，《文博》1990年第4期。

［27］宝鸡市考古工作队、陕西省考古研究所宝鸡工作站：《宝鸡福临堡》，文物出版社，1993年，第168页，图一二九。

［28］西北大学文博学院考古专业：《扶风案板遗址发掘报告》，科学出版社，2000年，第109页，图七八；第110页，图七九。

［29］a. 王志俊：《关中地区仰韶文化刻划符号综述》，《考古与文物》1980年第3期。

　　 b. 甘肃省博物馆大地湾发掘小组：《甘肃秦安王家阴洼仰韶文化遗址的发掘》，《考古与文物》1984年第2期。

［30］王炜林：《瓦窑沟史前遗址发掘取得重要成果》，《中国文物报》1995年5月21日。

［31］北京大学历史系考古教研室：《元君庙仰韶墓地》，文物出版社，1983年，第77页。

［32］中国科学院考古研究所、陕西省西安半坡博物馆：《西安半坡》，文物出版社，1963年，第214、215页。

［33］中国社会科学院考古研究所、河南省文物考古研究所：《灵宝西坡墓地》，文物出版社，2010年。

［34］中国科学院考古研究所、陕西省西安半坡博物馆：《西安半坡》，文物出版社，1963年，第18页，图一七、一八。

［35］中国科学院考古研究所、陕西省西安半坡博物馆：《西安半坡》，文物出版社，1963年，第220页。

［36］a. 朱乃诚：《元君庙仰韶墓地的研究》，见《考古学集刊》第9集，科学出版社，1995年。

　　 b. 严文明：《横阵墓地试析》，见《文物与考古论集》，文物出版社，1986年。

［37］朱乃诚：《人口数量的分析与社会组织结构的复原———龙岗寺、元君庙和姜寨三处墓地为分析对象》，《华夏考古》1994年第4期。

［38］陕西省考古研究院：《陕西白水下河新石器时代遗址》，见《2010中国重要考古发现》，文物出版社，2011年。

［39］河南省文物考古研究所等：《河南灵宝铸鼎塬及其周围考古调查报告》，《华夏考古》1999年第3期。

［40］有研究者将出现四级制社会组织的单位认作为产生了国家，恐怕不太恰当。

［41］朱乃诚：《半个世纪以来的中国史前史研究（下篇）》，《东南文化》1998年第4期。

［42］南京博物院等：《江苏张家港市东山村新石器时代遗址》，《考古》2010年第8期。

［43］苏秉琦：《迎接中国考古学的新世纪》，见《华人·龙的传人·中国人——考古寻根记》，辽宁大学出版社，1994年。

［44］山东省文物管理处、济南市博物馆：《大汶口》，文物出版社，1974年。

从文化到文明化

——仰韶文化百年历程及其文明化成就

◎魏兴涛

随着1921年河南渑池仰韶村遗址的发掘，中国第一支考古学文化——仰韶文化得以命名，从此拉开了以考古学探索我国史前文化的序幕。经过一百年来数代考古工作者的辛勤探索，仰韶文化的发掘与研究取得了极大进展。通过对仰韶文化研究史的梳理，我们可以简要概括出仰韶文化的重要地位，总结百年间不同阶段仰韶文化研究的主要贡献，并可初步揭示代表仰韶文化发展高度的该文化所蕴含的文明化成就和今后努力方向。

一、仰韶村遗址发掘和仰韶文化的重要地位

1921年仰韶村遗址出土了大批陶器、石器等文物，首次从发掘品证实中国历史上曾经存在非常发达的新石器文化。这次发掘：1.是得到中国官方批准、由当时中国最早科研机构——中国地质调查所多名人员参加的、有计划有充分准备的一项科学工作。尽管主持者安特生是瑞典人，但其身份为中国农商部雇员，是中国地质调查所的成员，安氏持有介绍信"护照"，要求地方当局接洽支持，所做工作具有一定的政府行为和团体性质。2.在国际上，田野考古学的主要方法地层学借鉴并来源于地质地层学。安氏原来就是瑞典著名地质学家，发掘主要人员袁复礼为留学归国的地质学者，其他成员也多为地质工作者，因此发掘工作中充分运用地质地层学，科学属性显著。发掘的动因是为了搞清楚这处新石器时代遗址的内涵和文化特征，是中国第一次以学术研究为目的的正式发掘。3.采用开探沟的方法发掘，这至今仍是考古发掘的主要方法。袁复礼测绘了详细的仰韶村地形及遗址范围图、局部地貌平剖面图等，其精准程度至今仍具有参考价值。发掘过程中自上而下按顺序编层，记录出土遗物的数量、种类和特征。发掘所用手铲、毛刷、卷尺、皮尺等至今依然是发掘中的必用工具。4.将出土陶器分成红、黑、灰三种，分层统计，挑选标本、描述、绘图、拍照并发表专著《中华远古之文化》等。发掘期间，安氏等人还在渑池调查了几处史前遗址，并对其中一处进行小规模发掘。为追溯彩陶来源，安氏在设想的传播路线上，即陕西、甘肃、青海等地做调查发掘。这些工作包括考古调查发掘、

整理资料、比较分析、编撰报告、论述认识、发表报告论文等，基本涉及今天田野考古工作和研究的全过程。5.工作目标明确，即为了探索中国史前文化。经过发掘、研究不仅命名和确立了仰韶文化，还对该文化尤其是主要因素彩陶的分布范围、来源等特别关注，开创了运用考古手段从实物资料方面发现、命名、研究中国古代文化的一整套方法。6.安特生将仰韶村及其后在甘、青的发掘明确称为考古工作，并就仰韶村出土古代器物、所属文化及渊源征询当时英、德、瑞典考古学家的意见，以修正自己的认识，其本人也被公认为一名考古学家。7.仰韶文化发掘与研究成果的示范效应，旋即激发了学术界将目光和精力投向广阔田野，并以此为契机探讨中国文化源头的热情及期盼，开辟了通过出土古代实物研究中国历史的新方法、新思路与新的学术类别，并对中国现代考古学技术、方法和理论体系的建立给予启发。8.一些中国考古学史的论者，分别提出将1926年山西夏县西阴遗址或1928年开始的河南安阳殷墟遗址的发掘，尤其是后者作为中国考古学的开端。而西阴与殷墟遗址发掘的主持者、中国考古界早期重要代表人物李济，称仰韶村遗址的发掘为"一划时代的科学成果，标志着田野考古在欧亚大陆上最古老的国家之一的中国的开始"[1]。因此，中国考古学界的主流意见认为，仰韶村遗址的发掘标志着中国考古学的诞生[2]。

经过百年来的不断探索，仰韶文化的重要地位已被初步揭示，主要表现在以下方面：

第一，如上所述，1921年仰韶村遗址的发掘标志着中国考古学的诞生。2011年教育部将考古学由二级学科提升为一级学科，仰韶村遂成为历史学门类中一级学科考古学的起步之地，从仰韶文化开启了主要由考古学担负的延伸历史轴线、认识灿烂中国古代文化、揭示悠久中华文明的艰巨任务的光辉历程。

第二，仰韶文化是我国分布地域最广的史前文化，涉及河南、陕西、山西、河北、甘肃、青海、湖北、宁夏、内蒙古、四川等10个省区。同时遗址数量众多，据近年开展的第三次全国文物普查数据，仅河南就多达3000处，豫西三门峡地区特别是灵宝市仰韶文化遗址分布更为密集。

第三，仰韶文化是我国延续时间最长的考古学文化，年代跨度距今7000至4700年，长达两千多年。代表了中国新石器文化一个非常重要的发展阶段，被称为"仰韶时代"。长期以来，该文化成为认识、定位周边其他史前文化的年代标尺。

第四，仰韶文化大体可分为初、早、中、晚四个时期，分布于豫西晋南、渭河流域、甘青、豫中、汉水中游、晋中、豫北冀南、晋北冀北河套等多个区域。每一区域各个时期基本都代表一种类型，不少区域某一阶段的"类型"还被一些研究者分别称为不同"文化"，该文化实际上是一支巨大的文化丛体或文化系统，内涵极其丰富。

第五，仰韶文化是我国史前影响最深远的主干性文化。严文明通过对中国史前文化的全面系统分析，提出多元一体"重瓣花朵"理论，指出以汉族为主体多民族现代中国的根基深植于遥远的史前时期，是具有统一性与多样性的中国史前文化长期发展的结果。在史前文化格局中，"最著名的是中原文化区"，在其周围有甘青、山东、燕辽、长江中游和江浙文化区，更外层还有福建、台湾、广东、云南、西藏、黑龙江、内蒙古、新疆等文化区，"整个中国的新石器文化就像一个巨大的重瓣花朵"，中原居于核心即花心位置[3]，而中原文化区的主体就是仰韶文化。韩建业更认为，正由于仰韶文化中期的强力扩张影响，使得中国大部地区的考古学文化交融联系形成相对的文化共同体，为后来统一文明的建立提供了重要根基，可称之为"早期中国文化圈"或者文化上的"早期中国"，简称"早期中国"[4]。

第六，豫晋陕交界地区仰韶中期庙底沟期在整个仰韶文化中最为鼎盛，是在当地仰韶文化初期、早期的基础上发展而来，年代最早距今约5800年，社会复杂化现象显现，是我国最早文明化的史前文化。仰韶文化与中原龙山文化及夏商周文化地域相同、自然条件一致、文化传统一脉相承，是奠定中华文明优秀基因的重要文化。

第七，仰韶文化彩陶发达，尤以庙底沟期彩陶为其典型代表，富有特色、线条柔美流畅的彩陶图案在周边诸多文化中大范围传播，达到史前艺术巅峰，王仁湘盛赞其掀起了中国史前一次波澜壮阔的艺术浪潮，代表着史前艺术的伟大成就[5]。

第八，仰韶文化还是学术研究史最长的中国新石器文化，中国考古学的发展进步大都与其发掘及研究息息相关。百年前仰韶村遗址的发掘是我国新石器时代考古和田野考古学的发端，1949年前的考古工作者几乎都涉及了仰韶文化的研究。1951年中国考古学领导者夏鼐带队对仰韶村遗址进行第二次发掘，成为新中国成立后率先开展的考古工作之一。1991—1996年，结合考古学、地质学、地理学、生物学、物理学等多学科参与的综合性的考古发掘与研究工作在渑池班村遗址开展，以运用更广泛的科学手段获取更多古人活动内容的信息为目标[6]，成为考古学科从物质文化史研究向复原古代社会和重建历史更高层次目标转变的重要标志或标志之一，该遗址的主要内涵即为仰韶文化。

第九，仰韶文化研究成果极其丰富。作为新石器时代的主体文化，仰韶文化遗址所进行的调查发掘工作最多，"往往能对其余新石器文化的研究有所启示或推动"[7]，并且长久以来都是科技考古的实验田、主舞台和研究成果富集区。在中国新石器时代晚期文化乃至整个新石器文化中，以仰韶文化研究最全面、最深入，影响也最广泛，并由此造就了一大批优秀的考古学家，成为引领中国考古学发展的主将[8]。

第十，仰韶文化分布区中心的豫晋陕交界地区及渭河流域，恰处秦岭山脉北麓，秦岭东段小秦岭又称华山山脉，当地流传着丰富的关于黄帝、炎帝的古史传说，并有诸多相关地名。仰韶文化尤其是中晚期与中华人文始祖——黄帝以及华夏民族之"华"族的形成关系密切。

二、仰韶文化百年研究史的分期与各时期主要成果

对于仰韶文化研究史的分期，不同的学者或有不同的划分方案。最具代表性的是严文明曾将1985年以前的研究史概括为两个阶段四个时期[9]和巩启明将20世纪80年的研究史区分为

五个阶段[10]。两位先生都令人信服地阐述了每个阶段或时期考古发现及研究的主要成果。本文参考以上两种分期，将仰韶文化百年研究史划分为三大阶段。

第一阶段，20世纪20年代至40年代，仰韶文化开始被发现、文化特征被初步认识和仰韶文化被确立。

其中20年代主要是豫晋陕甘青的考古调查发掘。安特生及其团队于1921—1924年在河南调查渑池不招寨、杨河村、西庄村，河阴（今荥阳）秦王寨、牛口峪、池沟寨遗址，发掘（包括试掘，下同）渑池仰韶村、不招寨遗址。在陕西调查西安十里铺遗址。在青海调查青海湖，发掘贵德罗汉堂、西宁十里堡、朱家寨、卡约、下西河遗址。在甘肃对临洮辛店、四时定、灰嘴、马家窑、寺洼山，广河齐家坪，和政半山、边家沟、瓦罐嘴，民和马厂塬，民勤沙井、柳胡村遗址调查或发掘。以上工作共发现约50处新石器和青铜时代遗址。1926年李济主持西阴村遗址的发掘，这是中国人首次独立开展的考古工作，发现的遗存属于仰韶文化。除了调查发掘，安氏还对所获考古材料进行了及时整理，发表成果，相关研究更是自1920年代持续至1940年代。将仰韶村及有关遗址史前遗存称为仰韶文化，指出仰韶文化人种当为现代汉族的远祖或与汉族极近的一个民族，明确仰韶文化为中国古代文化前身的"中华远古之文化"[11]，从根本上否定了我国无石器时代的论调，确立了中国石器时代，对中国历史学、人类学、民族学和文化史具有重要意义。

20世纪30年代最重要的考古工作是1931年对河南安阳后岗遗址的发掘，首次按堆积层次清理和收集遗物，是真正科学考古发掘；发现仰韶、龙山、小屯"三叠层"，第一次从地层学证据上明确仰韶文化、龙山文化的先后顺序及它们与商代文化之间的关系。这是中国考古史上一次划时代的重大发现，尽管当时学术界流行的是仰韶、龙山二元对立学说。1937年全面抗日战争爆发，中国考古学遭受严重挫折，直至1940年代仰韶文化研究一直发展缓慢。具代表性的为由刘燿（尹达）、吴金鼎、李济等主持的仰韶文化遗址的小规模发掘和研究。而涉及仰韶文化最主要的则是1944年至翌年的西北科学考察团对甘肃的调查发掘，其中夏鼐1945年发掘宁定阳洼湾齐家文化墓葬，不仅通过分析墓葬填土包合物早于墓葬年代而发展了考古层位学，并且据此确认仰韶文化早于齐家文化，纠正了安特生关于甘肃新石器时代文化的分期和中国文化西来说，为建立黄河流域新石器文化正确的年代序列打下了基础[12]。

第二阶段，20世纪50—80年代，仰韶文化研究获得重大成果，基本搭建起文化框架，主要成就包括类型划分、分期、分区、社会发展阶段及多学科研究等。

新中国成立后，考古工作获得大发展。从1950年代中期开始大规模地发掘一批仰韶文化遗址，著名的有陕西西安半坡、华县元君庙、宝鸡北首岭，河南陕县庙底沟、洛阳王湾，山西芮城西王村。七八十年代，发掘了陕西临潼姜寨、渭南史家、宝鸡福临堡、南郑龙岗寺，河南郑州大河村、淅川下王岗、濮阳西水坡，甘肃秦安大地湾，山西垣曲古城东关，河北正定南杨庄，内蒙古凉城王墓山等。其中半坡遗址的发掘以完整揭露一处聚落为目标[13]，被学界认为是聚落考古的开端。庙底沟遗址则发现仰韶到龙山过渡性的庙底沟二期文化[14]，及至1963年重新认识仰韶村遗存，明确其也分属仰韶、龙山两大阶段，豫西一带仰韶文化早于龙山文化[15]，仰韶文化所处历史阶段最终被确定。基于半坡和庙底沟遗址均内涵丰富而文化特征却差异显著，元君庙与泉护村、庙底沟与三里桥都是两两相距很近而文化面貌明显不同，人们逐渐认识到仰韶文化存在时空差异，便开始酝酿为仰韶文化划分类型。1959年最先提出应划分为半坡和庙底沟两个类型，开启考古学文化下划分类型之举[16]，此后出现了对仰韶文化划分类型和分期的研究热潮。由于已有一系列聚落遗址和墓地材料，社会性质的探讨遂成为仰韶文化研究的又一主要话题，且论战激烈，不失为中国考古研究中的一大景观。由于前仰韶文化的陆续发现，仰韶文化的另一重要研究成果是对于其来源的探索。

1980年代仰韶文化研究又在许多方面有了更大进展。在文化分期、分区和类型划分、谱系方面，学术界逐渐认识到，仰韶文化是分布面积数十万平方公里、延续达两千年、可分为多个阶段和多个类型的一种考古学文化。其中有将仰韶文化划分为早晚两大阶段、四期、至少十八个类型的细致、全面的划分方案[17]。鉴于仰韶文化的复杂性，一些研究者开始将其分解为多个文化，如以"半坡文化""庙底沟文化"替代原称的半坡和庙底沟类型等[18]。此外，学术界还从农业起源、聚落形态、生产工具、制陶工艺、彩陶、埋葬制度、体质人类学、年代学等多方面对仰韶文化进行研究。1980年代以前由于主要的考古实践和多数重要发现都在黄河流域，仰韶文化因而曾长期成为整个中国新石器时代考古学研究的主要内容和一大中心课题。此后，由于各地考古工作的蓬勃开展，自1980年代中期开始，周边地区一些考古学文化取得重要发现，使得仰韶文化的发现似乎相形失色，其研究也相对冷落。1985年11月，在渑池召开了"仰韶文化发现65周年学术讨论会"，是仰韶文化研究阶段性成果的大交流、大汇总[19]，可看作是对第二阶段的总结。

第三阶段，20世纪90年代至今，对仰韶文化社会复杂化研究、开始全方位复原历史和多学科研究得以更多开展。

就中国考古学研究史整体而言，此前主要是构架文化体系的研究，大致在20世纪八九十年代之交开始，才把目标提升到复原或重建历史的高度[20]。进入1990年代，仰韶文化研究的突出进步，表现在多学科参与考古发掘和聚落考古的真正实践。前者的代表是1990年代初班村遗址的发掘，开创了中国田野考古的新模式，即由多单位联合、多学科参与的发掘与研究，标志着考古学科向复原历史和社会研究的高度发生转变。后者以1991年开始的邓州八里岗遗址的发掘为代表，是大学团队中真正聚落考古意图明显、技术方法明确、清楚该怎么发掘一个聚落之始[21]，同样这里发掘的主要是仰韶文化遗存。

进入21世纪，田野考古中的聚落考古意味渐浓。其中首推灵宝铸鼎原及其周围聚落考古研究课题的开展，在区域考古调查基础上于2000年开始的西坡遗址发掘，揭露出仰韶中期多座特大型房址构成的聚落核心区和墓地，成果卓著。2004年开始持续至今的陕西高陵杨官寨遗址的发掘也收获颇多。郑州西北区域一系列考古勘探发掘成效尤显，其中巩义双槐树遗址的考古成果最为出色。

1990年代以来发掘的主要仰韶文化遗址还有河南郑州西山、青台、点军台、汪沟，汝州洪山庙，三门峡南交口、庙底沟，灵宝底董、城烟，淅川龙山岗、沟湾，南阳黄山；山西垣曲古城东关，翼城枣园，夏县西阴村；陕西华县泉护村，西安鱼化寨；湖北枣阳雕龙碑；河北易县北福地等。开展的考古调查工作主要有垣曲盆地、运城盆地东部、灵宝盆地等区域。

在文化分期、谱系方面继续探讨，有仰韶文化初期遗存的论述[22]，半坡、庙底沟类型关系的再讨论[23]，以及主要类型、文化或区域的专门研究[24]等。并对生存环境、生产工具、彩陶、刻划符号、生业经济、墓葬制度、丧葬礼仪、人口、人骨、食性、动物种群、玉（石）器、残留物、社会财富来源、精神思想、社会发展阶段、绝对年代、与周围文化的关系、与古史传说的对应关系、与"早期中国"的关系、研究史等都进行了研究。社会研究取得突破进展，从灵宝盆地调查和西坡遗址发掘材料看仰韶中期已经明显呈现出社会复杂化[25]。双槐树遗址则显示其仰韶中晚期古国时代"都邑"的非凡气派。由此我们感到，仰韶文化复杂社会得以发展，尤其是仰韶文化中晚期正发生显著的文明化现象。文明化应是仰韶文化的最高成就。

正是在这样的学术背景之下，因仰韶文化主要分布于中原地区，由豫陕晋冀多省份、多机构合作，联合向国家文物局申报重大研究项目"考古中国·中原地区文明化进程研究"，并于2020年获得批准立项。此课题拟立足田野考古，分阶段通过田野调查发掘获得关键考古资料，开展多学科综合研究，以能够更全面深入地认识中原地区的文明化进程及其在中华文明起源形成和早期发展中的地位与作用。现一些重点遗址的发掘工作已经开始进行。

综上，百年来仰韶文化取得了极其丰硕的研究成果，其间走过的是一条艰辛不易的探索之路，大批考古工作者为此付出辛劳、做出贡献。

三、仰韶文化文明化的初步认识与努力方向

结合第三次全国文物普查，我们对豫晋陕交界区域河南三门峡地区的新石器时代遗址，开展了较全面的考古调查，其中灵宝盆地作为仰韶文化尤其是仰韶文化中期的核心分布区，在1000多平方千米的范围内发现新石器时代遗址193处，灵宝市是中原地区新石器遗址数量最多、分布最密集的县市。通过区域聚落调查结合文化谱系的研究可知，进入仰韶时代后，当地文化和聚落便开始了稳定、持续的大发展。经仰韶初期、早期千余年的长期积累，到距今5800~5100年的仰韶中期，文化和聚落都最为繁盛，无论聚落数目，还是聚落总面积以及面积均值，都达到了顶峰。这时聚落规模出现明显差异，应已经出现区域核心聚落、聚落群中心聚落、聚落组中心聚落和一般聚落的分化，呈现出了"金字塔"型多层级的区域聚落结构。

由西坡、庙底沟、南交口遗址发掘材料可知，聚落内部遗迹也出现面积达200平方米以上处理考究的特大型房址、百余平方米精心加工的大型房址、墓口达17平方米的大型高等级墓

葬，与面积数十平方米的中型房址、中型墓葬，以及面积十余或唯有几平方米的小型简陋房址、仅可容身的墓葬甚至灰坑乱葬的区别。其中西坡大墓出土包括玉器、象牙器在内的大批珍贵文物；最大的房址 F105 外环绕回廊，总面积 516 平方米，是迄今所见仰韶中期最大的单体建筑，开创中国回廊式古典建筑先河，推测其很可能是高耸的重檐大屋顶结构，具有殿堂性质。

从以上的考古发现看，显然此时的仰韶文化已分化出平民、显贵、首领，甚至"王"，已经进入复杂社会，文明火光闪烁，开始出现古国，李伯谦称其为"仰韶古国"[26]。我们认为，由于豫晋陕交界地区仰韶中期庙底沟期是在当地仰韶初期、早期文化基础上发展而来，在整个仰韶文化中最为发达，也最早发生社会复杂化现象，因此出现的文明化、产生的文明应属于原生文明，并且是中原早期文明的中心、源头和最重要代表[27]。

位于仰韶文化偏东区域的郑州西北的仰韶中晚期文化也十分繁盛，是该文化发展的又一高峰。区域中心性大型聚落遗址呈集群状、丛体状分布，聚落规模普遍较大，动辄数十万平方米，多设置二或三周宽且深的聚落环壕，防卫色彩浓重。大河村遗址面积约 70 万平方米，为一处包含多个时期文化遗存的大型遗址。西山遗址最早发现仰韶文化城址，有技术先进的版筑夯土城垣，在古代建筑史上占据重要地位。近年在点军台和大河村遗址也发现有同时期城址。双槐树遗址位于伊洛河汇入黄河的"洛汭"地带，现存面积 117 万多平方米，是迄今经过发掘的最大的仰韶文化遗址，为仰韶中晚期的核心性聚落。其三重环壕，核心区是多组由半围墙和壕沟圈护的多排大型房址区，似具准宫城性质的"宫殿"区，出现了中国最早的瓮城雏形，整体呈"前朝后寝"布局，有深厚的方块状夯土精心筑成的大型活动广场，被认为是古国时代"都邑"。青台遗址共发现环壕4条，聚落功能分区明确，有居住区、墓葬区、祭祀区和作坊区。最具代表性的发现，是专门设置的由九个栽立陶罐组成的"北斗九星"图案，附近有纯净夯土筑成的台基"寰丘"，斗柄指向北。"北斗九星"已被天文学家确认为天文类祭祀遗迹，由此刷新人们对于古人定方向、定季节、定时辰星象知识所达高度的认识，将中国观象授时的历史提前了近千年。青台、汪沟遗址还发掘出丝绸实物。双槐树遗址出土牙雕家蚕，晶莹剔透，呈吐丝前蓄势待发的亢奋状态，是中国年代最早的蚕雕艺术品。这些发现，以坚实的材料表明，丝绸发源于我国，是古代中国对人类做出的一大贡献。

据以上发现，可知郑州西北在仰韶文化中晚期的文明化程度甚高，被认为在 5300 年前后这一中华文明起源的黄金阶段，这里是当时最具代表性和影响力的文明中心。尤其是双槐树遗址的发现，填补了中华文明起源关键时期、关键地区的关键材料，被誉为"早期中华文明的胚胎"，"是实证中原地区 5000 多年文明的重要证据"[28]。

此外，西水坡遗址出土有距今 6500 年前仰韶文化早期四组沿子午线方向等距排列的大型蚌塑龙虎图案和特殊墓葬，龙形象已经十分成熟，冯时解读其为中国最早的天文宗教祭祀遗迹，反映了当时高度发达的知识体系、思想观念、农时意识、宗教和王权的制度[29]。雕龙碑、八里岗、龙山岗、黄山诸遗址发现仰韶文化中晚期结构复杂的套间房址，带有先进的木质推拉门等设施。作为关中地区仰韶文化中晚期中心聚落之一的杨官寨遗址面积达 80 余万平方米，聚落布局规划性强，大型环壕、专门的墓地和制陶作坊区、大型池苑等重大发现，填补许多学术空白。仰韶文化晚期大地湾遗址也是一处区域中心聚落，发现一座高规格的特殊建筑 F901，占地总面积约 290 平方米，呈"前堂后室、东西厢房"结构，具殿堂色彩和功能。以上发现表明，各地各时期的仰韶文化，曾生发出许多熠熠闪烁的文明因素光芒，有的正在壮大转化，而有的甚至已经升华成为初期文明，一并构成璀璨夺目的仰韶文化的丰富内涵。

由上，仰韶文化研究业已取得举世瞩目的巨大成就。当然我们在充分肯定以往工作成果的同时，还应清醒地意识到，由于仰韶文化延续时间长、分布广、内涵丰富，是一个巨大的文化体系，仰韶文化研究仍有许多方面有待深化。一方面，即使是已经开展较长时间的基础性的文化谱系结构研究，仍有许多薄弱环节需要强化，加之文化和年代研究是考古学一切研究的基础，聚落考古对共时遗存的年代要求更加确切、历时更加细密，这就要求我们应继续重视基本资料，做好基础研究工作。另一方面，更为重要的是，由于聚落考古整体开展有限，仰韶文化的文明化刚被揭示不久，认识尚较粗浅，诸如仰韶文明化在各地的形成背景、动因及基本情形，各区域聚落与社会分化发展的具体过程，各时期、各区域之间的互动关系，中原早期文明的起伏演进及发展模式，与周边其他史前文化或文明的关系，中原早期文明的突出成就及其贡献，其基本品质、价值观念、优秀基因在成熟华夏文明中的沿袭承递、仰韶文明化所体现的黄河文明（大河文明）的全球文明史意义等许多问题，要么已有一定的认识尚需进一步深化理解，要么需要引起我们高度重视并倾力探索。

因此，对与文明化相关问题的深入探讨，应当是今后仰韶文化研究的重点内容。前文将仰韶文化研究史划分为三大阶段，上述主要内容应当是该文化研究第三阶段提升期的基本任务，或者就是仰韶文化研究向更高、更深层次迈进的第四阶段开始的主攻对象，是仰韶文化研究一百年基础上向新的目标进发的主要方向。

当前，考古学发展迅猛，全面复原古代社会、广泛提取古代信息的理念深入人心，聚落考古渐至佳境，多学科研究技术、方法被广泛应用。我们相信，随着学界同仁的奋发努力，仰韶文化发掘与研究工作的进一步开展，仰韶文化的文明化这一重要学术课题必将获得更深入、更全面的认识，仰韶文化的考古成就必将取得新的更大的发展。

注释：

[1] 李济：《安阳》，河北教育出版社，2000 年，第 48 页。

[2] a. 严文明：《纪念仰韶村遗址发现六十五周年》，见《仰韶文化研究》，文物出版社，1989 年，第 328—350 页。

b. 陈星灿：《安特生与中国史前考古学的早期研究——为纪念仰韶文化发现七十周年而作》，《华夏考古》1991 年第 4 期。

c. 陈星灿：《安特生与中国史前考古学的早期研究——为纪念仰韶文化发现七十周年而作（续）》，《华夏考古》1992 年第 1 期。

d. 李新伟：《仰韶遗址发掘和中国考古学的诞生》，《中国文物报》2021 年 5 月 25 日第 6 版。

［3］严文明：《中国史前文化的统一性与多样性》，《文物》1987 年第 3 期。

［4］韩建业：《最早中国：多元一体早期中国的形成》，《中原文物》2019 年第 5 期。

［5］王仁湘：《史前中国的艺术浪潮——庙底沟文化彩陶研究》，文物出版社，2011 年，第 6 页。

［6］《班村考古的思考与体会》，《中国历史博物馆馆刊》1995 年第 1 期。

［7］严文明：《纪念仰韶村遗址发现六十五周年》，见《仰韶文化研究》，文物出版社，1989 年，第 328—350 页。

［8］国家文物局顾玉才副局长于 2011 年 11 月 6 日仰韶文化发现九十周年纪念大会暨国际学术研讨会上的讲话。

［9］严文明：《纪念仰韶村遗址发现六十五周年》，见《仰韶文化研究》，文物出版社，1989 年，第 328—350 页。

［10］巩启明：《仰韶文化》，文物出版社，2002 年。

［11］安特生（J. G. Andersson）：《中华远古之文化》，《地质汇报》1923 年第 5 号。

［12］夏鼐：《齐家期墓葬的新发现及其年代的改订》，见《夏鼐文集》第 2 册，社会科学文献出版社，2017 年，第 2—22 页。

［13］中国科学院考古研究所、陕西省西安半坡博物馆：《西安半坡》，文物出版社，1963 年。

［14］中国科学院考古研究所：《庙底沟与三里桥》，科学出版社，1959 年，第 2—84 页。

［15］严文明：《从王湾看仰韶村》，见《仰韶文化研究》，文物出版社，1989 年，第 1—20 页。

［16］a. 安志敏：《试论黄河流域新石器时代文化》，《考古》1959 年第 10 期。

b. 石兴邦：《黄河流域原始社会考古研究上的若干问题》，《考古》1959 年第 10 期。

［17］严文明：《略论仰韶文化的起源和发展阶段》，见《仰韶文化研究》，文物出版社，1989 年。

［18］张忠培：《研究考古学文化需要探索的几个问题》，见《文物考古论集》，文物出版社，1986 年，第 177—185 页。

［19］河南省考古学会、渑池县文物保护管理委员会：《论仰韶文化》（《中原文物》特刊），1986 年。

［20］赵辉：《考古学关于中国文明起源问题的研究》，见《古代文明》第 2 卷，文物出版社，2003 年，第 1—12 页。

［21］a. 赵辉、李新伟：《问学之路——赵辉先生访谈录》，《南方文物》2015 年第 2 期。

b. 张弛：《长江中下游地区史前聚落研究》，文物出版社，2003 年，第 32—34 页。

［22］a. 韩建业：《初期仰韶文化研究》，见《古代文明》第 8 卷，文物出版社，2010 年，第 16—35 页。

b. 魏兴涛：《豫西晋南和关中地区仰韶文化初期遗存研究》，《考古学报》2014 年第 4 期。

［23］a. 田建文、薛新民、杨林中：《晋南地区新石器时期考古学文化的新认识》，《文物季刊》1992 年第 2 期。

b. 许永杰:《再审半坡文化和庙底沟文化的年代关系——以叠压打破和共存关系为视角》,《考古》2015年第 3 期。

[24] a. 戴向明:《庙底沟文化的时空结构》,见《文物研究》,科学出版社,2005 年,第 26—44 页。

b. 余西云:《西阴文化:中国文明的滥觞》,科学出版社,2006 年。

c. 魏兴涛:《仰韶文化东庄类型研究》,《考古学报》2018 年第 3 期。

d. 许永杰:《黄土高原仰韶晚期遗存的谱系》,科学出版社,2007 年。

[25] Ma Xiaolin(马萧林), *Emergent Social Complexity in the Yangshao Culture : Analyses of Settlement Patterns and Faunal Remains from Lingbao Western Henan China (c.4900-3000BC)*,BAR International Series 1453,Hadrian Books Ltd, Oxford, England, 2005.

[26] 李伯谦:《中国古代文明演进的两种模式》,《文物》2009 年第 3 期。

[27] 魏兴涛:《豫西晋西南地区新石器时代文化与社会》,北京大学博士学位论文,2010 年。

[28] 王巍:《中华 5000 多年文明的考古实证》,《求是》2020 年第 2 期。

[29] 冯时:《河南濮阳西水坡原始宗教遗存研究》,见《文明以止——上古的天文、思想与制度》,中国社会科学出版社,2018 年,第 13—43 页。

华族开始的标志

——仰韶文化的审美意义

◎ **陈望衡**

仰韶文化是最早发现的中国新石器时代的一种文化，它的核心地带是在黄河流域，而影响极大，它上溯新石器时代早期的裴李岗文化，而下达中国文明时代的开始——夏代文化，可以说，它是中国新石器时代的主体。中华民族史前的历史，一直处于云遮雾罩之中，因为它的发现而被缓缓地揭开了面纱。

1921 年 4 月，瑞典科学家安特生作为民国时期北洋政府的矿业顾问来到河南渑池县，他的目的是为中国政府寻找矿藏，却在一个名为仰韶村的小村，意外地发现了不少史前陶片、石器。具有丰富史前文化知识的他，立即清楚地知道，他将为人类揭开一个重要的秘密。回到北京，他立即向中国政府报告并且申请发掘，得到中国政府批准后，于同年的 10 月他再次来到仰韶村，这次他带来了一支考古发掘队，其中有六位中国学者和两名外国学者。12 月 1 日，历时 36 天的挖掘工作全部结束。这是一次成果极为丰硕的发掘，11 个大箱满载着各种出土文物，被运到北京。1923 年，安特生根据他的调查和发掘资料，发表了《中华远古之文化》一书，书中他正式提出"仰韶文化"这一命名。其后，中国学者在黄河流域一带发现了诸多的类似仰韶文化的遗址，与之相伴的则是丰硕的研究成果不断产生，于是，一个特征鲜明、地域广阔的中国史前文化得以确定。

经碳十四测定的年代（经树轮校正），仰韶文化早期年代为公元前 5210—前 5279 年，而晚期年代为公元前 2890—前 2581 年。大约经过了两千年时间。关于它的渊源，学者们认定为裴李岗文化，裴李岗文化最晚年代为公元前 5380—前 4940 年，仰韶文化略晚于它。裴李岗文化上限为距今 8630—8370 年，属于新石器时代早期文化。中原地区的仰韶文化后接河南龙山文化。龙山文化得名此文化的遗址——山东省章丘县龙山镇城子崖。龙山文化 1930 年首次发现，主要地域为山东省一带，后考古学家在河南发现与龙山文化类似的文化遗址，将之命名为"河南龙山文化"。"它是从当地仰韶文化继续和发展而形成起来的一个新型的文化共同体，而与山东龙山文化没有渊源关系。"[1] 河南龙山文化早期阶段的绝对年代为公元前 2700 年。甘肃青海一带的仰韶文化后接马家窑文化，马家窑文化后接齐家文化。河南龙山文化、甘肃齐家文化其后期与夏代文化已经部分地相叠合了。基本上与仰韶文化同一时期存在的大汶口文化、屈家岭文化、大溪文化均受到仰韶文化的影响。仰韶文化实是中国大地上占主体地位的史前文化。

仰韶文化历经母系氏族社会向父系氏族社会的过渡，也存在氏族、胞族、部落到准国家形态的过渡。基于它的存在形态的多样性，专家们根据不同的标准，将它分为半坡类型、庙底沟类型、后岗类型、大司空村类型等等。从中华民族审美意识的形成这一维度来看仰韶文化，它是中华民族审美意识胚胎大体形成的时期，中华民族审美意识的基本性格初具端倪。

一、彩陶的出现与兴旺——审美意识觉醒的主要标志

人的审美意识始于何时，学术界似无定论，按笔者的看法，只要人从本质上告别了动物成为了人，就有了审美意识。以什么来标志人有了审美意识，主要有三：第一是工具的美化，包括注意工具的造型和表面的光洁度以及某些纹饰等；第二是人自身的美化，包括文身和使用装饰物；第三是原始艺术。这些在旧石器时代就有发现了，不过，在旧石器时代，人的审美意识没有觉醒，它要么作为工具服务于实际功利的目的，如美化工具；要么作为巫术的手段达到某种实用的目的，这主要体现在文身和装饰物的佩带。原始艺术虽然其造型水平让今天的艺术家惊叹不已，但实际上也仍然只是一种巫术，企图通过艺术的手段达到与自然神灵沟通的目的。中国各地出现的史前岩画基本上均应做如此解释。

距今12000年前，陶器就有了。但是，彩陶发明就晚得多，"最初的报道中，磁山遗址发现了一片红彩折纹陶片，随后被确认是晚期文化混入的彩陶，渭河流域大地湾文化的每一个遗址中都发现有彩陶，时至今日，在我国各省区发现的所有史前文化中，7000多年以前的彩陶只有大地湾文化中有，无疑，它是我国最早的彩陶"[2]。

彩陶艺术兴起主要在仰韶文化。彩陶的出现，陶器的面貌可谓焕然一新。无论器型、纹饰都让人强烈地感受到美。

陶器本是实用性器具，史前人类生产陶器本来不是为了审美，而是为了实用。就实用性来说，彩陶虽然在坚固性方面是胜过一般陶器的，但是，这方面的优越性并不很突出，最为突出的还是纹饰。陶器生产之初，人们并不看重纹饰，因为纹饰毕竟与陶器的实用性没有关系，不过也还是做了一些纹饰，制作的方式要么是手指的捏、按，要么是用编织物或石片在陶胚上按压、刻划。这样做出来的纹饰就比较粗糙。彩陶就不一样了，彩陶上面的纹饰是陶器工艺师用毛笔绘上去的。有两种做法：一是在陶胚上作绘，然后投入窑内烧制；二是陶器烧好了，再在器表上绘。前一种做法，涉及一些物理学、化学方面的问题。众所周知，在高温下一些颜色是会变的。这里至关重要的是炉温的控制。史前制陶人当然认识到了这一点，并且懂得了颜色变化的规律。后一种做法的关键是这直接涂上去的颜料怎样才不会脱落。凡此种种，均需要一定的科学技术水平做保证。

可以肯定的是，彩陶的制作成功经历了无数的磨难，那么，史前人类如此百折不挠地去努力，究竟为的是什么？可以找出很多原因，但是最重要的原因是爱美。美是彩陶创作的原动力。

彩陶艺术与仰韶文化紧密相联。完整的彩绘纹饰出现在仰韶文化的早期，濮阳西水坡、安阳后岗和淅川下王岗一期遗址出土的陶器，都是用黑色红色颜料绘制的几何形纹饰。仰韶文化中期，彩陶出现了繁荣。纹饰更为美观，具象的动植物纹饰和抽象的几何纹饰争奇斗艳。有些陶器表面还涂上白色的或红色的陶衣，更显得美观了。无论是就造型还是就纹饰来说，庙底沟类型彩陶堪称仰韶彩陶艺术的代表。庙底沟以陕县庙底沟遗址而得名。从文化内涵上来说，庙底沟类型文化是在半坡类型文化的基础上发展起来的，其器类、纹饰也多类同于半坡。但是，就彩陶艺术来说，它远超过半坡，主要表现在二：1. 器型优雅，如庙底沟类型陶罐，它腹部鼓胀，腹下则收缩，给人玉树临风之感，器口敞开，口沿略略外翻。如果制器者没有非常高的审美修养，没有极强的造型能力，是不可能做成这个样子的。2. 纹饰富有意味。庙底沟陶器的纹饰不再追求具象，也不再追求画面的对称、匀称。似是漫不经心却极见讲究，像下面这具陶罐上的纹饰（图一），它以叶片、圆点为元素，完全看不出遵照了那一条形式美的规律，整个画面简洁、灵动，让人流连忘返。

进入仰韶文化晚期，彩陶艺术达到鼎盛。陕西大河村三期出土了大量的陶器，其中彩陶占到全部陶器的41%，画面趋向繁缛，纹饰风格多样，出现了锯齿纹、同心圆纹、舟形纹、六角星纹、古钱纹、昆虫纹、横S纹和X纹等，可谓大千世界，洋洋大观。

凡事达鼎盛就要求变，不能变就会走向衰落。果然，大河村四期遗存中彩陶量锐减，只占全部陶器的6%，绘画技法也显得粗糙。显然，有新的文化形态在吸引当时的人们，他们的文化心智有所转移了。陶彩与仰韶文化真个同命运。郑杰祥先生说："在中原地区，新石器时代的彩绘陶器随着仰韶文化的产生而形成，随着仰韶文化的繁荣而繁荣，又随着仰韶文化的消亡而衰落。"[3]

图一　仰韶文化庙底沟陶器

人类审美意识虽然萌发于旧石器时代，但全面觉醒却是在新石器时代，其主要标志为彩陶的制作与应用。

二、花纹、鱼纹彰显——中华吉祥意识的苏醒

仰韶文化彩陶上的纹饰以花纹、鱼纹最为经典。

（一）花纹

早于仰韶文化的河姆渡文化陶器也有花纹，只是河姆渡文化陶器上的花纹表现的主要是

叶，称之为叶纹也许更为准确。显然，花瓣比叶美丽，仰韶文化庙底沟的花纹重在描绘花瓣，而且有意突出花瓣的肥硕，表现出对美的注重。花纹主要出现在仰韶文化庙底沟类型的陶器上（图二）。这种纹饰基本上图案化了。有些花纹清晰可辨，有些则只能意会了。

图二　庙底沟类型花瓣纹陶盆

　　众所周知，中华民族对花情有独钟。3000年前即有荷花的栽培，现今在辽宁及浙江均发现过碳化的古莲子，可见其历史之悠久。在长期与花打交道的过程中，中华民族逐渐地将自己的思想情感渗透进花的意蕴之中去，以至于形成独特的花文化。形成于宋元之际文人画主题"四君子画"中，除竹以外均是花。荷花虽然没有列入四君子之列，但其地位、其影响不在四君子之下。四君子中的梅、兰、菊，还有荷花，主要以气节胜，独得知识分子中的喜爱，而在普通百姓中，牡丹以其艳丽而冠绝天下并赋予富贵的内涵。世界上几乎所有的民族均爱花，在这点上，中华民族与世界上别的民族没有什么不同，不同的是，别的民族均能找出一种受到全民族共同崇敬的花，此花通常被名为国花；中华民族崇敬的花太多了，因此定国花就相当难。华夏族，一个爱花的民族。著名的考古学家苏秉琦先生说："仰韶文化诸特征因素中传布最广的是属于庙底沟类型的。庙底沟类型遗存的分布中心是在华山附近，这正和传说华族（或称华夏族）发生及其最初形成阶段的活动和分布情形相像。所以，仰韶文化的庙底沟类型可能是形成华族核心的人们的遗存：庙底沟类型的主要特征之一的花卉图案彩陶可能就是华族得名的由来，华山则可能是由于华族最初所居之地而得名；这种花卉图案是土生土长的，在一切原始文化中是独一无二的，华族及其文化也无疑是土生土长的。"[4]

（二）鱼纹

　　鱼纹主要出现在西安半坡仰韶文化遗址。鱼纹有具象的也有抽象的，还有间于具象与抽象之间的，一共有十几种。半坡的居民为什么对鱼情有独钟呢？原因可能有三：一是鱼是半坡居民主要的食物，而且是美食。半坡村近临渭河的支流——产河，产河丰富的鱼类正是半坡居民捕捞的对象。二是鱼是繁殖力很强的动物，史前人类普遍盛行生殖崇拜，鱼多子，自然成为人们崇拜的对象。三是鱼能生活在水中，在水中自由自在。人虽然也能游水，但与鱼相比就相差得太远了，人们羡慕鱼的善游，将鱼神化了。

　　《山海经·大荒西经》还说了这样一个故事："有鱼偏枯，名曰鱼妇，颛顼死即复苏。风道北来，天乃大水泉。蛇乃化为鱼，是为鱼妇，颛顼死即复苏。"这故事的含意非常深刻。颛顼是中华民族的始祖，鱼让死去的颛顼复苏，这无异于说，鱼是中华民族的救命恩人。鱼从何来？鱼从蛇来。蛇从何来？蛇从水来。鱼化人，人化鱼，人鱼合一。

　　鱼是史前先民的吉祥物。它的读音增加了它的吉祥，"年年有鱼"给读成了"年年有余"。

值得我们注意的是，鱼纹在后来的发展中逐渐地抽象化了。抽象化为的是图案化，一可以将纹饰延及更宽的平面；更重要的是消除认知功能，而增强它的审美功能。鱼不像鱼，也就不会让人认作鱼了，那么，人们关注的只是纹饰的形式，形式本身的独立性于是得以彰显。也许只有这种无认知意义的形式美出现，才谈得上真正的审美觉醒。不独是鱼纹，几乎所有抽象的纹饰都具有这样的意义。

鱼、花是仰韶文化中最具代表性的吉祥物，将它们画在陶器上，意味着它们将给部落带来吉祥。因此，鱼纹、花纹在陶器上出现，应看作是部落吉祥意识的苏醒（图三；图四）。

图三　庙底沟类型鱼头与莲叶纹陶盆

图四　半坡类型人面鱼纹陶盆

三、鹳鸟衔鱼纹的意义——王权意识的强化

20世纪70年代末，考古工作者在河南临汝阎村仰韶文化遗址发现了一具陶缸（图五）。"此缸为夹砂泥质，手制，仅在口部有慢轮加工的痕迹。器表呈黯红色，敞口，圆唇，直腹，平底，口沿下有四个不对称的鹰嘴状鼻纽，口径32.7厘米，底径15.5厘米，宽44厘米，通高47厘米。"[5] 陶缸的腹部有一幅彩色画，画面高37厘米，宽44厘米。全画以淡橙色的缸面为地，画面左边是一只向右立着的白鹳，细颈长喙，口里叼着一尾大鱼。鱼全身涂白，不画鳞片。显然是一条死鱼。鱼的旁边是带柄的石斧，斧柄是一根加工过的木棒。木棒的上边凿有孔，是为了绑绳子用的。木棒的下部握手处有菱形的纹饰。木棒的中部有一个 × 形的标志。

图五　河南临汝阎村仰韶文化遗址陶缸上的鹳鸟衔鱼图

这幅画是什么意思，涉及这缸是做什么用的。郑杰祥先生说，这种形制的陶缸，以20世纪50年代末和60年代初较多地发现于伊川县的上门遗址而著称于世，因此，当时的学术界曾习惯地称其为"伊川缸"，这种伊川缸实际上是一种葬具。"它主要用来埋葬成人的尸体，这是'阎村类型'的人们一种颇具特征的葬俗。尽管缸的形体较大，毕竟容纳不下整个成人的尸体，因此这里的成人瓮棺葬，都是实行二次葬。其葬法大致是待死者尸体腐烂之后，将其主要尸骨放入缸内，放置的方式是先把肋骨、脊椎骨等小块骨头放于罐底，上面竖直放着盆骨和四肢骨，头骨则置于缸的中央部位。缸上有盖，缸、盖的口沿都有四个左右的鹰嘴状鼻纽，便于上下捆绑，不使尸骨外流；缸的底部钻有圆孔，原始人信仰灵魂不灭，这个圆孔是供死者灵魂出入用的。"[6]这具缸绘上如此精美的图画，显然葬的不是一般人，棺主人应是部落首领。郑杰祥先生认为，这画上的鹳鸟应是棺主人的所属氏族的图腾，是族徽。鹳鸟嘴里叼着的那条鱼，应也是某一部落的族徽。鹳鸟叼着鱼，意味着以鹳鸟为图腾的氏族打败了以鱼为图腾的氏族。所以，鹳鸟叼鱼反映了当时氏族与氏族之间的战争。郑先生还具体地说，这以鹳鸟为图腾的氏族，很可能就是我国古代文献中说的驩兜族的祖先。据《山海经·海外南经》和同一书的《大荒南经》介绍，这驩兜族人"人面，鸟喙，有翼"，是一种半人半鸟的形象。这种说法与这画似是相合。《山海经·大荒北经》说："颛顼生驩头，驩头生苗民。"《大荒南经》又说："大荒之中，有人名曰驩头（兜），鲧妻士敬，士敬子曰炎融，生驩头。"颛顼是什么人？按中国古代传说，颛顼是黄帝之孙，是四帝（少昊、颛顼、帝喾、帝俊）之一。那么，鲧呢？鲧也是黄帝这一族的人，《山海经·海内经》云："黄帝生骆明，骆明生白马，白马是为鲧。"作为黄帝的后人，驩兜族曾有过哪些历史性的贡献呢？《尚书》《荀子》《史记》《淮南子》《博物志》均有一些记载。大体情况是，驩兜曾经在帝尧时代担任过司徒的官职，他曾向帝尧推荐过共工，说共工可以聚集民力治水，已见成效，可以参与政务，但遭到尧的拒绝。后来，驩兜族与尧发生冲突，被帝舜放逐于崇山，成为南蛮。所以，驩兜在历史上与共工、三苗、鲧合称为"四凶"。如果这些记载多少有一些真实性，那么，以鹳鸟为图腾的氏族就是历史上的驩兜族了，它所在的历史时代应是帝尧当政的时代。这个时代，已经有尧这样的共主，说明有国家的初级形态，但是，国内仍然存在诸多的并不朝服帝尧的部落和氏族。那个时候历史显然是朝着大一统的国家政权发展。

权力已经成为时代的主题，有各种各样的权力，有像帝尧这样的国家级别的权力，也有像驩兜族这样的族权力。权力的争夺十分激烈。

权力以什么来象征？在不同的时代有不同的标志物。在阎村遗址这个时代，权力是以石斧来做标志的。立在鹳鸟旁边的那柄石斧画面上的寓意就是显示墓主人的权力。画家有意将那柄石斧画得特别大，大到上下顶着画面。画家的意思无非是张扬墓主人生前的显耀与高贵。如果墓主人真个是驩兜族的首领，以他在尧帝朝廷做官的资历，应是权力相当显赫的。

原始社会自进入氏族制后，大致经历了氏族、胞族、部落、部落联盟和部族五个发展阶段，由部族进入文明时代的门槛。在这个发展过程中，社会权力产生与移交有一个过程。最初，由血缘关系认定，不管是母系氏族社会，还是父系氏族社会，那位在氏族中儿女最多的老祖母或老祖父自然地成为首领。有一定血缘关系的氏族组合成部族，完全按血缘关系来认定首领显然不行了，这时应产生了选举制。部族组合成部落，部落的首领同样由选举制产生。虽然部落首领承担着领导部落的重大使命，需要为部落付出较一般人大得多的努力，但也往往能谋得比别人大得多的利益。使命与利益二者，更为诱人的往往是利益。因此，争夺首领的位置成为部落中最为重要的斗争。部落的首领出于私心，不愿意实施首领选举制，而想将权力移交给儿子或兄弟。这就是世袭制的由来，由选举制到世袭制当然不会是一帆风顺的。权力的争夺越来越激烈。为了保住权力，部落首领就需要在自己住地建造起坚固的防御性的城堡。这城堡就是王城，而王城的核心处就是宫殿，宫殿的防御设施应是最为坚固。

在仰韶文化的后期，选举制与世袭制的斗争非常激烈，在这个斗争的过程中，世袭制逐步战胜了选举制。专制国家的初级形态已经出现。权力崇拜明确地体现出王权崇拜的色彩。因此，鹳鸟石斧图不仅体现史前晚期权力崇拜的时代主题，而且显示在这个时候君主制已经出现了，初级形态国家已经形成。

四、龙凤雏形的发现——民族图腾标志的建立

中华民族公认有两大图腾——龙、凤。一般来说，龙摆在首位，中华民族均自称为龙的传人。龙凤均是传说中的神物，现实生活中没有这样的动物，从现在已经定型的龙凤来看，龙的基本形制是兽首蛇身，这兽也很难说是哪一种兽，一般认为基本形态为马头，蛇身也只是近似的。因为蛇无脚，而龙有四条腿，因此，也有人认为不应说是蛇身，而应说是鳄鱼身或蜥蜴身。凤的基本形制为鸟，就其华丽的羽毛来说近雉也近孔雀，但就它的眼、嘴、脚爪来说，更近于鹰。我们现在只能按照基本上在汉代定型了的龙凤形象来判定史前各种动物造型哪些是龙的原型，哪些不是。

现就龙来说，史前遗址中各种动物造型，比较接近汉代龙形象的动物造型，最重要的有二：一是红山文化遗址出土的三星他拉玉龙，另是仰韶文化遗址出土的蚌塑龙。仰韶文化的蚌砌龙发现于河南濮阳西水坡 M45，时间是 1987 年。据考古发掘报告，墓主人为一壮年男性，身长1.84 米，仰身直肢，头南足北。"在墓室中部壮年男性骨架的左右两侧，用蚌壳精心摆塑龙虎图案。蚌壳龙图案摆于人骨架的右侧，头朝北，背朝西，身长 1.78 米、高 0.67 米。龙昂首，曲颈，弓身，长尾，前爪扒，后爪蹬，状似腾飞。虎图案位于人身架的左侧，头朝北，背朝东，身长 1.39 米，高 0.63 米。虎头微低，圜目圆睁，张口露齿，虎尾下垂，四肢交递，如行走状，形似下山之猛虎。"[7]这一墓穴中，蚌砌龙虎图案有三组，此为第一组形象（图六；图七）。三组图案的组合另有玄机，我们拟在后论述。仅就龙的形象来看，它给我们的启示至少有二。

一是龙的基本造型在仰韶文化时期已经完成了，此蚌砌的龙，头较长，似马，但口甚阔。

龙身较长，弓背曲颈，前后各有两腿，总体形象更类鳄，如果单就尾巴来说，鳄鱼没有这样长且有力的尾巴，这样的尾巴应属于狮、虎、豹。后于仰韶文化时期的马家窑文化，有一种蛙纹，有研究者说它是龙的原型，这显然不妥，因为蛙纹显然与龙的基本造型相距太远，而且既然仰韶文化时期龙的形象基本上定型了，就根本不需要再从蛙纹开始去发展龙的形象。

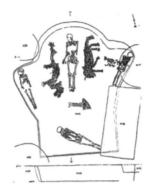

图六　河南濮阳西水坡 M45 墓葬剖面图　　图七　河南濮阳西水坡 M45 墓葬

　　二是墓主人以龙的形象作为陪葬，显示其身份不同寻常。那么，他有可能是谁呢？颛顼的可能性最大。颛顼是黄帝的孙子，黄帝是以龙为图腾的。神话中说他是雷神，雷神是什么样子呢？《说郛》卷三十一引《奚囊橘柚》说雷神为"龙身人首"，这无异于说，黄帝龙身人首。黄帝最后是铸鼎成功后乘龙升天的。颛顼作为黄帝的后人也是崇龙的。《大戴礼记·五帝德》云："颛顼……乘龙而至四海，至于幽陵，南至于交趾，西济于流沙，东至于蟠木。"据碳十四测定，西水坡遗址的大墓距今约 6500 年，与传说中的黄帝、颛顼的时代相近。重要的根据是：皇甫谧注解《史记·五帝本纪》中"帝颛顼高阳者"云："都帝丘，今东郡濮阳是也。"这话明确地说颛顼的都城在濮阳。又，《左传·昭公十七年》记载："卫，颛顼之虚也，故为帝丘。"这话说卫国位于颛顼的废墟上，所以称为帝丘。杜预为此语做注："卫，今濮阳县，昔帝颛顼居之，其城内有颛顼冢。"当代学人赵会军说，濮阳"当地还有许多关于颛顼的传说，如濮阳县城南十八里的瑕丘，传说为颛顼的避暑胜地；县城东南的高阳城，传为颛顼高阳氏都于此而得名，现村名为高城村。"[8] 从以上资料来看，大墓的主人是颛顼的可能性很大。

　　大墓中，除了蚌砌龙以外，还有蚌砌的虎。这又做何解释呢？其实，在黄帝颛顼时代，龙与虎都是部落的图腾，它们地位差不多，后来龙的地位提升，成为部落主要的图腾，而虎则从神坛上下来，从图腾上悄然消失了。

　　黄帝、颛顼时代相当于仰韶文化的中期，仰韶文化晚期是尧舜的时代，尧舜承接的是黄帝的正统，因此，以蛇为基础的龙的形象在仰韶文化时期定型无异是说中华民族文化性格在仰韶文化时代就基本上形成了。

　　中华民族另一重要图腾是凤，凤作为中华民族的图腾也有一个形成的过程。凤是传说中的形象，但它的基本形制是

图八　庙底沟类型鸟纹陶盆

鸟，因此，凡鸟都可以看成是凤的来源。虽然相对来说，南方的史前文化遗址如河姆渡文化遗址、良渚文化遗址，鸟的造型要更多一些，但北方的史前文化遗址中，鸟纹亦不鲜见。在仰韶文化中，鸟的造型以庙底沟类型的陶器上鸟纹为代表（图八）。庙底沟类型陶器上的鸟纹有具象、抽象两类，具象的鸟纹，有些像燕，圆圆的头，尖尖的喙，长长的翅膀。一般作站立状。抽象的鸟纹则变化成波形，难以辨认了。

鸟在史前，普遍受到人们的喜爱进而尊崇，不是没有原因的。一是因为鸟能飞，这一点最为人羡慕。因为鸟能飞，先民们很自然将它看成是天国或神灵的使者，它们能沟通人与天国或神灵的关系。二是因为鸟能唱，鸟的鸣叫一般都非常动听，特别是其中的黄鹂、百灵。三是因为鸟美丽。鸟的美丽不仅在其羽毛，而且在其娇小。一般来说，娇小容易让人爱怜。鸟之成为某些氏族崇拜的对象是完全可能的。从神话传说来看，商的始祖是鸟。《诗经·玄鸟》云："天命玄鸟，降而生商。"《史记·殷本纪》云："殷契，母曰简狄，有娀氏之女，为帝喾次妃。三人行浴，见玄鸟堕其卵，简狄取吞之，因孕生契。""四帝"（少昊、颛顼、帝喾、帝俊）之一的少昊氏就以鸟为自己的图腾。《左传·昭公十七年》说："高祖少昊挚之立也，凤鸟适至，故纪于鸟，为鸟师而鸟名。"少昊将一大批官职名为鸟，如"凤鸟氏，历正也；玄鸟氏，司分者也；伯赵氏，司至都民，青鸟氏，司启者也"。实际上，少昊部落下属的诸氏族各以某一种鸟为图腾，这些氏族的首领分别在少昊的部落中担承某一种官职。《尔雅》据《左传》将少昊部落下的某些氏族为何以某鸟为图腾加以阐述，比如其中的祝鸠氏，它是以鸠为图腾的，在少昊部落担任司徒官职。为什么呢？"佳鸠，孝鸟，故少昊氏以为司徒。"[9]"鹧鸠，春来冬去，备四时之事，故少昊以为司事之官。似山雀而小，短尾，青黑色，多声。"[10]

从这些介绍来看，作为氏族图腾的鸟是那些能给人带来某种实际功利或某种精神启迪的鸟。这些鸟外表并不怎么漂亮，像鹧鸠，似山雀，短尾，青黑色，但它春来冬去，客观上为人报告时令的变化，因而它成为氏族的图腾，少昊也以此名给予这个氏族的首领一个相应的官职。

庙底沟类型陶器上的鸟纹像燕，燕能成为氏族的图腾吗？能！《绎史》卷六引《田俅子》云："赤燕一羽，飞集少昊氏之户，遗其丹书。"据神话，舜的前身为凤凰。《法苑珠林》卷六二引《刘向孝子传》云："舜父夜卧，梦见一凤凰，自名为鸡，口衔米以哺己，言鸡为子孙，视之，是凤凰。"舜的时代是仰韶文化的晚期，这传说至少说明在那个时代就有凤凰崇拜了。颛顼不仅崇龙崇虎也崇鸟，《山海经·大荒北经》说："附禺之山，帝颛顼与九嫔葬焉，爰有……鸾鸟、皇鸟……有青鸟、琅鸟、玄鸟、黄鸟……"

史前地下考古证明，鸟较之龙更受到各部落的喜爱，鸟虽然美丽，但没有龙那样强势，因此，由鸟演变而成的凤凰就成为中国阴柔文化的象征，而龙则成为中华文化阳刚文化的象征。

值得说明的是，虽然在仰韶文化时期各部落普遍地崇拜鸟，但是，此鸟的造型基本上像燕，它与后来成型的凤凰形象有一些差距。所以，只能说这个时期的鸟造型是凤凰造型的雏形，还不能说是凤凰。同样，龙造型也远没有达到标准化的地步，即使是濮阳西水坡的蚌塑龙也只是有龙的意味。比较接近标准化的龙和凤，分别发现于凌家滩文化、石家河文化的玉器佩饰中，距今 4000 年左右。那个时候接近于夏代开国了。

五、城垣宫室之美——国家意识的物化形态

中华民族的建筑文化始于有巢氏的筑巢而居，经过巢居与穴居，初民们终于在地面上筑屋了。建筑虽然是实用物，但它却是一定的意识形态的反映。仰韶文化早期社会结构还是母系氏族社会，半坡类型文化属于这种文化。考古发现，半坡人已经在地面筑房了，半坡村有 100 多座屋子，分为五组，每组有大、中、小型 20 座左右，大房间 70~100 平方米左右；中型房间 20~40 平方米左右；小型房间 10~15 平方米左右。每组房间之间有一些空隙，房间的门均对向广场。据学者研究，大房间住着氏族首领、老年男女和小孩，中小型房间住着部落的一般人员。这个时候，人们的婚姻关系不稳定，男子白天在自己的氏族干活，晚上到外氏族的女子住处过夫妻生活。一个男子可以与多个女人交往，同样，一个女子也有多个男性情人。半坡村的建筑布局与半坡的社会结构是相吻合的。

半坡的房屋为圆形和方形两种。圆形屋有一个尖笠状的顶，方形屋的屋顶有两面坡，近似今天的屋子。屋内多有火塘。从总体来看，房屋建筑比较粗糙。

仰韶文化晚期，社会进入父系氏族社会，男性的权威树立起来了，部落与部落之间结成联盟，是为部族；部族与部族之间也结成联盟，是为王国。黄帝就是中国中原一带最大的部族集团的首领，实际上，黄帝就是华夏王国的王。与这种社会模式相适应，王国就需要建都了。都城中有宫殿，宫殿既是国王及其家庭居住的地方，也是国王处理政务的地方，同时也是王国举行重大国务活动的地方。

史前考古发现仰韶文化晚期的城市遗址多座，其中具有王城规模的主要有两座：

1984 年在河南郑州附近的西山发掘了一处属于仰韶文化的居住区遗址，距今 5300~4800 年。它的平面近圆形，有城壕、城墙。城壕深 5.57 米，深约 4 米。残存的城墙 265 米，宽 3~5 米。总面积达 34500 平方米。从规模与形制来看它像一座城。有学者认为，它可能是黄帝时代的古城。

当代学人赵会军说："西山城址所在位置正在黄帝族的范围之内，迄今所知，西山城址属于仰韶文化秦王寨类型（或称大河村类型）遗址发现的唯一城址。从秦王寨类型的仰韶文化遗址分布来看，有熊国的地域并不局限于新郑，它至少还应包括新密、郑州和荥阳等地……在有熊国所辖的区域内（即秦王寨类型分布区），其文化遗址应属于有熊国文化，当时的氏族部落应属于有熊国组成部分。在西山发现的古城只能是有熊国的城，如果别处没有第二座城的发现，西山古城极有可能是有熊国国都。黄帝都有熊，是有熊国君，因此，把西山古城称为'黄帝城'无可非议的。"[11]

2000 年，考古学家在河南省灵宝市阳平镇西坡发掘了另一座仰韶文化遗址。在此遗址，考古学家清理了 34 座初民的墓葬，出土了一批重要文物，其中 17 号墓有玉钺和象牙镦。玉钺不是一般的礼器，它是王权的信物，就是说，谁握有玉钺就意味着谁就是王。这 17 号墓主显然不是一般的贵族，它就是王了。

在西坡遗址，考古学家发现有宫殿遗址。现在清理出的房屋基址共五座。五座房屋面积不等，最小的仅 52 平方米，最大的竟达 516 平方米。这最大的房屋，结构复杂，规模庞大，为半地穴式与地面式相结合，坐西朝东。四周设有回廊，室内有带柱础石的柱洞，近门处有火塘一个，地基和居住面处理得十分考究，整体布局合理。特别值得提出的是这大型屋子为四阿式建筑，四阿式又名四阿顶即庑殿顶。庑殿顶是中国宫殿建筑中的最高规格。于是，人们有理由猜想，这大房子是部落最高首领举行重大活动的地方，相当于明清宫殿中的太和殿。超大型房屋前面还有一个广场，这广场也应是整个宫殿系统的组成部分，相当于明清宫殿前的天安门广场。五座房屋及大型广场的布局透露出的信息是：这不是一般的住宅，而是宫殿。

这是否为黄帝的宫殿？人们有理由做这样的猜测。除了建筑形制类似于后来的宫殿外，还有一个重要的理由：传说中黄帝铸鼎的地方——铸鼎原距此遗址很近。《史记·封禅书》："黄帝采首山铜铸鼎于荆山下，鼎既成，有龙垂胡须下迎黄帝。"铸鼎原一直流传着大量的与黄帝相关的传说，周边山名、地名多与黄帝文化有关，比如，这里有三座并列的山峰，分别名蚩尤山、轩辕台和夸父山。这里的黄帝庙一直香火旺盛。

距铸鼎原很近的西坡遗址，其文化属于庙底沟类型的仰韶文化，其绝对年代正好与黄帝时代能够对应。据历史学家许顺湛的研究，仰韶文化晚期，铸鼎原聚落群有 87 个部落，1309 个氏族，26 万多人口，居住在 1000 多平方公里内。他们具有共同的文化、习俗和信仰，已经是一个庞大的族团了。许顺湛说："在这个庞大的聚落团中，出现了'金字塔'形的聚落结构，出现了明显等级差别的权贵者的房址，出现了礼器，同时还有凝聚 87 部落的祖庙和祭坛，这样的社会状况，必须有酋邦国家一级的政权机构，才能驾驭 87 个部落、1300 多个氏族、26 万多人的社会。这时的社会，从考古学的角度说属于庙底沟类型仰韶文化晚期，从历史角度说属于五帝时代的黄帝时期。"[12]

在河南发现的两座仰韶文化城址——郑州西山仰韶文化城址和灵宝阳平镇西坡仰韶文化城址都有相当的规模，到底哪一个地方是真正的黄帝城，现在难以确定，但是，它们的出现，充分说明仰韶文化后期，中国确实有国家政权出现了。

建筑与礼制紧密结合，这是中国建筑文化的重要特点，它是中国政治美学在建筑中的体现。看来，这一源头可以追溯到仰韶文化晚期。

仰韶文化之后为龙山文化，严文明先生认为，"仰韶文化和龙山文化的时代可以统称为晚期新石器时代，其中包括铜石并用时代"[13]。"铜石并用时代晚期相当于龙山时代，这时的考古文化，在中原地区为中原龙山文化……这个时期的年代约为公元前 2600—前 2000 年前，约当我国第一个有历史记载的夏王朝的前夕"[14]，仰韶文化应视为先夏文化。虽然，仰韶时代尚不属于文明时代，但离文明时代不远了。仰韶文化有资格被称为"文明前的文明"。也许它缺一道光芒，这光芒就是文字，如果有文字这一道光芒射过来，那文明前的文明也应成为文明了。

从某种意义上，仰韶文化为华族奠定了基本性格。仰韶文化与传说中的黄帝时代是同期的，所以，仰韶文化的创立实质是中华民族的建立的标志。

注释：

[1] 郑杰祥：《新石器文化与夏代文明》，江苏教育出版社，2005年，第233页。

[2] 郎树德、贾建成：《彩陶的起源及历史背景》，见《马家窑文化研究文集》，光明日报出版社，2009年，第124页。

[3] 郑杰祥：《新石器文化与夏代文明》，江苏教育出版社，2005年，第150页。

[4] 苏秉琦：《关于仰韶文化的若干问题》，《考古学报》1965年第1期。

[5] 临汝县文化馆：《临汝阎村新石器时代遗址调查》，《中原文物》1981年第1期。

[6] 郑杰祥：《新石器文化与夏代文明》，江苏教育出版社，2005年，第205页。

[7] 濮阳市文物管理委员会等：《河南濮阳市西水坡遗址发掘简报》，《文物》1988年第3期。

[8] 赵会军：《发现仰韶》，中国国际广播出版社，2010年，第75—76页。

[9]《尔雅翼》卷十四。

[10]《尔雅翼》卷十四。

[11] 赵会军：《发现仰韶》，中国国际广播出版社，2010年，第111页。

[12] 许顺湛：《五帝时代研究》，中州古籍出版社，2005年，第90页。

[13] 严文明：《论中国的铜石并用时代》，《史前研究》1984年第1期。

[14] 严文明：《史前考古论集·中国新石器时代聚落形态的考察》，转引自郑杰祥：《新石器时代与夏代文明》，江苏教育出版社，2005年，第237页。

仰韶文化：华夏文明的奠基者

◎曹兵武

　　2021 年将是以田野为主要手段的现代中国考古学诞生和仰韶文化发现与命名的百年纪念。1921 年，作为当时中国政府矿政顾问的瑞典人安特生在河南省渑池县仰韶村首次以田野发掘的方法，发现、认定和命名了中国第一个史前时期的考古学文化——仰韶文化，这是将中国历史与文明的基础和源头追寻到文献与传说时代边界之外的实证性材料，也是安特生依据仰韶彩陶与西亚、东欧彩陶的某些相似性而提出中国文化和文明西来说的重要依据。

　　100 年过去了，仰韶文化的新发现和新认识不断进步，已基本上可以确定这是大约距今7000 年~5000 年左右、以黄河中游地区为中心、吸收广阔地域的早期文化因素融合形成、自身演变脉络相当复杂、辐射广泛甚至可以说是同时期东亚地区规模最大人口最众的一支史前农业文化体系，而关于仰韶文化的源头和中国文明的起源，也经过西方学者的西来说到举世公认的本土说，从中原中心说（安志敏、夏鼐等）到满天星斗说（苏秉琦等）和多元一体说（严文明、张光直等），日趋丰富而细密。但是应该承认，关于中国文明形成的关键问题，比如具体源流、标志性内涵、机制过程及其所决定的文明体系特点等，则至今未能形成关键性共识，反而有众说纷纭、越描越乱的趋向，实证五千年中华文明，证成了一个源流歧乱的复杂丛体。

　　窃以为，中国文明起源的部分关键密码仍在仰韶文化中。当然，这不是说仰韶时代已经步入了文明时代，也不是说仰韶文化就是中国早期文明本身或者其代表——仰韶文化的发展水平，按照学界通行标准甚至都算不上复杂的分层与不平等的社会——但是，一方面，追寻早期中国文明在东亚广阔大地上脱颖而出执其牛耳的过程，还只能以考古发现和研究为主要手段；另一方面，仰韶文化确实在东亚地区走向文明社会的族群互动和文化进程中起了举足轻重的作用，用一个准确的词来说，就是具有核心性地位，扮演了华夏族群和华夏文明奠基者的角色。多元一体中的那个体之主体，重瓣花朵的那个花骨架，实际上就是在仰韶文化奠定的，经过龙山时代的淬火之后，最终走向了以城市和国家为载体的复杂文明体系。

　　因此，考古与仰韶，仍然是探索中国文明起源的关键所在。可以从以下几个方面来进一步认识这个问题：

一是仰韶文化的区位占据了后世俗称的中原。从公元前 2000 年到公元 1000 年，大约 3000 年间中原一直是中国以王朝为特征的国家文明的龙兴和存身之地。

二是仰韶文化是以融合方式率先形成的以农业为主要经济形态的考古学文化，其核心区遗址密集，聚落数量在当时诸文化中首屈一指；其幅员辽阔，超百万平方米的超大型遗址已发现多处，为当时诸考古学文化中所仅见，是当时东亚大地最为庞大的具有向心力和扩张性的人群，现代多学科研究成果基本上可以确定这一考古学文化遗存背后的族群实际上就是汉藏语系和今天汉族形成的主源和主根系，是早期华夏文明的人口和语言文化基础。

三是仰韶文化的一些文化因素和文化特性，包括聚落结构、中心广场、小家庭、公共性大房子、彩陶纹样等所体现的社会组织与文化心理特征，作为重要的文化基因具有长期的延续性和影响力。

因此可以说，仰韶文化最终成为早期东亚地区各文化互动、吸纳、辐辏、分化、重组、整合、提升的基本盘。

仰韶文化是通过融合形成的一支定居性农业为主的文化。它借助全新世大暖期的适宜环境和地理区位优势，将发源于西北中国黄土高原地带的小米（包括黍和粟）文化圈内的大地湾、白家、磁山、裴李岗包括部分的兴隆洼等区域性文化逐步整合融合起来，同时还吸收了其他如东南中国稻作文化的一些因素，在黄河中游诸河谷盆地和黄土高原东南缘一带形成小米大米并存的锄耕农业为主的经济形态，并以此为中心实现了对黄河中上游地区和整个黄土高原及其边缘广大区域的整合和一体化，在农业相对发达和区域内人口相对饱和后向周边尚未开发或人口稀少地区大量移民拓殖，产生了强烈的辐射和人口与语言的奠基效应。在其半坡和庙底沟的大肆扩张阶段，其他地区尚处于农业聚落零星发端的起步阶段，因此，早中期的仰韶文化某种程度上说是一枝独秀的，考古学所见的彩陶文化的广泛影响正是以此为支撑的。而当周邻各区域也步入兴旺发达的农业社会、走向区域整合和一体化并构成多元之元时，仰韶文化大扩张后广泛的分布区内反而因为地域辽阔、环境波动、文化进一步发展等原因而走向相对衰落的分化甚至解体。

需要指出的是，即便是仰韶晚期和后仰韶的文化低潮阶段，相对于周边其他区系的文化而言，位居中原的仰韶文化故地的聚落与人口规模也未落下风，不过，从庙底沟顶峰阶段的跌落和解体，则为其吸纳周边文化因素提供了新的机遇和空间。东部的大汶口文化、南方的屈家岭文化以及东南的良渚文化等在区域一体化高峰阶段对仰韶故地的挤压和渗透态势，加上环境变化、仰韶系统内部解体之后北方地区的仰韶后人携带变异和源自更远的西北方向的文化因素向故地的回归，使得其原有的核心分布区即所谓的中原一带较早进入一种不同血缘族群重叠挤压的复合式文化融合与重组的演化状态，从而形成了石峁、陶寺、瓦店、新砦和二里头等广泛综合各地文化创造的新型中心城镇。乱葬坑、殉人、活人奠基和祭祀遗存等在中原地区的大量发现，表明在此融合重组过程中不乏血腥冲突与对抗。但是，这种同一区域中的复群化社会分层生存状态，恰恰为突破血缘、超越部落和部族的国家的诞生创造了前提性条件，也正是红山、良渚以及海岱和江汉地区同时期文化所缺乏的重要文明基质。因此，中原地区最终能够成为诸早期王朝的降生与盘踞之地。而所谓王朝，可以理解为诸王来朝的国家文明中心，也可以理解为争夺文化正统的逐鹿中原。

所以说，仰韶文化的形成很重要，仰韶文化的解体也同样重要。仰韶文化尽管未及形成文明，但却是华夏文明的奠基者。当然，中国早期以王朝为载体的华夏文明的形成并不是仰韶文化的简单复兴和崛起，而是一个更加复杂、壮阔甚至血腥的以仰韶故地为舞台的文化碰撞、融合、重组和新的蜕变，但是，正是自仰韶时代开启的农业村寨和族群文化间的互动模式，为真正的东亚早期国家文明的登场提供了大规模高密度的人口基础、语言文化认同和地理舞台背景。在此过程中，也确定了仰韶文化作为华夏传统的奠基者角色与地位。

按照一些学者对仰韶文化内涵特征及历史文献与传说的概括把握，从彩陶纹样、一系列相关地名、人名与华之传说等，有理由将仰韶文化理解为东亚大地主干族群的华化——族群记忆与认同过程中首次浓墨重彩的底色铺设，使其具有从花到华的意识形态认同倾向。服饰美丽谓之华，文化高雅谓之夏。当然，这种模糊的文化优越和认同感经过国家文明尤其是春秋战国文化交互加剧过程的淬火，才渐渐清晰和定格，成为相对于四夷的中原族群的文化自觉，华夏、秦汉乃至唐人，慢慢成为东亚文明的内圈核心，文化上的统一与扩张也客观上普及了这一认同在以中原为中心的广大地域的共识化与长期影响。因此，仰韶文化可被视为是华夏传统在东亚脱颖而出的第一个关键形成期，为周边族群和文化上的逐鹿中原提供了可供争夺的人口资源对象和文化认同正统，传统才有了可以被传承的世界观框架和文化内核。

100年之后，中国考古与文明认识的突破，仰韶文化的重新认识仍是关键一环。一方面中国考古学需要在系统揭示考古遗存时空框架与内涵特征的基础上进一步结合新兴科技手段和理论方法追寻其背后的人群、语言、经济与社会组织等演进轨迹与动力机制，另一方面也面临着将文化与文明放在东亚乃至人类宏阔的历史背景中进行理论整合与概括，追寻中华民族、中华文化和中华文明从涓滴之流汇成江海、从多元走向一体如同滚雪球般发展壮大的过程与机制。

当年，著名考古学家苏秉琦先生绕开传统历史叙事大一统模式的怪圈，通过对仰韶文化的条分缕析及其与周边诸文化的比较研究提出中国文明起源的满天星斗和多元一体学说，但是苏秉琦先生并非要解构大一统、颠覆大一统。走向大一统是中国文化与文明演进的逻辑宿命，中国考古学的使命就是揭示这个复杂过程及其内在的机理，从而对自身及民族文化传统与人类命运共同体有更准确更深刻的认识和把握。考古学中国学派的形成和成熟，仍然寄望于其在与仰韶文化研究的相互砥砺中不断前行。

仰韶文化年代讨论

◎张雪莲　　◎仇士华　　◎钟　建　　◎卢雪峰　　◎赵新平

◎樊温泉　　◎李新伟　　◎马萧林　　◎张翔宇　　◎郭永淇

引　言

仰韶文化因瑞典学者安特生于 1921 年在河南渑池县发现的仰韶遗址而得名[1]，20 世纪 50 年代[2]和 80 年代[3]又对该遗址进行了发掘，对其文化内涵有了进一步认识。目前，这一考古学文化在渭水流域、晋南、豫中等广大区域也多有发现，且文化类型丰富，延续的时间也较长。

关于仰韶文化的测年工作，起始于 20 世纪 70 年代。中国社会科学院考古研究所碳十四实验室 1965 年建立后，在 70 年代初着手对半坡、庙底沟等仰韶文化遗址开展年代测定。北京大学碳十四实验室和中国文物研究所（中国文化遗产研究院的前身）碳十四实验室分别在 70 年代中期和末期也开始了这项工作[4]。

随着相关考古发掘和研究工作的进展，测定的遗址和碳十四数据量的增加，关于仰韶文化绝对年代的讨论也逐渐热烈，这期间许多学者对此进行了研究[5]。通过不断的研究和总结，仰韶文化绝对年代的轮廓日渐清晰。

20 世纪 70 年代后期到 80 年代初期，严文明先生综合考古研究和碳十四数据结果，列出了包括仰韶文化各类型序列、年代范围的分期年表[6]。其中，仰韶文化半坡类型的年代范围在公元前 4900~ 前 4000 年，庙底沟类型的年代范围在公元前 4000~ 前 3500 年，秦王寨类型的年代范围在公元前 3500~ 前 3000 年。

80 年代初，巩启明先生依据考古学研究结果，并结合碳十四年代测定，推定各文化类型及其相互关系（图一），认为仰韶文化的年代为公元前 5000~ 前 3000 年[7]。

80 年代中期，魏京武先生考察了渭水流域周边地区仰韶文化的序列和年代，认为其中半坡类型的年

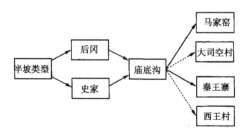

图一　仰韶文化各类型关系示意图

代为距今 6800~6000 年，其后庙底沟类型的年代为距今 6000~5000 年，再之后的龙山文化年代为距今 5000~4000 年[8]。

80 年代末，石兴邦先生在总结以往研究的基础上，又结合新的发掘资料和测年结果提出了新的分期年表[9]。其中，半坡类型为公元前 5000~ 前 4500 年，史家类型为公元前 4500~ 前 4000 年，后冈类型为公元前 4500~ 前 4000 年，庙底沟类型为公元前 4000~ 前 3600 年，西王村类型为公元前 3600~ 前 3000 年，秦王寨类型为公元前 3600~ 前 3000 年。

90 年代后期，在新的碳十四数据集面世以后，依据高精度校正的年代数据，戴向明先生又将仰韶文化各文化类型的年代序列精细化，以示意图的形式展示了黄河流域新石器时代的文化谱系[10]。据其图中所示，仰韶文化在关中、晋西南和豫西地区主要为半坡类型（文化），年代范围大致为公元前 5000~ 前 3900 年；庙底沟类型（文化），年代范围大致为公元前 3900~ 前 3500 年；半坡晚期类型，年代范围大致为公元前 3500~ 前 2900 年。豫北、豫中地区主要为后冈一期类型（文化），年代范围大致为公元前 4100~ 前 3900 年；庙底沟类型（文化），年代范围大致为公元前 3900~ 前 3500 年；秦王寨类型（亚文化）或大司空类型（亚文化），年代范围大致为公元前 3500~ 前 2500 年。

最新的研究成果体现在 2010 年出版的《中国考古学·新石器时代卷》中。该书在以往研究的基础上，汇集进入 21 世纪之后的新成果，使仰韶文化年代框架的细化达到前所未有的程度，体现了中国考古学年代研究的新进展[11]。其中，半坡文化为公元前 4900~ 前 3800 年，庙底沟文化为公元前 3900~ 前 3600 年，西王村文化为公元前 3600~ 前 2900 年，后冈一期文化为公元前 4500~ 前 3800 年。

国内的碳十四年代学研究，随着 20 世纪 90 年代中期到世纪末进行的夏商周断代工程的实施，有了较大的发展。通过高精度测年方法和技术的研究，使测年精度得到明显提高，为考古学的深入探讨提供了条件。近年来，结合中华文明探源工程的相关研究，我们对于仰韶文化遗存的年代开展了一些新的测年工作，现将这些测年结果与先前的研究相结合讨论如下。

一、遗址及测年情况
（一）遗址概况

本文最新进行的测年分析所涉及的遗址包括西安鱼化寨、郑州西山、灵宝西坡以及陕县庙底沟。

1. 鱼化寨遗址　位于西安市西郊鱼化寨村北 300 米以远的岗地之上，古皂河（渭河支流）从遗址东、北两侧绕过，东距半坡遗址 18 公里，东北距姜寨遗址 36 公里，西距客省庄遗址 12 公里。该遗址发现于 1937 年，原有面积 4 万多平方米，2002 年结合遗址的保护工作曾对遗址边缘部分进行抢救性发掘[12]。

2002 年 10 月至 2005 年 5 月，西安市文物保护考古所对该遗址进行了发掘，发现完整的环壕、灰坑葬、墓葬、陶窑，以及数量较多的房址、灰坑、瓮棺葬等，出土各类器物数百件，包括石斧、铲、镞，陶钵、瓮、盆、罐、瓶等。发掘者认为，鱼化寨新石器时代遗址的主要文化遗存属半坡类型，是一处仰韶文化早期的聚落，是西安地区继半坡、姜寨、客省庄遗址之后的又一重要发现。我们选取该遗址出土的部分人骨和兽骨样品进行碳十四测年分析。

2. 西山遗址　位于郑州市北郊的古荥乡孙庄村西。该遗址发现于1984年，1993~1996年进行发掘[13]，发现了目前所知黄河流域年代最早、建筑方法最为先进的仰韶时代晚期城址，为探索中国文明起源、城市起源等课题提供了重要资料。西山遗址共发现墓葬300余座，其中包括部分瓮棺葬，另外还有少量灰坑葬。据考古学文化分期，该遗址的文化遗存可分为早、中、晚三期，大体相当于仰韶文化的早、中、晚三期。我们选取出土的部分人骨样品进行碳十四测年分析。

3. 西坡遗址　位于河南省灵宝市阳平镇西坡村西北，坐落在铸鼎原南部，为目前发现保存最为完好的仰韶文化中期（庙底沟时期）大型中心性聚落。1999年至今已进行了六次考古发掘[14]，因其特大房址、壕沟、墓地、大型墓葬等的发现令学术界瞩目。该遗址共清理墓葬30余座，我们选取部分墓葬中出土的人骨进行碳十四测年分析。

4. 庙底沟遗址　这是仰韶文化发现较早的遗址，位于河南陕县南关的东南，1955年发现，1956~1957年进行了发掘，发现的遗存主要有仰韶时期房基、灰坑、墓葬，以及龙山时期的房基、窑址、灰坑、墓葬等[15]。近年来配合基本建设进行了新的发掘，发现仰韶文化灰坑等，出土了大量陶器、石器以及动物骨骼等[16]。我们采集2002年发掘中出土的部分兽骨进行碳十四测年分析。

（二）测年方法及数据结果

上述四个遗址进行碳十四测年所用方法为加速器（AMS）测年法，即将骨样品通过骨胶原提取、水解纯化制备成明胶之后，再通过真空制样系统制备成石墨，最后应用加速器质谱仪进行测定[17]。所得结果[18]，鱼化寨遗址的测年数据见表一，西山遗址的测年数据见表二，西坡遗址的测年数据[19]见表三，庙底沟遗址的测年数据[20]见表四。

表一　鱼化寨遗址骨样品碳十四测年数据

序号	实验室编号	原编号	样品物质	碳十四年代（B.P.）	树轮校正年代（B.C.）
1	ZK-6634	FX013T1014 ⑥下 H153	骨	5395±28	4325~4285（39.4%）　4270~4235（28.8%）
2	ZK-6646	FX061T0614 ⑨下 H179	骨	5496±30	4365~4325（68.2%）
3	ZK-6652	2004XYH Ⅲ T0415⑥下 W89	人骨	5444±30	4340~4315（27.0%）　4295~4260（41.2%）

序号	实验室编号	原编号	样品物质	碳十四年代（B.P.）	树轮校正年代（B.C.）
4	ZK-6658	2003XYH Ⅲ T0712 ⑤下 W71	人骨	5395±27	4325~4285（39.0%） 4270~4235（29.2%）
5	ZK-6661	2003XYH Ⅲ T1014 ⑧下 M12 中部	人骨	5573±26	4450~4415（30.0%） 4405~4365（38.2%）
6	ZK-6663	2004XYH Ⅲ T0619 ⑤下 M16	人骨	5399±27	4325~4285（41.4%） 4270~4240（26.8%）
7	ZK-6664	③ b 下 W37	人骨	5372±26	4330~4290（22.6%） 4270~4220（33.5%） 4200~4170（12.1%）
8	ZK-6665	2003XYH Ⅲ T0612 ③ b 下 W44	人骨	5349±31	4310~4300（1.8%） 4260~4220（17.7%） 4210~4160（24.4%） 4130~4070（24.3%）
9	ZK-6666	2003XYH Ⅲ T0913 ④下 W19	人骨	5399±29	4325~4280（41.1%） 4270~4240（27.1%）
10	ZK-6667	2003XYH Ⅲ T0713 ④下 W6	人骨	5410±28	4330~4255（68.2%）

表二　西山遗址人骨样品碳十四测年数据

序号	实验室编号	原编号	分期	碳十四年代（B.P.）	树轮校正年代（B.C.）
1	ZK-8156	TG5M221	早期	5175±25	4035~4025（9.4%） 3990~3960（58.8%）
2	ZK-8162	T5133M225	早期	5307±23	4230~4190（12.8%） 4170~4150（11.4%） 4140~4050（43.9%）
3	ZK-8152	T4539M88	中期	4625±22	3500~3460（49.2%） 3380~3360（19.0%）
4	ZK-8153	T3937M193	中期	4578±21	3370~3335（68.2%）
5	ZK-8157	T3837M181	中期	4604±19	3490~3470（28.8%） 3380~3350（39.4%）
6	ZK-8159	T4539M130	中期	4609±19	3490~3470（36.8%） 3380~3360（31.4%）
7	ZK-8163	T5533M209	中期	4674±23	3520~3490（16.9%） 3470~3420（41.8%） 3410~3370（9.6%）
8	ZK-8164	T3737M190	中期	4548±24	3370~3330（28.7%） 3220~3180（21.6%） 3160~3130（17.9%）
9	ZK-8166	T4438M89	中期	4574±21	3370~3330（64.8%） 3210~3190（3.4%）
10	ZK-8172	T3838M202	中期	4589±26	3490~3470（17.9%） 3380~3340（50.3%）
11	ZK-8173	T4539M98	中期	4573±21	3370~3330（63.6%） 3210~3190（4.6%）
12	ZK-8174	T5533M222	中期	4669±23	3520~3480（16.6%） 3470~3420（44.1%） 3390~3370（7.4%）
13	ZK-8177	T3836M183	中期	4602±19	3490~3470（26.4%） 3380~3350（41.8%）
14	ZK-8180	T5233W148	中期	4534±20	3360~3330（19.6%） 3220~3180（25.2%） 3160~3120（23.4%）

序号	实验室编号	原编号	分期	碳十四年代（B.P.）	树轮校正年代（B.C.）
15	ZK–8181	T4338W90	中期	4647±22	3500~3430（58.9%）　3380~3360（9.3%）
16	ZK–8182	T5233W186	中期	4793±20	3640~3630（9.6%）　3580~3530（58.6%）
17	ZK–8183	T3735M186	中期	5431±23	4335~4315（20.6%）　4300~4260（47.6%）
18	ZK–8184	T3937M192	中期	4611±20	3490~3470（39.8%）　3380~3360（28.4%）
19	ZK–8147	T4639M127	晚期	4615±23	3500~3460（43.6%）　3380~3360（24.6%）
20	ZK–8148	T4739M94②	晚期	4583±23	3490~3470（9.0%）　3370~3340（59.2%）
21	ZK–8149	T4638M143	晚期	4585±22	3490~3470（9.1%）　3370~3340（59.1%）
22	ZK–8154	T4739M100	晚期	4642±25	3500~3430（57.1%）　3380~3360（11.1%）
23	ZK–8158	T4639M126	晚期	4585±24	3490~3470（11.6%）　3380~3340（56.6%）
24	ZK–8169	T4338M75	晚期	4600±24	3490~3470（26.6%）　3380~3350（41.6%）
25	ZK–8170	T3029M80	晚期	4600±24	3490~3470（26.6%）　3380~3350（41.6%）
26	ZK–8171	T4739M94	晚期	4563±22	3370~3330（47.2%）　3210~3190（13.3%）3150~3130（7.7%）
27	ZK–8175	T3638M163	晚期	4181±25	2880~2850（13.2%）　2810~2750（42.1%）2730~2700（12.9%）
28	ZK–8176	T2432M53	晚期	4470±20	3330~3210（50.8%）　3180~3160（5.2%）3120~3090（12.1%）
29	ZK–8185	T4738H657	晚期	4293±19	2910~2890（68.2%）
30	ZK–8186	T3431H1051	晚期	4268±22	2905~2885（68.2%）
31	ZK–8187	T3931H1289	晚期	4569±19	3370~3330（63.4%）　3210~3190（4.8%）
32	ZK–8188	T3434H1129	晚期	4202±22	2890~2860（22.0%）　2810~2750（46.2%）
33	ZK–8155	M223	不明	4596±22	3490~3470（19.9%）　3380~3350（48.3%）

二、年代分析与讨论

（一）各遗址测年结果的分析

1. 测年结果的比较

（1）鱼化寨遗址　按照表一所列的数据，鱼化寨遗址的年代范围大约是公元前 4450~4070 年。发掘者认为该遗址所出器物基本属半坡类型早期。

（2）西山遗址　由表二可以看出，属于早期的样品有 2 个，碳十四年代为距今 5300~5100 年，校正年代范围为公元前 4230~前 3960 年。属于中期的样品有 16 个，碳十四年代除去其中 1 个偏老的距今 5431±23 年，其余 15 个为距今 4793~4534 年，校正年代范围为公元前 3640~前 3120 年。属于晚期的样品有 14 个，碳十四年代为距今 4642~4181 年，校正年代范围为公元前 3500~前 2700 年。

表三　西坡遗址人骨样品碳十四测年数据

序号	实验室编号	墓号	碳十四年代（B.P.）	树轮校正年代（B.C.）
1	ZK-3605	M1	4270±22	2905~2885（68.2%）
2	ZK-3606	M3	4387±22	3080~3070（0.8%）　3030~2920（67.4%）
3	ZK-3607	M8	4472±24	3330~3210（50.1%）　3180~3150（6.3%）　3120~3090（11.8%）
4	ZK-3608	M11	4403±22	3090~3050（22.2%）　3030~3000（15.9%）　2990~2930（30.2%）
5	ZK-3609	M13	4420±25	3270~3250（1.6%）　3100~3010（64.2%）　2980~2970（1.1%）　2950~2940（1.3%）
6	ZK-3610	M21	4432±22	3270~3250（4.4%）　3100~3020（63.8%）
7	ZK-3611	M14	4446±22	3310~3300（2.8%）　3290~3230（17.6%）　3110~3020（47.8%）
8	ZK-3612	M17	4495±23	3340~3260（28.7%）　3240~3210（13.6%）　3190~3150（14.7%）　3130~3100（11.2%）
9	ZK-3613	M20	4344±24	3010~2970（28.0%）　2960~2900（40.2%）
10	ZK-3614	M16	4470±33	3330~3210（49.9%）　3180~3150（6.1%）　3120~3090（12.2%）
11	ZK-3615	M18	4507±27	3340~3310（10.9%）　3300~3260（5.6%）　3240~3100（51.7%）
12	ZK-3616	M4	4289±24	2910~2890（68.2%）
13	ZK-3617	M5	4392±23	3090~3060（8.8%）　3030~3000（14.9%）　2990~2920（44.5%）

表四　庙底沟遗址兽骨样品碳十四测年数据

序号	实验室编号	原编号	碳十四年代（B.P.）	树轮校正年代（B.C.）
1	ZK-8032	02SHMT24H419	4530±19	3350~3320（15.8%）　3220~3180（25.8%）　3160~3120（26.7%）
2	ZK-8033	02SHMT14H83	4062±27	2660~2650（2.6%）　2630~2560（45.2%）　2520~2490（20.5%）
3	ZK-8034	02SHMT60H546	4225±25	2890~2870（25.6%）　2810~2780（31.3%）　2770~2760（6.0%）　2720~2710（5.3%）
4	ZK-8035	02SHMT94④	4255±24	2898~2878（68.2%）
5	ZK-8036	02SHMT1H9	4556±26	3370~3330（28.7%）　3220~3180（17.9%）　3160~3120（21.6%）
6	ZK-8039	02SHMT56H806	4223±25	2890~2860（24.4%）　2810~2780（31.8%）　2770~2760（6.2%）　2720~2710（5.9%）
7	ZK-8042	02SHMT57H545	4569±23	3370~3330（46.2%）　3210~3190（10.4%）　3160~3130（11.6%）
8	ZK-8043	02SHMT01H09②	4072±22	2830~2820（1.4%）　2660~2650（4.2%）　2630~2570（51.0%）　2520~2500（11.6%）
9	ZK-8044	02SHMT66H615	4069±26	2830~2820（2.4%）　2660~2650（4.3%）　2630~2570（46.9%）　2520~2490（14.5%）
10	ZK-8045	04SHMH028	4548±22	3360~3330（24.6%）　3220~3180（20.0%）　3160~3120（23.6%）
11	ZK-8046	02SHMT6H130	4032±21	2580~2555（22.7%）　2540~2490（45.5%）

序号	实验室编号	原编号	碳十四年代（B.P.）	树轮校正年代（B.C.）
12	ZK-8048	02SHMT22 ②	3979±23	2560~2535（25.9%）　2495~2465（42.3%）
13	ZK-8049	02SHMT106H770	4548±22	3360~3330（24.6%）　3220~3180（20.0%）　3160~3120（23.6%）
14	ZK-8050	02SHMT62H477	4566±21	3370~3330（46.0%）　3210~3190（9.8%）　3160~3130（12.3%）
15	ZK-8051	02SHMT25H108	4543±29	3360~3320（20.0%）　3220~3170（24.5%）　3160~3120（23.7%）
16	ZK-8052	02SHMT4H23	4069±26	2830~2820（2.4%）　2660~2650（4.3%）　2630~2570（46.9%）　2520~2490（14.5%）
17	ZK-8053	02SHMTG233H97	4589±25	3490~3470（17.6%）　3380~3340（50.6%）
18	ZK-8055	02SHMT38H300	4521±26	3350~3310（13.5%）　3240~3170（30.4%）　3160~3100（24.3%）
19	ZK-8056	02SHMT54H556	4228±18	2890~2870（35.5%）　2810~2780（27.9%）　2770~2760（4.8%）

发掘者认为，西山遗址早期属于后冈类型，中期属于庙底沟类型，晚期属于秦王寨类型。其年代序列为后冈类型（公元前4230~前3960年）—庙底沟类型（公元前3640~前3120年）—秦王寨类型（公元前3500~前2700年）。

（3）西坡遗址　由表三可见，西坡遗址所测样品的校正年代范围为公元前3340~前2885年。

根据西坡遗址的发掘和研究，所出墓葬依据出土器物类型分析可分为早、中、晚三组。第一组包括M6、M14（公元前3300~前3020年）和M18（公元前3340~前3100年），第二组包括M8（公元前3300~前3100年）和M31，第三组包括M3、M11（公元前3090~前2930年）、M13、M16、M17、M24、M26、M27、M29、M30和M34，其余墓葬因无随葬品而难以分组。

由样品的测年结果可以看出，年代较早的组，其绝对年代大致在公元前3300~前3100年；年代较晚的组，其绝对年代大致在公元前3100~前2900年（所测年代最晚的M1为公元前2905~前2885年）。发掘者将西坡墓地归入庙底沟类型，认为属于该类型的最晚阶段。

另外，在2003年，西坡遗址测定了两个木炭样品的碳十四年代[21]。其中，ZK-3118（原编号2001HLXF102②下 C Ⅲ）为距今4743±58年，校正年代为公元前3640~前3380年；ZK-3120（原编号2001HLXT5③H110）为距今4321±41年，校正年代为公元前3020~前2880年。

这样，整个西坡墓地所测定的年代大致为公元前3600~前2900年。

（4）庙底沟遗址　由表四可以看出，该遗址19个样品所测得数据的校正年代范围为公元前3490~前2465年。若再细分，19个数据依据碳十四年代大致可以归并为三组。第Ⅰ组9个数据，距今4500年左右，校正年代为公元前3490~前3100年；第Ⅱ组4个数据，距今4200年左右，校正年代为公元前2898~前2710年；第Ⅲ组6个数据，距今4000年左右，校正年代为公元前2830~前2465年。

发掘者认为，所测样品主要属庙底沟类型、庙底沟类型晚段以及西王村第三期（西王村Ⅲ）

类型，所测定的三组数据基本与之相当，则其相应的年代序列为庙底沟类型（公元前3490～前3100年）—庙底沟类型晚段（公元前2898～前2710年）—西王村Ⅲ类型（公元前2830～前2465年）。

将上述各遗址的测年分析结果归纳为表五。可以看出，鱼化寨遗址半坡类型的年代为公元前4450～前4070年。其他三个遗址相比较，庙底沟遗址年代偏早的一组数据（典型庙底沟类型）基本处于西山遗址中期阶段；而庙底沟遗址年代偏晚的一组（西王村Ⅲ类型）则晚于西山遗址晚期（秦王寨类型）阶段。西坡遗址年代偏早的部分数据（庙底沟类型）基本处于西山遗址中期阶段，年代偏晚的部分数据（由庙底沟类型向仰韶文化晚期的过渡阶段）基本处于西山遗址晚期中段的范围，并与庙底沟遗址的庙底沟类型相衔接，不晚于庙底沟遗址的庙底沟类型晚段。测年结果及相互关系见图二。

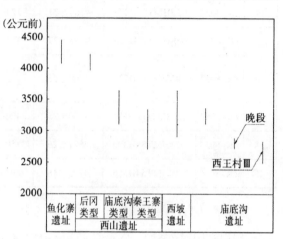

图二　各遗址碳十四年代测定结果示意图

表五　各遗址测年结果的比较

遗址		文化类型	年代范围	数据量
鱼化寨		半坡	公元前4450～前4070年	10
西山	早期	后冈	公元前4230～前3960年	2
	中期	庙底沟	公元前3640～前3120年	15
	晚期	秦王寨	公元前3500～前2700年	14
西坡		庙底沟（及其过渡段）	公元前3640～前2885年	15
庙底沟		庙底沟	公元前3490～前3100年	9
		庙底沟（晚段）	公元前2898～前2710年	4
		西王村Ⅲ	公元前2830～前2465年	6

由西山遗址早、中、晚期序列的测年结果，并结合另外两个遗址的数据，可看出相当于庙底沟类型的时间段应大约在公元前3600～前3100年，庙底沟遗址的庙底沟类型晚段以及西坡遗址庙底沟类型晚段和过渡段均在公元前3100年之后，可以延伸到公元前2800～前2700年前后。再其后为西王村Ⅲ类型。

由此所得到的序列及其年代范围大致是半坡类型（公元前4450～前4070年）—后冈类型（公元前4230～前3960年）—庙底沟类型（公元前3640～前3100年）—庙底沟类型过渡段及晚段（公元前3100～前2700年）—秦王寨类型（公元前3500～前2700年）—西王村Ⅲ类型（公元前2800～前2500年）。

对于所得到的结果，还可以通过校正曲线进行观察（图三）。从所涉及校正曲线主要年代段来看，比较明显地大致在公元前3620~前3380年、公元前3320~前3100年、接近公元前3100~前2930年，以及公元前2800~前2600年这几段，其走势都比较平缓。这种情况下，即便是较小的年代误差也难以确定相对具体的年代范围。结合得到的测年结果，庙底沟类型、秦王寨类型以及西王村Ⅲ类型的年代范围基本上都涉及这样的曲线特征。这样的条件下，文化类型之间年代上较为明确的区分只能通过系列样品方法进行尝试。

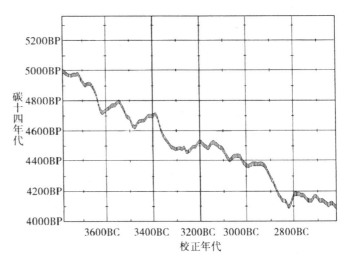

图三　碳十四—树轮年代校正曲线部分区段图

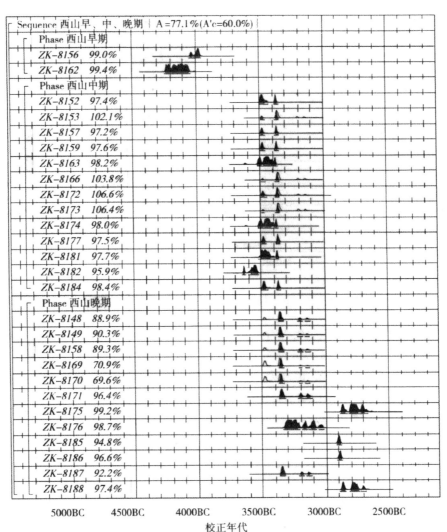

图四　西山遗址碳十四测年数据拟合结果

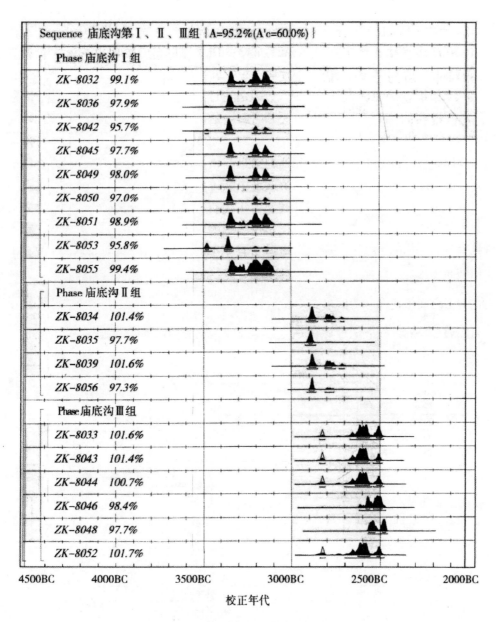

图五　庙底沟遗址碳十四测年数据拟合结果

另外，还应该注意到，由于目前碳十四测年所给出的误差一般仅是计数统计误差。考虑到测年影响因素的复杂性，为尽可能降低数据统计概率风险，这里做了 2 个标准偏差，即 95.4% 概率统计下的年代考察。

所分析的四个遗址，2 个标准偏差概率分布下的年代范围，鱼化寨遗址为公元前 4460～前 4050 年；西山遗址早期为公元前 4240～前 3950 年，中期为公元前 3640～前 3100 年，晚期为公元前 3520～前 2670 年；西坡遗址为公元前 3640～前 2880 年；庙底沟遗址第 I 组为公元前 3500～前 3100 年，第 II 组为公元前 2920~2700 年，第 III 组为公元前 2840~2460 年。所得到的序列及其年代范围大致是半坡类型（公元前 4460～前 4050 年）—后冈类型（公元前 4240～前 3950 年）—庙底沟类型（公元前 3640～前 3100 年）—庙底沟类型过渡段及晚段（公元前 3100～前 2700 年）—秦王寨类型（公元前 3520～前 2670 年）—西王村 III 类型（公元前 2840~

前 2460 年)。

　　将 2 个标准偏差和 1 个标准偏差概率分布下的年代范围相比，其差别基本在 30 年左右。由此可以看出，由于所处校正曲线的这样一个位置，即使统计概率增大到 95.4%，其年代范围变化也并不十分明显。

　　由前面的分析可以看出，遗址间的年代轮廓已经相对清楚。但由于相互间年代有些重叠，更进一步的年代关系的考察，只能尝试应用系列样品方法。

2. 应用系列样品方法的考察

　　系列样品拟合方法依据数据间的相互关联性可以有效减小校正后日历年误差[22]，使碳十四测年结果相对更为清晰，由此可以对遗址内以及遗址间各分期的年代关系有更进一步的了解。

　　西山遗址早、中、晚三期的数据拟合情况见图四，是舍去 4 个符合率较低的样品 ZK-8164、ZK-8180、ZK-8147、ZK-8154 之后得到的结果。由此图可以较为清楚地看出，西山遗址

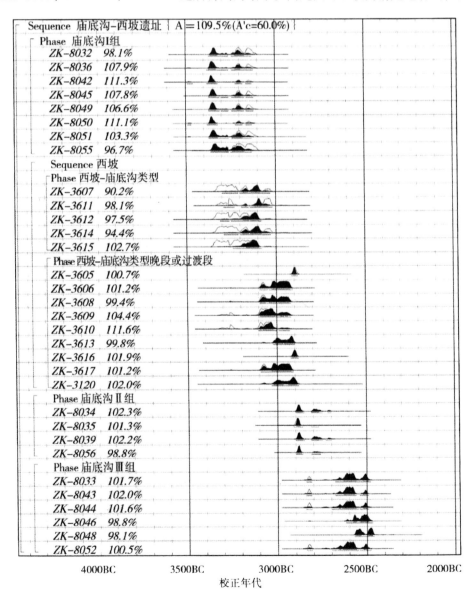

图六　庙底沟及西坡遗址碳十四测年数据拟合结果

中期（庙底沟类型）与晚期（秦王寨类型）年代明显重叠，显示了该遗址两种文化年代之间的关系；西山遗址晚期（秦王寨类型）有几个数据明显后延，其年代为公元前2900~前2500年。

庙底沟遗址的数据拟合结果见图五，可以看出庙底沟遗址的庙底沟类型、庙底沟类型晚段以及西王村第三期（西王村Ⅲ）类型这三组数据分得较开，但在第Ⅰ和第Ⅱ组之间有年代上的空当。

庙底沟—西坡遗址的数据拟合结果见图六，显示出西坡遗址所测定的数据中有部分同庙底沟第Ⅰ组相近，有部分处于第Ⅰ组和第Ⅱ组之间。依据考古地层学和类型学，可知秦王寨类型及其之后的序列为秦王寨类型—西王村Ⅲ期—庙底沟二期。

将西山遗址中期（庙底沟类型）、晚期（秦王寨类型）的数据与庙底沟遗址第Ⅲ组（西王村

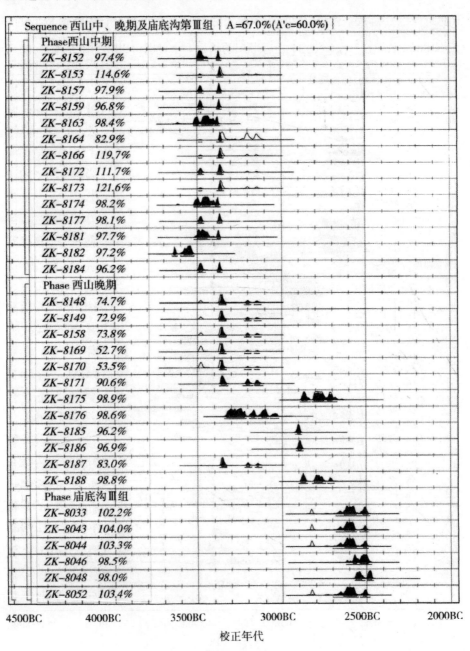

图七　西山遗址中、晚期和庙底沟遗址第Ⅲ组（西王村Ⅲ期）碳十四测年数据拟合结果

Ⅲ期）的数据按序列作一比较，图七是舍去 3 个符合率较低的样品 ZK-8180、ZK-8154、ZK-8147 得到的结果。由此图可见，庙底沟遗址第Ⅲ组（西王村Ⅲ期）的年代基本处于西山遗址晚期即秦王寨类型之后。

最后，可以将上述各遗址的庙底沟类型按照大致的年代排序放在一张图上进行观察。首先，各遗址庙底沟类型的年代范围（西山遗址中期—庙底沟遗址第Ⅰ组—西坡遗址—庙底沟遗址第Ⅱ组）由图八可以看出，西山中期、庙底沟第Ⅰ组以及西坡的大部分数据均处于公元前 3100 年之前，其前端最早的可到公元前 3600 年，西坡的庙底沟类型过渡段以及庙底沟遗址的庙底沟类型晚段的年代应在公元前 3100 年之后。

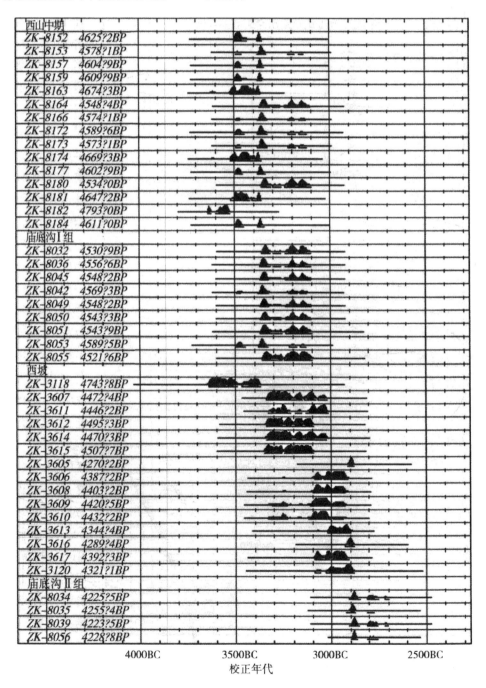

图八　各遗址庙底沟类型的年代比较

再将图八中的数据作拟合，其中数据 ZK-8042、ZK-8050、ZK-8053 和 ZK-3118 由于符合率偏低而被删除。图九的拟合结果显示了各遗址庙底沟类型之间大致的年代排序，即西山遗址中期（庙底沟类型）—庙底沟遗址第Ⅰ组和西坡遗址的部分（庙底沟类型）—西坡遗址的部分和庙底沟遗址第Ⅱ组（庙底沟类型晚段及过渡段），使我们对其年代之间的相互关系有了更清楚的了解。

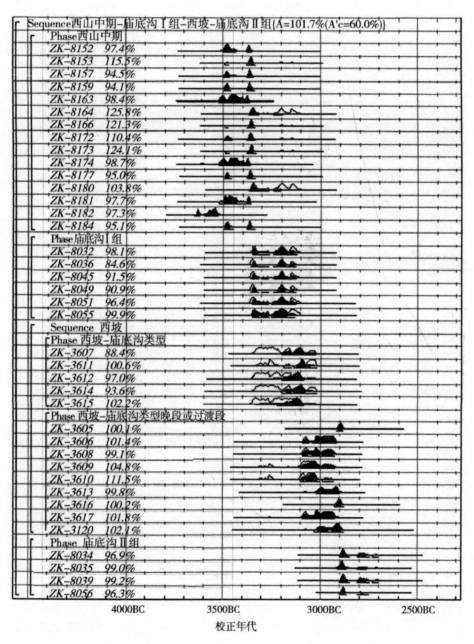

图九　各遗址庙底沟类型系列年代拟合结果

（二）以往测年结果的梳理和比较

下面结合以往的碳十四测年数据对仰韶文化各类型的年代进行讨论。

1. 半坡类型截止到 20 世纪 90 年代已发表的碳十四测年数据共计 26 个，涉及的遗址有西安半坡[23]、临潼姜寨[24]、宝鸡北首岭[25]、蓝田泄湖[26]、西乡何家湾[27]、垣曲古城东关[28]、铜川瓦窑沟[29]、天水师赵村[30]（表六）。

通过表六可以看出，除去个别遗址（瓦窑沟）有偏离较大的几个数据，半坡类型以往测年数据的年代范围大约在公元前5000~前3900年，目前测定的年代数据（公元前4450~前4070年）也处于这一范围之内。

发掘者认为，鱼化寨遗址靠近下层的遗存基本上属于半坡类型早期，但目前的测年数据与原先测定的半坡类型早期的年代数据相比明显年轻，有几百年的差别。这有可能是由遗存本身年代差别所致，需要今后通过更多相关遗址的测定作进一步的研究。但也不能排除有可能存在数据偏老因素的影响，这一点将在后面集中讨论。

表六　半坡类型碳十四测年数据

序号	遗址	实验室编号	原编号	样品物质	碳十四年代（B.P.）	树轮校正年代（B.C.）
1	西安半坡	ZK-0038		木炭	5890±110	4933~4680
2		ZK-0121	T1⑤	木炭	5740±105	4770~4470
3		ZK-0122	西部断崖	木炭	5670±105	4680~4368
4		ZK-0127	T3K42西南角	木炭	5430±105	4360~4157
5	宝鸡北首岭（中层）	ZK-0500	T2④底部路土中层	木炭	5500±100	4460~4245
6		ZK-0536	T1④H2中层	木炭	5600±120	4653~4350
7		ZK-0516	T1⑤H6中层	木炭	5970±120	5048~4770（拟合：4990~4710）
8		ZK-0501	T2⑤中层	木炭	5760±120	4780~4470
9		ZK-0515	T1H3中层	木炭	5620±100	4653~4360
10	临潼姜寨（一期）	BK77041	F29	炭化木椽	5800±110	4790~4530
11		ZK-0265	T36③F14	木椽	5670±170	4772~4350
12		ZK-0264	T57②F17:1柱洞中	木炭	5580±140	4653~4340
13	蓝田泄湖	ZK-2178	T1⑧下H81下	木炭	5160±105	4212~3817
14	西乡何家湾	ZK-1264	T17④下部	木炭	5620±85	4575~4361
15		ZK-1265	T24③F1	木炭	5290±80	4239~4000
16		ZK-1266	T26④上部H2	木炭	5450±85	4362~4236
17	山西垣曲古城东关	ZK-2126	IVT132H37	兽骨	4770±220（4970±220）	3780~3340（3900~3850, 1.0%；3800~3300, 61.3%；3250~3100, 5.9%）
18	铜川瓦窑沟	ZK-2721	91THT2028H200	木炭	5046±89	3959~3713
19		ZK-2722	91THT1625H218	木炭	5279±140	4318~3961
20		ZK-2723	91THT1524F6	木炭	4815±100	3697~3386
21		ZK-2724	91THT1621D扩	木炭	4774±95	3649~3378

序号	遗址	实验室编号	原编号	样品物质	碳十四年代（B.P.）	树轮校正年代（B.C.）
22	铜川瓦窑沟	ZK-2725	91THT1926Z133	木炭	4726±87	3634~3370
23	天水师赵村	ZK-2175	T114⑤	木炭	5720±260	4899~4340
24		ZK-2026	T114⑤	木炭	5350±95	4340~4039
25		ZK-2025	T114F31	木炭	5280±80	4236~3998
26		ZK-2174	T113⑤	木炭	5250±55	4222~3997

说明：1. 本文所涉及以往的碳十四测年数据除专门注明者外，均出自中国社会科学院考古研究所：《中国考古学中碳十四年代数据集（1965—1991）》，文物出版社，1992年。后列各表均同。

2. 骨样品的测年数据，由于分馏效应一般应加200年左右进行校正。后列各表中的骨样品除专门注明者外，均按此处理。

3. 铜川瓦窑沟的样品数据引自中国社会科学院考古研究所实验室：《放射性碳素测定年代报告（二一）》，《考古》1994年第7期。

2. 后冈类型截止到20世纪90年代已发表的碳十四测年数据共计8个，涉及的遗址有安阳后冈[31]、濮阳西水坡[32]和正定南杨庄[33]（表七）。

后冈遗址的两个样品中，ZK-0134层位较清楚[34]，其测年数据可代表后冈类型较早的年代；而西水坡遗址的蚌壳样品ZK-2304，据以往的经验，其测年数据的不确定程度较大。结合西水坡遗址其他几个数据和南杨庄遗址的数据，后冈类型大致的年代范围应为公元前4400~前4000年前后。与之相比较，西山遗址早期的两个数据为距今5175±25年和距今5307±23年，校正后年代为公元前4230~前3960年。可以看出西山遗址早期的两个数据基本处于先前测定的年代数据范围之内。

表七　后冈类型碳十四测年数据

序号	遗址	实验室编号	原编号	样品物质	碳十四年代（B.P.）	树轮校正年代（B.C.）
1	安阳后冈	ZK-0076	T1③	木炭	5330±105	4340~4004
2		ZK-0134	H5	木炭	5520±105	4470~4249
3	濮阳西水坡	ZK-2230	T245⑤ H16	木炭	5250±90	4231~3987
4		ZK-2304	T215⑥	蚌壳	5640±110	4665~4360
5		ZK-3243	88HPXT217⑥	木炭	5496±38	4440~4250
6		ZK-3245	88HPXT248⑥下 H144	木炭	5407±37	4330~4220
7	正定南杨庄	BK81039	T34② H93 早段（后冈一期早、中段）	木炭	5250±70	4226~3993
8		BK81051	T60④ H134 晚段（后冈一期晚段）	木炭	5230±100	4228~3970

说明：濮阳西水坡样品 ZK-3243、ZK-3245 的数据引自中国社会科学院考古研究所考古科技实验研究中心碳十四实验室：《放射性碳素测定年代报告（三一）》，《考古》2005年第7期。

3. 庙底沟类型截止到20世纪90年代已发表的碳十四测年数据共计22个，涉及的遗址有陕县庙底沟、宝鸡北首岭、临潼姜寨、蓝田泄湖、华阴西关堡、西安南殿[35]、荥阳点军台[36]、长葛石固[37]、荥阳青台[38]、甘谷灰地儿[39]、武功浒西庄[40]、天水师赵村[41]（表八）。

由表八可以看出，庙底沟类型以往大部分测年数据处于公元前4000~前2900年，仅有个别的后延到公元前2700年。而目前测定的数据与之比较，基本没有超出这一范围。

表八　庙底沟类型碳十四测年数据

序号	遗址		实验室编号	原编号	样品物质	碳十四年代（B.P.）	树轮校正年代（B.C.）
1	陕县庙底沟		ZK-0110	H333③	木炭	5080±100	3990~3780
2			ZK0112	H324③A	木炭	4770±170	3775~3360
3	宝鸡北首岭		ZK-0533	T1③上层	骨	4980±85（5180±85）	3941~3696（4230~3800）
4	临潼姜寨（三期）		ZK-0157	T9灰坑	兽骨	4750±150（4962±150）	3700~3360（3950~3630，68.2%）
5	蓝田泄湖		ZK2179	T1⑥H5	木炭	4500±95	3358~3035
6			ZK2180	T4⑥	木炭	4380±110	3302~2910
7			ZK2210	T5⑥	木炭	4450±105	3340~2920
8	华阴西关堡		ZK0115	H60	木炭	4290±120	3040~2703
9			ZK0116	H62	木炭	4539±120	3380~3040
10	西安南殿		ZK-0949	F1：1	炭化木橼	4590±90	3499~3109
11			WB81-19	F2F1	木橼	5040±80	3970~3710
12	荥阳点军台	庙底沟第一期	WB80-28	T4⑧红烧土中	木炭	4520±90	3365~3042
13		庙底沟第二期	WB80-34	F4	木炭	4410±125	3340~2910
14		庙底沟第一期	WB80-35	F5	木炭	4800±155	3778~3370
15		庙底沟第一期	WB80-36	T2：7层房基	木炭	4540±85	3371~3049
16	长葛石固		WB80-18	A区T52①下	木炭	4410±70	3296~2922
17	荥阳青台		WB81-55	XGQT10H16第5层	木炭	4460±80	3388~2929
18			WB81-56	XGQT2⑤红烧土中	木炭	4630±80	3508~3340
19	甘谷灰地儿		ZK-0186		木炭	4990±160	3980~3640
20	武功浒西庄		ZK-0961	T27④F8	木炭	4920±95	3893~3637
21	天水师赵村		ZK-2024	T113④	木炭	4980±95	3945~3693
22			ZK-2023	T114F32	木炭	4860±90	3777~3530

说明：甘谷灰地儿样品ZK-0186的数据引自巩启明：《试论仰韶文化》，《史前研究》1983年第1期。

4.秦王寨类型截止到20世纪90年代已发表的碳十四测年数据共计8个，涉及的遗址有郑州大河村[42]、洛阳王湾[43]、荥阳青台（表九）。

由表九可以看出，以往所测定数据校正后的年代为公元前3780~前2788年，表明秦王寨类型与庙底沟类型的年代有明显重叠。而目前测定的西山遗址第三期的年代基本处于公元前3500~前2700年左右，也与庙底沟类型有重叠，这显然与先前测定的数据类似，只是先前的数据相比较更老一些，重叠程度更大些。

表九　秦王寨类型碳十四测年数据

序号	遗址	实验室编号	原编号	样品物质	碳十四年代（B.P.）	树轮校正年代（B.C.）
1	郑州大河村	ZK-0185	F2东北角	木炭	4880±100	3780~3534
2		BK76004	T15F2	木炭	4370±140	3320~2788
3		BK80029	F30	木炭	4610±80	3502~3147
4		WB81-25	F31	木炭	4610±90	3505~3142
5	洛阳王湾	ZK-0144	H421底层	木炭	4640±120	3616~3142
6	荥阳青台	WB81-53	XGQT6H85③	木炭	4480±80	3345~2949
7		WB81-58	XGQT5F1第三文化层	木炭	4630±80	3508~3340
8		WB82-18	XCQT1③	木炭	4380±90	3290~2913

关于西王村Ⅲ类型，典型的考古发掘资料除芮城西王村[44]外，还有夏县西阴村遗址[45]等。另外，20世纪末对新安麻峪及马河遗址[46]的发掘中也有发现，但这一类型的测年数据还没有见诸报道。

（三）造成年代数据差距的因素

通过上文对仰韶文化以往测年数据的梳理，并与最新的测年结果相比较，可看出目前测定的结果基本在先前数据的范围之内。但两部分数据间明显存在一定的差距，即先前的数据有些明显老于目前测定的数据，下面就对造成年代数据之间差距的可能因素略作讨论。

1.造成数据偏老的可能因素　由前面分析的数据情况可以看出，无论半坡类型还是庙底沟类型，以往测定的数据和目前测定的数据相比较，似乎都存在不同程度的偏老。比较典型的如半坡类型的年代，目前测定的结果虽然处于先前测定结果的范围之内，但据考古发掘资料，鱼化寨遗址靠近下层的遗存基本上属半坡类型早期，其测年结果最早的为公元前4500年前后，较之先前所测定半坡类型最早的数据（公元前4900年）晚了约400年。

数据的偏老，一方面可能是源于样品所代表的遗存本身较早，即样品本身较早。另一方面则由于其他因素，如误差过大或样品的不同而导致了不同程度的偏老。这里先讨论后一方面的因素。

（1）数据误差过大所导致的偏老　以往的测年数据同现在相比，误差明显过大。过去测定的庙底沟类型年代数据中，误差都在 80 年以上，误差在 100 年以上的占到 40%，有个别甚至达到了 170 年。半坡类型的年代数据也类似，误差都在 80 年以上，误差在 100 年以上的占到 80%，而且也不乏误差 170 年的数据。一般来说误差较大往往会使其校正年代范围增大，由此导致年代的偏老。而在校正曲线的一些特殊的位置上，则更为明显。

我们还可以结合树轮年代校正曲线的具体情况，了解误差大小给年代早晚带来的影响（图一〇）。由图中可以看出，若碳十四年代在距今 4400 年左右，测年误差为 100 年左右时，其校正年代范围大致为公元前 3320~前 2900 年，即校正后年代误差为 400 多年。测年误差为 30 年左右时，其年代范围大致为公元前 3080~前 3000 年。此结果显示，在曲线的这个位置上，若误差

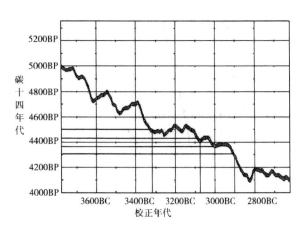

图一〇　碳十四—树轮年代校正曲线部分区段图

增加 70 年左右，则校正后年代范围明显增大，前端向前延伸了大约 240 年。而在曲线比较陡直的位置上，由于误差增大给年代早晚带来的影响则小得多。

上面仅是单纯考察了误差因素，实际上由于年代数据的误差同年代数据本身是不可分的，误差较大表明了数据本身可能会有较大偏离。

（2）木炭样品所导致的偏老　另一个可能引起测年数据偏老的因素是木炭样品本身有可能偏老。地层中的碳，其来源比较复杂，有时未必能与反映人类活动的地层堆积相互对应。先前我们在一些文章中也曾多次提到，木头、木炭一方面由于砍伐时间和所测定遗存的堆积时间不一致而导致年代的差别引起偏老。另一方面则是由于所测定的样品有可能不是靠近树皮的部分而导致年代的偏老。以往所测定的基本上都是木炭样品，而目前测定的样品均为骨样品。实际上骨样品也存在偏老因素，这是由年长者代谢的滞后所引起的。但这种情况比较少见，也即老年的骨样品一般比较少，即便有的话，由此所引起的偏老较之木炭可能引起的偏老程度也小得多。

（3）淬灭所导致的偏老　还有一个可能引起测年数据偏老的因素是由淬灭所导致的。样品制备过程中，一般由于环境因素等，如接触空气而导致的放射性衰变不能最大程度地被观察到，这种现象被称为淬灭。由于淬灭的发生，使得年代偏老。这种偏老因素是针对液闪方法而言的，而以往的碳十四年代数据基本上全部是由液闪方法所测定的，所以其结果存在着这种可能性。由淬灭所引起的偏老通常可以达到几十年，甚至上百年，一般对于新石器时代的年代来说影响不大，可以忽略；但对于较高精度的测年研究，则是应当考虑的。

2. 相对地域关系的考察　由于某些遗址的碳十四测年数据具有分期或上下层位清楚的序列关系，这里不妨先对此作更为详细的考察，然后进行分析和讨论。

（1）宝鸡北首岭遗址　该遗址的测年数据情况见表一〇。由分析结果和上下层位关系可以看出，中层属于半坡类型的样品年代大致为公元前5000～前4300年，史家类型的样品年代为公元前4300～前4000年；上层庙底沟类型的样品年代在公元前3900年之后。若如前所述考虑到骨样品的分馏效应，北首岭上层庙底沟类型的骨样品ZK-0533，其年代为距今4980±85年，加上200年并作校正后为公元前4000年以后。

表一〇　北首岭遗址碳十四测年数据

遗址分期		实验室编号	原编号	样品物质	碳十四年代（B.P.）	树轮校正年代（B.C.）
北首岭下层（老官台文化）		ZK-0519	T4⑦下层	木炭	6280±120	5340～5083
		ZK-0534	T1④H5下层	木炭	6150±120	5240～4908
北首岭中层	半坡类型	ZK-0500	T2④底路土中层	木炭	5500±100	4460～4245
		ZK-0536	T1④H2中层	木炭	5600±120	4653～4350
		ZK-0516	T1⑤H6中层	木炭	5970±120	5048～4770
		ZK-0501	T2⑤中层	木炭	5760±120	4780～4470
		ZK-0515	T1H3中层	木炭	5620±100	4653～4360
	史家类型	ZK-0498	T3F1中层	木炭	5240±100	4231～3980
		ZK-0499	T2④中层	木炭	5320±100	4334～4002
北首岭上层（庙底沟类型）		ZK-0533	T1③上层	骨	4980±85（5180±85）	3941～3696（4230～3800）

说明：表中年代序列关系参见巩启明：《试论仰韶文化》，《史前研究》1983年第1期。

（2）姜寨遗址　该遗址的碳十四测年数据见表一一。如前所述，由于分馏效应，一般中原地区的骨样品需增加200多年以进行年代的校正。若该遗址史家类型的人骨样品取已测定的碳十三数据大致平均值[47]，增加245年，则其碳十四年代为距今5135±85年，校正后年代为公元前4040～前3790年。庙底沟类型的兽骨，因未注明是家养还是野生，按照两者的平均值取值

表一一　姜寨遗址碳十四测年数据

文化分期（类型）	实验室编号	原编号	样品物质	碳十四年代（B.P.）	树轮校正年代（B.C.）
姜寨一期（半坡类型）	ZK-0264	T57①F17：1柱洞中	木炭	5580±140	4653～4340
	ZK-0265	T36③F14	炭化木椽	5670±170	4772～4350
	BK77041	F29	木炭	5800±110	4790～4530
姜寨二期（史家类型）	ZK-0454	T12M238：3	人骨	4890±85 5135±85（加245年）	3781～3545（4040～3790）
姜寨三期（庙底沟类型）	ZK-0157	T9灰坑	兽骨	4750±150 4962±150（加212年）	3700～3360（3950～3630）

$\delta^{13}C$ 为 -13，则需增加 212 年，其碳十四年代为距今 4962±150 年，校正后的年代为公元前 3950~ 前 3630 年。这两个样品相比可以看出，由于样品 ZK-0157 误差较大，造成两个样品之间重叠较严重。若误差小一些，或许三期的庙底沟类型样品的实际年代还应晚于二期的史家类型。

另外，若据史家类型样品的年代来看，庙底沟类型应处在史家类型之后，即庙底沟类型的年代应晚于公元前 3800 年。这样，史家类型的年代大致在公元前 4000~ 前 3800 年，庙底沟类型的年代晚于史家类型，而半坡类型的年代应在史家类型之前，即公元前 4000 年以前。还可以参考渭南史家遗址[48]的碳十四测年结果，ZK-0453（M43：29）为距今 4860±100 年。因为样品是人骨，也需进行分馏效应的校正，若按照上面计算的取值增加 245 年，校正后年代为公元前 4040~ 前 3770 年。

依据现有测年结果，北首岭遗址的史家类型年代大致在公元前 4300~ 前 4000 年，而姜寨和史家遗址的史家类型年代大致在公元前 4000~ 前 3800 年。这样也使这几处遗址中后续文化类型的起始年代产生了差别，北首岭遗址庙底沟类型的起始年代可以早到大约公元前 4000 年，而姜寨遗址的庙底沟类型最早也只能开始于大约公元前 3800 年之后。

（3）蓝田泄湖遗址 该遗址的碳十四测年数据见表一二。可以看出，虽然可能由于数据误差较大，数据间的重叠较严重。但显然史家类型晚于半坡类型，为公元前 4035~ 前 3790 年；而庙底沟类型在史家类型之后，晚于公元前 3800 年。

表一二 泄湖遗址碳十四测年数据

文化分期（类型）	实验室编号	原编号	碳十四年代（B.P.）	树轮校正年代（B.C.）
半坡	ZK-2178	T1⑧下 H81 下	5160±105	4212~3817
史家	ZK-2177	T1⑦	5120±105	4035~3790
庙底沟	ZK-2179	T1⑥ H5	4500±95	3358~3035
庙底沟	ZK-2180	T4⑥	4380±110	3302~2910
庙底沟	ZK-2210	T5⑥	4450±105	3340~2920
西王村	ZK-2140	T1⑤	4690±90	3623~3359
客省庄二期	ZK-2202	T1④扩	4350±105	3100~2890

（4）长葛石固遗址 该遗址的碳十四测年数据见表一三。其中，史家类型的年代为公元前 3986~ 前 3782 年，庙底沟类型的年代位于史家类型之后，晚于公元前 3800 年。

表一三 石固遗址碳十四测年数据

文化分期（类型）	实验室编号	原编号	样品物质	碳十四年代（B.P.）	树轮校正年代（B.C.）
Ⅵ期（史家类型）	WB82-04	A 区 T66H268	木炭	5070±85	3986~3782
Ⅶ期（庙底沟类型）	WB80-18	A 区 T52①下层	木炭	4410±70	3296~2922

上述现象有可能因为所取样品较少难以涵盖或代表整个层位，也或许这种差别确实存在，都需要今后进一步研究，这里先就现有数据进行尝试性的讨论。

我们对目前所发表的属于庙底沟类型的碳十四测年数据再作考察，发现年代上的这种小差别似乎是存在的。宝鸡北首岭遗址（1 个数据），年代范围为公元前 4230~前 3800 年。西安南殿遗址（2 个数据），年代范围为公元前 3970~前 3109 年。甘谷灰地儿遗址（1 个数据），年代范围为公元前 3980~前 3640 年。武功浒西庄（1 个数据），年代范围为公元前 3893~前 3637 年。蓝田泄湖遗址（3 个数据），年代范围为公元前 3358~前 2910 年。陕县庙底沟遗址（2 个数据，其中 1 个数据为公元前 3990~前 3780 年存疑），年代范围为公元前 3775~前 3360 年。荥阳青台遗址（2 个数据），年代范围为公元前 3508~前 2929 年。荥阳点军台遗址（4 个数据），年代范围为公元前 3778~前 2910 年。临潼姜寨遗址（1 个数据），年代范围为公元前 3900~前 3350 年（±150 年）。长葛石固遗址（1 个数据），年代范围为公元前 3296~前 2922 年。华阴西关堡遗址（2 个数据），年代范围为公元前 3380~前 2730 年。天水师赵村遗址（2 个数据），年代范围为 3945~前 3530 年。另外，半坡遗址史家类型的年代也比较早，为公元前 4350~前 3990 年。

这里需要说明的是，分析中均未包括甘肃秦安大地湾遗址[49]的测年数据，因为该遗址的情况相对复杂一些。其中几个样品数据，如 WB80-54、WB80-53、BK79029、ZK-0742，原先测定时认为是属于庙底沟类型[50]，但后两者校正后的年代早到了公元前 4400 年之前，而且是经过两个碳十四实验室的测定。在后来出版的发掘报告中，这几个数据列在庙底沟类型之前的二期[51]。另外有两个数据被认为是石岭下类型的，其相对年代在庙底沟类型之后，发掘报告中也列在庙底沟类型之后的第四期，但其校正后年代也早到了公元前 4000 年以前。由发掘报告也可以看出，尽管在年代研究上最终也参照了碳十四数据，但明显感觉到存在问题，所以依据考古资料作了较大的取舍，最终推断的年代为公元前 3900 年前后。同时也有学者认为该区域与陕晋豫交汇处相比较，在同一文化类型的器物上存在着文化面貌的差别[52]，这还需要进一步探讨。或许碳十四年代数据上的差异正是探寻这一问题的线索。

由各遗址的碳十四测年数据可以看出，北首岭、南殿、灰地儿、浒西庄、师赵村等遗址，庙底沟类型的年代范围均可早到公元前 4000~前 3900 年前后。而泄湖、庙底沟、青台、点军台、姜寨、石固、西关堡等遗址，庙底沟类型的年代大致均在公元前 3800 年之后。上述年代偏早的遗址基本上处于相对偏西的区域，而年代偏晚的遗址位置相对偏东，邻近渭水、黄河到豫中的区域。

若上述研究结果能够客观地反映遗址、遗存的年代状况，则我们目前对于庙底沟、西坡以及西山遗址庙底沟类型的测年结果就比较容易理解。如前所述，庙底沟、西坡以及西山遗址庙底沟类型目前的测年结果显示其上限基本处于公元前 3600 年前后，而这个区域中以往的测年结果基本处于公元前 3800 年前后。但其中仍然存疑的是，庙底沟遗址最早测定的两个数据中有一个年代相对较早，样品 ZK-0110 的碳十四年代为距今 5080±100 年，校正后年代为公元前

3990~ 前 3780 年。同目前测定的结果相比，确实存在着差距，不太好解释。有可能它代表着较早层位的年代，但也不能排除是年代偏老样品或存在其他问题，还需要作进一步的考察。

上述分析是建立在数据统计的基础上，但毕竟用于统计的数据是有限的，因此所反映的情况也难免具有局限性。

综合以往的测年数据和目前新测定的数据，可以得到仰韶文化各类型的序列及其大致的年代，即为半坡类型（公元前 5000~ 前 3900 年）—史家类型（公元前 4200~ 前 3800 年）—庙底沟类型（公元前 4000~ 前 3100 年）—庙底沟类型过渡段及晚段（公元前 3100~ 前 2700 年）—秦王寨类型（公元前 3700~ 前 2700 年）—西王村Ⅲ类型（公元前 2800~ 前 2500 年）。而后冈类型的年代范围为公元前 4400~ 前 4000 年。其中，某些文化类型在不同区域中可能存在的年代差别应该引起注意。

通过上述分析可以看出，虽然依据现有的碳十四测年数据给出了目前所能获得的年代序列的范围，但其中仍然存在可以讨论的问题，在使用时应有所把握。

结　语

通过综合以往和目前的碳十四测年数据，获得了目前条件下所能得到的仰韶文化各类型的年代。虽然其中有的文化类型的年代改变不是太大，但通过较高精度测定的数据的支撑，可以使其年代序列更为可靠。

目前较高精度的测年结果，首先进一步证明了以往测年数据的可靠性和有效性。其次，使庙底沟、后冈以及秦王寨类型的年代更为明确。第三，提供了西王村Ⅲ类型的大致年代范围。西王村Ⅲ类型（也即西王村上层）属于仰韶文化的最晚阶段，这一年代的逐步具体化将对庙底沟二期文化乃至龙山文化年代的研究产生一定的作用。第四，为仰韶文化早期半坡类型年代的深入探讨提供了新的线索。第五，较高精度的测年将使遗址间、区域间以及文化类型之间年代上的较小差别研究成为可能。而通过应用系列样品方法对测年结果的考察，使遗址内部以及遗址间各分期的年代关系更为清晰。总之，通过对以往测年数据的梳理并结合目前新的测年结果，使仰韶文化序列得到充实和细化，也成为今后进一步研究的基础。

考古学研究是年代研究的基础，只有在考古学深入研究的基础上，才能使年代学研究有明显进展，特别是在经过夏商周断代工程后碳十四测年技术已有了较大发展的今天。年代框架的进一步细化需要通过高精度系列样品方法作深入探讨。

附记：本文的研究得到中华文明探源工程的资助，殷玮璋先生给予了指导和帮助，特此致谢！

注释：

[1] a. 安特生：《中华远古之文化》，《地质汇报》1923 年第 5 号。

b. 夏鼐：《河南渑池的史前遗址》，《科学通报》1951 年第 2 卷第 9 期。

c. 陈星灿：《安特生与中国史前考古学的早期研究——为纪念仰韶文化发现七十周年而作》，《华夏考古》1991 年第 4 期。

[2] 夏鼐：《河南渑池的史前遗址》，《科学通报》1951 年第 2 卷第 9 期。

[3] 河南省文物研究所、渑池县文化馆：《渑池仰韶遗址 1980—1981 年发掘报告》，《史前研究》1985 年第 3 期。

[4] 中国社会科学院考古研究所：《中国考古学中碳十四年代数据集（1965—1991）》，文物出版社，1992 年。

[5] 有学者曾对这些研究做过详细的梳理。参见王仁湘：《仰韶文化绝对年代研究检视》，见《远望集——陕西省考古研究所华诞四十周年纪念文集》，陕西人民美术出版社，1998 年。

[6] 严文明：《略论仰韶文化的起源和发展阶段》，见《仰韶文化研究》，文物出版社，1989 年。

[7] 巩启明：《试论仰韶文化》，《史前研究》1983 年第 1 期。

[8] 魏京武：《碳 –14 测定年代与陕西地区新石器时代考古学文化》，《史前研究》1985 年第 1 期。

[9] 中国大百科全书编辑委员会：《中国大百科全书·考古学》，中国大百科全书出版社，1986 年。

[10] 戴向明：《黄河流域新石器时代文化格局之演变》，《考古学报》1998 年第 4 期。

[11] 中国社会科学院考古研究所：《中国考古学·新石器时代卷》，中国社会科学出版社，2010 年。

[12] 张翔宇、郭永淇：《西安再次发现大型史前环壕聚落遗址》，《中国文物报》2003 年 8 月 29 日。

[13] 国家文物局考古领队培训班：《郑州西山仰韶时代城址的发掘》，《文物》1999 年第 7 期。

[14] 中国社会科学院考古研究所、河南省文物考古研究所：《灵宝西坡墓地》，文物出版社，2010 年。

[15] 中国科学院考古研究所：《庙底沟与三里桥》，科学出版社，1959 年。

[16] 近年来该遗址的发掘情况可参见河南省文物考古研究所：《河南三门峡市庙底沟遗址仰韶文化 H9 发掘简报》，《考古》2011 年第 12 期。

[17] 具体操作方法参见中国社会科学院考古研究所考古科技实验研究中心碳十四实验室、中国科学院地球环境研究所加速器质谱中心、中国社会科学院考古研究所中美队：《河南虞城县马庄新石器时代遗址的碳十四测年》，《考古》2010 年第 12 期。

[18] 本文表格和插图除注明者，涉及的碳十四年代半衰期均按 5568 年计算，距今年代起点为 1950 年；树轮年代校正曲线和校正程序均使用 OxCal3.10 版本，列出的结果为 16 范围。

[19] 中国社会科学院考古研究所考古科技实验研究中心碳十四实验室、中国科学院地球环境研究所西安加速器质谱测试中心：《放射性碳素测定年代报告（三七）》，《考古》2011 年第 7 期。

[20] 中国社会科学院考古研究所考古科技实验研究中心碳十四实验室、中国科学院地球环境研究所西安加速器质谱测试中心：《放射性碳素测定年代报告（三六）》，《考古》2010 年第 7 期。

[21] 中国社会科学院考古研究所考古科技实验研究中心碳十四实验室：《放射性碳素测定年代报告（二九）》，《考古》2003 年第 7 期。

［22］仇士华、蔡莲珍：《解决商周纪年问题的一线希望》，见《中国商文化国际学术讨论会论文集》，中国大百科全书出版社，1998年。

［23］中国科学院考古研究所、陕西省西安半坡博物馆：《西安半坡——原始氏族公社聚落遗址》，文物出版社，1963年。

［24］西安半坡博物馆、陕西省考古研究所、临潼县博物馆：《姜寨——新石器时代遗址发掘报告》，文物出版社，1988年。

［25］中国社会科学院考古研究所宝鸡工作队：《一九七七年宝鸡北首岭遗址发掘简报》，《考古》1979年第2期。

［26］中国社会科学院考古研究所陕西六队：《陕西蓝田泄湖新石器时代遗址发掘简报》，《考古》1989年第6期。

［27］陕西省考古研究所汉水队：《陕西西乡何家湾新石器时代遗址首次发掘》，《考古与文物》1981年第4期。

［28］中国历史博物馆考古部、山西省考古研究所、垣曲县博物馆：《垣曲古城东关》，科学出版社，2001年。

［29］王炜林：《瓦窑沟史前遗址发掘取得重要成果》，《中国文物报》1995年5月21日。

［30］中国社会科学院考古研究所甘青工作队：《甘肃天水师赵村史前文化遗址发掘》，《考古》1990年第7期。

［31］a. 中国科学院考古研究所安阳发掘队：《1958—1959年殷墟发掘简报》，《考古》1961年第2期；《1971年安阳后冈发掘简报》，《考古》1972年第3期。

　　 b. 中国科学院考古研究所安阳工作队：《1972年春安阳后冈发掘简报》，《考古》1972年第5期。

［32］濮阳西水坡遗址考古队：《1988年河南濮阳西水坡遗址发掘简报》，《考古》1989年第12期。

［33］河北省文物研究所：《正定南杨庄——新石器时代遗址发掘报告》，科学出版社，2003年。

［34］张忠培、乔梁：《后冈一期文化研究》，《考古学报》1992年第3期。

［35］西安半坡博物馆：《西安南殿村新石器时代遗址的调查》，《史前研究》1984年第1期。

［36］郑州市博物馆：《荥阳点军台遗址1980年发掘报告》，《中原文物》1982年第4期。

［37］河南省文物研究所：《长葛石固遗址发掘报告》，《华夏考古》1987年第1期。

［38］郑州市文物工作队：《青台仰韶文化遗址1981年上半年发掘简报》，《中原文物》1987年第1期。

［39］马承源：《甘肃灰地儿及青岗岔新石器时代遗址的调查》，《考古》1961年第7期。

［40］中国社会科学院考古研究所：《武功发掘报告——浒西庄与赵家来遗址》，文物出版社，1988年。

［41］中国社会科学院考古研究所甘青工作队：《甘肃天水师赵村史前文化遗址发掘》，《考古》1990年第7期。

［42］a. 郑州市文物考古研究所：《郑州大河村》，科学出版社，2001年。

　　 b. 李昌韬：《试论"秦王寨类型"和"大河村类型"》，《史前研究》1985年第3期。

　　 c. 杨建芳：《略论仰韶文化和马家窑文化的分期》，《考古学报》1962年第1期。

［43］北京大学考古实习队：《洛阳王湾遗址发掘简报》，《考古》1961年第4期。

［44］a. 中国科学院考古研究所山西工作队：《山西芮城东庄村和西王村遗址的发掘》，《考古学报》1973年第1期。

　　 b. 张忠培：《试论东庄村和西王村遗存的文化性质》，《考古》1979年第1期。

［45］山西省考古研究所：《西阴村史前遗存第二次发掘》，见《三晋考古》第2辑，山西人民出版社，1996年。

［46］河南省文物管理局、河南省文物考古研究所：《黄河小浪底水库考古发掘报告》（一），中州古籍出版社，1999 年。

［47］Ekaterina A. Pechenkina，Stanley H. Ambrose，Ma Xiaolin，Robert A.，Benfer Jr.，"Reconstructing Northern Chinese Neolithic Subsistence Practices by Isotopic Analysis"，*Journal of Archaeological Science*，2005，Vol. 32，pp.1176-1189.

［48］西安半坡博物馆、渭南县文化馆：《陕西渭南史家新石器时代遗址》，《考古》1978 年第 1 期。

［49］甘肃省文物考古研究所：《秦安大地湾——新石器时代遗址发掘报告》，文物出版社，2006 年。

［50］中国社会科学院考古研究所：《中国考古学中碳十四年代数据集（1965—1991）》，文物出版社，1992 年。

［51］甘肃省文物考古研究所：《秦安大地湾——新石器时代遗址发掘报告》，文物出版社，2006 年。

［52］甘肃省文物考古研究所：《秦安大地湾——新石器时代遗址发掘报告》，文物出版社，2006 年。

纵论仰韶时代

◎**赵春青**　◎**高范翔**

仰韶文化是中国命名的第一支考古学文化，仰韶时代是继裴李岗时代之后的又一段惊心动魄的史前时代。经过几代考古学人的不懈努力钻研，目前基本上搞清楚了仰韶时代的绝对年代为公元前 5000 年至前 2900 年，这一时期正处于中国文明起源的关键时期，学界对仰韶时代的环境背景、生计方式、聚落形态、文化关系、社会性质等，都有了较深入的探索。可以说，仰韶文化和仰韶时代是中国史前社会研究最为深入的时段，代表着中国史前考古学研究的水平。不过，关于仰韶时代的具体起止年代、分布范围、文化类型的划分，仰韶时代究竟划分为几大阶段、从哪个阶段开始进入中国文明的起源阶段等一系列重要问题，学术界没有定论。基于此，笔者就仰韶时代的若干问题，提出自己的观点。

时 空 范 围

仰韶文化分布面积庞大，按照仰韶文化鼎盛时期即庙底沟期的分布范围来看，北抵内蒙古河套地区，东北达辽西地区，东与山东境内的北辛文化—大汶口文化相接，东南到太湖流域崧泽文化的西北部，南部与大溪文化接壤，西南深入四川省西北部，西与马家窑文化接壤。东西南北，纵横数千里，是史前中国面积最大、历时最久、影响最为深远的考古学文化。环绕仰韶文化的诸支考古学文化，计有仰韶文化东边的大汶口文化、西边的马家窑文化、南边的大溪文化、东南边的崧泽文化等，共同构成中国考古学上的仰韶时代。

仰韶文化初期，即早于半坡类型的枣园类型或零口类型，有学者推测其年代为公元前 5000 年至前 4500 年，可以置于仰韶文化半坡期之前。不过，这一将零口类型划归仰韶文化初期类型的方案并未被多数学者接受。至于庙底沟二期文化，早有学者将其划归龙山时代早期，也有学者主张划归仰韶文化末期。笔者认为，庙底沟二期文化已基本不见彩陶，失去了仰韶时代最基本的陶器色调；从陶器的器物基本组合观察，陶斝之类空三足器已登场，成为龙山时代最常见的陶器种类之一。而仰韶文化的标型器——小口尖底瓶已退出庙底沟二期文化的陶器群，在聚落形态庙底沟二期不见西安半坡、临潼姜寨那样的向心式聚落布局模式，公共墓地如山西清凉寺墓地出现贫富分化、贵贱有别。此外，庙底沟二期文化的生计方式、贸易往来等，也远远超出仰韶文化。因此，笔者认为，庙底沟二期文化似应脱离仰韶时代，归入龙山时代为宜。

仰韶文化与龙山文化孰早孰晚，学界曾争执不休。洛阳王湾和三门峡庙底沟遗址的发掘最终实证了仰韶文化在前、龙山文化在后。而同属仰韶文化的半坡类型和庙底沟类型究竟哪个在前哪个在后，抑或某一阶段二者是并存的关系，学界目前仍然时有争论。不过，大体而言，半坡类型主要分布在关中地区而庙底沟类型起初主要分布在陕西东部和河南西部似已经取得较为一致意见。

庙底沟时代与大同之世

仰韶时代历时两千多年，是史前中国极富时代变迁的历史阶段。按社会发展阶段可以划分为早中晚三个时期。其中，仰韶时代早期约为公元前5000年至前4000年，有学者细分为半坡期和史家期。半坡、姜寨、北首岭、元君庙墓地等一系列典型的聚落与墓地解析表明，仰韶时代早期为氏族社会。其中，姜寨一期遗址保存、发掘得较为完整。这是一处由五组房屋构成的氏族村落，村落中央是一个大型广场，五组房屋环绕广场分布；每组房屋均由大、中、小三类房屋构成。其中，大房子面积在100平方米以上，整体呈凸字形，设长条形门道和单间房屋，门口置一火膛，在其左右设两个土床，后间是一片空地，供家族成员聚会使用。村外原应有5组墓地，现保存完整的只有3组，每组墓地所葬死者应是同一家族成员。由村落内的房屋和村外的墓地推测，每一家族的日常人口为20~30人左右，与民族地区的母系家族人口相仿。除了家族之外，尚有广场、哨所、环壕和环壕外的窑场为氏族共有。姜寨一期聚落形态，在关中和陇东地区广为流行。

仰韶时代中期约为公元前4000年至前3500年，有学者称之为庙底沟文化或仰韶文化庙底沟期。我们把这一时期与中国古籍上常常提及的大同之世联系起来。《礼记·礼运》云："大道之行也，天下为公。选贤与能，讲信修睦。故人不独亲其亲，不独子其子，使老有所终，壮有所用，幼有所长，矜寡孤独废疾者皆有所养。男有分，女有归。货恶其弃于地也，不必藏于己；力恶其不出于身也，不必为己。是故谋闭而不兴，盗窃乱贼而不作，故外户而不闭，是为大同。今大道既隐，天下为家，各亲其亲，各子其子，货力为己。……禹、汤、文、武、成王、周公，由此其选也。此六君子者，未有不谨于礼者也。以著其义，以考其信，著有过。刑仁讲让，示民有常，如有不由此者，在埶者去，众以为殃，是谓小康。"

从这段话中，可以看出，禹、汤、文、武、成王、周公所处的时代为小康之世，而早于小康之世的大同之世，再不见有具体的人名，只是说明大同之世的时代比禹时期更早。那时，社会"选贤与能，讲信修睦"。那么，究竟何时为大同之世，古典史籍并未记载，历史学家往往把大同之世当作古人的理想之国。笔者认为，频见于古籍的大同之世，绝非相壁虚设，而是对应于我国历史上的某一时期。早于夏代者依次是史籍上的五帝时代、新石器时代和旧石器时代。约公元前 1 万年至前 2000 年前后的新石器时代的考古学文化谱系已经相当缜密，如果以考古学上的新石器时代与史籍所载的大同之世相比附，最有资格的当是仰韶文化的庙底沟期。庙底沟期分布广泛、彩陶盛行、图案以花卉纹为主，但阶层分化并不明显，符合大同之世的景象。在庙底沟期之后，中国才逐步进入"五帝时代"，"大同之世"已逐渐淡出人们的视野，成为心中遥不可及的美好传说了。

聚落、城址与城址群

目前，仰韶时代最早的城址是湖南澧县城头山遗址，始建年代为公元前 4000 年前的大溪文化第一期，约相当于仰韶文化庙底沟期初期。湖北天门龙嘴遗址也发现了仰韶时代的城址，该城址年代为油子岭文化油子岭类型早期，即公元前 3900 年至前 3500 年，与仰韶文化庙底沟期的年代相仿。城头山和龙嘴两座城址是目前中国所见年代最早的史前城址，已建有斜夯的城墙，但城址面积都不是很大，城内也不见高等级建筑。因此，它们更像是两座带围墙的聚落，与后来出现的城址相差甚远，不具备城址的功能。笔者推测，这两座城址与陕西西安市附近的杨官寨遗址处于同一发展阶段。杨官寨聚落面积达 80 万平方米，环绕遗址一周为环壕，遗址内部不见宫殿一类建筑，而是有整个聚落共用的大型水池系。杨官寨聚落东北是庙底沟期的公共墓地，已发掘了几百座墓葬，墓葬分化不甚明显，或许显示出庙底沟期的氏族公共墓地尚未出现严重的分化现象。

公元前 3500 年至前 3000 年间的仰韶文化晚期，各地城址的数量大大增加，单个城址的平面布局已显示具有地域中心的位置。如河南郑州市的西山城址、大汶口城址、屈家岭文化时期的石家河城址等，这时的个别大型城址已演变成区域政治中心，甚至是更大范围内的聚落群所构成的都市。可以说，仰韶时代晚期，中国开始出现的城址群至少有仰韶文化中游城址群、海岱文化城址群、长江中游城址群三大城市群。到了龙山时代，不仅城市群扩展到长江上游和长城沿线，而且城址的规模更大，布局更为复杂，文明化程度更高，而这均是以仰韶文化晚期的城市群为基础的。仰韶时代城址群如何分类，每一城址群内的城址是否都可以分为都城—都邑—聚落。每个层次，每一层级的城址有何特点，这些问题需要在进一步的田野工作和综合性研究中逐步解决。

艺术与宗教

如前所述，仰韶文化可以划分为三大阶段。其中，仰韶文化中期的庙底沟期的彩陶流传面积最大，彩陶花纹以花卉纹及其变体引人注目。庙底沟期的花卉纹彩陶以两个花瓣、四个花瓣、六个花瓣等组成的彩陶图案最为常见。此外，有规律地缠绕在一起的回旋勾连纹，同样是庙底沟期的主体彩陶图案。苏秉琦先生把回旋勾连纹进一步细分为菊科和玫瑰花两种类型，笔者认为花卉纹与回旋勾连纹，凸显了庙底沟期的彩陶主体纹饰，因而广泛流行，风行一时。除了这种图案画的纹样以外，庙底沟文化彩陶令人瞩目的还有所谓"鹳鱼石斧图"，彰显强大的鹳鸟集团战胜白鲢鱼集团的画面。这幅陶画被艺术史家们奉为最早的中国画。需要说明的是，这幅"鹳鱼石斧图"是采集品，与之共同被采集的还有十几件陶器，经笔者观察，大部分是仰韶文化史家类型常见陶器。因此，这件"鹳鱼石斧图"彩陶缸更可能是相当于史家期的作品。

有学者认为玉器同彩陶一样是中国史前杰出的艺术瑰宝之一。仰韶时代的玉器主要有红山文化、凌家滩文化和崧泽文化—良渚文化三大系统。其中，红山文化的玉龙、玉猪龙、玉人等，造型生动、古朴典雅，尤其是玉龙形象凸显，喻示着中国对龙尊崇的习俗已经相当成熟。凌家滩文化玉器如玉猪龙、玉版、玉人、玉猪、玉鹰等，神秘而又浪漫。其中，玉猪龙、玉人当与红山文化玉器保持密切的联系。至于良渚文化早期已经出现的玉璧、玉琮等玉器，装饰精美、纹饰繁缛，而且类别复杂、工艺精湛。可见，良渚文化早期的玉器争奇斗艳，百花齐放，而这也预示着文明时代已经到来。

有学者主张将"玉器时代"指称史前中国的一个历史发展阶段，笔者认为，"玉器时代"泛指仰韶文化晚期的东北、华中和长江下游地区或许差强人意。但是，玉器时代的流行范围极其有限，特别是对于根本不见或极少见玉器的地方而言，用它涵盖仰韶时代晚期就显得不尽合适了。

各种各样的宗教遗存，早在旧石器时代晚期已经出现，到了仰韶时代，著名的宗教遗迹恐怕绕不开河南濮阳西水坡遗址的蚌塑龙虎图。龙集多种动物形象于一身，其在裴李岗时代已经出现，仰韶时代更加丰满；与龙相对应的是蚌塑猛虎，西水坡仰韶时代的先民将龙、虎纳入其信仰之中，这是原始宗教成熟的表现。

此外，仰韶时代的各种艺术品，如河姆渡文化陶器上雕刻的动植物图案，雕塑艺术作品中憨态可掬的陶猪、腼腆肥硕的陶羊、似在游动的陶鱼，令人赏心悦目。特别是象牙器上雕刻的双凤朝阳的图案，正值红日高照之时，两只凤鸟翘首相对，引吭高歌，器宇轩昂、宛如新作，是巧夺天工的艺术佳作。

总之，蚌塑龙虎的出现犹如龙虎在天，福佑仰韶时代先民，宗教气息的浓郁，加重了仰韶时代的神秘气息。彩陶和玉器，更像两面鲜艳的旗帜，指示着文明化的脚步，加速地朝着初级文明社会突飞猛进！

社会性质与社会发展阶段

关于仰韶文化和仰韶时代的社会性质和社会发展阶段，以前曾有仰韶文化究竟属于母系氏族社会还是父系氏族社会的激烈辩论。有学者认为仰韶文化属于母系氏族社会，从临潼横阵墓地、元君庙墓地等仰韶文化早期墓地流行单人仰身的直肢葬，常见合葬墓，合葬的人数不等，多的达80人。葬制中实行女性厚葬和母子合葬，反映了以女性为中心的特点。这与聚落内部的房屋房门朝向中心广场统一布局的原则是一样的，表明当时维系氏族团结的血缘纽带根深蒂固，反映出母系氏族社会的性质。但也有学者认为，仰韶文化为父系社会，成年男女合葬墓、成年男子与小孩合葬墓，以及大量小型房址，说明一夫一妻制家庭日趋增多并占据统治地位，中原地区在仰韶文化早期开始进入父系氏族社会，中期则普遍进入父系氏族社会。严文明先生认为，仰韶文化究竟处于何种社会发展阶段，不必与家系牵扯在一起。与其在家系上争论不休，不如暂时将家系问题搁置一旁，将更多的注意力放在仰韶时代的经济形态、文化状态、聚落与墓地结构分析、艺术与宗教探索等具体侧面，加以深入探讨才更有说服力。

目前看来，仰韶文化早中晚三大阶段发生了不小的变化，如果说仰韶时代早期还是人人平等的氏族社会，那么，经过了仰韶时代中期即庙底沟期的文化大融合，到了仰韶时代晚期即西王村期，聚落大小有别，阶层分化日趋明显，城址等文明因素日趋完备，种种态势表明，此时的社会文明化已经开始启动，人人平等的社会常态不复存在，开始进入古代国家或初级文明社会。此时的中国第一批古国，如良渚古国、屈家岭古国、河洛古国、大汶口文化古国、红山文化古国等一系列古国，各展英姿，共同走向初级文明社会。

河南汝州阎村遗址出土"鹳鱼石斧图"彩陶缸　　红山文化兴隆沟遗址出土红陶神人像

凌家滩文化玉鹰

从中国文明化历程研究看国家起源的若干理论问题

◎李伯谦

由汉代史学家司马迁《史记》一书所构建的"三皇五帝夏商周"古史体系，两千多年来未曾遭到怀疑。20世纪20年代兴起的以顾颉刚为首的"古史辨"运动，通过疑古书、疑古事、疑古人的方式，提出以往的古史都是"层累地造成的"，从而彻底否定了司马迁古史体系的真实性[1]。那么中国还有没有自己的古史，怎样才能找到自己真正的古史？通过讨论，大家一致认可李玄伯教授在《古史问题的唯一解决方法》一文中提出的"走考古学之路"[2]，即从野外调查发掘的古人留下来的遗迹、遗物中去寻找真实的史料，才能建设可信的历史。于是继1921年瑞典人安特生发掘河南渑池仰韶村[3]，1926年李济对山西夏县西阴村的发掘[4]，1928年中央研究院史语所成立以李济为组长的考古组对河南安阳小屯的发掘[5]，便开启了从考古学上探索中国文明化的历程。

一、考古学上探索中国文明化的历程

1928年开始的小屯遗址的发掘，发现了成组的大型宫殿基址、多座商王陵墓、大量的甲骨文字，还有制作精良的玉器、骨器，造型奇特、花纹瑰丽的青铜器和铸铜、制陶、制玉等手工业作坊遗址，特别是甲骨文中商王世系的释读，证明安阳小屯就是古本《竹书纪年》盘庚迁殷"二百七十三年更不徙都"的商朝最后一个国都殷的所在地，商后期历史成为信史。

1950年早于安阳小屯的郑州二里岗商文化的发现和1955年开始的与其同时期的郑州商城的发掘[6]，发现了宫城、内城、外廓城三重城垣，大型储水池和给排水设施，大型宫殿基址，随葬青铜器的贵族墓葬，青铜器窖藏坑，铸铜、制玉、制陶手工业作坊遗址和周邻不远起拱卫作用的诸如望京楼商城等多座次级城邑。由于战国"亳丘"陶文的多次出土，以及范围广大的遗址规模和延续时间，邹衡考证此地应即文献讲的"汤始居亳"的商朝第一个国都"亳"的所在地[7]，此说得到学术界的普遍认同。

司马迁《史记》和不少先秦文献都记载说商朝之前有一个夏朝。1959年徐旭生以71岁高龄赴豫西进行的"夏墟"调查[8]和当年对偃师二里头遗址的发掘[9]，开启了从考古学上对夏文化的艰难探索。之后陆续发掘了山西夏县东下冯遗址[10]、河南登封王城岗遗址[11]。1977年安金槐在王城岗发掘到一座河南龙山文化晚期城址，遂即召开了被称为首次夏文化研讨会的"登封告成王城岗遗址发掘现场会"，时任中国社会科学院考古研究所所长的夏鼐出席会议并讲话，指出夏文化"是夏时期夏族创造和使用的文化"，为研究指明了方向[12]。会上，二里头、东下冯、王城岗等考古队汇报了各自的收获，总结了围绕夏文化探索提出的各种观点，共有二里头文化一期和河南龙山文化晚期是夏文化，三、四期是商文化；二里头文化一、二期是夏文化，三、四期是商文化；二里头一至三期是夏文化，四期是商文化；二里头文化一、二、三、四期是夏文化，河南龙山文化不是夏文化等四种看法。

1996年启动的"夏商周断代工程"[13]设立的"夏文化研究课题"，下辖"早期夏文化研究""二里头文化分期研究""夏商分界研究""新砦期遗存研究""商州东龙山遗址研究"等六个专题，明确将河南龙山文化晚期和二里头文化作为探索夏文化的对象，并拟定了需重新发掘的遗址，扩大了探索夏文化的范围，同时采集系列含碳样品进行年代测定。"夏商周断代工程"期间和其后的连续发掘，发现了早于小城的面积达34.8万平方米的王城岗大城[14]、新密新砦河南龙山文化晚期城和含有较多东方文化因素的新砦期城[15]、巩义花地嘴有两条环壕的单纯的新砦期大型聚落[16]、荥阳大师姑二里头文化城[17]、偃师二里头宫城[18]、郑州东赵新砦期城和二里头文化城等[19]，参之系列C14测年结果，从而使我们得以构建起公元前21世纪至公元前16世纪的以王城岗河南龙山文化晚期大城为代表的夏早期文化——以新砦期遗存为代表的"夷羿代夏"时期的夏文化——以二里头文化为代表的"少康中兴"至夏桀灭国时期的夏文化这一完整的夏文化发展系列[20]，夏文化也从虚无缥缈的传说逐渐变成了清晰可见的历史真实。

夏商由传说变为信史，是中国考古学取得的重大收获，但事实表明，它并不是中国文明和国家起源的最早源头。根据考古学家对中国新石器时代、青铜时代乃至早期铁器时代的研究，学界已将中国文明和国家的起源、形成和发展划分为三个阶段，即苏秉琦提出的"古国—方国（王国）—帝国"三大阶段[21]，夏商王朝只是进入王国阶段的第二个小阶段。

"古国"阶段大体处在公元前3500年至公元前2500年，是社会复杂化发展的必然结果。苏秉琦将"古国"定义为"高于部落以上的、稳定的、独立的政治实体"，他心目中的古国主要是指红山文化牛河梁的"坛、庙、冢"等遗迹反映出的社会结构，在以牛河梁为中心50平方公里范围内没有发现日常生活遗迹，而是清一色的与祭祀密切相关的充满宗教色彩的遗存[22]。本人认为，属于这一阶段的"古国"还可以举出长江下游的与崧泽文化、北阴阳营文化有密切关系的安徽含山凌家滩遗址[23]和黄河中游河南灵宝铸鼎原西坡仰韶文化晚期遗址[24]。三者反映出的社会状况既有相同之处，也有一定的区别。从其身份最高的大型墓葬墓主随葬的玉器观察[25]，"红山古国"有玉猪龙、箍形器、勾云形佩、玦、璜、坠及鸟、蝉、龟等祭祀用玉而不见表示世俗权力的钺等兵器，"凌家滩古国"是两者兼而有之而以宗教祭祀类玉器为主，"仰韶古国"则仅见玉钺一种。这似乎反映了三者在文明化历程中所走的道路不同：红山文化古国走的是清一色的神权道路，凌家滩古国走的是军权、王权和神权相结合而突出神权的道路，仰韶古国走的则是军权、王权的道路。由于选择的道路不同，崇尚神权的，因过度浪费社会财富而难以继续扩大社会再生产，逐渐萎缩消亡了；崇尚军权、王权的，因考虑传宗接代和永续发展比较简约而继承发展下来了。关于"古国"的性质，诚如苏秉琦先生所言，它是"高于部落以上的、稳定的、独立的政治实体"，显然已不是新石器时代早中期那种基本平等的社会结构，但又与以后学术界公认的已是典型阶级、国家社会的商周不同，我认为它处在从基本平等的氏族部落社会向阶级、国家社会过渡的阶段，一方面它已有明显的社会分层和个人权力突显的现象，另一方面还保留有强固的血缘关系，看不到显著的对抗和暴力痕迹。对这一过渡阶段，国内有学者称之为"邦国"，我则觉得它和西方学术界所说的"酋邦"比较相像，中国古代也有特指少数民族部落首长为"酋长""酋帅"的，有鉴于此，笔者比较倾向用"酋邦"来指称这个发展阶段。

"古国"或曰"酋邦"的进一步发展便进入了"王国"的第一个小阶段，其代表就是长江下游的良渚文化良渚遗址[26]和黄河中游的中原龙山文化陶寺遗址[27]。关于介绍良渚和陶寺的材料很多，有兴趣可以去查阅与之相关的发掘简报、报告、研究论著和展览图录，这里不再重复。2010年在河南新密召开的"聚落考古研讨会"上，本人曾有过一个在考古学上如何判断文明或曰国家形成标准的发言[28]，主要谈了10个方面：聚落是否发生了分化，出现了特大型聚落；大型聚落是否出现了围沟和城墙；大型聚落中是否出现了大型宗教礼仪中心；大型聚落的墓葬是否发生了分化、出现了特设的墓地；大型聚落是否出现了专业手工业作坊和作坊区、是否出现了大型仓储设施；大型聚落是否出现了专门的武器和象征权力的仪杖；大型聚落是否出现了文字和垄断文字使用的现象；大型聚落中是否出现了异族文化的因素；各级聚落间是否出现了上下统辖的现象；大型聚落对外辐射的范围有多大、辐射的渠道和手段是什么。从这些方面来衡量，良渚遗址和陶寺遗址，无疑大部分可以契合，本人和学术界不少学者都认为它们已经是科学意义上的"国家"，较之前的"古国"或曰"酋邦"有了明显的进步。

王国阶段的第三个小阶段，是以礼仪和分封制为特征的西周、东周时期。经过秦的兼并战争，至秦始皇统一，中国便进入了以制度化和高度中央集权的官僚体系为特征的秦至清的帝国阶段。

由以"红山古国""凌家滩古国""仰韶古国"为代表的酋邦，发展到以良渚王国、陶寺王国为代表的王国第一小阶段，以夏商王朝为代表的王国第二小阶段，以西周、东周王朝为代表的王国第三小阶段，再到从秦至清帝国灭亡的帝国阶段，便构成了古代中国从文明、国家的起源、形成、发展到衰亡的全过程[29]。

二、国家起源理论的体会与认识

那么，回顾这一过程，对国家起源的理论有哪些体会与认识呢？我认为以下几点是不可或缺的：

国家既是统治阶级的暴力机器，也是维持社会运转的管理机构。对国家性质的认识，既要强调它是阶级统治工具的本质，也不可忽视其社会管理的职能。《周礼》是记录周代官吏设置及其职掌的一部书，从《周礼》的规定可以看出，上至国家行政、司法、军事、外交、经济……下及医疗、丧葬、占卜、百工……涉及社会生活的方方面面，都有专人管理。国家的确是一部机器，它不仅仅有暴力性质的专政职能，也有关乎民生的管理职能。

国家出现的前提是社会阶级的形成和阶级斗争的加剧，以及随着社会复杂化提出的社会管理的要求。而阶级则是随着社会生产力的发展、剩余产品的增加和占有的不均而出现。不能设想，在马家浜文化、磁山—裴李岗文化等新石器时代早中期社会生产力还比较低下、社会产品还较少剩余的情况下，会出现对社会财富占有不均的阶级；也不能设想，在没有利益冲突的阶级和阶级斗争的情况下会出现作为阶级斗争工具的国家。

部落之间、部族之间为争夺资源、土地、人口而展开的战争是国家出现和国家权力不断强化的加速器。良渚遗址、陶寺遗址大型城址城壕、大型宗教礼仪建筑、大型仓储设施、专用玉石兵器、随葬大量随葬品的显贵大墓及专用的贵族墓地等的出现，散见于遗址内的非正常死亡遗骸的存在等，便是战争频仍、国家权力不断强化的证明。

作为统治阶级意志体现的国家政权，其形式可以是民主制的，也可以是中央集权制的。由多个势均力敌的部落或部族通过彼此斗争、联合而形成的国家可能采用以选举或轮流执政为特征的民主政体，传说中的尧、舜、禹"禅让"可能即是这种政治体制的一种反映；而部落或部族间通过兼并战争而形成的国家，则多是采用中央集权的政治形式。至少从夏代开始，中国古代国家发展的历程是强势部落、部族不断融合，同化周边异部落、异部族的过程，也是中央集权的政治体制不断强化的过程。

作为社会上层建筑的国家的组成，既有军队、法庭、监狱等实体机构，也有法律、宗教信仰、哲学思想等精神文化层面的意识形态与之配套。良渚文化玉器上随处可见的神徽图像、陶寺遗址贵族墓葬多见的彩绘龙纹图案，都是当时两个王国最高的膜拜对象，它们在巩固各自王国的稳定发展中发挥了重要的作用。

国家是社会发展到一定阶段的产物，它的形成应该有最基本的标准。在我看来，国家是阶级斗争的工具，是阶级斗争发展到不可调和时才出现的强制性机构，但它也具有随着社会复杂化而提出的社会管理和保持社会运转的职能。地区不同、环境不同，文化传统也不一样，不同地区、不同文化背景下出现的国家也必然会有一些不同的特点，甚至遵循不同的发展模式。研究中国国家的起源、形成和发展，应该将之放在中国所处的特定地理自然环境中，放在中国社会所处的特定文化格局中。考察中国古文化发展的全过程，在马克思主义国家学说指引下，本着实事求是的原则，具体问题具体分析，并参考和借鉴其他学科、其他学者研究的成果，从中提炼和总结出自己的认识，这才是正确的途径。

此文曾提交 2015 年 11 月 14 日~15 日在上海大学召开的"国家起源理论与方法国际学术研讨会"会议。

注释：

[1] 顾颉刚：《古史辨》第 1 册序言，1926 年 6 月朴社出版；1982 年 3 月上海古籍出版社重印。

[2] 李玄伯：《古史问题的唯一解决方法》，《现代评论》1924 年第 1 卷第 3 期；顾颉刚：《答李玄伯先生》，《现代评论》1925 年第 1 卷第 10 期。后两文均收入《古史辨》第 1 册下编。

[3] 安特生：《中华远古之文化》，《地质汇报》1923 年第 5 号。又见陈星灿：《中国史前考古学研究（1895—1949）》之介绍，生活·读书·新知三联书店，1997 年。

[4] 李济：《西阴村史前的遗存》，清华学校研究院，1927 年，转载于《三晋考古》第 2 辑，山西人民出版社，1996 年。

[5] 中国社会科学院考古研究所：《殷墟的发现与研究》，科学出版社，1994 年。

[6] a. 河南省文物考古研究所：《郑州商城——1953~1985 年考古发掘报告》（上、中、下），文物出版社，2001 年。

　　b. 河南省文物考古研究所：《郑州商城北大街商代宫殿遗址的发掘和研究》，《文物》2002 年第 3 期。

　　c. 袁广阔：《郑州商城外廓城的调查与试掘》，《考古》2004 年第 3 期。

[7] 邹衡：《郑州商城即汤都亳说》，《文物》1978 年第 2 期。

[8] 徐旭生：《1959 年夏豫西调查"夏墟"的初步报告》，《考古》1959 年第 11 期。

[9] a. 中国社会科学院考古研究所：《偃师二里头——1959 年 ~1978 年考古发掘报告》，中国大百科全书出版社，1999 年。

　　b. 中国社会科学院考古研究所：《二里头　1999~2006》，文物出版社，2014 年。

[10] 中国社会科学院考古研究所、中国历史博物馆、山西省考古研究所：《夏县东下冯》，文物出版社，1988 年。

[11] a. 河南省文物研究所、中国历史博物馆考古部：《登封王城岗与阳城》，文物出版社，1992 年。

　　b. 北京大学考古文博学院、河南省文物考古研究所：《登封王城岗考古发现与研究（2002~2005）》，大象出版社，2007 年。

[12] 夏鼐：《谈谈探讨夏文化的几个问题——在"登封告成遗址发掘现场会"闭幕式上的讲话》，《中原文物》1978 年第 1 期。

[13] 夏商周断代工程专家组：《夏商周断代工程 1996—2000 年阶段性成果报告》，世界图书出版公司北京公司，2000 年。

[14] 北京大学考古文博学院、河南省文物考古研究所：《登封王城岗考古发现与研究（2002~2005）》，大象出版社，2007 年。

[15] 北京大学震旦古代文明研究中心、郑州市文物考古研究院：《新密新砦——1999~2000 年田野考古发掘报告》，文物出版社，2008 年。

[16] 郑州市文物考古研究所、北京大学考古文博学院：《河南巩义市花地嘴遗址"新砦期"遗存》，《考古》2005 年第 6 期。

[17] 郑州市文物考古研究所：《郑州大师姑（2002~2003）》，科学出版社，2004 年。

［18］中国社会科学院考古研究所：《二里头　1999~2006》，文物出版社，2014 年。

［19］张家强、郝红星：《沧海遗珠：郑州东赵城发现记》，《大众考古》2015 年第 26 期。

［20］李伯谦：《新砦遗址发掘与夏文化三个发展阶段的提出》，此为《新密新砦——1999~2000 年田野考古发掘报告》所写前言，后以此名收入李伯谦：《文明探源与三代考古论集》，文物出版社，2011 年。

［21］苏秉琦：《辽西古文化古城古国——试论当前考古工作重点和大课题》，《辽海文物学刊》1986 年创刊号，后收入苏秉琦：《华人·龙的传人·中国人——考古寻根记》，辽宁大学出版社，1994 年。

［22］辽宁省文物考古研究所：《牛河梁红山文化遗址发掘报告（1983~2003 年度）》，文物出版社，2012 年。

［23］a. 安徽省文物考古研究所：《凌家滩：田野考古发掘报告之一》，文物出版社，2006 年。

　　b. 安徽省文物考古研究所：《安徽含山县凌家滩遗址第五次发掘的新发现》，《考古》2008 年第 3 期。

［24］a. 中国社会科学院考古研究所河南一队、河南省文物考古研究所、三门峡市文物保护管理所等：《河南灵宝市西坡遗址 2006 年发现的仰韶文化中期大型墓葬》，《考古》2007 年第 2 期。

　　b. 河南省文物考古研究所等：《河南灵宝市西坡遗址墓地 2005 年发掘简报》，《考古》2008 年第 1 期。

　　c. 马萧林、李新伟、杨海青：《河南灵宝西坡遗址第五次发掘获重大突破》，《中国文物报》2005 年 8 月 26 日。

　　d. 马萧林、李新伟、杨海青：《灵宝西坡仰韶文化墓地出土玉器初步研究》，《中原文物》2006 年第 2 期。

［25］李伯谦：《中国古代文明演进的两种模式——红山、良渚、仰韶大墓随葬玉器观察随想》，初刊于北京大学震旦古代文明研究中心编《古代文明研究通讯》总第 38 期，正式发表于《文物》2009 年第 3 期，后收入李伯谦：《文明探源与三代考古论集》，文物出版社，2011 年。

［26］良渚遗址发掘报告如《反山》《瑶山》等多已出版，最新发现和研究成果可见浙江省文物考古研究所等：《权力与信仰——良渚遗址群考古特展》，文物出版社，2015 年。

［27］关于陶寺遗址基本情况请参见科学出版社 2006 年出版的解希恭主编《襄汾陶寺遗址研究》一书。其后新材料有：中国社会科学院考古研究所山西队等：《山西襄汾县陶寺中期城址大型建筑 IIFJT1 基址 2004~2005 年发掘简报》，《考古》2007 年第 4 期；中国社会科学院考古研究所山西队等：《山西襄汾陶寺遗址 2007 年田野考古新收获》，《中国社会科学院古代文明研究中心通讯》2008 年第 15 期；中国社会科学院考古研究所山西队等：《山西襄汾县陶寺城址发现陶寺文化中期大型夯土建筑基址》，《考古》2008 年第 3 期；中国社会科学院考古研究所山西队等：《山西襄汾县陶寺遗址Ⅲ区夯土基址发掘简报》，《考古》2015 年第 1 期；《2013~2014 年山西襄汾陶寺遗址发掘收获》，《中国社会科学院古代文明研究中心通讯》2015 年第 28 期。

［28］李伯谦：《关于文明形成的判断标准问题》，见《中国聚落考古的理论与实践》第 1 辑《纪念新砦遗址发掘 30 周年学术研讨会论文集》，科学出版社，2010 年。后分别收入李伯谦《文明探源与三代考古论集》（文物出版社，2011 年）和《感悟考古》（上海古籍出版社，2014 年）。

［29］李伯谦：《中国古代文明进程的三个阶段》，本文根据 2010 年 12 月 1 日至 2 日在台北"东亚考古学的再思——纪念张光直先生逝世十周年学术研讨会"上的发言修改，收入李伯谦：《文明探源与三代考古论集》，文物出版社，2011 年。

中国早期文明路径与文明史观的产生

◎ 张天恩

越来越多的考古发现，在不断地刷新我们对古代文明的认识。从 2001 年起，科技部启动"十五"科技攻关项目"中华文明探源工程"，至 2016 年完成结项已取得了不少的重要收获。以中原陶寺古城、长江下游良渚古城和长江中游石家河古城的出现为标志，许多地区的史前社会的发展普遍达到相当高度，被认为已进入到王朝之前的古国文明阶段[1]，也即早期文明社会。所谓文明，就是社会发展至较高级阶段的概括，是以较成熟社会秩序的建立为标志。考古发现显示，相关文化都已存在建设宏大工程需要的有效动员大量人力、物力的能力，明确的等级分化，以及一定高度的社会秩序形成等相关的重要迹象。

但这些文化所表现出的文明形式并非完全雷同，还存在有不小的差别。那究竟是什么原因导致这些文化、文明差异的出现，不能不认为是从事考古的人应该关注的重要问题。因此，本文想就此做一些初步探讨，以供学界同行的思考。

一、早期文明路径的认识

大量考古发掘工作揭示了中国新石器时代考古学文化的纷繁多样，大约在距今 5000 年前后走向早期国家形态的前夜，自北向南发现的红山、仰韶、大汶口、屈家岭、良渚等几支重要的考古学文化，分别产生了一些被认为与社会复杂化和早期文明相关的文化遗存，诸如祭坛、神庙、大墓、殿堂类建筑、大型聚落或城址等。

为什么会认为这些遗存与早期文明相关？主要是因其内涵丰富、规模比较大，有些甚至可以说是非常庞大。许多工程的兴建都需要大量劳动力和社会资源投入方可成功，少数人参与则难以完成，不可能是一个家庭、家族，甚至人数有限的部落所能承担的。故应是在拥有广泛的社会动员能力、有效的社会协调组织，可调动大量人力、物力的条件下，才能进行设计、施工建设这些标志性建筑。而能够调用多方面资源的背景，实际应是这些文化的社会结构和组织已超越了原始部落形态，达到部落联盟或早期国家的文明程度。

比较而言，分布于辽西和内蒙古东南部的红山文化，是以巨大的祭坛、女神庙、积石冢等为其文明成就的代表[2]；几乎囊括了黄土高原的仰韶文化，以殿堂式大型建筑、大型居址及24万多平方米的大型环壕聚落、大型墓地，以及大墓显示其文明程度[3]；分布于海岱地区的大汶口文化，发现了城址和随葬品丰富的大型墓葬[4]；以江汉平原地区为中心的屈家岭文化，是以规模不等的城址建筑、大型墓葬及丰富的随葬品为特色[5]；分布在钱塘江和太湖流域为中心地区的良渚文化，则是面积达300多万平方米的城址、祭坛和高等级的墓地，大型的拦、蓄水坝等水利工程[6]，成为文明高度发展的标志。

对这些文化特征进行一些梳理，就可以注意到其文明因素各有千秋，特色鲜明。诸类文化的时代虽大体相当或略有早晚，但文化的面貌特征显然是各不相同。所以学界前辈提出的区系类型、重瓣花朵等观点[7]，就是对这些考古学文化的文明特点所做的客观总结。在对物质文化特征差异观察的基础上，关注这些文化的社会治理特点、思想观念体系等上层建筑等问题，逐渐成为学界思考的新方向。这些处于相应发展阶段但文明特征不同的文化类型，代表的可能是文明发展的不同模式，也显示出了文明演进的不同路径。

"在中国古代文明演进历程中，距今5500~4500年这个阶段，无论是北方的红山文化、东南的良渚文化，还是中原的仰韶文化，都已发展到苏秉琦先生所说的'古国'阶段，但它们所走的道路、表现的形式并不相同。如果说它们都属'古国'，则红山文化古国是以神权为主的神权国家，良渚文化古国是神权、军权、王权相结合的以神权为主的神权国家，仰韶文化古国是军权、王权相结合的王权国家。"[8]这是李伯谦先生颇具创意的认识，将考古学文化的特征差异解构为崇尚神权和崇尚军权—王权的两种文明演进模式。

李先生提出两种文明模式之初，是在对大汶口文明模式"还没有清晰的认识"之情况下，后再认真分析大汶口文化考古资料，并看到济南焦家遗址发掘资料以后，他确信大汶口文化的文明模式也是"崇尚军权—王权的模式"[9]，也就是将之与仰韶文化归为一类。

焦家遗址的新发现，提供了认识大汶口文化社会演进的真切图景，约百万平方米的大型聚落中心建有城垣及环壕，墓葬有大型、中型和小型的分级，随葬品数量、品级差距明显，社会的层级关系分明。这些特征与红山文化、良渚文化以神庙、祭坛等宗教设施为核心的神权社会确有明显不同，与仰韶文化的差别实际也还比较大，反而与湖北沙洋县屈家岭文化城河遗址的发现相似。城河城址也发掘出城垣、人工水系、大型建筑、祭祀遗存等重要遗迹，表明其是屈家岭文化在汉水西部的区域中心聚落。城北的王家塝墓地大、中、小型墓葬的分级较明显，大型墓的面积在10平方米以上或略小，随葬品多者达60余件，陶器以制作较精的磨光黑陶为主，部分还随葬有精美的玉石钺、象牙器、漆器，以及猪下颌骨等[10]。

相比之下能深切地感受到，后两种文化的文明特征具有更高的相似度。在显示等级的大墓中，都有形式不同的木质葬具，随葬品有数十件特色陶器，以及属于珍贵奢侈品的玉器、漆器、象牙，或白陶器、彩陶等，并均有象征军事指挥权的玉钺随葬，反映出了对军事权拥有者和武力的尊崇。这就很清楚地说明，大汶口文化和屈家岭文化的文明演进一样，所反映的才是

"崇尚军权—王权的模式"。

若以此作为一个标准，回头再看一下仰韶文化的基本特征，就可注意到其对军事权威的尊崇并不明显。灵宝西坡遗址发现的庙底沟文化中期最大墓葬 M27，为一带生土二层台的长方形竖穴土坑墓，墓口长 5、宽 3.4 米，面积 17 平方米[11]。如此规模的墓葬仅随葬了大口缸、簋形器、釜灶、壶、钵、杯等 9 件陶器在脚坑内，未见任何一件可视为珍稀的奢侈品，或体现占有财富的遗物。以之与城河、焦家大墓出土的丰富随葬品相比，西坡大墓不免有些相形见绌。从墓葬规格而言，与城河屈家岭文化、焦家大汶口文化的大墓相当甚至还要更大，但随葬品数量的多寡、品质的高低一目了然。同时，也较少见代表军事权威的玉石斧钺等。如果说大汶口、屈家岭文化的大墓多见斧钺类文物，并多见城址类军事设施属于"军权—王权的模式"之定位可信，那么将仰韶文化归属于同类模式，就不能不令人心生疑窦？

西坡遗址 2005 年发掘的 22 座墓葬[12]，多数似成排分布，可分为大中小三类，显然存在等级的差别无疑。大型墓长 3.05~3.95、宽 2.25~3.6 米，均小于 2006 年的 M27，而接近 M29 但形制相似，墓室也带生土二层台及脚坑，随葬品数量和种类均相近。M27、M29 两墓的墓室都发现有木质盖板，并用草拌泥填封而显得更为尊崇，故其级别与 2005 年的相当或略高。前后发掘的这些大墓少见或不见贵重的奢侈品随葬，与军权有关的玉钺也比较少见，只出于 2005 年的大墓 M8 和 M11。前者为一年龄约 30~35 岁的男性墓，随葬玉钺 1 件，后者为年龄大约 4 岁的儿童墓反而出了 3 件。但斧钺并未见于最大的墓葬 M27 和 M29，可见军权并非最为显赫的标志。因此，仰韶文化中地位更高的可能是具有社会治理和管理能力的人，而非仅为武勇的猛士，更看不出代表宗教法物的迹象。这些人物能获得高规格墓葬的尊显，应该是能为族群创造福祉、抵御灾难，对社会管理有方的"贤达或圣王"。因此，仰韶文化的文明演进路径和模式与大汶口等显然存在差异。既非崇敬武勇及财富，亦非崇拜神祇及灵物，应是以社会治理有贡献者被推崇，而形成族群的权力中心和社会伦理核心，视之为"王权—军权的模式"或路径则显得更为合适。

这一文明路径的特征，主要表现为注重社会治理和公众事务处置，尊崇圣王贤达者的地位，而非追求财富占有和奢侈品享用。杨官寨遗址中心面积达 24 万多平方米的环壕，东侧发现数以千计但无打破叠压关系的墓葬，就是当时社会管理成熟有序的标志。灵宝西坡、彬县水北、秦安大地湾等遗址的超大型殿堂式建筑[13]，是其关注公众事务的反映。管理国族社会的圣王死后享有规模颇大、形制较讲究的墓葬以彰其地位尊崇，但随葬品为数量不多的简朴日用器具，甚少耗费资源的精美奢侈品，反映了崇尚简约朴实的思想观念和社会风尚，遂成为"仰韶文化中期社会复杂化过程的显著特点"[14]。

所以，中国早期文明的路径，应在李先生所提出的两种之外，再加上"王权—军权的模式"而为三种。但三者并非毫不相干，实际具有不可全然割裂的相关性。像红山、良渚类所谓神权古国，实为神权、军权、王权相结合而以神权为主[15]，大汶口、屈家岭类"军权—王权"模式的古国，也有神权的内核，焦家遗址大汶口大墓旁有祭祀坑，城河遗址屈家岭大型院落南部也有祭祀活动区。王权—军权路径的仰韶类古国，同样也有一定程度的神权属性，大地湾等遗址的殿堂式大建筑，就被认为有祭祀和举行宗教仪式的功能[16]，更早的半坡遗址就发现过立石及陶器坑等祭祀遗迹[17]。实际上比较成熟的早期文明体系，都要具备强化社会治理的王权、维护社会安全的军权和维系社会思想意识的宗教神权这三类基本要素，三者缺一都不能算完备的社会文明形态。只是占据主导地位的要素侧重的为哪一类，却因受到各种条件的制约，而影响到文明路径的选择。

二、文明路径差异的原因

早期文明发展的路径既非单一的形式，而是具有多样性的特征，也就是文明以何种形式演进，实际存在选择的可能性和机遇。但何以会出现这样、那样不同的选择，却是要受到许多因素的影响。但最主要的影响或制约，定与各种文化所处的自然环境及其具体的生存条件攸关。任何文化、文明都是人类创造，但人类的衍生和世界上一切生物一样，无不受到环境的制约。虽不能以此类推导为"环境决定论"[18]，但也不可能否定存在人地关系的相互作用和环境条件优劣的限制。特别是社会生产力低下的古代社会，某一类地理环境对成长于其中的那个人类社会的物质生产活动具有决定性的制约，并进而影响到那个人类文明的类型及其发展进程，就属于马克思主义关于地理环境的论述[19]。

从中国境内早期文化的经济类型而言，稻作农业起源于中国南方，旱作谷物培育就在北方地区而不是相反，就表明人类处于什么样的自然环境条件下，便会创造出相应特征的经济形态以及文化、文明类型。"橘生淮南则为橘，生于淮北则为枳"，是关于植物生长受环境制约的经典表述。"胡马依北风，越鸟巢南枝"，讲的是动物对环境的依赖和眷恋。无论"一方水土养一方人"的老话，还是近来盛传的"文明不上山"新说[20]，都揭示了人类对所居环境的适应性，也符合进化论"适者生存"法则的思想观念。即使不同的农业耕作方式，都"可能意味了不同的社会运作方式"[21]。因此，不同文明的路径形成，必会受到不同文化所处自然环境的影响，而不是无缘无故的发生。

如果从地形图上进行观察，可以清楚看到我们中国的自然地形明确分为三个阶梯（图一）。前述的几种考古学文化，主要分布在黄色的第二和绿色的第三阶梯区域内，褐色的第一阶梯高寒区尚没有早期先民所遗留的痕迹。其中的红山、大汶口、屈家岭和良渚等考古学文化为代表的文明，大体是自北向南处于第三阶梯的中间地带，也就是这一区域内条件更优越的区间。只有仰韶文化处在第二阶梯东部的中间位置，也是自然条件相对稍好而近邻前几类文化的区域。

第三阶梯的地形是以平原为主，其余为低山丘陵地带，绝大部分海拔在 500 米以下，平原地区多在 10 多米或几十米，面向大海易受太平洋暖湿气流影响，雨量丰沛、水源充裕，属于自然条件最为良好的区域。适宜植物生长、动物存活，也是人类获取生活资源比较简便、容易的生存环境。第二阶梯的地形主要以高原为主，间以盆地和河谷平原，平均海拔在 1000 米，河谷盆地约在 500 米，面向内陆为大陆性季风气候影响区，雨水较少且分布不均，相比于第三阶梯区的自然环境普遍较差一些。动植物存活生长都会受到不同程度的影响，人类获取生活资源的条件更为困难，需要努力劳作方能谋求温饱，生存状况显然较为艰苦。

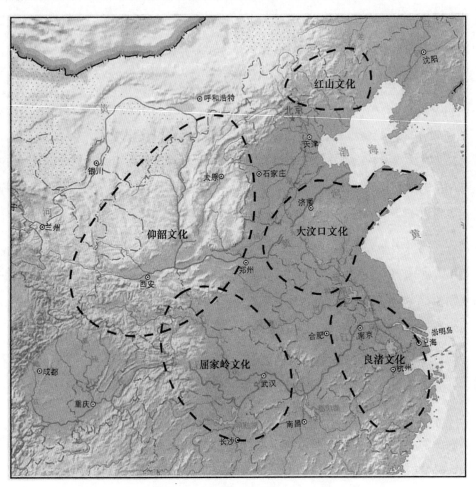

图一　中国的自然地形特征和距今 5000 年左右的古文化分布示意图
[据国家测绘地理信息局监制中国地势图修改，原图审图号：GS（2016）1609 号]

　　处于第三阶梯南部的良渚文化、屈家岭文化，都属于稻作农业为主的经济形态，前者辅以捕捞、采集，后者则辅以渔猎、采集，分别因小的环境差异而有所侧重[22]。处于中间位置的大汶口文化的经济形态，是以粟类种植为主体的旱作农业，也辅以渔猎、采集和畜牧养殖[23]。处在偏北的红山文化也是以粟类旱作农业为主，渔猎采集为辅的经济形态[24]。这几类文化在农业经济基础上，各自都有可获取的较丰富的自然资源和较好的生存条件，个体家庭、家族及族群社会多不存在生计的压力。所以，这些文化都可能有更富余的人工和可以利用的自然资源，也提供了进行更细社会分工的条件，可让更多的人去从事生计之外的手工业活动，并生产出生活必需品之外的其他产品甚至奢侈品，去满足不同层次人群、不同类型的社会生活需要。诸如稀缺的精良器具，以及原料不易获得、耗时费工的玉器等产品，故在这几类文明中都有数量可观的精美玉器发现。

相比而言，红山文化和良渚文化的玉器发现量更为突出，器类主要是宗教祭祀活动的礼神用器，以及巫师、祭司类神职人员举行祭祀仪式的佩饰物品，显示了特别突出的神权地位。为了表达对神祇的崇敬，他们可以不惜工本地去制作大量形制精美、体量较大的玉器作为礼器献祭，兴建宏大的神庙和祭坛等礼神建筑以示虔诚。并为巫师们安心礼神，让工匠们精艺治玉提供了条件保证，而不必受衣食之需的困扰。这显然是得益于优越的自然环境，易于获得足够的食物等资源补给，而保障了社会群体的正常生活。

大汶口和屈家岭文化所处的自然地理条件与前两者近似，但略有不同的是在低山丘陵为主的地带，生活资源的获取相对较为欠缺。加之分别处在多种文化的中间区域，生存空间或要受到一定的限制，出于维护生活资源和拓展生存空间的需要，注重武力、崇尚军权显然成为一种必要的选择。随葬品丰富的大型墓葬中，常常可以见到玉、石钺之类的武器，重要聚落普遍营建城垣，明显是有对军事首领的尊崇，以及军事防御方面的考虑。各自也有一些较贵重的玉器发现，但数量明显较少，除了少量斧钺之外，其余为环、管类饰件，宗教属性的玉器比较罕见，可知神权祭祀必处于次要的地位。

处于第二阶梯的仰韶文化，是依赖粟类种植为主的旱作农业经济形态，辅以家庭的家畜养殖业、有限的渔猎活动作为生活资源的补充，可获取的自然资源相对较为有限。原始的农耕生产要投入更多的劳动力才会有相应的收获，比较干旱的气候条件也不能确保谷物收成的稳定，养殖业又直接受农作物丰歉的影响，渔猎的补充条件亦较有局限。这一环境中的个体家庭、家族及族群社会都会面临较大的生存压力，不可能有富余的劳动力去从事生活必需品之外的奢侈品生产。因此，这类文明路径的道德伦理和审美价值追求，必是对族群利益的维系，对社会治理做出贡献者表达尊崇，而非对财富拥有的膜拜。故凸显的是王权的崇高地位，而军权和神权均在其次。其代表社会等级、身份的主要形式，并非对玉器等贵重物品及众多器具等资源的占据，而是以仪式性的较大规格墓葬彰显。

三、文明路径差异所致的文明史观

不同文明路径的社会治理观念体系，会有迥异的差别，大体可以将之概括为：神权文明是信神明；军权文明是崇武力；王权文明是尽人事。

崇尚神权的文明，社会上层率民以事神，引导民众向神灵膜拜，祭祀和维护祭祀的崇高和威严是最重要的社会行为，将有限的社会剩余劳动价值和资源，耗费在宏大的祭坛、神庙建筑，精美玉器等礼神的设施、祭品（法器）以及衣饰方面。这是一类依赖、迷信神明的社会运作形式，而不是依靠治理能力掌管社会事务的文明体系，可持续发展的前景实际不容乐观。正如李伯谦先生所说，这类文明模式是"靠向神致祭、同神对话秉承神的意志和个人想象来实现领导"。由于"掌握神权的巫师，无所节制地将社会财富大量挥霍于非生产性的宗教祭祀设施的建设和活动上，掏空了社会机体正常运转和持续发展的基础，使社会失去了进一步发展的动力"[25]。

对考古发掘资料较充分良渚文化而言，其特征显示"神权应凌驾于世俗权力之上。大量不同层次的祭坛以及玉质礼器的使用，表明良渚先民对神的崇拜已到痴迷的程度。这种对神灵崇拜的过度依赖，一度使以良渚遗址群为中心的方国具有强大的凝聚力和战斗力，但是长期的盲目依赖，也导致了统治阶层的僵化和迂腐，他们日渐沉醉于缥缈的神灵世界，而忽视现实世界的和谐稳定及物质世界的创造力，终于导致在生业方面的调控能力不断衰退"[26]。故在其遭遇社会波动或面临自然灾难之际，因缺乏应变和抵御灾异的能力，就难逃致命的打击[27]，从而导致了文明的衰落或者消亡。

所以，继良渚文化之后出现的广富林、好川等文化，再没有发现祭坛、堤坝等建筑和大型水利工程等。而在红山文化之后的小河沿文化，以及更晚的夏家店下层文化等，也再未见兴建坛、庙、冢等宏大的祭祀设施。当然，也均没有进一步发展出更高层次的文明中心。

注重军权路径的文明体系，虽亦需要王权、神权功能进行社会的治理，但基本的统治理念和更多的社会资源会向军事防卫方面倾斜。大汶口文化中晚期开始有防御性城址的出现，随葬品丰富的大型墓葬多见代表军权的玉钺。随其后而兴的山东龙山文化的城址更多，已知有20余座[28]，分属于山东龙山文化的城子崖、尧王城、尹家城等多个类型。新发现的山东滕州西孟庄遗址，是一处先后相继、建有方形和圆形围墙，面积分别为2200和1100平方米的龙山早期小聚落。其形制和生活生产功能有欠完备，农业和家畜养殖活动均很微弱，却存在一般聚落少见的规模较大的公共仓储区等设施，具有鲜明的军事、防御特征，而被判断可能是一个军事据点[29]。这样的聚落恰仅见于海岱地区，也印证了注重军事武力的特点。

在此区域内，一些属于核心的城址多为10万~30万平方米的规模，至今未见有凌驾于不同类型之上或更高文明层次的中心城址，呈现出没有隶属关系的独立格局，反映了社会整合和管理的机制较差，不利于文明自身的提升和持续发展，当与其崇尚军权的风气有关，也会在一定程度上导致社会资源的消耗。

凸显王权路径的文明，"不大会造成社会财富的极大浪费，从而保证了社会的正常运转和持续发展的可能。……虽对自然神也心存敬畏，也有祭祀，但主要是崇敬先祖，通过祭祀祖先求得庇佑和治世良策"。统治者"比较接近民间社会，因而能够提出比较符合民众和社会需要的措施，顺应社会发展的要求"[30]，继承和发扬社会管理的有益经验。这类以世俗社会为特征的文明体系，应以仰韶文化为代表，在此基础上发展起来的陶寺文化，以及河南登封王城岗遗址为代表的中原地区诸龙山文化，营造出的大型城址、宫城、仓储、墓地等设施，体现的均为社会生活、公众事务等相关的建筑和遗迹。即使在陶寺文化的大型墓中，出土的随葬品仅是数量不多的彩绘陶器及玉钺，来显示王者的特殊地位。

王权路径为主体的文明，也可称为中原文明，表现的是重实际、求实效、尊实干的价值观，被尊崇的王者必有突出的治世才干，善于凝聚各种社会能量，具备整合社会资源、统领族众抵御自然及人为的灾难或风险能力，是对部族或国族有具体贡献或治理实绩的圣贤，而不只是秉承神灵意志的代言者。陶寺古城从其地望、规模和宫城、大墓、仓储区及观象设施反映的文明高度等考察，可能与史书记载的尧舜都邑相关，是学界较普遍的认识[31]。尧舜也是史书中盛赞的王权禅让时代的圣王，被尊为众望所归的圣明君主。《尚书》和《史记·五帝本纪》等盛赞帝尧治国才能："其仁如天，其知如神，……能明驯德，以亲九族。九族既睦，便章百姓。百姓昭明，合和万国。"帝舜的才德亦受称赞，"于是舜乃至于文祖，谋于四岳，辟四门，明通四方耳目，命十二牧论帝德，行厚德，远佞人，则蛮夷率服"。很显然，他们都是因为德行才能卓著而被尊崇。

当然，还有后来继位的大禹，更是在关乎万民百姓死生的洪水治理工程历练中，考验了他的组织协调、统筹观测、具体实施的综合管理能力。《夏本纪》谓禹治水"乃劳身焦思，居外十三年，过家门不敢入。薄衣食，致孝于鬼神。卑宫室，致费于沟淢。"表彰的是他为国族的卓越贡献和无私付出。亦如《韩非子·五蠹》所说："尧之王天下也，茅茨不翦，采椽不斫，粝粢之食，藜藿之羹，冬日麑裘，夏日葛衣，虽监门之服养，不亏于此矣。禹之王天下也，身执耒臿以为民先，股无胈，胫不生毛，虽臣虏之劳不苦于此矣。"

相关文献所揭示的这些圣王风范，正与先后处于第二阶梯的仰韶文化、陶寺文化、中原龙山文化等，均没有发现富藏珍稀的大墓、宏大的宗教设施和特殊法物等特征的王权路径文明社会发展观和价值观相应。在此文明观念下衍生出一类独特文明的史观：关注社会治理，维护群体利益，选贤与能，尊崇奉献精神和改善族群生存质量的杰出人物，他们的具体业绩，受到人们的推崇和敬仰。进一步凝结为高地社会文化的记忆经典[32]，后来则成为司马迁《史记》为代表的、古代中原华夏正统文明史观产生的历史文化基础。在这一文明史观的语境中，主要记录的是特殊人物在华夏历史发展中的崇高地位和价值，与其他（包括世界各地）早期文明相比，神灵上帝的地位明显偏低。

一部《史记》中，这一基本的价值判断确有非常充分的体现。《五帝本纪》记载帝尧之前的圣王还有黄帝、颛顼、帝喾，除了讲他们自幼不凡、聪慧过人外，称颂的内核主要是他们的人间事功，绝少神话诡异的传闻。说黄帝是"天下有不顺者，黄帝从而征之，平者去之，披山通道，未尝宁居。……劳勤心力耳目，节用水火材物"。谓颛顼是"静渊以有谋，疏通而知事；养材以任地，载时以象天，依鬼神以制义，治气以教化，絜诚以祭祀"。讲帝喾是"普施利物，不于其身。聪以知远，明以察微。顺天之义，知民之急。仁而威，惠而信，修身而天下服。取地之财而节用之，抚教万民而利诲之，历日月而迎送之，明鬼神而敬事之"。描述的均是鲜活的人间圣君，而非主宰世界之大神，任众事舍己亡身，抚生民尽心竭力，敬鬼神而恒远之。

禹之后有商之祖"契兴于唐、虞、大禹之际，功业着于百姓"，周之先"（弃）及为成人，遂好耕农，相地之宜，宜谷者稼穑焉。民皆法则之。帝尧闻之，举弃为农师，天下得其利，有功。帝舜曰：'弃，黎民始饥，尔后稷播时百谷。'封弃于邰"等等，莫不出于同样的社会治理观念和思想价值判断，王权路径的文明能够保证持续发展，根本原因正基于此。

以军权为主的文明路径，是大汶口和屈家岭文化的特征，考古所见的珍器厚藏、斧钺随葬、城堡耸立，均是崇尚军事武力的反映，其必容易形成群雄并起的社会管理格局。

《论语》《国语》《尔雅》等文献记居于东方的古族，屡屡有"东夷"和"九夷"等说法[33]，可能正是大汶口和山东龙山文化类型众多的反映。以中原文明史观为基础形成的史书，明显缺失了对东方文明发展历史的系统记录，但因东夷族的一些著名人物与中原诸夏相邻而有纠葛，部分人物、历史的影子还隐现于中原王权路径古史的字里行间。大体可溯知太昊、少昊是东夷族群的远祖，后羿、寒浞等东夷名人并称武勇，《左传·襄公》有"因夏民以代夏政"之说，也还保有军权文明尚武的基本特征，但可惜无法建立起清晰的人物谱系，更不用说认识其文明史观和整体的历史脉络。

屈家岭文化也有清龙泉、划城岗、屈家岭、关庙山等类型之分，内部的差别显然存在，故其与石家河文化皆被推测为三苗文化[34]。从分布地域、文化特征及其与中原仰韶、龙山文化的相互消长关系等方面观察[35]，这一认识显得比较有道理。

值得注意的是石家河文化，其虽主要是继承屈家岭发展的文化遗存[36]，但就后期的考古发现而言却有向神权路径文明发展的趋势。三房湾东台地埋藏10万只红陶杯[37]，当是有关祭祀的遗物。罗家柏岭的红烧土杂黄褐色土所筑的大型长方形台基和长墙，皆使用人工建材红烧土（砖）块、碎块和粉末，坛面台基系依层烧烤成烧土硬面而做成，所有表面为泥浆烧烤后打磨光平，其性质可能为大型的玉器制作工坊[38]，或是郊天祭坛[39]。这些均表现出与宗教祭祀文化相关，而与民生的基本需求和生计无涉，却在浪费巨量人力物力及各种资源，显然是"竭力营造出宏大奢华的宗教氛围"[40]，是否与良渚文化的去向有某些联系，应是需要关注的一个问题。

以神权路径为主的文明，北方的红山、南方的良渚，以及较晚的石家河文化等，均可能是在极度沉迷宗教礼仪的狂欢中，存在过度挥霍社会财富和自然资源的现象。如果在没有遇到特大灾异的情况下，也许会有更为长久的延续，甚至向更高的文明发展。但当遇到5000~4000年前全新世气候异常的"洪水时代"，因其社会治理水平低下，抵御自然灾变和外患能力不足，被膜拜的神灵上帝又未能伸出救助之手，便迅速走向衰亡。这些曾经创造了一度辉煌的文明，就此人亡政息，失落在历史长河中，对于他们的人物传奇、历史故事等已渺无踪迹。

如果给予一些推测，播撒在长江中下游为主的文明记忆和神权史观，更多可能是那些空灵美妙的神话故事，人神纠结的奇闻传说。虽幸有考古发掘再现了早期长江文明的光彩，为后人所赞叹，但他们究竟有过多少动人的异趣传奇，我们仍将是无从知悉。

四、余论

第二地形阶梯相对较差的自然环境和比较艰苦的生存条件，让居者不能轻易谋生，在只有聚合众力方能存活的压力下，生发出注重社会治理、关心人世事务、维护群体利益的社会治理观，选贤与能，尊崇奉献精神和改善族群生存质量的优秀人物的价值观取向，构成王权路径文明基本特征，并具有可持续发展的能力机制，在其后的发展中呈现出明显的优势。故在中原地区成长起了以二里头文化为代表的夏代文明，以及商代、周代文明等。尤其是商代甲骨为代表的文字书写系统，是在王权文明体系中成熟起来的文化传承载体，西周的分封制又将之传播到王朝所控的广袤疆域，春秋以后在诸侯国得到进一步扩散，简帛的使用更是提高文字和文化普及率的利器，也使王权社会治理体系、思想和价值观念主导下形成的文明史观得到进一步强化。其所经历的文明发展史也因"后继有人"被史官传承记录，再经司马迁整理成为《史记》为代表的中原华夏正统文明史观，对后世的中国历史发展产生了非常深远的影响。

自然环境相对优渥的第三地形阶梯，为先民提供了良好的生态条件，生存资源获取便捷简单，但催生了信奉神明、崇拜巫师的神权文明路径，以及倡导掠夺竞争、崇尚武勇的军权文明路径，都存在程度不同的社会资源虚耗，难以持续发展和不利于提升文明高度的问题。前者因没有得到进一步的良好发育，并可能主要因人祸天灾而夭亡，其自身的历史及文明史观基本湮没在岁月的云烟中。后者虽仍有延续而没有那么快的消亡，但因疏于社会治理的缺陷，也没能发展出更高层次的文明成果，在跨入国家文明门槛前拉下了距离，只好作为王权路径文明的配角，最终融入夏商周文明潮流之中。

春秋以后在大国争霸的纷扰中，出现了所谓百家争鸣的局面，促使地域文化得到较快的发展，并促进了文字、文化的普及和地方文化人才的成长。在国家正统史官体系之外，地方文人或文吏搜集并记录了区域社会的文化历史传闻，形成最早的地方志版本，其中多少也包括了后两种文明的历史传说信息。如新出土的春秋晚期曾侯与编钟铭文，追述曾国的远祖后稷以及南宫适受封[41]、清华简《楚居》有关楚国先祖及居地的内容等[42]，也都应属于这一类家国历史的重要文献。

战国时期以武力争雄的诸侯大国，也开始争夺历史地位的话语权，地方历史传说中的名人先贤成为夸耀比拼的资本。随着楚文化在江汉湖湘地区的兴起，地方的历史记忆开始被激活，庄子著作就出现了伏羲的记载[43]，屈原的楚辞、出土文献中长沙子弹库楚国帛书都有伏羲（雹戏）、女娲创世神话[44]。很明显，这些神话故事在南方楚国传世和出土文献中出现，一定不会是古人的随意编造，部分传说也会有地域久远历史的蛛丝马迹，以及与神权文明相关的创世神话底本，并非尽为战国秦汉人的凭空编造。其很有可能与良渚文化、石家河文化等古老的历史传闻有关，必是神权路径文明才可能产生的传说故事，但后经秦始皇的焚书之劫，这类书简亦多有失传。

西汉政权建立后，司马迁利用其史官的家族背景，继任太史令掌管国家历史典籍档案的有利条件，以及其壮行游历采写的丰富见闻传说[45]，编写的《史记》记载了王权文明的华夏正统历史，少量吸收军权文明的历史信息，基本未采纳神权文明的资料。但有着深厚楚文化基因的西汉学者，不断搜集战国以来的历史记载和传说，将三种文明的历史进行人为整合，是他们在自己的知识结构和认识角度的基础上进行的整合、编撰，也必存在有意、无意的删减、嫁接，结果导致了时代越晚的文献，所记载的历史越长久的特殊现象。恰似曾侯与编钟铭、清华简等出土文献的记载，但谁也没有理由怀疑这些内容是书写者故意编造的历史。

这一现象，当年被顾颉刚为代表的古史辨派说是"层累地造成的中国古史"[46]，现在只能解释是一种误解，其实是与他们那一代没有见到多少考古发现有关。不过，现在的学人如仍停留在古史辨的认识层次，再这样无端地怀疑古代历史记载，恐怕就属闭目塞听，不可理解了。

附记：三种文明路径的考古学文化之间都有许多的联系、交流和融合，因篇幅和内容重心的关系，无法进行更多论述。另外，本文对几种文明路径区域文化的归纳与韩建业先生所提出的中原、江汉平原、东方三种文明模式有一致的方面（《中原和江汉地区文明化进程比较》，《江汉考古》2016年第6期），但相互的关注、讨论的重点各有不同。

注释：

［1］《中华文明探源工程成果发布：以考古资料实证中华5000年文明》，央广网，2018年5月28日。

［2］刘国祥:《红山文化研究》，科学出版社，2015年。

［3］甘肃省文物考古研究所:《秦安大地湾——新石器时代遗址发掘报告》，文物出版社，2006年，第423—428页；陕西省考古研究院:《陕西高陵县杨官寨新石器时代遗址》，《考古》2009年第7期；王炜林、杨利平、胡珂等:《陕西高陵县杨官寨遗址发现庙底沟文化成人墓地》，《中国文物报》2017年2月10日；中国社会科学院考古研究所河南一队、河南省文物考古研究所、三门峡市文物考古研究所等:《河南灵宝市西坡遗址2006年发现的仰韶文化中期大型墓葬》，《考古》2007年第2期。

［4］山东大学考古学与博物馆学系、济南市章丘区城子崖遗址博物馆:《济南市章丘区焦家新石器时代遗址》，《考古》2018年第7期。

［5］彭小军:《寻找失落五千年的古城》，《光明日报》2019年6月2日第12版；中国社会科学院考古研究所、湖北省文物考古研究所、荆门市博物馆等:《湖北沙洋县城河新石器时代遗址王家塝墓地》，《考古》2019年第7期。

［6］浙江省文物考古研究所:《良渚遗址群》，文物出版社，2005年；王宁远、刘斌:《杭州市良渚古城外围水利系统的考古调查》，《考古》2015年第1期；王宁远:《良渚古城及外围水利系统的遗址调查与发掘》，《遗产与保护研究》2016年第1卷第5期。

［7］苏秉琦、殷玮璋:《关于考古学文化的区系类型问题》，《文物》1981年第5期；严文明:《中国史前文化的统一性与多样性》，《文物》1987年第3期。

［8］李伯谦:《中国古代文明演进的两种模式——红山、良渚、仰韶文化大墓出土玉器观察随想》，《文物》2009年第3期。

［9］李伯谦：《从焦家遗址看大汶口文化的社会性质与文明模式》，《华夏文明》2017年第8期。

［10］中国社会科学院考古研究所、湖北省文物考古研究所、荆门市博物馆等：《湖北沙洋县城河新石器时代
遗址王家塝墓地》，《考古》2019年第7期。

［11］中国社会科学院考古研究所河南一队、河南省文物考古研究所、三门峡市文物考古研究所等：《河南灵
宝市西坡遗址2006年发现的仰韶文化中期大型墓葬》，《考古》2007年第2期。

［12］河南省文物考古研究所、中国社会科学院考古研究所河南一队、三门峡市文物考古研究所等：《河南灵
宝市西坡遗址墓地2005年发掘简报》，《考古》2008年第1期。

［13］中国社会科学院考古研究所河南一队、河南省文物考古研究所、三门峡市文物考古研究所等：《河南灵
宝市西坡遗址发现一座仰韶文化中期特大房址》，《考古》2005年第3期；陕西省考古研究院、咸阳市
文物考古研究所：《陕西彬县水北遗址发掘报告》，《考古学报》2009年第3期；甘肃省文物考古研究所：
《秦安大地湾——新石器时代遗址发掘报告》，文物出版社，2006年，第413—428页。

［14］李伯谦：《从焦家遗址看大汶口文化的社会性质与文明模式》，《华夏文明》2017年第8期。

［15］苏秉琦、殷玮璋：《关于考古学文化的区系类型问题》，《文物》1981年第5期；严文明：《中国史前文化
的统一性与多样性》，《文物》1987年第3期。

［16］甘肃省文物考古研究所：《秦安大地湾——新石器时代遗址发掘报告》，文物出版社，2006年，第427页。

［17］何周德：《2002~2005年半坡遗址考古新发现》，见《史前研究》辑刊，2006年。

［18］F.拉采尔：《人类地理学》，1882年；埃尔斯沃思·亨廷顿：《文明与气候》，吴俊范译，商务印书馆，2020年，
第151—168页；曾昭璇：《人类地理学概论》，科学出版社，1999年，第2页。

［19］李学智：《"环境决定论"：唯心主义还是唯物主义》，《历史教学》2010年第11期。

［20］谷家荣：《"文明不上山"："赞米亚"人自有的高地生存策略——读詹姆斯·C.斯科特〈逃避统治的艺
术〉》，《北方民族大学学报》2018年第2期。

［21］赵辉：《中华文明起源的考古学探索："考古中国"暨"长江下游文明模式研究"课题推进会的讲话》，《南
方文物》2018年第1期。

［22］中国大百科全书总编辑委员会《考古学》编辑委员会、中国大百科全书出版社编辑部：《中国大百科全
书·考古学》，中国大百科全书出版社，1986年，第272、405页。

［23］中国大百科全书总编辑委员会《考古学》编辑委员会、中国大百科全书出版社编辑部：《中国大百科全
书·考古学》，中国大百科全书出版社，1986年，第81、82页。

［24］中国大百科全书总编辑委员会《考古学》编辑委员会、中国大百科全书出版社编辑部：《中国大百科全
书·考古学》，中国大百科全书出版社，1986年，第198页。

［25］苏秉琦、殷玮璋：《关于考古学文化的区系类型问题》，《文物》1981年第5期；严文明：《中国史前文化
的统一性与多样性》，《文物》1987年第3期。

［26］浙江省文物考古研究所：《良渚遗址群》，文物出版社，2005年，第326页。

［27］赵辉：《良渚文化的若干特殊性——论一处中国史前文明的衰落原因》，见《良渚文化研究——纪念良渚

文化发现六十周年国际学术讨论会文集》，科学出版社，1999 年。

［28］宋颂：《山东龙山文化城址研究》，烟台大学硕士学位论文，2011 年，表二。

［29］孙波、梅圆圆：《基层聚落还是军事据点——山东滕州西孟庄龙山寨墙聚落的一些探讨》，《文博中国》
2020 年 4 月 17 日。

［30］苏秉琦、殷玮璋：《关于考古学文化的区系类型问题》，《文物》1981 年第 5 期；严文明：《中国史前文化
的统一性与多样性》，《文物》1987 年第 3 期。

［31］李民：《尧舜时代与陶寺遗址》，《史前研究》1985 年第 4 期；王文清：《陶寺遗存可能是陶唐氏文化遗存》，
见《华夏文明》第 1 集，北京大学出版社，1987 年；王震中：《陶寺与尧都：中国早期国家的典型》，见《帝
尧之都　中国之源——尧文化暨德廉思想研讨会文集》，中国社会科学出版社，2015 年，第 36—62 页；
何驽：《陶寺考古：尧舜"中国"之都探微》，见《帝尧之都　中国之源——尧文化暨德廉思想研讨会文
集》，中国社会科学出版社，2015 年，第 63—123 页；何驽、高江涛：《薪火相传探尧都——陶寺遗址发
掘与研究四十年历史述略》，《南方文物》2018 年第 4 期。

［32］李旻：《重返夏墟·社会记忆与经典的发生》，《考古学报》2017 年第 3 期。

［33］《论语·子罕》："子欲居九夷。"何晏集解引马融曰："东方之夷有九种。"《国语》："昔武王克商，通道
于九夷、百蛮"；《尔雅·释地》："九夷，八狄，七戎，六蛮，谓之四海"。

［34］俞伟超：《先楚与三苗文化的考古学推测》，《文物》1980 年第 10 期。

［35］杨新改、韩建业：《禹征三苗探索》，《中原文物》1995 年第 2 期。

［36］湖北省文物考古研究所：《湖北石家河罗家柏岭新石器时代遗址》，《考古学报》1994 年第 2 期。

［37］赵辉、张弛：《石家河遗址群调查报告》，见《南方民族考古》第 5 辑，四川科学技术出版社，1992 年。

［38］赵辉：《良渚文化的若干特殊性——论一处中国史前文明的衰落原因》，见《良渚文化研究——纪念良渚
文化发现六十周年国际学术讨论会文集》，科学出版社，1999 年。

［39］宋颂：《山东龙山文化城址研究》，烟台大学硕士学位论文，2011 年，表二。

［40］何驽：《可持续发展定乾坤》，《中原文物》1999 年第 4 期。

［41］湖北省文物考古研究所、随州市博物馆：《随州文峰塔 M1（曾侯舆墓）、M2 发掘简报》，《江汉考古》
2014 年第 4 期。

［42］李学勤主编：《清华大学藏战国竹简 1·楚居》，中西书局，2010 年。

［43］《庄子·外篇·缮性》："及燧人、伏羲始为天下，是故顺而不一。"

［44］李零：《长沙子弹库战国楚墓帛书研究》，中华书局，1985 年。

［45］司马迁《史记·太史公自序》曰："迁生龙门，……二十南游江、淮，上会稽，探禹穴，窥九嶷，浮于沅、
湘，北涉汶、泗，讲业齐、鲁之都，观孔子之遗风，乡射邹、峄，厄困鄱、薛、彭城，过梁、楚以归。
于是迁仕为郎中，奉使西征巴、蜀以南，南略邛、笮、昆明，还报命。"

［46］顾颉刚：《与钱玄同论古史书》，见《顾颉刚集》，中国社会科学出版社，2001 年。

大仰韶与龙山化
——管窥史前中国文化格局的关键性演变

◎**曹兵武**

仰韶文化无论从发现之早、遗址之多、空间之广、持续时间之长、影响之大，都可以说是中国新石器时代文化之最，因此其形成是史前中国的一件大事。而仰韶文化的解体与转型同样是一件大事，尤其是仰韶文化解体过程中引发的龙山化现象，更是早期中国范围内族群互动与文明形成机制的值得深入研究的重要课题。

一、仰韶文化的形成与扩张

考古学家王仁湘先生新出一本大作，名字就叫《大仰韶》[1]。反思百年中国考古学，仰韶文化在各个方面都确实当得起大之名实。仰韶文化的发掘、发现，被公认为现代科学的中国考古学诞生的标志，其探索与研究贯穿了中国考古学始终。魏兴涛先生从十个方面总结过仰韶文化在史前中国考古学文化格局中的重要性，包括：中国考古学诞生的标志、分布地域最广、内涵丰富、延续时间最长、影响最深远、最早文明化、掀起以彩陶为标志的波澜壮阔的史前艺术浪潮、学术研究史最长、调查发掘工作最多、与黄帝和华夏民族关系最密切等[2]。尽管其中一些说法值得进一步探讨，但整体概括仍是十分精到的。一言以蔽之，仰韶文化可以说得上是现代中国考古学的一个缩影，也是解开中国早期文化与文明密码的关键性钥匙之一。

仰韶文化的发现，首次以科学手段将中国早期历史从不完全的文献记载与神话传说中追溯到史前遗存的实证，也唤起中国学者以考古学探索早期中国民族与文明之源起的热情和实践。新中国成立前，学界已经确立了包括梁思永先生后冈三叠层等一系列发掘研究逐步建立的小屯（商王朝的殷墟文化）—龙山（黑陶文化）—仰韶（红陶和彩陶文化）的上溯序列[3]。其中，史前时期仰韶文化的属性给了早期学者们无限的想象空间：有认为它是古史传说中的夏文化[4]，有认为是黄帝文化[5]或者炎帝文化[6]；有认为它是通过甘青地区从中亚传来的[7]，有认为是中国本土起源的[8]，等等，不一而足。新中国成立后，经过数十年的成果积累，学界在仰韶文化的时间空间格局、文化要素构成、经济社会特征、源流谱系等方面取得了较为精细的认识，

其中尤以苏秉琦先生的《关于仰韶文化的若干问题》[9]和严文明先生的《仰韶文化研究》[10]为代表。20世纪80年代时，两位先生先后将以仰韶文化为中心的认识扩展到具有全国性意义的对中国早期文化的区系类型学说[11]和"重瓣花朵模式"[12]的理论概括，对仰韶和全国的早期考古学文化序列、谱系及时空框架进行了集大成式的总结。

在区系类型和重瓣花朵格局中，仰韶文化只是全国各地史前时期在农业兴起与发展、区域性文化传统孕育与奠基过程中的一支以黄河中上游和黄土高原为主要分布区的地方性文化。但是，无论从距今7000~4700年的存在时间、大约130万平方公里的分布空间，还是从关系错综复杂的地方类型及源流、众多的遗址数量而论，仰韶文化都当得起是一个巨无霸。其以彩陶为核心特征的成千上万个遗址，分布于以黄河中上游地区为中心的黄土地带，远远超过其他地区同时期包括略晚的诸同一发展阶段的兄弟文化。

仰韶文化甫一登场，就有很多亮眼的文化特征：除了独具风格的彩陶和罐盆瓶钵等陶器组合外，仰韶文化的遗址规模普遍较大。围绕大型公共建筑的分组房屋、中心广场、规范的墓地规划、人数众多的合葬墓、大量的儿童瓮棺葬等颇能体现群体团结的遗迹。这在仰韶文化遗址中非常普遍，充分展现了聚落向心力和高度的社会组织能力。比如发掘与研究比较充分的姜寨遗址，在仰韶文化早期即已形成五组各自围绕自己的大房子安排的建筑群，共同环绕遗址中心的大型广场，并各自在聚落环壕外有对应的公共墓地[13]。在属于仰韶文化中晚期的河南灵宝西坡遗址，四座超大型房子环绕中心广场，门道相对，中心广场与大房子的公共活动核心地位与作用空前突出[14]。这类建筑精致、以正对门道的后壁为上位、门道所在部位凸起、整体呈近五边形的超大型房子，在仰韶文化多个遗址的中心部位均有发现。这毫无疑问是仰韶聚落中早期已经普遍存在的大房子传统的进一步发展。其迎门的大火塘、特别处理的地面和墙面（个别保存较好的房址中发现有类似石灰面的硬化处理和墙壁彩绘，面积达数百平方米）、密集的立柱以及常有饮酒遗痕等内部独特的结构安排，与弗兰纳里等在《人类不平等的起源：通往奴隶制、君主制和帝国之路》一书中梳理的现代民族志和世界各地考古普遍存在的早期社会的男人会所等初期的公共建筑颇有共通之处[15]，也是后来中国国家社会中宗庙、祠堂、宫殿等特别类型公共建筑的重要源头。可以设想，正是在这样的公共性建筑中，村落成员或青壮年男性常常集会，受到社群历史、宗教、仪式、军事等方面的教育，并酝酿了村落发展的重大事件与对外扩张计划。

正因为上述这些特征，严文明先生认为仰韶文化是早期中国文化相互作用的重瓣花朵结构的花心，王仁湘先生将其称为生命力最强的史前文化，并冠以"大仰韶"之名。

仰韶之大之重要，究其主要原因是仰韶文化乃早期中国第一支以农业为主要经济基础的地域性考古学文化。黄土地带在当时农耕条件下的易开垦性，农业经济的率先发展，使仰韶文化占得了时间与空间上的先机，在半坡与庙底沟阶段接连进行过两波大的扩张。

距今7000年左右仰韶文化已经形成。幅员如此辽阔的仰韶文化的形成机制、内部的复杂性，以及对外的扩张与联系，是同时期其他文化无法相比的。仰韶文化分布范围内在前仰韶时期大体上共存着裴李岗（含贾湖）文化、磁山文化、北福地文化、白家文化、老官台文化和大地湾文化等前仰韶文化。仰韶文化能够取代这些不同文化，是经历过区域性的文化整合或融合才得以完成的，这个过程其实从裴李岗文化时即已启动。借助于末次冰期结束、海平面大幅度上升，以及全新世大暖期的到来，在人群与生存资源、生活方式的重新布局中，南稻北谷两种分别起源于东南中国与北方中国的农业文化沿着黄河冲出中游奔向东部低地的喇叭口两侧，交汇于中国地理地貌的二、三级阶地和秦岭—淮河的南北气候分界线一带的贾湖等遗址，导致裴李岗文化的崛起与扩张，这是仰韶文化的主源。早期阶段的仰韶文化充分利用全新世大暖期的水热耦合条件和黄土的易开垦性，继承贾湖和裴李岗文化向北向西的扩张势头，融汇黄土高原及其东南缘的诸多本土文化，沿太行山麓和黄河中游支流诸河谷将复合型的农耕文化与彩陶扩张到更远的河北北部、内蒙古、山西、陕西、甘肃及青海等地，直达童恩正先生概括的半月形地带[16]或者罗森先生所说的中国弧[17]这一纵深、巨型的文化地理喇叭口的西北远端。其间经过农业主体地位的确立、黍—粟—稻被粟—黍—稻—豆作物组合的取代导致农业比重的进一步上升[18]，以及内部其他文化要素与格局的嬗变等，终于在庙底沟阶段进一步统合仰韶文化诸地方类型，形成了规模空前的一次早期文化统一与扩张运动，基本上完成了仰韶文化分布范围内的文化整合与一体化，以及对中国黄土分布区的全覆盖，其彩陶等文化观念和因素还对周邻其他区域性考古学文化发生了强烈影响。

因此，仰韶文化可以说是通过文化的融合创新形成的、早期中国第一支以农业为主要经济基础的史前文化，是第一次农业革命成果的集中体现，率先实现了黄土地带的从多元到一体，农业为其人口增长与扩张奠定了基础。仰韶文化融合、扩张的过程大致经历了三个阶段：第一个阶段是借裴李岗文化南北融合的东风和复合式农业经济基础不断向黄土地带扩张；第二个阶段是粟和豆对黍大幅替代，进一步优化作物结构，深化农业经济的重要作用，支撑人口持续增长，在晋豫陕三角的河谷与黄土台塬地带完成半坡与后冈等早期地方类型的进一步融合，实现以庙底沟类型为代表的文化统一，并启动了第二轮更具深度的整合与扩张；第三个阶段是其后期经历大扩张之后的再次地方化离析乃至于解体。

仰韶文化的扩张，得益于其农业经济与黄土地带的环境耦合所支撑的人口增长和文化间空白缓冲地带的大量存在。到仰韶文化晚期，因为扩张势头太猛，分布范围过大，当其他地区也随着农业等生产力的发展与人口的逐步增长而陆续步入区域性文化传统形成和整合阶段时，仰韶文化却逐步走向解体。据许永杰先生的研究和划分，在仰韶文化兴盛阶段分布区内，分别形成了泉护文化、大地湾文化（中晚期）、马家窑文化、秦王寨文化、大司空文化、义井文化、海生不浪文化、庙子沟文化等多个可称为仰韶文化地方性变体的考古学文化[19]。近年的语言学与人类古基因谱系研究发现，仰韶文化及其后裔文化已经为汉藏语系的形成起了奠基性作用[20]。比如，民族语言学家孙宏开先生认为甘青河湟地区的马家窑及其之后文化的人群沿青藏高原东缘南下甚至登上青藏高原，是包括东南亚地区的藏缅语族形成的主要动因[21]。而汉藏语系中派生的汉语，又成为华夏族群与文明的主要语言文化基础。

因此，正如仰韶文化的形成是史前中国的一件大事，其解体与转型也同样是一件大事。尤其是仰韶文化解体过程中引发的龙山化现象，更是早期中国范围内族群互动与文明形成机制的值得深入研究的重要课题。

二、仰韶文化的解体与龙山化进程

仰韶文化的解体，大致上是循着这样一条路径：过度扩张和高度定居之后的再次地方化，庙底沟阶段之后的仰韶文化已扩张至极限，其文化分布范围大致稳定，呈现出空前繁荣的文化态势；环境变迁引发经济社会转型，包括距今5000年左右其西北边缘地带一些新经济因素的逐渐引入和环境深度开发引发的人口激增与部分人口南下；仰韶文化分布范围内及被影响地区文化和人群的分化重组与重新整合。在这个过程中，陶器、生业、聚落与社会组织等文化面貌均发生了很大变化，包括：引进了麦类作物和牛、羊、冶金等新的文化因素造就的新经济增长点；在罐与尖底瓶等基础上组合出现的影响深远的空三足器斝、鬶、鬲等[22]。晚期的仰韶文化不仅地方性逐渐增强，甚至离析解体为不同的考古学文化。仰韶文化的故地中原地区的庙底沟类型文化经西王村类型而逐步发展为庙底沟二期文化，进入了广义的龙山时代。大致同时或稍晚，其他地区也普遍启动了类似的龙山化转型历程。

仰韶与龙山一直是中国考古学中紧密相连的两个概念。早在20世纪30年代，梁思永先生发现后冈三叠层时已经确定仰韶早于龙山，黑陶晚于彩陶，并有了龙山文化的命名[23]。之后，严文明先生在《龙山文化与龙山时代》一文中鉴于在全国除山东地区以外的很多地方都发现了与龙山文化时代相近、文化面貌相似或有联系的文化遗存，并大多都曾经被命名为以省称开头的"某省龙山文化"，如河南龙山文化、河北龙山文化、湖北龙山文化和陕西龙山文化等现象，提出存在着一个普遍的龙山时代[24]。

龙山时代概念的提出，实际上是否定了各地的此类文化就是龙山文化，龙山文化只是山东地区的一支地方性考古学文化，其他地区的类似文化则是上述的新发展阶段龙山化的结果，而且龙山化也不仅限于仰韶文化及其分布区。龙山文化得以命名的龙山镇城子崖遗址就位于海岱地区，这里是和仰韶文化及其分布区并驾齐驱的又一个重要的史前文化区系，但是，彩陶逐渐退出历史舞台、红陶向黑陶和灰陶的转变——当然还不仅仅是这些[25]，在这里因为龙山文化与大汶口文化在时空上的紧密衔接而表现得更为清晰。此后，长江中下游、辽河流域等史前文化发达地区也发现类似的现象。因此，严文明先生提出龙山时代的概念，并认为这是一个后仰韶时期的具有普遍性和某种相似性的史前文化发展阶段。这种观察是敏锐而中肯的。

这样一来，龙山化其实是一个比大仰韶波及面还要大的时代概念。即便是仰韶中期以大扩张为特色的庙底沟化，也无法与龙山化这一现象的影响范围相比。龙山化不仅是早期中国一个具有普遍性的史前文化事件，而且是随着仰韶文化的解体首先出现的，某种程度上说，它是各地在完成自己的区域性整合之后，开始走向复杂与分化乃至冲突的文明化进程的标志。因此，各地的起始时间、具体表现及背后机理也不是完全一样的。尤其是由于各区系之间真正竞逐的展开，整个早期中国的文化格局发生了巨大变化。

在仰韶文化解体和龙山化的过程中，除了自身发展阶段性、北方地区的环境敏感性、人口压力、外来因素的影响等原因之外，周边地区比如海岱地区的大汶口中晚期文化和长江中游的屈家岭文化等在完成自身的区域一体化之后的强势扩张某种程度上也起到了推波助澜的作用。赵芝荃、杜金鹏等先生都注意到大汶口文化中晚期的南下与西进现象[26]。到大汶口文化晚期，郑洛地区所谓的"龙山文化早期"遗存中大量出现大汶口文化器物，一些墓葬中出土了成组的大汶口文化器物，甚至豫西晋南庙底沟二期文化和陶寺文化的遗存中也可以见到大汶口文化晚期遗存。魏兴涛先生指出，庙底沟二期文化的形成，就是在仰韶文化晚期的基础上大量吸收大汶口文化和屈家岭文化的因素才得以实现的，中原地区再次显示出其作为文化熔炉的历史特性[27]。

海岱地区作为一个区域性文化传统的情况是复杂并具有典范意义的。它是个岛状高地，是全新世之初海平面上升时期大陆架人群内迁的理想之地——其中一些人滞留于此继续发展，比如黄河以东的后李文化那种种植水稻并使用圜底器的人群；还有中原在南北交汇之后文化爆发而东扩的人群，比如贾湖—裴李岗之后形成的广布于江淮一带的青莲岗文化部分人群。它们后来基本上为大汶口文化所统一。但是这里的以大汶口文化为代表的区域一体化慢了半拍，明显晚于仰韶文化的形成与扩张，其龙山化也相对发生较晚，尽管因为龙山城子崖遗址的率先发现而获得了龙山的冠名权。相对而言，由于环境适宜，海岱地区一体化与各文化间的过渡相对平稳、连续，很多遗址或遗址群长期盘踞一地积累性发展，但它们的高峰时期相当璀璨并成为逐鹿中原的有力参与者。张弛先生指出，大汶口文化中晚期的南下也是引发长江中下游地区文化转变的动因之一，他甚至说与其说有一种龙山化现象，不如直接称为大汶口化更为妥当一些[28]。总之，仰韶文化故地尤其是中原地区一体化和龙山化都开始的相对较早，其转型阶段恰恰给了后发的大汶口文化和屈家岭文化等以某种可乘之机。而大汶口文化的扩张，则加快了引发其他地区向龙山化转型的多米诺骨牌效应。

那么，如何表述和认识这一史前中国具有普遍意义的仰韶文化离析解体和龙山化转型现象？

我们大致上可以这样来概括：所谓龙山化转型，是在农业比重不断增加、人口与财富积累膨胀到一定程度的发展模式下，由仰韶文化所在区域率先开启并得到整个早期中国相互作用圈次第响应的各地域性文化传统达到内外饱和或者接近饱和之后的一种文化调适性转向。其对内的表现是人口继续增长，空间更加拥挤甚至压缩；对外是因为空白缓冲地带减少甚至消失，文化间或者是区域间不同族群竞争趋于激烈，普遍发生碰撞甚至是冲突。其实质就是农业发展之后的人口与经济文化的重置，为龙山时代之后超越区域性传统的华夏正统的孕育提供了一种新的社会文化背景。

龙山化首先起于仰韶文化的整体性离析解体。过了对外拓殖的扩张阶段之后的仰韶文化分布区内的地方性逐渐明显起来，原有的相互系连逐步松散，甚至由于人口爆炸、环境变化、生存压力而展开竞逐，分化为一系列不同的考古学文化。进入龙山时代之后进一步发展为更为零碎也更具竞争性的地方性文化，比如占据晋豫陕仰韶文化腹地的中原地区在北方同源人群包括东方的大汶口和南方的屈家岭异源人群等的强烈影响下发展为庙底沟二期文化。庙底沟二期文化长期被视为仰韶与龙山之间的过渡阶段，其实就是仰韶故地率先龙山化的结果。其他地区或长或短或隐或显也存在类似的文化发展阶段。

当然，这种龙山化趋势并非仅仅是红陶转变为黑陶、灰陶等，而是一场非常深刻的经济、社会与文化变化。在《从仰韶到龙山：史前中国文化演变的社会生态学考察》一文中笔者曾经从陶器、房址、墓葬、聚落等方面进行过考察，其背后的原因和考古遗存的外在表现体现了区域发展的饱和态，又遇到环境波动以及区域间相互竞争加强、外来文化因素的引入等刺激，在文化内部加快了社会分化转型，在文化之间——包括区域类型之间则转入持续的冲突性竞争[29]。尤其是黄河中下游之交一带由于环境变迁和河流冲积、淤积、堆积作用加强，不断形成新的宜居之地，加上仰韶文化在早中期的大扩张和中晚期的离析解体，引发周边文化纷纷涌入——这可能就是最初的逐鹿中原的考古学表现。

如果我们把各地由仰韶文化率先开启的区域传统形成也称为仰韶时代的话，那么，仰韶时代和龙山时代是早期中国范围内走向华夏传统的具有普遍意义的两个大的文化发展阶段——以农业为主要经济基础而导致的区域开发、整合和一体化阶段，大暖期最佳气候期结束之后由环境和资源压力而导致的区域间互相冲突与碰撞、重组阶段。仰韶时代是地方性的区域化文化传统的形成与扩张期，而龙山时代则是一个重大的转型期和互动强化期，也是早期复杂社会和中国文明时代的孕育阶段。各地龙山化转型的时间、内涵各不相同，但早期中国相互作用圈内相对发达的地区基本上都无法绕过这个文明化演进的必经阶段。

对龙山化的这种新理解，也从另一方面突出了仰韶文化的价值——其形成很重要，仰韶文化的形成与大规模向外拓殖、扩张，具有早期华夏传统的人口与文化的奠基性意义；其解体也同样重要，因为经过解体和龙山化，经过龙山时代不同谱系的人群与文化包括源自北方的牛羊、小麦、冶金等新文化因素在晋南豫西和陕东的中原核心区相互竞争、交叠融合，最终在嵩山周边地区化出了华夏正统在诸区域性文化传统中的集大成式脱颖而出，即二里头文化的崛起。此后经过夏商周三代接续定鼎中原，中原的华夏文化传统成为整个东亚的文明高地。

在上述过程中，位于黄河中下游之交和黄土高原东南缘的中原嵩山周边因为地理与气候等环境原因，构成了一个特殊的文化地理区间。前仰韶时代南稻北谷两种农业文化已经在此遭遇，为仰韶文化的形成与扩张提供了一个与大暖期和黄土地带非常耦合的复合式农业经济基础和出发点。在后仰韶时代的区域传统竞争中，这里又成为四面八方文化因素和力量逐鹿的焦点地区，经过不同族群和文化的交叠融合，最终成为集大成的二里头文化登场的理想之地，因此堪称整个东亚历史与文化关键性的地理枢纽，也被传统世界观认为是人类世界的天地之中。

注释：

［1］王仁湘：《大仰韶——黄土高原的文化根脉》，巴蜀书社，2021年。

［2］魏兴涛：《从文化到文明化——仰韶文化百年历程及其文明化成就》，《华夏考古》2021年第4期，第3—10页。

［3］张瑞雪：《梁思永先生对中国现代考古学的贡献》，《魅力中国》2018年第19期，第101—114页。

［4］徐中舒在其早期论文《再论小屯与仰韶》中提出仰韶文化为夏文化的观点，后在1979年写成的《夏史初曙》中放弃该观点，同意龙山文化和二里头文化为夏文化。

［5］范文澜：《中国通史简编》上册，商务印书馆，2017年，第9页。

［6］郭大顺：《仰韶文化与红山文化关系再观察》，《郑州大学学报（哲学社会科学版）》2017年第4期，第103—107页。

［7］参见安特生：《中华远古之文化》，文物出版社，2011年。

［8］a.李济：《华北新石器时代文化的类别、分布与编年》，见《李济文集》卷二，上海人民出版社，2006年，第137—154页。

　　b.夏鼐：《齐家期墓葬的新发现及其年代的改订》，《考古学报》1948年第3期，第101—117页。

［9］苏秉琦：《关于仰韶文化的若干问题》，《考古学报》1965年第1期，第51—82页。

［10］严文明：《仰韶文化研究》，文物出版社，1989年。

［11］苏秉琦、殷玮璋：《关于考古学文化的区系类型问题》，《文物》1981年第5期，第10—17页。

［12］严文明：《中国史前文化的统一性与多样性》，《文物》1987年第3期，第38—50页。

［13］西安半坡博物馆、陕西省考古研究所、临潼县博物馆：《姜寨——新石器时代遗址发掘报告》，文物出版社，1988年，第354页。

［14］a.中国社会科学院考古研究所河南一队、河南省文物考古研究所、三门峡市文物考古研究所等：《河南灵宝市西坡遗址发现一座仰韶文化中期特大房址》，《考古》2005年第3期，第3—6页。

　　b.中国社会科学院考古研究所河南一队、河南省文物考古研究院、三门峡市文物考古研究所等：《河南灵宝市西坡遗址庙底沟类型两座大型房址的发掘》，《考古》2015年第5期，第3—16、2页。

［15］肯特·弗兰纳里、乔伊斯·马库斯：《人类不平等的起源：通往奴隶制、君主制和帝国之路》，张政伟译，上海世纪出版股份有限公司译文出版社，2016年，第121—152页。

［16］童恩正：《试论我国从东北至西南的边地半月形文化传播带》，见文物出版社编辑部：《文物与考古论集》，文物出版社，1986年，第17—44页。

［17］刘歆益：《沟通中西方的"中国弧"》，《人民日报》2017 年 6 月 13 日第 24 版。

［18］张海：《仰韶文化与华夏文明：从农业起源到城市革命》，《中国文物报》2021 年 10 月 1 日第 6 版。

［19］许永杰：《黄土高原仰韶晚期遗存的谱系》，科学出版社，2007 年，第 227—234 页。

［20］Zhang Menghan, Yan Shi, Pan Wuyun, Jin Li, "Phylogenetic Evidence for Sino—Tibetan Origin in Northern China in the Late Neolithic", *Nature*, 2019, pp. 112-115。

［21］孙宏开：《跨喜马拉雅的藏缅语族语言研究》，《民族学刊》2015 年第 2 期，第 69—76、122—125 页。

［22］张忠培：《黄河流域空三足器的兴起》，《华夏考古》1997 年第 1 期，第 30—48、113 页。

［23］梁思永：《小屯、龙山与仰韶》，商务印书馆，2015 年，第 150—163 页。

［24］严文明：《龙山文化和龙山时代》，《文物》1981 年第 6 期，第 41—48 页。

［25］参见曹兵武：《从仰韶到龙山：史前中国文化演变的社会生态学考察》，见周昆叔、宋豫秦：《环境考古研究》第 2 辑，科学出版社，2000 年，第 22—30 页。

［26］杜金鹏：《试论大汶口文化颍水类型》，《考古》1992 年第 2 期，第 157—169、181 页。

［27］魏兴涛：《庙底沟二期文化再研究：以豫西晋西南地区为中心》，《考古与文物》2016 年第 5 期，第 83—99 页。

［28］张弛：《龙山化、龙山时期与龙山时代：重读〈龙山文化和龙山时代〉》，《南方文物》2021 年第 1 期，第 62—69 页。

［29］曹兵武：《从仰韶到龙山：史前中国文化演变的社会生态学考察》，见周昆叔、宋豫秦：《环境考古研究》第 2 辑，科学出版社，2000 年，第 22—30 页。

三门峡仰韶文化研究·续编

豫西晋西南地区新石器时代植物遗存的发现与初步研究

◎魏兴涛

豫西晋西南地区一般是指河南省三门峡市辖区和山西省运城市辖区南部即峨嵋岭以南以运城盆地为主体的区域，它们尽管分处于黄河南、北岸畔，然而在新石器时代文化面貌基本一致，因此可作为一个地区一同研究。这里地处黄河中游，属于新石器时代中原文化区[1]的中心区域之一，历来受到考古界尤其是新石器时代考古研究者的重视。以 1921 年河南渑池仰韶村遗址[2]和1926年山西夏西阴村遗址[3]的发掘为开端，本地区是中原以及全国开展新石器时代考古发掘与研究最早和历史最长的地区。经过数代学者的辛勤探索，该地区现已建立起裴李岗文化，仰韶文化初期、早期、中期、晚期，庙底沟二期文化和龙山时代文化等时期较完整的新石器文化序列，为完善整个中原地区新石器时代考古学文化体系做出了积极贡献。

植物资源是人类赖以生存的主要食物来源，农业的发生开创了一个人类利用和控制植物资源的新时代，是新石器时代的重要成就。中国是一个有着悠久农业历史和深厚农业传统的国家，黄河流域及长江流域与地中海东岸新月形地带、中美洲一样，是世界上最重要的三大农业起源中心地之一，对人类历史的发展及后来的文明起源都产生了极其巨大的影响[4]。新石器时代的生业经济主要是农业经济，种植业则是农业的核心内容[5]。生产技术的进步和农业的发展推动了新石器时代社会的发展，从农业经济的演变状况可以窥见史前社会的发展进程。因此，开展新石器时代植物遗存尤其是农作物遗存的研究，对于认识当时的农业发展水平以及生产技术和社会发展状况都具有十分重要的意义。

古代农作物研究一般应包括农作物品种类别、种植区域及面积、作物加工与保管、储存方式等方面。但由于考古工作及材料的原因，如实际上在我国北方地区普遍很难发现和辨别新石器时代各时期的耕地，故豫西晋西南地区新石器时代各时期农作物种植面积尚无法确定；又由于考古发现中较缺乏农作物加工、储存方式材料，因而相关研究也暂未开展。本文拟在收集汇总豫西晋西南地区新石器时代遗址迄今已发现的植物遗存材料与研究成果的基础上，结合已有的人骨食性分析和龋齿发病鉴定研究结果等，试图对该地区新石器时代各时期的农作物种植业与其反映社会发展状况等相关问题进行初步的探讨。不妥之处，请方家批评指正。

一、豫西晋西南地区新石器时代各时期植物遗存的发现

（一）裴李岗文化

豫西晋西南地区裴李岗文化植物遗存仅在 20 世纪 90 年代渑池班村遗址发掘中通过水选法有所收集。经鉴定，在 H2033 等灰坑中发现有栎、大叶朴、山茱萸、君迁子等落叶阔叶乔灌木植物和紫苏、野大豆、黄芪、藿草等草本的籽粒[6]。

（二）仰韶文化初期

豫西晋西南地区仰韶文化初期植物遗存仅在 2006 年灵宝底董遗址的发掘中通过水选法有所发现。底董遗址共水选了仰韶初期 42 个单位，611 升土，鉴定统计出炭化植物籽粒 284 粒，有的单位不见，最多的 80 粒，平均每升土仅 0.46 粒，表明土样中包含的植物遗存不算丰富[7]（表一）。

表一　底董仰韶文化初期炭化植物籽粒统计表

出土单位	土量（升）	炭化物（克）	粟	黍	豆科	栎果	未知	合计
TG1④	10	0.009		1				1
F1	10	0.013						
H1	10	0.034					1	1
H6	10	0.039		1		1		2
H7	17	0.155	1	38	1			40
H30	19	0.011				1		1
H36	19	0.67	7	1	1			9
F2	10	0.012		1				1
F5	10	0.005		1				1
H14	10	0.006	3	3			1	7
H16	10	0.005	17	19		3		39
H24	10	0						
H25	18	0.031	1	2		2		5
H34	10	0.007						
H40	19	0.019						
H41	10	0						
H42	20	0.04						
H43	19	0.677		1				1
H44	20	0.031		1				1
G2	10	0						
H10	10	0.019	1	1				2
H11	18	0.137	5	9				14

出土单位	土量（升）	炭化物（克）	粟	黍	豆科	栎果	未知	合计
H12	20	0.053	2	1		4		7
H13	20	0.002	1	1				2
H17	10	0.009						
H18	10	0.012	3	1				4
H20	17	0.077		2				2
H21	10	0.57		2				2
H23	10	0.074						
H31	·19	0.097		3				3
H32	10	0						
H35	20	0.419		1			1	2
H47	20	0.728				25		25
H48	20	0.068		4		1		5
H49	10	0.021		14				14
H50	20	0.88	3	19		58		80
H8	20	0.032		1				
H9	20	0.025	1	3				4
T10④	10	0						
G4	19	0.004		1			1	2
H15	17	0.004	1	2				3
H51	10	0.026	1	1			1	3
合计	611	5.021	47	135	2	96	4	284

（三）仰韶文化早期

豫西晋西南地区仰韶文化早期农作物以往并无发现，近年来，我们在灵宝底董、底董北、晓坞和三门峡南交口等遗址调查和发掘中通过水选法有所发现。由于人类龋齿率的高低通常与食物中的淀粉含量密切相关，农业人群通常比采集狩猎人群有更高的龋齿率[8]，采集—狩猎人群龋齿发生率为0~5.3%（平均1.3%），混合经济人群为0.44%~10.3%（平均4.8%），农业型人群为2.1%~26.9%（平均8.6%）[9]，因此据龋齿的发生率可以推知古代人们的食物结构和取食经济类型。本地区仰韶早期人们的龋齿发生率可由晓坞遗址墓葬出土人骨的研究得以了解。

底董、底董北、晓坞遗址共水选仰韶早期14个单位，183升土，鉴定统计出炭化植物籽粒106粒，一些单位不见，最多的85粒，平均每升土仅0.58粒，可知土样中包含的植物遗存也不丰富[10]（表二）。

表二　底董、底董北、晓坞遗址仰韶文化早期炭化植物籽粒统计表

遗址与单位	土量（升）	炭化物（克）	粟	黍	稻（整）	稻（碎）	黍亚科	豆科	未知	合计
底董T10③	10	0								
底董F3	10	0								
底董H26	20	0.068		5						5
底董H27	20	0.03	1						1	2
底董H29	20	0.02	2	1						3
底董H39	10	0.012								
底董H46	18	0.03								
底董H28	20	0.239								
底董北H02下层	10	0.114								
底董北H02上层	10	0.401		1				2		3
底董北H01下层	10	0.124		1	2			2		5
底董北H01上层	10	0.606	54	16	1	2	12			85
晓坞T1②	10	0.006		2						2
晓坞T2③	5	0.007	1							1
合计	183	1.657	57	27	3	2	12	4	1	106

南交口遗址水选仰韶早期2个单位，26升土，鉴定统计出炭化植物籽粒505粒，平均每升土19.4粒，可知土样中包含的植物遗存颇为丰富[11]（表三）。

表三　南交口遗址2007年出土仰韶文化早期、中期炭化植物籽粒统计表

分期		仰韶早期		仰韶中期								合计	
单位		07H02	07H01	97H39	97H64	97H28	97H8	97H20	97H2	97H4	97H11		
土量（升）		10	16	13.6	13.5	13.3	14.2	11	14	12	16		
稻	完整稻米		6	2								8	64
	稻碎块		32	15	7					2		56	
	粟	37	131	33	4		1		23	7	33	269	279
	粟（带壳）	4		1						5		10	
狗尾草属	狗尾草	10	38	3					2	8		62	313
	狗尾草（带壳）									1		1	
	狗尾草属其他		55	2	2				1	2		62	
	狗尾草属碎块		105	22	2	3			15	11	30	188	

分期		仰韶早期		仰韶中期								合计	
单位		07 H02	07 H01	97 H39	97 H64	97H28	97 H8	97 H20	97 H2	97 H4	97 H11		
土量（升）		10	16	13.6	13.5	13.3	14.2	11	14	12	16		
黍属	黍	3	30	10					2		5	50	65
	黍不成熟		7	3					1		4	15	
	黍属（野）	1	1						1			3	32
	黍属碎块		24	2		3						29	
其他禾本科	稗属									1		1	15
	牛筋草									1		1	
	禾草籽粒碎块	11						2				13	
其他杂草类	疑似水苏		1									1	15
	藜科		2	1		2	2			1	1	9	
	小型豆科						1					1	
	中型豆科								3		1	4	
其他	菱角（角残块）		1									1	3
	未知坚果壳		1									1	
	桃/杏属核果残块				1							1	
	未知籽粒			1	2		1		1			5	13
	未知残块		5							1	2	8	
合计		66	439	95	18	9	4	3	46	23	96	799	

注：据秦岭，2009：表一；为使本表简洁，省略遗址代码"SN"和植物籽粒的英文名称。

晓坞遗址仰韶早期 M1、M2 出土头骨共观察了 39 例标本，发现 5 例龋齿病例，发生率为 12.82%[12]。

（四）仰韶文化中期

豫西晋西南地区仰韶文化中期农作物遗存也是在三门峡南交口等遗址调查和发掘中通过水选法才发现和确认的。近年来灵宝西坡遗址人和动物骨骼的食性分析、人骨的龋齿发生率也为认识这一时期的农作物品种、经济类型提供了新的信息。

南交口遗址仰韶中期农作物遗存早在 1997 年遗址发掘时就有所发现，在 2 座灰坑中拣选出数粒炭化水稻，在其中一座中同时发现 13 粒粟，首次表明该遗址仰韶中期存在稻作遗存[13]。

2007 年对另外 8 座仰韶中期灰坑采集土样予以水选，有研究者已对发现的这批植物遗存进行了较深入的研究。这次共取土样 107.6 升，鉴定统计出炭化植物籽粒 294 粒，平均每升 2.7 粒，最多的单位每升约 7 粒，最少的单位 0.27 粒[14]（参见表三）。

通过对西坡墓地人骨的稳定同位素分析，31 个人骨个体的 ^{13}C 平均值为 −9.66‰，由此获得的 C_4 类植物百分比平均值为 80% 左右[15]。而据动物骨骼的 ^{13}C 检测结果可知，这里家猪（另有狗）的主要食物也是 C_4 类食物[16]。西坡墓地 18 座墓葬提取的人骨牙结石内发现淀粉颗粒 9 个，可以鉴定到种或属的 3 个[17]。同时，西坡墓地人骨有 13 例个体患有龋齿，发生率达 37.1%[18]。

（五）仰韶文化晚期

豫西晋西南地区暂未发表仰韶文化晚期的植物遗存。

（六）庙底沟二期文化

豫西晋西南地区庙底沟二期文化农作物遗存在渑池班村、垣曲古城东关遗址有所发现。班村遗址至今未见发表庙底沟二期文化遗存的材料，但据报道，在这一时期曾水选出大量旱作农作物遗存，并经过了细致的鉴定，有炭化粟、黍两种作物，以粟为主，如从灰坑 H3037 中水选出大量粟的籽粒[19]。

东关遗址仅有发现黍的简单报道，出土于东关报告庙底沟二期文化晚期 I H210 中[20]。

（七）龙山时代文化

豫西晋西南地区龙山时代农作物遗存以往在垣曲古城东关遗址曾有所发现，2006 年在灵宝泉鸠遗址的发掘中通过水选法又获得较多。

东关遗址仅有发现粟的简要报道，出土于东关报告"龙山文化"早期 I H187 中[21]。

泉鸠遗址共水选了龙山时代文化 23 个单位，412 升土，鉴定统计出植物籽粒 8153 粒，只有 1 个单位未见炭化物，其他各单位均有发现，最少的 5 粒，最多的 3159 粒，相差悬殊，所有单位平均每升土 19.8 粒，可见土样中包含的植物遗存十分丰富[22]（表四）。

表四　泉鸠龙山时代文化炭化植物籽粒统计表

单位	土量（升）	炭化物（克）	粟	黍	稻（整）	稻（碎）	大豆属	稗	黍亚科	豆科	藜科	其他	合计
H16	20	2.819	90	8	47	510							655
H20	20	13.032	283	213	118	2530			13	2			3159
H21	17	5.385	342	21	168	2500							3031
H22	20	0.688	9	1		2				1	1		14

单位	土量（升）	炭化物（克）	粟	黍	稻（整）	稻（碎）	大豆属	稗	黍亚科	豆科	藜科	其他	合计
H24	18.5	3.088	14	5	3	5				3			30
H25	18	0.806	56	12		1			18	1			88
H26	10	0.438	8	8	1		2		9	2			30
H27	20	3.559	78	37		3			20	1		未知1	140
G1③	20	1.816	18	1					2				21
Y1	19.5	0.295	1	1					1	3		黄芪1	7
Y2	10	0.707	17	5					10	2			34
H1	20	0.289	74	4		3			7				88
H2	20	0.401	61	22	1	9			17		208	未知1	319
H3	20	1.197	6	5	1			1	3	11			27
H4	18	3.478	11	5	2	5			2				26
H5	20	1.694	6	1	1	3				1			12
H10	20	0.525	10	3		20				1			34
H11	20	0.823	149	29	3	62			41	5	7	未知1	297
H12	14	1.095	4	1									5
H13	20	3.656	21	8		2		1	11			牡荆属1	44
H15	20	0.674	10						7	2			19
H18	17	1.01	38	11	2	7			14			葡萄1	73
H23	10	0											
合计	412	47.475	1306	401	347	5662	2	2	175	36	216	6	8153

二、豫西晋西南地区新石器时代各时期农业经济及相关问题

（一）裴李岗文化

尽管裴李岗文化班村遗址出土有可能用于田地开垦和农作物种植、收获的石斧、石铲、石锯齿镰等工具[23]，一般认为新石器时代早期即出现农业[24]，裴李岗文化已属于新石器时代中期，农业已有较长的发展历程，但由于这里发现的植物遗存均属野生植物，则这一时期农作物种植活动应当还非常有限，人们主要采集野生果实作为植物类食物。

（二）仰韶文化初期

底董仰韶初期植物籽粒大致可分为两大类：农作物有粟、黍两种；野生植物有豆科和栎果等。从出土籽粒的数量看，农作物居于优势，占64%，野生植物仅三成多（图一）。以黍为

主，粟较少，两者分别占作物籽粒的 74.2%、25.8%。在出土概率方面，数值最高的也是黍，66.7% 的单位有所发现，粟次之，见于 33.3% 的单位（图二）。可见，底董仰韶初期种植农作物品种有黍和粟，种植最多的是黍。

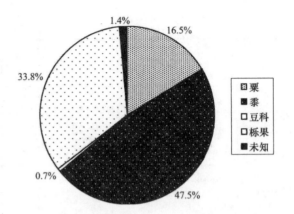

图一　底董仰韶文化初期植物籽粒绝对数量比例图

底董仰韶初期农作物遗存的发现具有重要意义：

首先，依甘肃秦安大地湾遗址不同文化期保存的粟、黍籽粒的鉴定和数量统计结果，在属于白家文化的大地湾一期中农作物遗存仅有少量黍米发现，直到仰韶早期仍以黍米为优势，才新出现了很少的粟[25]。另在内蒙古敖汉旗兴隆沟遗址第一地点通过水选法获得了兴隆洼文化大量栽培的粟和黍粒，黍出土较多，共计约 1500 粒，粟较少，仅数十粒，相差悬殊[26]。这些遗存均属于新石

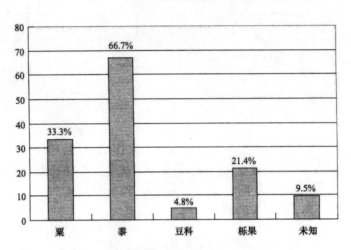

图二　底董仰韶文化初期植物籽粒出土概率统计

器时代中期，是目前我国北方地区发现的年代最早的农作物遗存。底董仰韶初期遗存尽管居于其较晚阶段[27]，但在整个仰韶文化中却属于最早的时期。在紧接裴李岗文化之后的仰韶初期，豫西晋西南地区种植最多的也是黍，从而为北方地区最早驯化和栽培规模较大的旱地作物是黍的认识增添了新的实证。

其次，由于以往黄河中上游所见最早的粟为仰韶早期半坡类型者，底董遗址的发现把这种农作物在仰韶文化中的出现从早期提前到了初期。如上所述，早在新石器时代中期西辽河一带就已出现少量粟，底董遗址所在的豫西将东北地区和关中地区连在一起，为探讨粟的起源和传播提供了新线索。

其三，仰韶初期农作物籽粒在发现的植物遗存中所占比例远大于野生植物，与裴李岗文化发现的是野生植物籽粒形成鲜明对比，表明农业经济已经以绝对优势超过了采集经济，这一转变发生在裴李岗文化到仰韶文化之间，从而揭示了本地区自仰韶文化开始文化与社会迅速发展的农业经济基础。

（三）仰韶文化早期

据底董、底董北、晓坞遗址浮选结果，仰韶早期植物籽粒大致可分为两大类：农作物有粟、

黍、稻三种；野生植物有黍亚科、豆科和栎果等。从数量看，农作物居于绝对优势，占84%，野生植物仅占16%（图三）。农作物以粟为主，黍次之，稻较少，三者分别占作物籽粒的64%、30.3%和5.6%。而依遗存分期[28]，属仰韶早期偏早即一期的底董遗址农作物数量以黍居多，稍晚即二期的底董北遗址粟则远远超过了黍。在出土概率方面，数值最高的是黍，50%的单位有所发现，粟、稻依次较低，分别见于21.4%、14.3%的单位（图四）。值得注意的是，在底董北H01下层和上层发现了完整或破碎的稻粒，分别与黍和粟、黍共出。

南交口遗址发现的植物籽粒大致有以下几类：①栽培的农作物，包含稻、粟、黍等，其中稻为粳稻；②杂草类，可细分为禾本科杂草和其他杂草，禾本科杂草中包括狗尾草属的狗尾草及其他种类、黍属的野生种类等；其他杂草包括藜科、唇形科（疑似水苏）等；③果实类，包括菱角残块和不明坚果的果壳；另有少量无法辨识的残体等。从出土籽粒的数量看，农作物和杂草籽粒恰各占总数的一半（图五）。农作物以粟为主，占作物总数的68.8%，黍和稻分别占16%、15.2%。在2个单位中一为粟、黍共出，另一为粟、黍和稻共出。

综合以上情况，该地区仰韶早期农作物种植在品种上似存在一个变换的过程，其偏早阶段以黍为主，辅以粟；此后以粟居多，黍次之，并出现了稻。

晓坞遗址M1、M2人骨的龋齿发生率已超过农业型人群的平

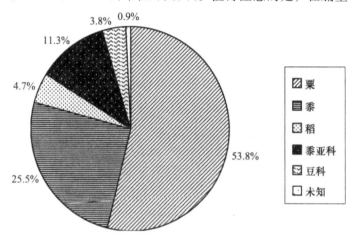

图三　底董、底董北、晓坞仰韶文化早期植物籽粒绝对数量比例图

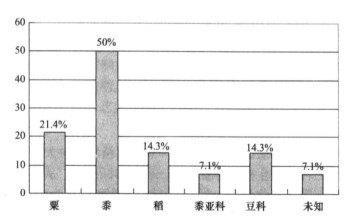

图四　底董、底董北、晓坞仰韶文化早期植物籽粒出土概率统计

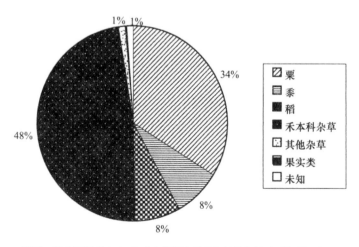

图五　南交口遗址2007年出土仰韶文化早期植物籽粒绝对数量比例图
（引自秦岭，2009：图一）

均值。

上述发现对于我们深入认识仰韶早期的生业经济和农作物种植等也具有重要意义：

第一，如前文所述，就农作物品种来说，我国北方地区最早驯化和栽培规模较大的旱地作物应是黍，而一般认为，新石器时代北方地区种植以粟为主的旱地作物，何时发生转变即粟代替了黍成为种植最广的旱地作物是农业考古方面尚未完全解决的一个重要课题。以上材料为认识这一转变提供了契机。从豫西晋西南地区来看，这一转变当发生在仰韶早期，仰韶早期的较晚阶段粟的种植规模应已超过了黍，此后，广大北方地区的旱地作物就以粟为代表并成为长期延续的传统。

第二，南交口、底董北遗址水稻籽粒的发现，使两遗址正相印证，仰韶早期出土这种重要作物已不再是孤例。从这两处遗址的年代看，本地区最早种植水稻也始于仰韶早期的较晚阶段。由于在地理位置上底董北遗址处于南交口遗址西达约 100 千米，因此前者便成为迄今仰韶早期发现水稻遗存最靠西的地点。学术界一般认为稻作起源于长江中下游或江淮地区，据以上材料可知到仰韶早期的较晚阶段已北传至豫、晋、陕交界地区。以上两处遗址以粟、黍较多见，表明仰韶早期农作物品种仍以旱地作物为主，但水稻很可能已成为重要的组成部分，人们因地制宜，在距水源较远的黄土台塬上、边坡上或河流阶地上种植粟、黍，而在适宜的滨水湿地上栽培水稻，宜粟则粟，宜稻则稻，黄河中游的一些地区早在仰韶早期就已开始了既种粟、黍又种稻的稻粟混作农业经济。

第三，对于南交口遗址仰韶早期农作物遗存，已有研究者指出这里是目前中国所见最早出现完整稻、粟、黍组合的地点[29]。底董北遗址的发现再次证明了这一稳定的共存关系。水稻的种植改变了单一种植粟、黍等旱地作物的局面，表明早在仰韶早期黄河中游一些地区农作物品种就朝多样化方向发展中迈出了重要的一步，这时期先民们就开始由种植旱地作物的单一种植模式转变为施行旱地和水田作物多品种的种植模式。多品种的种植模式被认为是种植制度先进性的体现，它不但可以提高农业生产的收获量，而且能够降低单一作物种植的危险系数，是农业经济大发展的标志[30]，同时旱、水作物并存，是人们进一步充分利用自然条件服务于生活的实证。

第四，整体而言，底董、底董北、晓坞、南交口等遗址出土的植物籽粒中农作物多于野生植物，晓坞遗址墓葬的人骨龋齿发生率也较高，表明仰韶早期的生业也为农业经济类型。

（四）仰韶文化中期

南交口遗址所获仰韶中期植物籽粒大致有如下几类：①农作物类，如稻、粟、黍，其中稻为粳稻；②杂草类，又可细分为禾本科杂草和其他杂草，前者包括狗尾草属的狗尾草及其他种类、黍属的野生种类、稗属、牛筋草等，后者包括藜科、豆科等；③少量果实类遗存，如桃／杏属核果残块；另有一些无法辨识的植物籽粒和残体等。从出土籽粒的数量看，农作物和杂草籽粒大约各占总数的一半（图六），农作物以粟为主，占作物总数的67.7%，稻和黍分别占16.5%、15.8%。从出土概率看，杂草类最高，达88%，农作物中粟最高，为75%，黍、稻相同，为37.5%（图七）。而稻均与粟共出，在2个单位另外还与黍共出。

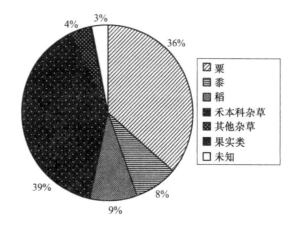

图六　南交口遗址2007年出土仰韶文化中期植物籽粒绝对数量比例图
（引自秦岭，2009：图一）

另外，在渑池仰韶村遗址曾在一红烧土块或者为一炉灶的炉壁上发现稻米印痕[31]，有可能属于仰韶中期[32]。

西坡遗址在发掘中采集数批土样进行水选，曾在仰韶中期所获植物中发现有苍耳等[33]。另据披露的信息，这里又发现有以粟、黍为主，并有少量稻的农作物籽粒遗存[34]。

由西坡墓地人骨的稳定同位素分析所得的C_4类植物百分比，表明墓地所葬人群的主食为C_4类植物即

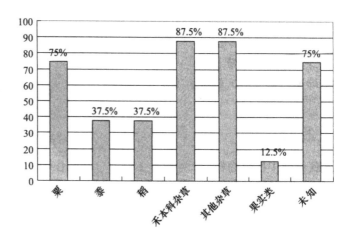

图七　南交口遗址2007年出土仰韶文化中期植物籽粒出土概率统计

粟类。当然，这31个人骨标本的^{15}N平均值为9.4‰，比一般食草类动物5‰~7‰的^{15}N平均值几乎高出一个营养级，可知人群食物中有一定程度的肉类[35]。对西坡遗址出土动物遗存的研究则表明，家猪是古代居民最主要的肉食消费对象[36]。而据动物骨骼的^{13}C检测结果可知，这里家猪（另有狗）的主要食物也是C_4类食物[37]。

西坡墓地人骨牙结石内淀粉颗粒的分析，也证明粟是这里古代居民的主食[38]。

西坡墓地的人骨龋齿发生率，又明显超过了农业型人群的平均值。

综上可知，豫西晋西南地区仰韶中期农作物品种既有旱作的粟、黍，还有水田的稻，以粟为主。尽管稻类遗存发现较少，表明其种植规模小于旱地作物而处于次要地位，但仍不失其一定的重要意义：

首先，南交口、西坡遗址仰韶中期发现的稻作遗存将历年来在郑州大河村[39]、洛阳西高崖[40]、华县泉护村[41]等遗址发现的这种遗存在空间分布上由三门峡将郑州、洛阳与关中地区连接起来，使人们认识到仰韶中期稻、粟混作区的北界已达约北纬35°一线，在黄河以南的广大黄淮地区，有不少平坦卑湿之地和近山沼泽被整治而成为种植水稻的良田。

其次，水稻的种植相对于旱地作物而言要求更周密的田间管理，因此能够促进农作物种植

技术的提高和农业的发展。本时期稻作与旱地作物遗存的并存，同样是农作物品种多样化的结果，是种植制度先进性的体现，也是农业大发展的重要标志。这种稻、粟、黍的完整组合，表明这一时期人们有较稳定的植物类食物资源。

第三，南交口等遗址出土植物籽粒中农作物较多，西坡墓地人骨龋齿发生率很高，可知仰韶中期的农业经济有了明显发展。

（五）仰韶文化晚期

尽管暂未发表仰韶文化晚期植物遗存材料，但是，既然仰韶早期较晚阶段至仰韶中期，本地区一直存在着以粟为主，粟、黍、稻并存的农作物种植模式，据洛阳盆地仰韶晚期发现的植物种子可知农业以种植粟为主，还有少量的黍[42]，而植硅体分析表明，当时还存在小规模的水稻[43]；近年在甘肃天水西山坪遗址报道出土了距今5000年前的稻遗存[44]，过去也有关于甘肃庆阳仰韶文化晚期稻的研究成果[45]，表明在以东和以西更偏西北的地区这一时期尚种植水稻，则本地区仰韶晚期应以种植粟等旱地作物为主，也不排除还有小规模水稻种植的可能性。

而在本地区河南渑池笃忠遗址出土的15例人骨中患有龋齿的就有9例个体[46]，发生率更高达60%，远远超过农业型人群的平均值。这里的人骨均系非正常埋葬，如果新石器时代龋齿的高发病率与人的身份、卫生状况等不存在直接的因果关系，则表明仰韶晚期的农业经济又有了新的发展。

（六）庙底沟二期文化

豫西晋西南地区庙底沟二期文化农作物遗存据渑池班村、垣曲古城东关遗址的简单材料，仅知种植有粟、黍作物。从芮城清凉寺墓地墓葬人骨食性分析的结果中也可以窥见这一时期的农作物种类的一些信息。

有研究者对清凉寺墓地墓葬采集样品进行了人骨稳定同位素分析，分别按"仰韶文化时期和龙山文化时期"发表了检测和研究结果[47]。清凉寺墓地355座墓葬除少量属于仰韶文化初期外，其他大部分年代分属于庙底沟二期文化晚期和龙山时代[48]。其中仰韶初期者被发掘者视为属于"枣园文化"[49]。尽管研究者论文中所谓"仰韶文化"显非发掘者所谓的"枣园文化"即本文所说的仰韶初期，其究竟指代哪一时期暂不知晓，但在"仰韶文化"中测定有M79B和M79C两个样品，依发掘者的划分方案，M79属于墓地的第二期也即庙底沟二期文化的晚期[50]，则根据发表的该墓葬两个样品的分析数据，可以对该墓地庙底沟二期文化人骨的食性做出基本的判断。

据研究者的测定结果，清凉寺M79这两个样品的稳定同位素数据同整个墓地所取其他样品者基本一致，而这里古代居民的食物结构普遍是以 C_4 类植物为主，包括 C_4 类植物和少量以 C_4 类植物为食的动物，即食物来源主要为粟、黍类旱作谷物。

这样，班村遗址和清凉寺墓地的研究表明豫西晋西南地区庙底沟二期文化的农作物品种应当主要以粟为主，有少量黍，人们过着以旱地谷物为主要植物性食物的生活。至于这一时期是否还小规模地种植水稻，因材料缺乏暂不明了。

（七）龙山时代文化

东关遗址报告"龙山文化"早期Ⅰ H187同一灰坑粟类炭化物样品既然被分别送给不同的学者进行鉴定[51]，则此堆积单位原应保存有较多粟类作物。

泉鸠龙山时代文化出土植物籽粒大致可分为两大类：农作物有粟、黍、稻、大豆属；野生和杂草类植物有豆科、藜科、黍亚科、稗等。以上遗存中值得说明的是大豆属，对于此种作物何时开始栽培在学术界尚无定论，这里的发现因暂时缺乏测量数据和图像资料而难以判别究竟是野生品种还是驯化作物。既然早于龙山时代四五千年的裴李岗文化舞阳贾湖遗址尚不能完全排除开始种植大豆的可能性[52]，加之同属龙山时代河南登封王城岗遗址出土的大豆依测量

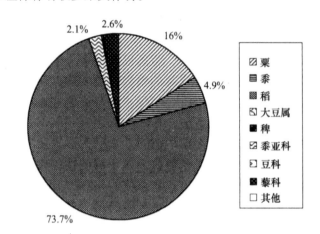

图八　泉鸠龙山时代文化植物籽粒绝对数量比例图

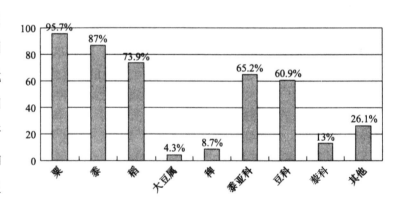

图九　泉鸠龙山时代文化植物籽粒出土概率统计

数据已属于栽培品种，尽管仍处于栽培大豆的早期阶段[53]，则这里的大豆很可能也已属于栽培品种，所以我们将其归属为农作物。从植物籽粒的数量看，农作物居绝对优势，占94.7%，野生和杂草类很少，仅占5.3%（图八）。农作物以稻占据主导，粟次之，黍较少，大豆属极少，分别占农作物籽粒的77.9%、16.9%、5.2%和0.03%[54]。从出土概率看，数值最高的是粟，取样水选的23个单位中22个均有发现，概率达95.7%；黍也很高，概率为87%；稻稍低，概率为73.9%（图九）。

上文已述，有研究者对清凉寺墓地墓葬分别按"仰韶文化时期和龙山文化时期"发表了采集人骨样品的稳定同位素分析成果。尽管我们不知道研究者论文中所谓"龙山文化时期"是否为发掘者划定的第三、四期，也即本文所认为的属于龙山时代，但测定的样品中确有属于发掘

者所分第三期的墓葬 M52、M146 等的人骨，与上所述清凉寺墓地人骨样品的稳定同位素测定结果基本一致[55]，则知这里龙山时代居民的食物结构也以 C_4 类植物为主，包括 C_4 类植物和少量以 C_4 类植物为食的动物，即食物来源也主要为粟、黍类旱地作物。

以上泉鸠遗址和清凉寺墓地关于龙山时代文化农作物遗存的研究结果不太一致，因都属单个地点的材料而暂时难以简单地遽断孰是孰非，由于两遗址处于同一地理单元即三门峡盆地，只是由黄河相隔，距离仅约数十千米，可基本排除是地域间差异的可能性。前者系由水选法直接获得的植物籽粒实物，从同出的陶器特征以及拿 H16、H24、H27 出土的碎稻进行的 ^{14}C 年代测定可知这些水稻的年代确属龙山时代[56]，所以其鉴定统计结果应当更为可信。

对于泉鸠遗址来说，这里植物籽粒中稻的数量巨大而且还有着较高出土概率的现象十分引人注目。同为龙山时代学术界认为属于都邑性的山西襄汾陶寺城址出土的水稻在所有农作物中数量最少，仅占作物总数的 0.3%，出土概率只有 17%[57]，位置偏东南许多也是城址的登封王城岗遗址水稻的出土概率也仅有 16.7%[58]，作为处于黄土高原地区一处现存面积仅 4 万，即使在龙山时代面积也至多数万平方米的小型聚落何以会出土如此多的水稻？我们感到，就目前的发现如排除是水选用土取样的偶然性所致，则可能有两种原因：一是遗址傍临十二里河，在龙山时代聚落附近河旁有较广的沼泽湿地可用作水田，稻谷的种植规模较大；二是我们在遗址发掘中在很小的范围内就发现密集分布的 4 座陶窑，遗址东接黄土台塬，这里有用水取土的便利条件，很可能是龙山时代或在一定阶段内如龙山后期的一处以制陶业为主要生业的聚落，这里的水稻系交换乃至贸易而来。当然，对于第一种，古代遗址一般沿河分布，豫西晋西南地区应不独泉鸠聚落有这样的自然条件；而对于第二种，水稻主产于江淮水乡，与泉鸠聚落相距如此遥远是否存在交换或贸易关系颇值得怀疑。因此，泉鸠遗址的稻作遗存尚需更多材料来做验证和更进一步的探讨。

其实，从农作物的出土概率看，泉鸠遗址仍以旱地作物为最高，如果不计未发现炭化物的 1 个单位，即从出土有植物遗存的单位看，粟的出土概率高达 100%，黍的概率也更高些，为 95.5%，两种作物的数量也较多，结合清凉寺墓地人骨的食性分析结果，可知豫西晋西南地区龙山时代整体上农作物以旱作的粟为主，黍次之，是农业种植规模最大和对人类食物贡献率最高的两种农作物。

（八）农作物遗存历时性发展演变

我们可对豫西晋西南地区新石器时代各时期通过水选法获得的农作物籽粒进行简要的历时性比较。底董仰韶初期，底董、底董北、晓坞、南交口仰韶早期，南交口

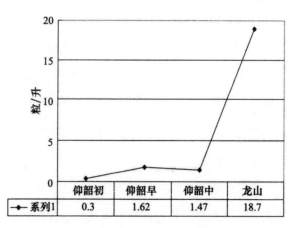

	仰韶初	仰韶早	仰韶中	龙山
系列1	0.3	1.62	1.47	18.7

图一〇　各时期土样所含农作物数量比例

仰韶中期，泉鸠龙山时代文化出土农作物的情况是：

水选土样平均每升土包含的农作物籽粒的比例如图一〇所示。图中显示，以上四个时期所取土样中所含农作物数量基本呈递增趋势，龙山时代较之于以前有大幅增加。

粟、黍发现数量比例和出土概率的比值如图一一所示。从图中可以看到，仰韶初期粟、黍数量比例及出土概率比值均为小数，前者数值还很低，表明农作物种植以黍为主，其种植规模明显大于粟。仰韶早期粟、黍数量比值甚高，前者数倍于后者，但出土概率比值较低，仍是小数，结合

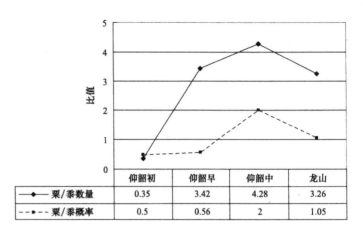

	仰韶初	仰韶早	仰韶中	龙山
粟/黍数量	0.35	3.42	4.28	3.26
粟/黍概率	0.5	0.56	2	1.05

图一一　各时期粟、黍数量比值和出土概率

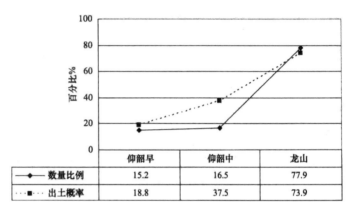

	仰韶早	仰韶中	龙山
数量比例	15.2	16.5	77.9
出土概率	18.8	37.5	73.9

图一二　各时期稻米数量和出土概率比较

这一时期水稻的出现，表明农作物品种种植模式正处于转型时期，仰韶早期的较晚阶段应以种植粟为主。仰韶中期粟、黍数量和出土概率的比值均明显增大，粟的种植规模远远超过黍。龙山时代粟、黍数量和出土概率的比值显著回落，然整体上粟的种植规模仍更大。

稻米数量占发现的农作物比例和出土概率如图一二所示。图中显示，自仰韶早期发现稻米以后，到仰韶中期数量比例和概率都有所上升，概率的升幅更大，表明稻谷的种植规模明显扩大。龙山时代数量和概率数值都很高，可知稻米大量存在。

三、豫西晋西南地区新石器时代农业经济所反映的社会发展进程

综上所述，尽管豫西晋西南地区新石器时代各个时期之间植物遗存的发现和开展的人骨食性分析、龋齿病例分析工作尚不均衡，有些时期如仰韶文化晚期暂无可用材料，但这里不少时期植物遗存等的发现具有重要意义，我们据此可以得出对于该地区新石器时代农作物种植等的基本认识。

裴李岗文化应有一定规模的农作物种植，但采集而来的野生果实仍是植物类食物的主要来源，农业在人们的生业经济中尚处于次要的地位。进入仰韶文化之后，农作物占据了植物遗存的主体，农业在人们的经济生活中始具主导性地位。农作物品种也有一个发展变化的过程。以

往仰韶文化最早的粟见于仰韶早期半坡类型，该地区的发现则将其在黄河流域的种植时间提前到了仰韶初期。农作物中裴李岗文化、仰韶文化初期和早期的较早阶段该地区以种植黍为主，到了仰韶早期较晚阶段，粟赶超黍成为最主要的作物品种，此后各个时期该地区以及黄河流域大约都以种植粟为主。稻在该地区出现于仰韶早期的较晚阶段，如果认为这一时期水稻的种植在黄河流域尚属于个别现象的话，那么到了仰韶中期在条件适宜之处应有较普遍的种植，此后各个时期均应有少量种植，到龙山时代泉鸠遗址出土大量水稻籽粒，不排除个别聚落有较大规模的种植或者通过交换或贸易手段从远方获取水稻的可能性。

该地区农业经济演变规律可以简要归纳为：由主要靠采集获得植物类食物向以粟为代表的农作物发展；农作物品种由以黍为主，向以粟为主并出现水稻到水稻较多见演变。

同时，我们还可以对豫西晋西南地区新石器时代农业经济反映的社会变迁过程概括为如下五个阶段：

第一阶段　裴李岗文化时期，农业经济初步发展，社会尚处于较低的发展阶段。这一时期农作物种植活动应很有限，人们主要靠采集获得植物类食物，农业尚不是生业经济的决定性部分。

第二阶段　仰韶文化初期、早期，农业经济显著发展，真正开始了农业社会并进入快速发展阶段。由仰韶初期至早期农业稳步发展，农作物品种种植模式发生了转变，其中仰韶初期和早期的较早阶段以种植黍为主，到仰韶早期较晚阶段，粟开始成为最主要的作物品种，并出现了稻，确立了以粟为主，辅以黍、稻完整的农作物组合模式。依据农作物遗存、人骨龋齿病例等，可知自仰韶初期开始社会经济才以农业为主，仰韶早期继续发展，到后者较晚阶段真正的粟作农业才正式兴起。

第三阶段　仰韶文化中期，农业经济发展取得辉煌成就，社会一派繁荣景象。旱作和稻作并举的多品种种植模式继续发展。综合农作物遗存、人骨的食性分析和龋齿病例等，可以看到农业发展水平有了更明显的提高。

第四阶段　仰韶文化晚期，农业经济水平似有所回落，社会发展步入低谷。因材料缺乏，农作物品种暂不明确。但从有的遗址人骨龋齿发生率很高看，农业经济似乎又有所发展。这表明该地区农业发展可能不太平衡。

第五阶段　庙底沟二期文化和龙山时代文化，农业经济又有新的发展，但似也存在着不平衡性。因材料较少其农业经济与社会发展的关系尚难述其详。从清凉寺墓地有明显的社会分化现象看[59]，至少局部区域应有作为社会发展基础的较发达的农业经济。农作物种类有粟、黍等，仍以粟为主，但到龙山时代有的聚落稻作经济成分明显，较之于仰韶中期又有了更大的提高。

注释：

［1］严文明：《中国史前文化的统一性与多样性》，《文物》1987 年第 3 期，38—50 页。

［2］安特生：《中华远古之文化》，《地质汇报》1923 年第 5 号；Andersson J. G.，"Prehistoric Sites in Honan"，*Bulletin of the Museum of Far Eastern Antiquities*，1947，No. 19.

［3］李济：《西阴村史前的遗存》，清华学校研究院，1927 年，转载于《三晋考古》第 2 辑，山西人民出版社，1996 年，第 265—286 页；梁思永：《山西西阴村史前遗址的新石器时代的陶器》，见《梁思永考古论文集》，科学出版社，1959 年，第 1—49 页。

［4］严文明：《前言》，见《农业发生与文明起源》，科学出版社，2000 年，第 v—viii 页。

［5］赵志军：《中华文明形成时期的农业经济发展特点》，《中国国家博物馆馆刊》2011 年第 1 期，第 19—31 页。

［6］孔昭宸、刘长江、张居中：《渑池班村新石器遗址植物遗存及其在人类环境学上的意义》，《人类学报》1999 年第 4 期，第 291—295 页；孔昭宸、刘长江、杨振京：《中国西部全新世植物遗存及对历史植被和环境变化的初步探讨》，见《西北地区自然环境演变及其发展趋势》，科学出版社，2004 年。

［7］灵宝底董遗址（魏兴涛：《灵宝底董仰韶文化遗存的分期与相关问题探讨》，《中国国家博物馆馆刊》2011 年第 1 期，第 47—57 页）仰韶文化植物遗存取样浮选工作由魏兴涛负责完成，浮选使用水波浮选仪。植物种属鉴定和统计由中国社会科学院考古研究所赵志军研究员负责完成，特此致谢。

［8］Turner C.，"Dental Anthropological Indications of Agriculture among the Jomon People of Central Japan：X. Peopling of the Pacific"，*American Journal of Physical Anthropology*，1979，Vol. 51，pp. 619-635.

［9］Barbara Li Smith，*Diet，Health，and Lifestyle in Neolithic North China*，Dr. Dissertation，Harvard University，2004；转引自中国社会科学院考古研究所、河南省文物考古研究所：《灵宝西坡墓地》，文物出版社，2010 年，第 139 页。

［10］2006 年灵宝底董、2007 年底董北（河南省文物考古研究所、灵宝市文物保护管理所"三普"调查清理资料）、晓坞遗址（河南省文物考古研究所、灵宝市文物保护管理所：《河南灵宝市晓坞遗址仰韶文化遗存的试掘》，《考古》2011 年第 12 期，第 3—22 页。值得说明的是 T1 ②层，由于发掘中未发现陶片等通常所说的文化遗物，故简报中我们描述该层"无出土物"，且"年代不详"。但试掘时采集了该层的土样，由后来植物考古学鉴定结果可知土样中包含有黍的遗存，据我们调查、试掘的认识，此遗址最早的文化遗存属于仰韶文化早期，从层位看 T1 ②层被仰韶早期的 H1、M1 打破而叠压于生土之上，因而该层的年代也应为仰韶早期，本文遂将 T1 ②层出土的黍归属仰韶早期）仰韶文化早期植物遗存取样浮选工作由魏兴涛负责完成，浮选使用水波浮选仪。植物种属鉴定和统计由中国社会科学院考古研究所赵志军研究员负责完成，特此致谢。

［11］秦岭：《南交口遗址 2007 年出土仰韶文化早、中期植物遗存及相关问题探讨》，见《三门峡南交口》，科学出版社，2009 年，第 427—435 页。这里引用该文对仰韶早期 2 座灰坑水选发现的植物遗存的鉴定、统计和研究成果。

［12］陈靓、魏兴涛：《晓坞遗址仰韶文化墓葬出土人骨的鉴定与初步研究》，《考古》2011 年第 12 期，第 16—

22 页。

[13] 魏兴涛、孔昭宸、刘长江:《三门峡南交口遗址仰韶文化稻作遗存的发现及其意义》,《农业考古》2000 年第 3 期, 第 77—79 页; 孔昭宸、刘长江、魏兴涛:《三门峡南交口遗址 1997 年出土仰韶文化中期农作物遗存初步研究》, 见《三门峡南交口》, 科学出版社, 2009 年, 第 420—426 页。

[14] 秦岭:《南交口遗址 2007 年出土仰韶文化早、中期植物遗存及相关问题探讨》, 见《三门峡南交口》, 科学出版社, 2009 年, 第 427—435 页。这里引用该文对仰韶中期 8 座灰坑水选发现的植物遗存的鉴定和统计成果。

[15] 张雪莲:《人骨碳十三、氮十五同位素分析》, 见《灵宝西坡墓地》第四章第一节, 文物出版社, 2010 年, 第 197—209 页。

[16] Pechenkina E. A., Ambrose S. H., Ma Xiaolin, et al., "Reconstructing Northern Chinese Neolithic Subsistence Practices by Isotopic Analysis", *Journal of Archaeological Science*, 2005, Vol. 32, pp. 1176-1189.

[17] 黛玉 (Jade d'Alpoim Guedes)、杨晓燕:《牙结石内淀粉颗粒研究》, 李新伟译, 杨晓燕校改, 见《灵宝西坡墓地》第四章第二节, 文物出版社, 2010 年, 第 209—214 页。

[18] 中国社会科学院考古研究所、河南省文物考古研究所:《灵宝西坡墓地》, 文物出版社, 2010 年, 第 139 页。

[19] 孔昭宸、刘长江、张居中:《渑池班村新石器遗址植物遗存及其在人类环境学上的意义》,《人类学报》1999 年第 4 期, 第 291—295 页。

[20] 刘长江:《垣曲古城东关遗址出土植物标本鉴定（二）》, 见《垣曲古城东关》, 科学出版社, 2001 年, 第 590 页。

[21] 郑丕尧:《垣曲古城东关遗址出土植物标本鉴定（一）》、刘长江:《垣曲古城东关遗址出土植物标本鉴定（二）》, 均见《垣曲古城东关》, 科学出版社, 2001 年, 第 590 页。

[22] 灵宝泉鸠遗址（河南省文物考古研究所 2006 年发掘资料）龙山时代文化植物遗存取样浮选工作由魏兴涛负责完成, 浮选使用水波浮选仪。植物种属鉴定和统计由中国社会科学院考古研究所赵志军研究员负责完成, 特此致谢。

[23] 张居中:《试论班村遗址前仰韶时期文化遗存》, 见《俞伟超先生纪念文集（学术卷）》, 文物出版社, 2009 年, 第 157—163 页。

[24] 赵朝洪:《中国新石器时代早期文化的发现、研究及相关问题的探讨》, 见《考古学研究》（三）, 科学出版社, 1996 年, 第 19—36 页。

[25] 刘长江、孔昭宸、郎树德:《大地湾遗址农业植物遗存与人类生存的环境探讨》,《中原文物》2004 年第 5 期, 第 26—30 页。

[26] 赵志军:《探寻中国北方旱作农业起源的新线索》,《中国文物报》2004 年 11 月 12 日。

[27] 魏兴涛:《灵宝底董仰韶文化遗存的分期与相关问题探讨》,《中国国家博物馆馆刊》2011 年第 1 期, 第

47—57 页。

[28] 魏兴涛：《灵宝底董仰韶文化遗存的分期与相关问题探讨》，《中国国家博物馆馆刊》2011 年第 1 期，第 47—57 页。

[29] 秦岭：《南交口遗址 2007 年出土仰韶文化早、中期植物遗存及相关问题探讨》，见《三门峡南交口》，科学出版社，2009 年，第 427—435 页。

[30] 赵志军、方燕明：《登封王城岗遗址浮选结果及分析》，《华夏考古》2007 年第 2 期，第 78—89 页。

[31] 黄其煦：《关于仰韶遗址出土的稻谷》，《史前研究》1986 年第 1、2 期，第 88、89 页。

[32] 张居中、孔昭宸、刘长江：《舞阳史前稻作遗存与黄淮地区史前农业》，《农业考古》1994 年第 1 期，第 68—73 页；魏兴涛、孔昭宸、刘长江：《三门峡南交口遗址仰韶文化稻作遗存的发现及其意义》，《农业考古》2000 年第 3 期，第 77—79 页。

[33] 河南省文物考古研究所、中国社会科学院考古研究所河南一队等：《河南灵宝市西坡遗址 2001 年春发掘简报》，《华夏考古》2002 年第 2 期，第 31—52、92 页。

[34] 黛玉（Jaded'Alpoim Guedes）、杨晓燕：《牙结石内淀粉颗粒研究》，李新伟译，杨晓燕校改，见《灵宝西坡墓地》第四章第二节，文物出版社，2010 年，第 209—214 页。

[35] 张雪莲：《人骨碳十三、氮十五同位素分析》，见《灵宝西坡墓地》第四章第一节，文物出版社，2010 年，第 197—209 页。

[36] 马萧林：《河南灵宝西坡遗址动物群及相关问题》，《中原文物》2007 年第 4 期，第 48—61 页。

[37] Pechenkina E. A., Ambrose S. H., Ma Xiaolin, et al., "Reconstructing Northern Chinese Neolithic Subsistence Practices by Isotopic Analysis", *Journal of Archaeological Science*, 2005, Vol. 32, pp. 1176-1189.

[38] 黛玉（Jaded'Alpoim Guedes）、杨晓燕：《牙结石内淀粉颗粒研究》，李新伟译，杨晓燕校改，见《灵宝西坡墓地》第四章第二节，文物出版社，2010 年，第 209—214 页。

[39] 严文明：《中国稻作农业的起源》，《农业考古》1982 年第 1 期，第 19—31、151 页；1982 年第 2 期，第 50—54 页。

[40] 洛阳博物馆：《洛阳西高崖遗址试掘简报》，《文物》1981 年第 7 期，第 39—51 页。

[41] 韩伟：《远望集》前言，陕西人民美术出版社，1998 年。

[42] Lee G-Ah, Crawford G. W., Liu Li, et al., "Plants and People from the Early Neolithic to Shang Periods in North China", *PNAS*, 2007, Vol. 104, No. 3, pp. 1087-1092.

[43] 陈星灿、刘莉、李润权等：《中国文明腹地的社会复杂化进程——伊洛河地区的聚落形态研究》，《考古学报》2003 年第 2 期，第 161—218 页。

[44] 李小强、周新郢、张宏宾等：《考古生物指标记录的中国西北地区 5000aBP 水稻遗存》，《科学通报》2007 年第 6 期，第 673—678 页；李小强、张宏宾、周新郢等：《甘肃西山坪遗址 5000 年水稻遗存的植物硅酸体记录》，《植物学通报》2008 年第 1 期，第 20—26 页。

［45］张文绪、王辉:《甘肃庆阳遗址古栽培稻的研究》,《农业考古》2000 年第 3 期,第 80—85 页。

［46］孙蕾:《河南渑池笃忠遗址仰韶晚期出土的人骨骨病研究》,《人类学学报》2011 年第 1 期,第 55—63 页。

［47］凌雪、陈靓、薛新民等:《山西芮城清凉寺墓地出土人骨的稳定同位素分析》,《第四纪研究》2010 年第 2 期,第 415—420 页。

［48］山西省考古研究所、运城市文物局、芮城县文物局:《山西芮城清凉寺新石器时代墓地》,《文物》2006 年第 3 期,第 4—16 页;山西省考古研究所、运城市文物局、芮城县文物旅游局:《山西芮城清凉寺史前墓地》,《考古学报》2011 年第 4 期,第 525—560 页。

［49］薛新明、杨林中:《山西芮城清凉寺史前墓地反映的社会变革》,见《中国聚落考古的理论与实践》第 1 辑,科学出版社,2010 年,第 113—123 页。

［50］薛新明、杨林中:《山西芮城清凉寺史前墓地反映的社会变革》,见《中国聚落考古的理论与实践》第 1 辑,科学出版社,2010 年,第 113—123 页。

［51］郑丕尧:《垣曲古城东关遗址出土植物标本鉴定(一)》、刘长江:《垣曲古城东关遗址出土植物标本鉴定(二)》,均见《垣曲古城东关》,科学出版社,2001 年,第 590 页。

［52］赵志军、张居中:《贾湖遗址 2001 年度浮选结果分析报告》,《考古》2009 年第 8 期,第 84—93 页。

［53］北京大学考古文博学院、河南省文物考古研究所:《登封王城岗考古发现与研究》,大象出版社,2007 年,第 516—535 页。

［54］泉鸠遗址发现大量碎稻,稻米籽粒较大,一个炭化稻米可能残断为多个碎块。但考虑到遗址本来出土有较多完整稻米,碎稻又难以准确统计出稻米的最小个体数,因此这里我们将稻碎块数量作为稻米数量一并进行统计分析。

［55］凌雪、陈靓、薛新民等:《山西芮城清凉寺墓地出土人骨的稳定同位素分析》,《第四纪研究》2010 年第 2 期,第 415—420 页。

［56］泉鸠遗址龙山时代遗存的测年结果见魏兴涛:《豫西晋西南地区新石器时代文化与社会》第三章第七节,北京大学博士学位论文,2010 年,第 212 页。

［57］赵志军、何驽:《陶寺城址 2002 年度浮选结果及分析》,《考古》2006 年第 5 期,第 77—86 页。

［58］赵志军、方燕明:《登封王城岗遗址浮选结果及分析》,《华夏考古》2007 年第 2 期,第 78—89 页。

［59］魏兴涛:《中原与东方及东南——试从清凉寺墓地探讨外来因素在中原地区早期社会复杂化进程中的作用》,见《中国考古学会第十四次年会论文集》,文物出版社,2012 年,第 319—325 页。

三门峡仰韶文化研究·续编

河南仰韶村文化遗迹点分布特征研究

◎查理思　◎吴克宁　◎冯力威

认识史前古人类活动范围和环境的关系，是理解和把握古人类社会生存、发展过程和规律的重要途径，是当前环境考古学界普遍关注的热点问题。遗迹是史前人类活动的直接证据，探讨其分布特征对理解二者具有重要意义[1-13]。随着地理信息技术的发展，GIS等空间信息技术已成功运用到考古遗址研究中[14-17]。近年来，相关研究取得了丰富的成果。但目前主要集中于大区域尺度上遗址区分布特征研究，缺少针对小尺度遗址区内遗迹点空间分布特征研究。此外，一些遗址区受探寻技术及投入人员、资金限制，未能在遗址区域内全部开展挖掘，研究基本处于停滞状态。因此，对遗迹点分布特征进行分析总结，一是有助于从宏观到微观完善古人类活动范围的研究体系，二是有助于为下一步考古挖掘范围提供科学依据，以期为考古遗址、遗迹预测模型提供更多相关参数。

本文以河南仰韶村文化遗址为研究区域，利用GIS空间分析功能，分析遗迹点的环境参数，即海拔高度、坡度、坡向和距离水系水平距离的特征，以及遗迹点分布结构和地理集中度。

一、研究区概况和研究方法
（一）研究区概况

仰韶村遗址位于河南省三门峡市渑池县境内，北靠韶山，南临刘果水库，北高南低，呈缓坡状，东西两侧各有冲沟，深达50 m以上。东沟有饮牛河，西沟有干沟河，两河顺沟南下交汇于位于古农业遗迹南侧的刘果水库。因此，地貌特点可概括为三面临水、一面靠山。仰韶村遗址是仰韶文化的命名地，于1921年被瑞典科学家安特生等发现得名，出土大量的陶器、石器和骨器等珍贵文物，是中外考古学界、史学界向往的"文化圣地"。该遗址含有仰韶和龙山两个考古学文化、四个不同发展阶段的地层叠压关系[18]。

（二）研究方法

1. 数据来源

本研究共获取遗迹点50个（图一），其中17个为3次考古挖掘点，记录在渑池县文化局提供的《仰韶村古农业遗迹保护规划》，其余33个为本次研究通过实地勘察获得。本文的研究数据主要有4种：手绘仰韶村1∶2000地形图，来源为渑池县文化局；30 m分辨率DEM影像，来源为"地理空间数据云"网站；遗迹点坐标，来源为渑池县文化局和野外勘察。

图一　遗迹点分布图

2. 图形数据处理

手绘地形图由于空间尺度小、精度高，是恢复古农业遗迹区内古人类土地利用的重要基础资料，但因绘制年代久远、绘制标准不同，图像会出现几何形状不规范、坐标与现代不匹配等问题，需进行校准。本文采用控制点对比法、图形内部校正法进行校正[19]，实现图像的空间配准和矢量转换，将校准后的图像与谷歌地图叠加，以此验证校准的精度。经观察，匹配度良好，表明校正图像精准度较好（图二）。将校准后的地形图与DEM影像叠加，匹配并完善高程数据（图三）。

图二　校准后地形图与谷歌地图叠加

图三　矢量化后的遗址区等高线图

3. 空间分布结构

点状要素的空间分布主要包括均匀型、凝聚型和随机型，主要通过最邻近点指数（R）来表达，等于实际最邻近距离与理想最邻近距离的比值。

$$R = \overline{r_i} / RE \tag{1}$$

其中 $\overline{r_i}$ 是指实际最邻近距离，反映的是地理空间中遗迹点与邻近要素之间的邻近程度，表示的是距离的平均值，$\overline{r_i} = n_i / n$，n_i 指区域内各点距最邻近点的距离，n 为点的个数；RE 是理想最邻近距离。

$$RE = 1 / 2\sqrt{n / A} \tag{2}$$

其中，A 为区域面积，n 同上。当 $\overline{r_i} = RE$ 时，$R = 1$，表示点要素空间结构类型为随机型，当 $\overline{r_i} < RE$ 时，$R < 1$，表示其为凝聚型空间结构类型，当 $\overline{r_i} > RE$ 时，$R > 1$，表示点要素空

间结构类型为均匀型。

4. 地理集中指数

地理集中指数是点状要素在各区域范围内的空间分布集中度。

$$G = 100\sqrt{\sum_{i=1}^{n}\left(x_i / T\right)^2}\ \left(G \in 0,100\right) \tag{3}$$

公式中 x_i 为第 i 个区域的遗迹点的数量，T 为遗迹点总数，n 为地理分区的总数。G 值越大，表示遗迹点分布集中程度越高，反之，则分散程度越高。$\overline{G}$ 是假设遗迹点平均分布在各个小区域时，计算得出的平均地理集中指数，将 G 值与 $\overline{G}$ 进行比较，如果实际地理集中指数与平均地理集中指数相比较大，则也说明遗迹点的空间分布较为集中。

基尼系数作为地理学中表征离散空间范围内的分布聚集性的重要指标，主要是通过将研究对象在不同区域分布的差异进行对比，探寻其在不同地理分区空间分布的变化规律，进而度量其空间分布的集中程度，计算公式为：

$$Gini = \left|\sum_{i=1}^{n} P_i \ln P_i / \ln N\right|, \left(Gini \in 0,1\right) \tag{4}$$

式中 P_i 为第 i 个区域内遗迹点的数量占区域内遗迹点的总数的比值，N 为区域内遗迹点的总数。$Gini$ 的数值越大，反映研究区域内遗迹点空间分布的均匀性越低，集中程度也就越高。

二、结果分析
（一）遗迹点环境参数特征

运用 ArcGIS 的空间分析功能，采用自然断裂法对高程数据进行分级，将高程分级图与已知遗迹点分布图叠加（图四），提取各遗迹点的高程值，统计得出高程分级及对应的遗迹点数量频率（图五）。遗迹点海拔高度值多分布于 590~650，平均值为 600，最低值为 510，最高值为 646。其中 620~650 内遗迹点 18 个，占比 36%；590~620 内遗迹点 17 个，占比 34%。

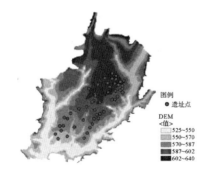
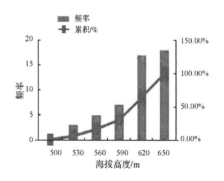

图四　已知遗迹点海拔高度图　　　　图五　已知遗迹点海拔高度特征频率图

通过高程数据生成坡度等级图，将坡度等级图与已知遗迹点分布图叠加（图六），提取各遗迹点的坡度值，统计得出坡度分级及对应的遗迹点数量频率（图七）。遗迹点坡度值多分布于 1.7~5.1，平均值为 3.99，最小值为 0.06，最大值为 8.11。其中 3.4~5.1 内遗迹点 21 个，占比 42%；1.7~3.4 内遗迹点 16 个，占比 32%。

通过高程数据生成坡向等级图，将坡向等级图与已知遗迹点分布图叠加（图八），提取各遗迹点的坡向值，统计得出坡向分级及对应的遗迹点数量频率（图九）。遗迹点坡向值多分布于 112.5~202.5，即以朝东南和南为主，平均值为 163.70，最小值为 -1，最大值为 280.31。其中 157.5~202.5 内遗迹点 23 个，占比 46%；112.5~157.5 内遗迹点 15 个，占比 30%。

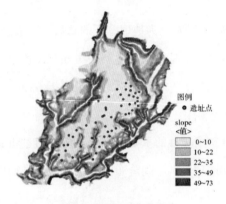

图六　已知遗迹点坡度图

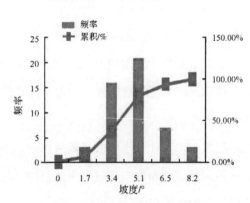

图七　已知遗迹点坡度特征频率图

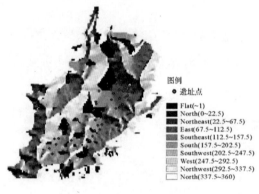

图八　已知遗迹点坡向图

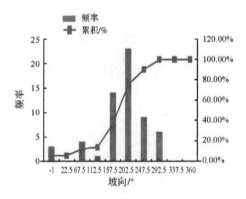

图九　已知遗迹点坡向特征频率图

通过距离计算，得到距河流水平距离等级图，将距河流水平距离等级图与已知遗迹点分布图叠加（图一〇），提取各遗迹点距河流水平距离值，统计得出距河流水平距离值分级及对应的遗迹点数量频率（图一一）。遗迹点距河流水平距离值多分布于 250~350，平均值为 290.46，最小值为 156，最大值为 393。其中 250~300 内遗迹点 16 个，占比 32%；300~350 内遗迹点 9 个，占比 18%。

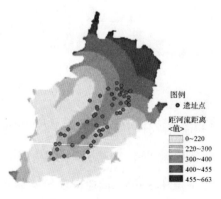

图一〇　已知遗迹点距离河流图

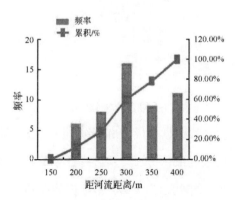

图一一　已知遗迹点河流距离特征频率图

（二）遗迹点分布结构类型和特征

利用 ArcGis 软件，计算得出遗迹点理想最邻近距离 RE 为 258 m，各点与区域内最邻近点的平均最近距离 $\bar{r_i}$ 为 66.7 m，可知 $\bar{r_i} < RE$，最邻近点指数 $R=0.26$，$R < 1$，所以，区域内各遗迹点空间分布的结构类型是凝聚型。为形象说明遗迹点的凝聚程度，对遗迹点做距离缓冲区分析，得到遗迹点缓冲区图（图一二），可见遗迹点缓冲区范围有重叠现象，尤其是遗迹区的东北部叠加现象最明显，重叠的次数较多，表明遗迹点分布具有一定的聚集趋势。遗迹点缓冲区范围重叠次数除能够揭示遗迹点的空间分布特征以外，也反映出古人类的生存竞争状况。某个区域重叠的次数越多，则表明该区域被重复利用越频繁，生活资源被共享也越多，生存竞争随之变得越发激烈。

图例
▢ 缓冲区
· 遗址点

图一二　遗迹点缓冲区图　　　　　图一三　遗迹点地理分区图

（三）遗迹点地理集中指数

利用 ArcGis 软件，根据遗迹点的环境特征和缓冲区范围，将遗迹点划分为 3 个地理分区（图一三）。计算得出遗迹点的地理集中指数 $G=60$，如果遗迹点平均分布在各个群中，其地理集中指数 $\bar{G}=27$。可以看出，平均地理集中指数远小于实际地理集中指数，表明从各个地理分区角度看，遗迹点的分布呈集中趋势。基尼系数 $Gini=0.97$，基尼系数值较大，说明遗迹点在 3 个地理分区中分布的集中程度较高，在各区中分布的均匀度较低。

三、讨论和结论

借助 GIS 的空间分析功能，获取遗迹点的环境参数特征，遗迹点多分布于海拔 590~650 m，坡度 1.7°~5.1°，坡向 112.5°~202.5°（多为东南和南朝向），距河流距离 250~350 m。这表明古人类选择生产生活地址时，通常选择坡度平缓、坡向以东南和南朝向为主、地势具有一定高度且距离河流稍近的区域。遗迹点空间分布结构类型为凝聚型，且地理集中度高。这表明古人类倾向于群居生活，由于古人类生存能力与防御能力较弱，为避免自然灾害以及野兽侵害，故古人类多选择群居方式。

注释：

[1] Kuper R.,"Climate-Controlled Holocene Occupation in the Sahara：Motor of Africa's Evolution", *Science*, 2006, Vol. 313, pp. 803-807.

[2] 庞奖励、黄春长:《关中地区新石器文化发展与环境演变耦合关系研究》,《地理科学》2003 年第 23 卷第 4 期,第 448—453 页。

[3] 周昆叔、张松林、莫多闻等:《嵩山中更新世末至晚更新世早期的环境与文化》,《第四纪研究》2006 年第 26 卷第 4 期,第 543—547 页。

[4] 黄春长、庞奖励、陈宝群等:《渭河流域先周—西周时代环境和水土资源退化及其社会影响》,《第四纪研究》2003 年第 23 卷第 4 期,第 404—414 页。

[5] 安成邦、王琳、吉笃学等:《甘青文化区新石器文化的时空变化和可能的环境动力》,《第四纪研究》2006 年第 26 卷第 6 期,第 923—927 页。

[6] 张强、朱诚、姜逢清等:《重庆巫山张家湾遗址 2000 年来的环境考古》,《地理学报》2001 年第 56 卷第 3 期,第 353—362 页。

[7] 陈栋栋、彭淑贞、张伟等:《山东全新世典型气候事件的区域响应及其对海岱文明发展的影响》,《地理科学进展》2011 年第 30 卷第 7 期,第 846—852 页。

[8] 莫多闻、王辉、李水城:《华北不同地区全新世环境演变对古文化发展的影响》,《第四纪研究》2003 年第 23 卷第 2 期,第 200—210 页。

[9] 吕厚远、张建平:《关中地区的新石器文化发展与古环境变化的关系》,《第四纪研究》2008 年第 28 卷第 6 期,第 1050—1060 页。

[10] 朱诚、钟宜顺、郑朝贵等:《湖北旧石器至战国时期人类遗址分布与环境的关系》,《地理学报》2007 年第 62 卷第 3 期,第 227—242 页。

[11] 齐乌云、梁中合、高立兵等:《山东沭河上游史前文化人地关系研究》,《第四纪研究》2006 年第 26 卷第 4 期,第 580—588 页。

[12] 高华中、朱诚、曹光杰:《山东沂沭河流域 2000BC 前后古文化兴衰的环境考古》,《地理学报》2006 年第 61 卷第 3 期,第 255—261 页。

[13] 邓辉、陈义勇、贾敬禹等:《8500aBP 以来长江中游平原地区古文化遗址分布的演变》,《地理学报》2009 年第 64 卷第 9 期,第 1113—1125 页。

[14] 乔文文、毕硕本、王启富等:《郑洛地区龙山文化遗址预测模型》,《测绘科学》2013 年第 38 卷第 6 期,第 172—174 页。

[15] 倪金生:《山东沭河上游流域考古遗址预测模型》,《地理科学进展》2009年第28卷第4期,第489—493页。

[16] 彭淑贞、张伟、陈栋栋:《汶泗流域大汶口文化考古遗址模型预测》,《泰山学院学报》2010年第32卷第6期,第34—39页。

[17] 于严严、吴海斌、郭正堂:《史前土地利用碳循环模型构建及应用——以伊洛河流域为例》,《第四纪研究》2010年第30卷第3期,第540—549页。

[18] 安志敏:《仰韶村和仰韶文化——纪念仰韶文化发现80周年》,《中原文物》2001年第5期,第15—18页。

[19] Cousins S. A. O., "Analysis of Land-cover Transitions Based on 17th and 18th Century Cadastral Maps and Aerial Photographs", *landscape Ecology*, 2001, Vol. 16, No. 1, pp. 41-54.

河南仰韶村文化遗迹点分布特征研究

河南仰韶村遗址原始农业活动研究

◎杜凯闯　◎王文静　◎吴克宁　◎查理思

近年来，越来越多的专家学者开始关注考古遗址区的古文化生态环境重建，以此研究古人类居住、生活对环境的影响，重新建立起人类社会对环境变化之间的响应与适应过程[1-6]。孢粉、炭屑、有机碳同位素和植硅体等指标作为有效手段越来越广泛应用于早期农业活动及其环境影响的研究中，孢粉[7-18]和炭屑[19-24]可以用来恢复植被，并指示古人类"刀耕火种"等活动造成的生态环境改变；有机碳同位素可以用来恢复植被类型，揭示古人类活动对植被类型的影响[25-28]；植硅体可推断其母源植物的种类和产量，反映该地区的古环境信息和农业生产状况[29-37]。其中水稻植硅体因其独特的形态特征能够更加细微地反映古人类对栽培作物种类的选择，且通过水稻扇形植硅体的形态差异可以区分野生稻和栽培稻；利用稻壳中产生的双峰型植硅体的形态参数能够定量地区分野生稻与栽培稻，这可为我国史前稻作农业的发展提供线索[38-44]。

仰韶遗址文化是黄河中游地区影响最深的一种典型的原始文化，1921年瑞典科学家安特生等在河南省三门峡市渑池县仰韶村第一次发现该遗址。通过前人对该遗址的研究发现得出仰韶村遗址含有仰韶和龙山两种考古学文化，这其中包含了4个不同阶段的文化层叠压[45-46]。然而该遗址自1981年最后一次考古挖掘后，研究基本处于停滞状态，已有的研究也只是局限于考古遗存与文化面貌方面。本文将在仰韶文化遗址区域内选取两个土壤剖面作为研究对象，即一个受到古人类活动影响的土壤剖面（简称文化剖面）和一个没有受到古人类活动影响的土壤剖面（简称自然剖面），通过对两者土壤样品进行孢粉、炭屑、有机碳同位素分析，并对文化剖面的分层样品和灰烬层样品进行植硅体分析，从而推测出当时的粮食作物等原始农业信息。

一、材料与方法

（一）遗址区概况和土壤剖面分层概述

仰韶文化遗址区位于河南省三门峡市渑池县城北韶山脚下仰韶村南的台地上，据测量可知该遗址宽约300 m，长约900 m，面积近30 hm²。如图一所示，本文的两个研究剖面位于仰韶村遗址区内。两个研究剖面相距很近，就是以保证各层之间年代相近，便于同时代进行对比。

文化剖面的具体位置为仰韶村进村路西面的低丘缓坡上（34°48′53″N，111°46′36″E），海拔633m，坡度5°~8°，剖面深度为400 cm。如图二（A）所示，按照土壤剖面形态特征和发生特点将剖面自上而下分为7个土层，各层具体描述见表一：表土层（0~20 cm）、文化层1（20~70 cm）、灰烬层（70~100 cm）、文化层2（100~140 cm）、黏土层（140~150 cm）、文化层3（150~220 cm）、古土壤层（220~400 cm）。其中，文化层为古人类居住、生活而留下来的遗迹，灰烬层为古人类用火焚烧而留下来的遗迹。

图一　研究剖面具体位置示意图

自然剖面的具体位置为仰韶村安特生路东面的低丘缓坡上（34°48′51″N，111°46′36″E），海拔621 m，坡度5°~8°，剖面深度为400 cm。如图二（B）所示，按照土壤剖面形态特征和发生特点将剖面自上而下分为4个土层，各层具体描述见表二：表土层（0~40 cm）、黄土层（40~220 cm）、过渡层（220~300 cm）和古土壤（300~400 cm）。

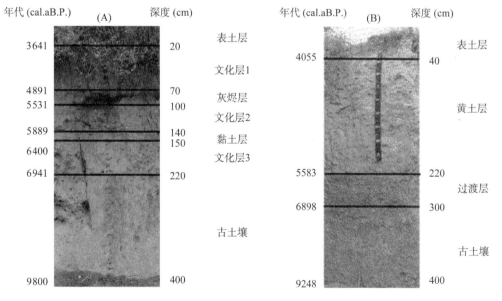

图二　文化剖面（A）和自然剖面（B）的土壤分层及年代鉴定

表一　文化剖面分层概述

深度（cm）	地层	概述
0~20	表土层	浊橙色（7.5YR 6/4，干），棕色（7.5YR 4/3，湿），粉壤土，多量根系，弱发育块状结构，稍硬，孔隙度很高，清晰平滑过渡
20~70	文化层1	浅棕灰色（7.5YR 7/2，干），棕色（7.5YR 4/3，湿），粉壤土，中发育块状结构，硬，孔隙度低，清晰平滑过渡

深度（cm）	地层	概述
70~100	灰烬层	灰棕色（7.5YR 4/2，干），暗棕色（7.5YR 3/3，湿），粉壤土，粒状结构，松散，孔隙度很高，清晰平滑过渡
100~140	文化层2	浊橙（7.5YR 7/3，干），暗棕（7.5YR 3/3，湿），粉壤土，少量根系，弱发育块状结构，硬，孔隙度很低，发现少量陶片，清晰平滑过渡
140~150	黏土层	浊橙（7.5YR 6/4，干），亮棕（7.5YR 5/6，湿），黏土，强发育块状结构，很硬，孔隙度低
150~220	文化层3	淡棕灰色（7.5YR 7/2，干），棕色（7.5YR 4/3，湿），粉壤土，中发育块状结构，硬，孔隙度很低，清晰平滑过渡
220~400	古土壤	浊橙色（7.5YR 6/4，干），亮棕色（7.5YR 5/6，湿），黏土，强发育块状结构，很硬，孔隙度低

表二 自然剖面分层概述

深度（cm）	地层	概述
0~40	表土层	淡棕灰色（7.5YR 7/2，干），棕色（7.5YR 4/3，湿），粉壤土，粒状结构，松软，含少量根系，模糊平滑过渡
40~220	黄土层	浊橙色（7.5YR 7/3，干），暗棕色（7.5YR 3/3，湿），粉壤土，弱发育块状结构，稍硬，含中量根系，少量砾石和砂姜侵入体，清晰平滑过渡
220~300	过渡层	浊橙色（7.5YR 7/3，干），亮棕色（7.5YR 5/6，干），黏土，强发育角块状结构，稍硬，很多钙质粉霜和假菌丝体
300~400	古土壤	浊橙色（7.5YR 6/4，干），亮棕色（7.5YR 5/6，湿），黏土，强发育棱块状结构，很硬，含少量钙质结核

（二）研究方法

本文所选的两个研究剖面的深度均为400cm，按照密集采样的方法从下到上以10cm为间隔连续采样，共采集80个密集样品，包括40个文化剖面样品和40个自然剖面样品。按照土壤剖面形态特征及发生特点进行分层，并对每一层进行采样，共采集11个分层样品，包括7个文化剖面样品和4个自然剖面样品。此外，采集文化剖面70~100cm附近的灰烬层样品7个。在中国科学院地质与地球物理研究所对采集的80个密集样品进行孢粉、炭屑、有机碳同位素测定和分析，采用常规的氢氟酸（HF）处理方法提取样品中的孢粉，对炭屑的提取同样采用孢粉流程法，孢粉鉴定和炭屑统计在同一张载玻片上进行，统计采用Clark的点接触法。使用Thermo公司Flash HT 2000元素分析仪与Dleta V稳定同位素质谱仪采用静态灼烧氧化的方法进行有机碳同位素分析。对采集的11个分层样品采用AMS[14]C进行年代测定，由北京大学考古文博学院提供的常规[14]C数据及利用软件CALIB 5.01[47]校正日历年龄，所用[14]C半衰期为5568a。在中国科学院地质与地球物理研究所对采集的文化剖面的7个分层样品和7个灰烬层样品采用湿式灰化的方法进行植硅体分析。

二、研究结果

（一）土壤剖面年代测定结果

文化剖面选取 20、70、100、140、150、220 和 400 cm 处土样进行测年，结果分别为 3641、4891、5531、5889、6400、6941 和 9800 cal.aB.P.，如图二（A）所示。根据测年结果，大致可知文化层 1 为中原龙山文化，灰烬层为仰韶文化晚期形成，文化层 2 为仰韶文化中期，文化层 3 为仰韶文化早期。自然剖面选择 40、220、300 和 400 cm 处土样测年，结果分别为 4055、5583、6898 和 9248 cal.aB.P.，如图二（B）所示。根据两个剖面测年结果，从年代角度大致可知，两者古土壤层对应较好，自然剖面的过渡层大致对应文化剖面的文化层 2 和 3，自然剖面的黄土层大致对应文化剖面的灰烬层和文化层 1。

（二）孢粉和炭屑结果

孢粉鉴定和统计在 Leica 生物显微镜下完成，其鉴定出的典型孢粉图片如图三所示。对在文化剖面收集的 40 个密集样品经分析鉴定和统计后所得结果如图四所示，文化剖面样品中的孢粉百分含量以草本植物花粉为主，推测当时呈现出为温带草原植被景观。鉴定出的草本植物花粉中以禾本科 Gramineae、藜科 Chenopodiaceae、蒿属 Artemisia 花粉为主，其含量变化范围分别为 3.50%~72.64%、1.49%~32.81%、4.37%~61.39%，平均值分别为 24.81%、9.43%、37.85%；经鉴定发现木本植物花粉出现在多数层位中，其中以栗属 Castanea、胡桃 Juglans、鹅耳枥属 Carpinus、桦属 Betula、栎属 Quercus、松属 Pinus 花粉为主，含量变化范围分别为 0~2.70%、

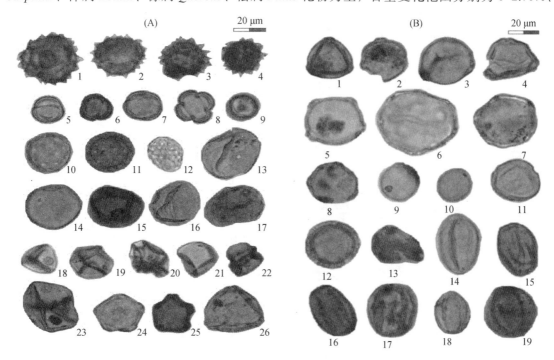

图三　花粉图版 1（A）和 2（B）

（A）：1~4. Compositae　5~9. Artemisia　10~12. Chenopodiaceae　13~23. Gramineae
24~25. Alnus　26. Corylus　（B）：1~4. Betula　5. Carpinus　6. Juglans　7. Pterocarya　8. Carpinus
9~10. Humulus　11. Carya　12. Polygonum　13. Tilia　14~19. Quercus

0~2.13%、0~4.90%、0~4.35%、0~10.50%、0~10.53%，平均值分别为 0.58%、0.57%、0.91%、1.50%、4.39%、3.09%；蕨类植物花粉主要出现在文化剖面的上部，其他层位很少出现，含量变化范围为 0~20.56%，平均值为 2.69%。鉴定统计出的炭屑浓度值介于 548~438152 粒 /g 之间，平均值为 57931 粒 /g。

对在自然剖面收集的 40 个密集样品经分析鉴定和统计后所得结果如图五所示，自然剖面样品中的孢粉百分含量也以草本植物花粉为主。鉴定出的草被植物花粉中以禾本科 Gramineae、藜科 Chenopodiaceae、蒿属 Artemisia 花粉为主，含量变化范围分别为 1.46%~24.41%、2.50%~20.28%、3.47%~78.00%，平均值分别为 9.69%、7.45%、41.02%；经鉴定发现木本植物花粉出现在多数层位中，其中以栗属 Castanea、胡桃 Juglans、鹅耳枥属 Carpinus、桦属 Betula、栎属 Quercus、松属 Pinus 花粉为主，含量变化范围分别为 0~1.03%、0~1.74%、0~20.45%、0~5.58%、

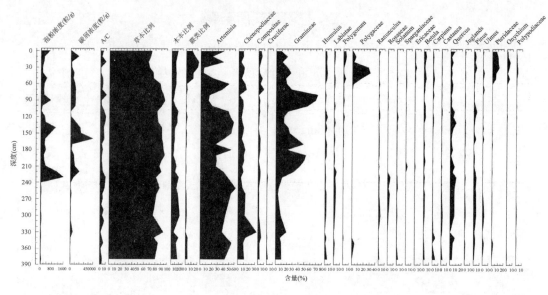

图四　文化剖面孢粉、炭屑百分比图

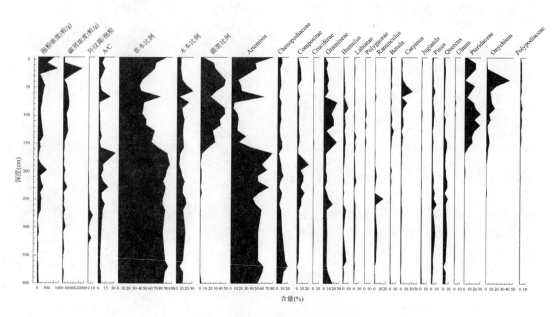

图五　自然剖面孢粉、炭屑百分比图

0~8.02%、0.94%~6.90%，平均值分别为0.38%、0.43%、2.25%、1.13%、3.35%、2.74%；蕨类植物花粉主要出现在自然剖面的上部，其他层位很少出现，变化范围为0~46.50%，平均值为12.63%。鉴定统计出的炭屑浓度值介于829~106376粒/g之间，平均值为14394粒/g。

（三）有机碳同位素结果

有机碳同位素结果表明（图六），在文化剖面土壤中的$\delta^{13}C$值介于–16.9‰~–9.6‰，平均值为–12.9‰，绝大部分值介于–15.0‰~–11.0‰，其中灰烬层的$\delta^{13}C$值介于–9.1‰~–6.6‰，相比于该文化剖面其他土层的值偏正。自然剖面中土壤的$\delta^{13}C$值介于–24.4‰~–18.8‰，平均值为–21.5‰，绝大部分值介于–22.0‰~–20.0‰，相比于文化剖面其值偏负。

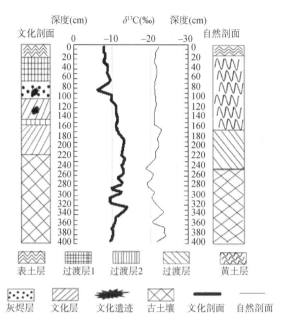

图六　文化剖面和自然剖面的土壤有机碳同位素值对比

（四）植硅体结果

为研究针对古人类活动对周围区域的影响，共选取14个土壤样品进行植硅体分析，包括文化剖面分层样品7个和灰烬层样品7个。通过对样品的分析鉴定发现在该区域有二十多种典型的植硅体类型，其中以棒型、哑铃型、十字型、导管型、扇型和方型为主（图七），在这些类型中还发现有粟、黍和水稻等的农作物植硅体（图八）。其中，鉴定出的粟、黍类植硅体均来自种子的稃壳，鉴定出的水稻植硅体主要来自茎叶组织的扇型和并排哑铃型。所有样品鉴定出

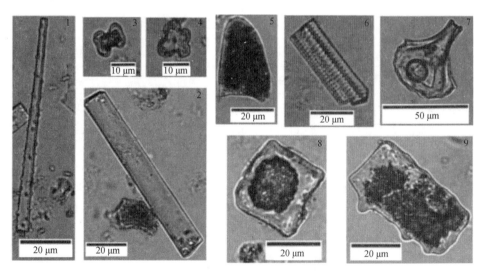

图七　文化遗址区内主要植硅体类型

1. 刺棒型　2. 光滑棒型　3. 哑铃型　4. 十字型　5. 尖型　6. 导管型　7. 扇型　8. 方型　9. 长方型

的植硅体类型绝大多数为禾本科类，并以哑铃型和棒型为主。值得注意的是，在仰韶晚期样品中发现较多的水稻植硅体，共13粒。

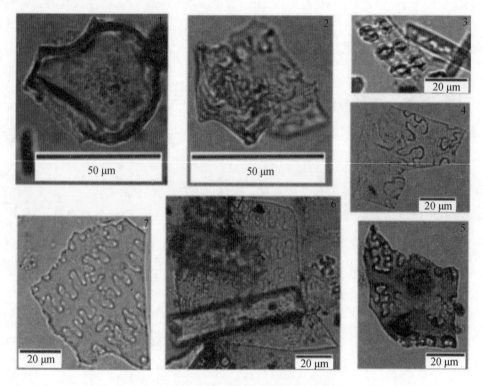

图八　文化遗址区内主要农作物植硅体类型

1.水稻扇型　2.水稻双峰型　3.水稻并排哑铃型　4、5.粟稃壳Ω型　6、7.黍颖壳η型

三、讨论

（一）古人类活动对植被类型的影响

通过比较文化剖面和自然剖面的孢粉、炭屑、有机碳同位素特征（表三），发现文化剖面密集样品的孢粉浓度明显高于自然剖面的孢粉浓度，通过观察发现禾本科的含量变化最为明显，

表三　文化剖面和自然剖面的孢粉、炭屑、有机碳同位素等特征对比

指标	文化剖面			自然剖面		
	最大值	最小值	平均值	最大值	最小值	平均值
孢粉浓度（粒/g）	1570.55	7.83	247.99	902.07	1.65	160.86
炭屑浓度（粒/g）	438152.87	548.23	57931.44	106376.29	828.80	14394.43
$\delta^{13}C$（‰）	−12.60	−23.90	−18.81	−18.80	−24.40	−21.49
A/C	10.33	0.50	4.55	31.20	0.58	6.82
草本比例（%）	96.02	67.29	84.43	95.69	38.00	71.98
木本比例（%）	23.76	3.98	12.04	30.30	4.31	12.09
蕨类比例（%）	21.96	0.00	3.53	46.50	0.00	15.94
阔叶木本花粉含量（%）	18.32	2.91	9.46	25.00	2.44	8.96

指标	文化剖面			自然剖面		
	最大值	最小值	平均值	最大值	最小值	平均值
喜暖花粉含量（%）	4.74	0.00	1.41	4.78	0.00	1.40
环纹藻浓度（粒/g）	125.64	0.00	10.03	319.79	0.00	45.44
环纹藻/孢粉	3.39	0.00	0.22	8.30	0.00	0.73
AP/NAP	0.29	0.04	0.15	0.73	0.05	0.20
Artemisia（%）	61.39	4.37	37.85	78.00	3.47	41.02
Compositae（%）	9.00	0.00	2.70	21.05	0.47	4.68
Chenopodiaceae（%）	32.81	1.49	9.43	20.28	2.50	7.45
Carpinus（%）	4.90	0.00	0.95	20.45	0.00	2.25
Gramineae（%）	72.64	3.50	24.81	24.41	1.46	9.69
Quercus（%）	10.50	0.00	4.39	8.02	0.00	3.35
Selaginella（%）	5.14	0.00	0.50	43.00	0.00	4.37

其文化剖面的平均含量约为自然剖面含量的 3 倍，已鉴定出的粟、黍和水稻等的农作物植硅体均属于禾本科类植物。且除禾本科外文化剖面的藜科含量也明显高于自然剖面的含量，藜科类植物中的菠菜、厚皮菜、甜菜和猪毛菜等均可供人类食用。鉴定出的其他主要种属如蒿属、鹅耳枥属、中华卷柏 *Selaginella* 等非粮食作物在自然剖面中有大量发现，其含量远高于文化剖面。根据美国科学家 Smith 和 Epstein 的研究结果可知 C_3 植物的 $\delta^{13}C$ 值主要介于 –24‰~–37‰，C_4 植物的 $\delta^{13}C$ 值主要介于 –9‰~–19‰[48]，而从图六所示的有机碳同位素结果可知自然剖面的有机碳同位素值指示该剖面的主要植被类型为 C_3，而文化剖面的有机碳同位素值较自然剖面偏正，尤其是涉及古人类活动土层表现明显，其指示该剖面的主要植被类型为 C_4，而禾本科属 C_4 植物。这表明当古人类活动开始增强后，对于生存、生活所需的植物，古人类有选择性地种植和采摘，导致禾本科和藜科含量增加明显，而利用价值不大的植物则因居住、耕作需要而被砍伐、焚烧，导致木本、蕨类植物的含量减少。

（二）"北粟南稻"交错地带分析

据有关资料表明，1934 年瑞典科学家安特生等在调查研究仰韶文化遗址区时发现陶片上有稻谷压痕，后由瑞典植物学家 Ardmon 和 Sodeber 用植物硅酸体分析方法分析鉴定后证实该陶片上的稻谷压痕为栽培水稻的稻壳[49]。现将本研究所发现仰韶文化后期的水稻植硅体和现代水稻植硅体相比（图九），可证实该遗址所发现的水稻属于人工种植。

在我国的北方以粟、黍为主的旱作农业比较发达，南方则是以稻作农业为主，然而有关资料表明"北粟南稻"并非泾渭分明，从新石器时代的早期至晚期，在黄河和淮河之间旱作农业和稻作农业地域范围都不断向周围扩散，形成一个稻粟种植的混作原始农业区[50-53]。在仰韶中期晚期、龙山早中期的土壤样品中均发现丰富的粟、黍植硅体，表明该地区以旱作农业为主，但在仰韶晚期的样品中，发现较多的水稻植硅体，而此时气候暖湿，为水稻种植提供了有利的气候条件，推测该遗址在仰韶晚期处于"北粟南稻"的交错地带。

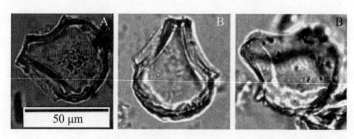

图九　仰韶文化后期水稻植硅体（A）和现代水稻植硅体（B）对比

四、结论

1）通过分析两者的孢粉、炭屑，发现当古人类活动开始增强后，对于生存、生活所需的植物，古人类有选择性地种植和采摘，导致禾本科和藜科含量增加明显，而利用价值不大的植物则因居住、耕作需要而被砍伐、焚烧，导致木本、蕨类含量减少。

2）通过有机碳同位素和植硅体分析，发现在古人类活动的影响下，以 C_3 植物为主的自然植被类型转变为以 C_4 植物为主的人工植被类型，其遗址区内农作物以粟、黍为主，并发现有水稻，推测该遗址在仰韶晚期处于"北粟南稻"交错地带。

注释:

［1］李明霖、莫多闻、孙国平等：《浙江田螺山遗址古盐度及其环境背景同河姆渡文化演化的关系》，《地理学报》2009 年第 64 卷第 7 期，第 807—816 页。

［2］吕厚远、张健平：《关中地区的新石器古文化发展与古环境变化的关系》，《第四纪研究》2008 年第 28 卷第 6 期，第 1050—1060 页。

［3］李月从、王开发、张玉兰：《南庄头遗址的古植被和古环境演变与人类活动的关系》，《海洋地质与第四纪地质》2000 年第 20 卷第 3 期，第 23—30 页。

［4］王心源、吴立、吴学泽等：《巢湖凌家滩遗址古人类活动的地理环境特征》，《地理研究》2009 年第 28 卷第 5 期，第 1208—1216 页。

［5］傅顺、叶青培、王成善等：《金沙遗址古环境状况的综合探讨》，《中国地质》2005 年第 32 卷第 3 期，第 523—528 页。

［6］黄翡、裴安平：《香港壕涌遗址孢粉、植硅石组合及其环境考古》，《微体古生物学报》2001 年第 18 卷第

4 期，第 398—405 页。

[7] Kirch P. V. , "Archaeology and Global Change : The Holocene Record" , *Annu. Rev. Environ. Resour.* , 2005 , Vol. 30 , pp. 409-440.

[8] 许清海、杨振京、崔之久等:《赤峰地区孢粉分析与先人生活环境初探》,《地理科学》2002 年第 22 卷第 4 期，第 453—457 页。

[9] 张瑞虎:《江苏苏州绰墩山遗址孢粉记录与太湖地区的古环境》,《古生物学报》2005 年第 44 卷第 2 期，第 314—321 页。

[10] 张芸、朱诚、于世永:《长江三峡张家湾遗址孢粉组合及古环境演变》,《长江流域资源与环境》2001 年第 10 卷第 3 期，第 284—288 页。

[11] 萧家仪、吕海波、丁金龙等:《江苏绰墩遗址马家浜文化期的孢粉组合和环境意义》,《微体古生物学报》2006 年第 23 卷第 3 期，第 303—308 页。

[12] 周新郢、李小强、赵克良等:《陇东地区新石器时代的早期农业及环境效应》,《科学通报》2011 年第 56 卷第 4 期，第 318—326 页。

[13] 刘德成、高星、王旭龙等:《宁夏银川水洞沟遗址 2 号点晚更新世晚期孢粉记录的古环境》,《古地理学报》2011 年第 13 卷第 4 期，第 467—472 页。

[14] 张继效、王伟铭、高峰:《云南剑川地区象鼻洞遗址孢粉组合和古环境》,《地球科学与环境学报》2014 年第 4 期，第 134—142 页。

[15] 彭菲、范雪春、夏正楷:《福建莲花池山旧石器遗址孢粉记录的古环境初步分析》,《第四纪研究》2011 年第 31 卷第 4 期，第 705—714 页。

[16] 李宜垠、赵凤鸣、李水城等:《中坝制盐遗址的孢粉分析与古植被、古环境》,《第四纪研究》2011 年第 31 卷第 4 期，第 730—735 页。

[17] 浑凌云、许清海、张生瑞等:《河北阳原侯家窑遗址孢粉组合特征及揭示的古环境与古气候演变》,《第四纪研究》2011 年第 31 卷第 6 期，第 951—961 页。

[18] 赵琳、马春梅、林留根等:《江苏连云港藤花落遗址孢粉记录研究》,《第四纪研究》2014 年第 34 卷第 1 期，第 16—26 页。

[19] 李宜垠、侯树芳、莫多闻:《湖北屈家岭遗址孢粉、炭屑记录与古文明发展》,《古地理学报》2009 年第 11 卷第 6 期，第 702—710 页。

[20] 查理思、吴克宁、冯力威等:《古人类活动对土壤发育的影响——以河南仰韶村文化遗址为例》,《土壤学报》2016 年第 53 卷第 4 期，第 850—859 页。

[21] 李宜垠、侯树芳、赵鹏飞:《微炭屑的几种统计方法比较及其对人类活动的指示意义》,《第四纪研究》2010 年第 30 卷第 2 期，第 356—363 页。

[22] 李小强、周新郢、尚雪等:《黄土炭屑分级统计方法及其在火演化研究中的意义》,《湖泊科学》2006 年第 18 卷第 5 期，第 540—544 页。

[23] 郭小丽、赵文伟、孙静会等：《我国古环境中炭屑的研究现状与展望》，《冰川冻土》2011 年第 33 卷第 2 期，第 342—348 页。

[24] 赵克良、李小强、周新郢等：《辽西城子山遗址夏家店下层文化期农业活动特征及环境效应》，《第四纪研究》2011 年第 31 卷第 1 期，第 8—15 页。

[25] 许清海、孔昭宸、陈旭东等：《鄂尔多斯东部 4000 余年来的环境与人地关系的初步探讨》，《第四纪研究》2002 年第 22 卷第 2 期，第 105—112 页。

[26] 张红艳、鹿化煜、顾兆炎等：《中国半干旱－湿润区末次间冰期以来黄土有机碳同位素特征与植被变化》，《第四纪研究》2015 年第 35 卷第 4 期，第 809—818 页。

[27] 王晓岚、何雨、贾铁飞等：《距今 7000 年来河南郑州西山遗址古代人类生存环境》，《古地理学报》2004 年第 6 卷第 2 期，第 234—240 页。

[28] 陈英勇、鹿化煜、张恩楼等：《浑善达克沙地地表沉积物有机碳同位素组成与植被－气候的关系》，《第四纪研究》2013 年第 33 卷第 2 期，第 351—359 页。

[29] Piperno D. R., *Phytolith : A Comprehensive Guide for Archaeo—Logists and Paleoecologists*, New York : AltaMira Press, 2006, pp. 168-233.

[30] 莫多闻、徐海鹏、杨晓燕等：《北京王府井东方广场旧石器晚期文化遗址的古环境》，《北京大学学报》2000 年第 36 卷第 2 期，第 232—239 页。

[31] 陈报章：《河南贾湖遗址植硅石组合及其在环境考古学上的意义》，《微体古生物学报》2001 年第 18 卷第 2 期，第 211—216 页。

[32] 许俊杰、莫多闻、王辉等：《河南新密溱水流域全新世人类文化演化的环境背景研究》，《第四纪研究》2013 年第 33 卷第 5 期，第 954—964 页。

[33] 查理思、吴克宁、梁思源等：《河南仰韶村文化遗址的土壤指示特征研究》，《土壤学报》2017 年第 54 卷第 1 期，第 23—35 页。

[34] 萧家仪、徐时强、肖霞云等：《南京郭家山遗址植硅体分析与湖熟文化环境背景》，《古生物学报》2011 年第 50 卷第 2 期，第 268—274 页。

[35] 陈涛、江章华、何锟宇等：《四川新津宝墩遗址的植硅体分析》，《人类学学报》2015 年第 34 卷第 2 期，第 225—233 页。

[36] 王灿、吕厚远、张健平等：《青海喇家遗址齐家文化时期黍粟农业的植硅体证据》，《第四纪研究》2015 年第 35 卷第 1 期，第 209—217 页。

[37] 邹胜利、谢树成、李勇等：《湖北省金罗家考古遗址土壤中多环芳烃的分布和植硅体的分析及其意义》，《生态环境》2011 年第 10 期，第 1461—1469 页。

[38] 郇秀佳、李泉、马志坤等：《浙江浦江上山遗址水稻扇形植硅体所反映的水稻驯化过程》，《第四纪研究》2014 年第 34 卷第 1 期，第 106—113 页。

[39] 王灿、吕厚远：《水稻扇型植硅体研究进展及相关问题》，《第四纪研究》2012 年第 32 卷第 2 期，第

三门峡仰韶文化研究·续编

269—281 页。

[40] 游修龄:《稻作史论集》,中国农业科学出版社,1993 年,第 51—72 页。

[41] 黄翡、郭富、金普军:《麦坪遗址新石器时代晚期水稻植硅体的发现及其意义》,《四川文物》2011 年第 7 卷第 6 期,第 79—83、102—103 页。

[42] 曹志洪、杨林章、林先贵等:《绰墩遗址新石器时期水稻田、古水稻土剖面、植硅体和炭化稻形态特征的研究》,《土壤学报》2007 年第 44 卷第 5 期,第 838—847 页。

[43] 高桂在、介冬梅、刘利丹等:《植硅体形态的研究进展》,《微体古生物学报》2016 年第 33 卷第 2 期,第 180—189 页。

[44] 靳桂云、燕生东、宇田津彻郎等:《山东胶州赵家庄遗址 4000 年前稻田的植硅体证据》,《科学通报》2007 年第 52 卷第 18 期,第 2161—2168 页。

[45] 严文明:《仰韶文化研究》,文物出版社,1989 年,第 3—21 页。

[46] 王文静:《仰韶文化遗址区古植被重建及原始农业研究》,中国地质大学(北京)硕士学位论文,2015 年。

[47] Stuiver M., Reimer P. J., Bard E., et al., "INTCAL98 Radiocarbon Age Calibration 24000~0 Cal B.P.", *Radiocarbon*, 1998, Vol. 40, No. 3, pp. 1041-1083.

[48] Smith B., Epstein S., "Two Categories of 13C/12C for Higher Plants", *Plant Physiol*, 1971, Vol. 47, No. 3, pp. 380-384.

[49] 黄其煦:《黄河流域新石器时代农耕文化中的作物——关于农业起源问题的探索》,《农业考古》1982 年第 12 卷第 2 期,第 55—61 页。

[50] 吴耀利:《黄河流域新石器时代的稻作农业》,《农业考古》1994 年第 44 卷第 1 期,第 78—84 页。

[51] 龚子同:《中国古水稻土的时空分布》,《科学通报》2007 年第 52 卷第 5 期,第 561—567 页。

[52] 刘桂娥、向安强:《史前"南稻北粟"交错地带及其成因浅析》,《农业考古》2005 年第 27 卷第 1 期,第 115—122 页。

[53] 张居中、孔昭宸、刘长江:《舞阳史前稻作遗存与黄淮地区史前农业》,《农业考古》1994 年第 45 卷第 1 期,第 68—77 页。

仰韶村遗址土壤理化特征及古环境研究

◎查理思　◎吴克宁　◎梁思源　◎庄大昌

　　探索不同时间尺度的气候环境，解释环境和人地关系变化的原因，评价环境变化的影响，预测未来环境状况，已成为地学界当前的主要任务。国际学术界尤其关注全新世以来的环境变化，以及进入新石器时代以来人类文化如何演进发展，一系列国际研究计划将之列为主题。土壤作为环境变化以及人地关系的关键带，详细记录并保存了环境和人类活动信息。尤其在古人类遗址土壤研究中，通过分析土壤理化性质以及包含物特征，可还原古环境和古人类活动类型以及强度[1-2]。

　　仰韶村遗址是中国黄河流域新石器时代遗址，也是仰韶文化命名地。根据多次考古挖掘和研究，发现仰韶和中原龙山两个文化、4个不同发展阶段的地层叠压关系，其中以仰韶文化晚期为主[3]。对该遗址的古环境研究将有助于了解气候变化与文化演变之间关系。目前，古环境研究主要借助土壤色度[4-7]、粒度[8-12]、磁化率[13-15]、地球化学元素[16-18]、黏土矿物[19-21]，上述气候替代指标能提供判断古气候变化的基础数据，适合较大时间尺度上的遗迹古气候重建。因此本研究在仰韶村遗址内选取未受到古人类活动干扰的土壤剖面，选取多项气候替代指标，还原该遗址仰韶文化以来的古环境。

一、材料与方法

（一）研究区和土壤剖面分层概况

　　仰韶村遗址位于河南省渑池县城北7.5km仰韶村南的台地上，遗址长约900m，宽约300m，面积近300000 m²（图一）。土壤剖面位于仰韶村安特生路东面缓坡上（111°46′36″E，34°48′51″N），海拔621m，坡度5°~8°。该剖面经过当地考古人员认证，没有任何古人类遗迹（文化层、灰坑）遗物（石器、瓦片），土质土色自然纯净，根据颜色、结构、紧实度和层间接触关系等，将剖面分为4层（图二），剖面描述详见表一。

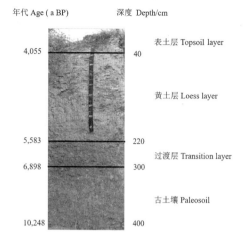

| 年代 Age (a BP) | | 深度 Depth/cm |
| 4,055 | | 40 — 表土层 Topsoil layer |

图一　仰韶村遗址　　　　　　图二　自然剖面分层及年代

表一　自然剖面分层描述

深度	土层	描述
0~40	表土层	橙（5YR 6/6，干），粉壤土，粒状结构，松软，含中量根系，与下层逐渐过渡
40~220	黄土层	亮红棕（5YR 5/6，干），粉壤土，弱发育块状结构，稍硬，含少量根系，少量砾石和砂姜侵入体，清晰平滑过渡
220~300	过渡层	亮棕（7.5YR 5/6，干），黏土，强发育角块状结构，稍硬，碳酸钙粉末和假菌丝体
300~400	古土壤	橙（7.5YR 6/6），黏土，强发育棱块状结构，很硬，少量钙质结核

（二）样品采集与分析

在观察深度 4 m 范围内，间隔 10 cm 从下至上连续采样，共采集样品 40 个各 500 g，进行色度、粒度、磁化率、游离铁、地球化学元素、黏土矿物分析。样品统一在实验室自然风干，色度样品在玛瑙研钵中研磨过 200 目筛使之充分均匀，粒度样品过 2 mm 筛孔后除去有机质和碳酸钙，游离铁样品在玛瑙研钵中磨细至 100 目，地球化学元素样品放入玛瑙研钵中磨至 200 目后除去碳酸钙，多次离心去酸烘干后放入玛瑙研钵中磨至 200 目以下融样，黏土矿物样品除去有机质和碳酸钙[22]。色度参数采用 CM-700d 分光测色仪测定，粒度采用 Mastersizer 2000 型激光粒度仪测定，磁化率采用 BartingtonMS-2 型双频磁化率仪测定。游离铁根据 CBD 法提取，使用 GGX-600 原子吸收光谱仪测定。地球化学元素根据碳酸锂 - 硼酸熔融法制作分析样品，使用 X 射线荧光光谱（XRF）测定。土壤黏粒分离采用吸管法，将分离出的土壤黏粒制作原样和 Mg 饱和粉晶定向玻片，使用 Brucker D-8 advance 型 X 射线衍射仪分析。上述实验均在中国科学院地质与地球物理研究所完成。年代测定常采用碳十四加速质谱仪，所用 ^{14}C 半衰期为 5568 a，BP 为距 1950 年的年代，测得年代经过树轮校正为日历年龄[23]，校正所用曲线为 IntCal04，所用程序为 OxCal v3.10，该实验在北京大学完成。

二、实验结果与分析

（一）色度

土壤红度（a*）的变化主要受赤铁矿质量分数的影响，通常干旱温暖的氧化环境有利于赤铁矿的形成。土壤黄度（b*）的变化主要受针铁矿质量分数的影响，除此之外还可能受到土壤中其他诸如黄铁矿、沼铁矿、褐铁矿物的影响，通常湿润的环境有利于针铁矿的形成，这里的"湿润"是相对于赤铁矿形成的环境而言。土壤亮度（L*）则主要受土壤中有机质和碳酸钙的含量影响，一般随着有机质的增加而减少，而随碳酸钙的增加而增大。一般情况下，土壤中有机质的累积程度随着该区域降水量的增加而加强，而碳酸钙正好相反。综上所述，a*、b*、L*可以反映土壤发育时期的水热条件以及植被发育程度[24-25]。实验结果如图三所示，总体而言，a*、b* 随深度增加而增加，而 L* 在黄土层相对较高。a* 范围为 3.58~7.96，平均值为 5.39；b* 范围为 9.57~14.66，平均值为 12.59；亮度 L* 范围为 20.61~32.21，平均值为 26.69。

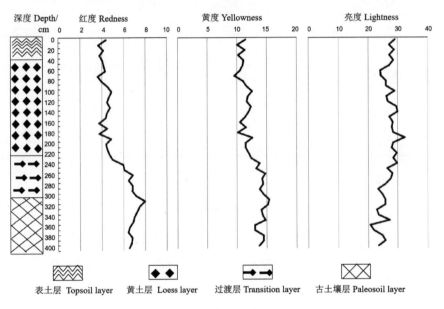

表土层 Topsoil layer　黄土层 Loess layer　过渡层 Transition layer　古土壤层 Paleosoil layer

图三　色度特征图

（二）粒度

粒度作为气候变化的替代指标得到了广泛应用，黄土堆积的粒度测量已成为第四纪东亚季风变化研究的一项重要内容。中国黄土高原黄土-古土壤序列的粒度变化指示了搬运粉尘风动力变化以及沉积环境的变化。黄土全样粒度指标中，中值粒径及粗颗粒含量和细颗粒比值都可作为冬季风的替代指标。全样中细粒组分的含量可以间接地指示夏季风的变化[26]。为了便于与黄土进行比较，以及气候意义分析，本文采用 2、16、63 μm 分别作为砂粒/粗粉砂、粗粉砂/细粉砂以及细粉砂/黏粒分界线，其命名参照第四纪碎屑沉积物三元法命名法，参照 Blott 等[27] 以砂粒百分比含量和粉黏比命名。实验结果如图四所示，总体而言，黏粒含量随深度增加而增加，砂粒含量随深度增加而减少，但在过渡层出现峰值，细粉砂和粗粉砂波动较大。黏粒（0~2 μm）含量范围为 8.1%~18.3%，平均含量为 12.1%；细粉砂（2~16 μm）含量范围为 35.1%~53.3%，平均含量为 44.1%；粗粉砂（16~63 μm）含量范围为 25.4%~42.0%，平均含量为 35.8%；砂粒（＞63 μm）含量范围为 0.1%~20.3%，平均含量为 8.2%。

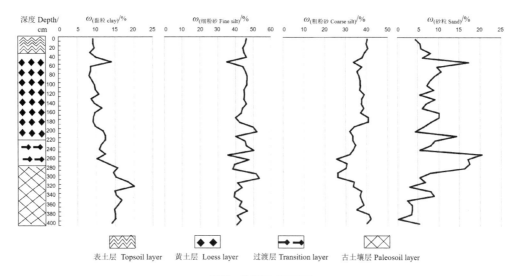

图四　粒度组成特征图

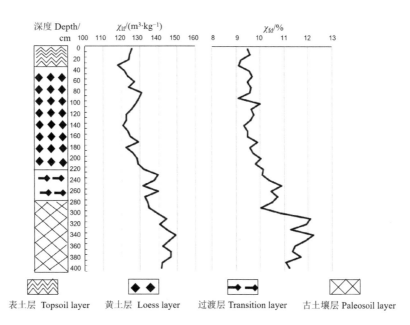

图五　磁化率特征图

（三）磁化率

磁化率作为研究土壤记载的环境变化信息的重要指标已被广泛应用，自从发现黄土古土壤序列中磁化率曲线与深海氧同位素有良好的可比性，低频磁化率（χ_{lf}）在黄土高原地区古气候研究中被作为一种有效的气候代用指标。大量研究证明，在黄土地区，干冷气候期形成的黄土磁化率值低，温暖气候期形成的古土壤磁化率值高[28]。频率磁化率（χ_{fd}）反映了土壤中超细顺磁（SP）颗粒的相对含量，SP 颗粒通常形成于风化成土过程，主要受风化成土强度、成土环境控制[29]。随黄土和古土壤的分布呈现波谷和波峰与其对应，可作为反映古气候变化的灵敏指标。实验结果如图五所示，总体而言，χ_{lf}、χ_{fd} 均随深度增加而增加。χ_{lf} 范围为 120.67~149.09 × 10^{-8} m^3·kg^{-1}，平均值为 132.11 × 10^{-8} m^3·kg^{-1}；χ_{fd} 范围为 9.08%~12.22%，平均值为 10.36%。

（四）游离铁

近年来，对风成黄土中的铁与古气候变化已有较深入的研究。研究发现与黄土层相比，古土壤游离铁的含量明显增高，游离铁在剖面上的高低变化可以反映古气候波动，与深海氧同位素曲线具有很好的可比性，因而游离铁含量可以看做古气候替代指标。在黄土研究中，使用铁的游离度 Fed（游离铁）/Fet（全铁）的比值已成功地建立了古风化强度序列[30]。实验结果如图六所示，总体而言，游离铁和游离度随深度增加而增加。游离铁含量范围为 8.08~18.46 g·kg^{-1}，平均值为 12.71 g·kg^{-1}；游离度范围为 19.52%~33.69%，平均值为 25.54%。

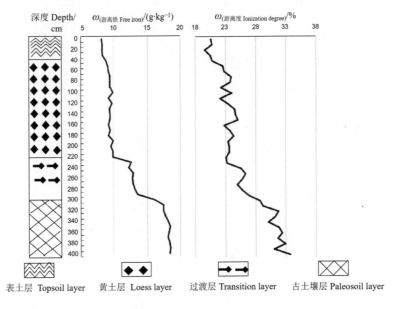

表土层 Topsoil layer　　黄土层 Loess layer　　过渡层 Transition layer　　古土壤层 Paleosoil layer

图六　游离铁和游离度特征图

（五）地球化学元素

土壤矿物质的化学组成与成土条件和成土过程密切相关，分析土壤矿质全量的化学组成和含量，可以阐明土壤的风化发生发育程度和理化性质，掌握矿质元素在剖面的迁移和变化，阐明土壤化学性质在成土过程中的演变情况。不同元素组合构成的化学指标可以反映岩石风化和土壤发育进程，常用硅铝率（Sa）、硅铁铝率（Saf）、土壤风化淋溶系数（ba）反映土壤矿物的风化程度，在同一剖面的差异可说明剖面中黏粒及铁、铝等物质的迁移和富积情况[31]。地球化学元素中选取可计算土壤发育指标的氧化物，实验结果如图七所示，总体而言，SiO$_2$ 含量随深度增加而减少，而 Al$_2$O$_3$、Fe$_2$O$_3$ 则相反。SiO$_2$ 质量分数范围为 645.00~689.80 g·kg^{-1}，平均为

670.08 g·kg^{-1}；Al$_2$O$_3$ 质量分数范围为 134.00~157.70 g·kg^{-1}，平均为 143.91 g·kg^{-1}；Fe$_2$O$_3$ 质量分数范围为 49.60~60.60 g·kg^{-1}，平均为 54.04 g·kg^{-1}。通过计算，Sa 范围为 6.98~8.64，平均值为 7.93；Saf 范围为 12.96~16.25，平均值为 14.82；ba 范围为 0.15~0.23，平均值为 1.12。总体而言，Sa、Saf、ba 均随深度增加而减小。

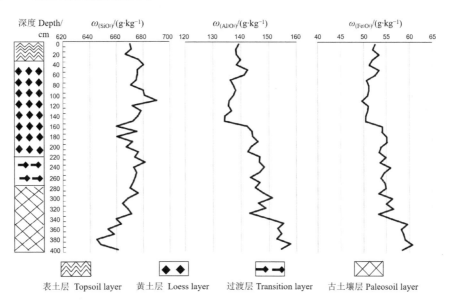

图七　SiO$_2$、Al$_2$O$_3$、Fe$_2$O$_3$ 特征图

（六）黏土矿物

黏土矿物主要由伊利石、绿泥石、高岭石、蒙脱石，以及混层黏土矿物组成。伊利石和绿泥石形成于弱的水解作用，指示弱化学风化作用的寒冷气候条件；高岭石代表强烈的水解作用，是温暖和潮湿气候条件下化学风化作用的结果，蒙脱石也多形成于温暖湿润的气候环境。其中伊利石的结晶度显示出很好的变化规律，当伊利石的结晶度降低时，绿泥石含量同时降低，蒙脱石、高岭石含量升高，而当伊利石的结晶度升高时，则正好相反。因此，根据伊利石结晶度的变化可以推断古气候变化的冷干期与暖湿间冰期[32-34]。

实验结果表明，表土层中检测到伊利石、绿泥石特征峰，伊利石特征峰值 1.01 nm 和 0.50 nm，强度分别为 100% 和 12.2%；绿泥石特征峰值 0.72 nm 和 0.48 nm，强度分别为 21.3% 和 3.0%；峰型不受乙二醇处理的影响，峰型尖锐，结晶度较好。黄土层中检测到伊利石、蒙脱石特征峰，伊利石特征峰值 0.50 nm 和 0.34 nm，强度分别为 12.9% 和 36.0%；蒙脱石特征峰值 1.48 nm，强度 36.1%；峰型不受乙二醇处理的影响，峰型尖锐，结晶度较好。过渡层中检测到多种黏土矿物特征峰，高岭石特征峰值 0.72 nm，强度为 50.5%；蒙脱石特征峰值 0.50 nm，强度 24.0%；绿泥石特征峰值 0.46 nm 和 0.36 nm，强度分别 8.8% 和 41.8%；伊利石特征峰值 0.33 nm，强度 73.1%；峰型不受乙二醇处理的影响，峰型尖锐细长。古土壤层中检测到高岭石、伊利石特征峰，高岭石特征峰值 0.72 nm 和 0.36 nm，强度分别为 89.3% 和 61.7%；

伊利石特征峰值 0.50 nm 和 0.34 nm，强度分别为 37.8% 和 100%；峰型不受乙二醇处理的影响。

三、讨论

与前人研究成果进行参比，选取全球[35]、全国[36]尺度，黄土地区[37]、云南洱海[38]、关中地区[39]、阿什库勒[40]、博斯腾湖[41]、溱水流域[42]、黄河流域[43]、渑池盆地[44]、渭河流域[45]、艾比湖[46]、乌伦湖[47]地区尺度，以及古里雅冰芯[48]和敦德冰芯[49]的气候还原成果，发现本研究结果与上述成果大致吻合，各个时期气候状况对应良好，详见图八。

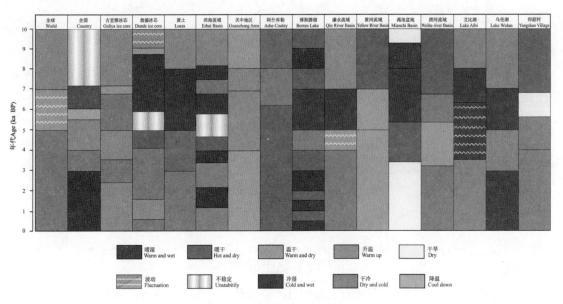

图八　与其他古环境研究成果的参比

10~6.9 cal ka BP，仰韶文化早期处于该阶段，对应古土壤层，a*、b* 均最大、L* 较低。黏粒和粗粉砂为最大值，细粉砂和砂粒达到最小值。χ_{lf} 和 χ_{fd} 达到最大值，游离铁含量和游离度也达到最大值。黏土矿物类型为蒙脱石为基础的高岭石混合型。Sa、Saf 和 ba 均为最小值，脱硅富铝化程度高。上述土壤特征表明进入全新世后，气候变暖，并转为稳定暖湿，土壤风化程度高，随时间推移，持续发育，该气候环境有利于该地区仰韶文化早期发展。这与全球、全国、古里雅冰芯、敦德冰芯、黄土、云南洱海、关中地区、溱河流域、黄河流域、渑池盆地、艾比湖、乌伦湖的研究结果对应最为明显。

6.9~5.6 cal ka BP，仰韶文化早期至中期处于该阶段，对应过渡层，a*、b* 均降低，L* 升高，变化较大。黏粒和粗粉砂开始减小，细粉砂和砂粒开始增加。其中粗粉砂含量减至最小，砂粒含量达到最大。χ_{lf} 和 χ_{fd} 开始减小，游离铁含量和游离度也开始减小。黏土矿物类型为伊利石、蒙脱石、高岭石和绿泥石混合型。Sa、Saf 和 ba 均较高，脱硅富铝化程度较低。色度、粒度各项指标方差均为各层中最高，表明该阶段气候波动，导致土壤色度、粒度变化差异明显。上述土壤特征表明进入仰韶文化早、中期，气候开始波动，总体向干冷逐渐过渡，土壤发育程度减弱，风化程度较低。这与全球、全国、古里雅冰芯、敦德冰芯、云南洱海、关中地区、阿什库勒、黄河流域、渭河流域、艾比湖的研究结果对应最为明显。

5.6~4 cal ka BP，仰韶文化中期至中原龙山文化早期处于该阶段，对应黄土层，a*、b* 均达到最小值，L* 略有增加。黏粒继续减小，细粉砂继续增加，粗粉砂开始增加，砂粒开始减小。χ_{df} 和 χ_{fd} 继续减小，游离铁含量和游离度也继续减小。黏土矿物类型为伊利石中掺杂蒙脱石。Sa、Saf 和 ba 均较高，脱硅富铝化程度低。上述土壤特征表明进入仰韶晚期和中原龙山文化时期，土壤发育程度减弱，风化程度较低，气候总体干冷。此时期古人类有时间和能力去抵抗和适应这种变化[50]，该地区仰韶文化逐渐演变为中原龙山文化取代。这与全球、全国、古里雅冰芯、云南洱海、关中地区、博斯腾湖、滹河流域、黄河流域、渭河流域的研究结果对应最为明显。

4 cal ka BP 以来，中原龙山文化时期以后，对应表土层，a*、b* 基本不变，L* 增加，黏粒减至最小值，细粉砂和粗粉砂增至最大值，砂粒继续减小。χ_{df} 和 χ_{fd} 持续减少，游离铁含量和游离度也持续减少，黏土矿物类型以伊利石为主，Sa、Saf 和 ba 均较高。土壤色度、粒度、磁化率、游离铁各项指标方差均为各层中最低，表明该阶段气候稳定，导致土壤各项理化性质稳定。上述土壤特征表明气候保持干冷，此时环境恶化造成的危害远远超出了古人类自身抵御自然的能力，而在中原地区形成了以夏朝建立为标志的中华文明，也促使人口向中原地区迁移，导致该地区文化的衰落。这与全国、古里雅冰芯、敦德冰芯、黄土、关中地区、滹河流域、渑池盆地、渭河流域的研究结果对应最为明显。

四、结论

自然环境是人类文化文明发展的基础，尤其是在新石器文化时期，气候环境的变化是导致文化衰退或进步的主要原因。文化对环境变化的响应程度取决于环境恶化的程度和速度，以及人类适应和抵御环境变化的能力。当环境快速变化，且强度超出人类抵御能力时，人类来不及适应，就不得不迁徙它处寻找新的生存环境和食物源，原地区的文化会衰落或消亡。而环境变化较弱或速度缓慢时，人类有时间和能力去抵抗和适应这种变化，反而促进人类文化进一步发展和演替。

通过对仰韶村遗址自然剖面的气候替代指标综合分析，得出该遗址全新世以来古环境结果，也印证了上述观点。10~6.9 cal ka BP，增温增湿至稳定，该地区出现了仰韶早期文化。6.9~5.6 cal ka BP，气候出现波动，总体向干旱过渡。5.6~4 cal ka BP，气候变为干冷，但古人类有时间和能力去抵抗和适应这种变化，该地区仰韶文化逐渐演变为中原龙山文化。4 cal ka BP 之后，气候进一步变干冷，河南东部平原地区的环境优越性开始凸显，而该地区文化逐渐衰落。

注释:

［1］Pastor A., Gallello G., Cervera M. L., et al., "Mineral Soil Composition Interfacing Archaeology and Chemistry", *TrAC Trends in Analytical Chemistry*, 2016, Vol. 78, No. 78, pp. 48-59.

［2］Frahm E., Monnier G. F., Jelinski N. A., et al., "Chemical Soil Surveys at the Bremer Site（Dakota County, Minnesota, USA）: Measuring Phosphorous Content of Sediment by Portable XRF and ICP-OES", *Journal of Archaeological Science*, 2016, Vol. 75, pp. 115-138.

［3］严文明:《仰韶文化研究》,文物出版社,1989 年。

［4］季峻峰、陈骏、Balsamw 等:《黄土剖面中赤铁矿和针铁矿的定量分析与气候干湿变化研究》,《第四纪研究》2007 年第 27 卷第 2 期,第 221—229 页。

［5］何柳、孙有斌、安芷生:《中国黄土颜色变化的控制因素和古气候意义》,《自然杂志》2010 年第 39 卷第 5 期,第 447—455 页。

［6］李越、宋友桂、王千锁:《新疆昭苏黄土剖面色度变化特征及古气候意义》,《地球环境学报》2014 年第 5 卷第 2 期,第 67—75 页。

［7］冯力威、吴克宁、查理思等:《仰韶文化遗址区古土壤色度特征及其气候意义》,《生态环境学报》2015 年第 24 卷第 5 期,第 892—897 页。

［8］鹿化煜、张红艳、孙雪峰等:《中国中部南洛河流域地貌、黄土堆积与更新世古人类生存环境》,《第四纪研究》2012 年第 32 卷第 2 期,第 167—177 页。

［9］Rebolledo E. S., "Paleoenvironments of Late Pleistocene-Holocene in Sonora Desert, NE Mexico Based on the Paleopedological Proxies : Study Case in La Playa Archaeological Site", *Quaternary International*, 2012, Vol. 279-280, pp. 457-457.

［10］Pelle T., Scarciglia F., Pasquale G. D., et al., "Multidisciplinary Study of Holocene Archaeological Soils in an Upland Mediterranean Site : Natural Versus Anthropogenic Environmental Changes at Cecita Lake, Calabria, Italy", *Quaternary International*, 2013, Vol. 303, No. 4, pp. 163-179.

［11］Blasi A., Politis G., Bayon, C., "Palaeoenvironmental Reconstruction of La Olla, a Holocene Archaeological Site in the Pampean Coast（Argentina）", *Journal of Archaeological Science*, 2013, Vol. 40, No. 3, pp. 1554-1567.

［12］Cruz-Y-Cruz T., Sánchez G., Sedov S., et al., "Spatial Variability of Late Pleistocene-Early Holocene Soil Formation and Its Relation to Early Human Paleoecology in Northwest Mexico", *Quaternary International*, 2015, Vol. 365, pp. 135-149.

［13］夏正楷、张俊娜、刘静等:《10000a BP 前后北京斋堂东胡林人的生态环境分析》,《科学通报》2011 年第 56 卷第 34 期,第 2897—2905 页。

［14］李拓宇、莫多闻、胡珂等:《临汾盆地陶寺遗址附近全新世黄土剖面的环境指标分析》,《北京大学学报（自然科学版）》2013 年第 49 卷第 4 期,第 628—634 页。

［15］Tudryn A., Abdessadok S., Gargani J., et al., "Stratigraphy and Paleoenvironment during the Late Pliocene at Masol Paleonto-archeological Site（Siwalik Range，NW India）: Preliminary Results", *Comptes Rendus Palevol*，2016，Vol. 15，No. 3-4，pp. 440-452.

［16］吴立、朱诚、李枫等:《江汉平原钟桥遗址地层揭示的史前洪水事件》,《地理学报》2015 年第 70 卷第 7 期，第 1149—1164 页。

［17］王坤华、朱诚、李冰等:《江苏张家港黄泗浦遗址唐代以来环境考古研究》,《古生物学报》2015 年第 54 卷第 2 期，第 267—278 页。

［18］Ivanova S., Gurova M., Spassov N., et al., "Magura Cave，Bulgaria: A Multidisciplinary Study of Late Pleistocene Human Palaeoenvironment in the Balkans", *Quaternary International*，2016，Vol. 415，No. 3，pp. 86-108.

［19］张磊、何付兵、蔡向民等:《内蒙古二连盆地西南部第四纪沉积物中黏土矿物特征与古气候指示意义》,《第四纪研究》2011 年第 31 卷第 5 期，第 780—790 页。

［20］程峰、洪汉烈、顾延生等:《广西百色盆地更新世沉积物中黏土矿物特征及其古气候指示意义》,《第四纪研究》2014 年第 34 卷第 3 期，第 560—569 页。

［21］Arriolabengoa M., Iriarte E., Aranburu A., et al., "Provenance Study of Endokarst Fine Sediments through Mineralogical and Geochemical Data（Lezetxiki Ⅱ Cave，Northern Iberia）", *Quaternary International*，2015，Vol. 364，pp. 231-243.

［22］张甘霖、龚子同:《土壤调查实验室分析方法》,科学出版社，2012 年。

［23］Reimer P. J., Mgl Baillie, E. Bard, et al., "Intcal04 Terrestrial Radiocarbon Age Calibration，0-26 Cal Kyr BP", *Radiocarbon*，2004，Vol. 46，No. 3，pp. 1029-1058.

［24］杨胜利、方小敏、李吉均等:《表土颜色和气候定性至半定量关系研究》,《中国科学（D 辑：地球科学）》2001 年第 13 卷增刊，第 175—181 页。

［25］陈一萌、陈兴盛、宫辉力等:《土壤颜色——一个可靠的气候变化代用指标》,《干旱区地理》2006 年第 29 卷第 3 期，第 309—313 页。

［26］周家兴、于娟、杨丽君等:《铜川地区早中全新世黄土沉积特征及其古气候意义》,《海洋地质与第四纪地质》2020 年第 40 卷第 1 期，第 160—166 页。

［27］Blott S. J., Pye K., "GRADISTAT: A Grain Size Distribution and Statistics Package for the Analysis of Unconsolidated Sediments", *Earth Surface Processes and Landforms*，2001，Vol. 26，No. 11，pp. 1237-1248.

［28］熊平生、刘沛林、王鹏:《衡阳盆地红土剖面的磁化率、Rb/Sr 值及其古气候指示意义》,《地理科学》2018 年第 38 卷第 2 期，第 300—306 页。

［29］卢升高:《土壤频率磁化率与矿物粒度的关系及其环境意义》,《应用基础与工程科学学报》2000 年第 8 卷第 1 期，第 9—15 页。

［30］郝青振、郭正堂:《1.2Ma 以来黄土－古土壤序列风化成壤强度的定量化研究与东亚夏季风演化》,《中国

科学（D辑：地球科学）》2001年第31卷第6期，第520—528页。

[31] 查理思、吴克宁、冯力威等：《古人类活动对土壤发育的影响——以河南仰韶村遗址为例》，《土壤学报》2016年第53卷第4期，第850—859页。

[32] Alam A., Xie S. C., Saha D. K., "Clay Mineralogy of Archaeological Soil: An Approach to Paleoclimatic and Environmental Reconstruction of the Archaeological Sites of the Paharpur Area, Badalgacchi Upazila, Naogaon District, Bangladesh", *Environmental Geology*, 2007, Vol. 8, No. 53, pp. 1639-1650.

[33] 王秋兵、王慧强、韩春兰等：《辽宁地区古红土黏土矿物特征及其环境学意义》，《土壤通报》2008年第39卷第4期，第924—927页。

[34] 殷科、洪汉烈、高文鹏等：《末次间冰期以来临夏地区气候变化的黏土矿物学及地球化学记录》，《土壤学报》2012年第49卷第2期，第246—259页。

[35] Marcott S. A., Shakun J. D., Clark P. U., et al., "Reconstruction of Regional and Global Temperature for the Past 11300 Years", *Science*, 2013, Vol. 339, No. 6124, pp. 1198-1201.

[36] 施雅风、孔昭宸、王苏民等：《中国全新世大暖期的气候波动与重要事件》，《中国科学：化学》1992年第22卷第12期，第1300—1308页。

[37] 赵艳雷、庞奖励、黄春长等：《郧县前坊村剖面黄土——古土壤序列风化成壤及古气候研究》，《沉积学报》2014年第32卷第5期，第840—845页。

[38] 张振克、吴瑞金、朱育新等：《云南洱海流域人类活动的湖泊沉积记录分析》，《地理学报》2000年第55卷第1期，第66—74页。

[39] 李秉成、胡培华、王艳娟：《关中泾阳塬全新世黄土剖面磁化率的古气候阶段划分》，《吉林大学学报（地球科学版）》2019年第39卷第1期，第99—106页。

[40] 赵兴有、骆君、买买提·依明等：《昆仑山阿什库勒盆地15000年以来古环境演化的初步研究》，《干旱区地理》1993年第16卷第3期，第59—63页。

[41] 钟巍、熊黑钢、塔西甫拉提等：《南疆地区历史时期气候与环境演化》，《地理学报》2001年第56卷第3期，第345—352页。

[42] 许俊杰、莫多闻、王辉等：《河南新密溱水流域全新世人类文化演化的环境背景研究》，《第四纪研究》2013年第33卷第5期，第954—964页。

[43] 董广辉、刘峰文、杨谊时等：《黄河流域新石器文化的空间扩张及其影响因素》，《自然杂志》2016年第38卷第4期，第248—252页。

[44] 郭志永、翟秋敏、沈娟：《黄河中游渑池盆地湖泊沉积记录的古气候变化及其意义》，《第四纪研究》2011年第31卷第1期，第150—162页。

[45] 贾耀锋、庞奖励、黄春长等：《渭河流域东部全新世环境演变与古文化发展的关系研究》，《干旱区地理》2012年第35卷第2期，第238—247页。

[46] 吴敬禄、王苏民、王洪道：《新疆艾比湖全新世以来的环境变迁与古气候》，《海洋与湖沼》1996年第27

三门峡仰韶文化研究·续编

卷第 5 期，第 524—530 页。

［47］羊向东、王苏民：《一万多年来乌伦古湖地区花粉组合及其古环境》，《干旱区研究》1994 年第 11 卷第 2 期，第 7—10 页。

［48］Thompson L. G.，"Tropical Climate Instability : The Last Glacial Cycle from a Qinghai-Tibetan Ice Core"，*Science*，1997，Vol. 276，No. 5320，pp. 1821-1825.

［49］何元庆、姚檀栋、沈永平等：《冰芯与其它记录所揭示的中国全新世大暖期变化特征》，《冰川冻土》2003 年第 25 卷第 1 期，第 11—18 页。

［50］庞奖励、黄春长：《关中地区新石器文化发展与环境演变耦合关系研究》，《地理科学》2003 年第 23 卷第 4 期，第 448—453 页。

考古学视角下月牙纹彩陶罐纹饰的解读

◎黄 洋

1921 年，仰韶村遗址的发现和发掘使仰韶文化成为中国第一个被正式定名的考古学文化。2021 年，仰韶文化发现 100 周年之际，在代表仰韶文化鼎盛期的庙底沟遗址上，建立起庙底沟国家考古遗址公园和庙底沟仰韶文化博物馆。2023 年春节期间，因央视春节联欢晚会舞美采用了庙底沟遗址出土彩陶上的"花瓣纹"元素，庙底沟仰韶文化博物馆热度飙升，成为备受大众关注的文化打卡地。

庙底沟仰韶文化博物馆内陈设着大量仰韶文化时期的彩陶器、石器、骨器等，尤其引人注目的是博物馆镇馆之宝、国家一级文物——月牙纹彩陶罐，其完整的状态、简洁有力的器形、严谨且富有张力的纹饰，都令人赞叹不已，它所蕴含的中国传统文化信息更是具有极高的研究价值。

出 土 情 况

1980 年 10—11 月和 1981 年 4—6 月，经国家文物局批准，河南省文物研究所（今河南省文物考古研究院）与渑池县文物管理委员会共同组成联合考古队，对仰韶村遗址开展了历史上

河南博物院藏花瓣纹彩陶罐

月牙纹彩陶罐

的第三次考古发掘。

第三次发掘集中在通往寺沟村的道路两侧，发掘面积 200 余平方米，开挖探方 4 个、探沟 4 条，发现房基 4 座、窖穴 41 个，出土陶器、石器、骨器、蚌器 613 件。确认了仰韶村遗址包含 4 种考古学文化类型，即仰韶文化庙底沟类型、西王村类型和龙山文化庙底沟二期类型、三里桥类型。弄清了仰韶村遗址由仰韶文化中期—仰韶文化晚期—河南龙山文化早期—河南龙山文化晚期的发展序列。出土器物方面最大的收获就是月牙纹彩陶罐。

月牙纹彩陶罐口径 14.2 厘米，腹径 15.1 厘米，底径 7 厘米，高 11.5 厘米。彩陶罐侈口、宽沿、束颈、折腹、平底、细泥红陶，表面打磨光滑，口沿内部可见明显的慢轮修整痕迹。外口沿饰白彩宽带纹，折腹处饰白彩窄带纹，口沿至折腹间饰有 14 枚白彩月牙纹，同时，亦可将红陶本色视为 14 枚红色月牙纹，白、红月牙纹交替出现。月牙纹彩陶罐白彩纹饰绘制严谨、间隔等距，艺术表现力高超，单体白彩月牙纹高约 5 厘米，最宽处 1~1.3 厘米，相邻白彩月牙纹间距在 1.8~2 厘米。

观月形，定历法，利农耕

学者们对月牙纹彩陶罐上的白彩月牙纹认识较为一致，即为写实的月牙纹饰，仰韶先民通过观测月相变化，如实将月形反映在陶器上，14 枚白彩月牙分布严谨、等距，并不是随意为之。

古人通过观测太阳、月亮、星象等的变化，总结其变化规律，推算年、月、日的时间长度和它们之间的周期关系，制定时间的序列，进而发展出较为成熟的历法。人们以地球绕太阳运动的规律（以太阳为观测对象）所确定的历法称为阳历，以月球绕地球运动的规律（以月亮为观测对象）所确定的历法称为阴历。我国古代社会的农历（亦称夏历）是一种阴阳合历，以阴历中的月相盈亏为基础，明确月份（太阴历十二月），根据阳历明确五日一候、七十二候、三候一气、六气一时、四时一岁、一岁十二中气、十二节气等时间节点（太阳历二十四气），共同实现时候、气候、物候的对照统一，同时，采取添加闰月（闰余成岁法）的方式，实现了朔望月与太阳年之间相差时间的平衡和统一。

月牙纹彩陶罐上的白彩月牙纹是仰韶先民观测月相，记录月相，通过增加闰月的方法，协调阴阳历法相统一的结果。一个回归年中至少会出现 12 次月相周期，但 12 次月相周期的时间长度要少于一个回归年，古人经过长时间的测算和总结，采用了增加闰月的方法加以平衡，可采取每两年或三年增加 1 个闰月，每八年增加 3 个闰月，每十一年增加 4 个闰月，每十九年增加 7 个闰月等方式，使增加闰月的当年有 13 个月。"十九年七闰法"具体含义是，每年的 12 个朔望月周期时长，如果在 19 年周期

文媒己龀『十月又三』记载

《合集 2653》『十三月』记录

内再增加 7 个闰月，则这 235 个朔望月周期时间再平均分配到 19 年中，每年所记录的时间为 365.2395 天，与一回归年的 365.2422 天几乎可以做到精准对照。如此准确的置闰方法，且在不晚于汉初就已明确的置闰规则，与月牙纹彩陶罐绘制 14 个月牙纹有所冲突，原因无外乎是"十九年七闰法"这一历法结论，还未被创造月牙纹彩陶罐的仰韶先民所掌握。

历法形成的朴素逻辑是首先要积累大量的观测数据，在数据基础上发现和总结规律，得出历法结论，最终形成符合实际的历法体系。"十九年七闰"是历法结论，但在积累精准且长期不断观测记录数据的过程中，干扰因素很多，如一定时间内的连续阴雨天气，就可能打断观测记录的过程；若依赖气候、物候等作为观测标准又过于粗放，会造成较大偏差。可以想见，个人如果想要连续观测和记录数据 19 年几乎是不可能的，甚至多代人的连续观测累积的数据，想要获知精准的闰月历法结论都是很困难的。14 枚白彩月牙纹的由来，可能是仰韶先民在某年增加一个闰月后，发现仍然无法协调回归年和太阴年的误差，就只能再次增加一个闰月来实现"闰余成岁"，当年则会出现闰两个月的"十四月"现象。在历法不甚精准的前提下，闰两个月已经是"闰余成岁"的最大极限了。从侧面证据来看，商代青铜器及甲骨就出现了明确记录闰月的文物，文嬓已觥铭文就有"十月又三"的记录，《合集2653》与妇好相关的甲骨卜辞中有"十三月"的记录，西周早中晚各时期的青铜器铭文也出现了不少"十又三月"的记录，如中方鼎、叴尊、遣卣、小臣静卣、牧簋、吴虎鼎。西周时期的叔矢方鼎则有"十又四月"（十又三月）的记录，西周邓公簋和宋《考古图》收录的都公鼎铭文，也都出现了较为明确的十四月记录。可见叔矢方鼎、邓公簋、都公鼎所在的西周时期，古人也还未掌握将闰年严格限定在 13 个月的精准历法，会出现将闰一月仍不足的年份，再增加到 14 个月的做法。

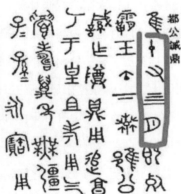

西周邓公簋"十又四月"记录　　　　　　　　　　　西周叔矢方鼎"十又四月"记录

仰韶先民利用增加闰月的方式实现太阴月与太阳年的相对统一，阴阳合历的思想雏形呼之欲出，后来的古人又以黄河中下游地区为核心，观察总结四季周期内的日照长度、星象变化、气候变化、动植物生长变化等，逐步完善了对节气的认知。不晚于春秋成书的《夏小正》就按 12 个月的顺序，总结记录了星象（主要是北斗星）、气象、物候，以及农业生产规律等信息，逐步形成了沿用至今的精准且符合农耕实际的农历（夏历）历法。

数字"7"和女性崇拜

月相的一个完整变化周期，是由朔月（月消失）到上弦月（半圆），上弦月到望月（圆月），望月到下弦月，下弦月到朔月，一个全周期为一个朔望月，时长为29.53天，四个发展周期的时间为7天左右，月亮和"7"牵手邂逅。月牙纹彩陶罐的月牙纹数量为14，在数学概念中14为合数，除了1和它本身外，能够将其整除的因数还有2和7，那么14就可以按照2或7的规律进行分类了，可以将14枚白彩月牙纹理解为7组2个月牙纹的组合，或是2组7个月牙纹的组合，不论是分组或是每组的数量，绕不过去的就是数字"7"，那在古人语境中，数字"7"有所指吗？有，方向直指女性、雌性、母性，数字"7"和女性有着千丝万缕的联系。

《黄帝内经·素问》："女子七岁，肾气盛，齿更发长。二七，而天癸至，任脉通，太冲脉盛，月事以时下，故有子。三七，肾气平均，故真牙生而长极。四七，筋骨坚，发长极，身体盛壮。五七，阳明脉衰，面始焦，发始堕。六七，三阳脉衰于上，面皆焦，发始白。七七，任脉虚，太冲脉衰少，天癸竭，地道不通，故形坏而无子也。"可见古人对女性生理的认识是以"7"为基础的；女性的生理周期通常为28天，这里不仅有7，还与一个朔望月周期基本保持了一致。女娲造人的神话传说里，特别提到女娲是"一日中七十化变"，也是围绕数字"7"来描述的。东晋葛洪《西京杂记》："汉彩女常以七月七日穿七孔针于开襟楼，人俱习之。"这是对农历七月七节俗的记述。七月七，又称七夕节、乞巧节，有些地方更是直接唤做少女节、女节，甚至还有将七夕视为七个夫人，称为"七娘妈"的说法，敬奉礼物也以七件为准，七夕节女孩们进行穿针乞巧的节俗，也选在了月上柳梢的夜晚。包括七夕节由来的传说故事"天仙配"在内，我国大量民间传说、故事提到的女性形象都是"七仙女""七姑娘""七姊妹"等。由"月"到数字"7"再到"女性"，可谓联系密切，自成一体。

更何况月亮在古人的话语体系中天然就代表女性，月亮通常被称作蟾蜍、玉蟾，张衡《灵宪》记载："嫦娥遂托身于月，是为蟾蜍。"原因是蛙类的生育繁衍能力极强，自然而然就成为古人进行女性生殖崇拜的对象。两汉至唐大量出现的《伏羲女娲交尾图》，除了伏羲女娲形象外，值得注意的就是居上的太阳，内常有三足金乌，代

伏羲女娲交尾图中代表女性的月亮

表男性，居下的月亮，内常有蟾蜍、玉兔、桂树等，代表女性。《山海经·大荒西经》有云："有女子方浴月。帝俊妻常羲，生月十有二，此始浴之。"看来中国传统的月亮神也是女神形象。同时，月相周期的盈亏变化又像极了蛙类肚皮循环往复的涨缩，更是象征着女性孕育和诞生新生命的全过程。月牙纹彩陶罐那一枚枚月牙正是女性崇拜的"图腾"。

为何绘制的是初五月形？

月牙纹彩陶罐的白彩月牙纹与阴历初五的月形基本一致，仰韶先民选用这种月形进行记录，主要文化意图我认为如下三点。

白彩月牙纹与阴历初五月形对比

首先，泛泛来看，初五是一个月相周期的初始阶段，预示着勃勃生机，如少男少女般给人带来蓬勃向上的希望，创作者根据喜好和艺术创作需要，选择了月初月形中较为美观的初五月形。

其次，若要较为准确地认识为何一定要绘制初五月形，则需要提到一年当中最佳观月期——冬至日。冬至日在一年中白天最短夜晚最长，夜时可逾 14 小时（7 个时辰），白日近 10 小时，1 个时辰又分前后两段，每段时长 1 小时，月牙纹彩陶罐的创作者可能在某年冬至日观月时，恰逢当晚是阴历初五，便以一个月牙纹指代 1 个时辰的前后某段，最终用 14 个白彩月牙纹代表了冬至日夜时的 7 个时辰，即 14 个小时。

最后，若只是将月牙纹彩陶罐 14 枚白彩月牙纹，与冬至日夜时的 7 个时辰、14 个小时加以对照，而并没有存在冬至日恰逢初五的巧合，这初五月形的选用则有可能蕴含着创作者或所有者的个人身份信息，如出生日期信息、重要事件信息等。

通过月牙纹彩陶罐所蕴含的中国传统文化基因信息，可以确认这件月牙纹彩陶罐并非仰韶先民的日用器物，虽然年代如此久远，但却以完整器的状态示人，与同时同地出土的彩陶器物碎片形成鲜明对比，可见仰韶先民对其十分珍视。

目前无法获知罐内残留物的成分，但可以想见，在北方粟作农业生产的大背景下，月牙纹彩陶罐极有可能是用来盛放拣选农作物种子的容器。加之月牙纹彩陶罐蕴含着天文历法、女性崇拜等传统文化信息，月牙纹彩陶罐应是祭祀女神的礼器，用于祈愿聚落的人口和农耕生产能够如少女般蓬勃向上，生生不息。

卷二　庙底沟遗址与庙底沟文化研究

庙底沟时代与"早期中国"

◎ 韩建业

仰韶文化东庄－庙底沟类型时期，中国大部地区的考古学文化首次交融联系形成以中原为核心的文化共同体，这个文化共同体所处的新时代即为本文所谓"庙底沟时代"[1]。仰韶文化庙底沟类型实力强盛且对外产生了很大影响，这已基本成为学术界的共识。早在 1965 年，苏秉琦就注意到庙底沟类型"对远方邻境地区发生很大影响"[2]。此后，严文明指出"庙底沟期是一个相当繁盛的时期，这一方面表现在它内部各地方类型融合和一体化的趋势加强，另一方面则表现在对外部文化影响的加强"[3]。张忠培认为此时是"相对统一的时期"[4]，庙底沟类型（或西阴文化）对周围同期考古学文化产生了积极作用[5]。王仁湘称庙底沟期的彩陶扩展是"史前中国的艺术浪潮"[6]。在前人研究的基础上，本文试图论证，庙底沟时代是在东庄－庙底沟类型的强力扩张影响下形成，该时代的到来标志着"早期中国文化圈"或文化上"早期中国"的形成。

一

仰韶文化东庄类型和庙底沟类型主要分布在晋西南和豫西地区，时当新石器时代晚期，其绝对年代大约在公元前 4200~3500 年[7]。

东庄类型以山西芮城东庄村仰韶文化遗存[8]和翼城北橄一、二期[9]为代表，时代介于半坡类型和庙底沟类型之间[10]，绝对年代约在公元前 4200~4000 年。东庄类型是在当地仰韶文化枣园类型的基础上，接受东进的半坡类型的强烈影响而形成[11]。具体来说，其钵、盆、罐、瓮等主要陶器兼具枣园类型和半坡类型的特点，尖底瓶的雏形双唇口为仰韶文化枣园类型内折唇口和半坡类型杯形口的结合（图一，1~3）；杯形口尖底瓶和雏形双唇口尖底瓶的尖底特征，绳纹和宽带纹（图二，1、2）、三角纹、菱形纹、鱼纹等黑彩，以及头骨和肢骨成堆摆放的二次葬等特征[12]，都来自半坡类型；素面壶、鼎，尖底瓶的瘦长特征，墓葬基本不见随葬品的质朴习俗等，基于枣园类型；葫芦形瓶、火种炉，以及豆荚纹、花瓣纹等彩陶纹饰（图三，1、2）则为新创。总体看，来自半坡类型的影响巨大，甚至从某种程度上可视其为半坡类型的关东变

171

体[13]。其大口勾鋬罐的勾鋬呈鸟首状，暗示该类型或许有崇拜鸟的习俗。东庄类型大致可以细分为两期，早期以北橄一期为代表，尖底瓶无颈且锥形双唇口的下唇不突出；晚期以北橄二期为代表，尖底瓶出颈且锥形双唇口的下唇较突出。同属东庄类型的豫西陕县三里桥仰韶遗存[14]、三门峡南交口仰韶文化一期[15]等，仅见杯形口尖底瓶而不见锥形双唇口尖底瓶，也不见火种炉，推测东庄类型的核心当不在豫西而在晋西南地区。

庙底沟类型以河南陕县庙底沟一期[16]为代表，绝对年代约在公元前 4000~3500 年（下限

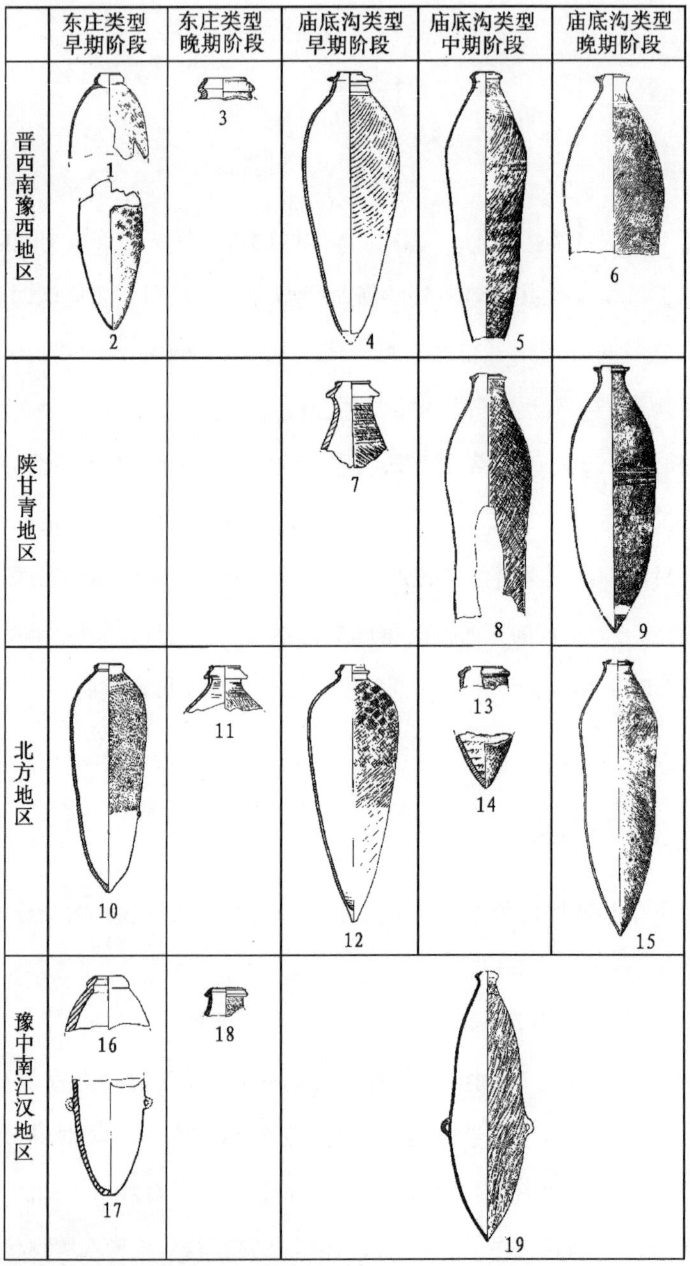

图一　庙底沟时代各地区的陶双唇口小口尖底瓶

1~3.仰韶文化东庄类型（北橄 H34：27、H34：5、ⅡT1302④：6）　4~6.仰韶文化庙底沟类型（南交口 H90：1、西阴 G1：28、西坡 H110：5）　7~9.仰韶文化泉护类型（大地湾 T704③：P50、案板 GNDH24：7、福临堡 H37：8）
10~15.仰韶文化白泥窑子类型（白泥窑子 F1：1、王墓山坡下ⅠF1：21、王墓山坡下ⅠF11：13、段家庄 H3：15、段家庄 H3：27、杨家坪 F1：3）　16、17.仰韶文化大河村类型（大河村 T56⑯：27、28）
18.大溪文化（关庙山 T63⑤A：27）　19.仰韶文化阎村类型（水地河 W1：2）

或许更晚），总体是在东庄类型基础上的继续发展，新出的直领釜和灶等陶器则体现出来自郑洛地区的影响。该类型流行鸟纹彩陶，见有鸟形鼎、灶、器盖等。庙底沟类型大致可以分为三期，北橄三、四期和南交口仰韶文化二期早段代表早期，庙底沟遗址一期和西阴村庙底沟类型主体遗存[17]代表中期，西坡墓葬和H110[18]代表晚期。小口尖底瓶先是上唇圆翘、下唇突出下垂而成为真正的双唇口，然后双唇逐渐尖平，最后上唇几乎消失而变为近于喇叭口，器底则由尖向钝变化（图一，4~6）。葫芦形瓶上部由斜弧向斜直转变，最后变为颈部出棱近似喇叭口。钵和宽沿盆由浅弧腹向深曲腹发展，罐、瓮的腹部由矮弧向深直演变，器鋬和附加堆纹越来越常见。彩陶中花瓣纹逐渐繁复，最后又趋于简化（图三，3~5）；钵口沿先是由宽带纹变为窄带纹，最后彩带基本消失（图二，3~5）。就级别甚高的西坡墓地来看，至少晚期时庙底沟类型的核心已转移至豫西。

东庄类型形成以后，就以其极具活力的姿态迅速拓展；庙底沟类型青出于蓝而胜于蓝，进一步扩张影响。

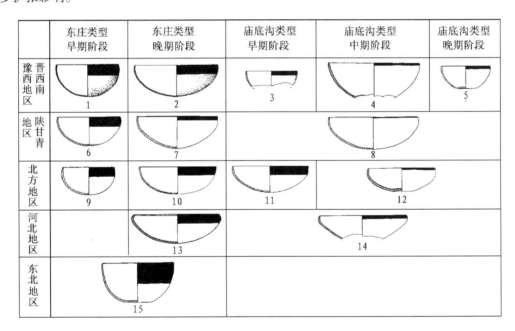

图二　庙底沟时代各地区的黑彩陶钵

1、2. 仰韶文化东庄类型（北橄 H34：20、H32：2）　3~5. 仰韶文化庙底沟类型（北橄ⅡT402③：2、西阴 H33：54、西阴 H30：9）　6、7. 仰韶文化史家类型（原子头 H126：1、大地湾 T302③：21）　8. 仰韶文化泉护类型（大地湾 F709：1）　9~12. 仰韶文化白泥窑子类型（白泥窑子 F1：11、王墓山坡下ⅠH1：4、ⅠF6：13、段家庄 H3：5）　13. 仰韶文化后岗类型（南杨庄 T40②：1）　14. 仰韶文化钓鱼台类型（钓鱼台 H1）　15. 红山文化（西水泉 T7②：20）

二

东庄类型和庙底沟类型向周围邻近地区的扩张影响，造成仰韶文化的"庙底沟化"和空前统一的局势。

东庄类型一经形成，就迅速反馈影响关中地区，使半坡类型进入晚期亦即史家类型阶段[19]。陕西渭南史家墓葬[20]、临潼姜寨二期[21]等史家类型遗存，总体上继承半坡类型早期而有所发展，如钵、盆类器向尖圜底、折腹方向转变，小口尖底瓶、细颈壶变小退化等；但不少则为东庄类型因素，如葫芦形瓶以及彩陶中的花瓣纹、豆荚纹等。考虑到半坡类型尚鱼，而东庄类型崇鸟，则此时新出的鸟鱼合体纹不啻为半坡类型和东庄类型融合的象征[22]。这次文化浪潮还一直延伸到关中西部乃至于甘肃中东部，形成陕西陇县原子头仰韶一、二期遗存[23]，甘肃秦安大地湾第二期遗存[24]等（图二，6、7；图三，6），西北可能已延伸至河西走廊东缘[25]。只是这些西部遗存流行仰身直肢葬而基本不见东部的多人二次合葬，双腹耳罐、双腹耳钵、葫芦口小口尖底瓶、人头形口平底瓶等也具有一定地方特点。庙底沟类型向西影响更加强烈，使得关中和甘肃东部由史家类型发展为泉护类型，如陕西华县泉护一期[26]，白水下河一期[27]、扶风案板一期[28]，宝鸡福临堡一、二期[29]，甘肃秦安大地湾第三期等；花瓣纹、鸟纹彩陶和双唇口小口尖底瓶（图一，7~9；图二，8；图三，7~9）等典型因素和庙底沟类型大同小异，区别只在鼎较少等细节方面。类似遗存还向西北扩展至青海东部[30]和宁夏南部[31]，西南达陇南至川西北[32]，偏晚阶段彩陶明显繁缛化（图三，10），与关中东部逐渐简化的趋势正好相反，反映出核心区和"边远地区"逐渐分道扬镳。至于汉中地区的陕西汉阴阮家坝、紫阳马家营等遗存[33]，流行釜形鼎而与泉护类型有所不同，当受到过晋南豫西核心区文化的直接影响。

东庄类型同时北向深刻影响晋中北、内蒙古中南部、陕北北部和冀西北——狭义的北方地区，形成仰韶文化白泥窑子类型和马家小村类型[34]。内蒙古中南部至陕北北部此前分布着仰韶文化鲁家坡类型和石虎山类型，一定程度上可视为后岗类型和半坡类型的融合体，此时却变为白泥窑子类型，早、晚期分别以内蒙古清水河白泥窑子C点F1[35]和凉城王墓山坡下第1段遗存[36]为代表，新出雏形双唇口小口尖底瓶（图一，10、11）和火种炉，钵、盆流行宽带纹（图二，9、10）和花瓣纹黑彩装饰，显然与东庄类型因素的大量涌入有关；甚至早、晚期的尖底瓶口特征正好与北橄一、二期对应，充分显示其与晋西南亦步亦趋的关系。但白泥窑子类型缺乏鼎、釜、灶等，花瓣纹彩陶也较简单，仍体现出一定的地方特色。晋北和冀西北此前属后岗类型，此时则演变为地方特征浓厚的以山西大同马家小村遗存为代表的马家小村类型[37]，宽带纹和花瓣纹彩陶少而简单，小口尖底瓶个别卷沿外附加一圈泥条似双唇口，多数为单圆唇直口。至庙底沟类型早、中期，晋中北和冀西北文化面貌已与庙底沟类型基本相同[38]，而内蒙古中南部仍更多延续此前的风格（图一，12~15；图二，11、12；图三，11~13）。庙底沟类型晚期，由于红山文化的南下影响，冀西北孕育出最早的雪山一期文化[39]，岱海地区形成装饰较多红彩的王墓山坡下第3段遗存，北方地区文化与晋西南的关系日渐疏远。

东庄类型同样东南和南向对河南中南部及鄂北产生很大影响。郑洛及以南地区，此前为大河村前二期类遗存[40]，此时则转变为大河村类型遗存，新出现雏形口小口尖底瓶[41]（图一，16、17）和花瓣纹、豆荚纹黑彩等东庄类型因素，但流行釜形鼎、崇尚素面和红彩带等仍为当地传统的延续，小口折腹釜形鼎的出现当为北辛文化影响的结果，豆、杯等则体现出与江淮地区的文化联系。豫西南和鄂西北地区，此前为仰韶文化大张庄类型[42]，此时则发展为以河南淅川下王岗二期下层^[43]、邓州八里岗 M53^[44]为代表的下王岗类型，新出现宽带纹、豆荚纹、花瓣纹黑彩和多人二次葬等东庄类型因素，小口尖底瓶则多为杯形口。庙底沟类型的影响更加深入，花瓣纹彩陶成为这些地区的典型因素（图三，14~16），双唇口小口尖底瓶（图一，19）和葫芦形瓶也见于各地，只是距离豫西越远越少。但地方性特征仍然浓厚，郑洛地区的河南汝州阎村，郑州大河村一、二期，荥阳点军台一期^[45]，巩义水地河三、四期^[46]之类遗存，小口尖底瓶更多为矮杯形口，浅腹釜形鼎发达，常见在白衣上兼施黑、红彩，流行成人瓮棺葬，被称为仰韶文化阎村类型^[47]。豫西南和鄂西北地区仍为下王岗类型的延续，以下王岗二期中、上层为代表，扩展至鄂西北的郧县、枣阳、随州一带^[48]，流行圆腹釜形鼎，小口尖底瓶多为杯形口，彩陶黑、红、白搭配。偏晚阶段接受大汶口文化、大溪文化和崧泽文化影响，出现太阳纹、"互"字纹等彩陶图案，豆、杯、圈足碗、附杯圈足盘等陶器增多，与晋西南和豫西核心区的差异逐渐增大。

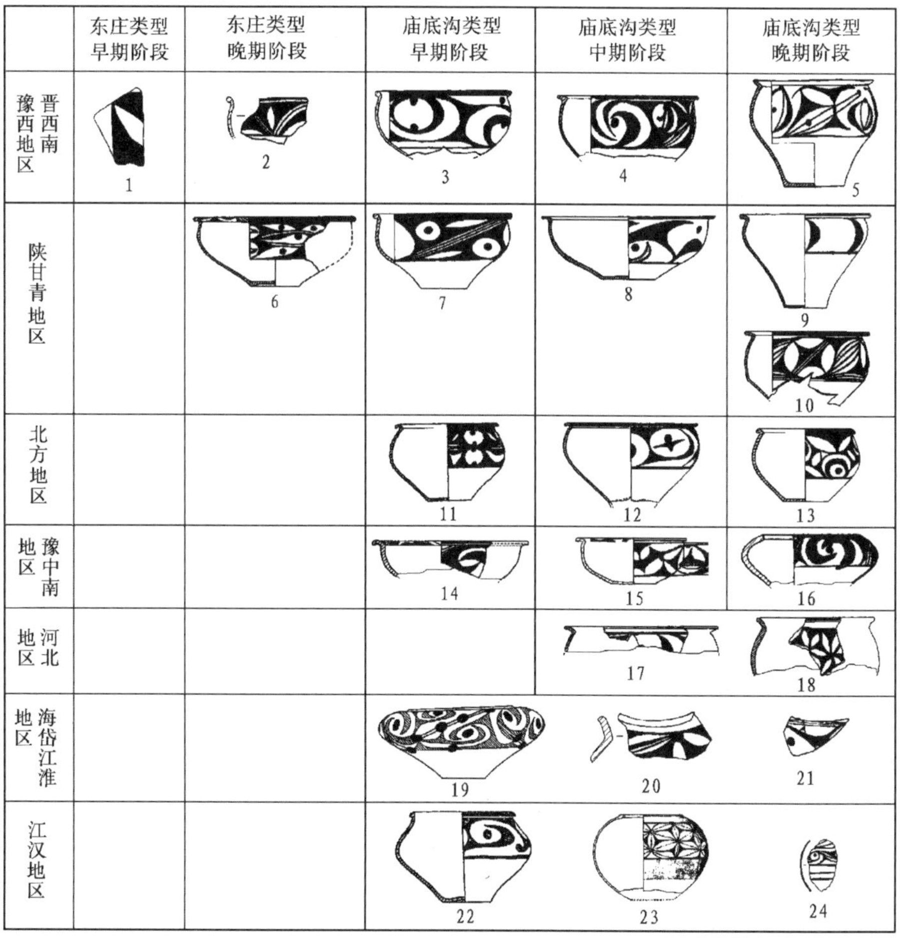

图三　庙底沟时代各地区的花瓣纹彩陶盆

1、2. 仰韶文化东庄类型（北橄 H38：11、东庄 H104：1：01） 3~5. 仰韶文化庙底沟类型（北橄 T8 ⑨：1、西阴 H33：7、西阴 H30：63） 6. 仰韶文化史家类型（原子头 H42：1） 7~10. 仰韶文化泉护类型（大地湾 T700 ③：19、泉护 H5：192、泉护 H1127：871、胡李家 H14：2） 11~13. 仰韶文化白泥窑子类型（章毛勿素 F1：4、段家庄 H3：07、白泥窑子 A 点 F2：2） 14~16. 仰韶文化阎村类型（大河村 T1 ⑥ D：113、点军台 F3：7、大河村 T11 ⑤ A：83） 17、18. 仰韶文化钓鱼台类型（南杨庄 H108：1、钓鱼台 T4 ②） 19. 大汶口文化（刘林 M72：1） 20、21. 崧泽文化（青墩下文化层、草鞋山 T304：6） 22~24. 大溪文化（螺蛳山 1 号墓、关庙山 T37 ④：9、T4 ③：9）

庙底沟时代与『早期中国』

175

东庄类型向太行山以东的影响最小，仅在河北正定南杨庄三期[49]、永年石北口中期四段和晚期的 H52[50] 等遗存中，见有少量黑彩宽带钵（图二，13）、凹折沿绳纹罐和弦纹罐等东庄类型因素，这当与后岗类型的顽强抵制有关。公元前 4000 年左右庙底沟类型正式形成之后，其与后岗类型的对峙局面终于宣告结束。这时除磁县钓鱼台、正定南杨庄四期为代表的少量与庙底沟类型近似的钓鱼台类型遗存[51]（图二，14；图三，17、18）外，河北平原大部呈现出文化萧条景象，或许与庙底沟类型进入太行山以东引起的激烈战争有关。这也从另外一个侧面见证了庙底沟类型强势扩张的剧烈程度。

三

东庄类型和庙底沟类型对仰韶文化区以外的东北、东部沿海和长江中游地区都产生了较为深远的影响。

（一）东北地区

东庄类型和庙底沟类型东北向的影响渗透，导致了西辽河流域红山文化的兴起。约在公元前 4200 年以前，东北西辽河流域分布着以内蒙古敖汉旗小山遗存为代表的晚期赵宝沟文化[52]，其中已经渗透进仰韶文化下潘汪类型和后岗类型的泥质红陶钵、盆类因素。东庄类型形成后向北方强烈影响，形成仰韶文化白泥窑子类型和马家小村类型，其中前者已扩展至内蒙古锡林郭勒盟境，后者到达冀西北[53]。这两个类型继续东北向强力渗透的结果，就是使西辽河流域的赵宝沟文化转变为以内蒙古赤峰蜘蛛山 T1③[54]、西水泉 H2[55] 为代表的早期红山文化，面貌焕然一新，出现大量装饰黑彩的泥质红陶钵、盆、壶类，尤其宽带纹黑彩钵（图二，15）明确为东庄类型因素。庙底沟类型继续东北向施加影响，不但在冀西北地区留下蔚县三关 F3 那样与其很类似的遗存，而且使得以敖汉旗三道湾子 H1[56]、赤峰西水泉 F13 为代表的中期红山文化开始流行涡纹彩陶，那实际上是花瓣纹彩的变体。

苏秉琦先生曾以"华山玫瑰燕山龙"的诗句，对中原和东北这种文化联系进行了高度概括。他指出花瓣纹等仰韶文化因素正是从华山脚下开始，经由晋南、北方地区而至于东北地区，并说红山文化"是北方与中原两大文化区系在大凌河上游互相碰撞、聚变的产物"[57]。但到以辽宁凌源牛河梁主体遗存为代表的红山文化晚期[58]，红山文化已经开始反向对仰韶文化产生较大影响[59]。

（二）东部沿海地区

东庄类型和庙底沟类型向东部沿海地区的扩张影响，使海岱地区刚诞生的大汶口文化的面貌发生一定程度的改观，刺激了江淮和江浙地区文化的"崧泽化"进程，并促进了中国东部区"鼎豆壶杯鬶（盉）文化系统"的形成。

大约公元前 4100 年，在江淮地区龙虬庄文化北向渗透的背景之下，海岱地区增加了杯、豆、盉等崭新因素，从而由北辛文化发展为以山东泰安大汶口 H2003 为代表的最早期的大汶口文化[60]，东庄类型因素仅表现在兖州王因 M2558 那样的多人二次合葬方面[61]。约公元前 4000 年以后，庙底沟类型的影响显著增强，在大汶口、王因等早期大汶口文化遗存中，除多人二次合葬外，突然新增较多花瓣纹彩陶以及敛口鼓肩深腹彩陶钵、宽折沿彩陶盆等庙底沟类型因素（图三，19），这使得大汶口文化的面貌发生了一定程度的改观。不过从其彩陶的黑、红、白彩组合，以及钵敛口较甚等情况来看，与阎村类型更为接近，说明庙底沟类型间接通过阎村类型对大汶口文化产生影响。

约公元前 4100 年以前，江淮地区为龙虬庄文化一期[62]或类似遗存[63]，江浙地区为马家浜文化；之后在马家浜文化向崧泽文化转变的同时，还出现北阴阳营文化、薛家岗文化、龙虬庄文化二期等与崧泽文化大同小异的遗存，本文暂称这些类似遗存的形成为“崧泽化”过程。这些遗存普遍新出现小口鼓腹鼎，有的肩部还饰多周弦纹，当是受到庙底沟类型和阎村类型小口折腹釜形鼎的影响所致。安徽肥西古埂早期 H2[64]、江苏海安青墩下文化层[65]、吴县草鞋山 T304[66]等所见的花瓣纹彩陶（图三，20、21），以及龙虬庄二期 M141 的葫芦形瓶等，都更明确为庙底沟类型因素。由此推测，东庄－庙底沟类型尤其是后者的影响在这次“崧泽化”进程中起到重要刺激作用。

（三）长江中游地区

东庄类型和庙底沟类型还向长江中游地区顽强渗透，不但为其增添了新的文化内容，而且使其文化活力大为增强。

约在公元前 4200 年以前，长江中游地区文化可分为两个系统。汉江以东的湖北钟祥边畈类遗存[67]，流行高锥足釜形鼎、红顶钵、盆等，实际上与豫西南和鄂北地区的下王岗一期遗存近似，大致属于仰韶文化系统。而在汉江以西，则是以湖北枝江关庙山大溪文化一期[68]、湖南澧县城头山一期[69]为代表的早期大溪文化，流行釜、折腹钵、圈足碗等陶器。稍后至约公元前 4100 年，大溪文化向东渗透，为汉江东部地区增加了大量圈足盘、圈足碗等器类，使其形成大溪文化油子岭类型[70]；与此同时，东庄类型的花瓣纹彩陶、雏形口小口尖底瓶（图一，18）、小口鼓腹弦纹鼎等因素也进入汉江两岸，见于关庙山二期、城头山二期等遗存。此时大溪文化中新出现的薄胎彩陶杯，也不排除是受到仰韶文化彩陶影响而产生。

庙底沟类型对长江中游大溪文化的影响更加深入，其典型因素如花瓣纹、鸟纹彩陶装饰和多人二次葬，均发现于湖北宜昌中堡岛新石器时代 I 期[71]、关庙山大溪文化三期（图三，23、24）、四川巫山大溪遗存[72]等当中，在湖北黄冈螺蛳山 M1 甚至还随葬庙底沟类型风格的彩陶鼓腹盆[73]（图三，22）。通过这种交流影响，大溪文化进入蓬勃发展时期。

四

总体来看，由于公元前4000年前后仰韶文化东庄－庙底沟类型从晋南和豫西核心区向外强力扩张影响，使得中国大部地区的考古学文化交融联系形成相对的文化共同体[74]。其空间结构自内而外至少可以分为三个层次。核心区在晋西南、豫西及关中东部，即仰韶文化东庄类型和庙底沟类型分布区及泉护类型东部，最具代表性的花瓣纹彩陶线条流畅，设色典雅；双唇口小口尖底瓶、折腹釜形鼎等典型器造型规整大气。向外是主体区即黄河中游地区（南侧还包括汉水上中游、淮河上游等），也就是除核心区之外的整个仰韶文化分布区，花瓣纹彩陶的造型因地略异，线条迟滞，其中偏东部彩陶多色搭配；西北部多双唇口小口尖底瓶而少鼎，东南部少双唇口小口尖底瓶而多鼎，也体现出区域性差异。再向外是边缘区即黄河下游、长江中下游和东北等仰韶文化的邻境地区，时见正宗或变体花瓣纹彩陶，以及黑彩带钵、折腹釜形鼎、双唇口小口尖底瓶、葫芦形瓶等。这个三层次结构共同体初定于东庄类型，成熟于庙底沟类型，是一个延续达六七百年的相对稳定的文化共同体，其所处的时代构成庙底沟时代。这一文化共同体与东北亚地区的筒形罐文化系统、华南地区的釜文化系统在边缘地带略有交叉，但总体上自成系统（图四）。

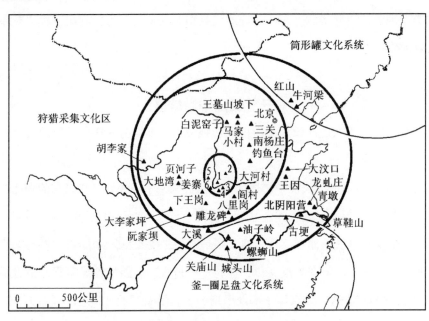

图四　庙底沟时代"早期中国"三层次文化结构图
1. 东庄　2. 北橄　3. 庙底沟　4. 西坡　5. 下河　6. 泉护

庙底沟时代是社会开始走向分化的时代，稍后铜石并用时代的社会变革和复杂化趋势都于此开端。具体来说，东庄类型和庙底沟类型早、中期，核心区和主体区农业生产工具爪镰和石铲大增，表明农业有长足发展；作为专门武器的穿孔石钺已经少量出现，或许已经具有军权象征意义[75]，暗示战争在社会中的作用越来越重要。聚落中房屋大小有别，成排分布[76]，社会秩序井然，显示当时已有较为强有力的社会组织管理能力。至于墓葬基本不见随葬品，一方面说明贫富分化和社会地位分化还很有限，一方面也是当时社会平实质朴的表现。我们曾将之后铜石并用时代的此类社会发展模式称为"中原模式"[77]，则此时这一模式已见雏形。边缘区的大汶口文化、崧泽文化、北阴阳营文化的同时期墓葬分化显著，尤其玉石器制作水平远高于仰韶文化，似乎在社会发展方面走在前面，这也是其社会发展的"东方模式"初步显露的反映。但归根结底，这些文化的迅猛发展还是离不开仰韶文化庙底沟类型的启发。到庙底沟类型晚期，核心区附近的河南灵宝西坡、陕西白水下河、陕西华县泉护等遗址已经出现二三百平方米的大型"宫殿式"房屋和大型墓葬，表明社会已经复杂到相当程度，已经站在了文明社会的门槛，但西坡大墓阔大特殊而珍贵随葬品不多，仍体现"中原模式"的质朴习俗。而东部诸文化——大汶口文化、崧泽文化、北阴阳营文化、薛家岗文化、红山文化等，贫富分化、社会地位分化和手工业分化则愈加显著，"东方模式"的特点越来越明显。

庙底沟时代这个三层次的文化共同体，与商代政治地理的三层次结构竟有惊人的相似之处[78]。这一共同体无论是在地理还是文化上，都为夏商乃至于秦汉以后的中国奠定了基础，因此可以称为"早期中国文化圈"，或者文化上的"早期中国"，简称"早期中国"[79]。究其原因，中原东庄类型和庙底沟类型的崛起，大约与距今6000年前后全新世适宜期最佳的水热条件有关。而其强力扩张影响乃至于形成庙底沟时代，则得益于中原所处"天下之中"的特殊地理位置。

注释：

[1] "庙底沟时代"是与"龙山时代"相对应的概念。参见严文明：《龙山文化和龙山时代》，《文物》1981年第6期。

[2] 苏秉琦：《关于仰韶文化的若干问题》，《考古学报》1965年第1期。

[3] 严文明：《略论仰韶文化的起源和发展阶段》，见《仰韶文化研究》，文物出版社，1989年。

[4] 张忠培：《关于内蒙古东部地区考古的几个问题》，见《内蒙古东部区考古学文化研究文集》，海洋出版社，1991年。

[5] 张忠培：《仰韶时代——史前社会的繁荣与向文明社会的转变》，《文物季刊》1997年第1期。

[6] 王仁湘：《史前中国的艺术浪潮——庙底沟文化彩陶研究》，文物出版社，2011年。

[7] 严文明：《略论仰韶文化的起源和发展阶段》，见《仰韶文化研究》，文物出版社，1989年。

[8] 中国科学院考古研究所山西工作队：《山西芮城东庄村和西王村遗址的发掘》，《考古学报》1973年第1期。

[9] 山西省考古研究所：《山西翼城北橄遗址发掘报告》，《文物季刊》1993年第4期。

[10] 张忠培、严文明：《三里桥仰韶遗存的文化性质与年代》，《考古》1964年第6期。

[11] a. 田建文、薛新民、杨林中：《晋南地区新石器时期考古学文化的新认识》，《文物季刊》1992年第2期。

  b. 山西省考古研究所：《山西翼城北橄遗址发掘报告》，《文物季刊》1993年第4期。

[12] 陕西华县元君庙墓地一期就流行摆放成仰身直肢葬式的二次葬，二期以后流行头骨和肢骨成堆摆放的二

次葬（北京大学历史系考古教研室:《元君庙仰韶墓地》，文物出版社，1983 年），这两种二次葬之间当存在演化关系。元君庙一、二期属于半坡类型早期，相对年代略早于北橄一期。

［13］a. 严文明:《论半坡类型和庙底沟类型》，《考古与文物》1980 年第 1 期。

b. 戴向明:《试论庙底沟文化的起源》，见《青果集——吉林大学考古系建系十周年纪念文集》，知识出版社，1998 年。

［14］中国科学院考古研究所:《庙底沟与三里桥》，科学出版社，1959 年。

［15］河南省文物考古研究所:《三门峡南交口》，科学出版社，2009 年。

［16］中国科学院考古研究所:《庙底沟与三里桥》，科学出版社，1959 年。

［17］a. 李济:《西阴村史前的遗存》，清华学校研究院，1927 年。

b. 山西省考古研究所:《西阴村史前遗存第二次发掘》，见《三晋考古》第 2 辑，山西人民出版社，1996 年。

［18］a. 河南省文物考古研究所、中国社会科学院考古研究所河南一队等:《河南灵宝市西坡遗址 2001 年春发掘简报》，《华夏考古》2002 年第 2 期。

b. 中国社会科学院考古研究所、河南省文物考古研究所:《灵宝西坡墓地》，文物出版社，2010 年。

［19］王小庆:《论仰韶文化史家类型》，《考古学报》1993 年第 4 期。

［20］西安半坡博物馆、渭南县文化馆:《陕西渭南史家新石器时代遗址》，《考古》1978 年第 1 期。

［21］西安半坡博物馆、陕西省考古研究所、临潼县博物馆:《姜寨——新石器时代遗址发掘报告》，文物出版社，1988 年。

［22］赵春青:《从鱼鸟相战到鱼鸟相融——仰韶文化鱼鸟彩陶图试析》，《中原文物》2000 年第 2 期。

［23］宝鸡市考古工作队、陕西省考古研究所:《陇县原子头》，文物出版社，2005 年。

［24］甘肃省文物考古研究所:《秦安大地湾——新石器时代遗址发掘报告》，文物出版社，2006 年。

［25］在甘肃古浪三角城遗址曾采集到 1 件史家类型阶段的细黑彩带圜底钵。参见甘肃省文物考古研究所、北京大学考古文博学院:《河西走廊史前考古调查报告》，文物出版社，2011 年，第 65 页，图三五，1。

［26］北京大学考古学系:《华县泉护村》，科学出版社，2003 年。

［27］王炜林、张鹏程:《陕西白水下河新石器时代遗址》，见《2010 中国重要考古发现》，文物出版社，2011 年。

［28］西北大学文博学院考古专业:《扶风案板遗址发掘报告》，科学出版社，2002 年。

［29］宝鸡市考古工作队、陕西省考古研究所宝鸡工作站:《宝鸡福临堡——新石器时代遗址发掘报告》，文物出版社，1993 年。

［30］a. 青海省文物考古队:《青海民和阳洼坡遗址试掘简报》，《考古》1984 年第 1 期。

b. 中国社会科学院考古研究所甘青工作队、青海省文物考古研究所:《青海民和县胡李家遗址的发掘》，《考古》2001 年第 1 期。

［31］北京大学考古实习队等:《隆德页河子新石器时代遗址发掘报告》，见《考古学研究》（三），科学出版社，

1997 年。

［32］a. 北京大学考古学系、甘肃省文物考古研究所：《甘肃武都县大李家坪新石器时代遗址发掘报告》，见《考古学集刊》第 13 集，中国大百科全书出版社，2000 年。

　　　　b. 成都文物考古研究所等：《四川茂县波西遗址 2002 年的试掘》，见《成都考古发现》（2004），科学出版社，2006 年。

［33］陕西省考古研究所等：《陕南考古报告集》，三秦出版社，1994 年。

［34］韩建业：《中国北方地区新石器时代文化研究》，文物出版社，2003 年。

［35］崔璇、斯琴：《内蒙古清水河白泥窑子 C、J 点发掘简报》，《考古》1988 年第 2 期。

［36］内蒙古文物考古研究所等：《岱海考古（三）——仰韶文化遗址发掘报告集》，科学出版社，2003 年。

［37］山西省考古研究所、大同市博物馆：《山西大同马家小村新石器时代遗址》，《文物季刊》1992 年第 3 期。

［38］如山西汾阳段家庄 H3、柳林杨家坪 F1（国家文物局、山西省考古研究所、吉林大学考古学系：《晋中考古》，文物出版社，1999 年）、河北蔚县三关 F3（张家口考古队：《一九七九年蔚县新石器时代考古的主要收获》，《考古》1981 年第 2 期）等，只是仍少见鼎。

［39］以河北平山中贾壁遗存为代表。参见滹沱河考古队：《河北滹沱河流域考古调查与试掘》，《考古》1993 年第 4 期；韩建业：《论雪山一期文化》，《华夏考古》2003 年第 4 期。

［40］郑州市文物考古研究所：《郑州大河村》，科学出版社，2001 年。

［41］《郑州大河村》将其划分为 M 型罐。

［42］南阳地区文物队、方城县文化馆：《河南方城县大张庄新石器时代遗址》，《考古》1983 年第 5 期。

［43］河南省文物研究所等：《淅川下王岗》，文物出版社，1989 年。

［44］北京大学考古实习队、河南省南阳市文物研究所：《河南邓州八里岗遗址发掘简报》，《文物》1998 年第 9 期。

［45］郑州市博物馆：《荥阳点军台遗址 1980 年发掘报告》，《中原文物》1982 年第 4 期。

［46］张松林、刘彦锋、刘洪淼：《河南巩义水地河遗址发掘简报》，见《郑州文物考古与研究》（一），科学出版社，2003 年。

［47］a. 严文明：《略论仰韶文化的起源和发展阶段》，见《仰韶文化研究》，文物出版社，1989 年。

　　　　b. 袁广阔：《阎村类型研究》，《考古学报》1996 年第 3 期。

［48］以郧县大寺 H98、枣阳雕龙碑第一期为代表。参见湖北省文物考古研究所、湖北省文物局南水北调办公室：《湖北郧县大寺遗址 2006 年发掘简报》，《考古》2008 年第 4 期；中国社会科学院考古研究所：《枣阳雕龙碑》，科学出版社，2006 年。

［49］河北省文物研究所：《正定南杨庄——新石器时代遗址发掘报告》，科学出版社，2003 年。

［50］河北省文物研究所、邯郸地区文物管理所：《永年县石北口遗址发掘报告》，见《河北省考古文集》，东方出版社，1998 年。

［51］严文明：《略论仰韶文化的起源和发展阶段》，见《仰韶文化研究》，文物出版社，1989 年。

［52］中国社会科学院考古研究所内蒙古工作队：《内蒙古敖汉旗小山遗址》，《考古》1987 年第 6 期。

［53］以河北蔚县三关 F4 为代表。参见张家口考古队：《一九七九年蔚县新石器时代考古的主要收获》，《考古》1981 年第 2 期。

［54］中国社会科学院考古研究所内蒙古工作队：《赤峰蜘蛛山遗址的发掘》，《考古学报》1979 年第 2 期。

［55］中国社会科学院考古研究所内蒙古工作队：《赤峰西水泉红山文化遗址》，《考古学报》1982 年第 2 期。

［56］辽宁省博物馆、昭乌达盟文物工作站、敖汉旗文化馆：《辽宁敖汉旗小河沿三种原始文化的发现》，《文物》1977 年第 12 期。

［57］苏秉琦：《中华文明的新曙光》，《东南文化》1988 年第 5 期。

［58］辽宁省文物考古研究所：《辽宁凌源市牛河梁遗址第五地点 1998~1999 年度的发掘》，《文物》2001 年第 8 期。

［59］韩建业：《晚期红山文化南向影响的三个层次》，见《文物研究》第 16 辑，黄山书社，2009 年。

［60］a. 山东省文物考古研究所：《大汶口续集——大汶口遗址第二、三次发掘报告》，科学出版社，1997 年。
　　　b. 韩建业：《龙虬庄文化的北上与大汶口文化的形成》，《江汉考古》2011 年第 1 期。

［61］中国社会科学院考古研究所：《山东王因——新石器时代遗址发掘报告》，科学出版社，2000 年。

［62］龙虬庄遗址考古队：《龙虬庄——江淮东部新石器时代遗址发掘报告》，科学出版社，1999 年。

［63］例如江苏高淳薛城遗址早期、金坛三星村一期遗存等。参见南京市文物局、南京市博物馆、高淳县文管所：《江苏高淳县薛城新石器时代遗址发掘简报》，《考古》2000 年第 5 期；江苏省三星村联合考古队：《江苏金坛三星村新石器时代遗址》，《文物》2004 年第 2 期。

［64］安徽省文物考古研究所：《安徽肥西县古埂新石器时代遗址》，《考古》1985 年第 7 期。

［65］南京博物院：《江苏海安青墩遗址》，《考古学报》1983 年第 2 期。

［66］南京博物院：《吴县草鞋山遗址》，见《文物资料丛刊》（3），文物出版社，1980 年。

［67］张绪球：《汉江东部地区新石器时代文化初论》，《考古与文物》1987 年第 4 期。

［68］中国社会科学院考古研究所湖北工作队：《湖北枝江县关庙山新石器时代遗址发掘简报》，《考古》1981 年第 4 期；《湖北枝江关庙山遗址第二次发掘》，《考古》1983 年第 1 期。

［69］湖南省文物考古研究所：《澧县城头山——新石器时代遗址发掘报告》，文物出版社，2007 年。

［70］张绪球：《长江中游新石器时代文化概论》，湖北科学技术出版社，1992 年。

［71］国家文物局三峡考古队：《朝天嘴与中堡岛》，文物出版社，2001 年。

［72］四川省博物馆：《巫山大溪遗址第三次发掘》，《考古学报》1981 年第 4 期。

［73］中国科学院考古研究所湖北发掘队：《湖北黄冈螺蛳山遗址的探掘》，《考古》1962 年第 7 期。

［74］张光直：《中国相互作用圈与文明的形成》，见《庆祝苏秉琦考古五十五年论文集》，文物出版社，1989 年。此文早已提出公元前 4000 年前开始形成"中国相互作用圈"。

［75］河南汝州阎村遗址发现的"鹳鱼石斧图"，其"斧"身似有穿孔，当为石钺，此图或可称为"鹳鱼石钺图"。严文明认为此斧（或钺）当为军权的象征（《〈鹳鱼石斧图〉跋》，《文物》1981 年第 12 期）。

［76］以内蒙古凉城王墓山坡下Ⅰ聚落为代表，最大的F7居于最高处，其余房屋成排分布。参见内蒙古文物考古研究所等：《岱海考古（三）——仰韶文化遗址发掘报告集》，科学出版社，2003年。

［77］韩建业：《略论中国铜石并用时代社会发展的一般趋势和不同模式》，见《古代文明》第2卷，文物出版社，2003年。

［78］宋新潮：《殷商文化区域研究》，陕西人民出版社，1991年。

［79］其实质与严文明所说"重瓣花朵式的格局"（《中国史前文化的统一性与多样性》，《文物》1987年第3期）含义近同，与张光直提出的"中国相互作用圈"（《中国相互作用圈与文明的形成》，见《庆祝苏秉琦考古五十五年论文集》，文物出版社，1989年）和苏秉琦所说"共识的中国"（《中国文明起源新探》，生活·读书·新知三联书店，1999年，第161页）也相近。

庙底沟时代：早期中国文明的第一缕曙光

◎陈星灿

庙底沟遗址的发掘证明仰韶文化是中国古代文明的前身

在 1956 年河南陕县庙底沟遗址发掘之前，仰韶文化已经发现了 35 年。安特生发掘仰韶村之后，把它的半月形的、长方形的穿孔石刀，和华北地区当时还在流行的农具，比如形状近似的穿孔铁刀加以比较，把它的三个空足的陶鬲，与传世的商周时代的青铜鬲和金文的"鬲"字加以比较，认定仰韶文化是"中华远古之文化"，是汉民族远古祖先的文化。但是仰韶文化最为引人注目的彩陶，却没有在中国的任何文献里留下只言片语，他只好到外国去找寻它的来源。此前考古学家已经在今天土库曼斯坦的安诺和乌克兰的脱里坡留等地，发现了彩陶的遗物，纹饰又有几分接近，所以安特生很自然地提出了仰韶文化西来的假说。

灵宝西坡遗址 M8 的随葬品组合

仰韶文化发现之后，中国的考古学家和历史学家，也把仰韶文化和当时已经发掘的殷墟商文化加以比较，虽然认定两者有关系，但关系并不密切，或者像李济先生所说"殷商文化之代表于小屯者，或者另有一个来源，仰韶和它的关系最多不过像那远房的叔侄，辈分确差，年龄确甚难确定。"（李济：《小屯与仰韶》，见《李济考古学论文选集》，文物出版社，1990年，第240页）在这个思想指导下，不久就在山东历城的城子崖遗址，发现了龙山文化。龙山文化的发现，不仅认为替殷墟商文化找到了"老家"，也把对"中国黎明期文化的认识"提到了一个新阶段。

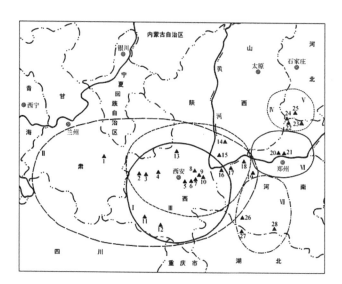

仰韶文化诸类型分布图

龙山文化发现之后，中国考古学家经过比较研究，提出龙山文化自东向西、仰韶文化自西向东发展的二元对立学说，还认为这种发展的结果是在河南中西部地区形成所谓"混合文化"。仰韶村既发现彩陶，又发现龙山黑陶的现象，就被认为是这两种文化混合的结果。这种认识，一直延续到庙底沟遗址发掘的前后。

我们知道，安特生在仰韶村的发掘，是把上层的龙山文化和下层的仰韶文化混到一起来了。虽然早在1937年，尹达先生就给予正确的辨识，但龙山文化和仰韶文化东西二元对立，进而在两种文化的接触地带产生所谓"混合文化"的说法，还是流行了二三十年。庙底沟遗址的发掘，在仰韶文化层的上面，还发现了具有从仰韶文化到龙山文化过渡性质的文化层，发掘者把它命名为"庙底沟二期文化"，把它下面的庙底沟一期文化，命名为仰韶文化的"庙底沟类型"。通过庙底沟遗址以及在此前后周临地区不少遗址的发掘，学术界最终否定了"混合文化"的说法，提出中原龙山文化是从仰韶文化发展起来的；庙底沟二期文化，便是从仰韶文化向龙山文化过渡的一种史前文化。发掘者把它纳入龙山文化早期的范畴，但也有研究者把它纳入仰韶文化晚期或者末期的范畴。

庙底沟二期文化，既有仰韶文化的某些特点，也有龙山文化的鲜明特征，可以认定河南龙山文化就是从庙底沟二期文化发展起来的。这样一来，中原地区古代文明的连续性，中国古代文明的连续性，就得到了考古学的证明。仰韶文化发展成为龙山文化，龙山文化再发展成为商文化，中国古代文明的根，就这样追到了仰韶文化。庙底沟遗址的发掘和庙底沟二期文化的发现，在中国新石器时代考古学史上，因而占有十分重要的地位。

仰韶文化庙底沟类型的扩张促成了早期中国文化圈的形成

庙底沟遗址发掘之后，以庙底沟一期为代表的文化遗存，被命名为仰韶文化"庙底沟类型"。这是中国考古界第一次把仰韶文化划分为不同的类型。在此之前开始发掘的西安半坡以及文化面貌相近的遗址，则被命名为仰韶文化的"半坡类型"。此后二十年，有关这两个类型的关系问题，差不多成为仰韶文化讨论最多的话题。经过这么多年的研究，我们知道仰韶文化大体可以分为早中晚三期，每期又都可以划分为大小不一的许多类型。上世纪八十年代以来，又有学者把仰韶文化的许多类型单独命名为文化。比如庙底沟类型，就有人称为"庙底沟文化"，也有人称为"西阴文化"。绵延两千年、横跨黄河中上游地区的仰韶文化，变成了许多文化的共同体。庙底沟类型仰韶文化，一般认为属于仰韶文化中期。它的核心是豫西、晋南和关中东部地区，但是差不多整个黄河中上游地区，都有这个文化的分布。在如此广大的范围内，广义的所谓庙底沟类型，实际上又可以划分为不同的地方类型，比如关中地区就往往被称为"泉护类型"，河南中部又往往称为"阎村类型"等等，各地方类型都有自己的特点，它们的形成过程也没有遵循一种模式。

以庙底沟遗址一期文化为代表的庙底沟类型，陶器以曲腹平底碗、卷缘曲腹盆、敛口钵、双唇口尖底瓶、盆形灶、折腹的圜底釜等为主，多平底器，基本不见圜底钵；与半坡类型比较，彩陶数量多，红色的素地上，多用黑彩描绘出回旋勾连纹、花瓣纹、窄带纹、垂弧纹、豆荚纹、网格纹等等，也有少量的动物纹。生产工具以石器为主，除斧、锛、凿外，还有不少体形很大的石铲和长方形的穿孔石刀。房屋是方形和长方形的半地穴式，中间立柱，四壁还立壁柱，有斜坡形门道，正对门道有很深的圆形灶坑。种种迹象表明，庙底沟类型的人们，过着稳定的定居生活，农业经济已经相当发达。墓葬一般是土坑竖穴墓，多单人葬，不见半坡类型的多人二次合葬和同性合葬墓。垃圾坑里开始出现随意摆放的人骨架，说明暴力和冲突可能已是司空见惯的事情。

庙底沟类型仰韶文化从豫西、晋南和关中东部核心地区，向周围强力辐射，使差不多整个黄河中上游地区的仰韶文化面貌，西到甘青和四川西北部、东到河南东部、北过河套、南达江汉，达到了空前一致的局面。不仅如此，它的影响力，还直接、间接地波及到更遥远的周边地区：东北远及内蒙古东南部和辽宁西部，东达渤海和黄海之滨的山东和江苏北部，南面则跨过长江，深入长江中游地区。有学者把核心区之外，庙底沟类型的分布区，称为"主体区"，把更外围受到庙底沟类型影响的地区，称为"边缘区"。认为庙底沟类型的强力扩张，不仅使仰韶文化分布的地区，形成空前一致的文化面貌，更使包括边缘区在内的广大东部地区的诸考古学文化，交融联系，形成一个稳定的文化共同体。（韩建业：《庙底沟时代：早期中国》，《考古》2012年第3期）

庙底沟类型所在的时代，经过碳十四年代测定，一般认为约当公元前4000~3300年。这个时间，也是中国早期文化圈开始形成的时代。考古学家张光直先生把仰韶文化及其周围相关联的诸考古学文化，称之为"中国相互作用圈"。张光直先生说得明白："这个在公元前4000年前开始形成，范围北自辽河流域，南到台湾和珠江三角洲，东自海岸，西至甘肃、青海、四川的'相互作用圈'（sphere of interaction），我们应当如何指称？我们也可以选一个完全中立的名词称之为X，可是我们也不妨便径称之为中国相互作用圈或中国史前相互作用圈——因为这个史前的圈子形成了历史期间的中国的地理核心，而且在这圈内所有的区域文化都在秦汉帝国所统一的中国历史文明的形成之上扮演了一定的角色。"他还说："到了约公元前 4000 年，我们就看见了一个会持续一千多年的有力程序的开始，那就是这些文化彼此密切联系起来，而且它们有了共同的考古上的成分，这些成分把它们带入了一个大的文化网，网内的文化相似性在质量上说比网外的为大。到了这个时候我们便了解了为什么这些文化要在一起来叙述：不但它们的位置在今天中国的境界之内，而且因为它们便是最初的中国。"（张光直:《中国相互作用圈与文明的形成》，见《中国考古学论文集》，生活·读书·新知三联书店，2013 年，第 149、167 页）

庙底沟类型是最强势的。它把具有强烈仰韶文化色彩的文化因素，带到黄河下游、长江中下游和东北等地区，促进了当地史前文化的发展甚至转型。比如，黄河下游地区的大汶口文化，彩陶多为鼎、豆、壶、杯、缸、器座、盉和钵，几乎全部出土在墓葬中。具有庙底沟类型特征的彩陶，多出在大汶口文化大墓中。有学者提出这表示庙底沟和大汶口社会上层可能存在某种交流。大汶口 M2007，是一座小孩墓，不仅随葬花瓣纹的彩陶器座，还有低矮的二层台，M2005、M2018、M2020、M2011 等随葬庙底沟风格彩陶的墓葬，也多有二层台；有学者注意到 M2005 大墓还有用黄色胶泥涂抹墓坑四壁、底部和二层台侧壁的现象，认为这与灵宝西坡用泥封盖墓室甚至填埋整个墓圹的做法类似，也表示两者之间存在某种形式的交流。（李新伟:《中国相互作用圈视角下的红山文化》，《中国社会科学院古代文明研究中心通讯》2013 年第 24 期，第 38 页）以庙底沟彩陶为代表的类似的中原文化影响，也发生在长江下游两岸的青莲岗-大汶口和马家浜-崧泽文化、东北地区的红山-小河沿文化、长江中游的大溪-屈家岭文化系统中，不过有的强一些，有的弱一些，方式也不尽相同。

不过，文化的影响总是互相的。研究证明，庙底沟类型的早期，中原地区对周边地区的影响多，到了后期，周围地区开始反弹，对中原地区又形成包抄之势，其中来自东方和南方的影响最为明显。灵宝西坡大墓成对出土的大口缸、中原地区仰韶文化罕见的玉钺，就有可能是从东方传入的。这个强劲的势头，在庙底沟类型结束之后，约当公元前 3000 年前后，南方的屈家岭文化和东方的大汶口文化从两个方向分别进入中原腹地，中原地区与周围各史前文化的关系愈益紧密。这个时期，中原地区好像处于文化的低潮，但这低潮，却也意味着更多的吸纳、更多的学习和交流，反而奠定了中原地区的历史地位，加速了以中原为中心的历史趋势的形成。又经过约一千年的激荡沉淀，在公元前两千纪的前半叶，以二里头文化为代表的青铜文明在伊洛盆地强势崛起。一般认为，二里头文化可能是夏代晚

中国相互作用圈

期文化，夏和随后的二里岗商文化便是建立在这史前文化长期密切交往形成的"中国相互作用圈"上。考古学上的二里头文化、二里岗文化以及随后的秦汉帝国，与庙底沟类型的分布区和影响区若合符节，显然并非偶然。

庙底沟时代见证早期中国文明的第一缕曙光

如前所述，庙底沟类型代表着仰韶文化的中期，因此也往往把它称为仰韶文化庙底沟期。在庙底沟遗址发掘之后，由于发现了中原地区古代文明的连续性，在相当长的时间内，中原地区又是历史时期中国古代文明的核心，因此不恰当地夸大了中原地区史前文化的作用，好像所有好的东西，都是从中原地区辐射出去的，这就是所谓的"中原文化中心论"。这种观点，在上世纪六七十年代达到顶峰。后来，随着各地史前文化的发现，各地区文化序列慢慢建立起来，人们认识到，东北地区、黄河下游、长江中下游等地的史前文化，都有自己的发展谱系，并不能用中原文化的辐射或者农业人口的迁徙、移动来解释。自七十年代末期以来，中国文明起源的"多元一体"学说逐渐形成。这个学说强调中国史前文化的多元性，认为各地区史前文化都为中国古代文明的形成做出了自己的贡献。这无疑是正确的。但是矫枉过正，又有意无意贬低了中原地区史前文化的作用和价值。这当然也跟七八十年代中原以外地区的众多重要考古发现有关。九十年代以来，庙底沟类型仰韶文化的一系列新发现，正在改变着我们对中原史前文化的看法；中原地区史前文化的核心地位，也变得越来越清晰。

如果我们把绵延数百年的庙底沟类型仰韶文化，放在更大的中国相互作用圈的背景下观察，就会发现，早期中国文明的第一缕曙光，已经在庙底沟时代出现。

定义"早期中国文明"，首先它必须是"中国"的，这个问题，在上面有关中国相互作用圈的讨论中已经说明；其次它又必须是"文明"的。文明的定义千差万别，一般理解文明就是早期国家。而社会分化，是早期国家形成的显著标志。

我们在河南灵宝铸鼎原所做的调查显示，这里的庙底沟类型仰韶文化最为繁盛，已经发现的 19 处遗址已经出现明显的分层。最大的北阳平遗址，面积近 100 万平方米；第二等的西坡遗址约 40 万平方米、东常遗址约 12 万平方米，其他的遗址多只有三五万平方米。从遗址的大小看，这个聚落群显然是分级的，至少可以分为三个层级。这个现象与我们在西坡遗址的发现，可

灵宝西坡遗址 F106

以相互印证。西坡遗址夹在东西两条河流之间，南北又有人工开挖的壕沟，形成一个严实的防御系统。遗址的中心，有至少 3 座大型房屋。西北角的 F106，略呈五边形，室内面积 240 平方米，地面和墙壁经过多层夯筑，表面还涂成朱红色。西南角的 F105，室内面积 204 平方米，四周还有回廊，总面积达 516 平方米。东南角的 F108，室内面积超过 160 平方米。三座房屋的门道均大体指向中心广场。这些房屋显然不是一般的住房，而很可能是氏族、部落或更大规模的社会组织举行某些公共活动的场所。有学者推测，像 F106 这样的房子，大概需要 100 个劳动力，连续工作三个月才能完成。

西坡遗址南壕沟的外侧高地，是它的墓地。已经发掘的 34 座墓葬，也有等级差别。从墓圹和随葬品来看，至少也可以分为三个层级。M8、M27 和 M29，规模都很大，皆在 10 平方米以上；最大的 M27，面积多达 16.9 平方米。墓室的二层台和脚坑上铺垫盖板，盖板上覆盖麻布；死者的脚端附设脚坑，是专门放置随葬品的地方。墓圹全部以混有多种植物茎叶的泥块封填。大墓 M8 和 M27 都有一对彩绘的大陶缸，M8 除了陶缸，右手外侧还随葬一把玉钺。西坡墓葬的随葬品好像已经有一定之规，几乎所有的随葬陶器都是专门为死者制作的明器，墓葬虽大，随葬器物却不多（M27 只有 9 件陶器；M8 只有 11 件，其中也有 9 件陶器）；随葬品虽有差别，但并不特别突出；大墓和中小墓交织在一起，说明虽然已经出现贫富或者地位的分化，但还没有发现龙山时代比如良渚或陶寺那种专门的贵族墓地。玉钺在此前的仰韶文化中没有发现过，一般认为它是一种脱胎于石斧的专门性武器，它的出现，暗示战争或冲突与日俱增，这可能跟我们在西坡看到的防御设施和庙底沟遗址的乱葬灰坑是可以相互印证的。不过，有人推测玉钺是长江下游崧泽文化或者凌家滩文化影响的产物；如此说来，也许 M8 出土的一对陶簋，也可能是东南方史前文化影响的结果。这或许说明，中原地区仰韶文化中晚期的社会分化，也有不少来自东南方文化的影响。

西坡遗址的发掘，揭示仰韶文化中期的中原地区，已经开始走上了社会分化之路。严文明先生拿它跟东方的大汶口文化、东北地区的红山文化、长江中下游的崧泽文化、凌家滩文化和屈家岭文化等做比较，指出它是一个"务实进取"的文化，它"强调军权和王权，讲究气派（如大型房屋和大型墓葬）却不尚浮华"。（严文明：《重建早期中国的历史》，见《中华文明的原始》，文物出版社，2011 年，第 46 页）韩建业先生则直接提出"中原模式"，认为西坡大墓"阔大特殊而珍贵品不多"的现象，正说明这是"中原模式"的质朴习俗。同属于庙底沟时代的大汶口文化、崧泽文化、红山文化、凌家滩文化和屈家岭文化，却有不很相同的表现，但也有不少共同因素。比如差不多都出现了聚落的等级分化；都出现了规模很大的墓葬，大墓中多随葬数量众多的高等级玉器、精美陶器及某些特殊随葬品；显示社会分化的程度已经相当显著。比如，黄河下游的大汶口文化，它的典型遗址大汶口，面积约 80 万平方米；大汶口早期大墓 M2005，开口面积约 8.2 平方米，有熟土二层台，随葬品包括石器、陶器、骨器、象牙器、角器和獐牙器，多达 104 件，有的陶器中还摆放猪下颌骨和牛头。这种墓葬跟同墓地一无所有的小墓，形成鲜明对比。凌家滩遗址的面积，多达 160 万平方米。最高等级的墓葬 07M23，墓坑虽不足 7 平方米，随葬品竟多达 330 件，仅玉器就有 200 件。可能跟军事有关的石钺和仪式用石锛，在墓底竟然铺了好几层，多达数十件。墓葬中出土的内置玉签的玉龟形器，可能是挂在死者腰间的法器。而墓葬填土中发现的重达 88 公斤的既写实又抽象的玉猪，也可能具有某种特别的宗教含义。发掘者因此推测墓主人在手工业生产、军事和宗教方面都有举足轻重的地位。红山文化的墓葬，集中发现在辽西牛河梁地区的数十处积石冢上，随葬品皆为玉器，有玉人、玉鹰、玉龙、玉凤等宗教用品和玉镯、玉耳坠等装饰品。墓葬也有大小之别，还出现了男女并穴合葬墓，随葬品虽没有大汶口文化和凌家滩文化丰富，但却带有强烈的宗教神秘色彩。虽然没有发现与此相匹配的高等级聚落，但无疑红山文化的社会也是明显分层的。有学者注意到，红山文化墓葬里不出玉钺，推测它凭借的不是武力，而是强烈的"宗教信仰和有效的组织能力"，也有人因此提出中国文明起源的"北方模式"，以区别于"中原模式"和以大汶口文化等为代表的"东方模式"。这些模式是否恰当当然还要接受今后考古研究的检验，当现有的证据已经证明，在公元前 3500 年前后的庙底沟时代，中国相互作用圈里面的几个文化，都已经走上了社会分化的道路。一方面彼此的交往越来越紧密，文化越来越趋同，另一方面社会却越来越分化，越来越分层。这种分化，虽然还达不到考古学上所见二里头青铜文明早期国家的水平，但是古史上所谓的"万国"时代，就要到来了。因此也可以说，庙底沟时代，见证了早期中国文明的第一缕曙光。

本文据 2013 年 5 月 21 日作者在十九届中国（三门峡）国际黄河旅游节"仰韶文化探秘"专题讲座上的讲演整理而成，为便于读者，最低限度地补充了参考文献。

庙底沟文明是迄今发现的中国最早文明

◎赵春青

目前，中外考古学、历史学界大多认为中国文明在距今约 5300 年前的良渚文化时期已经形成。可是，关于庙底沟文化是否已进入文明时代仍有不同看法。笔者认为，中华文明 5000 多年的文明史可以进一步向前追溯至仰韶文化庙底沟期。考古学上的庙底沟文化已进入文明社会的初级阶段，可称为庙底沟文明。

庙底沟文化指仰韶文化中期（仰韶文化庙底沟期）的考古学文化，距今 5900—5400 年。庙底沟文化是中国史前考古学文化中分布范围最广的一支，其分布范围北抵内蒙古中南部，南至陕南、豫西南地区，西达甘肃和青海境内，东至豫东地区，覆盖了整个黄河中上游及江汉地区。而其影响所及范围更大，在黄河下游和长江中游都有它的影子。

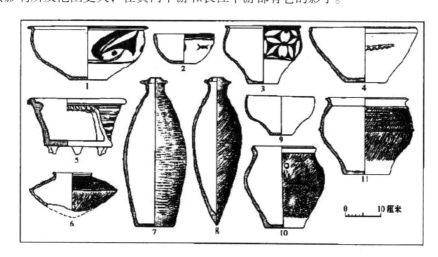

庙底沟文化陶器

文 化 源 流

庙底沟文化的连续性是显而易见的。庙底沟文化是仰韶文化的中期发展阶段，经过百年考古学研究，仰韶文化由距今 9000—7000 年前的裴李岗文化·磁山文化·老官台文化发展而来，可分为半坡期、庙底沟期、西王村期及庙底沟二期前后四个发展阶段，历经公元前 5000 年至前 3000 年，其中的庙底沟期作为仰韶文化的中期是继承了仰韶文化早期的半坡类型和东庄类型发展而来。在庙底沟文化之后，又进一步发展为仰韶文化西王村类型。

庙底沟期的聚落形态，以陕西西安杨官寨遗址为代表，仍然是环壕聚落，不仅延续了半坡期的环壕特征，而且新出现了 80 万平方米的大型聚落；聚落内部有聚落成员公用的设施，如水池等。聚落东北建有聚落墓地，现在已经发掘了数百座同时期的墓葬。

庙底沟期的公共墓地还见于河南三门峡庙底沟遗址。从庙底沟期的杨官寨墓地和庙底沟墓地来看，墓地的结构和布局都是严格以血缘关系为基础，按家族、氏族等血亲组织安排墓葬的，而且基本反映出较为平等的社会关系。这种埋葬制度是继承仰韶文化早期——半坡类型埋葬制度连续发展而来的，发展到西王村期，聚落布局和公共墓地均发生了分化现象。

器 型 特 征

仰韶文化庙底沟期又称为庙底沟文化或西阴文化，虽然命名不同，但这一文化的创新性为考古学者公认。庙底沟文化的器物群为一组新颖的器物，陶器群以深腹曲壁的碗、盆为主，还有灶、釜、甑、罐、瓮、钵及小口尖底瓶等。这群器物与仰韶文化半坡期的陶器群相比，扬弃了仰韶文化半坡期的圜底盆、半圆形圜底钵、蒜头形壶、大口深腹瓮等器物。

庙底沟文化彩陶极具自身特征，最常见的彩陶纹饰有花瓣纹、豆荚纹、回旋勾连纹、眼睛纹、网纹、窄带纹等。其中，以各种各样的花瓣纹最为常见。这些图案是在原来的半坡类型彩陶的基础上，创制出新的图案——花瓣纹等为主的图案，花瓣纹彩陶是庙底沟文化的标识之一。苏秉琦先生曾指出"菊科"和"玫瑰"花纹图案是庙底沟文化彩陶上最常见的纹饰，可能就是华族（即华夏民族）得名的由来。

庙底沟文化已全面进入锄耕农业阶段，庙底沟文化的石铲数量远远多于石斧，用于收割的陶刀和石刀数量大增，而且用于耕作的石犁形制大为改观。这些都是庙底沟文化比半坡文化的生产技术大为提高的明证。

广 泛 传 播

仰韶文化庙底沟期文化分布范围相当广泛，依据庙底沟文化各地的地方特征和地方特色，我们将庙底沟期的仰韶文化划分为核心区和边缘区。

核心区以河南三门峡庙底沟遗址和山西西阴村遗址为代表，主要分布在豫西晋南和陇东地区。核心区的文化面貌相当一致，无论是陶器还是陶器外表的彩陶纹饰，几乎难以分别。

边缘区环绕核心区分布，即有庙底沟文化的阎村类型、雕龙碑类型、龙岗寺类型、师赵村类型、杏花村类型、大司空类型和白泥窑子共七个类型。这七个类型的文化面貌不尽一致，如阎村类型常见伊川缸，雕龙碑类型带有南北文化交流的文化特点，师赵村类型开创了马家窑文化石岭下类型的风格，至于杏花村类型、大司空类型和白泥窑子诸类型也可以见到同样风格。

尤其值得注意的是，不仅在庙底沟文化核心区频频见到庙底沟文化的典型器物——饰花瓣纹的彩陶盆，就是在庙底沟文化边缘区的各个类型，也常常见到与核心区近似的彩陶盆，显示出庙底沟文化具有极高水准的统一性。不仅陶器群具有似曾相识的品相，在文化性质和社会发展阶段上，也表现出相近的统一性。可以说，庙底沟文化的核心区和边缘区的各个地方类型，基本看不出彼此之间存在明显的分化差异。无论庙底沟文化核心区内部还是边缘区的各个类型，都存在花瓣纹图案的彩陶盆，就像一面面鲜艳的旗帜，高高飘扬在庙底沟文化的大地上。

庙底沟文化自身强大，但对周临的考古学文化有着多元并存的开放胸怀，同时期中国东北地区的红山文化、东方的大汶口文化、南方的大溪文化、甘青地区的马家窑文化的陶器中，常常可以见到庙底沟文化彩陶因素。

其中，大汶口文化彩陶中经常出现与庙底沟文化相类似的花瓣纹、回旋勾连纹；大溪文化彩陶高柄杯等器物中，常见有花瓣纹、交索纹、回旋勾连纹等图案；马家窑文化也可以见到深受庙底沟文化彩陶影响的花瓣纹等图案；红山文化本来距离庙底沟文化的分布地域较远，又受后冈一期文化的影响，很难清晰地看到庙底沟彩陶的影响，但流行于红山文化晚期的彩陶纹样也有庙底沟彩陶的影子。

反过来看，在庙底沟文化的彩陶中，也可以见到上述各地同时代彩陶的因素，如在庙底沟遗址出土的彩陶中可以看到类似大汶口文化彩陶的器类（背壶）和纹样（折线纹）。这说明庙底沟文化与周临的诸考古学文化，保持着平等交流的关系，而维持交流的手段，不见武力征服的痕迹，显示出庙底沟文化对异文化采取包容态度。可见，庙底沟文化是一支极富包容性的考古学文化。

和 平 色 彩

庙底沟文化彰显的和平色彩，反映为聚落和墓地不见仰韶文化后期出现的分化现象，更不见冲突或战争的遗迹。

这从庙底沟聚落遗址和杨官寨遗址的公共墓地上得到反映。如杨官寨遗址虽然已经发掘出数百座庙底沟文化时期的墓葬，但几乎看不出墓葬之间的巨大差异。无论是墓葬大小还是随葬品多少，几乎看不出其间的显著区别，更见不到龙山时代常见的墓葬之间的大小有别。

庙底沟文化的聚落内部和聚落与聚落之间，也看不到血雨腥风的差别，而是显示了大体平等相处的和平色彩。虽然在庙底沟文化的西坡遗址、北阳平遗址出现了面积颇大的房基，可是这些大型房屋的形制仍然是早在半坡文化时期就已经出现的大型房屋的形制格局，不能仅因为面积大就把它们视为聚落成员出现分化的证据。

庙底沟文化的和平性，还反映在庙底沟文化的彩陶图案上。早于庙底沟文化的仰韶文化半坡期常常凸显鱼鸟相战的主题；到了庙底沟文化时期，一改原来鱼鸟相战的习惯，倡导鱼鸟相融的主题。

需要说明的是，同处于距今 5800—5300 年的仰韶文化中期偏晚阶段的灵宝西坡墓地、崧泽文化时期的张家港东山村墓地，已经出现个别大墓随葬品中包含玉钺和随葬品较多的现象，这标志着公共墓地之间的墓葬已经出现分化现象，在某种程度上可以认为是文明化的开端。但这是文明起步阶段的表现，不能以此否认庙底沟文化时期尚处于文明社会的初级阶段。

综上所述，笔者认为庙底沟文化已初步具有了考古学文化最初的文明特征，可以称为庙底沟文明。庙底沟文明是迄今发现的中国最早的文明，距今已有 5800—5300 年。庙底沟文明之后的仰韶文化晚期，中国文明化进入加速度时期。放眼望去，此时中华大地，文明之火四处点燃。辽河流域的红山文化、中原地区的秦王寨文化、黄河下游的大汶口文化、长江中游的屈家岭文化、长江下游的良渚文化等竞相登场，中国历史进入绚丽多彩的古国时代。

"彩陶中国"的重新思考

◎ 李新伟

  仰韶文化庙底沟类型彩陶的广泛传播是公元前 3500 年左右发生的重要文化现象。由目前的资料看，以弧线三角、圆点和弧线等基本元素为特征的庙底沟类型彩陶的分布以晋陕豫交界地带为核心区，波及范围广阔，向东北影响到以辽宁西部和内蒙古东部赤峰市为中心区的红山文化，向东影响到以海岱地区为中心的大汶口文化，向南影响到长江中游的大溪文化和长江下游的崧泽文化，向西影响到黄河上游的甘青地区。这一重要现象久已引起学者的关注和热烈讨论。1965 年，苏秉琦就提出庙底沟类型"对远方邻境地区产生很大影响"[1]，随后，严文明指出："庙底沟期是一个相当繁盛的时期，这一方面表现在它内部各地方类型融合和一体化趋势加强，另一方面表现在对外部文化影响的加强"[2]，张忠培更提出庙底沟时期是"相对统一的时期"[3]。学者们几乎达成了一个共识，即庙底沟类型实力强大，对外产生了强大的影响力，因为这一强大影响，因为彩陶的"强力扩张"，促进了各地区的文化整合和一体化进程。对这个一体化进程，学者给予了高度评价。王仁湘指出："庙底沟文化彩陶播散到这样大的一个区域，意味着什么呢？这样的一个范围很值得注意，这可是后来中国历史演进的最核心的区域。仅此一点，就足以让我们对庙底沟文化的彩陶好好思考一番了。"[4]韩建业则明确提出，庙底沟彩陶的强力传播催生了"庙底沟时代"，而该时代的到来标志着"早期中国文化圈"或文化上"早期中国"的形成。[5]

  上述可以简称为"彩陶中国"的认识有两个要点：一是均强调庙底沟类型及其所在的"中原"地区领先于周边地区的强大核心地位；二是均强调彩陶的传播是促成当时发生的各地区文化整合浪潮的即使不是唯一，也是最重要的因素。这两个要点都有值得反思之处。

一、"中原"在各地区文明化进程中的地位

  公元前 3500 年至公元前 3300 年左右，也就是仰韶文化庙底沟类型的中晚期、大汶口文化早期晚段、红山文化中晚期、崧泽文化中晚期和凌家滩遗存时期，是中国史前史的灿烂转折期，中国各主要文化区几乎同步上演着飞跃式的发展。

在黄河下游，大汶口文化出现大型墓葬，山东泰安大汶口墓地 M2005 随葬品共计 104 件，包括陶器 58 件及石器、骨器、象牙器、獐牙、猪头骨和牛头骨等。[6] 在长江下游，安徽含山凌家滩遗址出现祭坛、积石圈和大型墓葬，最新发掘出的 07M23 出土随葬品 330 件，包括玉器 200 件，石器 97 件和陶器 31 件，绿松石器 1 件等，其中包括长 72 厘米，重达 88 公斤的玉猪。[7] 江苏张家港市东山村遗址发现目前崧泽文化的最高规格墓葬，其中 M90 随葬品 50 多件，包括 5 件大型石钺、2 件大型石锛和 19 件玉器。在辽西地区，红山文化的发展达到顶峰，出现辽宁建平牛河梁遗址群，在方圆 50 平方公里的"圣地"内，集中分布着祭坛、冢墓和"女神庙"，大型墓葬"唯玉为葬"。[8]

在 2000 年以前，"中原地区"的庙底沟类型的社会发展程度还一直处于模糊状态。除了彩陶的广泛传播，与周边地区的大型墓葬、大型仪式性建筑相比，庙底沟社会似乎乏善可陈，甚至相对落后。从 2000 年开始，中国社会科学院考古研究所与河南省文物考古研究所联合开展了河南灵宝铸鼎原周围地区庙底沟聚落考古研究项目，为我们提供了认识庙底沟社会发展的新鲜资料。在该地区的系统聚落考古调查显示，庙底沟时期的聚落数量从仰韶早期的 13 处增加到 19 处，而聚落总面积则从 44 万平方米增加到近 190 万平方米。更引人注目的是，这 19 处聚落的面积呈现出明显的等级分化，最大的北阳平遗址面积近 100 万平方米，次一级的中心性聚落西坡遗址面积 40 多万平方米，而小型遗址面积只有几万平方米。[9]

对中心性聚落西坡遗址核心部位的 5 次发掘和对整个遗址的系统钻探使我们得以更近距离地观察庙底沟社会复杂化的详情。遗址中心位置很可能存在一个没有任何建筑的广场，广场的四角都有大型半地穴房屋。西北、西南和东南角的房屋已经发掘：西北角的 F105 室内面积约 200 平方米，外有回廊，占地面积达 500 余平方米；西南角的 F106 室内面积约 240 平方米，东南角的 F108 室内面积 160 余平方米。三座房屋的门道均大体指向中心广场。特殊的位置、浩大的工程，都表明它们不是一般的居址，可能是公共活动场所，可能是特殊人物的"宫殿"，也可能二者兼备——无论如何，都可以作为社会复杂化的标志。

西坡墓地的发掘为庙底沟社会复杂化的图画提供了非常重要的细节。已经发现的 34 座墓葬等级差别明显，但耐人寻味的是，差别似乎主要表现在墓葬的规模。最大的墓葬 M27 墓口面积达 17 平方米，在同时期墓葬中无出其右；该墓还全部以掺杂了各种植物枝叶的泥填埋，墓室上覆盖有木板和麻布；但随葬品相当简陋，唯一显示身份的是一对大口缸。[10]

丰富的考古资料显示，在上述中国史前史的转折期，中国史前各主要文化区各自沿着各具特色的文明化道路独立发展：红山社会和凌家滩社会宗教气氛浓重；大汶口社会和崧泽社会墓葬奢华，但更重视世俗权力；庙底沟社会有大型聚落和大型公共建筑，但大型墓葬中没有奢侈随葬品——各地区的社会上层明显在使用不同的领导策略获得和维护权力。正如苏秉琦总结的，从整体上观察，各地区的文明化进程呈现"满天星斗"的态势，庙底沟类型并未显示出特殊的核心地位，是此"满天星斗"天空中的一颗灿烂闪烁的明星。还没有充分的资料表明，"中原"地区具有群星环绕的核心地位，是以文明之光普照其他地区的恒星。[11]

二、彩陶在区域文化交流中的地位

有充分的证据表明，公元前 3500 年左右，在上述中国主要史前文化区同步发展的同时，各地区间的交流也深入发展，形成了社会上层之间的远距离交流网。

辽宁建平和凌源交界处的红山文化牛河梁遗址群和安徽含山凌家滩遗址相隔 1000 公里以上，陶器风格差异很大，但玉器从形态到制作理念有惊人的相似。凌家滩墓地 M4 出土玉版外表呈方形，侧视中部略凸起，上面刻画着复杂的图案：中心为两重圆圈，内圈里有八角星纹，两圈间有形态如绳索的图案连接，外圈和玉版的四个顶点间有同样的"绳索"相连。笔者曾经讨论过，此玉版为凌家滩人宇宙观的模型，双重圆圈代表圜天，玉版方形的轮廓象征大地，中心的八角星纹代表天的中心极星，绳索一样的图案表示不同层的天之间和天地之间有绳索相连。《楚辞·天问》中"圜则九重，孰营度之""斡维焉系，天极焉加"和其他文献中关于"天圆地方"等原始宇宙观的记载与此玉版的图案若合符节。表明凌家滩具有与文献记载相似的宇宙观。龟在原始宇宙观中是宇宙的模型，龟背隆起像天，龟腹平坦像地，四足则像连接天地的柱子。据冯时考证，猪则为北斗星的象征。牛河梁和凌家滩大型墓葬出土相似的玉制龟和猪的象形或抽象的造型，表达着近似的原始宇宙观。[12] 这种相似性，显然不能以偶然巧合解释，而是反映两地社会上层之间的密切联系。

大口缸是另一种上层交流的重要物证。这种特殊的"大器"在豫西、海岱和长江下游的公元前 3500 年左右的大型墓葬中均有出土。浙江湖州毘山遗址崧泽文化墓葬 M8、M9 和 M10 中的大口缸或摆放在脚部，或特别挖坑放置；[13] 嘉兴南河浜遗址崧泽文化墓葬 M54 出土一件，也放在脚部。上海青浦福泉山遗址良渚文化早期墓葬 M139 出土的一件在脚下的墓坑外，单独挖坑放置。江苏张家港东山村新近发现的崧泽文化大墓中流行随葬同样的大口缸。西坡遗址庙底沟类型晚期的两座最大墓葬中，都在脚坑里放置 2 件大口缸。各地出土的大口缸很可能是本地制作，但形态相似，摆放位置相似，多出土于大型墓葬中，很可能反映了一种通过交流形成的相似的社会上层葬仪。[10]

其他上层交流证据还有流行于崧泽文化、大汶口文化和庙底沟类型西坡墓地的象牙镯等象牙制品、发现在大汶口墓地和西坡墓地的"拔牙"习俗等。可以想见，当时的交流内容肯定更加广泛，考古资料只反映了能够以物质遗存的方式保留下来的交流，那些非物质交流和以易腐朽的物品为载体的交流我们已经难以认知了。

建立社会上层交流网是世界各地前国家复杂社会流行的"统治策略"，西方学者对此有很多精彩的研究，既有理论性的探讨，也有民族学的考察。美国学者赫尔姆斯（Helms）在对中美洲印第安人社会的研究中就发现，酋长的继承人一定要有游学的经历才有资格承继大位，他们会到著名的大酋邦"留学"，学习各种在本地学不到的知识。学者们普遍认为，建立上层交流网，获得外来的珍奇物品和高级知识，可以使统治者们获得一种超越本地普通民众的权威，对于其维护统治至关重要。[14]

上述考古资料确凿证明，中国的史前社会存在着同样的社会上层交流网，在这一交流网中流通的不是一般的日用品和生活必需品，而是涉及宇宙观、天文历法、沟通天地的手段、各种礼仪、各种巫术和特殊物品制作技术等当时最高级也最神秘的知识，是标志身份和权力的奢侈品，是象牙和玉料等珍稀原料。社会上层的直接互访应该是交流的重要形式之一。凌家滩大墓的墓主很可能跋涉千里，亲自访问过牛河梁，牛河梁大墓的墓主也很可能访问过凌家滩。各地区新涌现出的社会上层有一种前无古人的踌躇满志，充满了创造力和探索精神，为获得超越本地普通民众的知识和物品、巩固其权力，可以不惧险阻，千里远行。

庙底沟风格彩陶纹样的传播中，社会上层交流网可能是媒介之一。根据目前的资料，大汶口文化墓地中，出土庙底沟风格彩陶的多为大型墓。例如：山东邹县野店 M47，出土随葬品 68 件，为墓地中最富裕墓之一；大汶口墓地 M1014 和 M1018 也都是出土象牙发饰和数十件随葬品的大墓。值得注意的是，大汶口墓地大型墓 M2005 中有用黄色胶泥涂抹墓坑四壁和底部以及二层台侧壁的现象，与西坡墓地用泥封盖墓室甚至填埋整个墓圹的做法颇为相似。这些迹象表明大汶口和庙底沟的社会上层间有着特殊的联系。

但很明显，彩陶纹样与我们上面谈到的玉器、大口缸和象牙器等有不同的特性。

从材料上看，绘制彩陶的颜料并不难获得，而玉料和象牙则属于珍稀原料，一般人难以获得。从制作技术上看，绘制精美的彩陶需要非常熟练的技术，但如果对精美和流畅程度要求不高，新手经过短时期的锻炼也能够绘制，绘制工具——很可能是毛笔也容易制作。玉器的加工要大体经过开采、切割、磨制、钻孔、刻纹和抛光等工序，需要特殊的工具、特殊的技术。象牙器制作也非常复杂。从功能上看，虽然有学者强调精美的彩陶可能是仪式用品而非实用器，但事实上，目前几乎所有的庙底沟类型彩陶都与生活废弃物一起出自灰坑等遗迹中，提示我们彩陶很可能是日常用品；而玉器、象牙器和大口缸均为有特殊功能的仪式用品。

总之，彩陶是当时被广泛交流的各种文化元素之一而非全部。彩陶的广泛传播，很大程度上依赖于其易于被模仿，可以被广泛应用于日常生活的特性。似乎并不完全归功于庙底沟类型的超强实力和核心地位。

三、何以中国

我们是否可以在距今约 5000 年的时代找到一个可以被称作"中国"的实体，这个实体是否以使用彩陶、以接受彩陶的创作者庙底沟类型的文化基因为主要特征？换言之，彩陶中国是否为对这个实体的准确概括？这是一个值得深思的问题。

寻找中国的史前基础是中国考古学自诞生以来就肩负起的使命，90 多年来始终不渝。[15]苏秉琦明确提出中国史前考古学的任务之一是解决中国统一多民族国家形成的问题，1981 年，他建立区系类型模式，用意正在于建立史前文化区系与历史时期多民族一体国家的联系，以中国史前文明化进程的"多元性"来呼应历史时期中国的多元性。[16]

严文明在 1986 年发表《中国史前文化的统一性和多元性》，提出了"重瓣花朵"模式。他指出，中国史前文化格局中，"最著名的是中原文化区，它以渭河流域和晋陕豫三省邻接地区为中心，范围几乎遍及陕西、山西、河北、河南全境"。这一大中原地区周围有甘青、山东、燕辽、长江中游和江浙文化区，"这五个文化区都紧邻和围绕着中原文化区，很像一个巨大的花朵，五个文化区是花瓣，而中原文化区是花心。各文化区都有自己的特色，同时又有不同程度的联系，中原文化区更起着联系各文化区的核心作用"。"假如我们把中原地区的各文化类型看成是第一个层次，它周围的五个文化区是第二个层次，那么最外层也还有许多别的文化区，可以算作第三个层次。它包括福建的昙石山文化、台湾的大坌坑文化、广东的石峡文化，以及云南宾川白羊村、西藏昌都卡若、黑龙江新开流和昂昂溪、从内蒙古到新疆的诸细石器文化……它们同第二个层次的关系较第一个层次更为直接也更为密切，好像是第二重的花瓣。而整个中国的新石器文化就像一个巨大的重瓣花朵"。

在 1986 年出版的 *The Archaeology of Ancient China*（《古代中国考古学》）第四版中，张光直将公元前 4000 年时期的中国新石器文化分为红山、小珠山、仰韶、大汶口、大溪、山背、马家浜、河姆渡、石峡—昙石山—凤鼻头八个文化系统，他借用了美国学者葛德伟（Joseph R. Caldwell）在讨论美国东部印第安人文化时使用的相互作用圈（Sphere of Interaction）概念，提出："到了约公元前 4000 年，我们就看见了一个会持续一千多年的有力的程序的开始，那就是这些文化彼此密切联系起来，而且它们有了共同的考古上的成分，这些成分把它们带入了一个大的文化网，网内的文化相似性在质量上说比网外的为大。到了这个时候我们便了解了为什么这些文化要在一起来叙述：不但它们的位置在今天的中国的境界之内，而且因为它们便是最初的中国。""这个在公元前 4000 年前开始形成，范围北自辽河流域，南到台湾和珠江三角洲，东自海岸，西至甘肃、青海、四川的'相互作用圈'，我们应当如何指称？我们也可以选一个完全中立的名词称之为 X，可是我们也不妨便径称之为中国相互作用圈或中国史前相互作用圈——因为这个史前的圈子形成了历史期间的中国的地理核心，而且在这圈内所有的区域文化都在秦汉帝国所统一的中国历史文明的形成之上扮演了一定的角色。"

与"区系类型"和"重瓣花朵"模式相似，此模式未设置中心，为客观探讨各地区的互动提供了更广阔的空间；非常明确地以考古资料可以清晰显示出来的区域间的密切互动作为将它们维系为一个整体的纽带，并提出这种互动催生的"中国相互作用圈"就是最初的中国，这就为以考古学为基础重建中国古史提供了基本框架。

依据中国相互作用圈模式，公元前 3500 年左右，各地区在以社会上层交流网为核心的密切而深入的交流中，渐渐形成了中国相互作用圈，中国史前文化的多元一体格局出现，中国的史前基础得以确立，"最初的中国"喷薄而出。这一"最初的中国"的形成是以各地区平等的多元互动为前提的，彩陶的传播是互动的内容之一而非全部，甚至也不是最主要的内容，因此，"彩陶中国"并非对此"最初的中国"的最佳概括。

对"彩陶中国"的这一重新思考，并非是否定彩陶传播的意义。彩陶因其易学易用性，是中国相互作用圈中传播最广的文化因素，因此也是此作用圈范围最佳的标志。彩陶的广泛传播也无疑极大促进了各地区的一体化进程，使得各地区在自觉和不自觉间，已经拥有了一个共同的文化标志。但如果只重视彩陶的传播，以彩陶为中原文化区最重要的文化要素，反倒会造成对中原地区作用的低估。强盛的庙底沟类型在相互作用圈中传播的内容应该远比彩陶丰富。对大型公共建筑的重视、对公共事务的关注以及注重实际和世俗生活的文化取向等要素才是中原地区文明化进程最重要的内核，也是对中国文明化进程最重要的贡献。

注释：

［1］苏秉琦：《关于仰韶文化的若干问题》，《考古学报》1965 年第 3 期。

［2］严文明：《略论仰韶文化的起源和发展阶段》，见《仰韶文化研究》，文物出版社，1989 年。

［3］张忠培：《关于内蒙古东部地区考古的几个问题》，见《内蒙古东部地区考古学文化研究文集》，海洋出版社，1991 年。

［4］王仁湘：《史前中国的艺术浪潮——庙底沟文化彩陶研究》，文物出版社，2011 年。

［5］韩建业：《庙底沟时代与"早期中国"》，《考古》2012 年第 3 期。

［6］山东省文物考古研究所：《大汶口续集——大汶口遗址第二、三次发掘报告》，科学出版社，1997 年，第 121—123 页。

［7］安徽省文物考古研究所：《安徽含山凌家滩遗址第五次发掘的新发现》，《考古》2008 年第 3 期，第 7—17 页。

［8］郭大顺：《中华五千年文明的象征》，见《牛河梁红山文化遗址玉器精粹》，文物出版社，1997 年，第 1—48 页。

［9］Ma Xiaolin, *Emergent Social Complexity in the Yangshao Culture：Analyses of Settlement Patterns and Faunal Remains from Lingbao，Western Henan，China（c.4900–3000BC）*，BAR International Series 1453，2005.

［10］中国社会科学院考古研究所、河南省文物考古研究所：《灵宝西坡墓地》，文物出版社，2010 年。

［11］苏秉琦：《中华文明起源新探》，商务印书馆（香港）有限公司，1997 年。

［12］李新伟：《中国史前玉器反映的宇宙观——兼论中国东部史前复杂社会的上层交流网》，《东南文化》2004 年第 3 期，第 66—72 页。

［13］浙江省文物考古研究所、湖州市博物馆：《毘山》，文物出版社，2006 年。

［14］Helms，M. W.，*Ancient Panama：Chiefs in Search of Power. Austin and London*，University of Texas Press，1979.

［15］李新伟：《中国史前文化格局构建的心路历程》，见《考古学研究》（九），文物出版社，2010 年。

［16］苏秉琦：《关于考古学文化的区系类型问题》，《文物》1981 年第 5 期。

彩陶与史前中国的文化融合

◎王炜林

彩陶是人类进入新石器时代之后的一项重要发明。距今 5000 年前，从渭河流域发展起来的庙底沟文化，以其独具特征的花瓣纹彩陶为标识，在史前中国掀起了一场波澜壮阔的文化浪潮，其波及范围北抵阴山，南至长江，东到大海，西达甘青。庙底沟时期达成的这种"文化共识"，成就了中国历史上的第一次文化整合，为一个前所未有的文明共同体——中华文明的形成奠定了坚实的基础。

一、彩陶及其起源

彩陶是着色陶器的一种，特指在焙烧前绘彩的陶器。它不仅是史前人类的实用器具，更是史前时代卓越的艺术创造，凝结着先民们高超的智慧和非凡的想象力。作为一种原始艺术，彩陶纹饰以其鲜明的色彩、巧妙的构图和丰富的内涵，生动形象地展示了那个时代的生活场景、审美情趣和精神世界。

从世界范围看，彩陶出现时间最早、发展程度最高的地区大多位于气候适宜、季节变化明显、黄土与河流发育较好的中纬度地区。一方面是因为这些地区自然地理条件优越，最适合发展农业和定居村落，为彩陶的制作奠定了物质基础；另一方面是因为这些地区的黄色黏土制作的浅色陶器，非常适合着色绘彩。考古发现表明，大约在距今 8000 年前后，亚洲大陆东西两端的史前先民率先开始制作彩陶。中国彩陶作为世界彩陶中的重要组成部分，沿着自己的脉络发展，延续时间长达 5000 余年[1]。

距今 8000 年左右，在渭河流域的老官台文化、长江中游洞庭湖附近的皂市下层文化及钱塘江流域杭州湾附近的上山文化、跨湖桥文化等考古学文化中都发现了彩陶[2]。其中渭河流域的彩陶不仅出现时间早、延续时间长、影响范围大、发展脉络完整，而且对周围地区造成的影响最大，因而学界将渭河流域早期彩陶——老官台文化彩陶视为中国彩陶文化的根。严文明先生提出，彩陶最初以关中地区为中心，一期一期地向周围扩展的规律[3]。王仁湘先生也同意中国彩陶起源于渭河流域的观点，不过他将目光投向了渭河上游地区，认为以仰韶文化为代表的彩陶文化的源头在渭河上游的陇山地区[4]。

彩陶的产生和发展与史前先民的精神需求相关。世界各地的彩陶可能都是独立起源的，但却存在着惊人的相似。中国黄土高原的彩陶与东南欧彩陶中的某些器形与纹饰几乎完全相同。西方学者曾对此进行过比较，并提出过"中国彩陶西来说"的观点[5]。当然，这些观点很快就被修正了，中国彩陶本土起源已经成为一个不争的事实，但尽管如此，世界各地彩陶之间是否存在某种联系，仍值得学术界关注[6]。

二、渭河流域彩陶

渭河流域不仅是中国彩陶文化的发祥地，也是世界彩陶重要的分布区。从老官台文化至泉护二期文化，彩陶的发展经历了大约 3000 多年的历程，成为中华大地上独特的文化景观。渭河流域彩陶的发展大致可分为萌芽期、发展期、繁荣期和衰落期四个阶段。

（一）萌芽期

距今约 8000~7000 年，渭河流域老官台文化出现了中原地区最早的彩陶。老官台文化因首先发现于陕西华县老官台遗址而得名，主要分布在渭河流域、汉江上游及丹江的上游等地区。作为中国彩陶文化的根，老官台文化的彩陶不论是造型还是纹饰都相对简单朴实。彩陶图案以施于三足钵、圜底钵等陶器口沿外侧的红色宽带纹为代表。这一时期的彩陶虽然简单，但其意义重大，它的发明为其后仰韶时代彩陶的大繁荣奠定了基础。

（二）发展期

相对于老官台文化，半坡文化时期的彩陶有了很大的发展。半坡文化因 1953 年发现于西安东郊浐河东岸的半坡村遗址而得名，距今约 7000~6000 年，主要分布于渭河流域及汉江上游地区，其晚期波及到晋南、豫西及河套等地区。半坡文化的陶器以红陶为主，主要器形有瓶、盆、钵、罐等，杯形口尖底瓶和彩陶是其陶器中最具标志性的器物。

半坡文化的彩陶以盆、钵、罐、细颈壶等器物为主，图案多绘于器物的外壁上部或口沿外侧，器内壁施彩的现象也很常见。多见黑彩，还有少量红彩。由直线构成的几何图形是其彩陶纹饰的基本特色，如三角纹、方格纹、编织纹等。半坡文化彩陶中最有代表性的象生图案当是鱼纹，数量最多，并贯穿于半坡文化的始终。半坡早期彩陶上鱼纹的形象较写实，常见的是单独的鱼纹，多为侧面形象，以直线勾画，比例虽较准确，然图案略显呆板。到了半坡文化的中晚期，彩陶上的鱼纹多以直线与弧线描绘，圆点、弧线和弧边三角穿插运用，显得活泼灵动。纹样格式除平展式外，还出现了回旋、跳跃等姿态。甘肃王家阴洼出土的一件彩陶瓶，环绕腹部画着数条不同姿态的游鱼，动静结合，构图活泼，堪称这一时期绘画的杰作[7]。晚期彩陶上的单独鱼纹，采取了夸张变形的艺术处理，鱼纹变成上下对称的式样，趋于几何化。

鱼与人面相结合的形象是半坡文化彩陶独有的图案，如著名的人面鱼纹，另外还有在鱼纹头部填入人面纹的图案等。这种鱼与人面相结合的形象，表现了人和鱼互相寄寓，又相互转借，意味着人和鱼是交融的共同体，被人格化了的鱼类图像和各式鱼纹可能具有半坡氏族保护神的性质。

（三）繁荣期

庙底沟文化彩陶空前发展，成为中国史前彩陶艺术的高峰。庙底沟文化因 1956 年对河南陕县庙底沟遗址的发掘而得名，距今约 6000~5500 年，主要分布于渭河流域及豫西、晋中南等地区，但其彩陶的影响范围非常大。庙底沟文化的陶器以红陶为主，主要器形亦是瓶、盆、钵、罐等，新出现釜灶等。尖底瓶多为双唇口是其文化特征之一。

庙底沟文化彩陶极其发达，所绘图案的位置与颜色基本与半坡文化一致，但内彩罕见，彩绘新出现了复彩或者白衣彩等。彩陶纹饰基本以弧线构成，主要有花瓣纹、旋涡纹、网纹和圆点纹等，亦有象生的动物纹饰，主要是各种姿态的鸟纹。鸟很可能是庙底沟人的保护神，在华县泉护村遗址还发现了陶制的鹰鼎，体积感很强，整个造型充满桀骜猛厉的气势[8]。

（四）衰落期

仰韶时代晚期，彩陶的发展走向衰落，不仅数量大幅减少，纹饰也趋于简化。1955 年发掘半坡遗址时，在该遗址发现了一种叠压在庙底沟文化遗存之上的考古学文化，学界一般将其称作仰韶晚期文化，也有人称之为半坡四期或者半坡晚期文化。半坡四期文化解决了庙底沟文化的去向问题，它的年代大约在距今 5500 年，分布范围接近于半坡文化，其彩陶图案在构图上似乎又回到半坡文化时的直线几何特征，有复古之感。

仰韶时代在关中的结束是以泉护二期文化为标志的[9]，此时的尖底瓶，口变成了喇叭形，彩陶罕见。其后，红陶不再是陶器的主流，尖底瓶退出了历史的舞台，在距今约 4500 年前后，空三足器兴起[10]，中国的历史进入了一个全新的时代——龙山时代。

三、中华文明最初的摇篮

庙底沟文化时期，中华大地上呈现出一种前所未有的文化大一统格局，在东到大海、北及河套、南抵长江、西至青海的广阔区域内的考古发现中，或多或少都可以看到一些具有庙底沟文化特征的彩陶。此时，以彩陶为媒介在中国史前掀起的这次艺术浪潮[11]被一些学者认为是文化意义上的早期中国[12]。庙底沟时代初现的中国文明的第一缕曙光为后来的中国奠定了坚实的文化基础[13]。

那么，强势的庙底沟文化到底是在怎样的背景下发展起来的？如前所述，关中地区彩陶文化的第一次浪潮来自其土生土长的半坡文化。在半坡文化晚期，一股新的文化因素渗透进来，

被称为半坡文化史家期或者史家类型的考古学文化。目前的考古资料证明，史家类型的基本面貌虽然仍延续半坡文化的主要特征——如陶系及大部分陶器的组合等，但也有区别于半坡文化之处——如埋葬方式不再采用多人二次堆骨葬，以及新出现了彩陶葫芦瓶等特殊陶器[14]，显示其有更复杂的文化背景。其中彩陶图案中新出现的鸟纹及鱼鸟共体图案引人注目。因此，有专家提出了鱼鸟大战与融合的观点，认为这是仰韶时代鱼、鸟两个不同社会集团间相互关系的一种反映[15]。仰韶时代这两个关系密切而复杂的社会集团的融合，直接导致了庙底沟文化入主半坡文化的腹地——关中平原。

随着庙底沟文化的发展，关中平原呈现出比半坡文化时期更加繁荣的景象。主要体现在以下三个方面。

（一）经济空前发展

庙底沟文化时期的关中，农业有了很大的发展。农具不再如半坡时期以圆形陶刀为主，而流行长方形陶刀[16]。这种改变是否和作物种类的变化有关尚不清楚，但从这一时期农业考古的成果看，关中地区庙底沟先民不仅经营传统的粟作农业，还发展出了繁荣的稻作农业[17]。专门用于储存粮食的大口小底瓮就是这一时期粮食结余的见证[18]。种植水稻不仅丰富了关中先民的粮食结构，也反映了经营粟作农业人群与经营稻作农业人群之间的互动与融合。

庙底沟文化时期的生业除农业外，畜牧业也占重要地位，尤其是家猪的饲养数量空前，说明庙底沟先民不仅有足够的粮食来源，还有相当数量的猪肉等作为食物补充[19]。在杨官寨西门址祭祀堆积中发现了大量的家猪骨骼，显示出家猪还在大型祭祀活动中发挥着作用[20]。

庙底沟文化先民还开启了中国养蚕、制丝的历史。考古学家在山西夏县西阴村遗址发现了这一时期的蚕茧，在河南荥阳汪沟、青台遗址发现了仰韶晚期的丝织品，巩义双槐树遗址还发现仰韶晚期的牙雕蚕等[21]。双槐树的牙雕蚕做吐丝状，可见当时人们对桑蚕的生长规律已有较多了解，养蚕的直接目的就是为了获取蚕丝。

（二）人口迅猛增长和社会进一步分化

经济的稳定发展为人口的增长与社会的发展提供了条件。庙底沟文化时期，关中地区稍大的聚落人口可达二三百人，有的大型聚落甚至达到两三千人[22]；与之相应，聚落的数量与规模较半坡文化时期也有变化。据统计，关中地区仰韶时代遗址约1300处，其中庙底沟文化遗址占了大部分[23]，分布十分密集，聚落规模从数万平方米到十几万平方米不等，有些甚至达到几十万平方米，如华县泉护村遗址总面积达93.5万平方米[24]，扶风案板等遗址总面积可达60万平方米以上[25]，高陵杨官寨遗址总面积甚至达100万平方米[26]。

关中附近的河南灵宝铸鼎原及其周围地区，自然环境与渭河流域非常接近。经对该区域的系统调查，发现仰韶时代中期（庙底沟文化时期）聚落18处。其中，西坡遗址面积超过40万平方米，规模最大的北阳平迹址面积达 90 万平方米，但大部分聚落规模仅有 5 万~10 万平方米[27]。同样的情况也发生在与关中地区关系密切的运城盆地。庙底沟时期，运城盆地东部的聚落数量达 66 处，比仰韶时代早期增加了近两倍，发展出 6 个聚落群，每个聚落群内都有一个大型中心聚落，面积从数万到百余万平方米不等[28]。

（三）特大型聚落已具有都邑的性质

《史记·五帝本纪》："一年而所居成聚，二年成邑，三年成都"[29]。都邑是人类文明起源与形成的标志，也是反映社会组织进化的一项重要指标。庙底沟时期，一些特大型中心聚落可能已经具备了都邑的某些特征，位于泾河与渭河交汇处的杨官寨遗址就是其中的代表。杨官寨遗址的"都邑性"体现在其规模、规划布局以及祭祀性遗存三个方面。

1. 杨官寨聚落规模巨大

据目前掌握的资料，杨官寨遗址总面积超过 100 万平方米，其中环壕所围区域面积达 24.5 万平方米，环壕周长约 1945 米，壕宽约 8~13 米，深约 3~4.6 米[30]。据估算，仅挖这样规模的环壕所形成的土方量就达 11 万立方米。显然，这等规模的工程单靠杨官寨一个聚落的居民是难以完成的。这与之前的半坡文化 2 万多平方米的姜寨环壕聚落形成了鲜明的对比，反映出当时的社会已经出现等级分化，具备了一定的社会动员能力。

杨官寨遗址庙底沟墓地的面积达 9 万平方米，它不仅是目前所知唯一的庙底沟文化时期墓地，也是这一时期规模最大的墓地[31]。在目前发掘的 6000 平方米范围内，发现了 500 多处墓葬。据此密度估算，整个墓地至少有千座墓葬。这样的规模在史前时期是非常罕见的，显示了杨官寨聚落的繁荣及特殊的性质。

2. 杨官寨聚落在布局上蕴含规划意识

从整体布局看，杨官寨聚落包含了平面形状大致呈梯形、面积达 24.5 万平方米的环壕聚落，以及聚落东部的成人墓地。聚落环壕南北平行，东西对称。在西环壕中部发现门址一处，这是目前可以确认出入杨官寨聚落的唯一通道。门址由其两侧的环壕、门道、排水设施、"门房"等构成。由于该门址位于西环壕中部，其东部延长线基本可以将聚落分成南北两部分，因此可以推测与其对应的东环壕中部也可能设有门；加上聚落南北平行、东西对称的平面布局，其南北环壕中部可能也设有门。如是，杨官寨整个聚落至少应该有四个门，并且可能存在相应的四条道路。另外，在聚落中部有一个大型储水设施，平面不甚规则，面积达 292 平方米，最深处约 3.8 米，据估算储水量为 1000 立方米左右。在储水池的西南侧附带有近百米长的水渠，水池和水渠都经过了至少三次改扩建，说明它在聚落中曾发挥过重要作用。

杨官寨聚落这种大致围绕着中央水池，可能向东南西北四方布设道路，以及基本对称的四周环壕布局，开启了中国古代城市在规划上强调中轴对称、重视水源等理念的先河。

杨官寨聚落的规划不仅体现在居址上，其庙底沟文化的墓地也经过了周密的规划，墓地整

体规划在聚落东部环壕外围，已经发掘的近400座墓葬均未发现叠压打破关系，墓葬头向一致，排列整齐，井然有序。杨官寨聚落的整体规划，展现了庙底沟文化时期最先进的理念，体现出它在同期聚落中的特殊地位。

3. 杨官寨遗址发现祭祀遗存及特殊器物

由于考古工作的局限，杨官寨遗址目前还没有发现庙底沟时期可能与祭祀等公共活动相关的五边形大型房子，但在遗址西门址两侧发现了成层分布的完整器物堆积层，陶器的数量达千余件，这是庙底沟文化目前所知最大的祭祀场所，这种情况很可能与聚落进行的重大祭祀活动有关。另外，杨官寨遗址还出土一些同期其他聚落罕见的特殊器物，如镂空人面器座、陶祖、釜灶形陶器、玉璧纹彩陶盘、龙纹彩陶钵（盆）、石璧、石琮等。

这些与祭天礼地、祖先崇拜等祭祀活动相关的独特器物，以及与古代礼制相关的遗存决定了杨官寨很可能就是庙底沟时期带有都邑性质的超大型聚落。

关中地区庙底沟文化时期经济的繁荣和人口的增长为当时社会向更高一级发展奠定了基础。高等级都邑性聚落的出现是庙底沟社会发展的标志，表明当时社会已经拥有相对复杂的政治组织，并且有能力维持这些统治阶层和精英阶层的存在。庙底沟文化的精英们升华了当时建立在血缘纽带关系下祭天礼地和祖先崇拜的形式，将蕴含着庙底沟文化精神的特定纹饰绘制在陶器上，给彩陶赋予了"礼器"的功用。这种藏礼于器的作法，体现的是形而上的礼制内容。有了礼，人们的行为才能有所遵循，社会秩序才可能纳入常轨。接受了庙底沟文化的彩陶，就意味着接受了他们的行为规则。以渭河流域为中心，一场范围更大、涉及不同区域文化的融合与一统格局即将形成。

四、彩陶语境下的融合与统一

庙底沟文化与周边不同考古学文化的融合，意味着其在某些事物上认知的趋同。许倬云先生指出，人类族群的分野，往往并不是以血统为基本要素，而是以生活方式当做认同的文化基因[32]。原本以旱作农业为主的庙底沟文化接纳其他文化的生产形态，本身就是它主动与其他文化融合的体现。

当然，强势的庙底沟文化在接纳其他文化的同时，更多的是向外渗透。苏秉琦先生很早就注意到这种渗透[33]。严文明先生认为，庙底沟文化的繁盛，"一方面表现在它内部各地方类型融合和一体化的趋势加强，另一方面则表现在对外部文化影响的加强"[34]。

庙底沟文化对周边的影响，最直观的体现为：在周边不同的考古学文化中，发现了庙底沟文化风格的彩陶。笔者无意将庙底沟文化与中国古史传说时代中的某位帝王相关联，但如果依《史记·五帝本纪》黄帝"东至于海，登丸山，及岱宗。西至于空桐，登鸡头。南至于江，登熊、湘。北逐荤粥，合符釜山，而邑于涿鹿之阿"[35]的征伐管理区域为参照，则会发现一个非常有趣的事实：庙底沟文化彩陶的分布范围几乎与这个区域高度契合。因此，不妨借用司马迁有关黄帝的"四至"来表述庙底沟文化的分野。

（一）东至于海

河洛地区因地缘关系，是受到庙底沟文化影响最大的地区。而其东部海岱地区大汶口文化的彩陶一般也被认为是受庙底沟文化影响的产物。

典型庙底沟文化的前沿已经抵达了豫东地区[36]。事实上，早在半坡文化时期，东庄类型的彩陶即已到达郑州平原[37]，至庙底沟文化时期或稍晚阶段，彩陶纹饰的许多特征已经基本上与庙底沟文化核心区无太大区别。郑州大河村彩陶盆 W189∶2，其纹饰的构图与布局都与庙底沟文化核心区的彩陶几乎完全一致[38]（图一，9）。在庙底沟文化东进的同时，大汶口文化也向西扩张，并对河洛地区产生了一定的影响，大河村彩陶盆 W189∶2 在装饰上使用白衣和红、白、黑相间的复彩形式就有可能来自北辛——大汶口文化系统[39]。但总体上看，这一时期以庙底沟文化的输出为主流[40]。

考古资料显示，庙底沟文化彩陶最东的影响范围，不仅"至于海"，而且还跨海抵达一些岛屿。辽宁长海县广鹿岛小珠山遗址等发现的双旋纹彩陶，很可能是庙底沟文化通过山东大汶口文化对其产生的影响[41]。在近海的广饶五村、傅家，蓬莱紫荆山等遗址，都发现了类似风格的彩陶[42]。而这种彩陶应该是接受了山东泰安大汶口、江苏邳县大墩子一类大汶口文化彩陶影响的产物[43]。一般认为，大汶口文化彩陶并没有独立起源的证据，其彩陶纹饰中的叶片纹、花瓣纹和旋纹，均显示出它可能是受庙底沟文化彩陶影响发展起来的[44]（图一，1~3、8）。

（二）西至空桐

"空桐"或作崆峒，在甘肃平凉西北[45]。从目前的考古资料看，崆峒附近发现了非常典型的庙底沟文化遗存，如宁夏隆德周家咀头遗址近年新发现的彩陶，不论从器形还是纹饰看都属于典型的庙底沟文化遗存[46]。但崆峒并不是庙底沟文化分布的西界，在青海东部的民和阳洼坡遗址[47]（图一，6）、甘肃岷县山那树扎遗址[48]均发现了典型庙底沟文化的彩陶。这些陶器不论从器形还是从纹饰上看，都与庙底沟文化核心区的彩陶无甚区别，是庙底沟文化向西及西南地区扩张的物证。另外，更靠西南的宗日文化尽管与马家窑文化关系密切[49]，但其中一些彩陶，如饰弧线三角纹的彩陶罐、饰变形鸟纹的瓮等均带有明显的庙底沟文化遗风。庙底沟文化强大的文化张力在西北地区得到了充分的彰显。

庙底沟文化向西传播的最重要事件是直接导致了马家窑文化的形成。大地湾遗址第三期遗存是比较典型的庙底沟文化遗存，第四期遗存整体与马家窑文化关系密切，而第四期 I 段不论从重唇口尖底瓶的演变情况，还是弧线三角和圆点构成的彩陶图案来看，都是三期文化的继续[50]。因此，很可能是建立在大地湾三期即庙底沟文化基础上的大地湾四期文化成就了深刻影响中国西部的马家窑文化。

图一　同期外围文化彩陶中的庙底沟文化因素
1. 花瓣纹彩陶盆（邳县大墩子 M30：8）　2. 花卉纹彩陶钵（邳县大墩子 M30：9）
3. 彩陶钵（邳县大墩子 M33：8）　4. 彩陶盆（清水河县白泥窑子 BAF2：2）
5. 花卉纹彩陶盆（商都县章毛勿素 F1：4）　6. 花瓣纹彩陶盆（民和阳洼坡）
7. 彩陶罐（黄冈螺蛳山）　8. 花瓣纹彩陶壶（泰安大汶口 M1014：30）
9. 花卉纹彩陶盆（郑州大河村消防池 W189：22014）

（三）南至于江

　　与东向、西向传播的情形一样，庙底沟文化对南方地区产生的影响也非常明显，它分别与峡江地区的大溪文化、中游的油子岭文化及长江下游的崧泽文化等建立了联系。在湖南澧县城头山遗址出土的一件陶钵上，饰有庙底沟风格的弧连三角纹（西阴纹）[51]，这件器物无论是器形还是纹饰，均与典型庙底沟文化彩陶没有多少区别。枝江关庙山遗址出土的四瓣式花瓣纹彩陶豆、多瓣复合式花瓣纹彩陶罐及旋纹彩陶片等均与庙底沟文化关系密切[52]。另外，浙江海盐仙坛庙遗址发现的崧泽文化彩陶钵[53]，沿面上饰几组二方连续的弧纹（西阴纹），其间由三个短线分割，这种布局及风格很可能受到了庙底沟文化的影响。如此，这将是庙底沟文化彩陶影响范围的南界。

庙底沟文化向南影响最明显的地区应该是长江中游地区。由于长江最大支流是汉江，因此其上游地区原本即庙底沟文化势力范围。汉江是庙底沟文化向南传播的重要通道，沿江而下的淅川、郧县、枣阳一带分布有许多庙底沟文化遗址，如淅川下王岗、郧县大寺、枣阳雕龙碑等，这些遗址都发现了典型的庙底沟文化彩陶[54]。

值得注意的是，地处随枣走廊地带的雕龙碑遗址，其庙底沟文化时期彩陶明显呈现出两种风格，一是长江中游的油子岭彩陶风格，另一是黄河中游庙底沟文化风格。这说明至少在庙底沟文化时期，随枣走廊已经成为连接中原与江汉平原交往的重要通道。雕龙碑彩陶浓郁的庙底沟文化特征表明：在庙底沟文化时期，这里不仅是南北文化交融的重地，而且还很可能是中原文化向南渗透的桥头堡。事实上，在江汉平原以东的地区，依然可以看到典型的庙底沟文化彩陶，在湖北黄冈螺蛳山遗址1号墓葬中，共出土各类陶容器11件，主要特征与薛家岗文化一致，但其中的彩陶罐"唇上涂黑彩，肩上有宽带状涡旋形彩纹"[55]（图一，7），为比较典型的庙底沟文化陶器，反映了庙底沟文化的高等级器物已经被长江下游其他同期文化接受的事实。

（四）北逐荤粥

"荤粥"是匈奴等北方古代民族的别名。考古资料显示，大约与半坡文化同时期的后冈一期文化最早抵达"荤粥"腹地的内蒙古中南部，随后是半坡文化[56]。此后的庙底沟文化似乎对这一地区产生了更大的影响，其影响范围已不限于鄂尔多斯地区，而是扩展至从河套到集宁——丰镇丘陵地带的原后冈一期文化分布的所有区域[57]。最新研究认为，大约相当于庙底沟文化时期，这一地区的白泥窑文化很可能是在后冈一期、半坡文化及庙底沟文化影响下形成的[58]，但其主要特征应该与庙底沟文化关系更为密切，清水河白泥窑子A点发现的深腹彩陶罐、J点的彩陶盆（图一，4）及商都章毛勿素的彩陶罐（图一，5）等不论器形还是纹饰布局，都与典型庙底沟文化彩陶极其相似[59]。

庙底沟文化向河套地区传播的路线主要是沿汾河和南流黄河两岸的谷地高原推进的。晋中地区汾阳段家庄等遗址的陶器基本属于典型的庙底沟文化，即使是更北的娄烦童子崖遗址也显示出很强的庙底沟文化特色[60]。庙底沟文化的影响力在抵达晋北地区的大同盆地时，势头有所减弱。大同马家小村遗址的发掘表明，这里的庙底沟文化已极富地方特色[61]。在陕西也发现许多庙底沟文化沿黄河两岸北上的重要线索[62]，因考古工作开展不足，目前缺乏系统资料。

庙底沟文化在向内蒙古河曲地区传播的同时，也经桑干河抵达河北西北部，与"源于辽西

走廊遍及燕山以北西辽河和大凌河流域的红山文化的一个支系，即以龙形（包括麟纹）图案彩陶和压印纹的瓮罐为主要特征的红山后类型"相遇，"然后在辽西大凌河上游重合，产生了以龙纹与花结合的图案彩陶为主要特征的新的文化群体，红山文化坛、庙、冢就是它们相遇后迸发出的'火花'所导致的社会文化飞耀发展的迹象"[63]。

5000多年前，庙底沟文化用独具特色的花卉纹彩陶勾勒出早期中国的雏形，"在偌大的区域里，在众多的文化中，庙底沟文化的彩陶图案始终那么统一、那么规范，如同旗帜一样，使人们一望即知其文化属性和功能"[64]。庙底沟文化彩陶能在这些区域传播，是文化认同的一种标志[65]。伴随着花卉纹彩陶的传播，庙底沟文化的人文观念和精神信仰被不同区域的先民所接受，庙底沟文化与周边同期文化不断碰撞、融合，从而形成了以华夏文明为中心的史前中国多元一体格局。

五、彩陶与华夏之根

在仰韶时代彩陶发展演变的过程中，发生在渭水流域的半坡文化晚期或称"史家类型"阶段的彩陶特别值得关注。这个时期的彩陶图案常常由直线、圆点及弧线等共同构成，在象生图案中可见到鱼鸟共体的形象。如果鱼和鸟分别代表一种信仰，那么这两种图案呈现在同一件器物上，反映的就是某种融合（图二，3）。当然，这种融合并不是一帆风顺的，除了"鱼鸟共融"题材的彩陶外，关中地区的一些遗址中还发现了"鸟吃鱼"或者"鱼吃鸟"的彩陶[66]（图二，1、2）。渭河流域演绎的这场鱼鸟之战，无疑反映的是中原古代文化核心区不同文化融合的历史。在华夏集团的形成时期，这些画面很可能记录了传说时代居于豫西一带的黄帝部落和居于渭河流域的炎帝部落间的整合。

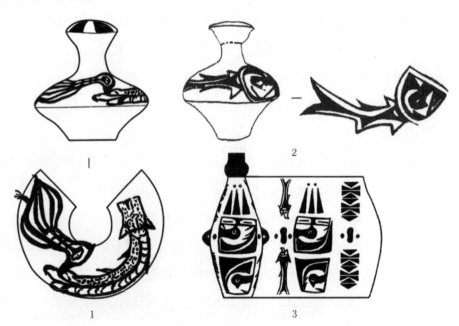

图二　彩陶纹饰中的"鱼鸟共体"形象

1.鸟衔鱼纹彩陶壶（宝鸡北首岭 M52：1）　2.鱼衔鸟纹彩陶壶（武功游凤）　3.鱼鸟纹彩陶瓶（临潼姜寨 H467：1）

半坡文化彩陶的鱼纹及人面鱼纹可能与炎帝部落有关。据《山海经·大荒西经》"有互（氏）人之国。炎帝之孙，名曰灵恝，灵恝生互（氏）人，是能上下于天。"[67]《山海经·海内南经》称："氏人国在建木西，其为人，人面而鱼身，无足。"[68]而庙底沟文化彩陶的鸟纹或许和黄帝有关。《列子·黄帝》："黄帝与炎帝战于阪泉之野，帅熊、罴、狼、豹、貙、虎为前驱，雕、鹖、鹰、鸢为旗帜。"[69]泉护村的鹰鼎、庙底沟文化彩陶上的鸟纹与黄帝部落以猛禽为旗帜的情况吻合。

半坡文化彩陶的鱼纹与庙底沟文化彩陶的鸟纹都经历了由具象到抽象的发展过程，并且最终发展成两种花卉纹饰（图三）。一种是相对具象的四瓣式花朵纹，一种是比较抽象的花卉，苏秉琦先生将后者称为菊科花卉和蔷薇科花卉。两种文化彩陶纹饰最终的趋同，"分明显示出各部族文化的支流汇合为华夏文化的历史的痕迹。闻一多《伏羲考》中指出：'图腾的合并，是图腾式的社会发展必循的途径'，这一过程中当出现'因部落的兼并而产生的混合的图腾''由许多不同的图腾糅合成的一种综合体'。《庄子·逍遥游》记有著名的鲲鹏神话，起初为'有鱼焉，……其名为鲲，有鸟焉，其名为鹏'两种形象。后来则演变为'北溟有鱼，其名为鲲，……化而为鸟，其名为鹏'，鲲鹏一身，鱼鸟合一，糅合成'一种综合体了'"[70]。彩陶鱼纹和鸟纹的"合体"是炎黄两集团实现融合的标志。

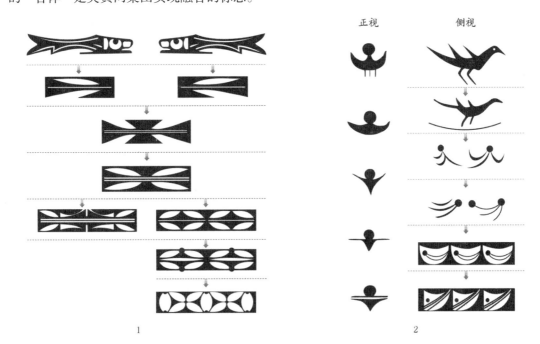

图三　鱼、鸟纹向花纹演变推测
（采自《中国彩陶图谱》第 154、158、159 页）
1. 鱼纹向花纹演变推测　2. 鸟纹向花纹演变推测

炎黄集团整合后，形成了以黄帝集团为核心的部落联盟，并且迅速将势力向更大范围扩展，因此在中原以外的区域也常常可以看到庙底沟文化彩陶的影子。据《史记·五帝本纪》，黄帝最显赫的事迹是伐蚩尤而赢得天下诸侯的拥戴。"天下有不顺者，黄帝从而征之"，赢得和迫使"诸侯咸来宾从"[71]，三代之君征伐不臣诸侯与之颇相类似。此外，黄帝时代已有初具规模的统治机构，如"置左右大监，监于万国"，又"举风后、力牧、常先、大鸿以治民"[72]。从这些记载来看，黄帝之部落无疑就是"万国"之中的"中国"[73]。

黄帝集团要治理这么大的疆土，只靠征伐显然是不可持续的，还需要统一思想的"祀"，而彩陶或许就是实现这种思想的载体。从彩陶的发展与流布情况看，半坡文化时期的彩陶显然已经开始作为祭器使用了，但普及程度不高，还不足以冲破血缘和文化的束缚。如果说半坡文化彩陶代表一种约束性"礼俗"，只在比较小的社会集体中得到认可的话，那么在较大范围和不同文化中流行的庙底沟文化彩陶所代表的则已成为一种"礼制"。庙底沟文化彩陶以全新的面貌登上古代中国的历史舞台，从而宣告中国新石器时代的古礼完成了由祭器向礼器的转变[74]。这种转变，标志着管理复杂社会古礼的初成，相同纹饰的彩陶应该就是这种礼制的体现。古礼的形成与黄帝时代的统治模式不无关系，从彩陶的规范化程度看，当时社会的管理应该是基于由近及远的血缘关系，并且充分尊重各地区不同文化特点。黄帝时代发明的许多古礼不仅有助于当时的社会管理，还对中国古代文明产生了深刻的影响，庙底沟文化璧、琮的发明便是例证[75]。

依靠这些明显带有象征性标识的、以彩陶为代表的"关键少数"器物，黄帝时代的中国形成了一种相对稳定的文化共同体，这种文化上的融合和疆域上的扩展及寓礼意于彩陶、器以藏礼的模式，为夏商乃至秦汉以后的中国奠定了基础。

仰韶时代的彩陶物化了中国五千年前先民们的心灵，折射出那个时代的精神，记录了那个时代的功绩，也为今天的人们与祖先对话搭建起了桥梁，从中可感知中国人崇拜龙凤、自称"华人"和"龙的传人"的情由。

注释：

[1] 吴耀利：《我国最早的彩陶在世界早期彩陶中的位置——再论我国新石器时代彩陶起源》，《史前研究》1988年辑刊。

[2] a. 吴耀利：《我国最早的彩陶在世界早期彩陶中的位置——再论我国新石器时代彩陶起源》，《史前研究》1988年辑刊。

b. 湖南省博物馆：《湖南石门县皂市下层新石器遗存》，《考古》1986年第1期。

c. 蒋乐平：《钱塘江流域的早期新石器时代及文化谱系研究》，《东南文化》2013年第6期。

d. 浙江省文物考古研究所、萧山博物馆：《跨湖桥》，文物出版社，2004年。

[3] 严文明：《甘肃彩陶的源流》，《文物》1978年第10期。

[4] 王仁湘：《中国彩陶文化起源新论》，《四川文物》2017年第3期。

[5] 安特生：《中华远古之文化》，袁复礼节译，农商部地质调查所，1923年，第212—214页。

[6] 李新伟：《库库特尼——特里波利文化彩陶与中国史前彩陶的相似性》，《中原文物》2019年第10期。

［7］甘肃省博物馆大地湾发掘小组：《甘肃秦安王家阴洼仰韶文化遗址的发掘》，《考古与文物》1984年第2期。

［8］北京大学考古学系：《华县泉护村》，科学出版社，2003年，第74、75页。

［9］王炜林：《试论泉护二期文化》，《考古与文物》2011年第6期。

［10］a. 卜工：《庙底沟二期文化的几个问题》，《文物》1990年第2期。

b. 张忠培：《黄河流域空三足器的兴起》，《华夏考古》1997年第1期。

［11］王仁湘：《史前中国的艺术浪潮——庙底沟文化彩陶研究》，文物出版社，2011年。

［12］a. 张致政、程鹏飞、褚旭等：《文化上"早期中国"的形成和发展学术研讨会纪要》，《南方文物》2011年第4期。

b. 韩建业：《庙底沟时代与"早期中国"》，《考古》2012年第3期。

［13］陈星灿：《庙底沟时代：早期中国文明的第一缕曙光》，《中国文物报》2013年6月21日。

［14］西安半坡博物馆、渭南县文化馆：《陕西渭南史家新石器时代遗址》，《考古》1978年第1期。

［15］赵春青：《从鱼鸟相战到鱼鸟相融——仰韶文化鱼鸟彩陶图试析》，《中原文物》2000年第2期。

［16］王炜林、王占奎：《试论半坡文化"圆陶片"之功用》，《考古》1999年第12期。

［17］陕西省考古研究院、渭南市文物旅游局、华县文物旅游局：《华县泉护村——1997年考古发掘报告》，文物出版社，2014年，第671、672页。

［18］王炜林：《猫、鼠与人类的定居生活——从泉护村遗址出土的猫骨谈起》，《考古与文物》2010年第1期。

［19］陕西省考古研究院、渭南市文物旅游局、华县文物旅游局：《华县泉护村——1997年考古发掘报告》，文物出版社，2014年，第672、673页。

［20］胡松梅、王炜林、郭小宁等：《陕西高陵杨官寨环壕西门址动物遗存分析》，《考古与文物》2011年第6期。

［21］《郑州考古实证5000多年前中国先民已育蚕制丝》，新华社，http：//www.xinhuanet.com/photo/2019-12/04/c_1125308759.htm。

［22］王建华：《黄河中下游地区史前人口研究》，山东大学博士学位论文，2005年。

［23］第三次全国文物普查以及近年来开展的一系列考古调查均表明，仰韶时代尤其是庙底沟文化遗址在关中地区的分布数量与密度可能三倍于第二次文物普查的数量。参见国家文物局：《中国文物地图集——陕西分册（上）》，西安地图出版社，1998年，第52、53页。

［24］陕西省考古研究院、渭南市文物旅游局、华县文物旅游局：《华县泉护村——1997年发掘报告》，文物出版社，2013年，第4页。

［25］2013年，陕西省考古研究院对扶风案板遗址进行系统调查，确认案板遗址总面积60余万平方米。

［26］高陵杨官寨遗址周边被居民区、村庄、厂房占压及破坏，加之近年来新发现的东区墓地达10多万平方米，据调查遗址实际总面积或可达120多万平方米。参见a.陕西省考古研究院：《陕西高陵县杨官寨新石器时代遗址》，《考古》2009年第7期。b.陕西省考古研究院：《陕西高陵杨官寨遗址发掘简报》，《考古与文物》2011年第6期。

［27］河南省文物考古研究所、中国社科院考古研究所河南一队、三门峡市文物工作队等：《河南灵宝铸鼎塬

及其周围考古调查报告》,《华夏考古》1999年第3期。

[28] 中国国家博物馆田野考古研究中心、山西省考古研究所、运城市文物保护研究所:《运城盆地东部聚落考古调查与研究》,文物出版社,2011年,第454页。

[29] 司马迁:《史记》卷一《五帝本纪》,中华书局,1963年,第34页。

[30] 陕西省考古研究院:《陕西高陵杨官寨遗址发掘简报》,《考古与文物》2011年第6期。

[31] 陕西省考古研究院、高陵区文体广电旅游局:《陕西高陵杨官寨遗址庙底沟文化墓地发掘简报》,《考古与文物》2018年第4期。

[32] 许倬云:《说中国——一个不断变化的复杂共同体》,广西师范大学出版社,2015年,第22页。

[33] 苏秉琦:《关于仰韶文化的若干问题》,《考古学报》1965年第1期。

[34] 严文明:《仰韶文化研究》,文物出版社,1989年,第158页。

[35] 司马迁:《史记》卷一《五帝本纪》,中华书局,1963年,第6页。

[36] 巩启明:《仰韶文化》,文物出版社,2002年,第206、207页。

[37] a. 郑州市文物考古研究所:《郑州大河村》,科学出版社,2001年。

　　　b. 孙祖初:《秦王寨文化研究》,《华夏考古》1991年第3期。

　　　c. 朱雪菲:《大河村遗址秦王寨文化彩陶再研究》,《中原文物》2015年第2期。

[38] 郑州市大河村遗址博物馆:《郑州大河村遗址2014—2015年考古发掘简报》,《华夏考古》2016年第3期。

[39] 吴汝祚、牟永抗:《略论大汶口文化的彩陶》,《史前研究》2000年辑刊。

[40] 靳松安:《试论河洛与海岱地区史前文化交流的格局、途径与历史背景》,《中州学刊》2010年第3期。

[41] 辽宁省博物馆、旅顺博物馆、长海县文化馆:《长海县广鹿岛大长山岛贝丘遗址》,《考古学报》1981年第1期。

[42] a. 山东省文物考古研究所、广饶县博物馆:《广饶县五村遗址发掘报告》,《海岱考古》1989年辑刊。

　　　b. 山东文物考古研究所、东营市博物馆:《广饶县傅家遗址的发掘》,《考古》2002年第9期。

　　　c. 山东省博物馆:《山东蓬莱紫荆山遗址试掘简报》,《考古》1973年第1期。

[43] 南京博物院:《江苏邳县四户镇大墩子遗址探掘报告》,《考古学报》1964年第2期。

[44] 王仁湘:《史前中国的艺术浪潮——庙底沟文化彩陶研究》,文物出版社,2011年,第141页。

[45] 王利器:《史记注译(一)》,三秦出版社,1988年,第2页。

[46] 宁夏回族自治区文物考古研究所资料。

[47] 青海省文物考古队:《青海民和阳洼坡遗址试掘简报》,《考古》1984年第1期。

[48] 甘肃省文物考古研究所资料。

[49] 陈洪海:《宗日遗存研究中的几点思考》,《西部考古》2006年辑刊。

[50] 甘肃省文物考古研究所:《秦安大地湾》,文物出版社,2006年,第692页。

[51] 湖南省文物考古研究所:《澧县城头山》,文物出版社,2007年,第424、425页。

[52] a. 中国社会科学院考古研究所湖北工作队:《湖北枝江关庙山遗址第二次发掘》,《考古》1983年第1期。

　　b. 中国社会科学院考古研究所湖北工作队：《湖北枝江关庙山新石器时代遗址发掘简报》，《考古》1981年第4期。

[53] 浙江省文物考古研究所资料。

[54] a. 河南省文物研究所、长江流域规划办公室考古队河南分队：《淅川下王岗》，文物出版社，1989年，第145页。

　　b. 中国社会科学院考古研究所：《青龙泉与大寺》，科学出版社，1991年，第169—173页。

　　c. 湖北省文物考古研究所、湖北省文物局南水北调办公室：《湖北郧县大寺遗址2006年发掘简报》，《考古》2008年第4期。

　　d. 中国社会科学院考古研究所湖北工作队：《枣阳雕龙碑》，科学出版社，2006年，第124—131页。

[55] a. 中国科学院考古研究所湖北发掘队：《湖北黄冈螺蛳山遗址的探掘》，《考古》1962年第7期。

　　b. 罗运兵：《薛家岗文化研究》，武汉大学硕士学位论文，2004年。

[56] 张忠培、乔梁：《后岗一期文化研究》，《考古学报》1992年第3期。

[57] 戴向明：《黄河流域新石器时代文化格局之演变》，《考古学报》1998年第4期。

[58] 魏坚、冯宝：《试论白泥窑文化》，《考古学报》2019年第1期。

[59] a. 崔璿、斯琴：《内蒙古清水河白泥窑子C、J点发掘简报》，《考古》1988年第2期。

　　b. 王仁湘：《史前中国的艺术浪潮——庙底沟文化彩陶研究》，文物出版社，2011年，第141—146页。

[60] 国家文物局、山西省考古研究所、吉林大学考古学系：《晋中考古》，文物出版社，1998年，第31—42页。

[61] 戴向明：《黄河流域新石器时代文化格局之演变》，《考古学报》1998年第4期。

[62] a. 黄龙县文物管理所、陕西省考古研究所：《陕西黄龙县古遗址调查》，《考古与文物》1989年第1期。

　　b. 陕西省考古研究院：《陕西黄陵县黄帝陵扩建工程发掘简报》，《考古与文物》2011年第6期。

[63] 苏秉琦：《中国文明起源新探》，生活·读书·新知三联书店，1999年，第122页。

[64] 卜工：《文明起源的中国模式》，科学出版社，2007年，第56页。

[65] 王仁湘：《史前彩陶解读的路径》，见河南省文物考古研究院：《华夏之花——庙底沟彩陶选粹》，上海古籍出版社，2013年。

[66] a. 西安半坡博物馆等：《陕西武功发现新石器时代遗址》，《考古》1975年第2期。

　　b. 中国社会科学院考古研究所：《宝鸡北首岭》，文物出版社，1983年，第102—105页。

　　c. 西安半坡博物馆、陕西省考古研究所、临潼县博物馆：《姜寨——新石器时代遗址发掘报告》，文物出版社，1988年，第241—248页。

[67] 陈成：《山海经译注》，上海古籍出版社，2012年，第294页。

[68] 陈成：《山海经译注》，上海古籍出版社，2012年，第237页。

[69] 严北溟、严婕：《列子译注》，上海古籍出版社，2006年，第48页。

[70] 王子今：《文明初期的部族融合与龙凤崇拜的形成》，《文博》1986年第1期。

[71] 司马迁：《史记》卷一《五帝本纪》，中华书局，1963年，第3页。

［72］司马迁:《史记》卷一《五帝本纪》，中华书局，1963年，第6页。

［73］孙庆伟:《"最早的中国"新解》，《中原文物》2019年第5期。

［74］卜工:《文明起源的中国模式》，科学出版社，2007年，第56页。

［75］王炜林:《庙底沟文化与璧的起源》，《考古与文物》2015年第6期。

庙底沟化与二里头化：考古所见华夏族群
与华夏传统的形成与演进

◎曹兵武

何谓华夏？华夏族群与华夏传统何以形成、何时形成？随着考古学文化时空框架、内涵特征及源流谱系的不断清晰，我们可以发现两个重要的史前考古学文化时期可能在华夏族群形成和文化认同上发挥了关键性作用：一是新石器时代中期的仰韶文化尤其是其庙底沟阶段，农业作为主要经济基础的确立造成大规模人口增长，彩陶、独具特色的器物群与其他具有高度一致性的物质文化以中原为中心向黄河中上游及其以外地区大肆扩张，结合近年基因、语言等多学科研究成果，大致可以确认这支文化就是今天人口众多、分布地域广阔的汉藏语系形成的考古学基础，因此对于华夏传统的形成具有族群、语言与文化上的奠基性意义；二是龙山阶段之后崛起于中原腹心地带的二里头文化，在仰韶文化解体之后的早期中国相互作用圈诸区域性文化传统竞逐中于仰韶故地再次脱颖而出，综合当时已知的诸先进文化因素，熔铸出超越区域性文化传统之上的文化正统和文明大统，为夏商周的王朝赓续提供了世界观、价值观乃至器用制度、政治体制等认同与遵循，大致上与文献中描绘的夏王朝崛起正相对应。因此，如果说具有强烈融合扩张性质的庙底沟化为华夏传统之奠基，而二里头化则熔铸出鼎立中原的华夏正统。

一、引言

现代民族概念起源于欧洲，清末民初才传入中国。中国人、中华民族都是在漫长的历史过程中逐步形成的族群认同观念，尤其是中华民族的称呼是晚至清末梁启超先生面对国内外政治外交形势和救亡图存的需要，总结中国境内族群互动脉络后首先提出和界定，进而得到广泛认同，并成为了辛亥之后五族共和的学术和思想基础[1]。中国人的观念认同可能在史前的五帝时代已经存在，《史记·五帝本纪》载："尧崩，三年之丧毕，舜让避丹朱于南河之南……而后之中国践天子位焉，是为帝舜。"如果说帝舜"之中国"还是司马迁对传说的追述，那么，目前确凿的文献证据则可以追溯到西周。1963年出土于陕西省宝鸡贾村镇周成王时期的何尊铭文中有"宅兹中国"四字，按上下文意是指西周王朝的成周地区，而《史记·周本纪》也记载周初周公在成周营建洛邑，是因为"此天下之中，四方入贡道里均"。可见居住在中原洛阳一带传统上有天地之中之称那块地方的人，在西周初年甚至更早的帝舜时代就已经是文化观念上的中国人了[2]。

在早期中国，对于不同族群与文化当然是早有认识的。中国人、中原人、汉人以及相对于他们的周边族群分异与交互，在上古时期已有很多传说，三代尤其自先秦和秦汉之后，分合交斗的情况是比较清晰确凿的。先秦之后中国之人随朝代不同而产生周秦汉唐等不同称呼，但基本上都以中原不断扩大的中国范围内的人为实指，包括中华及今天广泛存在的华人认同，也是一种清代之后在世界民族之林从事民族国家建设中对一个扩大了的中国人认同的回归和重新确认。

早期中国人更重要的一个称谓是华夏，这是一种更为古老和底层的族群与文化认知，也蕴藏着中华民族血脉与文化传承的诸多密码。秦汉之前的春秋战国时代，中原各诸侯国的主体族群自称为诸夏，也称为华夏，而周边包括一些著名诸侯国却并非诸夏，比如实力很强的楚国就被华夏之人视为南蛮[3]。华夏不仅是我们今天通常所说的中国传统文化即先秦时期轴心时代诸哲思考、记述的结果，也是经过夏商周三代长达一千多年的族群融合以及政治、文化认同和传承而形成的结果，是先秦时代已经存在的相对于周边四夷的一种族群自觉。但是，华夏还应该有一个长期的不自觉的存在阶段，从夏商周再往前追溯也有史实素地和史影可寻。三代之前的传说时代曾经有华夏、苗蛮、东夷等不同部族集团长期互动的文化记忆，考古学等也揭示出早期中国有一个从多元走向一体、中原族群与文化逐渐确立主体和正统地位的文化发展历程。所以，华夏核心的形成、四夷入华夏的过程和机制，是早期中华民族和中国文明及其特质形成与演进的关键。这一过程既有族群血缘上的传承与融合，也有文化与社会、政治演进的同化与认同，是个宏大而复杂的过程。

百年的现代科学考古发现与研究，逐步揭示出今天中国大地上从旧石器时代以来人类繁衍生息的各类物质文化遗存，包括化石、基因的演变交融情形[4]，从中基本上可以看出由早期直立人到现代中国人，经过原始采猎、早期农耕而逐渐形成具有地域特色的经济、社会和文化系统，并从多元走向一体，融汇出早期华夏族群与文明的核心，为后世中华民族和中华文明的发展壮大奠定基础的过程与机制。

本文以考古发现为主要依据，以区域性文化传统形成、演变、融合为主要对象，追寻东亚地区早期主体族群、文明高地和早期中国相互作用圈的形成过程与机制，并希望从中窥视华夏族群及其创造的文明的一些特点。

二、作为背景的多元区域性文化传统的形成与演进

虽然考古学文化是以被发现的古人类遗物和遗迹来界定和描绘的[5]，但它们反映一定时空之内的人类生活生产资料选择、工艺技术、社会组织与精神文化，其背后对应着特定的个体

和群体，百年中国考古学已经基本上建立起早期中国人类文化演进的时空框架和文化谱系，因此，对相关考古发现进行系统梳理，大致上可以从中寻绎华夏传统萌生与演进的历史过程。

古人类在中国大地上生存已有近两百万年的历史[6]，但是能够基于考古遗存比较清晰地辨识出以器用等技术和生业特征为表征的区域性文化传统来，大致上是旧石器时代晚期尤其是距今万年左右进入新石器时代以后的情况。因为石器等工具组合的不断丰富与复杂化，陶器和农业的发明与推广，人口增加和定居，以及对环境的深度开发利用与适应等，都是新旧石器过渡阶段之后的文化现象。因此，中国考古学才产生了对新石器时代以及之后一系列地域性的考古学文化命名。这些可以被辨识的不同区域性文化及其延续而成的传统，大致上就是此后传说时代的各族群集团生产生活遗留的物质性遗存。大约自新石器时代中期，尤其是农业经济发展起来以后，定居性的村落成为具有普遍性的文化景观，各地的考古学文化作为一种具有浓厚地方性适应特征并长期延续的生活传统逐步落地生根并不断发展壮大，不仅形成了几个大的各具特色的区域性文化传统区，相互之间也逐步以部落或族群集团的形式展开互动，结成了一个早期中国相互作用圈，在相互作用中开启了从多元文化走向超越部落族群的中华文明一体的历史进程[7]。

从区域性文化传统的形成与演进来看，这一进程大致可以划分为以下阶段：

1. 孕育：从旧石器时代早期开始，中国已有近 200 万年的人类生存发展史，尤其是古现代人走出非洲之后，沿着南方海岸线和北方草原之路分不同批次都曾经到达过中国，他们之间不仅发生过基因与文化交流，而且较多兼容了现代人之前的各类残存古人类如尼安德特人和丹尼索瓦人等的基因与文化[8]，并因为不同环境及相应的适应策略而表现出南方砾石器和北方石片石器两大长期共存的旧石器技术与文化传统。整个东亚旧石器时代的古人类都可能或多或少地为后来的中国人做出了基因贡献，他们创造的文化当然也是早期华夏传统的最早基底。

2. 萌芽：旧石器时代晚期尤其是距今 1.8 万年之后，末次冰期迎来拐点，气候快速转暖并伴随剧烈波动，盛冰期前后这段时间的古人类为应对极端环境被迫采取广谱性适应策略，强化对环境的开发与采猎活动，对某些动植物资源的认知利用不断深化，技术日益复杂，工具体系也进一步小型化和多样化，尤其是南方和东部中国由于环境相对优裕，古人类生活相对稳定，定居性较强，率先发明了陶器，并尝试对多种动植物资源的深度利用。经过距今 1.28 万年左右的新仙女木小冰期的回炉锤炼，在之后一路向好的气候环境鼓舞下，人类尝试农业与畜养，人丁日益兴旺，甚至尝试在旷野上建筑房屋，形成永久或半永久性定居村落。距今万年左右，包括陶器、磨制石器、玉器，以及南稻北谷两种谷物农业，热带亚热带的块茎类作物，还有河湖沼泽与沿海丰裕环境下的密集型渔猎采集等几大经济区系初具雏形，为日益复杂且与特定地域环境耦合良好的区域性文化传统在多个地区的发展奠定了基础。

3. 落地生根：距今 9000 年左右，尤其是在距今 8400—8200 年剧烈的降温事件[9]之后，全新世迎来了水热条件耦合良好的大暖期阶段，气候环境非常适于农业发展和传播，农作与定居社会在东部中国的山前、河谷、湖盆等宜居地区蔚成大观，形成连片的村落文化遗址群，器用、聚落结构和精神文化产品日趋复杂。具有一定地域特色的新石器较早阶段考古学文化如东北的兴隆洼文化，华北北部的兴隆文化，黄土地带及其东南缘的裴李岗、老官台、大地湾、磁山文化，海岱地区的后李文化，洞庭湖畔的彭头山文化，江淮的顺山集文化，杭州湾的河姆渡、跨湖桥乃至更早的上山文化等如雨后春笋般涌现，它们已经表现出各具特色的区域性特征并和之后的文化传统形成明显的连续关联性。

4. 发展壮大：距今 7000—5500 年间，在经济、技术、观念尤其是人口快速增长等因素促进下，相对独立或者孤立的文化区块比如仰韶文化、大汶口文化、红山文化、屈家岭文化、良渚文化等，都逐步实现了将同一地理环境区域性下的不同考古学文化统一整合，发展壮大为成熟的在经济形态、聚落结构、器物组合与精神信仰等方面各具特色的区域文化传统，并出现了聚落间和社会内部分层，启动了社会复杂化进程。不同文化区域之间既相互区分也密切交流，从而形成一个与后世中国范围近似的东亚早期文化互动圈[10]，一些奢侈品和意识形态物品包括知识与观念等，可能在不同区域的上层之间相互流通[11]。苏秉琦先生等以区系类型学说将其归纳为中国史前文化的六大区系，并指出它们不仅各有渊源、特征和发展道路，区内和区间大致同步演变又相互影响，也是夏商周三代文化以及春秋战国时期晋、楚、秦、齐、燕、吴越、巴蜀的史前基础[12]。

5. 碰撞重组：大约距今 5500 年左右，各地的区域一体化相继达到高峰，人口饱和，区间空白缓冲地带减少，加上全新世大暖期已越过了气候最佳阶段，资源压力陡然加大，处于环境敏感地区的仰韶文化率先离析解体，同时麦类、牛羊等源自西亚的新经济因素开始涌入，引发仰韶文化区在粟作农业基础上又一次产业革命。一方面人地关系紧张造成在聚落间与不同文化类型间竞争加强，聚落内外的分化与冲突加剧，各地城墙林立，壕沟纵横，一些显贵大墓异常奢华，另一方面新技术传播加快，文化交流与趋同现象愈加明显[13]，严文明先生仔细梳理各地区的统一性与多样性之后，提出龙山时代的概括性命名[14]，我也曾经论说过此乃由经济社会发展转型引发的普遍龙山化的文化现象及其深刻意义[15]，一个真正的早期中国相互作用圈将各区域的文化与族群更加紧密地联系在一起，逐鹿中原的大幕已经启动。

6. 核心生成：经过剧烈的分化、重组与竞逐，一些区域传统快速衰落崩解，而中原地区经过龙山时代的激烈竞逐之后，崛起了综合当时东亚大地各类先进文化因素、具有强大辐射力并凌驾于其他地区之上的二里头文化[16]。联系早期中国王朝国家万邦来朝的中国传统历史叙事，可以认为一个文化认同上的正统和超越地域的大统已经确立起来。经过夏商周三代的赓续传承与发展完善，一个以中原为中心的历史趋势业已形成[17]；再经过春秋战国轴心化时期经典文献的记述与表达，以及之后的秦汉一统，可以说华夏传统作为集成东亚地区农业和农牧交互文化的文明高峰与引力核心已经确立，此后便以滚雪球般膨大的机制不断发展壮大。

以上是以整个东亚为背景的早期人类与文化从采猎经过农耕畜牧孕育出以华夏为核心的文

明高地和主体族群的大致的纵向发展脉络。而从横向来说，相对于非洲和欧洲，早期中国这块土地作为东方的宜居之地，自直立人以来，曾经有多支不同古人类远道而来生存繁衍，可以说中国是欧亚大陆最具早期古人类多样性的地区之一，他们之间的遗传跨度与融合幅度，远远超过包括非洲在内的其他地区[18]。东亚自青藏高原至沿海平原高度复杂多样环境下涵养的早期人类族群、生业类型及其融合互动方式的复杂多样性，使得新石器时代的中国充分展现了多区域性文化传统的兴旺发达及其相互作用，从而使得华夏传统在形成过程中得以吸纳整合了极其广阔的时间纵深和地理范畴中的人与文化成就。在中原中心形成之前新石器时代中期区域性文化传统竞相发展的高峰阶段，也正是古史传说中炎黄蚩尤等几大部族异常活跃的时期，考古可见黄土地带的华夏族与海岱、江淮一带的东夷族，还有长江中游及以南的苗蛮、长江下游的古越族等，都是人口众多、实力很强的族群集团[19]。然而，新旧石器过渡阶段不同的文化基础和地理环境舞台，不仅使他们走了不同的发展道路，也使得在区域间的相互作用中各自占据不同的地位。按照严文明先生的分析，新石器时代中期各区域性文化传统之间已经结成了重瓣花朵式的结构[20]，初步显示出从多元走向一体化的发展趋势。而经过仰韶文化时期的庙底沟化与龙山时代重组之后的二里头化这两次集大成式的融合扩张事件，华夏集团渐渐脱颖而出，成为早期中国范围内各区域文化交互的中心。因此，庙底沟化与二里头化，可以说是早期中国浓墨重彩的华化和夏化，为此后的历史发展铺设了耀眼坚实的底色[21]。

三、仰韶文化及其庙底沟化：核心族群生成和文化性格奠基

庙底沟是仰韶文化中期阶段的代名词。1921年仰韶文化的发现与命名被认为是现代中国科学考古学诞生的标志。经过百年考古发现与研究，已基本上可以确定仰韶文化是一支以黄河中上游和黄土高原为主要分布区的地域性文化。但是，无论从距今7000—4700年的存在时间、大约130万平方千米分布空间、关系错综复杂的地方类型及其源流，以及众多的遗址数量而论，仰韶文化都当得起是一个巨无霸，其以彩陶为核心特征的成千上万个遗址分布于以黄河中下游地区为中心的黄土地带，远远超过其他地区同时期包括略晚的同一发展阶段的诸兄弟文化[22]。

仰韶文化甫一登场，就有很多亮眼的文化特征，除了独具风格的彩陶和罐盆瓶钵等陶器组合，仰韶文化的遗址规模普遍较大，围绕大型公共建筑的分组房屋、中心广场、规范的墓地规划、人数众多的合葬墓、大量的儿童瓮棺葬这些颇能体现群体团结的遗迹，在仰韶文化遗址中非常普遍，展现了充分的聚落向心力和高度的社会组织能力。比如发掘与研究比较充分的姜寨遗址，在仰韶文化早期即已形成五组各自围绕自己的大房子安排的建筑群，共同环绕遗址中心的大型广场，并各自在聚落环壕外边有对应的公共墓地[23]。在属于仰韶文化中晚期的河南灵宝西坡遗址，四座超大型房子环绕中心广场，门道相对，中心广场与大房子的公共活动核心地位与作用空前突出[24]。这类建筑精致、以正对门道的后壁为上位、前部凸起成近五边形的超大型房子在仰韶文化多个遗址的中心部位均有发现，毫无疑问是仰韶聚落中早期已经普遍存在的

大房子传统的进一步发展，其迎门的大火塘，特别处理的地面和墙面（个别保存较好的房址中发现有类似石灰面的硬化处理和墙壁彩绘，面积达数百平方米）、密集的立柱以及常有饮酒遗痕等内部独特的功能和结构，与佛兰纳里等系统梳理的现代民族志和世界各地考古普遍发现的史前社会的男人会所等初期的公共建筑颇有共通之处[25]，也是后来的中国国家社会中的宗庙、宫殿等特别类型公共建筑的重要源头。可以设想，正是在这样的公共性建筑中，村落成员或青壮年男性等常常集会，受到社群历史、宗教、仪式、军事等方面的教育，并酝酿了村落发展的重大事件与对外扩张计划。

仰韶文化之兴盛，主要是因为这是早期中国第一支以农业为主要经济基础的地域性考古学文化。全新世大暖期及降水带的北移，黄土地带在当时农耕条件下的易开垦性，使得农业经济率先发展，仰韶文化占得了时间和空间上的先机，在半坡与庙底沟阶段接连进行过两波大的以西与北方向为主的扩张。

距今七千年左右仰韶文化已经形成。幅员如此辽阔的仰韶文化的形成机制、内部的复杂性，以及对外的扩张与联系，是同时期其他文化无法相比的。仰韶文化分布范围内在前仰韶时期大体上至少共存着各有渊源的贾湖文化、裴李岗文化、磁山文化、北福地文化、白家文化、老官台文化和大地湾文化等前仰韶文化，仰韶文化能够取代这些不同文化，是在扩张中经过文化整合或者融合才逐步完成的，这个过程其实从裴李岗文化时即已启动。借助于末次冰期结束、海平面大幅度上升，以及全新世大暖期的到来，在人群与生存资源的重新布局中，南稻北谷两种分别起源于东南中国与北方中国的农业文化沿着黄河冲出中游奔向东部低地的喇叭口两侧，交汇于中国地理地貌的二、三级阶地和秦岭–淮河的南北气候分界线一带，导致裴李岗文化在嵩山周边的快速崛起与扩张，这是仰韶文化的主源。早期阶段的仰韶文化充分利用全新世大暖期的水热耦合条件和黄土的易开垦性，继承贾湖和裴李岗文化向北向西的扩张势头，融汇黄土高原及其东南缘的诸多本土文化，并沿太行山麓和黄河中游支流诸河谷将复合型的农耕文化与彩陶等扩张到更远的河北北部、内蒙古、山西、陕西以及甘青等地，直达童恩正先生概括的半月形地带[26]或者罗森女士所说的中国弧[27]这又一个纵深、巨型的文化地理喇叭口的西北远端，其间经过农业主体地位的确立、黍–粟–稻被粟–黍–稻–豆作物组合的取代，农业经济比重的进一步上升[28]，以及内部其他文化要素与格局如彩陶纹样的嬗变等，终于在距今6000年左右的庙底沟阶段基本上完成了仰韶文化分布范围内诸地方类型的文化整合与一体化，以及对中国黄土高原及其东南缘的全覆盖，其彩陶等文化观念和因素还对周邻其他区域性考古学文化产生了强烈影响，形成史前中国一次波澜壮阔的统一运动。

因此，仰韶文化可以说是通过文化的融合创新而形成的、早期中国第一支以农业为主要经济基础的史前文化，依赖于农业为其人口增长与扩张奠定的经济基础，它在庙底沟阶段即率先实现了包括传统中原在内的黄土地带的从多元到一体。仰韶文化融合、扩张的过程大致经历了三个阶段：第一是借裴李岗文化南北融合的东风和复合式农业经济基础不断向黄土地带扩张；

第二是以粟和豆大幅度替代黍，进一步优化作物结构，深化农业经济的重要作用，支撑人口持续增长，在晋豫陕三角的河谷与黄土台塬地带完成半坡与后冈等早期地方类型的进一步融合，形成新的庙底沟类型并启动了第二轮更具深度的扩张与整合，实现了黄土地带的文化统一并继续向外辐射强大的影响力；第三是其后期经历大扩张之后的再次地方化乃至离析解体，引发又一波震荡式文化扩散。

近年的语言学与人类古基因的谱系研究发现，仰韶文化及其后裔文化已经为汉藏语系的形成起了奠基性作用[29]。民族语言学家孙宏开等先生也认为甘青河湟地区的马家窑及其之后文化的人群沿青藏高原东缘南下甚至登上青藏高原，乃是包括东南亚地区的藏缅语族形成的主要动因[30]。汉藏语系中派生的汉语，作为华夏族群与文明的主要语言文化基础，可以追溯到史前的仰韶文化。

仰韶晚期和后仰韶的文化低潮时期，相对于周边其他区系的文化而言，位居中原的仰韶文化故地的聚落与人口规模也未落下风，不过，从庙底沟顶峰阶段的跌落和解体，则为其吸纳周边文化因素提供了新的机遇和空间。东部的大汶口文化、南方的屈家岭文化等在区域一体化高峰阶段对仰韶故地的挤压和渗透态势，加上环境变化、仰韶系统内部解体之后北方地区的仰韶后人携带变异和源自更远的西北方向的新文化因素向故地的回归，使其原有的核心分布区即所谓的中原一带较早进入一种不同血缘族群重叠挤压的复合式文化融合与重组的演化状态，加上小麦、牛羊、冶金等新经济因素的加盟，从而形成了石峁、陶寺、太平、瓦店、新砦和二里头等一批广泛综合各地文化创造的新型中心城镇。乱葬坑、殉人、活人奠基和祭祀遗存等在中原地区大量出现，表明在此融合重组过程中不乏血腥冲突与对抗。但是，这种同一区域中的复群化社会分层生存状态，恰恰为社会组织形式突破血缘、超越部落和部族的王朝国家的横空出世创造了前提性条件，这也正是红山、良渚以及海岱和江汉地区同时期周邻区域文化传统中所缺乏的重要文明基质。因此，中原地区最终成为了诸早期王朝的降生与盘踞之地。而所谓王朝，可以理解为诸王来朝的早期中国特有的国家文明中心，也可以理解为争夺文化正统的逐鹿中原的中国式文明形成模式。

因此，仰韶文化的形成与大规模向外拓殖、扩张，具有早期华夏传统的人口与文化的奠基性意义。仰韶文化的解体也同样重要，因为经过庙底沟阶段的一体化和解体，进入龙山化时代，是在农业比重不断增加、人口与财富积累膨胀到一定限度的发展模式下，由仰韶文化所在区域率先开启并得到整个早期中国相互作用圈次第响应的、各地域性文化传统达到内外饱和或者接近饱和之后的一种文化调适性转向。其对内的表现是人口继续增长，空间更加拥挤甚至压缩，对外是因为空白缓冲地带减少甚至消失，文化间或者是区域间竞争趋于激烈，普遍发生碰撞甚至是冲突。其实质就是农业发展之后的人口与经济文化的重置，为龙山时代之后超越区域性传统的华夏正统的孕育提供了一个新的社会文化背景。在龙山化过程中，后发完成一体化的大汶口文化、屈家岭文化等向西向北的扩张，加上仰韶文化离析解体之后的人们携带源自北方的牛羊、小麦、冶金等新文化因素在晋南豫西和陕东的中原核心区相互竞争、交叠融合，最终在嵩山周边地区化出了华夏正统在诸区域性文化传统中的集大成式脱颖而出，即二里头文化的崛起。此后经过夏商周三代接续定鼎中原，中原的华夏文化传统成为了整个东亚的文明高地。

四、群雄会师二里头：融汇融合熔铸东亚早期中国的高地

二里头文化是以河南省洛阳盆地二里头遗址一至四期所代表的一类考古学文化遗存，目前已发现二里头文化各类遗址超过 500 余处，集中分布于豫中和豫西的环嵩山周边，其鼎盛时期北至晋中，西至陕东和丹江上游的商州地区，南至鄂北，东至豫东，其辐射影响范围则更大。在夏商周断代工程中，二里头遗址经过系列高精度碳十四测年和校正，时代大致上被确定在公元前 1800 至前 1500 年间[31]。二里头文化的重要性主要体现在：一是崛起并兴盛于传统中原的腹心地带，二是在时间上晚于河南龙山文化而早于以郑州商城为代表的商代二里岗文化，三是二里头遗址本身也是郑州商城之前中原核心地区仅有的超大型、跨入青铜时代、内涵丰富灿烂且具有都邑性质的中心聚落。除了时空中的关键位点外，仅从考古学文化面貌角度看，二里头文化和二里头遗址也的确有诸多非同一般表现，与之前和同时期的诸考古学文化包括龙山时期各地的文明高地代表性文化和遗址具有很多不同的特点。

首先，二里头文化是由若干不同文化的要素融合而成的一个新文化。很多前辈学者都从类型学和文化因素角度分析过二里头文化的渊源。随着考古学发现与认识的深入，多数学者同意就作为当时日常之用和考古学文化最精确标记的陶器组合来看，二里头文化主要是在当地河南龙山文化嵩山以南的煤山类型和嵩山以北的王湾类型融合基础上大量吸收了豫东的造律台及豫北的后冈二期文化等因素，经短暂的新砦期快速发展而成，当然在此前后，山东、安徽乃至西北方向等的陶器文化因素也大量涌入了这一地区[32]。其实，二里头文化的各个方面都明确地表现出这种对周邻四面八方文化因素的广泛吸收与整合创新的特点，不同于以往的考古学文化往往为一地早期文化的自然嬗变或者受到外来因素的影响而发生转折性变化，二里头文化显然是选择性甚至是主动地聚合了周邻包括远方的多个考古学文化的精彩因素，如二里头遗址所见铸铜、玉器与绿松石加工和应用，以及白陶、硬陶、海贝等新鲜因素，其中大都是广泛借鉴并经过改造提升和赋予新的内涵后再加以使用。在其整个社会整体性的经济基础和考古学文化的物质形态中，传统中国的五谷六畜之中除了马，此时已初步齐备（需要补充的是，二里头已经发现了车辙痕迹）[33]，复合型的农业经济俨然成型，同时已有了高度发达并专业化的制石、铸铜、造玉和制骨等手工业及专门作坊，其中最为令人瞩目的当属掌握了用复合范制造青铜容器并作为垄断性礼器的高超技术。显然，相对于之前多地零星发现的并未在生产生活中扮演重要角色的各类小件铜制品，二里头文化才可以被视为是真正意义上的中国青铜时代的滥觞。

其次，二里头文化在当时的诸多地域性文化相互作用中表现出突出的脱颖而出的超越性特点。二里头文化形成过程中广泛吸收各地文化因素并加以整合提升，不仅超乎原有诸文化或文

化类型之上，又向周边地区大幅度地施加其文化影响。就纵向时间轴和中原地区来说，二里头文化的出现是经过仰韶时期其所在地区在区域一体化的高峰和分化、相对沉寂之后的又一次较大范围的统一与重新崛起，并也像仰韶高峰阶段一样对周邻文化产生了广泛影响，其辐射区如果以二里头式牙璋[34]、鸡彝[35]等特色标志性器物和因素的分布来衡量，范围之大已远远超过仰韶文化顶峰阶段的庙底沟类型。不同之处是，二里头文化的出现让周邻诸同时期考古学文化显示出万马齐喑的局面，如东方的岳石文化、北方的下七垣文化、东南的马桥文化等，包括长江中游地区，非但缺乏二里头文化那样的高级产品，原来已有的发达的制陶业等手工业也显示出粗鄙化趋势，显然是这些文化的社会上层在政治和意识形态方面受到抑制性影响之后，对意识形态物品的有意放弃所致。

以上两点让二里头文化不同于此前和同时期周邻乃至当时东亚地区早期文化相互作用圈中的其他任何一支考古学文化或各地散乱的诸文明制高点，如红山、海岱、良渚、石家河乃至石峁和陶寺等。二里头文化的脱颖而出具有鲜明的超越性，某种程度上可视为华夏传统或者文明核心在中原地区形成的标志，许宏先生在《最早的中国》中曾经形象地将此现象概括为文明格局从满天星斗发展到月明星稀[36]。

在上述过程之中，位于黄河中下游之交和黄土高原东南缘的中原嵩山周边因为地理与气候等环境原因，构成了一个特殊的文化地理区间。前仰韶时代南稻北谷两种农业文化已经在此遭遇，为仰韶文化的形成与扩张提供了一个与大暖期和黄土地带非常耦合的复合式农业经济基础和出发点。在后仰韶时代的区域传统竞争中，这里又成为四面八方文化因素和力量逐鹿的焦点地区，经过不同族群和文化的交叠融合，最终成为集大成的二里头文化登场的理想之地，因此堪称整个东亚历史与文化关键性的地理枢纽，也被传统世界观认为是人类世界的天地之中。

在以农业部落为载体的区域一体化高峰阶段，各地区的考古学文化普遍发展出以内部分化和大型中心型聚落为特点的簇团式防御分层社会，他们大建中心聚落甚至是环壕聚落、带有城墙的聚落，是因为这样的聚落具有数倍于普通聚落的防御能力，从而在族群冲突或者外来劫掠者面前可以更好地保护族群的安全。二里头文化开创了一种全新的地域协同式防御模式，以巩义稍柴、郑州大师姑和东赵、新郑望京楼、平顶山蒲城店、孟州禹寺[37]等多个具有高度防御能力的次级中心聚落对二里头大邑形成拱卫之势[38]，而二里头自身则仅在行政中枢部位建设宫城进行有限的区分和防御。二里头和这些次级中心聚落的所在，构成文化的中心区，而超出这个文化中心区的重要地点，比如交通要道或关键的资源产地，则派出防御性极强的中心堡垒将其置诸管辖之下，如夏县东下冯、垣曲古城、商洛东龙山等，可能都是此类外围据点。这一全新的空间防御与管理模式基本上被二里岗文化全盘继承并扩展。考古发现表明，郑州大师姑、荥阳西史村、新郑望京楼、垣曲古城、商洛东龙山等遗址纷纷在二里头文化消亡之后都在二里岗阶段进行了改建或重建，继续扮演着区域性中心聚落，并和郑州商城形成共荣关系。二里头自身也在沿用的同时渐渐被近旁的另一个二里岗文化的大邑偃师商城所镇压、取代。显然，这些现象可以视为是国家文明或者国统的形成及其交替的考古表现。

一个超越诸区域性文化传统且要被不同族群共同认同和争夺的文化正统的形成显然需要一次大的突破和超越，尤其是对血缘组织关系的突破和超越，并在意识形态方面获得广泛认可。这一点根据古今中外诸多案例，只有国家这一组织形态可以做到[39]。二里头这种能够整合诸统包括以考古学文化为表征的超乎各区域传统之上又包含它们的更大的文化传统，以政统或者国祚视之或勉强近之。当然，区域传统演进过程中自然也伴随有社会分化、统治与被统治的阶层之分，以及相应意识形态的诠释系统，但族群内部和族群之间的统治与被统治则大不相同，后者需要不同族群、阶级和各类文化因素的系统套嵌和整合。因此，尽管早期中国相互作用圈里若干地区都曾经发展到复杂的初级文明社会，但终未迈过国家文明的门槛。二里头文化的产生与存在模式则明确地体现了这一突破。二里头文化在包括不同族群的上述诸要素的传承、交流、吸纳、整合、改造和辐射中，缔造了一个超越区域内部不平等乃至区域间相互攻击、掠夺的新型社会治理模式，并可能达成了某种新的具有超越性的意识形态共识。更为重要的是，这个超越诸统之正统和大统，又被随后的二里岗文化所接续。显然，这被接续的正是以超越族群文化传统的以国家政统为核心的一种华夏文化正统，此后，它又继续被周人和秦人接续并发扬，一步一步由最初的王朝向黄河中下游地区为中心的中华帝国演进。

支撑这一国统的正统文化观念，比如与世界观、意识形态系统、祭祀系统、礼制系统等相关的宫殿建筑、祭祀遗迹、丧葬和礼乐用品等制度性文化遗存，同样在二里头遗址中快速发展并得以被后世传承，考古发现集中体现在继承创新的高等级器物生产工艺和组织形态方面，其中尤以青铜礼器及其代表的礼仪文化最为重要。二里头遗址迄今已发现的青铜器超过200件，有容器、兵器、乐器、礼仪性饰品和工具等，几乎包括当时东亚大陆各文化中各类青铜器类，而青铜容器则为二里头文化综合各地青铜冶炼、制陶工艺及造型技术和观念等所独创，已经发现的器类有爵、斝、盉、鼎等，是迄今中国最早的成组青铜礼器。二里头铸铜作坊发现的容器陶范中，有的刻画着精美的花纹，所铸圆形铜器直径最大者可达30厘米以上。作坊遗址面积约1万平方米左右，紧挨宫城南部并以围垣环绕，使用时间自二里头文化早期至最末期，不仅是迄今中国最早且可以肯定由宫廷管理进行生产[40]。

二里头遗址发现的绿松石和其他玉石制品也极具特点，和东部海岱、红山、良渚等文化中大量的饰玉、巫玉以及西部齐家、石峁、清凉寺等的财玉、宝玉等在制作与使用方式上也表现出根本性区别，比如玉钺、玉刀、玉璋、玉圭等，尽管较多借鉴了海岱等地的玉器形制，但与其本来的装柄方式和用途已经无关，而多直接用于在各种场合表现贵族的权威。绿松石则常被镶嵌在一种牌饰上，被集成为某种仪式用品上的装饰。发掘者许宏先生推测二里头的许多玉制品或许已经是作为在宫廷上昭示君臣关系的"玉圭"或"笏"来使用的。因此，有理由相信二里头阶段才超越原来丧葬与巫术背景中的玉文化而形成了真正的礼玉文化[41]，在这个过程中，许多早期玉器的形制和含义已经被加以整理和改造了。再往后，又进一步借鉴并整合各地尤其是东部巫玉丰富的文化内涵发展为更加完善和影响长远的中国传统礼玉体系。二里头遗址发现的白陶、印纹硬陶和原始瓷，极有可能也是源自东南地区的早期同类遗物。这些复杂的器用与其背后新的意识形态观念，显然已经形成了不同以往却可能与国家正统相对应的新的知识、含义和礼仪系统。

由此可见，二里头文化在中原较广阔的范围内实现了一次跨越式的整合与突破，其文化因素、聚落结构和价值观念等方面均体现出超族群跨地域的文化形态。究其原因，一是中原内部族群与文化互动的特点，二是自仰韶晚期以来中原周边次第进入区域一体化高峰的各文化影响，尤其是源自西北地区源源不断人群与新鲜文化因素的强烈刺激。到龙山时代晚期，由于文化自身演进和环境的变化，各地考古学文化间互动交流乃至碰撞的力度空前加强。中原地区因为仰韶时期之后相对的低潮和空心化，以及相对适宜稳定的地理环境——可能还要加上黄河在新气候环境背景下冲积加速所塑造的新的宜居空间，使之成为各方力量的逐鹿之地，各个方向的人群和新文化因素急剧向这里聚集。同时，由于牛羊、小麦、冶铜等新文化因素的引进，加上持续的高强度开发与环境变迁，北方地区在距今4300年左右人口大规模增加，文化开始蜕变，相互之间的竞逐空前加剧，今天的长城沿线地带在这一阶段兴起了非常密集的石城聚落群，以及像石峁那样的巨型中心型军事聚落——可能也是相当广阔地域内的野蛮征服掠夺者，迫使晋南盆地地区人口大规模集中并快速走向复杂社会。在此背景下，陶寺曾经试图整合各方力量和文化要素，并可能已经初步跨越国家的门槛，但是旋即在巨大的时空张力下被颠覆而崩溃。作为仰韶兴盛期共同的子民，石峁、陶寺等的动静不可能对嵩山周边中原腹心地带的族群没有影响。他们在短时间内完成了自己的区域性整合，并主动向各方出击，尤其是着力于西北方向，直接将晋南作为资源要地和战略缓冲地带置诸管辖，以寻求先进文化资源和日益复杂的互动格局中的比较优势地位。

这一波巨变，被赵辉先生在《"古国时代"》中概括为社会复杂化或中国文明形成进程的第三波[42]，但除了时空上的异同之外，其模式和意义也和前两波完全不同。第一波走向复杂分层的初级文明社会是自发性的，是农业文化传统次第进入区域一体化高潮时的情形，仰韶文化拔得头筹，而东方大汶口－龙山、东北红山、东南的崧泽－良渚和南方的屈家岭－石家河等各有精彩华章，甚至后来居上，快速步入高级酋邦社会，其中大汶口、屈家岭等环境优裕、物品丰盈型社会的精美文化因素甚至大举挺进中原，估计也会有不少移民同时趁机填补此地仰韶后期的相对空白[43]。但随着第二波源自北方转型期的激荡，长城以北自庙底沟二期以来各种高度变异和新颖的文化因素一波又一波不断南下，其多米诺骨牌效应横扫长江中下游甚至更南的东亚大地，让龙山时代的文化格局为之骤变，区域传统间的竞逐进入白热化阶段，连同良渚和石家河那样的巨型中心聚落也轰然坍塌[44]。而以二里头文化为主角的这第三波才真正整合四面八方的文明成就，熔铸出以国家为载体的华夏文明的正统和文化自觉。

五、华与夏：开放兼容坚韧的东方文明之大统

从上所述，我们可以看到东亚地区从极具多样性的生存环境、早期人类、生业类型和文化中，逐渐融汇出仰韶、二里头这样的兼容并包的核心族群与文化、文明中心。那么，何谓华夏？似乎可以这样认为，华夏作为早期中国的主体族群之一，作为中国文明的主要文化根脉，其主体性显然与仰韶时期的庙底沟化以及龙山时代地域性文化传统激烈竞逐后的二里头化两次大的文化整合运动密切相关。华夏建基于南稻北谷两种主要农业经济融合形成的复合型农业经济基础之上，与其他重要文化扩张和文明发源地一样，是农－人口及其伴随的语言－文化扩张模式的结果；在早期华夏的形成中，仰韶文化的形成尤其是其庙底沟阶段包括旱作农业及彩陶等意识形态表达的强势统一与扩张，具有人口、语言和其他文化、文明基因的奠基性作用；在仰韶文化解体后的龙山化洗牌中二里头文化的崛起，不仅继续延续仰韶故地中原一带在地理与人口和血缘方面的优势传统，也从意识形态、军事和政治等方面整合了当时东亚地区诸先进文化因素，熔铸出超越区域族群的文明大统和华夏正统的历史地位。

"夏"在《说文解字》中即直接被许慎释为中国之人。当然，"夏"也指天气炎热、万物长大的自然现象，此外，夏还有大的意思。这里的"大"不仅指形体广阔或地域辽阔，也暗示有容乃大、开放包容进而繁荣的文化态度，比如"大气"相对于"小器"，指有象有形的器物容积有限，无形无象的精神却能够容纳一切。还有将"夏"与"雅"联系在一起，认为"夏""雅"通假，夏人的一切文化成果包括语言等都是审美观念中雅的代表[45]。

早期文献记载中在殷周之前有个夏王朝，按照历史上的成规，夏朝的人自然可以称为夏人。然而，对于夏王朝是否真实存在，考古学上哪个文化是夏王朝或者夏族、夏人的文化遗存，因为缺乏像甲骨文那样的夏人自己的文字自证，目前学术界仍存争论。《史记·夏本纪》将夏王朝当做信史来写，甲骨、金文中的一些字也被很多学者释读为"夏"字[46]，除了上述常见字义，某些线索也被一些学者阐释为夏代史迹。但是，早期中国的确有那么一批人及其文化曾被称为夏，这不仅是一个延续着的文化记忆，也是作为一个文化传统被认知、认同和传承的。春秋战国时中原各国及其人们普遍被他称或自称为诸夏[47]，无疑就是这种久远的文化记忆的表现。夏作为一种集血统、文脉以及道统、政统之大成的大统、正统这样一个先于商代的文化现象，从时代、地域、内涵等方面综合分析，二里头文化是夏之遗存的可能性是相当大的，也是多数相关学者的共同看法。

"华"字在甲骨文中末被确认，但金文中已有多例，指草木之花，普遍引申为事物精华之义。因此，在中国古代文化语境中，"华"和"花"通假，意味像"花"一样绚烂、美丽，在先秦文献中也常有服饰美丽谓之华、文化高雅谓之夏的用意[48]。传说从黄帝时就已经发明了养蚕缫丝以制衣，这种衣服非常轻薄柔滑且富有光泽，乃衣之华美的最高体现。近年来随着科技考古的介入，中原地区多处仰韶文化遗址中都发现了养蚕缫丝的考古证据[49]，一些学者还将仰韶文化彩陶丰富多样的花卉纹样以及中原地区一系列相关地名、人名与华之传说等相联系，从

而将仰韶文化与最早的华族联系在了一起[50]。将仰韶文化理解为东亚大地主干族群的华化——族群记忆与认同过程中首次浓墨重彩的底色铺设，使其具有了从花到华的意识形态认同倾向。诚如此，也可以认为"华"这个字很形象地表达了在先民心中一种文明、优雅并具有深远影响力的文化[51]。

总之，"华夏"合在一起，应该是指一个文明族群创造的一个"礼仪"之邦。这个民族文明程度比较高，礼仪比较优雅，并且宽容开放，为周边族群所仰慕仿效。当然，这种模糊的文化优越和认同感是经过国家文明尤其是春秋战国文化交互加剧过程的淬火，以及轴心化时代的提炼表达，才渐渐清晰和定格，成为相对于四夷的中原族群的文化自觉。华夏、秦汉乃至唐人，慢慢成为了东业文明的内圈核心和渐渐耸起的文化高峰，政治上的统一与扩张也客观上普及了这一认同在以中原为中心的广大地域的共识化与长期影响。因此，可以认为，"华夏"是一个涵盖了族群、生业、文化、认知与审美认同的，具有血统和文脉意义的早期中国中的民族文化共同体。仰韶文化的庙底沟阶段可以视为是华夏传统在东亚地区出现的第一个关键形成期，为周边族群和文化上的逐鹿中原提供了可供追慕、争夺的人口资源对象和文化认同正统；二里头文化时期，华夏传统才有了可被传承的世界观框架、价值观内核以及礼制要素。两者都是对当时族群与文化相互作用圈内先进因素集成熔炼的结果。华夏传统乃是整个东亚人类及其文明成就的结晶。

苏秉琦曾经将中国历史概括为"超百万年的文化根系，上万年的文明进步，五千年的文明古国，两千年的中华一统实体"[52]，用来描述华夏文明和中华民族筚路蓝缕的形成和演化过程，是非常妥帖的。这个民族和文明，不但有悠久的历史根脉，也因为独特的地理环境和上述的演进过程而形成了一些比较独特的特点：

一是开放、包容，不断融合各兄弟族群和文化，较好地保持了族群与文化的多样性。首先是人类基因的融合，如果说南北古现代人在早期中国发生融合是自然而然的，令人称奇的是早期中国人还较多融合了主要活跃于欧亚大陆西端的尼安德特人的基因，以及大致与尼安德特人平行甚至更为古老的丹尼索瓦人的基因。估计随着古DNA分析技术与成果的不断推进，早期直立人的一些基因贡献可能也会逐步被识别，从而为东亚人类在体质形态与石器技术等方面的长期连续性提供实质性的支持；其次是生计与生活方式等文化因素的融合。上百万年的采猎传统积淀，较早开发利用较为丰富的水生资源和森林资源，使得前农业阶段这里就是人类经济生活类型最丰富的地区之一，丰裕采猎经济养成相对较强的定居性特征，也为较早开展航海、制陶等发明创造提供了坚实的经济与社会文化基础。尽管在走向农业社会的动植物驯化进程中可供选择的理想资源没有西亚的新月沃地那么得天独厚，但早期中国却在多个地点进行了多种驯化尝试，除了较早形成南稻北谷两大农作物驯化中心之外，东北亚的丰裕渔猎和南岭以南的块茎类园艺种植，都对各地区新石器时代的人口增长、定居村落的出现与地域性文化传统的发展等起到积极作用，从而使得在走向复杂的文明社会时具有非常多样性的经济与文化选择和支持。因此，早期华夏集团和国家文明的形成，不仅是新石器时代农业社会产生以来各区域性文化相互作用的结果，也包括了旧石器时代奠基的南北两大板块的碰撞融合，并经过早期农业社会的区域性文化传统及其相互作用圈的充分发育和搅拌发酵，甚至包括西亚、中亚文明因素的不断涌入和刺激。尤其是华夏文明核心从仰韶的雏形到二里头的定调，实则是一个不同族群、技术、物品、观念不断交融、砥砺的长期过程，作为各种文明要素集大成者的二里头文化的横空出世，已经是不断融合、反复融合、合之又合的结果[53]。

二是形成了较为独特的天人合一世界观和五谷兴旺六畜发达的复合型多样化小农经济基础，使得经济与社会具有超强的稳定性与韧性。古人类尤其是古现代人一路向东抵达东亚，跋山涉水，观天理地，生存环境与生活方式丰富多样性，使得他们对天文地理以及人与生存资源的关系较早形成自己独特的看法，也较早养成定居性较强、安土重迁的生活与文化观念，不仅成为最早的伐木做舟航海者，也是最早洞悉水、土与火的奥秘和发明陶器的人群；不仅最早尝试动植物驯化，也从数百万年的石器文化中发展出具有强烈生命意识和具象崇拜的玉器文化。尤其是黄土地带的农耕长期要靠天吃饭，广种薄收，水旱互补，农牧互补，较早发展出观象授时、沟通天人、敬天法祖的相对独特的世界观与宗教观，以及独具特色的宗教与礼制等意识形态文化，小农经济发育充分，商品交换不太发达，自强自立、自给自足无论在家庭还是社会层面，很早就成为突出的特色，以家庭为核心逐层扩大的社会组织形态稳定持续。

特别值得一提的是在走向文明化进程中作为早期华夏文明摇篮的黄河中游和黄土地带的重要作用。前述东亚早期人类与文化的多样性，是以隆起为世界第三极的青藏高原所塑造的东亚季风模式和地理环境的多样性为基础的，它造就了一个自东北亚到青藏高原东南缘的阶地、气候和环境多样性褶皱带（又被一些学者从各不同学科角度称为胡焕庸线、半月形文化传播地带、中国弧等），而此褶皱带和东亚南北气候交接带恰在中原地区相交汇，使得这里自旧石器时代晚期就明显地成为了一个汇集各族群与生业的文化熔炉。几大人类早期文明摇篮在文明化进程中各有自己的特点。中原的黄河河谷与黄土地带在全新世大暖期为南稻北谷两种农业的耦合发展和仰韶文化的兴盛提供了一个绝佳之地。尽管黄河中游的河谷缺乏尼罗河、两河和印度河谷那样的灌溉、航运等聚集效能，但是从高原到河谷、滨海，加上上述气候环境的交汇以及黄河冲出黄土高原的喇叭口状地形，恰如一个依西面东的文化地理漩涡，东部低洼地带农业人群密布，而黄土高原与周边的其他大河流域成为它的纵深，多样性族群、经济与文化不断在这个喇叭口一带汇聚、碰撞、融合，使得东亚各文化相互作用圈逐渐形成以中原为中心的历史发展趋势。经过不断吸纳调适，终于形成五谷丰登、六畜兴旺的自给性极强的小农经济支撑基础，以及以此支撑的人口与文化底盘，不仅在华夏族群的脱颖而出、东亚大地从多元文化走向一体化的文明进程中，这个摇篮起到关键的熔炉作用，也成为一个长期的文化引力中心。秦汉以后，随着长城的修筑以及大运河的开凿，华夏文明不仅很好地消化了农牧二元结构的文明冲突而得以持续兴盛，也更好地整合了海河、黄河、淮河、长江、钱塘江乃至珠江等各东向大河流域的农耕文明，吸纳周边族群与各种文化因素持续加盟，最终形成中华民族与中国文明如同滚雪球般不断聚合的成长壮大机制，也使得中华文明成为唯一一个走过了早期农业、成熟农业和农牧二元经济基础并正在快速迈向工业化和信息化的连续不断的人类文明体系。

注释：

［1］李喜所：《中国现代民族观念初步确立的历史考察——以梁启超为中心的文本梳理》，《学术月刊》2006年第2期，第5页。

［2］武家璧：《周初"宅兹中国"考》，见北京大学考古文博学院、北京大学中国考古学研究中心：《考古学研究》（八），科学出版社，2011年。

［3］杨浥新：《春秋时期诸夏与戎狄关系》，四川大学硕士学位论文，2006年。

［4］陈星灿：《中国考古学百年成就》，《中国社会科学报》2021年10月19日第2版。

［5］夏鼐：《关于考古学上文化的定名问题》，《考古》1959年第4期。

［6］肖东发：《远古人类：中国最早猿人及遗址》，现代出版社，2015年。

［7］张光直：《中国相互作用圈与文明的形成》，见《庆祝苏秉琦考古五十五年论文集》，文物出版社，1989年。

［8］a. 张明、付巧妹：《史前古人类之间的基因交流及对当今现代人的影响》，《人类学学报》2018年第37卷第2期。

b. 高星：《中国地区现代人起源研究的考古学进展》，见《早期中国研究》第4辑，上海古籍出版社，2021年，第1—11页。

［9］刘宜：《最近的一次骤然降温可能暗示未来的气候》，《中国科教创新导刊》1998年第10期，第40页。

［10］张光直：《中国相互作用圈与文明的形成》，见《庆祝苏秉琦考古五十五年论文集》，文物出版社，1989年。

［11］李新伟：《中国史前社会上层远距离交流网的形成》，《文物》2015年第4期。

［12］苏秉琦、殷玮璋：《关于考古学文化的区系类型问题》，《文物》1981年第5期。

［13］曹兵武：《从仰韶到龙山：史前中国文化演变的社会生态学考察》，见周昆叔、宋豫秦：《环境考古研究》第2辑，科学出版社，2000年。

［14］严文明：《龙山文化和龙山时代》，《文物》1981年第6期。

［15］曹兵武：《大仰韶与龙山化——管窥史前中国文化格局的关键性演变》，《中原文化研究》2022年第1期。

［16］曹兵武：《二里头文化——华夏正统的缔造者》，《中原文化研究》2021年第3期。

［17］a. 赵辉：《以中原为中心的历史趋势的形成》，《文物》2000年第1期。

b. 赵辉：《中国的史前基础——再论以中原为中心的历史趋势》，《文物》2006年第8期。

［18］大卫·赖克：《人类起源的故事》，叶凯雄、胡正飞译，浙江人民出版社，2019年。

［19］徐旭生：《中国古史的传说时代》，文物出版社，1985年。

［20］严文明：《中国史前文化的统一性与多样性》，《文物》1987年第3期。

［21］曹兵武：《华夏传统的形成与早期发展》，见《考古一生：安志敏先生纪念文集》，文物出版社，2011年。

［22］魏兴涛：《从文化到文明化——仰韶文化百年历程及其文明化成就》，《华夏考古》2021年第4期，第3—10页。

［23］西安半坡博物馆、陕西省考古研究所、临潼县博物馆：《姜寨——新石器时代遗址发掘报告》，文物出版社，1988年。

［24］a. 中国社会科学院考古研究所河南一队、河南省文物考古研究所、三门峡市文物考古研究所等：《河南灵宝市西坡遗址发现一座仰韶文化中期特大房址》，《考古》2005年第3期。

b. 李新伟、马萧林、杨海青：《河南灵宝市西坡遗址2006年发现的仰韶文化中期大型墓葬》，《考古》2007年第2期。

c. 中国社会科学院考古研究所河南一队、河南省文物考古研究院、三门峡市文物考古研究所等：《河南灵宝市西坡遗址庙底沟类型两座大型房址的发掘》，《考古》2015年第5期。

［25］肯特·弗兰纳里、乔伊斯·马库斯：《人类不平等的起源：通往奴隶制、君主制和帝国之路》，上海译文出版社，2016年。

［26］童恩正：《试论我国从东北至西南的边地半月形文化传播带》，见《文物与考古论集》，文物出版社，1987年。

［27］参见刘歆益：《沟通中西方的"中国弧"》，《人民日报》2017年6月13日第24版。

［28］张海：《中原核心地区文明起源研究》，上海古籍出版社，2021年。

［29］Menghan Zhang，Shi Yan，Wuyun Pan，et al.，"Phylogenetic Evidence for Sino–Tibetan Origin in Northern China in the Late Neolithic"，*Nature*，2019，Vol. 569，No. 7754，pp. 112-115，2.

［30］孙宏开：《跨喜马拉雅的藏缅语族语言研究》，《民族学刊》2015年第2期。

［31］夏商周断代工程专家组：《夏商周断代工程：1996~2000年阶段成果报告·简本（夏商周书·研究报告）》，世界图书出版公司，2001年。

［32］a. 王立新：《再论二里头文化渊源与族属问题——二里头考古与中国早期文明笔谈（二）》，《历史研究》2020年第5期。

b. 魏继印：《早期夏文化与夏初历史》，《中原文化研究》2021年第1期。

［33］袁靖：《中原地区的生业状况与中华文明早期发展的关系》，见《西部考古》第11辑，科学出版社，2016年，第1—12页。

［34］邓聪、王方：《二里头牙璋（VM3：4）在南中国的波及——中国早期国家政治制度起源和扩散》，《中国国家博物馆馆刊》2015年第5期。

［35］张法：《三足酒器在远古中国的文化和美学内蕴——基于对鬶盉－鬶鹖－盉（酙）－鸡彝演进历程的探讨》，《首都师范大学学报（社会科学版）》2018年第1期。

［36］许宏：《最早的中国》，科学出版社，2009年。

［37］温小娟、陈学桦：《河南夏文化探索又有重要新发现——豫北地区发现虞夏时期"城池"》，https：//

［38］袁广阔、朱光华：《关于二里头文化城址的几点认识》，《江汉考古》2014 年第 6 期。

［39］罗曼·赫尔佐克：《古代的国家：起源和统治形式》，赵蓉衡译，北京大学出版社，1998 年。

［40］赵海涛、许宏：《中华文明总进程的核心与引领者：二里头文化的历史位置》，《南方文物》2019 年第 2 期。

［41］参见常书香：《承上启下的"二里头玉器"》，《洛阳日报》2017 年 8 月 8 日。

［42］赵辉：《古国时代》，《华夏考古》2020 年第 6 期。

［43］a. 杜金鹏：《试论大汶口文化颍水类型》，《考古》1992 年第 2 期。

　　b. 孙广清：《河南境内的大汶口文化和屈家岭文化》，《中原文物》2000 年第 2 期。

［44］赵辉：《古国时代》，《华夏考古》2020 年第 6 期。

［45］李辉：《〈诗经〉雅诗的兴起——从"雅（夏）"字义说起》，《文史知识》2013 年第 6 期。

［46］季旭昇：《说文新证》，福建人民出版社，2010 年，第 480 页。

［47］如《左传·闵公元年》记载："狄人伐邢。管敬仲言于齐侯曰：'戎狄豺狼，不可厌也；诸夏亲昵，不可弃也。宴安鸩毒，不可怀也。《诗》云：岂不怀归，畏此简书。'"

［48］《春秋左传正义·定公十年》："中国有礼仪之大，故称夏；有服章之美，谓之华。"

［49］袁广阔：《中原仰韶文化丝织品的发现及其价值》，《光明日报》2020 年 10 月 19 日第 14 版。

［50］苏秉琦：《华人·龙的传人·中国人——考古寻根记》，辽宁大学出版社，1994 年。

［51］陈星灿：《庙底沟时代：早期中国文明的第一缕曙光》，见《考古学家眼中的中华文明》，文物出版社，2021 年。

［52］苏秉琦：《中国文明起源新探》，生活·读书·新知三联书店，2001 年，第 176 页。

［53］麻国庆：《费孝通民族研究理论与"合之又合"的中华民族共同性》，《中央民族大学学报（哲学社会科学版）》2020 年第 4 期。

从仰韶文化鱼纹的时空演变看庙底沟类彩陶的来源

◎张宏彦

一、前言

自从20世纪50年代半坡与庙底沟遗址发掘而建立了仰韶文化的"半坡类型"与"庙底沟类型"以来，二者的关系就成为考古学界长期争议的重要问题之一。由于这一争论涉及仰韶文化体系乃至传统认知的仰韶文化能否成立的问题，故历来为学术界所关注。

20世纪60年代，苏秉琦归纳了这两个类型的基本特征：半坡类型遗址中含有葫芦口瓶和鱼纹彩陶盆两项主要特征因素；庙底沟类型遗址中含有鸟纹、蔷薇花纹、双唇口瓶三种主要特征因素。并认为二者大致同时，各自具有独特的文化面貌，其原因大概主要由于两者文化渊源不同[1]。之后，这些主要的特征因素就成为区分半坡和庙底沟两类遗存的最主要标准。然而关于二者的关系，一直存在不同的认识。由于60年代以来，多处遗址的地层关系表明，半坡类型要早于庙底沟类型，于是更多的学者主张，它们是先后承袭的关系。

20世纪70年代以来，逐步开展了仰韶文化分期（三期或四期）、分区和地域类型的研究等，进而建立了一个西至甘青、东到豫东、南达南阳、北界长城沿线并由诸多区域和文化类型构成的十分庞大的文化体系。

20世纪80年代以来，学术界开始重新审视这样一个庞大的仰韶文化体系。丁清贤认为，"所谓的仰韶文化，实际上是一个十分庞杂的复合体，它包含了几个不同文化系统和不同发展阶段的考古学文化"[2]。赵宾福认为，"'仰韶文化'一词已经脱离了考古学文化的范畴，而成为我国黄河中游地区新石器时代一个发展阶段的代称。过去那些因含有彩陶而被笼统地称为'仰韶文化'的各个'类型'，今天看来实属不同的考古学文化"[3]。于是仰韶文化先后被分解为"半坡文化"、"庙底沟文化"（或"西阴文化"）和"西王村文化"等[4]。由于多数学者认为，所谓的"庙底沟文化"与"西王村文化"的演变关系比较清晰，于是在这样的学术背景下，"半坡类型"与"庙底沟类型"的关系研究，就上升为"半坡文化"与"庙底沟文化"的关系研究，并展开了热烈的讨论。

一些学者主张"庙底沟文化"是"半坡文化"的直接继承者[5]；或者认为各地的庙底沟类

型文化源自当地的半坡文化[6]。近年来，宋建忠、薛新民等依据晋南枣园、北橄遗址的发掘，主张"半坡文化"与"庙底沟文化"分属不同的文化体系，二者各有渊源，并行发展；北橄一、二期遗存是迄今发现年代最早的"庙底沟文化"，其源自晋南枣园文化（以下简称"晋南说"），晋南地区是庙底沟文化的起源地与发达的中心[7]。问题的焦点仍集中在重唇口（即双唇口）瓶和由圆点、勾叶、弧线等元素构成的花卉类彩陶纹样出现的时间和区域方面。以彩陶为例，主张"晋南说"的学者们认为："半坡文化晚期的彩陶以变体鱼纹、图案化规整的构图为主要特色，而且绘画技术已相当娴熟，但是北橄遗址第一、第二期的彩陶构图简洁，最习见的是宽带纹，其他纹样也从一开始便以圆点、弧线等与半坡文化不同风格的母题为特色，二者显然不是直接的传承关系，充其量是接受了某些影响。"[8]即庙底沟类彩陶花卉纹样是不可能由半坡类的鱼纹演变而来，因而它们之间不可能存在承袭关系。

但如果我们把目光由晋南转向仰韶文化分布的中心区域——渭水流域，特别是关中西部和渭水上游地区，就会发现彩陶上的鱼纹和花卉类纹样之间并没有天然的鸿沟，而是有着密切的承袭关系；花卉类纹样最早出现地在关中西部和天水一带。不仅在彩陶花纹方面，庙底沟期的主要陶器器形、聚落和房屋形制方面，也同半坡期遗存有着密切的联系。但由于篇幅的限制，本文主要依据甘肃秦安大地湾和陕西陇县原子头遗址的发掘资料，拟从仰韶文化鱼纹的时空演变入手，对庙底沟期彩陶的起源及半坡与庙底沟遗存的关系再做探讨。

二、大地湾二期遗存的内涵、性质与年代

大地湾遗址是渭水上游甘肃秦安县的一处面积达110万平方米的特大型史前聚落遗址，1978年以来的多次发掘，出土了大量的遗迹、遗物。《秦安大地湾——新石器时代遗址发掘报告》[9]（以下简称《大地湾》）将遗址的文化遗存分为五期：第一期属前仰韶时期的老官台文化；第二期属仰韶文化早期；第三期属遗址的仰韶文化中期；第四期属仰韶文化晚期；第五期遗存被归入常山下层文化。其中第三期有重唇口尖底瓶等，属仰韶文化庙底沟期。关键是大地湾第二期遗存内涵、性质和年代的认识，对于认识"半坡类型"与"庙底沟类型"的关系至关重要。

大地湾第二期文化遗存十分丰富，共发现房址156座、灶坑46个、墓葬21座、窑址14座、沟渠8段、灰坑和窖穴72个；共出土器物3299件，其中陶器1000件，石器823件，骨器、角器、牙器、蚌器1476件。第二期的聚落围有壕沟，房屋布局为围绕中心广场的向心式结构，房屋多为方形或长方形半地穴式；成人墓葬均为长方形竖穴土坑和单人仰身直肢葬；陶器以细泥、夹砂红陶为主，器形主要有圜底钵、圜底盆、曲腹盆、平底内凹钵、葫芦口尖底瓶、葫芦形平底瓶、带盖小罐、盆形甑、深腹罐等；纹饰以绳纹最多，还有线纹、弦纹等；彩陶主要为黑彩，图案有宽带纹、各种鱼纹，直线、圆点、弧线构成的各种几何纹图案（图一）。《大地湾》报告依据地层关系和陶器的演变特征，将第二期遗存细分为前后相继Ⅰ、Ⅱ、Ⅲ段，[14]C年代数据在距今6500~5900年之间，并认为二期的文化内涵与临潼姜寨二期和史家墓地大体相同。

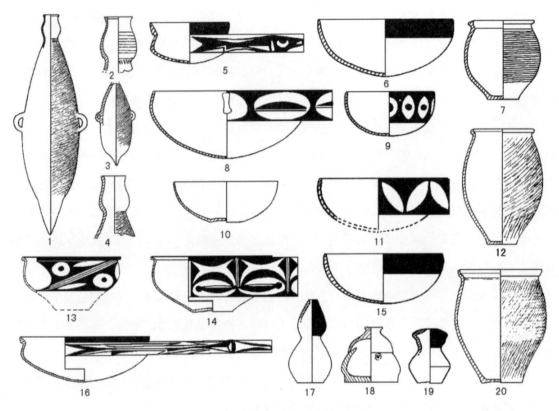

图一　大地湾二期主要陶器

1.瓶（F2：14）　2.瓶（F203：P61）　3.瓶（F302：1）　4.瓶（H259：P24）　5.盆（H232：1）　6.钵（F234：24）
7.罐（F709：14）　8.钵（F333：6）　9.钵（H235：7）　10.钵（F204：3）　11.钵（H347：8）　12.罐（F1：14）
13.盆（T700：3：19）　14.（F709：23）　15.钵（M202：8）　16.盆（T323③：14）　17.瓶（M202：1）
18.罐（M204：11）　19.瓶（M219：1）　20.罐（F348：8）

　　与大地湾二期完全相同或非常相似的遗存广泛分布于关中地区、渭水上游及西汉水上游，主要有甘肃秦安王家阴洼第一类型，天水师赵村二期，武都大李家坪，陇西二十里铺，西和宁家庄，礼县石嘴村和黑土崖、高寺头等，以及陕西陇县原子头、宝鸡北首岭、千阳丰头、高陵东营、铜川吕家崖、渭南史家等遗址。其中陕西陇县原子头遗址仰韶二期发现有接近写实性鱼纹盆、圜底钵与葫芦口尖底瓶共存，与大地湾二期Ⅰ段的遗存相同；原子头仰韶三期有鱼纹盆、圜底钵，平凹底钵，葫芦口尖底瓶，绘有圆点、弧线三角构成图案的曲腹盆和弦纹罐，铁轨式口沿罐等，与大地湾二期Ⅱ、Ⅲ段相同，有些器形或纹样甚至完全相同，^{14}C 年代数据为距今6340~5900 年。《陇县原子头》[10]（以下简称《原子头》）报告认为，原子头二期属"史家类型"，三期是仰韶文化"史家类型"向"庙底沟类型"过渡时期的遗存。天水师赵村二期、王家阴洼第一类型也多被认为属"史家类型"。可知它们均应属同一文化同一时期的遗存。

　　过去对"史家类型"的内涵及文化属性的认识，多是依据史家、姜寨二期、元君庙、王家阴洼等遗址的墓葬资料。张忠培将渭南史家墓地归入半坡类型较晚阶段[11]。严文明在对半坡遗址分期后指出"与半坡早期后段相当的遗址，有姜寨二期、史家墓地、元君庙 M423 等 4 座墓葬、大地湾仰韶早期和王家阴洼墓地等处"[12]。从大地湾二期遗存看，墓葬随葬陶器有鱼纹圜底盆、圜底钵、葫芦形平底瓶、带盖小罐等（图一，15~20），但不见葫芦口尖底瓶、彩绘曲腹盆等；居址既发现有较多圜底鱼纹盆、圜底钵这些明显半坡类遗存的因素，又有葫芦口尖底瓶、曲腹彩陶盆、平凹底钵、铁轨式口沿罐等庙底沟类的因素（图一，1~14）。因此，大地湾二期和原子头二、三期的发掘，使我们对所谓"史家类型"内涵有了新的认识，即半坡类与庙底沟类因素共存。

此外，大地湾二期和原子头二、三期均未见杯形口尖底瓶，说明它们应晚于以半坡遗址早期、姜寨一期为代表的半坡期前段，这里暂称之为"大地湾二期类遗存"，其 ^{14}C 年代大约在距今 6500~5900 年之间，也相当于传统认识的半坡期后段。以上以大地湾二期和原子头二、三期为代表的遗存，无论是文化特征还是年代方面，均处在半坡与庙底沟类遗存关系的节点上，是我们探索这一问题的关键资料。

三、仰韶文化鱼纹的演变及时空分布

彩陶是仰韶文化的重要特征之一，历来为考古和艺术学界所重视。鱼纹是仰韶文化半坡期彩陶纹样最显著的特点之一，鱼纹的演化与分布在一定意义上显示出仰韶文化半坡期和大地湾二期类遗存的发展过程与时空分布，因而有着特殊的意义。

半坡期较早阶段多为写实性鱼纹，显得生动活泼。大地湾二、三期的彩陶中也有一定数量的绘在卷沿圜底盆外壁上鱼纹。其中二期Ⅰ段的鱼纹接近写实，Ⅱ、Ⅲ段的鱼纹则介于写实和抽象之间，很有些图案化，三期Ⅰ段的鱼纹则完全抽象化，变成了一个圆点后拖两条长尾。这一演变过程非常清楚，反映了鱼纹从早到晚有逐步简化的趋势（图二，1~4）。王仁湘将这一时期介于写实和抽象之间的鱼纹称为"典型鱼纹"，将抽象化鱼纹称为"简体鱼纹"，并在广泛搜集整理鱼纹图形资料的基础上，对这两类鱼纹的演变与时空分布做了仔细的研究[13]。这项研究对我们探索大地湾二期类遗存的时空分布及相关问题有着积极的引导作用。

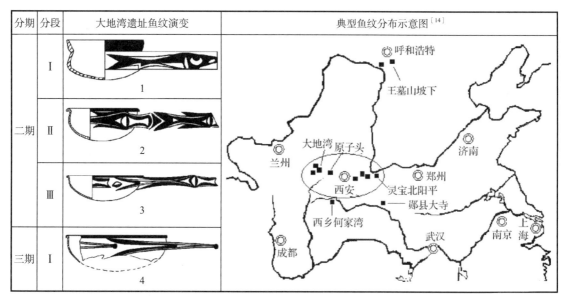

图二　大地湾遗址鱼纹演变及典型鱼纹分布示意图
1. H232：1　2. H227：22　3. F707：15　4. T107②：3

据王仁湘研究，"典型鱼纹"除在豫西灵宝永泉埠、小常、北阳平，晋南垣曲店头及汉水上游的西乡何家湾和内蒙古王墓山坡下等遗址有个别发现外，集中分布在关中地区和渭水上游等地。主要有陕西陇县原子头、宝鸡北首岭、临潼姜寨、华阴南城子[15]、铜川李家沟[16]和高陵东营[17]等遗址和甘肃秦安大地湾，陇西二十里铺，西和宁家庄、礼县石嘴村、黑土崖[18]、高寺头[19]，武都大李家坪[20]等处。并认为，上述典型鱼纹彩陶最初出在渭河流域，最有可能是在渭河上游一带，分布在汉水、西汉水和豫西地区的典型鱼纹彩陶，也应当是来自渭河流域[21]。通过对渭水流域仰韶时期遗存的考察可知，"典型鱼纹"主要见于大地湾二期类遗存，个别见于庙底沟期较早阶段。由此可见，"典型鱼纹"的分布实际上指示了大地湾二期类遗存分布的主要空间范围（图二，右）。

"简体鱼纹"的分布区域与"典型鱼纹"大体吻合，除在晋南夏县西阴村[22]、新绛光村[23]、洪洞耿壁[24]和豫西的灵宝南万村[25]有少量发现外，大部分仍集中分布于渭水流域（图三，右），主要有关中地区的华阴南城子、华县泉护村[26]、蓝田泄湖[27]、扶风案板[28]、岐山王家嘴[29]、彬县老虎煞和水北[30]、西安南殿村[31]、长安客省庄[32]和渭水上游的甘肃秦安大地湾和礼县黑土崖[33]等处，汉水上游的南郑龙岗寺[34]遗址也有发现（图三）。特别值得注意的是，在华阴南城子遗址，发现"典型鱼纹"与"简体鱼纹"共存，说明"简体鱼纹"是由典型鱼纹演变而来的；在华县泉护村、扶风案板、岐山王家嘴遗址中均未发现早于庙底沟期的遗存，简体鱼纹均与原始重唇口尖底瓶、曲腹盆等共存，故应属庙底沟期较早阶段的遗物。

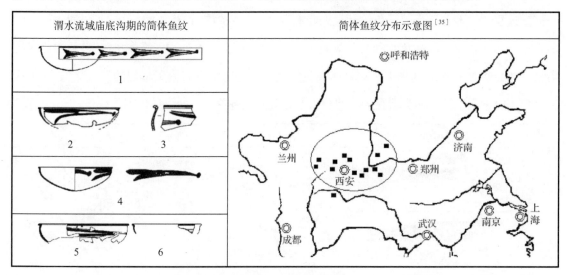

图三 简体鱼纹及分布示意图

1.蓝田泄湖（T3⑧M13：1） 2.扶风案板（GNDH31：16） 3.西安南殿村（64：42）
4.岐山王家嘴（T1H4：13） 5.彬县水北（H53：1） 6.华县泉护村（F201：06）

上述鱼纹时空演变与分布研究表明，从仰韶文化半坡期到庙底沟期，鱼纹主要分布在渭水流域，其中关中西部可能是这一演化中的核心区域所在，文化的特征最为鲜明而具有代表性。渭水上游的仰韶文化遗存，是由中心区向西迁徙、扩散的结果，虽不属于中心地带，但没有受到其他文化的影响，因而文化面貌基本保持了中心地区的特色。而豫西、晋南、汉水上游是处于边缘地带，容易受到同时期其他文化的影响。更远的豫中、冀南豫北、河套地区及鄂西北等地则是其文化因素传播所波及的区域，属影响区。这一时空分布的界定也与笔者对仰韶文化时空分布考察所得出的结论相合[36]。因此，任何关于仰韶文化的研究，均应以主要分布区的典型遗存资料为主，否则就有可能出现偏差。

四、庙底沟类彩陶构图元素的来源探讨

关中西部和渭水上游的大地湾二期和原子头二、三期彩陶中不仅有鱼纹，引人注目的还有大量的由直线、斜线、圆点、弧边三角等元素构成的图案。其中大地湾二期的彩陶多为黑彩，有极个别红彩；彩陶数量从早到晚有逐渐增多的趋势，Ⅰ段为13.38%，Ⅱ段为18.59%，Ⅲ段更高达31.93%，数量远远超过已知的同时期各地遗存。彩陶纹样主要的构图元素有条带纹、直线纹、斜线纹、圆点纹、圆圈纹、弧边三角纹、半月纹、菱形纹、柳叶形纹或曰豆荚纹等，图案多由一、二种构图元素组成，有自早到晚由简到繁的演变趋势（图四）。

大地湾三期的彩陶也绝大多数为黑彩，有个别饰红、黑、白三彩陶器；数量也较多，比例与二期相近或略多；纹样比二期更加绚丽和多样化，多由几种构图元素组成复杂的图案。主要构图元素有圆点纹、圆圈纹、弧线纹、圆点弧线纹、网格纹、弧边三角纹、回旋勾连纹、豆荚纹、花瓣纹等（图五），线条显得更加流畅、技法更为成熟。总体看来，大地湾三期彩陶无论

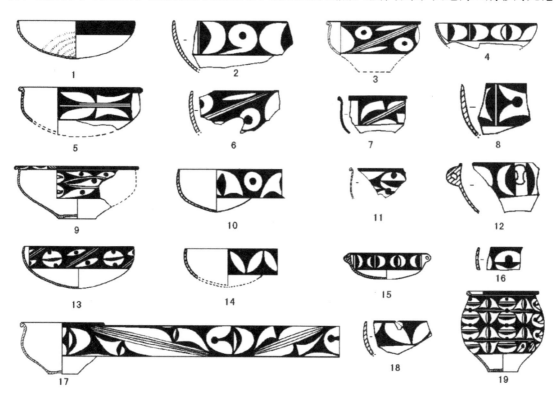

图四　大地湾二期类遗存彩陶

1. F1：4　2. H379：P185　3. T700：3：19　4. H100：5　5. H379：24　6. H210：P5　7. H379：P187
8. H714：P38　9. H42：1　10. F383：7　11. F320：P8　12. T330③：P32　13. F33：1　14. H347：8
15. H100：1　16. T109③：P125　17. F1：4　18. T610③：P27　19. H84：1
（说明：1~3、5~8、10~12、14、16~18出自大地湾遗址二期；4、9、13、15、19出自原子头遗址三期）

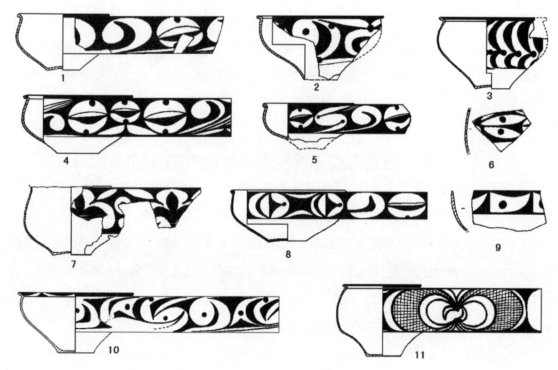

图五　大地湾遗址三期彩陶

1. F330：40　2. H302：6　3. H302：5　4. TG3③：1　5. F704：14　9. H700：P45　10. T309③：11　11. T201③：38

是器形、构图元素、图案，还是工艺技术均明显是承自二期，与渭水流域其他庙底沟期典型遗址如岐山王家嘴、扶风案板、华县泉护村出土者相比均别无二致。

上述发现与研究表明，关中西部和渭水上游大地湾二期类遗存的花卉类彩陶是目前已知最早的，庙底沟期的彩陶及其工艺技术源自大地湾类遗存也是很明显的。因此，从彩陶方面观察，所谓的"庙底沟文化"的源头，应在渭水流域，特别是关中西部到渭水上游这一带寻找。

此外，表面上看来，鱼纹与花卉类纹样是完全不同的两类图案，二者似乎各有源流，但实际上二者之间有着密切的关系。王仁湘通过鱼纹的研究后认为，庙底沟文化广泛流行的叶片纹、花瓣纹、菱形纹、圆盘形纹、带点圆圈纹等，大都是鱼纹拆解后重组而成[37]。这项研究将仰韶文化彩陶的认识推向一个新的高度，也给我们很大的启示。笔者通过对大地湾二、三期，原子头二、三期及渭水流域其他庙底沟期典型遗址出土彩陶纹样比较后，的确可以清晰地看到，花卉类纹样的构图元素实际上很多都来自图案化的鱼纹（图六）。

从大地湾二期类遗存的"典型鱼纹"和花卉类纹样比较中，可以看出图案化鱼纹中就已出现圆点、圆圈、半月形、弧边三角、柳叶形等各种构图元素。当时的制陶工匠们就已开始拆解了"典型鱼纹"的构图元素，创造性地利用几种元素组合出新的图案；图案化鱼纹与花卉类纹样共存，成为大地湾二期类彩陶的鲜明特点。渭水流域庙底期的彩陶制作继承了这一传统工艺技术，利用更多元素组合出更为复杂的图案。

仰韶文化半坡期彩陶中已出现了由直边三角、加点三角、菱形纹等构成的图案，明显是鱼纹的简化。可以看出，从写实性鱼纹，到图案化鱼纹，再到构图元素拆解与重组，是仰韶文化

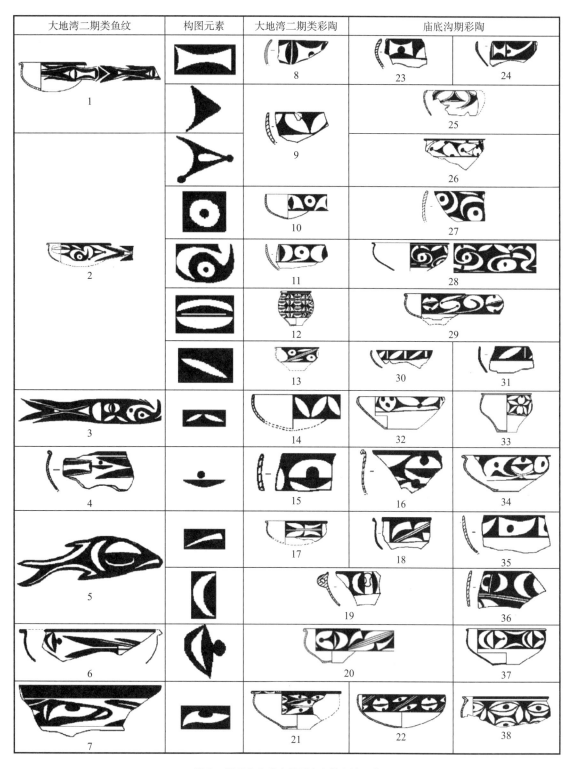

大地湾二期类鱼纹	构图元素	大地湾二期类彩陶	庙底沟期彩陶	

图六　仰韶文化花卉类图案中的鱼纹元素

1. 大ⅡH227：22　2. 大ⅡK707：1　3. 原ⅢF33：4　4. 原ⅢH12：5　5. 姜ⅡM238：4　6. 南T7B：4　7. 北T55：2
8. 东T2710②：1　9. 大ⅡT610③：P27　10. 大ⅡF383：7　11. 大ⅡH379：P185　12. 原ⅢH84：1　13. 大ⅡT700③：19
14. 大ⅡH347：8　15. 大ⅡT109③：P125　16. 大ⅡF320：P8　17. 大ⅡH379：24　18. 大ⅡH379：P187　19. 大ⅡT330
③：P32　20. 大ⅡF1：4　21. 原ⅢH42：1　22. 原ⅢF33：1　23. 大ⅢT344③：P25　24. 王T1H7：6　25. 案GNXH11：
36　26. 庙Ⅰ《庙底沟与三里桥》图版陆，9　27. 大ⅢT342③：P50　28. 王T1H5：3　29. 大ⅢF704：14　30. 泉ⅠH1117：
01　31. 王T1H7：7　32. 泉ⅠH188：472　33. 庙ⅠH11：75　34. 泉ⅠH1046：858　35. 大ⅢT700：P45　36. 大ⅢT344
②：P38　37. 大ⅢF330：24　38. 南64：113（说明：大Ⅱ：大地湾二期；大Ⅲ：大地湾三期；原Ⅲ：原子头三期；姜Ⅱ：
姜寨二期；庙Ⅰ：庙底沟一期；泉Ⅰ：泉护村一期；南：西安南殿村；王：岐山王家嘴；案：扶风案板；北：宝鸡北首岭；
东：高陵东营）

彩陶图案演变的主线。"彩陶鱼纹的变化，也正是经历了这样的符号化过程，后来虽然还会有鱼的含义，但是它却并没有了鱼的形态。"[38]也就是说，庙底沟期的花卉类纹样，有些实际上是鱼纹的象征符号，正如直线三角组合纹样象征鱼体一样，加点圆圈纹和加点叶形纹取自鱼眼（图六，2、7），应该是鱼眼的象征符号。从鱼纹到花卉纹，形态发生了很大的变化，但象征意义并没有改变。

尽管学术界对仰韶文化彩陶上鱼纹的象征意义有图腾崇拜、生殖崇拜等不同的看法，但都应该是基于精神领域诸如审美观或宗教观的一种文化认同感的体现，而这种文化认同感更能说明仰韶文化半坡期与庙底沟期是同一族群文化前后相继的两个发展阶段。那种认为"半坡文化"与"庙底沟文化"是两支各有源流的考古学文化的观点是不能成立的。

五、几点认识

综上所述，从渭水流域仰韶文化彩陶上的鱼纹的时空演变的研究，可以得出以下几点认识：

一是鱼纹是仰韶文化最具典型性和代表性的彩陶花纹，鱼纹的空间分布在相当大的程度上指明了这一文化的空间分布范围，即以渭水流域为中心，包括晋南、豫西和汉水上游等边缘地带。仰韶文化特征、分期等方面的研究应以中心区典型遗址的资料为主，否则会出现偏差。

二是从写实性鱼纹的图案化鱼纹，再到构图元素拆解与重组的演变过程看，庙底沟类的彩陶花纹的构图元素，主要来自图案化鱼纹，而这一演化中心应该在关中西部和渭水上游一带。由此看来，所谓的"庙底沟文化"源头和中心区域也应在关中西部和渭水上游一带。

三是从仰韶文化鱼纹的演化过程、彩绘工艺技术和象征意义等方面看，渭水流域半坡类遗存和庙底沟类遗存应该是一脉相承的同一文化前后相继的两个发展阶段。那种认为"半坡文化"和"庙底沟文化"是各有源流、不同族群的两支文化的观点是很难成立的。

注释：

［1］苏秉琦：《关于仰韶文化的若干问题》，《考古学报》1965年第1期。

［2］丁清贤：《关于"仰韶文化"的问题》，《史前研究》1985年第3期。

［3］赵宾福：《半坡文化研究》，《华夏考古》1992年第2期。

［4］张忠培、孙祖初：《陕西史前文化的谱系研究与周文明的形成》，见陕西省考古研究所：《远望集》（上），陕西人民美术出版社，1998年，第145—160页。

［5］赵宾福：《半坡文化研究》，《华夏考古》1992年第2期。

［6］杨亚长：《谈庙底沟类型的来源问题》，《中原文物》2001年第5期。

［7］宋建忠、薛新民：《北橄遗存分析——兼论庙底沟文化的渊源》，《考古与文物》2002年第5期。

［8］薛新明、宋建忠：《庙底沟文化渊源探析》，《中原文物》2003 年第 2 期。

［9］甘肃省文物考古研究所：《秦安大地湾——新石器时代遗址发掘报告》，文物出版社，2006 年。以下大地湾遗址资料，均引自该报告，除特别引文外，不再一一注出。

［10］宝鸡市考古工作队等：《陇县原子头》，文物出版社，2005 年。以下原子头遗址资料均引自该报告，除特别引文外，不再一一注出。

［11］张忠培：《史家墓地的研究》，《考古学报》1981 年第 2 期。

［12］严文明：《半坡仰韶文化的分期与类型问题 附半坡分期续记》，见严文明：《仰韶文化研究》，文物出版社，1989 年。

［13］王仁湘：《庙底沟文化鱼纹彩陶论（上）》，《四川文物》2009 年第 2 期；《庙底沟文化鱼纹彩陶论（下）》，《四川文物》2009 年第 3 期。

［14］王仁湘：《庙底沟文化鱼纹彩陶论（上）》，《四川文物》2009 年第 2 期，据图二，2 修改。

［15］中国社会科学院考古研究所陕西工作队：《陕西华阴南城子遗址的发掘》，《考古》1984 年第 6 期。

［16］西安半坡博物馆：《铜川李家沟新石器时代遗址发掘报告》，《考古与文物》1984 年第 1 期。

［17］陕西省考古研究院：《高陵县东营遗址发掘报告》，科学出版社，2010 年。

［18］甘肃省文物考古研究所等：《西汉水流域考古调查报告》，文物出版社，2008 年。

［19］甘肃省文物考古研究所：《甘肃礼县高寺头新石器时代遗址发掘报告》，《考古与文物》2012 年第 4 期。

［20］北京大学考古学系：《甘肃武都县大李家坪新石器时代遗址发掘报告》，见《考古学集刊》第 13 集，中国大百科全书出版社，2000 年。

［21］王仁湘：《庙底沟文化鱼纹彩陶论（上）》，《四川文物》2009 年第 2 期。

［22］李济：《西阴村史前的遗存》，见山西省考古研究所：《三晋考古》第 2 辑，山西人民出版社，1996 年。

［23］山西省考古研究所等：《山西新绛光村新石器时代遗址调查》，《文物季刊》1996 年第 2 期。

［24］山西省考古研究所：《山西洪洞耿壁遗址调查试掘简报》，见山西省考古研究所：《三晋考古》第 2 辑，山西人民出版社，1996 年。

［25］黄河水库考古工作队河南分队：《河南灵宝两处新石器时代遗址复查与试掘》，《考古》1960 年第 7 期。

［26］北京大学考古学系：《华县泉护村》，科学出版社，2003 年。

［27］中国社会科学院考古研究所陕西六队：《陕西蓝田泄湖遗址》，《考古学报》1991 年第 4 期。

［28］西北大学文博学院考古专业：《扶风案板遗址发掘报告》，科学出版社，2000 年。

［29］西安半坡博物馆：《陕西岐山王家嘴遗址的调查与试掘》，《史前研究》1984 年第 3 期。

［30］陕西省考古研究院等：《陕西彬县水北遗址发掘报告》，《考古学报》2009 年第 3 期。

［31］西安半坡博物馆：《西安南殿村新石器时代遗址调查》，《史前研究》1984 年第 1 期。

［32］中国科学院考古研究所：《沣西发掘报告》，文物出版社，1962 年。

［33］甘肃省文物考古研究所等：《西汉水流域考古调查报告》，文物出版社，2008 年。

［34］陕西省考古研究所：《龙岗寺》，文物出版社，1990 年。

[35]王仁湘:《庙底沟文化鱼纹彩陶论（上）》,《四川文物》2009年第2期,据图二,3修改。

[36]张宏彦:《关于仰韶文化时空范围的界定问题》,《考古与文物》2006年第5期。

[37]王仁湘:《庙底沟文化鱼纹彩陶论（下）》,《四川文物》2009年第3期。

[38]王仁湘:《庙底沟文化鱼纹彩陶论（下）》,《四川文物》2009年第3期。

庙底沟文化起源的机制和地域

◎薛新明

最早发现庙底沟文化遗存的时间可上溯到安特生对河南渑池仰韶村发掘的 1921 年。庙底沟文化与我国近代考古学具有同样长的历史，在史前考古研究中占有十分重要的地位。从 20世纪 50 年代河南陕县庙底沟遗址发掘开始，其已作为与西安半坡东西对应的考古学类型被正式提出来了，后来，随着各地新的考古发现增多、学术研究发展，人们明显感觉到从时间、空间和文化性质等角度来看，这类遗存具有一个考古学文化的地位，于是在将仰韶时期作为一个时代概念的同时，"庙底沟类型"也提升为"庙底沟文化"，虽然有部分学者仍将其称为"类型"，但与原来"类型"的概念有了很大不同。在仰韶时期，庙底沟文化势力最强盛、特色最突出、分布范围最广、对外影响最大，是中原地区最具有代表性的遗存。如此重要的一个考古学文化，其形成的机制和主要的渊源自然是学者们探索史前文化时十分关注的课题。就目前的研究状况来看，流行的几个重要观点都和半坡文化与庙底沟文化之间的关系问题有关，而且不同观点的主要依据都是对陶器特点的分析。众所周知，从整体特色来看，仰韶时期陶器具有较强的一致性，器物的种类较少，都以钵、盆、尖底瓶、泥质罐或瓮、夹砂罐等器类为主要组合，其中尖底瓶的存在与否成为一个关键标志；另外一个重要的特色是普遍流行彩陶，甚至于仰韶时期曾一度被称为"彩陶文化"。这两个方面的不同形制特点也成了仰韶时代不同阶段的分期标准，其他器物的演变往往与这两类遗存的变化相呼应，多数学者的研究也是从这些组合特色展开的。目前，学术界基本统一的认识是成熟时期的庙底沟文化主体晚于半坡文化，分歧集中在半坡文化的主要器物能不能自然过渡为庙底沟类的同类器物？半坡类的彩陶图案是不是庙底沟类彩陶图案的直接前身？庙底沟文化是不是还有其他源头？该文化是在一种什么机制下形成的？由于种种不同的原因，这个问题仍旧悬而未决，我们下面逐一进行分析。

一

半坡文化与庙底沟文化之间的关系是一个聚讼多年的老问题，从最早作为仰韶文化的"类型"提出来的时候就是一个核心议题；再后来分别被提升为"半坡文化"和"庙底沟文化"，

它们之间的关系仍旧是个绕不过去的节点。学者们根据资料的积累、整理和分析，从不同的角度论述了二者之间的异同、先后和关联，曾经提出过几乎所有能够组合的可能性。每一个学习或研究中国史前考古的人，都会对二者的关系选择一个自认为合理的认识，但又都没有确凿无疑的证据让所有人信服，因此，这是存在于几代考古学者心中的一个心结。

认为半坡文化直接发展为庙底沟文化的观点一度是学术界的主流，主要看法可归结为如下几个方面：其一，代表性器物尖底瓶的演变，认为庙底沟文化的尖底瓶是从半坡文化的尖底瓶发展而来的。变化之一在口部，由杯形口压扁为中部外鼓的腰鼓状凸起的弧形口，再压扁、上面叠加一圈，成了庙底沟文化流行的双唇口。变化之二在形体，由半坡文化早期的矮胖经史家时期增高趋势的过渡，最后成为庙底沟文化流行的瘦长体。变化之三在器表装饰，由半坡时期的瓶体中部饰粗绳纹过渡到细绳纹，最后到庙底沟文化时通体饰细绳纹或篮纹。其二，彩陶花纹的演变，认为庙底沟文化的彩陶图案是由半坡文化的彩陶图案演变而来的。变化之一是鱼纹，由最初的写实鱼纹，过渡到变体鱼纹，最后演变成庙底沟文化的抽象性简体鱼纹，鱼纹是联结半坡文化与庙底沟文化的重要纽带。变化之二是花卉纹饰，通过对半坡文化鱼纹构图元素的拆解，其中一类由半坡文化鱼纹中的直线三角、直线和圆点或圆圈纹构图元素重组之后形成几何性的规整纹案；另外一类由图案化鱼纹中的弧线三角、弧线、圆点、叶形等构图元素重组为花卉图案。这样的花纹拆解与重组始见于史家类型时期，在庙底沟文化中比较盛行，所以庙底沟文化的花卉形图案是由鱼纹的部分元素重新组合而来的。

在山西南部和豫西地区发现枣园文化之后，一些学者对庙底沟文化的直接源头提出新的认识，其中最主要的线索是翼城北橄遗址的发掘资料，根据对北橄遗址发现各种遗迹、遗物的分析，提出该类遗存第一到第四期陶器"没有发生一组全新的器物群代替另一组原有的器物群的变化；陶器的演变符合逻辑顺序，相邻两期的器物，后一期的形态均为前一期同类器形的延续和继承，演变自然，线索清晰"；"四期遗存具有显著的统一性，属于同一考古学文化的不同发展阶段，其间没有明显的缺环，第一、二期是该类遗存特征的形成和发展期，第三、四期则是其成熟期"，其中"北橄第一、二期遗存的年代与关中地区半坡文化早期后段及其晚期（即史家类型）年代相若"。作为文化最主要的几个标志性特点，"北橄遗存尖底瓶从一开始就是壶口或双唇口溜肩瘦长腹，通体饰线纹。夹砂侈口罐为高领鼓腹大平底。彩陶纹样，北橄遗存从一开始便以圆点、斜线、弧线三角为主要母题，显得活泼生动，与半坡文化那种规整划一的图案截然不同。二者的区别显而易见，应当是两支文化传统不同的考古学文化"；"北橄一、二期遗存既然不属于半坡文化，又与明显属于庙底沟文化的北橄三、四期遗存同属一个考古学文化，因此北橄一、二期遗存也只能是庙底沟文化的组成部分了。由于它们较目前所知各地庙底沟文化遗存年代均早，所以北橄遗存第一、二期当是这一文化的早期阶段或曰形成时期"。[1]北橄遗存的直接源头是分布在晋南地区的枣园文化，在其形成过程中，曾接纳了后岗一期文化和半坡文化的部分因素，其中较早阶段与后岗一期文化关系密切，较晚阶段受半坡文化的影响较为强烈。"庙底沟文化是以晋南、豫西地区枣园文化以来的传统文化为主体，接受了西部半坡文化的部分先进因素，甚至可能还受到北部后岗一期文化的某些影响而形成的"。[2]

在认识庙底沟文化的源头问题上，常常被人们提起的一个遗址是山西省最南部的芮城东庄村，该遗址发表的遗存虽然不太丰富，却具有半坡文化与庙底沟文化的两种因素，无法分辨由其中一类因素向另一类因素过渡的发展轨迹，却体现出两个不同传统的文化系统融会于一体的情况。在很早以前就有学者发现了这类遗存的特殊现象，张忠培先生提出：它们"综合了两个类型（文化）的特点，却又失去了两个类型（文化）各自固有的文化特征"。[3]严文明先生也指出："庙底沟类型不是凭空出现，而是在以东庄村为代表的类似于半坡类型的文化遗存的基础上发展起来的。"[4]这些认识无疑都是正确的，但由于当时资料的局限，两位先生都没有对具体过程提出详细的发展线索。后来，有的学者从半坡文化东部边缘地带的遗存分析入手，根据关中地区半坡文化的发展状况与东庄村遗址陶器的比较，提出东庄类型是半坡文化主体向东扩展或影响下，与当地土著文化结合形成的，其特征与半坡文化的主体既接近又不尽相同，庙底沟文化就是在这个类型的基础上形成的，在这个过程中，来自关中地区的半坡文化是主要源头，而当地的土著文化只是参与者。

近年来，有学者以河南西部灵宝底董、南交口等遗址的发掘资料为线索，提出了另外一种庙底沟文化渊源的认识。发掘者以底董遗址的层位关系为基础，根据相关单位出土器物的演变序列，认为东庄类遗存是枣园文化在本地长期发展、逐渐演变、自然过渡的结果，这里存在着一个延续时间较长的东庄类型。半坡与东庄是两个类型，二者大约同时形成，分布范围不同、相对独立地各自向前发展，其中，半坡类型的彩陶发展水平明显高于东庄类型，在器物装饰风格向外的传播过程中，半坡类型起了重要作用。根据南交口遗址发现器物的比较研究，可认为庙底沟类型主体是在东庄类型的基础上发展起来的。参照陕晋豫交界地区其他早于庙底沟文化主体遗存的分析，庙底沟类型和东庄类型一样，都是在豫西、晋西南地区土生土长的区域性文化，在日渐强盛后，向西扩展，与半坡类型结合形成了关中地区的泉护类型，也就是说泉护类型的渊源并不只是半坡类型。简而言之，作者认定的东庄类型不同于原来所认识的东庄类型，而是豫西、晋南地区继枣园文化之后形成、与半坡文化并行并独立发展的遗存，是庙底沟文化的直接源头，在此基础上形成的庙底沟文化再向西发展，占领了整个关中地区。

以上几种认识是目前比较流行的看法，其实，不同观点用的资料基本相同，只是在形成过程中所占的权重有些差别，也就对庙底沟文化源头所在地域的认定有了距离。同时，学者们提供的线索各有其合理性，但是对这些线索的理解不同，造成了主体源头的认定和发展模式也有了较大的差距。如果将这些合理的内核进行分析与整合，我们可能会更接近历史的真实。

二

我们已经形成的共识中有一个十分重要的基础，那就是我们目前认定的庙底沟文化是已经成熟且特色十分明显的一个文化共同体。该文化的构成因素中包含着许多方面，我们可以从任何一个侧面去解析其特色，但不能以这个侧面掩盖或者代替其他侧面，只有这样，我们才能有一个全面的视角，也才能得出符合客观事实的结论。在这样的指导思想之下，我们可以从以下几个方面稳步推进庙底沟文化渊源的研究。

陕晋豫三省交界地区是庙底沟文化的核心区域，在该文化形成过程中并没有发现外来文化全面取代本地前期文化的事件，这是一个基本的前提，因此，弄清这一区域内早于庙底沟成熟时期的文化面貌就显得十分重要了。这一区域中最直接参与了庙底沟文化形成期互动的有以下三个小的地域：关中东部地区、晋南地区、豫西伊洛地区，这三个地区的仰韶早期文化面貌相似但不相同。区域文化的异同既涉及传统，也涉及气候和地理环境等多个方面，但在陶器的特点上表现最直接，我们这里仅从陶器的异同作简略分析。

关中盆地的半坡和姜寨遗址发现的陶器能够代表半坡文化早期的特点，这里的器物表面多见绳纹，彩陶比较发达，一般用黑彩直接绘在器外或口沿上，少数为内彩，动物类花纹以鱼纹为主，有少量人面纹等象形动物花纹，图案花纹以宽带纹为主，还有三角纹、斜线纹、波折纹等，基本由直线或直边的三角、方块、长条组成，很少使用曲线，整体比较规整。主要组合有直口圆腹钵、窄沿折腹或弧腹圜底盆、杯形口尖底瓶、侈口鼓腹平底罐、侈口鼓腹小平底瓮等类别，另外还有特色鲜明的大头细颈壶、尖底罐和盂等器物。

山西南部地区发现的仰韶早期陶器以枣园文化后期和北橄遗址第一、二期为代表。陶器表面装饰以线纹、绳纹为主，彩陶较少，多见于泥质陶钵、盆类器物的外表，颜色多为黑色，主要花纹是钵类器物口沿部分的宽带纹，另外有少量由竖线、斜线、弧线、三角等纹样构成的花纹，整体较为简洁明快，未见明确属于鱼纹的图案。主要的组合包括直口或敞口圜底钵、宽沿盆、敞口盆、中部外凸的弧形口细长体尖底瓶、敛口或侈口的夹砂罐等器类。

豫西洛阳地区比较典型的遗址除上述的底董与南交口之外，王湾最为大家熟悉。该遗址属于仰韶早期的遗迹以被成熟期庙底沟文化瓮棺葬打破的房子F15为代表，该单位出土的陶器可以确认是同时使用的，能够代表伊洛地区仰韶较早时期的文化面貌。器物的表面多素面，少数饰绳纹或宽彩带纹，主要器形有中部凸出的弧形杯口尖底瓶、窄沿盆、圜底钵、侈口鼓腹罐和椭圆锥形足的圜底鼎等。

以上三个地方的早期仰韶遗存具有一些共同的特点：陶器的质地、纹饰和器类的组合基本一致，表现出共同的时代特色。然而，三个地域的遗存也存在着比较明显的差别，主要表现在部分器物的细部形制和彩陶纹样方面。从具有标志性特点的尖底瓶来看，西部的半坡文化最典型的器物是杯形口或罐形口的矮胖形，器表的中部饰较粗的绳纹，接近口部和近底部均不见纹饰。晋南地区发现的是中部外鼓、内壁微凹的弧形口，明确不见杯形口，体态较瘦长，通体饰细线纹。洛阳地区的尖底瓶虽为杯形口，但中部略向外弧，体形也较细长，器表在颈部以下全部饰线纹，与半坡文化、北橄遗址发现的尖底瓶特点都不太一样，但综合了两个地方的因素。彩陶方面，整个潼关以东的遗址，彩陶均不能和关中地区的发达状况相提并论，但是王湾和北橄最多见的是宽带纹，北橄虽然发现其他纹样，不过其图案从第一期开始就以弧线、斜线、圆点等元素组成，而不用直线、三角、方块等元素。因此，虽然这三个区域的仰韶早期遗存时间比较接近，但我们不能将其归到同一个文化范畴之中，相对而言，关中地区的自身特色更明显，而豫西和晋南地区的文化面貌虽然也有差别，但特点似乎比较接近一些。

<h1 style="text-align:center">三</h1>

确定了陕晋豫交界周边地区仰韶早期文化面貌的异同，我们探索庙底沟文化的渊源就有了很好的基础。根据学者们对半坡文化的分期、每一期遗存内涵的详细分析，我们可以清晰地看出该文化最兴盛的阶段是前期，也就是半坡期，其中心在西安附近地区，关中东部并没有出现大型的聚落。到了以史家遗存为代表的后期，整体文化开始衰落，不太可能在短期内形成类似于华县泉护村、华阴西关堡这样规模宏大的聚落。山西晋南地区在枣园文化的后期，逐渐与豫西地区的文化趋同，进入了一个韬光养晦的重要时期，通过北橄遗址第一、二期的潜心发展，逐渐具备了可以与西部的半坡文化早期抗衡的实力，半坡遗存和北橄遗存为代表的两个部族集团在黄河拐弯处的沿岸地区形成对峙态势。

基于自然地理位置的关系，陕晋豫三省的交界处是东、西具有不同文化传统的部族相互接触的地带，附近生活的居民不仅日常有较多的交往，可能还伴随着为争夺生存空间而发生的冲突，其中某一方的势力占据优势时，该类文化因素就多一些，反之就少一些。目前已经能够确定，东西方文化之间的争夺至晚在枣园文化晚期时就已经出现了。当时，晋西南和豫西都是该文化的基本分布区域，其中代表性遗址有山西垣曲古城东关、芮城寺里—坡头、豫西三门峡市新安县荒坡及灵宝底董遗址等。枣园文化当时的发展势头很好，在地域争夺中占据过一定优势，也曾经向关中地区扩展，与半坡文化最早的人群发生了冲突，结果便出现了以临潼零口第六层等为代表的遗存。对于这一文化的后续发展，有学者从底董遗址的地层叠压关系和器物排队的角度找到了一些线索，认为一直到与半坡文化晚期同时的阶段，这里一直保持着自己的特色，是一个独立的地域文化区。但从南交口遗址 H43、H55 等单位发现的遗存来看，在仰韶一期遗存中有更多半坡文化早期的因素，应该是半坡文化东扩的结果。也就是说枣园文化晚期之后，东部文化群体不仅被正值全盛时期的半坡文化驱逐出关中地区，而且还被占据了潼关以东的黄河南部区域，西部在两地争夺中占了上风，这时大约相当于晋南地区的北橄遗址第一期。正是在相互的接触中，两类遗存的边缘地带接纳了来自对方的文化信息，融入对方文化的新鲜血液，并且将新的因素不断向各自的腹心地区传播，总的趋势是两类因素逐渐融合，但东、西两地的往复交流局限在三省交界的黄河沿岸地区，两个部族集团的中心区域主体文化传统虽有变化，但均未被完全同化。到了以王湾 F15 为代表的阶段，西来的因素明显减少，却增加了枣园文化时就存在的圜底釜形鼎，更多的是与北橄遗存类似的东部固有传统，这个时期大约与北橄遗址第二期处于同一个阶段。这时，关中地区史家类遗存代表的人群势力萎缩，三省交界地区的东部文化又有了新的机会，两地的分界线又回到潼关附近，形成了以东庄村、陕县三里桥等遗址为代表的文化特点。这类兼具东西两种特色的遗存是横向交流的综合体，而不是任何一方最典型的物质遗存。

边缘地区出现的混合遗存是文化升华的重要前提，这种升华的基础是枣园文化以来的传统，但半坡文化也是重要的因素，二者缺一不可。通过交流、充实和提高，最后冲破诸不同区域独立发展的格局、率先取得的突破的地点可能在陕晋豫三省交界处，逐渐形成的庙底沟文化特色将整个中原联成一体，这个时期大约与北橄第一、二期相始终，可称为庙底沟文化的较早阶段。当时，彩陶并不十分盛行，尖底瓶为瘦长体，口部为类双唇口，而且通体饰线纹。在北橄遗址第三期为代表的阶段，晋南到豫西地区基本完成了向庙底沟文化成熟期的过渡，尖底瓶保持原来特色的同时，彩陶有了较大进步，数量也逐渐增加。虽然在这个过程中，半坡文化由来已久的彩陶制作技术起了重要作用，但新的母题却是东部起步时便奠定的以圆润为基调的风格，和半坡文化几何形的特色差别较大。这就是庙底沟文化形成的机制，由于多种文化汇聚，三省交界地区形成一个既不是东部原来要素又不是西部原来要素的新综合体，文化面貌具有与原来不同文化的特点，自身特色在整合中渐趋稳定，这种现象在后来的文化发展中也存在。

我们还必须重视关中中西部地区存在的以下特殊情况，这里出现的一种特别的现象似乎不合常规：具有半坡文化因素的单位与具有庙底沟文化因素的单位互有打破或叠压关系，尤其是在个别遗址中，具有不同特点的两类遗存共存于同一个单位。同时，彩陶图案上也表现出特殊的情况，两类文化遗存中的一些元素之间可能有发展线索。这是因为当时有这样的一种趋势存在：庙底沟文化在陕晋豫三省交界地区形成之后，不仅巩固了最早占据的地域，建立了以豫西的灵宝西坡遗址、晋南的夏县西阴遗址为代表的大型聚落，关中东部地区也出现了泉护村、西关堡等大型的庙底沟文化聚落。这个新的文化中心区在自身发展的同时，又向周边地区扩展其影响力。由于关中的中西部地区不是文化发生变革时期的中心，当时占据这一区域的应该还是半坡文化居民，新兴势力向关中地区的发展是一个由东向西逐步推进的过程，也是与原来居民逐渐融合的过程。于是出现了上述部分复杂的文化现象，一些遗址中出现了较多的庙底沟文化的因素，而另外一些遗址则仍旧保留着较多的半坡文化因素，也有的遗址中两类不同风格的因素共存，甚至这种融合发生在同一个单位或同一件器物上。在这个过程中，总体趋势是半坡文化的因素日益减少或者衰落，而庙底沟文化因素却稳步增长，但并没有发生尖底瓶口部由杯形口向双唇口的变化，体形也不是由矮胖逐渐变瘦长的，线纹更不是从粗绳纹演变而来。其实，北橄遗存第一、二期的器物已经具备了庙底沟文化成熟期的上述条件。随着彩陶技术的不断提高，半坡文化的传统优势得以发挥，甚至放大了某些母题，这就是被学者们发现的从"鱼纹"的某些部位演变成"鸟纹"的现象。由于器物所绘部位的柔和曲线更适合东部区域起步时的弧线组合，曲线和弧边完全取代了直线和方块，完成了整体构图上的飞跃，也为后来彩陶花纹的继续繁荣奠定了基础。当庙底沟文化全部替代了半坡文化时，包括关中在内的整个中原地区已经成为其独步天下的庞大舞台了。

文化的进步代表着社会发展的总趋势，但在整个史前时期，只有庙底沟文化统一了黄河流域中、上游地区，并且对周边地区施加了极大影响。从风格的统一程度来说，后来的夏商时期都没有达到这个高度。为什么该文化有如此强大的生命力，而且能够在这样广阔的地域内得到推广，具有不同文化传统的居民能够无一例外地接受呢？我们认为可能有以下几个方面的原因：1.庙底沟文化是当时最强大、最先进的代表，具有其他文化所不能比拟的感召力，不同地区的人群自然愿意接受。2.从庙底沟文化兴盛时期建设的大型公共设施、整个区域内的聚落分布情况来看，当时应该有一个比较先进的管理机制，能够将不同规模、层次的人群很好地组织起来，分别对自然条件不同的地区进行开发、开拓，得到了各地原居民的拥戴。3.在庙底沟文化的形成过程中，不仅兼容了原来北橄类遗存、半坡文化的精华，而且通过这两个文化的边缘地带，与外围的其他文化有了广泛接触，接纳了不同地域的文化因素，这也是一种多元一统的机制。在其兴盛时期向外扩张时，每个区域的原住居民都能在新的文化构成中找到他们已经熟悉的部分文化传统，没有强迫接受的替代感。4.在这些居民的生存空间内，这一时期气候相对稳定，适合于人类的农业生产。在这个大的自然环境之下，各地的生产力水平得到较好发展，居民们的生活水平进入了平稳时期，他们都乐于接受这个变化。5.在我们认定属于庙底沟文化成熟期的区域内还是有些不同特色的，但由于总体风格比较相似，掩盖了这些枝节上的不同，然而，各地不同的特点还是顽强保留下来了，后来庙底沟文化分化，不同地域潜在的不同因素便凸显出来，形成了新的类型或文化，只是直到仰韶晚期这些特色才表现出来。

综上所述，庙底沟文化的特点适应被纳入该文化区域内的自然环境，和整个社会的发展趋势也比较协调，并且顺应了各地民众的愿望，才使文化的整体面貌得以相似，出现了中原地区空前的文化大一统格局，而未出现大的冲突和动荡。庙底沟文化的起源是史前时期一个十分成功的发展范例，这种集多源于一体的模式后来一再被复制，其中，陕晋豫交界地区总能在文化发生飞跃之时起到关键作用，但却一直不能形成稳定的特色，并且没有成为一个时代的核心，这个现实让后人唏嘘不已。

注释：

［1］宋建忠、薛新明：《北遗存分析——兼论庙底沟文化的渊源》，《考古与文物》2002 年第 5 期。

［2］薛新明、宋建忠：《庙底沟文化渊源探析》，《中原文物》2003 年第 2 期。

［3］张忠培：《试论东庄村与西王村的文化性质》，《考古》1979 年第 1 期。

［4］严文明：《论半坡类型和庙底沟类型》，《考古与文物》1980 年第 1 期；后收入《仰韶文化研究（增订本）》，文物出版社，2009 年。

庙底沟期仰韶文化研究的几个问题

◎**韩建业**

庙底沟期仰韶文化分布范围广、统一性强、对外影响大、文化成就显著，部分学者称其为"庙底沟文化"或者"西阴文化"。庙底沟期仰韶文化遗存，早在1921年安特生发掘仰韶村遗址时已经发现，只是当时尚未有条件从中辨析出来。1926年，李济和袁复礼发掘夏县西阴村仰韶文化遗址，标志着庙底沟期仰韶文化研究的实际开端。1956~1957年，安志敏等发掘河南三门峡庙底沟遗址，确立了以庙底沟一期遗存为代表的庙底沟类型，庙底沟期仰韶文化研究才算真正开展起来。

庙底沟期仰韶文化的研究大致可以分为三个阶段，第一阶段从20世纪50年代中期至60年代中期。随着庙底沟遗址的发掘和庙底沟类型的确立，在黄河中游及周边地区有了更多庙底沟期仰韶文化遗存的发现，考古学界围绕半坡类型和庙底沟类型的关系问题展开了热烈讨论，利用墓葬和居址探讨仰韶文化社会性质、社会组织结构和社会发展阶段成为当时的热门议题。第二阶段从20世纪70年代至90年代。黄河上中游、汉水上中游地区大量庙底沟期仰韶文化遗存被发现，"区系类型"理论指导下的相关文化谱系研究越来越多。碳十四测年数据陆续公布，使庙底沟期仰韶文化绝对年代的研究成为可能。20世纪90年代在晋南地区的新发现还引发了对庙底沟类型起源的新争论。第三阶段从21世纪初至今。田野工作水平进一步提高，聚落考古的理念深入人心，庙底沟期遗存有了许多重要的新发现，尤其是大型聚落、大型房址和大型墓葬有了突破性的发现。多学科合作流行起来，科学技术在研究中的应用越来越广泛。研究重点则由文化谱系转向了聚落形态，由社会性质转向了社会复杂化进程、文明起源，并出现了关于庙底沟时代文化上的"早期中国"或"最初中国"的综合性研究。

我认为关于庙底沟期仰韶文化的研究，目前至少还存在以下五个方面的问题，提出来供大家思考。

一、年代分期问题

近年对三门峡南交口、灵宝西坡、高陵杨官寨、华州泉护等遗址进行了较大规模的发掘，获得了几批庙底沟期遗存的碳十四测年数据，分别为公元前 3700~前 3100 年、公元前 3300~前 3000 年、公元前 3637~前 2918 年、公元前 3640~前 3100 年，总体上大致在公元前 3700~前 3100 年之间。以前一般认为庙底沟期的绝对年代在公元前 4000~前 3500 年之间，新测年晚了三五百年之多。究其原因，一般会被解释为测年技术的进展，就是说原先常用的木炭标本不确定性大，而现在用的种子、人骨等更好、容易测得更准确。就上述四个遗址的新测年来说，南交口、西坡和杨官寨的测年标本固然为种子和人骨，泉护却是木炭，但结果近似。可见这种解释不足以服人。更深层的原因可能在于对庙底沟期相对年代的理解不够深入或者存在偏差。

庙底沟期本身是可以分期的，对不同期遗存的测年当然应该有不同数据。严文明最早将庙底沟一期遗存分为两期三段，张忠培将泉护一期分为 3 段，此后还有一些学者对整个庙底沟期仰韶文化进行了分期。我认为庙底沟期从整体上大致可以分为三期，早期以翼城北橄第三、四期为代表，中期以庙底沟一期 1、2 段，泉护一期Ⅰ、Ⅱ段和西坡居址早期为代表，晚期以庙底沟一期 3 段、泉护一期Ⅲ段、西坡居址晚期、西坡墓葬为代表。由于新测的几个遗址少见或者不见庙底沟期早期遗存，所以很可能这些测年标本中并不包含早期数据，测年数据没有早到公元前 4000 年就在情理之中。南交口、杨官寨、泉护都有中、晚期遗存，测出的年代上限在公元前 3700 年左右，可能大致代表了中期的上限；年代下限在公元前 3100 年左右，可能代表晚期的下限。西坡墓地总体属于晚期，测出的年代上限公元前 3300 左右，应该是中、晚期的分界点。也就是说，现在对晋、陕、豫交界地带的新测年数据可能是基本可靠的，这个核心地区庙底沟期早期约公元前 4000~前 3700 年，中期约公元前 3700~前 3300 年，晚期约公元前 3300~前 3100 年。

我们知道，庙底沟期仰韶文化范围广大，涉及十多个省的范围，存在一个由核心区庙底沟类型向外围扩张影响的过程，所以核心区的年代理应早于外围地区。但当庙底沟期走向衰落的时候，外围地区理应先发生文化变异，率先进入仰韶晚期，而核心区可能最为保守滞后。也就是说，外围区的年代上、下限应当都要短于核心区，很可能并不存在核心区那样的庙底沟期晚期遗存，绝对年代下限可能在公元前 3300 年左右。今后还要继续加强整个庙底沟期仰韶文化的分期和年代研究，尤其做绝对年代研究的时候，要把问题考虑得复杂一些，不要一刀切。

二、文化渊源问题

庙底沟期仰韶文化当然是之前半坡期仰韶文化的发展，这个毫无疑问。我这里说的渊源，仅指核心区庙底沟类型的渊源。对此学术界先后有过四种观点。第一种观点是说半坡类型和庙底沟类型各有渊源、并行发展，提出者是石兴邦和苏秉琦，尤其苏秉琦始终坚持该观点。第二种观点是说庙底沟类型基本源自半坡类型，严文明认为庙底沟类型来源于东庄类型，而东庄类型是半坡类型的关东变体。第三种观点是说庙底沟类型直接源自晋南的枣园类型或者"枣园文化"，提出者为田建文、薛新民等。第四种观点是说半坡类型和庙底沟类型可能都是由关中等地的零口类型或者"零口文化"分化发展而来，提出者为周春茂和阎毓民。

半坡类型的前身是零口类型，庙底沟类型的前身是东庄类型，这都是现在大家基本公认的事实。东庄类型作为半坡类型和枣园类型的融合体，也是大家能够承认的，只是对于后二者因素在前者当中的主次轻重有不同观点。现在的问题是需要进一步追溯枣园类型的源头。我们应当看到，晋南在枣园类型之前并没有新石器时代文化，而渭河流域和汉水上游的零口类型有白家文化作为其前身，枣园类型早期和零口类型早期文化面貌又很接近，因此，枣园类型应当是零口类型东向拓展的结果。这就等于说东庄—庙底沟类型从根本上也是主要来自零口类型，半坡类型和庙底沟类型也就是同源而异化的产物。以小口尖底瓶来说，半坡类型的杯形口小口尖底瓶，是零口类型环形口平底瓶口部持续升高、底部不断变小的产物；而东庄—庙底沟类型的环形口小口尖底瓶，是枣园类型环形口平底瓶和半坡类型杯形口小口尖底瓶融合的产物。

从这个意义上说，上述四种观点都有正确的一面，也都不够完善。就第一种观点来说，半坡类型和庙底沟类型一定程度上可以说各有渊源：半坡源自零口，庙底沟源自枣园—东庄，但归根结底都源于零口。就第二种观点来说，庙底沟类型的直接前身东庄类型确是深受半坡类型影响，但得承认枣园类型是基础。就第三种观点来说，庙底沟类型的基础确是枣园类型，但不可否认来自半坡类型的巨大影响。就第四种观点来说，庙底沟类型虽然遥承零口类型，但中间还得经过枣园、半坡、东庄等多个环节。

庙底沟类型的渊源问题如此复杂，需要进一步深入研究下去。

三、文化整合问题

我们知道，东庄类型形成后就开始向周围扩张影响，庙底沟类型之后影响更甚，由此造成庙底沟期仰韶文化面貌的空前统一。问题是，这样一次颇为剧烈的文化整合过程是如何完成的，背后的原因又是什么？

东庄—庙底沟期仰韶文化的整合过程可能非常复杂，不同方向不同区域可能存在不同方式。包括内蒙古中南部、陕北和晋中北在内的北方地区，之前虽有半坡—后岗期仰韶文化分布，但毕竟地广人稀，庙底沟类型向北扩张的影响应当部分是伴随着人群的北迁，而且多是沿着河谷北迁，以便找到更多适宜农耕之地。比如内蒙古凉城王墓山坡下聚落，从器物形态到房屋建筑，都和晋西南很接近，可能主要是晋西南人群沿着汾河、浑河河谷北上移居的结果。但王墓山坡下的陶器毕竟和晋西南小有差别，比如彩陶花纹简单，不见陶鼎，却有北方特色浓厚的细石器镞，说明很可能也与当地人群存在一定融合。有趣的是，更靠南的大同马家小村聚落的地方特色反而更为浓厚，这可能是由于此地属于桑干河流域，从汾河来的人群不容易直接抵达所致。

西部的渭河流域，半坡类型遗存分布密集、发展程度较高，庙底沟期遗存有一定地方特色，东庄—庙底沟类型的人群不大可能较大规模迁居到这些地方，可能主要只是从文化上施加影响。为了强调渭河流域的地方性特点，严文明曾提出泉护类型的名称，但泉护遗址位于关中东部，泉护一期和庙底沟一期差别不大，以更靠西部的遗址命名或许更加适宜，我在这里暂称大地湾三期类型。陇山东西、青海东部、四川西北部等地庙底沟期遗存的出现，应该是大地湾三期类型进一步拓展的结果，而非庙底沟类型直接影响的产物。东部河南大部地区和鄂北等地的庙底沟期仰韶文化，也是在之前当地仰韶文化基础上的变革发展，地方特色更加浓厚，显然也主要体现东庄—庙底沟类型的文化影响而非人群移动。

太行山以东的河北地区又是另一种情况。这里曾经分布着发达的仰韶文化后岗类型遗存，但庙底沟期以后却突然全面衰落，只有少量类似庙底沟类型的遗存发现。这很可能与庙底沟类型人群东北向的战争行为有关。

东庄—庙底沟类型对外剧烈的扩张影响，应该主要基于其实力的剧增，可能包括农业大发展、人口剧增、社会急剧变革、文化软实力加强等。根据调查，晋南、豫西等地庙底沟期遗存的数量比之前增长数倍，出现了数十万甚至上百万平方米的大型中心聚落，人口剧增和社会急剧变革是有充分证据的。农业的大发展、文化软实力的加强等，还需更深入的研究。更背后的原因，还得从环境变迁等角度去寻找。也希望DNA等科技手段的介入能对庙底沟扩张问题的解决提供更多信息。

四、聚落社会问题

目前揭露出来的较为完整的庙底沟期聚落，资料已经发表的仅有秦安大地湾三期聚落、王墓山坡下聚落等不多几处，而且聚落规模都比较小，墓葬的发现更少。大型聚落的整体情况都还不很明晰。比如西坡聚落已经发掘出了多座大型房屋和成片墓地，但总体布局仍不很清楚。杨官寨聚落揭露出环壕、水池、房屋和大片墓地，但尚未发现与该聚落规模相当的大型房屋和大墓。这就导致对庙底沟期仰韶文化单个聚落形态和社会状况的了解还很有限，更不用说区域聚落形态或者更大范围聚落形态了。所以较为完整地发掘揭露出一些不同层级的庙底沟期聚落是当务之急。其他如区域系统调查也亟需进一步大范围推进。就现有材料看，只有庙底沟期晚期黄河中游地区的总体格局大致有个眉目。大约公元前3300～前3100年，晋、陕、豫交界地带仍被庙底沟类型晚期人群占据的时候，西面陇山东西的大地湾四期类遗存、东面郑州地区的大河村三期类遗存，都已经率先进入仰韶晚期阶段。如果说以双槐树聚落为中心的郑州地区存在一个"河洛古国"的话，那么晋、陕、豫交界地带就有一个"崤山古国"，陇山东西就应该有个"陇山古国"，当时在黄河中游地区实际上是三大古国并行的局面。

我这里想强调一点，那就是对于聚落形态的研究，从根本上离不开对考古学文化的认识。如果完全不考虑考古学文化面貌，很多情况下就连相邻两个聚落的关系都很难确定。聚落群、中心聚落等概念的提出，其实都是以这些聚落基本同时且属于同一考古学文化、同一地方类型甚至地方亚型为前提，暗含着对这些聚落可能属于同一族群的认同。就庙底沟期仰韶文化来说，也首先需要根据文化面貌上的差别，再考虑区域聚落集聚程度，来进行聚落之间关系的研究。仅根据小区或流域地理范围进行的聚落形态研究，实际是一种先入为主的做法，也很难凸显其背后的历史意义。

五、古史对证问题

庙底沟类型有着数十上百万平方米的大型聚落和数百平方米的宫殿式建筑，对外大规模扩张影响，理应在古史传说中留下浓墨重彩的一笔。我们正是根据这一点，曾推测庙底沟类型可能对应黄帝部族，庙底沟类型向太行山以东地区的扩张对应轩辕黄帝和蚩尤之间的"涿鹿之战"。但根据有关文献记载推算，轩辕黄帝距今不到 5000 年，这比庙底沟类型扩张的时间晚了上千年。因此，庙底沟类型的古史对证问题颇为复杂，还不能说已有定论，需要进一步探索。

附记：本文算是对我新近撰写的《庙底沟期仰韶文化的发现与研究》（收录在《中国考古学百年史》一书中，中国社会科学出版社，2021 年）一文的补充，详细情况请参阅该文。

谨以此文纪念西阴村遗址发掘 95 周年！

河南地区仰韶文化庙底沟期遗存的发现与研究

◎马萧林

今年是仰韶文化发现100周年。1921年，瑞典地质学家安特生在河南省渑池县仰韶村的考古发掘，首次发现了彩陶、红陶、磨光石器等新石器时代文化遗存，仰韶文化因而得名。百年来，经过几代考古学家的努力，发现的仰韶文化遗址数以千计，发掘的仰韶文化遗址数以百计，对仰韶文化的认识不断深化。目前来看，仰韶文化的年代距今约7000年至5000年，由多个发展阶段和文化类型组成，包含半坡期、庙底沟期和西王村期，分别代表仰韶文化的早期、中期和晚期。在长达2000余年的发展历程中，仰韶文化的社会形态经历了从简单的平等社会到复杂社会的转变，完成这一重要转变的节点即是仰韶文化中期的庙底沟期（距今约5800年—5300年），或称庙底沟类型，也有学者称之为庙底沟文化[1]或西阴文化[2]。这个过程中伴随着一系列的重大变化，包括遗址数量激增、文化区域扩大、聚落等级出现等，分布范围从豫西、晋南和关中东部核心区，拓展到了整个黄河中上游，甚至影响到了黄河下游和长江中游等邻近地区，因此有学者将这一时期描述为"五百年的文化繁荣"[3]，还有学者称其是"庙底沟时代"[4]。近年来，仰韶文化庙底沟期成为探索文明起源的重要对象，这一时期的社会发展机制与中原地区文明起源和发展的关系，也是学术界日益关注的重要课题。

仰韶文化庙底沟期得名于1956年河南三门峡庙底沟遗址的发掘，以庙底沟遗址一期为代表的文化遗存被命名为仰韶文化庙底沟类型，成为仰韶文化最先被划分出的文化类型，又被作为仰韶文化中期的代表，最早年代距今约5800年。双唇小口尖底瓶和平底瓶、釜形灶、曲腹彩陶钵、曲腹彩陶盆、侈口夹砂罐、折腹圜底釜等陶器是这一时期的标识性器物，以圆点弧边三角纹、回旋钩连纹、花瓣纹等为代表性彩陶纹饰。大量材料表明，河南地区是仰韶文化庙底沟期遗存分布最集中、典型文化因素表现最充分、发展序列最完善、阶段性变化最显著的地区之一。近年来，随着"中华文明探源工程""考古中国：中原地区文明化进程研究"等项目的实施，在河南特别是豫西发现并发掘了一批以庙底沟期遗存为主的遗址，对深化仰韶文化考古研究具有重要价值。本文拟对河南地区仰韶文化庙底沟期遗存做系统梳理，并对这一时期的社会经济和社会发展状况做分析与评估。

一、河南地区仰韶文化庙底沟期遗存的考古发现概述

据第三次全国文物普查资料，河南发现的仰韶文化遗址达 3000 余处，其中大部分包含有庙底沟期遗存。由于考古学界对仰韶文化类型和分期认识的阶段性差异，在 1959 年最早将仰韶文化划分为半坡和庙底沟两个类型之前[5]，多将此类遗存笼统归为仰韶文化。此后，随着考古工作的逐步深入和对仰韶文化内涵认识的更加清晰，河南境内仰韶文化庙底沟期的材料日渐增多，现以 1956 年庙底沟遗址的发掘为起始点，择要梳理。

1956 年至 1957 年，黄河水库考古队对三门峡庙底沟遗址进行了发掘，揭露面积 4480 平方米，发现了大量仰韶文化和仰韶向龙山过渡期的遗迹和遗物，其中属于仰韶文化的有房址 2 座，窖穴 148 个，墓葬 1 座及大量石、骨、陶器等[6]。庙底沟遗址的发掘，让考古学界意识到各地的仰韶文化面貌存在着较大的时空差异，从而确立了庙底沟类型，并首次提出庙底沟二期文化的概念，解决了仰韶文化和龙山文化的关系及仰韶文化的去向问题，为后来关于仰韶文化类型和分期的讨论打下了基础。

1958 年，中国科学院考古研究所洛阳工作队对洛阳同乐寨遗址进行发掘，发掘面积 225 平方米，发现一批相当于仰韶文化庙底沟期的遗存，包括灰坑 2 个，儿童瓮棺葬 13 座，以及大量石、骨、陶质遗物[7]。

1959 年至 1960 年，北京大学历史系考古专业对洛阳王湾遗址进行了两次发掘，揭露面积 3625 平方米，发现大量新石器时代遗存。其中属于仰韶文化庙底沟期的有房屋基址 7 座，墓葬 85 座，灰坑 8 个[8]。

1959 年至 2009 年，河南省文化局文物工作队和郑州大学历史学院考古系先后对淅川沟湾遗址（原名下集遗址）进行了发掘，总发掘面积 5725 平方米[9]。部分遗存属仰韶文化庙底沟期，较为重要的发现是遗址外围仰韶文化不同时期的大、小两个环壕，其中大环壕属庙底沟期。

1960 年，北京大学考古系对偃师高崖遗址进行了试掘，揭露面积 60 余平方米，在遗址的西台地发现有属于仰韶文化庙底沟期的部分遗存[10]。

1971 年至 2010 年，河南省博物馆文物工作队和中国社会科学院考古研究所先后对淅川下王岗遗址进行了 7 次发掘，总发掘面积达 5311 平方米[11]。该遗址仰韶文化遗存内涵丰富，属于庙底沟期的有房屋基址 12 座，陶窑 2 座，灰沟 8 条，墓葬 494 座（含 24 座瓮棺葬），灰坑 115 个。

1972 年至 2015 年，郑州市文物考古研究院、郑州市大河村遗址博物馆等单位先后对郑州大河村遗址进行了 25 次发掘，总发掘面积达 7000 多平方米[12]。该遗址文化内涵丰富，仅仰韶文化就可分为七期，其中第一期和第二期属于仰韶文化庙底沟期。这一时期的遗迹不算丰富，主要有墓葬 12 座，房屋基址 1 座。

1976 年，河南省文物研究所对郑州后庄王遗址进行了发掘，发掘面积 600 多平方米[13]。后庄王遗址仰韶文化庙底沟期遗存丰富，发现有房屋基址 2 座，墓葬 68 座（含瓮棺葬 50 座），

灰坑 23 个。

1976 年，洛阳博物馆对洛阳西高崖遗址进行了试掘，揭露面积 108 平方米[14]。西高崖一期遗存相当于仰韶文化庙底沟期，发现窖穴 9 个和大量遗物。

1978 年至 1980 年，河南省文物研究所对长葛石固遗址进行了 4 次发掘，揭露面积 2145 平方米[15]。石固遗址第六期遗存属仰韶文化庙底沟期，主要遗迹有墓葬 20 座（含土坑墓 10 座，瓮棺葬 10 座），灰坑 45 个。

1979 年至 1980 年，河南省文物研究所对登封八方和双庙遗址进行了试掘，揭露面积 175 平方米，发现有部分属于仰韶文化庙底沟期的灰坑[16]。

1980 年，郑州市博物馆对荥阳点军台遗址进行了发掘，发掘面积 700 平方米[17]。点军台遗址第一期、第二期遗存属仰韶文化庙底沟期，遗迹较为丰富，主要有房屋基址 6 座，灶坑 1 个，墓葬（瓮棺）13 座，灰坑 2 个，其中 4 座连排房屋较为重要。

1980 年至 2020 年，河南省文物考古研究院对渑池仰韶村进行了第三次和第四次发掘，共计揭露面积 400 多平方米[18]。作为仰韶文化的发现地，仰韶村遗址之前曾有过两次发掘，1921 年由安特生主持首次发掘，1951 年夏鼐先生主持了第二次发掘。严文明先生在 20 世纪 60 年代曾对安特生发表的仰韶村发掘资料做过分析，认为仰韶村遗址的仰韶文化遗存以庙底沟期最为丰富[19]。第三次发掘进一步证实了仰韶村遗址的文化内涵和发展序列，第四次发掘发现了更为丰富的仰韶文化庙底沟期遗存，分布区域较之早期更为扩大。

1981 年，郑州市博物馆对荥阳青台遗址进行了发掘，发掘面积 730 平方米，发现有部分仰韶文化庙底沟期遗存[20]。

1984 年至 1986 年，中国社会科学院考古研究所先后对汝州中山寨遗址进行了 3 次发掘，共揭露面积 665 平方米[21]。中山寨遗址第二期、第三期遗存属仰韶文化庙底沟期，主要遗迹有窖穴 26 个，墓葬 1 座，陶窑 1 座。

1984 年至 2010 年，河南省文物考古研究所和中国社会科学院考古研究所先后对郑州站马屯遗址进行了 3 次发掘，总发掘面积 6754 平方米[22]。其中 2006 年至 2007 年中国社会科学院考古研究所发掘的第一期遗存属仰韶文化庙底沟期，主要遗迹有墓葬 12 座（其中瓮棺葬 8 座，土坑墓 4 座），灶 1 个，兽骨坑 2 个，灰坑 25 个。

1988 年，郑州市文物队对荥阳方靳寨遗址进行了发掘，发掘面积 100 平方米，所获最早遗存属仰韶文化庙底沟期[23]。

1989 年至 1993 年，河南省文物研究所先后对汝州洪山庙遗址进行了 2 次发掘，揭露面积 173 平方米，发现仰韶文化庙底沟期房屋基址 1 座，大型瓮棺合葬墓 1 座（内含瓮棺 136 座），灰坑 5 个[24]。

1991 年，中国历史博物馆等单位对渑池班村遗址进行发掘，发掘面积 5000 余平方米[25]。班村仰韶文化一期陶器有双唇口尖底瓶、敛口钵、曲腹盆、曲腹钵等，以回旋钩连纹为主要彩陶图案，属于仰韶文化庙底沟期。

1991 年至 1998 年，北京大学考古系等单位对邓州八里岗遗址进行了 6 次发掘，共发掘面积 3550 平方米[26]。八里岗遗址仰韶文化聚落保存较好，第三、四段遗存属仰韶文化庙底沟期，主要遗迹有房屋基址、窖穴和墓葬，其中最重要的发现是从仰韶中期到晚期历经多次废建的连排房屋基址。

1992 年，郑州大学考古系等对尉氏椅圈马遗址进行了发掘，揭露面积 620 平方米[27]。椅圈马遗址的新石器时代遗存较为丰富，其中第二、三期遗存的时代相当于仰韶文化庙底沟期，主要遗存有房屋基址 3 座，墓葬 29 座（含儿童瓮棺葬 11 座），以及部分灰坑等。

1992 年至 2020 年，河南省文物考古研究所和郑州市文物考古研究院分别对巩义双槐树遗址（原名滩小关遗址）进行了 2 次发掘，发掘面积达 1 万多平方米[28]。其中 2013 年—2020 年的第 2 次发掘取得重大突破，发现仰韶文化时期的三道环壕、墓地、房屋基址群等遗迹，确认其性质为仰韶文化中晚期的巨型聚落遗址。其中第二期遗存属仰韶文化庙底沟期偏晚阶段，主要遗迹有内壕和中壕、灰坑、瓮棺葬等。

1993 年，河南省文物考古研究所等单位对焦作隰城寨遗址进行了发掘，发掘面积 225 平方米，所获遗存属仰韶文化庙底沟期，主要有灶 4 个，柱洞 2 个和灰坑 17 个[29]。

1993 年至 1996 年，国家文物局考古领队培训班对郑州西山遗址进行了发掘，总发掘面积 6385 平方米，发现了我国第一座仰韶文化晚期城址[30]。属于仰韶文化庙底沟期的遗迹有房屋基址 4 座，瓮棺葬 1 座，灰坑 8 个。

1995 年至 1996 年，洛阳市文物工作队等单位对新安太涧遗址进行了发掘，揭露面积 480 平方米，遗址第一期遗存属仰韶文化庙底沟期，遗迹遗物较少[31]。

1995 年至 1996 年，河南省文物考古研究所对伊川孙村遗址进行了发掘，揭露面积 210 平方米，发现仰韶文化庙底沟期 3 个灰坑[32]。

1996 年，河南省文物考古研究所对新安槐林和麻峪遗址进行了发掘[33]。其中槐林遗址发掘面积 400 多平方米，主要为仰韶文化庙底沟期遗存，发现有灰坑 19 个，陶窑 1 座，墓葬 2 座。麻峪遗址发掘面积 700 平方米，主要为仰韶文化遗存，一期属仰韶文化庙底沟期，遗迹较少，有灰坑 2 个。

1996 年，河南省文物考古研究所对济源长泉遗址进行了发掘，发掘面积 600 平方米[34]。长泉仰韶文化二、三期遗存相当于仰韶文化庙底沟期，发现瓮棺墓葬 4 座，陶窑 1 座，沟 1 条，灰坑 36 个。

1996 年至 1997 年，洛阳市文物工作队等单位对孟津寨根遗址进行了发掘，揭露面积 1038 平方米[35]。属于仰韶文化庙底沟期的有房屋基址 4 座，灰坑 3 个，瓮棺葬 1 座。

1997 年，洛阳市文物考古研究院等单位对新安盐东遗址进行了联合发掘，发掘面积近 4000 平方米，主要为仰韶文化遗存[36]。盐东新石器文化一期遗存属仰韶文化庙底沟期，遗迹相对较少，有灰坑 6 个。

1997 年至 1998 年，河南省文物考古研究所对三门峡南交口遗址进行了 3 次发掘，揭露面积 1400 平方米，主要为仰韶文化遗存[37]。南交口第二期遗存相当于仰韶文化庙底沟期，发现房屋基址 6 座，灰坑 57 个，灰沟 3 条，灶址 1 个，墓葬 1 座。

1998 年至 1999 年，河南省文物考古研究所对渑池关家遗址进行了发掘，发掘面积 12000 平方米，以仰韶文化庙底沟期遗存为主，遗迹有壕沟 1 条，房屋基址 20 座，墓葬 50 余座，陶窑 2 座，灰坑 400 多个[38]。

1999 年，河南省文物考古研究所对渑池西湾遗址进行了发掘，发掘面积 400 平方米，主要为仰韶文化庙底沟期遗存，发现有墓葬 1 座，房屋基址 2 座，灰坑 4 个[39]。

1999 年，中国社会科学院考古研究所等单位联合对灵宝北阳平遗址进行了发掘，发掘面积 320 平方米，发现仰韶文化庙底沟期的房屋基址 3 座，灰坑 22 个，墓葬 2 座[40]。这次发掘证实了北阳平遗址的中部是以仰韶文化庙底沟期为主的遗存。

2000 年至 2001 年，河南省文物考古研究所对西峡老坟岗遗址进行了发掘，发掘面积 1200 平方米[41]。所获遗存多为仰韶文化庙底沟期，主要有房屋基址 20 座，墓葬 21 座，灰坑 13 个。

2000 年至 2013 年，中国社会科学院考古研究所与河南省文物考古研究所先后对灵宝西坡遗址进行了 8 次发掘，发掘面积近 8000 平方米[42]。证实西坡是一处以庙底沟期遗存为主的仰韶文化遗址，也是仰韶文化庙底沟期中心聚落的典型代表。主要遗存有 7 座大、中型房屋基址，百余座灰坑和 34 座墓葬。

2002 年至 2006 年，中国社会科学院考古研究所对偃师灰嘴遗址进行了两次发掘，揭露面积 400 平方米[43]。少量灰坑、房址等遗迹属于仰韶文化庙底沟期。

2003 年，洛阳市第二文物工作队对伊川大庄遗址进行了发掘，发掘面积 600 平方米，其中部分遗存为仰韶文化庙底沟期[44]。

2006 年，河南省文物考古研究所对渑池笃忠遗址进行了发掘，发掘面积 1900 平方米，有少量仰韶文化庙底沟期遗存[45]。

2006 年，洛阳市第二文物工作队对洛阳杨窑遗址进行了发掘，发掘面积 600 平方米，部分遗存属仰韶文化庙底沟期[46]。

2010 年至 2011 年，洛阳市文物考古研究院对洛阳五女冢遗址进行了发掘，揭露面积 8700 平方米[47]。遗址仰韶文化第一期相当于仰韶文化庙底沟期，共发现尖底瓶墓葬 23 座，灰沟 1 条，灰坑 91 个。

2018 年，洛阳市文物考古研究院对伊川土门遗址进行了发掘，发掘面积 1000 平方米，发现仰韶文化庙底沟期房址 5 座，墓葬 7 座，灰坑 48 个[48]。"伊川缸"最早在土门遗址发现并得名。

除考古发掘外，河南地区至少还开展了数十次大规模区域考古调查。如 1953 年开始的三门峡水库淹没区考古调查，就已经注意到豫西三门峡附近是仰韶文化遗址最密集、最丰富的地区之一[49]。1999年开始，河南省文物考古研究所等单位对灵宝盆地铸鼎原周围的联合考古调查，更是取得了对铸鼎原仰韶文化聚落群的突破性认识[50]。2006年至2011年，河南省文物考古研究所对灵宝盆地史前遗址的考古调查，在1000多平方公里的范围内，确认了多达105处仰韶文化庙底沟期遗址，占全部仰韶文化遗址的近一半[51]，这是目前已知仰韶文化庙底沟期遗址数量最多、分布最密集的区域，其中不乏有多处大型中心性聚落，如北阳平、西坡、五帝等遗址。

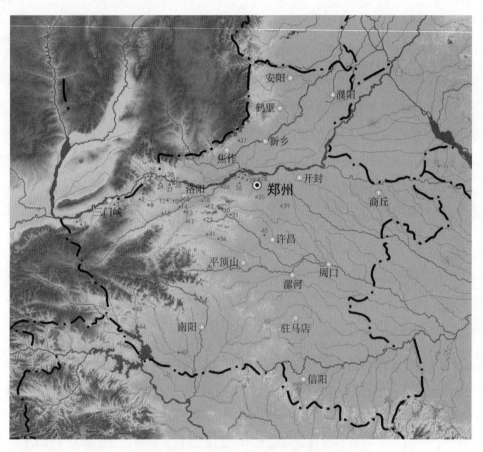

图一　河南地区已发掘仰韶文化庙底沟期遗址位置示意图

1. 三门峡庙底沟　2. 渑池班村　3. 三门峡南交口　4. 渑池关家　5. 渑池西湾　6. 灵宝北阳平　7. 灵宝西坡
8. 渑池笃忠　9. 渑池仰韶村　10. 洛阳同乐寨　11. 洛阳王湾　12. 偃师灰嘴　13. 伊川大庄　14. 洛阳西高崖
15. 洛阳杨窑　16. 洛阳五女冢　17. 伊川土门　18. 偃师高崖　19. 孟津寨根　20. 孟津妯娌　21. 新安盐东
22. 新安太涧　23. 伊川孙村　24. 新安槐林　25. 新安麻峪　26. 巩义双槐树　27. 郑州西山　28. 郑州大河村
29. 郑州后庄王　30. 登封八方　31. 登封双庙　32. 荥阳点军台　33. 荥阳青台　34. 汝州中山寨　35. 郑州站马屯
36. 荥阳方靳寨　37. 焦作隙城寨　38. 济源长泉　39. 尉氏椅圈马　40. 长葛石固　41. 汝州洪山庙　42. 邓州八里岗
43. 西峡老坟岗　44. 淅川沟湾　45. 淅川下王岗

经过梳理，近70年来，河南地区经过正式考古发掘的仰韶文化庙底沟期遗址达40多个，总计发掘面积超过10万平方米。（图一）这些考古发掘与研究概括起来有以下特点。

一是大多数为配合基本建设的抢救性发掘，围绕学术课题连续开展的主动性发掘较少。大批抢救性发掘工作有一定的阶段性，如20世纪50年代配合黄河三门峡水库建设，20世纪90年代配合黄河小浪底水利枢纽工程建设，21世纪以来配合南水北调、高速公路、铁路等大型工程建设。连续开展主动性发掘的项目仅有邓州八里岗、灵宝西坡等少数遗址，因而对庙底沟期聚落形态研究的材料尚显不足。

二是考古发掘的遗址点在区域分布上明显不均，主要集中在豫西、郑洛、豫西南等地区，豫北、豫东等地区较少。这些发掘为认识河南地区仰韶文化庙底沟期的文化面貌提供了重要资料。例如，洛阳王湾遗址的发掘为解决该地区仰韶文化的分期提供了科学依据，邓州八里岗遗址的发掘为认识豫西南仰韶文化的面貌和社会发展阶段提供了样本，汝州洪山庙揭露的"伊川缸"类葬具有助于了解嵩山以南和崤山以东区域的庙底沟期文化面貌，灵宝西坡遗址的系统发掘则为认识庙底沟期中心聚落的演变和社会形态提供了宝贵资料。

三是不同区域的庙底沟期文化面貌存在一定程度的差异。大体上以渑池为界，渑池以西的豫西地区与关中、晋南的庙底沟期文化面貌接近，炊具多为陶罐或釜灶，基本不用鼎；渑池以东从豫中到豫南的广大地区较为接近，炊具常用多种型式的三足鼎，但这些地区之间也存在一些差异，比如豫西南很少见到小口尖底瓶。此外，不同区域在聚落布局、房屋结构与规模，以及墓葬埋葬习俗、方式等方面都存在差异。

四是 20 世纪 90 年代以前，考古发掘与研究的主要目的是建立年代框架和文化谱系，而 90 年代以后特别是 21 世纪以来，采用聚落考古、多学科考古方法研究人地关系、生业经济、社会结构等问题的理念不断增强，着力探索仰韶文化庙底沟期的社会文明化进程及其运行机制。

二、河南地区仰韶文化庙底沟期的社会经济

仰韶文化庙底沟期的社会经济取得了长足发展，主要表现在生业经济和手工业生产方面。

（一）生业经济

植物考古和动物考古研究表明，仰韶文化庙底沟期是以粟作种植和家畜饲养为主的生业形态。黄河中游地区至少从新石器时代中期到仰韶文化早期，就已经开始了从狩猎采集为主、农耕和家畜饲养为辅，到以粟、黍农业为经济主体的生业形态的转变，还有可能经历了从以黍为主到以粟为主的转换过程[52]。大量证据显示，河南地区是史前生业经济发展转型较快的区域，从仰韶文化早期开始，粟作农业已是重要的生业经济，并且很可能是最早完成向农业和家畜饲养业为主的生业方式转变的区域之一。比如在豫西的底董、底董北、晓坞、南交口等仰韶文化早期的植物遗存中，农作物在全部出土植物籽粒中的比重就已经达到一半以上，而粟在全部出土农作物籽粒中的比例已经占据绝对优势[53]。根据对西坡、西山和关家等遗址仰韶文化庙底沟期遗存中的人骨和动物骨骼的稳定同位素分析结果，以粟为代表的 C_4 类植物已成为当时主要的食物品种[54]，这说明粟作农业在当时生业经济中的主导地位已经处于稳定态势。

从西坡和班村的仰韶文化庙底沟期动物遗存分析来看，家养动物在全部动物中的比例也已占据绝对优势，其中猪是最主要的家畜，狗次之，鹿科动物等野生动物在肉食结构中的比例较

小[55]。说明此时以猪为主的家畜饲养已经成为人们获取肉食的主要方式，渔猎只是肉食消费的必要补充。

除动植物考古研究成果外，还有其他相关证据可以加强以上的判断。灵宝铸鼎原周围的考古调查显示，仰韶文化早期的聚落大多分布在河流的中下游，上游区域大多未被开发。到了仰韶文化庙底沟期，随着聚落数量和规模的大幅扩大，人们的活动不断向河流上游拓展，甚至不少新的聚落还选址在远离河流、地势较高的山坡地带。这一现象固然是因为当时人口增加而造成局部人地关系紧张，但同时也反映了当时农业生产技术和工具的进步，已经能够让一部分人可以通过增加对农业生产的劳动和技术投入，缓解或消除土地等生产条件的劣势问题。

此外，在河南地区仰韶文化庙底沟期遗址中，石质农业工具的种类更加多样化，铲、锄、刀、镰等生产和收割工具的比重增加，窖穴的容积也较之前明显扩大。这些变化，一方面说明当时的人们借助更为先进的农业生产技术和工具，已经开始进行一定程度上的精耕细作以提高粮食产量；另一方面说明有不少粮食剩余，可以用来储藏。根据刘莉等学者的最新研究成果，仰韶文化中最为常见的尖底瓶和平底瓶都具有酿酒功能，从仰韶文化庙底沟期开始，尖底瓶器形逐渐变大，容积显著增加，说明这个时期对酒的需求不断增加[56]，同时也证明了从仰韶文化庙底沟期开始有更多的剩余粮食用以酿酒。

需要说明的是，整个河南地区仰韶文化庙底沟期的生业经济的发展并不是同步的，而是呈现出区域间发展差异化、不平衡的态势。与豫西庙底沟期生业经济的快速发展转型相比，豫西南的种植农业和家畜饲养业的发展略显缓慢和复杂。以沟湾遗址为例，在从仰韶文化早期到石家河文化时期的漫长时间里，农作物的数量在植物种子总数的比例仅有16.85%，其中黍在农作物中始终占绝对优势[57]，而根据对墓葬中人骨的碳氮同位素分析结果，仰韶文化时期的沟湾居民又以稻米为代表的C3类食物为主，以小米等C4类食物为辅[58]。在八里岗遗址的仰韶文化动植物遗存中，稻占所有农作物的比例最大，家猪的比例虽然在庙底沟期有所提升，但明显低于豫西地区[59]。以上的差别除了自然环境因素外，更多的是与社会发展水平相关，豫西是仰韶文化庙底沟期生业发展水平相对较高的区域，较为发达的种植农业和家畜饲养业是豫西仰韶文化迅速崛起的主要动力之一，也为这一区域在后来文明化进程中的加速和引领地位奠定了坚实的经济基础。

（二）手工业生产

目前，仰韶文化庙底沟期尚缺少那种被全面揭露，能够清晰、完整地呈现聚落布局的典型遗址，因此关于这一时期的手工业布局和特征还不清楚。从现有的仰韶文化庙底沟期手工业遗物和相关遗迹等信息来看，这时的手工业门类是比较齐全的，包括陶、石、骨、角、蚌器制造和纺织等大宗门类，还有玉器等贵重奢侈品制造。

陶窑是仰韶文化庙底沟期最为常见的手工业遗迹，在不少遗址都有发现，这些陶窑在聚落中的位置比较分散，仅在下王岗、关家等个别遗址中存在数座陶窑集中成组分布的情况。有学者认为这一时期的陶器生产是被氏族或家族控制，由不同家族中的少数家庭工匠实施的行为，属于家庭层面的专业化生产，其产品也由氏族或聚落统一分配、交换或流通[60]。彩陶是仰韶文化庙底沟期最具标识性的文化符号，这一时期的彩陶数量猛增，陶器种类和彩陶图案等都较前期更加丰富，施彩和制陶工艺也更加成熟，特别是在仰韶文化庙底沟期分布区和影响范围内的彩陶呈现出较高的一致性，已经具备了"标准化"和"专业化"的程度，有学者把这一时期彩陶的大范围流行形象地称为"中国史前的第一次艺术浪潮"[61]。此外，在西坡和下王岗等遗址的仰韶文化庙底沟期墓葬中还发现有用陶制明器随葬的现象，这些陶器显然也是由专业人群制作，甚至有可能是在区域性、规模化的陶器作坊内完成的。

由于石器生产的特殊性，很难留下与制作场景直接相关的作坊等遗迹，关于石器生产的线索主要从石器加工的遗留物和成品中寻找。前文提到，随着仰韶文化庙底沟期人口增长和农业生产规模的扩大，石质农具的数量、种类都相应提升，同样也对石器制作水平和效率有了更高的要求。按照以往的认识，专业化的石器生产是从龙山文化开始的[62]，但近年来的考古资料显示，至少在仰韶文化庙底沟期已经有了不少大规模集中加工石器的场所。如渑池关家遗址仰韶文化庙底沟期聚落的东北部部分灰坑中就集中出土了大量的石块、石器、石器半成品和加工过程产生的碎屑，发掘者推测很可能是与石器加工有关的废弃堆积[63]；三门峡庙底沟和洛阳西高崖遗址都发现有大量的石质盘状器等石器集中出土，其中庙底沟遗址多达2000多件[64]。说明当时已有专门从事制作盘状器等石器的专业人群和固定的加工场所，服务于自身聚落甚至更大的区域。

不同于周边地区的大汶口文化、凌家滩文化和红山文化等，以豫西为代表的仰韶文化庙底沟期在社会复杂化过程中，不以大量的奢侈品和宗教活动为物化表征，有学者将这一传统称作"中原模式"[65]。在西坡遗址的仰韶文化庙底沟期墓地中，用以区别墓主人之间身份差别的标志仅限于墓葬规模及大口缸，玉钺、象牙器等奢侈品反而不具备区别身份地位的作用，这一现象似乎也暗示了这些玉器和象牙器等奢侈品在仰韶文化庙底沟期的使用和生产可能不具有垄断性。研究结果显示，在灵宝及其附近区域的仰韶文化庙底沟期墓葬中，用玉钺作为随葬品的现象较为普遍，玉料采集和玉器制作很可能都在当地完成[66]。最近在南阳黄山遗址还发现了仰韶文化晚期的玉石器作坊遗址[67]，也验证了在仰韶文化分布区内有制作玉器的传统。象牙器仅在西坡、关家等遗址有所发现，但是在同时期周边的多个地区却很流行，如大汶口文化、崧泽文化等区域，因此西坡、关家等遗址的象牙器的原料或成品可能是通过远距离交流从其他地区获得的[68]。

其他如骨、角、蚌等器物数量较少，难以推测生产组织状况。根据目前所见的遗存来看，相较于仰韶文化半坡期相对封闭式、内向型的手工业模式，庙底沟期的陶、石、玉器等手工业生产的专业化已经有了一定程度的发展，在部分区域和聚落内已经出现了集中和较大规模的专业化手工作坊，甚至还存在着与周边其他地区在奢侈品原料或产品方面的交流。相比较而言，河南地区仰韶文化庙底沟期的彩陶制作规模和技术在同时期处于领先地位，并对周边地区产生较大影响，但包括玉石器在内的其他手工业还远不及长江中下游等地区发达。北阳平、西坡等大型中心聚落在豫西地区出现，规模达数十万乃至百万平方米以上，显然是区域内部大量人群聚集的结果，而这些人同时生活在一个区域或聚落，不可能全部从事农业生产活动，很可能已经出现了原始分工，将部分人群从农业生产中剥离出来，专门从事聚落所需的手工业生产，这一变化也是社会复杂化的必然结果。

三、河南地区仰韶文化庙底沟期的社会复杂化

从 20 世纪 60 年代早期开始，关于仰韶文化社会组织结构的研究就已经是一个热门话题。对临潼姜寨、郑州大河村、秦安大地湾等遗址的大面积揭露和研究，使人们对于仰韶文化早、晚期的社会形态和发展状况有了比较清晰的认识。20 世纪 90 年代以来，随着仰韶文化庙底沟期考古发掘材料的增多，尤其是对灵宝西坡等大型中心性聚落遗址的发掘，学术界逐渐认识到，庙底沟期是仰韶文化走向文明化的过程中至关重要的阶段。这一时期的种种变化，如大型中心聚落的出现、区域内聚落等级呈现，以及聚落内部的房屋建筑、墓葬等规模上的差别悬殊化，等等这些前所未有的迹象，无不暗示着在当时的区域和聚落内部，先后经历了从聚落的逐渐聚合到中心聚落社会阶层走向分化这两个重大转变[69]。这就是当前学术界所热议的社会复杂化或文明化，有学者称之为"早期中国文明的第一缕曙光"[70]。

聚落的等级化是判定区域社会分化的重要证据。在仰韶文化半坡期，区域内的同时期聚落规模相当，分布均匀，不存在单一的、规模悬殊的超大型聚落，表现出一种近似平等、相对均衡的社会组织结构；而到了仰韶文化庙底沟期，遗址的面积开始呈现明显的差异化现象，出现了具有区域性中心性质的大型聚落。以灵宝盆地为例，仰韶文化庙底沟期出现了以河流为基础的聚落群，大中小型聚落呈"团状"聚集分布，每个聚落群都有明确的中心聚落，还出现了以北阳平和西坡为代表的数十万平方米的区域核心聚落，周围还有少数十几万平方米的中型聚落，而大多数仅为几万平方米的小型聚落[71]。中心聚落的出现，暗示着区域内的人口由分散走向聚合，这些中心聚落规模更大，有着更多大型公共性建筑设施、更明确的社会分工和更复杂的社会结构，甚至可能已经具备了一定的区域社会动员乃至控制能力，让区域内的族群和人口主动或被动地从周边的普通聚落聚集到中心聚落中来，这一现象代表着一种全新的社会秩序的确立。

区域社会的分化过程在中心聚落的内部结构中表现得更为显著。尽管受发掘规模的限制，西坡仰韶文化庙底沟期聚落的布局结构尚不完全清晰，但遗址内发现的众多遗迹现象尤其是 7 座大中型房屋基址和墓地，依然为我们探知当时的社会结构提供了重要线索。考古发掘显示，西坡遗址早期的建筑布局是由聚落中部的成组大型房屋构成，这些房屋规模宏大，门道皆朝向

中心广场，共同组合形成向心式的聚落布局。其中 F105 为一占地面积达 516 平方米，四周带有宽大回廊的巨型建筑，居住面、墙面和部分房基夯土层表面甚至壁柱均用朱砂涂成红色，应该是聚落中具有公共性和礼仪性的殿堂级建筑。随后的一段时间之后，大型房屋被废弃，在同样的位置相继兴建了一批中型房屋，这些中型房屋规模小了很多，门道也改朝西南或东南向，并带有窖穴等附属设施，显然是更为实用的居住生活区，不再具有早期大型房屋的公共活动功能，西坡早期向心式聚落布局到此时宣告终结。西坡聚落中心建筑布局变化的背后，应该是聚落内社会组织关系的实质性变化，也就是由早期聚落社会的集体权力转变为晚期身份地位较高的少数个人权力，本质上是聚落内部社会阶层的分化。这一变化在略晚于中型房屋的西坡墓地也表现得极为突出，在已揭露的 34 座墓葬中，墓葬间的差异主要表现在规模、随葬器物的种类与数量上。14 座不见有任何随葬品的墓葬规模都很小，20 座墓有随葬品，主要有玉石器、陶器、骨器和象牙器等，其中大口缸只见于规模较大的墓，具有区分墓主人身份和等级的特殊作用[72]。另外，对西坡墓葬人骨的碳、氮稳定同位素分析结果显示，不同规模墓葬的墓主人生前的食物结构也有差别，大墓墓主人比中小型墓墓主人生前有机会食用更多的肉食[73]，也同样说明了大墓墓主人在当时的社会地位更高。可见，西坡社会在墓葬规格和埋葬习俗上均有了地位和等级上的差异化表现，时间比西坡聚落中心建筑布局变化的时间略晚，再次验证了西坡遗址的中晚期阶段出现社会阶层分化这一重要转变过程。需要指出的是，由于西坡墓地遭到后期自然和人为等因素的严重破坏，现存墓葬的埋葬深度和排列密度已非墓地的原始状况，因此，目前发掘的西坡墓地已经不具备分区或分群研究的客观条件。研究成果显示，西坡墓地是由西向东逐渐形成，墓葬中的随葬品还存在着阶段性变化特征，其中在墓地的最晚阶段出现了不再随葬器物的变化，也就是说，从仰韶文化庙底沟期最晚阶段开始，不再以随葬品为区别墓主人身份地位的标识物，这一变化深刻影响到了中原地区仰韶文化晚期的丧葬习俗[74]。

　　与生业发展水平的区域不平衡一致，河南地区庙底沟期的社会分化程度也表现出了区域性差异，以三门峡灵宝为核心的豫西无疑走在了前列，其他区域略显滞后。在区域聚落的等级化方面，豫中、豫西南和洛阳盆地虽然在仰韶文化庙底沟期也出现了聚落数量增长、规模扩大的现象，但远不如豫西那么显著，聚落规模多在十万平方米以下，聚落分布相对稀疏，还未达到区域聚落分化和分级的程度。以豫西南的邓州八里岗遗址为例，其总面积约 6 万平方米的聚落规模和形态从仰韶文化半坡期到庙底沟期处于一种长期稳定的状态，其中聚落内南北分列的两组三排房屋，从仰韶文化庙底沟期到西王村期经历了多次废弃与重建，但位置和布局始终未变[75]，说明聚落的布局也是长期稳定的。豫中郑州地区的大河村、后庄王、点军台等遗址的房屋结构也是类似情况，均为中小型单间或套间建筑。无论是成组的排屋，还是单间或套间，这些建筑虽有大小之别，但并没有等级和规格上的高低之分，也就是说，聚落内部的社会组织结构尚未走向分化。再如汝州洪山庙遗址发现的仰韶文化庙底沟期大型瓮棺合葬墓，现存的 136 个瓮棺密集地排列在一个墓坑内[76]，瓮棺内的个体多数为成人，很可能是一个有血缘关系的群体迁葬行为，这些瓮棺形制单一，看不出个体间有身份等级和地位上的差别。而在同属于小型聚落的渑池关家遗址，仰韶文化庙底沟期的部分墓葬中出现了二层台和朱砂涂面的现象[77]，表明聚落内部的人群已经有了分化和不平等的苗头。

综上分析，以三门峡为核心的豫西区域是河南地区在仰韶文化庙底沟期社会复杂化进程的引领者，灵宝西坡等中心聚落从出现到聚落布局发生根本性变化，见证了这一时期社会关系的聚合与分化，并蔓延到周围的渑池关家等小型聚落，河南地区内的其他区域尚未见到实质性的变化。

四、讨论与展望

由于仰韶文化庙底沟期在河南地区分布范围广，延续时间长，自然地理条件的差别和考古学文化本身的阶段性变化，导致不少区域在这一时期的文化面貌呈现出显著的个性特征和差异。这些差异的存在，引发了学术界长期以来关于仰韶文化庙底沟期地方文化和类型的讨论。严文明先生曾经指出，"在庙底沟类型及同期的各个地方类型之间，既是有联系的，又是各有特色的"[78]，这些差异的形成，与各地的文化传统、发展水平、族群迁移和文化交流的影响有关。具体到河南地区来说，在嵩山以西的伊河流域和沙汝河上游地区流行的以直筒深腹缸（即"伊川缸"）为葬具的二次葬，极少见于其他地区。大致以渑池为界，以西的灵宝盆地及周围、洛阳盆地西部以及黄河北岸的济源焦作等地区，很少见到鼎等三足器类，鼎的器型也单一，多为釜形鼎；而以东的洛阳—郑州及周围地区则普遍流行各类鼎形器，包括盆形鼎、罐形鼎和釜形鼎等。此外，仰韶文化庙底沟期最为常见的尖底瓶在豫西南的南阳盆地很少见到，而鼎类器和圈足器却很发达。显然，豫西三门峡地区受豫陕晋交界的仰韶文化庙底沟期典型文化因素影响更多，洛阳—郑州一带保留了更多本地文化传统，同时也接受了部分东方文化因素，而豫西南地区因地处黄河和长江中游两大文化系统之间，在继承仰韶文化传统的同时，也受到了长江中游文化因素的影响。

值得关注的是，延续了豫陕晋交界地区的仰韶文化在半坡期向东扩张的态势，豫西的仰韶文化在庙底沟期强势崛起的同时继续东扩，发展重心也不断东移。在这一过程中，洛阳—郑州一带长期保留的本地文化传统逐步被典型仰韶文化因素取代，聚落数量和规模逐渐扩大，最终在仰韶文化西王村期开始"进入加速发展阶段，人口向嵩山东北的郑州—荥阳—巩义一带集中，并率先在这一地区发展出了以双槐树为中心的区域复杂社会"[79]。与之形成对比的是，豫西灵宝盆地及周围区域在仰韶文化西王村期的急剧衰退，区域内的聚落数量大幅减少，西坡、北阳平等聚落规模变小，一些中小型聚落甚至消失不见。

站在中国现代考古学诞生和仰韶文化发现的两个100年历史节点，我们深切地感受到，无论是中国考古学发展还是仰韶文化研究工作，都迎来了最好的时期。回首百年历程，我们感受到，仰韶文化的发掘与研究工作还有着很大的提升空间。一方面，关于仰韶文化的发现与发掘工作，严文明先生早在 20 世纪 80 年代就曾指出，"到现在究竟发现了多少仰韶文化遗址，没有一个确切的统计数字，总之是数以千计……但这绝对不是数目的极限，因为我们现在的调查工作还不够深入，发展还很不平衡"[80]。遗憾的是 30 多年过去了，这个数字依然不够准确，还仍然停留在"数以千计"，以至于我们到今天还难以对仰韶文化遗址的分布规律进行必要的科学分析。根据最新统计数据，仅河南的仰韶文化遗址就达 3000 多处，其中近年来在豫西灵宝等地做的几次区域调查工作，每次统计到的遗址数量都有更新，这说明各地都还有很大的提升潜力。尽管目前做过考古发掘的仰韶文化遗址数量已经很多，但大多是配合基本建设，受到发掘时间和规模的制约，极少开展像郑州大河村、邓州八里岗、灵宝西坡那种比较系统性的考古工作。另一方面，关于仰韶文化的研究工作，经过 100 年的历程，我们已经认识到，仰韶文化延续时间长、分布范围广、文化类型多，是一个非常复杂的文化综合体，同时也是中原文明起源和发展的关键阶段，只有从各方面进行研究，才能全面认识它的文化面貌，进而复原当时的社会结构和历史场景。因此，未来在做好考古调查、发掘和整理等基础性工作的同时，还要加强对重点区域、重要遗址的综合性、多学科和专题性研究，关注仰韶文化与同时期周边地区的文化关系，各地区仰韶文化的社会发展状况和聚落社会分化程度，仰韶文化在中华文明早期文明化、农业起源等进程中的地位、作用和模式等。

仰韶文化庙底沟期是仰韶文化研究中比较薄弱而又关键的阶段，还有很多重要的问题等待我们去破解。例如，以灵宝西坡为代表的中心聚落的详细布局还不清楚，其大型建筑向心式的聚落布局在豫西是否具有普遍性？豫西普通聚落的布局是怎样的？豫中地区的中心聚落和普通聚落的布局是什么样？豫西仰韶文化庙底沟期的衰落与豫中仰韶文化晚期的繁盛存在因果关系吗？聚落形态的演变反映了怎样的社会变迁？为什么仰韶文化庙底沟期会发生社会的聚合与分化？这些问题都需要通过对重点遗址开展大规模的考古发掘和多学科研究来解决。

注释：

[1] 张忠培：《中国考古学：实践·理论·方法》，中州古籍出版社，1994 年。

[2] 余西云：《西阴文化：中国文明的滥觞》，科学出版社，2006 年。

[3] 戴向明：《黄河流域新石器时代文化格局之演变》，《考古学报》1998 年第 4 期。

[4] 韩建业：《庙底沟时代与"早期中国"》，《考古》2012 年第 3 期。

[5] 安志敏：《试论黄河流域新石器时代文化》，《考古》1959 年第 10 期；石兴邦：《黄河流域原始社会考古研究上的若干问题》，《考古》1959 年第 10 期。

[6] 中国科学院考古研究所：《庙底沟与三里桥》，科学出版社，1959 年。

[7] 中国社会科学院考古研究所：《洛阳发掘报告》，北京燕山出版社，1989 年。

[8] 北京大学考古文博学院：《洛阳王湾——田野考古发掘报告》，北京大学出版社，2002 年。

［9］原长办考古队河南分队：《淅川下集新石器时代遗址发掘报告》，《中原文物》1989 年第 1 期；郑州大学历
史学院考古系、河南省文物管理局南水北调文物保护办公室：《河南淅川县沟湾遗址仰韶文化发掘简报》，
《考古》2010 年第 6 期。

［10］北京大学历史系洛阳考古实习队：《河南偃师伊河南岸考古调查试掘报告》，《考古》1964 年第 11 期。

［11］河南省文物研究所、长江流域规划办公室考古队河南分队：《淅川下王岗》，文物出版社，1989 年；中国
社会科学院考古研究所：《淅川下王岗：2008~2010 年考古发掘报告》，科学出版社，2020 年。

［12］郑州市文物考古研究所：《郑州大河村》，科学出版社，2001 年；郑州市大河村遗址博物馆：《郑州大河
村遗址 2014~2015 年考古发掘简报》，《华夏考古》2016 年第 3 期。

［13］河南省文物研究所：《郑州后庄王遗址的发掘》，《华夏考古》1988 年第 1 期。

［14］洛阳博物馆：《洛阳西高崖遗址试掘简报》，《文物》1981 年第 7 期。

［15］河南省文物研究所：《长葛石固遗址发掘报告》，《华夏考古》1987 年第 1 期。

［16］河南省文物研究所：《登封八方、双庙仰韶文化遗址的试掘》，《华夏考古》1992 年第 2 期。

［17］郑州市博物馆：《荥阳点军台遗址 1980 年发掘报告》，《中原文物》1982 年第 4 期。

［18］河南省文物研究所、渑池县文化馆：《渑池仰韶遗址 1980~1981 年发掘报告》，《史前研究》1985 年第 3 期；
河南省文物考古研究院、三门峡市文物考古研究所、渑池县文化广电和旅游局：《河南渑池仰韶村遗址
第四次考古发掘 2020 年度简报》，《华夏考古》2021 年第 4 期。

［19］严文明：《从王湾看仰韶村》，见《仰韶文化研究（增订本）》，文物出版社，2009 年。

［20］郑州市文物工作队：《青台仰韶文化遗址 1981 年上半年发掘简报》，《中原文物》1987 年第 1 期。

［21］中国社会科学院考古研究所河南一队：《河南临汝中山寨遗址试掘》，《考古》1986 年第 7 期；中国社会
科学院考古研究所河南一队：《河南汝州中山寨遗址》，《考古学报》1991 年第 1 期。

［22］河南省文物研究所、文化部文物局郑州培训中心：《郑州市站马屯遗址发掘报告》，《华夏考古》1987 年
第 2 期；河南省文物考古研究所、河南省文物管理局南水北调文物保护办公室：《郑州市站马屯遗址仰
韶文化遗存 2009~2010 年的发掘》，《考古》2011 年第 12 期；中国社会科学院考古研究所河南新砦队、
河南省文物管理局南水北调文物保护办公室：《郑州市站马屯西遗址新石器时代遗存》，《考古》2012 年
第 4 期。

［23］郑州市文物考古研究所、荥阳市文物保护管理所：《荥阳方岽寨新石器时代遗址发掘简报》，《中原文物》
1997 年第 3 期。

［24］［76］河南省文物考古研究所：《汝州洪山庙》，中州古籍出版社，1995 年。

［25］王建新、张晓虎：《试论班村仰韶文化遗存的分期及相关问题》，《考古与文物》2001 年第 3 期。

［26］［75］北京大学考古系等：《河南邓州八里岗遗址的调查与试掘》，《华夏考古》1994 年第 2 期；北京大学
考古系：《河南邓州八里岗遗址 1992 年的发掘与收获》，《考古》1997 年第 12 期；北京大学考古实习队：
《河南邓州八里岗遗址发掘简报》，《文物》1998 年第 9 期；北京大学考古文博院、南阳地区文物研究所：
《河南邓州八里岗遗址 1998 年度发掘简报》，《文物》2000 年第 11 期。

[27] 郑州大学考古系、开封市文物工作队、尉氏县文物保管所:《河南尉氏椅圈马遗址发掘简报》,《华夏考古》1997年第3期。
[28] 河南省文物考古研究所:《河南巩义市滩小关遗址发掘报告》,《华夏考古》2002年第4期；郑州市文物考古研究院:《河南巩义双槐树新石器时代遗址》,《考古》2021年第7期。
[29] 河南省文物考古研究所、焦作市文物工作队:《河南焦作隤城寨遗址的发掘》,《华夏考古》1998年第4期。
[30] 国家文物局考古领队培训班:《郑州西山仰韶时代城址的发掘》,《文物》1999年第7期。
[31] 洛阳市文物工作队、新安县文物保护管理所:《河南新安县太涧遗址发掘简报》,《考古与文物》1998年第1期。
[32] 河南省文物考古研究所:《河南省登封矿区铁路登封伊川段古遗址调查发掘报告》,《华夏考古》1998年第2期。
[33][34] 河南省文物管理局、河南省文物考古研究所:《黄河小浪底水库考古报告》(一),中州古籍出版社,1999年。
[35] 河南省文物管理局:《黄河小浪底水库考古报告》(二),中州古籍出版社,2006年。
[36] 河南省文物管理局、洛阳市文物考古研究院:《黄河小浪底水库考古报告》(四),中州古籍出版社,2013年。
[37] 河南省文物考古研究所:《三门峡南交口》,科学出版社,2009年。
[38][63][77] 樊温泉:《关家遗址发掘获重要成果——揭露庙底沟文化聚落遗址》,《中国文物报》2000年2月13日。
[39] 河南省文物考古研究所:《河南渑池县西湾遗址发掘简报》,《华夏考古》2008年第3期。
[40] 中国社会科学院考古研究所河南第一工作队等:《河南灵宝市北阳平遗址试掘简报》,《考古》2001年第7期。
[41] 河南省文物考古研究所、南阳市文物考古研究所:《河南西峡老坟岗仰韶文化遗址发掘报告》,《考古学报》2012年第2期。
[42] 中国社会科学院考古研究所河南一队、河南省文物考古研究所等:《河南灵宝西坡遗址试掘简报》,《考古》2001年第11期；河南省文物考古研究所、中国社会科学院考古研究所河南一队等:《河南灵宝市西坡遗址2001年春发掘简报》,《华夏考古》2002年第2期；河南省文物考古研究所、中国社会科学院考古研究所河南一队等:《河南灵宝西坡遗址105号仰韶文化房址》,《文物》2003年第8期；中国社会科学院考古研究所河南一队、河南省文物考古研究所等:《河南灵宝市西坡遗址仰韶文化中期特大房址》,《考古》2005年第3期；河南省文物考古研究所、中国社会科学院考古研究所河南一队等:《河南灵宝市西坡遗址墓地2005年发掘简报》,《考古》2008年第1期；中国社会科学院考古研究所河南一队、河南省文物考古研究所等:《河南灵宝市西坡遗址2006年发现的仰韶文化中期大型墓葬》,《考古》2005年第3期；马萧林、李新伟、杨海青:《河南灵宝西坡遗址第五次发掘获重大突破》,《中国文物报》2005年8月26日；中国社会科学院考古研究所、河南省文物考古研究所:《灵宝西坡墓地》,文物出版社,2010年；

中国社会科学院考古研究所河南一队、河南省文物考古研究所等:《河南灵宝市西坡遗址庙底沟类型两座大型房址的发掘》,《考古》2015 年第 5 期;中国社会科学院考古研究所河南一队、河南省文物考古研究所等:《河南灵宝市西坡遗址南壕沟发掘简报》,《考古》2016 年第 5 期。

[43] 中国社会科学院考古研究所河南第一工作队:《2002–2003 年河南偃师灰嘴遗址的发掘》,《考古学报》2010 年第 3 期;中国社会科学院考古研究所河南第一工作队:《河南偃师市灰嘴遗址 2006 年发掘简报》,《考古》2010 年第 4 期。

[44] 洛阳市第二文物工作队:《洛阳市伊川县大庄遗址发掘简报》,见《西部考古》第 4 辑,三秦出版社,2009 年。

[45] 河南省文物考古研究所:《河南渑池笃忠遗址 2006 年发掘简报》,《华夏考古》2010 年第 3 期。

[46] 洛阳市第二文物工作队:《洛阳市杨窑遗址发掘简报》,见《西部考古》第 3 辑,三秦出版社,2008 年。

[47] 洛阳市文物考古研究院:《洛阳五女冢遗址》,中州古籍出版社,2014 年。

[48] 任广:《伊川土门遗址》,《大众考古》2019 年第 8 期。

[49] 安志敏、王伯洪:《河南陕县灵宝考古调查记》,《科学通报》1954 年第 7 期;黄河水库考古工作队:《黄河三门峡水库考古调查简报》,《考古通讯》1956 年第 5 期。

[50] 侯俊杰:《河南灵宝铸鼎原仰韶聚落遗址群考古工作的回顾与思考》,《中国文物报》2005 年 9 月 30 日第 7 版。

[51][71] 魏兴涛等:《三门峡灵宝盆地史前遗址的调查收获及重要意义》,《中国文物报》2020 年 4 月 3 日第 5 版。

[52] 赵志军:《中国古代农业的形成过程——浮选出土植物遗存证据》,《第四纪研究》2014 年第 1 期。

[53] 魏兴涛:《豫西晋西南地区新石器时代植物遗存的发现与初步研究》,见《东方考古》第 11 集,科学出版社,2015 年;秦岭:《南交口遗址 2007 年出土仰韶文化早、中期植物遗存及相关问题探讨》,见《三门峡南交口》,科学出版社,2009 年。

[54] 张雪莲:《人骨碳十三、氮十五同位素分析》,见《灵宝西坡墓地》,文物出版社,2010 年;张雪莲、仇士华、钟建等:《中原地区几处仰韶文化时期考古遗址的人类食物状况分析》,《人类学学报》2010 年第 2 期;Dong Y., Morgan C., Chinenov Y., et al., "Shifting Diets and the Rise of Male–Biased Inequality on the Central Plains of China during Eastern Zhou", *Proceedings of the National Academy of Sciences*, 2017, Vol. 114, No. 5, pp. 932-937.

[55] 马萧林:《河南灵宝西坡遗址动物群及相关问题》,《中原文物》2007 年第 4 期;袁靖:《中国新石器时代居民获取肉食资源的方式》,《考古学报》1999 年第 1 期;白倩:《河南地区新石器时代生业方式初探》,《南方文物》2020 年第 1 期。

[56] 刘莉:《早期陶器、煮粥、酿酒与社会复杂化的发展》,《中原文物》2017 年第 2 期;刘莉等:《仰韶文化的谷芽酒:解密杨官寨遗址的陶器功能》,《农业考古》2017 年第 6 期。

[57] 王育茜、张萍、靳桂云等:《河南淅川沟湾遗址 2007 年度植物浮选结果与分析》,《四川文物》2011 年第

2 期。

［58］付巧妹、靳松安等:《河南淅川沟湾遗址农业发展方式和先民食物结构变化》,《科学通报》2010 年第 7 期。

［59］邓振华、高玉:《河南邓州八里岗遗址出土植物遗存分析》,《南方文物》2012 年第 1 期;王华、张弛:《河南邓州八里岗遗址出土仰韶时期动物遗存研究》,《考古学报》2021 年第 2 期。

［60］戴向明:《黄河中游史前经济概论》,《华夏考古》2016 年第 4 期。

［61］王仁湘:《中国史前的艺术浪潮——庙底沟文化彩陶艺术的解读》,《文物》2010 年第 3 期。

［62］中国社会科学院考古研究所河南第一工作队:《2002-2003 年河南偃师灰嘴遗址的发掘》,《考古学报》2010 年第 3 期。

［64］中国科学院考古研究所:《庙底沟与三里桥》,科学出版社,1959 年;洛阳博物馆:《洛阳西高崖遗址试掘简报》,《文物》1981 年第 7 期。

［65］韩建业:《西坡墓葬与“中原模式”》,见《仰韶和她的时代——纪念仰韶文化发现 90 周年国际学术研讨会论文集》,文物出版社,2014 年。

［66］马萧林、权鑫:《河南灵宝三件馆藏玉钺的年代及相关问题》,《中原文物》2017 年第 6 期。

［67］马俊才:《河南南阳黄山遗址》,《大众考古》2020 年第 12 期。

［68］李新伟:《中国史前社会上层远距离交流网的形成》,《文物》2015 年第 4 期。

［69］马萧林:《仰韶文化中期的聚落与社会——灵宝西坡遗址微观分析》,《中原文物》2020 年第 6 期。

［70］陈星灿:《庙底沟时代:早期中国文明的第一缕曙光》,《中国文物报》2013 年 6 月 13 日第 5 版。

［72］马萧林:《灵宝西坡出土朱砂及相关问题研究》,《中原文物》2019 年第 6 期。

［73］张雪莲、李新伟:《西坡墓地再讨论》,《中原文物》2014 年第 4 期。

［74］马萧林:《灵宝西坡墓地再分析》,《考古与文物》2019 年第 5 期。

［78］严文明:《论半坡类型和庙底沟类型》,见《仰韶文化研究（增订本）》,文物出版社,2009 年。

［79］张海:《中原核心区文明起源研究》,上海古籍出版社,2021 年。

［80］严文明:《纪念仰韶村遗址发现六十五周年》,见《仰韶文化研究（增订本）》,文物出版社,2009 年。

中原地区庙底沟时期农业生产模式初探

◎钟　华　◎李新伟　◎王炜林　◎杨利平　◎赵志军

引　言

一般认为，中原地区庙底沟时期（6000~5500aB.P.）与仰韶时代中期相等同，基本是庙底沟文化（仰韶文化庙底沟类型）从产生到衰亡解体的时段。庙底沟文化是以河南陕县庙底沟遗址命名的考古学文化，该文化以晋南豫西为中心，以强劲的势头向外扩展至整个黄河中游，中国史前文化第一次出现了大范围统一的局面[1]。庙底沟文化较之仰韶文化早期，在聚落数量、组成结构方面发生了非常大的变化，各区聚落数量都明显增加，并出现许多大型中心聚落。这些现象在庙底沟文化的主体区域——中原地区（豫西、晋南、关中、豫中）都有发现，但在"中原"以外的周边其他地区则少见此现象，说明庙底沟文化中心与外围区的发展是不平衡的[2]。而这一时期中原地区所在的中国北方正处在全新世降水量最高的时期，气候温暖湿润[3]。

中原地区，尤其是作为庙底沟文化核心区域的晋南豫西地区，对于庙底沟文化研究至关重要，而针对中原地区所展开的植物考古研究，则为我们了解庙底沟文化农业发展特点、生业结构组成，甚至不同等级聚落在生业模式上的差别等方面提供可能。目前，学者们对于庙底沟时期中原地区遗址开展过一些植物考古研究，进行过植物考古浮选工作的遗址包括关中地区的兴乐坊遗址和白水下河遗址[4]、华县东阳遗址[5]和扶风案板遗址[6]、豫西地区的三门峡南交口遗址[7]和灵宝西坡遗址[8]等，另外在关中地区[9]和郑州地区[10]还进行过植硅体方面的相关研究。但是，对于中原地区这一时期关键性的中心聚落遗址，以及整个庙底沟时期生业模式的系统研究目前还非常缺乏，而这一时期正是我国北方旱作农业发展的重要阶段。有学者指出以陕西西安鱼化寨遗址为代表的仰韶时代早期的关中地区仍处在狩猎采集向农耕生产转变的过渡阶段[11]，旱作农业生产体系尚未完全建立。而紧接着仰韶时代早期的中原地区庙底沟时期，正是探讨旱作农业社会建立的关键阶段，本文以庙底沟时期中原地区的两个重要核心聚落——杨官寨遗址和西坡遗址出土植物考古材料为基础，结合已发表的相关植物考古研究，并参考动物考古研究，对中原地区庙底沟时期生业模式进行了讨论，研究为北方旱作农业体系的建立、农业社会的形成提供了重要依据。

一、样品的采集、浮选与鉴定

本文中原地区的界定是与考古学文化相关的，相对宽泛的区域范围包括豫西、晋南、关中、豫中这几个地区。庙底沟时期第一手植物考古材料来自关中地区的高陵杨官寨遗址和豫西地区的灵宝西坡遗址，笔者参与了这两遗址出土大植物遗存的田野浮选和实验室鉴定工作（图一）。

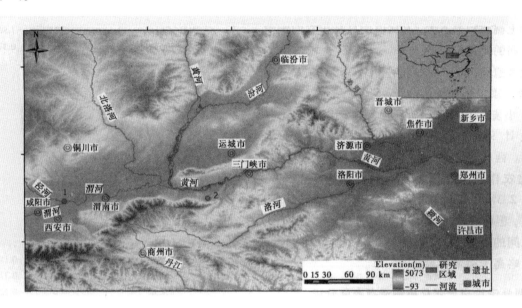

图一　中原地区庙底沟时期杨官寨遗址（1）和西坡遗址（2）

杨官寨遗址（34°28′22.32″N，109°01′26.77″E）位于陕西省高陵县姬家乡杨官寨村四组东侧泾河左岸的一级阶地上，该遗址为关中地区罕见的新石器时代中晚期中心聚落遗址。遗址北区堆积主要是庙底沟文化遗存，发现各类房址、灰坑、陶窑、瓮棺葬等遗迹现象以及庙底沟时期的聚落环壕[12]。

本次杨官寨的浮选样品主要来自2010年于杨官寨遗址北区的环壕G8-1及相邻地层系统逐层取样获得的土样样品；另外，还包括了少量2008年、2009年采集的环壕和灰坑内土样，共计28份浮选样品，总浮选土量1200余升。

西坡遗址（34°29′40.00″N，110°41′52.24″E）位于河南省灵宝市阳平镇以东约3 km，根据2004年系统钻探，遗址南、北两道壕沟和东、西两河间的面积约40×10⁴ m²[13]。西坡遗址的主体为庙底沟时期。自2000年以来，西坡遗址经过了多次考古发掘，出土了大量遗物，对其文化特征也有了较为深入的认识[14-17]。

西坡遗址浮选植物遗存分别来自西坡遗址2005年以及2011年和2013年所浮选样品，样品共计132份。2005年27份浮选样品中有22份来自环壕沟G1，浮选土样在10 L到15 L之间；2011年和2013年样品主要来自20多个灰坑，每份浮选土量较少，大部分不足5 L，其中H8是植物遗存出土最为丰富的灰坑，共有9个文化层，每一层均有较多炭化木屑、炭化农作物和非农作物遗存发现。

　　两处遗址的浮选工作都是在发掘现场完成的，所用浮选设备都是水波浮选仪，配备的分样筛规格是 80 目（孔径 0.2 mm），操作过程先将浮选仪水箱内注满水，再将土样撒入水箱内，土样中比重小于水的部分包括炭化植物遗存浮出水面，并随水流落入细筛中，收入细筛的部分即所要的浮选样品[18]。浮选样品在当地阴干后统一寄回中国社会科学院考古研究所植物考古实验室，进行下一步的分类、鉴定和统计工作。分类、鉴定工作的实验室仪器包括：体式显微镜、电子天平、标准分样筛等，具体实验室操作步骤详见《中华人民共和国保护行业标准——田野考古植物遗存浮选采集及实验室操作规范》[19]。使用的统计方法包括绝对数量统计法、出土概率统计法和密度统计法，其中出土概率是由发现某种植物遗存的样品数比总样品数量得出，仅以每份样品中是否出现这类植物遗存为计算标准，而不考虑每份浮选样品发现的绝对数量，这种统计方法一定程度减弱了埋藏机制和特殊埋藏情况对分析结果产生的误差。

二、浮选结果与分析
（一）两处遗址出土炭化植物遗存

　　中原地区庙底沟时期杨官寨遗址和西坡遗址共 160 份浮选样品中，出土了 3403 粒炭化植物种子。

　　杨官寨遗址出土的炭化植物种子共计 2056 粒，包括粟（*Setaria italica*）、黍（*Panicum miliaceum*）两种农作物炭化籽粒，共计 1050 粒，占到全部炭化种子的 51.0%。对杨官寨遗址出土的粟和黍进行出土概率统计后显示，炭化粟粒的出土概率为 78.6%，炭化黍粒的出土概率为 67.9%，黍粒的出土概率与粟的出土概率相差不大，其比值明显高于它们绝对数量之间的比值（表一）。

表一　杨官寨遗址出土炭化植物种子统计表

炭化植物种属	绝对数量（粒）	数量百分比（%）	出土概率（%）
粟（*Setaria italica*）	736	35.80	78.6
黍（*Panicum miliaceum*）	314	15.27	67.9
狗尾草（*Setaria viridis*）	506	24.61	78.6
野燕麦（*Avena fatua*）	18	0.88	39.3
野大豆（*Glycine soja*）	13	0.63	32.1
胡枝子（*Lespedeza bicolor*）	214	10.41	71.4
草木樨（*Melilotus suaveolens*）	134	6.52	71.4
直立黄芪（*Astragalus adsurgens*）	15	0.73	21.4
野葛（*Pueraria lobata*）	2	0.10	7.1
猪毛菜（*Salsola collina*）	8	0.39	25.0
藜（*Chenopodium album*）	29	1.41	42.9

炭化植物种属	绝对数量（粒）	数量百分比（%）	出土概率（%）
红鳞扁莎（*Pycreus sanguinolentus*）	2	0.10	7.1
酸模叶蓼（*Polygonum lapathifolium*）	2	0.10	7.1
齿翅蓼（*Fallopia dentatoalata*）	2	0.10	7.1
酸浆（*Physalis alkekengi*）	1	0.05	3.6
堇菜（*Viola verecunda*）	2	0.10	3.6
地丁草（*Corydalis bungeana*）	30	1.45	39.3
蔷薇科（Rosaceae）	1	0.05	3.6
水棘针（*Amethystea caerulea*）	3	0.15	3.6
未知	24	1.17	53.6
合计	2056		

西坡遗址出土炭化植物种子共计 1347 粒，其中包括粟、黍、稻米（*Oryza sativa*）、大豆（*Glycine max*）、小麦（*Triticum aestivum*）5 种农作物炭化籽粒，共计 993 粒，占到全部炭化植物种子的 73.8%。西坡遗址粟、黍、稻米、小麦和大豆这 5 种炭化农作物遗存出土概率分别为 50%、22%、2.3%、2.3% 和 6.1%；其中，粟的出土概率最高，黍其次，但两者出土概率的比值（2.27）要远低于绝对数量间的比值（8.61），其余 3 种农作物都较低，而大豆略高于稻米和小麦（表二）。

表二　西坡遗址出土炭化植物种子统计表

炭化植物种子	绝对数量（粒）	数量百分比（%）	出土概率（%）
粟（*Setaria italica*）	861	63.92	50
黍（*Panicum miliaceum*）	100	7.42	22
稻米（*Oryza sativa*）	2	0.15	2.3
大豆（*Glycine max*）	25	1.86	6.1
小麦（*Triticum aestivum*）	5	0.37	2.3
狗尾草（*Setaria viridis*）	186	13.81	24.2
野燕麦（*Avena fatua*）	1	0.07	0.8
胡枝子（*Lespedeza bicolor*）	43	3.19	8.3
草木樨（*Melilotus suaveolens*）	38	2.82	11.4
豆科（Leguminosae）	2	0.15	1.5
藜（*Chenopodium album*）	54	4.01	23.5
马唐（*Digitaria sanguinalis*）	14	1.04	5.3
紫苏（*Perilla frutescens*）	1	0.07	0.8
菊科（Asteraceae）	1	0.07	0.8

炭化植物种子	绝对数量（粒）	数量百分比（%）	出土概率（%）
堇菜（*Viola verecunda*）	1	0.07	0.8
铁苋菜（*Acalypha australis*）	1	0.07	0.8
罂粟科（Papaveraceae）	2	0.15	0.8
酸枣（*Zixziphus jujuba* var. *spinosa*）	2	0.15	0.8
碎种子	5	0.37	0.8
未知	3	0.22	2.4
总计	1347		

（二）两处遗址出土炭化植物遗存密度分析

杨官寨遗址和西坡遗址作为庙底沟时期的中心聚落遗址，遗迹单位的采样也进行的较为系统。经过系统地浮选、鉴定和统计，我们获得了一批文化堆积较厚，延续时间较长的遗迹单位（壕沟和灰坑）中出土的炭化植物遗存，通过对这些遗迹单位不同层位出土多种植物遗存的密度分析，得以了解这些壕沟和灰坑所体现的较长时间的利用情况，从而对当时不同植物遗存的关系、人与植物遗存的关系及其历时性变化等关键问题有更深一步的认识。由此，我们选出了 3 组依照考古层位逐层采集的遗迹单位（分别是杨官寨遗址 G8-1、西坡遗址 G1 和西坡遗址 H8），并对这 3 组样品出土炭化植物遗存进行统计分析和讨论。

1. 杨官寨遗址 G8-1 出土植物遗存

在杨官寨遗址 17 份取自环壕内的浮选样品中，有 14 份是取自 10GYWT0624（北扩方）G8-1 这一单位的，这些样品有着很好的系统性和连贯性。我们对这组环壕内浮选样品的炭化木屑（大于 1 mm）平均含量进行了统计，以此观察该环壕在不同时期的炭化木屑平均密度的变化（图二）。

为了找寻炭化植物遗存在杨官寨遗址环壕各层分布的规律，我们将 14 份取自 G8-1 这一单

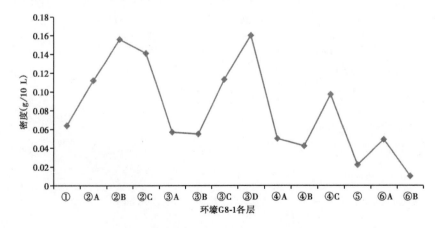

图二　杨官寨遗址环壕 G8-1 内炭化木屑密度变化

位的 4 种出土数量最多的植物种子：粟、黍、狗尾草（*Setaria viridis*）、豆科（Leguminosae）、胡枝子（*Lespedeza bicolor*）、草木樨（*Melilotus suaveolens*）和直立黄芪（*Astragalus adsurgens*））也进行了量化统计，分别得出环壕内各层平均每 20L 土样所含有的植物种子密度变化（图三）。

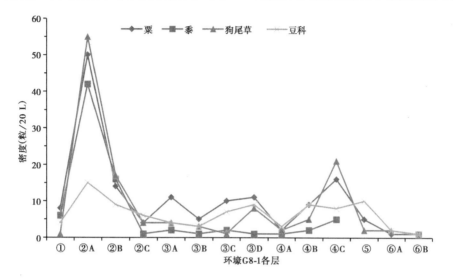

图三　杨官寨遗址环壕 G8-1 内 4 种植物种子密度变化

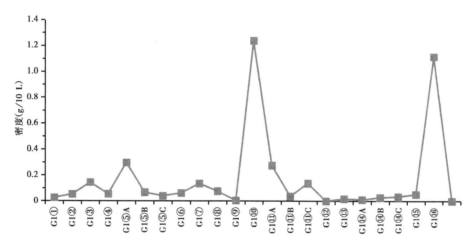

图四　西坡遗址环壕 G1 出土炭化木屑密度变化

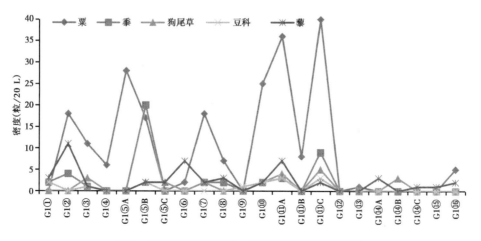

图五　西坡遗址环壕 G1 出土的 5 种植物种子密度变化

2. 西坡遗址 G1 出土植物遗存

西坡遗址 2005 年 34 份浮选样品中有 23 份来自 G1，合并相同层位后，可以得到从 G1 ①到 G1⑯ 共 22 层相连续的样品，图四为西坡遗址 G1 出土炭化木屑（大于 1 mm）密度变化。

同样的，我们对 G1 中 22 个层位中出土炭化植物遗存也做了统计，并以出土数量较多的粟、黍、狗尾草、豆科的草木樨和藜（*Chenopodium album*）这 5 种植物种子为例，做出了不同层位的炭化种子密度变化图（图五）。

3. 西坡遗址 H8 出土植物遗存

我们对西坡 2011 年 H8 的 9 个层位中出土的炭化木屑和出土炭化植物种子进行了分层统计，分别得出了图六和七，其中，图六为 H8 出土炭化木屑（大于 1 mm）的密度变化；图七为 H8 出土植物种子密度变化，体现了 H8 中出土数量较多的粟、黍、狗尾草、豆科（胡枝子和草木樨）和藜这 5 种植物的各层位数量变化。

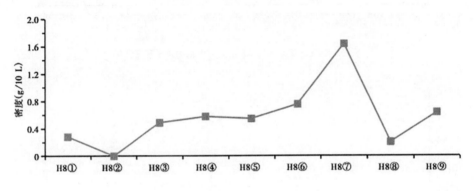

图六　西坡遗址 H8 出土炭化木屑密度变化

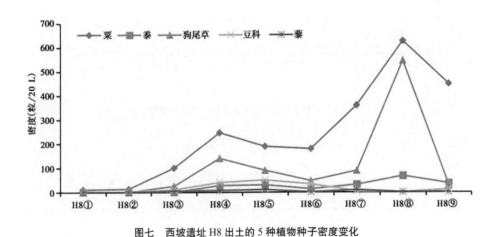

图七　西坡遗址 H8 出土的 5 种植物种子密度变化

4. 植物遗存变化情况的分析

通过以上杨官寨遗址 G8-1、西坡遗址 G1 和西坡遗址 H8 这 3 组遗迹单位出土炭化植物遗存的情况，可以发现这 3 组遗迹单位不同层位的炭化木屑密度变化与出土炭化种子密度变化之间有着很强的相关性，不同种出土炭化植物种子之间也存在着一定的相关性。

首先，3 组遗迹单位出土的各类炭化植物种子密度有着较为明显正相关关系（一些遗迹单位由于出土炭化种子过少导致密度变化不明显），可以理解为这些炭化种子应该是一起进入遗迹中保存起来的。在这几种炭化种子中，粟、黍为当地主要的旱地农田作物，狗尾草为旱地农田伴生杂草，它进入遗迹单位中应该和粟、黍的收割、加工有着直接的关系。狗尾草各层密度的变化也应该和粟、黍保持一致。两遗址中出土的豆科种子主要包括胡枝子和草木樨，二者都是优良的牧草，但是庙底沟时期，目前的考古证据还不支持牛、羊类的大型食草牲畜已进入中原境内。恐怕胡枝子和草木樨类的豆科种子进入遗迹中还有别的原因。藜由于仅出现在西坡遗址的 G1 和 H8 中，并且出土的数量很少，是否与人类活动直接相关还需要进一步验证。

其次，在这 3 组出土炭化植物遗存的图表中，可以看到每个遗迹单位的炭屑和种子密度都在不同层位中经历了多次的波峰和波谷变化。这些波峰和波谷应该与人类活动的密集程度直接相关。如果我们认为进入壕沟和灰坑的植物遗存主要是当时人倾倒垃圾所致，那么 3 组遗迹单位中波峰的时期当是古代居民堆放垃圾较集中的时期，而波谷时段则是人们活动相对较少的时期（至少是对于这些遗迹单位本身而言）。值得注意的是，一般来说壕沟，尤其是环壕，其用途并不单一，往往还用做防洪之用。

再次，本研究的 3 组浮选样品所在遗迹单位为两条壕沟和一个灰坑。从图二至图五可以看出杨官寨遗址 G8-1 和西坡遗址 G1 出土的植物遗存主要分布在遗迹单位的中部和较浅层位，底部和较深层位的炭化植物种子出土很少，密度也远低于中部和较浅层位。两壕沟所表现的这一特点应该与壕沟的使用用途相关，可能是在壕沟的使用过程中人们经常性的清淤所致，而随着壕沟作为排水防洪这一功用的丧失，人们不断地将垃圾倾倒入其中，以后的各层位出土炭化植物遗存也逐渐多了起来。较之两壕沟，西坡遗址 H8 的植物遗存则主要集中在底部和较深层位，这一点应该与灰坑在使用期时作为垃圾的倾倒地点相关，在其使用期时与人们的日常活动关系最为紧密，使用也最频繁，之后随着灰坑的填埋，与人类相关的炭化植物遗存也逐渐减少。

三、讨论

（一）中原地区庙底沟时期农业生产模式的讨论

除了杨官寨遗址和西坡遗址外，学者们对中原地区庙底沟时期进行过的重要植物考古相关研究还包括以下内容。

兴乐坊遗址与下河遗址均位于陕西省关中东部渭南市境内[4]。兴乐坊遗址共采集 11 份土样，分别来自 10 个灰坑。出土农作物包括粟、黍和稻米这 3 种，共 685 粒，其中粟的数量占绝大多数，稻米发现了 21 粒。下河遗址共采集土样 21 份，土样中有 7 份来自灰坑，8 份来自灶，4 份来自房址。共发现炭化果实、种子 619 粒。农作物包括粟、黍两种，粟又占到了绝对多数。两个遗址禾本科颖果的数量都是最多的，除此以外，豆科、藜属的含量也比较丰富[4]。

案板遗址是渭河流域关中西部一处重要的新石器时代遗址。该遗址的文化遗存可以分为案板一期、二期和三期，其中的案板一期相当于庙底沟时期。2012 年对该遗址的第 9 次考古发掘中，共采集案板一期（庙底沟期）浮选土样 18 份，其中有 10 份来自灰坑，8 份来自灰沟中。发现炭化植物种子 1068 粒，农作物植物种子占到了 45.6%，包括粟、黍和 1 粒大豆，其中又以粟为多。非农作物种子方面，以狗尾草（321 粒）为最多，其他还包括豆科的草木樨（26 粒）和鸡眼草（56 粒），藜科的灰菜（15 粒）和地肤（23 粒）等[6]。

河南三门峡南交口遗址于 1997 年至 1998 年进行了考古发掘；2007 年相关学者对发掘区保留较好的 8 个仰韶中期灰坑进行了浮选土样的采集，共发现炭化种子 294 粒。浮选结果包括粟、黍和稻米 3 种农作物种子，绝对数量分别为 107 粒、25 粒和 26 粒。其他非农作物种子还包括狗尾草属、黍属、藜科、豆科等[7]。

灵宝西坡遗址自 2000 年开始考古工作以来，系统的植物考古土样采集工作便伴随着考古发掘未有间断。其中，2004 年浮选所得炭化植物遗存进行过阶段性的研究，48 份浮选土样中共发现 3000 余粒炭化植物种子，包括粟、黍、稻米这 3 种农作物，占所有植物种子总数的 46.2%。其中，又以粟为最多，占到了农作物籽粒总数的 90.6%，而稻米最少，共发现了 9 粒。其他植物种子经鉴定还包括马唐属、狗尾草属、紫苏、土荆芥、蔷薇科、李属、葡萄属，以及豆科、藜科、茄科、菊科等[8]。

另外，通过对关中地区的华县东阳遗址灰坑的剖面取样分析，发现了距今约 5800 年的炭化稻米遗存[20]。该遗址浮选结果也显示稻米遗存的大量存在，但其绝对数量和出土概率仍不及粟[5]。

除了大植物遗存方面的证据，中原地区庙底沟时期微体植物遗存研究也有相关成果发表。研究显示，关中地区的杨官寨遗址、案板遗址和泉护遗址在庙底沟时期发现水稻植硅体遗存，并且黍子的植硅体含量较之粟在距今 6000~2100 年期间一直占优势，即使在气候相对暖湿的阶段，黍的数量仍超过粟[9]；而郑州地区仰韶时代中晚期多个遗址中也有水稻植硅体发现，并且从植硅体证据来看，黍是先民主要的粮食作物[10]。

为了对中原地区庙底沟时期农业生产模式进行进一步分析，我们选取了进行过系统浮选且出土植物遗存较为丰富的 6 处遗址进行量化讨论（表三），即杨官寨遗址、西坡遗址（本次浮选研究结果）、兴乐坊遗址[4]、下河遗址[4]、案板遗址[6]和南交口遗址[7]。

表三　中原地区庙底沟时期遗址粟、黍统计表（%）

农作物	杨官寨遗址		西坡遗址		兴乐坊遗址[4]		下河遗址[4]		案板遗址[6]		南交口遗址[7]	
	绝对数量	出土概率	绝对数量	出土概率	绝对数量	出土概率	绝对数量	出土概率	绝对数量	出土概率	绝对数量	出土概率
粟	70.0	78.6	86.7	50.0	89.1	100.0	76.0	66.7	81.4	94.0	67.7	75.0
黍	30.0	67.9	10.1	22.0	7.9	81.8	24.0	57.1	18.0	61.0	15.8	37.5

对于农业生产模式的探讨，首先涉及的就是农作物的问题。从各遗址植物浮选结果来看，中原地区庙底沟时期农作物种类包括粟、黍、稻米和大豆（西坡遗址出土的小麦经 ^{14}C 测年显

示属于历史时期）。其中，粟的量为最多，黍其次，稻米和大豆都相对较少。下面将对这4种农作物遗存进行分别讨论。

粟，在庙底沟时期中原地区经浮选所见的各个考古遗址中，无论其绝对数量还是出土概率都是各农作物遗存中最高的。黍，作为旱作农业的另一主要农作物，在中原地区庙底沟时期各遗址中也大量存在。从表三中（"绝对数量"数据为各遗址粟、黍数量所占农作物遗存数量的比例），我们可以看出中原地区的这6个遗址中，粟和黍绝对数量的差距都非常的大，虽然出土概率方面，粟也要高于黍，但是程度上远不及二者在绝对数量上的差距（西坡遗址和南交口遗址黍的出土概率较低可能分别与取样土量较少和采样样品数有关）。在考虑不同种农作物遗存在人们生活中的地位时，不仅要考虑绝对数量，出土概率也是一个重要的衡量标准。由此看来，黍的出土概率与粟的出土概率比较接近，数值都很高，黍子也应该是当时人们农业生活中重要的农作物资源之一。

值得注意的是，在中原地区庙底沟时期进行的植硅体研究显示，黍的数量要远多于粟[9~10]，而这一结果明显与本文由粟、黍炭化种子遗存所显示的数量关系相矛盾。就目前对于粟、黍的研究来看，尚不能完全支持经由大植物遗存或植硅体证据任意一方得出的结论。但是，就样品采集数量和每份样品采集土壤容积而言，浮选样品要远高于植硅体样品采集量，客观上更能全面反映遗址发掘区域的整体情况；其次，虽然用粟、黍炭化种子绝对数量统计，推测其在生业结构中的重要性存在其千粒重的差异性，但遗址中两种小米出土概率的数据同样反映了粟明显高于黍的情况；再次，中原地区从庙底沟时期至龙山时期是史前文化不断发展、聚落数量增多、人口增加、社会复杂化不断加强的时期，产量更高的粟在生业结构中占有更为重要的地位似乎更符合当时社会发展的情况。至于有学者提出，粟和黍存在不同的炭化温度保存区间，炭化粟较之黍更易保存[21]，目前我们在考古遗址中尚难以推测粟、黍的炭化温度在多大比例上达到黍难以保存的程度，这一点到底在多大程度上可以影响考古遗址出土植物遗存情况，还需要更多的研究加以证实。无论如何，对于目前大植物遗存和植硅体研究在统计分析上的不一致，还需要今后更多材料加以更为全面的讨论。

稻米，在中原地区仰韶中期的6个遗址中的3处遗址有发现，分别为西坡遗址发现2粒（之前2004年浮选发现9粒[8]）、兴乐坊遗址发现21粒[4]、南交口遗址发现26粒[7]，较之各自遗址发现的粟、黍数量，稻米的绝对数量显得很少。出土概率方面3个遗址稻米分别是2.3%、36.3%[4]和37.5%[7]，而兴乐坊遗址和南交口遗址稻米较高的出土概率可能与其浮选采样的遗迹单位数目较少有关（兴乐坊遗址浮选土样10份[4]，南交口遗址的浮选土样为8份[7]）。另外，我们知道杨官寨遗址庙底沟时期遗存和案板遗址中也发现了稻谷的植硅体证据[9]，该遗址也应存在稻米，只是由于浮选采样位置或数量的限制，炭化稻米种子尚未发现。

由此看来，目前6个遗址中发现稻米遗存的应该有5个。那么，至迟在庙底沟时期，中原地区的稻米已经相当的普遍了，不仅在庙底沟文化的核心区域——豫西晋南地区（以灵宝西坡

遗址为代表）有发现，在关中平原从东部（以兴乐坊遗址和杨官寨遗址为代表）到西部（以扶风案板遗址为代表）的广阔范围内也都有发现。

对于某地区能否能够种植水稻，起决定性因素的并不是气候、纬度等因素，而更多地取决于是否有充足的水源，具体到遗址，就是遗址本身所处周边环境是否有可以方便利用的河湖资源。而庙底沟时期中原地区系统浮选的6处遗址，其所在地点有的位于河流台地上（杨官寨遗址[12]），有的位于紧邻河流的台塬上（西坡遗址[13]、案板遗址[6]、兴乐坊遗址[4]、南交口遗址[7]），也有位于是河谷周边（下河遗址[4]），周边的水资源都相当丰富。并且遗址所在地貌基本为平地或较缓的坡地，比较利于稻米的种植。

如果我们从遗址的规模、聚落的地位角度来考虑的话，属于核心聚落遗址包括杨官寨遗址、西坡遗址、下河遗址和案板遗址，一般性或较低一级遗址包括兴乐坊遗址和南交口遗址。从稻米的发现情况来看，核心聚落除了下河遗址外都发现有稻米遗存（炭化稻米或稻米植硅体），而一般性遗址则都有稻米遗存发现。由此看来，中原地区庙底沟时期的稻米存在与否基本未受到遗址规模和等级的影响，即无论等级较高的中心聚落，还是等级较低的一般性聚落，遗址中都有稻米的发现。但是，无论高等级聚落还是一般性遗址，稻米的发现量都非常少，出土概率也很低，并不作为主要的农作物为当时人们所食用。目前，庙底沟时期中原地区发表有关碳氮稳定同位素的研究还比较有限，而涉及不同等级人群古代食谱差异的研究则更少，西坡遗址庙底沟时代晚期墓地的稳定同位素研究也许可以给我们一些线索。从西坡墓地出土人骨碳氮稳定同位素证据来看，有更多机会获得肉食的社会上层人群，骨骼中 ^{13}C 含量也明显偏低[13]，即等级较高人群的主食消费中，粟、黍所占的比例相对一般人群为低，而稻米的消费则较高。这似乎显示稻米在高等级人群中更受欢迎，至于稻米是以主食的形式，还是以米酒的形式为此人群所消费，则需要更多的证据来揭示。而从仰韶晚期新街遗址出土尖底瓶中残留物分析研究来看，至迟在仰韶晚期的中原地区，稻米可能已经成为古人酿造谷芽酒的原料[22]。另外，虽然各遗址都具备种植水稻的先决条件，但水稻究竟是在本地种植还是通过交流贸易由其他区域带来还需要我们再进一步的认识。

大豆，分别在灵宝西坡遗址发现了25粒，扶风案板遗址发现了1粒[6]。

图八　西坡遗址出土炭化大豆

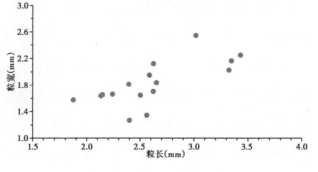

图九　西坡遗址大豆测量分布图

西坡遗址发现的大豆出土于 8 个遗迹单位中，这些炭化大豆呈椭圆形，炭化后变形严重，膨胀爆裂，种皮基本完全脱落，子叶表面出现蜂窝状凹坑，显示出油亮光泽（图八）。参考近年发表的考古出土炭化大豆鉴定标准[23]，这些炭化大豆形态特征符合鉴定标准中关于豆粒、种皮和子叶特征和其被炭化后的变化，应该属于栽培大豆范畴。我们对西坡遗址出土的 16 粒完整大豆的长短进行了测量，从图九的大豆测量分布来看，西坡遗址出土大豆尺寸大部分偏小，并且可以明显分为至少两组，个体尺寸差异较明显。根据新的鉴定标准，大豆尺寸大小在判别栽培大豆和野大豆方面仅具参考价值，但这也许显示出西坡遗址出土炭化大豆存在栽培大豆早期阶段的特征。从大豆的发现情况来看，它的发现主要集中于核心聚落遗址，并且数量很少，也未普及至其他地区，在中原地区庙底沟时期的遗址中并不属于重要的农作物。

非农作物遗存也是植物考古研究的重要方面，很多非农作物与人们生活有着相当紧密的关系，其中一些为农田伴生杂草，可能会被人们在收割时与农作物一同带入遗址，另一些则可能直接被人们所用。中原地区庙底沟时期的遗址中出土的主要非农作物遗存组合基本相同，包括狗尾草，胡枝子、草木樨为代表的豆科和藜。

狗尾草为主要的旱作农田伴生杂草，它的出现往往和粟、黍的收获和加工有关[24]。在以上经过系统浮选的遗址中，狗尾草（一些遗址中鉴定为狗尾草属或禾本科）无论在绝对数量还是出土概率方面，都是全部杂草种子最高的。

豆科种子，其绝对数量在以上的大部分遗址（6 个遗址中的 4 个）的非农作物遗存中居于第二位。由于鉴定标准的不同，在杨官寨遗址、西坡遗址和案板遗址[6]这 3 处遗址的植物遗存鉴定中，将豆科种子鉴定至属种。豆科植物虽为杂草，但它与人们生活之间却有着紧密而多样的关系。遗址中发现豆科植物中的胡枝子和草木樨都属于优良的牲畜饲料；另外，这些可以固氮的豆科植物又是很好的绿肥；再次，因为豆科种子本身含有油脂以及植株本身的特点，不排除人们更倾向于利用豆科植物植株作为燃料。在中原地区庙底沟时期，就目前的认识来看，牛羊类的大型食草类牲畜还未传入[25]，胡枝子和草木樨在遗址中主要是因为牛羊食用，再通过其粪便燃烧而存留的这一论断并不成立。而是否作为绿肥这一点，在目前没有很好的证据下也难以推断。

藜，作为中原地区史前时期最常见的杂草种子之一，在本文涉及的庙底沟时期的 6 个遗址中都有发现，但是每个遗址发现的数目并不多（由于鉴定标准的不同，在各遗址中有藜、藜属和藜科的称法，这里按照藜来统计），应为中原地区常见的但并不重要的杂草。藜属植物是美洲地区常见的栽培作物，分别在北美洲东部（伯兰德氏藜，*Chenopodium berlandieri*）和南美洲安第斯山区（藜麦，*Chenopodium quinoa*）独立驯化[26]，而在我国，西汉阳陵的外藏坑中，也发现了作为经济作物随葬的藜属种子[27]。但是，目前尚无证据可以显示这些庙底沟时期中原地区遗址出土的藜是否为栽培作物，就目前中国境内新石器时期所发现的藜的特征和数量来看，更可能为杂草而非农作物。

除了以上 3 类杂草种子以外，中原地区庙底沟时期遗址出土的其他杂草种子相对零星，种类不普遍，数量也很少。其中，与粟、黍旱作农业伴生的马唐（*Digitaria sanguinalis*）也只是在西坡遗址被发现，而通常被认为与稻作农业关系紧密的莎草科（Cyperacea）种子[24]则几乎未被发现。

（二）结合动物考古材料对农业发展特点的讨论

动物考古研究是我们了解古代社会农业发展的重要手段，不仅有助于我们认识一些遗址出土非农作物遗存的功用，反映遗址小环境面貌，动物考古本身所反映的遗址出土家养动物与野生动物量上的比较，也是讨论当时社会狩猎采集经济，农业发展程度的重要依据[28]。

就杨官寨遗址环壕西门出土动物遗存来看，杨官寨遗址庙底沟时期发现的动物骨骼种类包括：由人类饲养或可能畜养的鸡、猪、狗、黄牛；主要的狩猎动物，獐、梅花鹿、马鹿；偶然猎获或捕捞的水牛、鸟类、蚌类和圆顶珠蚌。该遗址以大量的饲养动物猪狗的出现为特点，尤其是猪的标本无论是数量或最小个体数都占到哺乳动物总数的 77% 以上[29]。

西坡遗址出土的动物遗存中，家猪显然为最主要的动物，狗则发现较少，鹿虽是人们消费野生动物的主要对象，但其所占比重相当有限。遗址中还发现了牛、羊、羚羊、马、猕猴和熊的骨骼，但数量太少，所属年代也有待进一步核实，其他还发现了兔、竹鼠、豪猪、貉、鸟类、雕饰珠蚌和河蚬等软体动物[30]。

兴乐坊遗址发现的动物遗存经过定性定量研究显示，该遗址仰韶中期遗存确认哺乳纲有狗、家猪、獐、梅花鹿和青羊 5 种，其他动物遗存还包括腹足纲的中华圆田螺，瓣鳃纲的圆顶珠蚌 1 种，鱼纲不明种属 1 种，鸟纲的鹌鹑和鸡两种。依据最小个体数统计结果，家养动物中，狗和家猪最多，占到了哺乳动物总数的 89%，野生动物约占 11%[31]。

从上述遗址出土动物遗存不难发现家养动物的比例都远超过野生动物，尤其以家猪的发现最多。而遗址中偶有发现的极少量的牛或羊的骨骼，难以支持庙底沟时期中原地区已经存在牛羊类食草动物，大量发现的胡枝子和草木樨等豆科植物也不应该作为食草类动物的牧草进入遗址。另外，以上几处遗址都有发现蚌类水生动物，也反映了遗址周围有一定的水域面积存在。而这一发现在一定程度上也反映了水稻种植所必需的水资源应该还是相对充足的。

较之动物考古材料，农耕生产特点可以通过不同种类的出土植物遗存数量进行探讨。表四为 6 处遗址中出土的农作物以及非农作物遗存中的狗尾草、藜这 3 类植物种子在遗址全部出土

表四　中原地区庙底沟时期遗址 3 类植物遗存出土数量比例统计表（%）

	杨官寨遗址	西坡遗址	兴乐坊遗址[4]	下河遗址[4]	案板遗址[6]	南交口遗址[7]
农作物	51	73.8	10.9	27.6	45.6	53.7
狗尾草	24.7	13.8	81.2	37.2	30	35.7
藜	1.4	4	0.7	12.1	1.4	2.4

炭化种子中所占的绝对数量百分比（因为鉴定标准的不同，个别遗址狗尾草统计数据由禾本科或狗尾草属代替，藜统计数据由藜属或藜科代替）。

可以明显看出，除了关中地区的兴乐坊遗址[4]和下河遗址[4]，其余4处遗址的炭化农作物种子的比例都超过或接近了50%。而非农作物种子中，狗尾草的数量比例是最高的，我们知道狗尾草一般被认为是典型的旱作农田杂草，随粟、黍类小米一同被带入遗址[24]，并随着进一步拣选而被丢弃在遗址周围。由此看来，如果去除作为旱地杂草狗尾草遗存，各个遗址的农作物数量都要多于其他非农作物种子。在非农作物遗存中，未发现如菱角等明显由人们采集获得的可食用资源。考虑到藜存在着被古代人群食用的可能，我们对其数量比例也进行了探讨，发现除了下河遗址外[4]，其他遗址中藜的绝对数量都不超过5%，即便存在着被食用的可能，其重要性也应极其有限。除了狗尾草和藜以外，出土数量较多的以胡枝子和草木樨为代表的豆科种子，如上文讨论，应该不被当时人所食用。由此可见，各遗址出土农作物遗存的比例都要远高于可能食用的非农作物遗存。如果与中原地区仰韶早期的农耕生产发展相比较，以鱼化寨遗址为代表的古代先民除了种植两种小米以外，还需要通过采集活动获取野生植物类资源，农耕生产尚未完全取代采集狩猎[11]。而庙底沟时期的诸遗址已经明显以农耕生产为主要经济模式，采集野生植物资源的行为即便存在也应不再重要了。

动、植物考古材料的证据显示，庙底沟时期的农业发展已经较为成熟，家养动物和农作物资源远较之狩猎采集获得资源重要，应当已经完成了由狩猎采集向农业生产的转变。

（三）与周边地区庙底沟时期生业模式的比较

中原地区庙底沟文化与周边地区的交流十分密切，彼此之间也产生了相当深远的影响。具体的，庙底沟文化向南达到豫西南鄂西北地区，之前的仰韶文化大张庄类型发展为下王岗类型，再向南也到达了长江中游的大溪文化圈；庙底沟文化向东与黄河下游大汶口文化发生联系；向北扩张至晋中北、内蒙古中南部、陕北北部和冀西北[32]。

从中原地区南部的豫西南鄂西北地区，东部的黄河下游地区以及北方晋中北地区现有的庙底沟时期植物考古研究成果来看，粟、黍类旱作农业还是最为主要的农业生产模式[33-36]；其中，中原地区的诸遗址中，粟都是最主要的农作物遗存，而在黄河下游[35]、丹江下游谷地[33-34]以及山西西部[36]的一些遗址中，黍则在绝对数量和出土概率上远远多于粟，延续了仰韶时代早期之前北方地区黍多于粟的传统。这种传统也许与上述地区（尤其是丹江谷地[33-34]和山西西部[36]）遗址位于多山地区，客观更适应黍子生产有关，但山西高原地区庙底沟时期之后的龙山时期植物考古研究则显示，此时粟已经取代黍成为最重要的旱作农业资源[37]。庙底沟时期，稻米在中原地区已经普遍存在，但是占农作物的比例都很小，而黄河下游的遗址[35]和晋中、晋北的遗址[36]中未发现有炭化稻米种子；夹在长江中游与中原地区之间的豫西南鄂西北地区的东部南阳盆地则可能受到了南部大溪文化的影响[32]，稻米几乎与粟、黍形成三足鼎立之势，并且数量和出土概率都略多于后两者，显示出与西部丹江流域和北部中原地区不一致的农业模式[38]。

四、结语

通过对中原地区庙底沟时期杨官寨遗址和西坡遗址中 160 份浮选样品出土炭化植物遗存分析，共获得 3403 粒炭化植物种子，包括 1597 粒粟，414 粒黍，少量大豆和稻米，以及 1460 粒狗尾草、豆科、藜等非农作物遗存。两遗址 3 组遗迹单位（杨官寨遗址 G8-1、西坡遗址 G1 和 H8）不同层位出土炭化木屑和炭化植物种子密度分析则显示，粟、黍两种农作物遗存与狗尾草、豆科、藜这 3 种非农作物植物遗存可能同时进入遗迹中被保存下来；而炭化木屑各层位密度变化峰值与植物种子所反映的基本一致，是古代居民活动密集程度的体现。壕沟和灰坑两种遗迹单位植物遗存分别集中于中部及较浅位置和较深层位，体现了各自的埋藏特点，灰坑的使用期主要出现在底部层位，作为当时人们的垃圾倾倒处，壕沟的埋藏特点可能源于人们经常性的清淤，而随着壕沟作为排水防洪这一功用的丧失，也开始被用于垃圾倾倒。

通过杨官寨遗址、西坡遗址以及庙底沟时期中原地区其他 4 处遗址的炭化植物遗存分析，中原地区庙底沟时期的农业生产模式为较为典型的旱作农业传统，粟、黍类小米为最重要的农作物资源；稻米发现数量虽然很少，但是不论各聚落等级规模，几乎都有发现；大豆仅在个别遗址有发现，并不普及。杂草方面以狗尾草、豆科种子和藜为主，其他杂草数量很少。中原地区庙底沟时期农业发展具有明显的一致性，这一特点与庙底沟文化各遗址较为统一的文化面貌相契合。而通过与周边区域农业特点的比较，又可以观察到该区域的独特性，比如粟在中原地区的重要性要高于周边其他旱作农业传统区域，也许从一方面也反映了庙底沟文化核心区域的古代人群对更为高产粟的需求程度要更高，与其较高的遗址数量、规模和人口密度相符合；而稻米在庙底沟文化遗址中也普遍存在，尽管出土数量都比较有限。通过遗址出土农作物遗存与可食用非农作物遗存比例分析，以及相关动物考古研究，庙底沟时期的诸遗址已经明显以农耕生产为主要经济模式，家养动物和农作物资源远较之狩猎采集获得资源重要，应当已经完成了由狩猎采集向农业生产的转变。在庙底沟时期的中原地区，庙底沟文化的诸遗址应该已经形成了较为成熟的农业社会。

注释：

［1］戴向明：《试论庙底沟文化的起源》，见《青果集——吉林大学考古系建系十周年纪念文集》，知识出版社，1998 年，第 18—26 页。

［2］戴向明：《中原地区早期复杂社会的形成与初步发展》，见北京大学考古文博学院、北京大学中国考古学研究中心：《考古学研究》（九），文物出版社，2012 年，第 481—527 页。

［3］Chen Fahu, Xu Qinghai, Chen Jianhui, et al., "East Asian Summer Monsoon Precipitation Variability since the Last Deglaciation", *Scientific Reports*, 2015, Vol. 5, p. 11186, doi：10.1038/srepl1186.

［4］刘焕、胡松梅、张鹏程等：《陕西两处仰韶时期遗址浮选结果分析及其对比》，《考古与文物》2013年第4期，第106—112页。

［5］赵志军：《渭河平原古代农业的发展与变化——华县东阳遗址出土植物遗存分析》，《华夏考古》2019年第5期，第78页。

［6］刘晓媛：《案板遗址2012年发掘植物遗存研究》，西北大学硕士学位论文，2014年，第13—17页。

［7］秦岭：《南交口遗址2007年出土仰韶文化早、中期植物遗存及相关问题探讨》，见河南省文物考古研究所：《三门峡南交口》，科学出版社，2009年，第427—435页。

［8］中国社会科学院考古研究所农业研究课题组：《中华文明形成时期的农业经济特点》，见中国社会科学院考古研究所科技考古中心：《科技考古》第3辑，科学出版社，2011年，第26页。

［9］张健平、吕厚远、吴乃琴等：《关中盆地6000~2100cal.aB.P.期间黍、粟农业的植硅体证据》，《第四纪研究》2010年第30卷第2期，第287—297页。

［10］王灿、吕厚远、顾万发等：《全新世中期郑州地区古代农业的时空演变及其影响因素》，《第四纪研究》2019年第39卷第1期，第108—122页。

［11］赵志军：《仰韶文化时期农耕生产的发展和农业社会的建立——鱼化寨遗址浮选结果的分析》，《江汉考古》2017年第6期，第106页。

［12］陕西省考古研究院：《陕西高陵杨官寨遗址发掘简报》，《考古与文物》2011年第6期，第16—32页。

［13］中国社会科学院考古研究所、河南省文物考古研究所：《灵宝西坡墓地》，文物出版社，2010年，第10—207页。

［14］中国社会科学院考古研究所河南一队、河南省文物考古研究所、三门峡市文物考古研究所等：《河南灵宝市西坡遗址2006年发现的仰韶文化中期大型墓葬》，《考古》2007年第2期，第3—6页。

［15］河南省文物考古研究所、中国社会科学院考古研究所河南一队、三门峡市文物考古研究所等：《河南灵宝市西坡遗址墓地2005年发掘简报》，《考古》2008年第1期，第3—13页。

［16］中国社会科学院考古研究所河南一队、河南省文物考古研究所、三门峡市文物考古研究所等：《河南灵宝市西坡遗址庙底沟类型两座大型房址的发掘》，《考古》2015年第5期，第3—16页。

［17］中国社会科学院考古研究所河南一队、河南省文物考古研究所、三门峡市文物考古研究所等：《河南灵宝市西坡遗址南壕沟发掘简报》，《考古》2016年第5期，第9—23页。

［18］赵志军：《植物考古学的田野工作方法——浮选法》，《考古》2004年第3期，第82—83页。

［19］中华人民共和国国家文物局：《中华人民共和国文物保护行业标准——田野考古植物遗存浮选采集及实验室操作规范》，文物出版社，2012年，第3—4页。

［20］夏秀敏、殷宇鹏、许卫红等：《水稻遗存在陕西华县东阳遗址的发现与探讨》，《人类学学报》2019年第38卷第1期，第119—131页。

［21］Yang Qing, Li Xiaoqiang, Zhou Xinying, et al., "Investigation of the Ultrastructural Characteristics of Foxtail and Broomcorn Millet during Carbonization and Its Application in Archaeobotany", *Chinese Science Bulletin*, 2011, Vol. 56, No. 14, p. 1497.

［22］刘莉、王佳静、赵昊等：《陕西蓝田新街遗址仰韶文化晚期陶器残留物分析：酿造谷芽酒的新证据》，《农业考古》2018 年第 1 期，第 7—15 页。

［23］赵志军、杨金刚：《考古出土炭化大豆的鉴定标准和方法》，《南方文物》2017 年第 3 期，第 149—160 页。

［24］强盛：《杂草学》，中国农业出版社，2001 年，第 37—60 页。

［25］袁靖、黄蕴平、杨梦菲等：《公元前 2500 年至公元前 1500 年中原地区动物考古学研究》，见中国社会科学院考古研究所科技考古中心：《科技考古》第 2 辑，科学出版社，2007 年，第 12—34 页。

［26］Smith Bruce, *The Emergence of Agriculture*, New York : Scientific American Library, 1995, pp. 170-200.

［27］杨晓燕、刘长江、张健平等：《汉阳陵外藏坑农作物遗存分析及西汉早期农业》，《科学通报》2009 年第 54 卷第 13 期，第 1738—1743 页。

［28］袁靖：《中国动物考古学》，文物出版社，2015 年，第 4—33 页。

［29］胡松梅、王炜林、郭小宁等：《陕西高陵杨官寨西门址动物遗存分析》，《考古与文物》2011 年第 6 期，第 97—107 页。

［30］马萧林：《河南灵宝西坡遗址动物群及相关问题》，《中原文物》2007 年第 4 期，第 48—61 页。

［31］胡松梅、杨岐黄、杨苗苗：《陕西华阴兴乐坊遗址动物遗存分析》，《考古与文物》2011 年第 6 期，第 117—125 页。

［32］韩建业：《中国文化圈的形成与发展》，上海古籍出版社，2015 年，第 83—99 页。

［33］唐丽雅：《江汉地区新石器时代晚期至青铜时代农业生产动态的植物考古学观察》，中国社会科学院研究生院博士学位论文，2014 年，第 79—111 页。

［34］王育茜、张萍、靳桂云等：《河南淅川沟湾遗址 2007 年度植物浮选结果与分析》，《四川文物》2011 年第 2 期，第 80—92 页。

［35］王海玉、靳桂云：《山东即墨北阡遗址（2009）炭化种子果实遗存研究》，见山东大学东方考古中心：《东方考古》第 10 集，科学出版社，2013 年，第 255—279 页。

［36］尹达：《河套地区史前农牧交错带的植物考古学研究——以石峁遗址及其相关遗址为中心》，中国社会科学院研究生院博士学位论文，2015 年，第 83—103 页。

［37］蒋宇超、戴向明、王力之等：《大植物遗存反映的龙山时代山西高原的农业活动与区域差异》，《第四纪研究》2019 年第 39 卷第 1 期，第 123—131 页。

［38］邓振华、高玉：《河南邓州八里岗遗址出土植物遗存分析》，《南方文物》2012 年第 1 期，第 156—163 页。

仰韶文化兴盛时期的葬仪

◎ 张　弛

仰韶文化的兴盛时期一般认为是在其中期也就是庙底沟期，但仰韶文化的墓葬、墓地和葬仪资料及相关研究主要集中在早期也就是半坡期[1]，庙底沟时期的墓葬材料过去一直都比较少，相关的研究也不多见[2-3]。近年来，由于灵宝西坡、邓州八里岗、三门峡南交口等庙底沟时期墓葬和墓地的发现，使得目前有了更多的材料，可以对这一时期墓葬和葬仪的一些情况有一些初步的认识。本文将简略讨论这个时期相关墓葬的时代，概述对这些墓葬葬仪的认识，并就这个时期与周邻文化葬仪之间的联系略加申论。

一、关于"仰韶文化兴盛时期"

本文之所以使用仰韶文化兴盛时期这样的说法，一方面意在明确仰韶文化这样一个发展阶段以及这个时代葬仪的特征，另一方面也是由于学界对于所谓仰韶文化中期即"庙底沟期"或"庙底沟文化"的时代含义意见不一，不做进一步说明，难以用来涵盖这样一个大的时期。而此前对于庙底沟时期墓葬研究的缺乏或含混，一方面的确是与过去庙底沟时期墓葬发掘材料相对不多，可以研究的内容较少有关；另一方面其实也与随仰韶文化研究的深入，学界对如何划分"庙底沟时期"（或庙底沟文化的上下限）产生较多歧义，进而对已有墓葬材料是否属于庙底沟时期意见不一有关；此外也还与这个时期有很多墓葬不出随葬品或只随葬跟居住遗址形态差异比较大的明器而造成的年代判断困难有关。

一般所指庙底沟期，是指庙底沟遗址第一期。但也有研究者认为东庄村一类遗存已经具备了"庙底沟文化"的特征，是庙底沟文化的早期阶段，也因此将淅川下王岗第二期墓地归于庙底沟时期[4]。也还有研究者认为这类遗存与史家期的文化特征更为接近，可以单独成为一期——原子头第三期[5]。本文无意讨论文化分期的问题，在这里只想说明的是，无论东庄村一类遗存归入哪个时期，目前都还没有足够的证据说明这个时期已经开始进入了仰韶文化的兴盛时期，仰韶文化最为兴盛的时期还是在接下来的以庙底沟一期遗存为代表的时期。这也正是本文所要涉及的时期。

此外，仰韶文化的兴盛时期实际上还包括了一般认为的仰韶晚期（或半坡遗址晚期）偏早阶段，也就是灵宝西坡墓地的时期[6]。灵宝西坡墓葬的相对年代在关中地区应当相当于"福临堡二期"[7]，在豫西南地区则相当于淅川下王岗第三期[8]，这些遗存或者被认为是属于庙底沟期向半坡晚期的过渡阶段，或被认为是属于仰韶文化晚期的偏早阶段。不过在豫西晋南地区，这个时期的文化遗存仍然保留着庙底沟时期强烈的文化因素，因此也有研究者认为这个时期仍然应当属于"庙底沟文化"时期[9]。无论如何，这个时期的仰韶文化还没有像真正仰韶晚期那样发生分化，也还有像灵宝西坡、华县泉护村和秦安大地湾四期那样的大型聚落和大型墓地，因此仍然处于仰韶文化的兴盛时期。这个时期的结束年代，以灵宝西坡墓葬的测年来看，已经大致是在3000~2900BC之间了。

本文在此讨论的即是上述两个时期的墓葬材料，明确属于有这两个时期的墓葬材料包括墓葬数量比较多的秦安大地湾、灵宝西坡、洛阳王湾、郑州西山、宝鸡福临堡、渭南北刘、渑池关家、郧县大寺、邓州八里岗、三门峡南交口、汝州洪山庙等墓地，还有很多遗址如陕县庙底沟[10]、郑州大河村[11]、翼城北橄[12]、垣曲小赵[13]出有零星的这个时期的墓葬材料。此外，伊川伊阙城墓地也很重要[14]，但发掘报告仅仅根据其中M7出土的一件"红顶钵"（灰陶红顶）形制，认为这个墓地属于"仰韶文化秦王寨类型中期"，这种钵至少在淅川下王岗三期时已经出现。而这批墓葬中还出有分体玉璜和鸟头形玉璜（M6∶1、M5∶1），是北阴阳营-凌家滩文化系统玉璜的特征，而北阴阳营-凌家滩文化的年代不会晚于庙底沟时期，因此伊川伊阙城墓地的年代不会晚于灵宝西坡墓地的年代。

二、仰韶文化兴盛时期的墓地与墓葬

仰韶文化兴盛时期的墓葬有两种主要的埋葬方式，一种是单人一次葬，如秦安大地湾、灵宝西坡、郑州西山、伊川伊阙城、渭南北刘、宝鸡福临堡、渑池关家，这种单人一次葬的墓地中有时也有一次葬的两或三人合葬（或一人一次＋一人二次葬）的情况，但数量不多；另一种是多人大型二次合葬，如郧县大寺、邓州八里岗、三门峡南交口、汝州洪山庙。两种葬式并不混出，也就是说不在一个墓地中。

单人一次葬除了常见的儿童瓮棺葬以及很多遗址有报导的零星土坑墓以外，在宝鸡福临堡、渑池关家、郑州西山和渭南北刘发现有单人葬成片墓地。渭南北刘发掘9座墓葬，均为单人仰身直肢葬，其中有3座分别随葬了陶环、刀和锉，只有M1随葬品较多，有彩陶盆、陶盆、碗、钵、瓶、罐、环、石斧、锛、刀、切割器、骨矛、笄等16件，但多为残器[15]。福临堡墓地45座仰韶时期墓葬中有12座头向西的单人墓大约也是庙底沟时期的[16]，没有随葬品。西山发掘143座墓葬，其中大多应当在庙底沟或仰韶的兴盛时期，分布在两处墓地中，一处在西山城址外西部，均为单人葬，没有随葬品；另一处在城内北部，始建于庙底沟时期，后一度废

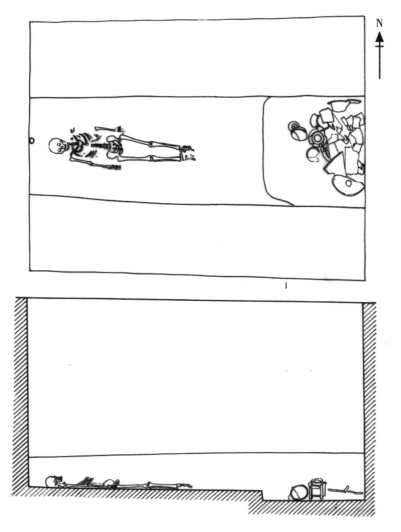

图一 A 灵宝西坡 M8 平、剖面图

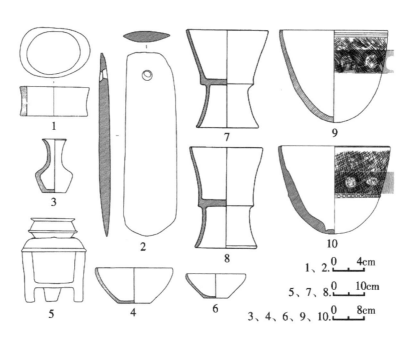

1、2. ├─┼─┤ 0   4cm

5、7、8. ├─┼─┤ 0   10cm

3、4、6、9、10. ├─┼─┤ 0   8cm

图一 B 灵宝西坡 M8 出土器物

弃，在仰韶晚期（大河村四期）又成为墓地，这片墓地中有成年男女合葬墓及一次葬与二次葬合葬墓，但合葬墓的年代尚不清楚[17]。此外发掘的一批儿童瓮棺葬有的在北部墓地中，有的在房屋周围。渑池关家遗址发掘墓葬50多座，多为头向西北的仰身单人一次葬，仅一座合葬墓，很少随葬品，个别出少量陶器和绿松石饰件。墓葬主要集中在遗址西北部一片墓地中，遗址东南部也有一片墓地，多为有二层台的墓葬，有朱砂涂面的现象。西南部瓮棺葬区发现19余座瓮棺[18]。此外，这一时期在秦安大地湾遗址发掘了三期墓葬3座，四期墓葬15座（其中第四期有些墓葬可能晚于仰韶兴盛期），都零散地分布在居住区左近，单人葬，很少有随葬品，个别随葬了陶瓶、盆和骨笄[19]。洛阳王湾一期发掘土坑墓32座，零散分布于房屋之间，其中4座有二层台也就是有椁室，有二层台的M45长2.36、宽0.9、深2.15米，墓主为女性，仰身直肢，头骨和右臂都"涂朱"，头部出骨匕2和穿孔绿松石3，胸部随葬陶碗1件，无二层台的墓葬没有随葬品[20]。

上述单人葬墓地的墓葬规模都很小，也没有什么随葬品，但在灵宝西坡和伊川伊阙城则发现有墓葬规模比较大的墓地。其中灵宝西坡墓地位于聚落南壕之外，发掘墓葬34座。这批墓葬的墓室都十分宽大，一般长3、宽2、残深1米左右，最大的M27长5.03、宽3.36、深1.92米。除M19、22、31外都有二层台，M27发掘表明二层台上覆盖了木板，因此有二层台的墓葬都有椁室，没发现二层台的M19、22、31保留的墓室都很浅，仅与人骨平齐，因此不能排除二层台被破坏的可能，有13座墓葬有脚坑。除M11葬一儿童和一成人外，其余均为单人（成人）一次仰身直肢葬。半数以上的墓葬有随葬品，最多的有15件。随葬品中骨簪、箍形器一般出于人骨头部，是随身穿戴之物，因此也可以不算是随葬品；有10座墓葬随葬了玉石钺，最多3件，均放置于头部或身侧，有的身侧还有骨匕；随葬陶器均在脚下或脚坑中，有釜、灶、簋形器、碗、钵、壶、大口缸、筒形杯和带盖小杯，均为明器，与陶器一道随葬有时还有匕形骨器，这些都应是饮食器具（图一A、B）。有两座墓葬脚坑中还出有钺（M17、34）。M8人骨头

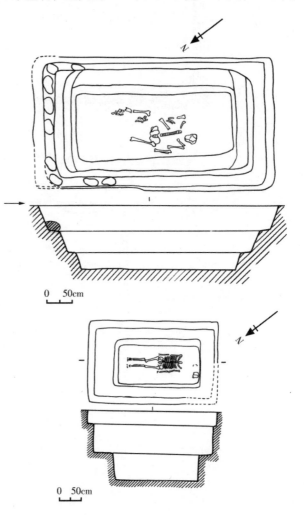

图二　伊川伊阙城M7（上）和M5（下）平、剖面图

部有朱砂痕迹，其他如 M27 等在大口缸和填土中也有使用朱砂的迹象。

伊川伊阙城一处墓地发掘了并列的 5 座墓葬，墓室都很宽大，长 3 米、宽 2 米、深 1 米以上，最大的 M7 长 4.56、宽 2.5、深 1.2 米，M3 深 2.2 米。所有墓葬都有二层台，椁室较西坡所见更为宽大，椁室内均有木棺（图二）。M5 和 M7 甚至有两层二层台，不知是否为双重椁室。所有墓葬均为单人一次葬（成人）。4 座墓葬出有随葬品，其中 M5、6、9 人骨胸部有玉璜和佩饰 1~2 件，为随身佩戴物品（图三）；M9 有 4 件玉石钺置于身侧；M7 人骨头上和脚下分别出陶罐、钵各 1 件。M6 人骨顶部发现有"涂抹"朱砂的痕迹。

此外，华县太平庄发掘的 M701（泉护村一期三段）墓穴保存不好，残长在 2.7 米以上，葬一位 30~40 岁女性，仰身直肢（图四 A）。头部有骨笄 2、身侧随葬骨匕 14 件、石钺 2 件；脚下放置陶釜灶、鸮鼎、钵和瓶各 1 件（图四 B）[21]。这座墓葬无论从墓葬的长度还是随葬器物的情况来看都很像是灵宝西坡墓葬的形制。

仰韶文化兴盛时期的另一类墓葬是大型的二次合葬墓，目前发现于豫西和豫西南地区的郧县大寺、邓州八里岗、三门峡南交口和汝州洪山庙。其中邓州八里岗有仰韶文化兴盛时期各个阶段的合葬墓至少 10

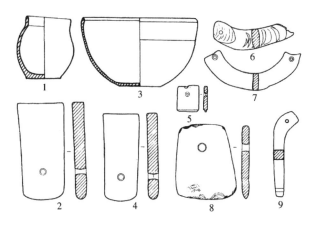

图三　伊川伊阙城墓葬随葬器物
1. 罐（M7:1） 2. 石斧（M9:2） 3. 钵（M7:2）
4. 石斧（M9:3） 5. 玉佩饰（M5:2） 6. 玉饰（M9:1）
7. 玉璜（M5:1） 8. 石铲（M9:5） 9. 玉饰（M6:1）

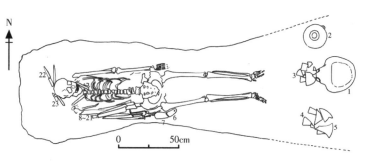

图四 A　华县太平庄 M701 平面图
1. 陶鸮鼎　2. 陶小口单耳瓶　3. 陶釜　4. 陶钵　5. 陶灶
6. 石斧　7. 石铲　8~21. 骨匕　22、13. 骨笄

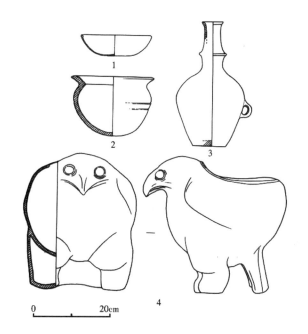

图四 B　华县太平庄 M701 随葬器物
1. 钵　2. 釜　3. 小口单耳瓶　4. 鸮鼎

座，其中已经发表的 M14 和 M13 年代分别相当于庙底沟期和淅川下王岗仰韶文化三期（相当于西坡墓地的时代），并有 M13 打破 M14 的层位关系。M14 长 3.3、宽 1.8、深 0.7 米，人骨按个体成堆放置共计 31 个个体（图五 A），随葬陶器 10 件放置于头端，有大口缸、壶、瓶、钵、附杯罐各一对共 10 件（图五 B）；M13 墓穴更大，深 0.5 米，有南北二层台，北台上放猪下颌骨约 20 副，南台满摆猪下颌骨上百副，墓穴内成排放置 90 个体的人骨，并随葬了 5 件陶器[22]。其他墓葬出人骨数具至 79 具不等，大多也有随葬陶器。

这个时期发掘出来的最大的合葬墓是汝州洪山庙 M1，这个墓的墓坑长 6.3、宽 3.5 米，坑内以瓮棺盛装二次葬人骨，每瓮 1 个个体，摆满全坑，墓葬东南角被破坏，尚残留瓮棺 136 个，复原后当接近 200 个之多[23]（图六 A、B）。类似的瓮棺合葬墓还见于临汝中山寨等地[24]。

三门峡南交口发现的 1 座 M2 为长方形，长 2.06、宽 1.8 米，合葬二次葬人骨 24 个个体，包括男性 8、女性 10 具，其余为 13 岁以下的儿童和婴儿，无随葬品（图七）[25]。郧县大寺仰韶文化有相当于史家期和庙底沟期

0   30cm

图五 A　邓州八里岗 M14 平面图
1、4.陶壶　2、5.陶钵　3、6.陶瓶
7、8.陶带把壶　9、10.陶缸

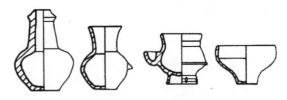

图五 B　邓州八里岗 M14 部分随葬器物图

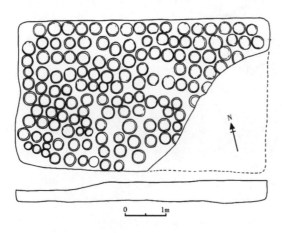

0   1m

图六 A　汝州洪山庙 M1 平、剖面图

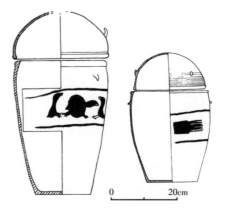

0   20cm

图六 B　汝州洪山庙 M1 出土部分瓮棺

两个时期，发现的合葬墓 3 座不知属于哪个时期，其中 M7、M14、M12 分别有二次葬人骨 8、12 和 10 具[26]。

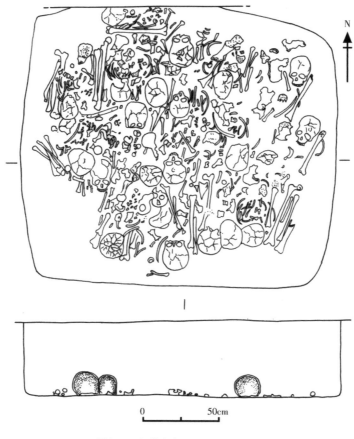

图七　三门峡南交口 M2 平、剖面图

三、葬仪的比较与讨论

仰韶兴盛时期的单人墓及单人墓墓地与多人二次合葬墓在葬仪的意义上是很不相同的。前者完全是为了处理刚刚去世的死者的尸体所实施的仪式的结果，后者则是以早已完成过一次葬仪的死者的尸骨为道具所进行的仪式的结果，可以说是二次葬仪，也可以说是与葬仪不完全一样的一种仪式。两种葬仪的意义当有不同。

一次葬的单人墓一般都葬于聚落旁边的墓地中，但墓地的规模都不是很大，大多是几座或几十座墓葬，也有像秦安大地湾那样零散地葬，有两种，一种是小型墓穴，没有葬具也很少有随葬品，这类墓葬的集中墓地见于宝鸡福临堡、房屋周围的情况。从郑州西山和渑池关家的情况来看，一个聚落同时期当不止一处这样的墓地，说明当时聚落中以墓地所代表的继嗣群体各有葬所，这样的继嗣群体或许是家族一类的社群。单人一次葬的墓葬和墓地的规模目前发现渑池关家、郑州西山、洛阳王湾和渭南北刘等遗址，零散的墓葬则见于秦安大地湾、陕县庙底沟、郑州大河村等很多遗址，分布的地区遍及陇东、关中、豫西、晋南和豫中，可以说是当时在仰韶文化分布的范围内十分普遍的一种葬仪。由于这类墓葬下葬程式简单，墓穴仅可容身，大多也不见随葬品，因此从墓葬现存的情况看没有什么葬仪可言。随葬品比较丰富的小型墓葬如渭南北刘 M1 所见陶器都是当时的生活实用器，也有石器工具，与大型墓葬随葬明器不同。

另一种是像灵宝西坡、伊川伊阙城和华县太平庄一类大型墓穴有棺椁的墓葬，墓地规模与前述小墓的墓地的墓葬数量相当，但墓葬规模则一般要大一倍以上，墓穴内挖有盖木板的椁室，伊川伊阙城则有双重椁室以及用棺为葬具。灵宝西坡和华县太平庄墓葬人骨头部有发簪、伊川伊阙城人骨胸部有璜等佩饰，灵宝西坡墓地发掘者根据人体饰物和人体姿势复原了这类墓葬死者敛尸的大致情况。这类墓葬的随葬品有两类，一类是玉石钺，出于人骨头部或身侧，有的一墓中随葬多件，以大致同时期同一区域所见河南临汝阎村"伊川缸"上著名的"鹳鱼石斧图"中钺的形象来看[27]，应当是权力的象征；另一类是饮食器具，放置于脚下，在灵宝西坡则多放置在脚坑中，是在葬仪中特意开辟的仪式空间。随葬陶器大多是为丧葬而特别制作的明器，多有红衣，死者头部或在下葬过程中也有用朱砂的情况，也可能是服饰或木质器具上的颜色，说明红色在这类墓葬的丧葬观念中有特殊的意义。在渑池关家东南部一片墓地中其实也集中发现有二层台和人骨"朱砂涂面"的墓葬，只是渑池关家具体的材料没有发表，不知道这些墓葬的形制，但肯定与西北部一片小墓的墓地相区隔。这些大型的墓葬和墓地均位于仰韶文化兴盛时期文化最发达和聚落规模最大的关中东部和豫西一带，表现了区域之间的社会分化情况，而如果渑池关家东南墓区确为大型墓葬的墓地，那么也说明同一社群也有了社会分化。

仰韶文化兴盛时期大型墓葬的葬仪在当时社会和观念上的意义还可以从同时期其他地区的不同文化葬仪情况的比较中看到更多的内容。其中同时期与仰韶大型墓葬规模相当的墓地在红山文化晚期有辽宁牛河梁[28]，在大汶口文化早期有泰安大汶口[29]，在崧泽文化中新近发现了张家港东山村[30]，在北阴阳营文化中有含山凌家滩[31]，

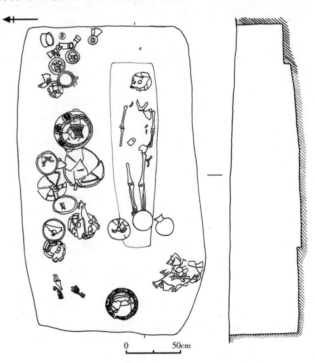

图八 A　泰安大汶口 M2007 平、剖面图

图八 B　泰安大汶口 M2007 部分随葬器物

在大溪晚期（或油子岭文化时期）有荆门龙王山[32]。这些文化和墓地都位于仰韶文化的周边。

以墓地的规模来看，红山文化所见均为积石冢，有一冢多墓和一冢一墓等不同情况，一冢一墓往往有多冢存在于同一地点，这样的冢或地点就相当于仰韶兴盛期墓地的规模。泰安大汶口早期在遗址上至少发现有三处墓地，各有墓葬10余座，其中有一处墓地（74北区第一墓组）墓葬规模要比其他两处大很多，不少墓葬都有二层台（有椁室），长度超过3米。含山凌家滩墓地位于遗址高处一座所谓的祭坛之上，共发掘40余座墓葬，分为几个墓区[33]，其中靠中间的位置分布有87M4、07M23等一组大型墓葬，墓葬长度多在3米以上。东山村至少清理了两处崧泽文化墓地，其中一处大型墓葬共9座集中在一处墓地中，另一处是小型墓地。大型墓葬

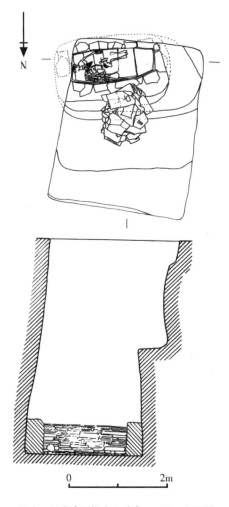

图九 辽宁牛河梁十六地点 M4 平、剖面图

中 M91、M93、M94、M96 开口于④层下，出矮粗直口大口缸，年代相当于灵宝西坡墓地，M90、M92、M95、M98、M89 开口于⑤层下，出红衣细长卷沿大口缸，年代相当于庙底沟中期，早于灵宝西坡墓地。这些墓地无论就大小型墓地的分化还是大型墓地的墓葬数量来看，均与同时期仰韶文化基本一样。值得注意的是大汶口74北区第一墓组中大型墓葬 M2007 墓主为一个 6 岁左右的儿童（图八 A、B），正好说明死者之被厚葬是由于所在墓地为这个聚落中高等级继嗣族群这样一个基本的事实。

图一〇 含山凌家滩 07M23 平、剖面图

以大型墓葬的墓穴规模和结构来看，红山文化辽宁牛河梁多见长度在 3 米以上的大型墓穴，并以石板砌棺（应当称为椁），如第五地点一号冢中心部位发现的墓葬，墓穴开凿于基岩上，长 3.8、宽 3.1、深 2.8 米；第十六地点中心大墓 M4，也直接开凿在基岩上，长 3.9、宽 3.1、深 4.68 米（图九）。泰安大汶口早期 74 北区第一墓组的大型墓葬中，最大的 M2005 长 3.6、宽 2.28、深 1.13 米，有双重二层台；M2007 长 3.3、宽 1.9、深 0.75 米，有矮二层台，似为棺的位置。含山凌家滩最大的 07M23 长 3.45、宽 2.1、深 0.3 米，深度肯定是后来破坏的结果，墓穴底部的浅二层台表明有棺或椁（图一○）。荆门龙王山墓地发掘墓葬 203 座，墓葬规模大小不一，尚无报告发表，因此不知道墓地分区的具体情况。其中大型墓葬如 M132 墓穴长 3.7、宽 1.7、深 1.65 米。张家港东山村大型墓葬的墓穴多数长度在 3 米以上，有的墓葬有木棺，最大的 M91 墓穴长 3.15、宽 1.76、深 0.5 米（图一一）。这些大型墓葬的墓穴尺寸乃至棺椁设置情况竟然与灵宝西坡、伊川伊阙城惊人的一致。只有红山文化墓葬是以石板为椁并保留了墓上建筑，而其他文化的墓葬墓上情况已经不清楚了。

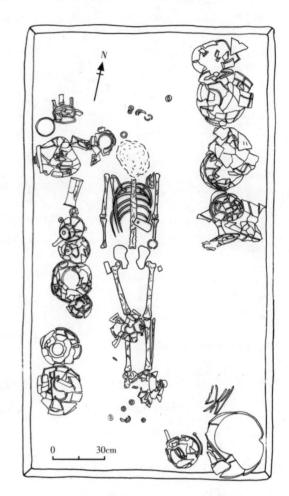

图一一　张家港市东山村遗址 M91 平面图

以葬仪中随葬器物的残存情况看，红山文化墓穴中只见玉器，都是墓主随身系戴之物，陶器都在墓上。泰安大汶口随葬很多的陶器，其中 M2005 随葬器物 104 件，主要为陶器，M2007 人骨被扰乱但大致可以看出在手的部位左右各有 1 件石钺和一件獐牙勾形器，其余 49 件陶器等随葬品放在二层台两侧（图八 A、B）。荆门龙王山墓地也以随葬陶器为主，而且大多是陶明器，如 M132 随葬陶明器鼎 110、杯 131、壶 2、豆 5、罐 9、曲腹杯 2、盆 1 件，共计 260 件；M10 仅随葬陶罐就达 113 件并发现有朱砂；三分之一的墓葬随葬了夹砂红陶大口缸。含山凌家滩则以随葬玉石器为主，其中 07M23 随葬器物 330 件，多为玉石钺、环、镯、璜、璧、锛、凿等，放置在棺的位置，陶器 30 余件放置在两侧二层台上，东北角一件大口缸为矮胖型，年代应与灵宝西坡墓葬所出者相当。张家港东山村多数墓葬随葬器物 30~40 件，器物种类和放置位置与灵宝西坡所见葬仪最为相似，主要包括三类，即墓主随身佩戴的璜、玦、镯、环；放置在身侧的玉石钺；放置在墓穴两侧的陶器。材料已经全部发表的 M91 随葬成对饮食器具和成对大口缸与西坡 M27、M8 所见更为相似。

　　这些不同区域不同文化中的大型墓葬仅就墓穴的体量、结构以及棺、椁的设置情况来看几乎与仰韶兴盛时期的大型墓葬完全一样。不同的是随葬品的种类、数量有些不同。红山文化仅随葬几件随身系挂的玉器，至少在墓穴内没有其他的东西。泰安大汶口和荆门龙王山随葬很多的陶器，成套的饮食器具表明丧葬仪式中以宴饮为中心的倾向。含山凌家滩随葬大量重复的玉石器，显示财富的可能性很大。而张家港东山村无论是随葬品的种类还是摆放位置均与灵宝西坡一样，显示出类似的丧葬观念。这些情况一方面说明了当时各地区各文化处于大致一样的社会发展阶段，产生了规模和层级大致一样的社群分化，另一方面显然也表明社会上层集团之间葬仪观念和社会观念有着频繁的交流。此外，伊川伊阙城随葬品中的分体玉璜和鸟头形玉璜显然来自北阴阳营－凌家滩玉器系统，应当是远途贸易的结果[34]，表明伊川伊阙城墓葬主人具有进行远程交换的能力和需要。灵宝西坡墓葬随葬的玉石钺也与含山凌家滩的十分相近。李新伟认为这个时期已经产生了社会上层间的"交流网络"[35]，而实际上只有社会上层才有能力进行远途的物品和观念的交流，也只有远距离的物品和观念才最能在社会权力的竞争中体现出更高的社会威望。

　　仰韶文化兴盛时期的多人二次合葬墓与单人墓是同时并存的，邓州八里岗有仰韶兴盛时期各个时段的合葬墓，其中的 M14 大约与汝州洪山庙 M1、三门峡南交口 M2 同时，是庙底沟中期的墓葬，邓州八里岗 M13 随葬器物与淅川下王岗仰韶文化三期一样，是灵宝西坡墓地同时期的特征，测年也与灵宝西坡墓葬大致同时。这样的大规模多人二次合葬最早见于关中和豫西南地区仰韶文化史家期，如临潼姜寨、华县元君庙、渭南史家、华阴横阵和淅川下王岗，临潼姜寨埋葬人数最多的 M358 有 84 人[36]。在仰韶文化兴盛期目前则仅见于豫西和豫西南地区。在同时期的仰韶文化之外还见于山东的大汶口文化早期，如兖州王因[37]和长岛北庄[38]。现有证据表明，这些合葬墓在聚落中的埋葬位置并不与单人墓墓地在一处（除王因墓地外），而多位于聚落的中间，如姜寨就在聚落中房屋合围的中间广场上，邓州八里岗合葬墓墓地则在南北两组房屋之间宽 20 米空场的东部中间，长岛北庄一期合葬墓最大的为 M44、M45，应当在一期村落的中部。这样埋葬位置也应该有仪式上的象征意义[39]。

　　此前对仰韶史家期多人二次合葬的研究认为，一座合葬墓应当是一个母系家族一定时期内死者的合葬[40]，一个像华县元君庙、渭南史家、华阴横阵或临潼姜寨那样的合葬墓地则应是一个氏族乃至胞族的葬地[41]。由于仰韶文化单人墓在一个聚落中多位于村落的边缘并分为多个墓地下葬，而多人二次合葬墓一般则只有一处墓地且位于聚落的中央，因此一个合葬墓地应当就是一个聚落社群利用全村一定时期内死者的尸骨举行合葬仪式的场所。对八里岗合葬 90 人的 M13 中 14 个个体的人骨随机采样所测碳十四数据中，年代最早的 BA071647 校正为 3360BC（94.2%）~3080BC，年代最晚的 BA071660 校正为 3030BC（95.4%）~2880BC，是知这 90 个死者至少是在 200 多年间死亡的。如果测年无误，而一个合葬墓又为一个族群一定时期的全部死

亡人群的话，那么这个群体的人数恐怕就太少了，因此 M13 很可能只是一个社群在一定时期内搜集起来的部分死者的尸骨。这个时期多人二次合葬墓很可能只是利用族群死者的尸骨所进行的某种仪式的结果，这种仪式在一个聚落中反复举行，可能具有凝聚族群的意义。而八里岗不过是当时一个普通的小聚落。

大型二次合葬在仰韶早期首先见于关中地区，到仰韶兴盛时期逐渐扩散至豫西、豫西南乃至山东地区，而关中地区反而不太多见了。只是仰韶兴盛时期的多人二次合葬的葬仪更为繁复，在汝州洪山庙 M2 中接近 200 个个体的人骨均用瓮棺盛敛，不少瓮棺上都有彩画，而且彩画大多是不同于日常用器上的彩陶图案。邓州八里岗 M13 在南北二层台上放置了 120 多副猪下颌骨，墓穴内随葬了 5 件陶器。M14 随葬陶明器有成对的大口缸、壶、瓶、钵、附杯罐共两套。这样的合葬仪式要耗费大量的社会资源，其中至少随葬成对明器以供饮食的做法更为接近上述大型墓葬的葬仪，似乎可以理解为普通社群在模仿社会上层的行为模式。

四、总结

仰韶文化兴盛时期从庙底沟时期一直延续到西坡墓地的时期即 3000BC~2900BC 间。这个时期的葬仪有多种形式，至少目前所知有两种，一种为单人一次葬，出现在聚落的周围或房屋左近，一种为多人二次合葬，一般出现于聚落的中心部位。

一次葬墓地的规模都不是很大，一般几座或十几到二十几座墓葬，并有大型和小型墓地的分化。小型墓地的小型墓葬仅有简单仅可容身的墓穴，很少有随葬品，没有葬仪可言，这样的墓地见于从陇东直到豫中的各个地区。大型墓地则有成倍于小型墓葬的墓穴，有椁室甚至还有木棺，随葬品数量虽然也不算多，但有象牙和玉饰件，大量随葬显示权力的玉石钺，并随葬成套的饮食陶制明器。陶明器红衣鲜明，与日用陶器不同，人骨头部也有"涂抹"朱砂迹象，可能是某种器物或服饰上的红颜色残留物，这种葬仪中"尚朱"的观念还只见于大型墓葬，也许仅仅表明朱砂资源不易获得。大型墓地只发现于关中东部和豫西，而这里恰巧正是目前发现数十乃至上百万平方米大型聚落的地方，说明这里是仰韶兴盛时期社会分化最严重的地方，社会分化只出现于大型聚落中。只是在陕晋豫邻境地区像灵宝西坡这样的聚落并不是面积特别大的，想必在那些百万平方米以上的特大聚落中还会有比西坡墓地更大型的墓葬。

仰韶兴盛时期大型墓葬的形制与周围其他地区如红山文化中晚期、大汶口文化早期、崧泽文化、北阴阳营—凌家滩文化、大溪文化晚期的大型墓葬在规模和结构上完全一样，随葬品虽有差异，但随葬种标示身份的物品和程式十分相近，甚至还有来自远途贸易的装饰品和武器。其中仰韶大型墓葬的葬仪与泰安大汶口和含山凌家滩更为相近，特别是与崧泽文化的张家港东山村墓地几无差别，说明当时各个地区和文化特别是中原与东南部地区中的上层社群有密切的社会观念的交流，上层社会争相以外来的仪式和物品提高自己在当时社会中的声望和地位。

二次合葬与上述葬仪是有区别的，没有实际的处理遗体的功能，纯属以死者尸骨为道具举行的仪式。这个仪式起源于关中地区仰韶文化早期，在仰韶兴盛时期向东向南扩散至山东沿海和汉水中游地区。邓州八里岗合葬墓的测年表明，这个时期的合葬葬仪是以聚落为单位的族群在一定时期中搜集部分族众的人骨进行二次合葬所开展的仪式，埋葬的位置一般在整个聚落空间中的中部，极具象征意义。在仰韶文化分布的地区合葬葬仪较此前日益繁复，出现彩画瓮棺、随葬大量猪下颌骨以及特别制作的陶制饮食器具，耗费大量的社会资源，并有模仿上层社会葬仪的趋势。二次合葬仪式的日益隆重正好反过来说明当时社会群体至少在社会意识中开始出现了更为严重的离散趋势。

注释：

[1] 严文明：《仰韶文化研究（增订本）》之"肆、埋葬制度"，文物出版社，2009 年，第 258—318 页。

[2] 余西云：《西阴文化——中国文明的滥觞》，科学出版社，2006 年，第 13—139 页。

[3] 戴向明：《庙底沟文化的聚落与社会》，见北京大学中国考古学研究中心、北京大学古代文明研究中心：《古代文明》第 3 卷，文物出版社，2004 年，第 27—30 页。

[4] 余西云：《西阴文化——中国文明的滥觞》，科学出版社，2006 年，第 84—100 页；戴向明：《庙底沟文化的聚落与社会》，见北京大学中国考古学研究中心、北京大学古代文明研究中心：《古代文明》第 3 卷，文物出版社，2004 年，第 19—33 页。

[5] 宝鸡市考古工作队、陕西省考古研究所：《陇县原子头》，文物出版社，2005 年，第 268—275 页。

[6] 中国社会科学院考古研究所、河南省文物考古研究所：《灵宝西坡墓地》，文物出版社，2010 年。

[7] 宝鸡市考古工作队、陕西省考古研究所宝鸡工作站：《宝鸡福临堡——新石器时代遗址发掘报告》，文物出版社，1993 年。

[8] 河南省文物考古研究所、长江流域规划办公室考古队河南分队：《淅川下王岗》，文物出版社，1989 年。

[9] 中国社会科学院考古研究所、河南省文物考古研究所：《灵宝西坡墓地》，文物出版社，2010 年。

[10] 中国社会科学院考古研究所：《庙底沟与三里桥》，文物出版社，2011 年，第 15 页。

[11] 郑州市文物考古研究所：《郑州大河村》，科学出版社，2001 年，第 187 页。

[12] 山西省考古研究所：《山西翼城北橄遗址发掘报告》，《文物季刊》1993 年第 4 期。

[13] 中国社会科学院考古研究所山西工作队：《山西垣曲小赵遗址 1996 年发掘报告》，《考古学报》2001 年第 2 期。

[14] 洛阳市第二文物工作队：《河南伊川县伊阙城遗址仰韶文化遗存发掘简报》，《考古》1997 年第 12 期。

[15] 西安半坡博物馆、渭南市博物馆、陕西省考古研究所：《渭南北刘遗址第二、三次发掘简报》，《史前研究》1986 年第 1、2 期。

[16] 余西云：《西阴文化——中国文明的滥觞》，科学出版社，2006 年，第 147—148 页。

[17] 国家文物局考古领队培训班:《郑州西山仰韶时代遗址的发掘》,《文物》1999 年第 7 期。

[18] 樊温泉:《关家遗址发掘获重要成果》,《中国文物报》2000 年 2 月 13 日第 1 版。

[19] 甘肃省文物考古研究所:《秦安大地湾》,文物出版社,2006 年,第 390—391、644—648 页。

[20] 北京大学考古文博学院:《洛阳王湾——田野考古发掘报告》,北京大学出版社,2002 年,第 29—30 页。

[21] 北京大学考古学系:《华县泉护村》,科学出版社,2003 年,第 73—75 页。

[22] 北京大学考古系等:《河南邓州八里岗遗址 1992 年的发掘与收获》,《考古》1997 年第 12 期;北京大学考古实习队:《河南邓州八里岗遗址发掘简报》,《文物》1998 年第 9 期。

[23] 河南省文物考古研究所:《汝州洪山庙》,中州古籍出版社,1995 年。

[24] 临汝县文化馆:《河南临汝中山寨遗址调查简报》,《考古》1986 年第 6 期。

[25] 河南省文物考古研究所:《三门峡南交口》,科学出版社,2009 年,第 92—94 页。

[26] 中国社会科学院考古研究所:《青龙泉与大寺》,科学出版社,1991 年,第 167—169 页。

[27] 严文明:《〈鹳鱼石斧图〉跋》,《文物》1981 年第 12 期。

[28] 辽宁省文物考古研究所:《牛河梁红山文化遗址与玉器精粹》,文物出版社,1997 年;辽宁省文物考古研究所:《辽宁牛河梁红山文化"女神庙"与积石冢群发掘简报》,《文物》1986 年第 8 期;《辽宁牛河梁第五地点一号冢中心大墓(M1)发掘简报》,《文物》1997 年第 8 期;《辽宁牛河梁第二地点一号冢 21 号墓发掘简报》,《文物》1997 年第 8 期;《辽宁牛河梁第二地点四号冢筒形器墓的发掘》,《文物》1997 年第 8 期;魏凡:《牛河梁红山文化第三地点积石冢石棺墓》,《辽海文物学刊》1994 年第 1 期;李恭笃:《辽宁凌源县三官甸子城子山遗址试掘报告》,《考古》1986 年第 6 期;《牛河梁红山文化遗址群》,见国家文物局:《2003 中国重要考古发现》,文物出版社,2004 年;辽宁省文物考古研究所:《牛河梁第十六地点红山文化积石冢中心大墓发掘简报》,《文物》2008 年第 10 期;辽宁省文物考古研究所:《牛河梁红山文化第二地点一号冢石棺墓的发掘》,《文物》2008 年第 10 期。

[29] 山东省文物考古研究所:《大汶口续集——大汶口遗址第二、三次发掘报告》,科学出版社,1997 年。

[30] 南京博物院、张家港市文广局、张家港博物馆:《江苏张家港市东山村新石器时代遗址》,《考古》2010 年第 8 期;南京博物院、张家港博物馆:《江苏张家港市东山村遗址 M91 发掘报告》,《东南文化》2010 年第 6 期。

[31] 安徽省文物考古研究所:《凌家滩——田野考古发掘报告之一》,文物出版社,2006 年;安徽省文物考古研究所:《安徽含山凌家滩遗址第五次发掘的新发现》,《考古》2008 年第 3 期。

[32] 龙永芳:《湖北荆门龙王山墓地考古发掘》,见国家文物局:《2007 中国重要考古发现》,文物出版社,2008 年,第 16—19 页。

[33] 严文明:《序》,见安徽省文物考古研究所:《凌家滩——田野考古发掘报告之一》,文物出版社,2006 年,第 1 页。

[34] 张弛:《中国史前农业、经济的发展与文明的起源》,见北京大学中国考古学研究中心:《古代文明》第 1 卷,文物出版社,2002 年,第 35—57 页。

［35］李新伟:《中国史前玉器反映的宇宙观——兼论中国东部史前复杂社会的上层交流网》,《东南文化》2004

年第 3 期。

［36］西安半坡博物馆、陕西省考古研究所、临潼县博物馆:《姜寨——新石器时代遗址发掘报告》,文物出版

社,1988 年,第 182 页。

［37］中国社会科学院考古研究所:《山东王因——新石器时代遗址发掘报告》,科学出版社,2000 年,第 195—

209 页。

［38］1983 年北京大学考古实习队发掘资料。

［39］陈雍:《姜寨聚落再检讨》,《华夏考古》1996 年第 4 期。

［40］北京大学历史系考古教研室:《元君庙仰韶墓地》,文物出版社,1983 年。

［41］严文明:《半坡类型的埋葬制度和社会制度》,见严文明:《仰韶文化研究(增订本)》,文物出版社,2009

年,第 277—318 页。

庙底沟二期文化再研究
——以豫西晋西南地区为中心

◎魏兴涛

　　豫西晋西南地区一般指河南省三门峡市辖区和山西省运城市辖区南部即峨嵋岭以南以运城盆地为主体的区域。本地区庙底沟二期文化的遗存早在 20 世纪二三十年代就有发现。1921 年安特生在河南省渑池县不召寨遗址曾发现有陶釜灶、鼎等[1]，1931 年北平师范大学等在山西省万泉县（今万荣县）荆村遗址发掘出一件陶斝[2]，可视作庙底沟二期文化器物的最早发现，但在当时都被认为属仰韶文化。1956 年中国科学院考古研究所对河南陕县（今三门峡市）庙底沟遗址进行了发掘，在报告中提出了"庙底沟二期文化"一词[3]。半个多世纪以来，学术界对于具有庙底沟遗址发掘报告中的"庙底沟二期文化"内涵遗存的研究不断深化，但仍有较大分歧，归纳起来，主要有以下意见。

　　1. 认为这类遗存基本是一个整体，同仰韶文化的联系要多于其与龙山时代的联系，是仰韶文化第四期的主要类型之一，称为"仰韶文化庙底沟二期类型"[4-5]。

　　2. 认为其为一整体，称为"庙底沟二期文化"，文化性质上具有仰韶到龙山的过渡性质，为龙山早期阶段文化[6-12]。

　　3. 认为这类遗存非一个整体，其中偏早的尚未出现斝的遗存为"半坡四期文化"或"西王村Ⅲ期文化"，偏晚已出现斝的遗存才是"庙底沟二期文化"，或认为"庙底沟二期文化"开始进入龙山时代[13-14]，其中河南境内的或称为"河南龙山文化早期"[15]。

　　4. 认为这类遗存不是一个整体，将属于"西王村Ⅲ期"的文化遗存划归仰韶时代，把陶寺遗址早期为代表的遗存作为一个独立的发展阶段，称为"庙底沟二期文化时期"[16-19]。

　　5. 认为其非一个整体，以山西芮城西王村 H18 为代表的文化遗存称为"西王村Ⅲ期文化"[20]。

　　6. 把有斝无鬲和以釜形斝及盆形鼎为特征的遗存称为"荆村文化"，但庙底沟遗址有小口尖底瓶遗存也包含在内[21]。实际上又把这类遗存看作一个整体。

　　随着豫、晋、陕地区"庙底沟二期文化"遗存材料的日益增多，庙底沟报告中的"第二期文化"或"龙山文化"遗存的内涵也可以进行再分析。小口尖底瓶是仰韶文化的指征性器物，其形态演变是仰韶文化分期和类型划分的主要依据之一，以 H568、H570 为代表遗存中的喇叭口小口尖底瓶，处于仰韶晚期中的后期或谓末期，因此应将这一时期划归仰韶文化。以 H563、H569 为代表的遗存不见小口尖底瓶，新出现了斝、釜灶等，为原庙底沟"第二期文化"资料的主体，此类遗存才应当是庙底沟二期文化。如此，我们基本上赞同以上第 3 种认识，但需说明的是：

第一，鉴于豫、晋、陕交界地区许多遗址中，如河南三门峡南交口遗址仰韶文化三期[22]、山西河津固镇遗址第二期[23]，仰韶晚期的后期阶段存在有小口尖底瓶，但伴出有小口高领瓮或小口平底瓶，则小口尖底瓶演变而成的小口平底瓶与小口高领瓮（或谓小口高领罐）在形态上很难准确区分，因此暂不强调小口平底瓶在庙底沟二期文化初现中的指示作用。

第二，由于早在仰韶晚期平唇口小口尖底瓶阶段，陕西宝鸡福临堡遗址就出现了置双釜的釜灶[24]，因此不应将釜灶作为庙底沟二期文化出现的标志。相对而言，斝的出现，尤其是小口尖底瓶的消失作为标准更为确切。

故庙底沟二期文化可界定为豫、晋、陕地区小口尖底瓶消失以后至鬲出现之前，以筒形深腹罐、斝、釜灶、鼎、小口高领瓮等为基本陶器组合的文化。

以上述器物组合作为标尺，可以看到，豫西晋西南地区正是庙底沟二期文化的中心区。迄止目前，豫西晋西南地区经过发掘的庙底沟二期文化遗址除庙底沟外，主要还有河南灵宝涧口[25]、山西垣曲古城东关[26]、丰村[27]、龙王崖[28]、宁家坡[29]、夏县西阴[30]、芮城清凉寺[31-32]等遗址（墓地），已积累了较丰富考古材料。本文拟以豫西晋西南地区为考察重点，在分析主要遗址的基础上，试图对庙底沟二期文化的分期、性质和谱系等进行较系统的探讨。不妥之处，请行家指正。

一、遗存分期与年代
（一）主要遗址分析

学术界对于庙底沟二期文化的分期已经进行了不少探索，但由于人们对该文化的理解与界定颇不相同，因此分期结果自然存在很大差别。这里参考以往的分期成果[33-36]，首先对典型遗址进行陶器分析和遗存分段，进而整合以实现对本地区庙底沟二期文化的分期。

1. 垣曲古城东关遗址

东关遗址[37]是豫西晋西南庙底沟二期文化的最典型、发表材料最多的遗址。发掘报告将该类遗存分为早、中、晚三期[38]，也有分其为七段的意见[39]。本文依报告分期，但感到报告中的早期仍有早晚之分。

以Ⅰ H159、Ⅰ H216、Ⅲ H11、Ⅲ H22、Ⅰ F8 为代表的遗存与以Ⅰ H64、Ⅰ H101、Ⅰ H239、Ⅰ H251 为代表的遗存可分别称之为 A、B 组。其中斝 A 组的口径较明显地小于腹径，腹呈圆

鼓形，足部联裆但有分裆之势；B 组的口径略小于腹径，腹呈扁圆形，有的隐约可见折痕，足部约略分裆。平底盆形鼎 A 组的折沿较宽，腹斜较甚，腹较深；B 组的折沿稍窄，腹斜稍缓，腹略浅。釜灶 A 组的釜、灶结合部较靠上；B 组的釜、灶结合部稍下移。小口高领罐（即小口高领瓮）A 组的领微内束，弧肩；B 组的领斜直，肩部约略出现折痕。夹砂深腹罐（即深腹罐）A 组口沿较宽，口径略大于腹径；B 组的口沿稍窄，口径与腹径大致相等。查报告有 ⅠH239→ⅠH216（"→"表示叠压或打破，下文同）的层位关系，遂知 B 组的年代晚于 A 组。据此可将两组作为具有早晚顺序的两个时间段。另外，B 型斝ⅠH159：3 与庙底沟遗址 A9b 斝

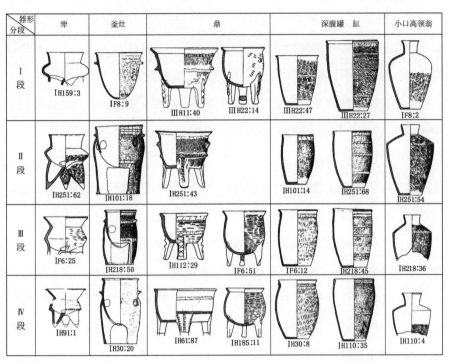

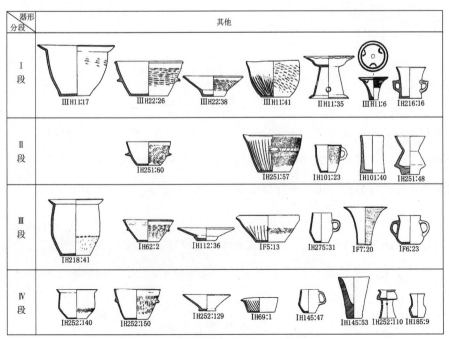

图一　东关庙底沟二期文化陶器分段图

H569：03 相似，显示出其可能比 A 组其他单位再早些，但考虑到 I H159 仅发表这一件器物，仍将其归到 A 组代表的时段。

东关庙底沟二期文化（以下简称东关）中、晚期遗存联系紧密，报告分期可信。这样，就可以把该遗址庙底沟二期文化重新分为四个期段，为了统一，本文称为四段（图一）：

第 I 段：原报告早期中以 I H159、I H216、I F8、III H11、III H22 为代表的遗存；

第 II 段：原报告早期中以 I H64、I H101、I H239、I H251 为代表的遗存；

第 III 段：即原报告中期，以 I H38、I H218、I F6、I F7 为代表；

第 IV 段：即原报告晚期，以 I H30、I H61、I H91、I H110、I H145、I H185、I H252 为代表。

2. 三门峡庙底沟遗址

庙底沟遗址[40–43] 进行了两次大规模的发掘，但第二次发掘发表的本时期资料不足，故本文仅分析第一次发掘的材料。报告将其中第二期称为"龙山文化"或"庙底沟二期文化"[44]。报告中"龙山文化"遗存在剔除 H568、H570 等单位后，其余大部分属于庙底沟二期文化。

报告未详细介绍本期遗存有关的 19 组打破关系，给分期带来了困难。研究者曾将其分为 3 个年代组[45]，现在看来，需做一定调整。

H563 发表 8 件陶器，其中 B7b 小口圆肩罐 H563：44（实为小口高领瓮），喇叭口，溜肩较窄，平底。A4b 深腹盆 H563：34（从颈下有残断痕判断其应为釜灶）的釜、灶结合部较靠上。A3b 浅腹盆 H563：45（即斜腹盆）敞口，腹较斜。H596 发表 2 件陶器，其中 A9b 斝 H569：03 口径明显小于腹径，腹呈圆鼓形，足部联裆向下外撇。A8a 鼎 H569：19 折沿，腹较深。上述特征均是庙底沟二期文化中较早器物的特征，例如小口高领瓮 H563：44 若仅从口部看，与仰韶晚期的后期小口尖底瓶形制相差不大。可见，以 H563、H569 为代表的遗存在庙底

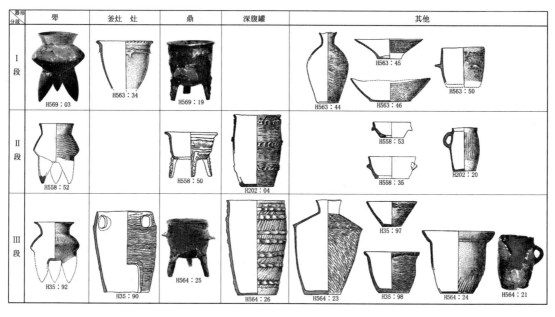

图二　庙底沟庙底沟二期文化陶器分段图

沟遗址庙底沟二期文化中年代最早，可作为第Ⅰ段。这些是目前所见豫西晋西南最早的该文化遗存。

H202 发表 3 件陶器，其中 A5b 大口罐 H202：04（实为深腹罐）口沿较窄，口径与腹径大致相等，与东关第Ⅱ段 AⅢ式夹砂深腹罐Ⅰ H101：26 相似。H558 发表 6 件陶器，其中 A8b 鼎 H558：50 折沿，微斜直腹，平底，腹饰篮纹与附加堆纹，与后者第Ⅱ段 AⅠ式平底盆形鼎Ⅰ H251：43 相似。A9a 斝 H558：52 口径小于腹径，腹呈约扁圆形，从复原图看足部约略分裆，这些特征与后者第Ⅱ段斝者相近，只是口径甚小于腹径，似再早些。A2b 双耳盆 H558：35、B3b 双耳盆 H558：53 分别与后者第Ⅱ段 AⅢ式双錾盆Ⅰ H251：46、BⅢ式双錾盆Ⅰ H101：42 相似。可见，从总体上看，以 H202、H558 为代表的遗存在年代上晚于以 H563、H569 为代表的遗存，其年代与东关第Ⅱ段大致相当，可作为第Ⅱ段。

H564 是发表陶器最多的单位，共 10 件，其中 A9a 斝 H564：20 口径约等于腹径，扁圆腹微折，三袋足较直分裆明显，与东关第Ⅲ段即报告的中期 BⅠ式斝Ⅰ F7：14 近似。A5a 大口罐 H564：26（即深腹罐）与后者第Ⅲ段同类器特征一致，只是腹部贴有更多附加堆纹。H35 发表 9 件陶器，其中 A9b 斝 H35：92 口径也约等于腹径，扁圆腹略有折痕，三足近直分裆明显，也与后者第Ⅲ段Ⅰ F7：14 相近。B1b 碗 H35：97（即斜腹盆）、B4b 深腹盆 H35：98 分别与后者第Ⅲ段 CⅠ式敞口盆Ⅰ F3：16、侈口深腹盆Ⅰ F3：41 相似。因而，以 H564、H35 为代表遗存的年代当更晚些，约相当于东关第Ⅲ段，可作为第Ⅲ段。

据以上分析，庙底沟遗址庙底沟二期文化遗存可分为三个时间段（图三）：

第Ⅰ段：以 H563、H569 为代表；

第Ⅱ段：以 H202、H558 为代表；

第Ⅲ段：以 H564、H35 为代表。

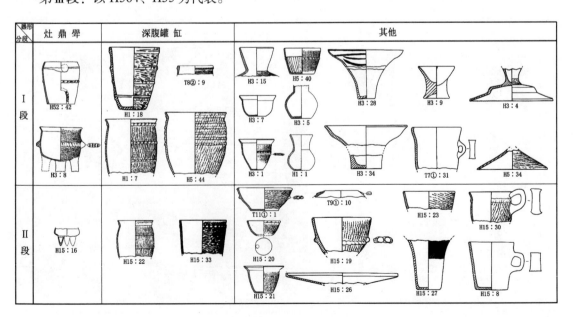

图三　涧口庙底沟二期文化陶器分段图

从器物特征上看，第Ⅰ、Ⅱ段之间略有缺环，第Ⅱ、Ⅲ段则衔接紧密。其中第Ⅱ、Ⅲ段的年代大约相当于东关第Ⅱ、Ⅲ段。

此外报告报道145座"龙山"墓葬，均单人葬，墓葬形制、尺寸及人骨的葬式、头向等基本相同，多无随葬品。因集中发现于遗址T1区的中、北部，故这批墓葬的年代应大致相同。两座墓中各出土有1件陶杯，即C1a杯M72：1、M99：2，均喇叭口，与东关第Ⅱ段喇叭口杯ⅢH11：6、第Ⅲ段喇叭口杯ⅠF7：20、ⅠH218：34、涧口庙底沟二期文化第Ⅰ段CⅡ式杯H3：34、CⅡ式彩绘杯H3：28（涧口分段见下文）均近似，所以这批墓葬属庙底沟二期文化，但不能确定具体的期段。

3. 灵宝涧口遗址

涧口遗址新石器文化遗存被发掘者分为三期四组，第二期又包括早、晚两段[46]。我们曾指出其可分为两大期，第一期出小口尖底瓶而无斝，属于仰韶文化晚期西王类型；第二期中有斝而不见小口尖底瓶，属庙底沟二期文化[47]。第二期属于本文讨论的范围。

第二期遗存间存在如下两组层位关系：

（1）东区①层→H1

（2）西区①层→H3、H10、H15→西区②层→H5

第一组关系两单位发表器物较少，其间缺乏直接对比者。

第二组关系据出土器物特征可把这些单位分为两组。第一组以H5、H3为代表，第二组以H15为代表。

第一组出土的大口罐如AⅡ式H5：44（包括AⅠ式H1：7，二者均为深腹罐）等所示口径与腹径大致相等，这在东关遗址是以ⅠH251、ⅠH101为代表的第Ⅱ段同类器所普遍具有的特征。A型鼎H3：8与后者AⅣ式平底盆形鼎ⅠH101：39相近，日的特征。可见，本组的年代与东关第Ⅱ段大致相当。

第二组中AⅢ式大口罐H15：22（即深腹罐）腹径略大于口径，斝H15：16足部分裆明显，三足近直，这与东关和庙底沟的庙底沟二期文化中各第Ⅲ段特征相同，年代也应相当。

这样，以上两组实际上是代表着时间的差别，可作为前后不同的两个时间段。其他单位可根据出土物特征或层位分别归入相应时段（图三）。两段所含单位有：

第Ⅰ段：H1、H3、H5、东区①层、西区②层；

第Ⅱ段：H15、西区①层。

H10因未发表陶器，也无可用于分段的层位关系，段属不明。

4. 垣曲丰村遗址

丰村遗址[48-49]发掘报告发表了多组叠压打破关系，但可供对比的器物不多。这里主要据器物较多的单位与东关等遗址对比进行分期。

H102发表陶器3件，Ⅱ式敛口钵H102：028微敛口，弧肩，斜腹，具有一定的仰韶晚期遗风。Ⅱ式缸 H102：1（实为深腹罐）折沿较宽，口径略大于腹径，腹饰绳纹与附加堆纹，与东关第Ⅰ段 A 型缸ⅢH22：27 酷似。Ⅰ式小口罐 H102：051（即小口高领瓮）圆弧肩，腹饰交错篮纹，形制与东关第Ⅰ段 AⅡ式小口高领罐ⅠF8：2 颇为相像。可见，H102 的年代较早，约与东关第Ⅰ段相当，可作为本遗址第Ⅰ段。因 T202：3D：0101 与 H102：051 同为报告Ⅰ式小口罐（实为小口高领瓮），形制相近，故 T202：3D 也可划归此段。

鼎 H206：2、T201：3C：18、T201：3C：21、T212：3C：10 形制相同，都被报告划为Ⅰ式鼎，均折沿，微斜直腹，腹稍较深，与庙底沟和东关的该文化第Ⅱ段同类器 A8b 鼎 H558：50、AⅠ式平底盆形鼎ⅠH251：43 等特征相同。Ⅰ式夹砂缸 T201：3C：30、T201：3C：34、T201：3C：28 及Ⅱ式折沿罐 T201：3C：20（即深腹罐）均口径约等于腹径，与庙底沟和东关第Ⅱ段同类器 A5b 大口罐 H202：04、BⅠ式夹砂深腹罐ⅠH101：44 等特征一致。故 H206、T201：3C、T212：3C 等的年代与庙底沟和东关第Ⅱ段大约相当，可作为第Ⅱ段。

Ⅱ式鼎 H203：1 与东关第Ⅲ段 BⅠ式圜底罐形鼎ⅠF6：51 从形制到纹饰均相仿。这样，H203 的年代与东关第Ⅲ段大约相当，可作为第Ⅲ段。

Ⅱ式鼎 H204：2 与东关第Ⅳ段 CⅡ式圜底罐形鼎ⅠH185：11 形制及纹饰也均酷似。Ⅰ式筒形罐 H204：3（实为深腹罐）、Ⅰ式折沿罐 T211：3A：12（实也为深腹罐），形制相近，均筒形，腹径大于口径，以后者最为明显，与东关第Ⅳ段同类器特征基本一致。这样，H204、

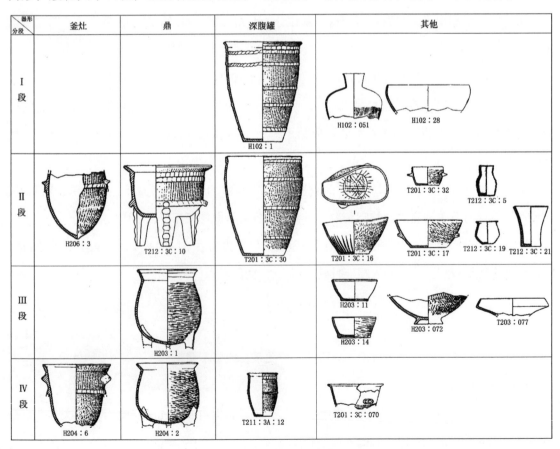

图四　丰村庙底沟二期文化陶器分段图

T211：3A 的年代与东关第Ⅳ段大约相当，可作为第Ⅳ段，其中 H204 或许更早些，处于第Ⅲ、Ⅳ段之间的位置上。

据上，丰村庙底沟二期文化遗存大约可分为四段（图四）。查报告还存在如下层位关系：T211：3A → H203 → H206，正与 H206、H203、T211：3A 从早到晚的年代相符。而 H102、T202：3D 也居于较早的层位上。可见，上述分段在本遗址还存在着层位学的证据。

参与分段的主要单位有：

第Ⅰ段：H102、T202：3D 等；

第Ⅱ段：H206、T212：3C、T201：3C 等；

第Ⅲ段：H203 等；

第Ⅳ段：H204、T211：3A 等。

从器物特征上看，这四段联系均较紧密，第Ⅲ、Ⅳ段之间尤甚。

5. 垣曲龙王崖遗址

龙王崖遗址主要发表有两座灰坑（H104、H106）的出土陶器[50]（图五）。

依报告的庙底沟二期文化陶片统计，夹砂陶多于泥质陶，以灰陶和褐陶占大宗，器表多见篮纹和素面，篮纹所占比例是绳纹的三倍以上。这些特征，连同器物组合及形制均与东关第Ⅳ段相一致。其中Ⅱ式夹砂缸 H104：7、深腹罐 H104：4 分别与后者 C 型缸Ⅰ H110：35、AⅡ式夹砂深腹罐Ⅰ H44：25 接近；Ⅰ式鼎 H106：17、H106：14、Ⅰ式夹砂缸 H106：2（实为深腹

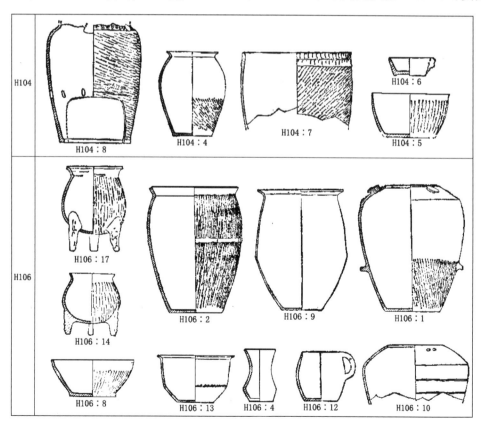

图五　龙王崖庙底沟二期文化陶器图

罐）、敛口瓮 H106：10（即平口瓮）、折腹盆 H106：13、壶 H106：4（实为瓶）分别与后者 DⅠ式圜底罐形鼎ⅠH252：136、ⅠH46：12、AⅠ式缸ⅠH252：112、敛口瓮ⅠH231：3、AⅡ 式宽沿折腹盆ⅠH46：10、B型瓶ⅠH210：30相似。可见，龙王崖以 H104、H106 为代表遗存 的年代与东关第Ⅳ段基本相当。从深腹罐、平口瓮等器物已接近龙山文化早期的特征看，这些 遗存的年代或许更晚，应是庙底沟二期文化中最晚阶段的遗存。

6. 垣曲宁家坡遗址

宁家坡遗址[51-52]可资分析的是两座灰坑（H3066、H3087）的出土陶器[53]。

H3066 发表陶器 20 余件，种类较全，有鼎、斝、釜灶、深腹罐、豆、盆、小口高领瓮、 平口瓮、擂钵、杯等。其中斝 H3066：11、盆形鼎 H3066：14、侈口深腹罐 H3066：15、敛 口瓮 H3066：19（即平口瓮）分别与东关第Ⅱ段 AⅢ式斝ⅠH251：62、AⅠ式平底盆形鼎 ⅠH251：43、AⅢ式夹砂深腹罐ⅠH101：16、瓮ⅠH251：53相似，则 H3066 的年代约相当于 东关第Ⅱ段，可作为第Ⅰ段。

H3087 发表陶器 5 件，有鼎、釜灶、小口高领瓮、擂钵、甑等。器物形制整体上看与东关 第Ⅳ段同类器物接近，如罐形鼎 H3087：4 与后者 DⅡ式圜底罐形鼎ⅠH252：111 相似。但此 灰坑发表的器物中有 4 件饰有附加堆纹，据东关的分期结果可知，附加堆纹所占比例呈逐渐

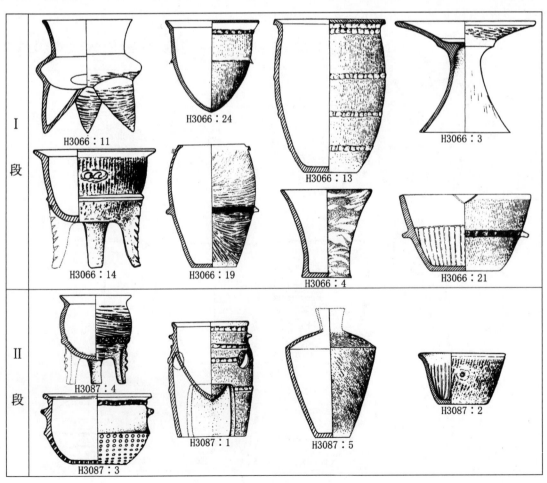

图六　宁家坡庙底沟二期文化陶器分段图

递减的趋势，到第Ⅳ段时已经很少了，从这方面看其又具较早的特征。综合分析，我们暂将 H3087 的年代视作与东关第Ⅳ段大致相当，或处于其偏早的时段位置上，可作为第Ⅱ段。

这样，宁家坡庙底沟二期文化遗存暂可分为两段，第Ⅰ、Ⅱ段之间还略有间隔（图六）。

7. 夏县西阴遗址

西阴遗址[54-55]第二次发掘发现庙底沟二期文化的房址、灰坑各 3 座，遗迹间无叠压打破关系，F3、H38 等发表器物较多。

F3 发表有深腹罐、釜灶、缸、壶、盆（图七），H38 有深腹罐、壶、豆、器盖等陶器。两单位的夹砂罐（即深腹罐）口沿较宽，F3 的釜灶 F3∶9 灶、釜相接处靠上，紧处于釜口沿下，这些都是较早的特征。其中夹砂罐 F3∶3（即深腹罐）、壶 H38∶1 分别与东关第Ⅰ段 BⅢ式夹砂深腹罐ⅢH11∶34、AⅠ式小口高领罐ⅠF8∶35 相似，年代应相近。可见，西阴以 F3、H38 为代表遗存的年代约相当于东关第Ⅰ段。

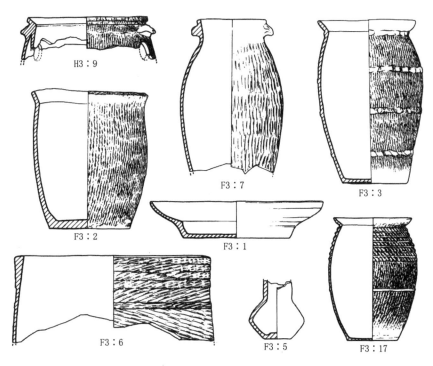

H3∶9

F3∶7

F3∶3

F3∶2

F3∶1

F3∶6

F3∶5

F3∶17

图七　西阴庙底沟二期文化 F3 出土陶器图

8. 芮城清凉寺墓地

清凉寺墓地属于寺里——坡头遗址，共发掘史前墓葬 355 座[56-57]。

发掘者将墓地分为四期，其中仅有少量墓葬的第一期属于仰韶文化初期（原文为"枣园文化"），后三期起初均被定为属于庙底沟二期文化[58-59]，后来又认为第二期属于庙底沟二期文化晚期，第三期年代也接近于此文化晚期，即使已进入龙山时代，也属于较早阶段，第四期约相当于龙山时代中晚期[60]。而有学者通过对该墓地出土玉器的研究，依据与其他文化及遗址材料的对比，判定第二、三、四期分别相当于"庙底沟二期晚段"、"龙山早期"、"龙山晚期"[61]。以上意见对于第二期年代的判定基本相同。迄今为止，发表的第二期墓葬出土陶器也仅出自

M79 的小口高领罐 M79：12 和敞口深腹盆 M79：13 共 2 件，正如发掘者指出的，两器分别与东关第Ⅳ段 AⅠ式高领罐ⅠH110：4 和ⅠH185：33、CⅡ式宽沿盆ⅠH110：41 相似[62]。则以 M79 为代表的第二期墓葬的年代约相当于东关第Ⅳ段。

据上文讨论，可得到本地区庙底沟二期文化的综合分期（表一）。由表中可知，豫西晋西南目前所见庙底沟二期文化遗存材料大约可分为五段，依据主要陶器的演化特征，还可将此五段进行合并，第Ⅰ段为早期，第Ⅱ、Ⅲ段为中期，第Ⅳ、Ⅴ段为晚期。

表一　豫西晋西南地区庙底沟二期文化遗存综合分期表

期段＼遗址		庙底沟	涧口	东关	丰村	龙王崖	宁家坡	西阴	清凉寺
早期	Ⅰ	Ⅰ							
中期	Ⅱ				Ⅰ	Ⅰ		√	
	Ⅲ	Ⅱ	Ⅰ	Ⅰ	Ⅱ	Ⅱ	Ⅰ		
晚期	Ⅳ	Ⅲ	Ⅱ	Ⅱ	Ⅲ	Ⅲ			
	Ⅴ		Ⅲ	Ⅳ	Ⅳ	√	Ⅱ		√

说明：清凉寺为墓地，属于寺里—坡头遗址。

本地区庙底沟二期文化具有分期意义的陶器主要有斝、鼎、深腹罐、小口高领瓮（或为小口平底瓶）、釜灶等。早期第Ⅰ段，斝腹径甚大于口径，腹呈圆鼓形，袋足联裆向下外撇明显。盆形鼎腹甚深。釜灶的釜、灶结合部位于折沿下。小口高领瓮溜肩。

中期第Ⅱ段，斝腹径较大于口径，腹呈圆鼓形，袋足略呈分裆之势，足向下外撇。盆形鼎腹较深，腹壁较斜。釜灶的釜、灶结合部略向下移。小口高领瓮弧肩。

中期第Ⅲ段，斝口略小于腹，腹呈扁圆形，有的隐约可见折痕，袋足约略分裆。盆形鼎折沿稍窄，腹斜稍缓，腹略浅。釜灶的釜、灶结合部稍下移。小口高领瓮肩部约略出现折痕。

晚期第Ⅳ段，斝口、腹径约相等，腹较扁，多有折痕，袋足分裆明显。盆形鼎折沿较窄，微斜腹，腹更浅，罐形鼎较多出现。釜灶的釜、灶结合部更下移。小口高领瓮折肩。

晚期第Ⅴ段，斝口经明显大于腹径，扁折腹，腹折处多加饰附加堆纹，袋足分裆较宽，有的裆中部略下凹。盆形鼎窄折沿，腹近直，浅腹，罐形鼎更多见。釜灶的釜、灶结合部下移至釜中腹部。小口高领瓮折肩明显。

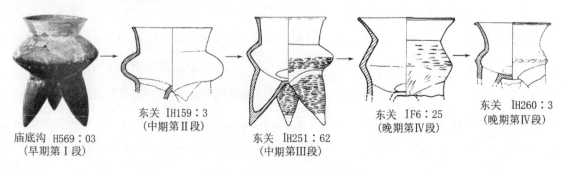

庙底沟 H569：03　　　东关 ⅠH159：3　　　东关 ⅠH251：62　　　东关 ⅠF6：25　　　东关 ⅠH260：3
（早期第Ⅰ段）　　　（中期第Ⅱ段）　　　（中期第Ⅲ段）　　　（晚期第Ⅳ段）　　　（晚期第Ⅳ段）

图八　庙底沟二期文化陶斝演变图

这些陶器中最具分期指示性的器物是斝，图八展示了豫西晋西南庙底沟二期文化陶釜形斝演变的过程，可概括为：早期联裆，中期初步分裆，晚期明显分裆。

纵观庙底沟二期文化陶器，夹砂或泥质灰陶自早至晚均占据主导地位，但有渐少之势，红陶渐少，褐陶递增。纹饰中绳纹由多渐少，篮纹自少至多，至晚期篮纹成为最常见的纹饰，附加堆纹逐渐减少，方格纹略呈增加之势。

（二）遗存年代

豫西晋西南地区已测有较多庙底沟二期文化遗存的 ^{14}C 年代数据，但绝大多数出自东关遗址，庙底沟和丰村遗址仅各有 1 个，合计共 34 个数据。除 3 个数据明显偏早外，其他依中心值年代跨度约为公元前 2700~前 2300 年，这些数据也与遗存分期、分段的早晚基本一致。只是尚未测定该文化早期第 I 段遗存的年代，现测遗存的年代上限与我们所给出仰韶晚期的年代下限已相连接[63]，表明很可能早期第 I 段历时不长。这样，可以把本地区庙底沟二期文化的绝对年代初步界定为公元前 2700~前 2300 年，即有约 400 年的发展历程。

二、文化谱系的相关问题
（一）庙底沟二期文化的特征与形成

1. 基本文化特征

豫西晋西南地区庙底沟二期文化房址以半地穴式为主，多为圆形、圆角方形的小型房址。灰坑多圆形，不少为袋状坑。陶窑约斜穴式。所见墓葬均单人一次土坑葬，出现了殉人现象。发现的生产工具有陶、石、骨、角、蚌器。石器多见斧、铲、耜、刀、镰等，骨器有锥、镞、针等，角器有角镞，蚌器有镞、刀、镰等，陶器有拍、垫、纺轮等，石器多磨制，少量打制，骨器和角器均磨制精细。陶容器中夹砂陶以绝对优势多于泥质陶，以灰陶占大宗，另有褐陶、黑陶和偶可见到的红陶。主要纹饰有篮纹、绳纹、附加堆纹和少量方格纹、镂孔等，素面陶多于磨光陶，还有极少见的彩绘陶。主要器形有筒形深腹罐、斝、釜灶、鼎、小口高领瓮、盆、擂钵等。此外，还发现有玉（石）璧、环、琮、璜等礼器和石璜、环，骨笄、梳等少量装饰品。

2. 分布范围和类型划分

目前学界对于庙底沟二期文化分布范围和类型划分的认识并不相同。例如有研究者主张该文化的分布地跨河南、山西、陕西三省，包括豫西、晋中南和整个关中地区，并可分为三个类型，即东区"庙底沟类型"、西区"浒西庄类型"和北区"白燕类型"[64]；有学者把庙底沟二期文化看作一个大的文化系统，其中包括了"庙底沟二期文化"、"陶寺文化早期"、"白燕二期文化"、"案板三期文化"四个考古学文化[65]。但无论哪种意见，都认为豫西晋西南是庙底沟二期文化的中心区域。就豫西晋西南地区内部来说，这时期各区域文化面貌基本一致，但因地域较广，内部也略有差别，如偏西南的庙底沟、涧口等遗址基本不见东北部东关、

西阴等遗址所常见的凹心盆东关Ⅲ H11：22、Ⅰ H112：36、西阴 F3：1（报告称盘）、甑东关 Ⅰ H252：126，却有为后者诸遗址所缺乏的圜底罐庙底沟 T555：28（报告线图为 T555：28，图 版为 T553：28）等。

3. 庙底沟二期文化的形成

豫西晋西南已发现多处遗址存在庙底沟二期文化叠压或打破仰韶晚期西王类型遗存的层位 关系。

西阴村遗址第二次发掘的报告中，H37 属豫西晋西南仰韶晚期Ⅳ段，其被庙底沟二期文化 H36 打破。

东关遗址，有多组庙底沟二期文化叠压打破仰韶晚期遗存的层位关系，其中涉及参与仰 韶晚期分期的有二组，即Ⅰ H116 → Ⅰ H123，Ⅰ H64 → Ⅰ H79，Ⅰ H123、Ⅰ H79 分别属于该遗 址仰韶晚期的前期第Ⅱ、Ⅲ段，也即相当于豫西晋西南仰韶晚期分期的前期第Ⅱ、Ⅲ段[66]。 Ⅰ H116、Ⅰ H64 均为东关报告庙底沟二期文化早期的单位，前者无发表器物，后者属于东关第 Ⅱ段，即本地区庙底沟二期文化第Ⅲ段。

涧口遗址中，西区②层 → H8、H9、H11。后三单位属该遗址仰韶晚期第Ⅲ段即豫西晋西南 仰韶晚期第Ⅴ段。西区②层属该遗址庙底沟二期文化第Ⅰ段，也即本地区庙底沟二期文化中期 第Ⅲ段。

丰村遗址中，H102 → H103、H107。其中后二者属豫西晋西南仰韶晚期第Ⅲ段。前者属该 遗址庙底沟二期文化第Ⅰ段，也即这一地区庙底沟二期文化第Ⅱ段。

上述诸多层位关系，以及深腹罐、缸、盆、小口高领瓮等器物一脉相承的形态特征，表明 庙底沟二期文化是在豫西晋西南仰韶晚期的基础上发展而来的。因此，可以说庙底沟二期文化 的主源是仰韶文化。

4. 外来文化因素的作用

庙底沟二期文化中的斝、鼎、豆等陶器非仰韶文化的固有，需要分别作一简要讨论。

鼎：以往认为它在晋南的出现始于庙底沟二期文化，系来自泰沂地区大汶口文化[67]。而 据现有材料可知，早在仰韶晚期的前期豫西晋西南地区就发现有鼎，如东关仰韶晚期第Ⅲ段鼎 Ⅰ H129：2，到仰韶晚期的后期或谓仰韶末期，如南交口仰韶文化第三期、小赵仰韶晚期第Ⅱ 段所见又有更多的发现。由于仰韶村第三次发掘的报告第三期也即该遗址仰韶晚期第Ⅱ段所出 的鼎大都具有屈家岭文化的特点，因此我们将其都确定为屈家岭文化因素[68]。庙底沟二期文 化中的盆形和罐形鼎与大汶口文化的同类器形制更接近而很可能是后者文化影响的结果。

斝：一种观点认为它是在秦王寨类型谷水河遗址三期遗存的空三足鸟形鬹的启示下，首先 由秦王寨类型居民将该类型独有的釜形鼎改制成釜形斝[69-70]，后来又指出豫西及晋西南地区现 在已发现的庙底沟二期文化是较晚阶段的遗存[71]；另一种意见则认为釜形斝是在陕、晋、豫 地区长期存在釜的基础上，受大汶口文化空三足器——鬹的模式影响产生的[72]。显然，对于斝产生的动因和背景是受大汶口文化鬶的影响这一认识是一致的，但指认产生的地域等却不同。关于第一种观点，由于秦王寨类型分布区即郑洛地区至今发现的鬶很少，且未见年代较早的形态，那里的釜形鬶似是庙底沟二期文化鬶发展到一定阶段受影响而产生的，学者已指出其不妥[73]。对于第二观点，由于豫、晋、陕交界地区仰韶晚期基本不见釜，庙底沟二期文化早期鬶身上的釜确与秦王寨类型釜形鼎的釜颇为相像，因而关于其原始器形的意见未必确切。

在由仰韶晚期向庙底沟二期文化的转变中，晋南的临汾盆地也应当参与了这一过程。河津固镇遗址的钝底小口尖底瓶 H18：20 与小口平底瓶 H18：5 共存[74]。而本地区庙底沟二期文化早期第 I 段庙底沟遗址小口平底瓶 H563：44（报告称罐）与固镇同类器 H18：5 相似，H563：44 的上部形态还与东下冯仰韶晚期第 II 段（即本地区仰韶晚期的后期第 V 段）小口尖底瓶 H230：1 相近。可见，以 H563：44 为代表的遗存年代较早，是庙底沟二期文化形成阶段的遗存。同时，庙底沟遗址还出有联裆鬶 H569：03，联裆是庙底沟二期文化鬶的早期特征，因此庙底沟鬶 H569：03 为代表的遗存与仰韶晚期之间的时间差距不会太长。由于受大汶口文化、屈家岭文化的挤压，仰韶晚期出现了秦王寨类型西渐的历史趋势，尤其是仰韶晚期偏晚豫西晋西南在外部文化的影响下，即进入了创新、改造的新时期[75]。该时期豫、晋、陕交界一带的仰韶文化西王类型——庙底沟二期文化的居民可能将秦王寨类型釜形鼎和鬶加以融合而创制出具有深远意义的全新的器物——鬶。相反，秦王寨类型后段及其后续的以河南登封阳城遗址 H29 为代表的遗存，没有什么代表性的新创造。可见，鬶应最早产生于豫西晋西南及邻近地区。

釜灶：有学者主张其形成晚于鼎、鬶、豆，并认为其与鬶任何一种器物一经出现，所代表的单位就已晚于仰韶文化时期，釜灶成为复合炊器的发生是受鼎、釜形鬶的启示的结果[76]。釜灶的出现固然整体上晚于鼎、豆，因为早在豫西晋西南仰韶晚期的前期就已有鼎和豆，尽管起初较少（当由屈家岭文化或大汶口文化传播至此），但釜灶的出现似乎不晚于鬶。首先，早在仰韶中期庙底沟类型中釜、灶就大量出现，受大汶口文化、屈家岭文化复合器物的启发后，很容易联在一起。尽管从现有材料看，仰韶文化的釜一般为折腹器，而庙底沟二期文化釜灶的"釜"实为圜底深腹罐，但后者釜灶的前身或其主要渊源应是前者釜、灶无疑。其次，大汶口文化等影响几乎波及了整个仰韶文化所在的区域，早在福临堡遗址报告三期（平唇口小口尖底瓶阶段）就出现有置双釜的釜灶，这种双釜的又与庙底沟二期文化单釜的釜灶形制基本一致，显然具有承递关系，单釜可能系改良的产品。因此釜灶的出现明显较鬶为早，在仰韶晚期已经出现，不宜将其作为庙底沟二期文化形成的标志。

豆：以往有学者认为来自大汶口文化[77]。笔者以为，既然仰韶村遗址仰韶晚期第 II 段（仰韶晚期的后期）即已出现具有鲜明屈家岭文化特征的折腹豆，在东关报告庙底沟二期文化早期也有同样的器形，则该文化豆的出现应是大汶口文化和屈家岭文化共同影响而致。

结合我们对于仰韶晚期的后期遗存的分析[78]，可以得出结论：庙底沟二期文化的形成是仰韶文化晚期的发展和大汶口文化、屈家岭文化影响共同作用的结果。这两种文化作为外来的强大动力，与前者文化发生碰撞，促成了仰韶文化向庙底沟二期文化的转化。即使如上文所说，应以小口尖底瓶的消失作为庙底沟二期文化的开始，但鼎的增多以及与斝、釜灶、豆等的流行确是庙底沟二期文化的主要特征之一，而这些器物正是后二者的文化因素或是受其影响产生的。

仰韶晚期屈家岭文化、大汶口文化因素的出现多表现为后二文化特征器物的直接输入，而到庙底沟二期文化阶段外来文化的影响更多地体现在与当地文化的渗透、融合方面，如新出现的斝以及大量涌现的鼎等已成为庙底沟二期文化的有机和重要组成部分，使这一文化生发出熠熠光彩。

（二）庙底沟二期文化与周围文化的关系和发展过程

关于豫西晋西南庙底沟二期文化与周围文化的关系等已有学者进行研究[79]，以上讨论该文化典型器物的形成已经涉及到这一问题，这里再做一些分析。

庙底沟二期文化与周围文化的关系突出地表现在海岱和江汉地区文化对其的影响。

这一时期，海岱、江汉地区的文化分别发展为大汶口文化晚期—龙山文化早期和屈家岭文化晚期—石家河文化早、中期，庙底沟二期文化继续受到这两地区文化的强烈影响，值得说明的有以下方面。

第一，屈家岭文化比大汶口文化在仰韶晚期时对豫西晋西南及邻近地区的影响更为显著[80]，庙底沟二期文化阶段则大汶口文化的影响较之于屈家岭文化—石家河文化更为强烈。虽然仰韶晚期有多种屈家岭文化特征的鼎出现在仰韶村等遗址，但似乎很少被传承下来，因为在东关等庙底沟二期文化中根本不见如仰韶村 T7H33∶8、T2F1∶16、T4H45∶65 等那样的盘形、瓮形和罐形鼎，相反，盆形鼎和该文化晚期大量出现的罐形鼎则均与大汶口文化的同类器十分相似。庙底沟二期文化中所含的大汶口文化因素还有后者的典型器宽沿深腹盆、宽沿直腹杯、觚形杯、高颈壶、高领折肩尊、尖底尊（缸）等[81]。相形之下，庙底沟二期文化中所含屈家岭文化、石家河文化因素则少得多，仅有斜腹杯、高柄杯、器盖、折腹豆等有限的几种器类（图九），而且自早期至晚期呈递减趋势。可见，仰韶晚期的后期至庙底沟二期文化时期，海岱与江汉地区文化对豫西晋西南等地的影响可细分为两个阶段，仰韶晚期的后期，以屈家岭文化的影响为主，大汶口文化因素略少；到庙底沟二期文化阶段，大汶口文化—龙山文化的影响大大增强，而屈家岭文化—石家河文化的影响则明显减弱。

第二，庙底沟二期文化受其他文化的影响除了表现于陶器外，还表现在玉器等方面。在东关遗址报告庙底沟二期文化早期即该文化中期就出土有似琮残石器及石璜等[82]。20 世纪 70 和 90 年代，曾征集到清凉寺附近出土的一些玉器；近年发掘的清凉寺墓地中有一些庙底沟二期文化墓葬，其中随葬最多的是玉（石）器，主要器类为璧、环、刀、钺及少量玉琮、斧、虎头状饰品等。中原地区在仰韶时很少发现玉（石）器，而这些器物中钺、牙璧等与大汶口文化晚期及山东龙山文化中的同类器相似，多孔刀与薛家岗文化者近同，璧、琮与良渚文化者接近，虎头形饰件与石家河文化者相仿。可见，清凉寺出土的玉器当源于大汶口文化等。这些外来文化因素的输入，深刻地改变着固有的传统理念，对当地文化形成了强大的冲击，成为庙底沟二期文化受到影响的一个重要方面。

豫西晋西南庙底沟二期文化还受到处于其东豫中西部或谓郑洛地区同时期文化的影响。学术界对于后一地区同时期文化的认识尚不一致，或称之为仰韶文化谷水河类型[83-84]；或认为伊洛平原属于庙底沟二期文化分布区，嵩山以北以东地区分布着大河村五期文化[85]。据现有资料，在庙底沟二期文化早期，伊洛地区分布着以河南洛阳王湾 H524、H416 为代表的遗存[86]，其中双腹盆 H416：5 显然继承自仰韶晚期河南渑池笃忠同类器 H65：1[87] 而发展为王湾三期文化王湾同类器 H11：4[88]。这类遗存中含有大量大汶口文化—龙山文化和屈家岭文化—石家河文化系统特征的器物，如盆形鼎、高颈壶、双腹豆、盂形杯等，表明豫西晋西南的庙底沟二期文化所接受前两个系统的文化因素很可能是通过这里获得的。到了庙底沟二期文化中期以后，或许待该文化强大之后，其向东发展，将伊洛地区囊括在内，遗留下河南偃师二里头 H1[89]，登封告成北沟 H1[90]，新安西沃 H17、H19、H9[91] 等为代表较丰富的庙底沟二期文化中、晚期遗存。这里的庙底沟二期文化遗存与豫西晋西南的文化面貌基本相同，但鼎更多，罕少量，

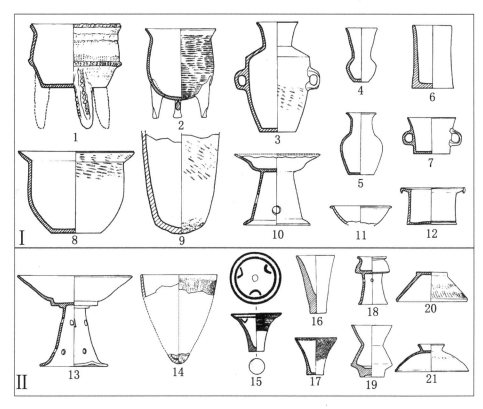

图九　东关遗址庙底沟二期大汶口文化和屈家岭文化—石家河文化因素陶器图

Ⅰ.大汶口文化因素：1、2.鼎（Ⅲ H11：73、Ⅰ F6：51）3.高领折肩尊（Ⅲ H11：9）4、5.高颈壶（Ⅰ H44：41、Ⅰ H252：138）6、7、12.杯（Ⅰ H101：40、Ⅲ H22：32、Ⅰ H266：6）8.宽沿深腹盆（Ⅲ H11：64）9.尖底尊（Ⅰ H251：77）10、11.（Ⅲ H11：35、Ⅰ H108：19）

Ⅱ.屈家岭文化因素：13.豆（Ⅰ H266：4）14.缸（Ⅰ H61：97）15~19.杯（Ⅲ H11：6、Ⅰ H252：81、Ⅰ H218：34、Ⅰ H252：110、Ⅰ H251：48）20、21.器盖（Ⅰ F6：50、Ⅰ H34：7）

釜灶罕见。庙底沟二期文化时期郑州地区分布着以大河村"龙山文化早期"为代表的遗存，这类遗存与庙底沟二期文化一样深受大汶口文化、屈家岭文化影响，但在始自仰韶晚期的分化的道路上越走越远，其与庙底沟二期文化特征差异较大，应是独立的另一类中原文化遗存。有研究者指出，由于豫中地区（包括郑州在内）这类遗存的阻隔，大汶口文化尉迟寺类型对庙底沟二期文化的影响可能是通过豫北这一途径[92]。我们在承认其与庙底沟二期文化差别及经由豫北地区发生影响的可能性途径的同时，认为豫中地区可能并未阻挡住大汶口文化的影响，因为在河南禹州瓦店发现有年代约相当于大河村"龙山文化早期"偏晚的以 82ⅠT3A ⑤层为代表的瓦店一期遗存[93]，其中出土有与庙底沟二期文化相似并具有大汶口文化晚期风格的陶瓶（杯）、壶、施篮纹的罐形鼎等，因此豫中南颍河流域很可能也是大汶口文化—龙山文化乃至屈家岭文化—石家河文化对庙底沟二期文化产生影响的重要途径。

豫西晋西南庙底沟二期文化还受到了来自西方和北方文化的一些影响。这一时期，关中东部也属于庙底沟二期文化，而学术界对于关中西部遗存的认识并不一致，但无论怎样称谓和如何认识，庙底沟二期文化中的单耳、双耳罐的出现显然应是受到以陕西扶风案板遗址第三期遗存[94]的影响或通过这类遗存的传播而实现的。

上文已指出临汾盆地也参与了由仰韶晚期向庙底沟二期文化的转变过程。该盆地西部庙底沟二期文化早、中期分布着以河津固镇第三期[95]、侯马乔山底ⅡF1、F2[96]为代表的遗存，文化面貌与豫西晋西南同时期遗存大同小异。从固镇发现有如 H2∶1、H2∶5 那样较早形态的斝可知，该盆地还与豫西晋西南地区携手进入庙底沟二期文化阶段。但到了该文化晚期，两地的差异渐大，原因是前者此时已发展为陶寺文化早期，而后者相对而言则更固守庙底沟二期文化传统。前者对后者也产生一些影响，如后者庙底沟二期文化中陶器錾手的较多发现，可视为陶寺文化早期影响的结果。

值得指出的是，有研究者通过使用 X 射线能谱分析（EDX）和电感耦合等离子发射光谱（ICP-AES）两种方法对包括东关在内的陶器标本进行主量、微量和痕量元素测定，并采用统计学方法（主成分分析 PCA）对测量数据进行整理和对比研究，得出不同类型的陶器群均使用相同的原料的结论，并推断古代居民烧造陶器主要是就地取材[97]。可见，具有其他文化因素的陶器可以排除是贸易或交换而来的可能性，应或为当地居民的学习仿制，或为外来者在当地的制作，而可能性更大的是后者。这样，大汶口文化等文化因素在本地区的出现当伴随着一定规模的人口移动。

当然，豫西晋西南庙底沟二期文化对周围地区的文化也产生了一定的影响。在案板三期类遗存和陶寺文化中都发现有釜形斝，而豫西晋西南地区作为釜形斝形成和发展的中心区域，这种器物在这两种遗存或文化中的出现，在一定意义上可以说是庙底沟二期文化因素的直接输入。由于在陕西武功浒西庄遗址案板三期类遗存中出土有釜形斝的较早形态 H8∶4，而其稍晚形态 H33∶16 则伴出有盆形斝 H33∶21、缸形斝 H33∶17 等[98]，因此完全有理由认为，盆形斝和缸形斝均为受釜形斝启发创造的。同样，陶寺文化中的双鋬斝、单把斝，白燕二期类遗存中的单把斝等都应是釜形斝的衍生形态。陶寺文化、案板三期类及白燕二期类遗存也都深受大汶口文化—龙山文化和屈家岭文化—石家河文化系统的影响，而由于地理位置的关系，后三者所接受的影响主要是通过豫西晋西南实现的，因此，后三者中的小口高领瓮、折腹豆、杯、壶等也可看作是庙底沟二期文化影响的结果。顺带说明，对于陶寺文化扁壶的来源，有研究者认为是当地发生的，主要理由是在陶寺文化中出现较早，最原始的形态是直领、瘦长身、圆筒形壶身[99]，言外之意是与大汶口文化高领、扁腹者不同。实际上，早在仰韶晚期笃忠遗址就存在直领、腹近圆的扁壶 H22：172[100]，其显然是受大汶口文化的影响而出现的，山西侯马东呈王 T102⑤：5[101] 及陶寺Ⅰ T3402⑥[102] 的陶寺文化同类器很可能是继承笃忠者而来，只是腹朝更瘦的方向发展，并在陶寺文化流行器鋬的大背景下于近口部加安了器鋬。若果如此，陶寺文化的典型器之一扁壶，追根溯源仍应是大汶口文化影响的因素。

豫西晋西南对郑洛地区同时期文化的影响，一是在该文化中期以后向东发展，改变了原有的文化面貌，使洛阳盆地成为该文化或近似于该文化的分布区；二是该文化对郑州地区大河村"龙山文化早期"类遗存造成影响，使后者中篮纹和附加堆纹占有一定的比例。

到龙山时代，由于郑洛地区、临汾盆地、关中地区的王湾三期、陶寺、客省庄文化等基本上是在当地庙底沟二期阶段文化的基础上发展而来的，因此可以说豫西晋西南庙底沟二期文化与王湾三期文化、陶寺文化、客省庄文化或多或少地存在着源流关系，对于王湾三期文化而言，则应属于其重要的来源或来源之一。

豫西晋西南庙底沟二期文化对大汶口文化—龙山文化和屈家岭文化—石家河文化系统影响甚弱，但在苏鲁豫皖交界地区大汶口文化—龙山文化和豫西南地区屈家岭文化—石家河文化中较两个系统文化的其他区域有较多的篮纹，应是庙底沟二期文化影响或谓反馈的结果。

三、结语

上文我们通过各典型遗址的分析，把豫西晋西南地区的庙底沟二期文化分为三期五段，其中早期是该文化初步形成的时期，中、晚期为持续发展时期，从遗存发现的多寡可以看到，三期连续发展，文化渐趋繁荣。豫西晋西南庙底沟二期文化在形成和发展中与周围诸多文化长期地发生关系，周围文化对庙底沟二期文化有着巨大影响，而且影响存在起伏。大汶口文化和屈家岭文化对仰韶晚期的影响促成了庙底沟二期文化的形成，但到庙底沟二期文化中期，影响似有所减弱，至庙底沟二期文化晚期，大汶口文化等对庙底沟二期文化的影响再次增强，其直接结果或主要表现是罐形鼎的大量出现和对盆形鼎的取代。整体上看，接受周围文化的影响可算是庙底沟二期文化形成与发展过程中的重要内容或谓主旋律，是其发展前进的基本策略和动力之一。

由于到了仰韶晚期中原文化发展低迷迟滞，周围大汶口文化、屈家岭文化等则发达强盛，周围文化对仰韶文化和庙底沟二期文化的影响实是先进文化因素向中原的汇聚。这些汇聚使中原文化在衰落之际有机会获取新鲜血液而得以新生，能够继续发展，促进了中原史前文化的繁荣兴盛。庙底沟二期文化也因此成为中原新石器时代一支重要文化并代表了一个非常关键的发展阶段。这一阶段是融合同化和创新变革的时期，如就炊器来说，是中原新石器时代以来器形种类最多的一个时期，既有承自仰韶文化的筒形深腹罐，又有吸纳自大汶口文化等的鼎，还有创新出的斝、釜灶等，文化来源的多样性和文化成分的复杂化成为庙底沟二期文化的显著特点。

注释：

[1] J. G. Andersson，"Prehistoric Sites in Honan"，*Bulletin of the Museum of Far Eastern Antiquities*，1947，No. 19.

[2] 董光忠：《山西万泉石器时代遗址发掘之经过》，见《三晋考古》第 2 辑，山西人民出版社，1996 年，第 330—337 页。

[3] 中国科学院考古研究所：《庙底沟与三里桥》，科学出版社，1959 年，第 108 页。

[4] 严文明：《略论仰韶文化的起源和发展阶段》，见《仰韶文化研究》，文物出版社，1989 年，第 122—165 页。

[5] 韩建业：《晋西南豫西西部庙底沟二期——龙山时代文化的分期与谱系》，《考古学报》2006 年第 2 期，第 179—204 页。

[6] 中国科学院考古研究所：《庙底沟与三里桥》，科学出版社，1959 年，第 108 页。

[7] 安志敏：《试论黄河流域的新石器时代文化》，《考古》1959 年第 10 期，第 559—565 页。

[8] 张岱海、高天麟、高炜：《晋南庙底沟二期文化初探》，《史前研究》1984 年第 2 期，第 34—42 页。

[9] 梁星彭：《试论陕西庙底沟二期文化》，《考古学报》1987 年第 4 期，第 397—412 页。

[10] 胡谦盈：《庙底沟二期文化与常山下层文化》，见《庆祝苏秉琦考古五十五年论文集》，文物出版社，1989 年，第 252—264 页。

[11] 高天麟：《侯马东呈王新石器时代遗址发掘的重要意义》，《考古》1992 年第 1 期，第 62—68、93 页。

[12] 高天麟：《关于庙底沟二期文化及相关的几个问题——兼与卜工同志商榷》，《文物》1992 年第 3 期，第 46—54 页。

[13] 卜工：《庙底沟二期文化的几个问题》，《文物》1990 年第 2 期，第 38—47 页。

[14] 靳松安：《庙底沟遗址第二期遗存再分析》，《江汉考古》2000 年第 4 期，第 47—53 页。

[15] 河南省文物研究所：《河南考古四十年》，河南人民出版社，1994 年，第 118—123 页。

[16] 宋建忠：《山西龙山时代考古遗存的类型与分期》，《文物季刊》1993 年第 2 期，第 44—63 页。

[17] 山西省考古研究所：《山西考古四十年》，山西人民出版社，1994 年，第 80—96 页。

[18] 张素琳：《试论垣曲古城东关庙底沟二期文化》，《文物季刊》1995 年第 4 期，第 38—48 页。

[19] 张素琳：《浅谈山西庙底沟二期文化及相关问题》，见《中国历史博物馆考古部纪念文集》，科学出版社，

2000 年，第 71—81 页。

［20］张忠培：《试论东庄村和西王村遗存的文化性质》，《考古》1979 年第 1 期，第 37—44 页。

［21］张忠培、杨晶：《客省庄与三里桥文化的单把鬲及其相关问题》，见《宿白先生八秩华诞纪念文集》，文物出版社，2002 年，第 1—49 页。

［22］河南省文物考古研究所：《三门峡南交口》，科学出版社，2009 年，第 221—229 页。

［23］山西省考古研究所：《山西河津固镇遗址发掘报告》，见《三晋考古》第 2 辑，山西人民出版社，1996 年，第 63—126 页。

［24］宝鸡市考古工作队、陕西省考古研究所宝鸡工作站：《宝鸡福临堡》，文物出版社，1993 年，第 80—168 页。

［25］河南省文物研究所：《河南灵宝涧口遗址发掘报告》，《华夏考古》1989 年第 4 期，第 10—47 页。

［26］中国历史博物馆考古部、山西省考古研究所、垣曲县博物馆：《垣曲古城东关》，科学出版社，2001 年，第 160—339 页。

［27］中国社会科学院考古研究所山西工作队：《山西垣曲丰村新石器时代遗址的发掘》，见《考古学集刊》第 5 集，中国社会科学出版社，1987 年，第 27—60 页。

［28］中国社会科学院考古研究所山西工作队：《山西垣曲龙王崖遗址的两次发掘》，《考古》1986 年第 2 期，第 97—111、131 页。

［29］薛新民、宋建忠：《山西垣曲宁家坡遗址发掘纪要》，《华夏考古》2004 年第 2 期，第 3—16 页。

［30］山西省考古研究所：《西阴村史前遗存第二次发掘》，见《三晋考古》第 2 辑，山西人民出版社，1996 年，第 1—62 页。

［31］山西省考古研究所、运城市文物局、芮城县文物局：《山西芮城清凉寺新石器时代墓地》，《文物》2006 年第 3 期，第 4—16 页。

［32］山西省考古研究所、运城市文物局、芮城县文物旅游局：《山西芮城清凉寺新石器时代墓地》，《考古学报》2011 年第 4 期，第 525—560 页。

［33］张素琳：《试论垣曲古城东关庙底沟二期文化》，《文物季刊》1995 年第 4 期，第 38—48 页。

［34］卜工：《庙底沟二期文化的几个问题》，《文物》1990 年第 2 期，第 38—47 页。

［35］靳松安：《庙底沟遗址第二期遗存再分析》，《江汉考古》2000 年第 4 期，第 47—53 页。

［36］韩建业：《晋西南豫西西部庙底沟二期——龙山时代文化的分期与谱系》，《考古学报》2006 年第 2 期，第 179—204 页。

［37］中国国家博物馆考古部：《垣曲盆地聚落考古研究》，科学出版社，2007 年，第 201—205 页。

［38］中国历史博物馆考古部、山西省考古研究所、垣曲县博物馆：《垣曲古城东关》，科学出版社，2001 年，第 160—339 页。

［39］郭智勇：《山西庙底沟二期文化遗存分期与分区研究》，见《而立集》，科学出版社，2009 年，第 37—76 页。

［40］中国科学院考古研究所：《庙底沟与三里桥》，科学出版社，1959 年，第 2—84 页。

［41］樊温泉、靳松安、杨树刚：《庙底沟遗址再次发掘又有重要发现》，《中国文物报》2003年2月14日第1版。

［42］樊温泉：《三门峡庙底沟遗址》，见国家文物局：《2002年中国重要考古发现》，文物出版社，2003年，第20—25页。

［43］河南省文物考古研究所：《河南三门峡市庙底沟遗址仰韶文化H9发掘简报》，《考古》2011年第12期，第23—46页。

［44］中国科学院考古研究所：《庙底沟与三里桥》，科学出版社，1959年，第64—82、108—113页。

［45］卜工：《庙底沟二期文化的几个问题》，《文物》1990年第2期，第38—47页。

［46］河南省文物研究所：《河南灵宝涧口遗址发掘报告》，《华夏考古》1989年第4期，第10—47页。

［47］魏兴涛：《豫西晋西南地区仰韶文化晚期遗存研究》，见《考古学研究》（十），科学出版社，2012年，第352—389页。

［48］中国国家博物馆考古部：《垣曲盆地聚落考古研究》，科学出版社，2007年，第97—99页。

［49］中国社会科学院考古研究所山西工作队：《山西垣曲丰村新石器时代遗址的发掘》，见《考古学集刊》第5集，中国社会科学出版社，1987年，第27—60页。

［50］中国社会科学院考古研究所山西工作队：《山西垣曲龙王崖遗址的两次发掘》，《考古》1986年第2期，第97—111、131页。

［51］山西省考古研究所：《垣曲宁家坡陶窑址发掘简报》，《文物》1998年第10期，第28—32页。

［52］a. 薛新民、宋建忠：《宁家坡遗址发掘追记（上）》，《文物世界》2004年第4期，第61—66页。

　　b. 薛新民、宋建忠：《宁家坡遗址发掘追记（下）》，《文物世界》2004年第6期，第29—31页。

［53］薛新民、宋建忠：《山西垣曲宁家坡遗址发掘纪要》，《华夏考古》2004年第2期，第3—16页。

［54］李济：《西阴村史前的遗存》，清华学校研究院，1927年；又见《三晋考古》第2辑，山西人民出版社，1996年，第265—286页。

［55］山西省考古研究所：《西阴村史前遗存第二次发掘》，见《三晋考古》第2辑，山西人民出版社，1996年，第1—62页。

［56］山西省考古研究所、运城市文物局、芮城县文物局：《山西芮城清凉寺新石器时代墓地》，《文物》2006年第3期，第4—16页。

［57］山西省考古研究所、运城市文物局、芮城县文物旅游局：《山西芮城清凉寺新石器时代墓地》，《考古学报》2011年第4期，第525—560页。

［58］王晓毅、薛新明：《有关清凉寺墓地的几个问题》，《文物》2006年第3期，第63—65页。

［59］薛新明：《山西芮城清凉寺史前墓地死者身份解析》，见《西部考古》第1辑，三秦出版社，2006年，第94—105页。

［60］薛新明、杨林中：《山西芮城清凉寺史前墓地反映的社会变革》，见《中国聚落考古的理论与实践》第1辑《纪念新砦遗址发掘30周年学术研讨会论文集》，科学出版社，2010年，第113—123页。

［61］杨岐黄：《晋西南地区史前玉（石）器初步研究》，北京大学硕士学位论文，2008年。

［62］王晓毅、薛新明：《有关清凉寺墓地的几个问题》，《文物》2006年第3期，第63—65页。

［63］魏兴涛：《豫西晋西南地区仰韶文化晚期遗存研究》，见《考古学研究》（十），科学出版社，2012年，第352—389页。

［64］中国社会科学院考古研究所：《中国考古学·新石器时代卷》，中国社会科学出版社，2010年，第510—527页。

［65］罗新、田建文：《庙底沟二期文化研究》，《文物季刊》1994年第2期，第67—77页。

［66］魏兴涛：《豫西晋西南地区仰韶文化晚期遗存研究》，见《考古学研究》（十），科学出版社，2012年，第352—389页。

［67］卜工：《庙底沟二期文化的几个问题》，《文物》1990年第2期，第38—47页。

［68］魏兴涛：《豫西晋西南地区仰韶文化晚期遗存研究》，见《考古学研究》（十），科学出版社，2012年，第352—389页。

［69］张忠培：《客省庄文化及其相关诸问题》，《考古与文物》1980年第4期，第78—84页。

［70］张忠培：《黄河流域空三足器的兴起》，《华夏考古》1997年第1期，第30—48页。

［71］张忠培、杨晶：《客省庄与三里桥文化的单把鬲及其相关问题》，见《宿白先生八秩华诞纪念文集》，文物出版社，2002年，第1—49页。

［72］罗新、田建文：《庙底沟二期文化研究》，《文物季刊》1994年第2期，第67—77页。

［73］罗新、田建文：《庙底沟二期文化研究》，《文物季刊》1994年第2期，第67—77页。

［74］山西省考古研究所：《山西河津固镇遗址发掘报告》，见《三晋考古》第2辑，山西人民出版社，1996年，第63—126页。

［75］魏兴涛：《豫西晋西南地区仰韶文化晚期遗存研究》，见《考古学研究》（十），科学出版社，2012年，第352—389页。

［76］罗新、田建文：《庙底沟二期文化研究》，《文物季刊》1994年第2期，第67—77页。

［77］罗新、田建文：《庙底沟二期文化研究》，《文物季刊》1994年第2期，第67—77页。

［78］魏兴涛：《豫西晋西南地区仰韶文化晚期遗存研究》，见《考古学研究》（十），科学出版社，2012年，第352—389页。

［79］韩建业：《晋西南豫西西部庙底沟二期——龙山时代文化的分期与谱系》，《考古学报》2006年第2期，第179—204页。

［80］魏兴涛：《豫西晋西南地区仰韶文化晚期遗存研究》，见《考古学研究》（十），科学出版社，2012年，第352—389页。

［81］韩建业：《晋西南豫西西部庙底沟二期——龙山时代文化的分期与谱系》，《考古学报》2006年第2期，第179—204页。

［82］中国历史博物馆考古部、山西省考古研究所、垣曲县博物馆：《垣曲古城东关》，科学出版社，2001年，第224、230页。

［83］严文明：《略论仰韶文化的起源和发展阶段》，见《仰韶文化研究》，文物出版社，1989年，第122—

165页。

［84］韩建业：《晋西南豫西西部庙底沟二期——龙山时代文化的分期与谱系》，《考古学报》2006年第2期，

第179—204页。

［85］靳松安：《河洛与海岱地区考古学文化的交流与融合》，科学出版社，2006年，第51—56页。

［86］北京大学考古文博学院：《洛阳王湾——考古发掘报告》，北京大学出版社，2002年，第43—69页。

［87］河南省文物考古研究所：《河南渑池县笃忠遗址2006年发掘简报》，《华夏考古》2010年第3期，第3—

18页。

［88］北京大学考古文博学院：《洛阳王湾——考古发掘报告》，北京大学出版社，2002年，第83—85页。

［89］中国社会科学院考古研究所二里头工作队：《河南偃师二里头遗址发现龙山文化早期遗存》，《考古》1982

年第5期，第460—462页。

［90］河南省文物研究所：《登封告成北沟遗址发掘简报》，《中原文物》1984年第4期，第9—12页。

［91］河南省文物管理局、河南省文物考古研究所：《黄河小浪底水库考古报告》（一），中州古籍出版社，1999

年，第391—422页。

［92］韩建业：《晋西南豫西西部庙底沟二期——龙山时代文化的分期与谱系》，《考古学报》2006年第2期，

第179—204页。

［93］河南省文物研究所、郑州大学历史系考古专业：《禹县瓦店遗址发掘简报》，《文物》1983年第3期，第

37—48页。

［94］西北大学文博学院考古专业：《扶风案板遗址发掘报告》，科学出版社，2000年，第126—220页。

［95］山西省考古研究所：《山西河津固镇遗址发掘报告》，见《三晋考古》第2辑，山西人民出版社，1996年，

第63—126页。

［96］山西省考古研究所侯马工作站：《山西侯马乔山底遗址1989年区发掘报告》，《文物季刊》1996年第2期，

第1—28、62页。

［97］成小林、郝少康等：《山西垣曲盆地新石器时代及早期青铜时代陶器的产地分析研究》，《中国历史文物》

2009年第3期，第22—32页。

［98］中国社会科学院考古研究所：《武功发掘报告——浒西庄与赵家来遗址》，文物出版社，1988年，第

42页。

［99］何驽：《陶寺文化谱系研究综论》，见《古代文明》第3卷，文物出版社，2004年，第54—86页。

［100］河南省文物考古研究所：《河南渑池县笃忠遗址2006年发掘简报》，《华夏考古》2010年第3期，第3—

18页。

［101］山西省考古研究所、山西大学历史系考古专业：《山西侯马东呈王新石器时代遗址》，《考古》1991年第

2期，第110—124、142页。

［102］何驽：《陶寺文化谱系研究综论》，见《古代文明》第3卷，文物出版社，2004年，第78页，图八，6。

庙底沟遗址"龙山文化"陶器再分析
——兼说庙底沟二期文化已进入龙山时代

◎ 邵　晶

1959 年,《庙底沟与三里桥》考古发掘报告[1]（以下简称"报告"）将河南陕县庙底沟遗址出土的史前遗存分作"仰韶文化"和"龙山文化"两期,为区别于"河南龙山文化",报告又将划归龙山文化的遗存暂称为"庙底沟第二期文化",而后,被学界正式命名为"庙底沟二期文化"。一个甲子以来,与庙底沟遗址中"庙底沟第二期文化"遗存内涵相似的考古学遗存都被叫作"庙底沟二期文化"遗存。多年来的考古工作表明,庙底沟二期文化是学术界探讨和研究从"仰韶"发展至"龙山"最为重要的"过渡性"材料,庙底沟二期文化重要性可窥一斑。笔者在梳理"庙底沟第二期文化",也即庙底沟遗址"龙山文化"陶器过程中,略有小识,不揣浅陋,以求教于方家。

一、A 群与 B 群

庙底沟遗址龙山文化陶器是认识庙底沟二期文化最为原始和基础的材料。卜工先生在《庙底沟二期文化的几个问题》[2]中分析庙底沟遗址龙山文化陶器时,梳理了庙底沟遗址划属龙山文化的所有遗迹,辨识出 A、B 两群陶器为代表的典型单位,认为"A 群为半坡四期文化或西王村Ⅲ期文化,B 群才是庙底沟二期文化";在此之前,张忠培先生曾指出西王三（Ⅲ）期文化为早于庙底沟二期文化而晚于半坡四期文化的考古学文化遗存,代表器物为以喇叭口尖底瓶为代表的陶器组合[3];又有朱延平[4]、李健民[5]先生拆析山西夏县东下冯遗址出土与庙底沟遗址龙山文化陶器相似的"龙山早期陶器";这些研究都在不同程度上反映出庙底沟遗址龙山文化陶器中存在着两类陶器群。从目前资料来看,这一认识基本经受住了田野工作的验证。更为重要的是,愈来愈丰富的考古学材料显示出上述认识还有进一步补充的空间。

《庙底沟二期文化的几个问题》中列举的 A 群典型单位有 H568、H570,B 群有 H35、H202、H558、H563、H564、H569 等典型单位。文中指出两群陶器的主要区别为:"A 群中的喇叭状瓶口、鼎和罐的花边口沿不见于 B 群,而 B 群中的斝和釜灶亦不见于 A 群",也就是说，若将喇叭状瓶口和花边口沿视为 A 群文化因素，而将斝和釜灶视为 B 群文化因素的话，此两类文化因素不共存。实际上，正是这一认识存在着进一步补充的可能。据报告中发表的基础材料：A 群 H570 仅发表 2 件器物残片，且不包含 A、B 任何一类文化因素；A 群 H568 发表陶器较多，确实只含 A 群文化因素而无 B 群文化因素。但 B 群典型单位中的情况就不一样了，B 群 H563：44 平底瓶之瓶口与 A 群 H568：21 瓶口类似，均为喇叭状，颈部贴附一周凸棱；B 群 H563：34 盆与 A 群 H568：35 鼎同样为压印的花边口沿；也就是说 B 群陶器中明确包含 A 群文化因素。这样一来，对《庙底沟二期文化的几个问题》中两群陶器的分析就有两种可能性：第一，B 群单位存在 A 群文化因素而 A 群单位确实不见 B 群文化因素，依考古学一般原理，A 群陶器当早于 B 群陶器；第二，A 群典型单位 H568 为"孤例"，不足以说明 A 群陶器中不含 B 群文化因素，若有材料显示 A 群陶器确实包含 B 群文化因素，则 A、B 两群陶器所包含的文化因素"共存共生"，两群陶器文化性质的差别也就没那么明显了。近些年来在山西晋南、陕西关中等地积累的发掘材料为上述两种可能提供了裁定的依据，垣曲古城东关[6]、蓝田新街[7]、扶风案板[8]等遗址的发掘材料更加支持证实第二种可能性，也就是说喇叭状瓶口、花边口沿和斝、釜灶分别代表的 A、B 两群陶器共存现象普遍。

另外，后笔者详细检索还发现：A 群 H568：29 与 B 群 H564：26 两筒形罐形制雷同，均为夹粗砂灰陶质地，器表贴附数道平行泥条；A 群 H568 出土了较为完整的泥质灰陶双錾刻槽盆。此两类陶器主要流行于庙底沟二期文化时期，已经被越来越多的发掘材料所证实。

所以，《庙底沟二期文化的几个问题》中 A、B 两群陶器文化性质相同，均为庙底沟遗址龙山文化陶器，是庙底沟第二期文化陶器的主要组成部分，也是后来庙底沟二期文化陶器的"首次组合亮相"。

二、甲组与乙组

接下来的问题是庙底沟遗址龙山文化陶器到底该如何划分。根据上文的分析，本文将上文论及到的所有庙底沟二期文化典型单位出土陶器称为"甲组陶器"，主要器形包括：斝、鼎、

图一　庙底沟遗址甲组陶器

刻槽盆、筒形罐、喇叭口圆肩平底瓶、釜、灶，这也是目前庙底沟二期文化的基本陶器组合。（图一）

庙底沟遗址龙山文化陶器中真正区别于甲组陶器的有编号0：13之彩陶盆，该器细泥红陶、表面磨光，口沿下绘有黑色菱形带状纹样。按照报告的器物编号原则，该器虽为采集遗物，但与其"同坑"采集的还有0：11夹粗砂灰陶罐形鼎。另外，同样属于采集陶器的0：12泥质灰陶尖底瓶亦

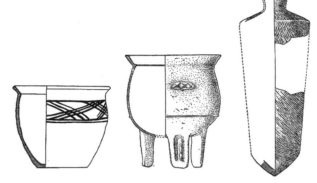

图二　庙底沟遗址乙组陶器

明显区别于甲组陶器。本文将上述3件陶器为代表的庙底沟遗址龙山文化陶器称之为"乙组陶器"。（图二）下面将以甲、乙两组陶器为线索，结合相关遗址出土的考古学材料对庙底沟遗址龙山文化陶器再予以审视。需要说明的是，目前学术界关于以甲组陶器为代表的庙底沟二期文化研究已经非常深入[9]，本文讨论的重点是以庙底沟乙组陶器为代表的考古学文化遗存。

庙底沟遗址所在的三门峡盆地，自仰韶文化早期以来就与邻近的山西垣曲盆地、运城盆地以及陕西关中东部地区在考古学文化面貌上表现出较强的相似性，构成较为稳固的文化单元，这个文化单元一般被称为"晋陕豫交界区"。该区域的考古学研究起步早、起点高，仰韶文化赖以得名的渑池仰韶村遗址即坐落于此，与庙底沟遗址相距不足50千米。可以说，晋陕豫交界区是中国史前考古的摇篮。据笔者的不完全统计，自1921年仰韶村遗址发掘以来，晋陕豫交界区发表正式材料的新石器时代遗址数量上明显多于其他地区，对于本文分析来说更为重要的是，一些遗址还出土了时代明确的陶器组合和证据确凿的层位关系，其中不乏可与庙底沟甲、乙两组陶器比对研究者。

渑池笃忠遗址[10]发表仰韶文化晚期的主要单位有H22、H95、H98，以H22出土陶器最多。其中，H98豆、鼎、罐与H22同类器相似，H95：1彩陶盆在陶质陶色、器形与纹饰方面都与H98：5相似，以"桥连法"的方法分析，上述3个灰坑出土的陶器时代相近，构成了一组器形丰富的陶器群，包括：喇叭口尖底瓶、小口圆肩平底瓶、菱形带状纹样彩陶盆、鼓腹罐、鼎、豆、器盖、盆、圈足小杯。（图三）这组陶器被发掘者认定为仰韶文化晚期遗存，"当属西王村Ⅲ期文化"，笔者认为这一认识准确。

晋陕豫交界区内，与笃忠仰韶晚期陶器群相似且出土同类器物超过3件的遗迹单位主要有：垣曲上亳H238[11]（图四）、平陆盘南H1[12]（图五）、华县泉护村H903[13]（图六）、商县紫荆H124[14]（图七）。另外，严文明先生著文划分的洛阳王湾遗址"二期四段"（王湾发掘报告中发表典型单位内出土陶器少于严先生文章内披露的典型陶器，本文采用严先生文章中发表的相关陶器。）和渑池"仰韶村四期"（图八）陶器中都有与笃忠仰韶晚期陶器群相似者[15]。

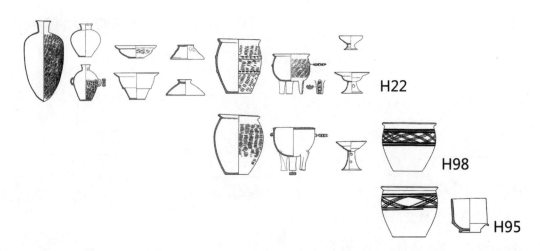

图三　渑池笃忠遗址仰韶晚期陶器组合

图四　上毫 H238

图五　盘南 H1

　　以上列举的典型单位，大致可以分为东、西两组，东组陶器主要分布于豫西晋南，西组陶器涵盖了西安以东的关中东部地区。东、西两组陶器在器物组合和器形特征方面均有差别：东组陶器多鼎、豆，具有菱形带状纹样彩陶盆，尖底瓶多鼓肩；西组陶器少鼎而未明确是否出土豆和菱形带状纹样彩陶盆[16]，尖底瓶多折肩。实际上，东、西两组陶器的差别正是张忠培先

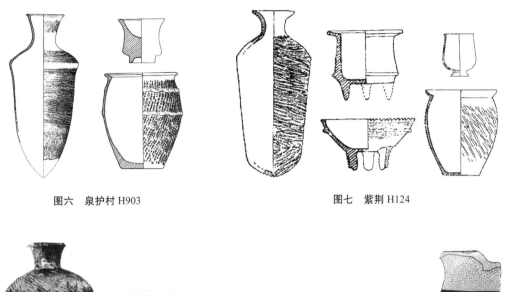

图六 泉护村 H903　　　　　　　　图七 紫荆 H124

图八 仰韶村四期陶器

生划分"西王三期文化"和"泉护二期文化"的主要依据。陶器是考古学文化最为明显和敏感的物质体现，笔者认为上述两组陶器的差异表现为同一考古文化的区域性差别，并未达到可区分为不同考古学文化的程度。一方面，这些陶器覆盖了一定的分布范围，组合稳定、特征明显，足以说明一种考古学文化遗存的主要特征，其特征并未超越西王三期文化之范畴，当是西王三期文化时间和空间的重要指证，因此，笔者建议将东、西两组陶器所代表的西王三期文化遗存分别称为"西王三期类型"和"泉护二期类型"；另一方面，这些陶器延续了仰韶文化尖底瓶、彩陶盆、鼓腹罐的基本组合，应该属于仰韶文化晚期的考古学遗存，只是新增了来自东方的鼎、豆类器物。这样看来，庙底沟遗址龙山文化陶器中的乙组陶器无一例外地落在了属于仰韶文化晚期的西王三期类型的陶器群中，属于该考古学文化之典型陶器。

三、庙底沟二期文化已进入龙山时代

　　行文至此，庙底沟遗址龙山文化陶器的文化面貌已基本廓清，本文划分的甲、乙两组陶器分别属于庙底沟二期文化和仰韶文化西王三期类型。一方面，从现有资料分析，西王三期类型是目前发现的时代最晚的仰韶文化遗存，晚于仰韶文化半坡类型、史家类型、庙底沟类型和半坡四期类型，又据上亳 H7 被 H8、H12 打破，H27 被 H12 打破的地层关系，西王三期类型要早于庙底沟二期文化。另一方面，学界目前关于庙底沟二期文化的归属尚存分歧，主要观点有：

庙底沟二期文化为仰韶文化最晚期；庙底沟二期文化单独存在，为仰韶文化和龙山文化之过渡，龙山文化是以"三里桥类型"为代表的考古学遗存；庙底沟二期文化为龙山时代早期文化。重新检索，笔者发现最早将庙底沟二期文化归入"晋南豫西仰韶文化陶器"中所依据的陶器群是将庙底沟甲、乙两组陶器"混合"处理了。研究者如此划分的主要理由是"陶器中有喇叭口尖底瓶、彩陶罐……很接近于西王仰韶晚期遗存"[17]。实际上已经明确指出了庙底沟乙组陶器的文化性质，这一认识经受住了后来发掘的多次验证，本文将庙底沟乙组陶器划归仰韶文化遗存的主要理由亦基于此。同样的道理，把庙底沟甲组陶器为代表的遗存剔除出仰韶文化范畴，而以其典型器物斝类空三足器、釜灶、刻槽盆为突出特征，将其划归龙山文化的观点，也就显得理由充分了。这样一来，也将庙底沟二期文化及其衔后的"三里桥类型"置于一个连续发展的文化序列中了。所以，笔者同意以釜形斝为代表的空三足器的出现作为龙山时代来临标志的观点[18]，庙底沟二期文化自然也就是龙山时代早期的考古学文化了。

综上所述，河南陕县庙底沟遗址龙山文化陶器可分为甲、乙两组，甲组以斝、鼎、刻槽盆、筒形罐、喇叭口圆肩平底瓶、釜、灶为主要器形，是庙底沟遗址龙山文化遗存之主体，属庙底沟二期文化，处于龙山时代早期；乙组陶器的主要器形有喇叭口尖底瓶、菱形带状纹彩陶盆、盆形鼎，属西王三期类型，处于仰韶文化之末期；乙组早于甲组。需要指出的是，本文对于这两组陶器的再次划分只是将仰韶和龙山的陶器界限分得更为明显和纯粹一些罢了。

注释：

[1] 中国科学院考古研究所：《庙底沟与三里桥》，科学出版社，1959 年。

[2] 卜工：《庙底沟二期文化的几个问题》，《文物》1990 年第 2 期。

[3] 张忠培：《试论东庄村和西王村遗存的文化性质》，《考古》1979 年第 1 期。

[4] 朱延平：《山西夏县东下冯龙山文化遗址读后》，《考古》1984 年第 9 期。

[5] 李健民：《东下冯"龙山文化早期遗存"的再认识》，《考古》1984 年第 9 期。

[6] 中国历史博物馆考古部、山西省考古研究所、垣曲县博物馆：《垣曲古城东关》，科学出版社，2001 年。

[7] 陕西省考古研究院：《陕西蓝田新街遗址发掘简报》，《考古与文物》2014 年第 4 期。

[8] 西北大学文博学院考古专业：《扶风案板遗址发掘报告》，科学出版社，2000 年。

[9] 代表文章主要有：

　　a. 张岱海、高天麟、高炜：《晋南庙底沟二期文化分期试探》，《史前研究》1984 年第 2 期。

　　b. 梁星彭：《试论陕西庙底沟二期文化》，《考古学报》1987 年第 4 期。

　　c. 高天麟：《关于庙底沟二期文化及相关的几个问题》，《文物》1992 年第 3 期。

　　d. 罗新、田建文：《庙底沟二期文化研究》，《文物季刊》1994 年第 2 期。

　　e. 靳松安：《庙底沟遗址第二期遗存再分析》，《江汉考古》2000 年第 4 期。

f. 中国历史博物馆考古部、山西省考古研究所、垣曲县博物馆：《垣曲古城东关》结语第二节，科学出版社，2001 年。

[10] 河南省文物考古研究所：《河南渑池笃忠遗址 2006 年发掘简报》，《华夏考古》2010 年第 3 期。

[11] 山西省考古研究所：《垣曲上亳》，科学出版社，2010 年。

[12] 黄河水库考古工作队河南分队：《山西平陆新石器时代遗址复查试掘简报》，《考古》1960 年第 8 期。

[13] 北京大学考古学系：《华县泉护村》，科学出版社，2003 年。

[14] 商县图书馆、西安半坡博物馆、商洛地区图书馆：《陕西商县紫荆遗址发掘简报》，《考古与文物》1981 年第 3 期。

[15] 严文明：《从王湾看仰韶村》，见《仰韶文化研究》，文物出版社，1989 年。

[16] 仅在横阵遗址 H91 内发现类似菱形带状纹样彩陶盆残片，据中国社会科学院考古研究所陕西工作队：《陕西华阴横阵遗址发掘报告》，见《考古学集刊》第 4 集，中国社会科学出版社，1984 年。

[17] 严文明：《略论仰韶文化的起源和发展阶段》，见《仰韶文化研究》，文物出版社，1989 年。

[18] 张忠培：《试论黄河流域空三足器的兴起》，《华夏考古》1997 年第 1 期。

60年来的中国史前彩陶研究

◎ 张　弛

　　中国彩陶的发现和研究是伴随中国近代考古学的产生和发展同步进行的。一般认为中国近代考古学的诞生是以1921年安特生发掘河南渑池仰韶遗址、发现仰韶文化为标志的，而仰韶文化正是一支新石器时代的彩陶文化。此后彩陶就一直是中国史前考古和艺术史的主要研究对象之一，在中国60年来的史前考古学研究中占有重要的地位。

　　在60年来中国考古学的发展过程中，彩陶的发现层出不穷。目前所知中国彩陶萌芽于新石器时代中期（约公元前6000~前4000年）的黄河流域和长江流域局部地区。至新石器时代晚期（约公元前4000~前2300年）扩散至整个黄河中下游、长江中下游地区，西北地区，北方地区和岭南地区，是中国彩陶文化的鼎盛时期。在新石器时代末期（约公元前2300~前1800年），彩陶在原本发达的黄河中下游及长江中下游地区衰落，只有西北还在延续，并在福建沿海和台湾地区有新的出现。至青铜时代则只有西北地区还有彩陶文化，在铁器时代前期则仅见于新疆，其他地区已经基本不见[1]。

　　由于中国的彩陶主要发现在新石器时代，少量延续到青铜时代以后的彩陶文化也都分布在西北等边境地区，

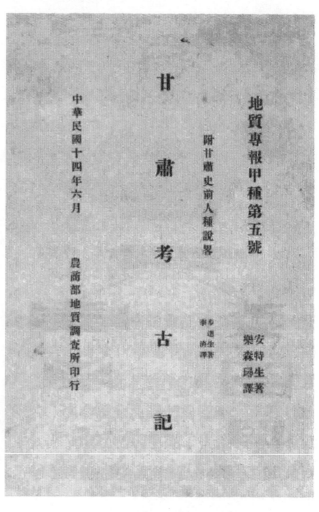

图一　《甘肃考古记》中译本封面

在区域文化的研究中有时也被认为是史前文化，因此中国彩陶的研究历史是与中国史前考古及相关学科的研究密不可分的。

一、彩陶与中国史前文化的来源

安特生在发现仰韶文化之后，立即确认它就是"中国远古之文化"。但由于仰韶文化是中国境内发现的第一个新石器时代文化，没有可以比照的材料，他遂将其与中亚地区的安诺和特里波列彩陶做了比较，认为两地之间有彩陶传播的可能[2]。于是他在1923~1924年间前往中国西北寻找彩陶传播的途径，在甘肃和青海发现了马家窑、半山和马厂等史前彩陶遗存，并由此提出了中国彩陶文化的"西来说"（图一）[3]。由于中国彩陶文化的起源关系中国史前文化的来源问题[4]，因此"西来说"的提出随即引发了一系列的争论[5]。只是由于当时还没有更多的材料可以佐证，这个问题一时无法得到解决。

1949年以后，随着新中国考古事业的发展，彩陶研究虽然已经不是研究中国史前文化来源的主要凭借，但长期以来也一直是相关问题研究的重要方面。20世纪50年代陕县庙底沟遗址和西安半坡遗址的发掘[6]，引发了仰韶文化分期、分区问题的讨论，仰韶文化彩陶成为文化分期和分区的重要指标（图二）[7]，细致的彩陶型式学研究遂成为这类研究的主要方法（图三）[8]。黄河流域各个彩陶文化的相对年代问题逐渐得到解决[9]。中国古代文化和文明的"中原中心论"在这一时期开始盛行。70年代初期，中国史前考古的碳十四年代数据发表，彻底解决了中国彩陶与亚欧大陆其他地区彩陶的年代关系问题。1978年，严文明发表《甘肃彩陶的源流》一文，对仰韶文化彩陶自东向西的传播做了详细梳理，中国史前彩陶的"东渐说"最终确立[10]，结束了一场长达50年多少带有意识形态色彩的争论。

图二　庙底沟遗址出土彩陶盆
（《庙底沟与三里桥》图版 XXVI）

1970年代中期以后，在北方的裴李岗文化和老官台文化遗址都发现了早于仰韶文化的彩陶，本世纪初，又在长江下游地区的浙江跨湖桥遗址发现了南方地区年代最早的彩陶，因而中国彩陶文化的来源已经十分清楚。随着新石器时代各个文化区系的研究日渐深入，史前彩陶的区域特征日渐明确[11]。这个时期在史前文化和中国文明起源和发展的"多元论"影响下，彩陶

的区域特征研究成为史前文化地理的研究取向，在中国史前文化源流的探讨中仍然重要但不再有过去的地位。

二、彩陶、图腾与族群

60年来，中国史前考古学深受苏俄式的马克思主义社会发展论的影响，特别重视对史前社会形态的研究。在这一研究过程中，彩陶作为一种社会文化符号，被认为是原始社会的"氏族图腾"，是古代族群的标识。这类研究最早也是最集中出现在仰韶文化彩陶的研究成果中，例如石兴邦就认为半坡氏族就是以鱼为图腾的（图四）[12]，彩陶图像是一定人们共同体的标志[13]，进而在某些研究中被想象、引申到历史事件的层面。

1981年，一件绘有鹳鸟衔鱼和石斧（钺）的彩陶缸被收集并介绍出来[14]。这件彩陶上的图案幅面很大，它的内容与其他彩陶富于装饰性的表现很不相同，可以称得上是中国艺术史上第一幅真正的绘画作品，被命名为"鹳鱼石斧图"（图五）。严文明正确判断了这件彩陶的年代（仰韶文化庙底沟期），并认为它是当地一位氏族首领的葬具。石斧（钺）是这位首领权力的象征，鹳衔鱼则是这位首领

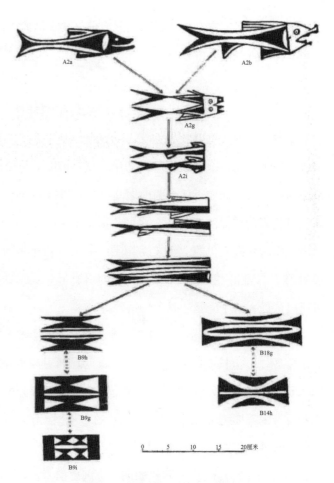

图三　半坡遗址彩陶复合变化推测图
（《西安半坡》图一二九）

图四　半坡遗址出土鱼纹彩陶盆
（《西安半坡》图版壹，2）

所属的白鹳氏族打败鱼氏族的象征，画在石斧旁边以纪念这位首领的功劳[15]。这样的解释是与历史时期墓志铭的意义一脉相承的。对这幅彩陶图画的解释还有另外很多文章发表，最为极端的则根据中国古史传说中的某些古族的"图腾"加以比附，印证古代族群的存在[16]。

严文明早就认为仰韶文化的半坡类型和庙底沟类型分别以鱼和鸟为图腾[17]。赵春青进一步发挥，对仰韶文化鱼纹和鸟纹彩陶的象征性意义以及两类彩陶在时间和空间上分布的关系进

行分析，认为在仰韶文化早期渭河流域关中地区以鱼为图腾的集团和豫西以鸟为图腾的集团曾有过先是争斗继而融合的历史事件[18]。显然，这类研究实际上是在暗示早在仰韶文化早期就已经出现了大范围的、长期存在的地域性政治族群，而这一点是很难找到相关证据的。陈雍则研究了临潼姜寨遗址聚落布局及其与遗址出土彩陶图案的对应关系，认为姜寨聚落分为四个社群，分别为北面和南面的蛙纹集团、东面黑头鱼纹集团以及西面的白头鱼纹集团[19]。这项研究目前还很少得到回应。

上述可以被归结为"图腾说"的研究在张光直看来是值得商榷的[20]。

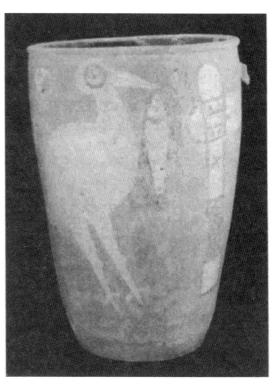

图五　"鹳鱼石斧图"彩陶缸
（《中国美术全集·工艺美术编1　陶瓷上》图一四）

甚至还有研究认为彩陶的生产是以血缘集团为单位的，因此会出现彩陶形制和纹样倾向于地域性分布的现象，不同彩陶同出于一个以聚落或墓地之中，代表了不同族群的婚姻来往[21]。现在看来这样的解释过于简单化了。

图六　半坡遗址出土"人面鱼纹"彩陶盆
（《西安半坡》图版壹，1）

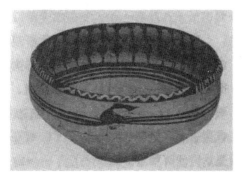

图八　青海宗日遗址出土"舞蹈纹"彩陶盆

图七　汝州洪山庙遗址出土"男根纹"彩陶缸
（《汝州洪山庙》彩版一，3）

三、彩陶的社会意识诠释

在图腾说流行了一段时期之后，有关彩陶其他社会意识的诠释，则多是采用现代民族志材料或是古史传说材料加以类比得出的，大多可归纳为"原始崇拜"说。这其中尤以生殖崇拜说最为流行。赵国华在系统地批判了史前符号的"图腾说"之后，提出了彩陶生殖崇拜论[22]，认为仰韶彩陶鱼纹属于女阴崇拜（图六）。余西云则认为庙底沟文化彩陶的中心主题是生殖，"弧边三角纹"阳纹是阳具，阴纹是女阴[23]。当然也有人认为仰韶文化半坡期是女性崇拜时期，庙底沟期是男性崇拜时期，证据是汝州洪山庙彩陶上有"男根"崇拜的图像（图七）[24]。王仁湘对此做过系统评论，认为"生殖崇拜"说推理过度，无法令人信服[25]。

再有就是关于马家窑、半山、马厂彩陶漩涡纹和大圆圈纹的"太阳崇拜"、"月亮崇拜"说[26]，郑州大河村彩陶的"天文星相"说[27]。马家窑文化多个遗址出土的彩陶盆上的"舞蹈"纹样（图八）等都有种种的说法[28]，引起过一时的讨论。但这些研究除作简单民族志比附或引证一些古史传说外，找不到更多的直接证据，很难被采信。

四、彩陶的生产与贸易

彩陶陶坯的制作工艺本与其他非彩陶的陶器制作没有什么不同。但彩陶的制作毕竟还要求陶工把握诸如陶器坯体的烧成颜色、矿物颜料的来源及其与坯体颜色的搭配，以及绘画等技艺，因此彩陶的制作相对来说是比较专门化的。早有研究者就仰韶文化彩陶的坯体制作工艺和绘画技术做过实验和探讨[29]，也有一些专门探讨某种特殊彩陶工艺的研究[30]。

张弛将半山式彩陶按照纹样的细节划分为10个群体，发现每个群体都分布在特定的时期和特定的区域，认为这是特定彩陶生产区存在的证据[31]。从不同产地选取的彩陶矿物原料样本的中子活化分析结果证明，这样的彩陶产区是存在的[32]。

对于彩陶来说，单单进行陶土成分分析尚不足以搞清楚产地的全部问题，最近利用地球化学分析手段进行彩陶颜料成分分析，进而对彩陶产地进行研究的案例越来越多[33]。这类研究成果的积累将会最终确定彩陶陶土和颜料的来源，从而解决彩陶流通的路径问题。

五、彩陶的形式学和符号学研究

60年来中国各地史前遗址出土的彩陶十分丰富，大多散见于各个相关遗址的发掘报告中。也有一些区域性和专题性的彩陶资料结集出版，比较著名的有《江苏彩陶》[34]、《甘肃彩陶》[35]、《青海彩陶》[36]、《马家窑文化的彩陶艺术》[37]、《中国新石器时代的陶器装饰艺术》[38]、《青海彩陶纹饰》[39]、《雕龙碑史前彩陶》[40]，甚至还有《彩陶图谱》[41]、《彩陶》[42]等综合性著作。

随着资料的日益丰富，近年来的中国彩陶逐渐开始了精细化的研究。如李水城将半山和马厂彩陶各分为五和四期，对彩陶器形和纹饰分别进行了排比梳理，对彩陶纹样的各种母题开展了全面的形式学分析[43]，但研究的目标尚未超出年代学和文化区系研究的框架。王仁湘接续了他彩陶研究中一贯的细致风格[44]，近年来发表了一系列仰韶文化彩陶研究的文章[45]，并采用符号学的理念，对仰韶彩陶的形式学分析细致入微（图九）。这些研究相信会成为此后进一步研究的基础。

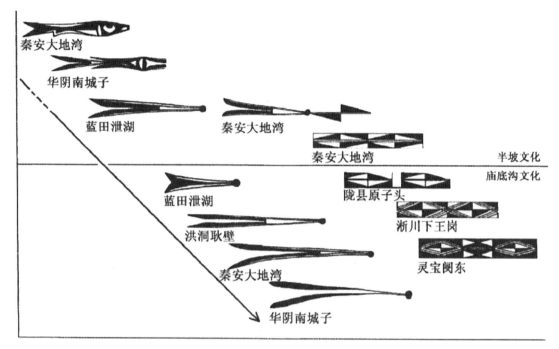

图九　仰韶文化彩陶鱼纹的演变
（《庙底沟文化鱼纹彩陶论（下）》图五，1）

六、结语

总结 60 年来中国彩陶研究的历程，可以发现彩陶的研究始终没有离开中国史前考古学和史前史的总体研究趋势。在中国史前考古学诞生之初，彩陶研究关心的中心问题是中国文化的来源，之后随着其他史前考古材料的增多而逐渐淡出。新中国史学以苏式马克思社会发展史为圭臬，于是彩陶研究大多涉及原始社会的图腾、族群、生殖崇拜等课题，至今绵延不绝。上世纪 80 年代以来，受西方考古学的影响，对彩陶的产地、贸易开始有所涉及，但开展尚不广泛。同时拜资料积累的增多和理论探讨的贫乏所赐，在符号学的旗号下开展的精细的彩陶形式学研究也开始出现。

中国彩陶延续时间长、分布范围广，彩陶纹样繁复多样。此前研究的重心主要在仰韶文化和马家窑文化，对其他地区和文化彩陶的研究并不很多。中国彩陶研究无论是作为考古学还是作为艺术史学，研究的理论都还远远不够好，研究的视角也还不够多。因此，还留有巨大的可以开拓的空间。

注释：

[1] 李水城：《中国史前彩陶的研究》，见《中国考古学研究的世纪回顾·新石器时代考古卷》，科学出版社，2008年，第112—125页。

[2] J.G.Anderson：《中华远古之文化》，《地质汇报》1923年第5号，第25页。

[3] J. G. Anderson：《甘肃考古记》，《地质专报》1925年甲种第5号，第27页。

[4] T. J. Ame：《河南石器时代之着色陶器》（《古生物志》丁种第1号第2册），1925年，第24页。

[5] 李济：《西阴村史前的遗存》，清华学校研究院，1927年，第28—29页；梁思永：《山西西阴村史前遗址的新石器时代的陶器》，见《梁思永考古学论文集》，科学出版社，1959年，第46—47页；裴文中：《中国之彩陶文化》，《历史与考古》1946年第1号，第2页。

[6] 中国科学院考古研究所：《庙底沟与三里桥》，科学出版社，1959年；中国科学院考古研究所、半坡博物馆：《西安半坡》，文物出版社，1963年。

[7] 苏秉琦：《关于仰韶文化的若干问题》，《考古学报》1965年第1期，第51页。

[8] 中国科学院考古研究所、半坡博物馆：《西安半坡》，文物出版社，1963年；严文明：《论庙底沟仰韶文化的分期》，《考古学报》1965年第2期，第55—70页。

[9] 石兴邦：《有关马家窑文化的一些问题》，《考古》1962年第6期，第318页。

[10] 严文明：《甘肃彩陶的源流》，《文物》1978年第10期，第62页。

[11] 李水城：《中国史前彩陶的研究》，见《中国考古学研究的世纪回顾·新石器时代考古卷》，科学出版社，2008年，第112—125页。

[12] 中国科学院考古研究所、半坡博物馆：《西安半坡》，文物出版社，1963年。

[13] 石兴邦：《有关马家窑文化的一些问题》，《考古》1962年第6期，第318页。

[14] 临汝县文化馆：《临汝阎村新石器时代遗址调查》，《中原文物》1981年第1期，第3页。

[15] 严文明：《〈鹳鱼石斧图〉跋》，《文物》1981年第12期，第79页。

[16] 杨堃、周星：《"鹳鱼石斧图"与中国古史传说》，《史前研究》1992年辑刊，第55—65页。

[17] 严文明：《甘肃彩陶的源流》，《文物》1978年第10期，第62页。

[18] 赵春青：《从鱼鸟相战到鱼鸟相融——仰韶文化鱼鸟彩陶图试析》，《中原文物》2000年第2期，第13—15页。

[19] 陈雍：《姜寨聚落再检讨》，《华夏考古》1996年第4期，第53—75页。

[20] 张光直：《考古人类学随笔》，生活·读书·新知三联书店，1999年，第117—118页。

[21] 张弛：《半山式文化遗存分析》，见《考古学研究》（二），北京大学出版社，1994年，第33—77页。

[22] 赵国华：《八卦符号与半坡鱼纹》，见《考古学文化论集》（二），文物出版社，1989年，第274—339页；赵国华：《生殖崇拜文化论》，中国社会科学出版社，1990年。

[23] 余西云：《西阴文化——中国文明的滥觞》，科学出版社，2006年，第17—20页。

[24] 河南省文物考古研究所：《汝州洪山庙》，中州古籍出版社，1998年，第76—79页。

［25］王仁湘：《庙底沟文化鱼纹彩陶论（下）》，《四川文物》2009 年第 3 期，第 32—40 页。

［26］严文明：《甘肃彩陶的源流》，《文物》1978 年第 10 期，第 62 页。

［27］李昌韬：《大河村新石器时代彩陶上的天文图像》，《文物》1983 年第 8 期，第 52 页；彭曦：《大河村天文图像彩陶试析》，《中原文物》1984 年第 4 期，第 49 页。

［28］金维诺：《舞蹈纹陶盆与原始舞乐》，《文物》1978 年第 3 期，第 50 页。

［29］李湘生：《试析仰韶文化彩陶的泥料、制作工艺、轮绘技术和艺术》，《中原文物》1984 年第 1 期，第 53 页。

［30］李文杰：《蛋壳彩陶制作的奥秘》，《文物天地》1986 年第 5 期，第 19 页。

［31］张弛：《半山式文化遗存分析》，见《考古学研究》（二），北京大学出版社，1994 年，第 33—77 页。

［32］陈铁梅、成志忠、莫友芳：《阳山墓地和徐家山遗址部分陶片的中子活化分析》，见《民和阳山》，文物出版社，1990 年，第 177—180 页。

［33］陈晓峰、马清林、宋大康、胡之德、李最雄：《马家窑类型彩陶黑、白颜料的 X- 射线衍射分析》，《兰州大学学报（自然科学版）》2000 年第 2 期，第 54—58 页；陈晓峰、马清林、赵广田、胡之德、李最雄：《半山马厂类型黑、红复彩陶器复合颜料研究》，《兰州大学学报（自然科学版）》2000 年第 5 期，第 71—76 页。

［34］南京博物院：《江苏彩陶》，文物出版社，1978 年。

［35］甘肃省博物馆：《甘肃彩陶》，文物出版社，1979 年。

［36］青海省文物考古队：《青海彩陶》，文物出版社，1980 年。

［37］李纪贤：《马家窑文化的彩陶艺术》，人民美术出版社，1982 年。

［38］吴山：《中国新石器时代的陶器装饰艺术》，文物出版社，1982 年。

［39］刘溥：《青海彩陶纹饰》，青海人民出版社，1989 年。

［40］王仁湘、王杰：《雕龙碑史前彩陶》，文物出版社，2006 年。

［41］张朋川：《中国彩陶图谱》，文物出版社，1990 年。

［42］郎树德、贾建威：《彩陶》，敦煌文艺出版社，2004 年。

［43］李水城：《半山与马厂彩陶研究》，北京大学出版社，1998 年。

［44］王仁湘：《甘青地区新石器时代彩陶母题研究》，见《中国考古学研究论集》，三秦出版社，1987 年，第 171 页。

［45］王仁湘：《彩陶“西阴纹”细说》，见《古代文明》第 7 卷，文物出版社，2008 年，第 21—36 页；王仁湘：《庙底沟文化鱼纹彩陶论（上）》，《四川文物》2009 年第 2 期，第 22—31 页；王仁湘：《庙底沟文化鱼纹彩陶论（下）》，《四川文物》2009 年第 3 期，第 32—40 页。

仰韶文化彩陶研究日趋兴盛

◎赵春青

仰韶文化彩陶研究与中国考古学的产生和发展同步进行。可以说，仰韶文化彩陶研究是中国考古学研究的缩影。中国考古学的诞生，通常是以 1921 年瑞典地质学家和考古学家安特生（J. G. Anderson）首次发掘河南省渑池县仰韶村遗址，继而提出仰韶文化为标志的。研究仰韶文化、研究彩陶，成为中国考古学诞生以来常常念及的重要课题，仰韶文化的彩陶研究常议常新。根据学术界对仰韶文化彩陶的研究状况，可以将迄今为止的仰韶文化彩陶研究历程划分为四个阶段。

萌芽期（1921—1949）

1921 年 4 月，安特生第一次发现彩陶片与石器共存的河南省渑池县仰韶村遗址。同年 6 月，安特生在辽宁省锦西沙锅屯遗址中又一次发现了彩陶，并发掘了沙锅屯遗址。10 月 27 日至 12 月 1 日，安特生主持发掘了仰韶村遗址。他又陆续调查了不召寨、秦王寨、池沟寨等遗址，结合这些调查资料命名了仰韶文化。这些工作带有开拓性质，摆在安特生面前的是考古学的处女地。从 1923 年春天开始，安特生西行至甘青地区，采集并收购了大量彩陶，安特生本人也悄然由地质学家转变为考古学家。1923 年，安特生著、袁复礼节译的《中华远古之文化》发表。1923—1924 年，安特生又在甘肃一带作了考古调查，且曾作试掘，发现不少新石器时代的遗存。1925 年，他发表了《甘肃考古记》，把甘肃的远古时代分为六期：齐家期、仰韶期、马厂期、辛店期、寺洼期、沙井期。

几乎与此同时，中国学者也开始了调查彩陶遗存的考古活动。1926 年初，从美国学成归来的人类学家李济与袁复礼在山西省汾河流域进行考古调查，并发现了夏县西阴村遗址。同年 10 月至 12 月，李济主持了西阴村的考古发掘，也发现大量彩陶片等遗物。

这一时期涉及仰韶文化彩陶研究的著作，除了安特生的《中华远古之文化》外，还有瑞典学者阿尔纳的《河南石器时代之着色陶器》。关于甘肃远古文化六期说，安特生在《中国史前史研究》《河南史前遗址》中又加以细化和补充，一时间流传甚广。但是，早在 1937 年，尹达就产生疑问，并写出《龙山文化与仰韶文化之分析》一文。抗战结束后，这篇文章才于1947年在《中国考古学报》第二册上发表。

1946年，裴文中《中国之彩陶文化》一文，将彩陶文化与仰韶文化区分开来，并对"传统文化"进行分区，提出了彩陶研究的三个问题：彩陶的绝对年代、彩陶文化与中国文化的关系以及彩陶文化的起源。伴随着中国考古学的初创，彩陶研究应运而生，但前进的过程中仍步履维艰。

初创期（1950—1965）

新中国成立后，考古工作者对黄河流域进行了广泛调查和发掘，得知仰韶文化遗址的分布西达渭河上游，南及汉水，北抵河套。这一区域内，考古工作者发现了上千处仰韶文化遗址，并在陕西和河南重点发掘过十几处。例如，陕西有西安半坡、宝鸡北首岭、邠县下孟村、华阴横阵村、华县的泉护村和元君庙等遗址；河南有三门峡庙底沟、洛阳王湾、郑州的后庄王和林山寨等遗址。在这些仰韶文化遗址中都发现了不少彩陶，尤以西安半坡遗址和三门峡庙底沟遗址出土的彩陶数量最多、内涵丰富，也最为引人注目。

1951年，河南渑池仰韶村被重新发掘，但发掘者仍然认为仰韶村存在仰韶文化与龙山文化的"混合文化"。1954年，考古工作者开始对西安半坡遗址进行发掘。此后，河南省陕县庙底沟遗址，陕西省宝鸡北首岭遗址、华阴横阵村和华县元君庙仰韶文化墓地的大面积发掘，都出土了大量彩陶。其中，《庙底沟与三里桥》和《西安半坡》两部发掘报告中公布的彩陶资料最为丰富，研究也最为系统，因而也最引人注目。

这一时期，关于原始彩陶的研究有两本著作引人注目。一部是1955年由中国科学院考古研究所绘图室编写的《彩陶》；另一部是1957年出版的上海博物馆马承源《仰韶文化的彩陶》。这两本书虽然只是小册子，却比较全面地论述了仰韶文化彩陶的制作、施彩技术、图案的装饰风格以及彩陶用途等，可以说是综合性研究的早期典范之作。

这一时期关于彩陶研究的重要论文，有石兴邦《关于西安半坡人面形彩陶花纹形象的商榷》、杨建芳《庙底沟仰韶遗址彩陶纹饰的分析》《略论仰韶文化和马家窑文化的分期》等。此外，苏秉琦在《关于仰韶文化的若干问题》中，专门对半坡类型和庙底沟类型的彩陶进行分类、构图的专门研究。严文明《论庙底沟仰韶文化的分期》对庙底沟类型的彩陶进行详细的分类与分期研究。这一系列发掘与探索，掀起了彩陶研究的高潮。

发展期（1972—1999）

这一时期，考古工作者进行了许多重要的发掘和再发掘工作。例如，陕西临潼姜寨、河南郑州大河村和西山城址、邓州八里岗、汝州洪山庙、甘肃秦安大地湾、陕西华县泉护村等遗址。这些发掘工作出土了丰富多彩的彩陶资料，促使彩陶研究进入发展期。

在彩陶研究方面，严文明《〈鹳鸟石斧图〉跋》剖析了河南临汝阎村遗址出土的一件仰韶文化彩陶图，认为这是"鸟"集团战胜"鱼"集团的写照。他还在《甘肃彩陶的源流》一文中，以考古发现的真实材料，驳斥了"中国文化西来说"，提出中国的原始彩陶不是西来的，而是西去的。何德亮最早对大汶口文化彩陶进行了系统的梳理，他将彩陶的发展划分为早、中、晚三大阶段，认为大汶口文化彩陶深受庙底沟文化影响，随后影响了北方的小珠山文化和小河沿文化，但与青莲岗文化的联系较弱。

20世纪80年代，李湘生分析了仰韶文化彩陶的制作工艺，指出仰韶文化彩陶的原料来自黄河及其支流自然淘洗沉淀的黄黏土和红土。他还把彩陶成形工艺分为两大类、五种方法，通过模拟实验，认为半坡时期已经出现了轮绘技术，马家窑文化时期轮绘技术已经十分高超。栾丰实认为，大汶口文化彩陶源自北辛文化彩陶，北辛文化的彩陶是在中原仰韶文化的影响下产生的。吴汝柞和牟永抗认为大河村文化白衣彩陶和复彩的出现与发展受大汶口文化的影响，庙底沟文化中由圆点、直线、弧边三角构成的花朵纹也是在大汶口文化的影响下产生的。

最早对大汶口文化彩陶进行专门研究的，是1978年南京博物院编的《江苏彩陶》一书。该书将江苏彩陶的发展划分为早、中、晚三个阶段，深入分析了每一阶段彩陶的器形、纹样、色彩的特征及分布区域。此外，该书还简要讨论了江苏彩陶与仰韶文化彩陶的关系，认为植物花纹类纹样直接受仰韶文化影响而产生。此外，袁广阔《河南史前彩陶》、甘肃省博物馆编《甘肃彩陶》、青海省文物考古队编著《青海彩陶》等，以及张朋川《中国彩陶图谱》一书涉及仰韶文化彩陶研究的部分，都对推进彩陶研究起到了一定作用。

此外，苏秉琦在《华人·龙的传人·中国人——考古寻根记》中认为，"花"与"华"为同音，今日所言之"华人"，实为"花人"。这里的所谓"花"，放在史前文化中来看就是庙底沟文化的花瓣纹。

兴盛期（2000年至今）

这一时期的考古发掘也较为兴盛。2002—2003年，考古工作者再次对庙底沟遗址进行了大规模的考古发掘。此次发掘中，不仅发现了仰韶时代庙底沟文化、西王村类型文化和龙山时代庙底沟二期文化的诸多遗迹，而且出土大量彩陶。

此外，双槐树遗址的发掘对于仰韶文化和彩陶的研究也具有重要意义。该遗址位于郑州巩义市黄河南岸以南2公里、伊洛河东4公里。该遗址东西长约1500米，南北宽约780米，残存面积达117万平方米，处于河洛文化中心区。经考古勘探发掘和科学测年确认，遗址性质为5300年前后古国时代的一处都邑遗址。双槐树遗址出土了仰韶文化阎村类型和大河村类型的彩陶。

这一时期的彩陶研究也较为繁荣。如赵春青《从鱼鸟相战到鱼鸟相融——仰韶文化鱼鸟彩陶图试析》通过对鱼鸟彩陶图的分析，认为其反映了"鱼"集团与"鸟"集团从战争到和平的过程。张宏彦《从仰韶文化鱼纹的时空演变看庙底沟类型彩陶的来源》坚持庙底沟类型的彩陶来源于半坡类型。这一时期又出版了一些研究史前彩陶的图录和专著，如张力华主编《甘肃彩陶》、王仁湘和王杰主编《雕龙碑史前彩陶》、河南省文物考古研究院编著《华夏之花——庙底沟彩陶选粹》，可以使我们更为直观地了解各地的史前彩陶艺术。除这些图录之外，还出现了彩陶研究的学术专著。

综合性研究方面，较为重要的著作有两部。一是王炜林主编的《彩陶·中华——中国五千年前的融合与统一》，该书再次强调了庙底沟文化彩陶图案的重要性。该书认为，"鱼鸟"融合，绽放成"花"，成为庙底沟文化彩陶最具代表性的纹饰母题。二是王仁湘《史前中国的艺术浪潮——庙底沟文化彩陶研究》，专门研究仰韶文化的重要阶段——庙底沟文化时期的彩陶艺术。此外，朱雪菲根据博士论文撰写的《仰韶时代彩陶的考古学研究》、赵春青和贾连敏主编的《彩陶中国——纪念庙底沟遗址发现 60 周年暨首届中国史前彩陶学术研讨会论文集》，均值得一读。陈星灿先生主编的《中国出土彩陶全集》于 2021 年出版，分为十册，收录了 2000 多件彩陶，是仰韶文化彩陶研究基础材料的全国性精品汇集。

仰韶文化彩陶研究不仅是一百年来中国考古、历史与艺术界的工作者对距今 7000 年至 5000 年原始艺术品的探讨，而且对于追寻中国历史根脉、总结中国史前社会的艺术规律，建设中国特色、中国风格、中国气派的中国考古学具有深远的历史意义与现实意义。

庙底沟遗址的发掘与庙底沟彩陶的分期

◎赵春青　樊温泉

　　河南三门峡（原陕县）庙底沟遗址的发掘和研究在中国考古学史上具有十分重要的意义。正是由于庙底沟遗址的发掘，才确立了仰韶文化庙底沟类型，首次辨认出从仰韶文化向龙山文化过渡的"庙底沟二期文化"，从地层证据和器物类型演变上，彻底理清了仰韶文化与龙山文化的早晚关系，大大提高了我国仰韶文化与龙山文化的整体研究水平。

　　如果说 20 世纪 50 年代的发掘是拉开了庙底沟遗址研究的序幕的话，那么 21 世纪初的又一次大规模发掘，再次把庙底沟遗址推向学术研究的前沿。

一、庙底沟遗址的发现与发掘

　　庙底沟遗址位于河南省三门峡市西南部的湖滨区韩庄村，2001 年 6 月被国务院公布为全国重点文物保护单位。这里地处黄河支流——青龙涧河和苍龙涧河之间的黄土塬上，西北距黄河仅 1 公里。地理坐标为北纬 34°45′，东经 111°10′，海拔约 342~352 米。周围地势较为平坦，较为密集地分布着三里桥、李家窑等众多新石器时代遗址。

（一）20 世纪 50 年代的发现与发掘

　　1950 年，新中国刚刚成立，百废待兴，国家有关部门启动黄河三门峡水利工程建设。1953 年，为了解三门峡水库库区内的文物分布情况，中国科学院考古研究所河南考古调查队开始在陕县、灵宝开展考古调查，首次发现了位于原陕县县城南关东南的庙底沟遗址。1955 年 10 月，文化部和中国科学院联合组成黄河水库考古工作队，又对该遗址进行了重点勘察。1956 年 9 月～1957 年 7 月，黄河水库考古工作队抽调当时各省精英近 80 人，对庙底沟遗址展开了历史上第一次大规模的发掘工作，揭露遗址面积 4480 平方米。共计发现仰韶文化时期灰坑 168 个、房基 2 座，龙山文化早期灰坑 26 个、房基 1 座、窑址 1 座以及墓葬 156 座（绝大部分为庙底沟二期文化），另外还发现有较薄的东周文化层及少数汉唐墓葬。

　　由于该遗址仰韶文化遗存呈现出不同于半坡遗址仰韶文化遗存的风貌，故被命名为仰韶文化庙底沟类型，介于仰韶文化与龙山文化之间的遗存则被命名为"庙底沟二期文化"。

（二）21世纪初的大规模发掘

2002年6月，由于国道310线三门峡市城区段急需拓宽，河南省文物考古研究所会同三门峡市文物考古研究所、郑州大学考古专业等单位，在报请国家文物局批准后，又一次对庙底沟遗址进行了大规模的抢救性发掘。这次发掘历时半年，发掘面积18000平方米，发现了仰韶文化庙底沟类型、西王村类型（秦王寨类型）及庙底沟二期文化时期保存较为完好的房基10余座，灰坑和窖穴800多座，陶窑20座，壕沟3条等遗迹，同时还发掘清理了200余座唐宋元明时期的墓葬，出土了大量珍贵的文物。这次发掘，不仅充实了庙底沟类型的文化内涵，为进一步细化庙底沟类型的分期提供了层位学和类型学的新材料，而且还发现了仰韶文化晚期的西王村类型和秦王寨类型遗存，从而填补了该遗址从庙底沟类型至庙底沟二期文化之间的空白。

关于庙底沟类型的绝对年代，经中国社会科学院考古研究所科技中心张雪莲研究员对庙底沟遗址2002年发掘的灰坑H9内出土动物骨骼所做的碳十四年代测定（实验室编号ZK-8036）其碳十四年代为距今4556±26年，经树轮校正年代，可得不同置信区间的三组年代数据，分别为3370年BC~3330年BC（28.7%），3220年BC~3180年BC（17.9%），3160年BC~3120年BC（21.6%）。

二、庙底沟彩陶研究的简要回顾

学者们对庙底沟彩陶的研究早在调查和发掘的过程中已经开始了。《庙底沟与三里桥》报告（以下简称《报告》）的结语部分对庙底沟遗址出土彩陶进行了专题研究[1]。

在《报告》公开出版之后，杨建芳[2]、安志敏[3]、苏秉琦[4]、严文明[5]、张朋川[6]等先生都曾经对庙底沟彩陶进行深入分析。近年来，王仁湘先生连续发表多篇庙底沟类型彩陶或与庙底沟类型彩陶有关的论文，分别对庙底沟文化彩陶图案中常见的花瓣纹[7]、回旋钩连纹[8]、"西阴纹"[9]、"庙底沟文化鱼纹"[10]等各类纹样进行深入分析，把庙底沟文化彩陶的兴起和在全国范围的传播比作一股史前艺术的一次浪潮[11]。

我们注意到，探研彩陶艺术的基础是分期，可是这方面的研究，没有怎么开展。关于庙底沟彩陶的分期，仍然是一个薄弱环节。庙底沟遗址21世纪初大规模的发掘为重新认识庙底沟彩陶的分期提供了一大批新的资料。

三、庙底沟彩陶制作工艺
（一）器类与花纹

庙底沟仰韶文化陶器可以分为彩陶与素面陶两大类。其中，彩陶约占陶器总量的25%左右。

素面陶中的炊器主要有鼎、釜、灶、夹砂罐、甑等，饮食器有钵、碗、盆，储存器有瓮、缸、泥质罐，此外还有器盖等。

彩陶器类有钵、碗、深腹盆、敞口盆、叠唇盆、泥质罐、器盖等。在某一类器物类型中，常在某一时期，装饰同样较为固定的花纹图案。如钵、碗类常饰垂弧纹，曲腹盆常饰回旋钩连纹，泥质罐常饰花瓣纹等。

（二）颜料

庙底沟遗址所出彩陶的颜色以黑色为主，其次是红、褐及白色，其他颜色基本不见。我们初步判断这些颜色的颜料来源应该均为矿物原料。一般而言，黑彩的着色剂是氧化铁和氧化锰的混合物，白彩的着色剂是石英，红彩的着色剂主要是铁。我们把庙底沟遗址出土的一些彩陶碎片请河南省煤田地质局一队的范旭光先生做了简单的成分分析，他用的是手持 X 射线荧光分析仪（DC6000）。经过分析，他认为红彩中的成分依次是钙、铁、钾、锰、锑等，黑彩中的成分依次是锰、钙、铁、钾、锑等，而白彩中的成分则为钾、铁、钙、硫、锑等。

（三）工具

彩陶工具有二，第一是颜料的加工工具，第二是绘彩的工具。在庙底沟遗址 2002 年的发掘中，出土了一些显然是作为加工颜料使用的工具，石锤、石磨棒、石研磨器等。在这些石器的器身上有明显的红色遗留物，特别是器身的下部，如在 H9 中出土的石锤（H9：93）、石研磨器（H9：195），说明庙底沟遗址的大量彩陶都是在当地施彩制作的，而且所用矿物颜料也都是在本地粉碎研磨的。另外在一些陶器上（H9：208，C 型盆）还发现有内壁遗留红色颜料的痕迹，这无疑是储存彩绘颜料所用的器物。至于彩绘的工具，我们通过对庙底沟遗址所出彩陶纹饰的各色图案的认真观察，特别是对各种纹饰的宽窄粗细、颜料的浓淡明暗、填色的先后叠压、笔触的轻重锐钝等进行了细致入微的查验对比，推测当时应该出现了类似毛笔的作画工具，甚至还有软硬粗细之分。至于制笔的材料，原则上应是毛发、细皮一类的软料物质，当然也不排除有些图案是用硬笔勾画而成的。硬笔的材料就比较广泛了，树枝、兽骨、兽牙、鱼刺都可以胜任。

（四）技法、笔法与构图原则

庙底沟遗址出土彩陶数量众多，图案繁缛，虽然母体都是圆点、弧边三角纹，但是每一件施彩陶器上的图案都绝不相同，说明庙底沟遗址出土的彩陶都是一器一绘，没有固定的制作模式。

通过我们的观察，庙底沟遗址出土陶器上的花纹都是手工绘制的，没有发现所谓的"轮绘"技术，即使图案间繁缛细小的线条也是手工描绘的。这一点在每一件彩陶的笔触粗细等方面都有清晰的反映。

在每一件陶器施彩前，应该都有详细的布局构思。我们推测在施彩前首先是用硬笔勾勒出图案的大致轮廓，然后用软笔在轮廓内填色，有些图案是用粗号的软笔一次描绘而成，有些图案则是用细号的软笔在轮廓内数次绘制而成。对于一些大件陶器上的图案，在描绘出轮廓内的色彩后，对溢出规定图案的部分是用利器加以刮削修饰的。有些彩陶花纹由于涂抹过量的颜料从而形成了立体的效果。至于小件的陶器，并不排除是在构思后一气描绘而成的。这样的作品往往在图案的完整性和绘制的准确性等方面留有较为显著的痕迹，从而留给后人一种遗憾之美。

庙底沟遗址出土的彩陶主要是绘制在盆和钵这两种器物之上，也有少量是绘制在罐、壶和器盖之上的。施彩的部位一般在器高二分之一以上的位置，因为这个位置便于肉眼观察。彩陶图案构成的基本元素是以点、圆、线、三角、方块等几何图形为主；彩陶图案纹饰的主要构成方式，是以二方连续形式为主流，又可细分为两分、四分、六分和八分等几种，其中四分最为常见。

四、庙底沟类型彩陶的分期

在庙底沟遗址 2002 年发掘当中，存在多组具有分期意义的地层关系和出土众多彩陶的单位。依据这些地层关系，参照与尖底瓶共存的各种彩陶器物的形制和花纹演变，结合小口尖底瓶形制演变轨迹，我们把庙底沟彩陶分为三期四段。

（一）第一期彩陶特征

第一期典型单位有 02SHMT17 与 02SHMT21 的第⑧层、02SHMT21 第⑨层等。这几个单位都是庙底沟遗址地层最靠下的遗迹，是壕沟的最下层。

曲腹彩陶盆分深、浅两型，浅腹盆的纹饰主要是弧线三角圆点纹，深腹盆的花纹显得繁缛一些，主要是弧线三角加花瓣纹。弧腹盆的口沿上所饰花纹多为对顶三角纹和垂弧纹。彩陶钵的形制为大口圜底，口沿所饰花纹简单，主要有宽带纹、窄带纹、垂弧纹和原始西阴纹。彩陶罐的形制与深腹盆接近，所饰花纹为弧线三角花瓣纹。早期的两件器盖上绘有花纹，也以弧线三角圆点纹和花瓣纹为主。

与第一期彩陶共存的小口尖底瓶整体为亚腰形长体尖底瓶，口部为双唇口，口部的内环比外环要宽，呈早期作风。

（二）第二期彩陶特征

第二期彩陶纹样种类繁多，图案繁缛，步入庙底沟类型彩陶的鼎盛阶段。可以以器物形制变化和花纹不同，进一步细分为第 I 和第 II 段。其中，第二期 I 段典型单位有 02SHMT41H278、03SHMTG230H900、02SHMT13H116 等，第二期 II 段典型单位有 02SHMT11H29、02SHMT52南扩 H432、02SHMT38H408 等。

彩陶器物种类有曲腹盆、弧腹盆、钵、碗、罐等，新增加大口钵，但每种器物所饰花纹繁缛，突出表现在曲腹盆的器表流行饰繁缛的回旋钩连纹和回旋圆圈纹，彩陶钵和彩陶碗的纹饰种类大大增加，除第一期已经出现的花纹外，新出现有简体鸟纹、典型西阴纹、方框眼纹等。早在第一期出现的垂弧纹与凸弧纹、弧线三角圆圈纹等，数量也比第一期大大增加。主要依据各类花纹的从简到繁的变化可细分为Ⅰ、Ⅱ两段。

与第二期彩陶共存的小口尖底瓶不见明显的亚腰形，器身开始变短，双唇口之内环宽窄相当。

（三）第三期彩陶特征

第三期彩陶数量比第二期有所减少。典型单位有 02SHMT3H5、02SHMT26H111、02SHMT11H51 等。彩陶纹样中大量出现圆点纹和横 X 纹等。回旋钩连纹已不如第二期繁缛，开始变得简化和草率，圆点纹数量减少，钩叶分解，花瓣纹也开始变得不够规整，方框眼纹已去掉圆点纹，多层凸弧纹反倒增多，这和西阴纹上增加弧线三角圆点纹一样，倒是比第二期复杂起来，显得与第三期的总体风格格格不入。

与第三期彩陶共存的小口尖底瓶的双唇口口部的外环宽于内环，器身变得更为短小。

结合相关遗址的彩陶分期可以看出，庙底沟类型的彩陶在整个庙底沟文化当中，不算是最早的，即庙底沟遗址的第一期彩陶之前，还有一个庙底沟文化的形成期，加上这一形成期，整个庙底沟类型（或庙底沟文化）的彩陶经过了形成、勃兴、繁荣和衰落四个阶段。

除了庙底沟类型之外，在庙底沟遗址还发现有仰韶文化秦王寨类型（有人称之为"秦王寨文化"）和庙底沟二期文化的文化遗存。此时的彩陶数量大大减少且纹样单调，可以看作庙底沟遗址出土彩陶的孑遗。

众所周知，庙底沟彩陶是庙底沟文化的重要组成部分，在庙底沟遗址数量众多、绚丽多姿的彩陶纹样当中，最突出的是庙底沟类型的花卉纹图案，其影响范围遍及大半个中国。根据苏秉琦先生的研究，庙底沟彩陶的花卉纹母体图案，可能与"华"、"华山"和"华夏族"的得名有关，"花"、"华"、"华山"、"华夏"，在远古时代具有密切的联系。由此，我们把庙底沟遗址出土的彩陶称之为"华夏之花"。美丽端庄、热情奔放的华夏之花，像旭日东升的朝阳一般，曾经照亮中国文明诞生之路。

另附庙底沟典型陶器分期图（一）、庙底沟典型陶器分期图（二）。

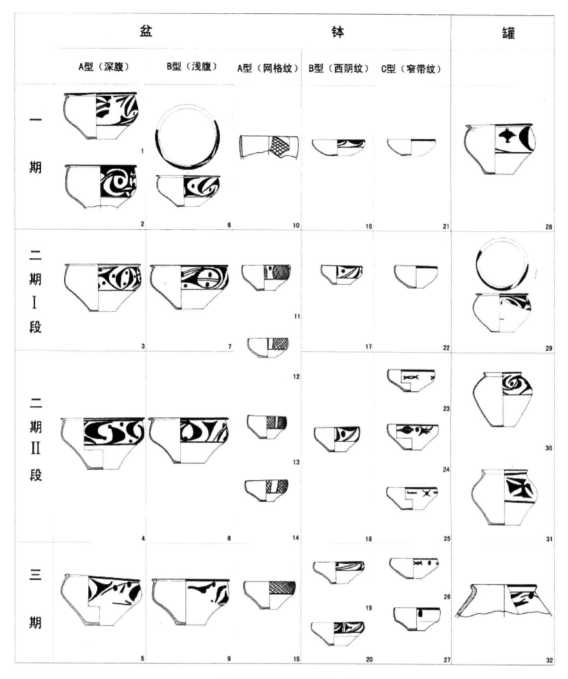

庙底沟典型陶器分期图（一）

A 型盆　1. A Ⅰ式：02SHMT21⑨：90　2. A Ⅱ式：02SHMT17⑧：25　3. A Ⅲ式：02SHMT41H278：14
　　　　4. A Ⅳ式：02SHMT11H29：7　5. A Ⅴ式：02SHMT11H51：13
B 型盆　6. B Ⅰ式：02SHMT21⑨：89　7. B Ⅱ式：02SHMT41H278：15　8. B Ⅲ式：02SHMT52 南扩 H432：93
　　　　9. B Ⅳ式：02SHMT3H5：5
A 型钵　10. A Ⅰ式：02SHMT17⑧：66　11. A Ⅱ式：03SHMTG230H900：208　12. A Ⅲ式：02SHMT1H7：2
　　　　13. A Ⅳ式：02SHMT11H29：10　14. A Ⅴ式：02SHMT37H114：14　15. A Ⅵ式：02SHMT26H111：6
B 型钵　16. B Ⅰ式：02SHMT21⑨：79　17. B Ⅱ式：03SHMTG230H900：28　18. B Ⅲ式：02SHMT38H408：32
　　　　19. B Ⅳ式：02SHMT11H51：11　20. B Ⅴ式：02SHMT1H1：4
C 型钵　21. C Ⅰ式：02SHMT21⑨：80　22. C Ⅱ式：02SHMT13H116：44　23. C Ⅲ式：02SHMT43H166：19
　　　　24. C Ⅳ式：02SHMT62H477：36　25. C Ⅳ式：02SHMT62H477：12　26. C Ⅴ式：02SHMT11H51：9
　　　　27. C Ⅵ式：02SHMT6H87：4
罐　　　28. Ⅰ式：02SHMT17⑨：46　29. Ⅱ式：02SHMT34H122：13　30. Ⅲ式：02SHMT52 南扩 H432：45
　　　　31. Ⅳ式：02SHMT11H29：24　32. Ⅴ式：02SHMT11H51：26

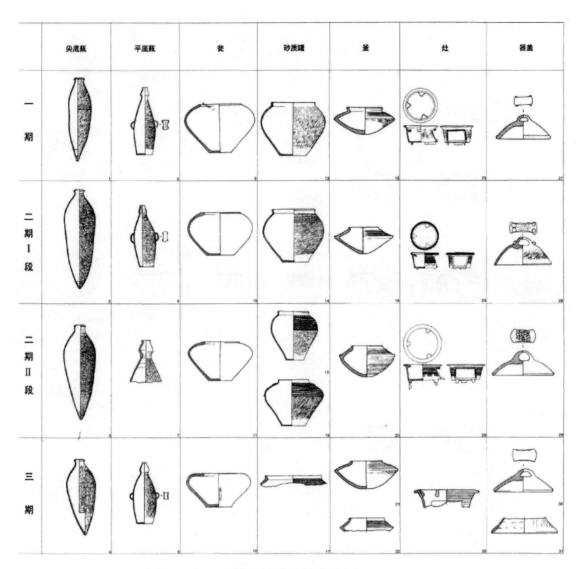

	尖底瓶	平底瓶	瓮	砂质罐	釜	灶	器盖
一期							
二期Ⅰ段							
二期Ⅱ段							
三期							

庙底沟典型陶器分期图（二）

尖底瓶　1.Ⅰ式：02SHMT21⑨：96　2.Ⅱ式：02SHMT25H108：13　3.Ⅲ式：02SHMT52 南扩 H432：98
　　　　4.Ⅳ式：02SHMT3H5：12

平底瓶　5.Ⅰ式：02SHMT30H110：9　6.Ⅱ式：02SHMT25H108：15　7.Ⅲ式：02SHMT52H432：100
　　　　8.Ⅳ式：02SHMT35H170：1

瓮　　　9.Ⅰ式：02SHMT17⑧：56　10.Ⅱ式：02SHMT13H116：36　11.Ⅲ式：02SHMT41H255：5
　　　　12.Ⅳ式：02SHMT41H286：16

砂质罐　13.Ⅰ式：02SHMT21⑧：98　14.Ⅱ式：02SHMT43H302：10　15.Ⅲ式：02SHMT52 南扩 H432：96
　　　　16.Ⅳ式：02SHMT43H166：62　17.Ⅴ式：02SHMT17③：64

釜　　　18.Ⅰ式：02SHMT21⑧：24　19.Ⅱ式：02SHMT12H277：1　20.Ⅲ式：02SHMT41H255：4
　　　　21.Ⅳ式：02SHMT18H373：1　22.Ⅴ式：02SHMT21③：105

灶　　　23.Ⅰ式：02SHMT21⑧：36　24.Ⅱ式：02SHMT34H122：5　25.Ⅲ式：02SHMT72H653：17
　　　　26.Ⅳ式：02SHMT17③：65

器盖　　27.Ⅰ式：02SHMT17⑧：49　28.Ⅱ式：02SHMT34H102：3　29.Ⅲ式：02SHMT52H432：95
　　　　30.Ⅳ式：02SHMT11H51：19　31.Ⅴ式：02SHMT21②：106

注释：

[1] 中国科学院考古研究所:《庙底沟与三里桥》，科学出版社，1959 年。

[2] 杨建芳:《庙底沟仰韶遗址彩陶纹饰的分析》，《考古》1961 年第 5 期。

[3] 安志敏:《关于庙底沟仰韶纹饰分析的讨论》，《考古》1961 年第 7 期。

[4] 苏秉琦:《关于仰韶文化的几个问题》，《考古学报》1965 年第 1 期。

[5] 严文明:《论庙底沟仰韶文化的分期》，《考古学报》1965 年第 2 期。

[6] 张朋川:《中国彩陶图谱》，文物出版社，1990 年。

[7] 王仁湘:《我国新石器时代花瓣纹彩陶图案研究》，《考古与文物》1989 年第 1 期;《庙底沟文化的花瓣纹彩陶研究》，见《庆祝何炳棣先生九十华诞论文集》，三秦出版社，2008 年，第 218—244 页。

[8] 王仁湘:《关于史前中国一个认知体系的猜想——彩陶解读之一》，《华夏考古》1999 年第 4 期。

[9] 王仁湘:《彩陶"西阴纹"细说》，见《鹿鸣集——李济先生发掘西阴遗址八十周年山西省考古研究所侯马工作站五十周年纪念文集》，科学出版社，2009 年。

[10] 王仁湘:《庙底沟文化鱼纹彩陶论（上、下）》，《四川文物》2009 年第 2、3 期。

[11] 王仁湘:《史前中国的艺术浪潮——庙底沟文化彩陶研究》，文物出版社，2011 年。

仰韶文化发现九十年来的又一个重要发现

——关于"鸟龙"纹彩陶盆学术认识的综述

◎李宝宗

2007 年秋，有人送来一件彩陶盆，图案很怪，鸟头蛇身，从没见过，问我们要不要。我们当时不收藏彩陶，就说不要。刚好身旁有一个在郑州开店的甘肃人，说他们甘肃有一个收藏家，专门收藏彩陶，肯定要。就把图片发了过去。

甘肃那位收藏家看后，非常肯定地说要，但他当时在国外，无法及时赶回来，希望我们代他先把东西拿下来，等他回国后就马上来取。又说他与在郑州开店的是好朋友，可以由他担保。于是，就由其担保把这件东西给拿了下来。

但让人没有想到的是，那位甘肃收藏家看后嫌贵并且不辞而别。结果，这件"鸟龙"纹彩陶盆就"砸"到了我们手里。

这件鸟首蛇身彩陶盆高 22 厘米，口径 32 厘米。口沿内侧绘宽 1 厘米黑线一周。口沿上有四组图案等距离分布、两两对称，每组图案由圆点、双竖线、弧边三角形组成，其中一组为三竖，多出的一竖单侧带三角形倒钩（图一）。口沿下至盆腹中线之间，绘有"鸟首蛇身"（节状蛇腹）鸟龙两条。一条四翼，长 60 厘米；一条三翼，长 38 厘米。两条鸟龙的鸟喙前，各绘直径 1.5 厘米圆点一个，好像代表太阳，给人以飞龙逐日的观感。鸟龙之下，绘 0.5 厘米宽黑线一周，好像地平线似的（图二）。

2010 年五、六月间，中国社会科学院考古研究所的几位研究员在郑州看了这件"鸟龙"纹彩陶盆后说："这件东西，和写进大学教材的'人面鱼纹'盆相比，

图一　庙底沟类型"鸟龙"纹彩陶盆俯视图

图二　庙底沟类型"鸟龙"纹彩陶盆侧视图

价值要高得多；'人面鱼纹'盆有七八个，而'鸟龙'纹彩陶盆则仅此一件。况且龙的形象在仰韶文化的彩陶中出现，意义更是非同一般；大家都说我们是龙的传人，但在庙底沟类型仰韶文化中，龙的形象我们可是从来没有发现过的，这是唯一的物证；这件东西应该放在北京中国国家博物馆里展出，应该让全国人民都能看到她。"

受其启发，我写了一篇短文发表在《中国文物报》上，我认为彩陶盆纹饰可能反映了传说中的炎黄关系[1]。文章大意如下：

传说炎黄二帝为"人首蛇身"，是三皇之首伏羲的两个儿子。《国语·晋语》："昔少典娶于有蟜氏，生黄帝、炎帝。黄帝以姬水成，炎帝以姜水成。成而异德，故黄帝为姬，炎帝为姜。"黄帝姬姓，炎帝姜姓，源于二人成长地姬水、姜水，都在今渭河流域，而且他们为同胞兄弟，即"炎黄同源"。

炎帝部族的一支，可能以凤（鸟）为图腾，如《山海经》载："又北二百里，曰发鸠之山，其上多柘木，有鸟焉，其状如乌，文首，白喙，赤足，名曰'精卫'，其鸣自詨。是炎帝之少女，名曰女娃。女娃游于东海，溺而不返，故为精卫，常衔西山之木石，以堙于东海"。黄帝部族的一支，可能以龙（蛇）为图腾，相关文献如《山海经·海外西经》"轩辕之国……人面蛇身"、《淮南子·天文训》"中央土也，其帝黄帝……其兽黄龙"等等。

传说炎黄进行过大战，最后黄帝战胜炎帝。胜者黄帝氏族为了笼络炎帝氏族的人心，便将炎帝氏族以凤（鸟）为图腾的旗帜与自己氏族以龙（蛇）为图腾的旗帜进行了改造，合二而一。于是，一个新的部落联盟图腾——"凤首龙身"（"鸟首蛇身"）诞生了。"龙凤呈祥"，绵亘千年，我们都成了"炎黄子孙"。

这件"鸟龙"彩陶盆，就是炎黄两大氏族融合后为"祭天"而制作的一个法器，它成为一幅记录这一具有深远影响的伟大事件的历史画卷。

史前学者、考古纹饰学创始人王先胜先生看到后，不同意我根据古史传说进行的解读，他在《中国文物报》上发表了一篇商榷文章，认为彩陶盆纹饰反映庙底沟类型居民的天文崇拜观念和历法特征。他释读彩陶盆纹饰的主要见解如下：

仰韶文化龙纹与天文历法有关，冯时先生在濮阳西水坡蚌塑遗迹的研究中给予了有力的论证。庙底沟类型的鸟纹，多数学者可能都会认为是太阳鸟、金乌，我以为不然。

据王仁湘先生排出的庙底沟类型及马家窑文化鸟纹演变顺序和规律可知，"三足乌"、火纹、弧边三角纹等都是由写实鸟纹演变而来。火纹的寓意是明确的，它是指心宿三星。故"三足乌"、弧边三角纹都应是心宿的数理图像化表达，认为其寓意为太阳是讲不通的。当然鸟纹也非寓意太阳，而是心宿的物象。所谓"金乌负日"可能是汉代学者对史前图像或传世图像的误解。

心宿在东宫苍龙的龙心部位，故鸟与龙的结合实出于理所必然。两条鸟龙纹绕彩陶盆一周寓意心宿和东宫苍龙的周天视运动，及其在春秋分时的季节指示意义。它们是庙底沟类型天文崇拜和使用火历的标志。鸟首前的圆点象征心宿二（大火星）。

彩陶盆口沿纹饰的含义应与"鸟龙"纹相关：四组纹饰呈四方位分布寓意一年四时八节；斜三角纹寓意心宿三星，四组短线纹每组两条可寓意四时八节，其中一组三条短线且多出的一条在端头有斜向钩状绘画，此特殊短线可标记火历一年之始即春分；四个圆点纹当象征心宿二的周天视运动，而不当象征太阳。

他认为"庙底沟类型鸟龙纹彩陶钵的存在对《'炎黄大战'的考古学研究》所持一些重要观点和认识是一种有力的支持和佐证，即它与'炎黄'传说历史和'炎黄大战'的论证有关，对传说时代历史研究具有重大学术价值和意义（但不是李宝宗先生所论'炎黄两大部族融合的物证'）"[2]。

2011 年 11 月 8 日，中国考古学会常务理事、半坡遗址发掘主持人，著名考古学家石兴邦先生在河南省渑池县召开的"仰韶和她的时代——纪念仰韶文化发现 90 周年国际学术研讨会"上看到该"鸟龙"纹彩陶盆后，非常兴奋地说："龙的形象，在仰韶文化遗存中出现，是情理之中的事。仰韶文化是华夏文明赖以奠基的主体文化，而这个主体文化是以龙为图腾的炎黄部族创造的。"

"1958 年至 1960 年，我们在宝鸡北首岭仰韶文化遗址中发现过一条半坡类型的'鱼龙'。该'鱼龙'绘于一件高 21 厘米的细泥红陶细颈瓶肩部，鱼头、鱼鳍、蛇身；蛇身一半为花斑纹蛇背，一半为节状纹蛇腹。这与半坡类型彩陶的标志性动物图案为鱼是非常吻合的。

"庙底沟类型彩陶的标志性动物图案为鸟，在庙底沟类型遗存中出现'鸟龙'，也是顺理成章的。《山海经·南山经》里就有关于'鸟龙'的记载：'自柜山至于漆吴之山，凡十七山，七千二百里。其神皆龙身而鸟首'。

"这件庙底沟类型'鸟龙'纹彩陶盆的发现，意义是非常重大的。在远古人类的心目中，鸟和鱼都是神奇的动物。人不能上天，鸟能，鸟是人与天帝的使者。人不能潜水，鱼能，鱼是人与水神的使者。因此，在华夏文明起源的核心地带——关中与豫西和晋南地区的先民把鸟和鱼作为自己的图腾进行崇拜，出现鱼龙和鸟龙，都是在情理之中的。"

在我们的请求下，石老欣然命笔，为"鸟龙"纹彩陶盆题词："仰韶彩陶第一飞龙，万分宝贵，堪称国宝，对文明起源研究有巨大价值，极宜珍视"（图三）。第二天上午，石老意犹未尽，又欣然命笔，为郑州市华夏文化艺术博物馆留下了"中华第一飞龙"的墨宝（图四）。

后来几次通电话，石老都叮咛再三，要我们一定要为中华民族保管好这件价值无法估量的国宝。

2011 年 11 月 8 日，中国社会科学院考古研究所研究员，关注中国彩陶研究 30 年，发表彩陶研究论文 20 余篇，仰韶文化彩陶研究巨著——《史前中国的艺术浪潮——庙底沟文化彩陶研究》一书的作者王仁湘先生，在河南省渑池县召开的"仰韶和她的时代——纪念仰韶文化发

图三　著名考古学家石兴邦先生为"鸟龙"纹彩陶钵题　　图四　著名考古学家石兴邦先生为"鸟龙"纹彩陶钵题词二

现 90 周年国际学术研讨会"上，反复认真地研究这件"鸟龙"纹彩陶盆后对我们说："没问题，这是一件庙底沟类型仰韶文化的彩陶重器。我在《史前中国的艺术浪潮——庙底沟文化彩陶研究》一书中曾经讲过，在大仰韶系统中，以庙底沟文化的地位最为重要。因为仰韶文化分布范围很广，影响很远，但其影响最大最广的阶段，正是在庙底沟文化时期。学者们近些年所论到

的'仰韶时代'，可以说其实就是'庙底沟时代'。而且从另一个角度来说，庙底沟类型仰韶文化，在多元一体的中华文明中，还是我们华夏文明赖以奠基的主体性文化。由此不难看出，这件庙底沟类型'鸟龙'纹彩陶盆的发现，对中华文明起源研究的意义，应该说是非常重要的。等等吧，如果找到'鸟龙'纹的图像体系，我会写些东西出来的"。

最后，王仁湘先生还告诫我们"上面的土碱太厚，要好好把它清洗一下。但不要全清洗，只清洗一半就行了，以防别人不认"。

2012 年 3 月 28 日，王仁湘先生又

图五　著名考古学家王仁湘、刘庆柱先生为"鸟龙"纹彩陶钵题词

仰韶文化发现九十年来的又一个重要发现

359

在中国社会科学院考古研究所的办公室，继刘庆柱先生之后，在彩页上为我们留下了"彩陶之光"的宝贵题词（图五）。

2012年3月28日，中国社会科学院学部委员、中国社会科学院考古研究所原所长、《考古》及《考古学报》编委会主任刘庆柱先生，在其办公室看到我们博物馆印制的这件"鸟龙"纹彩陶盆的彩页后，告诉我们说："在多元一体、'满天星斗'的中华文明中，以三门峡庙底沟遗址命名的仰韶文化庙底沟类型，是'满天星斗'中最为耀眼的'恒星'。它与同时期古老中国土地上的其他考古学文化相比较，不是'半斤八两'的关系，它是华夏文化的'母体文化'或曰'主体文化'，其考古学文化的社会历史'权重'，在中华文明中占有极为重要的学术地位。因为'中华文明'的核心文化是'中原龙山文化'，而'中原龙山文化'是从仰韶文化庙底沟类型发展出来的。这里的'中原'，涵盖了豫西、晋中南和关中东部地区。夏文化直接承袭于'中原龙山文化'，最早的'中国'应该说就是从这里走出的。因此，这个出土于庙底沟类型仰韶文化核心地区的'鸟龙'纹彩陶盆的发现，对我们理解华夏文明赖以奠基的主体文化，或者说炎黄文化来说，其意义自然是十分重大的。你们一定要好好地把她保护起来，供人们参观欣赏，供专家学者们研究"。

当我们请其给写上点什么时，刘先生就挥笔在彩页上给我们留下了"龙纹——龙之传人之魂"的宝贵题词（图五）。

2012年6月24日上午，河南博物院原院长、著名史前学家、《五帝时代研究》作者许顺湛先生看到这个仰韶文化庙底沟类型"鸟龙"纹彩陶盆，还有石兴邦、刘庆柱、王仁湘等几位先生的题词后，非常兴奋地说："仰韶文化核心地区出土的国宝重器，一是半坡和姜寨出土的人面鱼纹盆；一是华县泉护村出土的黑陶鹗形鼎；一是郑州大河村出土的双连壶；一是汝州阎村出土的鹳鱼石斧纹彩陶缸；再就是宝鸡北首岭出土的'鱼龙'纹细颈瓶；还有就是这件'鸟龙'纹彩陶盆了。这个'鸟龙'纹彩陶盆，可以说是仰韶文化发现90年来的又一个重要发现，对史前文化与文明起源研究来说，价值非凡！前面的几

图六　著名考古学家许顺湛先生为"鸟龙"纹彩陶钵题词

件，出土于半个多世纪之前，已经引起了广泛的关注和研究，而这件刚出的‘鸟龙’纹彩陶盆，则鲜为人知。因此，其意义也更为重大，也更应该引起我们的重视并进行深入的研究。”说罢，当即挥笔，为我们留下了墨宝：“飞龙在天位居九五至尊至贵”（图六）。

当天下午，许老又写下了《华山龙解读》一文（图七），让河南博物院研究员张维华先生在第二天送给了我们：

鸟首蛇身称鸟龙毫无问题。龙身有翼作飞腾状，称为飞龙也是顺理成章。彩陶盆沿各种符号是星象的反映，象征天宫。飞龙翱翔于太空，其寓意当为《易经·乾卦》所说：“飞龙在天”位居九五，至尊至贵。

飞龙是部族图腾祖先，与天神融为一体，彩陶盆是其形象的载体，是祭祀仪礼中的神器。神器由两条飞龙盘绕一周，祭祀活动时神器置于中央，巫师及族众在其周围歌舞，均可目睹祖先神的风采。

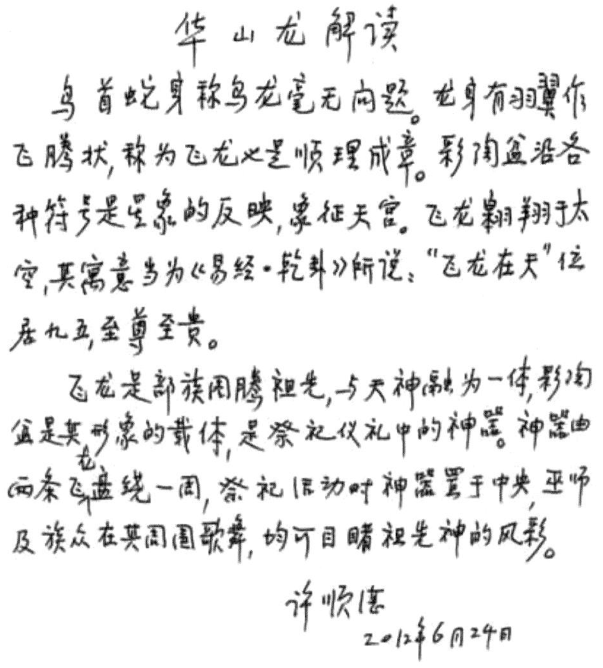
华山龙解读

鸟首蛇身称鸟龙毫无问题。龙身有羽翼作飞腾状，称为飞龙也是顺理成章。彩陶盆沿各种符号是星象的反映，象征天宫。飞龙翱翔于太空，其寓意当为《易经·乾卦》所说："飞龙在天"位居九五，至尊至贵。

飞龙是部族图腾祖先，与天神融为一体，彩陶盆是其形象的载体，是祭祀仪礼中的神器。神器由两条飞龙盘绕一周，祭祀活动时神器置于中央，巫师及族众在其周围歌舞，均可目睹祖先神的风彩。

许顺湛
2012年6月24日

图七　许顺湛先生短文

到了2012年7月17日，许老又赋《华山龙》诗一首（图八），让张维华先生转交给了我们：

桃林域内华山龙，鼎成展翅入太空。

飞龙在天居九五，群星拱仰紫微宫。

白驹过隙五千载，亿万华胄认祖宗。

神舟奉命传佳讯，中华民族在复兴。

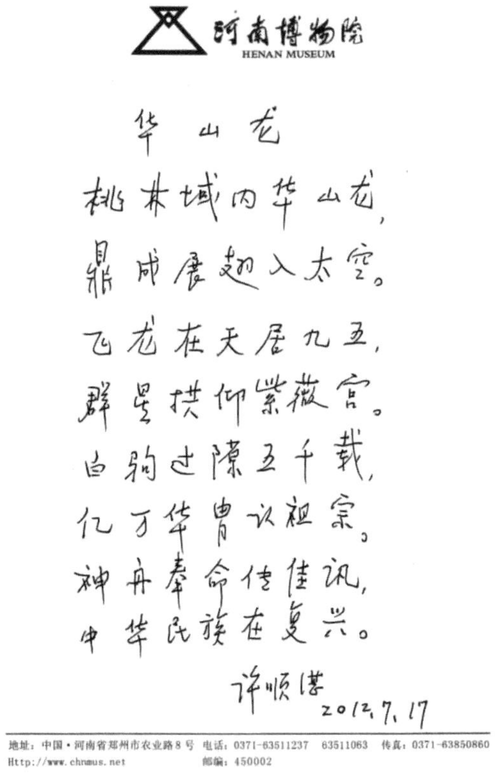
河南博物院
HENAN MUSEUM

华山龙

桃林域内华山龙，
鼎成展翅入太空。
飞龙在天居九五，
群星拱仰紫微宫。
白驹过隙五千载，
亿万华胄认祖宗。
神舟奉命传佳讯，
中华民族在复兴。

许顺湛
2012.7.17

地址：中国·河南省郑州市农业路8号　电话：0371-63511237　63511063　传真：0371-63850860
Http://www.chnmus.net　邮编：450002

图八　许顺湛先生《华山龙》诗

2013年4月29日至5月1日在

南京艺术学院举办的古陶研讨会上，著名考古学家、苏州大学博士生导师、《中国彩陶图谱》作者张朋川先生，看到这件庙底沟类型"鸟龙"纹彩陶盆后，对我们说：

在距今五六千年前，河南、陕西、甘肃一带，出现了两个重要的新石器时代文化。一个是主要分布在泾渭流域的半坡类型，位于陇山的左右两侧；一个是以河南、陕西、山西邻接地区为中心的庙底沟类型，位于华山的周围地区。

在史前时期，人们进行交流时，没有成熟的文字，主要依靠视觉形象进行交流，尤其在公共场合，用约定俗成的图案纹样，作为氏族或部族的标志性花纹，并且反映到当时的彩陶纹样中。

从彩陶纹样来说，庙底沟类型彩陶以鸟纹为重要特征之一，半坡类型彩陶以鱼纹为重要特征之一，可以说已成为考古学者的共识。

鸟龙纹彩陶盆的器形具有曲腹敛口的特征，应属于庙底沟类型中晚期的作品，约距今五千年左右，正处于我国建立第一个王朝的前夕。在这时，传说发生了黄帝与炎帝之间的战争。据传黄帝为姬姓，炎帝为姜姓，乃同源共祖。经过三战而黄帝胜，位于中土的黄帝"抚万民，度四方"。这些关于黄帝、炎帝相战的传说，已邈不可考，但却能告诉我们，在距今五千年左右时，中原地区在部落联盟的融合中，逐渐成为政治中心。

以河南偃师二里头遗存为代表的二里头文化，许多学者认为即是夏文化。二里头文化的一座早期墓葬中，出土了一件大型绿松石龙形器，龙身长64.5厘米，龙身中部有一铜铃。《山海经·大荒西经》记述夏禹王的儿子启"珥两青蛇，乘两龙"。《归藏·郑母经》也说："夏后启筮，御飞龙登于天，吉"。从这些方面可以看出龙是夏族的图腾。夏王朝是在华族和夏族等民族大融合的基础上建立的，因此后来的中国人自称为华夏子孙。

由此，我们可以看出这件庙底沟类型"鸟龙"纹彩陶盆的文化价值。这件彩陶盆上彰显的鸟首龙身的纹样，正是表现华夏族融合的标志性图纹；从这意义上讲，这件彩陶盆上的"鸟龙"纹，可以称作"华夏之徽"，它是中华民族形成过程中的一个里程碑式的徽纹。

后来，张先生又将自己的观点写成文章《华夏之徽——庙底沟类型"鸟龙"解读》，发表在《中国文物报》上。发表时文章题目改为《追逐太阳　向往光明——读庙底沟类型鸟龙纹彩陶盆》[3]。

2013年8月18日，张老又接受我们的请求，给我们题了词，内容为："观庙底沟类型鸟龙纹彩陶盆，书赠郑州市华夏文化艺术博物馆　华夏之徽　苏州大学艺术研究院　张朋川，二〇一三年八月十八日"。（图九）。

2013年6月26至29日，在河南省三门峡市召开的"彩陶中国——纪念庙底沟遗址发现

60 周年暨首届中国史前彩陶学术研讨会"上，大地湾遗址发掘主持人、著名考古学家郎树德先生看到这件"鸟龙"纹彩陶盆后，对我们说："这件'鸟龙'纹彩陶盆，绝对是仰韶文化的一件彩陶重器，对史前文化和文明起源研究，具有极高的价值。"而后，他又于 2013 年 8 月 26 日写出了自己的释读文章《中国史前彩陶重器——仰韶文化庙底沟类型"鸟龙"纹敛口深曲腹盆》。他在文章中说：

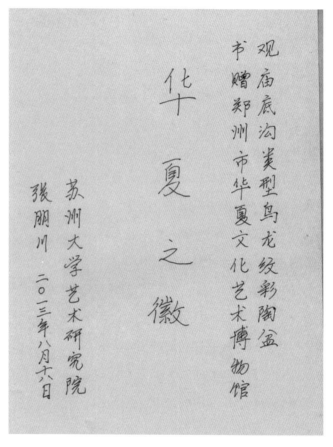

图九　张朋川先生题词"华夏之徽"

这件红陶黑彩，敛口深曲腹盆，具有典型的仰韶文化中期偏晚阶段的特征；从陶质、陶色、制作痕迹以及器表的土碱结晶观察，无疑是一件弥足珍贵的仰韶彩陶。

该器物的奇特之处是它上腹部的纹饰，一周绘有两条鸟形纹为首、节状弯曲蛇形纹为身的动物纹饰。一条的鸟形纹有四翼，另一条有三翼，整体感觉如两条气势非凡的飞龙。在我们发现的数以千计的仰韶文化彩陶中，这是迄今为止唯一的最接近龙形纹的彩陶。与成熟的龙纹形象相比，这件鸟龙纹无爪，我们可以视为雏形龙纹。根据已经公布的庙底沟类型碳测年代，这件雏形龙纹彩陶盆的年代约为距今 6000 年前后。

这是一件社会征集文物，据传，该器物出土于陕西东部。从直观的角度来看，鸟龙纹可拆分为作为龙首的鸟纹和作为龙身的蛇纹，这两类纹饰的出现与整合并不是突然的。关中地区是仰韶文化的中心分布区，其中华县泉护村遗址出土的庙底沟类型鸟纹最多，并有成系列的演变关系。作为龙首的鸟纹与关中西部考古发掘所见的鸟纹毫无二致。作为龙身的蛇形纹，虽不多见，但在宝鸡北首岭遗址出土的仰韶文化半坡类型细颈壶鸟衔鱼图案中也见到类似的纹饰。如果从彩陶纹饰的发展变化来看，蛇形纹或许是由鱼纹演变而来，在一定程度上，半坡类型的鱼纹与庙底沟类型的鸟纹可能组合成最早的鸟龙纹，当然，这还需要今后更多的考古资料来证明。

龙是中华文化的标志性元素，因此我们常说我们是龙的传人。关于龙的起源，一般认为，是由多种动物的形象经过长时间的发展过程演绎而来，不仅如此，正如中华文明的起源，都是多元的。在史前文物中，出现了较多的玉龙，如辽河流域的红山文化、安徽的凌家滩文化以及浙江的良渚文化，年代大多在5000年上下。根据目前的考古资料，仰韶文化出现的龙形象要早于上述发现近千年。一个是1987年河南濮阳西水坡遗址发现的蚌壳摆塑龙，一个就是这件彩陶盆上的"鸟龙"。这无疑说明，在6000年前的仰韶时代，已经产生了对龙的崇拜。在近年来的中华文明探源研究中，大量的成果表明仰韶文化是中华文化的重要组成部分，也是中华文明孕育的重要时期。鸟龙纹彩陶盆的发现不仅揭示了中华龙的早期形象，而且为探讨中华文明的形成提供了不可多得的新鲜资料。因此，我认为，这是一件有着特殊研究价值的中国史前彩陶重器。

同时，郎树德先生还应我们的请求题了词，内容为："鉴赏仰韶文化庙底沟类型鸟龙纹彩陶盆，题赠郑州市华夏文化艺术博物馆 中国史前彩陶重器 甘肃省文物考古研究所 郎树德 2013年8月26日"（图一〇）。

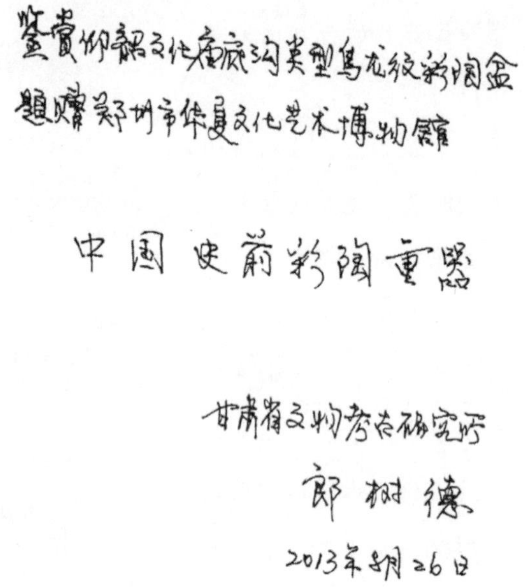

中国考古学始于1921年瑞典人安特生对仰韶村新石器时代遗存的发现，仰韶文化也因此而得名，同时仰韶文化又是中国新石器时代分布范围和影响最广、延续时间最长的考古学文化。现在不少学者都把仰韶文化与中国古代文明起源以及传说时代的炎黄历史文化联系起来，这种认识也越来越得到学界更多学者的认同。

图一〇 郎树德先生题词"中国史前彩陶重器"

一个意外的机遇，使我们与"仰韶文化发现90年来的又一个重要发现"结缘，这件"砸"在我手里的仰韶文化庙底沟类型"鸟龙"纹彩陶盆，成了我们博物馆的镇馆之宝。于是，我们就开始了大量征集仰韶文化遗存的历程；于是，我们博物馆的仰韶文化收藏就逐渐形成了令人称羡的系列。

我有一个梦想，就是等这件"鸟龙"纹彩陶盆进入大学教材后，把她捐给中国国家博物馆，让全国人民都能够有机会看到她！

注释:

[1] 李宝宗:《龙凤呈祥——仰韶文化"鸟龙"纹彩陶盆——炎黄两大部族融合的物证》,《中国文物报》2010年6月23日第8版。

[2] 王先胜:《仰韶文化"鸟龙"纹彩陶钵纹饰释读及其重要意义》,《中国文物报》2010年8月25日第4版。

[3] 张朋川:《追逐太阳 向往光明——读庙底沟类型鸟龙纹彩陶盆》,《中国文物报》2013年6月5日第4版。

庙底沟彩陶上的指印纹饰

——庙底沟彩陶艺术的新发现

◎杨拴朝

一、庙底沟彩陶艺术在仰韶文化中的重要地位

仰韶文化从 1921 年在河南渑池县仰韶村发现至今已有 90 个年头，从目前已发现的分布在黄河流域星罗棋布的仰韶文化遗址来看，数量众多，规模宏大，各个类型异彩纷呈。仰韶彩陶犹如一颗颗明珠，在黄河沿岸的黄土地上熠熠生辉，它作为中国古代史前文明的明证，在新石器时代留下了深深的烙印。从出土的一件件精美彩陶中，我们看到在那个遥远时代发达的制陶业和高超的彩绘艺术。90 年以来，中外专家学者为中国新石器时代文化的研究和探索做出了不懈努力，取得了丰硕成果。在仰韶文化发现 90 年之际，我们没有理由不为仰韶文化研究付出辛勤劳动的先辈们表达崇高的敬意。

庙底沟文化类型属于仰韶文化的一个重要类型，是仰韶文化繁荣时期的代表，是中国原始艺术发展的一座高峰。庙底沟时代的彩陶纹饰以植物花纹和几何图纹为主，这种植物花纹多以弧边三角、圆点为母体组成。这种图案极富变化，具有很好的艺术效果。当时的先民在艰苦的生活环境中，能把对自然界和动植物的形象，通过观察、概括、提炼、简化，用点、线、面等构成了各种形式的几何图纹，同时也能把自身体验到的运动、均衡、重复、强弱节奏感用简陋

1   2

图一　庙底沟类型彩陶纹饰与山桃花的比较
1.山桃花　2.花瓣纹彩陶盆（三门峡庙底沟遗址出土）

的画笔表现出来，这无疑是个伟大的发明创造，这些精美的彩陶纹饰为我们呈现出一个繁荣的庙底沟文化时代。

原始社会各部落的生活方式、文化信仰都会因地域的差异而略有不同。但仰韶时期的庙底沟文化却能在史前中国辽阔的疆域上呈现统一模式，成为仰韶时代的大一统盛世，庙底沟彩陶艺术也成为在那个时代绝对权威的文化潮流，而且风靡达千年之久，这个奇迹的成因不得不让国内外学术界为之痴迷。苏秉琦认为，一个是源于大凌河流域的红山文化，它们都有自己的根（祖先）、自己的标志。仰韶文化的一种标志是玫瑰花（包括枝、叶、蕾、冠或仅有花冠）；而红山文化的标志是龙或仅是龙鳞[1]。他说"庙底沟类型遗存的分布中心是在华山附近。这正是和传说华族发生及其最初形成阶段的活动和分布情形相像。所以，仰韶文化的庙底沟类型可能就是形成华族核心的人们的遗存；庙底沟类型的主要特征之一的花卉图案彩陶可能就是华族得名的由来，华山则可能是由于华族最初所居之地而得名"。笔者在长期观察后认为，在庙底沟彩陶上常见的花瓣纹纹饰，它的艺术灵感再精确一点应来之于山桃花（五瓣花朵）。图案见图一之对比。

王仁湘先生说："旋纹图案可能隐含着中国新石器文化一个共有的认知体系，是一个目前还不能完全破解的认知体系，我们暂可以将它假设或猜想为原始宇宙观体系，还有待更深入的论证。旋纹从一时一地形成，在完成起源的过程后，迅速向周围传播，以不变的方式或变化的方式流传，几乎覆盖了中国史前文化较为发达的全部地区。这不单单是一种艺术形式的传播，而是一种认知体系的传播。正是由旋纹图案的传播，我们看到了中国史前时代在距今 6000 年前后拥有了一个共同的认知体系"[2]。有专家对彩陶上的弧边三角进行了解释，赵秋莉认为，现代人体解剖学中女性子宫体的正面解剖图形状与弧边三角纹如出一辙[3]。

总之，在发现彩陶之后的岁月里，史前学术研究领域的专家学者一直都没放松对彩陶纹饰的研究，从现有的研究成果来看，各有所见，但对花瓣中心的椭圆形圆点（图二），到目前为止还没有鲜明的学术观点和清晰的解释。在彩陶上出现的这些椭圆形圆点与整体画面协调统一，看上去如行云流水。那么这些在庙底沟彩陶上分布的椭圆形圆点究竟是什么意义？它是不是画上去的？圆点在彩陶画中有什么样的作用？就这些问题，笔者在工作中做了深入研究。

图二　彩陶盆
（山西省垣曲县下马村遗址出土）

二、庙底沟彩陶上的圆点与仰韶先民的指印

笔者多年从事仰韶彩陶的研究、复制、开发，拥有自己专业的制陶作坊——仰韶村彩陶坊。在研究彩陶制作工艺的过程中发现了一个令人困惑的问题，即庙底沟彩陶上的椭圆形黑

点，用画笔很难画得相似、完美，而显得呆板、僵硬。我们经过长期的观察发现文物彩陶上的圆点与人的指印十分具象，并且一次偶然机会，我在一枚文物彩陶的陶片上发现了两枚有扭动痕迹的圆点（图三），可能是当时的陶工在用手指按制圆点的过程中感到颜料不太均匀，就特意将手指扭了一下，正是因为先民在彩绘过程中的这个动作，给我们今天的艺术考古工作带来了惊人的发现，而陶片上的这枚印痕，形成了历史的定格，将瞬间变为永恒。就是这个发现，坚定我对圆点纹饰研究的信心，于是开始尝试用指印法绘彩。具体的方法是用人的手指沾上颜料按制在陶坯上，结果发现指纹圆点比画出的圆点更加圆润自然，通过和文物彩陶上的圆点相比较，发现两者有高度的相似性（图四），包括圆点中间部分颜料的厚重，边缘部分的淡薄，都精妙地呈现在彩陶表面，而且整体画面也显得动感十足，画面风格也比较协调统一。

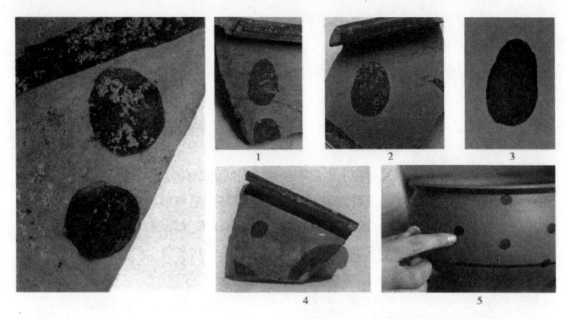

图三　彩陶片上发现的扭动状的指印　　　　图四　庙底沟彩陶上的圆点与现代指纹的对比
1、2、4.庙底沟彩陶上的圆点　3、5.现代指纹

　　从彩陶画面上圆点出现的位置分析，有一部分圆点分布没有任何规律，很像是在陶器的整体彩绘结束后，在留白处特意加上的。也有相当一部分圆点分布均匀，起到定位、过渡、平稳画面的效果。通过彩陶上的圆点和我们现代人不同指印（拇指、食指、中指、无名指、小指）的对照，能够发现两者间存在着联系，见图四、五。

　　通过观察对比，我们可以清晰地看到，庙底沟彩陶上出现的圆点和指印有着惊人的相似，从圆点的放大图可以一目了然地看到指印轮廓。有的圆点还明显看出疑似女性指印的特点（图六），这表明当时在制陶过程中女性陶工的存在，这枚疑似女性特点的纤细指印，让我们也看到了当时社会生产制度的一个方面。在这个陶片上我们也发现，上面的一枚指印按压过程没能与曲面的胚体充分均匀接触，导致指尖部分的墨汁浓重，而指尖下部的墨汁淡薄。

　　从出土的彩陶片来看，留在上面的圆点和四周的纹饰有明显不同（图七），圆点周围的条状纹饰，纹理清晰，颜料均匀，纹饰的边缘部分整齐划一，这明显是画笔画过的痕迹。而周围的圆点，中间部分颜料厚重，边缘部分很薄很淡，并且分布极不规则，根据人类指头的特点和力学原理，我们有理由相信庙底沟彩陶上的圆点就是指印（图五至图八）。

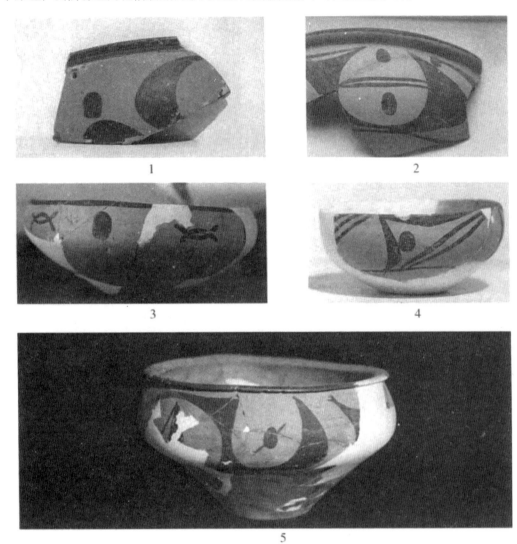

图五　庙底沟彩陶上圆点的不同式样

图六　彩陶钵上带有疑似女性特征的指印

图七　庙底沟类型彩陶

（三门峡庙底沟遗址出土 02SHMT35H106：11）

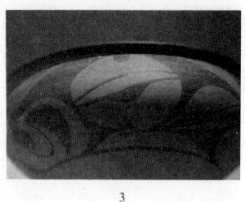

图八 彩陶文物与复制品
1.仰韶村彩陶坊的员工在用指印法绘彩 2.彩陶文物 3.彩陶文物复制品

为了从科学上证实这个新的发现，笔者拿着彩陶标本请公安部门指纹鉴定中心的技术人员对庙底沟彩陶上的圆点纹饰用专业仪器做详细的科学分析，在高倍放大镜下观看不同彩陶片上的圆点发现，圆点基本符合人类手指指印特征，但只是指印轮廓清晰完整，而纹线却不太明显，用手触摸彩陶上的圆点也发现圆点中心位置用颜料的厚度要明显高于同器物上的其他纹饰。这个疑问笔者在此后的彩陶复制工作中，用了将近四年的时间反复推敲实验，终于找到了以下答案：

1.彩陶是古人的实用器，在使用的过程中，彩绘的颜色就有一定程度的磨损，再加上几千年埋在土层下面受到的腐蚀，也会导致颜料的脱落，致使按压指印的细微之处变得模糊不清（图九）。

2.彩陶的烧成温度对指印上的纹线也有影响，当烧制温度超过矿物质颜料的承受能力之后，黑色的颜料就会融化，指印的纹线也会随之融平；经过试验，黑色锰矿颜料的耐火温度在950℃以内，超过这个区域釉料就会融化并有一定的亮度。

3. 古人在彩陶绘彩之后通常还有一道研磨工艺，该工艺能使彩绘的颜料与胚体完全结合，起到不易脱落的作用。而正是在反复研磨的过程中，指纹已被磨平。如文物彩陶片（图一〇）所示，制陶者在研磨时没掌握好陶体的湿度，导致颜料移位；我们通过运用研磨工艺实践发现，在进行研磨之前的指印，部分纹线清晰可见，而通过研磨之后的指印是几乎看不到纹线的，所以说研磨工艺是指印纹线消失最根本的原因。从我们的实践中也发现，由于受当时制陶条件或环境因素的影响，未使用研磨工艺或没有掌握好研磨工艺的情况在庙底沟文化时期也完全有可能存在，所以说文物彩陶上一定会出现带有指纹的指印纹饰彩陶，只不过到目前为止我们还没发现而已。

图九　彩陶纹饰部分颜料剥落
（渑池班村遗址出土）

图一〇　彩陶上指印纹饰被研磨过的痕迹
（三门峡庙底沟遗址出土 02SHMT1081-1619：15）

4. 指印在按制时为了体现指印圆点的圆润自然，指尖需 360 度按压。当指头蘸足颜料在胚体上实施这个过程时，由于未完全干燥的泥质胚体和人的指尖都有一定的柔韧度，在 360 度运动时就把指尖和胚体之间的空气充分挤出，而颜料的矿物质由于研磨质量粗细不匀的原因，在受力之后细物质部分随水分被胚体吸收，粗物质部分就压附在胚体表面。当指头按压完毕抬起的一瞬间又产生一种吸引力，就把胚体没有吸收的部分颜料物质吸带起，这些物质因有一定黏度，部分又回落在指印中间，这时指印中间的颜料就有明显的厚度，但指印边缘的颜料由于360 度的运动被挤压得很薄。依照人手指按制动作的习惯和审美观点，在按制这个过程完成后，大部分都要从指尖的中间抬起，除非胚体曲面角度太大，手指和胚体不能平行操作就会产生不一样的效果如图（图四）。还有一种情况就是胚体错过最佳绘彩期，较为干燥或湿度太大，当彩绘时由于胚体不吸附水分，导致颜料随指尖的压力溢向四周，为了使颜色均匀，

图一一　有二次补彩痕迹的彩陶盆
（山西省垣曲县下马村遗址出土）

人们也会使用二次点补彩的方式（图一一）。经过手指所蘸用颜料按制的圆点通常与胚体结合得很牢固，而其他用画笔彩绘的纹饰只是很薄的一层浮在胚体表面，当做完研磨工序后，指印也等于做了二次按压，指印圆点和其他纹饰颜料由于受力均匀而呈现出的厚薄度一样未发生大的变化，但这时的颜料就与胚体充分结合，起到了不易脱落的作用。这就是用手触摸彩陶感到有的圆点纹饰中间的颜料厚而其他纹饰颜料薄的成因，也是庙底沟类型彩陶上的圆点是先民手指所按制的重要依据。

笔者通过对庙底沟彩陶上圆点的实践研究，认为这是先民们在劳动实践、艺术创作中创造的独特的指印纹饰，它是庙底沟彩陶艺术最重要的组成部分之一。庙底沟彩陶艺术的辉煌成就说明了劳动者在创造物质财富的同时发现并创造了艺术，这些艺术成就也准确地反映了史前先民是用智力和双手推动了农耕文明的进步和人类社会的发展。因此笔者建议可将此类的圆点纹饰命名为"指印纹饰"。

三、庙底沟彩陶指印纹饰的形成与代表意义

庙底沟彩陶上的指印，最初可能是先民陶工不经意的留痕，可到后来出现的大量有规律的圆点纹饰，应该是有意为之的。但令人不解的是，即使用再简陋的画笔来描绘圆点，那也是简单不过的工序，先民们为什么要放弃画笔而用手指特意粘上颜料按制圆点纹饰呢？我们推测该圆点可能具有一种特殊的用途和功能。先民们可能已经发现了指印有不可替代的独特之处，所以画工就用指印圆点来区别各自的身份。如若，这就是先民们的一个伟大发明，它的功用与后人在制作陶瓷器皿上的印戳和落款异曲同工。从彩陶上留白处特意填充的指印我们推测，由于当时制陶业和彩陶艺术的发展，人类不同部落之间难免攀比，陶工们之间也难免竞争，为了区分各自的艺术佳作，就特意在彩陶上留下了指印做记号，这也是庙底沟早期无规律的圆点纹饰形成的原因。而后在漫长的制陶岁月中，陶工又将指印融入彩陶构图中，成为有规律可循的图形组成部分，这样就形成了指印画法，也可称指印术。从彩陶画面上圆点纹饰不断变化的布局说明，这些圆点从最初的散点发展到彩陶画面的轴心，指印随着彩陶艺术的不断升华已成为庙底沟彩陶艺术创作中最重要的组成部分之一，它的实用性和艺术性并存，指印术逐渐形成了指印纹饰。他们在生活实践中发明的不仅仅是一种简单的指印术，而且创造出了意义重大的指印纹饰，也成就了绵延数千年而不绝、代代传承而不息的指印文化。我们的先祖基于对生活的热爱，把纯真朴实的思想，把对美好生活的向往，通过画笔准确地绘制在凝聚着他们精神寄托的彩陶上，成为经典、永恒、固化的语言符号。

"人们首先必须吃、喝、住、行，然后才能从事劳动生产、政治、科学、艺术、宗教等其他活动。"[4]马克思的论述中揭示出，人们在从事社会活动的同时，必须要有最低的基本生活保障。仰韶时期的先民处在恶劣的自然环境和落后的社会环境双重压力下，还能一丝不苟地把审美意识寄托在物质产品的创造上，这充分反映出先民们乐观进取的纯净心态，可以说是原始社

会人类行为的最真实写照。

　　半坡文化处于仰韶文化的早期，在半坡的彩陶上出现的刻划符号，孕育了中国文字的萌芽，它的作用是继原始结绳记事之后的又一种记录日常生活的方式，笔者不排除它也是一种区别身份的记号。这种方式经过漫长的发展，到了庙底沟时代，人们发现指印的功能有不可复制的唯一性，就用指印代替了刻划符号，经过陶工们精心的设计，就由单纯的散点记号变成了实用性与审美性并存的指印纹饰。

　　图一二器物上的彩绘部分是只有三个指印组成的纹饰，这是目前发现的最神秘而又最具代表性的指印组合，这三枚指印清晰而完整，在印证指印是先民们发明用来作为记号或区别身份的功用上具有很强的说服力。该类型彩陶同时出土的还有多个一样器型，彩绘部分只有两组对称的指印纹饰，这应该是指印最早出现在庙底沟类型彩陶上的表现形式。该指印上会不会还残留有纹线？笔者用肉眼观察不到，由于该器物是文物，按照有关规定我们目前还无法通过繁琐的手续，来申请用高科技仪器鉴定纹饰上是否有指纹的存在。在这里，我们倡议在条件允许的情况下尝试科学鉴定。

图一二　庙底沟类型彩陶指印

　　图一三上的指印纹饰，是先民在实施研磨工艺过程中没掌握好陶体的湿度而导致颜料稍显移位的例证。该器物彩绘工艺也有鲜明的特色，制作者在按制指印组合纹饰时，因陶体表面有一定的弧度，按照人体手指生理特点，人的指头在弯曲时，按在物体表面的指印浓淡会有所不同，正如画面所示，位于上端的指印受力较轻，下面基本处于同一

图一三　庙底沟类型彩陶

水平线上的指印受力较重。这三枚指印的组合方式应该代表着某种特殊含义，很遗憾目前我们还不能完全破译，但它为我们研究彩陶上指印纹饰的形成提供了有力佐证。

图一四上面的纹饰，表现出的是原始巫术或宗教信仰。整体上看像是原始人面部的涂鸦，突出了人的一双眼睛和一张嘴巴。图片正中位置绘制上下相交的两条约1/3圆弧状曲线，构成了人的嘴巴，两边带"×"的黑色圆点象征着人的眼睛，其中那黑色圆点就是人的指印。整个画面笼罩着一层原始神秘感，又充满了人类童趣。

图一四　庙底沟类型彩陶

庙底沟彩陶上先民留下的指印纹饰在不同的地区有着不同的艺术效果和象征意义。

图一五彩陶画面上的弧边三角纹饰和彩陶底部的弧线形纹完整地结合在一起，中间部分突出了黑色圆点。整个画面构成了顾盼神飞的丹凤眼，用弧边和曲线构成眼敛和眉毛，弧形纹饰如春风新裁的柳叶眉，生动传神。而这神来之笔的黑色圆点，正是人的指印。

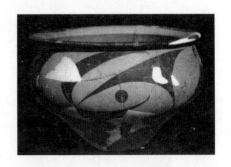

图一五　庙底沟类型彩陶

图一六从画面上的内容我们可以看出，田野里芳草掩映，几片草叶映入眼帘，在两条几何图纹的中央，一条近似于弧形的曲线从彩陶底部横贯至顶部，给人感觉仿佛是旁逸斜出的枝条，上面结满累累硕果。仔细观察时会发现，那枝头的硕果竟然是人的指印。这表明在仰韶时期，庙底沟先民已经能够将指印作为一种重要的艺术纹饰运用

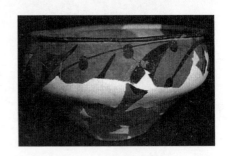

图一六　庙底沟类型彩陶

在绘画中，将植物的形态活画出来。这就是指印纹饰在发展中的变化，从最初的标识性的记号发展成为艺术化的符号。

图一七这件出土于山西垣曲下马遗址的花瓣纹彩陶壶，其彩绘艺术构思和庙底沟遗址出土的花瓣纹彩陶盆一样（图一，2），首先环绕腹部以指印定位，然后每连接两个指印形成一个花瓣，红色的指印圆点在这里很明显是代表花蕊。这样就在上下左右的连接中形成了花朵盛开的美丽景象。先民用四方连续的艺术表现手法，用一幅山花烂漫竞相绽放的艺术画卷，勾勒出象征你中有我、我中有你、亲密无间的和谐家园。

图一八这件出土于山西夏县西阴遗址的庙底沟类型彩陶钵，可以堪称是指印艺术的杰作。先民用三枚指印和两根线条巧妙地组合成一张张简洁、稚趣、淳朴、可爱而又栩栩如生的笑脸，这幅近乎完美的彩陶指印艺术作品应该是迄今为止发现最早、最具代表性的"笑脸"作品！这和我们现在仍在使用的笑脸符号的表现方式几乎相同。在这里，我们即使用再多的语言也难以表达对先人伟大智慧的崇敬和仰慕之情，但我们可以自豪地说，世界上是谁创造了笑脸符号？那就是我们华夏民族最伟大的庙底沟先民。

图一七 花瓣纹彩陶壶
（山西垣曲下马村遗址出土）

图一八 彩陶钵与笑脸符号

图一九的彩陶画面如一幅气势磅礴的山水画卷。只见一轮太阳从山巅上冉冉升起，远景和天际尽收眼底。整个画面粗犷奔放、质朴简洁、意象恢宏。在这幅画面上，那一轮太阳也是人的指印，这体现出仰韶先民丰富的观察力，通过这样的艺术形式，把对日月星辰的崇拜和大自然美景的感知勾勒在物质产品上，从而将彩陶的实用性和艺术性完美地融合为一体。

图一九 庙底沟类型彩陶

图二○是和庙底沟类型同时期的青莲岗文化彩陶，出土于江苏省邳县四户镇大墩子遗址，现藏于故宫博物院。该器物上的腰部也施有一周的指印纹饰，从该器物的出土地域和文化类型可以看出，指印纹饰在当时传播的疆域之大，影响范围之广，已经是一种很普及的表现方式。

图二○ 花瓣纹彩陶钵

要之，庙底沟彩陶上指印纹饰的形成分为几个阶段：1.先民在无意中把指印留在了彩陶上；2.陶工经过观察发现了指印上指纹的奥秘，就特意用指印来做记号，它的功能同现代按手印和印戳的功用完全相同；3.画工们经过精心布局设计，把指印和彩绘画面完全融为一体，达到了实用艺术和绘画艺术的高度统一，构成了以指印、曲线、弧面、底纹为庙底沟彩陶画主要元素的艺术家族。仰韶先民用真实的情感和完美的艺术构思演绎了美好、和谐、辉煌的庙底沟时代。这就是指印到指印纹饰的形成过程。

庙底沟彩陶的构图法则、用色原理以及所建立的艺术体系，对中国古代艺术的发展产生了深远的影响。它不仅影响了后彩陶时代发展的轨迹，至今还在左右着艺术家乃至常人的思维方式。当前类似彩陶构图的一些商标图案、装饰图案中的许多元素，都可以在庙底沟人的彩陶作品中找到渊源[5]。庙底沟纹饰的发展经历了从简单到繁琐、从单纯到丰富、从纪实到写意、从模拟到夸张、从夸张到变形的变迁历程，不断地融入了先民们的理想、情感和朴素的美术观念。著名的图案学家雷圭元先生在分析庙底沟彩陶时高度评价了其运用装饰美的法则：庙底沟彩陶图案的设计者，也善于把生活中感受到的平衡、对称、变化、统一、齐整、重复、运动、韵律等现象用点线面组成抽象而优美的母体，并用反复出现的艺术手法给人带来愉快，就像原始的音乐舞蹈，激荡在人们心中。

四、庙底沟彩陶指印纹饰到马家窑彩陶指纹画的演变

指纹在学术上是这样解释的：人的皮肤由表皮、真皮和皮下组织三部分组成。指纹就是表皮上突起的纹线。由于人的遗传特性，虽然指纹人人皆有，但各不相同。各人的指纹除形状不同之外，纹形的多少、长短也不同。据说，现在还没有发现两个指纹完全相同的人。指纹在胎儿第三四个月便开始产生，到六个月左右就形成了。当婴儿长大成人，指纹也只不过放大增粗，它的纹样不变。由此我们可以猜想在几千年前的彩陶上出现的大量指印的应用，这不应该是随意的涂鸦，而是在此时的人们就已经发现了指纹的独特性，所以才被广泛应用到创作的产品之上，以代表特殊的用途。

中国是公认的指纹运用发源地。早在秦代就有指纹破案的记录，云梦睡虎地秦简中的《封诊式·穴盗》篇记载："内中及穴中外壤上有膝、手迹，膝、手各六所"[6]。至唐朝，契约上的红色手印被作为人身同一认定的重要依据。世界著名指纹学研究专家罗伯特·海因德尔（Robert Heindl）在其《世界指纹史》[7]一书中指出，唐代的贾公彦是中国第一位明确提到将"画指"（指纹）用作鉴定目的的学者。到了宋代，指纹已运用到刑事诉讼中了，南宋时期指纹法的应用十分成熟，收录在宋慈《洗冤录》中。在西方，最早提出指纹鉴定罪犯的是英国医生亨利·福尔兹（Henry Faulds）。1880年英国《自然杂志》发表了他的一封信[8]，谈到"当血污的指印在泥土、杯子等东西上留下痕迹时，它们就能导致用科学方法来证明罪犯的身份"。以上引用的目前对指纹文化溯源最常见的论述中尚无人发现，远在5000年前的仰韶先民已经熟知指纹的奥秘，随后大量运用于庙底沟类型的彩陶上，并最终演变为新石器晚期马家窑彩陶上的指纹画。

对马家窑彩陶上的指纹画付诸研究的是刘持平先生，他在《中国原始指纹画的发现与研究》

中论述，中国的指纹应用历史最早出现在马家窑彩陶上[9]。我们通过对庙底沟彩陶指印纹饰和马家窑彩陶画的对比可以清晰地看出，马家窑彩陶上出现的指纹画，是从庙底沟彩陶中的指印纹饰发展而来的，在后仰韶时代，先民在秉承庙底沟彩陶艺术的同时，依照指印上的纹理在彩陶上特意放大数倍后，形成了马家窑彩陶上的指纹画。在此它已完全演变成一门纯粹的艺术，在马家窑时代起着典型的装饰和美化彩陶的作用。

彩陶装饰艺术的形成不仅仅是对艺术的贡献，而且在完成陶画艺术的过程中，有力地促进了人类的空间想象力和对事物抽象概括的能力，开发了人类所具有的形象思维和抽象的潜在素质，促进了创造性思维的发展[10]。庙底沟类型的指印纹饰经过发展，到马家窑类型彩陶中演变成了指纹画，这就是艺术创造过程中的进步。从这里我们明显可以看到从指印到指纹画演变的整个过程。

半坡类型的彩陶纹样分两类：简单几何纹样和象形纹样。几何纹样有三角纹、宽带纹等；象形纹样中动物纹有鱼、鹿、鸟、蛙等。庙底沟类型的花纹多以圆点、直线、弧形面组成，因此风格圆润而流畅。马家窑类型彩陶图案多繁复多变、明快流畅，神化了动物图式。神秘奇特的人面鱼纹、变形抽象的几何纹饰、富有装饰效果的植物花卉纹饰，都给人以想象的空间[11]。从半坡类型到庙底沟类型彩陶的纹饰变化分析，原始社会先民最先是对自然的崇拜，将动物纹饰绘入彩陶表面，而到了后期的马家窑类型彩陶，纹饰已变为表示人们劳动的、有人物形象在彩陶上出现的、更加抽象的一种艺术。而指印画到指纹画的演变，也正好是这种现象的体现。从彩陶纹饰的变迁可以看出，我们的先祖善于从复杂的事物中抓住本质做高度的概括，用最简洁的语言来表现出事物的特性与周围事物的联系，从而提炼出标志性很强的纹样，展示出了虚与实、点与线、方与圆、抽象与具象的艺术表现能力。

原始社会的陶工在劳动过程中，发现按制在彩陶表面的指印有清晰的纹理，这些纹理非常抽象，并且每个纹饰各不相同，有方形、斗形和簸箕形，先民们按照这种图样在彩陶上创作绘制了指纹几何纹饰，如波型纹、弧型纹、圆圈纹、曲线纹、漩涡纹、卷云纹等，这就是后仰韶时代马家窑彩陶上出现的指纹画。从这里可以把彩陶画的形成历程概括为：手指→彩陶上的指印→指尖上的纹理→彩陶上的指纹画。

"仰韶文化的半坡类型和庙底沟类型等，期间的差别是相当大的，远非庙底沟仰韶文化第一期和第二期之间的差别可比。因此我们觉得庙底沟的两期文化应当称为一个类型，即庙底沟类型，而不必要划分为两个类型。"[12]可以这样说，仰韶文化时期彩陶上纹饰的变化速度快于彩陶器形的发展速度，大多是彩陶的外形还没有变化，其纹饰已经发生了大的改变。这也可能与当时氏族部落之间的信仰、风俗、艺术造诣的差异有关，从而形成了各个类型在不同时期独具风格的彩陶艺术。从图二一彩陶上鸟纹饰的变化可以比较各个类型不同的艺术风格。

从庙底沟彩陶上的指印纹饰（图二二，1）到马家窑类型的圆点装饰（图二二，2），再到马家窑彩陶上的指纹画（图二二，3）同样见证了仰韶文化指纹纹饰的演变。

图二一　彩陶上的鸟纹饰
1.半坡型　2.庙底沟型　3.马家窑型

图二二　庙底沟与马家窑类型彩陶
1.庙底沟类型彩陶上的指印纹饰　2.马家窑类型彩陶上的圆点装饰　3.马家窑类型彩陶上的指纹画

五、指印文化与印章文化的趋同与发展

庙底沟彩陶上的指印，随着庙底沟彩陶纹饰的发展而成为史前艺术的瑰宝。仰韶先民在劳动实践中发明了指印文化，这是中国后世签字画押的雏形。指印文化是从史前蛮荒时期到现在计算机时代我们还一直在沿用的独特文化，至今在我们的日常生活中仍然发挥着无可替代的作用。比如我们现在的商业交易、公检法办案，都离不开这些最原始、最能代表当事人意愿的表达方式。

千百年来，中国印章作为一个凭信工具和指印文化一样被广泛应用，同时它也是书法与雕刻完美结合的一门艺术。如果以字释意，"印"字的左半部是个"爪"字，即手，右半部是个"节"字，也就是符节，也是凭证，合起来是手持符节，代表诚信[13]。至于中国印于何时、何地，在怎样的背景下产生的，几千年来没有一个确切的定论，我们现在能见到的文字记载是汉代编写的纬书《春秋运斗枢》和《春秋合诚图》，书中把中国印的起源归于神灵的创造和赐予，今天看来显然是十分荒谬的。此外，也有人认为中国印起源于殷墟甲骨的契书和青铜铸造的铭文。若以1998年安阳殷墟出土的一方饕餮纹铜玺为现今所能证实的经考古发掘年代最为久远的印章的话，那么，中国印章的历史应在商以前。

考古证明中国陶器产生于新石器时代早期，距今有八千多年的历史，而最原始的制陶即模制法，就是在模子里放置竹箍或绳，制成的陶器表面会留下印纹，受此印纹的启示，先民们后来直接在陶拍上刻纹饰。陶拍原先是以拍打方式弥合泥坯裂缝的简单工具，在其上刻纹饰之后，就成为我国装饰图案和印艺术的渊源，陶印即由此脱胎而出[14]。

由此推测中国印章艺术的萌芽应该在新石器时代，而真正形成实际应用的印章艺术却是在千年之后。因此说，中国指印艺术和印章艺术从起源的形式上分析应该是父与子的关系。从仰韶时代器物上出现的指印和编织印纹来看，庙底沟彩陶上的指印已是成熟的艺术和实用的产物。而同时期陶器底部出现的编织印纹或小口尖底瓶上的麻绳印纹，它们只是为了在放置器物时增加摩擦力，起到平稳防滑的作用，别无其他用途。当然我们也无法知道当时的人们在没有文字的状况下，是用什么样的方式来交流生活。我们现在只能从考古实践中发现，在当时只有彩陶上出现的指印才是身份区别的象征和最准确的表达符号。所以说，是先有了指印艺术，而后才随着艺术的发展并受陶器上编织印纹的启迪和影响演变出了印章艺术。另一方面也可能是从艺术美观的角度催促了印章的诞生。但印章只是指印文化的分支，在一定程度上还代替不了指印。现在法律上对指印和印章的区别解释为，印章和指印的作用都在于证明当事人实施了某种行为，印章任何人都可以刻制，指印只能属于特定的人，因此指印的效力应该高于印章。从合同解释学上说，可以把指印解释为印章。

我们不妨用时光倒流的方式来追溯印章艺术的发展历程：现代的指纹考勤机、公章文化、明清时期陶瓷的底款艺术、汉魏时期的碑刻艺术、秦时的印封泥、商周时期青铜器上的铭文到新石器时代小口尖底瓶上分布的麻绳纹、编织纹，庙底沟彩陶上的指印，它们之间的源流关系很容易区分。庙底沟彩陶的指印艺术历经沧桑一直完美地传承到现在，已成为一种优秀的传统文化，直到今天，在人们的日常生活中，仍然沿用着这门古老的艺术，这也是从古到今保存下来最完整的，以人体器官留下印记来代替个人身份的一种重要的表达方式。因此我们可以说，庙底沟彩陶上的指印纹饰是中国指印文化的源头，是印章艺术的摇篮。

仰韶时代的彩陶，正值人类艺术创造的童年。庙底沟彩陶上的指印纹饰开创了中国指印文化的先河，后来，无论是做工考究的官窑还是追求实用的民窑作品，在底部大多都有落款。书画作品也是如此，画家在绘画结束时，都会在画的最后留上落款并用上印章。现在随着大量高仿赝品的出现，有的书画家为了表明自己画作的真实，防止作伪事情的发生，常在落款处按上自己的指印。

几千年的文化传承证明，指印不仅是个人身份的标志，同时也具有不可更改的独特性和防伪的唯一性。

六、结论

在仰韶时期的古中国，气候、人种和人的体形与现在相差无几。先民们把对事物的感知和理解以及文化信仰、部落崇拜用彩陶艺术的形式传播给世人，这些文化符号给予我们太多的启迪和感慨，历经人类社会漫长过程中发展和演变，当我们再回首时，不经意间发现先人的脚印如在昨天，我们追寻着他们的足迹，将目光深深地投向远古时代无垠的蓝天，我们发现自己的观点微乎其微，它只是历史长河中的一粒尘埃，一颗并不引人注目的黑色圆点。从庙底沟类型遗址出土的彩陶上，还不断涌现出了更多新颖的彩陶纹饰，这些美轮美奂的图案犹如一道道丰富而深奥的课题，等待我们来破解。

庙底沟彩陶上的指印纹饰，是仰韶先民在劳动过程中创造的艺术，他们用自己的双手，织就了远古时代壮美的画卷，这种指印文化印证了上下五千年光辉灿烂的华夏文明。

仰韶文化时期先民用勤劳的双手，在彩陶上留下了凝重的指印，成为了构建庙底沟彩陶艺术大厦中重要的一员，留下一个时代伟大的发明和创造。这种独特的指印文化经过几千年的洗礼，完美无缺地传承到现在，时至今日我们仍在使用着签字画押和按指印这种古老而又永恒的艺术。留在庙底沟彩陶上的指印，经历了指印—指印术—指印纹饰—指纹画—指印文化的形成过程，这些神秘的黑色指印成为中国指印文化和中国印章艺术的起源。

庙底沟类型彩陶上的指印纹饰，在其实用性向艺术性转变的过程中，推动了彩陶艺术的发展。人们从中看到了艺术从生活中起源，却最终高于生活的整个过程。我们可以骄傲地说，仰韶时代缔造了史前华夏艺术的王国，开启了传统文化的先河，创造了无与伦比的指印文明。

笔者在从事仰韶文化的研究和实践中，能有幸发现仰韶文化彩陶画中指印纹饰的奥秘，主要得益于考古界专家学者给予的启示和指导，在他们博大精深的学术研究成果中吸取了营养，找到了方向，在实践中探索，在发现中学习。仰望远古的这些伟大的发明创造，我们为先人创建的华夏文明感到无比骄傲和自豪，传承和发展这些优秀的文化遗产是我们每个华夏儿女义不容辞的责任和义务。我们将会怀着一颗虔诚的心，沿着先辈们辛勤耕耘的足迹，竭尽全力为华夏文明探源工程做出应有的贡献！

注释：

［1］苏秉琦：《华人·龙的传人·中国人——考古寻根记》，辽宁大学出版社，1994 年，第 88 页。

［2］王仁湘：《关于史前中国一个认知体系的猜想》，《华夏考古》1999 年第 4 期。

［3］赵秋莉：《原始彩陶画韵》，海天出版社，2003 年，第 63 页。

［4］《马克思恩格斯选集》第 3 卷，人民出版社，1972 年，第 41 页。

［5］王仁湘：《中国史前的艺术浪潮——庙底沟文化彩陶艺术的解读》，《文物》2010 年第 3 期。

［6］睡虎地秦墓竹简整理小组：《睡虎地秦墓竹简》，文物出版社，1990 年，释文注释第 160 页。

［7］罗伯特·海因德尔：《世界指纹史》，刘持平、何海龙、王京译，中国人民公安大学出版社，2008 年，第 13 页。

［8］Henry Faulds, "On the Skin-Furrows of the Hand", *Nature*, Vol. 22, p. 1880.

［9］刘持平:《中国原始指纹画的发现与研究》,《公安大学学报》2001 年第 1 期。

［10］赵秋莉:《原始彩陶画韵》,海天出版社,2003 年,第 62 页。

［11］李志钦:《黄河彩陶纹饰鉴赏》,安徽美术出版社,2009 年,第 6—12 页。

［12］严文明:《仰韶文化研究(增订本)》,文物出版社,2009 年,第 65 页。

［13］《中国印章文化》,http://wenku.baidu.com/view/1987a81452d380eb62946df1.html。

［14］《中国印章文化》,http://wenku.baidu.com/view/1987a81452d380eb62946df1.html。

庙底沟彩陶上的指印纹饰

鱼鸟共融图试析

◎赵春青

史前彩陶艺术是中华原始艺术的重要载体，其中，不少彩陶图案，色彩明快，寓意深远，为探寻当时的社会状况，提供了鲜明的素材。庙底沟遗址是仰韶文化庙底沟类型的代表性遗址，该遗址出土了数以千计的彩陶艺术品，这些艺术品为研究仰韶文化时期的艺术与社会，提供了珍贵的第一手资料，《华夏之花——庙底沟彩陶选粹》公布的一件彩陶罐（编号02SHMT1H9：27）正是其中的一件，我们不妨把该件彩陶陶罐上的图案命之为"鱼鸟共融图"。

《华夏之花——庙底沟彩陶选粹》公布了这件庙底沟文化的彩陶罐的照片（图版一）及其展开图（图一）[1]。

该罐口径22.8、底经13.6、通高23.40厘米，文字描述为"泥质黄陶。唇部绘一周黑彩，上腹绘黑彩回旋纹、网格纹与圆点等组成的图案"。实际上，这段文字只是对该件彩陶的直观描述，至于彩陶图案的具体内容，有待进一步探讨，我们觉得，依据图案构图的含义，不妨径直叫做"鱼鸟共融图"更为妥帖。

02SHMT1H9：27-1　　02SHMT1H9：27-2　　02SHMT1H9：27-3

图版一　庙底沟彩陶罐（02SHMT1H9：27）

图一　彩陶罐（庙底沟02SHMT1H9：27）

我们首先观察这件器物的年代。与这件彩陶罐同出一个单位（02SHMT1H9）的器物还有直口钵（31、83、86，此为器物编号，下同）（图版二）、敛口钵（12、15、77、88、91）（图版三）、大口钵（46、82）（图版四）、碗（49、50、85）（图版五）、弧腹盆（11、25、75）（图版六）、曲腹盆（20、21、43、44、45、47）（图版七）等，仅《华夏之花》就公布了20余件彩陶器物。彩陶纹饰种类有"西阴纹"、"垂弧纹"、"方框眼纹"、"对顶三角纹"、"弧边三角纹"、"圆点纹"、

1.02SHMT1H9：31-1

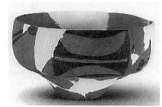

2.02SHMT1H9：31-2

1.02SHMT1H9：46

3.02SHMT1H9：83

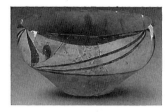

4.02SHMT1H9：86

图版二　庙底沟直口钵（02SHMT1H9）

2.02SHMT1H9：82

图版四　庙底沟大口钵
（02SHMT1H9）

1.02SHMT1H9：12

2.02SHMT1H9：15

3.02SHMT1H9：77

4.02SHMT1H9：88

5.02SHMT1H9：91

图版三　庙底沟敛口钵
（02SHMT1H9）

1.02SHMT1H9：49

2.02SHMT1H9：50

3.02SHMT1H9：85

图版五　庙底沟彩陶碗（02SHMT1H9）

1.02SHMT1H9：11　　　　2.02SHMT1H9：25　　　　3.02SHMT1H9：75

图版六　庙底沟弧腹盆（02SHMT1H9）

1.02SHMT1H9：20　　　　2.02SHMT1H9：21　　　　3.02SHMT1H9：43

4.02SHMT1H9：44　　　　5.02SHMT1H9：45　　　　6.02SHMT1H9：47

图版七　庙底沟曲腹盆（02SHMT1H9）

"圆圈纹"、"回旋勾连纹"、"花瓣纹"、"简体鸟纹"和"简体西阴纹"等[2]，均是庙底沟文化鼎盛时期常见的花纹类型，故而《花夏之花》将其年代定为庙底沟遗址第二期第二段，即庙底沟文化的鼎盛时期是十分准确的。

在庙底沟文化的罐类器物上施彩的现象并不多见，这件彩陶罐自肩部至唇部皆施彩纹，且图案的一半为写实性的"鸟""鱼"图案，另一半为写意性的"鸟""鱼"图案，二者十分巧妙地结合在一起，突出鱼、鸟和谐共处的主体，自当有着不同寻常的意义。

众所周知，仰韶文化早期划分出考古学上的半坡类型、东庄类型等，仰韶文化庙底沟期主要有庙底沟类型、泉护类型等[3]。这四种类型，被称为仰韶文化前期。其中，半坡类型，是仰韶文化最早的一种地方类型，主要分布在渭河中下游地区。典型陶器有圜底或平底钵、圜底或平底盆、直口尖底瓶、蒜头细颈壶、侈口鼓腹罐等，主要纹饰有绳纹、线纹、弦纹、锥刺纹、指甲纹和彩纹等，彩陶纹样简单，以红地黑彩为主，少数为红彩，母题有鱼、鹿（或羊）、蛙、人面等，少量植物枝叶纹，以及由直线、横条、三角、圆点、波折等组成的几何形图案花纹。

东庄类型，主要分布在山西南部、河南中西部等地区，以山西芮城东庄村遗址为代表。典型陶器有小口尖底瓶、平底盆、圜底鼎、双耳筒形罐、镂空钟形器等。经分析东庄类型的年代为距今7000~5900年，约略与半坡类型同时。

庙底沟类型，主要分布在关中、晋南和豫西地区，北到河套，南达汉江，西至洮河，东抵郑州附近。以河南省三门峡市庙底沟遗址为代表，典型陶器有双唇口尖底瓶、曲腹盆、曲腹碗、绳纹罐等。

泉护类型，是由史家类型发展而来，主要分布在渭河中下游地区，以陕西省华县泉护村遗址为代表。典型陶器常见曲腹碗、曲腹盆、双唇口尖底瓶、釜、灶、杯等。纹饰以线纹常见，还有条纹、涡纹、三角涡纹等。与庙底沟类型相比，泉护类型只能相当于庙底沟类型的中晚期，属于庙底沟文化的一支地方类型。

上述四支类型是仰韶文化前期的重要考古学类型。其中，关于仰韶文化半坡类型（或文化）和庙底沟类型（或文化）的关系，学术界长期纷讼不已。有人认为半坡类型早于庙底沟类型[4]，另有人主张反过来，是庙底沟类型早于半坡类型[5]，也有人主张半坡类型和庙底沟类型是并行发展的两支考古学文化[6]。笔者曾提出庙底沟类型的早期与半坡类型的晚期（有人叫史家类型）大体同时，而其中晚期则晚于半坡类型[7]。最近，有人依据地层关系，再次审视半坡文化和庙底沟文化的年代关系，认为"庙底沟文化的一期可以早到半坡文化的二期，半坡文化的三期和庙底沟文化的二、三期是两文化的并行发展时期"[8]，这一观点与笔者前些年分析山西芮城东庄村遗存时得出的结论基本相符[9]。

现在看来，半坡类型和东庄类型均属于仰韶文化早期，而庙底沟类型和泉护类型属于仰韶文化中期，庙底沟类型的早期与史家类型约略同时，从分布地域来看，东边为庙底沟类型早段，西边为仰韶文化史家类型，两者东、西对峙，是当时的仰韶文化分布之基本态势。与此相呼应，在仰韶文化彩陶当中，比这件"鱼鸟共融图"彩陶年代稍早即仰韶文化半坡类型时期已经出现将鱼和鸟两类动物画在一件器物之上，如著名的鱼鸟相战图[10]、鹳鱼石斧图[11]等。此类彩陶画卷的着重点在于传达鱼鸟相争的历史事实，不妨称之为"鱼鸟相争"图。此类彩陶图案展示出仰韶文化早期同属于仰韶文化组团的鱼集团同另一集团——鸟集团各不相让、互相争斗的历史背景。

大约到了仰韶文化半坡类型晚期即史家类型，亦即庙底沟类型早期，鱼鸟争斗的场面渐次消失，鱼鸟相融的彩陶画面，则屡见不鲜。如姜寨二期 M76 出土的葫芦瓶上（M76：10）（图二），器耳之间的正反两面均绘一幅圆形二等分的鱼鸟共存图。其中左半部都是一对合体鱼纹，右半部则是一个鸟头；姜寨二期 H467：1 葫芦瓶上，两个器耳的上下部位绘有写实性和抽象性的鱼纹，器身之间正反两面皆绘鸟纹、人面鸟纹，鸟纹在下，人面鸟纹在上（图三）[12]。

自庙底沟类型之始，鸟集团逐渐夺取了战斗中的胜利，用鱼鸟相融的新风貌代替原来鱼鸟相争的旧传统。这一重大的历史性变革在彩陶上也有所体现。这件庙底沟遗址出土的彩陶罐上的"鱼鸟共融图"，即属于仰韶文化的庙底沟期，比前一时期为晚，该时期有人称之为庙底沟文化[13]，当是仰韶文化当中最为重要的时期，也是仰韶文化彩陶最发达的阶段，有学者认为此时已进入最早的中国阶段[14]。该阶段的仰韶文化，地域广阔，聚落众多，生产力进步，文化繁

图二　葫芦瓶（姜寨二期 M76：10）　　　　图三　葫芦瓶（姜寨二期 H467：1）

荣，陶塑艺术也得到空前发展，以陶器为例，常见的器物如直口钵、敛口钵、碗、盆、罐等，常常施以各种类型的花纹图案，构成仰韶文化庙底沟期的常见彩陶图案。

　　因此，与这件器物大体同时期的器物常见鱼鸟相融的彩陶纹饰，此前仰韶文化的鱼集团和鸟集团，二者相互争斗，互不相让，最终以鸟集团获得成功而告终。此时的彩陶图案也大力宣传鱼鸟共融的场面，而这件彩陶罐上的"鱼鸟共融图"，或许正是突出鱼鸟和谐共存的时代主题。通览该幅鱼鸟谐趣图，除了彩陶罐唇部的一条窄带外，整幅画面，以主体内容或可进一步细分为三部分。

　　第一部分由双鱼和双鸟构成，是该幅彩陶图案的着重渲染之所在。其中，双鱼为两个网格纹所构成。其中，左边的一条鱼仅存鱼身，隐去鱼头和鱼尾，整条鱼搁置于左侧鸟的鸟身之上，乍一看仅存一段斜方格纹，放置在鸟身之上，实际上，这是一条树立的鱼身。在这条"鱼"的下边和右边画有一只鸟的鸟身和鸟首。只见这只雄鸟昂首、挺胸，拖一条长长的尾巴，巨型长喙向右前方深入另一条"鱼"的上翘的嘴中，整体神态，显得怡然自得。这第二条鱼，也是向上顺置鱼身，鱼身的左侧较为顺直，而右侧稍显拱背弯曲，富有鱼体的写实特点。第二条鱼的下半身被右边的第二只鸟（或龙）的尾巴拦腰截断。这第二只鸟（或龙）像左边的第一只鸟一样，两个鸟首一并深入下端的同一个鱼嘴之中，这二鸟戏一鱼的镜头煞是好看，只是右边这只鸟（或龙）的颈部向右边突起，再向下拖迤，留下长长的尾巴，整只鸟儿整体呈反写的 C 形（如果把这只鸟当作一条巨龙看待，似无可厚非）。引人注目的是，这由双鱼双鸟（龙）构成的图案的左右两块空白处，各点一圆点，好似鱼眼或鸟眼，颇为引人入胜，整个画面突出鱼鸟合体的主体含义却十分明了。

　　这幅彩陶图的第二部分，紧贴第一部分图案的右边，由简化的一条大体向右侧弯曲的鸟首和其右侧的简化的鱼身所构成，无论是左边的鱼首还是右边的鸟身，均各有一圆点，分置于鱼首、鱼鸟身近旁。第二部分的画面较小，可视为小幅的"鱼鸟共融图"。

　　该幅彩陶图的第三部分，画面阔大，面积占据整只陶罐的一半，画面是一组带有抽象色彩的图案，分别是两条鸟儿分列左右构成，每一条都是低首、弯胸、翘尾，且左右相连，鸟首处，各施以圆点，代表鸟的眼睛。只是左边鸟的一条尾巴与右边鸟的尾巴稍高一点。整个画面突出的是双鸟合体，需要说明的是，画面中的鸟有两只，代表鸟集团可能不止一处，寓意鸟集团内部仍可以划分次一级别的若干族团。

通览三部分彩陶图案，虽有区分为三组的可能，但是，三者密不可分，融为一体，整幅彩陶罐宣扬鱼鸟和谐相处的主题，看不出鱼鸟征战的痕迹，无论是鸟集团还是鱼集团，均是你中有我，我中有你，和平共处，和谐友善。这种从彩陶画面上传达出来的信息，与庙底沟时代鱼鸟共存、和平共处的主旋律十分契合。

这样，仅从仰韶文化的彩陶构图，即可看到，自仰韶文化前期开始，先是鱼鸟相战，到了庙底沟时代，鱼鸟和谐相处成为时代的最强音，那些庙底沟时代的画匠，在各类陶器上，大力宣扬鱼鸟和平共处的主体理念，需要说明的是，此类图案，不仅仅出现于中原地区，远在陕西陇县和甘肃境内，也有发现。如陕西陇县原子头遗址就出土了一件鱼、鸟、花卉图案于一体的彩陶盆，这件彩陶盆编号为F33：4，泥质红陶，直口，侈沿，厚圆唇，浅腹上部微鼓，圜底，饰黑彩，黑彩图案由大小约略相等的相同两幅图案所构成。每幅图案均可分成三部分，即头部的鸟首、中部的花卉和尾部的鱼尾纹所构成，生动地描绘出鸟、花、鱼三位一体的生动画面，是活灵活现的鱼、鸟和谐共处的又一幅杰作（图四）[15]。

与原子头F33：4大致相似的还有甘肃秦安大地湾遗址的K707：1彩陶盆（见《秦安大地湾——新石器时代遗址发掘报告》第142页），这件彩陶盆，口径43.2、高14.6厘米，腹饰写意鱼纹、鸟首和花卉纹，其彩陶图案也是由鱼尾、花瓣和鸟首所构成，其年代属大地湾二期，与原子头的年代大致相当（图五），可见，这种带有庙底沟类型早期特点的彩陶，弘扬鱼鸟共存共融的理念，盛行于庙底沟文化的早期阶段。

这种将鱼、花和鸟的形象集于一体的风格，始于史家类型，很可能由史家类型较早阶段常见的鱼尾加变形四边形图案发展而来，张宏彦就曾经把这两类图案都归结为大地湾二期，他认为大地湾二期是从半坡类型向庙底沟类型过渡阶段[16]，实际上，二者曾经同时，恰好说明半坡类型晚段与庙底沟类型早段曾经同时并行。

总之，仰韶文化庙底沟期，彩陶图案已相当绚丽多姿，不仅仰韶彩陶的器物数量大增，而且出现了将鸟首融入彩陶图案当中，构成"鱼鸟共融"的美好画卷。换言之，在庙底沟类型早段，仰韶文化的先民们创造出一幅幅精美的原始艺术品——仰韶文化庙底沟类型彩陶图，为我们了解仰韶文化庙底沟期的时代风貌，留下辉煌

图四　彩陶盆（原子头 F33：4）

图五　彩陶盆（大地湾 K707：1）

璀璨的印记，而这件绘制有"鱼鸟共融图"的彩陶罐（02SHMT1H9：27）即是庙底沟文化的珍贵原始艺术品。

2016 年 6 月 20 日初稿于河南新密，2016 年 10 月 22 日修改于北京。

注释：

［1］河南省文物考古研究院：《华夏之花——庙底沟彩陶选粹》，上海古籍出版社，2013 年。

［2］直口钵见于《华夏之花》第 114 页（31）、91 页（86）、119 页（83）；敛口钵见于第 86 页（88）、90 页（12）、92 页（77）、95 页（15、91）；碗见于第 128 页（85）、129 页（49）、131 页（50）、大口钵见于第 139 页（82、46）、曲腹盆见于第 149 页（44）、157 页（20）、162 页（21）、163 页（45）、164 页（43、47），弧腹盆见于第 166 页（25）、167 页（75、11），壶见于第 177 页（22）。

［3］严文明：《略论仰韶文化的起源与发展阶段》，见《仰韶文化研究》，文物出版社，1989 年。

［4］石兴邦：《黄河流域原始社会考古研究上的若干问题》，《考古》1959 年第 10 期。

［5］安志敏：《中国新石器时代考古学上的主要成就》，《文物》1959 年第 10 期。

［6］苏秉琦：《关于仰韶文化的若干问题》，《考古学报》1965 年第 1 期。

［7］赵春青：《东庄村仰韶遗存再分析》，《考古》2000 年第 3 期。

［8］许永杰：《再审半坡文化和庙底沟文化的年代关系》，《考古》2015 年第 3 期。

［9］赵春青：《东庄村仰韶遗存再分析》，《考古》2000 年第 3 期。

［10］赵春青：《从鱼鸟相战到鱼鸟相融——仰韶文化鱼鸟彩陶图试析》，《中原文物》2000 年第 2 期。

［11］严文明：《〈鹳鱼石斧图〉跋》，《文物》1981 年第 12 期。

［12］西安半坡博物馆等：《姜寨——新石器时代遗址发掘报告》，文物出版社，1988 年。

［13］王仁湘：《史前中国的艺术浪潮——庙底沟文化彩陶研究》，文物出版社，2011 年。

［14］韩建业：《早期中国——中国文化圈的形成和发展》，上海古籍出版社，2015 年。

［15］宝鸡市考古工作队、陕西省考古研究所：《陇县原子头》，文物出版社，2005 年。

［16］张宏彦：《从仰韶文化鱼纹的时空演变看庙底沟类型彩陶的来源》，《考古与文物》2012 年第 5 期。

仰韶文化庙底沟类型彩陶鸟纹研究

◎ 朱乃诚

一、引言

在中国古代，鸟类图案是各种艺术作品的主题之一。尤其是在商周及其之前，各种高档次的礼仪仪式活动的用具上，如青铜礼器、玉石器、陶器、漆木器等，鸟类图案装饰于十分醒目的位置，并且胜过龙类图案的地位。

反映鸟类图案的作品，起源很早。在中国对后世的艺术作品产生重要而广泛影响的鸟纹作品，是仰韶文化庙底沟类型彩陶上的鸟纹图案。

对仰韶文化庙底沟类型彩陶鸟纹图案的研究，已有 50 多年了。但是，以往大家大都关注彩陶上阳文鸟纹图案，因为这类阳文鸟纹图案很容易识别。其实，在庙底沟类型彩陶图案中还有一种以阴文（地纹）以及阴文与阳文结合表现的鸟纹图案。这类阴文鸟纹图案富于变化，种类繁多，数量庞大，是形成绚丽多姿的庙底沟类型彩陶图案的主体纹饰。

本文研究仰韶文化庙底沟类型彩陶鸟纹，着重释读一种尚未被研究者识别的阴文鸟纹图案，分析其纹饰的特征和演化的特点，并结合对阳文鸟纹的分析，探索庙底沟类型彩陶鸟纹的源流及其含义。

二、庙底沟类型彩陶中阳文鸟纹

庙底沟类型彩陶中阳文鸟纹最早发现于河南陕县庙底沟遗址，迄今也仅限于几处遗址的发现，而且数量不多，主要有以下这些。

（1）1956 年 9 月至 1957 年 7 月两次发掘河南陕县庙底沟遗址出土的一大批彩陶中，有一片彩陶图案，是在由弧边三角形黑彩围成的一个椭圆形空白的中部绘一正视的呈展开双翅飞翔的阳文鸟纹（图一）[1]。这是仰韶文化庙底沟类型彩陶阳文鸟纹的最早发现。但是，当初对这一正视展翅飞翔鸟纹

图一　庙底沟阳文鸟纹

的发现未能辨识。

（2）1957年发掘陕西华阴西关堡遗址出土的1件彩陶盆（T101A：5：35），绘有呈侧视的飞翔状长尾阳文鸟纹（图二）[2]。

（3）1958~1959年发掘华县泉护村遗址发现了8例各种彩陶盆、彩陶钵上的阳文鸟纹。如泉护村一期Ⅰ段的H165：402彩陶盆残片上的侧视飞翔鸟纹，鸟首中还表现了微启的嘴和眼睛，十分形象而生动，鸟背上部绘有大圆点，似表现了鸟在晴空万里的太阳之下高空飞翔的意境（图三）。泉护村一期Ⅱ段的H245：01彩陶盆残片上的侧视飞翔鸟纹（图四）；H14：180彩陶钵上的侧视飞翔鸟纹（图五）。泉护村一期Ⅲ段的H22：04彩陶盆残片上的侧视鸟纹（图六）；H1005：274彩陶盆残片上的侧视站姿（行走状）鸟纹（图七）；H1052：01彩陶盆残片上的侧视飞翔鸟纹（图八）；H1060：01彩陶盆残片上的侧视一足站立、一足微抬啄食状鸟纹（图九）；H190：01彩陶钵残片上的侧视站姿抖动双翅鸟纹（图一〇）[3]。

（4）1959~1961年晋南考古调查中在芮城大禹渡遗址采集到的一片彩陶片上饰有阳文鸟纹。如大禹渡HB25：40彩陶盆残片上的正视展翅飞翔鸟纹（图一一）[4]。在大禹渡遗址还发现了

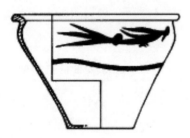

图二　西关堡阳文鸟纹

图三　泉护村一期Ⅰ段 H165：402 阳文鸟纹

图四　泉护村一期Ⅱ段 H245：01 阳文鸟纹

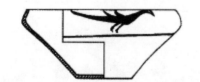

图五　泉护村一期Ⅱ段 H14：180 阳文鸟纹

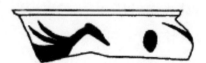

图六　泉护村一期Ⅲ段 H22：04 阳文鸟纹

图七　泉护村一期Ⅲ段 H1005：274 阳文鸟纹

图八　泉护村一期Ⅲ段 H1052：01 阳文鸟纹

图九　泉护村一期Ⅲ段 H1060：01 阳文鸟纹

这种正视展翅飞翔鸟纹图案的退化形式，如大禹渡 HB25：5 彩陶盆残片上的圆点弧边三角形加三短条线的图案[5]，应是这种正视展翅飞翔鸟纹图案的演化结果，但鸟纹的特征正在消失，而且图案是倒置的，可能当初绘制时已经模糊了作为鸟纹的装饰。

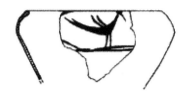

图一〇　泉护村一期Ⅲ段 H190：01 阳文鸟纹

（5）1978年试掘陕西临潼邓家庄遗址发现一片阳文鸟纹彩陶残片，保存的鸟纹的主体部分，呈侧视站姿啄食形态，伸脖下视，双翅上翘（图一二）[6]。

（6）1991~1992年发掘陕西陇县原子头遗址发现 2 例彩陶盆上的阳文鸟纹。如原子头 H99：5 彩陶盆残片上的侧视飞翔鸟纹，仅保存鸟纹的前半段，首部、上身与双翅，十分形象（图一三）[7]。原子头 H99：8 彩陶残片上的侧视站姿鸟纹，仅保存鸟纹的后半段，鸟的尾部、站姿的双脚以及双翅特征尚能分辨（图一四）[8]。

（7）1997年发掘陕西扶风案板遗址下河区发现 2 例阳文鸟纹。如 H4：40 彩陶钵残片上的侧视飞翔鸟纹，鸟纹下半部分残缺，鸟首、上半身以及一对展翅飞翼，表现生动，嘴尖衔圆形物（图一五）[9]。另一例 H3：41 彩陶片上的鸟纹仅存尾端与双翅局部，但参照西关堡 T101A：5：35 彩陶盆上的侧视飞翔长尾鸟纹（见图二），可知案板下河区 H3：41 彩陶片上的图案亦是侧视飞翔长尾鸟纹（图一六）[10]。

图一一　大禹渡 HB25：40 阳文鸟纹

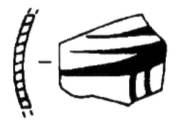

图一四　原子头 H99：8 阳文鸟纹

图一二　临潼邓家庄阳文鸟纹

图一五　案板（下河区）H4：40 阳文鸟纹

图一三　原子头 H99：5 阳文鸟纹

图一六　案板（下河区）H3：41 阳文鸟纹

（8）1997年第二次发掘华县泉护村遗址又发现 3 例阳文鸟纹。2 例绘于彩陶钵上，都属泉护村新二期，1 例为完整的鸟纹，呈侧视飞翔状，鸟尾分叉（图一七）；1 例鸟纹残缺尾部，亦呈侧视飞翔状（图一八）；另 1 例绘于彩陶盆上，属泉护村新三期，呈侧视的站姿展翅状，长尾与双翅飘逸，十分生动（图一九）[11]。

（9）1997~1998年发掘河南三门峡南交口遗址发现2例阳文鸟纹。如南交口二期四段H22：22彩陶盆外表一周绘鸟纹装饰，保存的有三个较为清晰的鸟纹图案。其中一个图案可看出鸟的分叉的尾部与站姿的双脚；一个完整的鸟纹图案，腹下饰一圆点（图二〇）。南交口二期六段H21：32彩陶片上所绘的鸟纹，部分残缺，保存的部分，形态异样（图二一）[12]。如果将这个图案与庙底沟正视展翅飞翔鸟纹（图一）、大禹渡HB25：40正视展翅飞翔鸟纹（图一一）以及临潼邓家庄侧视站姿啄食形态鸟纹（图一二）对比，南交口H21：32彩陶片上的动物图案表现的或许是正视的展翅飞翔鸟纹，或许是侧视的站姿鸟纹。

（10）2002年5月再次发掘三门峡庙底沟遗址，又发现1例阳文鸟纹。如庙底沟2002H9：47彩陶盆上的正视飞翔鸟纹。这例阳文鸟纹已十分抽象，仅以一圆点和两侧的弧线表示（图二二）[13]。

（11）2002年底至2003年初发掘陕西黄陵县黄帝陵博物馆扩建地段发现2例阳文鸟纹。一例是黄帝陵H1：6彩陶盆上的两种鸟纹，一种为侧视飞翔鸟纹，一种是正视飞翔鸟纹（图二三；图二四）[14]。这两种鸟纹都较为抽象，其中正视飞翔鸟纹已简化演变得较难分辨。另一例是黄帝陵H1：4彩陶钵残片上的鸟纹，为侧视飞翔鸟纹，也已经简化得十分抽象，与形象而生动的侧视飞翔鸟纹有明显的区别，已不属写实的阳文鸟纹了（图二五）[15]。

图一七　泉护村新二期完整阳文鸟纹

图一八　泉护村新二期残缺阳文鸟纹

图一九　泉护村新三期彩陶盆阳文鸟纹

图二〇　南交口二期四段H22：22阳文鸟纹

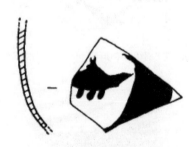

图二一　南交口二期六段H21：32阳文鸟纹

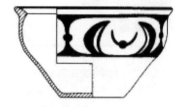

图二二　庙底沟新H9：47阳文鸟纹

图二五　黄帝陵H1：4抽象阳文鸟纹

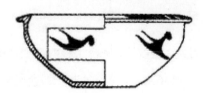

图二三、二四　黄帝陵H1：6阳文鸟纹

目前发现的仰韶文化庙底沟类型彩陶中的阳文鸟纹，大概是以上9处遗址发现的25例。

对仰韶文化庙底沟类型彩陶中阳文鸟纹的关注，最早是由石兴邦先生引起重视并开始研究的。1962年石兴邦先生在探索马家窑文化彩陶中鸟纹图案的源头时，分析了庙底沟类型阳文鸟纹向几何形纹饰的演变，即首次注意到庙底沟类型彩陶阳文鸟纹的图案演变及其特征问题[16]。1965年，苏秉琦先生依据华县泉护村遗址发掘出土彩陶鸟纹的考古学单位与层位关系，将庙底沟类型阳文鸟纹分为四式，并分作早晚演变的三期，还指认了一种鸟纹演化至鸟纹特征消失的彩陶图案，归纳出庙底沟类型阳文鸟纹图案的演化过程是从写实到写意（表现鸟的几种不同动态）到象征这么一个重要的认识[17]。1990年，张朋川也提出了庙底沟类型阳文鸟纹是由形象向抽象演化的意见[18]。王仁湘综合前人研究成果，依据华县泉护村遗址前后两次发掘收获，再次排列了庙底沟类型阳文鸟纹由像生形向几何形演化的脉络[19]。

以上的这些发现以及研究成果，尤其是华县泉护村遗址发现的多种阳文鸟纹及其所属的考古学单位的层位关系以及对其进行的分期分段的研究，基本上揭示了庙底沟类型阳文鸟纹图案由写实到写意再到象征，或是由像生形向几何形，或是由形象的向抽象的演化的基本情况。如果再进一步分析，可以看出，以上9处遗址发现的25例庙底沟类型阳文鸟纹图案基本都是写实鸟纹，有的十分生动形象，如图一、二、三、四、五、六、八、一○、一三、一五、一七、一八、一九，有的较为抽象，如图七、一一、二○、二一、二二、二三、二四、二五。在庙底沟类型彩陶图案中，可辨识的抽象的阳文鸟纹图案不限于以上介绍的这几例，可能还有很多，而这类抽象化阳文鸟纹图案进一步演化为各种几何形图案的，则为数更多。就以上介绍的25例阳文鸟纹图案而言，写实鸟纹以侧视鸟纹为主，有19例，而正视的鸟纹大都是写意的。这可能与彩陶绘画的表现方式的容易与难度有关，写实的侧视鸟纹容易表现，而写实的正视鸟纹则较难表现。这也反映了仰韶文化庙底沟类型阶段彩陶作画的绘画技术与水平的发展程度。

关于庙底沟类型彩陶阳文鸟纹的年代，依据泉护村11例阳文鸟纹及其所属的期段，大体可以判断明确。

在19例侧视阳文鸟纹中，泉护村有11例。属泉护村一期Ⅰ段的有1例，即H165：402（见图三）；属泉护村一期Ⅱ段的有2例，分别是H245：01（见图四）、H14：180（见图五），属泉护村新二期的有2例（见图一七；图一八）；属泉护村一期Ⅲ段的有5例，分别是H22：04（见图六）、H1005：274（见图七）、H1052：01（见图八）、H1060：01（见图九）、H190：01（见图一○），属泉护村新三期的有1例（见图一九）。其余8例侧视阳文鸟纹，如西关堡（见图二）、原子头H99：5（见图一三）、原子头H99：8（见图一四）、案板（下河区）H4：40（见图一五）、案板（下河区）H3：41（见图一六）、南交口H22：22（见图二○）、黄帝陵H1：6左（见图二三）、黄帝陵H1：4（见图二五）等，其形态大都与泉护村一期Ⅲ段或新三期的接近，其年代也大致相同，不会早于原泉护村一期Ⅱ段或新二期。

在6例正视阳文鸟纹中，如庙底沟（见图一）、庙底沟新H9：47（见图二二）、大禹渡

HB25：40（见图一一）、邓家庄（见图一二）、南交口 H21：32（见图二一）、黄帝陵 H1：6 右（见图二四）等，以庙底沟（见图一）的正视阳文鸟纹的形态较为原始，其年代可能与早年发掘出土的庙底沟阴文鸟纹中的第 1、2 例的相同，相当于泉护村一期Ⅰ段（见后述），其余的正视阳文鸟纹的年代可能分属泉护村一期Ⅱ段和一期Ⅲ段。

归纳以上分析，可以认为庙底沟类型彩陶阳文鸟纹的流行年代在泉护村一期Ⅰ段、一期Ⅱ段、一期Ⅲ段。在这三个期段内，都流行着写实的形态生动的阳文鸟纹。但是，写意的形态抽象的阳文鸟纹可能是在泉护村一期Ⅱ段开始出现，流行于一期Ⅲ段。

三、庙底沟类型彩陶中阴文鸟纹

庙底沟类型彩陶图案中的阴文鸟纹，数量很多，图案富于变化，是庙底沟类型彩陶图案中最为庞杂的一类纹饰。但是，一直未被研究者识别。以往的研究，将这类彩陶纹饰或是按阳文的单体图案元素简单地称之为"真螺旋纹"、"流动的曲线带纹"、"圆点勾叶弧线三角纹"、"回旋勾连纹"、"弧线三角纹"、"钩羽圆点纹"、"单旋纹"、"双旋纹"等称之，或是按整组阳文单元图案称之为"花卉纹"，并分为"菊科"和"蔷薇科"两种[20]。前面几种名称是力图体现阳文单体图案元素的特点，而后一种名称则是在探索整组阳文单元图案的含义。

庙底沟类型彩陶阴文鸟纹，实际上是由阴文（地纹）与阳文共同表现的，是庙底沟类型彩陶中极为常见的一种纹饰。所以，在庙底沟类型分布区域内的许多遗址都有发现。下面，我们在前人的研究基础上，对已公布的庙底沟类型彩陶资料进行初步整理与分析，选择陕西华县泉护村、华阴兴乐坊、渭南北刘、岐山王家咀、甘肃秦安大地湾、正宁宫家川、河南灵宝西坡、陕县庙底沟、三门峡南交口，山西夏县西阴村，湖北郧县大寺等遗址出土的阴文鸟纹标本予以介绍。

1. 华县泉护村彩陶中的阴文鸟纹

泉护村遗址出土的彩陶阴文鸟纹，数量比较多。但很多是彩陶碎片，彩陶图案较难分辨。按照泉护村遗址发掘资料的公布情况，这些彩陶阴文鸟纹分属前后三期。这里介绍 10 例。

第 1 例　泉护村新一期彩陶盆上的阴文鸟纹（图二六）[21]。在这件彩陶盆上一周绘三组阴文鸟纹，三组阴文鸟纹的结构、形式、大小都相同。每组阴文鸟纹都以地纹与阳文相结合的方式表现了侧视鸟纹的首部、翅翼与尾翼部分（图二七）。

图二六　泉护村第 1 例阴文鸟纹（新一期）　　　　图二七　泉护村第 1 例一组阴文鸟纹（新一期）

首部以圆点、弧边三角纹表现了阴文鸟首的形态，圆点象征眼睛，圆点下部的弧边三角纹的一角线纹延伸至尾部与表现前翅翼的半月形旋纹的一延伸线纹相接而形成阳线阴文的弯钩，这阳线阴文的弯钩，或许是象征鸟身与鸟尾的简化所致。

在这阳线阴文弯钩的后面饰弧边三角纹，这个弧边三角纹与前面的一个翅翼纹、与后面的一组阴文鸟纹的鸟首勾连，并且与象征鸟身与鸟尾的阳线阴文弯钩呈上下勾旋状。这个弧边三角纹的演变形式很多，在不明白鸟身与鸟尾原本是由与鸟首线条连接的阳线阴文弯钩所表现之前，很容易将这个弧边三角纹视作为鸟尾及其演化形式，或解读为其他的各种象征纹饰。而实际上这个弧边三角纹是连接前一组阴文鸟纹与后一组阴文鸟纹之间的补白纹饰，因鸟身与鸟尾纹特征在纹饰演化中逐步消失，弧边三角纹醒目而演化多变，逐渐成为阴文鸟纹中主体纹饰的一个图案。

翅翼部分以两个半月形右旋纹表现，但两个半月形右旋纹有区别。后面一个半月形右旋纹内留有一短条弯弧的阴线，似表现着羽毛之间的缝隙，应是表现翅翼。前面一个半月形右旋纹为阳文实体，实际上与表现阴文鸟首与鸟身外侧轮廓线有关。但纹饰的演化结果又似与翅翼有关。

整个阴文鸟纹图案简略而富有动感韵味。这是庙底沟类型彩陶阴文鸟纹中图案较为完整、视觉舒展而又较为简洁的一种。

第2例 泉护村一期Ⅰ段H5：192彩陶盆上的阴文鸟纹（图二八）[22]，在彩陶盆一周绘两组阴文鸟纹。这例阴文鸟纹的构图形式与第1例的基本相同，只是在尾部上下勾旋纹之间增饰一个圆点，在半月形右旋的翅翼纹内的阴文缝隙较长较宽。此外，泉护村一期Ⅰ段H1047：03彩陶盆残片上的图案[23]，可能与这例阴文鸟纹相同。

第3例 泉护村一期Ⅰ段H1046：858彩陶盆残件上的阴文鸟纹（图二九）[24]。经王仁湘复原图展示，这件彩陶盆一周绘有三组阴文鸟纹[25]。这例阴文鸟纹的首部构图形式与第1例的相同，但鸟身消失，表现了两种装饰图案。这两种装饰图案由半月形右旋纹与"工"字形圆点勾旋纹组成两个相连的阴文（地纹）圆。前面一个圆内饰一简化的正视飞翔鸟纹图案。后一个圆内饰一圆点。在后面还有一个弧边三角纹与后面一组阴文鸟首相连。

图二八 泉护村第2例阴文鸟纹
（一期Ⅰ段 H5：192）

第4例 泉护村一期Ⅰ段H351：01彩陶盆残件上的阴文鸟纹（图三〇）[26]。这例阴文鸟纹的首部构图形式与第1例的相同。鸟身消失，以阳文与阴文共同表现一个圆球，圆球中部为一阳文方块，阳文方块四边各形成一个阴文拱桥形纹。整个圆球犹似马赛克拼图。在这个圆球前面有一半月形右旋纹，后面为弧边三角纹，这三者之间即圆球的左右两侧形成相对的阴文半月形旋纹。这个圆球与左右两侧相对

图二九 泉护村第3例阴文鸟纹
（一期Ⅰ段 H1046：858）

图三〇 泉护村第4例阴文鸟纹
（一期Ⅰ段 H351：01）

的阴文半月形旋纹，占据的面积较大。这种图案风格的圆球纹饰在庙底沟类型彩陶图案中较为少见。

第5例　泉护村新二期彩陶盆上的阴文鸟纹（图三一）[27]。这例阴文鸟纹图案是第1例与第3例阴文鸟纹图案的组合，形成的一组阴文鸟纹图案较长，所以在彩陶盆上一周绘两组鸟纹。这例阴文鸟纹的前半部分与第1例的相同，只是在尾部上下勾旋纹之间饰一圆点，或在鸟首中间加一条斜线；后半部分与第3例鸟纹表现的两种装饰图案相同，只是阴文圆内的简化正视飞翔鸟纹进一步退化，

图三一　泉护村第5例阴文鸟纹（新二期）

图三二、三三　泉护村第6例阴文鸟纹（一期Ⅱ段 H14∶01）

图三四、三五　泉护村第7例阴文鸟纹（一期Ⅱ段 H205∶01）

图三六、三七　泉护村第8例阴文鸟纹

形成上下对应圆点、中间弧边三角纹加一条线的形式，或是左右圆点、中间竖向弧边三角纹形式。这例阴文鸟纹图案显然是吸收了第1例与第3例阴文鸟纹图案而形成的。

第6例　泉护村一期Ⅱ段 H14∶01 彩陶盆残件上的阴文鸟纹（图三二）[28]。经王仁湘复原图展示，这件彩陶盆一周可能绘有三组阴文鸟纹（图三三）[29]。这例阴文鸟纹的构图形式与第1例的基本相同，不同的是阴文鸟纹首部的弧边三角纹、翅翼的半月形旋纹、尾部后面的弧边三角纹都比较窄、间距较小，并且在翅翼后增加了一个弧边三角纹以及在其左侧的圆点纹，阴文鸟尾特征明显，在尾部上下勾旋纹之间饰一圆点。这例鸟纹显然是第1例鸟纹图案的进一步发展。

第7例　泉护村一期Ⅱ段 H205∶01 彩陶盆残件上的阴文鸟纹（图三四）[30]。经王仁湘复原图展示，这件彩陶盆一周可能绘有三组阴文鸟纹（图三五）[31]。这例阴文鸟纹的构图形式与第1例的接近，但鸟首图案变化较大。鸟首中象征眼睛的圆点前移至鸟首的中部并与鸟首下部的弧边三角纹相接连。在尾部上下勾旋纹之间饰一圆点。这例阴文鸟纹图案中象征眼睛纹饰的圆点位置变化以及与鸟首下部弧边三角纹接连，使得鸟首特征削弱。这种鸟首特征削弱的现象在第5例中已经产生。此外，泉护村一期Ⅱ段 H139∶618 彩陶盆上的阴文鸟纹[32]，可能与这例阴文鸟纹相同。

第8例　泉护村一期Ⅱ段 H14∶02 彩陶盆残件上的阴文鸟纹（图三六）[33]。这例阴文鸟纹图案十分简略，亦是第1例阴文鸟纹的简化形式。经王仁湘复原图展示，这件彩陶盆一周可能绘有四组阴文鸟纹（图三七）[34]。但鸟首下部残缺，是否为弧边三角纹尚不可知，或许是一条弧线并与前一组鸟纹尾后的纹饰接连，致使阴文鸟首特征减弱。翅翼仅以一个半月形右旋纹表现，阴文鸟尾特征明显，在尾部上饰一圆点。

第 9 例　泉护村新二期彩陶盆上的阴文鸟纹（图三八）[35]。这例阴文鸟纹的构图形式与第 8 例的接近，但鸟首纹下部的弧线与前一组鸟纹尾后的弧边三角纹接连，并且使弧边三角纹成为"工"字形勾旋纹。阴文鸟首特征减弱，而阴文鸟尾特征明显，这例阴文鸟纹图案较为舒展，在彩陶盆一周可能绘两组鸟纹。

图三八　泉护村第 9 例阴文鸟纹（新二期）

图三九　泉护村第 10 例阴文鸟纹（新三期）

第 10 例　泉护村新三期彩陶盆上的阴文鸟纹（图三九）[36]。这例阴文鸟纹的构图形式较为复杂，在彩陶盆一周的图案可分为三组，但不是相同的三组鸟纹。

后面一组鸟纹与第 3 例的基本相同，只是没有鸟首中象征眼睛的圆点和"工"字形勾旋纹中心的圆点。

前面一组鸟纹除鸟首纹外，以两个"工"字形勾旋纹组成两对分别以圆点为中心的双勾旋纹。

中间一组鸟纹最复杂，有五种图案组成。分别是鸟首纹，半月形右旋纹，半月形右旋纹与"工"字形勾旋纹组成的阴文（地纹）圆、圆内饰一简化的正视飞翔鸟纹图案，"工"字形勾旋纹与半月形右旋纹组成的阴文半月形、中间加一圆点，以圆点为中心的双勾旋纹。

这例阴文鸟纹的构图特点似与第 3 例阴文鸟纹的演变有关，但图案的单元组合较为杂乱。鸟纹特征已消失。

2. 华阴兴乐坊彩陶中的阴文鸟纹

兴乐坊遗址于 2009 年发掘 1000 平方米，发掘成果尚未全部公布，在已发表的发掘简报中公布有 1 例庙底沟类型彩陶阴文鸟纹。

兴乐坊 H24 : 2 彩陶盆上的阴文鸟纹，在彩陶盆一周绘两组（图四○）[37]。这例阴文鸟纹的构图形式与泉护村第 1 例的相同，只是在翅翼间、尾部上下勾旋纹之间分别增饰一圆点，或仅在尾部上加一圆点。

图四○　兴乐坊阴文鸟纹（H24 : 2）

3. 渭南北刘彩陶中的阴文鸟纹

北刘遗址在 1980 年秋试掘出土的三件彩陶盆上绘制了阴文鸟纹，分别是 H10 : 1、H2 : 5、H2 : 26 彩陶盆[38]。1982、1983 年第二、三次发掘又发现 1 例阴文鸟纹，即 M1 : 8 彩陶盆[39]。M1 : 8 彩陶盆上的阴文鸟纹图案没有公布展开图，从公布的局部图案看，可能与第一次试掘出土的北刘 H2 : 26 彩陶盆上的阴文鸟纹的图案相同。所以下面分析介绍 3 例。

第 1 例　北刘 H2 : 5 彩陶盆上的阴文鸟纹（图四一），经王仁湘复原图展示，这件彩陶盆一周绘有两组阴文鸟纹（图四二）[40]。这例阴文鸟纹的构图形式与泉护村第 1 例的相同，只是在尾部上下勾旋纹之间增饰一圆点。

第2例　北刘H2∶26彩陶盆上的阴文鸟纹（图四三），经王仁湘复原图展示，这件彩陶盆一周绘有两组阴文鸟纹（图四四）[41]。但他分析展示的这例彩陶盆图案中，阴文鸟纹尾部后面多了一个弧边三角纹。而这种在鸟纹尾部后面有两个弧边三角纹的表现方式，尚未见于已发表的庙底沟类型彩陶阴文鸟纹的资料中。所以，这例阴文鸟纹的构图形式与第1例是相同的，只是在半月形右旋的翅翼纹内有阴线缝隙（图四五）[42]。

第3例　北刘H10∶1彩陶盆上的阴文鸟纹（图四六），经王仁湘复原图展示，这

图四一、四二　北刘第1例阴文鸟纹（H2∶5）

图四三、四四　北刘第2例阴文鸟纹（H2∶26）

图四五　北刘第2例阴文鸟纹（H2∶26）一组鸟纹

图四六、四七　北刘第3例阴文鸟纹（H10∶1）

件彩陶盆一周绘有两组阴文鸟纹（图四七）[43]。这例阴文鸟纹的构图形式是在第1例、第2例阴文鸟纹图案基础上增加了新的图案单元。在翅翼间加一圆点，尾部后面的弧边三角纹变为"工"字形圆点勾旋纹，在"工"字形圆点勾旋纹后面还有一个弧边三角纹。另外，鸟首下部的弧边三角纹变窄并与象征眼睛的圆点相接，也是一种新的现象。这例阴文鸟纹图案显然是第1例、第2例阴文鸟纹图案的进一步发展。

4. 岐山王家咀彩陶中的阴文鸟纹

1982年秋试掘王家咀遗址时采集到一件绘有阴文鸟纹的彩陶盆，即王家咀采∶1彩陶盆（图四八）[44]。经王仁湘复原图展示，这件彩陶盆一周绘有两组阴文鸟纹（图四九）[45]。这例阴文鸟纹的构图形式在北刘第3例（H10∶1）阴文鸟纹图案基础上又复杂一点，即在后面的弧边三角纹演变为上端分叉，在分叉内饰一圆点，另在翅翼间的圆点改饰于后翅翼尖上。这例阴文鸟纹显然是北刘第3例（H10∶1）阴文鸟纹图案的继续发展。

图四八、四九　王家咀采∶1阴文鸟纹

5. 秦安大地湾彩陶中的阴纹鸟纹

大地湾遗址在1979~1983年的发掘中发现了一批庙底沟类型彩陶，其中有1例是典型的侧视阴文鸟纹，即

图五〇　大地湾第三期T309③∶11阴文鸟纹

大地湾第三期T309③∶11彩陶盆（图五〇）[46]。这件彩陶盆保存了一半许，可以复原一组完整的阴文鸟纹，彩陶盆一周绘两组阴文鸟纹。这例阴文鸟纹的构图形式与渭南北刘第3例H10∶1彩陶盆上的阴文鸟纹基本相同，只是在双翅翼之间的圆点饰于前翅翼的翅尖，并且在鸟首下部的弧边三角纹之下多一条线，这条线从鸟尾尖处向前延伸至与前一

组鸟纹底线连接。

6. 正宁宫家川彩陶中阴文鸟纹

宫家川彩陶阴文鸟纹仅 1 例，绘于彩陶盆上。这件彩陶盆于 1976 年出土、1977 年征集（图五一）[47]。这例阴文鸟纹的构图十分简略，但绘制的阴文鸟纹十分清晰而形象。

图五一　宫家川阴文鸟纹

以弧线阳文勾画出阴文鸟首与鸟身。鸟首中象征眼睛的圆点位置适中。鸟身上部即背部绘双阳线阴文翅翼。鸟尾上部饰圆点。

鸟尾后上方饰弧边三角纹并与翅翼勾连，这个弧边三角纹在图案中的作用容易作为鸟尾纹饰来认识，而实际上应是连接这组阴文鸟纹与后面一组阴文鸟纹鸟首之间的补白。

鸟腹之下有两条短斜线，一条斜线与尾部相接。这两条短斜线似象征着一对鸟足。

这是目前所见到的仰韶文化侧视阴文鸟纹中最为形象而又绘制简洁的阴文鸟纹图案。但在彩陶盆上绘制的不是两组或三组完整的阴文鸟纹，而是两组半阴文鸟纹。其中一组阴文鸟纹的画面空间已经很小，不足以绘制一组完整的阴文鸟纹，所以压缩图案单元，而且没有绘好鸟首与鸟首前的弧边三角纹。这件彩陶盆上不完整阴文鸟纹的现象，表明绘制者没有掌握好所绘画面的比例、大小，表现了不是十分精湛的彩陶绘制技术。

这例阴文鸟纹的阴文鸟首与鸟身表现清晰，翅翼简单，腹下鸟足特征明显，而鸟尾上部的圆点以及勾连弧边三角纹的补白作用容易分辨。与其他阴文鸟纹比较，这例阴文鸟纹可能是目前所见庙底沟类型彩陶阴文鸟纹中的原始图案。

7. 灵宝西坡彩陶中阴文鸟纹

西坡遗址在 2001~2013 年期间进行了多次发掘，获得了一批庙底沟类型彩陶，目前公布的彩陶资料中有 2 例阴文鸟纹。

第 1 例　2001 年春季发掘西坡遗址在南区出土的 H36：16 彩陶盆残件上的阴文鸟纹（图五二）[48]。残彩陶盆上的图案仅存一组鸟纹的三分之二和前一组鸟纹的二分之一，但据此可以复原整个彩陶盆的阴文鸟纹图案。这例阴文鸟纹的构图形式与北刘第 2 例的相同，只是图案较为舒展，在彩陶盆上一周绘两组阴文鸟纹。

图五二　西坡第 1 例阴文鸟纹（H36：16）

第 2 例　2000 年秋冬季发掘西坡遗址出土的 H22：71 彩陶盆上的阴文鸟纹（图五三）[49]。这例阴文鸟纹的构图形式与北刘第 3 例的基本相同，但阴文鸟首狭窄，没有象征眼睛的圆点，鸟首演变得难于分别，另在鸟尾尖上饰一圆点。

图五三　西坡第 2 例阴文鸟纹（H22：71）

8. 陕县庙底沟彩陶中阴文鸟纹

庙底沟遗址在 1956~1957 年第一次大规模发掘时出土了一大批庙底沟类型彩陶，在公布的资料中有 3 例是比较清晰的阴文鸟纹。2002~2003 年第二次大规模发掘中又出土了大量的庙底沟类型彩陶，在阶段性成果中将这些彩陶分为早晚三期，第二期又分为早晚两段，其中有 9 例是比较清晰的阴文鸟纹。

第 1 例　庙底沟遗址第一次发掘出土的 H379：86 彩陶盆上的阴文鸟纹（图五四；图五五）[50]。这例彩陶盆一周绘两组阴文鸟纹。其中一组阴文鸟纹的构图形式与北刘第 2 例的相同；另一组阴文鸟纹的构图形式可能与北刘第 3 例的相同，但没有公布彩陶图案的展示图。

第 2 例　庙底沟遗址第一次发掘出土的彩陶盆残件上的阴文鸟纹（图五六）[51]。这例阴文鸟纹的构图形式与北刘第 3 例的基本相同，只是鸟首中没有象征眼睛的圆点。在彩陶盆一周绘两组阴文鸟纹。

第 3 例　庙底沟遗址第一次发掘出土的另一件彩陶盆残件上的阴文鸟纹（图五七）[52]。这例彩陶盆上一周绘两组阴文鸟纹，但两组阴文鸟纹不相同。一组阴文鸟纹的构图形式与泉护村第 3 例的接近。另一组阴文鸟纹的鸟首构图形式有变异，在鸟首部位增加了两道斜线以及分别在斜线两侧的弧边三角纹，鸟首特征消失。

第 4 例　庙底沟新一期 02SHMT21⑨：95 彩陶盆上的阴文鸟纹（图五八）[53]。这例阴文鸟纹的构图形式与泉护村第 1 例的基本相同，不同的是在表现翅翼的半月形右旋纹内没有象征羽毛特征的阴文缝隙，象征鸟尾的阳线阴文弯钩的下面一道阳线是从底线引导出与尾尖相接。这例阴文鸟纹的图案结构比泉护村第 1 例的松散些，在彩陶盆上一周绘两组阴文鸟纹。

第 5 例　庙底沟新一期 02SHMT34H102：5 彩陶盆上的阴文鸟纹（图五九）[54]。这例彩陶盆没有公布彩陶图案展示图，从公布的器物照片分析，这例阴文鸟纹的构图形式可能与第 4 例的相同，在彩陶盆上一周绘两组阴文鸟纹。

第 6 例　庙底沟新一期 02SHMT17⑧：36 彩陶盆残件上的阴文鸟纹（图六〇）[55]。这例彩陶盆仅存不足一半，据保存的彩陶盆的图案推测，这例阴文鸟纹的构图形式与第 4 例的基本相同，并在鸟尾上加一圆点。复

图五四、五五　庙底沟第 1 例阴文鸟纹（H379：86）

图五六　庙底沟第 2 例阴文鸟纹

图五七　庙底沟第 3 例阴文鸟纹

图五八　庙底沟第 4 例阴文鸟纹
（新一期 02SHMT21⑨：95）

图五九　庙底沟第 5 例阴文鸟纹
（新一期 02SHMT34H102：5）

原后的阴文鸟纹可能与北刘第1例的相同，但阴文鸟纹图案松散，在彩陶盆上一周绘两组阴文鸟纹。

　　第7例　庙底沟新一期02SHMT59H346：1彩陶盆上的阴文鸟纹（图六一）[56]。这例阴文鸟纹的构图形式与泉护村第1例的基本相同，只是鸟首中象征眼睛的圆点前移、鸟首下部的弧边三角纹上移，阴文鸟纹图案松散，在彩陶盆上一周绘两组阴文鸟纹。

　　第8例　庙底沟新一期02SHMT21⑨：88彩陶盆上的阴文鸟纹（图六二；图六三）[57]。这例彩陶盆没有公布彩陶图案展示图，从公布的器物照片分析，这例阴文鸟纹的构图形式与北刘第1例的基本相同，只是鸟首中象征眼睛的圆点后移、鸟首下部的弧边三角纹内的底边留有一道阴线。阴文鸟纹图案松散，在彩陶盆上一周绘两组阴文鸟纹。

　　第9例　庙底沟新一期02SHMT21⑧：33彩陶盆上的阴文鸟纹（图六四；图六五）[58]。这例阴文鸟纹的构图形式与北刘第1例的基本相同，在彩陶盆上一周绘两组阴文鸟纹。但是其中一组阴文鸟纹的鸟首部位多了一个弧边三角纹，即在鸟首下部有两个并列的弧边三角纹，两个弧边三角纹之间以一个圆点连接，在圆点上部并与圆点连接的还有一个半月形右旋纹和一个

图六〇　庙底沟第6例阴文鸟纹
（新一期02SHMT17⑧：36）

图六二　庙底沟第8例阴文鸟纹
（新一期02SHMT21⑨：88）

图六四　庙底沟第9例阴文鸟纹
（新一期02SHMT21⑧：33）

图六一　庙底沟第7例阴文鸟纹
（新一期02SHMT59H346：1）

图六三　庙底沟第8例阴文鸟纹
（新一期02SHMT21⑨：88）

图六五　庙底沟第9例阴文鸟纹
（新一期02SHMT21⑧：33）

弧边三角纹。这些多出来的图案元素可能是在绘制彩陶盆的阴文鸟纹时没有控制好两组阴文鸟纹的画面比例而多出来的画面，于是增添了三种图案元素，并以圆点连接。从这例阴文鸟纹图案的结构看，比北刘第 1 例的在彩陶盆一周绘三组阴文鸟纹的要松散，但比庙底沟第 1 例的在彩陶盆一周绘两组阴文鸟纹的要紧密些。这现象也说明这例彩陶盆上多出来的画面以及多出来的图案元素确实是绘制者没有控制好阴文鸟纹的画面比例所致。

第 10 例　庙底沟新一期 02SHMT21 ⑨：89 彩陶盆上的阴文鸟纹（图六六；图六七）[59]。这件彩陶盆残缺三分之一，但阴文鸟纹图案可以复原完整。这例阴文鸟纹的构图形式与泉护村第 9 例的基本相同，鸟尾后面的弧边三角纹变为"工"字形勾旋纹，只是鸟首的阴文鸟嘴尖的特征消失。阴文鸟尾比较饱满，并且从底线上起弯弧线组成，鸟尾中多一道阳线。在公布的线图中，这例阴文鸟纹的鸟尾上部没有圆点，但公布的照片显示鸟尾上部有圆点。在彩陶盆上一周绘三组阴文鸟纹。

图六六　庙底沟第 10 例阴文鸟纹
（新一期 02SHMT21 ⑨：89）

图六七　庙底沟第 10 例阴文鸟纹
（新一期 02SHMT21 ⑨：89）

第 11 例　庙底沟新二期 I 段 02SHMT34H122：19 彩陶盆残件上的阴文鸟纹（图六八；图六九）[60]。这件彩陶盆残缺约一半，保存的阴文鸟纹图案是前一组的后半段与后一组的前半段，所以可以复原一组完整的阴文鸟纹。这例阴文鸟纹的构图形式与泉护村第 1 例的接近，但鸟首中的圆点前移，并且绘三道斜线贯穿圆点，致使鸟首特征消失。鸟首中穿斜线的现象见于泉护村第 5 例阴文鸟纹，但泉护村第 5 例阴文鸟纹的鸟首中穿一条斜线，而这例阴文鸟纹的鸟首中穿并列的三条斜线。这例阴文鸟纹的图案较为松散，在彩陶盆上一周可能绘两组阴文鸟纹。

图六八、六九　庙底沟第 11 例阴文鸟纹（新二期 I 段 02SHMT34H122：19）

第 12 例　庙底沟新二期 I 段 03SHMTG230H901：8 彩陶盆上的阴文鸟纹（图七〇）[61]。这例阴文鸟纹的构图形式与北刘第 3 例的接近，但更为繁缛些。在鸟首中增加两道斜线，翅翼间的圆点移至翅翼尖并与鸟首中两道斜线连接。鸟尾的外轮廓阳线加粗，呈半月形左旋，使得鸟尾十分饱满。鸟尾上部的圆点前移至半月形翅翼纹的下部尖端，并从这圆点上引出三条阳线随同鸟尾后面的"工"字形勾旋纹向上、向后弯旋。在"工"字形勾旋纹的下部的前角尖饰圆点。在彩陶盆一周绘两组阴文鸟纹。

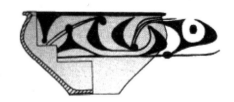

图七〇 庙底沟第12例阴文鸟纹
（新二期I段 03SHMTG230H901：8）

这件彩陶盆上的阴文鸟纹的图案元素有所变异。但通过这例阴文鸟纹图案可以看出，在庙底沟类型彩陶中由圆点、弧边三角、半月形、"工"字形勾旋、圆点勾旋纹、两道或三道斜线等元素组成的复杂多变而又有组合规律的彩陶图案，大都与阴文鸟纹有关，是组成阴文鸟纹的各种图案元素的变化和灵活组合的结果。

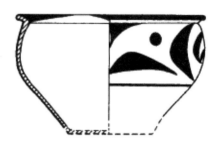

图七一 南交口第1例阴文鸟纹
（第三段 H49：2）

9. 三门峡南交口彩陶中阴文鸟纹

南交口遗址在1997~1998年发掘中出土了一批庙底沟类型彩陶，在公布的资料中有2例是比较清晰的阴文鸟纹。

第1例 南交口二期III段H49：2彩陶盆残件上的阴文鸟纹（图七一）[62]。这例阴文鸟纹的构图形式，据《三门峡南交口》作者分析，与庙底沟第1例的相似[63]，由此推测其与庙底沟第1例的接近。

第2例 南交口二期III段H09：1彩陶盆残件上的阴文鸟纹（图七二）[64]。这例阴文鸟纹的构图形式与北刘第3例的接近，但翅翼间没有圆点，鸟首后部多一圆点，鸟首中增加一斜线并串连两个圆点。在彩陶盆一周可能绘两组阴文鸟纹。

图七二 南交口第2例阴文鸟纹（第三段 H09：1）

10. 夏县西阴村彩陶中阴文鸟纹

西阴村遗址在1926、1994年进行了两次发掘，在公布的庙底沟类型彩陶资料中，有1例可能是阴文鸟纹图案，即1994年发掘出土的H34：40彩陶盆残件（图七三）[65]。这件彩陶盆残件保留部分较少，复原口径36.4厘米，残高14厘米，阴文鸟纹图案仅存局部，即阴文鸟纹的前半部和前一组阴文鸟纹的后半部，大体可以看出这例阴文鸟纹的构图形式可能与北刘第2例、灵宝第1例的相同。

图七三 西阴村阴文鸟纹（1994H34：40）

11. 郧县大寺彩陶中阴文鸟纹

大寺遗址在2006~2007年的第6次发掘中出土了一批仰韶文化彩陶，其中有1例可能属庙底沟类型阴文鸟纹，即H85：3彩陶钵残件上的彩陶图案（图七四）[66]。这件彩陶钵残片上保留的阴文鸟纹的图案只有鸟首与前面一组阴文鸟纹鸟尾后面"工"字形勾旋纹的一小部分，王仁湘据此复原的一组图案（图七五）与泉护村第3例的相同，但也许与北刘第3例的相同。

图七四　大寺 H85∶3 阴文鸟纹　　　　　图七五　大寺 H85∶3 复原阴文鸟纹

以上介绍的庙底沟类型阴文鸟纹共计 11 处遗址 35 例，实际上的发现远远不止这些，只是有些发现没有公布资料，或公布的资料不完整致使我们不易别识出来。但通过这 11 处遗址 35 例阴文鸟纹，可以探讨阴文鸟纹的年代、分布情况、阴文鸟纹图案的演化等有关的一些问题。

四、庙底沟类型彩陶阴文鸟纹的分类与演化及其规律的分析

以上介绍的 35 例庙底沟类型彩陶上的阴文鸟纹，尽管出自 11 处遗址，而且有的相距 500 多公里，但他们的构图形式及图案元素的组合，有的可谓是一模一样，有的是大同小异，有的只是表现出繁简不同。根据这些阴文鸟纹的图案元素及构图形式，可以将他们分为八大类。

第一类，以正宁宫家川阴文鸟纹为代表，目前仅发现 1 例。这类阴文鸟纹的图案简洁，阴文鸟的形象包括鸟首、鸟身等十分清晰。

第二类，以泉护村第 1 例与第 2 例、北刘第 1 例与第 2 例、庙底沟第 4 例为代表，还有庙底沟第 5、6、7、8、9 例，西坡第 1 例，西阴村阴文鸟纹，以及兴乐坊阴文鸟纹，共 13 例。这类阴文鸟纹已经图案化，阴文鸟首开始变异，如象征眼睛的圆点位置后移，鸟首的凸额、尖嘴特征减弱，尤其是阴文鸟身特征趋于消失，如不与宫家川阴文鸟纹作对比并参照分析，很难识别出阴文鸟身。所以，第二类阴文鸟纹应是由第一类阴文鸟纹演化而来的。

第二类阴文鸟纹的图案元素较为简略，主要有圆点、弧边三角、半月形勾旋、弧边三角勾旋的阳文组成，基本上都是宫家川阴文鸟纹中相同阳文图案元素的扩展。有的阴文鸟纹的尾部上没有圆点，有的翅翼中还留有阴文线条。这类阴文鸟纹的构图较为松散，通常在彩陶盆上一周绘制两组阴文鸟纹。

其中兴乐坊阴文鸟纹在翅翼间有一圆点，这种现象见于第三类阴文鸟纹中。或许兴乐坊阴文鸟纹是第二类阴文鸟纹中略晚一点的形式。

第三类，以北刘第 3 例、庙底沟第 2 例、大地湾阴文鸟纹为代表，还有庙底沟第 1 例，南交口第 1、2 例，共 6 例。这类阴文鸟纹是在第二类阴文鸟纹的基础上，将鸟纹尾部后面的弧边三角纹演变为"工"字形圆点勾旋纹，并在"工"字形圆点勾旋纹后面增加一个弧边三角纹作为两组阴文鸟纹之间的补白。

其中庙底沟第 1 例彩陶盆上的两组阴文鸟纹，分别为第二类、第三类的阴文鸟纹。显示了由第二类阴文鸟纹向第三类阴文鸟纹演变的过程。而北刘第 3 例阴文鸟纹在翅翼间加一圆点、鸟首中圆点与下部的弧边三角相接的现象，以及南交口第 2 例阴文鸟纹在鸟首后部多一圆点、鸟首中增加一斜线并串连两个圆点的现象，可能是第三类阴文鸟纹中较晚的现象，并且是表现与第五类阴文鸟纹存在明显联系的元素。

第四类，以泉护村第 3 例为代表，大寺阴文鸟纹可能也属这类。这类阴文鸟纹，除了鸟首外，有两个相连的阴文（地纹）圆及其后面的弧边三角纹。前面一个圆内饰一简化的正视飞翔鸟纹图案，后一个圆内饰一圆点。后一个阴文圆与弧边三角纹实际上是第三类阴文鸟纹后部的"工"字形圆点勾旋纹与弧边三角纹。所以，第四类阴文鸟纹与第三类阴文鸟纹的主要区别是第三类阴文鸟纹的翅翼在第四类阴文鸟纹中演变为内饰一个简化正视飞翔鸟纹的阴文圆。由此推测第四类阴文鸟纹可能是第二类阴文鸟纹向第三类阴文鸟纹演化过程中产生的又一种形式。

第五类，以泉护村第 5 例、庙底沟第 12 例为代表，还有庙底沟第 3 例、西坡第 2 例、王家咀阴文鸟纹，共 5 例。这类阴文鸟纹分别与第三类、第四类阴文鸟纹接近，但图案繁缛些。

如西坡第 2 例、王家咀阴文鸟纹，以及庙底沟第 12 例与第三类阴文鸟纹接近，鸟首中加斜线或其他图案元素，鸟首特征在消失。其中西坡第 2 例阴文鸟纹的鸟首中虽然没有斜线，但鸟首部位狭窄，作为鸟首的特征消失。而庙底沟第 12 例阴文鸟纹的图案繁缛，可能是这类阴文鸟纹中较晚的一种。

庙底沟第 3 例阴文鸟纹与第四类阴文鸟纹接近，但其中一组的阴文鸟纹的鸟首特征消失。

泉护村第 5 例阴文鸟纹是第三类、第四类两种阴文鸟纹的图案组合在一种阴文鸟纹图案中的结果。所以，从泉护村第 5 例阴文鸟纹可以看出，第五类阴文鸟纹是第三类、第四类阴文鸟纹演化的结果，同时也表明第四类阴文鸟纹与第三类阴文鸟纹，在阴文鸟纹的演化序列中可能处于同时的状态。

第六类，以泉护村第 7 例、庙底沟第 11 例为代表，泉护村第 6 例也可归入这一类，共 3 例。这类阴文鸟纹与第二类的阴文鸟纹接近。但是，或鸟首特征减弱，如庙底沟第 11 例的鸟首中加斜线、泉护村第 7 例的鸟首中圆点与下部的弧边三角接连；或在翅翼间增加新的图案元素，如泉护村第 6 例的翅翼间增加弧边三角与圆点，阴文鸟纹的阳文图案挤压变窄。这类阴文鸟纹可能是由第二类阴文鸟纹直接演化而来，而鸟首特征减弱、翅翼间增加新的图案元素等现象则显示其演化可能与第三类阴文鸟纹有关。

第七类，以庙底沟第 10 例，泉护村第 8 例、第 9 例为代表，共 3 例。这类阴文鸟纹图案简洁，但鸟首特征减弱，尖状的鸟首喙部特征消失，而鸟尾特征则较为鲜明，少一翅翼。这类阴文鸟纹可能是由第二类阴文鸟纹简化而来，而鸟尾后面的"工"字形图案则显示其可能与第三类阴文鸟纹的演化有关。

第八类，仅泉护村第 10 例阴文鸟纹。这类阴文鸟纹已看不出阴文鸟纹的特征，但阳文图案繁缛，与第五类阴文鸟纹有演变关系，而且其图案元素与庙底沟类型彩陶中其他那些繁缛的阳文图案也有着密切的联系。所以，这类阴文鸟纹可能是代表了庙底沟类型彩陶阴文鸟纹图案演化的一种趋势。

此外，泉护村第 4 例阴文鸟纹中的马赛克拼图圆球，较为特殊，或可单独列为一类，但数量很少，目前仅见此 1 例。与这种马赛克拼图圆球相似的彩陶图案见于郑州大河村遗址第二期的彩陶盆上[67]。由此推测泉护村第4例阴文鸟纹可能是第四类阴文鸟纹形成过程中，受到东部大河村第二期彩陶图案的影响而产生的一种新的阴文鸟纹图案。

从以上对35例阴文鸟纹的分类分析可以看出，在这些阴文鸟纹之间是存在着密切的演化关系。其演化的形式与过程，大概是由第一类演化为第二类；由第二类演化为第三、四类，同时产生泉护村第4例阴文鸟纹，由第二类还演化为第六类与第七类并且都与第三类演化有关；由第三、四类演化为第五类；由第五类演化为第八类（图七六）。这个演化形式与过程基本上显示了庙底沟类型彩陶阴文鸟纹的演化序列。

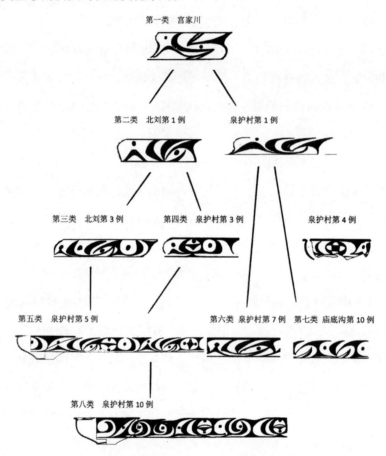

图七六　庙底沟类型彩陶阴文鸟纹图案演化示意图

依据彩陶阴文鸟纹的演化序列可以看出其演化规律大致存在着以下几种特点：

第一，阴文鸟纹的形态与形象由鲜明向模糊演化。

第二，阴文鸟纹的图案由简洁向繁缛演化，在演化过程中还产生了图案由繁缛而简化的演变。

第三，阴文鸟纹的图案元素的组合，由固定的组合规律向灵活组合的趋势演化。

庙底沟类型阴文鸟纹的演化过程及其演化规律大致反映了庙底沟类型彩陶花纹绘制者的一种意识，即不断追求着彩陶图案装饰美感的意识。

五、庙底沟类型彩陶阴文鸟纹的年代分析

庙底沟类型彩陶阴文鸟纹的年代都属于庙底沟类型时期，这里分析他们的年代，主要是分析这些不同类型的阴文鸟纹所属的庙底沟类型中的哪一期段以及这些阴文鸟纹之间的相对早晚关系。

依据已经公布的资料，可知泉护村10例阴文鸟纹分属一期Ⅰ段、一期Ⅱ段、一期Ⅲ段，以及新一期、新二期、新三期，庙底沟遗址第二次大规模发掘发现的9例阴文鸟纹分属新一期和新二期Ⅰ段，其他遗址发现的彩陶阴文鸟纹大都没有划分期段。如果依据泉护村、庙底沟两处遗址的分期成果，大致可以区分以上分析的八类阴文鸟纹所属的期段及其相对早晚关系。然而由于一些阴文鸟纹见于彩陶片上而不是完整的彩陶陶器上，这些彩陶陶片大都有明确的层位，但是也不能排除有的可能是上层混入下层的，或可能是下层混入上层的。所以，下面探讨阴文鸟纹相对年代问题的方式，依据上面分析的彩陶阴文鸟纹的演化序列，结合泉护村、庙底沟两处遗址彩陶阴文鸟纹的期段划分所表现的相对早晚关系以及各种与彩陶阴文鸟纹图案共存的遗存的综合分析进行。

依据彩陶阴文鸟纹的演化序列，可以将八类35例阴文鸟纹划分为具有相对早晚关系的五个阶段。第一阶段是第一类的宫家川阴文鸟纹，年代最早；第二阶段是第二类；第三阶段是第三类与第四类以及泉护村第4例；第四阶段是第五、六、七类；第五阶段是第八类，年代最晚。

对照泉护村两次大规模发掘出土物与庙底沟第二次大规模发掘出土物及其期段的划分，可以获知庙底沟类型彩陶阴文鸟纹五个演化阶段的相对年代。第一阶段的宫家川阴文鸟纹早于泉护村新一期；第二阶段属泉护村新一期与一期Ⅰ段、庙底沟新一期；第三阶段属泉护村一期Ⅰ段；第四阶段属泉护村新二期及泉护村一期Ⅱ段、庙底沟新一期与新二期Ⅰ段；第五阶段属泉护村新三期。

将庙底沟类型彩陶阴文鸟纹五个演化阶段与泉护村、庙底沟两处遗址彩陶阴文鸟纹的期段划分进行对照分析后，还发现以下几个可以深入的问题：

第一，泉护村新一期与泉护村一期Ⅰ段，可能可以分为早晚两段，即以泉护村第1、2例阴文鸟纹代表的早段，以泉护村第3、4例阴文鸟纹代表的晚段。

第二，庙底沟新一期还可以进一步区分早晚。结合庙底沟一期可以分为早晚两段的情况，庙底沟新一期可能可以区分为早中晚三段。即以庙底沟第4、5、6、7、8、9例阴文鸟纹代表的早段，以庙底沟第1、2例阴文鸟纹代表的中段，以庙底沟第3、10例阴文鸟纹代表的晚段。

第三，北刘庙底沟类型遗存可以区分为早晚两段。即以北刘第1、2例阴文鸟纹代表的早段，以北刘第3例阴文鸟纹代表的晚段。

第四，西坡庙底沟类型居住区遗存可以区分为早中晚三段。即以西坡第1例阴文鸟纹代表的早段，以西坡第2例阴文鸟纹代表的晚段，中段的阴文鸟纹阙如。

六、庙底沟类型彩陶鸟纹探源

庙底沟类型彩陶鸟纹有阳文鸟纹、阴文鸟纹两种，下面分别探索其源头。

1. 庙底沟类型彩陶阳文鸟纹探源

目前辨识的庙底沟类型彩陶阳纹鸟纹，年代最早的大概是泉护村一期Ⅰ段的H165：402彩陶盆残件上的鸟纹，呈侧视飞翔状，形态形象而生动。因为考古发掘出土的层位与共存物的组合现象，都表明其是庙底沟类型彩陶阳文鸟纹中年代最早的。所以，探索庙底沟类型彩陶阳文鸟纹的源头，可以将这例阳文鸟纹作为探索的基点。

比泉护村一期Ⅰ段的年代更早的阳文鸟纹，见于陕西临潼姜寨二期的葫芦形彩陶瓶上与武功游凤蒜头形彩陶壶上。

姜寨二期ZHT14H467：1葫芦形彩陶瓶，为完整器。口部绘黑彩，腹部两面（以侧边的器耳作为两面的分界）的彩陶图案基本相同，分别绘两组以鸟首为主题的上下两个图案。鸟首在近方形的筐中，呈横置的侧视状，鸟的眼睛以及喙部的特征鲜明，所以很容易识别其为鸟首。以鸟首为主题的上下两个方框的图案基本相同，除鸟首外，还有弧边弯形三角纹、"曰"字形纹等图案，但两个方框的整体的图案结构是上下相背、左右相对。在方框的上部绘一组三个长直边三角形以及正对角尖的两个小圆点。在两侧面上也绘图案。一侧面上以器耳为中心，绘上下各一条、头部相对的鱼纹，鱼的形态形象而生动。另一侧边以器耳为中心，绘有规则的、上下左右相对应的直边三角形组成的上下两组条带纹（图七七）[68]。此外，姜寨二期ZHT5M76：10葫芦形彩陶瓶上亦绘有鸟首图案[69]。

在姜寨二期ZHT14H467：1葫芦形彩陶瓶上，鸟纹与鱼纹共存，而且都是写实的象形图案。

武功游凤蒜头形彩陶壶，也是完整器。在肩腹部绘鱼纹和以鸟首为主题的图案。鱼纹的嘴部被以鸟首为主题的图案所占据。以鸟首为主题的图案的结构与形式，与姜寨二期ZHT14H467：1葫芦形彩陶瓶上以鸟首为主题的图案的结构与形式基本相同，鸟首也呈横置的侧视状，鸟的眼睛以及喙部的特征鲜明，只是因为游凤蒜头形彩陶壶上以鸟首为主题的图案绘在蒜头形彩陶壶的肩腹部，而且叠压掉鱼纹的鱼嘴部分，所以，以鸟首为主题的图案的边筐呈半圆弧形（图七八）[70]。

姜寨二期ZHT14H467：1葫芦形彩陶瓶是半坡

图七七　临潼姜寨二期葫芦形鱼鸟彩陶壶

图七八　武功游凤蒜头形鱼鸟彩陶壶

类型史家期的典型陶器，游凤蒜头形彩陶壶可能也属半坡类型史家期，因为这两件彩陶器上以阳文鸟首为主题的图案特征以及鸟首的形态特征，基本是相同的。这两件彩陶器上的鸟纹是目前见到的早于庙底沟类型彩陶阳文鸟纹并且与庙底沟类型彩陶阳文鸟纹有着密切关系的两例资料，应是庙底沟类型彩陶阳文鸟纹的直接的源头。由此可以判定庙底沟类型彩陶阳文鸟纹是由半坡类型史家期的彩陶阳文鸟纹发展演变而来的。

2. 庙底沟类型彩陶阴文鸟纹探源

依据以上对庙底沟类型彩陶阴文鸟纹图案结构的考古类型学分析，宫家川阴文鸟纹早于泉护村新一期，是目前见到的庙底沟类型彩陶阴文鸟纹中年代最早的1例。那么，宫家川阴文鸟纹早到何时呢？

宫家川阴文鸟纹彩陶盆是一件完整器，可能是随葬品，但是1976年当地村民平整田地时出土的，所以这件彩陶盆缺乏考古出土层位关系以及共存物等信息。然而，当时平整田地时除了这件阴文鸟纹彩陶盆外，还出土了一批陶器。在公布的这批征集的陶器资料中，基本上都是半坡类型陶器的特征，并且以半坡类型史家期的陶器为主[71]。宫家川阴文鸟纹彩陶盆与这批陶器一起出土，是否属半坡类型史家期，尚难判断。但可以推测其不会晚于泉护村新一期。所以，探索庙底沟类型彩陶阴文鸟纹的源头，可以将这例阴文鸟纹作为探索的基点。

泉护村新一期可能是目前所知庙底沟类型中年代最早的一批遗存，所以探索宫家川阴文鸟纹的源头，应在半坡类型中寻找。

目前发现的半坡类型彩陶中与宫家川阴文鸟纹有联系的鸟纹图案有1例，即宝鸡北首岭M52：1蒜头形彩陶壶，在蒜头形彩陶壶的肩腹部绘一只水鸟啄着一条大鱼尾部的图案。

在这例水鸟啄鱼图中，以阳线线条绘出鸟与鱼的轮廓线，再在其内绘各种线条表现不同部位的特征。如鸟的眼睛以不规则的椭圆形圆圈表示，鸟的脖子以格子线条表示，鸟的身子以弧线条表示，似象征羽毛。其中鸟前腹的外轮廓线似在绘制了从鸟的喙部经腹底至尾部的线条之后再加绘的，加绘的这条腹部的外轮廓线，使鸟的图案表现得更加肥壮。这幅水鸟啄鱼图，鸟与鱼的形态，十分生动逼真，短小的鸟尾与鸟爪也表现得很清楚（图七九）[72]。

从这幅水鸟啄鱼图的绘制特征看，是以阳线阴地的方式表现的，与宫家川阴文鸟纹的表现方式有相同的特点。而从形态上看，北首岭M52：1蒜头形彩陶壶上的鸟的形态要比宫家川彩陶盆上的鸟的形态更加形象逼真，更具写实的风格。所以，北首岭M52：1蒜头形彩陶壶上水鸟啄鱼图中的鸟的形象应是宫家川阴文鸟纹的源头作品。

图七九　北首岭 M52：1 蒜头形鱼鸟彩陶壶

北首岭 M52：1 蒜头形彩陶壶的文化属性是半坡类型，至于是否属半坡类型史家期，还需进一步的分析。但据以上的分析，可以确认庙底沟类型彩陶阴文鸟纹是由半坡类型彩陶阳线阴地鸟纹发展演变而来的。

庙底沟类型彩陶阴文鸟纹是由半坡类型的彩陶阳线阴地鸟纹发展演变而来的，庙底沟类型彩陶阳文鸟纹是由半坡类型史家期的彩陶阳文鸟纹发展演变而来的。这些现象充分说明在半坡类型史家期已经孕育着庙底沟类型的文化因素。

七、庙底沟类型彩陶鸟纹象征意义的探索

庙底沟类型彩陶鸟纹，包括阳文鸟纹与阴文鸟纹，都是由半坡类型彩陶鸟纹发展演变而来的。所以，探索庙底沟类型彩陶鸟纹的象征意义，自然要从半坡类型彩陶鸟纹的象征意义谈起。

1. 半坡类型彩陶鸟纹的象征意义

半坡类型中的彩陶鸟纹，都与鱼纹一起组成一个完整的图案，而且鱼与鸟的形态生动逼真，都是写实的表现手法。从北首岭 M52：1 蒜头形彩陶壶上的水鸟啄鱼图可以看出，这种水鸟是抓捕鱼的，或许是鹬，可俗称鱼鹰。北首岭 M52：1 蒜头形彩陶壶上的彩陶图案是"鱼鹰捕鱼图"。其象征意义一目了然，应是当时人们看到的鱼鹰捕鱼实景的艺术写照。但是鱼鹰是人工豢养的还野生的，尚不可知。

姜寨二期 ZHT14H467：1 葫芦形彩陶瓶与游凤蒜头形彩陶壶上的鸟，仅绘制了鸟首，但鸟是在筐内，相对于葫芦形彩陶瓶侧边上的鱼纹而言，鸟是图案的主体，并且是受到约束的。这种图案现象或许表明这种鸟是人工豢养的。而游凤蒜头形彩陶壶上以鸟为主题的图案叠压了鱼纹的鱼嘴部分，似反映了鸟啄鱼现象，是一种略微抽象的"鱼鹰捕鱼图"。这种"鱼鹰捕鱼"的含义在河南汝州阎村彩陶缸上的"鹳鱼石斧图"表现得十分清晰（图八〇）[73]。对阎村彩陶缸上"鹳鱼石斧图"的含义，已有许多研究者进行了探索[74]，如果我们把"鹳鱼石斧图"放到当时的生产力水平、社会发展程度以及生产、生活情景中思考，那么这幅图主要是反映了瓮棺内所葬者生前在生产活动中的两项特长技能以及寓意墓主在利用鱼鹰捕鱼和使用石斧进行砍伐两个方面为社会（所在的聚落）做出的特殊贡献。游凤蒜头形彩陶壶上的"鱼鹰捕鱼图"的年代早于阎村彩陶缸上的"鹳鱼石斧图"的年代。由此说明，我国古代人们利用鱼鹰捕鱼的历史从仰韶文化半坡类型史家期开始已经有 6000 年了。

图八〇　阎村鹳鱼石斧彩陶缸

2. 庙底沟类型彩陶鸟纹的象征意义

庙底沟类型时期，彩陶上的鱼纹衰落，鱼的形象特征基本消失，而鸟纹得到了进一步的发

展。阴文鸟纹图案化了，变得难于辨认，而阳文鸟纹在泉护村一期Ⅰ段开始表现得更为生动逼真，这可能与艺术表现能力提高以及表现方式转换有关。

图案化的阴文鸟纹的含义，可能仅仅是当时一种彩陶装饰美感意识发展的结果，而不具有其他的各种写实意义和象征意义。所以阴文鸟纹的图案变化很快，而且庙底沟类型彩陶纹饰中许多的图案元素大都与阴文鸟纹的图案元素有关。在庙底沟类型彩陶图案中，除了半坡类型彩陶鱼纹图案元素的演化之外，主要的是阴文鸟纹的图案元素的演变与发展。正是这种彩陶装饰美感意识的发展，才产生了一大批新颖的、使人感觉到流动着的庙底沟类型彩陶图案。

阳文鸟纹在庙底沟类型中流行了很长时间，从泉护村一期Ⅰ段一直到一期Ⅲ段都有形态十分形象生动的阳文鸟纹，或作飞翔状，或作啄食状，或作跳跃状，而以飞翔状最多。从泉护村一期Ⅱ段开始，简化的、写意的阳文鸟纹开始出现，但写实的阳文鸟纹不因写意的阳文鸟纹的出现而衰落，而是更加丰富多彩。这应是反映了当时人们崇尚鸟的意识得到加强的结果，反映了鸟与人们的生产、生活活动有了更加密切的关系。

庙底沟类型彩陶中的阳文鸟纹具体反映了鸟与当时人们的生产、生活活动的哪方面的关系呢？对此，以往曾有研究者做过一些探索。但是，首先应明确这是什么种类的鸟，才能进一步探索这种鸟与当时人们的生产、生活活动的关系问题。

但是，依据庙底沟类型彩陶中阳文鸟纹的形象特征，确实不能明确其表现的是何种鸟类。然而泉护村太平庄 M701 大墓出土的鹰鼎（鸮鼎）却予以了间接的说明。

泉护村太平庄 M701：1 陶鹰鼎，长 38.4 厘米，宽 30 厘米，高 36 厘米。杨建芳先生称之为"是一件实用的造型艺术品。体态丰肥，两翼微撑起，两足壮实有力。鸮头极形象，……眼正视前方，圆凸，正视之，令人对鸮生雄壮严峻之感。……整体造型均匀、大方、逼真。"（图八一）[75] 泉护村太平庄 M701 大墓可能属泉护村一期Ⅲ段末尾，大墓中的陶鹰鼎应是泉护村一期Ⅰ段以来人们崇尚鸟意识发展的结果。泉护村太平庄 M701：1 陶鹰鼎的鹰的特征鲜明，由此可以推论泉护村一期Ⅰ段至一期Ⅲ段彩陶上的写实的阳文鸟纹所表现的可能都是鹰。

图八一　泉护村 M701：1 陶鹰鼎

鹰善于捕食鼠、兔等小动物及麻雀等小型鸟类。庙底沟类型时期崇尚鹰，可能与当时的农业生产有关，即利用鹰捕食、驱赶老鼠、麻雀等对农业丰收有危害的小动物。庙底沟类型时期，农业生产较半坡类型时期有了很大的发展。这在庙底沟类型时期的农业工具比半坡类型时期的农业工具有明显的改进与发展得到了说明[76]。如庙底沟类型时期新出现了形体薄平而宽大的舌形大石铲和柄端有凹口的石铲、穿孔石铲，还出现了中部穿孔石刀，而且数量比较多[77]。放飞鹰、利用鹰的功能保护农作物的收成，由此鹰与人们结下了密切的关系。庙底沟类型彩陶上盛行鸟图案可能是当时因农业生产发展而产生的一种崇尚鸟（鹰）意识的结果。

八、庙底沟类型彩陶鸟纹所表现的崇尚鸟的意识对后世的影响

仰韶文化半坡类型彩陶鸟纹与鱼有关，是距今 6000 年前人们在生产、生活中时常接触鱼资源以及见到鱼鹰捕鱼现象的产物。彩陶上的"鱼鹰捕鱼图"，应是当时社会生活内容的一种彩陶画记录。

庙底沟类型彩陶鸟纹，与鱼基本已没有关系，但也是当时社会生活内容的一种彩陶画记录，其含义可能与当时的农业生产活动有关，即利用鹰护佑农业丰收，是距今 5500 年前因农业生产活动而产生的一种崇尚鸟（鹰）意识的记录。

在庙底沟类型末期，彩陶鸟纹消失了，这主要是因为仰韶文化庙底沟类型的彩陶艺术发展接近尾声、彩陶逐渐淡出的缘故。但是，当时社会崇尚鸟（鹰）的意识并未削弱，而是以其他的艺术品形式表现鸟（鹰）类作品。如陕西华县泉护村太平庄 M701 大墓出土的鹰鼎就是一个很好的例证。

泉护村鹰鼎的这类鹰作品，在此后的 1000 多年内中原地区很少见到。但是在距今 4000 年前后，产生了一批玉雕鹰作品的装饰件，如石家河文化晚期的玉笄首部雕刻成一只像企鹅站姿状的鹰（图八二）[78]。说明仰韶文化庙底沟类型的鸟类题材的作品在后来的发展中不曾中断，只是目前在中原地区尚未发现距今四五千年间的鸟（鹰）类题材的作品。

图八二　枣林岗 WM1：2 企立鹰玉笄首　　　　　图八三　妇好鸮尊（1976AXTM5：784）

商代晚期，鸟（鹰）类题材的作品很多。殷墟妇好墓中出土的体现商代晚期王室使用的艺术作品中的青铜鸮尊（图八三）、圆雕玉鸮等（图八四）[79]，其造型似与泉护村鹰鼎有着某种的关系。这表明仰韶文化庙底沟类型的鸟（鹰）类艺术作品经过 2000 多年的演化与蛰伏后，在距今 3200 年前后再次复兴，并连接了中华 6000 多年的鸟类艺术作品的演化轨迹。

商周时期崇尚凤鸟（鹰）的意识得到了进一步的升华。在商周两代的青铜器、玉石器、漆木器等高档艺术作品中，凤鸟（鹰）类题材的作品很多，多于龙的作品，而且

图八四　玉鸮（1976AXTM5：402）

凡是凤鸟与龙在同一件艺术作品中的，凤鸟图案占据着主导位置，表明当时社会意识中的凤鸟的地位高于龙的地位。龙凤艺术作品，在汉代及其以后，伴随着社会及其意识的发展而不断繁衍发展。

仰韶文化庙底沟类型彩陶鸟纹和更早的半坡类型彩陶鸟纹，以及绵延发展至今的凤鸟（鹰）类作品，充分表明中华具有6000多年的崇尚鸟类意识的文化传统。

注释：

［1］中国科学院考古研究所:《庙底沟与三里桥》，科学出版社，1959年，图版陆.10。

［2］中国社会科学院考古研究所陕西工作队:《陕西华阴西关堡新石器时代遗址发掘》，见《考古学集刊》第6集，中国社会科学出版社，1989年，第58页图6.10。

［3］北京大学考古学系:《华县泉护村》，科学出版社，2003年，第35页图28.8、第48页图37.5、第51页图39.9、第64页图46.10、第64页图46.11、第64页图46.12、第64页图46.13、第67页图48.12。另见黄河水库考古队华县队:《陕西华县柳子镇考古发掘简报》，《考古》1959年第2期;《陕西华县柳子镇第二次发掘主要收获》，《考古》1959年第11期。

［4］中国社会科学院考古研究所山西工作队:《晋南考古调查报告》，见《考古学集刊》第6集，中国社会科学出版社，1989年，第9页图五.33。又见石兴邦:《有关马家窑文化的一些问题》，《考古》1962年第6期，图七.14。石兴邦先生在首次公布这件彩陶鸟纹时，误作为芮城西王村遗址出土。

［5］中国社会科学院考古研究所山西工作队:《晋南考古调查报告》，见《考古学集刊》第6集，中国社会科学出版社，1989年，第7页图五.44。

［6］临潼县博物馆赵康民:《临潼源头、邓家庄遗址勘查记》，《考古与文物》1982年第1期，第6页图十.7。

［7］［8］宝鸡市考古工作队、陕西省考古研究所:《陇县原子头》，文物出版社，2005年，第97页图六五.6、第99页图六六.17。

［9］［10］宝鸡市考古工作队:《陕西扶风案板遗址（下河区）发掘简报》，《考古与文物》2003年第5期，第8页图六.1、10。

［11］陕西省考古研究院、渭南市文物旅游局、华县文物旅游局:《华县泉护村——1997年考古发掘报告》，文物出版社，待刊。转引自王仁湘:《史前中国的艺术浪潮——庙底沟文化彩陶研究》，文物出版社，2011年，第84页图1-5-1-15.3、2，第86页图1-5-1-18.2。

［12］河南省文物考古研究所:《三门峡南交口》，科学出版社，2009年，第103页图九〇.5，第177页图一四五.17，第177页图一四五.14。

［13］河南省文物考古研究所:《河南三门峡市庙底沟遗址仰韶文化H9发掘简报》，《考古》2011年第12期，第30页图九.7。

［14］［15］陕西省考古研究所:《陕西黄陵县黄帝陵扩建工程发掘简报》，《考古与文物》2011年第6期，第50

页图二 .4、6。

[16] 石兴邦:《有关马家窑文化的一些问题》,《考古》1962 年第 6 期,第 327 页图七。

[17] 苏秉琦:《论仰韶文化的若干问题》,《考古学报》1965 年第 1 期。

[18] 张朋川:《中国彩陶图谱》,文物出版社,1990 年。

[19] 王仁湘:《史前中国的艺术浪潮——庙底沟文化彩陶研究》,文物出版社,2011 年,第 461 页图 5-2-2-3。

[20] 王仁湘在收集庙底沟类型彩陶图案的同时,还对前人研究这类彩陶纹饰所使用的名称进行了归纳。见
    王仁湘:《史前中国的艺术浪潮——庙底沟文化彩陶研究》,文物出版社,2011 年,第 360 页。

[21] 泉护村新一期,是指 1997 年发掘泉护村遗址所划分的庙底沟类型一期遗存。1997 年发掘泉护村遗址发
    现的庙底沟类型遗存共分为三期,大致与《华县泉护村》发掘报告对 1958~1959 年发掘泉护村遗址所获
    庙底沟类型遗存划分的一期Ⅰ段、Ⅱ段、Ⅲ段相对应。1997 年发掘泉护村遗址的发掘报告尚未出版,本
    文引用的 1997 年发掘泉护村遗址的资料,是转引自王仁湘的《史前中国的艺术浪潮——庙底沟文化彩
    陶研究》一书。本例彩陶图案见王仁湘:《史前中国的艺术浪潮——庙底沟文化彩陶研究》,文物出版社,
    2011 年,图 1-5-1-14.4。

[22][23][24][26][28][30][32][33] 北京大学考古学系:《华县泉护村》,科学出版社,2003 年,第
    35 页图 28.9、图 28.3,第 48 页图 37.1、图 37.3、图 37.7,第 39 页图 31.4,图版 9.1、9.6,图版
    18.9。

[25][27][31][34][35][36][40][41][43][45] 王仁湘:《史前中国的艺术浪潮——庙底沟文化彩陶
    研究》,文物出版社,2011 年,图 1-5-1-1.4,图 1-5-1-16.2,图 1-5-1-3.2,图 1-5-1-3.3,图 1-5-
    1-16.1,图 1-5-1-17.4,图 3-4-8-6.2,图 3-4-8-6.3,图 3-4-8-6.1,图 1-5-9-4.4。

[29] 王仁湘:《史前中国的艺术浪潮——庙底沟文化彩陶研究》,文物出版社,2011 年,图 1-5-1-3.1。这件
    彩陶盆一周可能绘两组阴文鸟纹,因为一组阴文鸟纹已经占据了约彩陶盆的半周的面积。经王仁湘复原
    图展示的彩陶盆一周的图案,大都多了一组或半组。

[31] 王仁湘:《史前中国的艺术浪潮——庙底沟文化彩陶研究》,文物出版社,2011 年。

[37] 陕西省考古研究院、渭南市文物保护考古研究所:《陕西华阴兴乐坊遗址发掘简报》,《考古与文物》
    2011 年第 6 期,第 42 页图一九 .10。

[38] 西安半坡博物馆、渭南县文管会、渭南地区文管会:《渭南北刘新石器时代早期遗址调查与试掘简报》,
    《考古与文物》1982 年第 4 期,第 4 页图四 .3、4、5。

[39] 西安半坡博物馆、渭南市博物馆、陕西省考古研究所:《渭南北刘遗址第二、三次发掘简报》,《史前研
    究》1986 年第 1—2 期,第 113 页图五 .1。

[42] 西安半坡博物馆、渭南县文管会、渭南地区文管会:《渭南北刘新石器时代早期遗址调查与试掘简报》,
    《考古与文物》1982 年第 4 期,第 4 页图四 .5。

[44] 西安半坡博物馆:《陕西岐山王家咀遗址调查与试掘》,《史前研究》1984 年第 3 期,第 82 页图六 .9。

[46] 甘肃省文物考古研究所:《秦安大地湾——新石器时代遗址发掘报告》,文物出版社,2006 年,第 313 页

图二二二 .1，彩版二七 .2。

［47］庆阳地区博物馆、正宁县文化馆：《甘肃正宁县宫家川新石器时代遗址调查记》，《考古与文物》1988 年第 1 期，第 27 页图二 .1。

［48］河南省文物考古研究所、中国社会科学院考古研究所河南一队、三门峡市文物考古研究所、灵宝市文物保护管理所、荆山黄帝陵管理所：《河南灵宝市西坡遗址 2001 年春发掘简报》，《华夏考古》2002 年第 2 期，第 42 页图一三 .3。

［49］中国社会科学院考古研究所河南一队、河南省文物考古研究所、三门峡市文物考古研究所、灵宝市文物保护管理所、荆山黄帝陵管理所：《河南灵宝市西坡遗址试掘简报》，《考古》2001 年第 11 期，第 7 页图八 .3。试掘简报公布的这例彩陶盆上的阴文鸟纹为一组，王仁湘分析展示的这例彩陶盆图案，为两组鸟纹图案。见王仁湘：《史前中国的艺术浪潮——庙底沟文化彩陶研究》，文物出版社，2011 年，图 1-3-6-5.1。

［50］［51］［52］中国科学院考古研究所：《庙底沟与三里桥》，科学出版社，1959 年，第 33 页图二〇、图版贰叁 .3，第 28 页图一六，第 27 页图一五。

［53］［54］［55］［56］［57］［58］［59］［60］［61］河南省文物考古研究院：《华夏之花——庙底沟彩陶选粹》，上海古籍出版社，2013 年，第 6—16、45、50 页。

［62］［63］［64］河南省文物考古研究所：《三门峡南交口》，科学出版社，2009 年，第 101 页图八九 .4，第 101 页后两行与第 102 页第 1、2 行，第 101 页图八九 .6，第 177 页图一四五 .16，彩版一三 .3。

［65］山西省考古研究所：《西阴村史前遗址第二次发掘》，见《三晋考古》第 2 辑，山西人民出版社，1996 年，第 33 页图四五 .2。

［66］湖北省文物考古研究所、湖北省文物局南水北调办公室：《湖北郧县大寺遗址 2006 年发掘简报》，《考古》2008 年第 4 期，第 7 页图八 .9。

［67］郑州市文物考古研究所：《郑州大河村》，科学出版社，2001 年，第 142 页图七六 .2。

［68］西安半坡博物馆、陕西省考古研究所、临潼县博物馆：《姜寨——新石器时代遗址发掘报告》（下），文物出版社，1988 年，彩版一二。

［69］以往将姜寨二期 ZHT5M76 ：10 葫芦形彩陶瓶上鸟首图案释读为变形人面眼睛了。见西安半坡博物馆、陕西省考古研究所、临潼县博物馆：《姜寨——新石器时代遗址发掘报告》（下），文物出版社，1988 年，彩版一三。

［70］西安半坡博物馆、武功县文化馆：《陕西武功发现新石器时代遗址》，《考古》1975 年第 2 期，图版叁 .3。

［71］庆阳地区博物馆、正宁县文化馆：《甘肃正宁县宫家川新石器时代遗址调查记》，《考古与文物》1988 年第 1 期。

［72］中国社会科学院考古研究所：《宝鸡北首岭》，文物出版社，1983 年，第 105 页图八六 .1。

［73］临汝县文化馆：《临汝阎村新石器时代遗址调查》，《中原文物》1981 年第 1 期。

［74］a. 张绍文：《原始艺术的瑰宝——记仰韶文化彩陶上的〈鹳鱼石斧图〉》，《中原文物》1981 年第 1 期。

　　b. 严文明：《〈鹳鱼石斧图〉跋》，《文物》1981 年第 12 期。

　　c. 范毓周：《临汝阎村新石器时代遗址出土陶画〈鹳鱼石斧图〉试释》，《中原文物》1983 年第 3 期。

　　d. 马世之：《河南临汝仰韶陶缸彩绘图象考略》，《中洲学刊》1984 年第 6 期。

　　e. 牛济普：《〈鹭鱼石斧图〉考》，《中原文物》1985 年第 1 期。

［75］北京大学考古学系：《华县泉护村》，科学出版社，2003 年，第 75 页图 53.4，图版 43-8。

［76］朱乃诚：《半个世纪以来的中国史前史研究（下篇）》，《东南文化》1998 年第 4 期。

［77］朱乃诚：《仰韶文化的文化成就以及在中国文明起源中的地位与作用》，见《仰韶和她的时代——纪念仰
　　　韶文化发现 90 周年国际学术研讨会论文集》，文物出版社，2014 年。

［78］朱乃诚：《企立鹰玉笄首的年代、形制演变和文化传统》，《故宫文物月刊》2013 年总 358 期。

［79］中国社会科学院考古研究所：《殷墟妇好墓》，文物出版社，1980 年。

"西阴纹"的解读

◎ 李新伟

一

1926年，李济先生对山西夏县西阴村遗址进行发掘，这是第一次由中国考古学家主持的科学考古发掘，在中国考古学发展史上具有重要意义[1]。发掘中获得大量仰韶文化庙底沟类型的彩陶，对于彩陶图像，李济先生并未深入解读，只进行了客观描述，提出构成图像的元素主要为"横向、直线、圆点和各样三角"，也有"宽条、削条、初月形、链子、格子，以及拱形"。有一种当时在其他遗址未见的图像受到特别关注，李济先生称之为"西阴纹"，即一种弯角状纹饰，左边一个宽头，右边弧收翘起尖角，中间有时点缀斜线与圆点（图一）。

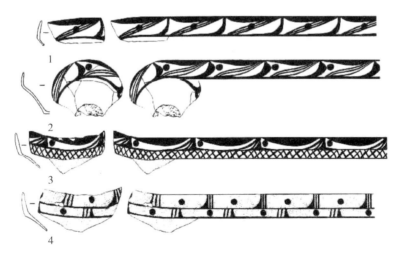

图一　西阴村第一次发掘"西阴纹"彩陶
1. C4b　2. C4b　3. B71　4. B7i

梁思永先生在讨论西阴村出土彩陶的纹饰时，将"西阴纹"作为第一类，但并未称之为"西阴纹"，也没有重新命名，对其进行了客观描述[2]。严文明先生在对庙底沟类型彩陶的研究中，提出"垂弧纹"的分类，其中V式，即"西阴纹"，其描述如下：在上部一列垂弧，与每一垂弧相应，又有一侧弧和一双斜线，侧弧与双斜线之上端与垂弧相连接。Va式为原式，如果上方加圆点则为Vb式[3]。此后，对这类纹饰并无统一命名，多做客观描述。1994年西阴村第二次发掘中，更是简单称之为"勾叶"形成的图案[4]。

王仁湘对"西阴纹"做了最初的系统研究[5]，将其定义为："一般是周围以黑彩衬地，空出中间的弯角"，即以弯角状空白为其标志性特征。他较全面收集了各地区的同类纹饰，并将其分为六式。A 式，没有附加图形的弯角状纹，角之间也没有间隔图形。B 式，角中无附加纹饰，但角与角之间绘有间隔图形。C 式，角中附加圆点纹，角与角之间没有间隔图形。D 式，角中既附加有圆点纹，角与角之间也绘有间隔图形。E 式，角中绘条分割线，或附加圆点纹。F 式，角中附加特别纹饰，角与角之间或有间隔图形（图二）。

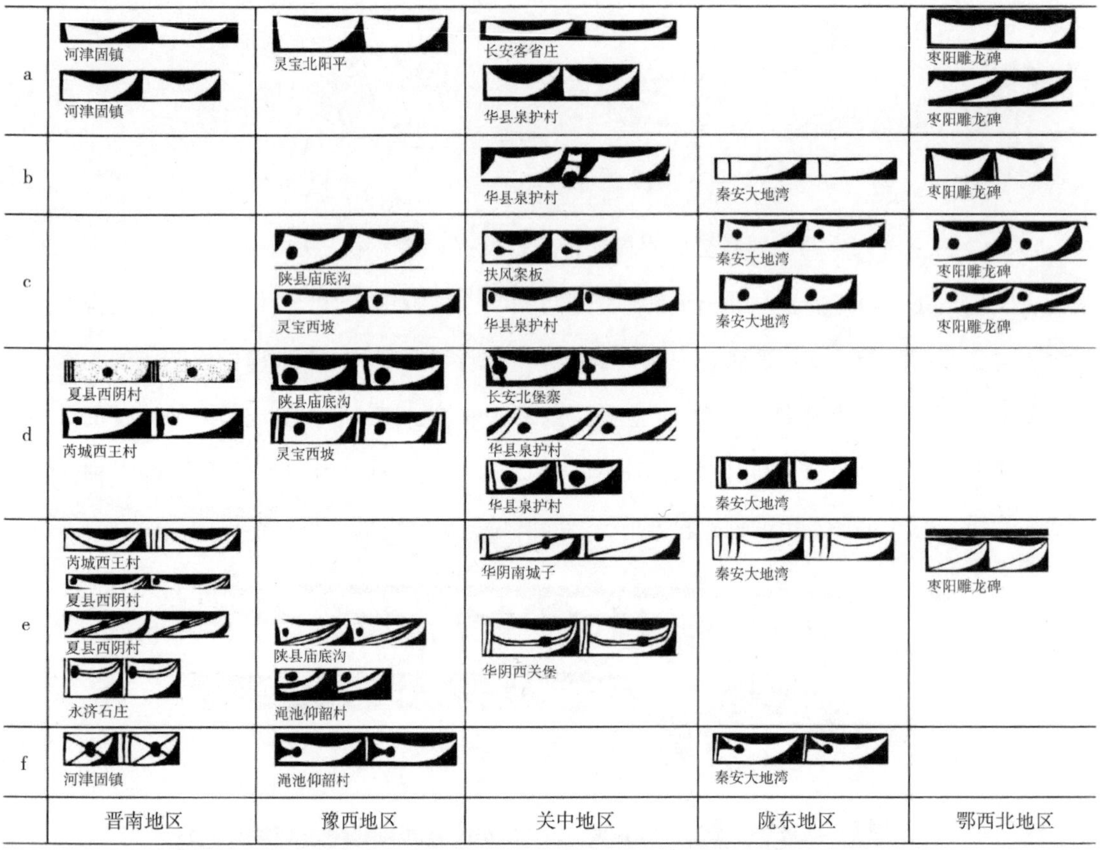

	晋南地区	豫西地区	关中地区	陇东地区	鄂西北地区
a	河津固镇 / 河津固镇	灵宝北阳平	长安客省庄 / 华县泉护村		枣阳雕龙碑 / 枣阳雕龙碑
b			华县泉护村	秦安大地湾	枣阳雕龙碑
c		陕县庙底沟 / 灵宝西坡	扶风案板 / 华县泉护村	秦安大地湾 / 秦安大地湾	枣阳雕龙碑 / 枣阳雕龙碑
d	夏县西阴村 / 芮城西王村	陕县庙底沟 / 灵宝西坡	长安北堡寨 / 华县泉护村 / 华县泉护村	秦安大地湾	
e	芮城西王村 / 夏县西阴村 / 夏县西阴村 / 永济石庄	陕县庙底沟 / 渑池仰韶村	华阴南城子 / 华阴西关堡	秦安大地湾	枣阳雕龙碑
f	河津固镇	渑池仰韶村		秦安大地湾	

图二　王仁湘对"西阴纹"的分类

此类以垂弧、弧边三角和勾弧等元素形成"弯角状"空白，内填圆点、弧线等元素的图案，以二方连续的形式展开，形成图案带，确为仰韶文化庙底沟类型彩陶的典型图像之一。本文拟在已有的分类研究的基础上，对其内涵做初步解读。

二

仰韶文化彩陶在半坡类型时期开始繁荣。半坡类型彩陶的主题为鱼纹，1963 年出版的西安半坡遗址发掘报告，即对半坡风格鱼纹进行了开创性

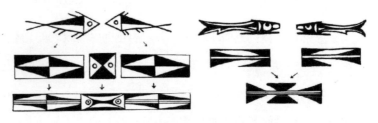

图三　半坡类型写实和抽象鱼纹

（截取自张朋川《中国彩陶图谱》插图 77，78）

的详细研究，不但列举了写实鱼纹的主要形式，还识别出由直线三角、弧边三角等元素组成的抽象鱼纹[6]。张朋川此后又有系统的归纳分析，深化了对此主题的理解（图三）[7]。

半坡鱼纹的一个重要特色是，鱼体内和头部均有空白部分，形成黑彩和红色胎体"阴阳"相应、"计白当黑"的效果。写实之鱼中，鱼体常有空白的三角形（图四，1、2），颈部有月牙状的弧形（图四，1、2），嘴部有空白三角形（图四，2）和椭圆形（图三），尤其值得注意的是，张开的鱼嘴经常形成弧形（图四，1）、三角形（图四，2）和弯角形（图四，3、4）空白。尤其是到了半坡类型晚期，即史家类型时期[8]，彩陶图像曲线化，鱼嘴部分常见亚腰形和弯角状空白。大地湾第二期遗存即相当于此时期[9]，F1：2盆鱼纹嘴部为一端狭长的亚腰形（图五，1）。F310：1盆有一大一小两个鱼纹，口内结构颇为复杂，均有弯角状空白（图五，2），F360：14盆彩陶图案与之相似（图五，3）。张朋川曾对半坡类型彩陶鱼头演变做出归纳，可以看出从写实到抽象和图案化的构图设计思路（图六）。

王仁湘则敏锐发现鱼纹也是庙底沟时期彩陶的重要主题。他对上述史家类型（王认为属庙底沟文化）鱼纹的构图元素进行了详细分析，提出庙底沟时期广泛流行的叶片纹、花瓣纹、"西阴纹"、菱形纹、圆盘形纹（即圆点＋弧边三角鸟纹）、带点圆圈纹等，大都是鱼纹拆解后重组而成，这些纹饰构成了一个"大鱼纹"象征系统[10]。

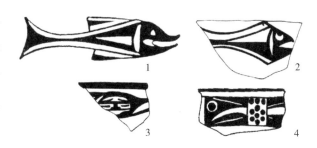

图四　半坡类型写实鱼纹体内空白形状

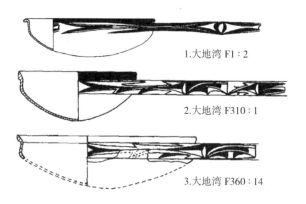

1.大地湾 F1：2

2.大地湾 F310：1

3.大地湾 F360：14

图五　大地湾遗址第二期写实鱼纹体内空白形状

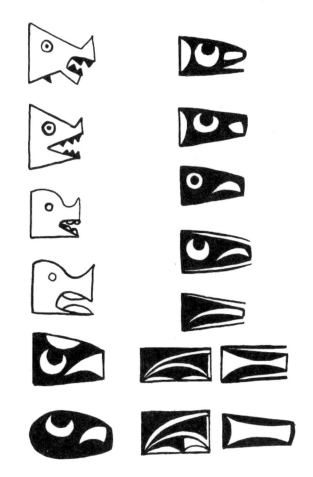

关中地区　　　　　　　　　陇东地区

图六　半坡类型彩陶鱼嘴形态演变图
（见注解 7 图 75，76）

"变形的鱼唇在拆解后，分别生成了西阴纹和花瓣纹，这是庙底沟文化彩陶非常重要的两大弧线形构图系统。"张宏彦在此基础上进行了更详细的归纳（图七）[11]。他列举的鱼纹因素中，包括鱼嘴中的亚腰形和弯角形空白，也注意到了弯角形空白与"西阴纹"的关系。

但他们都强调庙底沟时期的鱼纹已经被拆解成不同元素，没有了鱼的完整形态。王仁湘指出这是一种"符号化过程"，虽然无鱼之形，但仍然有鱼的内涵，符号化的原因"看来只有这样一个可能，史前人就是要以一种比较隐晦的方式来表现彩陶主题，不仅要采用地纹方式，更有提炼出许多几何形元素，也许他们觉得只有如此才能让彩陶打动自己，打动自己之后再去感动心中的神灵"。

在半坡类型的简化鱼纹中，同样有空白图形。最常见的是头部和身部的空白三角形，也有身部的空白柳叶形（图三）。大地湾T339③：53盆饰两种简化鱼纹，均以空白三角为头，一种以平行斜线为身，一种以弧边三角和弧线围成的弯角形空白为身，内有圆点（图七，1）。大地湾H379：124盆的纹饰为图案化的鱼身，由弧形纹和弧边三角纹形成弯角形和柳叶形空白（图七，2）。

由此，我们可以得出一个推论："西阴纹"的弯角形空白，表现的是鱼体或鱼头内部。

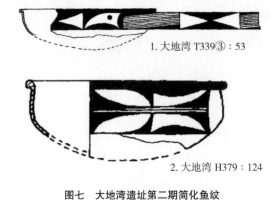

1. 大地湾 T339③：53

2. 大地湾 H379：124

图七　大地湾遗址第二期简化鱼纹

三

半坡类型晚期，彩陶图像出现一个重要新内容，这就是鸟鱼组合图像。武功游凤遗址发现的蒜头壶肩部绘完整鱼纹，头部巨大，空白中有一粗颈短喙鸟首（图八，1）[12]。临潼姜寨遗址第二期的葫芦瓶H467：1正面和背面各绘一条半抽象的鱼，头部和身部均为侧边略弧的方形，内部形成短粗的弯角状空白，各有一粗颈短喙鸟首，头向相反（图八，2）[13]。姜寨二期的另一件葫芦瓶M76：10上绘有两组相同的硕大近圆形鱼头。鱼头内部被竖线一分为二，右侧为短喙鸟首，左侧为中有裂缝的卵形（图八，3）。

鸟纹常以简化的形式出现。陇县原子头遗址盆F33：4上腹绘两条包含多种元素的鱼纹组成的条带：鱼头部为弧边"工"字，右侧U形缺口内有圆点和尖勾喙鸟首；鱼颈部有一竖一横两个弧边三角，与弧边"工"字形左侧对接，形成上部的近圆形空白，内有竖立的半黑半白的卵形

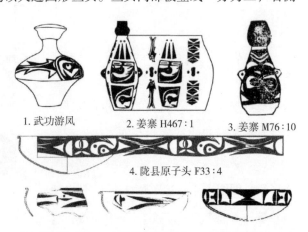

1. 武功游凤　　　2. 姜寨 H467：1　　　3. 姜寨 M76：10

4. 陇县原子头 F33：4

5. 陇县原子头 H12：5　6. 华阴南城子 T7B：4　7. 原子头 H65：4

图八　半坡类型晚期鱼鸟组合图像

图案，下部为弧边三角形，是省略了代表头部的圆点的鸟纹；鱼身右侧为空心的弧边三角，与颈部弧边三角形成半圆形空白，左侧为"V"形尾部（图八，4）。原子头遗址 H12：5 彩陶盆残片上残留有鱼头和鱼尾图像局部，鱼头内有长亚腰形空白，长吻前有弧形和圆点组成的鸟纹（图八，5）。华阴南城子遗址 T7B：4 彩陶盆残片图像与之相同，只是鸟纹多了弯弧线（图八，6）[14]。原子头 H65：4 钵纹饰带的对顶空白三角是典型的对顶鱼头的表现方式，其两侧应为鱼身，可以解读弯角形空白内，有半个卵形和弧边三角 + 圆点组成的鸟纹，也属鱼鸟组合图像（图八，7）。

四

仰韶文化庙底沟类型时期，彩陶进入兴盛阶段，影响广泛。庙底沟时期彩陶的一个突出特征是写实及抽象鸟形象的流行。石兴邦在上世纪六十年代即提出半坡时期重鱼纹，庙底沟时期重鸟纹[15]。张朋川对庙底沟类型鸟纹进行了全面分析，不仅对写实鸟纹进行了分类，还正确指出三类简化鸟纹：一是经常出现在圆形空白内的弧边圆点 + 弧边三角纹、圆点 + 弧边三角 + 弧边或直线纹、圆点 + 直线纹；二是"西阴纹"内的圆点 + 弧线或直线纹；三是圆点 + 勾弧纹（图九）。

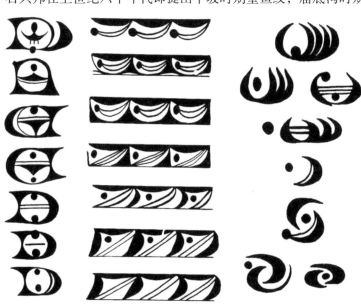

图九　庙底沟类型简化鸟纹
（截取自注解 7 插图 84）

我们接受这些对简化鸟纹的解读，并曾经指出，这些鸟纹经常出现在鱼体内部，形成庙底沟时期的鱼鸟组合图像[16]。庙底沟 H59：29 盆上腹条带状展开的黑彩图案为复杂型鱼鸟组合图像的典型代表[17]。两组长平行曲线将上下两平行界限间的条带分成两部分。较宽部分左端为弧线下的弧边三角和弧线上的圆点组成的鸟纹，其右侧为长勾状的弧边"工"字形，构成鱼头的主体轮廓，鱼头内的近椭圆形空白内，有直线 + 弧形 + 圆点式鸟纹；鱼身由两个单元组成："工"字形的右侧与一弯钩纹形成上部未封闭的近圆形空白，内有双横线 + 圆点式对鸟纹；再右侧为左 1 右 3 弧形 + 圆点组成的鸟纹。图像末端为弧边三角形鱼尾。条带较窄部分图像的鱼身省略了上述第二单元，其他部分完全相同（图一〇，1）。

泉护村 H86：8 彩陶盆有两组非常相似的鱼鸟组合图像[18]，左端均为下部展开如翅的弧边三角 + 圆点飞鸟，右侧为两个勾状纹，再右侧为下部很纤细的弧边长勾"工"字形，共同表现鱼头，内有双弧线＋圆点式鸟纹。鱼身第一单元为鱼头部分"工"字形与身部中心"工"字形形成的圆形空白中加弧边三角＋横线＋双圆点组成的对鸟纹，第二单元为弯钩纹＋圆点式鸟纹；鱼尾为下端纤细的弧边三角形。另一组图像几乎相同，只是鱼身第二单元圆形空白内为相背的竖向弧边三角＋圆点对鸟纹（图一〇，2）。

泉护村 H118 ⑤：4 彩陶盆纹饰带有两组相同的鱼鸟组合图像。图像左端为下边张开的弧边三角加圆点展翅飞鸟，右侧为两个弧形纹，其中更右侧的内有细弧形空白，再右侧为长勾弧边"工"字形鱼头，内有弧线＋弧形＋圆点式鸟纹；鱼身为圆形空白中双平行线＋双圆点式对鸟纹，鱼尾为下部纤细的弧边三角（图一〇，3）。

庙底沟 T21 ⑧：33 盆有 3 组简化式鱼鸟组合图像，左侧均为弧边三角＋圆点式鸟纹，右侧为双弧形＋弧形三角组成的简化鱼形，内有双弧线＋圆点式鸟纹（图一〇，4）。西坡遗址 H22：83 图案更加简化，主体为连续的弧形＋弧边"工"字形＋上挑弧线鱼身和弯勾＋圆点式鸟纹，每个单元如被压缩的鱼体，也如鸟首（图一〇，5）

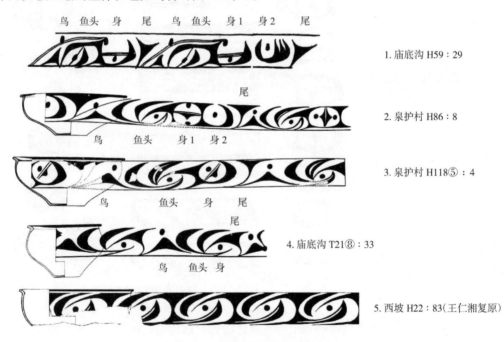

图一〇　庙底沟类型鱼鸟组合图像

五

综上所述，可以得到下述认识。第一，鱼鸟组合图像从仰韶文化半坡类型晚期就开始出现，至庙底沟类型时期成为其彩陶的最重要主题。第二，弯角形空白是鱼体内或鱼头内的典型图形，其中的弧边三角＋圆点、弧线＋圆点和弧形＋圆点都是鸟纹的图案化表现。由此，我们推测，"西阴纹"表现的是鸟在鱼体或鱼头之内，是鱼鸟组合主题的简化表现方式。

可以依弯角形空白内鸟纹形态和有无，将"西阴纹"划分出不同的类型。参见王仁湘的划分（图二），A 型和 B 型均省略了鸟纹，只表现鱼嘴的形状。C 型和 D 型则以圆点和右侧的弧形或弧边三角形组成鸟纹；或者，也可以理解为以圆点表示鱼嘴内尚处于卵的状态的鸟，关中地区的两例圆点和短直线图案，或表现刚刚破卵而出之鸟。E 型则以圆点＋弧线表现鸟，张朋川对此类鸟纹有系统归纳（图九），或有单弧线，或有双弧线，或有三弧线（参见图一），弧线有时以直线代替；有时，圆点会被省略。F 型中，豫西地区以最典型的弧边三角＋圆点为鸟纹，晋南地区则以很少见的交叉直线＋圆点表现鸟纹（可能表现的是对鸟）。

其实，"西阴纹"只是图案化的鱼鸟组合之一种。庙底沟 H408：31 钵纹饰带包括四个长方形单元，每个均为鱼身部分的简化，为两个弧线三角形成的半圆形空白中加弧边三角＋圆点式

倒飞鸟纹（图一一，1）。这样的简化鱼头是很流行的图案，庙底沟 H279：19 钵与之类似，以垂弧纹＋圆点表现鸟纹（图一一，2）。泉护村遗址 H1008：4 盆以四个弧边三角形成椭圆形空白，内有相背的弧边三角＋圆点式对鸟纹（图一一，3）。泉护村 T7 ③：01 彩陶图案与之相似，只是鸟纹省略了圆点（图一一，4）。

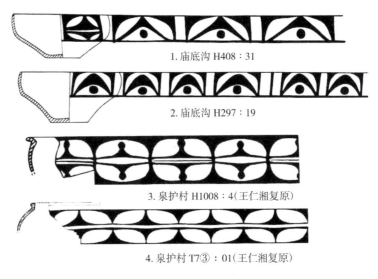

1. 庙底沟 H408：31

2. 庙底沟 H297：19

3. 泉护村 H1008：4（王仁湘复原）

4. 泉护村 T7③：01（王仁湘复原）

图一一　图案化的鱼鸟组合图像

正如我们讨论过的，鱼鸟组合图像表现的是同为卵生的鸟在鱼体内的孕育和化生。这样的化生的寓意尚有待进一步探讨，但对"西阴纹"的上述解读，使我们更深刻地认识到，此主题是仰韶社会的信仰体系的核心内容之一。

注释：

[1] 李济：《西阴村史前的遗存》，清华学校研究院，1927 年。

[2] 梁思永：《山西西阴村史前遗址的新石器时代陶器》，见《梁思永考古论文集》，科学出版社，1959 年。

[3] 严文明：《论庙底沟仰韶文化的分期》，《考古学报》1965 年第 2 期。

[4] 山西省考古研究所：《西阴村史前遗存第二次发掘》，见《三晋考古》第 2 辑，山西人民出版社，1996 年。

[5] 王仁湘：《彩陶"西阴纹"细说》，见《古代文明研究》第 7 卷，文物出版社，2008 年。

[6] 中国科学院考古研究所、陕西省西安半坡博物馆：《西安半坡——原始氏族公社聚落遗址》，文物出版社，1963 年。

[7] 张朋川：《中国彩陶图谱》，文物出版社，1990 年。

［8］严文明：《略论仰韶文化的起源和发展阶段》，见《仰韶文化研究》，文物出版社，1989 年。

［9］甘肃省文物考古研究所：《秦安大地湾——新石器时代遗址发掘报告》，文物出版社，2006 年。

［10］王仁湘：《庙底沟文化鱼纹彩陶论（上）》，《四川文物》2009 年第 2 期；《庙底沟文化鱼纹彩陶论（下）》，《四川文物》2009 年第 3 期。

［11］张宏彦：《从仰韶文化鱼纹的时空演变看庙底沟类彩陶的来源》，《考古与文物》2012 年第 5 期。

［12］西安半坡博物馆、武功县博物馆：《陕西武功发现新石器时代遗址》，《考古》1975 年第 2 期。

［13］西安半坡博物馆、陕西省考古研究所、临潼县博物馆：《姜寨——新石器时代遗址发掘报告》，文物出版社，1988 年。

［14］中国社会科学院考古研究所陕西工作队：《陕西华阴南城子遗址的发掘》，《考古》1984 年第 6 期。

［15］石兴邦：《有关马家窑文化的一些问题》，《考古》1962 年第 6 期。

［16］李新伟：《仰韶文化庙底沟类型彩陶的鱼鸟组合图像》，《考古》2021 年第 8 期。

［17］中国科学院考古研究所：《庙底沟与三里桥》，科学出版社，1959 年。

［18］陕西省考古研究院、渭南市文物旅游局、华县文物旅游局：《华县泉护村——1997 年考古发掘报告》，文物出版社，2014 年。

仰韶文化庙底沟类型彩陶的鱼鸟组合图像

◎ 李新伟

一

自仰韶文化发现以来，其独具特征的彩陶图像即为研究的热点。西安半坡遗址发掘获得丰富的半坡类型彩陶图像资料，1963 年出版的发掘报告对半坡风格鱼纹进行了开创性的详细研究，确立了写实鱼纹和由直线三角、弧线三角等元素组成的抽象鱼纹为半坡彩陶最重要主题的基本认识[1]。张朋川此后又有系统的归纳分析，深化了对此主题的理解[2]（图一）。

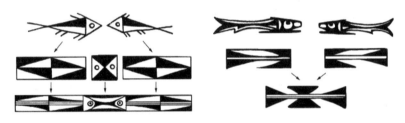

图一　半坡类型写实和抽象鱼纹

（采自张朋川：《中国彩陶图谱》图 77、图 78，文物出版社，2005 年）

半坡类型向庙底沟类型过渡的史家类型时期[3]，彩陶构图元素趋于曲线化，图像内容更加丰富，其中一个重要现象是鱼鸟组合图像的出现。武功游凤遗址发现的蒜头壶肩部绘完整鱼纹，头部巨大，内有一粗颈短喙鸟首[4]（图二，1）。临潼姜寨遗址第二期的葫芦瓶 H467：1 正面和背面各绘一条半抽象的鱼，头部和身部均为侧边略弧的方形，内部各有一粗颈短喙鸟首，头向相反[5]（图二，2）。姜寨二期的另一件葫芦瓶 M76：10 上绘有两组相同的硕大近圆形鱼头。鱼头内部被竖线一分为二，右侧为短喙鸟首，左侧为中有裂缝的卵形（图二，3）。

陇县原子头遗址的盆 F33：4 上腹绘两条多种元素组成的鱼纹，鱼嘴内有尖勾喙鸟首；鱼颈部有竖立的半黑半白的卵形图案，下部的弧线三角似为简化的鸟纹（图二，4）。秦安大地湾遗址第二期文化 K707：1 盆上的鱼纹与此非常相似[6]，只是细节略有不同。鱼头前面有一个由两个小弧线三角组成的空心大弧线三角，两个顶点有圆点，可理解为两只由小弧线三角和圆点组成的头向不同的飞鸟（图二，5）。原子头遗址 H12：5 盆残片上残留有鱼头和鱼尾图像局部，鱼头的长吻前有垂弧形和圆点组成的鸟纹（图二，6）。华阴南城子遗址 T7B：4 盆残片图像与之相似[7]（图二，7）。原子头H15：4钵上纹饰带的对顶白色三角是典型的相对鱼头的表现方式，其两侧应为鱼身，第一单元为角形空白，第二单元为内弧四边形空白中有弧线三角加圆点式鸟

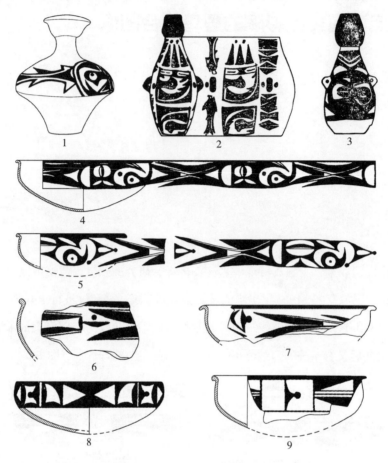

图二　史家类型时期鱼鸟组合图像

1.武功游凤遗址　2、3.临潼姜寨遗址（H467：1、M76：10）　4、6、8、9.陇县原子头遗址

（F33：4、H12：5、H15：4、H48：2）　5.秦安大地湾遗址（K707：1）　7.华阴南城子遗址（T7B：4）

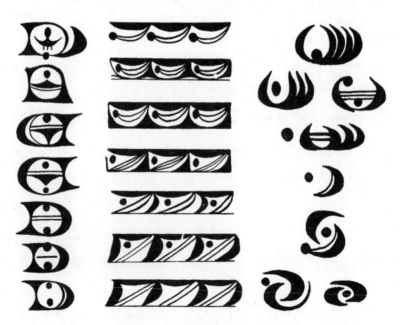

图三　庙底沟类型简化鸟纹

（采自张朋川：《中国彩陶图谱》图84，文物出版社，2005年）

纹（图二，8）。同遗址 H48：2 的钵纹饰带有典型的以构成长方形的黑、白直线三角和直线表现的鱼身图案。两个鱼身间有弧线三角加圆点式鸟纹，是鱼鸟组合更抽象和图案化的表现方式（图二，9）。

庙底沟时期彩陶的一个突出特征是写实及抽象鸟纹的盛行。石兴邦在 20 世纪 60 年代即提出半坡时期重鱼纹，庙底沟时期重鸟纹[8]。张朋川对庙底沟类型鸟纹进行了全面分析，不仅对写实鸟纹进行了分类，还正确指出三类简化鸟纹：一是经常出现在圆形空白内的弧线三角加圆点纹、弧线三角加圆点加弧线或直线纹、直线加圆点纹；二是所谓"西阴纹"[9]或"垂弧纹"[10]内的圆点加弧线或直线纹；三是圆点加勾弧纹（图三）。

王仁湘则敏锐发现鱼纹也是庙底沟时期彩陶的重要主题。他对上述史家类型（王氏认为属庙底沟文化）鱼纹的构图元素进行了详细分析，提出庙底沟时期广泛流行的叶片纹、花瓣纹、"西阴纹"、菱形纹、圆盘形纹（即圆点加弧线三角的鸟纹）、带点圆圈纹等，大都是鱼纹拆解后重组而成，这些纹饰构成了一个"大鱼纹"象征系统[11]。张宏彦在此基础上进行了更详细的归纳[12]。这些研究扭转了庙底沟时期鱼纹衰落、鸟纹独尊的认识。但都强调庙底沟时期的鱼纹已经被拆解成不同元素，经历了这样的符号化过程，后来虽然还会有鱼的含义，但是它却并没有了鱼的形态。

对于庙底沟最具特征的"回旋勾连纹"[13]，王仁湘以观察白地形成的图案的视角，释读为"双旋纹"[14]。朱乃诚则将此类图案解释为鸟纹[15]。这些认识忽视了庙底沟时期存在形式多样的鱼纹和鱼鸟组合图像，本文拟对此类图像进行初步释读。

二

将上述与鱼纹相关的元素、"回旋勾连纹"和简化鸟纹作为一个整体观察，会发现半坡时期即出现的鱼鸟组合图像在庙底沟时期已经成为彩陶最重要的主题之一。

庙底沟遗址 H59：29 盆上腹条带状展开的黑彩图案为包括多个单元的复杂型鱼鸟组合图像的典型代表[16]。两组长平行曲线将图案带分成两部分。较窄部分左端为弧线三角加圆点式鸟纹。其右侧为体内有鸟纹的鱼纹，长勾状的弧线"工"字形构成鱼头的主体轮廓，内有直线加勾弧加圆

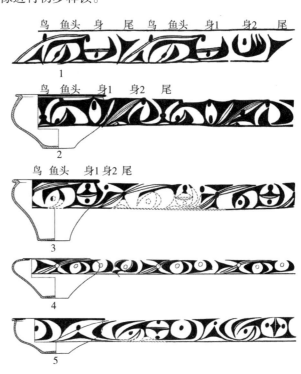

图四　复杂型鱼鸟组合图像
1、2.陕县庙底沟遗址（H59：29、H106：10）3~5.华县泉护村遗址（H107②b：65、H107③a：82、H86：8）

点式鸟纹，圆点又如鱼目；"工"字形的右侧与一弯钩纹形成上部未封闭的近圆形空白，内有双横线加双圆点式对鸟纹；末端为弧线三角形鱼尾。条带较宽部分的鱼体内多了一个 4 条弧形纹加圆点组成的鸟纹，其他部分完全相同（图四，1）。

庙底沟 H106：10 盆的图案包括两组由鸟纹间隔几乎相同的多单元鱼纹[17]。最左端第一组纹饰的起点是上大下小两个对顶的弧线三角纹和两个圆点组成的双鸟纹；鱼头同样为长勾"工"字形，内有弧线加勾弧加圆点式鸟纹；鱼身由 5 只飞鸟组成，可以按照两组识读，第一组为相背的弧线三角和圆点组成的对鸟纹，第二组由弧线三角加双弧线和两个相对的勾弧为三个鸟身，共用一个圆点为鸟头；随后的另一组间隔对鸟纹上部的大弧线三角可以视为鱼尾。第二组纹饰几乎相同，只是鱼体内多了两个圆点，丰富了鸟的形态（图四，2）。

华县泉护村遗址庙底沟类型彩陶中，多单元鱼鸟组合图像为重要主题[18]。H107②b：65 盆的纹饰带被三组斜弧线分为三部分，较宽的两部分内为相同的鱼鸟组合，左端为对顶弧边三角加圆点式对鸟，鱼头为弧边长勾"工"字形，内有勾弧加圆点式鸟纹；鱼身第一单元为弧线三角加弧线加上下圆点式对鸟；第二单元为双弧线三角加圆点式对鸟，后一组对顶弧线三角对鸟上部的弧线三角为鱼尾。较窄部分有相同的鱼鸟组合图像，只是省略了鱼身的第二单元（图四，3）。同灰坑的 H107③a：82 敛口罐的纹饰带同样被三组斜弧线分为三部分，各有一个鱼鸟组合图像。其中一部分较宽，左端为对顶弧线三角加圆点对鸟，鱼头为弧线长勾"工"字形，内有勾弧加圆点式鸟纹；鱼身第一单元为勾弧加圆点式鸟纹，第二单元为对勾弧加圆点式对鸟纹，鱼尾为后一组对顶弧线三角对鸟纹的上部。另两个较短部分图像相同，为较宽鱼鸟组合省略鱼身的第二单元（图四，4）。

泉护村 H86：8 盆有两组非常相似的鱼鸟组合图像，左端均为下部展开如翅的弧线三角加勾弧加圆点组成的对鸟纹；其右侧为一个勾状纹和随后的弧线长勾"工"字组成的鱼头，头内为双弧线加圆点式鸟纹；鱼身第一单元为鱼头部分"工"字形与身部中心"工"字形形成的圆形空白中有弧线三角加直线加双圆点组成的对鸟纹，第二单元为勾弧加圆点鸟纹；鱼尾为下端纤细的弧线三角形。另一组图像几乎相同，只是鱼身第一单元圆形空白内为相背的竖向弧线三角加圆点式对鸟纹（图四，5）。

三

相比鱼身包括两个或三个单元的复杂图像，鱼身只包括一个单元的简单鱼鸟组合图像更加流行，均具备鱼前飞鸟、鱼头、鱼身和下端纤细的弧线三角形鱼尾等基本元素，又各有细微变化，意在表现鱼中飞鸟之千姿百态。

泉护村遗址资料尤其丰富。H118⑤：4 盆有两组相同的鱼鸟组合图像，构图与上述同遗址的 H86：5 盆相同，只是鱼身均只有一个单位，圆形空白内为双直线加双圆点式对鸟纹（图五，1）。H62：5 盆的两组鱼鸟组合采用了同样的构图，只是鱼身内为勾弧加圆点式鸟纹（图五，2）。

类似的构图在其他庙底沟类型遗址也相当流行。灵宝西坡遗址 H22：71 盆的图像中鱼体前的横向飞鸟很小[19]，省略了圆点，竖向的勾弧粗大且与鱼头紧密连接，也可解读为鱼头的一部分（图五，3）。三门峡南交口遗址 H09：1 盆的图像中竖向勾弧离前面的飞鸟较远，更似鱼头的一部分[20]，而且鱼头前的勾弧纤细，与弧线"工"字形紧贴，整体颇似鸟首，此弧形如鸟首羽毛（图五，4）。大地湾遗址 T309-3：11 盆的图像中鱼头前的竖向勾弧上端有一圆点，自成一个鸟纹（图五，5）。渭南北刘遗址[21] H10：1 盆构图与之几乎完全相同，只是圆点在竖勾弧右侧中部（图五，6）。岐山王家嘴遗址采：1 盆的图像鱼头中省略了鸟纹[22]，弧线"工"字形上有一圆点，鱼尾呈"丫"形，内有一圆点，在保留鱼的基本形态的同时，表现出更复杂的群鸟齐飞状态（图五，7）。

上述前有双飞鸟的鱼鸟组合图像的简化形式也很常见，鱼体只保留鱼头部分，省略了有鸟纹的鱼身和弧线三角鱼尾，将构成鱼头的弧线"工"字形改为弧线三角，末端如分叉的鱼尾。西坡遗址 H36：16 盆是典型代表，双勾弧加圆点式对鸟纹后面的鱼体由勾弧、前端纤长且后端如鱼尾的弧线三角和双弧线加圆点式鸟纹组成，

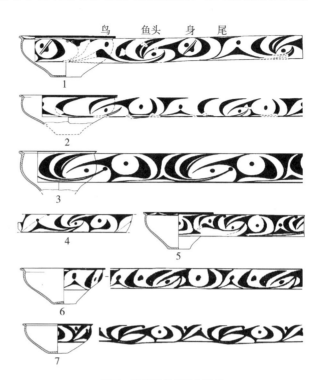

图五　简单型鱼鸟组合图像

1、2.华县泉护村遗址（H118⑤：4、H62：5）　3.灵宝西坡遗址（H22：71）
4.三门峡南交口遗址（H09：1）　5.秦安大地湾遗址（T309-3：11）
6.渭南北刘遗址（H10：1）　7.岐山王家嘴遗址（采：1）

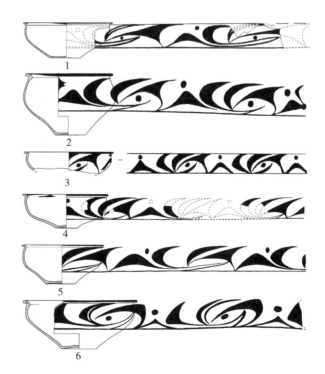

图六　简化型鱼鸟组合图像

1.灵宝西坡遗址（H36：16）　2、5.陕县庙底沟遗址（T21⑧：33、T21⑨：95）
3.渭南北刘遗址（H2：5）　4、6.华县泉护村遗址（H28：30、H74②：17）

形如腹中有鸟之鱼（图六，1）。庙底沟遗址T21⑧：33盆的构图相同，只是鱼身较短（图六，2）。北刘遗址H2：5盆的图像前端双鸟中的竖向勾弧贴近鱼身，也可解读为构成鱼体轮廓的元素（图六，3）。泉护村遗址H28：30盆的三组图像更加简化，省略了鱼体中圆点（图六，4）。庙底沟遗址T21⑨：95盆的图像双鸟身体紧凑，鱼体也是很简化，省略了圆点（图六，5）。泉护村遗址H74②：17盆的图像省略了对鱼尾部的表现，鱼体接近图案化（图六，6）。

还有更简化的鸟鱼纹图像。泉护村遗址H46⑤：12盆是典型代表，鱼头前面的对鸟简化为勾弧加圆点式单鸟纹，勾弧同时也勾勒出鱼头的轮廓，弧线"工"字形同时表现鱼身和鱼尾，内有双弧线加圆点式鸟纹，双弧线同时也勾勒出鱼腹部（图七，1）。H107②b：64盆的图案与之相同（图七，2）。H87：26盆的图像以弧线三角表现鱼身和鱼尾（图七，3）。庙底沟遗址T21⑨：89盆的三组鱼鸟纹非常紧凑，鱼体内的鸟省略了圆点，接近图案化（图七，4）。西坡遗址H22：83盆上，勾弧加圆点式鸟纹的圆点被省略，更加图案化（图七，5）。

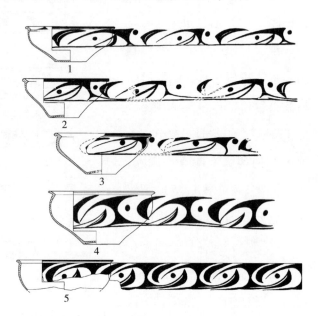

图七　简化鱼鸟组合图像
1~3.华县泉护村遗址（H46⑤：12、H107②b：64、H87：26）
4.陕县庙底沟遗址（T21⑨：89）　5.灵宝西坡遗址（H22：83）

四

鸟鱼组合图像其实经常以图案化的方式表现。

新安槐林遗址H4：3盆的图像鱼前飞鸟的身体呈规范的倒"V"形[23]，圆点上有双弧线纹；鱼身部分图案化近圆形，后部仍然可以看出弧线三角形鱼尾，鱼体内为直线加弧线三角加圆点式鸟纹（图八，1）。庙底沟遗址H278：15盆的图像中表现鸟身的弧线三角与表现鱼头轮廓的弧线合二为一，近圆形的鱼身内为平行直线加双圆点式对鸟纹，但仍然有独立的弧线三角形鱼尾，上边平直，下端纤细（图八，2）。夏县西阴村遗址所出钵的图像同样是鸟身的弧线三角与鱼头轮廓合二为一[24]，鱼尾也与鱼身一体，形成以近圆形鱼身为中心的两个对称弧线三角，但鱼尾的弧线三角仍保留着上边平直、下端纤细的特征（图八，3）。

垣曲小赵遗址H28：8钵的图像则完全图案化[25]，一小（鸟身简化）一大（鱼尾）弧线三角对接形成圆形空白（鱼身），内有平行直线加两圆点式对鸟纹。值得注意的是，每组图像中间的空白近似花瓣形（图八，4）。泉护村遗址H105④：5钵展现出一种重要的图案化形式，表现鸟身和鱼身的长尾弧线三角形态相同，水平对接，形成圆形空白，内有三个代表鸟头的圆点。在两组图像之间，有形状相同的上下对顶短弧线三角，与两侧的横向长尾弧线三角汇聚于一个圆点，如四个共用一个鸟头的两对飞鸟，并形成四瓣花形状的空白（图八，5）。

由此可见，正如有学者所言，庙底沟类型彩陶的典型标志"花瓣"纹应为汇聚的鸟纹形成的空白[26]。庙底沟遗址 H408：41 钵为"花瓣"图案的典型代表，其纹饰带上有四组主题图案，如同把小赵遗址 H28：8 的图像拉平，均为形状相同的弧线三角对接形成花瓣形空白，内填平行横线加双圆点对鸟纹，上端有倒垂的弧线三角，与顶端圆点形成倒鸟纹。每两组图案之间，有上、下两组形状相同的图案，如同把西阴村所出者图案拉平，均为弧线三角对接形成椭圆形空白加双圆点，有些弧线三角之间的花瓣状空白中有弧线纹（图八，6）。整体观之，整个纹饰带似由一朵朵六瓣花和五瓣花组成，这或许也是图案绘制者刻意造成的视觉效果，但此类图案首先表现的还应是鱼鸟组合主题和群鸟齐飞的场面。汾阳段家庄遗址 H3：8 罐为同样的构图[27]，弧线三角对接部分近圆形，更清楚表明与鱼鸟组合图像的演变关系（图八，7）。

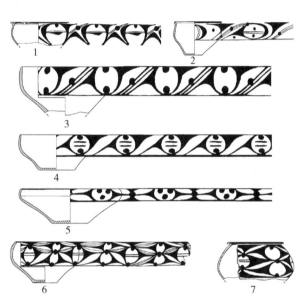

图八　图案化的鱼鸟组合图像
1. 新安槐林遗址（H4：3）　2、6. 陕县庙底沟遗址（H278：15、H408：41）　3. 夏县西阴村遗址　4. 垣曲小赵遗址（H28：8）
5. 华县泉护村遗址（H105④：5）　7. 汾阳段家庄遗址（H3：8）

更为简洁的图案化鱼鸟组合是截取典型鱼鸟组合中飞鸟、鱼身或鱼头的图案，形成圆角方形或长方形单元，二方连续展开。泉护村遗址 H1008：04 盆的图像由二方连续展开的对顶弧线三角加圆点形成四个圆角长方形空白，代表鱼身，内有相背弧线三角加双圆点式对鸟纹（图九，1）。泉护村遗址 T7③：01 盆省略了圆点，形成规则的四瓣花图案（图九，2）。庙底沟遗址 H279：19 钵有六个单元的类似图案，每个单元为两个直角弧线三角和纹饰带下界限形成的长方形，内有勾弧加圆点式倒飞鸟纹，可以看作是鱼身的简化，也可视为鱼头简化，圆点同时表现鱼眼，两个这样的图形为抽象的鱼头正视图（图九，3）。庙底沟遗址 H408：31

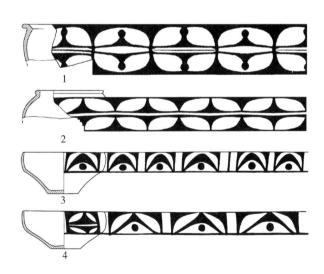

图九　图案化的鱼鸟组合图像
1、2. 华县泉护村遗址（H1008：04、T7③：01）
3、4. 陕县庙底沟遗址（H279：19、H408：31）

钵的纹饰带包括四个长方形单元（图九，4），一个类似泉护村遗址 T7 ③：01，另外三个类似庙底沟遗址 H279：19。

五

上文的分析表明，鱼鸟组合图像主题至迟在史家类型时期已经出现，在庙底沟类型时期成为彩陶图像的最重要主题，被以复杂型、简单型、简化型和图案化等方式充分表现。

关于鱼和鸟的形象在半坡类型和庙底沟类型中的内涵，石兴邦提出"仰韶文化的半坡类型与庙底沟类型分别属于以鱼和鸟为图腾的不同部落氏族"[28]，此认识得到广泛认同[29]，有学者据此将鸟在鱼身体中的图像解读为鱼鸟人群的融合[30]。但正如张光直指出的："如果认为半坡的氏族是以鱼为图腾，就必须将鱼与个别氏族的密切关系建立起来，同时还要将其他氏族与其他图腾的密切关系也建立起来。可是在现有的材料中，建立这两项关系却并不那么容易"[31]。张光直较全面地讨论过仰韶文化中与萨满式巫术有关的资料，提出半坡类型的"人面鱼纹"是萨满通神状态的描摹[32]。李默然则提出鱼可能代表冥界和重生[33]。这些研究提供了以萨满式宗教观念解读相关图像的视角。

不同生物间（包括人类）的相互化生是萨满式宗教的重要内容[34]。玛雅文明关于玉米神重生的神话中，玉米神死后，冥王将其骨灰投入河中，河中鲇鱼吃了这些骨灰，聚集了玉米神的身体；神鸟又将这些鲇鱼吃掉，聚齐了玉米神的身体，玉米神得以在其体内完成重生[35]。《庄子·逍遥游》中有鲲化为鹏的描述，很可能是史前时代神话的孑遗。据此，我们可以对鱼鸟组合图像的含义试做推测，此类图像表现的是鸟在鱼体内完成孕育生长，再从鱼口内飞出的萨满式化生。

姜寨遗址 M76：10 图像的鱼头中，鸟头边有一裂开的卵形物（见图二，3）。陇县原子头遗址 H84：3 钵的彩陶图案也表现了鱼体内的鸟和裂开卵形物的组合（图一〇，1）。原子头H100：1 钵则表现了鱼体内半黑半空白和黑色的卵形图案（图一〇，2）。西安南殿村遗址[36]钵上则直接绘制了鸟从有裂缝的卵形物中飞出的状态（图一〇，3）。

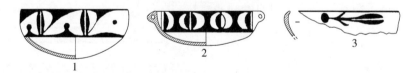

图一〇　鸟在鱼体中孕育的图像
1、2.陇县原子头遗址（H84：3、H100：1）　3.西安南殿村遗址

目前在庙底沟类型遗址中并未发现明确的仪式性遗迹，彩陶大多出土于地层和灰坑等日常生活废弃堆积中，应为日常用品。在日常器物上绘制鱼鸟化生主题的图像，可能因为这一主题是众所周知的宗教知识，并具有吉祥的正面内涵，可以被自由表达，这与天极图像在大量日用器物上出现的现象非常相似[37]。

鸟的形象在中国史前时代广泛流行，最通常的解释是托负太阳的阳鸟[38]。庙底沟类型写实鸟纹有些背上有圆点，被认为是金乌负日的写实表现[39]（图一一，1）。笔者曾提出鸟在中国史前时代与天极观念密切相关，天极的运转被认为需要神鸟的维护[40]。崧泽文化器盖上常有雕刻或绘制的飞鸟环护天极图像，如海宁小兜里遗址 M44：1 豆盖倒置如天体模型，绘制 6 个图案化的鸟首，围绕代表天极的盖柄旋转[41]（图一一，2）。庙底沟遗址彩陶器盖上有类似图像，T21⑨：94 器盖顶部绘有弧线三角加圆点表现的群鸟环绕有垂弧纹的中心图像（图一一，3）。泉护村遗址 H165：3 器盖顶部绘有与段家庄遗址 H3：8 类似的图像，表现的是更复杂的鸟鱼组合和群鸟环绕中心盖柄飞翔的场面（图一一，4）。不管是托负太阳还是维护天极，都可以推测鸟在庙底沟社会的宇宙观中也扮演了重要角色。

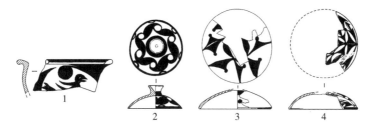

图一一　表现飞鸟环护天极的图像
1、4.华县泉护村遗址（H165：402、H165：3）　2.海宁小兜里遗址（M44：1）　3.陕县庙底沟遗址（T21⑨：94）

宝鸡北首岭遗址 M52：1 半坡类型蒜头壶上有鸟啄鱼尾图像[42]（图一二，1），临汝阎村遗址庙底沟时期陶缸上著名的"鹳鱼石斧图"与之一脉相承[43]（图一二，2）。该陶缸为瓮棺葬具，"鹳鱼石斧图"多被解读为以鸟为图腾的部族用武力战胜以鱼为图腾的部族，棺中死者是为此胜利作出重要贡献的军事领导者[44]。但按照我们上文的讨论，此图像更可能表现的是墓主除了拥有钺代表的世俗权力之外，也拥有促成神鸟完成在鱼体内的神奇转化、最终战胜鱼、完成维护天体运行任务的宗教能力。由此可见，庙底沟社会上层很可能会利用鱼鸟转化的信仰，以萨满式宗教的仪式活动获得和维护权力。

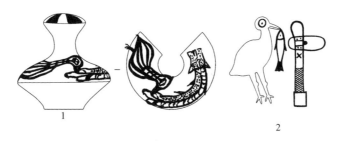

图一二　半坡和庙底沟类型鸟衔鱼图像
1.宝鸡北首岭遗址（M52：1）　2.临汝阎村遗址

六

仰韶文化分布区之外偶有鱼形象的发现。双墩文化的蚌埠双墩遗址陶碗底部刻画符号中有简化的鱼形[45]，河姆渡遗址发现有河姆渡文化的木鱼[46]，嘉兴南河浜遗址[47]崧泽文化墓葬

1件陶豆盖上有一对鱼形堆塑，良渚文化反山墓地中发现1件玉鱼[48]。但这些零星发现均未反映鱼鸟转化的主题，很明显，相关信仰是仰韶文化系统特有的宗教传统。

庙底沟类型时期之后，这一信仰的传承和演变脉络并不完整，但仍有迹可寻。

天门石家河遗址邓家湾地点石家河文化遗存中有大量陶塑人物和动物形象[49]，其中有坐姿人抱鱼的形象9件（图一三，1），被认为是对以鱼献祭场面的描绘[50]。其他解读包括祈求生育和丰产[51]、捕捞成功[52]、借鱼通灵[53]和奏鱼形乐器[54]等。邓家湾还同时出土"分叉长尾鸟"陶塑18件，长尾分叉如鱼尾，可以称作鱼尾鸟（图一三，2），正是鱼鸟转化状态的生动描绘。其中还包括连体双鸟相背而飞的形象，与庙底沟类型相关彩陶图像如出一辙（图一三，3）。尤其值得注意的是，9件人抱鱼陶塑中的8件和18件鱼尾鸟陶塑中的13件均出自灰坑H67中，表明二者有密切关系。综合这些现象，我们推测这些陶塑应该是与鱼鸟化生相关的仪式活动的遗物。抱鱼者应为巫师，帮助鸟从鱼体内诞生；鱼尾鸟则是对成功转生的描绘。这些遗物并未使用玉等高等级材料，制作也比较粗糙，数量较多，与社会上层的联系并不明确，似乎普通民众和一般巫师也可以举行相关仪式。

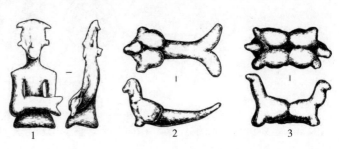

图一三　石家河遗址邓家湾地点H67出土陶塑
1.H67：5　2.H67：26　3.H67：47

与鱼鸟化生相关的遗物在随后的龙山时代和与夏王朝相当的时期未见，但频繁见于相当于商代晚期的遗址中。晚商时期墓葬中多见玉质鱼尾鸟。滕州前掌大M34：19基本保持鱼的形态[55]，鸟头和鸟翅已经完成转化（图一四，1）。安阳郭家庄M170：3的构图中鸟已经完成转化，但保留了鱼身体的后半部分和分叉鱼尾[56]（图一四，2）。

广汉三星堆遗址中的两件鱼鸟组合遗物非常引人注目[57]。K1：235-5玉牙璋，发掘者正确指出呈鱼形，顶部如张开的鱼嘴，内有昂首扬翅之鸟，生动表现完成孕育的神鸟从鱼口中诞生的场面（图一四，3）。K1：1金杖上刻有四组鱼鸟图像，鱼头被箭矢射中，鱼头前有一只神

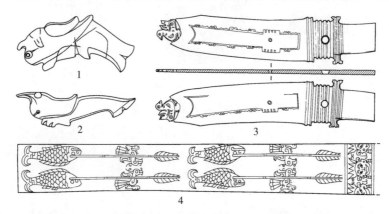

图一四　其他遗址所见鱼鸟组合图像
1.滕州前掌大遗址（M34：19）　2.安阳郭家庄遗址（M170：3）　3、4.广汉三星堆遗址（K1：235-5、K1：1）

鸟飞翔（图一四，4）。金杖为三星堆最高等级的遗物之一，一般被认为是王者的权杖，对其图像的内涵已有热烈讨论[58]。我们推测，该金杖图像表现的也是鱼鸟化生主题，执金杖的王者意在宣示自己有射杀大鱼、帮助神鸟完成化生的法力，这样的特殊能力是其获得和维护权力的重要保障。这样的金杖在举行相关仪式时也应是重要的法器。牙璋应该有同样的功能。以这样最高级别的形式"物化"鱼鸟转化的主题，清楚显示了该信仰在三星堆宗教中的重要地位。

庙底沟类型一直被认为是摒弃神权，在"军权、王权结合基础上突出王权"的社会发展模式的代表[59]。对庙底沟类型彩陶图像的新解读提示我们，萨满式宗教在庙底沟社会发展中的作用颇值得深思；庙底沟类型时期发展成熟的鱼鸟化生信仰，对此后相关地区宗教观念形成的影响也是需要进一步探讨的重要问题。

附记：本文得到国家重点研发计划"中华文明探源研究项目"之课题八"中华文明起源进程的整体性研究"（课题编号 2020YFC1521608）的资助，同时属于中国历史研究院李新伟学者工作室研究项目。

注释：

［1］中国科学院考古研究所、陕西省西安半坡博物馆：《西安半坡——原始氏族公社聚落遗址》，文物出版社，1963 年。

［2］张朋川：《中国彩陶图谱》，文物出版社，1990 年。

［3］严文明：《略论仰韶文化的起源和发展阶段》，见《仰韶文化研究》，文物出版社，1989 年。

［4］西安半坡博物馆、武功县文化馆：《陕西武功发现新石器时代遗址》，《考古》1975 年第 2 期。

［5］西安半坡博物馆等：《姜寨——新石器时代遗址发掘报告》，文物出版社，1988 年。

［6］甘肃省文物考古研究所：《秦安大地湾——新石器时代遗址发掘报告》，文物出版社，2006 年。

［7］中国社会科学院考古研究所陕西工作队：《陕西华阴南城子遗址的发掘》，《考古》1984 年第 6 期。

［8］石兴邦：《有关马家窑文化的一些问题》，《考古》1962 年第 6 期。

［9］李济：《西阴村的史前遗存》，清华学校研究院，1927 年。

［10］严文明：《西阴村史前遗存分析》，见《仰韶文化研究》，文物出版社，1989 年。

［11］王仁湘：《庙底沟文化鱼纹彩陶论》（上、下），《四川文物》2009 年第 2、3 期。

［12］张宏彦：《从仰韶文化鱼纹的时空演变看庙底沟类彩陶的来源》，《考古与文物》2012 年第 5 期。

［13］a. 严文明：《论庙底沟仰韶文化的分期》，见《仰韶文化研究》，文物出版社，1989 年。

b. 苏秉琦称为菊科和蔷薇科花朵纹，参见苏秉琦：《关于仰韶文化的若干问题》，《考古学报》1965 年第 1 期。

c. 安志敏称之为"圆点、勾叶、弧边三角和曲线等构成繁复而连续的带状花纹"，参见安志敏：《裴李岗、磁山和仰韶》，见《中国新石器时代论集》，文物出版社，1982 年。石兴邦在《中国大百科全书·考古卷》

中有类似的表述。

    d. 各家不同命名参见王仁湘:《史前中国的艺术浪潮——庙底沟文化彩陶研究》，文物出版社，2011 年，第 360 页，表一。

［14］王仁湘:《关于史前中国一个认知体系的猜想——彩陶解读之一》，《华夏考古》1999 年第 4 期。

［15］朱乃诚:《仰韶文化庙底沟类型彩陶鸟纹研究》，《南方文物》2016 年第 4 期。

［16］中国科学院考古研究所:《庙底沟与三里桥》，科学出版社，1959 年。

［17］河南省文物考古研究院:《华夏之花——庙底沟彩陶选粹》，上海古籍出版社，2013 年。

［18］陕西省考古研究院、渭南市文物旅游局、华县文物旅游局:《华县泉护村——1997 年考古发掘报告》，文物出版社，2014 年。

［19］中国社会科学院考古研究所河南一队等:《河南灵宝市西坡遗址试掘简报》，《考古》2001 年第 11 期。

［20］河南省文物考古研究所:《三门峡南交口》，科学出版社，2009 年。

［21］西安半坡博物馆等:《渭南北刘新石器早期遗址调查与试掘简报》，《考古与文物》1982 年第 4 期。

［22］西安半坡博物馆:《陕县岐山王家咀遗址的调查与试掘》，《史前研究》1984 年第 3 期。

［23］河南省文物管理局、河南省文物考古研究所:《黄河小浪底水库考古报告》（一），中州古籍出版社，1999 年。

［24］山西省考古研究所:《西阴村史前遗存第二次发掘》，见《三晋考古》第 2 辑，山西人民出版社，1996 年。

［25］中国社会科学院考古研究所山西工作队:《山西垣曲小赵遗址 1996 年发掘报告》，《考古学报》2001 年第 2 期。

［26］钱志强:《新石器时代仰韶彩陶中的鸟纹》，《西北美术》1984 年第 2 期。

［27］国家文物局等:《晋中考古》，文物出版社，1999 年。

［28］石兴邦:《有关马家窑文化的一些问题》，《考古》1962 年第 6 期。

［29］何星亮:《半坡鱼纹是图腾标志，还是女阴象征？》，《中原文物》1996 年第 3 期。

［30］赵春青:《从鱼鸟相战到鱼鸟相融——仰韶文化鱼鸟彩陶图试析》，《中原文物》2000 年第 2 期。

［31］张光直:《论"图腾"》，见《考古人类学随笔》，生活·读书·新知三联书店，1999 年。

［32］张光直:《仰韶文化中的巫觋资料》，《历史语言研究所集刊》第 64 本第 3 分册，1994 年。

［33］李默然:《半坡"人面衔鱼"图案再分析》，《江汉考古》2020 年第 1 期。

［34］米尔恰·伊利亚德:《萨满教:古老的入迷术》，段满福译，社会科学文献出版社，2018 年。

［35］Michael J. Grofe，*The Recipe for Rebirth*：*Cacao as Fish in the Mythology and Symbolism of the Ancient Maya*，Department of Native American Studies University of California at Davis，2007.

［36］西安半坡博物馆:《西安南殿村新石器时代遗址的调查》，《史前研究》1984 年第 1 期。

［37］李新伟:《中国史前陶器图像反映的"天极"观念》，《中原文物》2020 年第 3 期。

［38］巫鸿:《东夷艺术中的鸟形象》，见《礼仪中的美术》，生活·读书·新知三联书店，2016 年。

［39］张朋川:《中国彩陶图谱》，文物出版社，1990 年，第 194 页。

［40］李新伟：《中国史前陶器图像反映的"天极"观念》，《中原文物》2020年第3期。

［41］浙江省文物考古研究所、海宁市博物馆：《小兜里》，文物出版社，2015年。

［42］中国社会科学院考古研究所：《宝鸡北首岭》，文物出版社，1983年。

［43］临汝县文化馆：《临汝阎村新石器时代遗址调查》，《中原文物》1981年第1期。

［44］严文明：《〈鹳鱼石斧图〉跋》，《文物》1981年第12期。

［45］安徽省文物考古研究所等：《蚌埠双墩：新石器时代遗址发掘报告》，科学出版社，2008年。该类器物包括86T0720②：103、86T0720③：7、86T0720③：93和86采集：13。

［46］浙江省文物考古研究所：《河姆渡：新石器时代遗址考古发掘报告》上册，文物出版社，2003年，第180页。该器物编号为T231④B：309。

［47］浙江省文物考古研究所：《南河浜：崧泽文化遗址发掘报告》，文物出版社，2005年。该器物编号为M27：1。

［48］浙江省文物考古研究所：《反山》，文物出版社，2005年。玉鱼编号为M22：23。

［49］湖北省文物考古研究所等：《邓家湾——天门石家河考古报告之二》，文物出版社，2007年。

［50］严文明：《邓家湾考古的收获（代序）》，见《邓家湾——天门石家河考古报告之二》，文物出版社，2007年。

［51］周光林：《浅议石家河文化雕塑人像》，《江汉考古》1996年第1期。

［52］张绪球：《长江中游新石器时代文化概论》，湖北科学技术出版社，1992年。

［53］郭立新：《解读邓家湾》，《江汉考古》2009年第3期。

［54］孟华平：《浅议"人抱鱼形器"》，《中国文物报》1994年4月24日。

［55］中国社会科学院考古研究所：《滕州前掌大墓地》，文物出版社，2005年。

［56］中国社会科学院考古研究所：《安阳殷墟郭家庄商代墓葬——1982年~1992年考古发掘报告》，中国大百科全书出版社，1998年。

［57］四川省考古研究所：《三星堆祭祀坑》，文物出版社，1999年。

［58］顾问：《三星堆金杖图案内涵及金杖新论》，《江汉考古》2006年第2期。

［59］李伯谦：《中国古代文明演进的两种模式——红山、良渚、仰韶大墓随葬玉器观察随想》，《文物》2009年第3期。

庙底沟类型彩陶鸟纹的解读与研究

◎金秀妍

—

鸟纹的极大盛行是庙底沟类型彩陶纹饰的重要特点，对其最初辨识来自 1959 年黄河水库考古队在柳枝镇遗址的发掘工作[1]，随后在灵宝南万村[2]、芮城大禹渡[3]等遗址陆续出土了带有写实鸟纹的彩陶，引起颇多学者关注。1962 年，石兴邦率先将鸟纹纳入半坡类型与庙底沟类型早晚关系的讨论，首次将圆点、弧线、弧边三角等元素组合的图案认定为几何形鸟纹，并附图论证了写实性鸟纹向几何形鸟纹的演变过程，此为有关鸟纹辨识及演化的开创性研究[4]。（图一）张朋川对鸟纹由早到晚的演变情况予以

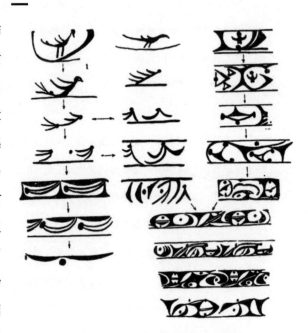

图一　石兴邦识读的庙底沟类型彩陶鸟纹

梳理，正面类鸟纹由具象演变至圆点与弧边三角组合，侧面类鸟纹演变为圆点与弧线组合，展翅类鸟纹则演变为圆点与弯月形勾弧组合，三种组合图案以圆点表示鸟头，用弧边三角、弧线与勾弧表示鸟身[5]。（图二）

但这样的解读并未在学界得到广泛认同，在苏秉琦对仰韶文化的研究中，梳理了鸟纹由写实到圆点与弧线组合的演变，而由圆点、弧形、弧边三角等元素组合成的图案被释读为植物类花纹，分别与花冠、花叶或花蕾对应[6]。严文明在对庙底沟类遗存进行分期研究时，将写实鸟纹全部归为象生纹饰一类，由圆点与弧线、圆点与弧形、圆点与多弧边三角组合的图案被划归为几何形纹饰一类，分别称作垂弧纹、凸弧纹、"花瓣"纹及回旋勾连纹[7]。王仁湘对庙底沟彩陶纹饰的讨论也仅涉及写实鸟纹，简化鸟纹同样被归入其他类别[8]。

近年来，李新伟对庙底沟类型彩陶纹饰开展了一系列研究，接受了简化鸟纹的相关认识，

并对回旋勾连纹、西阴纹和对鸟图案等典型纹饰的主题及类型进行了深度阐释，不仅提升了鸟纹的重要性，也促使对此类纹饰的系统梳理成为备受学界关注的问题[9]。本文将在同样接受前贤有关简化鸟纹研究的基础上，对庙底沟类型彩陶鸟纹予以全面分析，补充以往对鸟纹类别与形式结构方面认识的缺失，深化对庙底沟类型彩陶图像内涵的理解。

图二　张朋川讨论的鸟纹演变

二

庙底沟类型彩陶鸟纹有写实、简化之分。写实鸟纹包含侧视与正视两种，前者多集中于泉护村遗址，后者数量较少，散见于庙底沟、南交口和大禹渡等遗址。

（一）侧视类

即侧面视角下对鸟的摹绘，下分单体与联体两类。

泉护村遗址敛口钵（H14∶180）的鼓腹处见有最为写实的单体立鸟，鸟头扁长，尖喙下弯，眼部位置点一白点，颈腹分明，双翼与长尾上扬，腿于腹下伸出，双足前蹬[10]。（图三，1）类似的图案还出现于南沙遗址 H5 一件敛口钵的器表，立鸟头部扁圆，尖喙下弯，白点为目，鸟颈缩短，腹部圆润外弧，双翼与长尾上扬，短足后伸[11]。（图三，2）至泉护村遗址残陶片（H1005∶274）上，立鸟吻部变尖，鸟喙省略，双翼自颈处接续并扬起，鸟身以一道粗勾弧指代，末端上翘作鸟尾，下接外撇双足。（图三，3）相似的写实鸟纹在黄帝陵遗址曲腹盆（H1∶6）上与简化鸟纹一同出现，前者以圆点作鸟头，单翼与长尾扬起，鸟喙、鸟目与双足省略，后者同样以圆点作头，鸟身为弧边三角指代，底部两侧角有意拉出一条粗弧线表示鸟足，一弧线接续自鸟身中部而后扬，可解读为对鸟翼的表现[12]。（图三，4）

还有一种形式相较上述写实鸟纹略显简化，以圆点为头，鸟身的形象轮廓不予勾勒，而连同鸟足、鸟尾、鸟翼被勾弧与弧线替代，同属侧视写实单鸟一类。在原子头遗址敛口钵（H112：1）的鼓腹处，鸟身由前部两道并列勾弧与后部略垂的三条粗弧线共同组成，分别指代前勾的鸟足与尾羽[13]，（图三，5）相似的风格见于泉护村遗址敛口钵（H134①：12）上，竖立的单勾弧可解读为鸟身，上部拉长前伸表现鸟颈，中部向后延出两条弧线，既可解读为颈处披覆的颈羽，也可解读为迎风飘扬的尾羽，下部收缩呈尖状鸟足[14]。（图三，6）还有如泉护村遗址敛口钵（H01：9）、曲腹盆（H22：03）的单鸟，前者的鸟头为一扁长椭圆点，鸟身为一斜弧线，上接三道弯弧，自上而下分别表示头后的冠羽与双翼，后者以圆点作头，鸟身拉直，上接四条粗弧线表示繁密的翼羽。（图三，7、8）

联体类鸟纹由主体鸟纹及接续其尾部的又一鸟纹共同组成，双鸟呈逐尾而飞状。泉护村遗址残陶片（H1052：01）上有一组联体鸟纹，主体鸟纹较写实，弯喙，白点作目，鸟身为一弯弧，双翼后扬，鸟足省略，尾端接续的鸟纹体量较小，圆点作头，中部的长弧线为鸟身，两侧外撇的短弧线为鸟翼，其他部位有所省略。（图三，9）西关堡遗址曲腹盆（T101A：5：35）的联体鸟纹有相同结构，区别在于两鸟体量接近，前部的写实鸟纹增绘交叉状鸟爪，后部鸟纹的身躯与双翼几近等长[15]。（图三，10）泉护村遗址敛口钵（H101：4）上，主体鸟纹以圆点作头，鸟身为一倒三角，下部有前折的短线作前伸鸟足，鸟尾为一条贴续钵口沿的长直线，末端连接一鸟，圆点为头，后接三条垂弧线为尾羽，属联体鸟纹的简化形式。（图三，11）

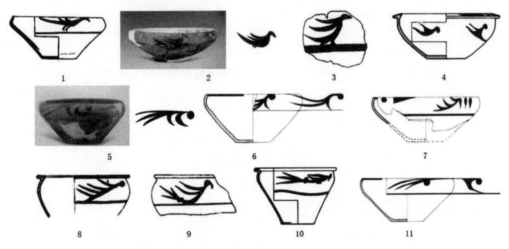

图三　侧视类写实鸟纹

1.泉护村（H14：180）　2.南沙（H5）　3.泉护村（H1005：274）
4.黄帝陵（H1：6）　5.原子头（H112：1）　6.泉护村（H134①：12）
7.泉护村（H01：9）　8.泉护村（H22：03）　9.泉护村（H1052：01）
10.西关堡（T101A：5：35）　11.泉护村（H101：4）

（图片出自：1.《华县泉护村》第51页，3、8、9.同书第64页；2.《中国出土彩陶全集·陕西卷》第200页；4.《陕西省黄陵县黄帝陵扩建工程发掘简报》第50页；5.《陇县原子头》彩版一一；6.《华县泉护村——1997年考古发掘报告》上册第536页，7、11.同书第427页；10.《陕西华阴西关堡新石器时代遗址发掘》第58页）

（二）正视类

即正面视角下对鸟的描绘，均为单鸟，以圆点表示鸟头，又据其与鸟身的不同位置下分正飞与倒飞两类。

正飞类鸟纹的鸟头居于鸟身上部，鸟作振翅上飞之态。庙底沟遗址深腹盆残陶片上的鸟身为一正置弧边三角，鸟头点于其上部顶角处，两侧角收缩上扬表示双翼，下接三条短竖线表示鸟足[16]。（图四，1）大禹渡遗址曲腹盆（HB25：40）回旋勾连纹的空白处填绘相似的鸟纹，头身接续处有意拉长表现鸟的颈部[17]，（图四，2）南交口遗址残陶片（H21：32）的鸟纹同属此类，只是将鸟头省略，鸟身顶部直接勾画一张开的鸟嘴，两侧边拉直至鸟翼处向上微折，绘制较粗疏[18]。（图四，3）

正视类鸟纹的另一形式表现为鸟身为一长弯弧，鸟头与其相交于上部的弯角，两侧再分别接一稍短弯弧作双翼，如前文所述，此类鸟纹常与侧视类鸟纹组合构成联体鸟纹，王仁湘曾将其释读为鸟分叉的尾羽[19]，实际仍应属于写实的正视鸟纹，在泉护村遗址残陶片（H22：01）左侧以单体形式出现。（图四，4）同遗址的另一残陶片右侧有此鸟纹的线条化图案，鸟身与双翼全部由粗弧线表示，长度近于一致，伸向同侧。（图四，5）此类有进一步将鸟身省略的趋势，仅由鸟头与双翼表现飞鸟，见于泉护村遗址残陶片（H22：01）右侧，飞鸟圆点为头，勾弧分别自两侧向上弯起作双翼，（见图四，4）福临堡遗址残陶片（H83：1）上鸟翼则线条化为双弧线，两两上弯模拟飞翔的形态[20]。（图四，6）此外，如泉护村遗址敛口钵（H01：58）贴近口部的鸟纹，飞鸟迎风上飞，表示双翼的勾弧皆伸向左侧，同属这一形式。（图四，7）

倒飞类鸟纹的鸟头居于鸟身下部，是鸟俯冲下飞的表现。此类鸟纹发现较少，以庙底沟遗址直口钵（H166：13）口腹处的图案为代表，鸟身整体为一个大的正置弧边三角，由涂黑的小弧边三角与其长边外的两条粗弧线组成，鸟头点于其下部正中位置，两侧角后扬作展翅的双翼，多条短线与短边相接表示鸟足[21]。（图四，8）同样出土于庙底沟遗址的曲腹盆（T17⑨：46）纹饰带中见有另一形式的倒飞鸟纹，鸟身为涂黑的倒置弧边三角，扁圆鸟头接于

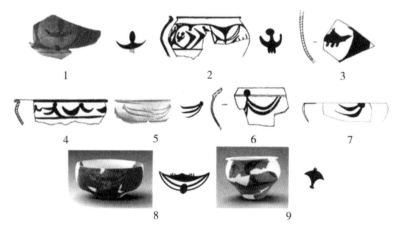

图四　正视类写实鸟纹

1. 庙底沟残陶片　2. 大禹渡（HB25：40）　3. 南交口（H21：32）　4. 泉护村（H22：01）　5. 泉护村（H10：191）

6. 福临堡（H83：1）　7. 泉护村（H01：58）　8. 庙底沟（H166：13）　9. 庙底沟（T17⑨：46）

（图片出自：1.《庙底沟与三里桥》图版陆；2.《晋西南地区新石器时代和商代遗址的调查与发掘》第460页；3.《三门峡南交口》第177页；4、5.《华县泉护村》第64页、图版33；6.《宝鸡市福临堡遗址1984年发掘简报》第5页；7.《华县泉护村——1997年考古发掘报告》上册第427页；8、9.《华夏之花——庙底沟彩陶选粹》第116、21页）

其下部的顶角处，接续部位有意拉长表现鸟颈，两侧角下弯作前伸的双翼，上部长边正中绘一分叉形鸟足。（图四，9）

以上梳理的写实鸟纹，鸟头既有带尖喙与鸟目的具象摹绘，也有以简单的圆点来指代，鸟身与双翼的轮廓有时被细致勾勒，有时又由弧边三角、勾弧或弧线表示，长颈、尾羽、鸟足等细微部位时而描绘，时而省略。在写实鸟纹不断简化的过程中，诸如鸟足、羽毛等细节部位不再描绘，头、身、双翼作为主体部位加以保留，指代或组成这些部位的圆点、弧边三角、勾弧与弧线元素被同时继承且不断简化，最终相互搭配构成简化鸟纹的基础形式。（图五）由此，可依据不同元素的组合方式将简化鸟纹分为圆点＋弧边三角、圆点＋勾弧和圆点＋弧线三类，以下将依据这一标准对各形式的简化鸟纹进行认定，同时分析各组合的结构与表现方式，以进一步深化对简化鸟纹的认识。

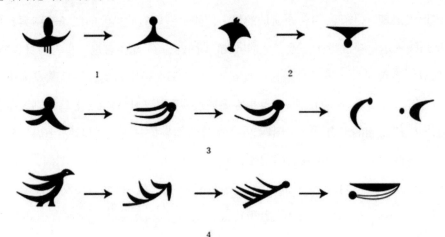

图五　写实鸟纹向简化鸟纹的演变
1、2. 正视类写实鸟纹向圆点＋弧边三角简化鸟纹的演变　3. 正视类写实鸟纹向圆点＋勾弧简化
鸟纹的演变　4. 侧视类写实鸟纹向圆点＋弧线简化鸟纹的演变

三

圆点与弧边三角是简化鸟纹最常见的组合元素，以圆点表示鸟头，弧边三角表示鸟身，包含单鸟、对鸟与群鸟三种表现方式，其中单鸟最为流行，对鸟与群鸟则以单鸟为基础，成对或成组出现。

（一）单鸟

以鸟身的不同形态为区分，此组合下分圆点＋正弧边三角和圆点＋倒弧边三角两类。

圆点＋正弧边三角单鸟以曲腹盆（H901∶8）每组回旋勾连纹首部的图案为例，鸟头与鸟身顶角相接，接续处有意拉长表现鸟颈，两侧角作展翅状。（图六，1）基于此形式，鸟头与鸟身或上下相对，或左右相错，表现不同的飞翔状态。如曲腹盆（T21⑧∶33）回旋勾连纹首部的上飞鸟纹，头身分离，鸟身顶部呈圆弧状，鸟颈不突出。（图六，2）曲腹盆（H346∶1）回旋勾连纹内有左飞鸟纹，鸟头居左，鸟身居其右，左翼略拉长上凸，右翼伸展。（图六，3）曲腹盆（H106：10）回旋勾连纹中部有窄长的右飞鸟纹，鸟头与右伸的长颈相接，鸟身缩窄，左翼外伸，右翼内缩。（图六，4）此外，也有如曲腹盆（H477：33）回旋勾连纹内的鸟纹，鸟头直接省略，仅以鸟身指代整只飞鸟而出现。（图六，5）

圆点+倒弧边三角单鸟以曲腹盆（H611：1）每组回旋勾连纹间的鸟纹最为典型，鸟头与鸟身下端的顶角相接，鸟身为一等边三角，呈下飞状。（图六，6）同样基于此形式，鸟头与鸟身的相对位置有所变化，如曲腹盆（H106：10）回旋勾连纹内的左飞鸟纹，鸟身左倾，鸟头与之相接于长边中部，双翼舒展，左翼下伸，右翼上扬。（图六，7）曲腹盆（H39：1）回旋勾连纹内，鸟身整体右倾，鸟尾拉长左撇，双翼上伸，鸟头点于其中部，整体呈右飞状。（图六，8）

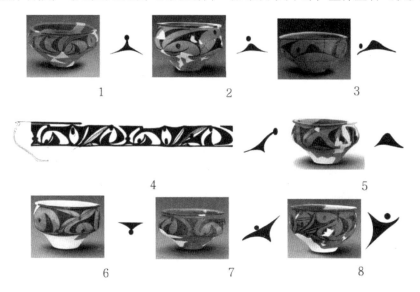

图六　圆点+弧边三角单鸟
1. 庙底沟（H901：8）　2. 庙底沟（T21⑧：33）　3. 庙底沟（H346：1）　4. 庙底沟（H106：10）
5. 庙底沟（H477：33）　6. 庙底沟（H611：1）　7. 庙底沟（H106：10）　8. 庙底沟（H39：1）
（图片均出自：《华夏之花——庙底沟彩陶选粹》，1~3、5、6、8. 第50、14~15、10~11、145、150和153页，4、7. 第48~49页）

（二）对鸟

成对的圆点+弧边三角单鸟相互组合即为对鸟，二鸟有时头身皆备，有时相互共用，下分圆点+双弧边三角和双圆点+单弧边三角两类。

器盖（T21⑨：94）顶部绘有元素完整的圆点+双弧边三角对鸟，两弧边三角鸟身上正下倒，底边相接，顶角各点一鸟头，呈上下背飞状。（图七，1）左右背飞的对鸟见于曲腹盆（H9：180）的纹饰带中，双弧边三角鸟身竖立，顶角分别伸向左右侧，鸟头省略[22]。（图七，2）此类鸟纹的变体表现为一弧边三角鸟身为同样作鸟身的直线或弧线替代，其背飞意味没有改变，如曲腹盆（H412：4）上，圆点+双勾弧对鸟的空白内填充一组对鸟，上部为圆点+弧边三角单鸟，下部为圆点+横线单鸟，两鸟相背而飞，（图七，3）直口钵（H432：20）上的对鸟鸟身与曲腹盆（H412：4）对鸟相同，具有上下背飞意味，鸟头却改涂于鸟身两端，又呈左右

背飞之状，是一种更为复杂的形式。（图七，4）

此外，如直口钵（H57：6）的纹饰带中有双弧边三角以圆点上下相接的组合图案，将上方圆点与左侧弧边三角视为一体，下方圆点与右侧弧边三角视为一体，这组对鸟可解读为两只圆点＋弧边三角单鸟作上下旋绕飞翔状，此形式是庙底沟典型纹饰"花瓣"纹的基础，双鸟不相接的上扬或下弧侧角与纹饰带上下缘相接形成扁长的半圆空白，若以四方连续形式排布即形成朵朵花瓣的视觉效果。（图七，5）曲腹盆（H9：47）则为另一种对鸟形式，两弧边三角鸟身上倒下正，顶角相接处涂绘一圆点鸟头，两鸟对顶而飞，（图七，6）壶（H113：1）的对鸟将鸟头省略，两弧边三角鸟身上下对顶，略不规则。（图七，7）

用双圆点表现的对鸟鸟头齐备，共用一弧边三角鸟身，如曲腹盆（H477：34）回旋勾连纹内的图案，鸟身两侧角各点一鸟头，呈相背飞翔状。（图七，8）

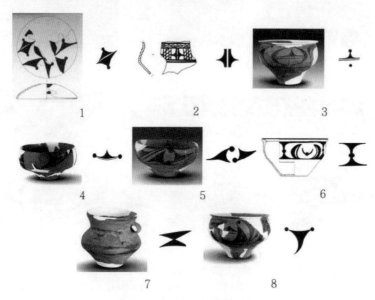

图七　圆点＋弧边三角对鸟

1.庙底沟（T21⑨：94）　2.庙底沟（H9：180）　3.庙底沟（H412：4）　4.庙底沟（H432：20）
5.庙底沟（H57：6）　6.庙底沟（H9：47）　7.庙底沟（H113：1）　8.庙底沟（H477：34）
（图片出自：1、3~5、7、8.《华夏之花——庙底沟彩陶选粹》第22、58、
117、37、172和145页；2、6.《三门峡庙底沟》上册第84和89页）

（三）群鸟

圆点＋弧边三角群鸟包括圆点＋多弧边三角、多圆点＋弧边三角两类，前者为多个弧边三角鸟身以共用的圆点鸟头连接顶角，对顶齐飞，如曲腹盆（H122：13）器表的图案，左右及上侧的三弧边三角鸟身交汇于中部的圆点鸟头，双翼向两侧拉长延伸，下侧还应有一弧边三角或勾弧鸟身与其他三鸟共用鸟头，但不与鸟头相连。（图八，1）罐（H29：24）的群鸟为四弧边三角鸟身共用中心的圆点鸟头，相邻的内凹侧边留出花瓣状空白，（图八，2）罐（H92：17）的纹饰带中绘有结构相似的群鸟，四弧边三角鸟身底边相连，中部共用的鸟头省略，侧边内凹弧度更大，留出四片扁圆的花瓣状空白，呈现图案化特征。（图八，3）

多圆点＋弧边三角群鸟以多圆点鸟头共用弧边三角鸟身，呈背离飞翔之态。庙底沟遗址一曲腹盆残陶片上，单弧边三角鸟身各顶角都有一鸟头，三鸟相背齐飞，（图八，4）在直口钵（H46：133）上，对鸟鸟身由上部弧边三角与下部弧线共同组成，鸟头点于弧边三角鸟身左右两侧与弧线鸟身的中部位置。（图八，5）

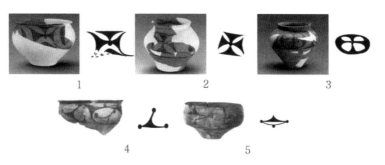

图八　圆点＋弧边三角群鸟

1.庙底沟（H122：13）　2.庙底沟（H29：24）　3.庙底沟（H92：17）　4.庙底沟残陶片　5.庙底沟（H46：133）
（图片出自：1~3.《华夏之花——庙底沟彩陶选粹》第44、176和71页；4、5.《庙底沟与三里桥》图版陆和图版拾柒）

四

由圆点与勾弧组合表现的简化鸟纹以圆点表示鸟头，勾弧表现鸟身，同样有单鸟、对鸟与群鸟三种表现方式。

（一）单鸟

依据鸟身的不同形态，圆点＋勾弧单鸟下分圆点＋单勾弧、圆点＋单勾弧＋弧线和圆点＋多勾弧三类。

圆点＋单勾弧单鸟以曲腹盆（T21⑨：89）每组回旋勾连纹首部的左飞鸟纹最为典型，鸟头在左，鸟身居其右，从正面角度看，竖立的勾弧左凸中部为鸟身，两侧后伸的弯角为双翼，从侧面角度看，上部长弯角为上扬的鸟翼，中部较宽部位为鸟身，下部短弯角为鸟尾。（图九，1）基于这样的解读，可以发现此类组合的不同形式同样表现飞鸟的不同状态，如曲腹盆（H106：11）回旋勾连纹内的左飞鸟纹，鸟头在左，鸟身右凸，双翼前伸包裹鸟头。（图九，2）曲腹盆（H278：14、H278：6）回旋勾连纹内各有一右飞鸟纹，前者鸟头在右，鸟身居其左，可以用与曲腹盆（T21⑨：89）左飞鸟纹相同的方法进行解读，后者鸟头亦在右，左凸鸟身上部的弯角与之相接，接续处可解读为连接头身的鸟颈，稍宽的中部为鸟腹，下部弯角为鸟足。（图九，3、4）倒飞鸟纹的勾弧鸟身倒扣，中部上凸，两弯角下伸作张开的双翼，鸟头点于其间，表现鸟的下飞状态，此类鸟纹曾被识读为"眼"纹或凸弧纹[23]，通常填绘于两直边三角组合成的方框内，以二方连续形式在钵的口腹处排布，直口钵（H297：19）的纹饰带即为典型代表。（图九，5）还有如盆（H47：41）上的圆点＋单勾弧鸟纹，鸟身形态不予改变，两弯角张开下伸，鸟头点于其凸起位置的上方，鸟在此呈上飞状。（图九，6）

圆点＋单勾弧＋弧线单鸟的表现形式与上述圆点＋单勾弧单鸟形式相同，如曲腹盆（H278：15）上的左飞鸟纹，鸟头在左，涂于右凸鸟身上部弯角，颈处延出两条双弧线，下与鸟尾相接。（图九，7）曲腹盆（H901：8）回旋勾连纹中的鸟头居于鸟身右侧，二者分离呈右飞状，鸟身上部弯角延出一条细弧线，可解读为飘扬的羽毛。（图九，8）倒飞鸟纹见于曲腹盆（H477：1）回旋勾连纹的空白处，鸟身仅由细线勾勒出勾弧状轮廓，内里留白，鸟头涂黑，居于鸟身中部。（图九，9）曲腹盆（H106：11）有类似图案，勾弧状鸟身由相交的粗弧线与细弧线构成，亦不施彩。（图九，10）

圆点＋多勾弧单鸟最初被释读为"火焰"纹，有学者将其与太阳崇拜相联系[24]，实际仍属于对飞鸟的描绘。碗（T122：20）有此鸟纹的基础形式，圆点为鸟头，鸟身由左侧的一道左凸勾弧与右侧四道并列的右凸勾弧组成，底部连通，左侧勾弧与右侧最前部的勾弧可理解为上扬的双翼，鸟头点于其相接处，后部稍短的三道勾弧可解读为飞翔时上飘的尾羽，表现了一只迎面飞翔的鸟。（图一〇，1）敛口钵（H432：17）上，飞鸟的双翼间改绘一只圆点＋多直线单

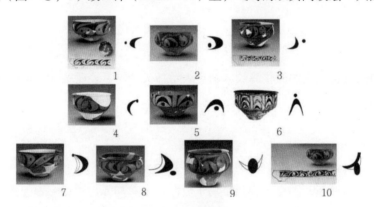

图九　圆点＋勾弧单鸟

1. 庙底沟（T21 ⑨：89）　2. 庙底沟（H106：11）　3. 庙底沟（H278：14）　4. 庙底沟（H278：6）　5. 庙底沟（H297：19）　6. 庙底沟（H47：41）　7. 庙底沟（H278：15）　8. 庙底沟（H901：8）　9. 庙底沟（H477：1）　10. 庙底沟（H106：11）
（图片出自：1、3~5、7~9.《华夏之花——庙底沟彩陶选粹》第16、59、47、96、55、50和143页，2、10. 第52~53页；6.《庙底沟与三里桥》图版贰叁）

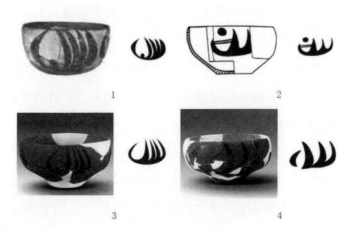

图一〇　圆点＋勾弧单鸟

1. 庙底沟（T122：20）　2. 庙底沟（H432：17）　3. 庙底沟（H328：6）　4. 庙底沟（H166：11）
（图片出自：1.《庙底沟与三里桥》图版拾壹；2.《三门峡庙底沟》上册第411页；
3、4.《华夏之花——庙底沟彩陶选粹》第107和109页）

鸟，或将鸟头省略（H328：6），或在省略鸟头的同时，双翼底部也不再连通（H166：11）。（图一〇，2~4）

（二）对鸟

即圆点＋勾弧类单鸟成对出现，下分圆点＋双勾弧和双圆点＋单勾弧两类。

庙底沟遗址彩陶所见圆点＋双勾弧类对鸟全部呈对勾状，包含三种表现形式。第一种如曲腹盆（H106：10）回旋勾连纹内的对鸟图案，两鸟齐向上飞，勾弧鸟身上下微错，两鸟共用一个鸟头，点于右侧鸟身的上部弯角，（图一一，1）壶（H787：18）的腹部绘有齐向下飞的对鸟，两鸟身下部弯角为共用的鸟头相连，中部绘两道直线连接鸟身。（图一一，2）第二种，圆点鸟头居于两鸟身内凹而形成的空白内，为两鸟共用，此鸟纹在庙底沟遗址彩陶上常呈图案化特点，如曲腹盆（H108：33）的纹饰带中对鸟连续排布，其间又穿插上下对顶的弧边三角以间隔，（图一一，3）曲腹盆（H108：34）的纹饰图案与之相似，只是将对鸟鸟头省略。（图一一，4）第三种均带圆点鸟头，如曲腹盆（H29：7）上连续排布的对鸟图案，左侧鸟头点于鸟身下部弯角，呈倒飞状，右侧是正飞的鸟，鸟头点于其上部弯角，两鸟相错旋绕飞翔，（图一一，5）曲腹盆（H812：2）的对鸟图案结构相同，不过鸟身内凹侧多画一条细弧线以丰富形式，本身不具意义。（图一一，6）

双圆点＋单勾弧对鸟仅见于曲腹盆（H412：4）的纹饰带内，勾弧鸟身两弯角各有一圆点鸟头，即两鸟头共用一勾弧鸟身。（图一一，7）

图一一　圆点＋勾弧对鸟
1. 庙底沟（H106：10）　2. 庙底沟（H787：18）　3. 庙底沟（H108：33）
4. 庙底沟（H108：34）　5. 庙底沟（H29：7）　6. 庙底沟（H812：2）　7. 庙底沟（H412：4）
（图片出自：1~4、6、7.《华夏之花——庙底沟彩陶选粹》第48~49、205、62、61、156和58页；
5.《三门峡庙底沟》上册第119页）

（三）群鸟

由圆点与勾弧组合表现的群鸟仅见于曲腹盆（H278：14）的回旋勾连纹中，双勾弧鸟身中部空白内填有上、下两圆点鸟头，两侧外凸处又各有一鸟头，总体构成四鸟头共用两鸟身的组合图案。（图一二）

图一二　圆点＋勾弧群鸟（H278：14）
（图片出自：《华夏之花——庙底沟彩陶选粹》第59页）

五

圆点与弧线同为简化鸟纹的构图元素，以圆点作鸟头，弧线表示鸟身，亦有单鸟、对鸟与群鸟三种表现方式。

（一）单鸟

以弧线的数量与形态为区分，此组合单鸟下分圆点＋弧线和圆点＋直线两类。

圆点＋弧线单鸟以直口钵（H477∶21）上的鸟纹最为典型，鸟头在左，鸟身居其右，鸟纹上部通常与一扁长的半圆组合，在陶钵的口腹部以二方形式连续排布。（图一三，1）直口钵（H278∶11）的鸟头不再与半圆相接，至直口钵（H7∶6）上鸟头更下移至纹饰带底部，鸟身拉直几近于直线，在敛口钵（H165∶7）纹饰带中，鸟头则缩为一个小点，居于鸟身左下方，鸟身两端均与半圆接续。（图一三，2~4）另一种形式见于直口钵（H9∶86、H33∶5）上，单鸟左右常绘不规则弯弧或三角，将纹饰带分割为独立的图案单元，鸟头分别居于鸟身左上部或右下部，微垂鸟身连接图案单元的对角。（图一三，5、6）此外，如直口钵（H9∶83、H328∶17）上，鸟头居于鸟身中部，同样与相对弧边三角或勾弧组成的方框状轮廓配合，以往被认为是对叶片的摹绘[25]。（图一三，7、8）在直口钵（H51∶10）、曲腹盆（H9∶47）上，鸟身由双弧线变为单弧线，或平直或弯曲，在指代鸟身的同时也表现鸟飞翔时双翼的状态。（图一三，9、10）

圆点＋直线单鸟一般表现为鸟头居于鸟身中部或中部上方，鸟身由两或三条横线组成，或填绘于其他鸟纹组合的空白内，或相接平行排布于钵的口腹部，（图一四，1~3）在敛口钵（H477∶12）上此鸟身也有以交叉形式出现。（图一四，4）敛口钵（H905∶1）、直口钵（T62⑤∶15）上的鸟纹同属圆点＋多直线单鸟，其结构与圆点＋多弧线单鸟相同，鸟头居左，或与鸟身相接，或点于鸟身左上方。（图一四，5、6）还有如曲腹盆（H477∶31）、壶（H9∶22）的鸟纹，前者填补于回旋勾连纹"工"字图案与勾弧组成的对鸟中部，（图一四，7）后者斜向

图一三　圆点＋弧线单鸟

1.庙底沟（H477∶21）　2.庙底沟（H278∶11）　3.庙底沟（H7∶6）　4.庙底沟（H165∶7）　5.庙底沟（H9∶86）
6.庙底沟（H33∶5）　7.庙底沟（H9∶83）　8.庙底沟（H328∶17）　9.庙底沟（H51∶10）　10.庙底沟（H9∶47）
（图片出自：《华夏之花——庙底沟彩陶选粹》第79、34、32、80、91、94、119、120、182和164页）

连接纹饰带图案单元的对角，鸟头均居于鸟身中部，鸟身缩减为一条短直线，仅指代鸟身，不对双翼的状态予以表现。（图一四，8）

图一四　圆点＋弧线单鸟
1. 庙底沟（H229：22）　2. 庙底沟（H51：12）　3. 庙底沟（H220：28）　4. 庙底沟（H477：12）
5. 庙底沟（H905：1）　6. 庙底沟（T62⑤：15）　7. 庙底沟（H477：31）　8. 庙底沟（H9：22）
（图片出自：《华夏之花——庙底沟彩陶选粹》第111、204、39、78、183、184、144 和 177 页）

（二）对鸟

圆点＋弧线对鸟由双圆点与双弧线组合表现，以圆点为鸟头，双弧线为双鸟鸟身，依据二者的不同组合位置下分两类。第一类以平行的双横线表示对鸟鸟身，上下各有一圆点鸟头作背飞状，常填绘于各纹饰组合的空白内，直口钵（H114：25）的网格纹留有一椭圆形空白，其内即填绘此类对鸟。（图一五，1）第二类以双弧线作对鸟鸟身，鸟头与鸟身左右两端相接，见于庙底沟遗址 H042 出土的一件直口钵纹饰带，填绘于相对的两弧边三角分割出的图案单元内[26]。（图一五，2）

图一五　圆点＋弧线对鸟
1. 庙底沟（H114：25）　2. 庙底沟 H042
（图片出自：1.《华夏之花——庙底沟彩陶选粹》第 104 页；
2.《中国出土彩陶全集·河南卷》第 121 页）

（三）群鸟

圆点＋弧线群鸟表现为多圆点鸟头共用双弧线或单弧线鸟身。曲腹盆（H29：13）上，圆点＋双弧边三角对鸟与左侧的勾弧相接留出圆形空白，内填三圆点鸟头共用双弧线鸟身的群鸟图案，双弧线鸟身两端相接，略上弧，鸟头居鸟身左右中三侧。（图一六，1）庙底沟遗址 H7 一件曲腹盆上有相似形式的群鸟图案，双弧线鸟身呈柳叶状，三鸟头集中于鸟身中部。（图一六，2）同遗址灰坑 H9 的一件曲腹盆的纹饰带中，圆点＋双勾弧对鸟间以三圆点＋单弧线群鸟作间隔，鸟身为一条倾斜的弧线，左右中三侧各涂一圆点鸟头。（图一六，3）

图一六　圆点＋弧线群鸟
1. 庙底沟（H29：13）　2. 庙底沟 H7　3. 庙底沟 H9
（图片出自：1、3.《华夏之花——庙底沟彩陶选粹》第 156
和 162 页；2.《三门峡庙底沟》上册第 79 页）

六

综上，可以获得如下认识：庙底沟类型彩陶鸟纹包含写实与简化两大类，写实鸟纹主体部位的形态轮廓高度凝练为圆点、弧边三角、勾弧与弧线四元素，各元素相互搭配构成简化鸟纹圆点＋弧边三角、圆点＋勾弧和圆点＋弧线三种基本图案组合，单鸟、对鸟与群鸟作为简化鸟纹的表现形式，本质上是三种组合在形状、结构与数量上的变换或重复。（表一；表二）

表一　庙底沟类型彩陶典型写实鸟纹

分类		图案
侧视类写实鸟纹	单体	
	联体	
正视类写实鸟纹	正飞	
	倒飞	

表二　庙底沟类型彩陶典型简化鸟纹

分类		图案
圆点＋弧边三角简化鸟纹	单鸟	圆点＋正弧边三角单鸟
		圆点＋倒弧边三角单鸟
	对鸟	圆点＋双弧边三角对鸟
		双圆点＋单弧边三角对鸟
	群鸟	圆点＋多弧边三角群鸟
		多圆点＋弧边三角群鸟
圆点＋勾弧简化鸟纹	单鸟	圆点＋单勾弧单鸟
		圆点＋单勾弧＋弧线单鸟
		圆点＋多勾弧单鸟
	对鸟	圆点＋双勾弧对鸟
		双圆点＋单勾弧对鸟
	群鸟	双圆点＋双勾弧群鸟
圆点＋弧线简化鸟纹	单鸟	圆点＋弧线单鸟
		圆点＋直线单鸟
	对鸟	圆点＋弧线对鸟
	群鸟	圆点＋弧线群鸟

在充分理解简化鸟纹不同形式与类型的前提下，对庙底沟类型彩陶纹饰进行重新解读，可以发现多数纹饰组合以简化鸟纹为构图基础，或二方形式连续排布，或四方形式重复展开，再现了群鸟齐飞的场景。如以往被释读为"花瓣"纹的庙底沟类型典型纹饰，其构图本质是共用

鸟头的圆点＋弧边三角鸟纹的组合。以曲腹盆（H39：10）为例，整体纹饰可看作由两组圆点＋弧边三角组合鸟纹间隔排布而成，第一组上部为圆点＋双弧边三角对鸟，下接圆点＋正弧边三角单鸟，第二组上部为圆点＋倒弧边三角类单鸟，下接圆点＋双弧边三角类对鸟，两组合鸟纹再左右相接，共用圆点鸟头。（图一七，1）被称作凸弧纹的典型纹饰则以共用鸟头的圆点＋勾弧鸟纹为基础图案，左右相接、上下平行排列两至三行构成纹饰的主体部分，如碗（H220：49）的纹饰带即由三排连续的鸟纹组成，分别以圆点＋倒弧边三角单鸟、双圆点＋单勾弧对鸟、圆点＋单勾弧单鸟为基础图案。（图一七，2）垂弧纹则直接以圆点＋多弧线单鸟上接一半圆弧连续排布于彩陶钵、碗的口腹部，表现群鸟并排左飞之情境。（图一七，3）还有如碗（H900：25）、直口钵（H432：9）的组合纹饰，前者的基本结构为贴续口沿的圆弧，下接平行排布的圆点＋双弧边三角对鸟，鸟身底边拉长相接为一直线，顶角与圆弧两侧相接形成牛角状空白，鸟头点于鸟身两侧，（图一七，4）后者在圆弧左右相接处点一圆点鸟头，其下绘相连鸟身形成的三条平行直线，可看作并排上飞的群鸟。（图一七，5）

图一七　庙底沟类型彩陶群鸟类纹饰
1. 庙底沟（H39：10）　2. 庙底沟（H220：49）
3. 庙底沟（H166：25）　4. 庙底沟（H900：25）
5. 庙底沟（H432：9）
（图片出自：《华夏之花——庙底沟彩陶选粹》第157、43、76、41和82页）

　　最新研究表明，鱼鸟化生是庙底沟类型彩陶纹饰的另一主题，鸟在相关组合纹饰中同样得到了充分的表现与强调[27]。曲腹盆（H106：11）的回旋勾连纹包含两组鱼鸟组合纹饰，简化鸟纹与鱼纹元素共同拼接为一条完整的鱼，头尾兼备，飞鸟组成且填充于鱼体的各部位，表达同为卵生的鸟自鱼体中孕育、化生，最终自鱼嘴吐露而飞的完整过程。第一组，"工"字鱼头内含省略鸟头的圆点＋单勾弧＋弧线单鸟，后接圆点＋双勾弧对鸟，鱼尾为圆点＋倒弧边三角单鸟；第二组，"工"字鱼头内含圆点＋单勾弧单鸟，鱼身自左向右依次为圆点＋单勾弧＋弧线单鸟、圆点＋双弧边三角对鸟、圆点＋正弧边三角单鸟、圆点＋双勾弧对鸟，后三者共用一鸟头，鱼尾仍为圆点＋倒弧边三角单鸟。（图一八，1）简明的鱼鸟组合如曲腹盆（H108：33）的旋纹、直口钵（H9：86）的"西阴"纹、直口钵（H297：19）的"眼"纹、直口钵（H328：17）的"花叶"纹、敛口钵（H114：25）的网格纹等，简化鸟纹填充于各鱼纹元素组成的空白内，形式丰富，表现鸟在鱼体中的孕育或在鱼嘴中的吐纳状态。（图一八，2~6）

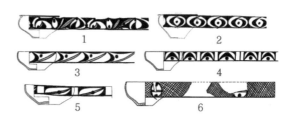

图一八　庙底沟类型彩陶鱼鸟组合类纹饰
1. 庙底沟（H106：11）　2. 庙底沟（H108：33）
3. 庙底沟（H9：86）　4. 庙底沟（H297：19）
5. 庙底沟（H328：17）　6. 庙底沟（H114：25）
（图片出自：《华夏之花——庙底沟彩陶选粹》第52~53、62、91、96、120和104页）

基于以上研究，可充分认定诸多样式的庙底沟类型彩陶纹饰实为千姿百态飞鸟之表达，对其的系统梳理有助于我们对彩陶纹饰进行精准释读，深化对仰韶社会精神信仰体系的理解。在此基础上，以彩陶鸟纹新视角进一步探讨庙底沟类型源流、彩陶艺术传播、与其他考古学文化交流等重要问题，将收获有关庙底沟类型强大影响力及其意义的新认识。

附记：本文的写作受中国社会科学院考古研究所李新伟老师的启发与耐心指导，首都师范大学戴向明老师，中国社会科学院考古研究所赵春青、夏立栋老师对本文提出修改意见，在此一并致谢！

注释：

［1］黄河水库考古队华县队：《陕西华县柳子镇考古发掘简报》，《考古》1959 年第 2 期。

［2］黄河水库考古工作队河南分队：《河南灵宝两处新石器时代遗址复查和试掘》，《考古》1960 年第 7 期。

［3］中国科学院考古研究所山西工作队：《晋西南地区新石器时代和商代遗址的调查与发掘》，《考古》1962 年第 9 期。

［4］石兴邦：《有关马家窑文化的一些问题》，《考古》1962 年第 6 期。

［5］张朋川：《中国彩陶图谱》，文物出版社，2005 年，第 157—162 页。

［6］苏秉琦：《关于仰韶文化若干问题》，《考古学报》1965 年第 1 期。

［7］严文明：《论庙底沟仰韶文化的分期》，《考古学报》1965 年第 2 期。

［8］王仁湘：《史前中国的艺术浪潮——庙底沟文化彩陶研究》，文物出版社，2011 年，第 260—263 页。

［9］a. 李新伟：《仰韶文化庙底沟类型彩陶的鱼鸟组合图像》，《考古》2021 年第 8 期。

　　b. 李新伟：《"西阴纹"的解读》，《文物世界》2021 年第 2 期。

　　c. 李新伟：《仰韶文化庙底沟类型彩陶的"对鸟"主题》，《中原文物》2021 年第 5 期。

［10］北京大学考古系：《华县泉护村》，科学出版社，2003 年，第 51 页。

［11］陈星灿：《中国出土彩陶全集·陕西卷》，科学出版社，2021 年，第 200 页。

［12］陕西省考古研究所：《陕西省黄陵县黄帝陵扩建工程发掘简报》，《考古与文物》2011 年第 6 期。

［13］宝鸡市考古工作队、陕西省考古研究所：《陇县原子头》，文物出版社，2005 年，彩版一一。

［14］陕西省考古研究院、渭南市文物旅游局、华县文物旅游局：《华县泉护村——1997 年考古发掘报告》（上），文物出版社，2014 年，第 536 页。

［15］中国社会科学院考古研究所陕西工作队：《陕西华阴西关堡新石器时代遗址发掘》，见《考古学集刊》第 6 集，中国社会科学出版社，1989 年。

［16］中国科学院考古研究所：《庙底沟与三里桥》，科学出版社，1959 年，图版陆。

［17］中国科学院考古研究所山西工作队：《晋西南地区新石器时代和商代遗址的调查与发掘》，《考古》1962 年第 9 期。

［18］河南省文物考古研究所：《三门峡南交口》，科学出版社，2009 年，第 177 页。

［19］王仁湘：《史前中国的艺术浪潮——庙底沟文化彩陶研究》，文物出版社，2011 年，第 260—263 页。

［20］陕西省考古研究所宝鸡工作站：《宝鸡市福临堡遗址 1984 年发掘简报》，《考古与文物》1987 年第 6 期。

［21］河南省文物考古研究院：《华夏之花——庙底沟彩陶选粹》，上海古籍出版社，2013 年，第 116 页。

［22］河南省文物考古研究院：《三门峡庙底沟》（上），文物出版社，2021 年，第 84 页。

［23］河南省文物考古研究院：《华夏之花——庙底沟彩陶选粹》，上海古籍出版社，2013 年，第 33 页。

［24］陆思贤：《新石器时代的鸟形装饰与太阳崇拜》，《史前研究》1986 年第 1 期。

［25］吴山：《试论我国黄河流域、长江流域和华南地区新石器时代的装饰图案》，《文物》1975 年第 5 期。

［26］陈星灿：《中国出土彩陶全集·河南卷》，科学出版社，2021 年，第 121 页。

［27］a. 李新伟：《仰韶文化庙底沟类型彩陶的鱼鸟组合图像》，《考古》2021 年第 8 期。

　　　b. 李新伟：《"西阴纹"的解读》，《文物世界》2021 年第 2 期。

　　　c. 李新伟：《仰韶文化庙底沟类型彩陶的"对鸟"主题》，《中原文物》2021 年第 5 期。

庙底沟遗址出土仰韶文化彩陶的科学研究

◎赵灵委　◎陈海龙　◎赵虹霞　◎董俊卿　◎李青会

引　言

仰韶文化是黄河中游地区一支重要的新石器时代晚期文化，是中国田野考古最早发现和确认的新石器时代文化，在中国考古学研究中具有相当重要的地位，它以陕西、河南、山西为中心，影响远至甘肃、青海、湖北、河北和内蒙古边缘地区[1]。河南陕县庙底沟遗址是仰韶文化的一个典型遗址，庙底沟遗址内包括仰韶文化遗存（仰韶文化庙底沟类型）和仰韶文化向龙山文化过渡时期的遗存（庙底沟二期文化）。庙底沟仰韶文化遗址，面积约 24 万 m²，出土陶器等文化遗物十分丰富，彩陶曲腹盆、双唇口尖底瓶、鼓腹罐、釜、灶为代表的陶器群具有明显特征，是仰韶文化繁荣时期的代表遗址[2]。庙底沟遗址的发现，为研究仰韶文化与龙山文化的年代早晚及源流关系提供了重要的实物例证。鉴于仰韶文化广泛的分布范围、丰富的内涵和明显的区域特征，学术界甚至提出仰韶文化群，将半坡、庙底沟和西王村文化称为三个前后相续的典型仰韶文化，代表了仰韶文化早、中、晚三个发展阶段，分别距今 6700~5900 年、5900~5300 年、5300~4800 年。整个仰韶文化最显著的文化特征是彩陶，一度有"彩陶文化"之称[1]。仰韶文化等彩陶文化，以黄土高原为基础，本质上是"黄土的儿女"所创造的一种旱作农业文化。在"丝绸之路"之前，彩陶是早期中西文化交流的重要载体，韩建业指出"彩陶之路"是早期中西文化交流的首要通道，是以彩陶为代表的早期中国文化以陕甘地区为根基自东向西拓展传播之路，也包括顺此通道西方文化的反向渗透，对中西方文明的形成和发展都产生过重要影响[3]。

加强对彩陶的研究，有助于探讨早期中西文化交流，以往通过传统对彩陶的图案纹饰[4-6]、纹饰分期[7]、文化内涵、艺术风格、分布范围[8-9]、文化传播[7]、制作工艺[10]、量化研究[11]等，但科技分析相对较少，主要涉及彩陶的颜料种类、胎体形貌和物相等[12-14]，多偏重于微观特征，且仰韶文化彩陶的科技研究更少。本工作拟采用相位辅助光学三维扫描、多光谱成像、X 射线荧光和激光拉曼光谱分析技术，以庙底沟仰韶文化彩陶为例，对其进行多角度分析，探索建立彩陶文物多源信息数字化模型，为这类文物的数字化保护和展示提供了基础科学信息。

一、实验部分
（一）样品

研究采用的样品出土于河南省三门峡市陕县庙底沟遗址，时代为新石器时代晚期的仰韶文化（公元前3900年—公元前2780年），样品包括3件较为完整的彩陶碗和6件器物残片，均由河南省文物考古研究院提供。样品信息如表一所示，部分样品的照片如图一所示。

表一　庙底沟遗址出土仰韶文化彩陶样品信息表

实验编号	样品名称	出土编号	完整程度
MDG-1	彩陶碗	02SHMT1H9：77	较为完整
MDG-2	彩陶残片	02SHMT38H408：02	残片
MDG-3	彩陶残片	02SHMT25H108：3	残片
MDG-4	彩陶碗	02SHMT29H164：22	较为完整
MDG-5	彩陶残片	02SHMT26H111：02	残片
MDG-6	彩陶残片	03SHMTG230H900：06	残片
MDG-7	彩陶碗	02SHMT38H408：33	较为完整
MDG-8	彩陶残片	02SHMT26H111：01	残片
MDG-9	彩陶残片	03SHMTG230H900：05	残片

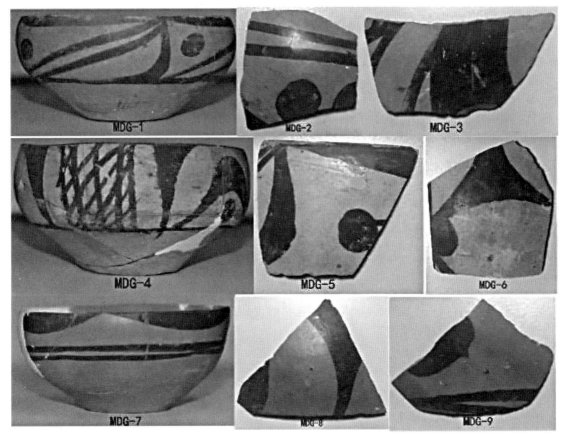

图一　样品照片

（二）仪器及实验方法

实验中用到的器材有相位辅助光学三维数字化仪、自主搭建的多光谱成像系统、X 射线荧光光谱仪、共焦激光拉曼光谱仪。

（1）相位辅助光学三维数字化仪

三维成像系统与建模系统硬件结构由投影发生器、相机、投影采集同步控制组成。硬件系统参数：单色 CCD 相机（PointGrayGrasshopper 50S5M，相机接口 IEEE 1394B，分辨率 2448×2048），镜头（Fijinon 5M 12 mm），DLP 原理投影仪（LG HX300G-JE，分辨率 1024×768）、基于 FPGA 的同步控制系统、可控式旋转载物台等。可对 10~50 cm 的物体三维成像与建模，成像精度 0.1 mm，时间小于 45 s。

（2）自主搭建的多光谱成像系统[15]

主要部件有 CCD（日本 Bitran 公司，BU-56DUV，响应波段为 200~1000 nm）、定焦镜头（德国 JENOPTIK Optical Systems 公司，60 mm UV-VIS-IR APO Macro）、滤波轮（配有 6 个滤波片安装孔），半峰全宽均在 10nm 左右的 6 枚窄带滤光片（美国 Andover 公司），另有定标白板、照明光源、三脚架等组件，并配合采用自主开发的多光谱实时采集及处理软件（Y _UV _VIS _IR _C56AplV2.0）进行采集控制和后期数据处理。

（3）OURSTEX 100FA 高性能便携式能量色散型 X 射线荧光光谱分析仪（pXRF）

仪器配置金属钯（Pd）为 X 射线源，50WX 射线源，焦斑直径 2.5 mm。设备由探测器单元、高压单元、控制单元和数据处理单元（PC）四部分组成。仪器相关参数及定量分析方法参阅文献[16]。

（4）LabRAMXploRA 便携式激光共焦拉曼光谱仪（LRS）

仪器内置了 532 和 785 nm 的高稳定固定激光器以及相应的滤光片组件，可以全自动切换波长并通过计算机软件控制激光功率的衰减程度。同时配有高稳定性研究级显微镜物镜包括 10×，LWD50× 和 100×。采用针孔共焦技术，与 100× 物镜配合，空间分辨率横向 1 μm，纵向 2 μm，选用 532 nm 时光谱范围为 70~4000 cm^{-1}，785 nm 时光谱范围为 150~3100 cm^{-1}，光谱分辨率 ≤ 2 cm^{-1}，光谱重复率 ≤ 0.2 cm^{-1}[17]。

二、结果与讨论
（一）三维扫描成像结果分析

三维激光扫描是集光、机、电和计算机于一体的高新技术，具有扫面精度高、收集信息快速准确、无接触等优点，在文物保护行业已经得到越来越多的应用[18]。利用三维激光扫描设备获取新石器时代晚期的仰韶文化彩陶碗的三维点云数据，再将点云数据导入 GeomagicStudio 软件中，进行删除冗余点云数据、去噪、平滑等一系列操作，得到彩陶碗的三维数字化重建模型和剖面图，如图二和图三所示，将实物进行虚拟展示，再现彩陶碗的表面纹理信息和形状外

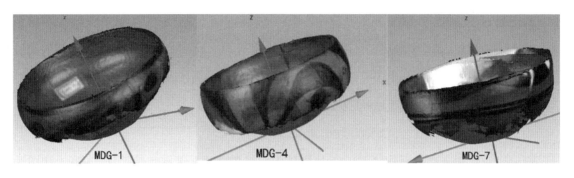

图二　彩陶样品的三维数字模型

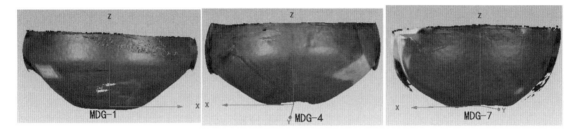

图三　彩陶样品的剖面图

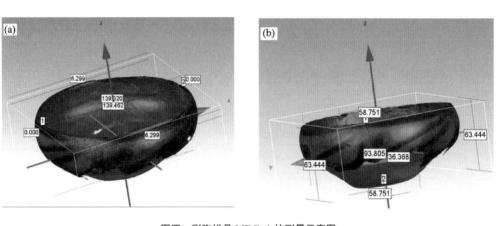

图四　彩陶样品 MDG-1 的测量示意图
（a）MDG-1 样品口径测量　（b）MDG-1 样品高度测量

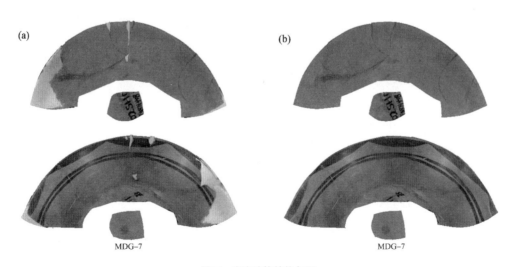

图五　彩陶纹饰的修复图
（a）彩陶碗的 UV 展开　（b）彩陶碗的虚拟修复

观。同时通过测量点之间的空间距离获得彩陶的高度和口径大小，如图四所示，首先在样品 MDG-1 的三维数字模型碗口所在平面选定两个点，获得两点之间的坐标，其两点 X 值的绝对值之和就是碗口的直径，如图四（a）所示。在选点过程中，为了保证测量数据的准确性，控制其 Y 值在零点位置。经过测量得到样品 MDG-1 的碗口直径是 139.3 mm，而高度值就是图四（b）中两点的 Z 值绝对值之和，结果为 63.4 mm。

而通过数字雕刻和绘画软件 ZBrush 将彩陶碗三维数字化重建模型进行 UV 展开，如图五（a）所示，不仅得到其表面清晰的纹理贴图，将表面的受损程度和石膏修复的区域也展示的一览无余。最重要的是后期人工修补的区域已经缺失了纹理信息，而通过该软件可以根据现有实物照片进行虚拟修复，使修补后的数字图像和表面的纹饰达到原图的视觉效果，如图五（b）所示。

（二）多光谱分析

利用多光谱灰度成像对彩陶碗进行面分析，区分彩陶碗表面的图案显色差异，为下一步 LRS 的点分析起到初步的筛选，确保信息的完整性。同时将彩陶碗与其材质相似的残片进行多光谱成像对比，得到不同区域的反射率谱线图，如图一〇所示，同一区域的反射率谱线虽然存在差异，但变化趋势基本相同，说明样品间的物相组成存在某种相似性[19]，因此可以利用 pXRF 和 LRS 具体分析残片的主要化学成分特征和颜料物相组成来确定彩陶碗的成分组成。

对 610，700 和 850 nm 处采集到的彩陶碗表面进行整体区分和归纳，并计算分区的可见－近红外发射率谱线，从不同波段的彩陶碗灰度图像和反射率谱线可以得出：彩陶样品表面洁净且颜色层次分明，同色物质的光谱响应近似，将彩绘和陶衣区域鲜明区分（图六至图八）。从不同彩陶碗的彩绘区域反射率谱线（图九）发现，样品 MDG-1 的彩绘区反射率比样品 MDG-4

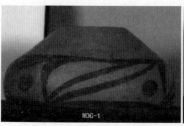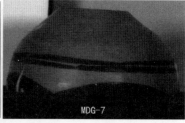

图六　样品在 610 nm 波段的反射光谱灰度图像

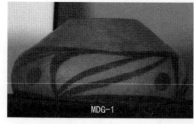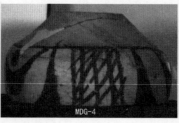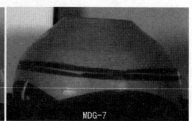

图七　样品在 700 nm 波段的反射光谱灰度图像

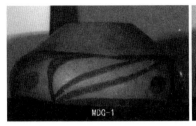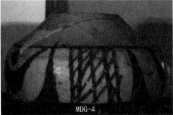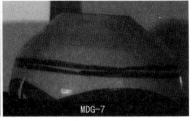

图八　样品在 850 nm 波段的反射光谱灰度图像

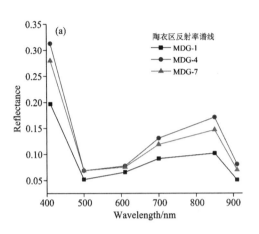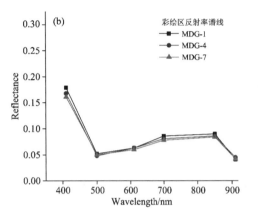

图九　样品的反射率谱线

（a）样品陶衣区　（b）样品彩绘区

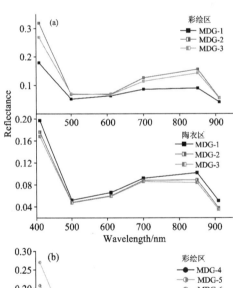

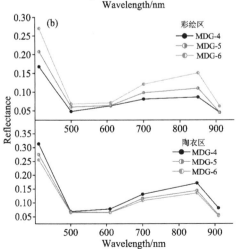

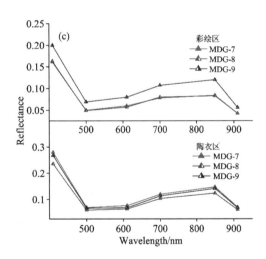

图一〇　反射率谱线对比

（a）MDG-1 与其残片

（b）MDG-4 与其残片

（c）MDG-7 与其残片

和 MDG-7 的大，因此灰度图像中样品 MDG-4 和 MDG-7 的彩绘深度较黑，吸收率大，但三件样品在不同波段的变化呈现相同的趋势，推测样品的彩绘区颜料成分组成可能存在某种相似性。而在不同波段的样品陶衣反射率谱线得出：样品 MDG-4 的陶衣颜料反射率都明显高于其他两件样品，样品 MDG-1 次之，样品 MDG-7 陶衣反射率最低，从灰度图像中也可以验证这种差异。但样品的釉面反射率谱线变化趋势相同，可以推测出釉面的呈色物相也存在某种相似性。

（三）X 射线荧光光谱和拉曼激光光谱检测结果分析

首先利用 pXRF 对彩陶碎片的分区进行化学成分测试分析，获得样品分区的主要化学元素含量，初步推测出各个部位的显色元素见表二。从表二可以发现，彩陶的彩绘区 Fe_2O_3 和 MnO 含量很高，Fe_2O_3 质量分数达到 12%~16%，MnO 质量分数达到 2%~10%，初步推测黑色显色元素为 Fe 和 Mn。陶衣区以 SiO_2，Al_2O_3，CaO 为主，SiO_2 质量分数为 45%~60%，Al_2O_3 质量分

表二　彩陶样品化学成分分析结果（Wt%）

样品编号	测试部位	Na_2O	MgO	Al_2O_3	SiO_2	P_2O_5	K_2O	CaO	TiO_2	Fe_2O_3	MnO
	陶衣	1.65	4.01	15.08	57.98	0.25	5.56	8.29	0.38	6.70	0.09
MDG-2	彩绘	1.53	0.97	20.43	52.76	0.48	6.79	3.10	0.46	12.33	1.14
	胎体	2.16	4.25	15.66	60.25	0.15	3.04	7.24	0.38	6.77	0.08
	陶衣	1.61	3.75	12.60	59.45	0.28	5.51	8.60	0.40	7.63	0.16
MDG-3	彩绘	1.13	0.23	7.18	50.22	0.29	1.59	12.20	0.34	16.40	10.40
	胎体	1.98	5.39	13.95	61.71	0.01	3.03	5.63	0.41	7.75	0.14
	陶衣	1.87	5.66	13.87	56.70	0.24	4.32	10.41	0.38	6.42	0.12
MDG-5	彩绘	2.30	1.64	19.29	46.87	0.23	8.36	2.35	0.44	15.18	3.33
	胎体	1.78	3.21	12.33	62.93	0.14	2.87	9.54	0.36	6.68	0.16
	陶衣	1.61	5.50	13.03	56.98	0.10	3.25	12.35	0.35	6.65	0.18
MDG-6	彩绘	1.34	1.34	20.23	50.19	N.D.	2.85	3.31	0.51	16.81	3.40
	胎体	1.93	6.40	12.42	57.91	N.D.	2.70	11.91	0.31	6.27	0.14
	陶衣	1.68	4.39	14.96	60.19	0.07	4.89	6.49	0.38	6.87	0.07
MDG-8	彩绘	1.85	2.09	13.54	54.49	0.06	5.05	4.49	0.52	12.69	5.22
	胎体	1.60	2.23	12.79	66.54	0.62	2.80	5.86	0.36	7.07	0.11
	陶衣	1.71	4.59	14.77	57.83	0.21	5.68	7.19	0.42	7.51	0.09
MDG-9	彩绘	0.92	N.D.	11.61	55.11	N.D.	4.76	10.02	0.40	14.75	2.43
	胎体	1.89	4.70	15.91	60.70	0.13	2.86	6.28	0.38	7.07	0.08

注："N.D." 表示此种组分含量低于本方法的检出限而无法检测到。

数为 7%~20%，CaO 质量分数为 3%~10%，而显色元素 Fe 的质量分数为 6%~7%。通过 pXRF
获得不同区域化学元素成分后进一步采用 LRS 进行详细分析各区域的颜料物相组成。

通过 LRS 检测结果发现，样品 MDG-2 的彩绘区域黑色显色物质有赤铁矿（Fe_2O_3，212，
287，389，583 cm^{-1}）[20]、黑锰矿（Mn_3O_4，665 cm^{-1}）[21]、无定形碳（C，1307，1571 cm^{-1}）[22]，
而彩绘的化学成分分析中 Fe_2O_3 和 Mn_3O_4 含量分别达到 12.33% 和 1.14%，验证了拉曼的结果。
在胎体区域发现了锐钛矿（TiO2，149，198，377，625 cm^{-1}）[23] 和石英（SiO_2，136，196，
458 cm^{-1}）的存在，如图一一所示。

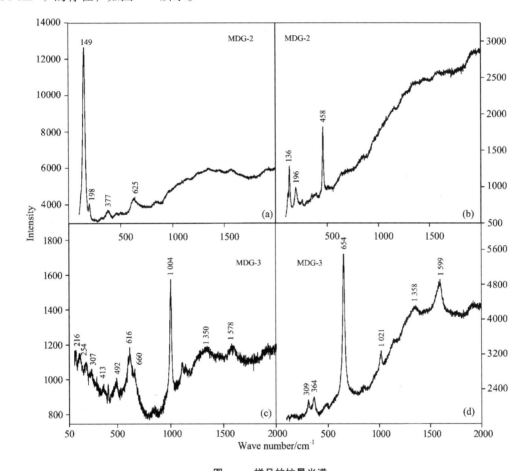

图一一　样品的拉曼光谱
（a）锐钛矿　（b）石英　（c）赤铁矿　（d）黑锰矿

样品 MDG-3 的彩绘区域（见图一一）检测到了赤铁矿（Fe_2O_3，216，254，307，412，
492，616 cm^{-1}）[20]、黑锰矿（Mn_3O_4，660 cm^{-1}）[21] 和无定形碳（C，1350，1578 cm^{-1}）[22]，
说明彩绘颜料的显色物质是赤铁矿、黑锰矿和无定形碳组成。在 pXRF 的检测数据中发现，样
品 MDG-3 的彩绘区域 Mn 元素的含量比其他区域高得多，达到 10.40Wt%，而 LRS 检测中也发
现了黑锰矿（Mn_3O_4，309，364，654 cm^{-1}）[21] 的存在，如图一一（d）所示。样品 MDG-3 在
1004 cm^{-1} 处出现了很强的拉曼峰，如图一一（c）所示，根据文献[24]，1004 cm^{-1} 强拉曼峰与
硬石膏（$CaSO_4$）的［SO_4］$^{2-}$ 基团的振动峰吻合，说明彩陶中含有少量硬石膏，而硬石膏的混
入也冲淡了彩陶的颜色。在胎体中还检测到了锐钛矿（TiO_2，149，198，387，503，623 cm^{-1}）[23]

和石英（SiO_2，124，139，200，392，450 cm^{-1}）的存在。样品 MDG-9 中也检测到含有较高的 CaO（10.02%），同时拉曼光谱也检测到硬石膏的特征拉曼峰（表三）。

表三　彩陶样品的主要拉曼峰以及物相组成

样品编号	测试区域	拉曼特征峰 /cm^{-1}	物相	化学式	参考文献
MDG-2	黑色区域	212，287，389，583	赤铁矿	Fe_2O_3	[20]
		665	黑锰矿	Mn_3O_4	[21]
		1307，1571	无定形碳	C	[22]
	黄色区域	149，198，377，625	锐钛矿	TiO_2	[23]
		136，196，458	石英	SiO_2	[10]
MDG-3	黑色区域	216，254，307，412，492，616	赤铁矿	Fe_2O_3	[20]
		660	黑锰矿	Mn_3O_4	[21]
		309，364，654	黑锰矿	Mn_3O_4	[21]
		1350，1578	无定形碳	C	[22]
		1004	硬石膏	$CaSO_4$	[24]
	黄色区域	149，198，387，503，623	锐钛矿	TiO_2	[23]
		124，139，200，392，450	石英	SiO_2	
MDG-5	黑色区域	224，280，408，503，603	赤铁矿	Fe_2O_3	[20]
		665	黑锰矿	Mn_3O_4	[21]
	黄色区域	106，192，250，454	石英	SiO_2	[10]
MDG-6	黑色区域	219，281，401，602	赤铁矿	Fe_2O_3	[20]
		657	黑锰矿	Mn_3O_4	[21]
	黄色区域	124，200，258，460	石英	SiO_2	
		1324，1587	无定形碳	C	[22]
MDG-8	黑色区域	215，284，387，452，589	赤铁矿	Fe_2O_3	[20]
		663	黑锰矿	Mn_3O_4	[21]
	黄色区域	143，194，390，628	锐钛矿	TiO_2	[23]
		1340，1591	无定形碳	C	[22]
MDG-9	黑色区域	213，286，397，455，599	赤铁矿	Fe_2O_3	[20]
		662	黑锰矿	Mn_3O_4	[21]
		1004	硬石膏	$CaSO_4$	[24]
	黄色区域	143，198，269，381，630	锐钛矿	TiO_2	[23]
		1322，1581	无定形碳	C	[22]

其余四件残片样品中彩绘区也发现了赤铁矿（Fe_2O_3，212~224，280~286，387~408，452~503，589~603 cm^{-1}），黑锰矿（Mn_3O_4，662~667 cm^{-1}）和无定形碳（C，1332~1340，1581~1591 cm^{-1}）的峰，胎体区存在石英（SiO_2，106~124，192~200，250~258，454~460 cm^{-1}）和锐钛矿（TiO_2，143，194~198，381~390，628~630 cm^{-1}），具体物相见表三所示。

根据以上的分析结果，总结了彩陶碎片样品的物相组成见表三所示。彩绘的黑色颜料是赤铁矿和黑锰矿，还掺有石墨碳颗粒。陶衣区域显色元素是 Fe，同时检测到了锐钛矿，据文献可知赤铁矿（$\alpha-Fe_2O_3$，Hematite）是三方晶系，晶体结构属刚玉型。一般与磁铁矿、尖晶石、铁钛矿、金红石等定向连生，有时含 TiO_2，SiO_2 和 Al_2O_3 等杂质成分[25]，检测到的白色颗粒是硬石膏，而硬石膏的掺入导致彩陶的黑彩颜色变浅。

三、结论

通过以上综合分析的结果，获得了彩陶碗的三维数字化模型附加其几何尺寸信息，并将模型进行 UV 展开获得其表面的纹理贴图，对受损区域进行了虚拟修复，为文物的修复、残缺纹饰虚拟展示和还原提供科学依据。同时通过多光谱的面分析对彩陶碗表面特征进行了区分和归纳，推测不同彩陶碗之间颜料组成存在相似性后，对颜料组成相似的区域进一步采用 pXRF 和 LRS 相结合的科学分析确定了彩陶碗不同区域的显色物相，实验显示彩绘区黑色显色物相是赤铁矿和黑锰矿，还掺有无定形碳颗粒，陶衣区域的显色元素是 Fe 元素，还含有一定量的锐钛矿，同时检测到部分彩陶的彩绘区域还掺有少量的硬石膏。最终经科技分析，初步构建了一个具有彩陶碗物理和化学信息的多源信息数字化模型，如图一二所示。该数字化模型综合了样品彩绘和陶衣区的多光谱灰度图像、反射率曲线、pXRF 元素定性分析图、LRS 物相图、显微图像、

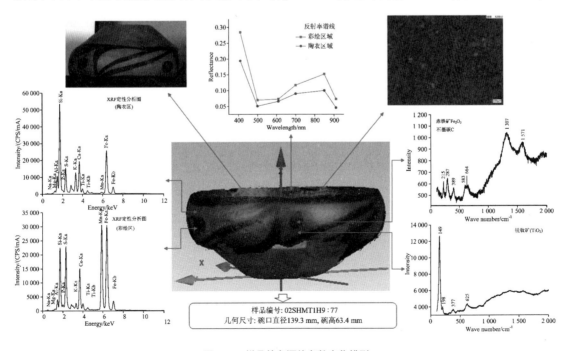

图一二 样品的多源信息数字化模型

几何尺寸信息，揭示了彩陶碗的灰度图像、元素组成、物相组成和几何大小，为这类文物的数字化保护和展示提供基础科学信息，有望为文物的共享、传播提供便利。

致谢：感谢河南省文物考古研究院樊温泉、胡永庆研究员，深圳市易尚展示股份有限公司以及深圳大学光电工程学院刘晓利教授在实验过程中的帮助。

注释：

［1］The Institute of Archaeology CASS（中国社会科学院考古研究所），*Chinese Archaeology·Neolithic*（《中国考古学·新石器时代卷》），Chinese Social Science Press（中国社会科学出版社），2010，p. 206.

［2］The Institute of Archaeology CASS（中国科学院考古研究所），*Miaodigou and Sanliqiao*（《庙底沟与三里桥》），Science Press（科学出版社），1959.

［3］Han Jianye（韩建业），*Archaeology and Cultural Relics*（《考古与文物》），2013，No. 1，p. 28.

［4］Hua Nian（华年），*Journal of South China Normal University*（*Social Sciences Edition*）［《华南师范大学学报（社会科学版）》］，2012，No. 3，p. 145.

［5］An Zhimin（安志敏），*Archaeology*（《考古》），1961，No. 7，p. 385.

［6］Ma Baoguang，Ma Ziqiang（马宝光、马自强），*Cultural Relics of Central China*（《中原文物》），1988，No. 3，p. 33.

［7］Wu Li（吴力），*Archaeology*（《考古》），1973，No. 5，p. 292.

［8］Xie Duanju，Ye Wansong（谢端琚、叶万松），*Archaeology and Cultural Relics*（《考古与文物》），1998，No. 1，p. 50.

［9］Zeng Qi（曾骐），*Journal of Sun Yat-Sen University*（*Social Science Edition*）［《中山大学学报（社会科学版）》］，1992，No. 4，p. 91.

［10］Li Xiangsheng（李湘生），*Cultural Relics of Central China*（原《文物》），1984，No. 1，p. 53.

［11］Zhang Pengcheng（张鹏程），*Archaeology and Cultural Relics*（《考古与文物》），2014，No. 5，p. 42.

［12］Dong Junqing，Zhu Tiequan，Mao Zhenwei，et al.（董俊卿、朱铁权、毛振伟等），*Southeast Culture*（《东南文化》），2006，No. 1，p. 24.

［13］Chen Xiaofeng，Ma Qinglin，Zhao Guangtian，et al.（陈晓峰、马清林、赵广田等），*Journal of Lanzhou University*（*Natural Sciences*）［《兰州大学学报（自然科学版）》］，2000，Vol. 36，No. 5，p. 76.

［14］Yan Xiaoqin，Liu Yikun，Li Li，et al.（严小琴、刘逸堃、李立等），*Journal of Chinese Electron Microscopy Society*（《电子显微学报》），2013，Vol. 32，No. 5，p. 403.

［15］Wang Xuepei，Zhao Hongxia，Li Qinghui，et al.（王雪培、赵虹霞、李青会等），*Acta Optica Sinica*（《光学学报》），2015，Vol. 35，No. 10，p. 103003.

［16］Liu Song，Li Qinghui，Gan Fuxi，et al.，*X-Ray Spectrometry*，2011，Vol. 40，No. 5，p. 364.

三门峡仰韶文化研究·续编

［17］Zhao H. X., Li Q. H., Liu S., et al., *Journal of Raman Spectroscopy*, 2013, Vol. 44, No. 4, p. 643.

［18］Li Wenyi, Zhang Ting, Yang Jie（李文怡、张蜓、杨洁）, *Relics and Museolgy*（《文博》）, 2012, No. 6, p. 78.

［19］Wang Xuepei, Li Qinghui（王雪培、李青会）, *Spectroscopy and Spectroscopy Analysis*（《光谱学与光谱分析》）, 2016, Vol. 36, No. 12, p. 4045.

［20］de Faria D. L. A., Venncio Silva S., de Oliveira M. T., *Journal of Raman Spectroscopy*, 1997, No. 28, p. 873.

［21］Bikiaris D., Sister Daniilia, Sotiropoulou S., et al., *Spectrochimica Acta Part A*, 2000, Vol. 56, p. 3.

［22］Wu Juanxia, Xu Hua, Zhang Jin（吴娟霞、徐华、张锦）, *Acta Chimica Sinica*（《化学学报》）, 2014, No. 72, p. 301.

［23］Wang Jianqiang, Xin Baifu, Yu Haitao, et al.（王建强、辛柏福、于海涛等）, *Chemical Journal of Chinese Universities*（《高等学校化学学报》）, 2003, No. 24, p. 1237.

［24］Ma Yanping, Liu Yingming（马艳平、刘英明）, *Analytical Instrumentation*（《分析仪器》）, 2009, No. 6.

［25］Ma Qinglin, Hu Zhide, Li Zuixiong, et al.（马清林、胡之德、李最雄等）, *Cultural Relic*（《文物》）, 2001, No. 8, p. 84.

庙底沟文化核心遗址彩陶图案分析

◎朱雪菲

前　言

陕西华县泉护村、河南三门峡市庙底沟两处遗址，堪称目前所见庙底沟文化遗址中最具核心地位的遗址。其原因有三：

第一，庙底沟文化的分布西至民和盆地、东至华北平原西缘、南至江汉平原北部、北至河套平原，而上述两遗址地处陕晋豫交界区，恰位于这一分布范围的中心。

第二，庙底沟文化全境内，泉护村、庙底沟遗址的庙底沟文化遗存丰富，且资料发表状况较为理想。泉护村遗址在1958~1959年的首次发掘之后[1]，又于1997年进行了较大规模的发掘[2]，本文中对前后两次的发掘资料分别冠以"58"与"97"以示区别。庙底沟遗址在1956~1957年的首次发掘之后[3]，又于2002~2003年间再次发掘。其中遗迹单位H9内的出土遗物已有简报发表[4]，而遗址内大量的彩陶则可见近年出版的《华夏之花——庙底沟彩陶选粹》[5]（简称《选粹》）专题图录，本文中对前后两次的发掘资料分别冠以"56"与"02"以示区别。

第三，泉护村、庙底沟遗址的庙底沟文化遗存，对于认识庙底沟文化的发展序列具有重要意义[6]。尤其是《华县泉护村》正式出版后，以泉护村遗址第一期文化划分的一至三段，作为庙底沟文化第一至三期的这种庙底沟文化"三期说"，所反映的典型器物演变规律已在大量层位关系中得到印证。如重唇口尖底瓶，于第一期时呈上唇较宽的典型重唇，第二期时上唇变窄，第三期时上唇退化至凸棱状；彩陶曲腹盆于第一期时为较浅腹、腹部弧鼓、下腹部微内曲，第二期时盆体加高、上腹部外鼓程度增大，第三期时多为深腹、下腹部甚内曲。这些典型器物的年代标尺意义突出。根据彩陶图案与器形的共存关系，或者根据彩陶片与典型器的共存关系，可以比较容易地判定图案的相对年代。

本文参照《华县泉护村》的分期方案讨论庙底沟文化彩陶图案的发展序列，得以根据遗迹单位的期属、典型器物的形态演变规律、器物共存关系，将大量彩陶标本归入各个期属。

关于彩陶图案的描述，本文以"风格"作为图案类型的区分对象，以便概括不同种类图案间的共性，进行最大程度的图案归类。本文定义的"风格类型"，可描述彩陶图案给人的最直观印象。根据这种直观印象，可将彩陶图案的风格类型区分为突出装饰效果的 A 型"几何风格"和具有表意作用的 B 型"图像风格"。根据仰韶时代各类考古学文化出土的常见彩陶图案种类，两型风格还可再细分为各类亚型（表一）。

表一　彩陶图案风格分型表

分型	A 型"几何风格"			B 型"图像风格"	
亚型	Aa 型 "直线风格"	Ab 型 "弧线风格"	Ac 型 "圆点风格"	Ba 型 "符号风格"	Bb 型 "象形风格"
次级亚型	Aa1 型"线纹风格"	Ab1 型"线纹风格"			
	Aa2 型"直边三角风格"	Ab2 型"小半圆弧风格"			
	Aa3 型"四边形风格"	Ab3 型"组合弧线风格"			
		Ab4 型"弧边三角风格"			

A 型"几何风格"依据造型线条的不同，可分为 Aa 型"直线风格"、Ab 型"弧线风格"和 Ac 型"圆点风格"。Aa 型风格依据主要图案元素的种类，可细分为 Aa1 型"线纹风格"、Aa2 型"直边三角风格"、Aa3 型"四边形风格"；Ab 型风格依据主要图案元素的种类，可细分为 Ab1 型"线纹风格"、Ab2 型"小半圆弧风格"、Ab3 型"组合弧线风格"、Ab4 型"弧边三角风格"。B 型"图像风格"依据图案整体形象，可分为不可名状的 Ba 型"符号风格"和象生状物 Bb 型"象形风格"。

庙底沟文化的彩陶遗存，在其幅员辽阔的分布范围内具有高度统一的面貌，Ab 型"弧线风格"与 Bb 型"象形风格"，为其最突出的图案风格。而其中绝大多数的图案种类，都已为泉护村与庙底沟遗址出土者所涵盖。并且，泉护村、庙底沟遗址发表彩陶图案的完整程度较高，可作为认识其他遗址中同类图案或其变体形态的基准。因此，本文尝试对这两处遗址的庙底沟文化彩陶图案进行较为系统的分析，以期作为衡量其他庙底沟文化遗址中彩陶遗存的标尺。

一、泉护村遗址彩陶遗存分析
（一）彩陶图案的风格类型与图案种类命名

综合"58 年"与"97 年"的彩陶遗存，包含的主要图案风格有 A 型"几何风格"和 B 型"图像风格"。A 型以 Ab 型"弧线几何纹风格"为主，Aa 型"直线几何纹风格"、Ac 型"圆点风格"为辅。Ab 型中，Ab3 型"组合弧线纹风格"、Ab4 型"弧边三角风格"大量流行。B 型中，不见明确具有 Ba 型"符号风格"的图案，多见 Bb 型"象形风格"的图案。具体种类如下。

Aa1 型"线纹风格"：网格纹、席纹、平行线纹。

Ab2 型"小半圆弧风格"："弯月形"底纹、叠弧纹。

Ab3 型"组合弧线纹风格"："勾连形"纹、"西阴纹"。

Ab4 型"弧边三角风格"："工"字形间隔纹、"花瓣形"底纹。

Ac 型 "圆点风格"：圆点纹、"靶心纹"、底纹内组合纹。

Bb 型 "象形风格"：鱼纹、鸟纹、"抽象鸟纹"、蛙纹。

由于庙底沟文化大量的 Ab3 型、Ab4 型图案中组合了多种图案元素，使得其单体图案的特征难以做到既简单概括又体现区别。因此，对于这些图案的命名，有必要事先规定。

1. "蔷薇科图案"与"菊科图案"

"蔷薇科图案"与"菊科图案"属于 Ab3 型 "组合弧线纹风格"的"勾连形"纹，单体图案中包含圆点、弧边三角、弯钩、斜线段等多种元素。苏秉琦《关于仰韶文化的若干问题》[7]一文，将泉护村遗址彩陶中复杂的"勾连形"图案，区分为"蔷薇科图案"与"菊科图案"两类的做法，对于庙底沟文化彩陶图案分类研究具有重大的意义。事实上，这两类图案是否分别象征"蔷薇科"和"菊科"花卉的意义，如今已无从证明。但两者在表现形式上存在的区别，不可磨灭。统称为"勾连形"图案，则无法体现其中区别。因此，本文沿用苏秉琦对这两种图案的命名。

这两种图案的具体表现繁简不一，在基础单体图案中，时常嵌入属于其他风格的单体图案，甚至有嵌入的图案置换了原单体图案局部的现象，如图一。另有一些图案，兼有"蔷薇科图案"与"菊科图案"的特征，则命名为"复合花卉图案"。

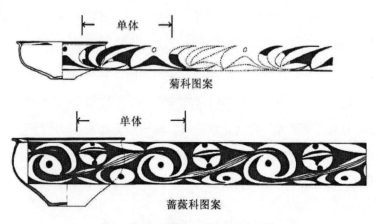

图一 "蔷薇科图案"、"菊科图案"示意

2. "西阴纹"

"西阴纹"的单体图案（图二，1）中组合了线段、半圆弧、圆点、弧边直角或弯钩等多种元素。这一名称沿用的是李济发掘西阴村时以遗址地点对这类图案的命名[8]。

3. "工"字形间隔纹

"工"字形间隔纹的单体图案（图二，5），通常是由上下对顶的两个弧边三角组成的，单体的二方连续形成了一系列近圆形的"开光"底纹。底纹中多嵌入有 Ac 型 "圆形底纹内组合纹"。

4. "花瓣形"底纹

"花瓣形"底纹（图二，2、3）根据饱满程度的不同，在一个从窄长条"叶形"到"圆形"的区间内浮动。由于其均为弧边三角对合而成的，因此给予统一的命名。

5. 底纹内组合纹

"底纹内组合纹"（图二，4、6）包含多种常见的单体图案，通常嵌入"圆形底纹"、"花瓣形底纹"或"不规则形底纹"中使用，主要由圆点、短线、弧边三角中的一种或多种元素组合而成。由于其多种单体基本包含圆点，因而视作具有 Ac 型"圆点风格"的图案。

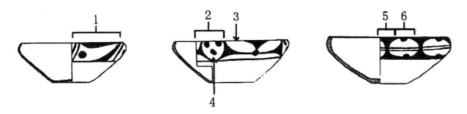

图二　其他图案示意

1."西阴纹"　2、3."花瓣形"底纹　4、6."底纹内组合纹"　5."工"字形间隔纹

（二）彩陶图案的演变

根据泉护村遗址庙底沟文化的分期，第一至三期遗存中，明显具有演变关系的同类图案有"蔷薇科图案"、"菊科图案"和鸟纹。除了少量直接的层位关系外，还有载体器形的演变和明确的期别归属，可作为探讨图案演变的依据。

1. "蔷薇科图案"的演变

此类图案的标本，主要见于"97 年泉护村"的资料中。图案虽然复杂，但遵循一定的布局程式，显然并非一挥而就的作品。由于其单体跨度长，有必要选取展开图较完整的标本，研究其单体的各部分组成。H28：29、H66：3、H125：2 三件标本的图案规整，并不存在信手拈来的"即兴"之笔，应为此类图案中具有"范式"意义的标本。

关于此类图案的解析，早在苏秉琦区分出此类图案中"蕾"、"单/双瓣花朵"、"双叶"这几部分时，就指出了其中存在阴阳纹配合的情况。在苏秉琦的解析中，"蕾"和"单/双瓣花朵"是阴阳纹结合构成的实体图案，而"双叶"是阴纹实体图案。张朋川的《中国彩陶图谱》[9]在讨论彩陶图案中形式法则运用的时候，提到了"阴阳双关纹"，也是这种图案。王仁湘注意到了在"阴阳双关纹"图案中，有些图案的阴纹部其实能够呈现更为明确的图像，便称其为"地纹彩陶"[10]，上述"蔷薇科"花卉纹即为"地纹彩陶"之一。尽管学者们的见解并不完全统一，但对于解读"蔷薇科图案"，需要从阴阳纹两方面分析其图案实体的认识是一致的。然而，无论是从阴纹、阳纹，或结合阴阳纹来分析图案实体，都未必能得到对于图案实体所表达意义的正确认识。

因此，本文仅选取便于观察和描述其变化的角度。为避免"阴阳"的提法本身具有"双关"的效果，而采用"实彩"与"底纹"以示区别。以上述三件标本为例，可以肯定的是圆点及"底纹内组合纹"表达的图案为实彩本身。比较其余"实彩"和"底纹"各自组成的图形，实彩图案主要是连续的弧边三角与圆弧弯钩，虽以一定的组合排列，但给人杂乱无章的观感。如果这些实彩图案表达某一种实体图案的话，其形式的构建是无法想象的。相反，以底纹观之，王仁湘称为"旋纹"的结构，轮廓清晰，种类分明，排列有序。

H28：29的单体图案由a、b两个底纹的"单旋"水平并列而成，形态大同小异，互为颠倒。两个"单旋"间夹有一个类似"Z"形的底纹结构（阴影部分），并以圆点a′、b′分别联结两个"单旋"。

H66：3的图案与H28：29较为接近。原来的a、b"单旋"在单体中的左下角与右上角位置，相互呼应，"Z"形的底纹结构增加一个"花瓣形"而得以伸长，"Z"形中部圆弧处增加一个"单旋"，形成"双旋"结构c。伸长的"Z"形新增了圆点a″、b″，仍分别联结a、b两个"单旋"。a′a″与前一个单体的b′b″，或b′b″与后一个单体的a′a″的串连线，即为图案中横"S"形穿插线结构。

H125：2的图案与H66：3相似，其中以一个"底纹内组合纹"置换了"单旋"结构b。

这三件标本均属于第一期遗存，且没有层位关系证明其相对年代早晚。但从曲腹盆的曲腹程度逐渐变大、器腹逐渐变深的形态演变角度看，属于浅腹曲腹盆的H28应早于H66，而属于深腹曲腹盆的H125应为同类中的较早形态。从图案发展的逻辑顺序看，如此复杂的图案，是极有可能经历由简渐繁的发展过程的。因而，本文根据H28：29、H66：3、H125：2三者逐渐复杂的趋势，将其分别定为"蔷薇科图案"的"泉Ⅰ、泉Ⅱ、泉Ⅲ式"。

第二期遗存中，装饰此类图案的彩陶盆，部分沿用了较浅的曲腹盆形，但出现了大量腹部较深、曲腹程度较大的形态，如H87：59、H107④a：92。两者所饰"蔷薇科图案"更为复杂，在原有的单体图案基础上，嵌入了更多形式不一的"底纹内组合纹"，呈现一派"花团锦簇"的图案效果。因此，本文将H87：59、H107④a：92的图案定为"泉Ⅳ式"。

第三期遗存中，曲腹盆形更趋修长，"蔷薇科图案"高度精简。如H133：63，所饰图案可能表现了"双旋"结构，但已完全失去了基本单体图案的程式。本文将其定为"泉Ⅴ式"。据此推测，58年H342：02、58年H115：01的图案，可能也是由"蔷薇科图案"退化所至。

综上，"蔷薇科图案"的演变进程应为逐渐复杂又骤然简化，如图三。图案的成熟早在第一期时便已完成。H28中的彩陶盆标本显示出泉Ⅰ式图案与泉Ⅱ、泉Ⅲ式中的某一种共存，说明了繁简程度不同的"蔷薇科图案"，均是第一期时的通行图案。同时，在泉护村遗址两批资料的第一期遗存中，还都见到了泉Ⅱ式"蔷薇科图案"的一种镜像图案，如58年H1078：867、97年H28：149、97年H53：10等，其中，横"S"形穿插线的倾斜方向为H66：3的反向。至第二期，图案复杂化的同时，还与"菊科图案"发生交叉，产生了"复合花卉图案"，如59年H224：501、97年H107②：65。此外，还新出现了饰有类似这种"复合花卉图案"的敛口鼓肩曲腹钵，如H107③a：82，其图案布局与白衣黑红复彩的使用，与庙底沟文化彩陶传统有异，而与大汶口文化的早期彩陶相似。至于第三期时精简的泉Ⅴ式图案，是否本自"蔷薇科图案"则需具体分析。58年H115：01、97年H133：63这类尚有对称旋臂结构的图案，源于"蔷薇

图三 "蔷薇科图案"解析与演变规律推测

1. 97年 H28：29　2. 97年 H66：3　3. 97年 H28：149　4. 97年 H125：2　5. 97年 H107③ a：82　6. 97年 H87：59　7. 97年 H107④ a：92　8. 97年 H133：63　9. 58年 H342：02　10. 58年 H115：01

科图案"的可能较大，而58年H342：02这种仅有圆点的图案，可归为Ac型"圆点风格"的"圆点纹"图案中，可能是由"蔷薇科图案"或"菊科图案"退化而来，但不能排除其本身即为"圆点纹"的可能性。

2. "菊科图案"的演变

相对于"蔷薇科图案"的底纹"单/双旋"结构而言，"菊科图案"可以视为以实彩表现实体的图案。

第一期遗存中，典型标本有58年H5：192、97年H4：20、97年H28：30等，均为浅弧腹的盆形，与H28：29相似。以97年H4：20的展开图为例，单体图案包含a、b两部分，不具备"蔷薇科图案"那种对称意味的布局。a为两道弯钩与一个弧边三角对合而成的"旋纹"，暂且称其为"对旋"结构以示区别。b为由圆点与拱形弯弧组合的"底纹内组合纹"。实彩笔道饱满而紧凑，"对旋"中心小，未见圆点。58年H5：192残存图案与此相似，"对旋"中心可见圆点。

第二期遗存中，"菊科图案"的标本极其丰富，表现形式比较多样。典型标本有58年H205：01、97年H118⑤：4、97年H86：8、97年H164：5等，盆腹渐深，曲腹较甚。实彩布局的紧凑程度降低，笔道间距离拉大，弯钩、弯弧等元素出棱角。97年H118⑤：4、97年H86：8的b部分"拱形弯弧"已演变为弧边三角。前者的单体图案，在原来的a、b部分之间嵌入了一个"单旋"，旋心处的圆点置换为"底纹内组合纹"；后者的a、b部分之间不仅嵌入了一个"单旋"，且另有一个"底纹内组合纹"，且不同单体中嵌入的"底纹内组合纹"组合方式不一。97年H164：5、58年H205：01的b部分"拱形圆弧"已演变为"人"字形纹，"对旋"的旋心更加松散。

97年H107中的两件标本H107③b：83、H107③b：64较前述标本的盆形，曲腹程度更大，所饰"菊科图案"更加松散，b部分"拱形弯弧"时有省略。共存的H107：1则有一个单体与58年H14：01可见单体相似，笔道短促，"勾连"式的风格不再。

第三期遗存中，典型标本有58年H22：02、97年H162：6，两者盆腹更深，与泉Ⅴ式"蔷薇科图案"彩陶盆器形接近。58年H22：02所饰图案，似从"菊科图案"中保留下来的弯钩。97年H162：6所饰"力"字形图案，则明显具有原来"对旋"结构中对合弧边的意味。

根据"菊科图案"纵贯三期的发展趋势，可以认为其演变经历了逐渐复杂又逐渐简化的过程，如图四。据此，本文将58年H5：192、97年H4：20等的图案定为"泉Ⅰ式"，97年H118⑤：4、97年H86：8的图案定为"泉Ⅱ式"，97年H164：5、58年H205：01的图案定为"泉Ⅲ式"，97H107③b：83、58年H14：01等的图案定为"泉Ⅳ式"，58年H22：02、97年H162：6的图案定为"泉Ⅴ式"。

综合其他遗迹单位内出土资料情况，第一期"菊科图案"以泉Ⅰ式为主，并出现个别泉Ⅱ式标本，如58年H351：01、97年H38：9。第二期时，泉Ⅱ、泉Ⅲ、泉Ⅳ式多有共存，未见

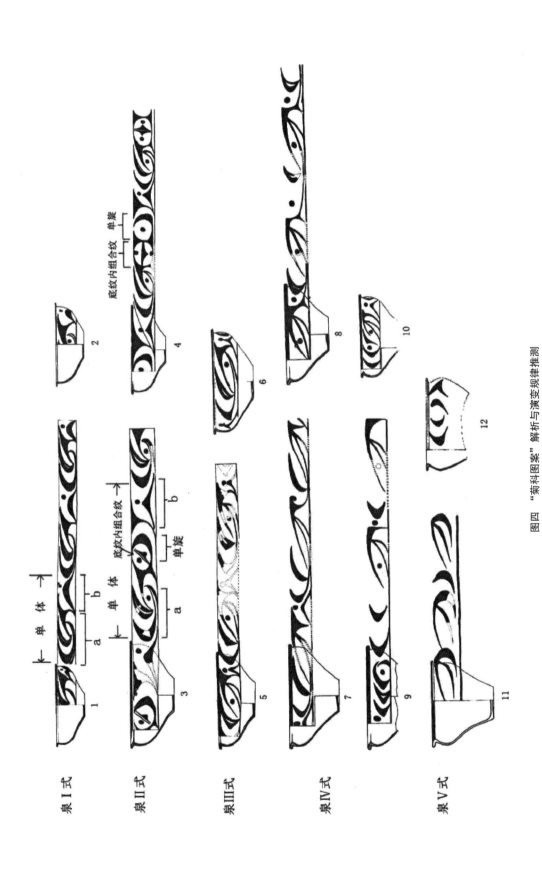

图四 "菊科图案"解析与演变规律推测

1. 97年 H4：20　2. 58年 H5：192　3. 97年 H118⑤：4　4. 97年 H86：8　5. 97年 H164：5　6. 58年 H205：01
7. H107③b：83　8. H107③b：64　9. 97年 H107：1　10. 58年 H14：01　11. 97年 H162：6　12. 58年 H22：02

可印证三者相对年代早晚的层位关系，暂时可认为三者为第二期时的通行图案。第三期的泉 Ⅴ 式图案，精简程度与"蔷薇科图案"接近。

3. "复合花卉图案"的演变

关于 59 年 H224：501、97 年 H107②：65 的"复合花卉图案"，以后者的展开图为例。单体图案为泉 Ⅱ 式"菊科图案"的一个单体，包含"对旋"、圆形内的"底纹内组合纹"、不规则形内的"底纹内组合纹"三部分，但在图案布局中引入了"蔷薇科图案"的穿插线结构，省略了"菊科图案"的两个弯钩。

两件载体的器形已接近第三期的深腹曲腹盆形态，可视作第二期最晚阶段的标本。但在第二期中，形态较早的"蔷薇科图案"彩陶盆上，"菊科图案"的 b 部分"底纹内组合纹"就已作为嵌入图案，嵌入了泉 Ⅱ 式"蔷薇科图案"中，如 97 年 H130：20；同理，在形态跨越第一、第二期的"菊科图案"彩陶盆上，"蔷薇科图案"中的"单旋"结构也已作为嵌入图案，嵌入了泉 Ⅱ 式"菊科图案"中，如 97 年 H38：9、97 年 H118⑤：4。由此可见，"菊科图案"与"蔷薇科图案"的交叉在第一、二期之交即已发生，至第二期最晚阶段形成了 97 年 H107②：65 图案中的形式。

据此，本文将 97 年 H130：20 等的图案定为"泉 Ⅰ 式"，97 年 H107②：65 的图案定为"泉 Ⅱ 式"，如图五。其中泉 Ⅰ 式是"复合花卉图案"的萌芽，具体图案仍寓于"蔷薇科图案"或"菊科图案"的序列中；泉 Ⅱ 式的复合方式，是将"菊科图案"的单体置于"蔷薇科图案"的穿插斜线间。

4. 鸟纹的演变

58 年 H163 → H165 这组层位关系中共发表四件彩陶器：H165：402 为彩陶盆，残存右侧的侧视鸟纹，描绘细致，留有阴纹的眼睛，并画出微微张开的嘴；H163：08 为彩陶钵，倘若将其图案理解为鸟纹的话，也应为右侧的侧视鸟纹，极其抽象；H163：01 为彩陶钵，与 H163：08 一样抽象，从残存图案推测，应为同一种图案的连续，其中心椭圆点两侧均有向外延伸的曲线，左侧为双线，右侧为三线，如果这也是抽象鸟纹的一种，则可以理解为正视的不对称鸟纹；H163：02 为彩陶钵，连续的单体图案间以圆点作为间隔，单体图案为轴对称，如果也从鸟纹的方向去考虑，可称为正视的对称鸟纹。

比较 H165 与 H163 的彩陶图案，最明显的差异在于 H165：402 禽鸟类特征明显，而 H163 的三件标本图案比较抽象，不具有直观的禽鸟类特征，如图六。暂且称之为"抽象鸟纹"。由于 H163 属于第三期单位，H165 属于第一期单位，可以理解为从具象鸟纹向抽象鸟纹的演变。

综合泉护村遗址更多的鸟纹图案，可见更为明确的演变序列。

第一期者，暂时仅见 58 年 H165：402 彩陶盆残片，具体器形不详，鸟纹图案在泉护村遗址中最为具体。对比同期彩陶盆标本 97 年 H38：9，两者曲腹程度大致接近。58 年 H165：402 的鸟纹，绘于圆形底纹内，置换了 97 年 H38：9"底纹内组合纹"中的弧边三角和弧线，而保

"蔷薇科图案"单旋结构

泉II式 "菊科图案"

2

泉I式 "菊科图案" b部分

泉II式 "蔷薇科图案"

1

泉I式

泉II式

3

图五 "复合花卉图案" 的演变规律推测
1. 97年 H130：20 2. 97年 H118 ⑤：4 3. 97年 H107 ②：65

庙底沟文化核心遗址彩陶图案分析

475

留了组合纹中的圆点，如图七。因此，至少在庙底沟文化第一期时，侧视的具象鸟纹与"底纹内组合纹"中的弧边三角纹，可能表示了相当的意义。本文将其定为"泉Ⅰ式"。

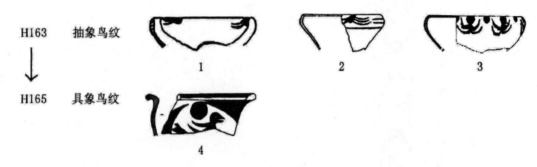

图六　58年 H163 → H165
1. H163：08　2. H163：01　3. H163：02　4. H165：402

第二期遗存中鸟纹大量出现，如58年 H245：01，为彩陶盆残片，器形不详，鸟纹亦为"圆形底纹"中的嵌入图案，具象程度与"泉Ⅰ式"一致。58年 H14：180、97年 H46④：101 为彩陶钵，曲腹程度大，所饰均为侧视的具象鸟纹，脱离"圆形底纹"，直接用做单独图案。本文将其定为"泉Ⅱ式。"

第三期遗存中，侧视鸟纹继续保持其具象形态，同时出现的侧视抽象鸟纹有明显简化自具象鸟纹的迹象。如97年

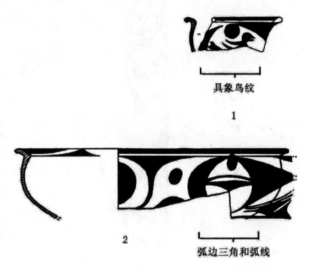

图七　同期标本 58年 H165：402 与 97年 H38：9 图案对比
1. 58年 H165：402　2. 97年 H38：9

H141：9腹部变深、器形修长，为曲腹盆的最晚形态，在三个连续的单体图案中，最右侧为一侧视具象鸟纹，左侧两个"勿"字形单体的勾画方式，明显模仿了前方鸟纹的体态。本文将其定为"泉Ⅲ式"。类似者有斜腹钵97年 H134：12。曲腹盆58年 H22：03的形态与97年 H141：9接近，所饰图案似躯干简化成直线的鸟纹，亦可视作侧视抽象鸟纹的一种。

然而，更多的抽象图案可能与鸟纹有关，如图八。假设可见的单体中包含了单鸟、双鸟及多鸟的形象：单鸟可分为左侧仰身（97年 H89：1）、左侧俯身（97年 H9②：114）与正面展翅（58年 H163：01）；双鸟可分为尾部相对的左右仰身（58年 H1052：02）、头部相对的左右仰身（97年 H22：9、58年 H1019：02）等；多鸟则形态不一（58年 H22：01）。此外，可能另有以鸟的局部代替整鸟的抽象化方法，如鸟羽纹（58年 H1026：08）、鸟爪纹（58年 H193：01）、鸟尾纹与"鸟卵形"纹（97年 H77：26、58年 H1060：372）等。由于未见可与这些图案类比的具象形象，则无法证明这些图案一定本自鸟纹。因此，无法根据鸟纹的演变逻辑将其定式，暂时单列为"抽象鸟纹"以概括这类图案。

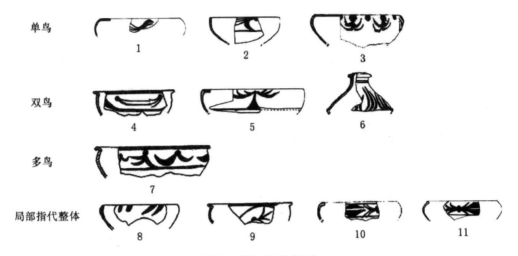

图八 其他"抽象鸟纹"

1. 97年H89：1　2.97年H9②：114　3.58年H163：01　4.58年H1052：02　5.97年H22：9　6.58年H1019：02
7.58年H22：01　8.58年H1026：08　9.58年H193：01　10.58年H1060：372　11.97年H77：26

综上，鸟纹演变的主线，应是侧视的具象鸟纹从嵌入图案中独立，发展为一类单独的鸟纹形象，并在较长的时期中保持着具体的形象，如图九。直至第三期，在使用具象鸟纹的同时，出现了简化程度较大的鸟纹，并突然涌现出一批可能与鸟有关的"抽象鸟纹"。

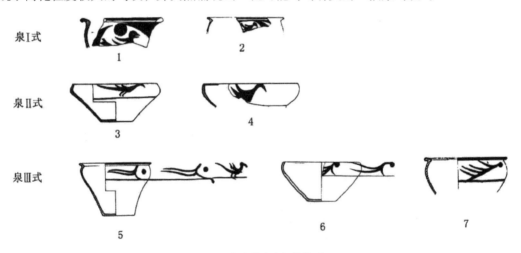

图九 鸟纹的演变规律推测

1.58年H165：402　2.58年H245：01　3.58年H14：180　4.97年H46④：101
5.97年H141：9　6.97年H134：12　7.58年H22：03

5."西阴纹"的演变

泉护村遗址的"西阴纹"标本在三期遗存中均有发现。图案具有一定的程式，但在细节上表现出多方面的差异，如图一〇。通过97年泉护村资料中，H141→H47、H67→H87、H108→H117、H109→H118→H105四组涉及"西阴纹"彩陶钵的层位关系，尚无法明确何种差异可能存在式别关系。

在H141→H47这组第三期单位打破第一期单位的层位关系中，两者各出彩陶钵一件。H141：47为典型的"西阴纹"，单体图案间以双短线间隔，下行图案为弧边直角。H47：14的图案不甚规整，上行的半圆弧纹长短不一，下行不见依次排列的弯钩或弧边直角，而是一行相连的弧边三角，中部底纹亦未见圆点。然而，上下行图案的配合方式并不是随意的，其形成的底纹为不规则的"船形"，在庙底沟文化彩陶图案中，只有"西阴纹"的底纹与之类似。如果将 H47：14 的图案视作"西阴纹"的雏形，则其应处于"西阴纹"中常见单体尚未形成的阶段。因此，本文将 H47：14 的图案定为"泉Ⅰ式"。

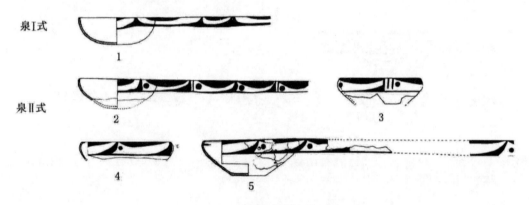

图一〇 "西阴纹"的演变规律推测
1. 97 年 H47：14　2. 97 年 H4：26　3. 97 年 H141：47　4. H67：11　5. H118②：24

第二期遗存中包含大量的"西阴纹"标本。如 H141：47，下行图案为弧边直角；如 H67：11、H118②：24 等，下行图案为弯钩。在无法明确两者是否存在年代早晚的情况下，暂且合并为"泉Ⅱ式"。

同属第一期的 H4：26、H108：65、H117：13 等，所饰"西阴纹"的各细节特征已接近第三期标本 H141：47，表明第一期时"西阴纹"就已发展成熟。第二期时，图案呈现多样化的发展方向。至第三期时，标本较少见，可能是由于已过了流行时期，图案式样未见有进一步的演变。

（三）各期彩陶图案特点

第一期，除了可见发展成熟的"蔷薇科图案"、"西阴纹"图案，刚开始流行的"菊科图案"、个别侧视的具象鸟纹外，其余图案典型的彩陶标本列举如下。

97 年 H30：1 彩陶钵，所饰网格纹图案属于 Aa1 型"线纹风格"，其网格纹并非环绕周身，而有间断。此钵为直口、上腹部较直、下腹向内折曲的形态，在泉护村遗址中较少见。

97 年 H28：158 彩陶器盖，所饰双行"弯月形"底纹属于 Ab2 型"小半圆弧风格"。上行的三个"弯月形"单体内各点缀一圆点。

58 年 H123：01、97 年 H28：39、97 年 H165：3，所示"花瓣形"底纹，属于 Ab4 型"弧边三角风格"。58 年 H123：01 敛口斜腹钵，为"单瓣式"二方连续，底纹中嵌入了"线穿圆点"式的"底纹内组合纹"，表现出一种类似"叶脉"或"豆荚状"的图案效果；97 年 H28：39 为直口折曲腹钵，底纹呈"四瓣式"花朵形；97 年 H165：3 为器盖，底纹呈现借瓣的"四瓣式"花朵形，盖面图案整体感强。

97 年 H28：20，可见单独一圆点，属于 Ac 型"圆点风格"中大间隔圆点纹；58 年 H351：01 内一嵌入的"底纹内组合纹"较特殊，为"井"字形界隔中间隔填实的图案。

97 年 H28：32 应为一盆底残片，所饰蛙纹图案，属于 Bb 型"象形风格"。蛙纹全身均以实彩表示。内彩标本在庙底沟文化彩陶中十分罕见。

58 年 H211：02、97 年 H88：5，所饰弧线几何化鱼纹，属于 Bb 型"象形风格"中鱼纹几何化程度较高的形态。

第二期，除了继续发展的"蔷薇科图案"、"菊科图案"、"西阴纹"、鸟纹等图案外，以 Ab4 型"弧边三角风格"的"花瓣形"底纹和"工"字形间隔纹最具代表性。

"花瓣形"底纹多装饰敛口钵。如 58 年 H19：03，为最基本的"单瓣式"二方连续；97 年 H61：5、58 年 H14：180、97 年 H105④：5 则依次为"单瓣式"、"双瓣式"、"四瓣式"，单体间的圆形底纹中嵌入 Ac 型风格的"∵"形组合圆点纹；58 年 H224：502 为"四瓣式"形成的"铜钱形"图案。少量见于长颈类器物颈部，如 97 年 H8②：3，可见横置的"花瓣形"底纹，嵌入"线穿圆点"式的"底纹内组合纹"。

"工"字形间隔纹：如 97 年 H118⑥：9、58 年 H178：01 等，间隔处的底纹内嵌入弧边三角为主的"底纹内组合纹"；亦有"工"字形内未填实彩者，如 97 年 H107②b：68，间隔处嵌入圆点与弧边三角的"底纹内组合纹"。

其他特殊图案如下。

97 年 H71：3"蔷薇科图案"、97 年 H164：9"菊科图案"中各有一嵌入的"底纹内组合纹"，描绘了类似"睫毛"的形象。前者与圆点、弧边三角组合，后者与一"闭眼形"图案组合，更为形象。

58 年 H14：03、58 年 H122：212、58 年 H1008：02 中残见类似 Ac 型风格的"靶心纹"的图案。

97 年 H67：3 为直口折曲腹钵，所饰图案为反向交错细线组合成的"席纹"，属于 Aa1 型"线纹风格"。

第三期，随着"蔷薇科图案"、"菊科图案"、鸟纹等图案的简化，其他图案可能亦呈简化趋势。至于各类图案的简化形式与母本图案间的对应关系，难以还原。如 58 年 H22：07 的正倒弧边三角，可能简化自"工"字形间隔纹；58 年 H1127：871 的大间隔弯弧纹，可视作 Ab2 型风格的"叠弧纹"，亦可能简化自"菊科图案"；如 97 年 H17：20 为交叉线组成的宽大网状结构，可能简化自网格纹。

二、庙底沟遗址彩陶遗存分析
（一）彩陶图案的风格类型与图案种类命名

综合"56 年庙底沟"与"02 年庙底沟"的彩陶遗存，其主要的图案风格与泉护村遗址相似，有 A 型"几何风格"和 B 型"图像风格"。具体图案种类较泉护村遗址丰富，如下。

Aa1 型"线纹风格"：网格纹、平行线纹。

Aa2 型"直边三角风格"：对顶实彩三角纹。

Ab1 型"线纹风格"：对合绞弧纹、绞索纹。

Ab2 型"小半圆弧风格"：间隔叠弧纹。

Ab3 型"组合弧线纹风格"："蔷薇科图案"、"菊科图案"、"复合花卉图案"、"西阴纹"、"类西阴纹"。

Ab4 型"弧边三角风格"："工"字形间隔纹、"花瓣形"底纹。

Ac 型"圆点风格"：圆点纹、底纹内组合纹、独立组合纹。

Bb 型"象形风格"：鱼纹、抽象鸟纹、蛙纹。

与泉护村遗址中的同类图案命名，参照上文规定，新增图案命名规定如下（图一一）。

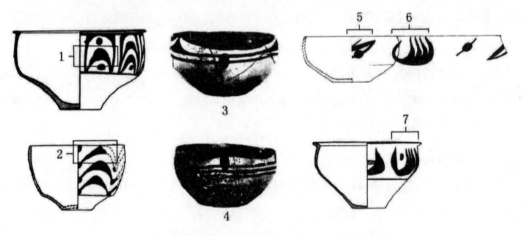

图一一　间隔叠弧纹、"类西阴纹"、独立组合纹图案示意
1、2. 中间叠弧纹中"凸弧纹"　3、4. 类"西阴纹"　5~7. 独立组合纹

1. 间隔叠弧纹

由一至数道凸弧纹，与其间隔部的"凸弧状"底纹相叠而成，如图一一。其中单道凸弧纹与"菊科图案"中常见的"拱形弯钩"相似，为了突出其所形成的此类图案具有一定的程式，特称之为"凸弧纹"。

2. "类西阴纹"

庙底沟遗址中，与施用"西阴纹"者器形接近的钵，器表可见一些图案与"西阴纹"享有多种相同元素，并具有与"西阴纹"类似的构图，如图一一。为了突出其中可能带有的共性，则将其统一命名为"类西阴纹"。

3. 独立组合纹

基本元素与"底纹内组合纹"相同，多见圆点、线段、弧边三角；用法与"底纹内组合纹"正好相反。由于此类组合图案直接绘于器表，脱离了一定形状的底纹区域，则称之为"独立组合纹"，如图一一。

（二）彩陶图案的演变

根据庙底沟文化的分期，"56年庙底沟"的主体遗存相当于庙底沟文化第二期。本文不再单独分析"56年庙底沟"的资料，个别早至第一期，或进入第三期的标本，将在图案演变的讨论中被直接指出。

1."蔷薇科图案"的演变

庙底沟遗址中饰有"蔷薇科图案"的器形多为曲腹盆，少量为敛口曲腹钵，流行于庙底沟文化第二期遗存中。参照泉护村遗址同类图案的分式，此处未见泉Ⅰ式图案，亦未见明确属于泉Ⅱ式的标本。大量标本相当于泉Ⅲ式，未有明显复杂化或简化的迹象，如图一二。

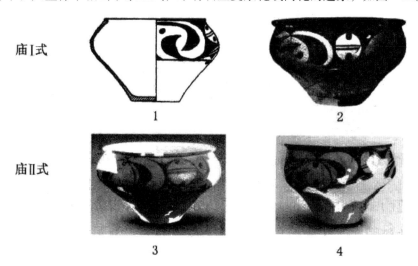

图一二 "蔷薇科图案"演变规律推测
1.56年T68∶02　2.56年H10∶131　3.02年H166∶27　4.02年H812∶2

56年T68∶02敛口曲腹钵与56年H10∶131曲腹盆，除口沿不同外，外形基本一致，所饰图案与泉护村97年H125∶2相似。02年H166∶27、02年H166∶28、02年H812∶2所饰图案相同，在泉Ⅲ式的基础上略有改动：穿插线端构成底纹"双旋"结构的弯钩，内侧勾边，似"弓形"；旋心处变为"双圆点纹"。为了体现区别，本文将前者称为"庙Ⅰ式"，后者称为"庙Ⅱ式"。至于两者是否存在相对年代的早晚，暂无层位关系可证。

2."菊科图案"的演变

第一期遗存中的"菊科图案"彩陶盆有56年H379∶86、02年H346∶1、02年T21⑨∶95、02年T17⑧∶36等，器形为浅弧鼓腹，下腹微内曲。所饰图案与泉Ⅰ式"菊科图案"相似。本文称之为"庙Ⅰ式"。

第二期遗存中的"菊科图案"彩陶盆腹部变深，曲腹程度增大，最大腹径上移。如56年H322∶84、02年H901∶8、02年H164∶15、02年H51∶13等标本，"菊科图案"单体完整，多嵌入"单旋"结构，并可见简洁的穿插斜线，应与泉Ⅱ、泉Ⅲ式相当。其中，有的"对旋"结构下部弯钩为"弓形"，体现出与"庙Ⅱ式""蔷薇科图案"类似的特征。本文统称其为"庙Ⅱ式"。

　　02年H408∶9的"菊科图案"单体，省略了b部分"底纹内组合纹"，其中所有弯钩均为"弓形"，勾连效果明显降低，与泉Ⅳ式相当。本文称之为"庙Ⅲ式"。

　　第三期遗存中的"菊科图案"彩陶盆，与泉Ⅴ式"菊科图案"者器形相似。如02年H907∶4、02年H111∶10，图案明显简化，但简化程度尚不及泉Ⅴ式的58年H22∶02、97年H162∶6。而若以56年H48∶107为"菊科图案"标本，则其简化程度与泉Ⅴ式相当。本文称之为"庙Ⅳ式"。

　　由此可见，庙底沟遗址的"菊科图案"演变进程与泉护村遗址基本同步，如图一三。

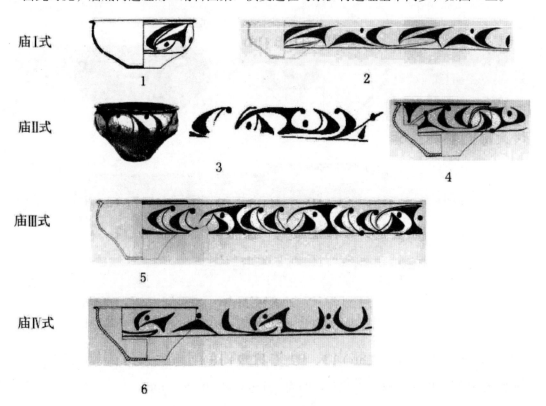

图一三　"菊科图案"演变规律推测

1.56年H379∶86　2.02年T21⑨∶95　3.56年H322∶84　4.02年H901∶8　5.02年H408∶9　6.02年H907∶4

3."复合花卉图案"的演变

　　对比97年泉护村遗址的泉Ⅱ式"蔷薇科图案"H66∶3，庙底沟02年H611∶1的可见图案包含其a、b两部分，而将原来c部分底纹"双旋"结构，置换为"菊科图案"中的实彩"对旋"。总的来说，02年H611∶1中的"蔷薇科图案"部分，具有泉Ⅱ、泉Ⅲ式的特点，"菊科图案"部分亦具有泉Ⅱ、泉Ⅲ式的特点。其器形与泉护村第一期的97年H125∶2相似，但腹部凸鼓程度已超过口径，与庙底沟遗址中第二期时大量的彩陶盆标本接近。由此，本文将其视作第二期较早阶段标本，定为"庙Ⅰ式"。

　　第二期标本如56年H51∶53、02年H106∶10、02年H477∶31、02年H477∶51、02年H278∶14等，鼓腹更甚，单体图案为"蔷薇科图案"的底纹"双旋"与"菊科图案"的实彩"对旋"并列，"对旋"中的上部弯钩有所退化，下部弯钩多呈"弓形"。而02年H278∶5的单体

"蔷薇科图案"b、a
"菊科图案"的"对旋"结构
庙I式
1

"蔷薇科图案"底纹"双旋"
"菊科图案"实彩"对旋"
庙II式
2

"蔷薇科图案"底纹"双旋"
"菊科图案"实彩"对旋"
3

"蔷薇科图案"的底纹"双旋"
"菊科图案"实彩"对旋"
4

"蔷薇科图案"底纹"双旋"
"菊科图案"实彩"弯钩"
5

庙III式
6

7

图一四 "复合花卉图案"解析与演变规律推测
1.02年H611:1 2.56年H51:53 3.02年H477:51 4.02年H106:10
5.02年H278:5 6.02年H286:13 7.02年H29:18

图案复合方式与前述有别，似"蔷薇科图案"的"双旋"与"菊科图案"的两道弯钩并列。本文将其统一定为"庙Ⅱ式"。

第三期遗存中，02年H286：13、02年H29：18所饰图案可能属于"复合花卉图案"。前者漫漶不清，隐约可见分属"菊科图案"和"蔷薇科图案"的结构。后者与02年H278：5的图案结构相似，而"蔷薇科图案"的"双旋"已被省略。本文暂将两者定为"庙Ⅲ式"。

相比泉护村遗址中的"复合花卉图案"，庙底沟遗址的"复合花卉图案"形成更早，且复合方式较泉护村更为典型，如图一四。

4."工"字形间隔纹的演变

庙底沟遗址中，"工"字形间隔纹在庙Ⅱ式"复合花卉图案"中被大量使用，通常用以间隔"复合花卉图案"中分属"菊科图案"和"蔷薇科图案"的结构，如图一五。此类"工"字形间隔纹的上下对顶弧边三角中有一圆点，本文将其称为"庙Ⅰ式"。

第二期的两件彩陶罐，如02年H9：27、56年H338：36，所饰图案主体亦可见"工"字形间隔纹，两侧的旋纹结构趋同，"工"字形中已无圆点，故称其为"庙Ⅱ式"。

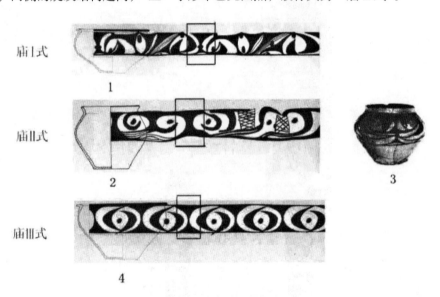

图一五 "工"字形间隔纹演变规律推测
1. 02年H106：10　2. 02年H9：27　3. 56年H338：36　4. 02年H108：33

第三期遗存中，02年H108：33在间隔底纹处嵌入整齐划一的实彩"对旋"，可视作由"庙Ⅱ式"演变而来的"庙Ⅲ式"。

5."类西阴纹"的演变

"类西阴纹"亦仅见于彩陶钵，集中见于第二期。根据包含基本元素的不同，可分为两型。A型包含圆点、小半圆弧、弧边三角、平行线；B型包含圆点、小半圆弧、双弧线，如图一六。

第一期遗存中，02年H43：1所饰图案由小半圆弧和弧边三角间隔而成，留有扁"U"字形底纹，可视作A型Ⅰ式。02年T21⑨：79所饰图案由小半圆弧和一道钩形弧线组成，可视作B型Ⅰ式。

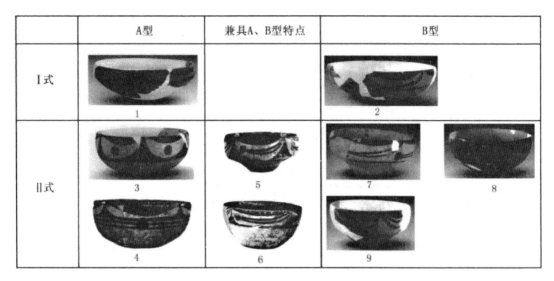

	A型	兼具A、B型特点	B型	
I式	1		2	
II式	3 4	5 6	7 9	8

图一六　"类西阴纹"分型与演变规律推测

1. 02 年 H43：1　2. 02 年 T21 ⑨：79　3. 02 年 H635：16　4. 56 年 H12：95　5. 56 年 H43：40
6. 56 年 H10：1357　7. 02 年 H164：25　8. 02 年 H408：35　9. 02 年 H477：21

第二期遗存中，A 型"类西阴纹"图案出现两种变化：其一，为底纹中绘圆点，如 02 年 H635：16；其二，在弧边三角下方绘平行线，线上绘圆点，如 02 年 H166：66、56 年 H12：95 等。两者是否存在相对年代早晚，并无层位关系可证。本文将两者统一定为"A 型 II 式"。由于此期流行一类专以圆点或"圆点 + 平行线"为装饰的钵，如 09 年 H9：16、02 年 H220：28，则 02 年 H166：66 等在弧边三角下方施平行线的做法，可能受此影响。B 型"类西阴纹"亦出现两种变化：其一，原弧线变为双弧线，一端饰有圆点，如 02 年 H164：25、02 年 H408：35；其二，圆点端上移，至小半圆弧间，呈"垂幔形"，如 02 年 H477：21。两者是否存在相对年代早晚，亦无层位关系可证。本文将两者统一定为"B 型 II 式"。

个别标本所饰图案，如 56 年 H10：1357、56 年 H43：40，介于 A、B 型之间，不再单独定型。此外，庙底沟遗址流行的"西阴纹"图案，也兼有"类西阴纹"A、B 两型的特点，由于其流行程度远高于"类西阴纹"，并与泉护村遗址的"西阴纹"明显呼应，特此视作单独的图案种类。

第三期遗存中不见"类西阴纹"标本。

6."西阴纹"的演变

"西阴纹"多施于彩陶钵，少量施于敞口折腹罐，并集中见于第二期遗存中。此处"西阴纹"图案与泉护村所见者有别，其包含的基本元素有圆点、小半圆弧、弯钩、双弧线，个别亦包含线段、弧边直角、弧边三角等。为了体现区别，本文将泉护村所见"西阴纹"定为 A 型，庙底沟者定为 B 型，如图一七。

根据上文对"类西阴纹"的分析，第一期遗存中，"类西阴纹"B 型 I 式浅腹圜底钵 02 年 T21 ⑨：79 所饰弧线，与 B 型"西阴纹"中双弧线走势相同、笔锋一致，较"类西阴纹"A 型 I 式更接近庙底沟遗址"西阴纹"可能的雏形形态。因此，本文亦将 02 年 T21 ⑨：79 视作"西阴纹"B 型 I 式。

第二期遗存中,大量的 B 型"西阴纹"可定为 B 型 II 式,如 02 年 H9:12;一件 A 型 II 式标本,如 02 年 H9:76;个别兼具 A、B 型特点,如 02 年 H1:4,可称其为 C 型。

第三期遗存中不见"西阴纹"标本。

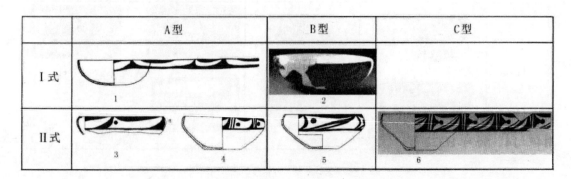

图一七 "西阴纹"分型与演变规律推测

1.97 年 H47:14　2.02 年 T21 ⑨:79　3.97 年 H67:11　4.02 年 H9:76
5.02 年 H9:12　6.02 年 H1:4(1、3 为泉护村出土,其余为庙底沟出土)

(三)各期彩陶图案特点

第一期,彩陶图案中的"菊科图案"已经形成,"西阴纹"及"类西阴纹"尚处于雏形阶段,未见成熟的单体图案。

由于可明确归属于第一期的遗迹单位较少,可辨识的早期标本并不多。

Ab3 型"组合弧线纹风格",如彩陶器盖 02 年 T21 ⑧:93,所饰图案似三组"蔷薇科图案"中的穿插线部分。

Ab4 型风格的"花瓣形"底纹,如 02 年 T21 ⑨:77,从残存图案推测,其弧边三角形成的"花瓣形"底纹应为单瓣式,嵌入"叶脉"状的线段,弧边三角形成的"圆形"底纹中嵌入圆点、双线段的"÷"形组合纹。

Ac 型风格的"底纹内组合纹",如 02 年 T21 ⑨:94,单体图案为圆点与弧边三角的组合,是一种常见的"底纹内组合纹",但在此件标本中并未局限于底纹内,而是主要以同向环绕的形式排列,比较罕见。

第二期,彩陶空前繁荣,除上述六类图案在第二期内的形态变化明显具有一定的逻辑顺序外,其他图案按风格类型分析如下。

1. Aa1 型"线纹风格"

网格纹:分段网格纹,如 56 年 H10:149、02 年 H7:2 可视为基本图案,与泉护村所见相同,56 年 H32:30、56 年 H10:11 的网格纹间隔处嵌入其他图案,02 年 H114:25 网格纹边界为凹弧,间隔处嵌入"÷"形组合纹;圆形网格纹,如 56 年 H44:14、56 年 H322 等,底纹处点缀圆点。

平行线纹：如 02 年 H51：17、02 年 H51：14，为环绕器身的密集平行细线。

短线麻点纹：如 02 年 H812：1。

2. Aa2 型"直边三角风格"

对顶实彩三角纹：如 56 年 T328：08，以一行二方连续的对顶实彩三角装饰口沿部位；如 56 年 T122：19，对顶实彩三角纹与间隔叠弧纹组合。在更多的情况下，此类图案以单独图案出现，作为点缀其他图案的元素，如 02 年 H278：1。

3. Ab1 型"线纹风格"

对合绞弧纹：如 56 年 T328：08，以二方连续的形式绘于对顶实彩三角纹下方。多以单独图案出现或与圆点纹穿插，如 02 年 H166：19、56 年 H15：49。

绞索纹；多用以装饰主体图案。以双线勾勒的两股线条相互绞合，如 02 年 H9：180；两股实线绞合，见于 56 年庙底沟遗址出土残片；单股底纹线条曲折而成，形成类似绞索的效果，亦见于 56 年庙底沟遗址出土残片。

4. Ab2 型"小半圆弧风格"

间隔叠弧纹：包含一至数道凸弧纹，绘于弧边三角形成的"门"字形空间内，凸弧状底纹处多点缀圆点，如 56 年 H47：41、02 年 H297：19；多道凸弧纹组成的单体图案间，多见成列的圆点，如 56 年 H322：105、56 年 H308：03 等；个别饰有横置的叠弧纹，与上述图案差别较大，如 02 年 H29：19。

5. Ab4 型"弧边三角风格"

"花瓣形"底纹：单瓣式二方连续，嵌入"线穿圆点"的"底纹内组合纹"，如 02 年 H328：17，与泉护村同类图案相比，底纹"花瓣"显得肥厚；其余"单瓣式"图案与"圆形底纹"间隔，圆形底纹内多嵌入双圆点或"÷"形组合纹，如 02 年 H20：1、02 年 H72：3 等；对称"四瓣式"，如 56 年 H46：139、56 年 H47：41，可视为由对边弧边三角嵌入"工"字形纹的间隔中，形成"铜钱形"，如 02 年 H29：24、02 年 H92：7 则为"四瓣式"花朵形；借瓣的"多瓣式"花朵形，如 02 年 H457：3 为四瓣，56 年 H46：125 为五瓣，02 年 H408：41、02 年 H111：9 等为五至六瓣。

6. Ac 型"圆点风格"

圆点纹：圆点本身为图案中常见的元素之一，在此期遗存中，多见以圆点为主的固定组合。如单排的大间隔圆点纹，如 56 年 H59：32、56 年 H203：05，多见组合平行线、垂弧、对合绞弧纹等其他风格图案者，如 02 年 H220：28、02 年 H432：34 等；双排大间隔圆点，多与其他风格图案组合，如 56 年 H324：28、02 年 H408：30；单独的"∴"、"∵"形组合纹，如 02 年 T17 ⑨：47、02 年 H619：15 等。

独立组合纹："投掷器"形，如 02 年 H432：20、56 年 H46：133，为圆点、弧边三角、弧线的组合，圆点缀于弧边三角端，似投掷器上的重石；"领结"形，如 02 年 H773：8、02 年

H166：12，为圆点、弧边三角、短弧线、垂弧的组合，弧边三角内不填实；"目"形，为圆点、弧线的组合，如 02 年 H166：13、02 年 H773：8、02 年 H569：4，其中，02 年 H166：13 有"睫毛状"装饰；"爪"形，为圆点、鸟爪形图案的组合，如 56 年 T122：20、56 年 H59：29，多有省略圆点的情况，如 02 年 H408：36，鸟爪形图案可视为"抽象鸟纹"的一种，但并不能证明一定与具象鸟纹相关。不同形状的独立组合纹间多相互组合，表明图案中颇有关联。

7. Bb 型"象形风格"

鱼纹：未见明确的鱼纹形象，如 02 年 H114：16 的残存图案，似一"鳅科"的鱼纹局部。

蛙纹：56 年 H52：48、庙底沟遗址博物馆馆藏标本，可见蛙纹形象，前者嵌入"工"字形间隔纹内。

第三期，"菊科图案"、"复合花卉图案"、"工"字形间隔纹呈现明显的简化，罕见明确属于此期的其他图案标本。

以 56 年 H30：07 为例，其所饰图案与"花瓣形"底纹中"单瓣式"图案结构相似，且"圆形底纹"内嵌入图案相同。然而，区别在于，构成原"花瓣形"底纹的两侧弧边被拉直，使得"花瓣形"变成"平行四边形"，其中绘入密集的平行细线组，接近仰韶时代晚期大司空文化的彩陶风格。此外，该彩陶钵曲腹处方折，应为同类器形的较晚形态。据此，本文认定其为此期标本。

三、结语

根据上文分析，两遗址彩陶的发展趋势大致相当，但若从彩陶图案的风格类型与具体图案上看，尚存在较大的差异。

第一，泉护村遗址中庙底沟文化第一期时，"蔷薇科图案"、"菊科图案"、"西阴纹"等主要图案种类均已发展成熟。而庙底沟遗址中，虽然由于同期标本较少难以直接类比，但这种遗存较少的情况，本身反映出此期彩陶遗存在庙底沟遗址中可能并不发达。

第二，庙底沟遗址中，第二期彩陶遗存的丰富程度超过泉护村。平行线纹、间隔叠弧纹、"类西阴纹"、独立组合纹、绞索纹、对顶三角形等多类图案均未见于泉护村；"复合花卉图案"较泉护村所见者典型。

第三，两遗址的"西阴纹"图案存在 A、B 型分野的现象较为明显；泉护村中完整的鸟纹序列不见于庙底沟；泉护村的弧线几何化鱼纹形象不见于庙底沟；泉护村中"单瓣式"底纹的间隔圆形中多嵌入"∴"形圆点组合纹，庙底沟中则为双圆点或"÷"形组合纹。

第四，泉护村遗址的彩陶在第三期时明显呈现衰落的迹象，而庙底沟遗址中可能存在着孕育了仰韶时代晚期彩陶风格的第三期标本。

然而，上述差异是分析泉护村、庙底沟两处遗址公开发表的彩陶资料所得，尚不足以表明泉护村与庙底沟遗址的庙底沟文化，在彩陶图案的选择上一定具有上述的多种倾向性。倘若以泉护村、庙底沟遗址的彩陶图案为基准，分别对以泉护村遗址为核心的陕东地区、以庙底沟遗址为核心的豫西地区其他遗址的庙底沟文化彩陶图案加以分析，即有助于确定这种东西差异是否客观存在。

在庙底沟文化分布全境，陕东区和豫西区仅仅是属于核心的小范围地区。在更大范围内——如陕西大部分地区、晋中北地区、豫西南地区、郑洛地区均为庙底沟文化的主要分布地区，甘青东部地区、河套地区、冀中北地区、江汉地区均为庙底沟文化的边缘分布地区——由于庙底沟文化彩陶同类图案的统一程度较高，上文使用的图案归类标准亦适用于这些地区。

注释：

［1］北京大学考古学系：《华县泉护村》，科学出版社，2003 年。

［2］报告待刊。

［3］中国科学院考古研究所：《庙底沟与三里桥》，科学出版社，1959 年。

［4］河南省文物考古研究所：《河南三门峡市庙底沟遗址仰韶文化 H9 发掘简报》，《考古》2011 年第 12 期。

［5］河南省文物考古研究院：《华夏之花——庙底沟彩陶选粹》，上海古籍出版社，2013 年。

［6］重要观点参见黄河水库考古队华县队：《陕西华县柳子镇第二次发掘的主要收获》，《考古》1959 年第 11 期；杨建芳：《庙底沟仰韶遗址彩陶纹饰的分析》，《考古》1961 年第 5 期；严文明：《论庙底沟仰韶文化的分期》，《考古学报》1965 年第 2 期。

［7］苏秉琦：《关于仰韶文化的若干问题》，《考古学报》1965 年第 1 期。

［8］李济：《西阴村史前的遗存》，见《李济文集》卷二《西阴村发掘》，上海人民出版社，2006 年。

［9］张朋川：《中国彩陶图谱》，文物出版社，1990 年。

［10］王仁湘：《中国史前彩陶地纹辨识》，见《中国史前考古论集》，科学出版社，2003 年。

庙底沟遗址陶器制作研究

◎苏明辰　◎宋海超　◎董祖权　◎樊温泉

　　陶器生产是史前手工业最重要的部分之一，以陶器制作为切入点，对其生产组织形式进行研究，有助于我们了解当时的社会分工和复杂化。庙底沟遗址作为黄河中游仰韶文化时期最为重要的遗址之一，以往的研究多以考古学文化为切入点，鲜有关注陶器制作者[1]。本文通过对庙底沟遗址三个时期典型陶器制作痕迹的观察，从成型、修整、装饰与修补四个方面对其制作技术进行分析，历时性探究其变迁过程，并通过陶器生产的标准化、专业化程度，探讨其生产组织。

一、制作技术

　　新石器时代中期，黄河流域的陶器制作技术日趋精进，泥条盘筑取代泥片贴塑成为主流的成型方式。庙底沟遗址作为黄河中游仰韶文化最重要的遗址之一，也是出土史前彩陶最多的遗址，不仅体现出鲜明的时代与地域特征，更是代表了这一时期陶器生产的最高水平。

（一）生产流程

　　陶器制作通常需要经过原料的选取与制备、成型、修整、装饰、烧成等过程[2]。我们以庙底沟遗址出土陶器实际观察到的制作痕迹，从成型、修整、装饰、修补四个方面对陶器制作技术进行分析。

1. 成型

　　按照技术不同，成型方式可分为泥条盘筑、捏塑以及模制三种。

　　（1）泥条盘筑。是庙底沟遗址最常见的成型方式。一般而言，除部分特殊器形的特定位置有明显泥条盘筑痕迹，如小口尖底瓶的尖底、口颈相接处内壁，（图一，1、2）其他陶器内、外壁难见明显的盘筑痕迹。西王村文化喇叭口尖底瓶底部也有类似于盘筑后的放射状褶皱痕迹，但成因与庙底沟文化小口尖底瓶不同，应是陶器封底时，手持工具拍打转动器表，器表内、外壁旋转方向不一致而形成[3]，非泥条盘筑痕迹。（图一，3）

（2）捏塑。即用手直接捏制成型。庙底沟文化采用捏塑成型的陶器较多，大多为夹砂陶，以杯、器盖等为主。捏塑成型的陶器往往器形不规整，有时器身上残留较为明显的指纹或按窝。（图一，4）部分陶器采用捏塑与泥条盘筑相结合的方式成型，比如一些夹砂器盖的器壁较为规整，但纽上则有明显的捏塑痕迹。（图一，5）

（3）模制。是指先在模具外进行泥条盘筑，再使用工具拍打或滚压成与内模形状相同、大小相近的坯体[4]。庙底沟遗址中仅在庙底沟二期文化斝的足部采用了模制，在其内壁可以观察到内模取出后留下的模具印痕。（图一，6）其制作时用左手将单足内模按顺时针方向转动，而右手则将泥条按逆时针方向盘筑，泥条之间相互叠压基本成型后再拍打成袋足[5]。模制相较于泥条盘筑较为复杂，能提高成型的整体效率和质量，代表制陶技术的发展和进步。

2. 修整

按照技术的不同，可将修整分为慢轮、刮抹和拍打三类。修整一方面可以消除制作时泥条盘筑的残留痕迹，另一方面可以减小泥条之间的缝隙，增强泥条的紧密度，增大器表光滑度和整体稳固性。

（1）慢轮。这是庙底沟遗址三个时期陶器中最常用的修整方式。慢轮修整通常会在器表留下数周水平线状痕迹，（图一，7）大多集中在陶器口部及腹部。

（2）刮抹。庙底沟遗址中不少陶器的器壁有明显刮抹痕迹，如一些钵和杯的器壁、小口平底瓶的口部、喇叭口尖底瓶和斝的颈部等。（图一，8）

（3）拍打。一些陶器器表可以观察到明显的拍打残留痕迹，如庙底沟文化小口尖底瓶以及小口平底瓶腹部、鼓腹罐的肩腹交接处、西王村文化喇叭口尖底瓶以及深腹罐的腹部等。（图一，9）

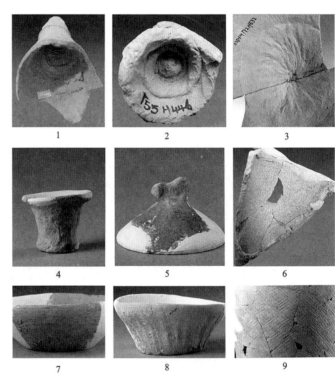

图一　制作、修整痕迹
1、2.泥条盘筑痕迹（H438∶64、H446∶6）　3.放射状褶皱痕迹（H632∶1）　4、5.捏塑痕迹（H770∶27、H255∶10）
6.模制痕迹（H87∶18）　7.慢轮修整痕迹（H229∶17）
8.刮抹痕迹（H228∶2）　9.拍打痕迹（H110∶25）

3. 装饰

装饰方式主要分为绘彩、纹饰、磨光和陶衣。庙底沟文化陶器装饰方式多样，彩陶是其主流，纹样丰富，约占8.03%；（表一）其他装饰大多为装饰线纹、绳纹、凹弦纹、压印纹和附加堆纹等。西王村文化中的彩陶数量锐减，纹样仅剩菱形纹；其他陶器的装饰方式也较为单一，以篮纹和附加堆纹为主。庙底沟二期文化时，彩陶基本消失，其他装饰方式与西王村文化一致，仍以篮纹和附加堆纹为主。

表一　庙底沟文化时期陶器纹饰占比表

纹饰	素面	线纹	线纹＋篮纹	线纹＋凹弦纹	凹弦纹	篮纹	线纹＋附加堆纹	复合纹	附加双錾	附加堆纹
比例	29.39%	46.81%	8.53%	4.78%	0.70%	0.63%	0.27%	0.24%	0.20%	0.14%
纹饰	篮纹＋附加堆纹	凹弦纹＋附加堆纹	布纹	凸旋纹	黑彩	红衣	褐彩	红衣＋黑彩	红彩	复合彩
比例	0.12%	0.08%	0.04%	0.03%	7.13%	0.55%	0.14%	0.11%	0.08%	0.02%

（1）绘彩。庙底沟遗址中的彩陶以黑彩为主，有少量红彩或褐彩。绘彩颜料应是矿石研磨而来，一些石器表面可观察到大量红色矿物粉末。（图二，1）颜料研磨后应是在素面钵中水溶、搅拌，再用软笔施于器表。彩陶纹饰上常见软笔的笔锋痕迹，（图二，2）一些素面钵中残留有盛放颜料残留下的红彩。（图二，3）红彩的显色剂为赤铁矿（Fe_2O_3），黑彩的显色剂为是黑锰矿（Mn_3O_4）。部分赤铁矿与锐钛矿定向连生，导致颜料中混入了白色硬石膏，使得颜料变浅，呈现出较浅的黑色[6]。

少数彩陶盆上有用虚线描绘、未进行填色的垂弧纹轮廓，（图二，4）这说明彩陶在绘彩前会对纹饰区进行规划、设计，在器表勾勒底稿，然后再进行填色。这使陶器纹饰更流畅、规

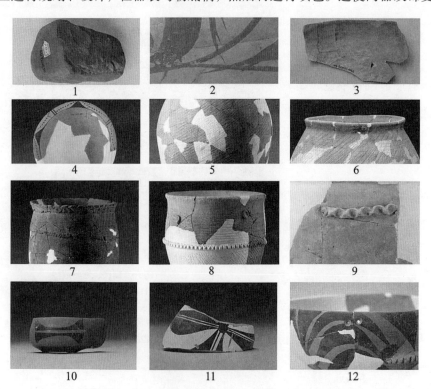

图二　装饰、修补痕迹

1. 矿物粉末（H9：195）2. 笔锋痕迹（H787：20）3. 残留颜料痕迹（H042：49）4. 底稿（H432：38）
5. 线纹（H02：9）6. 间隔线纹（H9：79）7. 篮纹与附加堆纹（H212：15）8. 凹弦纹、附加堆纹、压印纹（H33：4）
9. 压印纹（H29：41）10、11. 磨光与陶衣（H408：101、H216：11）12. 修补痕迹（H5：4）

整。但是，部分四分或六分的纹饰，存在某一单元格明显偏窄，这说明并非每件彩陶都经过规划，或规划存在不娴熟之处。

（2）纹饰。庙底沟遗址陶器上的纹饰种类较多，按照施纹方式，可分为拍印、刻划、压印和堆塑四类。

拍印以线纹和篮纹为主。线纹呈短线状，大多呈斜向分布，施纹方式应是用陶拍绑上细线后在陶器上拍印[7]，主要出现在陶器的腹部，以小口尖底瓶最为典型。（图二，5）也有一些与其他纹饰组合出现，如在罐和釜肩部与凹弦纹间组成间隔线纹。（图二，6）篮纹多呈斜向或横向排列，施纹方式应该是在拍面上刻出纵向沟槽，再对器表进行拍印[8]。篮纹大多作为主体纹饰出现在腹部，普遍流行于西王村及庙底沟二期文化时期，如西王村文化喇叭口尖底瓶、庙底沟二期文化深腹罐等。（图二，7）需要注意的是，我们无法区别拍印纹饰与修整残留痕迹，故两处都有提及。

刻划以凹弦纹为主。大多呈水平状，施纹方式应是用尖锐工具按压在器表，随转盘转动形成。这类纹饰多出现在釜、罐等陶器的肩部。（图二，8）

压印以按窝为主，主要出现在附加堆纹、鋬手（见图二，8、9）及花边口沿上（见图二，7）。

堆塑以附加堆纹为主。附加堆纹的形态多样，庙底沟文化主要为钵、盆、甑的双鋬，（见图二，8）或位于鼓腹罐腹部最大径处。（见图二，8）西王村文化以深腹罐最为典型，常出现多道附加堆纹。（见图二，7）还有一些较小的附加堆纹，通常呈圆饼或短斜线状，出现在各个时期的罐的背部、器盖的纽上，其表面往往有明显的向内压实后遗留的指纹或按窝等痕迹。（见图二，8）

（3）磨光和施陶衣。庙底沟文化的彩陶大多经过磨光并施陶衣，以红衣为主，（图二，10）极个别为白衣。（图二，11）庙底沟遗址中这两类装饰方式一般都是同时使用。一般先施陶衣，后绘彩，再磨光，经过这一系列工序，颜料渗透入器表，成为器表的组成部分，使得颜料能够长时间留在器表，不容易脱落[9]。

4. 修补

作为日常生活所使用的陶器，在长期使用过程中难免会出现损坏的现象。庙底沟遗址部分陶器发现了一些圆孔，大多成对出现在裂缝两侧，应是修补痕迹。（图二，12）修补过程应是先在破裂的陶片近断裂处钻孔，用细绳穿过对钻的两孔，使接缝处紧密相连防止分开。

（二）历时性分析

庙底沟遗址三个时期的制作技术，总体而言呈现出一定的延续性，这主要体现三个方面。首先，成型方式基本都采用泥条盘筑，以庙底沟文化小口尖底瓶的颈部与底部最为典型。其次，均采用慢轮修整，以各类陶器口部最为典型。最后，流行有压印纹的附加堆纹，以夹砂罐最为典型。

同时，三个时期在也存在差异。庙底沟文化时期的陶器大多陶质细腻，胎多轻薄。成型方法有捏塑与泥条盘筑。口部大多采用慢轮修整，器表多用刮抹等方式进行修整。装饰以线纹、凹弦纹等较为细密的线性纹饰为主；口沿处鲜有装饰；鼓腹罐仅在最大径处饰一周附加堆纹，其上压印纹呈竖直状。西王村及庙底沟二期文化时期，陶器的陶质明显开始变得粗糙，泥质陶的数量骤减，陶土多有杂质，胎较厚重。陶器除了口部慢轮修整以外，器表多用拍打的方式进行修整。粗犷的篮纹成为主流；陶器口沿处出现花边，深腹罐腹部往往饰多道附加堆纹，其上的压印纹也变为倾斜状。鲜有捏塑成型的陶器，庙底沟二期文化出现了模制成型的陶器，这体现出技术不断进步的过程。

二、生产组织

生产组织作为陶器生产的基本单位，是社会分工及复杂程度的具体反映。标准化与专业化是判别生产组织的重要指标。

标准化是指同一性的相对程度[10]。陶器制作的标准化包括对于陶器原料的选择与淘洗、羼和料的选择、成型、修整、装饰、陶窑烧制等。我们选择对三个时期各类陶器的尺寸进行分析，从而推断标准化程度。通常而言，对于标准化数据的关注一般侧重于平均值（M）、标准方差（SD）以及变异系数（CV）三个方面。标准方差、变异系数越低，标准化程度越高。二者数值会基于样本量在一定区间浮动，戴向明认为最小样本数量要保证在 20 个，如果无法达到 20 个，则需要对变异系数进行校正[11]。我们在挑选样本时，一是尽量缩小样本单位，尽量减小时空因素所致的误差。二是尽量多的样本，对不足 20 的数据进行校正，具体公式为 $CV* = (1+1/4n) \times CV3$ [12]。

专业化是指生产者依赖家庭以外的交换关系获得一部分生计来源，消费者通过交换的方式获得他们自己并不生产的物品[13]。赖斯根据专业化程度的高低，将生产组织分为家庭生产、家庭手工业、个体作坊手工业以及集中作坊四种模式[14]。（表二）如何具体判断陶器生产的专业化程度，学界一般认为应从以下几个方面的证据入手。一是考古发现与生产直接相关的证据，如陶窑等生产设施；与生产、储存相关的建筑；原料与陶器制作工具，如陶拍、转盘、陶轮和模具等，以及陶窑中的废弃物[15]。二是通过陶器残留的各类间接证据，包括陶器的标准化程度、陶器体现的技术、陶器生产效率以及特定产品空间变化等[16]。

表二 陶器生产组织的四种模式

名称	特征
家庭生产 （Household Production）	陶器多为自己所用，以妇女手制为主，缺乏持续的生产设施投入
家庭手工业 （Household Industry）	将制陶作为家庭收入的重要来源，但并非完全的职业化。技术简单、投入较少。一些特定的陶器可能已经实现了专业化生产。可能出现一些制陶所需的生产工具和设施

名称	特征
个体作坊手工业 （Individual Workshop Industry）	将制陶作为一门技艺并以此为生。陶器一般在分散的作坊中，由男性集中生产。投入显著扩大，开始使用如陶窑和陶轮等工具和设施
集中作坊 （Nuclear Workshops）	由经验丰富的男性工匠生产。他们以此为业，生产周期基本是全年生产，也可能有季节性生产。出于竞争需求，产品的标准化程度和质量较高，设施和设备投入及场地规模不断扩大

1. 庙底沟文化

这一时期发现了不少陶窑，大多位于遗址西部，窑室体积较小，直径多在 1.50 米以内，表明其单次产量不高。陶窑一般由窑室、火口、火膛、火道及窑箅等构成，环形火道最具时代特征。这种火道会导致烧造过程中火焰流通受阻，热能积聚不匀，而窑箅的出现则弥补了这一不足，使得整个窑室的温度能够得到保证，从而烧造出高质量的陶器[17]。同时，这一时期出土了一些陶刀（图三，1、2）、转盘（图三，5、6）和器座（图三，3、4）。陶刀是将陶片一侧打磨锋利而成，硬度有限，最可能的用途便是用来切割陶泥。器座很可能是在陶器成型之后，在转盘上固定圜底器或小底器[18]。

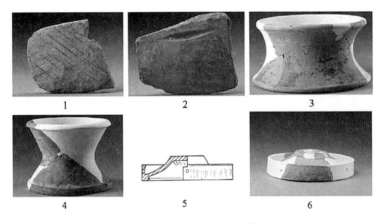

图三　庙底沟文化制陶工具
1、2. 陶刀（H37∶4、H95∶10）　3、4. 器座（H220∶23、H619∶45）　5、6. 转盘（H708∶3）

庙底沟文化时期，我们选择曲腹彩陶钵、曲腹彩陶盆、弧腹彩陶盆、曲腹素面钵、弧腹素面盆、小口尖底瓶和夹砂鼓腹罐，（图四）对其口径、底径、高、口径／高进行标准化分析。样本来自 H9、H29、H51、H108、H408 和 T21 ⑨六个单位。

从表三数据可观察到，彩陶、小口尖底瓶变异系数较低，但不同器类的彩陶变异系数存在差异。曲腹彩陶钵在口径、底径、高上变异系数较大，口径／高变异系数较低。这表明曲腹彩陶钵在制作中虽存在尺寸上的差别，但整体器形上保持了同一性。曲腹与弧腹两类彩陶盆在口径上都呈现出极低的变异系数，而在高上呈现出较大的变异系数，进而导致口径／高的变异系数随之增大，尤其是曲腹彩陶盆口径／高的变异系数达到了 17.2%。这表明彩陶盆在制作时对于口径有严格的控制，对高的控制则远低于口径。导致这一现象的原因可能是钵器形较小，制作过程中一般从底部往口部成型，底径相对固定，制作过程中对陶器的整体比例也更好控制。盆器型较大，一般从口部往底部成型，口径相对固定，制作过程中对陶器的整体比例也更不好控制。

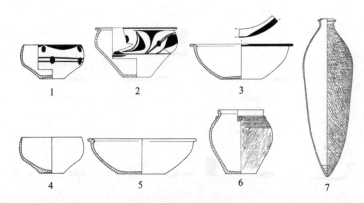

图四　庙底沟文化样本

1. 曲腹彩陶钵（H408∶30）　2. 曲腹彩陶盆（H408∶8）　3. 弧腹彩陶盆（H9∶37）
4. 曲腹素面钵（H9∶28）　5. 弧腹素面盆（H9∶59）　6. 夹砂鼓腹罐（H408∶5）　7. 小口尖底瓶（H108∶13）

表三　庙底沟文化陶器标准化数据　（单位：厘米）

器形及样本量		平均值	标准偏差	变异系数	变异系数校正值
曲腹彩陶钵（n=50）	口径	15.834	2.262	14.3%	14.3%
	底径	6.104	0.845	13.8%	13.8%
	高	7.89	0.987	12.5%	12.5%
	口径/高	2.014	0.21	10.4%	10.4%
曲腹彩陶盆（n=25）	口径	32.576	2.749	8.4%	8.4%
	底径	12.184	1.059	8.6%	8.6%
	高	18.26	2.884	15.8%	15.8%
	口径/高	1.823	0.314	17.2%	17.2%
弧腹彩陶盆（n=30）	口径	30.42	2.585	8.4%	8.4%
	底径	11.943	1.465	12.3%	12.3%
	高	10.933	1.007	9.2%	9.2%
	口径/高	2.809	0.379	13.5%	13.5%
夹砂鼓腹罐（n=16）	口径	21.681	4.02	18.5%	19.1%
	底径	12.794	2.937	23%	24.2%
	高	25.894	8.125	31.4%	34.5%
	口径/高	0.893	0.245	27.4%	29.5%
曲腹素面钵（n=25）	口径	16.008	3.063	19.1%	19.1%
	底径	6.76	1.498	22.2%	22.2%
	高	8.264	2.893	35%	35%

器形及样本量		平均值	标准偏差	变异系数	变异系数校正值
曲腹素面钵（n=25）	口径 / 高	2.062	0.491	23.8%	23.8%
弧腹素面盆（n=20）	口径	25.655	4.096	16%	16%
	底径	11.535	1.848	16%	16%
	高	10.52	2.591	24.6%	24.6%
	口径 / 高	2.53	0.542	21.4%	21.4%
小口尖底瓶（n=16）	口径	4.788	0.622	13%	13.2%

曲腹素面钵、弧腹素面盆以及夹砂鼓腹罐呈现出较高的变异系数。（图五）其中素面钵、盆与彩陶钵、盆器形雷同，但各项数据差异明显。这表明同类器形，彩陶的标准化程度要远高于素面陶。夹砂鼓腹罐的口径变异系数较低，高的变异系数极高，其原因应该与彩陶盆的情况类似。但即便如此，其口径在数据上也远远高于上述几类陶器，表明其标准化程度总体上低于彩陶与小口尖底瓶。

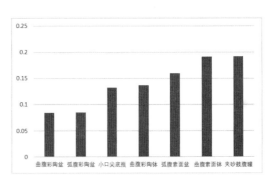

图五　庙底沟文化陶器口径变异系数

通过以上分析，我们可以发现，庙底沟文化存在两种不同的陶器生产组织。

一种是以彩陶、小口尖底瓶为代表的"集中作坊"生产组织。彩陶制作水平较高，艺术观赏性较强，与素面陶相比呈现出完全不同的视觉效果。彩陶的变异系数基本在10%~14%，一些器形的口径甚至仅有8.4%，标准化程度极高。同时这一时期发现了相当数量的陶窑和制陶工具，以及与专门用于彩绘的各类工具，如

图六　庙底沟遗址发现的酿酒用器
1. 小口尖底瓶（H432：98）　2. 漏斗（H170：8）

研磨颜料的研磨石器、放置颜料的钵等，这些都表明彩陶的生产应是由专业陶工成规模地组织生产。目前，虽然对彩陶的社会功能众说纷纭，但在庙底沟遗址，彩陶并非单纯日用器已无需置疑。小口尖底瓶（图六，1）均采用了泥条盘筑成型，在底部及颈部留有泥条盘筑痕迹，标准化数据也明显低于其他器类，专业化程度相当之高。近年来通过对数个遗址小口尖底瓶内壁残留物分析，认为其应是酿酒的专用容器[19]。除此之外，庙底沟遗址中还出现了一些漏斗，（图六，2）研究表明其是酿酒过程中将糖化的醪液倒入小口尖底瓶的工具[20]。作为酒的生产用器，小口尖底瓶应是由专业的陶工负责制作。

杨官寨遗址南区发现了庙底沟文化由窑洞式建筑、陶窑及储藏陶器的窖穴等遗迹构成的制

陶作坊区[21]，表现出明显的社会分工与财产私有观念，与"集中作坊"生产组织基本相符，表明这一时期的确存在"集中作坊"生产组织。

总的来说，彩陶与小口尖底瓶无论在器形还是尺寸上都体现出较为统一的情况，说明两类器物的生产存在一定的标准规范。结合这一时期发现了大量生产工具、分布集中的陶窑以及它们在社会中的特殊功能，我们可以推测，其生产组织应为"集中作坊"生产组织。

另一种是以曲腹素面盆、曲腹素面钵、鼓腹罐为代表的"家庭手工业"生产组织。庙底沟文化陶器的器类繁多，制作多不规整，同一器型尺寸不一，装饰方式组合多样，都呈现出较低的专业化程度。通过对素面陶器陶土的成分检测分析，可以确认在原料选择方面并没有太大的差异性，也并没有因为夹砂或泥质陶的区别而产生不同。羼和料大多为黏土中本身掺杂的羼和料，也并未呈现出人为加入的迹象[22]。这种多样化的选择与处理方式，也间接说明素面陶器的生产没有严格的规范和操作流程，性质上接近家庭所产、所用的陶器。因此，其生产组织应该为赖斯所认为的"家庭手工业"生产组织。

2. 西王村文化

这一时期，我们选择喇叭口尖底瓶、深腹罐，对其口径进行标准化分析。（图七，1、2）样本来自 H212、H556、H482、H571、H654、H865 六个典型单位。

从表四的数据可观察到，这两类陶器的变异系数差异程度较小，喇叭口尖底瓶变异系数仅为 11%，与前一时期的彩陶以及尖底瓶的口径数值接近，表明其口部的制作较为规整，标

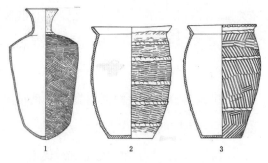

图七　西王村文化及庙底沟二期文化样本
1. 喇叭口尖底瓶（H212：6） 2. 深腹罐（H212：15）
3. 深腹罐（H819：2）

准化程度较高。而这一时期深腹罐口径变异系数仅为 15.7%，相较于前一时期鼓腹罐的口径变异系数有所下降，表明其标准化程度有所提高。西王村文化与庙底沟文化尖底瓶口径变异系数相当接近，这说明两个时期尖底瓶在口径的尺寸上均有严格的标准，反映出两个时期尖底瓶制作要求的一致性。

表四　西王村及庙底沟二期文化陶器标准化分析 （单位：厘米）

年代	器形及样本量		平均值	标准偏差	变异系数	变异系数校正值
西王村文化	喇叭口尖底瓶（n=12）	口径	13.975	1.523	10.9%	11%
西王村文化	深腹罐（n=19）	口径	29.563	4.53	15.3%	15.7%
庙底沟二期文化	深腹罐（n=14）	口径	36.643	4.222	11.5%	11.7%

西王村文化时期，陶器制作水平出现大幅度下降，陶器多样性降低，且大多制作粗糙，装饰方式也相对单一，多以篮纹与附加堆纹为主，表明其制作选择趋于统一。这一时期的标准化

数据与前一时期相比有了明显的降低，反映了标准化程度的提升。

综上，我们认为，西王村文化也存在两种生产组织。第一种以喇叭口尖底瓶为代表。无论从制法还是专业化程度，其都与庙底沟文化小口尖底瓶十分接近。我们有理由推测，这类陶器可能也是作为酒器使用，其生产组织应该也是"集中作坊"生产组织。另一类则是以深腹罐为代表。尽管西王村文化的陶器在制作技术上明显比庙底沟文化粗糙，但器类更为单一，能够保证陶器在生产过程中尽可能按照严格的规范制作，这反映出生产组织的进一步集中，其生产组织更接近"个体作坊手工业"。需要说明的是，这一时期还出现有菱形彩陶罐，但由于出土器物较少，数据不足，无法进行分析。因此，无法判断其生产组织。

3. 庙底沟二期文化

这一时期，我们选择深腹罐，对其口径进行标准化分析。（图七，3）样本来自 H23、H748、H760、H819、H835、H864 六个单位。

从表四的数据可观察到，这一时期深腹罐口径的变异系数进一步降低，标准化程度有所提高。深腹罐的口径都在 28 厘米以上，较前一时期明显增大，浮动范围明显减小，主要集中都在 34~40 厘米，表明制作时对尺寸的控制更好。

庙底沟二期文化延续了西王村文化的陶器制作水平，成型方式上新出现了模制，体现出技术的创新与进步。器类与前一时期基本一致，仅新增了斝等。彩陶几乎不见，装饰上整体呈现出一种粗犷之风，以篮纹、附加堆纹的组合为主。庙底沟时期的夹砂鼓腹罐、西王村与庙底沟二期文化时期的深腹罐，口径变异系数越来越小，标准化程度不断提高。这大致反映了三个时期的日用非彩陶器制作专业化程度的变化趋势。（图八）

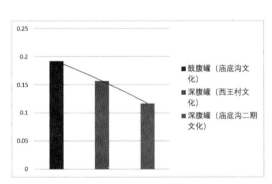

图八　夹砂罐口径变异系数

综上，庙底沟二期文化时期出现的新的成型技术。从发现的陶窑看，"北"字形或"非"字形火道的出现也提高了陶窑的吸热效果[23]。这都说明当时的陶器生产技术较前一时期有了较大提升，但无论从陶器种类多样性还是陶器装饰风格等方面，庙底沟二期文化与前一时期相比，并未出现较大差异性。因此。我们认为其生产组织应该仍然处于"个体作坊手工业"生产阶段。

三、结语

结合上文分析可知，庙底沟遗址三个时期陶器制作总体上呈现出一定的继承性，同时也存在一定的差异。三个时期不同陶器在标准化和专业化程度上呈现出明显的差异。庙底沟文化彩陶与小口尖底瓶专业化程度明显高于素面的同类器及夹砂鼓腹罐。西王村及庙底沟二期文化时期，陶器的专业化程度都有一定程度的提高，表现为器形与纹饰的选择愈发统一，同一性提高。

庙底沟遗址中存在三种陶器生产组织，第一种以庙底沟文化的素面盆、素面钵、鼓腹罐为代表，标准化与专业化程度最低，可能属于"家庭手工业"生产组织。第二种以西王村及庙底沟二期文化的深腹罐为代表，专业化与标准化程度居中，可能属于"个体作坊手工业"生产组织；第三种以彩陶、尖底瓶为代表，专业化、标准化程度最高，可能属于"集中作坊"生产组织。

注释：

[1] a. 杨建芳：《庙底沟仰韶遗址彩陶纹饰的分析》，《考古》1961年第5期。

　　b. 方殷：《从庙底沟彩陶的分析谈仰韶文化的分期问题》，《考古》1963年第3期。

　　c. 严文明：《论庙底沟仰韶文化的分期》，《考古学报》1965年第2期。

　　d. 李仰松：《仰韶文化慢轮制陶技术的研究》，《考古》1990年第12期。

[2] 赵辉：《当今考古学的陶器研究》，《南方文物》2019年第1期。

[3] 李文杰：《中国古代制陶工艺研究》，科学出版社，1996年，第70页。

[4] 李文杰、黄素英：《黄河流域新石器时代制陶的成就》，《华夏考古》1993年第3期。

[5] 李文杰：《中国古代制陶工艺研究》，科学出版社，1996年，第95—99页。

[6] 赵灵委、陈海龙、赵虹霞等：《庙底沟遗址出土仰韶文化彩陶的科学研究》，《光谱学与光谱分析》2018年第5期。

[7] 卫雪：《仰韶文化尖底瓶研究》，西北大学博士学位论文，2019年，第87页。

[8] 李文杰：《中国古代制陶工艺研究》，科学出版社，1996年，第75页。

[9] 李文杰：《中国古代制陶工艺研究》，科学出版社，1996年，第13页。

[10] Rice, Prudence M., "Specialization, Standardization, and Diversity: A Retrospective", in *The Ceramic Legacy of Anna O. Shepard*, Edited by Ronald L. Bishop and Frederick W. Lange. Niwot, University Press of Colorado, 1991, pp. 257, 258.

[11] 戴向明：《陶器生产、聚落形态与社会变迁——新石器至早期青铜时代的垣曲盆地》，文物出版社，2010年，第86页。

[12] 李默然：《马岭遗址后冈一期文化聚落与社会》，武汉大学博士学位论文，2017年，第77页。

[13] Costin, Cathy L., "Craft Specialization: Issues in Defining Documenting and Explaining the Organization of Production", in *Archaeological Method and Theory*, Edited by M. B. Schiffer Tucson, The University of Arizona Press, 1991.

[14] Rice, Prudence M., *Pottery Analysis: A Sourcebook*, Chicago, The University of Chicago Press, 1987, p. 184.

［15］Rice，Prudence M.，"Specialization，Standardization，and Diversity : A Retrospective"，in *The Ceramic Legacy of Anna O. Shepard*，Edited by Ronald L. Bishop and Frederick W. Lange. Niwot，University Press of Colorado，1991，pp. 18，19.

［16］Rice，Prudence M.，"Specialization，Standardization，and Diversity : A Retrospective"，in *The Ceramic Legacy of Anna O. Shepard*，Edited by Ronald L. Bishop and Frederick W. Lange. Niwot，University Press of Colorado，1991，pp. 32-43.

［17］钱耀鹏、穆琼洁:《中原地区史前陶窑发展演变研究》,《考古学报》2021 年第 1 期。

［18］李湘生:《试论仰韶文化彩陶的泥料、制作、轮绘技术和艺术》,《中原文物》1984 年第 3 期。

［19］a. 王佳静、刘莉、Terry Ball 等:《解释中国 5000 年前酿造谷芽酒的配方》,《考古与文物》2017 年第 6 期。

b. 刘莉、王佳静、陈星灿等:《仰韶文化大房子与宴饮传统：河南偃师灰嘴遗址 F1 地面和陶器残留物分析》,《中原文物》2018 年第 1 期。

c. 赵雅楠、刘莉:《陇东地区仰韶文化酿酒制初探——以秦安大地湾遗址为例》,《中原文物》2021 年第 1 期。

d. 刘莉、王佳静、邱楠:《从平底瓶到尖底瓶——黄河中游新石器时期酿酒器的演化和酿酒方的传承》,《中原文物》2020 年第 3 期。

［20］刘莉、王佳静、赵雅楠等:《仰韶文化的谷芽酒：解密杨官寨遗址的陶器功能》,《农业考古》2017 年第 6 期。

［21］王炜林、袁明、张鹏程等:《陕西高陵县杨官寨新石器时代遗址》,《考古》2009 年第 7 期。

［22］Li Tao, Li Peifeng, Song Haichao, Xie Zichen, Fan Wenquan, and Lü Qinqin, "Continuity in Pottery Production at the Miaodigou Site（4000—3500 BCE）in Central China : An Archaeometric Study", in Preparation.

［23］钱耀鹏、穆琼洁:《中原地区史前陶窑发展演变研究》,《考古学报》2021 年第 1 期。

庙底沟遗址出土石制品的初步研究

◎樊温泉　　◎贺存定　　◎郑立超

庙底沟遗址位于河南三门峡市西南 3 千米处的二级阶地前缘。该遗址发现于 1953 年，集中分布于一个近菱形的平缓地带，面积约为 36.2 万平方米[1]。遗址先后经历两次大规模的发掘，首次发掘面积 4480 平方米，发现并命名了庙底沟文化和庙底沟二期文化[2]，引起学界广泛关注。第二次发掘面积约 20000 平方米，新发现西王村文化遗存，出土大量遗迹和遗物[3]。巨大的遗址规模、具有功能分区的聚落结构、由仰韶向龙山文化过渡演变的时间跨度、异常丰富的文化遗物都显示出该遗址的特殊地位和对于中华文明形成的重要价值。尤其值得注意的是，庙底沟遗址发现的形制规整且具有窖穴性质的灰坑、丰富多彩的彩陶图案以及数量巨大、性质特殊的石饼形器，为该遗址的性质和内涵蒙上一层神秘面纱。关于庙底沟遗址的研究多集中于文化分期和彩陶的研究[4]，对庙底沟史前先民生产生活的研究较少。随着考古学研究从过去的以形制特征、文化传统构成的研究向以了解古人生产生活、复原古代社会的研究转变，石制品因经久耐用、易保存而成为研究古代社会的重要材料。石制品研究在新石器时代考古中逐渐引起重视。庙底沟遗址出土的石制品数量巨大、类型多样，包含了丰富的人类行为信息。本文拟通过石制品数量、类型和原料反映的石制品自身视角，剥片及工具修理技术反映的石制品制作者视角，以及工具组合及功能反映的考古学研究者视角[5]，以第二次大规模发掘出土数量巨大的石制品为研究对象，对遗址先民的行为模式和生产生活做出推断和解读，为深入认识庙底沟文化内涵和史前社会提供一个窗口。

一、石制品数量和类型

庙底沟遗址出土石制品数量巨大、类型丰富，本文共观察、测量和统计石制品 28537 件。（表一）石制品本身并不适宜进行准确的分期研究，但本文根据遗迹单位和共出的陶器将石制品也进行了文化分期。其中数量以庙底沟文化期最多，占比约 80.95%，其次为西王村文化期和庙底沟二期，分别占比约 10.91% 和 8.14%。虽然石制品数量受遗址废弃过程、区域分布等因素的影响，但庙底沟遗址发掘面积巨大且石制品多出自灰坑等遗迹单位，因而统计不同时期的石制品数量仍具有重要意义。从统计结果来看，至少说明庙底沟遗址从庙底沟文化到庙底沟二期文化时期石制品数量总体是递减的，尤其在庙底沟文化到西王村文化时期石制品数量出现断崖式下降，这种急剧的变化背后往往代表着需求或者社会的重大变化。

表一　石制品分期统计表　（单位：件）

类型＼时期			庙底沟	西王村	庙二	共计	比例（%）
石核			839	41	114	994	3.48
石片			2250	524	432	3206	11.23
石器	石饼		3522	307	130	3959	13.87
	石刀		160	81	67	308	1.08
	石铲		575	64	45	684	2.40
	研磨器		24	0	1	25	0.09
	石杵		29	0	2	31	0.11
	石凿		11	2	4	17	0.06
	石斧		66	4	5	75	0.26
	石锛		15	3	3	21	0.07
	石环		12	2	0	14	0.05
	石锤		19	5	3	27	0.09
	磨盘		12	0	0	12	0.04
	磨棒		12	1	0	13	0.05
	石纺轮		22	3	0	25	0.09
	石璧		19	3	0	22	0.08
	石球		202	9	14	225	0.79
	石网坠		4	2	0	6	0.02
	砺石		70	6	5	81	0.28
	特殊	石锥	1	0	0	1	0
		石镰	1	0	0	1	0
		石镞	1	0	0	1	0
		石璜	1	0	0	1	0
		大石杵	1	0	0	1	0
	残器		59	8	4	71	0.25
颜料			2	0	0	2	0.01
备料			2304	294	213	2811	9.85
断块与废片			12868	1755	1280	15903	55.73
共计			23101	3114	2322	28537	100
比例（%）			80.95	10.91	8.14	100	

石制品种类主要包括石核、石片、石器、断块与废片、备料、颜料等。其中石器类型丰富多样，主要有石饼、石刀、石铲、石斧、石锛、石凿、磨盘、磨棒、石杵、石锤、石球、石网坠、研磨器、砺石、石纺轮、石璧、石环等常规工具或用具，也存在个别特殊工具和少量无法识别类型的残断器。通过石制品种类的数量统计可以发现，石核、石片、断块与废片、备料等初加工产品数量占比达到80.29%，而石器工具的占比不足20%。这样的比例也恰好说明该遗址的石器工具基本都是在遗址内生产的，备料的数量也进一步证实了这一点。而且，石制品初级加工产品集中、巨量的分布以及石器类型的多样化都在指示着该遗址可能存在石制品生产加工的专门化。

二、原料构成和储备

原料对于石制品打制技术的发挥，对器物形制功能等方面均有显著影响[6]，原料分析是旧石器研究的基本步骤和必要前提，对新石器研究也应同样适用，其对石制品面貌和文化传统的解释具有重要意义。庙底沟遗址的石制品数量巨大，本文并未就每一件石制品的岩性进行仔细鉴定，但对每个类别的石制品岩性和原型进行了总体的观察，得出较为直观的认识，同时对遗址每个类别的代表性标本逐一进行了岩性鉴定。（表二）

表二　石制品原料岩性鉴定统计表　（单位：件）

类型\岩性	石英岩	石英砂岩	砂岩	细砂岩	硅质灰岩	辉绿岩	绿萤石	板岩	玄武岩	花岗岩	白云岩	片岩	泥岩	页岩	角页岩	斑岩	大理岩	赤铁矿石	合计	百分比(%)
石核	6	1	1		3														11	3.8
石片	4	6			3				1						4				18	6.3
石斧	1	2	1	1	1	2				1	7				2	1			19	6.6
石锛					2	1			2	2									7	2.4
石铲		2			17						4	3	1						27	9.4
石刀	6	2			1	4		5	3	1	9		3						34	11.8
石网坠				1	1			1											3	1.0
石球		2			10			1	2										15	5.2
石纺轮					1								4	1					6	2.1
石环					1		1			1							1		4	1.4
石璧					2						3	1							6	2.1
磨棒			1							1		1			2				5	1.7
磨盘	2																		2	0.7
石杵											2					1			3	1.0

类型＼岩性		石英岩	石英砂岩	砂岩	细砂岩	硅质灰岩	辉绿岩	绿萤石	板岩	玄武岩	花岗岩	白云岩	片岩	泥岩	页岩	角页岩	斑岩	大理岩	赤铁矿石	合计	百分比(%)
石器	石凿					1				1	2				1					5	1.7
	石锤	2	4																	6	2.1
	研磨器	3	2								2						1			8	2.8
	石饼	17	36	21	11	6					1	8		1		2				103	35.8
	特殊·大石杵										1									1	0.3
	特殊·石锥											1								1	0.3
	特殊·颜料																		1	1	0.3
	特殊·石璜																	1		1	0.3
	特殊·石镞													1						1	0.3
	特殊·石镰								1											1	0.3
合计		41	57	25	12	43	13	1	8	9	27	8	15	7	6	12	1	2	1	288	100.0
百分比（%）		14.2	19.8	8.7	4.2	14.9	4.5	0.3	2.8	3.1	9.4	2.8	5.2	2.4	2.1	4.2	0.3	0.7	0.3	100.0	

宏观观察和代表性标本统计显示，庙底沟遗址石制品原料岩性较为丰富多样，但不同类别的石制品岩性差异较大，个别类型岩性指向非常明确。石核、石片、石刀（打制无孔）、石饼等打制石器和石锤、研磨器等类型的岩性较为一致，主要为石英岩、石英砂岩、辉绿岩等，这类岩石硬度较高，韧性较好，便于打制和使用，不易残损，经久耐用。石斧、石锛多为花岗岩、玄武岩等，硬度适中，便于琢磨，韧性较好，不易残断。石刀（磨制有孔）、石纺轮等类型主要以片岩、板岩、泥岩为主，这类岩石多具有较薄的层理结构，硬度低，易于直接磨制和钻孔。石铲、石球、砺石的岩性非常明确。石铲和石球基本为硅质灰岩，均质性好，硬度稍低，易于琢磨。砺石全部为砂岩或细砂岩。综合来看，原料岩性在石制品的类型方面有较明显区分，岩性与石制品功能及所采用的加工技术也有较强的对应关系。

庙底沟遗址石制品的原料来源较为单纯，绝大多数石制品保留了少量砾石面的石皮，说明石制品的原型基本都是砾石。而且，遗址也出土了占比近10%且未经任何人工加工的天然砾石，作为石材备料。庙底沟遗址紧邻黄河及其支流青龙涧河，原料来自河漫滩或砾石层，应为就近取材。在备料当中有一类砾石格外引人注目，多为长条状或长条扁平状砾石，形态上已非常接近斧、锛、凿的形制，而且成品斧、锛、凿中也多以此类砾石为原型打琢而成，说明选择此类砾石备料的指向目标非常明确，表现出一种巧妙借形、借势的工具制作策略。此外，值得注意的是，石铲和部分磨制石刀的原料原型并非砾石，而是具有平行节理面的硅质灰岩和层状结构发育的片岩，这种形态的原料应为交换或远距离搬运而来。

三、剥片及工具修理技术

庙底沟遗址出土了大量石核、石片等反映剥片技术的产品，以及原料原型、工具毛坯等阶段性加工修理技术的产品。这些材料为研究庙底沟遗址的石制品加工技术与策略、工艺流程等提供了有利条件。

1. 剥片技术

通过初步的宏观观察和统计，庙底沟遗址性质明确的石核主要为锤击石核和锐棱斜向砸击石核，石片主要包括锤击石片、锐棱斜向砸击石片、摔击石片和双阳面石片等。其中锤击石核、石片数量占绝对优势，锐棱斜向砸击石核较少但石片较多，其他类型的石核、石片数量均很少。经初步宏观观察，相当多的石片有简单修理或直接使用痕迹。

（1）锤击技术产品

锤击法适用于各种类型的原料资源，是起源较早、运用最广泛的剥片技术，在旧石器时代最为常见，新石器时代也普遍沿用。庙底沟遗址锤击石核和石片同时大量出土，表明锤击技术生命力的强大和经久不衰。锤击石核普遍剥片较少，利用程度低，仅少量原料较为优质的石核经过深度利用，这与遗址原料资源丰富且获取成本低直接相关，显示出一种浪费型的剥片策略。现择代表性标本介绍如下：

标本 T92H792：1，双台面石核。台面1为砾石面，台面2为有脊台面，两个剥片面均有较多剥片，利用程度较深。长11.9厘米，宽10.7厘米，高9.6厘米，重1.04千克。（图一，1）

标本 T37H114：01，双台面石核。台面1为主台面，有疤，近长方形，局部保留砾石面，剥片面集中在台面前端，剥片次数较多，打击点明显。台面2为有疤台面，近梯形，有两个较大的片疤，最大疤长6.3厘米，宽10厘米。长13.6厘米，宽9.9厘米，高8.7厘米，重1.85千克。（图一，2）

标本 T27H175：04，单台面石核。近三角形自然台面，剥片面基本绕台面一周，形成三个剥片面，剥片较为成功，片疤较大。长15.4厘米，宽12.8厘米，高9.5厘米，重1.84千克。（图一，3）

标本 T12H84：02，单台面石核。整体形态略呈楔形。自然台面，剥片面绕台面一周，打击点明显，剥片次数较多，利用率高。长8.9厘米，宽6.4厘米，高5.1厘米，重0.20千克。（图一，5）

标本 T35H170：015，多台面石核。扁平砾石直接剥片，以两个平面和侧棱为台面，人工台面和自然台面均有，以侧棱分别向两个平面剥片较多，片疤较大。砾石面平整处向棱脊也有少量剥片，片疤较小。石核经边缘棱脊处多次剥片，形态近盘状石核。长26.2厘米，宽23.5厘米，高7.2厘米，重6.40千克。（图一，8）

标本 T55H446：01，石片。整体形态近梯形。有脊台面，打击点明显，石片角约40度。腹面较平，背面全疤，有两个纵向大片疤。右侧边和远端经有意识截断，具备斧、锛毛坯形

态。长 11.0 厘米，宽 7.2 厘米，厚 2.2 厘米，重 0.29 千克。（图一，4）

标本 T40H285：01，石片。人工台面，打击点明显，远端形态呈阶状，背面右侧呈向心剥片疤，左侧为砾石面。长 6.3 厘米，宽 6.8 厘米，厚 2 厘米，重 0.10 千克。（图一，6）

标本 T2H72：02，石片。台面为自然砾石面，远端形态微弧呈羽状，腹面较平坦，背面凸起，片疤较多，二分之一为砾石面。长 6.6 厘米，宽 8.2 厘米，厚 2.7 厘米，重 0.12 千克。（图一，7）

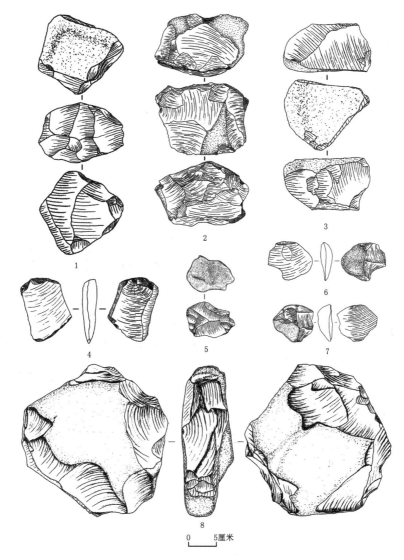

图一　锤击石核、石片
1~3、5、8. 石核（T92H792：1、T37H114：01、T27H175：04、T12H84：02、T35H170：015）
4、6、7. 石片（T55H446：01、T40H285：01、T2H72：02）

（2）锐棱斜向砸击技术产品

锐棱斜向砸击法是据零台面石片而提出的一种特殊剥片方法[7]，主要流行于云贵高原及其边缘地带，时间上主要集中于旧石器时代晚期，但在南方部分地区的新石器时代及商周时期也广泛使用[8]。此类技术产品在形态特征上有天然优势，适宜加工石斧、石锛，这种技术产品在中原地区少有报道，庙底沟遗址此类产品的发现意义重大。这类技术产品在庙底沟遗址主要用于两侧带凹缺石刀的制作，同时也有少量用于石斧、石锛的加工。择代表性标本介绍如下：

标本 T57H635：19，锐棱砸击石片。线状台面，远端薄锐呈羽翼状，背面为砾石面。长 11.4 厘米，宽 11.3 厘米，厚 1.5 厘米，重 0.25 千克。（图二，1）

标本 T57H710：4，锐棱砸击石片。整体形态近半月形。零台面，石片腹面微鼓有凸棱。边缘呈圆弧形，远端残断，形态呈羽状。背面为砾石面。长 6.8 厘米，宽 10.0 厘米，厚 1.9 厘米，重 0.14 千克。（图二，2）

标本 T23 ②：5，锐棱砸击石片。整体呈椭圆形。零台面，打击点明显。远端形态呈关节状，边缘薄锐呈圆弧形，背面为砾石面。长 8.8 厘米，宽 11.2 厘米，厚 2.5 厘米，重 0.32 千克。（图二，4）

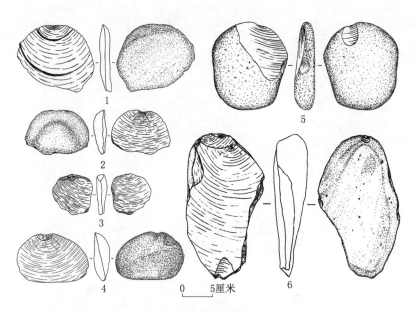

图二　锐棱斜向砸击及其他剥片技术产品
1、2、4. 石片（T57H635：19、T57H710：4、T23 ②：5）
3. 双阳面石片（T17 ⑥：012）　5. 石核（T2H72：45）　6. 捶击石片（T55H571：02）

（3）其他剥片技术产品

鉴于相似特征的石片可能由不同的剥片方法产生[9]。锐棱斜向砸击石片和锤击石片中可能存在其他剥片方法产生的类似石片。其中，锐棱斜向砸击技术产品可能对应锐棱斜向砸击法和扬子技术（捶击法）两种不同的剥片方法[10]。因此，庙底沟遗址大量锐棱斜向砸击石片中可能包含扬子技术（捶击法）产生的石片。尤其是针对石英岩、石英砂岩这类硬度高、韧性好的扁平砾石，利用扬子技术（捶击法）剥片更为有效，而且遗址也发现了典型的捶击石片，更进一步证实庙底沟遗址应存在扬子技术（捶击法）。同时，锤击法和碰砧法也可以产生特征相似的石片[11]，在个体的鉴别中很难识别。因此，庙底沟遗址大量的锤击石片中也应存在碰砧法产生的碰砧石片，尤其是厚台面大石片更可能是碰砧法生产。此外，遗址还发现少量双阳面石片，表明古人为了获取两面匀称的适宜毛坯采用了双阳面技法剥片。现择代表性标本介绍如下：

标本 T2H72：45，锐棱斜向砸击或捶击石核。以两面平坦的扁圆砾石进行剥片，击打点位

于砥石侧棱，打击点呈凹缺状，背面有剥片崩疤。长14.7厘米，宽13.4厘米，厚3.8厘米，重1.06千克。（图二，5）

标本T55H571：02，捶击石片。扁圆大砥石经多次捶击成功剥片。有疤台面，腹面打击点清晰。远端收窄，有单向修理的片疤。背面较扁平，全为砥石面。长19.8厘米，宽12.6厘米，厚5.5厘米，重1.71千克。（图二，6）

标本T17⑥：012，双阳面石片。台面为较窄砥石面，两面均为腹面，远端形态呈关节状，边缘略钝。长6.2厘米，宽6.7厘米，厚1.7厘米，重0.07千克。（图二，3）

2. 工具修理技术

通过宏观观察，遗址工具类型多样，反映出的工具修理技术也较为复杂。大体可以分为打制、琢制和磨光技术，三种技术可单独或组合使用。打制技术主要表现在石饼、石刀等类型，而琢制和磨光技术则主要应用于石斧、石锛、石铲、石球、石纺轮等类型。此外，庙底沟遗址部分工具类型中还表现有钻孔技术、凹缺修理技术和切锯刻槽技术等可能与治玉技术相关的较高阶技术。

（1）打制技术

打制技术在庙底沟遗址工具中主要表现为两种：其一，以天然形态的砥石直接打制修理，包括修型和修刃。打制完成即是石器成品，不再有其他工序。如石饼和部分石刀的打制修理。（图三，1、5）其二，作为磨光石器的前期工序，用打制法来粗加工工具毛坯，打制修理痕迹残留于磨光石器表面。如部分磨制石刀和石斧毛坯等器表的打制修理痕迹。（图三，4、13）

（2）琢制技术

琢制技术实际也是一种通过打击力修整工具的方法，但与打制技术的区别主要是敲琢力度较小，一般不会形成明显的碎屑和崩疤，仅出现很小的颗粒状坑点。庙底沟遗址工具中的琢制技术主要是作为磨制工具的一个中间工序。在很多器物类型中都有表现，如标本T52H432：153，为小石铲的阶段性产品，利用扁圆砥石的自然形态直接打制，后经琢制，为琢制程序中断的产物。双面圆弧刃，一面全部琢制，一面部分琢制，残留部分砥石面。长13.2厘米，宽9.8厘米，厚4厘米，重0.75千克。（图三，15）另外也有特殊部位和形态的专门琢制，如网坠的琢制凹槽、石饼两面琢制的凹窝等。（图三，9、11）

（3）磨光技术

磨光技术主要依靠磨蚀作用进行工具修理，主要包含打磨和抛光两个步骤。在具体实践中，可借助泥水的作用，打磨和抛光同时完成。研究磨光技术，对磨光面的准确识别是首要任务，需要注意区分是自然光滑面还是人工磨光面或使用磨光面，有时需要借助显微技术寻找擦痕、磨痕、光泽等证据。打磨痕迹的识别较为简单，通过裸眼或放大镜观察即可发现。打磨痕迹在庙底沟遗址石刀、石铲等工具类型中均有明显表现。（图三，17）人工磨光面主要表现在石斧、石锛、石铲、石环、石纺轮等类型的通体磨光，如标本T66H442：7，通体精细磨制抛

光，器表高亮光滑，两侧边平直，顶部残留半个对钻未穿的凹坑，坑径 2.3 厘米。残长 7.5 厘米，宽 7.6 厘米，厚 1.5 厘米，重 0.16 千克。（图三，16）这种小石铲器身高度光亮、光滑，应使用竹片或皮毛进行了抛光处理。使用磨光面主要集中在研磨器的研磨面，遗址有较多直接选用不同形态的砥石直接作为研磨器使用，形成光滑的研磨面。也有一些工具同时具备使用磨光面和人工磨光面，如磨光石斧的器身和刃部应兼具人工和使用磨光面。（图三，12）

（4）钻孔技术

庙底沟遗址的钻孔技术主要表现在有孔石刀、石铲和石纺轮等工具类型上，此类工具石料硬度较低，适宜穿孔，采用的钻孔方法有单面管钻和实心对钻穿孔。单面管钻孔壁平直规整，仅一个孔径数值，如石纺轮。（图三，10）石钻旋转双面对钻孔壁呈凸棱状，两面穿孔呈斜坡状，外孔径大，内孔径小。（图三，3）石环、石璧等大型钻孔主要以琢制凹窝对穿形成孔洞，也可视为一种特殊的琢制穿孔技术。（图三，2）

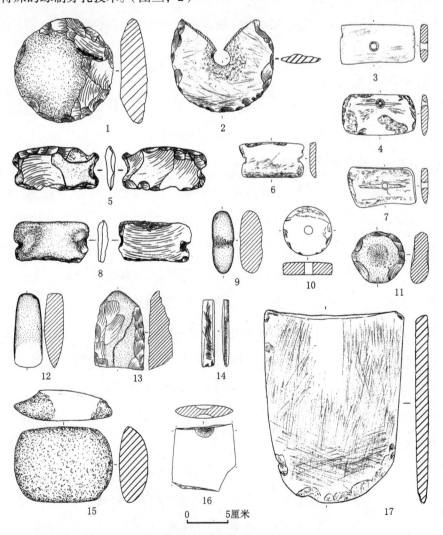

图三 工具修理技术

1、11.石饼（T92H695：1、T03H026③：04） 2.石璧（T41H255：14）

3~8.石刀（02SHM 采集：02、T37H114：4、T130H686：01、T96②H356：1、T97②：1、T63H718：5）

9.石网坠（T72H653：39）10.石纺轮（T22③：10） 12、13.石斧（T106H770：15、T52H432：151）

14.石凿（T52H760：1）15~17.石铲（T52H432：153、T66H442：7、T39H127：1）

（5）修理凹缺技术

修理缺口技术实际是压制技术中的一个技巧，主要用于装柄工具或系绳工具的凹缺制作。方法一般是先行打制出一个 V 形小凹缺，然后翻转石片并在 V 形缺口两侧各压一个小石片，使之成凵形，然后在凵形缺口内重复前面的动作压制扩大拓深凹缺[12]。庙底沟遗址的凹缺修理技术主要表现在打制石刀上，制作较简单，凹缺形态多不规则且较浅，是一种较为简略的凹缺修理方式。（图三，5、8）仅有 1 例规整方形凹缺，制作较为特殊。标本 T96②H356：1，两面平坦，厚度均匀。刀背部较平直，磨制，残留少量打制片疤。刃部磨制，呈锛刃状。两侧不平直，各有一方凹形缺，左凹缺宽 0.5 厘米，深 0.3 厘米，右凹缺宽 0.7 厘米，深 0.3 厘米。长 8.1 厘米，宽 4.3 厘米，厚 1.2 厘米，重 0.06 千克。（图三，6）

（6）切锯刻槽技术

切锯技术主要为分离切割石料或毛坯粗加工，是以石片、竹木片或线绳带动湿砂对石料进行裁切的工艺[13]。庙底沟遗址工具中见 2 例明显保留线切锯技术痕迹的石凿。（图三，14）刻槽痕迹主要为片切割技术，以石片或竹木片加水、加砂在石料上直线往复运动形成直槽，中央深两端浅[14]。主要表现在部分磨制石刀中部近穿孔处，（图三，4、7）应与此类石刀系绳固定使用有关。

四、工具组合的构成及功能推断

考古遗址中的石制品多是批量发现的，除去石核、石片、断块等初级产品外，具有使用功能的工具数量相对较少，而且受遗址废弃过程和发掘区域面积等因素影响，工具组合的数量构成并不能直接反映具体的人类行为。但我们从前文的石制品类型分期表中可以看出，庙底沟遗址工具组合的数量构成非常特别。（见表一）工具总件数为 5621 件，仅石饼即占 70% 以上，石刀和石球虽然数量较多但也仅占 5.5% 和 4%，其余工具数量均较少，占比在 0.02%~1.4%，石铲除去残断片数量也很少。这样的工具组合数量比例差距悬殊，尤其是石饼的数量显然已经超越了工具生产者需要的产品数量，甚至超越了整个遗址人群对石饼需求的量。这至少说明石饼是由庙底沟遗址人群中的特殊群体制作，并且可能向其他地区输送。

我们的工具类型命名多是以推测的形态功能为依据，有些工具类型的功能指向非常明确，如石镞、石网坠等，有些工具类型的功能经过民族学类比、微痕分析、残留物分析等手段得以证实，但仍有许多工具存在功能不明或一器多用的情况。庙底沟遗址工具类型多样，部分工具的具体功能并不明朗，我们根据前人研究结果，并结合史前社会背景和可能的行为活动，对庙底沟遗址的工具做大致的功能组合归类和推定。

1. 木工工具

木工工具与房屋建筑及聚落的发展相辅相成，建筑的木加工需求刺激木工工具的专门化发展，木工工具的专门化又极大地推动了建筑技术以及聚落的发展。石斧、锛、凿、楔等器物组合被普遍认为与木材加工相关[15]。庙底沟遗址的木工工具主要为石斧、石锛和石凿，以石斧数量最多，形制多样。（图四，1、2、3、5）石锛和石凿数量较少，类型简单。（图四，4、6、7）石斧可根据不同形态及特征做若干分型，不同形制的石斧功能上有明显区别。有形态厚重、尺寸巨大的石斧和打制石斧，（见图四，1、5）此类石斧功能应更倾向于树木砍伐。而器型规整的磨制石斧、石锛则与木材的深加工更具亲缘关系。（见图四，2、3、4）虽然在分类描述中将中锋刃归为石斧，偏

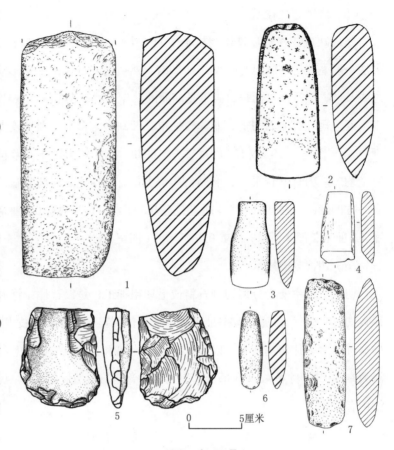

图四　木工工具

1~3、5.石斧（T63H660：3、T37H114：7、T21⑦：13、T50H491：01）
4.石锛（T107H702：2）　6、7.石凿（T190H342：01、T54H556：8）

锋归为石锛，但实际上装柄及使用方式才是斧、锛的根本区别，有些无孔石斧可以充当石锛使用，甚至一些小型石斧还可作为石凿和石楔使用。

2. 农耕工具

庙底沟遗址反映农耕破土的工具主要为石铲。石铲形制特征较为多样，使用方式和功能方面应有差别。其中有一类大型石铲非常有特色，多为残断片，完整器较少，整体器型硕大，主要为圆尖刃和舌形刃，加工精致，多经磨光，器表残留大量磨制痕迹，刃部有明显使用磨痕和光泽。（图五，1、3）还有1件有肩石铲（图五，9）和器身中部带凸棱的石铲（图五，4）也独具风格。有些打制且器身较长的石铲及锯齿状石铲或可作为石锄。（图五，5、8）还有2件带孔的石铲，残断，器型规整均匀，通体精致磨光，可能为非农耕实用器，或为石钺。（见图三，16；图五，7）另外，在研究中发现，少量特殊形制的石斧也可能作为深挖破土的农耕工具。（图五，2、6）

3. 碾磨工具

碾磨行为在史前社会属于常规活动，主要包括对淀粉质食物的脱粒加工、皮革的处理以及矿物颜料的粉碎等。庙底沟遗址的碾磨工具非常丰富，主要有研磨器、石杵、石锤、磨盘、磨棒等。这里面其实包含了两类或两个阶段的碾磨工具组合，一种是由石杵、石锤、石臼组合的

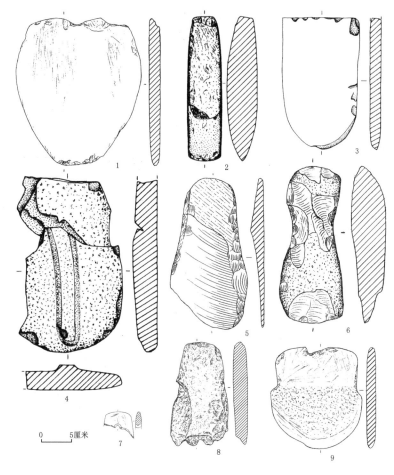

图五　农耕工具

1、3~5、7~9.石铲（T61H548：1、T47⑤：1、T52H432：104、T37H266：5、
T73H653：37、T48④：4、T1H7：24）　2、6.石斧（T52H432：149、T65H645：1）

捣碎颗粒行为，另一种是磨盘、磨棒、研磨器为代表的研磨粉末行为。遗址发现了赤铁矿石，以及附着大量红彩的石锤、石杵、石饼、研磨器、磨棒以及磨盘等成系列的颜料碾磨工具，（图六，1、3、4、5、8、9）可证实颜料制作这一行为活动的频繁发生。理论上这套工具组合还能用于食物和皮革加工，但需要做微痕和残留物分析方可进一步确认。遗址发现的可用于捣碎颗粒行为的工具组合中缺少石臼，但石臼并非不可或缺的器物，可由成本更低的木臼或具有凹窝的其他器物代替，而遗址中发现有一类带凹窝石饼，亦可作为石臼的替代物。值得一提的是，遗址中出土1件巨型石杵，标本T52③：3，器型硕大，形制规整。近圆柱形，顶部打制近平，略有残损。底部打琢成短圆锥状，锥部使用痕迹明显。器表粗糙坑洼不平，但有明显琢磨痕迹。长54厘米，顶部直径12.7厘米，底部直径14.8厘米，重22.1千克。此件大石杵可能代表着规模化食物加工或大型复杂碾磨行为。（图六，2）

4. 收割工具

庙底沟遗址的农业收割工具主要为石刀和石镰。石刀数量多、类型多样，反映了多样化的收割工具的加工和使用方法。尤其是两侧带凹缺的打制石刀是主流，磨制穿孔石刀和陶刀也有一定数量的发现，（图七，1、2、4）反映庙底沟遗址农业经济的发达。石镰仅发现标本

T23H417：3，残存部分近三角形，加工精制，一端较尖，弓背，经打制修形和局部磨制而成。双面弧刃，刃部呈锯齿状。残长 8.2 厘米，宽 5.3 厘米，厚 1.4 厘米，刃残长 7.9 厘米，重 0.07 千克。（图七，9）

5. 渔猎工具

反映庙底沟遗址渔猎经济的石器有石网坠和石镞，可能部分石球和石饼也具备狩猎功能。虽然石网坠数量少，（图七，10）但其渔猎功能明确。庙底沟遗址位于黄河和青龙涧河附近，渔猎不失为一种便利的优质食物资源的补充方式，因而网坠有所发现，但网坠的易替代性和可重复使用导致发现数量较少。石镞仅一件。标本

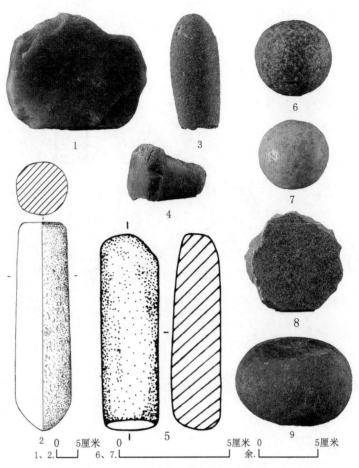

图六 碾磨工具及其他工具
1. 磨盘（T34H122：1） 2. 大石杵（T52③：3） 3. 石杵（T113H475：1）
4、9. 研磨器（T21⑧：131、TG233H907：8） 5. 磨棒（TH039：8）
6、7. 石球（T106③：3、T52H485：2） 8. 石饼（T52H432：03）

T27H92：9，近三角形，小巧精致。顶部圆弧状，两侧边为弧状锋刃，尖角约 60 度。通体磨制，磨痕明显，一面较平坦，另一面中间有竖直凸棱。长 3.1 厘米，宽 1.9 厘米，厚 0.4 厘米，重不足 0.01 千克。（图七，3）石镞几近消失说明庙底沟遗址的狩猎经济被发达的农业经济挤压而越来越边缘化，狩猎工具逐渐减少并趋于消失。

6. 纺线工具

遗址发现的纺线工具主要为石纺轮和陶纺轮，此类工具是史前社会手工制作绳索和丝线的重要工具。石纺轮与陶纺轮合计数量相对不算少，石纺轮加工较为精致，形制规整，多经磨光，（图七，5、8）在一定程度上表明纺线编织这类行为的成熟发展。

7. 其他工具

遗址还发现一些石璧、石环、石璜等生活或装饰用品，但这些器物加工制作并不精美，数量较少，材质也较为粗糙，为生活实用器，没有形成玉石礼器的趋势，但相关的治玉技术在遗址均有所体现。此外，庙底沟遗址还有两类重要的工具类型：石饼和石球。这是遗址中发现数量最多的工具（完整器统计），形制尺寸差异较大，二者的功能在学界多有讨论，但基本都属于假设和推测，并未达成共识。

　　据初步观察，庙底沟遗址的石球中有相当一部分为天然卵圆砾石，经人工选择而未加工修理，这类石球的功能可能作为狩猎工具或敲琢工具。还有一部分石球加工精致，形态近正圆，原料基本为石灰岩，琢磨兼具，大致可按尺寸分为石丸和石球，这类石球的制作成本决定了它不太可能作为高消耗的狩猎工具或低要求的敲琢工具，可能具有娱乐或其他象征意义的功能。（图六，6、7）

　　庙底沟遗址的石饼其特殊性不仅在于其数量的庞大，也表现在其形制和尺寸的多样化，（图七，6、7、11、12）这种特殊性注定了其功能的复杂化。据观察，石饼的功能至少有以下几种：（1）敲砸器、琢锤或锐棱斜向砸击石锤。作为剥裂坚果或琢制其他工具的琢锤，部分石饼边棱上有明显的击打痕迹，应与敲砸行为有关。遗址出土大量锐棱砸击石片，部分石饼可作为锐棱斜向砸击石锤，与剥片技术有关。（2）研磨器。少量石饼扁平部位残留红彩，应与颜料加工研磨有关。（3）砍砸器或刮削器。少量石饼类似旧石器时代的盘状器，原料多为较硬的石英岩，边缘打制形成刃缘，可具有砍砸或刮削功能。（4）石璧或石环毛坯。石饼中两面有少量对称琢制凹窝者，凹窝琢穿即可成为石璧或石环。（5）石臼、石砧或石拍。石饼平面有凹窝或具有砸击坑点者可能与捣碎碾磨有关，而石饼较平坦的两面可作为陶器制作时使用的石拍。（6）谷物脱粒工具。复合工具，石饼成排或多排并列配合木质构架滚动、碾压达到脱粒的作用，此种使用方式虽为推测想象，但并非毫无根据。地中海地区使用一种打谷橇，以石片镶嵌木板使用，虽使用形式不同但原理相似[16]。晋南地区使用的一种石磙，形态与之相近且使用方法类似[17]。结

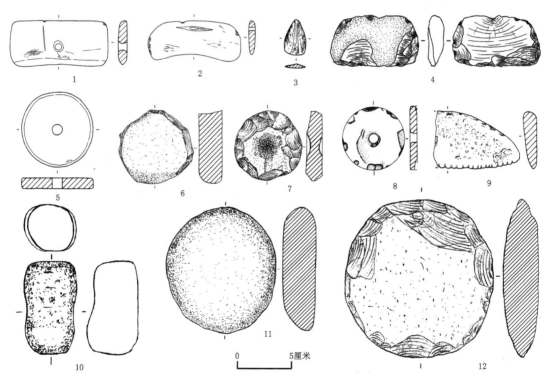

图七　收割、渔猎、纺线及其他工具

1、2、4. 石刀（T45H779：1、T21 ②：3、T50H491：02）　3. 石镞（T27H92：9）

5、8. 石纺纶（T42H501：3、T9H39：21）　6、7、11、12. 石饼（T17 ⑤：167、T4H189：22、
T52H383：02、T35H229：09）　9. 石镰（T23H417：3）　10. 石网坠（T59H390：1）

合庙底沟遗址农业发达、石饼数量及出土单位考虑，此种用途可能性较大。（7）狩猎工具或战争武器。这种功能是根据民族学材料作出的推测，有其合理性。基于狩猎经济在庙底沟遗址的低微占比考虑，狩猎工具的可能性有，但占比应很小。尤其是庙底沟遗址的石饼数量巨大，仅以上述有限的功能需求无法解释超量的产品储备，而且石饼中还有很多是未经加工的天然扁圆砾石，由此更进一步指向其为爆发冲突时作为武器的可能性。综合来看，庙底沟遗址石饼的主体功能应为脱粒工具和武器，其他为辅助性功能。

五、结论与讨论

一项综合性的石制品研究往往需要兼备多样的视角才能真正做到透物见人、见文化。本文通过石制品本身、石制品制作者、石制品研究者三个不同视角来综合分析庙底沟遗址的石制品。经初步研究，对庙底沟遗址石制品的总体特征及相关认识归纳如下：

1. 石制品数量巨大，类型丰富。从石核、石片、断块等初加工产品与工具成品的数量比例来看，该遗址的石制品加工修理均在遗址内进行，具有石器制造场的特点。结合石制品的规模、数量以及制陶在遗址内的功能分区和专门化，说明石制品加工也应已经专门化，这在石刀、石铲、石饼等类型的数量和加工精致程度上也有反映。

2. 从石制品分期来看，石制品数量和类型均从早到晚递减，尤其在庙底沟文化到西王村文化时期石制品数量出现断崖式下降，应代表着某种石制品需求或社会发生了重大变化。

3. 石制品原料利用属于就近取材，也有少量特殊原料应来自远距离的搬运或交换。工具加工对原料形态提出明确要求，主要以经过选择的砾石为原型直接使用或进一步加工。大部分石锤、石球、研磨器、磨盘、磨棒等多为砾石直接使用，部分斧、锛、凿及石饼多借助相近形态的特殊砾石修理，石铲、磨制石刀多为低硬度板状原料琢磨而成，反映了低成本、高效率的原料利用策略。

4. 原料岩性种类多样。原料岩性在工具类型、加工技术、功能等方面的分布具有规律性，尤其在石刀、石铲中规律性极强，说明原料岩性与工具功能及所采用的加工技术有较强的对应关系，古人已经掌握了不同原料的特性。

5. 遗址石片数量较多，有相当一部分石片具有简单修理或直接使用痕迹。石核和石片反映的剥片方法较为多样，但主要以锤击法和锐棱斜向砸击法为主，也存在少量摔击法、双阳面技法、碰砧法等其他辅助性剥片方法。尤其是锐棱斜向砸击技术的广泛使用是文化传播还是适应需求的结果，值得深思和追究。

6. 不同类型和功能的工具采用不同技术进行加工修理。打制技术在大部分工具制作程序中均有使用，在石饼、两侧带凹缺石刀等类型上表现为纯打制，而琢制和磨光技术则多组合使用，主要应用于石斧、石锛、石铲、石球、石纺轮等类型。在部分工具中还发现有钻孔技术、凹缺修理技术和切锯刻槽技术等技术形式。反映遗址先民拥有了多样化的技术理念，从而因材施用。

7. 遗址大部分的工具功能指向较为明确，可初步归结为木工、农耕、碾磨、收割、渔猎、纺线和其他工具等七大类。其中类型和数量显示，以与农业相关的工具为主，反映农业经济的发达和狩猎采集经济的边缘化。对广受关注但争议较大的石饼功能给出推论和解释，认为其功能为谷物脱粒或战争武器的可能性更大。

以上是对庙底沟遗址出土石器的初步整理和研究，部分工具的功能分析有待于进一步验证，对石制品所反映的人类行为和社会组织还需结合其他遗存进行关联分析。本文尝试从石制品不同视角对庙底沟遗址进行解读的有益尝试，希望对庙底沟文化及庙底沟二期文化的研究提供参考。

附记：文中大部分线图由河南省文物考古研究院姜凤玲绘制，照片由祝贺、聂凡拍摄，参与资料整理的人员有彭胜蓝、陈雨倩、郭慧、刘萍、杨淑慧、杜彩荣等，在此一并表示感谢。

注释：

［1］葛川、田明中、李慧等：《河南省三门峡市庙底沟遗址保护规划探析》，《规划师》2013 年第 5 期。

［2］中国科学院考古研究所：《庙底沟与三里桥》，科学出版社，1959 年。

［3］樊温泉：《庙底沟遗址：六十年的发现与研究》，《中国文物报》2013 年 5 月 10 日第 12 版。

［4］a. 卜工：《庙底沟二期文化的几个问题》，《文物》1990 年第 2 期。

b. 高天麟：《关于庙底沟二期文化及相关的几个问题——兼与卜工同志商榷》，《文物》1992 年第 3 期。

c. 邵晶：《庙底沟遗址"龙山文化"陶器再分析——兼说庙底沟二期文化已进入龙山时代》，《华夏考古》2019 年第 1 期。

d. 靳松安：《庙底沟遗址第二期遗存再分析》，《江汉考古》2000 年第 4 期。

e. 张文娟：《庙底沟遗址彩陶与原始宇宙观》，《三门峡职业技术学院学报》2015 年第 1 期。

［5］乔治·奥德尔：《破译史前人类技术与行为——石制品分析》，关莹、陈虹译，高星、沈辰校，生活·读书·新知三联书店，2015 年，第 20—22 页。

［6］a. 陈淳：《旧石器研究：原料、技术及其他》，《人类学学报》1996 年第 3 期。

b. 王幼平：《试论石器原料对华北旧石器工业的影响》，见北京大学考古系：《"迎接二十一世纪的中国考古学"国际学术讨论会论文集》，北京大学出版社，1998 年，第 75—85 页。

c. 谢光茂：《原料对旧石器加工业的影响》，《广西民族研究》2001 年第 2 期。

d. Andrefsky W., "Raw Material Availability and the Organization of Technology", *American Antiquity*, 1994, No. 1.

［7］曹泽田：《贵州水城硝灰洞旧石器文化遗址》，《古脊椎动物与古人类》1978 年第 1 期。

［8］a. 谢光茂、林强：《广西锐棱砸击石片及相关问题探讨》，《考古与文物》2017 年第 1 期。

　　b. 李英华、侯亚梅:《关于三峡地区石器工业中的锐棱砸击制品》,见《第十届中国古脊椎动物学学术年会论文集》,海洋出版社,2006年,第261—272页。

[9] a. Boëda E.,"Approche de la Variabilité des Systèmesde Production Lithique des Industriesdu Paléolithique Inférieur et Moyen : Chronique D'une Variabilité Attendee", *Techniques &Culture*, 1991, No. 17-18, pp. 37-79.

　　b. 李莉:《碰砧法和锤击法的打片实验研究》,《南方民族考古》1992年第5期。

[10] a. 高星、卫奇、李国洪:《冉家路口旧石器遗址2005发掘报告》,《人类学学报》2008年第1期。

　　b. 贺存定:《扬子技术及相关剥片技术的概念探析》,《考古》2019年第11期。

[11] 李莉:《碰砧法和锤击法的打片实验研究》,《南方民族考古》1992年第5期。

[12] 冷健:《石器制作技术的模拟考古》,《东南文化》1991年第21期。

[13] a. 牟永抗:《关于史前琢玉工艺考古学研究的一些看法》,见钱惠和、方建能:《史前琢玉工艺技术》,台湾博物馆,2003年,第20页。

　　b. 孙力:《史前琢玉工艺的模拟实验研究》,《辽宁省博物馆馆刊》2007年第1期。

[14] a. 安志敏:《石器略说》,《考古通讯》1955年第5期。

　　b. 黄建秋、陈杰、姚勤德等:《良渚文化治玉技法的实验考古研究》,见钱惠和、方建能:《史前琢玉工艺技术》,台湾博物馆,2003年,第157—188页。

[15] 钱耀鹏:《略论磨制石器的起源及其基本类型》,《考古》2004年第12期。

[16] Bordaz, Javques, "The Threshing Sledge", *Nature History*, 1965.

[17] 丁志姣:《黄河中游地区仰韶文化打制石器研究》,山西大学硕士学位论文,2018年。

庙底沟遗址动物遗存的鉴定与研究

◎刘一婷　◎李　婷　◎樊温泉

　　1956~1957 年，文化部和中国科学院考古研究所组成的黄河水库考古工作队对庙底沟遗址进行了第一次大规模发掘[1]。2002 年 6 月，河南省文物考古研究所（河南省文物考古研究院前身）联合三门峡市考古研究所等多家单位对庙底沟遗址进行了第二次大规模发掘，出土了动物遗存 7936 件，年代包含庙底沟文化时期、西王村文化时期和庙底沟二期文化时期。其中庙底沟文化时期出土动物遗存最为丰富，其他两个时期的动物遗存数量较少。下文将围绕庙底沟文化时期的动物遗存展开分析和讨论。

　　动物遗存的鉴定主要依据《动物骨骼图谱》[2]、《考古遗址出土动物骨骼图谱》[3]以及武汉大学生物考古实验室的现生标本，哺乳动物的测量则以《考古遗址出土动物骨骼测量指南》[4]为准。

一、种属与数量

　　经鉴定，庙底沟遗址出土的动物种属包括拟丽蚌（*Lamoprotula spuria*）、河蚬（*Corbicula fluminea*）、雉（*Phasianus* sp.）、鹰（*Accipiter* sp.）、雁（*Anser* sp.）、竹鼠（*Rhizomys sinensis*）、兔（*Lepus* sp.）、狗（*Canis familiaris*）、貉（*Nyctereutes procyonoides*）、家猪（*Sus scrofa domestica*）、野猪（*Sus scrofa*）、牛（*Bos* sp.）、马鹿（*Cervus elaphus*）、梅花鹿（*Cervus nippon*）、狍（*Capreolus capreolus*）、麂（*Muntiacus* sp.）、马（*Equus* sp.）。（图一）

　　庙底沟文化时期出土动物遗存共 7464 件，其中哺乳动物可鉴定标本数（NISP）为 3301 件，最小个体数（MNI）为 189，骨骼重量（Wt）为 55286.7 克。

　　在哺乳动物中，无论是可鉴定标本数、最小个体数还是骨骼重量，猪都是数量最多且比例最高的，占比均在 80% 左右。其次是中型鹿科和狗，但占比均不足 10%。再次是大型牛科，占比为 1%~2%，其中 3 件可以判断为牛属。大型鹿科、中小型鹿科、小型鹿科、兔和竹鼠的可鉴定标本数占比均小于 1%，最小个体数占比不超过 2%。（表一）另外，还发现 3 件马的下颌牙齿。

　　非哺乳动物有鸟类、软体动物和鱼，但数量很少。鸟类有雁属、雉属、鹰属，总共的可鉴

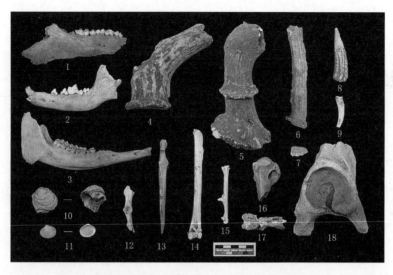

图一　庙底沟遗址庙底沟文化时期出土动物种属

1. 猪右侧下颌（T55H412-#1429）　2. 狗左侧下颌（T61②-#2712）
3. 中小鹿右侧下颌（T106H861-#933）　4. 马鹿角（T41H278-#1528）　5. 梅花鹿角（T190H340-#3229）
6. 狍子角（TG230H900-#2574）　7. 马下颌左侧 P2（T03②-#4122）　8. 鹿角（T62H477-#421）
9. 獐上颌犬齿（T04H026③-#3911）　10. 拟丽蚌（T73H653-#4683）　11. 河蚬（T3H5-#3679）
12. 兔左侧盆骨（T92H682-#4513）　13. 狗右侧尺骨（T73H438-#1851）
14. 鹰左侧胫跗骨（T01及扩方④下H09⑥-#1714）　15. 雉左侧跗跖骨（H039-#1499）
16. 雁左侧肱骨（T52南扩H383-#3762）　17. 竹鼠头骨（T71H450-#2667）　18. 黄牛左侧盆骨（T49②-#514）

表一　哺乳动物可鉴定标本数、最小个体数、骨骼重量及比例

种属	NISP（件）	MNI（个）	Wt（克）	NISP（%）	MNI（%）	Wt（%）
猪	2763	151	47020.2	83.70	79.89	85.05
大型鹿科	4	1	168.7	0.12	0.53	0.31
中型鹿科	159	7	2801.6	4.82	3.70	5.07
中小型鹿科	11	2	162.0	0.33	1.06	0.29
小型鹿科	16	2	150.3	0.48	1.06	0.27
鹿角	170	—	2999.4	5.15	—	5.43
狗	121	14	1087.6	3.67	7.41	1.97
牛属	3	1	192.2	0.09	0.53	0.35
大型牛科	21	3	596.5	0.64	1.59	1.08
马	3	2	57.0	0.09	1.06	0.10
兔	12	3	29.2	0.36	1.59	0.05
竹鼠	3	2	11.2	0.09	1.06	0.02
啮齿类	15	1	10.8	0.45	0.53	0.02
总计	3301	189	55286.7	100	100	100

定标本数为 12 件，最小个体数为 3。雁属可鉴定标本数为 6 件，最小个体数为 1。雉属可鉴定标本数为 3 件，最小个体数为 1，鹰属可鉴定标本数为 1 件，最小个体数为 1。软体动物有拟丽蚌 1 件，河蚬 1 件。另有鱼骨 2 件，无法鉴定到种属。

综上，动物遗存涵盖哺乳动物、鸟类、鱼类和软体动物。哺乳动物占据主体，其中猪的数量最多，具有非常重要的地位。非哺乳动物数量少可能与均为手选、未过筛的收集方式有关。

二、测量尺寸

尺寸是判断家养与野生动物的重要标准之一，大多数家养动物的体型都小于其野生祖先[5]。尺寸的分布还可以反映种群是否多样[6]。下文将针对可能是家养动物的猪和狗进行尺寸的分析。

（一）猪

1. 牙齿

在单一种群的样本中，下颌 M3 的变异系数多在 5~7 之间，大于这个区间则可能存在多个种群[7]。庙底沟文化时期，除下颌 M1 前宽的变异系数为 6.94 外，M1、M2、M3 尺寸的变异系数均大于 7，M3 长和宽以及 M2 宽的变异系数更是达到了 9 以上，（表二）表明该遗址存在不同的猪群。

表二　猪下颌臼齿测量数据（单位：毫米）

测量部位	数量	最大值	最小值	平均值	标准差	变异系数
M1 长	133	21.05	11.79	17.13	1.26	7.36
M1 前宽	129	12.01	6.28	10.15	0.70	6.94
M1 后宽	136	14.37	7.00	11.03	0.85	7.71
M2 长	87	23.98	15.62	20.68	1.54	7.45
M2 前宽	80	15.47	9.28	13.00	1.21	9.33
M2 后宽	85	19.05	10.39	13.62	1.31	9.59
M3 长	28	41.77	30.13	35.29	3.37	9.55
M3 宽	30	18.76	13.31	15.48	1.40	9.05

猪下颌 M3 长度是区分家猪和野猪的重要标准，根据罗运兵先生的研究，M3 平均值小于39 毫米的猪群中已出现家猪[8]。庙底沟文化时期猪下颌 M3 长度的平均值为 35.29 毫米，因此应有家猪。但并非所有猪骨都属于家猪，部分个体猪下颌 M3 长度大于 39 毫米，可能是野猪。

猪下颌 M2 的长和宽也可用于区分家猪和野猪，根据对河南省王屋山野猪群的调查和测量，M2 的长度 21~26 毫米，后宽 14.5~17 毫米[9]。庙底沟文化时期猪下颌 M2 长度范围为15.62~23.98 毫米，后宽范围为 10.39~19.05 毫米，其中 10 个数据处在野猪的范围之内，可能也属于野猪。

2. 肢骨

对于肢骨尺寸的统计，下文选取已愈合的个体。在各个部位中，肱骨远端、桡骨近端愈合的数量较多，肱骨 Bd、Dd、BT 有 20 个以上的数据，桡骨 Bp、Dp 有 18 个数据。这几个部位测量数据的变异系数均大于 14，表明可能存在不同的种群。（表三）散点图也显示出测量数据可以明显分为较大的一组和较小的一组。（图二；图三）对这两组数据进行 T 检验，P 值均大于 0.05，即存在显著差异。

表三　猪的肱骨和桡骨测量数据　（单位：毫米）

测量部位	数量	最大值	最小值	平均值	标准差	变异系数
肱骨 Bd	24	53.14	32.14	38.63	6.31	16.33
肱骨 Dd	23	50.1	32.02	38.56	5.72	14.83
肱骨 BT	24	43.19	25.48	32.06	5.84	18.22
桡骨 Bp	18	37.39	22.63	26.36	3.82	14.48
桡骨 Dp	18	27.31	15.95	18.76	3.02	16.12

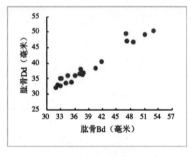

图二　猪的肱骨远端测量尺寸散点图　　图三　猪的桡骨近端测量尺寸散点图

综上，牙齿及肢骨的测量数据均显示庙底沟文化时期存在大小不同的猪群，可能是家猪和野猪的区分。在牙齿数据上难以划分出不同的群组，可能与家猪和野猪存在杂交有关。但是在肢骨上存在明显大小不同的两组数据，或许是因为牙齿和肢骨在演化时并不同步。

另外，根据上述的标准分组，大尺寸 M3 的占比为 4/28，大尺寸 M2 的占比为 10/85，大尺寸肱骨的占比为 5/23，大尺寸桡骨的占比为 2/18，除肱骨外，占比都在 10% 左右。这表明大尺寸的野猪在整个猪群中的比例并不高，小尺寸的家猪仍是整个猪群的主体。

（二）狗

武庄曾对全国范围内的家犬测量数据进行统计[10]，中原地区仰韶文化时期家犬下颌 M1 长度的变化范围为 18~23.76 毫米。庙底沟遗址庙底沟文化时期狗的下颌 M1 长度也基本处于这一范围之内，不过最小值为 17.01 毫米，略小于其他遗址。（表四）肢骨也是如此。

表四　狗下颌牙齿尺寸　（单位：毫米）

测量部位	数量（件）	最大值	最小值	平均值	标准差
P1 长	1	3.86	3.86	3.86	—
P1 宽	1	3.01	3.01	3.01	—

测量部位	数量（件）	最大值	最小值	平均值	标准差
P2 长	3	7.17	6.36	6.77	0.41
P2 宽	3	4.09	3.16	3.63	0.47
P3 长	6	8.74	7.57	8.31	0.42
P3 宽	7	4.60	3.68	4.25	0.31
P4 长	7	10.18	8.75	9.55	0.57
P4 宽	7	5.52	4.72	5.01	0.28
M1 长	10	20.67	17.01	19.25	1.10
M1 宽	9	8.49	6.62	7.77	0.49
M2 长	11	9.21	7.21	8.10	0.67
M2 宽	11	6.65	5.10	5.91	0.49

三、年龄结构与性别比例

动物年龄的判断一般根据牙齿萌出和磨蚀、肢骨骨骺的愈合，下文将采用这两种方法对数量较多的猪、狗以及中型鹿科动物进行年龄结构的分析。不同动物判断性别的方法有所不同，猪可根据犬齿的形状和大小判断，鹿可根据鹿角的有无来判断。

（一）猪

1. 牙齿的萌出与磨蚀

动物牙齿的萌出有较为固定的时间，磨蚀程度则容易受到种群、食物等因素的影响。因此针对不同地区的猪，需要制定各自适用的年龄判断标准。本文在确定牙齿萌出的基础上，考察其他牙齿所对应的磨蚀级别，制定了相应的标准。（表五）牙齿的萌出年龄参考了 Silver 的研究[11]，磨蚀级别的判断则采用了 Grant 的方法[12]。

表五　庙底沟遗址猪的牙齿萌出、磨蚀级别和年龄对应表

年龄级别	牙齿萌出	年龄（月）	dp4	P4	M1	M2	M3
I		0~4	a, b, c, <u>d</u>		C, V		
II	M1、P1	4~6	c, d, e, <u>f</u>		E, 1/2, U, a, b, <u>c</u>	C, V	
III	M2、I3、C	6~12	e, f, <u>g</u>, <u>k</u>		<u>b</u>, c, d, e, <u>f</u>	E, 1/2, U, a	
IV	P2–P4, I2	12~18		E, 1/2, U, a, b	<u>c</u>, e, f, <u>g</u>	b, c, <u>e</u>	C, V
V	M3	18~24	c, <u>d</u>		f, g	c, d, <u>e</u>, <u>f</u>	E, 1/2, U, a, b
VI		24~36	d, e, f		f, g, h, j, <u>k</u>, <u>l</u>	<u>d</u>, e, f, <u>g</u>	c, d, e
VII		36+	e, f		l		f, g, h

注：画线部分表示出现的频次很低。

为确保统计的准确性，本文对猪下颌 NISP 和 MNE 分别进行了统计，且仅计算可以明确判断为某一年龄级别的，两种算法得出各个年龄阶段的占比基本一致。庙底沟文化时期，猪大多在 2 岁之前死亡，比例超过 80%，符合以肉用为主的消费模式。而且 4~6 月龄、6~12 月龄的比例最高，均在 25% 左右。（表六；图四）根据同时期青台遗址的研究，猪可能每年只产仔一次[13]，

庙底沟遗址很可能也是如此，产仔时间为每年 3~5 月。那么 4~6 月龄、6~12 月龄的猪则应该是在秋冬季和第二年春季死亡。其他年龄阶段的猪也占有一定比例，表明猪的宰杀是一年中都在进行，只是在秋冬和初春之时更加频繁。0~4 月龄幼年个体比例不低则表明本遗址是饲养家猪的。

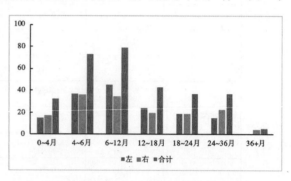

图四　猪下颌所反映的死亡年龄结构柱状图（基于 NISP）

表六　猪下颌所反映的死亡年龄结构

年龄级别	年龄（月）	下颌 NISP				下颌 MNE			
		左	右	合计	比例	左	右	MNE	比例
I	0~4	15	17	32	10.46%	13	15	15	11.28%
II	4~6	36	35	71	23.20%	32	29	32	24.06%
III	6~12	42	33	75	24.51%	31	27	31	23.31%
IV	12~18	28	21	49	16.01%	18	15	18	13.53%
V	18~24	19	18	37	12.09%	13	16	16	12.03%
VI	24~36	15	22	37	12.09%	12	18	18	13.53%
VII	36+	1	4	5	1.63%	1	3	3	2.26%
合计		156	150	306	100%	120	123	133	100%

如上文所述，庙底沟遗址的猪群内存在野猪，那么家猪和野猪的年龄结构是否一致呢？猪下颌 M3 长度大于 39 毫米的个体牙齿磨蚀的年龄为 18~24 月龄或 24~36 月龄，但这也可能是因为 M3 的萌出时间本来就晚，需要再考察其他牙齿。如若按照王屋山野猪 M2 的尺寸标准来划分不同的猪群，庙底沟文化时期有 10 个下颌属于野猪，6~12 月龄、12~18 月龄、18~24 月龄的个体均有 2 个，另有 4 个为 24~36 月龄，1 岁半以上的个体占据大多数。尽管数据不多，但野猪的死亡年龄明显和庙底沟文化时期猪总体的屠宰模式不同，狩猎野猪可能以捕获成年个体为主。

2. 骨骼的愈合

参照 Silver 的研究[14]，猪的肢骨骨骺愈合时间可以分为三个阶段：第一阶段为小于 1 岁，愈合率为 64.21%；第二阶段为 2~2.5 岁，愈合率为 31.13%；第三阶段为 3~3.5 岁，愈合率则仅为 8%。（表七）这表明大致一半的个体活过了 1 岁，一小部分的个体活过了 2~2.5 岁，极少

的猪活过 3~3.5 岁。

这与下颌所得出的年龄结构基本是一致的，即大部分个体在 2 岁之前死亡，很少个体活过了 3 岁。稍微有所不同的是，肢骨反映的 1 岁以前死亡率仅为 36% 左右，而下颌反映的 1 岁前的个体死亡比例为 60% 左右。这可能与未愈合的肢骨更不容易保存，且更难以识别有关，下颌应该更为真实地反映了当时的情况。

表七　猪骨愈合状况　（单位：件）

年龄阶段	骨骼名称	愈合	愈合中	未愈合	总数	愈合率
Ⅰ（0~1 岁）	肩胛远端	27	0	17	44	61.36%
	肱骨远端	30	9	45	84	46.43%
	桡骨近端	23	1	16	40	60%
	掌骨近端	27	0	0	27	100%
	跖骨近端	27	1	0	28	100%
	盆骨	29	0	19	48	60.42%
	总计	163	11	97	271	64.21%
Ⅱ（2~2.5 岁）	掌骨远端	5	7	17	29	41.38%
	跖骨远端	1	5	16	22	27.27%
	腓骨远端	0	0	1	1	0
	胫骨远端	7	0	23	30	23.33%
	跟骨	4	4	16	24	33.33%
	总计	17	16	73	106	31.13%
Ⅲ（3~3.5 岁）	肱骨近端	1	1	20	22	9.09%
	桡骨远端	0	1	15	16	6.25%
	尺骨近端	3	1	30	34	11.76%
	尺骨远端	0	0	6	6	0
	股骨近端	1	1	22	24	8.33%
	股骨远端	0	1	18	19	5.26%
	胫骨近端	2	0	27	29	6.90%
	腓骨近端	0	0	0	0	0
	总计	7	5	138	150	8%

3. 性别判断

根据犬齿及其齿槽形状，可判断性别的猪上颌有 21 件，其中雌性 19 件，雄性 2 件；可判断性别的猪下颌 69 件，其中雌性 56 件，雄性 13 件，雌性的比例明显高于雄性个体，雌雄比例大于 4∶1。

雄性个体多为零散的犬齿，能够判断年龄的仅 1 件，为Ⅱ阶段，可能是幼年雄性个体。雌性个体里能够判断年龄的有16件，Ⅲ阶段1件，Ⅳ阶段7件，Ⅴ阶段6件，Ⅵ阶段1件，Ⅶ阶段1件。雌性个体主要是1岁以上的个体，这应该是因为犬齿的萌出在8~12个月，老年个体较少。目前还无法判断是否存在对雄性、雌性有不同的屠宰策略。

（二）狗

狗的下颌发现不多，均已萌出M3，年龄应大于7个月。参考Silver的研究[15]，本文将狗的肢骨愈合分为两个阶段：第一阶段为0~1岁，愈合率为100%，即全部活过了1岁；第二阶段为1~1.5岁，愈合率为78.57%，大部分的个体活过了1.5岁。（表八）这表明狗多为成年个体，明显与猪的年龄结构不同。这应与两种动物的功能不同有关，猪作肉用或者祭祀，狗则承担警卫或狩猎的功能。

表八　狗骨愈合状况（单位：件）

年龄阶段	骨骼名称	愈合	愈合中	未愈合	总数	愈合率
Ⅰ（0~1岁）	肩胛远端	7	0	0	7	100%
	肱骨远端	3	0	0	3	100%
	桡骨近端	3	1	0	4	100%
	尺骨近端	2	0	0	2	100%
	掌骨近端	1	0	0	1	100%
	跖骨近端	6	0	0	6	100%
	盆骨	7	0	0	7	100%
	掌骨远端	1	0	0	1	100%
	跖骨远端	5	0	0	5	100%
	总计	35	1	0	36	100%
Ⅱ（1~1.5岁）	肱骨近端	0	0	1	1	0
	股骨近端	3	0	0	3	100%
	股骨远端	2	0	0	2	100%
	胫骨近端	4	0	2	6	66.67%
	胫骨远端	2	0	0	2	100%
	总计	11	0	3	14	78.57%

（三）鹿科动物

1. 牙齿萌出与磨蚀

根据小池（Koike）对梅花鹿牙齿的萌出和磨蚀的研究[16]，对遗址出土的中型鹿科动物牙齿的磨蚀级别进行判断，共有6件下颌及游离牙齿可以判断年龄[17]。年龄以大于4.5岁的成年个体为主，1.5~4.5岁也占有一定比例。（表九）

表九　中型鹿科下颌牙齿年龄判断

标本	保存牙齿	萌出及磨蚀级别			年龄判断
		M1	M2	M3	
T21②-#3454	M3	—	—	7	2.5 岁
TG2-#4041	M1/M2	（5）	（5）	—	1.5~4.5 岁
T22②-#3521	M1/M2	（2）	（2）	—	大于 4.5 岁
T2③-#2591	M2、M3	—	3	4	5.5 岁
T01③-#1707	M1、M2	2	2		大于 6.5 岁
T50②-#4260	M3	—	—	3	大于 6.5 岁

2. 肢骨愈合

参考 Carden 对于梅花鹿骨骼愈合情况的研究[18]，中型鹿科动物的骨骼愈合情况可以分为四个阶段：第一阶段为 0~2 岁，愈合率为 100%，即所有的个体都活过了 2 岁；第二阶段为 2~4 岁，愈合比例下降到 50%；第三阶段为 4~5 岁，但没有标本；第四阶段为 5~6 岁，这一阶段愈合的标本数量有所增加，有 80% 的个体都活过了 5~6 岁。（表一〇）

表一〇　中型鹿科骨骼愈合状况　（单位：件）

年龄阶段	骨骼部位	愈合	愈合中	未愈合	总数	愈合率
0~24 月	肩胛	8	0	0	8	100%
	肱骨远端	2	0	0	2	100%
	桡骨近端	3	0	0	3	100%
	总计	13	0	0	13	100%
24~48 月	尺骨近端	0	0	1	1	0%
	胫骨远端	2	0	1	3	66.6%
	总计	2	0	2	4	50%
60~72 月	桡骨远端	3	0	0	3	100%
	胫骨近端	0	0	1	1	0%
	掌骨远端	1	0	0	1	100%
	总计	4	0	1	5	80%

结合牙齿和肢骨的情况，中型鹿科的年龄以 5 岁以上成年的个体为主，2~5 岁的个体占有一定比例。先民倾向于狩猎成年个体，可能为获取肉量最大化，也可能与获取鹿角有关。

3. 性别判断

中型鹿科动物额骨有 5 件，均带角柄，为雄性个体。未见不带角柄的额骨。这可能是因为不带角柄的额骨较难辨认，但也可能反映了古人对雄性鹿科动物的偏好，捕获雄性鹿科可以获得鹿角，制作角器。鹿角上都见有加工痕迹也可以印证这一点。

四、骨骼发现率

遗址中出土的不同动物各个骨骼部位的保存情况与古代人类行为是息息相关的。可帮助我们了解当时的屠宰地点、食物制备和处理习惯等[19]。下文将对庙底沟文化时期猪、中型鹿科和狗的骨骼部位发现率进行比较，分析先民对不同动物的处理方式。

猪和狗的下颌骨发现率是所有部位当中最高的，因为下颌骨相比其他骨骼，密度高、含肉量少、不容易被破坏，一般情况下保存率都比较高。但是，中型鹿科下颌骨的发现率只有 28.57%，远低于猪的 98.01% 和狗的 75%，甚至低于中型鹿科的其他肢骨，如盆骨、肩胛等。（图五）这种差异应与三种动物的获取方式不同有关，猪、狗为人类饲养，在遗址内宰杀，而中型鹿科应为狩猎所获，猎获后就地宰杀，先民仅将部分鹿科动物的头骨和下颌骨带回到遗址内。

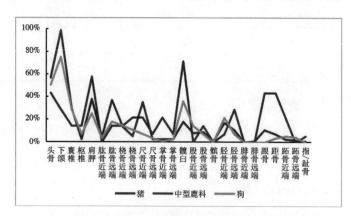

图五 猪、中型鹿科和狗的骨骼发现率

肢骨的发现率上，鹿科动物则与猪、狗接近，甚至在部分骨骼的发现率上要高于猪和狗，比如肩胛、髋臼。这可能与消费的强度有关，猪、狗进行了深度消费，造成骨骼的破碎度高，难以识别；也可能与猪未愈合的骨骼较多有关，未愈合的骨骼密度较低，更不易保存。

五、骨表痕迹与骨骼异常

动物骨骼表面发现有多种人工痕迹和动物啃咬痕，人工痕迹包括烧痕和加工打磨痕迹，动物痕迹包括食肉动物与啮齿动物啃咬痕迹。此外，还发现有骨质增生、线性牙釉质发育不全等异常现象。

（一）烧痕

131 件骨骼上有火烧痕迹，其中猪骨 55 件，包括头骨、下颌、脊椎、前肢、后肢、掌跖骨各个部位；鹿骨 11 件，有鹿角和股骨等部分肢骨；狗骨 1 件，为股骨。其他均为不可鉴定的哺乳动物肢骨。如标本 T55H446-#1450，中型鹿科的股骨近端，被整体烧黑。（图六，1）

烧色可以分为烧棕、烧黑、烧灰和烧白这几个级别，烧黑的骨骼占比高达 85%，加热的温度主要集中在 300℃~400℃。

（二）砍砸痕

93 件动物骨骼上有砍砸痕，其中猪骨 57 件，头骨、下颌、脊椎、前肢、后肢等部位均可见砍砸痕，头骨上的砍砸痕集中在额骨与顶骨骨表，肢骨骨表有一道或者多道砍砸痕，长骨骨干破碎处或者关节处常见一周砍砸痕，可能与分割肉食有关。如标本 T62H782-#317，猪左侧距骨外侧有密集的砍砸痕。（图六，2）

鹿骨的砍砸痕共有 24 件，其中 21 件都发现在鹿角上，在主枝和眉枝分叉处将鹿角砍断。如标本 T52H432-#4477，大型鹿科的鹿角主枝上有一圈砍痕。（图六，6）

（三）切割痕

21 件骨骼发现有切割痕迹。其中，猪骨 13 件，见于头骨、下颌、前肢、后肢、末梢骨各部位。中型鹿科 2 件，包括肩胛 1 件，肱骨 1 件。其他未能鉴定种属。如标本 T73H821-#1827，猪的耻骨有 6 道较细切割痕，长 4~6.5 毫米不等。（图六，3）

（四）锯痕

4 件骨骼上疑似有锯痕。其中猪 2 件，见于下颌骨和肱骨，如标本 T59H244-#113，猪的肱骨骨干断口整齐，可能为锯痕；（图六，5）梅花鹿鹿角 1 件，主枝断口光滑平整，可能为锯痕或者被磨过；中型哺乳动物头骨 1 件，根据残存的痕迹推测可能是锯到一半后将其掰断。

（五）磨痕

19 件骨骼发现有打磨痕迹，除 3 件中型哺乳动物的肢骨外，剩余的均为鹿角，角尖被磨光或者破裂处经过打磨，应为制作角器的废料。

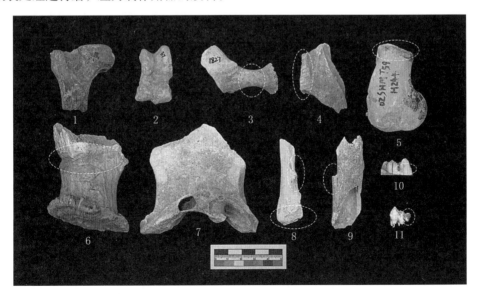

图六　骨表痕迹与骨骼异常

1. 中鹿左侧股骨近端烧黑（T55H446-#1450）　2. 猪左侧距骨砍砸痕（T62H782-#317）

3. 猪右侧耻骨切割痕（T73H821-#1827）　4. 猪左侧顶骨啮齿动物咬痕（T3H5-#3579）

5. 猪左侧肱骨远端锯痕（T59H244-#1130）　6. 大鹿鹿角砍痕（T52H432-#4477）

7. 猪顶骨异常（T04③-#3872）　8. 狗桡骨远端骨质增生（T4H23-#59）　9. 中哺肢骨骨干骨赘（T05H022-#726）

10. 猪左侧下颌 M2 线性牙釉质发育不全（T4H189-#4233）　11. 猪右侧下颌 M1/M2 牙齿异常（T42H501-#1572）

（六）动物啃咬痕

15 件骨骼表面发现有动物啃咬痕迹，其中 10 件为啮齿动物啃咬痕，5 件为食肉动物啃咬痕。如标本 T3H5-#3579，骨表有多道平行的啮齿动物啃咬痕。（图六，4）遗址内也发现有竹鼠等啮齿动物以及狗的骨骼，这些痕迹应与此有关。

（七）骨骼和牙齿异常

1. 骨质增生

7 件骨骼有骨质增生，其中 6 件为 T4H23 的狗骨，可能来自同一个体，其左右侧肱骨、桡骨、尺骨和股骨上均有骨质增生。（图六，8）这些骨骼骨骺均已愈合，为成年个体，或为退行性病变。另有 1 件未能鉴定种属，肢骨骨干有条状新骨形成。（图六，9）

2. 头骨异常

标本 T04 ③-#3872，猪顶骨上有多处异常，左侧顶骨有一个直径约 13.3 毫米的穿孔，形成原因不明；右侧顶骨骨表向内形成凹窝，尾侧方向有骨质增生。（图六，7）

3. 线性牙釉质发育不全

20 件猪牙发现有线性牙釉质发育不全（LEH），2 件为上颌，其他 18 件均为下颌牙齿。出现 LEH 的牙齿有上颌 P4、M2 和下颌 P3、P4、M1、M2、M3，牙齿舌侧和颊侧均有出现。标本 T4H189-#4233，猪的下颌 M2 舌侧出现明显的牙釉质断层线。（图六，10）M3 的 LEH 发病率较高，可达 13%，其他牙齿则低于 5%。

4. 牙齿其他异常

标本 T42H501-#1572 为猪的 M1/M2，其前页形状异常，后页舌侧有多余齿根发育。（图六，11）

六、结语

庙底沟遗址出土的动物骨骼中，猪占据绝对优势，占比 80%。根据测量尺寸，大部分的猪应属于家猪，小部分可能为野猪。该遗址先民的肉食资源获取方式应以饲养家猪为主，偶尔狩猎野猪、鹿科动物、鸟类以及捕捞软体动物和鱼类，属于"开发型"的肉食资源获取方式[20]。这与同属于庙底沟文化的其他遗址是相似的，如河南灵宝西坡[21]、渑池班村[22]、陕西高陵杨官寨[23]、华阴兴乐坊[24]等遗址中家猪比例均在 80% 左右。

针对不同的动物，庙底沟遗址先民采取了不同的宰杀策略。猪以 1 岁以前的未成年个体为主，而 1~2 岁的亚成年个体较少，2 岁以上个体极少，与同时期的西坡遗址较为相似。但 1~2 岁是猪的最佳屠宰年龄，能获得最大的经济效益，庙底沟和西坡遗址的屠宰模式并不符合这种最优肉用屠宰模式，马萧林先生认为这可能与秋冬食物的短缺有关[25]。狗尽管是家养动物，但以成年个体为主，这应该与其功用有关，狗主要不是作肉用，而应该是用于警卫或者狩猎。狩猎的野猪和中型鹿科动物的死亡年龄与家猪也不同，以成年个体为主，这可能是为了获取更多

三门峡仰韶文化研究·续编

的肉量。

庙底沟文化以庙底沟遗址命名，其以豫西晋南为中心，实力强盛，对内融合和一体化趋势加强，对外产生重大影响[26]。这一时期中国史前文化首次出现了大范围的统一[27]，标志着文化上"早期中国"的形成[28]。以往对庙底沟文化时期的生业经济研究已有一定积累[29]，但作为庙底沟文化的重要据点，庙底沟遗址的此类研究尚未开展。本文对出土动物遗存的分析，填补了该遗址生业经济研究的空白，并进一步丰富了庙底沟文化的此类研究，显示出庙底沟文化在动物资源利用方面有较强的一致性。

注释：

［1］中国科学院考古研究所：《庙底沟与三里桥》，科学出版社，1959年。

［2］伊丽莎白·施密德：《动物骨骼图谱》，李天元译，中国地质大学出版社，1992年。

［3］中国社会科学院考古研究所科技中心：《考古遗址出土动物骨骼图谱》，文物出版社，待出版。

［4］安格拉·冯登德里施：《考古遗址出土动物骨骼测量指南》，马萧林、侯彦峰译，科学出版社，2007年。

［5］Elizabeth J.，Elizabeth S. Wing：《动物考古学（第二版）》，中国社会科学院考古研究所译，科学出版社，2013年，第248、249页。

［6］Payne，S.，Gail，B.，"Components of Variation in Measurements of Pig Bones and Teeth, and the Use of Measurements to Distinguish Wild from Domestic Pig Remains"，*Archaeo Zoologia*，1988，Vol. Ⅱ，No. 1，2.

［7］皮特·罗利-康威，阿姆伯特·艾伯瑞拉，基思·多博尼：《家猪和野猪：鉴别的方法和途径》，见河南省文物考古研究所：《动物考古》第1辑，文物出版社，2010年，第70—115页。

［8］罗运兵：《中国古代猪类驯化、饲养与仪式性使用》，科学出版社，2012年，第27—29页。

［9］林明昊：《河南淅川龙山岗遗址动物遗存分析》，山东大学硕士学位论文，2011年，第29页。

［10］武庄：《先秦时期家犬研究》，中国社会科学院研究生院博士学位论文，2014年，第135、136页。

［11］A. Silver. I. A.，"The Ageing of Domestic Animals"，in Don Brothwell, Eric Higgs，*Science in Archaeology：A Survey of Progress and Research*，London：Thames and Hudson，1969，pp. 283-302.

［12］Grant A.，"The Use of Tooth Wear as a Guide to the Domestic Animals"，in *Ageing and Sexing Animal Bones from Archaeological Sites*，Edited by Wilson B.，Grigson C. & Payne S，Oxford：British Archaeological Reports British Series 109，1982，pp. 91-108.

［13］白倩：《河南省郑州市青台遗址出土动物遗存研究》，中国社会科学院大学，2020年，第61—67页。

［14］A. Silver. I. A.，"The Ageing of Domestic Animals"，in Don Brothwell, Eric Higgs，*Science in Archaeology：A Survey of Progress and Research*，London：Thames and Hudson，1969，pp. 283-302.

［15］A. Silver. I. A.，"The Ageing of Domestic Animals"，in Don Brothwell, Eric Higgs. *Science in Archaeology：A Survey of Progress and Research*，London：Thames and Hudson，1969，pp. 283-302.

［16］Koike, H., Ohtaishi, N., "Prehistoric Hunting Pressure Estimated by the Age Composition of Excavated Sika Deer（Cervus nippon）Using the Annual Layer of Tooth Cement", *Journal of Archaeological Science*, 1985, Vol. 12, pp. 443-456.

［17］在判断时，如果只保存了单个牙齿，那么参照这单个牙齿磨蚀级别对应的年龄，如果存在两颗及以上的牙齿，先判断各颗牙齿对应的年龄，再结合所有牙齿的情况，看各颗牙齿年龄所属的共同区间，这一区间就是最终的年龄。

［18］Carden, R. F., *Putting Flesh on Bones：The Life and Death of the Giant Irish Deer（Megalocerosgiganteus, Blumenbach, 1803）*, PhD Thesis, National University of Ireland, 2006.

［19］Elizabeth J., Elizabeth S. Wing：《动物考古学（第二版）》，中国社会科学院考古研究所译，科学出版社，2013年，第5页。

［20］袁靖：《论中国新石器时代居民获取肉食资源的方式》，《考古学报》1999年第1期。

［21］马萧林：《河南灵宝西坡遗址动物群及相关问题》，《中原文物》2007年第4期。

［22］袁靖：《论中国新石器时代居民获取肉食资源的方式》，《考古学报》1999年第1期。

［23］胡松梅、王炜林、郭小宁等：《陕西高陵杨官寨环壕西门址动物遗存分析》，《考古与文物》2011年第6期。

［24］胡松梅、杨岐黄、杨苗苗：《陕西华阴兴乐坊遗址动物遗存分析》，《考古与文物》2011年第6期。

［25］马萧林：《灵宝西坡遗址家猪的年龄结构及相关问题》，《华夏考古》2007年第1期。

［26］严文明：《略论仰韶文化的起源和发展阶段》，见《仰韶文化研究》，文物出版社，1989年，第122—165页。

［27］戴向明：《试论庙底沟文化的起源》，见《青果集——吉林大学考古系建系十周年纪念文集》，知识出版社，1998年，第18—26页。

［28］韩建业：《庙底沟时代与"早期中国"》，《考古》2012年第3期。

［29］钟华、李新伟、王炜林等：《中原地区庙底沟时期农业生产模式初探》，《第四纪研究》2020年第2期。

庙底沟遗址出土陶鼓的初步研究

◎ 郑志强

庙底沟遗址位于距三门峡市西南 3 千米处的崖底街道韩庄村北的黄土塬上，西北距黄河 1 千米。这里地势较平坦，新石器时代遗存丰富。1956~1957 年，为配合黄河三门峡水利枢纽工程的建设，黄河水库考古工作队对庙底沟遗址开展了第一次考古发掘工作，揭露面积 4480 平方米，发现并命名了庙底沟文化和庙底沟二期文化[1]。

2002 年，为配合国道 310 工程的建设，河南省文物考古研究所（今河南省文物考古研究院前身）等单位对庙底沟遗址进行第二次考古发掘，发现属于庙底沟文化等一批具有重要价值的考古资料[2]。

在两次考古发掘中，有两类器物比较特殊，一类被发掘者称之为器座，而且根据形制的不同，又分为若干型式；另一类仅发现于第二次发掘中，被发掘者命名为深腹罐（或鼓腹罐）。下面就这两类器物进行初步探讨，求教于方家。

一、器座

多为夹细砂陶，有少量泥质陶。腹部有数量不等的圆形或椭圆形镂孔。依据腹部的不同可分为直腹、斜腹和弧腹三种：

1. 直腹。标本 T41H278：28，夹砂黄陶。厚胎，直口，方唇，唇面微凹，圈足平底，腹中部有 4 个对称方形镂孔。器表饰数道凹弦纹及斜道刻划纹。口径 21.4 厘米，底径 20.8 厘米，高 17.2 厘米。（图一，1）标本 T38H408：27，夹砂灰褐陶。厚胎，直口，厚方唇，腹近直，平底，底略大于口部，腹部偏下有 4 个对称圆形镂孔。器表饰斜道刻划纹，口部及下部少部分为素面。口径 16 厘米，底径 18 厘米，高 15 厘米。（图一，2）标本 T38H382：3，泥质灰褐陶。厚胎，口微侈，沿面外叠，腹壁近直，平底，腹下部有 4 个水滴形状的镂孔。器表饰数周凹弦纹，近底部分素面抹光。口径 16.5 厘米，底径 14.9 厘米，高 12 厘米。

2. 斜腹。标本 T3H20：4，夹砂黄褐陶。厚胎，敛口，方圆唇，斜腹微弧，平底，腹下部均匀分布 3 个椭圆形镂孔。器表素面，底部刻划有方格纹。口径 14.2 厘米，底径 22.8 厘米，高 18.6 厘米。（图一，3）标本 T125H708：2，泥质红陶。胎较薄，口微侈，厚方唇，唇面有一周凹槽，腹微弧，平底，腹中部有 2 个对称圆形镂孔。器表饰凹弦纹。口径 15.8 厘米，底径 18 厘米，高 11.4 厘米。（图一，4）标本 T125H708：4，夹砂灰褐陶。厚胎，敛口，方唇，唇面微凹，斜腹近直，平底，大于口部。腹下部有 3 个圆形镂孔。底中部有 1 个圆形镂孔。器表饰篮纹，印痕模糊不清。口径 10.8 厘米，底径 20.4 厘米，高 12.6 厘米。（图一，5）标本 T3H5：12，夹砂灰陶。厚胎，敛口，方唇，斜直腹，平底。下腹部均匀分布 3 个圆形透孔。器表饰右斜刻划纹，纹路浅细。口部经轮修，留下一道轮转痕迹。口径 12 厘米，底径 19.4 厘米，高 12.2 厘米。

3. 弧腹。标本 A20CH358：19，夹砂灰陶。侈口，方圆唇，无底，底部大于口部，腹部有 4 个对称的椭圆形镂孔。器表通体饰斜道刻划纹，近底部饰一周按窝。口径 16 厘米，底径 21.6 厘米，高 12 厘米。标本 T38H327：11，夹砂黄陶。胎较薄，敛口，卷沿，厚圆唇，无底。腹中部对称分布 4 个圆形镂孔。器表通身饰凹弦纹，近底部素面。口径 14.4 厘米，底径 18.4 厘米，高 11.8 厘米。（图一，6）标本 T73H438：80，泥质红陶。胎较薄，口微侈，尖圆唇，外叠形成一周宽带，上腹内束，下腹圆鼓，无底。腹部有 4 个镂孔，其中 2 个为短椭圆形，1 个为长椭圆形，1 个近似凹字形。器表饰数周凹弦纹，近底部为素面。口径 14.8 厘米，底径 21 厘米，高 12 厘米。（图一，7、8）标本 T3H5：9，夹砂灰褐陶。厚胎，敛口，方圆唇，口沿外侧略有隆起形成叠唇，腹微弧，平底，腹下部均匀分布 3 个圆形镂孔。器表饰右斜线纹，口部经轮修，留下两周轮转痕迹。口径 11 厘米，底径 19.6 厘米，高 12.2 厘米。

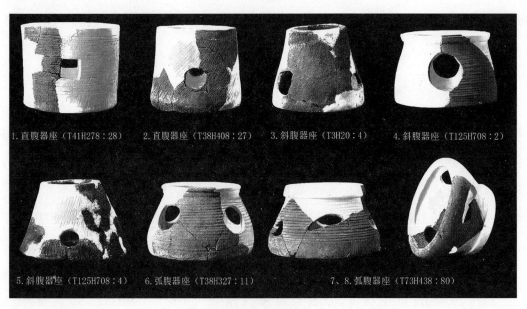

图一　庙底沟陶器座

二、陶罐

均为泥质陶，依据腹部不同可分为鼓腹和深腹两种。

1. 鼓腹罐。标本 T73H438：87，泥质红陶。敛口，厚圆唇，唇面外叠，圆鼓腹，圜底。上腹部饰 10 个等距离的附加堆纹，堆纹间留有 1 个按窝，器表上部饰数道凹弦纹，下部隐约可见较细的刻划纹。口径 23.2 厘米，高 20.2 厘米。（图二，1）标本 A1H12：107，泥质红褐陶。敛口较甚呈勾口，尖圆唇，深腹，上腹圆鼓，圜底。上腹部饰 9 个等距离鸟喙状的堆纹，堆纹两侧各有 1 个按窝，器表上部饰右斜刻划纹，下部饰交错刻划纹，划痕浅细。口径 16 厘米，高 14.8 厘米。

2. 深腹罐。标本 T50H599：22，泥质黄陶。残，仅保留口及上腹部。口微敛，厚圆唇，腹壁近直。口沿下部饰 6 个附加堆纹，堆纹中间各有 1 个按窝，器表上部饰数道凹弦纹，下部饰斜道刻划纹。口径 24 厘米，残高 24.8 厘米。（图二，3）标本 T55H719：4，泥质红陶。残，仅残留口及上腹部少许。口微敛，厚圆唇，腹壁近直。口沿下部有 4 个附加堆纹，堆纹上有 2 个按窝，上腹部饰数周凹弦纹，其下素面。口径 28 厘米，残高 14.4 厘米。（图二，2）标本 T106H770：128，泥质红陶。残，无口无底，仅有腹部残块，深腹近直。上腹部残留 2 个附加堆纹，堆纹上有 1 个按窝，下腹部有 1 个近椭圆形镂孔，器表上部饰数道凹弦纹，通身饰斜道刻划纹。残高 47.2 厘米。（图二，4）

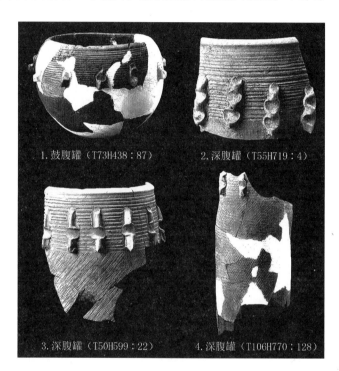

1. 鼓腹罐（T73H438：87）　　2. 深腹罐（T55H719：4）

3. 深腹罐（T50H599：22）　　4. 深腹罐（T106H770：128）

图二　庙底沟陶罐

三、相关认识

中华民族是传统的"礼乐之邦"，随着考古发现的日益增多和多学科研究的不断开展，越来越多的古代乐器呈现于世人面前。在数千年的文明长河中，人们创造了丰富的音乐文化。这些研究成果，使我们得以重新认识庙底沟遗址出土的上述器物。

人们普遍认为乐器中最早出现的是各种各样的鼓[3]，陶鼓是我国史前时期最早出现的一种打击乐器。有学者对新石器时代出土的陶鼓在定名、定性和分区、分类等方面进行深入细致的研究，特别是对陶鼓的辨识提出了重要的标准，那就是在鼓匡上是否可以冒革和如何冒革[4]。这就为我们辨认陶鼓提供了明确清晰的依据。

对于鼓的记载在我国传统的历史文献中可以找到线索，"冒革"的概念也源于此。《周礼·春官·龠章》："掌土鼓豳龠。"郑注引"杜子春云，土鼓，以瓦为匡，以革为两面，可击也"[5]。"冒革"的意思是土鼓以革为冒，也就是在土鼓上蒙上皮革后敲击出声。

基于以上认识，在对庙底沟遗址出土的器座和陶罐重新审视后就不难发现，它们从形状、结构到附件等几个方面都比较符合和满足陶鼓的要素和条件。

首先是器座，三种型式的器座均在器身镂刻不同形状的镂孔，这在声学上叫"散音孔"或"释放孔"，其作用主要为散音和共鸣，同时也是为了在敲击时气流便于溢出而防止因共振造成陶鼓破碎。这种器座状的陶鼓在陕西陇县原子头遗址[6]和安徽蒙城尉迟寺遗址[7]中都有发现。

其次是鼓腹罐和深腹罐，在其口沿下、上腹部的位置都附加了数量不等的带有按窝的附加堆纹。经分析，这些附加堆纹就是为了蒙皮革而特意设置的，而且器物表面都有深浅不一的刻划纹，可增加摩擦以便绳索能够固定住皮革。在其中一个深腹罐的下腹部还发现了椭圆形的"散音孔"。这种罐形陶鼓在陕西宝鸡北首岭[8]和河南济源长泉等遗址[9]中也都能找到同类器。

有关陶鼓上所蒙的皮革，在《吕氏春秋·古乐》中有"质乃效山林溪谷之音以歌，乃以麋革各置缶而鼓之"[10]的记载。这里所描述的"麋革"应该就是麋鹿的皮革。而在庙底沟遗址发现的动物考古材料，对此也给出了清晰的答案。在发现的哺乳动物中，猪是数量最多且比例最高的，占比在80%左右，其次是中型鹿科和狗[11]。如此看来，性情温顺、较易猎获且皮质优良的鹿皮自然就成了陶鼓上所蒙皮革的主要来源。

在庙底沟遗址发现了大量的窖藏和灰坑，特别是有的窖藏和灰坑出土并复原了数量众多的彩陶，对这类遗迹的性质，多数学者认为应该和祭祀或会盟活动有关。如果这一结论成立，那么结合庙底沟文化所处的时代背景分析，陶鼓就应当和当时的祭祀或会盟典礼中的原始音乐活动有关。

目前所知最早的陶鼓资料应该是发现于内蒙古敖汉旗小河西遗址的陶鼓，其绝对年代在公元前6200年[12]。庙底沟遗址通过灰坑出土粟的测年，其绝对年代为4450±40（半衰期为5730），树轮校正后数据为BC3325~BC3232（46.27%，±1σ）[13]；通过对动物骨骼所做碳十四年代测定为距今4556±26年，树轮校正年代为BC3370（28.7%）[14]。这个时间段正好处于庙底沟文化的中期阶段，庙底沟遗址如此集中地出土了一定数量的陶鼓，从侧面也说明了陶鼓的发展此时进入了繁荣期。

注释：

[1] 中国科学院考古研究所：《庙底沟与三里桥》，科学出版社，1959年。

[2] 河南省文物考古研究院：《三门峡庙底沟》，文物出版社，2021年。

[3] 何德亮：《山东史前乐器初探》，《中原文物》2003年第4期。

[4] 费玲伢：《新石器时代陶鼓的初步研究》，《考古学报》2009年第3期。

[5] 郑玄：《周礼郑氏注》卷六《春官宗伯下》，中华书局，1985年，第157页。

[6] 宝鸡市考古工作队、陕西省考古研究所：《陇县原子头》，文物出版社，2005年，第49、116页。

［7］中国社会科学院考古研究所：《蒙城尉迟寺——皖北新石器时代聚落遗存的发掘与研究》，科学出版社，2001年，第170页。

［8］中国社会科学院考古研究所：《宝鸡北首岭》，文物出版社，1983年，第42页。

［9］河南省文物管理局、河南省文物考古研究所：《黄河小浪底水库考古报告》（一），中州古籍出版社，1999年，第41、70页。

［10］许维遹：《吕氏春秋集释》上册卷五《古乐》，梁运华整理，中华书局，2009年，第125页。

［11］刘一婷：《庙底沟遗址动物遗存的鉴定与研究》，《华夏考古》2021年第5期。

［12］索秀芬：《小河西文化初论》，《考古与文物》2005年第1期。

［13］河南省文物考古研究院：《河南三门峡庙底沟遗址庙底沟文化H408发掘简报》，《华夏考古》2021年第4期。

［14］河南省文物考古研究所：《河南三门峡市庙底沟遗址仰韶文化H9发掘简报》，《考古》2011年第2期。

卷三　西坡遗址研究

西坡墓葬与“中原模式”

◎韩建业

2005 年和 2006 年，在河南灵宝西坡遗址发掘出 34 座仰韶文化墓葬，[1]其阔大的墓葬规模与简陋的随葬品形成鲜明反差，引起考古界关注和讨论。2009 年，李伯谦先生就提出西坡墓葬代表着中国文明演进两种模式之一的观点：“在这里我们看到的是王权的凸显和神权的渺小，是尊者的朴实无华，是尊者与卑者虽有区隔但仍存在的千丝万缕的联系。”[2]2010 年，李新伟和马萧林等撰写的《灵宝西坡墓地》发掘报告出版，不但全面详尽地发表了这批资料，而且还对墓地作了深入细致的分析，指出“西坡墓地代表的庙底沟类型社会选择了更简朴的‘物化’社会等级的方式，既无奢华的随葬品，也无浓厚的宗教气氛。这一在社会复杂化初期形成的传统，对中原地区后来的文明化进程产生了深刻影响”[3]。李伯谦文和《灵宝西坡墓地》都没有给这种模式或方式一个名称，我以为不妨就叫“中原模式”。[4]本文拟从对西坡墓葬的分期年代、墓葬结构、空间布局的分析入手，对其所反映的丧葬思想和社会状况作尝试性讨论，并对其所代表的“中原模式”的内涵特征和形成过程作进一步论述。

一

从墓葬平面分布图来看，西坡这 34 座墓葬大致集中为 3 群，即北群 20 座（M5、M6、M8~22、M30、M31、M34），西群（M23~29）和南群（M1~4、M7、M32、M33）各 7 座，群与群之间间隔 11~28 米（图一）。[5]从 M2、M29、M30 等墓葬紧靠发掘区边缘来看，不能排除周围还存在其他墓葬的可能性，因此已经发掘的墓葬可能还不是一个相对完整的墓地。

所有墓葬均被第 2 层叠压，缺乏有分期意义的打破关系，因此发掘报告只能依据对其中 16 座墓葬出土陶器的类型学分析将其分为 3 组，并在与周围相对年代较明确的同类遗存作了一番比较后，才慎重作出 3 组墓葬依次早晚的可能基本符合实际的推测。只是这些随葬的陶器多属明器，数量既少且制作又糙，不是每种都适合作类型学分析。以变化最明显的釜灶和单耳壶来说，发掘报告所分Ⅰ、Ⅱ式釜灶均是釜口径小于腹径、灶口如覆盆而前下部斜弧，与Ⅲ式釜口径大于腹径、灶口扁平而前下部斜直有明显区别；单耳壶也只有颈部带一周凸棱者和无凸棱者两式。因此还不如分 2 组或 2 段更为清楚。

通过与陕西华县泉护村等遗址的比较，发掘者推测西坡墓地的相对年代处于仰韶文化庙底沟类型和西王类型的过渡阶段。不过要确定这一点，最好还是先建立西坡遗址本身的分期。我们可根据 2000—2002 年 3 次发掘的情况，[6]将西坡仰韶文化居址遗存分为 3 组：第一组以 H22、F102、F105、G102 等为代表，流行典型双唇口小口尖底瓶、花瓣纹曲腹盆、凹沿方唇深腹罐等，敛口钵口腹过渡圆滑并常饰花瓣纹或窄带纹，釜小口矮直颈且上腹满饰旋纹，还有斜直腹碗和捏压出假圈足的杯。第二组以 H20、H110、H116、H133 等为代表，小口尖底瓶唇部退化出尖，少见花瓣纹曲腹盆，深腹罐翻沿尖唇，敛口钵口部略折，釜颈基本消失，杯变为平底，仍有斜直腹碗。第三组以 H143、H144 为代表，深腹罐窄折沿、尖唇且常带双錾及附加堆纹，杯花边口且饰绳纹，新出带流盆。由于存在第二组的 H116 打破第一组的 F102、F105 等地层关系，是知 3 组为依次早晚的关系，实即 3 期（图二）。

将墓葬两段与居址前两期比较，会发现墓葬第一段与居址第二期大致衔接，如敛口钵前者口部转折明显而后者略折，釜前者大口无旋纹而后者小口带旋纹，斜直腹碗、杯彼此大同小异（图三）。至于墓葬和居址第三期只共见杯一种陶器，仅此不足以论定其早晚关系。但在黄河北岸山西芮城西王村 H4 等仰韶晚期遗存[7]中，却见有与西坡墓葬基本相同的口部略折的钵，与

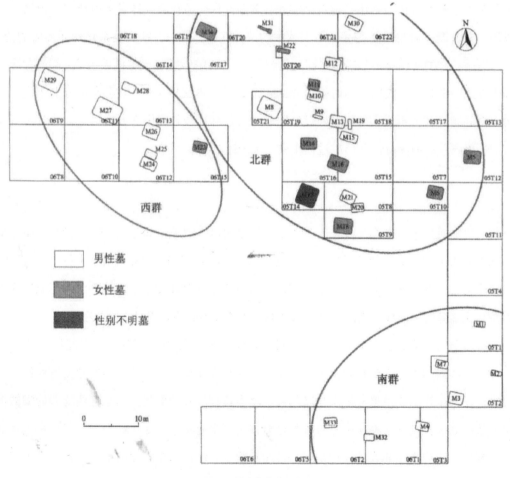

图一　西坡墓葬分群图

其共存的还有窄平折沿带双鋬和附加堆纹的深腹罐、敛口折盘豆、双腹盆、双唇退化近平的小口尖底瓶等，其中深腹罐的形态与西坡第三期者基本相同（图四）。由此推测西坡墓葬应和西坡居址第三期及西王村 H4 同时，已经进入西王类型早期阶段，而西坡居址第一、二期则属于庙底沟类型中晚期阶段。西坡墓葬 13 个人骨样品的 ^{14}C 数据校正年代为公元前 3300—前 2900 年，也基本在西王类型的绝对年代范围之内。

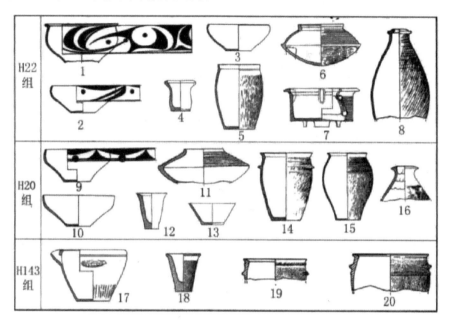

图二 西坡居址陶器分组

1. 盆（H22：71） 2、3、9、10.钵（H22：76、77，H20：22、17） 4、12、18.杯（H22：5，H20：43，H144：2）
5、14、15、19、20.深腹罐（H22：74，H20：6、12，H143：1、2） 6、11.釜（G102：1，H20：46） 7.灶（H22：103）
8、16. 小口尖底瓶（H22：102，H20：45） 13.碗（H20：25） 17.带流盆（H144：3）

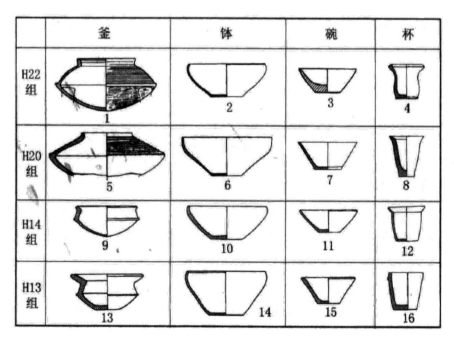

图三 西坡居址和墓葬陶器分组比较

1、5、9、13.釜（G102：1，H20：46，M14：4-1，M29：3） 2、6、10、14.钵（H22：77，H20：17，M14：7，M34：3）
3、7、11、15.碗（H105：4，H20：25，M6：3，M13：4） 4、8、12、16.杯（H22：5，H20：43，M31：3，M24：4）

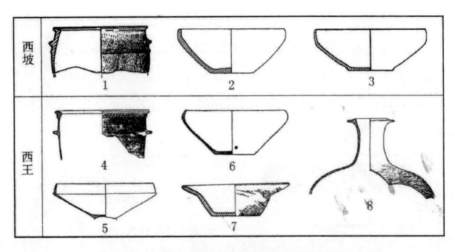

图四 西坡墓葬、居址第三期和西王 H4 陶器比较

1、4.深腹罐（H143：2，H4：2：19） 2、3、6.钵（M14：7，M34：2，H4：2：10）
5.豆（H4：2：14） 7.盆（H4：2：8） 8.小口尖底瓶（H4：2：44）

二

这批墓葬都是带生土二层台的长方形竖穴土坑墓，这样的墓葬结构到底反映怎样的丧葬思想？[8]让我们以保存最为完好、规模最大的 M27（图五）为例展开分析。

M27 墓口长 5.03 米，宽 3.36 米，现存深 1.92 米，墓口面积达 16.9 平方米。和同时期一般墓口面积 1 平方米多的墓葬相比，是名副其实的大墓。该墓现存墓口距二层台 1.3 米，而二层台距墓底仅 0.55 米，推测二层台和墓室、脚坑大体象征处于同一平面但内外有别的两重空间。

内重空间即墓室和脚坑，以多条木板封盖，上覆麻布，内部留空。墓室长 3.3 米，宽 0.71 米，只是一个宽可容身的空间，相当于棺椁的位置，或许象征墓主人在地下的居室和床；[9]内置仰身直肢葬式的中年男性墓主人，双臂紧贴身体两侧、双足并拢且足心相对，应当如李新伟在发掘报告中所说存在捆绑、包裹等敛尸葬仪。如此处理尸体，又不见随身用品，实际是在着意强调墓主人已经"死去"这个事实。

脚坑或许象征储物祭享空间，类似后世的脚箱。其内仅随葬陶器 9 件，包括放置整齐的大口缸 2 件、簋形器 2 件以及壶、钵各 1 件，还有难以复原的釜、灶、簋形器等，均属模仿日常生活用品的明器，除大口缸外均矮小粗陋，与阔大讲究的墓穴形成强烈反差。这些随葬品大概不是象征财富，更多只与身份相关，反映出"重贵不重富"的特点。其中大口缸包括中部有附加堆纹者和无附加堆纹者各 1 件，原来可能以涂有朱砂的麻布封盖，口沿外多周淡褐色痕迹应为封口捆绑痕迹，中部红彩带中留下粘贴的有机物脱落后形成的圆形或斜线疤痕；且不论里面曾经封装过酒还是别的什么，它显然属于头等重要的丧葬用品。模仿日常用品，暗示这些器物可作为墓主人在地下的"生活"用具；基本都是明器且不见盆、瓮、罐等日常用品种类，则是"生死有别"的反映。

外重空间即二层台以上宽敞阔大却不见随葬品，只以掺杂各种植物茎叶的泥封填，或许象

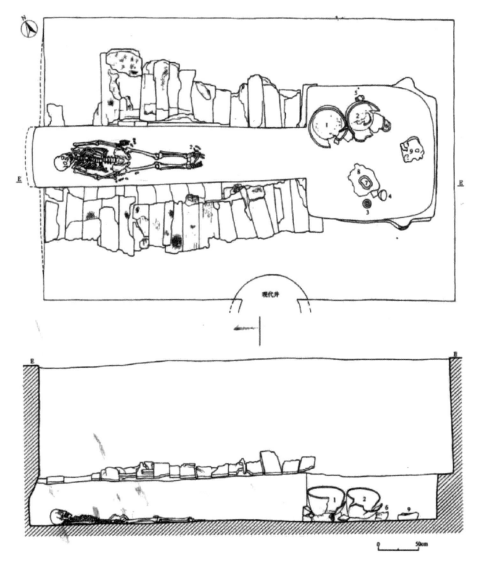

图五　西坡 M27 平剖面图

征墓主人"居室"之外的院落等空间。至于地面以上那就已经属于生者的世界，以填土封填墓圹就是要区别阴阳两界。

　　随着墓葬规模的减小，其他墓葬或许没有专门放置随葬品的脚坑，或许不以木板封盖墓室，或许少见或不见随葬，但却普遍存在捆绑、包裹等严谨的敛尸葬仪，也都以二层台为界将墓圹分为内外两重空间，基本的丧葬思想与 M27 大同小异。同属 1 级大墓的 M8 也随葬成对大口缸、成对篮形器、成对钵等陶器，秩序井然。

　　比较来看，西坡墓葬的空间结构及其反映的丧葬思想和东部地区的大汶口文化、崧泽文化等有同有异。例如，属于大汶口文化早期晚段而略早于西坡墓葬的山东泰安大汶口 M2005[10]，也是一座带二层台的竖穴土坑墓，中部同样为宽仅可容身的墓室，但该墓没有脚坑，却在墓室外有一个略高的似椁室空间（图六）。墓室内墓主人头部有牙束发器、骨笄等随身装饰用品，脚端随葬单把钵，可见墓室和西坡一样象征居室和床。墓室外的似椁室空间主要在左侧放置成组的觚形杯、高柄杯、鼎、豆、钵等陶器，或许象征"居室"之外的饮食祭享空间，和西坡脚坑相似。二层台上有成组的豆、钵等陶器，有的里面还盛放猪下颌骨、牛头骨等，显然也属于祭享性质，另外还有斧、锛等石器，或许象征厨房、仓房、院落等。该墓墓口面积8.2平方米，还不到西坡M27的一半，但随葬品却多达104件，比西坡大墓奢华许多。属于崧泽文化早期的同样略早于西坡墓葬的江苏张家港东山村M90[11]，墓口面积约5.3平方米，有包括彩绘石钺、玉璜、陶大口缸等在内的67件随葬品，同样是富贵并重的风格。安徽含山凌家滩07M23[12]约略和西坡墓葬同时，或有棺椁，墓口面积才7.25平方米，却有330件随葬品，绝大部分为钺、环、镯、璜、玦、璧等玉石器，层层堆满墓室内外，富奢程度令人惊叹。

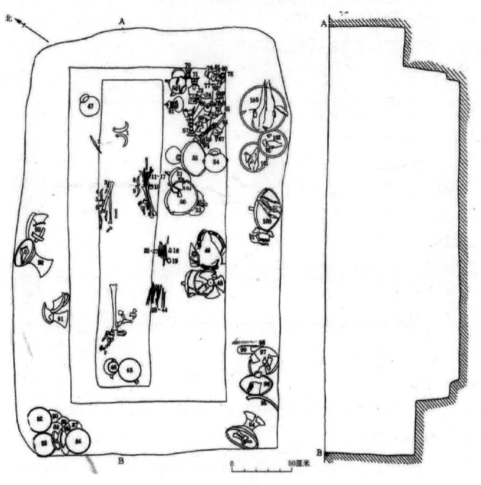

图六　大汶口 M2005 平剖面图

1.牙束发器　2、3.骨笄　4~9.獐牙　10.象牙器柄　11~17、20.角棒形坠饰　18、19.牙镞
21~44.骨两端刃器　45、46、50、52、100、101、103.陶钵　47、54.陶壶　48、51、56.陶鼎
49、55、82~97、102.陶豆　53、104.陶器盖　57~70.陶觚形杯　71~81.陶高足杯　98.石链　99.石斧

三

　　发掘报告将这34座墓葬划分为4个等级，从西坡墓地等级表可以看出，墓口面积、随葬品数量和墓葬"价值"有一定对应关系，但也存在不少明显偏差：如M27和M11墓口面积分别为16.9平方米和3.93平方米，大小悬殊，随葬品则都是11件；M27固然有高"价值"的大口缸2件，M11则更有高"价值"的象牙镯1件、玉钺3件。再如M5和M12墓口面积分别为

6.95 平方米、5.93 平方米，前者仅随葬 1 件石纺轮，后者则一无所有；而墓口面积仅一两平方米的 M9 和 M22 却各有 2 件随葬品，且均为玉钺、玉环。既然如此，我们还不如只按照规模大小对这批墓葬分级：第 1 级是墓口面积 12 平方米以上的大型墓葬（M8、M17、M29），第 2 级是墓口面积 8~9 平方米的大中型墓葬（M16、M18、M34），第 3、4 级是墓口面积分别为 5~7 平方米、2~5 平方米的中型、中小型墓葬。

从墓葬空间分布来看，第 1 段时除北群的 5 座墓（M6、M8、M14、M18、M31）外，还应有一些未分段的中小型墓葬也属于此段，这些墓葬或许构成一个家族墓群。值得注意的是，其中最大的 1 级墓葬 M8 为男性墓，而其余 4 座 2、3 级墓葬都是女性墓，[13] 这样的墓葬等级差异应当是家族内社会地位不同或者男尊女卑的反映，而非贫富分化的结果。M8 墓穴阔大、二层台宽大，还特设脚坑，随葬 1 对不见于同段他墓的大口缸，墓主人头端有一件或为发箍的象牙箍形器，右手臂边有一件可能象征军权的玉钺，体现出其威仪和崇高地位，墓主人或许为家族长，甚至更大社会组织的首领。

第 2 段时除北群（M16、M17、M13、M11、M30、M34）外还分出西群（M24、M26、M27、M29）和南群（M3）。北群最大的 1 级墓葬 M17 因人骨保存差而无从知晓性别，但 2 级大墓 M16、M34 却都是女性墓，此外还有其他 3、4 级墓葬，它们应当共同构成新时段的高级家族墓群；新分出的西群墓葬中有当时最大的 1 级墓葬 M27，随葬 1 对大口缸，还有仅次于它的 1 级大墓 M29，这两座墓或许与 M8 的墓主人有更亲密的关系，[14] 但西群缺乏女性大中型墓葬，或许是因为墓地不完整的缘故，它们和其他一些 3、4 级墓葬可能构成另一个高级家族墓群；南群只有该群最大的 3 级墓葬 M3 明确属于第 2 段，其余 4 级墓葬均不能分段，但有属于该段的可能性，它们都为男性墓，或许附近有其他未被发现的女性墓，共同构成一个较低级别的家族墓群。这样，第 2 段 3 个墓群可能构成一个大家族墓群，3 个墓群的地位或许以西群最高，M27 或许为整个大家族的族长甚至更大社会组织的首领，北群次之，而南群社会地位明显偏低，体现出一定的社会等级差异。但无论如何，这些墓葬都有二层台，社会地位不同的墓群还能共享一个墓地，可见总体分化程度有限。

与西坡墓葬同时的大汶口晚期墓地，北一区诸墓既富且贵，其中 M26、M13 等大墓随葬数十件陶器、十多具猪头，与南一区多一无所有的贫贱墓葬形成鲜明对照。[15] 上述东山村、凌家滩崧泽文化墓地的情况也都和大汶口晚期墓地类似。总体上这些东部地区墓葬，各墓区间的贫富差别明显大于西坡。

四

如上所论，西坡墓葬生死有度、重贵轻富、井然有礼、朴实执中，与东方视死如视生、淫祀鬼神、富贵并重、奢侈浪费的风格对比鲜明，一整套复杂严谨的丧葬仪式，标志着早期中国礼制于此开端。但社会分化、家族凸现、男权军权凸现等共同特征，又说明中原和东方的社会在公元前3500年前后都在发生重要变革。

以前我曾提出自公元前3500年进入铜石并用时代以后，中国大部地区社会普遍出现父系家庭、家族组织以及频繁战争等一般趋势，并形成"北方模式""东方模式"和"中原模式"三种不同的社会发展模式，其中"中原模式"介于"北方模式"和"东方模式"之间，其内涵就是"存在一定的社会地位差异但不强调贫富分化；社会秩序井然但不靠严刑峻法；生产力逐步提高但不尚奢华；关注现实而不是沉溺于宗教；依靠血缘关系，重视集体利益，不疾不徐，稳中求健"[16]，这正与西坡墓葬特点吻合，也与上述李伯谦先生所论西坡墓葬所代表的模式的特点吻合。

然则代表"中原模式"的西坡墓葬，其丧葬习俗的源头又在哪里呢？

如前文所述，西坡墓葬应当已经进入仰韶文化三期（仰韶文化晚期）[17]的西王类型阶段。大约由于晋西南豫西西部地区是曾经灿烂辉煌的仰韶文化庙底沟类型的核心所在，因此西坡居址陶器固然已经演变为具有西王类型的特点，而随葬陶器仍顽强维持着古老的庙底沟类型传统，表现出相当的滞后性特点，以至于发掘者仍将西坡墓葬勉强归入庙底沟类型。

既然这样，那么西坡墓葬的源头首先理应是庙底沟类型墓葬。目前能够确认的庙底沟类型墓葬为数很少，大致可分为两种：第一种以山西翼城北橄第三期M1[18]为代表，为长方形土坑竖穴墓，有的带二层台，单人仰身直肢葬；第二种以河南三门峡南交口仰韶文化二期M2[19]为代表，为略呈方形的竖穴土坑墓，多人二次合葬。两种墓葬都基本不见随葬品。西坡墓葬形制和葬式显然与第一种墓葬基本一致，不过少见或不见随葬品的质朴习俗却与两种墓葬都有关系，更早的源头还可追溯到仰韶文化东庄类型和枣园类型。[20]至于西坡墓葬引人注意的钺、圜底大口缸等，在庙底沟类型墓葬中或许已经存在，只是尚未发现而已；在庙底沟一期、南交口仰韶文化二期居址中就发现有石钺。在与庙底沟类型面貌近似的河南西峡老坟岗仰韶文化墓葬[21]中，就随葬有穿孔石钺、成对陶圜底大口缸；大口缸中腹也箍附加堆纹，只是器形比西坡墓葬细长，口沿外未留捆绑痕迹而是带数周便于捆绑结实的旋纹（图七）。另外，著名的汝州阎村出土的"鹳鱼石斧图"，"斧"有穿孔且可能象征军权，[22]其实就是钺，但不明是石还是玉，也可称"鹳鱼钺图"，说明在与庙底沟类型同时而有密切关系的阎村类型中也早已有钺。

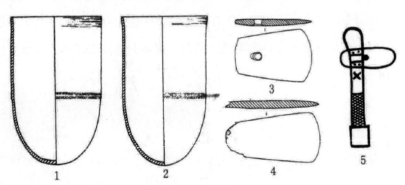

图七　庙底沟时代的圜底大口缸和钺

1、2.陶圜底大口缸（老坟岗M10：2、3）　3、4.石钺（老坟岗M3：6、7）　5.彩绘钺图（阎村）

这也就是说，西坡墓葬所代表的"中原模式"，其实早在庙底沟类型墓葬当中已现端倪。比较来看，同时期东部地区大汶口文化早期偏晚、崧泽文化早期的墓葬，贫富分化已经明显起来，大墓如上述大汶口 M2005、东山村 M90 等，随葬品数十成百，还不乏"高价值"物品，这与庙底沟类型墓葬几无随葬品的质朴习俗形成鲜明对照，实际上已经形成"东方模式"的雏形。而北方地区以内蒙古凉城王墓山坡下聚落为代表的仰韶文化白泥窑子类型[23]，不但看不出贫富分化，而且社会地位分化也很不明显，与西坡大型宫殿式建筑所显示的社会较明显分化的情况毕竟有所差异，可见"北方模式"的特征也已初显。[24]

如此看来，中国铜石并用时代社会发展的一般趋势和不同模式实际上发端于公元前 4000 年左右的"庙底沟时代"，当时中国大部地区文化首次交融联系形成以中原为核心的"早期中国文化圈"或文化上的"早期中国"，[25]同时，已经初具社会分化、家族凸现、男权军权凸现等一般趋势，又初步形成社会发展的 3 种不同模式，开启了早期中国文明起源的先河。当然这种不同模式的形成与各地自然资源和财富积累的程度有关，实际是适应不同自然环境的结果。这种社会发展的一般趋势和不同模式，是早期中国文化有中心的多元一体特点的又一种体现方式，是中国文明具有无穷活力而从不间断的根源所在。[26]其中"中原模式"生死有度、重贵轻富、井然有礼、朴实执中的特点，实际上成为后世中国文明的核心特质。

注释：

[1] 中国社会科学院考古研究所河南一队、河南省文物考古研究所等：《河南灵宝市西坡遗址 2006 年发现的仰韶文化中期大型墓葬》，《考古》2007 年第 2 期，第 3—6 页；河南省文物考古研究所、中国社会科学院考古研究所河南一队等：《河南灵宝市西坡遗址墓地 2005 年春季发掘简报》，《考古》2008 年第 1 期，第 3—13 页；中国社会科学院考古研究所、河南省文物考古研究所：《灵宝西坡墓地》，文物出版社，2010 年。

[2] 李伯谦：《中国古代文明演进的两种模式——红山、良渚、仰韶大墓随葬玉器观察随想》，《文物》2009 年第 3 期，第 54 页。

[3] 中国社会科学院考古研究所、河南省文物考古研究所：《灵宝西坡墓地》，文物出版社，2010 年，第 208 页。

[4] 韩建业：《略论中国铜石并用时代社会发展的一般趋势和不同模式》，见《古代文明》第 2 卷，文物出版社，2003 年，第 84—96 页；已收入本书。

[5] 北群最西的 M34 和西群最北的 M28 所在探方相连，二者间距 15 米；北群最靠东南的 M18、M20 与 M6 所在探方相连，二者间距 12 米；M6 和南群最北的 M1 所在探方相连，二者间距 22 米。因此，虽然该墓地中间部位还有较大面积没有发掘，不排除其间还存在墓葬的可能性，但必定不会多，几个墓群的划分应可以基本反映墓地的实际情况。

[6] 中国社会科学院考古研究所河南一队、河南省文物考古研究所等：《河南灵宝市西坡遗址试掘简报》，《考古》2001 年第 11 期，第 3—14 页；河南省文物考古研究所、中国社会科学院考古研究所河南一队等：《河

南灵宝市西坡遗址 2001 年春发掘简报》，《华夏考古》2002 年第 2 期，第 31—52 页；河南省文物考古研究所、中国社会科学院考古研究所河南一队等：《河南灵宝西坡遗址 105 号仰韶文化房址》，《文物》2003 年第 8 期，第 4—17 页。

[7] 中国科学院考古研究所山西工作队：《山西芮城东庄村和西王村遗址的发掘》，《考古学报》1973 年第 1 期，第 1—63 页。

[8] 关于墓葬所反映的丧葬思想的分析思路，参见巫鸿：《礼仪中的美术——马王堆再思》，见《礼仪中的美术——巫鸿中国古代美术史文编》，生活·读书·新知三联书店，2005 年，第 101—122 页。

[9]《礼记·曲礼下》："在床曰尸，在棺曰柩。"

[10] 山东省文物考古研究所：《大汶口续集——大汶口遗址第二、三次发掘报告》，科学出版社，1997 年，第 121—123 页。

[11] 南京博物院、张家港市文广局、张家港博物馆：《江苏张家港市东山村新石器时代遗址》，《考古》2010 年第 8 期，第 3—12 页。

[12] 安徽省文物考古研究所：《安徽含山县凌家滩遗址第五次发掘的新发现》，《考古》2008 年第 3 期，第 7—17 页。

[13] M31 仅存的墓室底部长达 2.6 米，原来规模可能与长度相近而与同样有脚坑的 M13 相若，M13 墓口面积 6.19 平方米。

[14] 人骨鉴定显示这两座墓与 M8 墓主人的头骨形态有更大的相似性。见中国社会科学院考古研究所、河南省文物考古研究所：《灵宝西坡墓地》，文物出版社，2010 年，第 130 页。

[15] 山东省文物管理处、济南市博物馆：《大汶口——新石器时代墓葬发掘报告》，文物出版社，1974 年；韩建业：《大汶口墓地分析》，《中原文物》1994 年第 2 期，第 48—61 页。

[16] 韩建业：《略论中国铜石并用时代社会发展的一般趋势和不同模式》，见《古代文明》第 2 卷，文物出版社，2003 年，第 84—96 页；已收入本书。

[17] 严文明：《略论仰韶文化的起源和发展阶段》，见《仰韶文化研究》，文物出版社，1989 年，第 122—165 页。

[18] 山西省考古研究所：《山西翼城北橄遗址发掘报告》，《文物季刊》1993 年第 4 期，第 1—51 页。

[19] 河南省文物考古研究所：《三门峡南交口》，科学出版社，2009 年，第 92—94 页。

[20] 仰韶文化庙底沟类型的前身是东庄类型，而东庄类型是在枣园类型的基础上，受到半坡类型的强烈影响而形成的（见田建文、薛新民、杨林中：《晋南地区新石器时期考古学文化的新认识》，《文物季刊》1992 年第 2 期，第 35—44 页）。属于枣园类型的山西垣曲东关一期墓葬，均质朴而基本不见随葬品，与半坡类型墓葬多数有几件随葬品的情况有区别（见中国历史博物馆考古部、山西省考古研究所、垣曲县博物馆：《垣曲古城东关》，科学出版社，2001 年，第 42—45 页）。

[21] 河南省文物考古研究所、南阳市文物考古研究所：《河南西峡老坟岗仰韶文化遗址发掘报告》，《考古学报》2012 年第 2 期，第 217—268 页。

［22］严文明：《〈鹳鱼石斧图〉跋》，《文物》1981 年第 12 期，第 79—82 页。

［23］内蒙古文物考古研究所、北京大学中国考古学研究中心"聚落演变与早期文明"课题组：《岱海考古（三）——仰韶文化遗址发掘报告集》，科学出版社，2003 年。

［24］韩建业：《中国北方地区新石器时代文化研究》，文物出版社，2003 年。

［25］韩建业：《庙底沟时代与"早期中国"》，《考古》2012 年第 3 期，第 59—69 页；已收入本书。

［26］严文明：《中国史前文化的统一性与多样性》，《文物》1987 年第 3 期，第 38—50 页。

西坡墓地再讨论

◎张雪莲　◎李新伟

《灵宝西坡墓地》[1]考古材料系统、翔实，为其后的研究提供了第一手资料，各方学者的精彩分析为深入探讨创造了条件。本文在先前考古学研究的基础上，结合多学科研究的成果，通过多视点、多角度的分析，对墓地划分、身份认定以及器物的使用及意义等方面做了进一步探讨，使我们有机会再读西坡。

一、问题的缘起

问题的缘起还要从先前的食物状况分析结果的考察说起。

在第五次、第六次发掘中，西坡墓地共发掘墓葬 34 座[2]。发掘的墓葬大小不等，随葬品种类、数量也不尽相同。（图一）

依据考古学家最初对于墓地墓葬的划分，即墓口面积 8 平方米及以上的为大型墓葬，4~8 平方米的为中型墓葬，4 平方米以下的为小型墓葬。西坡墓地大型墓葬有 7 座，其中墓口面积大于 12 平方米的有 4 座，分别为 M27，M29，M17，M8；墓口面积为

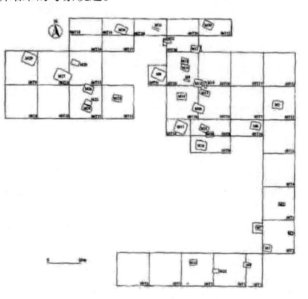

图一　西坡墓地墓葬分布图[3]

8~9 平方米的有 4 座，分别为 M16，M18，M31，M34。中型墓葬有 13 座，分别为 M6，M30，M13，M14，M24，M26，M3，M5，M12，M21，M10，M23，M33。小型墓葬有 13 座，分别为 M11，M9，M22，M19，M15，M4，M28，M20，M25，M7，M32，M2，M1。笔者应用碳氮稳定同位素分析方法，对其中 31 座墓葬人骨进行了分析，得到墓主人主食、营养级信息，并以此对男女性别、不同年龄、不同规格墓葬进行比较，获得了一些有意义的结果。其中引人

注目的是发现了墓葬规格与营养级之间存在比较明显的对应关系。（图二）

将图二中的结果与图一中的墓葬相比较可以看出，属于大型墓葬的 M8，M18，M27 和 M29，其 $\delta^{15}N$ 表征的值营养级基本均在 10.5‰ 以上，明显高于其他中小型墓葬墓主人的营养级，两者之间形成鲜明对照。随之，做了墓主人 $\delta^{15}N$ 值与其墓葬墓口面积之间的相关性考察。（图三）

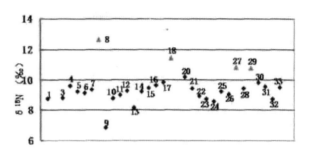

图二　西坡墓地人骨 $\delta^{15}N$ 分析结果[4]

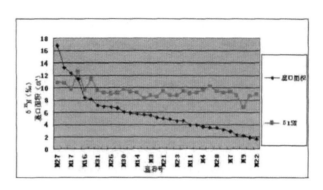

图三　西坡墓地墓口面积与墓主人 $\delta^{15}N$ 分析值之间的比较

图三显示了墓葬墓口面积与墓主人 $\delta^{15}N$ 值之间的相关性比较状况。由此所得到的相关系数为 0.63，显示出两者具有相对较为明显的相关性。但同时，从图三也可以看出，在较大型墓葬和较小型墓葬的某些区段，墓主人 $\delta^{15}N$ 值与其墓口面积两者之间仍然存在一定程度的不协调，使相关性程度受到影响。其中最为明显的是几座较大型墓葬，从总体上看，这几座墓葬墓主人的 $\delta^{15}N$ 值均高于中小型墓葬墓主人，但他们相互之间关系的不协调性还比较明显，如 M27 的墓口面积为 16.9 平方米，墓主人的 $\delta^{15}N$ 值为 10.83‰；M29 的墓口面积为 13.2 平方米，墓主人的 $\delta^{15}N$ 值为 10.78‰；M8 的墓口面积为 12.21 平方米，但墓主人的 $\delta^{15}N$ 值为 12.65‰，明显高于前两者。由列出的数值可以看出，对于这几座墓葬来说，墓口面积较大者，墓主人的 $\delta^{15}N$ 值并不是相对较高者，因而使得图中此部分由 $\delta^{15}N$ 值形成的曲线不是随墓口面积值的减小形成平滑的线段，而是上下起伏变化，形成折线。

由先前学者们对于墓地墓葬的研究可以发现，一个氏族或家族中的墓葬相互之间一般比较聚拢，有自己相对集中的区域，也有大致类似的朝向，相对比较容易区分，如大汶口文化的刘林墓地[5]、三里河墓地[6]，仰韶文化的姜寨墓地[7]，史家墓地[8]中的各个小墓群的分布情况。西坡墓地的

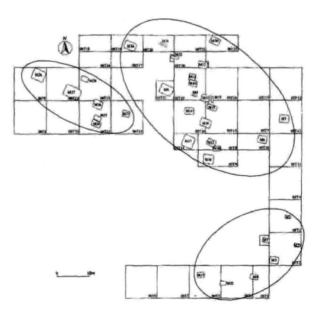

图四　西坡墓地墓葬分区图

墓葬是否也可以进一步区分出各自相对独立的群体呢？从现有的墓葬分布情况看，似乎可以依照相互之间距离的远近，区分为各自相对集中的 3 部分。这里依据墓地现有的分布情况，做初步的划分：

第一部分为偏西的部分，包括 M23，M24，M25，M26，M27，M28 和 M29，共 7 座墓葬，称为西区。

第二部分为偏东的部分，包括 M8，M18，M20，M17，M30，M16，M31，M15，M21，M12，M14，M11，M22，M10，M13，M9，M19，M5，M6，M34 共 20 座墓葬，称为东区。

第三部分为东南面的部分，包括 M1，M2，M3，M4，M7，M32，M33 共 7 座墓葬，称为东南区。（图四）

这样做出的划分是否合理，下一步要做的是找出相关的证据以检验其合理性。

二、墓地划分依据的讨论

（一）墓口面积与墓主人 $\delta^{15}N$ 值之间的相关性

首先还是由墓口面积与墓主人 $\delta^{15}N$ 值之间的相关性程度来看一下。

划分成 3 个区后，西区 7 座墓葬的相关系数为 0.88。明显高于西坡墓地整体比较的相关系数 0.63。东区 20 座墓葬的相关系数为 0.71，稍高于整体比较的相关系数。东南区 7 座墓葬的相关系数为 0.13，明显低于整体比较的相关系数，显示出其相关性较差。西区和东区划分后，相关系数都高于原先的整体比较所得值，似乎表明这样的划分比先前未划分的状态更为合理。相比之下，东南区的相关系数值比之整体值下降，显示出划分的合理性较差。

（二）分区与墓葬 M27 和 M8 的考察

1. 墓葬 M27 和 M8 的规格等级

通过对墓口面积、墓葬结构以及随葬品数量的考察发现，M27 和 M8 分别为西区和东区规格等级最高的墓葬。

从墓葬规格上看，西区的墓葬中 M27 墓口面积相对最大，为 16.9 平方米，其墓葬结构也属于最为复杂的，比如在其脚坑、墓室上均有盖板，在墓室的盖板上还覆有麻布。墓室内有草拌泥填封，其中还夹杂有酸枣、野茉莉、野山楂、柿、山胡椒等多种植物叶子。M27 的随葬品有 9 件，是西区中随葬品数量最多的。

东区的墓葬规格最高者应属 M8。M8 墓口面积为 12.21 平方米，其随葬品数量为 11 件。在墓口面积与随葬品数量上均可与 M8 相媲美的是 M17 和 M31，M17 墓口面积为 12.42 平方米，随葬品数量为 12 件，但在其他方面较之 M8 稍差，比如其深度仅为 1.44 米，较之 M8 的 2.2 米深度，明显浅一些；在其随葬品的种类上，如陶壶、陶缸、釜灶等，M17 中均不见。而簪或簪形器在 M17 中所占的比例较大，但这类器物的身份等级特征在西坡墓地似不甚明了。M31 有

15件随葬品，较之M8为多，但随葬品的质地和制作的精致度，较之M8稍差，如篦形器、釜灶等。M31虽然缺乏墓口宽的数据，但据其所在位置和朝向以及它的墓口长度，推测应同M34的墓口面积大小相近，即8平方米上下，应较之M8明显为小。

由此看来，M27和M8应分属为西区和东区的核心或首领级墓葬。而处于东南区的墓葬中则没有发现具备这种较高等级条件的墓葬。

2. 墓葬M27和M8墓主人的营养级

通过对墓主人营养级的考察可以发现，西区和东区这两个区域各自群体中墓葬规格、等级相对最高的，其墓葬主人的营养级也均为最高者。

人骨碳氮稳定同位素分析结果显示[9]，表示墓主人营养级的 $\delta^{15}N$ 值在西区最高的是M27墓主人，为10.83‰；在东区是M8的墓主人，其值为12.65‰，两者均在各自区域中享有最好的食物。这表明不仅在死后的丧葬礼仪上，两位墓主人在各自区域中的待遇等级最高，其生前的生活环境也是各自区域中最好的。在整个墓地中 $\delta^{15}N$ 值超过10‰的仅为5人，不到整个墓地分析人数的1/6。

而处于东南区的墓葬中，其 $\delta^{15}N$ 值最高者为9.61‰，显然达不到等级较高者的水平。

3. 墓葬M27和M8出土的随葬品——大口缸

通过对随葬品的考察可以发现，西区和东区这两个区域各自群体中墓葬规格和等级相对最高的墓主人，在其随葬品上也具有一定的对等性。其中最具特色的是各具有一对纹饰、色彩比较考究的大口缸。该器物制作原料选择的是含有大小不一的白色石英颗粒的夹砂陶土，器物外表面在篮纹之上施有一定宽度的红色彩带，其上有近圆形的斑点点缀。其中一个大口缸在外表面中部偏下的位置还施有一圈附加堆纹。这对器物制作工艺的复杂程度以及精致程度在整个墓地陶器类随葬品中显得非同一般，而且在其造型、纹饰、尺寸等方面也几近相同或类似，应该是专门设计制造对等的两对器物。由于此器物仅在M27和M8中发现，应为象征身份、等级的器物。

4. 墓葬M27和M8墓主人体质人类学方面的考察

依据体质人类学家对墓地出土人骨的鉴定分析可以看出，西区规格等级最高的墓葬M27墓主人和东区规格等级最高的墓葬M8墓主人在骨骼形态上十分相似，通过"能测量到的颅长、颅宽、最小额宽、两眶外缘宽、两眶外缘间高、鼻颧角、颅指数和额宽指数等8项变量"的聚类统计结果显示，两者在头骨形态特征上具有相似性[10]。同样具有相似性的还有肢骨以及身高。M8和M27墓主的身高分别为163厘米和165厘米左右，均属男性中身高较低者。肢骨的测量结果显示，西坡墓地中有4个男性个体其"肢骨特征上呈现女性化特征，尤其是高等级墓葬M8，M27和M29的3个个体"，并认为"他们之间可能存在更近的关系"[11]。M27和M8墓主人两者头骨上均有"发育完整的额中缝"，而一般这样的完整额中缝出现率较低。由此，两者之间被认为"可能存在更为密切的亲缘关系"[12]。这似乎也显示出两位墓葬主人在其亲缘

关系、家族背景方面可能的对等性。

以上讨论显示，墓葬 M27 和 M8 无论从相对等级，还是从其他方面的对等性上看，应分别属于西区和东区首领级人物，有可能是一个大家族中的两个分支家族的族长式人物。

（三）分区与几种随葬品的考察

1. 墓地随葬品中的玉钺

钺，较早期时是和石磨盘、石磨棒等同出，而在较晚期时是和刀之类的共存，所以被认为在较早时期一般是用作工具，较晚时期可能较多地是用作武器。而玉钺则被更多地赋予了权利、地位的象征，可能还有财富的含义于其中，因而也被认为属"礼仪"之玉钺[13]。西坡墓地共发现玉钺 13 个，分别出自 M8（大型墓），M17（大型墓），M31（大型墓），M34（大型墓），M6（中型墓），M30（中型墓），M11（小型墓），M9（小型墓），M22（小型墓）。富含诸多寓意的玉钺全部出土于东区墓葬，在西区没有出现，即便是西区的几座较大型墓葬亦不见。这种现象应该不是偶然的，似乎暗示了两个区域之间的差别，推测这有可能是两个家族之间的差别。

这种差别蕴含的是等级地位、富庶与否，抑或是偏好、标志？虽然还难以解答，但显示了两者之间是有区别的。

2. 墓地随葬品中的石钺

整个墓地中发现的石钺仅有 3 件，一件出土于西区的 M24，另外两件分别出土于东区的 M9 和 M17。其中比较引人注目的是石钺在各自墓葬中的摆放位置。出土于 M24 中的石钺位于墓主人头的左侧，而出土于 M9 的石钺位于墓主人头的右侧，出土于 M17 的石钺则在墓主人的右手外。再结合东区独有的玉钺也基本处于墓主人的右侧看，石钺分别置于左侧和右侧这两种不同的摆放位置，或许隐含了东区和西区之间的区别。

关于钺的摆放位置，据相关的研究[14]，如良渚文化的反山[15]和瑶山[16]的墓葬群中，钺的摆放也是各不相同，反山墓地墓葬中的钺基本摆放在墓主人的左侧，而瑶山墓地墓葬中的钺则摆放在墓主人的右侧。研究者认为摆放位置不同，有可能意味着两处墓地的等级有差别。相比之下，西坡墓地中这种摆放上的差别也可能蕴含有等级因素，但好像作为家族之间的区别，似乎更合理些。

3. 墓地随葬品中的发簪

墓地中发现的发簪及簪形器有 17 件，分别出土于 5 座墓葬。其中 M14 出土 2 件，M17 出土 5 件，M18 出土 4 件，M19 出土 4 件，M34 出土 2 件。因为残骨器与簪形器有相似之处，若将此也算在其中的话，则 M11 有 4 件，M8 有 1 件，M31 有 2 件，M34 有 2 件。出土此类器物的墓葬区域特征比较明显，均属东区，西区则未发现一例。这是否也显示两个墓葬群之间的差别？倘若这种差别确实存在，则表明在发簪的使用上，也应存在一定的规矩或要求。

相对于群体之间，群体内部的交流、沟通应更为密切，因而在一些生活习惯、习俗、服饰等方面也更具认同感，有较多的相似性，由此也就形成了群体之间的审美差别，比如服饰、装束上的不同，会显示出群体的各异[17]。当然，其中还有性别、年龄、身份、地位等社会因素的掺入。

设想在距今5000多年的西坡，限于当时的生产力水平，在染织材料、染织技术等均欠发达的条件下，所能够体现出来的服饰上的差别肯定也是有限的。发饰可以说作为服饰的补充，客观上发挥了一定的作用。所以发簪的使用与否，是不是也就成为一种标志呢？

以上是相对较为明显的、可作为进行相互比较的一些现象。还有的虽然并不是太清晰，但也值得考虑，不妨在这里提一下。

由西坡墓地分布图可以发现，M8和M27两座墓葬有着大体一致的朝向。墓葬登记表显示，具体测算出的方位分别是西北向的295°和296°，而在此朝向附近与之偏离度数较小的墓葬并不多，仅有M21（295°），M30（294°）。由西坡发掘者依据下葬的植物以及其他文献等相关资料进行综合研究[18]，认为部分墓葬的朝向或许同死亡时间有关系，这应该是一种说法，但两座大墓朝向如此相近，是否有对等因素存在，也值得考虑。由此值得进一步思考的或许还应有其朝向是否同家族因素相互关联[19]。再者，在朝向比较相近的几座墓葬中，其纬度相近的也仅有M8和M27这两座墓葬，值得关注[20]。另外，这些较大型墓葬在排列、朝向等方面的相互关联，似也展露出一个大家族中的两个小分支的特征。

通过体质人类学人骨的分析研究发现，M8和M27这两座墓葬主人都曾受过胸部创伤，M8墓主人伤在左侧，"左侧肋骨有断裂愈合痕迹，愈合处明显膨大"。M27墓主人伤在右侧，"右侧第2、3肋骨中部有骨折错位愈合"[21]。体质人类学研究结果显示，西坡墓地的居民中所发现的骨折有病理性和创伤性两种，而M8和M27墓葬主人均属创伤性的。创伤性骨折除肋骨外，还发现有属于肢骨的肱骨骨折，颈椎骨塌陷以及胸椎被贯穿等。墓地中肋骨创伤较明显的只有M8和M27两座墓葬主人。研究者推测，导致创伤的发生，不能排除其偶然性，但也有可能与暴力冲突有关。再就是可能有"打斗或对抗竞赛"[22]。设想若冲突发生在M8和M27两位墓主人之间的话，则有可能存在个人或家族之间的冲突、打斗、对抗竞技等暴力行为。

（四）关于墓地划分的补充

关于墓地的划分，最后再做一点补充讨论。在前面墓地划分中是依据墓地墓葬的自然分布所进行的大致划分，对墓葬分布再进行稍细一层的观察可以看出，在东区靠近最北面的3座墓葬M34、M31和M30，距离东区主体墓葬群稍远一些，而且相互之间排列整齐，其朝向也比较一致，有些独立成组的迹象。东区最东面的M6和M5，也离东区主体墓群稍远，是另有归属，还是各自独立，这里也稍加讨论。首先，东区最北面的3座墓葬，虽距东区主体墓葬群稍远，但距离西区墓葬群更远，从位置上看，不应归属于西区。再者，此3座墓葬中有2座出土有玉钺，而且摆放在墓主人的右手或头的右侧，这些同东区其他出土有玉钺的墓葬中的摆放位置相同。由此看来，此组墓葬还是应属东区墓葬群。再看 M6 和 M5，其中 M6 中也出土了玉钺，而且其摆放位置处于墓主人头的右侧，所以也应属于东区。M5 中没有玉钺这类可以作为明显标志的器物随葬，仅有的随葬品是一石纺轮，墓主人是一位女性，推测其身份有可能与纺织有关。由于与东区主体墓葬群的相对距离稍远，推测该墓主人生前可能是该家族较远一些的亲戚，抑或是在社会生活上与该家族过往甚密的外族人。

（五）关于东南区墓葬

综上分析，西区和东区有可能是一个大家族中的两个小家族分支的墓葬群，东南区则同前两者之间有差别。仅由墓葬规格看，不具备一般家族墓地那种大大小小墓葬兼有，呈比较自然状况的墓葬群，而是在规格上相对比较单一的群体，因而不应属于各自相对独立的家族体系的墓群。由东南区的墓葬规格和墓中的随葬品来看，除了 M3 墓口面积较大些，并发现有 10 余件高度或直径几乎均不足 3 厘米的象征性小杯形器外，其余墓葬墓口面积均较小，且几乎不见随葬品，因而推测这几座墓葬或许是外族人，抑或身份低微，也有可能是触犯了家规而被排斥不能入家族墓地的人。

从已有的研究看，其中有这样几座墓葬的情况比较引人关注，例如西区的 M26 和东南区的 M3，两座墓葬从随葬品上看，均随葬高度在 3 厘米上下的小杯形器和石块，而仅以此两类为随葬品的，墓地中也只有这两座墓葬。同时，据体质人类学研究，两位墓葬主人在体貌特征上也有相似之处，"两个体的肢骨形态极其相似"，并认为两人"也可能存在遗传关系"[23]。从两个体的 $\delta^{15}N$ 分析值看，两者也比较接近，一个为 9.05‰，另一个为 8.80‰，显示了两者相近的生活水平。而两位比较亲近的人一位葬于西区，另一位则葬于东南区，显然有些不合常理。再如东南区的 M33 和东区的 M10，从体貌特征上看两位墓主人也有相似的体貌特征和身高，而且均习惯于用左手，这些均显示了较近的亲缘关系。在随葬之物上也显示出其雷同性，即仅在其脚下有一石块。但两者亦未能同葬一区。再结合其食物状况分析结果看，M33 墓主人 $\delta^{15}N$ 分析值为 9.51‰，这一分析值虽然难以同墓地中较高等级墓葬的墓主人分析值相比，但明显高于西区和东区的一些中、小型墓的墓主人，而且还明显高于 M10 墓主人，显示其生前也具有相对较好的生活环境。该墓主人死后没能同其亲友或家人同葬一区，反映出有可能在较短时间内，该墓主人的家族地位发生了变故，因而很快变成了另类人[24]。

综上，由墓葬规格、随葬品等所体现出的差异或对等，再结合体质人类学、食物状况等研究，可以认为东区和西区有可能是一个大家族中两个分支的小家族墓地，而东南区的墓葬中则有些不排除类似那种"特葬墓"的可能[25]。再结合第三次发掘[26]和第四次发掘[27]的资料看，在该墓地的北面与墓地相距数百米的地方，考古学家发现了两座面积分别为 204 平方米（F105）和 240 平方米（F106）的半地穴式大型房址。两所房址的门一个朝向东南，一个朝向东北。结合墓地的两个分区看，若两个家族这一说法成立的话，是否有可能同这两个大型房址建立联系呢？当然，这样的联系必须是以考古学和年代学研究的支持为前提的。

三、与墓地相关的其他问题的讨论
（一）关于用钵

墓地发掘者讨论了随葬器物碗、钵与性别以及年龄的关系。依据所列出的碗和钵的随葬情况，这里笔者还想仅就钵做进一步的讨论。

墓地中发现了8件陶碗，分别出自两座女性墓，M6有2件，M14有1件；一座性别不明的墓M17有1件；4座男性墓，M13有1件，M24有1件，M29有1件，M30有1件。12件陶钵，分别出自5座女性墓，M14有1件，M16有1件，M18有1件，M31有1件，M34有2件；一座同时葬有一位女性和一个幼儿的墓M11有2件；一座性别不明的墓M17有1件；两座男性墓M8有2件，M27有1件。陶碗的出土情况，仅就性别明确的墓葬看，男性墓：女性墓为4：2。出土陶钵的男性墓：女性墓为2：6。结合分区与用钵情况，只有两座男性墓中出土有陶钵，而此两座墓葬墓主人分属各自分区的核心级人物。是否由于他们不一般的地位，才可以随葬一般男性所没有的陶钵呢？若是如此，则钵的女性特征就更加明显。

整个墓地中性别清楚的女性墓葬总共10座，其中没有出土陶钵的有4座，占2/5，其中3座墓葬的随葬品情况为，M5随葬的只有1件石纺轮；M22有1件玉钺和1件玉环，但其墓口面积很小，仅为1.56平方米；M23没有任何陶器随葬，也未见任何其他随葬品。可见这3座墓葬均属较为特殊，或等级较低者。另外一座墓葬M6，墓葬中虽然没有陶钵，但有2件陶碗。从整个墓地墓葬的出土器物情况看，出土2件陶碗的仅有该墓葬1座，不知是否多出的陶碗可有代替陶钵之意。倘若如此，则是有陶器随葬的女性墓葬均见陶钵，抑或陶钵不仅与性别相关，也隐含有一定的等级色彩。

（二）关于用玉钺

如前所述，玉钺仅在东区出现，13件玉钺出土于9座墓葬中，其中3座男性墓葬，1座性别不明墓葬，1座女性和幼儿的二人合葬墓和4座女性墓葬。男性墓葬中M9中的玉钺发现于填土中，暂不讨论。其他两座男性墓葬中，M8的玉钺放置于墓主人右手外边，M30的玉钺置于墓主人右边盆骨下面。4座女性墓葬中，M6，M22和M31的玉钺都置于墓主人头的右侧，M34的玉钺置于墓主人右手边和脚坑。葬有女性和幼儿墓的M11中，玉钺则似置于幼儿的右手外边和左腿处。其中M6和M31墓主人年龄分别为40和45岁左右，M22为16~20岁，M34为14~16岁，M11为幼儿。这样看来，似乎成年男性和未成年人墓中，玉钺放置在右手边（M22的墓主或许许配了人家，被认为是成年了），而成年女性墓中，玉钺则放置在头的右边。

另外，M11、M34墓主人属未成年人，除在墓主人手边置玉钺外，还有另外的玉钺置其

腿部或脚坑中，似乎是对未成年者的照顾[28]。M22墓主人的右腿外边有一玉环，不知是否也隐含此意，若是如此，此墓中2件玉器的摆放体现的应是该墓主人的双重角色。

通过考察发现，若以墓主人头向为基准的话，13件玉钺中大部分其刃口是朝向上方的，只有M30和M9是朝向下方，而这两座墓葬中的玉钺一件发现在填土中，另一件发现是在盆骨下，同其他墓葬中的放置位置多少有些不相同。

（三）关于M17墓主人

1.M17墓主人的性别和年龄

由于现代墓的侵扰，M17墓主人骨架所剩无几，难以判定其性别和年龄，但其所居墓穴较大，令人关注，成为西坡墓地中的一个谜。通过上述对遗迹现象的讨论，似可以观察到些许线索，有助于这一谜团的破解。首先是陶钵的存在与否。西坡墓地中除两座级别最高的男性墓中出土有陶钵外，其余的陶钵均出于女性墓葬中。M17墓中也发现有陶钵，表明女性的可能性较大。第二是玉钺及其数量。M17中出土玉钺2件，属出土玉钺较多的墓葬。而其他出土玉钺的墓葬中，玉钺数量较多的M34为未成年人墓，由这一点上看，M17墓主可能是未成年人。另有M11，M11中出土了3件玉钺，其中可鉴别出2个人骨个体为一位成年女性和一位幼儿。该墓葬中幼儿的骨骼较完整，且玉钺明显放置在幼儿的右（手）腿外边，其他成年女性墓中玉钺均置于头的右边表明玉钺应该是随葬于幼儿的。再者，在幼儿左腿处放置一件玉钺，这也与M34的情况类似，由此则可以认为，随葬玉钺较多的应为未成年者，推测M17墓主可能属于未成年人。

仍然令人不解的是，M17墓主人头上有发簪，而在其他墓葬中墓主人头上发现有发簪的均为成年男女，如M14，M18和M19。有些未成年者的墓葬也出土有发簪或簪形器，如M34，但那是发现在脚坑中。且体质人类学家依据M17中所发现的个别牙齿和零碎残骨片也推测该墓主人有可能为成人。

据这一线索看，或许M17墓主人的身份还应再做进一步的考察。被近代墓葬打破的M17墓主人骨骼只残剩零星小片，难以辨识出个体情况，但遗留的器物及大致的位置还是清晰可见，其中除了头部上方的2件骨簪外，在右手边的位置有1件石钺，1件玉钺，1件象牙箍形器，3件骨簪形器。在脚坑中，墓主人左腿下方的位置有1件玉钺。在脚坑偏东北角的位置有1件陶钵，1件陶碗，1件骨管状物。细细观察这一场景，应该说似曾相识，因为M11墓葬中钺的数量及大致的摆放位置、朝向，残骨器大致的数量和摆放，象牙箍形器的位置等，这些均同M17很相像，其中的差别仅是其右手边的钺，M11中是2件玉钺，而M17中有1件是石钺；M11中的残骨器较之M17中的骨簪形器多一段；两个墓中出土的象牙器的大小有些不同。若可以忽略这种差别的话，则很有可能M17类似于M11，是一座2人合葬墓，即一成人和幼儿的墓葬。

2. 关于 M17 墓口面积稍大于 M8 的原因

前面提到 M17 墓口面积稍大于 M8。但从墓葬深度、随葬品种类和质地上看，该墓主人的等级身份不应高过 M8 墓主人，而且食物状况分析结果（9.85‰）也显示其营养级明显低于 M8 墓主人（12.65‰），由此看 M17 墓葬墓口面积似不应大于 M8。怎样看待这种僭越行为，可能其原因比较复杂，这里仅依据墓地给出的遗物资料略作讨论。

首先看一下 M8 和 M17 墓葬中所出随葬品。M8 中出土了 1 件骨质地的"骨箍形器"，"乳白色，近椭圆形，长径 8.8、短径 6.2、高 3.7、厚 0.6 厘米"[29]。该器物位于墓主人的头部偏上的位置。M17 出土了 1 件骨管状物，与 M8 的那件"骨箍形器"有些类似。该器物"为动物肢骨的一段。近空心圆柱状，一端较光滑，一端有疤痕。内壁为自然骨骼内面，较粗糙。直径 2.8、高 1.7、厚 0.5 厘米"[30]。出土于脚坑中。尽管目前还不清楚这类器物作何之用，但墓地中发现这类器物的仅为 M8 和 M17，这是否显示出两者之间非同一般的关系？当然，两件器物虽为同一质地，且均为管状，但在其大小、器形方面还是有些差别，是否可作为同一类器物看待也还有待于进一步讨论。此外，发掘者提到了墓地中的早殇者，由上面随葬品及其摆放位置等方面的讨论推测，M17 墓主人也应为这种早殇者，年纪轻轻就去世了，因而得到了"特殊葬仪"[31]，即墓葬墓口面积较大。而更为关键的是可能死亡时间早于 M8 墓主人，这是能够被允许或实现这一僭越的重要条件，因为为地位相对较低的人实行如此"厚葬"，这应该是首领的权利。而结合年代的测定结果来看，在所测定的东区内十几座墓葬的年代中，M17 的死亡年代相对是属于较早的，至少在年代数据的概率分布上不晚于 M8。

（四）关于玉钺的使用

现在我们再来看关于玉钺在西坡墓地中的使用对象。如前所述，用钺的墓葬为 1 座妇女和幼儿合葬墓（M11），倘若之前推论被认可的话，还有 M17 为成人和幼儿合葬墓，4 座女性墓葬，3 座男性墓葬。女性墓葬中 1 座成年者（M6），1 座未成年者（M34），1 座是 16~20 岁的年轻女性（M22），还有 1 座类似于麻风病症的患者（M31）。3 座男性墓葬中 1 座是核心级人物的墓葬（M8），1 座是未成年的男性（M9），1 座为患有严重的骨髓炎和骨瘤的患者（M30）。从整个西坡墓地的墓主人患病情况看，M31 和 M30 墓主人属墓地中的常年重病患者。除这两例外，还有几例也属常年重病患者，如 M15 墓主脊柱变形，影响行动，但该墓为较小型墓葬（3.99 平方米），没有随葬品，所以墓中也未见玉钺。再如 M33 墓主，也患有严重的骨髓炎并导致骨折错位等，但该墓不在东区，不属于使用玉钺的区域范围。

由上述使用玉钺随葬墓主人的考察情况看，除 M8 墓主人为首领级人物外，其余基本为妇孺或疾病患者，因而，此处使用玉钺除了有显示身份等级的因素外，或许更多地还应具有辟邪、祛病以及护佑这类因素或色彩[32]。

西坡墓地出土其玉钺的大小各不相同，这里也可略作讨论。由表一可以看出，单从测量

数据上看，其中 M34 的 1 件玉钺最大，其次是 M8，再依次是 M17，M11，M22，M30，M9，M31，M6。其大小顺序除了首领级人物外，基本上为未成年人，然后是成年人。设想若玉钺的大小与保护程度相关的话，则首先需要保护的是未成年人，其次是身体患病的成年人。

表一　西坡墓地出土玉钺尺寸比较表

序号	墓葬	性别年龄	玉钺数量	玉钺尺寸（厘米）（长 × 宽 × 厚）	玉钺位置
1	M6	女，成人	1	12.9 × 5.6 × 0.88	头右侧
2	M8	男，成人	1	22.9 × 6.5 × 1.3	右手外侧
3	M9	男，未成年	1	16.5 × 4.8 × 1.0	填土中，腰部，近右手处
4	M11	女，成人；幼儿	3	17.2 × 6 × 1.5 16.4 × 6.6 × 1.6 17.2 × 5.3 × 1.5	左腿处 右手外侧（偏上） 右手外侧（偏下）
5	M17	女，成人；幼儿	2	16.6 × 8.1 × 1.4 17.9 × 6.6 × 1.7	右手外侧（偏上） 脚坑中
6	M22	女，16~20	1	17.1 × 6.6 × 1.5	头右侧
7	M30	男，成人，患病	1	16.6 × 8.6 × 0.8	右侧盆骨下
8	M31	女，成人，患病	1	13.0 × 6.5 × 1.0	头右侧
9	M34	女，未成年	2	23 × 7 × 1.8，3.3 12.4 × 6.0 × 1.0，2.1	右手外侧 脚坑中

（五）关于墓地的形成

据所测定的碳十四年代数据表可以看出（表二），由于年代测定误差和校正曲线在此段的特征，校正后的日历年代误差较大，难以明确地区，分出每座墓葬的年代以及墓葬之间的相对年代关系，所以这里只能做大致的分析。已测定年代的 18 座墓葬的数据，除了极个别偏离较大外，基本处于 3300BC~2900BC 前后。其中处在 3300BC~3100BC 前后的有 M15，M17，M18，M27，M29，M8，M14，M16。其余则大致在 3100BC~2900BC 年间，有 M1，M3，M4，M5，M10，M11，M13，M20，M21，M30。

发掘者将有随葬品的墓葬依据器物类型做了分期研究[33]，同其中测定了年代数据的墓葬进行比较，吻合度较高，如在偏早段的 M8，M14，M18 等，在偏晚段的 M3，M11，M13，M30 等均与测年结果相一致。

墓葬发掘中发现两组墓葬具有相互打破关系，第一组是 M10 打破 M11，第二组是 M20 打破 M21。两组的测年结果为：

M10，^{14}C 年代，4370 ± 30BP；校正年代，1δ 3015~2920BC，2δ 3090~2910BC。

M11，^{14}C 年代，4403 ± 22BP；校正年代，1δ 3090~2930BC，2δ 3100~2930BC。

M20，^{14}C 年代，4344 ± 24BP；校正年代，1δ 3010~2900BC，2δ 3020~2900BC。

M21，^{14}C 年代，4432 ± 22BP；校正年代，1δ 3270~3020BC，2δ 3330~2930BC。

由数据的概率分布看，两组数据中各自的早晚关系同墓葬打破关系顺应。

由测年结果可以得到初步的认识是：

第一，墓地的西区和东区可能其起始时间不会相差太远，因为年代较早的组中既包含了东区的几座墓葬，也包含了西区的几座墓葬。而东南区由于测定的墓葬数量较少，目前还难以确定其起始时间。

第二，东区和西区中最初的墓葬可能分属各自分区中的较大型墓葬。在所测定的墓葬中年代较早的有西区的 M27 和 M29，东区的 M14，M15，M17，M18，M8，M16。这些墓葬中仅有 M15 墓口面积相对较小，而且墓中也没有随葬品，M14 为中型墓，其余均为 8 平方米以上的大型墓葬。由目前测定的数据情况看，中、小型墓葬的出现基本是在这几座大型墓葬之后。

第三，由所测得的 18 座墓葬的年代结果看，西坡墓地时间跨度为 300 年左右。

综上，初步推断东区和西区可能有大致相近的起始时间，并存在一个并行发展的时期，由此判断这两个区有可能为一个大家族中两个并行发展的小家族墓地。

表二　西坡墓地部分人骨样品碳十四测年数据结果[34]

序号	实验室编号	墓号	碳十四年代（1950，BP，5568）	树轮校正年代（OxCal 3.10）	
				1σ	2σ
1	SP1701	M1	4270±22	2905（68.2%）2885BC	2915（95.4%）2875BC
2	SP1702	M3	4387±22	3080（0.8%）3070BC 3030（67.4%）2920BC	3090（15.0%）3050BC 3040（80.4%）2910BC
3	SP1703	M8	4472±24	3330（50.1%）3210BC 3180（6.3%）3150BC 3120（11.8%）3090BC	3340（70.2%）3150BC 3140（18.4%）3080BC 3070（6.9%）3020BC
4	SP1704	M11	4403±22	3090（22.2%）3050BC 3030（15.9%）3000BC 2990（30.2%）2930BC	3100（95.4%）2920BC
5	SP1705	M13	4420±25	3270（1.6%）3250BC 3100（64.2%）3010BC 2980（1.1%）2970BC 2950（1.3%）2940BC	3310（7.8%）3230BC 3110（87.6%）2920BC
6	SP1706	M21	4432±22	3270（4.4%）3250BC 3100（63.8%）3020BC	3330（17.0%）3230BC 3120（71.6%）3000BC 2990（6.9%）2930BC
7	SP1707	M14	4446±22	3310（2.8%）3300BC 3290（17.6%）3230BC 3110（47.8%）3020BC	3330（36.2%）3210BC 3190（4.1%）3150BC 3130（55.1%）3010BC
8	SP1708	M17	4495±23	3340（28.7%）3260BC 3240（13.6%）3210BC 3190（14.7%）3150BC 3130（11.2%）3100BC	3340（95.4%）3090BC
9	SP1710	M20	4344±24	3010（28.0%）2970BC 2960（40.2%）2900BC	3020（95.4%）2900BC

| 序号 | 实验室编号 | 墓号 | 碳十四年代
（1950，BP，
5568） | 树轮校正年代（OxCal 3.10） | |
				1σ	2σ
10	SP1712	M16	4470±33	3330（46.9%）3210BC 3180（8.4%）3150BC 3130（12.9%）3090BC	3340（95.4%）3020BC
11	SP1713	M18	4507±27	3340（10.9%）3310BC 3300（5.6%）3260BC 3240（51.7%）3100BC	3350（32.6%）3260BC 3250（62.8%）3090BC
12	SP1714	M4	4289±24	2910（68.2%）2890BC	2925（95.4%）2880BC
13	SP1715	M5	4392±23	3090（8.8%）3060BC 3030（14.9%）3000BC 2990（44.5%）2920BC	3090（95.4%）2910BC
14	SP1720	M10	4370±30	3015（68.2%）2920BC	3090（10.4%）3050BC 3040（85.0%）2900BC
15	SP1721	M15	4580±60	3500（14.3%）3430BC 3380（22.1%）3320BC 3240（31.7%）3110BC	3520（95.4%）3090BC
16	SP1724	M30	4370±30	3015（68.2%）2920BC	3090（10.4%）3050BC 3040（85.0%）2900BC
17	SP1725	M29	4490±30	3340（30.2%）3260BC 3250（13.7%）3210BC 3190（13.0%）3150BC 3130（11.3%）3100BC	3350（95.4%）3080BC
18	SP1729	M27	4535±24	3360（19.5%）3320BC 3220（25.4%）3170BC 3160（23.3%）3120BC	3370（29.4%）3260BC 3240（66.0%）3100BC

（六）釜灶、簋形器和陶壶的使用

釜灶是与日常生活密切联系的必需物，冥器釜灶是随葬品中充分体现事死如事生之意的典型器物之一，在新石器时期的一些遗址中多有出现，如距今10000年的甑皮岩遗址[35]，距今7000年的河姆渡遗址[36]等。西坡遗址发现陶釜灶组合11套，分别出于M6，M8，M13，M14，M16，M18，M24，M27，M29，M30，M31，共11座墓葬。

按照发掘者最初依据墓口面积对于大、中和小型墓葬类型的划分可以发现，随葬釜灶的墓葬中有5座大型墓葬，占7座大型墓葬的70%；6座中型墓葬，占13座中型墓葬的46%；没有涉及小型墓葬。可见，使用釜灶的随葬者应属中等及其以上身份的人。

从随葬品数量上看，所涉及的这11座墓葬中，有随葬品15件的1座，11件的2座，9件的3座，7件的1座，6件的4座。总之，其随葬品数量均在6件以上，而墓地中规格最高的大型墓葬中的随葬品也仅有10件左右。从随葬品数量上看，反映出釜灶使用者的身份等级应为中等以上的人群。

对随葬釜灶墓主人的年龄做考察后发现：50 岁左右的有 1 位，45~50 岁左右的 1 位，45 岁左右的 1 位，40~45 岁左右的 1 位，40 岁左右的 4 位，35~40 岁左右的 2 位，35 岁左右的 1 位。由此看出，釜灶使用者的年龄多为 40 岁左右，沿年龄坐标向年龄偏老和偏年轻方向的个体数渐少，这同墓地中通过人骨 $\delta^{15}N$ 分析所反映出的营养级的状况基本一致[37]。

最后看一下随葬釜灶墓主人的男女性别。由墓葬主人的性别可以看出，其中女性为 5 位，占 11 座墓葬的 45%，似乎略低于男性。考虑到样本容量等因素，这一数据应是一个大致的结果。

讨论了随葬釜灶墓主人的身份等级、性别年龄等问题之后，再就釜灶随葬者身份的话题做一点延伸。前已述及，墓地中墓口面积在 8 平方米以上的大型墓葬总共有 7 座，没有随葬釜灶的仅有两座，为 M17 和 M34。由前面所分析的情况看，属于中等级的一些墓葬都随葬了釜灶，大型墓葬应无一例外，才能说得通。这两座墓葬之所以特殊，或许是与这两位墓葬主人均为未成年人有关。虽然 M17 中有成年人，但可能该墓葬体现的是以幼儿为主体的。而其他 11 座随葬釜灶者均为成年人，年龄最小的也在 35 岁上下。

这样看来，釜灶的随葬与否，不仅同等级身份有关，还应同是否成年或是否成家有关。据民俗学研究，民间灶神的信仰由来已久，可上溯到新石器时期。在一些典籍中也可以发现帝王信奉灶神的记载[38]。灶神被认为是乡土社会的一位显赫的家神，至今有些少数民族家庭中仍是以炉灶位居家庭正中心，家庭之事均围绕此进行。而且据说灶神还可保家，使家平安，是保护家庭的诸神中最尊贵体面的[39]。所以，灶釜同家应是对应的。

这里再说一下簋形器和陶壶。西坡墓地发现簋形器共 11 套，是与釜灶同出。陶壶共 8 件，也均是与釜灶和簋形器同出，只是所涉及墓葬的数量比出土釜灶和簋形器的墓葬少 3 座。（表三）由于这些器物均是出土于墓口面积相对较大、随葬品较为丰富的中等及其以上的墓葬类型中，而未成年的较大型墓葬如 M17 和 M34 墓葬中并未出现，可见随葬簋形器和陶壶与随葬釜灶者的身份、年龄等有相似之处。

表三　西坡墓地出土釜灶、簋形器和陶壶的墓葬表

序号	墓葬号	性别/分区	釜灶（套数）	簋形器（件数）	陶壶（件数）	墓口面积（平方米）
1	M8	男，东	1	2	1	12.21
2	M14	女，东	1	2	1	5.76
3	M16	女，东	1	2	1	8.37
4	M18	女，东	1	2	1	8.09
5	M27	男，西	1	3	1	16.90
6	M31	女，东	1	4	1	8 左右
7	M29	男，西	1	2	1	13.20
8	M30	男，东	1	4	1	6.38

序号	墓葬号	性别/分区	釜灶（套数）	簋形器（件数）	陶壶（件数）	墓口面积（平方米）
9	M6	女，东	1	0	1	6.71
10	M13	男，东	1	0	1	6.19
11	M24	男，西	1	0	1	5.13

综上，若是玉钺主要同辟邪、祛病有关，而陶钵则主要同性别有关，避开这两种因素的影响，再参照两座高等级墓葬中所随葬器物的情况，则随葬器物中的釜灶、簋形器和陶壶的组合应为较之体现等级的大口缸次一等级的器物组合，可能也是属于体现等级身份的基本组合。由于此3种器物据其器形和功能应该分别代表炊（釜灶），食（簋形器为存储之用，其形状又类似小型粮仓[40]）和饮（陶壶），所以西坡墓地的基本组合均应同食物相关，这显示了民以食为天的基本需求。依据这3种器物，对墓地所做的较高等级人群的考察显示，3件器物全部具备的墓葬在东区有6座，其中女性有4座，占较大比例。在西区只有2座，均为男性。（表三）

（七）关于等级

墓主人的身份地位是通过墓葬的等级来显示的，而墓葬等级则是由其随葬品情况、墓葬规格来推得的。发掘者依据这两种因素将墓地中墓葬等级做了划分，共划分出4个等级[41]。而以$\delta^{15}N$表示的营养级也存在自己的排序，现将以$\delta^{15}N$表示的营养级顺序与墓葬等级做大致的比较。其比较方式为：先将$\delta^{15}N$分析值由高到低排序，根据每一墓葬等级中包含的墓葬数量，将$\delta^{15}N$分析值序列依次分组，然后考察$\delta^{15}N$分析值序列分组墓葬中所包含的相应墓葬等级的墓葬数量。（表四）

表四　西坡墓地墓葬等级和$\delta^{15}N$分析比较表

序号	墓葬号	分区	据墓葬等级的分级[42]	墓口面积（平方米）	$\delta^{15}N$分析值（‰）[43]	两种等级比较结果
1	M8	东区	1	12.21	12.65	
2	M18	东区	2	8.09	11.45	
3	M27	西区	1	16.90	10.83	符合1级的2/3，即66%
4	M29	西区	2	13.20	10.78	
5	M20	东区	4	3.29	10.21	
6	M17	东区	1	12.42	9.85	
7	M30	东区	3	6.38	9.83	
8	M16	东区	2	8.37	9.65	
9	M4	东南区	4	3.63	9.61	符合2级的1/3，即33%
10	M31	东区	2	8	9.57	

序号	墓葬号	分区	据墓葬等级的分级[42]	墓口面积（平方米）	$\delta^{15}N$ 分析值（‰）[43]	两种等级比较结果
11	M33	东南区	4	4.03	9.51	
12	M15	东区	4	3.98	9.47	
13	M28	西区	4	3.43	9.45	
14	M21	东区	4	4.94	9.43	
15	M7	东南区	4	3.03	9.37	
16	M12	东区	4	5.93	9.29	
17	M25	西区	4	3.11	9.23	
18	M5	东区	4	6.95	9.23	
19	M14	东区	3	5.76	9.22	符合 3 级的 1/9，即 10%；符合 4 级的 8/10，即 80%
20	M6	东区	3	6.71	9.14	
21	M26	西区	3	6.82	9.05	
22	M11	东区	2	3.93	9.00	
23	M22	东区	3	1.56	8.90	
24	M10	东区	4	4.86	8.78	
25	M3	东南区	3	5.56	8.75	
26	M23	西区	4	4.38	8.74	
27	M32	东南区	4	2.38	8.73	
28	M1	东南区	4	2.07	8.70	
29	M24	西区	3	5.13	8.59	
30	M13	东区	3	6.19	8.18	
31	M9	东区	3	2.18	6.85	符合 4 级的 4/12，即 33%；符合 3 级的 7/12，即 58%

由表四可以看出，按照墓葬等级划分出的 1 级墓葬有 3 座，按照食物状况分析得到的最前面的 3 座墓葬中有 2 座属于墓葬等级为 1 级的，即相符合的程度为 66% 左右。墓葬等级为 2 级的，有 6 座墓葬，$\delta^{15}N$ 分析顺序接下来的 6 座墓葬中与之相符合的为 2 座，相符合的程度为 33%。墓葬等级为 3 级的 10 座墓葬中，$\delta^{15}N$ 分析顺序在接下来的 10 座墓葬中与之相符合的为 1 座，相符合的程度为 10%。墓葬等级为 4 级的 12 座墓葬中，$\delta^{15}N$ 分析顺序接下来的 12 座墓葬中与之相符合的为 4 座，相符合的程度为 33%。

由这样一个大致的比较可以看出，高等级墓葬的符合程度明显高于低等级墓葬。由于高等级墓葬进行比较的样本较少，这里将墓葬等级 1 级和 2 级的墓葬放在一起考察，在此范围内可比较的墓葬数量为 9 座。1 级和 2 级合并之后 $\delta^{15}N$ 分析顺序与之相符合的为 6 座，其符合程度仍为 66%。再次表明西坡墓地较高等级墓葬较之较低等级墓葬的两个标准之间的符合程度明显较高。

再对上述 $\delta^{15}N$ 分析顺序相当于 3 级和 4 级墓葬的符合情况做细一些的考察，可以发现，$\delta^{15}N$ 分析相当于 3 级的顺序中有 80% 的是 4 级的墓葬。而 $\delta^{15}N$ 分析相当于 4 级的顺序中有 58% 的是 3 级的墓葬。由此表明，在后面的两个等级中，3 级和 4 级的墓葬相互颠倒的比较多。

依据上述两种划分等级的标准所划分出的等级为何会产生这样的差别？初步分析可以看出：首先，两种方法各自还有些不足或缺欠，比如对于食物状况分析来说，营养级高不一定真正代表等级、身份高，如猎手、工匠等特殊群体；而对于墓葬等级标准，比如墓葬中器物的文化价值的级别认定等，是否符合当时的标准……这些可能都会多多少少地影响各自等级的划分和确定，使其结果产生偏离。除此之外，以下两点亦值得考虑。

1. 时间差因素

由于骨骼代谢需要相对较长的周期，因而人骨食物状况分析方法所得到的结果侧重于反映食用者在相对较长时间段内的食物状况，而墓葬状况则更多地代表的是墓主人相对较近时期内的身份地位、社会状况。若长期状况与短期状况相一致，则两种分析方法所得结果也应基本一致；若两种状况不一致，则两种分析方法所得结果之间就可能产生偏离。

2. 族群之间丧葬习俗的差别

族群之间丧葬习俗的不同会在墓葬结构、规格、随葬品种类以及各种器物的器形、质地等方面显现出差别，难以用同一标准进行衡量。若忽略这种不同或差别，难免出现偏离，甚至谬误。关于这一点已有的研究可以为我们提供参照。

比如在《东晋墓葬制度的考古学研究》[44] 一文中提到的东晋墓葬的情况。据研究发现，有些家族墓葬的规格与现实社会中的地位不相称。比如有些比较有背景的家族，其墓葬普遍较小，而其等级地位稍差一些的家族，其墓葬又反而较大。研究者认为，这或许与不同的家族在丧葬礼仪方面崇尚的门风不同有关。在这种情况下，比较各自家族内部的墓葬规格、等级对应是可行的，而两个家族之间的比较就未必能行得通了。

上述讨论显示，关于墓葬等级的划分，在文化面貌分析的前提下，将依照墓葬规格、随葬品情况及建立的墓葬等级分析方法与食物状况分析方法结合会更有效。两种分析方法相互补充，可以对社会的等级、身份有更好地理解、认识，而二者之间差别的大小，可能会从一定层面上反映出其中的问题。同时还要结合各族群之间丧葬特点、习俗，以作为对分析结果的修正。

通过分析，再来看一下应用上述两种分析方法所得出的结果：

第一，西坡墓地较高等级墓葬（相当于墓葬等级划分的 1 级和 2 级），两种分析相符合的程度约为 66%，其一致性较高。而对于较低等级墓葬（相当于墓葬等级划分的 3 级和 4 级），两种分析相符合的程度分别约为 10% 和 33%，其一致性相对较低，而且后两级之间相互颠倒的情况较大。这似乎表明西坡墓地较高层次的阶层相对于较低层次的阶层更为稳定，或许也反映了当时西坡家族的社会状况或特点。

第二，结合墓葬规格来看，西区和东区之间存在些差距，比如在墓口面积、墓葬结构的复杂程度上，西区的 M27 均超过了东区的 M8。若同一而论，M27 其级别应高于 M8。依据出土随葬品情况定出的墓葬价值来看，M8 高于 M27，但由于 M27 在墓口面积、结构方面明显优于 M8，所以，虽然两者均属于 1 级，但 M8 仍居于 M27 之后。综合分析，实际 M8 墓主人的实力是高于 M27 的，由 $\delta^{15}N$ 所显示的营养级来看，M8 墓主的营养级是整个墓地中最高的，也明显高于 M27 的，两者之间的差值约为 2.8‰，差别较明显；而人骨个体间牙齿状况的观察结果也表明，M8 墓主人也是整个墓地中牙齿状况最好的，磨耗度仅为 2~3，属较轻度，而 M27 墓主牙齿磨耗度 3~4，则属中等磨耗度[45]。这些均显示了 M8 墓主人良好的生活状况，相比之下，M27 墓主人还是差一些。再从西区和东区的墓葬人数来看，西区仅有 7 座墓葬，而东区已达 20 座，显示出东区在成员数量上也优于西区。食物状况分析结果也显示了东区人群的营养状况要普遍好于西区人群。基于此，西区内出现较高规格的墓葬，显示了这两个家族之间在丧葬礼仪上有可能存在差别，此时对于墓主人的身份等级若用同一个标准来界定的话，可能会有些偏离。所以，在有条件的情况下进行分区考察，建立各自的标准，等级划分更为客观和有效。

四、结语

西坡墓地的西区和东区，应是一个大家族中并行的两个分支家族的墓葬群。两个小家族之间既各自独立，又相互联系。

西坡时代距今 5000 多年，为仰韶文化庙底沟类型偏晚期，此时的社会有了较为严格的家族墓地管理、丧葬规则、用器制度，加之食物享用上的等级差别、相对较为稳定的家族体系、明确的社会分层等等，在一定程度上显示出当时社会的发展状况以及文明形成或演进的步伐，是我们深入探讨社会复杂化进程的难得的资料，值得深入研究。

以上仅是笔者的粗浅认识，本意是希望通过对西坡墓地的案例研究，探寻多学科结合的研究模式，不当之处，敬请批评指正。

注释：

[1] 中国社会科学院考古研究所、河南省文物考古研究所：《灵宝西坡墓地》，文物出版社，2010 年。

[2] 中国社会科学院考古研究所、河南省文物考古研究所：《灵宝西坡墓地》，文物出版社，2010 年。

[3] 中国社会科学院考古研究所、河南省文物考古研究所：《灵宝西坡墓地》，文物出版社，2010 年，第 15 页。

[4] 中国社会科学院考古研究所、河南省文物考古研究所：《灵宝西坡墓地》，文物出版社，2010 年，第 202 页。

［5］南京博物院：《江苏邳县刘林新石器时代遗址第二次发掘》，《考古学报》1965年第2期。

［6］昌潍地区艺术馆、考古研究所山东队：《山东胶县三里河遗址发掘简报》，《考古》1977年第4期；吴汝祚：《试论大汶口文化的三处墓地》，《考古学报》1987年第3期。

［7］西安半坡博物馆、陕西省考古研究所、临潼县博物馆：《姜寨——新石器时代遗址发掘报告》，文物出版社，1988年；严文明：《史前聚落考古的重要收获》，《文物》1990年第12期；严文明：《半坡类型的埋葬制度和社会制度》，见《仰韶文化研究（增订本）》，文物出版社，2009年。

［8］西安半坡博物馆、渭南县文化馆：《陕西渭南史家新石器时代遗址》，《考古》1978年第1期；张忠培：《史家村墓地的研究》，《考古学报》1981年第2期；严文明：《半坡类型的埋葬制度和社会制度》，见《仰韶文化研究（增订本）》，文物出版社，2009年。

［9］中国社会科学院考古研究所、河南省文物考古研究所：《灵宝西坡墓地》，文物出版社，2010年，第202页。

［10］中国社会科学院考古研究所、河南省文物考古研究所：《灵宝西坡墓地》，文物出版社，2010年，第130页。

［11］中国社会科学院考古研究所、河南省文物考古研究所：《灵宝西坡墓地》，文物出版社，2010年，第137页。

［12］中国社会科学院考古研究所、河南省文物考古研究所：《灵宝西坡墓地》，文物出版社，2010年，第151页。

［13］钱耀鹏：《中国古代斧钺制度的初步研究》，《考古学报》2009年第1期。

［14］钱耀鹏：《中国古代斧钺制度的初步研究》，《考古学报》2009年第1期。

［15］浙江省文物考古研究所反山工作队：《浙江省余杭反山良渚墓地发掘简报》，《文物》1988年第1期。

［16］浙江省文物考古研究所：《余杭瑶山良渚文化祭坛发掘简报》，《文物》1988年第1期。

［17］赵超：《中国服饰的考古文物研究》，四川人民出版社，1993年。

［18］中国社会科学院考古研究所、河南省文物考古研究所：《灵宝西坡墓地》，文物出版社，2010年，第286页。

［19］胡进驻、肖小勇：《浅谈中国先秦葬俗中的几个问题》，《华夏考古》2006年第6期。

［20］王仁湘：《我国新石器时代墓葬方向研究》，见《中国原始文化论集——纪念尹达八十诞辰》，文物出版社，1989年，第320—333页。

［21］中国社会科学院考古研究所、河南省文物考古研究所：《灵宝西坡墓地》，文物出版社，2010年，第145—146页。

［22］中国社会科学院考古研究所、河南省文物考古研究所：《灵宝西坡墓地》，文物出版社，2010年，第155页。

［23］中国社会科学院考古研究所、河南省文物考古研究所：《灵宝西坡墓地》，文物出版社，2010年，第82页。

［24］王仁湘:《我国新石器时代墓葬方向研究》,见《中国原始文化论集——纪念尹达八十诞辰》,文物出版社,1989年,第320—333页。

［25］王仁湘:《我国新石器时代墓葬方向研究》,见《中国原始文化论集——纪念尹达八十诞辰》,文物出版社,1989年,第320—333页。

［26］河南省文物考古研究所、中国社会科学院考古研究所河南一队、三门峡市文物工作队等:《河南灵宝西坡遗址105号仰韶文化房址》,《文物》2003年第8期。

［27］中国社会科学院考古研究所河南一队、河南省文物考古研究所、三门峡市文物工作队等:《河南灵宝西坡遗址发现一座仰韶文化中期特大房址》,《考古》2005年第3期。

［28］中国社会科学院考古研究所、河南省文物考古研究所:《灵宝西坡墓地》,文物出版社,2010年,第293页。

［29］中国社会科学院考古研究所、河南省文物考古研究所:《灵宝西坡墓地》,文物出版社,2010年,第36页。

［30］中国社会科学院考古研究所、河南省文物考古研究所:《灵宝西坡墓地》,文物出版社,2010年,第65页。

［31］中国社会科学院考古研究所、河南省文物考古研究所:《灵宝西坡墓地》,文物出版社,2010年,第65页。

［32］钱耀鹏:《中国古代斧钺制度的初步研究》,《考古学报》2009年第1期。

［33］中国社会科学院考古研究所、河南省文物考古研究所:《灵宝西坡墓地》,文物出版社,2010年,第275页。

［34］中国社会科学院考古研究所、河南省文物考古研究所:《灵宝西坡墓地》,文物出版社,2010年,第280—281页。

［35］中国社会科学院考古研究所:《桂林甑皮岩》,文物出版社,2003年,第27页。

［36］浙江省文管会:《河姆渡遗址第一期发掘报告》,《考古学报》1978年第1期。

［37］中国社会科学院考古研究所、河南省文物考古研究所:《灵宝西坡墓地》,文物出版社,2010年,第201页。

［38］任军:《灶神考源》,《中国史研究》1999年第2期。

［39］杨堃:《灶神考》,见《杨堃民族研究文集》,民族出版社,1991年,第166页。

［40］作者认为可以同陶寺遗址墓葬中发现的木制仓型器相比。参见中国社会科学院考古研究所山西工作队、临汾地区文化局:《1978—1980年山西襄汾陶寺墓地发掘简报》,《考古》1983年第1期;李民:《尧舜时代与陶寺遗址》,《史前研究》1985年第4期。

［41］中国社会科学院考古研究所、河南省文物考古研究所:《灵宝西坡墓地》,文物出版社,2010年,第296页。

［42］中国社会科学院考古研究所、河南省文物考古研究所:《灵宝西坡墓地》,文物出版社,2010年,第

296页。

［43］中国社会科学院考古研究所、河南省文物考古研究所:《灵宝西坡墓地》，文物出版社，2010年，第200页。

［44］韦正:《东晋墓葬制度的考古学研究》，《华夏考古》2006年第1期。

［45］中国社会科学院考古研究所、河南省文物考古研究所:《灵宝西坡墓地》，文物出版社，2010年，第35—36、147、88页。

灵宝西坡墓地再分析

◎马萧林

灵宝西坡墓地是 2004 年对遗址开展全面考古勘探中发现的，2005 年和 2006 年对墓地进行了两次大面积发掘，揭露了 34 座仰韶文化中期或庙底沟期最晚阶段的墓葬。两次考古发掘的简报及时予以刊布[1]，《灵宝西坡墓地》考古报告也于 2010 年出版[2]。报告全面系统详尽地公布了墓葬发掘资料，为深入研究这批墓葬提供了重要信息。近年来考古同人围绕西坡墓地的性质、年代、分区、墓葬等级、墓地复原等问题相继发表了学术见解。最近笔者在研读考古报告及研究文章的过程中又有新的启发，对西坡墓地能否开展分区研究产生疑问？墓地的形成是否遵循大致的埋葬顺序？大口缸和玉钺等特殊随葬品透露怎样的考古信息？本文拟就西坡墓地的这些问题从不同视角进行讨论，希望有助于推进仰韶文化研究。

一、关于墓地分区

墓地分区研究是墓葬研究的重要内容，也是探讨古代社会关系的有效方法。西坡墓地考古报告出版后，研究者根据墓葬平面分布图对西坡墓地揭露的 34 座墓葬进行了分区研究，有的把墓地划分为北群、西群和南群[3]；有的把墓地划分为西区、东区和东南区，并在分区的基础上对墓葬及出土器物作了详细分析，甚至把不同区域的墓葬作为不同的家族成员进行讨论[4]。从分区或分群的结果可以看出，研究者是基于现有发掘墓葬的空间分布或墓葬聚拢情况划分的。然而，由于墓地遭到后期自然和人为等因素的严重破坏，我们所揭露的墓葬深度和墓葬排列密度，与当时埋葬的实际状况发生了显著变化，不少墓葬仅剩下很浅的墓室部分，大多墓葬被破坏得无影无踪。因此，根据现有发掘墓葬所开展的分区或分群研究就缺乏必要的基础条件。

首先，西坡墓地被近代墓地扰乱，有些墓葬被近代坟墓严重破坏。从西坡墓葬分布图上可以看出（图一），墓地中间有一大片空地未予连续布方发掘，M8 以西及其北侧、南侧也未布方发掘，这些地块均为近代坟墓，无法开展发掘工作。即使在近代墓邻近的地方进行发掘，墓葬也往往被埋藏较深的近代洞穴墓打破，如 M17 就被 3 座近代墓严重破坏。此外，墓地所在区域多为长势良好的苹果树，当地农民不愿意砍掉这些果树，为此在对西坡墓地发掘过程中，我们采用钻探方式对发掘区的周边进行了比较密集的钻探。钻探结果显示，发掘区东部接近台地断崖，没有发现墓葬，也不会再有新的发现；发掘区以北还有墓葬，但由于这里地势较低，墓葬保存得很浅，仅靠钻探来发现墓葬的难度较大；发掘区以西及西南地块还探明有墓葬。因此，西坡墓地发掘的这 34 座墓葬，只是根据墓地现存条件揭露出来的部分墓葬。

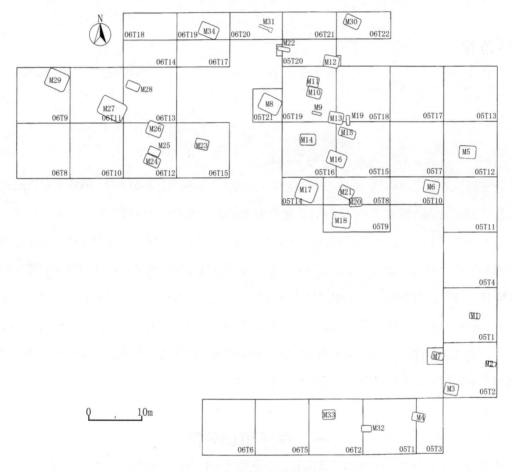

图一　西坡墓葬平面分布图

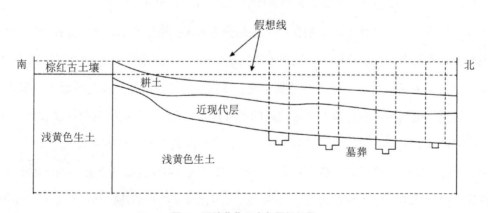

图二　西坡墓葬深度复原假想图

其次，西坡墓地的大部分墓葬很可能被后期的自然水土流失和人为平整土地破坏殆尽。一是当地农民修整梯田对墓葬的原始深度造成严重破坏，致使部分墓葬的二层台被完全毁掉，有些墓葬的保存深度不足 30 厘米，那些埋葬较浅的墓葬很可能早就了无踪影；二是这里地势西南高东北低，黄土层长年累月受水土流失的自然作用，也对墓地保存造成很大影响。笔者曾根据墓葬填土中的棕红土和墓地以南自然堆积中的棕红古土壤的比较分析，从新的角度尝试对西坡的墓葬深度和密度进行了复原研究[5]。分析结果显示，现在揭露的墓葬深度和墓葬密度与墓葬原始深度和密度存在巨大差异，大部分埋藏较浅的墓葬很可能被完全破坏，目前看到的仅仅是保存下来的很少一部分墓葬（图二）。这种情形也见于陕西华县泉护村遗址，例如在该遗址南部发现的M701，仅保留了狭长的墓室及墓主脚部一端用来随葬器物的脚坑，墓葬二层台以上部分全部被破坏，该墓周围10多平方米范围内没有发现其他墓葬[6]。我们曾经推测，泉护村遗址的地形地貌与西坡遗址相似，其墓地应当就在遗址南部地势较高的M701附近，但大部分埋藏较浅的墓葬或许不复存在[7]。

再次，西坡墓地遵循着比较规范的丧葬习俗，墓葬密度理应布局得当。墓葬均为竖穴土坑墓，绝大多数有生土二层台；随葬品有相对固定的组合，且多放置在脚坑内，墓室用青灰色草拌泥封盖；除极个别外，墓主头向基本为西向或西偏北方向[8]。然而，就墓葬排列的疏密度来说，除了少数墓葬排列紧密外，整个墓地空间布局显得疏密不均，与墓地比较讲究的埋葬方式很不相称，也与中原地区仰韶早期墓地（如临潼姜寨[9]）、中期墓地（如高陵杨官寨[10]）和晚期墓地（如郑州大河村[11]、孟津妯娌[12]）排列有序、疏密有度的状况形成明显反差。在西坡墓地发掘的近3000平方米的范围内，仅发现了34座墓葬，而最近发掘的杨官寨遗址，在3800平方米的范围内揭露了343座墓葬，两者的墓葬密度差异显而易见[13]。这种差别不是当时的埋葬习俗所致，而应是后期自然和人为因素破坏的结果。此外，碳十四测年显示，西坡这批墓葬的年代跨度约300年，显然目前所见的墓葬数量和密度不足以支撑起这300年的时间段，发掘出土的墓葬要比实际的墓葬数量少很多。

综上分析，西坡墓地34座墓葬只是这片发掘区中保存下来的很少一部分，墓葬间的大片空白区域很可能不是墓地的原始状况。因此，根据现有墓葬密度和墓葬聚拢情况所作的分区研究，无疑忽视了目前揭露的墓地与数千年前的原始墓地之间的差别，进而基于墓地分区而开展的相关研究结果也很难反映墓葬之间的实际情况以及墓主之间的社会关系。

二、关于墓地形成

在新石器时代，中原地区从裴李岗文化时期开始，人们就把逝去的族人按照当时的葬俗埋在一个比较固定的区域，年复一年逐渐形成墓地。然而，墓葬是否按照一定的次序进行埋葬，对于认识墓地的形成过程至关重要。那么，在考古研究中，分析史前墓地中的墓葬排列次序，主要有三种方法：一是根据地层堆积关系或墓葬之间的叠压打破关系，确定墓葬的相对年代；二是根据墓葬出土器物的类型学演变，确定墓葬的相对年代；三是根据墓葬出土标本的测年结果，确定墓葬的绝对年代。

西坡墓葬均开口在近代扰土层下，打破生土或者坐落在生土上，因此从墓葬的开口层位难以确定墓葬之间的早晚关系。在这批墓葬中，有两组存在打破关系，分别为 M10 打破 M11、M20 打破 M21，但这两组墓葬仅 M11 有随葬品，所以无法根据墓葬的随葬品对墓地进行分期，也无助于确定其他墓葬之间的相对年代关系。但值得注意的是，这两组具有打破关系的墓葬，均为偏东的墓葬打破偏西的墓葬，也就是说，偏西的墓葬埋葬年代相对早于偏东的墓葬。

墓地揭露的 34 座墓葬中，随葬陶器的有 15 座墓葬，出土陶器包括釜灶组合、簋形器、壶、钵、碗、曲腹钵、大口缸、带盖小杯形器、筒形器和异形器等，合计 10 类 99 件。在这些器类中，釜灶组合和壶这两类物均为 11 件，数量相对较多，但器物的型与式的变化较大，并不具备典型器物的类比特征，很难归纳出器形演变的规律。其他类别的器物要么数量太少（如大口缸），要么不具备类比性（如簋形器）。因此，依靠陶器类型学分析方法很难确定墓葬的相对年代。

墓地报告中公布了 13 个人骨样品的碳十四年代测定结果[14]，张雪莲和李新伟在论文中公布了 18 个人骨样品的碳十四测定结果[15]，比西坡报告多出 5 个数据。树轮校正后的结果显示，这批墓葬的年代范围基本在公元前 3300~ 前 3000 年之间。从 18 个测量数据看，墓地西部的 M29、M27 年代较早，东部的 M1、M3、M4、M5 年代较晚，中部的墓葬测定数据大致介于西部和东部的墓葬测定数据之间。如果从宏观上把这些测定数据看作总体反映墓葬年代早晚的基本排列趋势，那么我们推测，西坡墓地很可能是按照自西向东的次序逐渐埋葬的，也就是说，墓地是从墓主头部所指的方向渐次向脚部所指的方向埋葬死者的。

综合上述墓葬地层关系和人骨年代测定结果可以判定，西坡墓地基本上是由西向东逐渐形成的。

三、关于特殊随葬品

西坡墓地出土的随葬品包括陶器、石器、玉器、骨器和象牙器等类别，其中陶大口缸和玉钺这两种器物尤其引人注目。

（一）关于大口缸

西坡墓地共出土 4 件大口缸，从其出土单位、造型、纹饰、色彩、尺寸以及组合方式等方面可以推断，这些大口缸对于墓主乃至墓地都具有特殊意义。

首先，4 件大口缸分别成对出自大型墓葬 M8 和 M27，其他中小型墓葬均不见这类器物。大型墓葬随葬大口缸并非偶然，或许随葬大口缸是大型墓葬显示墓主身份和等级的"标配"器物。

其次，两对大口缸的造型、纹饰、色彩、尺寸等特征都极为相近，应当是由专门人员制作的，甚至不排除由同一批人设计制作的可能性。比如，均为夹砂陶，上部外表细腻，下部外表粗糙；敞口，方唇，唇上有 2~3 道凹弦纹，斜直壁，圜底；两墓各有一件大口缸腹部偏下装饰一道凸出的附加堆纹，被压印或戳点成花边状，4件器物腹部各饰一周红色彩带，有附加堆纹的两件红色彩带略窄，无附加堆纹的两件红色彩带略宽；4件器物的口径、高度等尺寸也很接近。

再次，M8与M27分别随葬的两件大口缸中各有一件带有附加堆纹和一件未带附加堆纹的，这样的组合搭配绝不是偶然的，而应当是有意为之，很可能蕴含着我们还不得而知的某种特殊含义。由此推测，M8和M27这两座大墓之间的埋葬时间不会间隔太长。

在海岱地区、江淮地区和太湖周围地区，大口缸这类器物在大汶口文化、崧泽文化和良渚文化多有发现，而且随着社会复杂化的发展，大口缸逐渐被纳入礼仪化用器范围，承担着标识身份与强化社会等级的礼制功能[16]。在豫中嵩山以南地区，发现有仰韶文化中期的大口缸，学界习称其为"伊川缸"[17]。这类大口缸多平底，外饰白底黑彩、红彩，多用作埋葬人骨的葬具，在形制和功能上与黄河下游和长江下游所见的大口缸显著不同。值得注意的是，西坡墓地出土的大口缸在形制和功能上更接近于黄河下游和长江下游的同类器物，具有较浓厚的标识身份和等级的意味。西坡墓地随葬大口缸的现象在黄河中游地区找不到源头，很可能受到黄河下游和长江下游同时期考古学文化的影响。

（二）关于玉钺

西坡墓地出土13件玉钺，分别出自M6、M8、M9、M11（3件）、M17（2件）、M22、M30、M31和M34（2件）等9座墓葬。这批玉钺在墓地中的出土地点和在墓葬中的摆放方式值得关注。

一是玉钺出土地点相对集中。从西坡墓葬平面图上可以看出，出土玉钺的这9座墓葬集中分布在发掘区的中部偏北，发掘区的西部、东部及南部均未见玉钺。如果像前面所述墓地是由西往东逐渐形成的，那么据此可否推测随葬玉钺的现象仅仅存在于西坡墓地的某个时间段？无论是丧葬习俗的变化，还是涉及玉钺来源的问题，都有可能造成这种阶段性随葬玉钺的现象。在西坡墓地中位置偏西、地位十分特殊的大型墓葬M27没有随葬玉钺，墓葬规模较大的M29也没有随葬玉钺，很可能就是丧葬习俗或玉钺来源问题使然，西坡墓地随葬玉钺或始于M27之后不久的一段时间里。有趣的是，在这些随葬玉钺的墓葬中，位置靠东的M6出土的这件玉钺既短又薄，仍保留清晰可见的线切割痕迹，似乎反映出玉器原料的稀缺性。

二是墓中摆放玉钺的位置和方式是有讲究的。西坡墓地发现的13件玉钺大部分放置在墓主的右侧，且刃部朝向头侧方向，只有M9和M30的玉钺刃部朝向下方，而这两座墓中的玉钺一件出自填土中，另一件发现于盆骨下。因此，从玉钺在墓中的摆放位置和方式判断，随葬玉钺很可能是严格遵循当时的丧葬习俗的，玉钺应是西坡墓地中非常重要的随葬品。

我们对西坡墓地出土玉钺的认识有一个反复的过程。2005年对西坡墓地的第一次发掘揭露了22座墓葬，其中大型墓葬M8随葬一件精美的玉钺，这使我们认识到具有礼仪性质的玉钺与墓葬规格存在一定的相关性[18]。2006 年对墓地的第二次发掘揭露了 12 座墓葬，但比 M8 规模更大的墓葬 M27 和 M29 并未随葬玉钺，这又迫使我们回过头来反思玉钺是否为高规格墓葬的"标配"随葬品？学术界也开始质疑并低估玉钺在西坡墓葬中的重要性。现在看来，如果把随葬玉钺的现象放在整个墓地的时空维度当中来考量，那么就会发现墓葬中随葬玉钺是发生在西坡墓地的阶段性现象，该现象既可能与丧葬习俗有关，也可能与玉钺来源有关，但无论如何不可否认，玉钺是西坡墓地中非同一般的随葬品。

综上分析，墓葬中随葬大口缸、玉钺等特殊器物的现象，目前所知在中原地区仰韶文化中仅见于西坡墓地。这一丧葬习俗似乎只是发生在仰韶文化中期最晚阶段（公元前 3300~ 前 3000 年）的"一段插曲"，显然深受其他地区考古学文化的影响。

四、关于丧葬习俗的转变

在西坡墓地的 34 座墓葬中，20 座墓葬有随葬品，14 座无随葬品，无随葬品的墓葬大多数位于墓地的东部。在墓地东部的 11 座墓葬中，M6 随葬 6 件器物，M5 仅在填土中发现 1 件石纺轮，M3 出土 12 件质地很差的带盖小杯形器，其余的 M1、M2、M4、M7、M20、M21、M32、M33 等 8 座墓葬均无任何随葬品。

如上所述，如果西坡墓地是从西往东逐渐形成的，那么墓地东部墓葬不再随葬器物的现象，很可能意味着西坡墓地丧葬习俗的变化。这一变化使我们联想到，中原地区仰韶文化晚期墓葬几乎不随葬任何器物的习俗，很可能就在仰韶文化中期最晚阶段的墓地中发生了转变，或者说，中原地区墓中不再随葬器物的习俗始于仰韶文化中期晚段。例如，孟津妯娌仰韶文化晚期墓地揭露了 50 多座墓葬，仅有 3 座墓葬各随葬一件象牙箍，包括墓口面积超过 20 平方米的大型墓葬 M50[19]。郑州大河村仰韶文化晚期墓地发掘的 292 座墓葬，也几乎不随葬任何器物[20]；最近在郑州地区发掘的几处仰韶文化晚期墓地中同样不见随葬品[21]。年代稍晚于西坡墓地的三门峡庙底沟二期墓地揭露了 140 多座墓葬，几乎都不随葬任何器物[22]。西安马腾空仰韶文化晚期遗址个别墓葬中仅见石器随葬品，也无陶器随葬品[23]。

五、结语

灵宝西坡墓地揭露的 34 座墓葬，只是历经数千年自然和人为因素破坏而保存下来的很少一部分，现存墓葬的埋藏深度和排列密度远非墓地的原始状况，墓地不具备开展分区研究的条件。墓葬之间的地层关系和人骨测年数据显示，墓地很可能是由西往东逐渐埋葬的，随葬大口缸和玉钺的习俗仅仅是仰韶文化中期晚段的"一段插曲"，在黄河中游考古学文化中找不到这种葬俗的来源与流向，该葬俗或许受到黄河下游和长江中下游考古学文化的影响。

注释：

［1］a. 河南省文物考古研究所、中国社会科学院考古研究所等：《河南灵宝西坡遗址墓地 2005 年发掘简报》，《考古》2008 年第 1 期。

　　b. 中国社会科学院考古研究所、河南省文物考古研究所等：《河南灵宝西坡遗址 2006 年发现的仰韶文化中期大型墓葬》，《考古》2007 年第 2 期。

［2］中国社会科学院考古研究所、河南省文物考古研究所：《灵宝西坡墓地》，文物出版社，2010 年。

［3］韩建业：《西坡墓葬与"中原模式"》，见《仰韶和她的时代——纪念仰韶文化发现 90 周年国际学术研讨会论文集》，文物出版社，2014 年。

［4］张雪莲、李新伟：《西坡墓地再讨论》，《中原文物》2014 年第 4 期。

［5］马萧林：《灵宝西坡墓地复原研究》，见《仰韶和她的时代——纪念仰韶文化发现 90 周年国际学术研讨会论文集》，文物出版社，2014 年。

［6］北京大学考古系：《华县泉护村》，科学出版社，2003 年。

［7］马萧林、李新伟：《华县泉护村的墓地在哪里》，《中国文物报》2007 年 1 月 5 日。

［8］中国社会科学院考古研究所、河南省文物考古研究所：《灵宝西坡墓地》，文物出版社，2010 年。

［9］西安半坡博物馆、陕西省考古研究所、临潼县博物馆：《姜寨——新石器时代遗址发掘报告》，文物出版社，1988 年。

［10］陕西省考古研究院、高陵区文体广电旅游局：《陕西高陵杨官寨遗址庙底沟文化墓地发掘简报》，《考古与文物》2018 年第 4 期。

［11］郑州市文物考古研究所：《郑州大河村遗址发掘报告》，科学出版社，2001 年。

［12］河南省文物管理局：《黄河小浪底水库考古报告》（二），中州古籍出版社，2006 年。

［13］陕西省考古研究院、高陵区文体广电旅游局：《陕西高陵杨官寨遗址庙底沟文化墓地发掘简报》，《考古与文物》2018 年第 4 期。

［14］中国社会科学院考古研究所、河南省文物考古研究所：《灵宝西坡墓地》，文物出版社，2010 年。

［15］张雪莲、李新伟：《西坡墓地再讨论》，《中原文物》2014 年第 4 期。

［16］吴梦蕾：《黄河、长江下游新石器时代大口缸研究》，南京大学硕士学位论文，2018 年。

［17］严文明：《〈鹳鱼石斧图〉跋》，《文物》1981 年第 12 期。

［18］马萧林、李新伟、杨海清：《灵宝西坡仰韶文化墓地出土玉器初步研究》，《中原文物》2006 年第 2 期。

［19］河南省文物管理局：《黄河小浪底水库考古报告》（二），中州古籍出版社，2006 年。

［20］郑州市文物考古研究所：《郑州大河村遗址发掘报告》，科学出版社，2001 年，第 581 页。

［21］关于郑州地区仰韶文化晚期遗址近年考古发掘成果，承蒙郑州市文物考古研究院顾万发惠允参观几处遗址发掘现场。

［22］中国科学院考古研究所：《庙底沟与三里桥》，科学出版社，1959 年。

［23］陕西省考古研究院史前考古研究室：《2008~2017 陕西史前考古综述》，《考古与文物》2018 年第 5 期。

西坡墓地初探

◎孙 卓

前　言

西坡墓地位于河南省西部灵宝市，豫、陕、晋三省交界处，是迄今不多经过完整揭露的仰韶中期庙底沟文化的墓地，对于探讨这一阶段中原地区的随葬品组合、墓葬形制及其背后可能体现的社会发展提供了重要的线索。发掘报告《灵宝西坡墓地》（以下简称《报告》）一书对墓葬的相关情况有着较为详尽的报道，为我们全面认识这批材料提供了便利[1]。此外，马萧林、李新伟、杨海清等先生探讨了墓地中葬玉现象[2]。张雪莲、李新伟等先生则通过食性的分析，进一步探讨了墓地的等级、分区和随葬品的使用[3]。本文拟在先前考古工作的基础上，以统计分类的方法为切入点，对墓葬形制、随葬品类别和墓葬等级等内容作进一步的探讨。

关于墓葬的文化属性，《报告》根据大量出现的釜灶组合，认为属于庙底沟文化[4]；并根据陶器形制和碳十四测年，将其定为仰韶中期至晚期的过渡阶段，约公元前3300年。基于现有材料，笔者基本认同这一观点。此外由于西坡墓地随葬品的形制和类别无明显变化，墓地延续时间较短，因此下文将这批墓葬视为同一时期给予讨论。

一、墓葬形制和随葬品

西坡墓地目前共发现34座墓葬，形制多为土坑竖穴，带生土二层台，部分见脚坑。其中除M31、M19和M22等3座墓上部被破坏，未发现二层台迹象，其余墓葬均有生土二层台。34座墓中有32座为单人一次葬，1座（M11）被认为是一妇女和儿童的二次迁葬，1座（M17）破坏严重，内部情况不详。以墓圹面积为标准，西坡墓地的墓葬多在2.07~16.9平方米之间，两级相差8倍有余。此外，脚坑是西坡墓地墓葬形制的重要特征。根据报告，墓葬有脚坑者13座，形制可分甲、乙、丙三类，分别为方形宽于墓室者（图一，1），梯形底部宽于墓室者（图一，2）和方形宽度等于墓室者（图一，3）。其中甲类8座、乙类1座、丙类4座，而没有脚坑者21座。

在随葬品方面，西坡墓地主要可见陶器、玉石器和骨器三大类。其中陶器主要置于墓葬脚坑内，而未有脚坑者则置于墓主人脚下。玉石器和骨器则大部分随葬于墓主人身边，也就是墓室内，少数见于脚坑。考虑到陶器多置于脚坑，可能为专用葬器；而反观玉石器和骨器置于墓室，或近于墓主人的贴身饰物，两类性质可能差别较大[5]，故下面有意将此分开讨论。

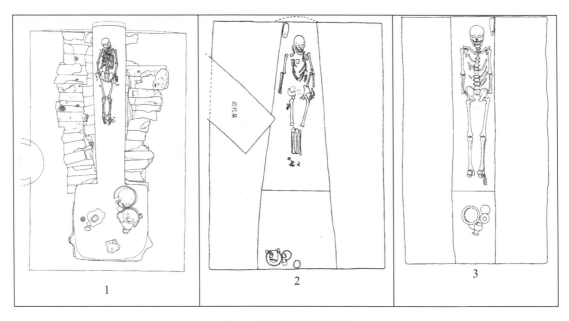

图一　带脚坑墓葬形制举例
1. 甲类 M27 平面图　2. 乙类 M6 平面图　3. 丙类 M24 平面图

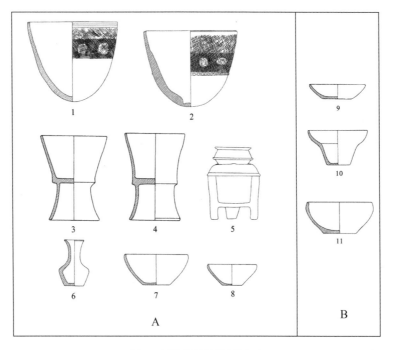

图二　西坡墓地墓葬陶器组合
A. A 类组合（1. 圜底缸 M8：10　2. 圜底缸 M8：9　3. 簋形器 M8：7
4. 簋形器 M8：8　5. 釜灶 M85：5　6. 壶 M8：3　7. 钵 M8：4　8. 钵 M8：6）
B. B 类组合（9. 钵 M11：10　10. 杯 M11：11　11. 钵 M11：12）

1. 陶器

西坡墓地共有 16 座墓发现随葬有陶器。其中 M17 脚坑被近代墓打破，陶器组合可能有所缺失。M31上部被破坏，但脚坑内的器物基本保存完整。而其他墓葬陶器保存较好，这是以下讨论的基础。

按照组合关系，西坡墓地随葬的陶器可分为两大类：一是以釜灶为核心，外加壶、钵（或碗）、簋形器，部分还随葬有大口缸、杯、陶环，我们可称为A类组合；（图二，A）二是以钵（或碗）、杯为主要器类，未见釜灶，可称为B类组合。（图二，B）西坡墓地共发现A类组合的墓葬11座，B类组合4座。在各器类数量上，A类组合中釜灶均为1套[6]，壶、钵（或碗）也多出1件，簋形器则为2~3件，M31和M30两墓甚至各出有4件，大口缸在M27和M8中各出2件。B类组合中钵（或碗）、曲腹杯数量较少，而带盖小杯数量较多。

在统计学上，样本标准差反映为样本在各单位的波动幅度。根据对A类组合随葬品的统计，釜灶、壶、钵（或碗）在墓葬中多仅出有一套，样品的标准差较小，随葬品的数量和种类较为统一，暗示出可能的某种范式。（表一，A类组合）与此相反的是，B类组合的样本标准差

表一　陶器在各墓中的分布情况

	墓号	釜灶	壶	钵（或碗）	簋形器	大口缸	杯	总数
A类组合	M27	1	1	1	3	2		8
	M8	1	1	2	2	2		8
	M31	1	1	1	4？*		1	8
	M30	1	1	1	4			7
	M14	1	1	2	2			6
	M29	1	1	1	2			5
	M16	1	1	1	2			5
	M18	1	1	1	2			5
	M13	1	1	1			2	5
	M24	1	1	1			2	5
	M6	1	1	2				4
平均数					6			
样本标准差					1.48			

	墓号	钵（碗）	曲腹杯	带盖小杯	总数
B类组合	M11	2	1		3
	M3			12	12
	M26			5	5
	M34	2			2
平均数			5.50		
样品标准差			4.51		

*M31修复有3件簋形器，另有若干残片无法复原，推测共为4件。

较大，反映出不同墓葬内该组陶器数量和类别的差异。（表一，B 类组合）特别是 M3 和 M26，陶器只随葬有带盖小杯，但数量分别为 12 和 5 件。这类器物在埋葬中目前还难以看出相关规律，是否具有特殊的含义，指示出墓主的身份或职业，还需进一步关注。

2. 玉石器和骨器

西坡墓地共有 14 座墓出土有玉石器或骨器。除残器外，可分辨的器类主要有钺、环、纺轮、骨簪、象牙镯、骨锥形器、骨箍形器。根据统计，玉石器和骨器的样本标准差较大，数量和种类在各墓之间有着一定的波动，似乎不具有类似 A 类陶器组合的稳定性。（表二）相对而言，钺的数量较多，共 16 件，分布于 10 座墓葬，并且多数墓葬中仅见 1 件，少数为 2~3 件。另外数量较多的为骨簪，也发现有 16 件，分布于 5 座墓葬，其中 3 座墓出土 3 件以上。此外，其他玉石器和骨器由于样本较小，还难以看出规律。以上需要注意的是，在随葬玉石器和骨器的 14 座墓中，有 M22、M17、M31、M9、M6、M19 等 6 座墓葬墓室受到了不同程度的扰乱；未出有玉石器或骨器的 M16、M2，墓室也被破坏。考虑到这类器物主要出自墓室，部分墓葬随葬的玉石器或骨器可能已被破坏。不过整体观察，玉石器和骨器在各墓中的组合和数量规律性较弱，反映了后者在埋葬过程中的不固定性，也再次暗示出其在埋葬性质和意义上与陶器之间的差异。

以上通过分类与统计，我们可知西坡墓地墓葬的一般结构和随葬品的组合方式。其中在墓

表二　玉石器和骨器各墓分布情况

墓号	钺	骨簪	镯	环	石纺轮	其他残器和异形器	总数
M8	1					1	2
M31	1					2	3
M30	1						1
M14		1				1	2
M18		4				1	5
M24	1						1
M6	1						1
M11	3		1			4	8
M34	2	2				2	6
M5					1		1
M9	2						2
M19		4					4
M34	1		1				2
M17	3	5				1	9
平均数	3.40						
样本标准差	2.22						

葬规模和结构上，不同墓葬体现出了一定的差异，表明了当时人群可能出现的分化。另一方面，陶器组合的固定化（在此特别反映在 A 类组合上）又显示出在一定范围内人群在文化行为上的共性，暗示出可能存在的礼仪规范。此外，陶器组合的固定与玉石器及骨器搭配上的波动也表明两类器物在随葬过程中可能具有不同的含义。

二、墓葬规模与随葬品之间的关联

以上我们分别讨论了西坡墓地的墓葬形制和随葬品的组合，在此还需对墓葬规模与随葬品数量、类别之间可能存在的关联展开分析。其中，墓圹面积可以作为判断墓葬规模的主要依据，而随葬品仍将分为陶器与玉石器、骨器两大类。由上已知西坡墓地有 3 座墓葬墓室遭到破坏，墓圹面积不详；M17 脚坑被破坏，随葬品组合可能亦不完整。在墓葬规模与随葬品关联的分析中，以下将重点选择 30 个保存较完整的单位。墓葬规模按其跨度分为 5 个等级。

首先看到陶器与墓葬规模之间的关联。西坡墓地随葬的陶器按组合关系主要见有釜灶组合的 A 类、钵杯组合的 B 类，和没有随葬陶器者。整体观察，陶器类别和组合与墓葬规模之间存在着正相关性。其中，随葬 A 类陶器的墓葬，其规模普遍要大于随葬 B 类和无陶器的墓葬；而随葬 B 类陶器的墓葬又稍大于无陶器墓。（表三）陶器与墓葬规模之间的关联，反映出了西坡墓地已经出现了等级的分化，数量颇多的无陶器墓往往规模较小，与规模较大、随葬品较多的单位形成了显著反差。

表三　墓圹面积与陶器组合关联

墓圹面积（平方米）	中心值	A 类	B 类	无陶器墓葬	总和
2~5	3.5	0	1	14	15
5~8	6.5	5	2	2	9
8~11	9.5	2	1		3
11~14	12.4	2			2
14~17	15.5	1			1
墓圹面积平均值		8.85	6.14	3.76	5.79

由于随葬 A 类陶器的墓葬其本身墓圹面积跨度较大，5.13~16.9 平方米。故此处还需考虑 A 类陶器在组合或数量上与墓葬墓圹面积是否具有次一级的关联。为此我们将随葬 A 类陶器的墓葬依墓圹面积再分为 6 个等级，按照陶器组合的完整性分为釜灶、钵、壶、簋形器、大口缸，Aa 类；釜灶、钵、壶、簋形器，Ab 类；釜灶、钵、壶、杯，Ac 类和釜灶、钵、壶，Ad 类等四类。整体而言，陶器数量和类别愈多，墓葬规模愈大，并且随葬大口缸和簋形器的墓葬多要大于其他没有随葬这两类器物者，反映出该类器物可能存在某种财富或等级的指向性。（表四）不过，是否随葬陶杯却并不影响墓葬规模。随葬陶杯的 Ab 类墓葬，既有 13~15 平方米，亦有小于 7 平方米，显现出该类陶器与墓圹面积关系不大。

表四　墓圹面积与 A 类陶器关联

墓圹面积（平方米）	中心值	Aa 类	Ab 类	Ac 类	Ad 类	总和
5~7	6		2	2	1	5
7~9	8		2			2
9~11	10					0
11~13	12	1				1
13~15	14		1			1
15~18	16	1				1
墓圹面积平均值		14.56	8.36	5.66	6.71	8.85

　　进一步看到玉石器、骨器与墓葬规模之间的关联。由于钺在墓地中发现较多，同时鉴于其在古代丧葬礼仪中的重要地位，在此将钺单独提出，选择钺和单个墓葬内玉石器、骨器的总数量这两个要素来进行统计。钺根据各墓中出土数量可分为多件、1 件和无三种情况。玉石器和骨器单墓的出土数量则可分为多件、2 件、1 件和无四种情况。由表中所见，西坡墓地中钺的有无和数量与墓葬规模之间联系较弱，钺的件数越多并不意味墓葬规模更大，同时反之规模较大的墓葬也并不意味着一定会出现钺。（表五）不过从"墓圹面积平均值"和"出土钺的墓葬数量比例"这两个数据来看，墓圹较大的墓葬出现钺的频率无疑要高于小墓。相近的情况亦可见于玉石器和骨器出土的数量。规模较大的墓葬并不一定对玉石器和骨器有更多的需求，不过整体上其随葬玉石器和骨器的概率较高。

表五　墓圹面积与钺出土数量关联

墓圹面积（平方米）	中心值	钺 2~3 件	钺 1 件	无钺	出土钺的墓葬比例
2~5	3.5	2		13	0.13
5~8	6.5		3	6	0.33
8~11	9.5	1		2	0.33
11~14	12.4	1	1	1	0.67
14~17	15.5			1	0
墓圹面积平均值		6.69	7.60	5.61	

　　西坡墓地中不同类别的随葬品与墓葬规模之间的关联并不一致。一方面，A 类组合的陶器与墓葬的规模处于正相关性，墓葬规模的大小与陶器器类的增减相匹配；并且陶器组合相对固定，进一步反映出在丧葬仪式中可能的"规范"和"礼仪"。另一方面，尽管玉石器和骨器更有可能出现在大墓中，然而比之陶器，其与墓葬规模之间关联性较弱。墓葬随葬玉石器和骨器在数量和类别上多少表现出了一种随机性，其出现的有无和数量或许是由不同因素，甚至是个人财富、职业等不同所造成的。（表六）因此在整个埋葬过程中，陶器与玉石器、骨器之间在性质和意义上出现了明显的差异，后者难以直接指示出墓葬的规模状况。此外还需注意的是，

通常认为具有特定意义的钺，在西坡墓地中并没有指向可能存在的等级情况。钺整体上与西坡墓地出土的其他玉石器或骨器分布状况类似，似乎不能看作身份等级的象征。

表六　墓圹面积与玉石器和骨器出土数量关联

墓圹面积（平方米）	中心值	1 件	2 件	多件	无	总和	玉石器和骨器墓葬比例
2~5	3.5		1	1	13	15	0.13
5~8	6.5	4	1		4	9	0.56
8~11	9.5			2	1	3	0.67
11~14	12.4	1	1	1		3	0.67
14~17	15.5				1	1	0
墓圹面积平均值		6.29	6.72	8.17	5.41	6.00	0.35

综合墓葬规模与陶器组合的分析，西坡墓地墓葬可分为四个等级。第一等墓葬：墓圹面积大于 10 平方米，通常带甲类脚坑，陶器以釜灶、壶、钵（或碗）、簋形器、大口缸等 A 类完整组合构成。第二等墓葬：墓圹面积处于 8~10 平方米，见乙、丙类脚坑，随葬缺少大口缸的 A 类组合，同时部分墓葬见 B 类陶器组合。第三等墓葬：墓圹面积为 5~8 平方米，或不带脚坑，随葬陶器的类别进一步减少，A 类组合中少见簋形器，而无陶器的墓开始在这一组出现。第四等墓葬：墓圹面积为 3~5 平方米，大部分不随葬陶器。在墓葬数量上，第一等 3 座，第二等 3 座，第三等 9 座，第四等 15 座。

西坡墓地以上四个等级的墓葬有着明显的分化。从第一等至第四等，墓葬规模逐渐缩小，随葬品类别趋于单一，体现出了墓葬规格等级上的递减差异，以及在丧葬仪式中一种不均等的资源分配。进一步从各等级墓葬的数量上观察，规模较大、出土陶器类别较多的墓葬，如第一等和第二等，其数量要大大少于规模较小且少出或不出陶器的墓葬。在西坡墓地，资源已经呈现出一种积聚现象，并主要掌握在少数人群之内。资源分配上的差异从另一层面暗示出当时人群结构和社会组织的分化态势。

三、随葬品、墓葬规模与墓主性别之间的关联

《报告》对西坡墓地的人骨有着详尽的鉴定，为我们进一步认识不同性别在丧葬仪式中的偏好和可能体现的地位差异提供了便利。西坡墓地除 M17 被破坏，人骨性别不知；M11 二次迁葬，一儿童人骨性别不明外，其他墓葬的人骨性别和年龄均相对明确。在此将墓主分为成年男性、成年女性、未成年男性、未成年女性等四类，并分别关注其与随葬品、墓葬规模之间的关联。

从墓葬规模与墓主性别之间的关联度考察，西坡墓地中男性墓和女性墓的规模并无明显差异。（表七）两者墓葬的墓圹面积平均值相近，但在不同规模、大小墓葬的分布上则有一定的区分。其中大型墓葬中以男性居多，在墓圹面积大于 10 平方米的墓葬中未发现女性墓。另一

方面，面积小于 5 平方米的无脚坑墓葬也主要属于男性，女性墓少见。男性墓葬在墓葬规模上呈现出了一种两级分化的特征。

表七　墓葬规模和墓主性别的关联

墓圹面积（平方米）	中心值	成年男性	成年女性	未成年男性	未成年女性	总和	男性墓所占比例	女性墓所占比例
2~5	3.5	12	1	1		14	0.93	0.07
5~8	6.5	6	3			9	0.67	0.33
8~11	9.5		2		1	3	0	1.00
11~14	12.4	2				2	1.00	0
14~17	15.5	1				1	1.00	0
墓圹面积平均值		4.49	6.71	2.18	8.24	6.00	0.72	0.28
样品标准差		3.54	1.49			3.56		

进一步审视墓主性别与随葬品之间的关联。无论是成年男性抑或成年女性，在随葬 A 类和 B 类陶器组合上并无明显差异，不过成年男性存在较多的无陶器墓葬。（表八；图三）由于陶器组合与墓葬规模之间可见有着正相关性，因此墓主性别与墓

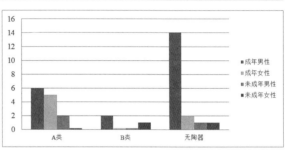

图三　不同性别墓葬出土陶器情况统计

葬规模之间的关系会相应地体现在其与随葬陶器的关系上。这一现象也进一步体现在丧葬仪式中，等级较高、拥有较多社会财富的成年男、女墓葬特征较为相近，只是男性墓葬有着更强的层次分化。另一个值得注意的是，未成年男女多为无陶器墓或 B 类陶器的墓葬，似乎暗含着社会群体对于儿童的丧葬有着一定的等级区分。男、女不同性别在丧葬过程中的差异，同样在随葬的玉石器和骨器上有所体现。其中钺的随葬情况与墓主性别并无直接关联。往常所认为钺作为武器，可能与男性关系更近的看法并不能在西坡墓地得到支持。（表九）不过未成年墓随葬钺的数量较多，M11 一儿童双人二次合葬墓出土有 3 件钺。另一方面，女性墓葬随葬玉石器和骨器的数量要多于男性，（表一〇）似乎显现出了女性在丧葬中对于玉石器和骨器的某种偏好。

西坡墓地的发掘报告曾根据墓葬墓圹面积和随葬品总数，探讨男女性别在丧葬中的地位差

表八　陶器和墓主性别的关联

陶器组合	成年男性	成年女性	未成年男性	未成年女性	总和	男性墓所占比例	女性墓所占比例	男性墓葬出土陶器数量平均值	女性墓葬出土陶器数量平均值
A 类	6	5			11	0.54	0.46	7.33	6.4
B 类	2			1	3	0.67	0.33	8.5	2
无陶器	14	2	1	1	18	0.83	0.17	0	0
陶器出土数量平均值								2.65	3.78

表九　钺出土数量与墓主性别的关联

钺	成年男性	成年女性	未成年男性	未成年女性	总和	男性墓所占比例	女性墓所占比例
2~3 件			1	1	2	0.5	0.5
1 件	3	2	0	1	6	0.5	0.5
0 件	19	5			24	0.79	0.21
数量平均值	0.1	0.3	2	1.5			

表一〇　玉石器和骨器出土数量与墓主性别的关联

玉石器和骨器	成年男性	成年女性	未成年男性	未成年女性	总和	男性墓所占比例	女性墓所占比例
2 件以上	1	2		1	4	0.25	0.75
2 件	1	1	1	1	4	0.5	0.5
1 件	2	2			4	0.5	0.5
0 件	18	2			20	0.9	0.1
数量平均值	0.36	2.13	2	1.23			

异，并指出女性在埋葬中更受重视[7]。但是原报告的统计并没有考虑到墓葬本身的等级差异，以及陶器与玉石器、骨器等不同材质的器类所体现的不同含义。实际上，根据以上对墓葬等级的划分，墓圹面积大于 10 平方米的第一等墓葬均为男性墓，而 A 类陶器组合也是多出现在男性墓中。这些线索都表明在规模较大、随葬品种类较多的墓葬中，男性墓葬并不居于较低的地位，反而在一定程度上，其规模和随葬品的类别要超过女性墓。

需要注意的是，西坡墓地所反映的人口性别和年龄结构，并不能代表当时社会人口的实际状况。其中整个墓地成年男性墓有 21 座，成年女性墓只有 7 座，后者仅占总墓地数约 23%，远小于自然人口中女性的占比情况。一个可能的因素是，大量的成年女性并未葬于墓地。另一方面，在整个墓地中，仅发现 3 座墓葬埋葬有未成年人，占全部墓葬总数不到 1%。考虑到当时社会婴儿和儿童较高的死亡率，这种不合常理的现象可能表明大量的婴幼儿也未能进入墓地。从墓葬规模和随葬品而言，西坡墓地中的部分墓葬集聚了相当的社会财富，并可能存在较高的社会等级。与此对应的是，临近的西坡遗址发现有彩陶和大型建筑遗迹[8]，同样指示出聚落等级不低。因此西坡墓地是否主要为当时社会中男性，特别是拥有财富或地位的男性及其配偶所使用，而部分女性和儿童在埋葬过程中，则被排除在该墓地之外，无疑是一个值得思考的方向[9]。

四、结语

以上本文分别探讨了墓葬形制和规模、随葬品、墓主性别等三个要素及其之间的关联。一方面，西坡墓地在墓葬规模、随葬品种类和数量上存在强烈的分层现象，显现出了墓地内部财富，乃至可能等级的分化。这种等级的差异主要是由墓葬规模和以釜灶、壶、簋、钵为代表的

A 类陶器组合所体现出来，暗示出陶器在当时埋葬过程中可能具有的礼仪含义。相对应的是，玉石器和骨器并不与墓葬规模和墓葬级别直接相关，从其在墓中的摆放位置考察，可能属于墓主身前的贴身饰物。另一方面，以墓主性别为切入点，男性在高规格和多随葬品（特别是 A 类陶器组合）的墓葬中占有更高的比例，墓地中最大和次大规模的墓葬也均是属于男性，因此原报告中有关女性地位更高的说法还需进一步考虑。另一个有趣的现象是，绝大部分无陶器、小规模墓属于成年男性，女性较少，显现出了男性在墓地中有着更加明显的分化。不过考虑到整个墓地的人口和性别结构，当时社会中的部分女性和绝大部分婴幼儿可能被排除在墓地之外。

如果我们将西坡墓地放在一个更大的时空背景中来考察，上面所见的一些现象或许更具有意义。在半坡文化时期，元君庙墓地所代表的多人合葬墓[10]，以及姜寨所代表的单人墓[11]并没有出现明显的财富和等级的分化现象。而晚至龙山时期，以陶寺为代表[12]，墓葬等级分化却十分突出，大量无随葬品的墓葬与较少的大中型墓之间差异显著[13]。而西坡墓地在年代上正处于半坡与陶寺之间的阶段，其墓葬之间一定的等级分化，正衔接早期元君庙和之后陶寺的墓地格局，从社会发展的程度观察，可谓之后社会复杂化的肇始。其实，从居址的情况来看，中原地区庙底沟文化聚落就已经出现较强的财富和等级的分化。西坡遗址的大型房屋，正体现出这一阶段社会已经有着相当的复杂程度[14]。对于新石器晚期社会复杂化的探讨，以西坡墓地和居址为代表的庙底沟文化，无疑值得我们进一步关注。

注释：

[1] 中国社会科学院考古研究所、河南省文物考古研究所：《灵宝西坡墓地》，文物出版社，2010 年。

[2] 马萧林、李新伟、杨海清：《灵宝西坡仰韶文化墓地出土玉器初步研究》，《中原文物》2006 年第 2 期。

[3] 张雪莲、李新伟：《西坡墓地再探讨》，《中原文物》2014 年第 4 期。

[4] 中国社会科学院考古研究所、河南省文物考古研究所：《灵宝西坡墓地》，文物出版社，2010 年，第 276—282 页。

[5] 付罗文（Rowan Flad）曾以大甸子墓地为例，指出墓葬中单独放置的陶质容器与贴身玉石器之间存在功能上的差异。Rowan Flad, "Ritual or Structure？ Analysis of Burial Elaboration at Dadianzi, Inner Mongolia", *Journal of East Asian Archaeology*, 2001, Vol. 3, No. 3, pp. 23-51.

[6] 釜灶实际是由釜和灶 2 件器物组成，一套 2 件。然而考虑到两者固定的搭配关系，本文的统计均按照套数计算。

[7] 中国社会科学院考古研究所、河南省文物考古研究所：《灵宝西坡墓地》，文物出版社，2010 年，第 292、293 页。

[8] a. 河南省文物考古研究所、中国社会科学院考古研究所河南一队、三门峡市文物考古研究所等：《河南灵宝西坡遗址 105 号仰韶文化房址》，《文物》2003 年第 8 期。

b. 中国社会科学院考古研究所河南一队、河南省文物考古研究所、三门峡市文物工作队等:《河南灵宝西坡遗址发现一座仰韶中期特大房址》,《考古》2005 年第 3 期。

[9] 墓地中性别比例失衡的现象在东周时期也可见到相似案例。根据罗泰对山西上马东周墓地的研究,其女性较少,儿童大多不见,表明部分女性和几乎所有儿童都没有葬入该墓地。Lothar von Falkenhausen, *Chinese Society in the Age of Confucius（1000-250BC）*, Los Angeles : Cotsen Institute of Archaeology University of California, 2006, pp. 130-132.

[10] 北京大学历史系考古教研室:《元君庙仰韶墓地》,文物出版社,1983 年。

[11] 西安半坡博物馆、陕西省考古研究所、临潼县博物馆:《姜寨——新石器时代遗址发掘报告》,文物出版社,1988 年。

[12] 中国社会科学院考古研究所、山西省临汾市文物局:《襄汾陶寺:1978~1985 年考古发掘报告》第 3 册,文物出版社,2015 年,第 1086—1092、1112—1115 页。

[13] a. 中国社会科学院考古研究所山西工作队、临汾地区文化局:《1978—1980 年山西襄汾陶寺墓地发掘简报》,《考古》1983 年第 1 期。

b. 高炜:《中原龙山文化葬制研究》,见《中国考古学论丛》,科学出版社,1993 年,第 90—105 页。

c. 中国社会科学院考古研究所、山西省临汾市文物局:《襄汾陶寺:1978~1985 年考古发掘报告》第 2、3 册,文物出版社,2015 年,第 391—903 页。

[14] 付罗文（Rowan Flad）曾以大甸子墓地为例,指出墓葬中单独放置的陶质容器与贴身玉石器之间存在功能上的差异。Rowan Flad, "Ritual or Structure？ Analysis of Burial Elaboration at Dadianzi, Inner Mongolia", *Journal of East Asian Archaeology*, 2001, Vol. 3, No. 3, pp. 23-51.

仰韶文化中期的聚落与社会
——灵宝西坡遗址微观分析

◎马萧林

聚落考古通过研究聚落形态及其变化，探寻聚落演变所反映的社会形态的发展轨迹在聚落形态没有根本改变的情况下，它所反映的社会面貌或社会组织结构也应当没有本质的改变[1]。在仰韶文化考古中，以临潼姜寨为代表的仰韶早期遗址的大面积发掘，揭开了仰韶早期聚落形态的面纱，其内向式的聚落布局犹如一把钥匙，打开了研究仰韶早期社会形态的大门。仰韶文化中期或庙底沟期是中原文明起源的重要阶段，备受学术界关注，这一时期的文化面貌给我们留下了深刻印象，气候条件适宜，人口急剧增加，聚居范围扩大，族群流动增强，中心聚落出现，社会发生分化。然而，仰韶文化中期的中心聚落是如何形成的？聚落布局随着时间的推移发生了什么变化？聚落形态的演变反映了怎样的社会变迁？长期以来，由于缺乏详实的考古资料，难以深入探究这些微观的学术问题。近年来，对灵宝西坡遗址的考古勘探和发掘，初步掌握了西坡聚落的基本布局和变化轨迹，为研究仰韶文化中期的社会形态提供了宝贵资料。本文拟结合西坡遗址的发掘成果，从大型房屋、壕沟的兴废入手，围绕聚落布局的时空变化，探讨仰韶文化中期聚落形态及其演变所反映的社会变迁，尝试活化这一时期的历史场景。

一、西坡遗址的考古发现

西坡遗址位于灵宝市阳平镇西坡村西北，1958年考古调查时发现。遗址南距秦岭约5公里，北距黄河约11公里。发源于秦岭山地的夫夫河和灵湖河，由南向北从遗址东、西两侧流过，在遗址以北不远处交汇，流入黄河的支流沙河。遗址西南高、东北低，海拔455~475米，除了墓地位于南壕沟以南，其他遗迹都比较密集地分布在南、北两道壕沟和东、西两条河流围成的区域内，面积约40万平方米。灵宝境内的考古调查结果表明，西坡遗址是铸鼎原周围20多处仰韶文化中期遗址中规模仅次于北阳平遗址的中心性聚落[2]。

2000年至2013年，河南省文物考古研究所与中国社会科学院考古研究所组成联合考古队对西坡遗址进行了八次发掘和一次系统的考古勘探，发掘面积近8000平方米。发掘揭露了7

座大型和中型房屋基址，清理百余座灰坑和 34 座墓葬，解剖了遗址南侧和北侧两段壕沟，出土大量陶器、石器、玉器、骨器等文化遗物。发掘结果表明，西坡是一处以仰韶文化中期遗存为主的新石器时代遗址，遗址中部和北部有部分仰韶晚期遗存，北部还见少量庙底沟二期遗存[3]。需要说明的是，第一次发掘地点位于遗址中部偏南，发现大量灰坑等遗迹；第二、三、四、七次发掘地点位于遗址中部，重点揭露多座大型和中型房屋基址；第五、六次发掘揭露了遗址南壕沟以南的墓地，并解剖了北壕沟；第八次发掘重点解剖了南壕沟。

尽管西坡八次发掘的面积占遗址总面积不足 2%，还难以像全面揭露的临潼姜寨遗址那样能够清晰地呈现聚落布局，复原当时的社会结构和历史场景，但根据考古勘探和发掘的主要成果，我们还是能够梳理出西坡聚落形成与发展演变的基本线索和大体轨迹。

二、西坡向心式聚落形态的形成与终结

房屋、壕沟、窖穴、墓地等是史前聚落构成的基本要素，它们的空间位置及相互关系是研究聚落形态的重要内容。本文将着重围绕西坡遗址揭露的大型房址、中型房址和壕沟的发掘材料，分析这些关键聚落设施兴建、使用、废弃的方式和过程，梳理它们之间的时间和空间关系，进而探讨西坡聚落形态的发展变化。

（一）向心式聚落布局的形成

考古勘探显示，遗址中心部位遗迹稀少，很可能是聚落的中心广场，广场四角分别发现了四座大型房址，其中包括已经发掘揭露的位于广场西北角的房址 F105（图一）、西南角的 F106（图二）和东南角的 F108[4]。这三座大型半地穴式建筑基址的门道方向均朝向中心广场。此外，在广场东北角还有一座未发掘的大型房址，

图一　西坡遗址 F104 与 F105

很可能是一座门道朝向西南的第四座大型房屋。由此推断，西坡中部的一个中心广场和四座门道朝向中心广场的大型房屋，共同构成了聚落最为重要的空间格局和建筑景观。下面我们来看大型房屋和壕沟在西坡聚落中的相对年代。

　　根据地层关系，所有与F105存在地层关系的遗迹均叠压或打破F105，在其周围未发现与其同时期的遗迹。从F105废弃堆积中出土的陶片特征看，小口瓶为重环口，双唇分界明显，具有西坡仰韶文化中期器物的较早特征[5]。发掘者认为，F105大致相当于该遗址仰韶中期遗存的第一段或略早[5]。根据F106的地层关系，打破或叠压F106的均为西周和近代遗存，F106附近有少数仰韶中期和晚期的灰坑。F106堆积中出土的小口瓶唇部具有西坡仰韶中期器物的早期特征[6]。同样，根据地层关系，F107叠压F108（图三），打破F107的均为西周和近代遗存。发掘者认为，F107下层填土中出土的遗物为西坡仰韶中期偏早段，也就是说，

图二　西坡遗址F106

F107是聚落中偏早的建筑。F108被叠压在F107之下，虽然未被揭露出来，年代应更早[7]。总之，根据地层关系和出土遗物的特征判断，F105、F106、F108应当是西坡聚落中最早的一批房屋建筑：尽管三座大型房址之间没有直接的地层关系，已有的发掘也没有可以利用的间接地层关系，但是其门道均指向中心广场的空间布局表明，它们是一种特殊的组合关系，这种组合显然是在聚落兴建伊始统一规划和全面动员的情况下完成的。

图三　西坡遗址F107与F108位置示意图

　　北壕沟的地层解剖显示，沟内堆积自上而下分别为庙底沟二期、仰韶晚期和仰韶中期，其中以仰韶晚期的堆积最为丰厚，仰韶中期遗存次之，庙底沟二期遗存最少。沟内底部出土的陶

器特征，与西坡仰韶中期偏早器物的特征十分相似。也就是说，北壕沟很可能为西坡聚落中最早的基础设施之一[8]。同样，根据南壕沟内的地层堆积情况，发掘者认为，南壕沟的兴建和使用当在西坡仰韶中期的早期阶段，随后被逐渐废弃[9]。总之，北壕沟和南壕沟的地层堆积和出土器物特征均表明，它们应为西坡聚落兴建的最早一批基础性防御设施。

综上分析，大型房屋与南北壕沟的始建年代大体同时，构成了西坡早期最基本的聚落架构。成组的大型房屋位于聚落中部，门道朝向中心广场，共同组成了向心式的聚落布局。大型房屋和壕沟的兴建标志着西坡向心式聚落布局初步形成，也表明区域性的中心聚落出现在了这片黄土原上。

大型房屋位于聚落中部，凸显了它们在聚落中的特殊地位，但其真正的价值主要体现在功能上，即它们在聚落中所扮演的角色。下面我们以 F105、F106 为例，从其建筑规模与结构、室内装饰、废弃方式，以及周围设施等方面来揭示其功能。

大型房屋的规模宏大、结构复杂。F105 大致呈正方形，室内属半地穴式，四周回廊为地面式，是半地穴式与地面式相结合的建筑。东南侧有一条斜坡式门道，室内有立柱和壁柱，正对门道处设有火塘。半地穴室内面积约 204 平方米，建筑整体占地面积达 516 平方米。F105 房基坑底部距半地穴口部深达 2.75 米，单是房基坑的土方量就超过 1000 立方米，包括挖基、奠基、取材、营建、装饰在内的整个建筑用工量相当大，远非普通居住用房的工程量所能企及[10]。F106 大致呈四边形，半地穴式，东北侧有一个斜坡式门道，室内有立柱和壁柱，室内正对门道处设有火塘，半地穴内面积约 240 平方米，占地面积约 296 平方米[11]。西坡的大型房屋、中型房屋的结构与 F106 相似，均为半地穴式，只是不像 F105 那样有回廊。在规模上，中型房屋的室内面积一般不超过 100 平方米，比大型房屋的面积小很多。

大型房屋的室内装饰考究。F105 的居住面、墙面及部分房基夯土层表面均用朱砂涂成红色，在壁柱底部的柱础坑周围也发现朱砂，甚至有些夯土与草拌泥中也包含少量朱砂[12]。F106 的居住面、墙壁上均发现大面积涂朱现象[13]。如果房基夯土层上的朱砂可能与奠基时举行祭祀活动有关，那么居住面和墙壁上涂抹朱砂则与房屋的使用功能有关[14]。在 F105、F106 室内大量使用朱砂装饰墙壁和地面，显然表明 F105、F106 并非普通的公共建筑。假如 F105、F106 用作召集公众的普通公共建筑或者作为居住用房，那么在墙壁和居住面上涂抹朱砂显然是多余的，因为这些朱砂很容易因人的活动而脱落或蹭掉。与之相比，在西坡揭露的三座用于居住的中型房屋的居住面和墙壁上均未发现用于装饰的朱砂遗存。因此，F105、F106 很可能作为举行礼仪性或宗教性活动的特殊场所，只允许少数人进入。

大型房屋的废弃方式特别。在西坡揭露的中型房址 F102（图四）、F104（图一）、F3 的室内柱和壁柱均被火烧成炭灰色，半地穴中的废弃物大多为屋顶和墙壁倒塌所残存的红烧土、草拌泥堆积[15]。截然不同的是，F105 的室内柱、墙壁柱及回廊柱均被有意拆除运走，没有发现一例被火焚烧的痕迹，室内地面和半地穴堆积中的填土比较纯净[16]。同样，F106 的室内柱的柱坑和墙壁柱的柱洞中均不见木柱腐朽或焚烧的痕迹，其填充土为房屋倒塌形成的堆积[17]。这些迹象表明，F105、F106是有意被废弃的，并且在废弃过程中很可能举行了特殊仪式。此外，值得注意的是，大型房屋F107与被其叠压的F108的规模相近，而废弃方式与F105、F106相似，其室内柱、墙壁柱也被有意拆除移走。发掘者认为，F107火塘的特殊形制和挡火墙的设置，房屋后部由立柱隔离出的特殊空间等，说明这座建筑是举行特殊活动的场所[18]。

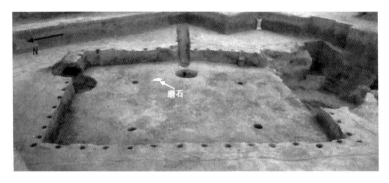

图四　西坡遗址 F102

大型房屋没有其他附属设施。在遗址中部发掘的1140平方米的区域内，所有与F105发生地层关系的房屋、窖穴、灰坑等遗迹均叠压或打破F105，说明这些遗迹都要晚于F105[19]。由此推断，F105没有窖穴之类的附属设施，在其周围很可能存在较大面积的空地。无独有偶，在揭露F106时发掘的800平方米范围内，除一座澄泥池可能与建造F106有关之外，仰韶中期的遗迹很少且都较晚，F106附近也没有与其相关的窖穴等附属设施，其周围也为大面积的空地。但与两座大型房址不同的是，在三座中型房址附近却发现了大量比较规整的窖穴，这从侧面证明中型房屋很可能是生活居住用房。

综上分析，大型房屋的居中位置、宏大规模、复杂结构、考究装饰、特殊废弃方式，以及迥然有别于中型房屋的诸多方面，彰显了它们在聚落中的公共性特征和礼仪性功能。朱砂这种稀有物质在大型房屋室内装饰中被大量使用，更增添了它们的庄重、严肃、神圣色彩。

大体上看，西坡向心式的聚落布局与严文明先生所指出的仰韶早期凝聚式和内向式的聚落布局有相似之处[20]。以西坡为代表的仰韶文化中期的聚落布局，很可能继承了以姜寨为代表的仰韶早期的聚落形态，并表达了相似的社会含义，即比较严密的社会组织和强烈的集体观念。然而，西坡向心式的聚落布局与姜寨的内向式布局还是有显著区别的，主要在于：一是大型房屋在聚落中的位置及组合关系明显不同，两坡的大型房屋是聚合在聚落中心的，姜寨的大型房屋不在聚落中心，而是与其他中小房屋结合成组的；二是大型房屋在聚落中的功能显著不同，西坡的大型房屋是举行礼仪性或宗教性活动的特殊场所，仅限于少数人进出，而姜寨的大型房屋则是具有部分居住功能的公用性场所。

（二）向心式聚落布局的终结

如上所述，西坡聚落是以大型房屋的向心式布局出现的，但随着大型房屋和南北壕沟的废弃，中型房屋在聚落中部的相继兴建，西坡原先的聚落布局发生了根本性改变。

大型房屋F105被废弃后，在其废弃堆积的基础上又开挖半地穴建起了一座新的中型房屋

F104。F104 以 F105 的半地穴居住面为垫基面，斜坡门道朝向西南。从建筑迹象和堆积中出土的器物判断，F104 的兴建是在 F105 废弃一段时间之后发生的，附近的一些窖穴很可能是 F104 的附属设施。F105 被废弃后，在其北侧出现了中型房屋 F102，兴建时间晚于 F105 早于 F104，F102 斜坡门道朝向东南，附近的窖穴可能是其附属设施。大型房屋 F106 被废弃后，在其附近没有兴建新的房屋，只是在较远处出现了少量窖穴。大型房屋 F108 被废弃后不久，在其上面建起了规模相近的 F107，F107 门道朝向西南。尽管无法断定在这几座大型房屋废弃之后多长时间里，就在聚落中部建起了其他房屋和附属设施，但毫无疑问，在这些大型房屋废弃之后，西坡聚落中部不再是先前那种庄严神圣的大型房屋，取而代之的是规模小了很多，且带有窖穴等附属性设施的中型房屋。中型房屋的门道朝向为西南向或东南向，显然考虑到房屋采光的需要，更趋向于实用性。

南北壕沟的解剖结果显示，沟底出土的仰韶文化中期的器物与 F105、F106 填土中出土的同类器物十分接近，表明壕沟很可能与大型房屋的废弃发生在同一时段。也就是说，在西坡聚落大致同时兴建的大型房屋和壕沟，也大体在同一时段被废弃了。如果把大型房屋 F105、F106、F108 的使用时间作为西坡聚落维持早先聚落布局的时间，那么这段时间最多不过百年。

在大型房屋被废弃后，聚落中心出现了 F102、F104 等中型房屋及其附属设施，这里完全成了人们的生活区。在仰韶文化早期的姜寨聚落，"不管房屋如何毁坏又重建，一切都仍然按照早先的规划，直到这个村落完全被放弃时为止，说明居住在这个聚落的集体组织一直起着作用"[21]。然而，形成鲜明对比的是，西坡向心式的聚落布局并没有维持多久就被彻底改变了。尽管在大型房屋和南北壕沟被废弃后，聚落的发展仍然没有超出南北壕沟和东西河流围成的范围，但聚落中心已经面目全非。因此，聚落中部大型房屋的废弃、中型房屋及其附属设施的兴建，标志着西坡早期向心式聚落布局的终结。

三、西坡聚落演变反映的社会变迁

聚落的空间布局不仅受限于建造时的物质因素，而且还要满足人们因社会活动而划定的空间需求。也就是说，聚落的空间形态是对一定社会群体顺应自然和文化秩序的反映。上述分析表明，西坡聚落发生了两个根本性的转变：一是以向心式聚落形态的形成为标志的中心聚落的出现；二是以向心式聚落形态的终结为标志的社会阶层分化的出现。

向心式聚落形态是仰韶文化早期聚落的典型特征，大型房屋、中型房屋和小型房屋组成相应的团组，其门向均朝向聚落中心，构成了长期而稳定的聚落布局。各类房屋的门向不因房屋维修改造而改变，体现出凝聚、内向、稳固的社会格局[22]。黄河中游地区的考古调查显示，在仰韶文化早期，遗址之间的面积差异不大，绝大多数不超过 10 万平方米；到了仰韶文化中期，遗址面积呈现明显的差异化现象。以灵宝铸鼎原为例，仰韶文化中期出现了以北阳平和西坡为代表的数十万平方米的大型聚落，还有少数十几万平方米的中型聚落，而大多数仅为几万平方米的小型聚落[23]。

大型房屋和南北壕沟的兴建，标志着规模达40万平方米的西坡中心聚落的出现和向心式聚落形态的初步形成。在仰韶文化中期，中心聚落的出现不仅仅是聚落规模的成倍扩大，而且还伴随着人口的急剧增长。这种人口增长方式显然不仅仅是人口的自然增长，而更多的情形则是人口由分散走向聚合。一些血缘关系比较亲密的氏族很可能从早先若干规模较小的聚落聚集到新的更大的聚落中来。如果说我们在中心聚落看到的这一聚合过程只是聚落规模的倍增、人口规模的扩大的话，那么在这一聚合过程背后涌动着我们看不见的时代变革，也就是社会整合。在仰韶文化中期，中心聚落的出现实质上就是社会整合的产物，它预示着一种新的时代秩序正在悄然生成。

在新的时代，就要有与之相应的社会秩序和维持这种新型社会结构的职能，客观上也要求人们具备更有效的管理社会的能力。在聚落之间面临对各类资源的争夺、社会成员面对来自方方面面的压力时，这种需求很容易直接被转换为对强大权力的呼唤，期望用一种力量来应对各种挑战。在这样的社会背景下兴建的大型房屋，其礼仪性或宗教性职能在新出现的中心聚落中必然扮演着与这一社会背景相适应的重要角色。在仰韶文化中期这个社会转型的历史关头，大型房屋被赋予的礼仪性功能就是在社会整合过程中提出的客观要求，是社会成员在面对社会骤变时从现实和心理上保护自己的屏障。如果说壕沟作为一种防卫设施，在"硬件"上起着保护聚落成员的功能，那么以F105、F106、F108等为代表的大型房屋组合就是维持时代秩序、规范社会行为、强化族群认同、增强凝聚力的一种综合性设施，在"软件"上发挥着培育聚落内部乃至聚落间社会关系的作用。群体仪式是社会整合不可缺少的要素，大型公共建筑和中心广场为这种仪式提供了表达意志、诉求利益的场所，并成为强化族群意识和集体信念的具有象征性、符号性的载体。

然而，随着聚落中部大型房屋的废弃和中型房屋的出现，西坡向心式的聚落形态走到了尽头。聚落中心空间布局的根本性改变，意味着聚落内的社会组织关系发生了实质性变化。F105被废弃之后，在其附近兴建了中型房屋F102。F102为长方形半地穴式，室内有四个柱洞和一个火塘，房基占地面积约98平方米，室内面积约68平方米。值得注意的是，室内有一长方形磨石嵌入坚硬的居住面内并略高于居住面，磨石中部略下凹，表面光滑并残留有朱砂，周围也有零星散落的朱砂[24]。（图四）无独有偶，位于聚落中部偏南的F3，其居住面上也被嵌入一块类似功能的磨石。这种现象见于中型房屋绝非偶然。朱砂是一种与祭祀或礼仪性活动有关的特殊物质，在兴建F102和F3时就设置了专门用来研磨朱砂的磨石，显然表明这些房屋具有非同寻常的功能，其主人很可能不是普通的居民，而是从事与礼仪性活动有关的特殊人物。用于礼仪场合的朱砂，是具有控制人们精神功能的物化产品，显然区别于那些用于日常生活的手工产品。礼仪施行者可能设法控制朱砂的生产和使用，使其作为树立个人威望、获取和维护自身地位的手段。

由于诸如 F102 这样的中型房屋很可能居住着从事礼仪性或宗教性活动的人物，因此意味着在前期中心聚落的内部事务是由议事会式的集体协商决定的，到了后期随着某些人，尤其是像巫觋的影响力的扩大及其欲望和权力的膨胀，聚落的管理事务逐渐被这些人所掌控，由此给个人权力的不断增长带来了契机，并最终导致集体力量的弱化和社会阶层的分化。这类人物应当与大型房屋的废弃及其功能的丧失有密切的关系，他们身份的转换和权力的增长推动了聚落形态的改变。大型公共礼仪性建筑组合的废弃在客观上完成了时代所赋予它的历史使命。

就目前的发掘结果来看，西坡墓地略晚于居住区已揭露的中型房屋，我们看到墓主人之间的身份差别已经在墓葬规模以及大口缸、玉钺等特殊随葬品上表现出来[25]。在埋葬习俗上的这种差异或许就是现实生活中社会阶层分化的客观反映。社会地位较高的那部分人很可能就是从事祭祀活动的巫觋，他们不仅通过交换等方式，掌握着朱砂、玉器、象牙等稀有物质资源，而且还通过强化他们与其他社会上层人物的技艺和观念交流，不断提高自身的社交能力和身份地位。在西坡中心聚落所发生的社会聚合与社会分化确实耐人寻味。那么，在仰韶文化中期，中心聚落是在怎样的社会背景下出现的？为什么会出现社会聚合与分化呢？下面我们不妨围绕社会聚合与分化的动因展开讨论。

四、社会聚合与分化的动因

在人类学文献中，研究者注意到在农业社会，聚落分布与耕地的可利用程度存在密切关系[26]。虽然水及其他重要资源是影响聚落布局的因素，但可耕地的不均衡分布、耕地与居住区的距离，以及对肥沃土地的争夺等，促使史前农业生产者把接近田地作为一个重要的因素来考虑[27]。对于人口规模较大的地区来说，生计问题只有通过增加食物生产、技术革新和社会组织来解决[28]。区域内的人口可以通过多种方式重新布局，比如建立新聚落来分散人口，也可以把分散的人口集中到少数较大的聚落中。事实上，聚落集中的情况更为常见，因为大型聚落能够为族群成员提供安全保障，特别是为保护族群的资源和产品而发生冲突的时候[29]。土地生产力的下降和环境退化，也会迫使居民离开资源枯竭的地区而重新安置到新的区域[30]。

考古证据表明，在黄河中游地区，至少从仰韶文化早期开始，粟作农业已是重要的生业经济。大型窖穴和各种石质农业工具说明在仰韶文化时期人们已经从事一定程度上的"精耕细作"[31]。粟是仰韶文化的主要农作物，尽管在仰韶文化的堆积中也发现有黍和稻[32]。西坡遗址出土的人骨和动物骨骼的稳定同位素分析显示，粟是人和家猪的主要食物，表明粟作生产确实是这里的主要农业活动[33]。

（一）聚落选址与农业资源

水是最基本的生活要素之一，靠近水源是聚落选址要考虑的重要因素，灵宝铸鼎原所有遗址都靠近河流就说明了这一点[34]。然而，水资源在灵宝铸鼎原新石器时代的聚落形态变化中的重要性则另当别论。由于这里的沙河与阳平河都是发源于南部秦岭山区的短小河流，整个流域的径流量没有明显差异。也就是说，人们无论居住在下游还是上游都能获得足够的水资源。因此，水资源很可能不是影响这里聚落形态变化的主要因素。

在农业社会，靠近农业资源往往是聚落选址优先考虑的因素。灵宝铸鼎原一带的聚落靠近肥沃的土地可能从仰韶文化早期开始。仰韶文化早期大多分布在阳平河与沙河的下游，而上游的大部分区域未被开发。当时人们可能有更多选择聚落位置的机会，很自然地把家安置在土地肥沃的区域。在18处有多个时期连续居住的遗址中，有10处在仰韶文化早期为第一次居住，说明有些有利的位置可能在该时期就被认识到了并在随后的阶段继续居住[35]。这些位置的优势可能与农业生产所需的肥沃土壤有关。此外，这一时期比较规则的聚落空间分布，意味着聚落周围的资源足够支撑居住者的生产和生活。也就是说，在仰韶文化早期这里没有土地资源短缺的问题。

仰韶文化中期的聚落分布显示，遗址数量的增加和居住区域的扩大与聚落的广泛分布相一致。这个时期的遗址分布很不均衡，新出现的大型聚落似乎位于比较有利的位置，而大多数新出现的小型聚落分布在地势比较高或相对偏僻的地方。聚落分布的差异意味着不同族群对农业资源占有的差异，同时在某种程度上可能反映了族群间的社会差异。对资源利用的变化和肥沃土地的缺乏可能导致食物生产的强化和社会关系的重组。在仰韶文化中期，人们很可能通过增加对农业生产的劳动投入来缓解或消除资源紧张问题，比如扩大开垦荒地的规模。

（二）强化农业与社会聚合

强化农业生产是对人口不断增长地区的农业资源、生产潜力和人口密度发展不平衡的一种反映[36]。由于对强化农业很难直接衡量，考古学家通常把强化农业作为一个术语来表达不断增加对驯养动植物的依赖程度，并采用间接指标来鉴别[37]。这些指标包括遗址与肥沃土地的距离[38]、窖穴容积的增大、技术发明[39]、增加拓荒[40]，以及人畜食谱证据[41]。

在仰韶文化中期，豫西地区不断增长的人口密度，以及半封闭地理环境、气候波动[42]和脆弱的生态条件，对农业资源产生较大压力。因此，强化农业生产可能是对这种压力的一种直接反应。西坡遗址出土的动物遗存分析表明，家猪已经成为这一时期主要的肉食来源，鹿等野生动物在肉食消费结构中的比例大大降低，反映出附近生态环境已经不适宜野生动物的生长[43]，开荒活动很可能破坏了野生动物的栖息地并导致实质性的环境退化。仰韶文化中期的窖穴容积显然比早期的要大，说明粮食生产得到扩大。尽管粟是西坡聚落人和家猪的主要食物，粟作农业生产得到强化，但从西坡遗址出土的农业生产工具看，这个时期在技术革新上的证据并不明显。因此，在灵宝铸鼎原地区，加强农业生产可能是通过投入更多的时间和劳动力、增加拓荒面积的途径来实现的。

仰韶文化中期中心聚落的出现和发展，可能就是对强化农业生产的另一种反映。调动劳动力对强化农业生产、修建防御设施和大型公共建筑、保卫土地和产品来说相当重要。在这种情况下，由于大的族群有助于调动劳动力，所以大型聚落在资源压力导致的竞争和冲突中的作用是最有效的[44]。仰韶文化中期大型聚落和小型聚落的地理位置差异或许就说明了大型聚落的优势。因此，基于血缘基础上的融合，可能是仰韶文化中期人们采取缓解和消除资源压力的重要策略。

有学者注意到聚落内部农业生产强度和社会资源分配之间的关系[45]。当对农业劳动的投入增加时，单个家庭或个体就成为获取肥沃土地的主要力量；也就是说，农业强度倾向于界定聚落内部的土地所有权，易于引起家庭或个体之间的竞争。这种典型的强化农业的情况在耕地有限以及对居住和耕作选择机会较少的地区尤其如此[46]。灵宝铸鼎原地区的聚落形态显示，在仰韶文化中期这里因人口的大量增加很可能发生了类似的情况。这种情形或许成为中心聚落发生社会阶层分化的一个重要因素。

五、结语

灵宝西坡是豫西地区仰韶文化中期中心聚落的典型代表，其向心式聚落布局的形成与终结，见证了这一时期中心聚落从出现到内部发生根本性变化的轨迹。中心聚落不仅是人群流动与聚合的承载体，更是社会关系重组与整合的创造者，若干血缘关系亲近的氏族在面临各类资源紧张、农业生产压力和社会族群竞争时，从先前较小的聚落聚合到更大的中心聚落中来。在仰韶文化中期，中心聚落的早期功能主要是由大型房屋被赋予的礼仪性或宗教性功能来实现的，大型房屋为公共礼仪性活动创造了神圣空间，并成为强化人们共同信念和族群意识的重要载体。大型房屋和中心广场不仅是人们集合的场所，更是族群宣示价值观的殿堂，在这里少数人或某些家户获得了人气和威望，为攫取权力及其"合法化"创造了条件。他们的欲望膨胀和权力增长，推动了聚落形态发生实质性改变，使得以大型房屋向心式布局为特征的空间格局走向终结，并导致聚落内部社会阶层的分化。尽管新的私有观念开始突破旧的公有观念，少数人物逐渐掌控聚落管理事务，但整合起来的集体力量仍是维持中心聚落发展的基石，稳固的族群意识和氏族制度还是社会发展的重要支撑。

注释：

[1] 严文明：《关于聚落考古的方法问题》，《中原文物》2010年第2期。

[2][23][34][35] 河南省文物考古研究所、中国社会科学院考古研究所河南一队等：《河南灵宝铸鼎塬及其周围考古调查报告》，《华夏考古》1999年第3期；Ma Xiaolin, *Emergent Social Complexity in the Yangshao Culture：Analysis of Settlement Patterns and Faunal Remains from Lingbao，Western Henan，China（C.4900-3000 BC）*, BAR International Series 1453, Hadrian Books Ltd, Oxford, England, 2005.

［3］中国社会科学院考古研究所河南一队、河南省文物考古研究所等：《河南灵宝市西坡遗址试掘简报》，《考古》2001年第11期；河南省文物考古研究所、中国社会科学院考古研究所河南一队等：《河南灵宝市西坡遗址2001年春发掘简报》，《华夏考古》2002年第2期；河南省文物考古研究所、中国社会科学院考古研究所河南一队等：《河南灵宝西坡遗址105号仰韶文化房址》，《文物》2003年第8期；中国社会科学院考古研究所河南一队、河南省文物考古研究所等：《河南灵宝市西坡遗址仰韶文化中期特大房址》，《考古》2005年第3期；河南省文物考古研究所、中国社会科学院考古研究所河南一队等：《河南灵宝市西坡遗址墓地2005年发掘简报》，《考古》2008年第1期；中国社会科学院考古研究所河南一队、河南省文物考古研究所等：《河南灵宝市西坡遗址2006年发现的仰韶文化中期大型墓葬》，《考古》2005年第3期；马萧林、李新伟、杨海青：《河南灵宝西坡遗址第五次发掘获重大突破》，《中国文物报》2005年8月26日；中国社会科学院考古研究所、河南省文物考古研究所：《灵宝西坡墓地》，文物出版社，2010年；中国社会科学院考古研究所河南一队、河南省文物考古研究所等：《河南灵宝市西坡遗址庙底沟类型两座大型房址的发掘》，《考古》2015年第5期；中国社会科学院考古研究所河南一队、河南省文物考古研究所等：《河南灵宝市西坡遗址南壕沟发掘简报》，《考古》2016年第5期。

［4］［7］中国社会科学院考古研究所河南一队、河南省文物考古研究所等：《河南灵宝市西坡遗址庙底沟类型两座大型房址的发掘》，《考古》2015年第5期。

［5］［10］［12］［16］［19］河南省文物考古研究所、中国社会科学院考古研究所河南一队等：《河南灵宝西坡遗址105号仰韶文化房址》，《文物》2003年第8期。

［6］中国社会科学院考古研究所河南一队、河南省文物考古研究所等：《河南灵宝市西坡遗址2006年发现的仰韶文化中期大型墓葬》，《考古》2005年第3期。

［8］根据联合考古队2005年对西坡遗址北壕沟的发掘资料。

［9］中国社会科学院考古研究所河南一队、河南省文物考古研究所等：《河南灵宝市西坡遗址南壕沟发掘简报》，《考古》2016年第5期。

［11］［13］［17］中国社会科学院考古研究所河南一队、河南省文物考古研究所等：《河南灵宝市西坡遗址仰韶文化中期特大房址》，《考古》2005年第3期。

［14］马萧林：《灵宝西坡出土朱砂及相关问题研究》，《中原文物》2019年第6期。

［15］［24］河南省文物考古研究所、中国社会科学院考古研究所河南一队等：《河南灵宝市西坡遗址2001年春发掘简报》，《华夏考古》2002年第2期。

［18］中国社会科学院考古研究所河南一队、河南省文物考古研究所等：《河南灵宝市西坡遗址庙底沟类型两座大型房址的发掘》，《考古》2015年第5期。大型房屋F107的废弃方式与F105、F106、F108的废弃方式相似，它很可能是在四座向心式大型房屋废弃后不久兴建的，并以新的方式承担西坡聚落公共性或仪式性职能的大型房屋。

［20］［21］［22］严文明：《仰韶文化研究》，文物出版社，1989年。

［25］中国社会科学院考古研究所、河南省文物考古研究所：《灵宝西坡墓地》，文物出版社，2010年；张雪莲、

李新伟:《西坡墓地再讨论》,《中原文物》2014 年第 4 期；马萧林:《灵宝西坡墓地再分析》,《考古与文物》2019 年第 5 期。

[26] Adler, M. A., "Land Tenure, Archaeology, and the Ancestral Pueblo Social landscape", *Journal of Anthropological Archaeology*, 1996, Vol. 15, pp. 337-371; Kohler. T. A., and M. H. Matthews, "Long-term Anasazi Land Use and Forest Reduction: A Case Study from Southwestern Colorado", *American Antiquity*, 1988, Vol. 53, No. 3, pp. 537-564.

[27][29][36][44][46] Adler, M. A., "Land Tenure, Archaeology, and the Ancestral Pueblo Social Landscape", *Journal of Anthropological Archaeology*, 1996, Vol. 15, pp. 337-371.

[28] Hill, J. N., W. N. Trierweiler, and R. W. Preucel, "The Evolution of Cultural Complexity A Case from the Pajarito Plateau, New Mexico", in J. E. Arnold Edited, *Emergent Complexity: The Evolution of Intermediate Societies*, International Monographs in Prehistory, Ann Arbor edited, Michigan, 1996, pp. 107-127,

[30] Kohler, T. A., and M. H. Matthews, "Long-term Anasazi Land Use and Forest Reduction: A Case Study from Southwestern Colorado", *American Antiquity*, 1988, Vol. 53, No. 3, pp. 537-564.

[31] Yan Wenming, "Origins of Agriculture and Animal Husbandry in China, in C. M. Aikens, and Rhee, S. N. Edited, *Pacific Northeast Asia in Prehistory*, Washington State University Press, Pullman W. A., 1992, pp. 113-123.

[32] 严文明:《中国稻作农业的起源》,《农业考古》1982 年第 1 期；魏兴涛、孔昭宸、刘长江:《三门峡南交口遗址仰韶文化稻作遗存的发现及其意义》,《农业考古》2001 年第 3 期。

[33] Ekaterina A. Pechenkina, Stanley H. Ambrose, Ma Xiaolin, Eobert A. Benfer Jr, "Reconstructing Northern Chinese Neolithic Subsistence Practices by Isotopic Analysis", *Journal of Archaeological Science*, 2005, Vol. 32, pp. 1176-1189; 张雪莲:《人骨碳十三、氮十五同位素分析》, 见《灵宝西坡墓地》, 文物出版社, 2010 年, 第 197—209 页。

[37] Schurr, M. R., "Associations between Agricultural Intensification and Social Complexity: An Example from the prehistoric Ohio Valley", *Journal of Anthropological Archaeology*, 1995, Vol. 14, pp. 315-339.

[38] Boserup, E., *The Conditions of Agricultural Growth*, Chicago: Aldine, 1965.

[39] Renfrew, C., and J. M. Wagstaff, *An Island Polity: The Archaeology of Exploitation on Melos*, Cambridge University Press, Cambridge, 1982.

[40] Greenfield, H. J., "Fauna from the late Neolithic of the Central Balkans: Issues in Subsistence and Land Use", *Journal of Field Archaeology*, 1991, Vol. 18, pp. 91-108.

[41] Pechenkina, E. A., Jr. R. A. Beiifer, and Zhijun Wang, "Diet and Health Changes at the end of the Chinese Neolithic: the Yangshao/Longshan Transition in Shaanxi Province", *American Journal of Physical Anthropology*, 2002, Vol. 117, pp. 15-36; Boserup, E., *The Conditions of Agricultural Growth*, Chicago: Aldine, 1965.

[42] 孔昭宸等:《中国北方全新世大暖期植物群的古气候波动》, 见《中国全新世大暖期气候与环境》, 海洋

出版社，1992 年，第 48—65 页。

［43］马萧林:《河南灵宝西坡遗址动物群及相关问题》,《中原文物》2007 年第 4 期。

［45］Adler，M. A.，"Land Tenure，Archaeology，and the Ancestral Pueblo Social Landscape"，*Journal of Anthropological Archaeology*，1996，Vol. 15，pp. 337-371；Brown，P.，and A. Podolefsky，"Population Density，Agricultural Intensity，Land Tenure，and Group Size in the New Guinea Highlands"，*Ethnology*，1976，Vol. 15，pp. 211-238；Netting，R. McC，"Population，Permanent Agriculture，and Polities：Unpacking the Evolutionary Portmanteau"，in S. Upham Edited，*The Evolution of Political Systems*，Cambridge University Press，Cambridge，1990，pp. 21-61；Netting，R. McC，*Smallholders，Householders：Farm Families and the Ecology of Intensive，Sustainable Agriculture*，Stanford University Press，Stanford，1993.

庙底沟期仰韶文化"大房子"功能浅论

◎陈星灿

截至 1986 年，仰韶文化的房屋已经发现了 460 多座，其中大体能看出分布格局的村落遗址也有四五处。严文明先生根据这些材料，对仰韶文化的房屋和聚落形态做出了迄今为止最为详细精深的研究。他把仰韶文化的房屋，依面积大小分为大中小三类，小房子大致从数平方米至 30 平方米不等，绝大多数为 15~20 平方米，这类房屋的数量最多，约占总数的 93%。中型房子一般为 30~60 平方米，以 40~50 平方米为多。大房子约为 60~300 平方米，其中以 80~150 平方米为多，所占比例很小。大房子全部是方形的。自仰韶文化晚期开始，出现分间的大房子，原来的半地穴式也蜕变为平地高墙式。就大房子而言，面积是不断扩大的。仰韶文化早期，面积约为 60~125 平方米，中期为 200 平方米左右，晚期约为 150~300 平方米；仰韶文化末期，与此相当或略大。关于大房子的功能，严文明先生推测早期没有超出氏族公用房的范围，中期也许有部落公用房，晚、末期则可能为若干部落或村社所共有[1]。

从 20 世纪 80 年代中期到现在，仰韶文化又发掘了不少遗址，其中最为突出的发现之一，是仰韶文化中期也就是庙底沟期仰韶文化的大房子。就大房子而言，除了严先生前文所举泉护村 F201、西安南殿村 F1 外，最近发现的还有河南灵宝西坡 F102、F104[2]、F105[3]、F106[4]，陕西彬县水北遗址 F1[5]，陕西白水下河遗址 F1、F2 和 F3。

白水下河遗址的调查至少发现 5 座大房子[6]，灵宝东常、西坡、北阳平也都发现过长度超过 10 米的房基面[7]。它们均属于仰韶文化中期，结构虽较中小型房子复杂，但类型单一，其间且具有非常大的类同性。它们的功能该当如何呢？能否结合民族志的材料把它们说得稍微清楚点呢？为了便于说明问题，这里先简要叙述新发现的大房子的结构。

一、近年来考古发现的"大房子"

西坡 F102 半地穴式，平面略呈五边形。坐西北朝东南。门道方向 127°。门道居前门正中，呈长方形直壁斜坡状，长 4.8、宽 0.68 米，坡度为 14°。房基坑长 9.2（残）~10、宽 8.7~9.35 米，房基占地面积 98 平方米。室内面积超过 68 平方米。火塘位于室内前部，正对门道，平面近圆形，口大底稍小，斜壁，平底，口径 1.05~1.12、底径 0.85~0.98、深 0.76 米。火塘前壁中下部有一斜伸向门道的通道，长 0.74 米，壁面有火燎痕，与烧烤较甚的火塘周壁有较大区别，因此发掘者推测其应为进风道而非烟道。

室内有 4 个较大的圆形直壁柱洞，大致呈对称分布，前两者相距 3.5 米，后两者相距 3.55 米，前、后排之间距离分别为 3.05、3.12 米。柱洞口径为 0.24~0.3 米，深 0.25~0.44 米。柱洞下置柱石，表面光平，涂成红色。四周墙基发现柱洞 47 个，据复原总数当为 52 个。柱洞皆为圆形，口径 0.12~0.2 米，深 1.5~1.72 米。分布较均匀，间距多为 0.65 米。柱洞下部柱础坑口径 0.35~0.5 米，深 0.7~0.9 米，柱洞底部为十分坚硬的夯土。直壁，墙壁表面为厚约 0.02 米经火烧烤过的灰褐色细泥层，局部保存有刷抹厚约 0.001 米的白灰层。墙壁似经夯打处理。墙壁面与居住面浑然一体，均为经过火烧的光面。室内居住面为厚约 0.02 米并经火烧烤的青灰色细泥土硬面。居住面下有三层垫土和四层夯土。垫层为二层料礓石层和一层细黄土，厚均约 0.02 米。夯土层自上而下，分别为黄花土、灰褐色花土、灰褐色花土、浅黄色土，厚度从 0.06 到 0.12 米不等。屋内堆积分为三层，第 1 层被认为是房屋废弃之后的堆积，第 2、3 层属于房屋的倒塌堆积。第 2 层出土有大量的烧土颗粒、小陶片和动物骨骼；第 3 层出土破碎陶盆 2 件，分别位于室内中部和西南部[8]（图一）。

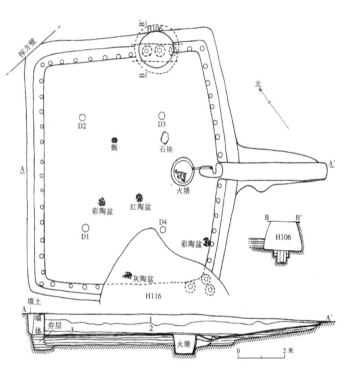

图一　灵宝西坡 F102 平、剖面图

西坡 F104　半地穴式，平面略呈五边形。坐东北朝西南。门道方向 210°。门道位于前壁正中，呈长方形直壁斜坡状，底略经烧烤，长 4.8、宽 0.75 米，房基坑长 10.1~10.8、宽 9.4~10.2 米，房基占地面积约 106 平方米，室内面积约 83 平方米。火塘位于室内前部，正对门道，圆形，前壁稍倾斜，向下内收，后部斜壁，向下外张，平底，口径 1.4 米，深 0.96 米。进风道朝向门道，长 0.8 米。火塘壁、底及进风道周壁均涂抹一层厚约 0.02 米的细泥，火塘壁、底经火烧呈青灰色硬面，进风道则略有烧燎痕。火塘内后部近底部发现有数块尖底瓶腹片。

室内发现 6 个柱洞，均圆形直壁状。其中 4 个较大，呈对称分布。前两者间距 4.65 米，后两者间距 4.46 米，前后排之间分别为 4.1 和 4.16 米，口径 0.3~0.35 米，深 0.12~0.15 米，下均置柱础石。据发掘者解剖观察，柱础石是在房基夯、垫层形成之前设置的。另两个柱洞较小、深，位于室内东北部，硬底无础石。推测为房屋使用过程中为加固上部建筑而后加的。墙壁四周发现柱洞44个，据复原当为48个。多圆形，口径0.12~0.18米，深0.85~1.48米，间距0.6~1.1米。柱洞下面的柱础坑内土质甚坚硬，柱洞下部也为夯土。墙壁上面均为厚约0.02米的经火烧烤的细泥层光面。室内居住面为烧烤过的青灰色硬面，平整光滑，厚约0.02米。下面有料礓层和夯土各一层，分别厚约0.03、0.06~0.1米，均甚坚硬。室内西北部居住面上有一破碎的泥质灰陶盆[9]（图二）。

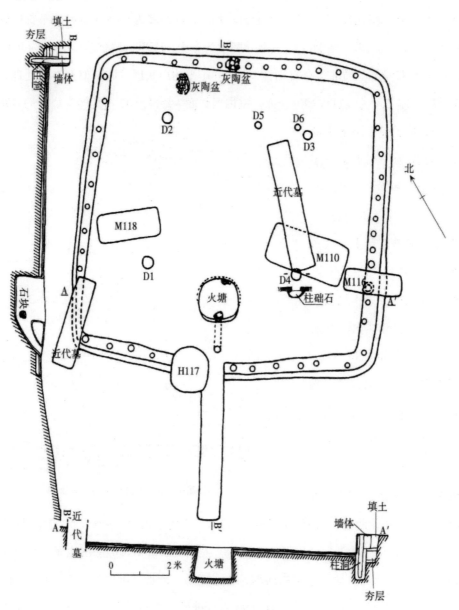

图二　灵宝西坡F104平、剖面图

西坡 F105　半地穴式，平面略呈五边形，压在F104之下。坐西朝东，以半地穴主室为中心，四周设置回廊。东墙略偏北处设门道，门道方向110°。长8.75、宽0.95~1米。坡度6°，底部为踩踏硬面。门道两侧发现柱洞13个，左右对称，复原为14个，当用来支撑门棚。室内东部正对门道处设立火塘。火塘因保护F104未发掘，推测应为圆形坑，直壁，平底。火塘深约 0.6 米，底部为坚硬的红褐色烧烤面。室内低于房外原地表 0.95~1 米。房基南北长 19.85、东西宽 18.75 米，面积约 372 平方米。房基坑内以层层夯打的垫土作地基，下层厚约 1.85 米，浅灰色土，夹杂少许灰褐色土，系用所挖之生土与带黏性的灰褐土掺和而成。房基坑四周上层厚约 0.9 米，灰褐色土，杂有少量浅灰色土，土质坚实。在房基坑中部，中层为三层灰白色草拌泥，每层厚约 0.05~0.08 米，非常坚硬致密。每一层表面均抹平，刷抹泥浆并涂成朱红色。上层为五层黄灰色夯土，土质硬密。最顶层为居住面。在房基的夯土层和草拌泥层中，局部发现有朱红色物质，经过 X 射线衍射分析，此物质是辰砂。

室内南北长 14.9、东西宽 13.7 米，面积约 204 平方米。居住面位于房屋地基之上，分为五层，自上而下分别是灰白色细泥层、白灰色料礓层、掺有料礓粉、蚌壳末的黑灰色细泥层和草拌泥层。除第 2 层外，每层表面均刷抹泥浆，并用辰砂涂成朱红色。墙表原本刷一层厚 0.001~0.002 米的细泥，表面再涂成朱红色。墙壁分为内外两部分，夯筑而成，内墙宽约 0.35~0.7、深 1.85~2.05 米，外墙宽约 0.4~0.78、深 1.25~1.5 米。室内发现柱洞 2 个，推测另外两个压在 F104 之下，当呈对称分布。柱洞圆形，直壁、平底，洞底置柱础石，石表面用辰砂涂成朱红色。柱洞 D1 口径 0.53、深 0.7 米，D2 口径 0.6、深 0.5 米，两者间距 6.65 米。柱础石被压在五层黄灰色夯土之下、三层灰白色草拌泥层之上。墙壁柱洞共清理出 38 个，据推测在 41 个以上。柱洞圆形，直径 0.4~0.65、深 2.2~2.65 米，间距 1.2~1.6 米。柱洞多为直壁，圜底或平底。部分坑底经过夯打、砸实，每个柱洞底部都有辰砂。

回廊仅存外廊的柱础坑，围绕在半地穴的主室周围，南北长 24、东西宽 21 米，大体呈正方形。前部回廊较宽，宽 3.55~4.7 米；两侧稍窄，宽 3~4.05 米；后部回廊较窄，宽 2.9~3.2 米。共清理出回廊柱洞 30 个，复原为 37 个左右。础坑多圆形，有直壁平底、直壁圜底、斜直壁平底、斜直壁圜底等四种形式，直径 0.4~0.7、深 0.3~0.75 米，间距 2~3.5 米。柱洞也多为圆形，直壁平底，直径 0.27~0.54 米。整个房子连同回廊和门棚，建筑面积约 516 平方米。

室内出土器物甚少，除室内柱洞出土小口尖底瓶的残片和彩陶盆的口沿外，填土中也曾出土少量陶、石器，但发掘者认为这些堆积非房屋的倒塌堆积，当系一次性填充而成[10]。

西坡 F106 半地穴式，平面略呈五边形。坐西南朝东北，北墙中部开有斜坡式门道，方向 24°。门道长约 6.8 米，两壁有厚约 0.15 米的抹泥，内部宽约 0.45~0.8 米，进入半地穴部分最宽，向出口处渐窄。火塘正对门道，距门道入半地穴处 2 米，开口近圆形，直径约 1.45 米，直壁，平底，深约 0.9 米；壁、底坚硬，呈褐色。火塘与门道之间有一个高 0.62、宽约 0.2 米的弧顶暗道，估计应是进风道。

半地穴部分南壁长约 15.7、东壁长约 14、西壁长约 14.3 米。北壁外弧，被门道分为东西两段，长度分别为 8.5 和 8.8 米。室内面积 240 平方米。墙体宽约 0.6 米，上面为平整的抹泥台面，夯筑而成。墙槽底部距离抹泥台面约 1.6 米，居住面以下部分深约 0.8、底部宽约 0.5、上宽约 0.8 米，内填黄色夯土。墙体相当于居住面及其以上部分，外侧为棕色夯土，厚约 0.15~0.2

米，内侧厚约 0.1 米的青灰色草拌泥，表面涂朱。居住面加工考究，共七层，总厚度 0.255 米。自上而下分别是青灰色草拌泥、黄色硬土、棕色草拌泥、青灰色夹料礓石的抹泥、青灰色草拌泥、棕色草拌泥和包含大量料礓石的坚硬地面。

室内柱有 4 个，匀称地分布在室内对角线上，距离对应屋角均约 4 米。其中东北部柱坑底部有础石，低于居住面约 0.2 米，直径约 0.26 米。其余 3 个柱坑底部低于居住面约 0.3 米，室内柱附近发现多个圆凹坑，直径约 0.3 米，发掘者推测是房屋使用过程中立辅柱支撑房顶留下的柱窝。壁柱柱洞发现 41 个，壁柱下部埋在墙槽中，居住面以上部分半边贴附在地穴壁内。间距从 0.4 到 4.6 米不等，柱洞直径约 0.16~0.4 米，多数为 0.25~0.3 米。

与半地穴墙壁平行的外墙，南壁长约 17、东壁长约 14.7、西壁长约 14.5 米。北壁东西段分别约为 9 和 9.4 米，厚度因保存状况不同，差别较大，为 0.4~0.95 米，平均厚度 0.6 米。内侧抹有约 0.05 米厚的草拌泥。外墙内面积约 270 平方米，如果包括墙壁，面积则多达 296 平方米。外墙也是夯筑而成[11]（图三）。

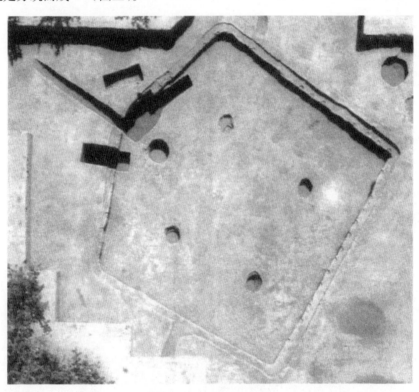

图三　灵宝西坡 F106 俯视图

下河 F1　半地穴式，平面略呈五边形。坐北朝南，门道方向 170°。房屋残，残存的建筑和使用面积分别为 263.4 和 217 平方米。复原后建筑面积 364.85 平方米，使用面积 304.5 平方米。门道位于南墙正中，长方形斜坡状。其上无活动面。南部残损，北部与上层居住面齐平。南部低于上层居住面 0.6 米，东西宽约 1.6 米，南北残长 1 米，坡度 13°。门道底部北端有一个长 1.1、东西宽 0.9、深 0.4~0.65 米的口底同大的方坑，方坑边缘有一宽 0.01 米的烧土线，方坑内南侧偏东处有一个柱洞。方坑底和门道底都为生土，无踩踏痕迹。门道北端为连通灶，由操作间、火门、火塘和地面灶四部分组成。操作间紧接门道北端，北与火塘间隔 0.5 米，长方形，口底同大，东西长约 1.6、南北宽约 1~1.1 米，残深 1.5 米，南壁中部稍外弧，其他三壁直，平底。填土底部有一层厚约 0.03~0.05 米厚的灰白色草木灰，内出有少量兽骨和陶、石器。火门呈圆角方形筒状，南高北低，直通火塘，宽 0.4 米，进深约 0.6 米，南端高 0.7 米，北端高 0.8 米。周壁经长时间的火烧而形成 0.02~0.03 米厚的青灰色烧结面，外部为 0.2~0.3 米的红烧土。火塘平面呈圆形，口大底小，口径 1.8、底径 1.3 米，深 2 米，斜壁内收，平底，壁面、底部均涂抹一层泥面，厚 0.02~0.03 米，较为光滑，经火烧而形成青灰色烧结面（火塘口部自上而下 0.2 米处无烧结面），之外为 0.2~0.3 米厚的红烧面，壁面上部坚硬，下部及底部略硬。发掘者判断该火塘经过二次使用，火塘在使用过程中曾经过修补、加固。火塘内堆积分为四层，第 1 层除少量红烧土块、炭屑和兽骨外，还发现不少陶片。第 2、3、4 层分别发现 0.3、0.58 和 0.4 米厚的草木灰，除少量陶片外，第 4 层还出土磨石一件。地面灶位于火塘北端，平面呈梯形，南北长 1.6、东西北端宽 1.9、南端宽 1.7 米，深 0.2 米。灶壁参差不齐，底部也不甚平整，底部经长时间火烧而形成青灰色烧结面。灶内填松散纯净的草木灰。

居住面北部残宽 12.2 米，复原后 16.5 米，南端最宽处残宽 13.4 米，复原后宽 18 米，南北长 17.5 米。居住面自上而下分为四层，上层居住面厚 0.02 米，系料礓石烧成的白灰地面。在南部以火塘为中心隆起约 0.1 米，其余区域地面平坦。火塘两侧区域表面较为破碎，北部 5~6 米范围内表面光滑平整，发掘者推测火塘两侧是日常起居所在。第 2 层灰黄色草拌泥层，厚约 0.08 米。第 3 层为下层居住面，厚 0.02 米，系料礓石烧成的白灰地面，细腻、坚硬，地面平滑。第 4 层灰黄色草拌泥层，厚 0.08~0.15 米。其下为房址的基础。房基深约 1~1.2 米，北高南低，可分为两部分，第一部分为居住面下两层不连续夯土及其间的松软黄色土，第二部分为第 2 层夯土以下堆积，这部分因为没有发掘情况不甚清楚。

绕房基底部周壁有内外墙的基槽，基槽低于基坑底部，内墙基距离居住面深 1.25 米以上（未清理到底），外墙基深 0.6 米。墙体西侧保存基本完整，南墙西段仅存墙基部分，其他多被梯田破坏。残存墙体分内外两道，外墙宽 0.5~0.8 米，内墙宽 0.5~0.7 米。内外墙基均宽 0.8 米，发掘者认为内外墙体均为逐层分段构筑，无夯打痕迹，每段长度在 0.5~3.5 米之间。发现柱洞 45 个，其中室内柱 4 个，内墙 35 个，外墙 3 个，门道 1 个，门棚 2 个。壁柱直径 0.35~0.48 米，深 0.7~1.3 米。个别柱洞壁上发现红色颜料。四个室内柱与墙体的距离约为 3.25~5 米，依房屋中轴线对称，相互间距为 5.45~7.6 米，直径 0.6~0.7、深 0.4 米。柱洞圆形筒状，壁面用草拌泥涂抹，内填土与房址内最下一层堆积相同，无出土遗物。外墙的三个柱洞直径均为 0.4 米，门棚处两个柱洞直径均为 0.15 米，这五个柱洞因未清理深度不详[12]。

下河 F2　半地穴式，平面为五边形。叠压在 F3 之上。坐北朝南。门道位于南侧中部，门道方向 180°。残存建筑面积 112 平方米、使用面积 92 平方米，复原建筑面积 240.6 平方米、复原使用面积 181.44 平方米。门道残，以连通灶的中轴线复原后宽度为 1.1、残长 0.6 米。平面略成长方形，因目前门道处已低于居住面 0.35 米，详情不明。门道向北与火门相连，向南与一斜坡相连，该斜坡上有一厚 0~0.1 米的踩踏面。该踩踏面延伸成一院子，西北高东南低，但向南、西延伸的情况不详。连通灶由火塘、火门组成。火门向南与门道相连，向北与火塘相连。火门位于居住面下，圆角方形筒状，南高北低直通火塘底部。南侧顶部距居住面深 0.1 米，北侧顶部距居住面深 0.3、长 0.85、宽 0.4、高 0.3 米，周壁为青灰色烧结面，烧结面外为烧土。火塘平面呈圆形，口底同大，直径 1.1、深 0.6 米，直壁，壁面涂抹一层草拌泥，多处有涂抹痕迹，且经长期火烧形成青灰色烧结面，其外则为厚薄不一的红烧土。火塘内有两层烧结面。火塘内填土有两层，下层有厚 0.4 米的灰白色草木灰。

居住面平面呈五边形，北部残宽 4.1、复原后 11.7 米，南部最宽处残宽 8.8、复原后宽 15.2 米，南北长 13 米。居住面据东侧断面判断分为五层。第 1 层为上层居住面，厚 0.01 米，为料礓石烧成的白灰面，地面平整，质地坚硬；第 2 层厚 0.02 米，灰黄色土层，致密而少见包含物；其下据发掘者判断为 F3 的居住面；第 4 层厚 0.08 米，灰黄色草拌泥，质地坚硬，包含物少；第 5 层厚 0.13~0.15 米，经火烤而呈红色的坚硬土层，怀疑为直接烧烤生土所致。

墙体仅西墙保存基本完整。有内外两道墙体，外墙宽 0.45~0.65、内墙宽 0.55~0.7 米。北墙外墙残长 4.5、复原后长 13.4 米，内墙残长 4.4、复原后长 12.8 米；西墙外墙长 13.6、内墙长 12.7 米。南墙被门道分割为东西两段，西段外墙残长 1、复原后长约 8 米，内墙残长 2.7、复原后长 7.4 米。外墙为纯净的黄色土，偶见红烧土块，内墙有草拌泥墙皮，用细腻的灰黄色细泥涂抹壁面，内墙西北角及北墙东部等数处可见残留的红色颜料。柱洞发现 22 个，其中 2 个为室内柱，内墙柱为 20 个。室内柱位置对称，距离西墙、北墙 2.68~3.5 米，直径 0.5~0.6 米，深 0.3~0.4 米。壁面光滑，外周为草拌泥填实，底部呈锅底状，所涂抹的泥被烧成青灰色的烧结面。据发掘者判断，F2 使用部分 F3 室内柱的柱洞。内墙柱为扶墙柱，位于内墙内侧，均为圆形筒状，直径 0.15~0.4 米，多为 0.2 米左右，距房址地面深 0.65~0.9 米，间距 0.42~1.4 米[13]。

下河 F3 半地穴式，平面呈五边形，坐北朝南。F3 被 F2 叠压，由北侧墙体方向推测，方向为 170°。由门道、连通灶、居住面、内外墙体、柱洞和房基组成，但因压在下面，不少尺寸不详，发掘者估算其复原建筑面积达 300 平方米。门道完全被 F2 和灰坑破坏。火塘被叠压在 F2 的火塘、地面和门道之下，结构不详。仅知其直径约 1.4、深 0.9 米，壁面平整光滑，也烧成青灰色烧结面。内填 0.25 米的青灰色草木灰和少量炭屑。也有内外两道墙体，F2 的内外墙完全破坏了 F3 的内外墙，F2 的内墙从东侧剖面看直接叠压在 F3 的白灰地面上。仅北墙、西墙的局部和西南角得以保存，内墙宽 0.5 米。内墙通体烧成红色，其上有炭化的木柱痕迹，外墙残宽 0.9 米，残高 0.35 米，为松散的黄褐色土。残留墙体上发现有扶墙柱和粗细不同的两种木骨柱，扶墙柱直径 0.35~0.4 米，间距约 0.6 米。粗木骨柱直径 0.05~0.15 米，间距 0.05~0.1 米。细木骨柱直径 0.03~0.06 米，间距约 0.03~0.04 米。发掘者判断 F3 乃因火遭毁弃[14]。

水北 F1 这是唯一的一座地面建筑。房基建在生土之上，大致坐西朝东，主室平面为圆角

610

五边形，但是门前有附属建筑，发掘者虽然把它称为前室，但也认为应该属于门棚之类。门棚宽约 4.5 米，惜破坏严重，仅清理出 10 个柱洞，多在南侧，难以恢复原状。房基主室东西中轴线长 20.1、南北宽 12.2 米，总建筑面积约为 190 平方米。室内地面东西长 12.3、南北宽 10.2 米，面积约 125 平方米。居住面经过五层处理，厚约 0.25 米，自上而下依次为：浅黄色夯土，厚约 0.09 米；草拌泥层，厚 0.08 米，上部因经火烧烤而呈红色；黑色硬面，厚 0.03 米，也系用火烧成，十分坚硬；青灰色草拌泥层，厚 0.05 米；青灰色硬面，用料礓石末与沙土混合材料制作而成，厚 0.005 米，硬度接近现在的 100 号水泥。除第 5 层外，其他处理层铺到墙下，范围与墙的外缘一致。墙体还有部分残存。墙体内侧 0.3 米的墙土为分层涂抹的草拌泥，墙体外侧的墙土中没有拌草，是用版筑的方法建造。墙表原来涂有一层紫红色矿物颜料，但大部分都已脱落，仅在北墙内侧发现少量残块。

主室柱洞可分为室内柱和壁柱两种。室内柱南北排列，共清理出 9 个，位于房子中部稍偏南。柱洞圆形，直壁、平底，壁面光滑平整，洞底发现陶片和石块，发掘者认为应起柱础的作用。九个柱洞可分为五组，东西排列，除一组为一个小柱洞外，其他四组都是一大一小两个柱洞，小柱洞位于大柱洞南侧，小柱洞直径 0.15~0.25 米，大柱洞直径 0.35~0.55 米，大小柱洞的间距是 0.15~0.6 米，各组柱洞的间距约为 3.5~4.2 米。壁柱 32 个，据复原当有 40 个以上，壁柱好像也有主次之别，主柱间距约 1 米，辅柱洞发现 4 个，位于靠近室内的地方。因为破坏严重，门道已荡然无存。灶也不在门道所在的中轴线上，而是偏在室内东南部。圆形灶坑，近直壁，平底，直径 1.3、深 1.15、壁坑厚 0.01 米。因长期使用，灶坑壁与底部被烧得十分坚硬，呈红褐色。烟道位于灶坑南侧，其两侧各有两块石板支撑，上面用四块石板平铺而成，从墙下通到房外，与房外的出烟孔相连。灶坑内填满松软的草木灰和少量的红烧土块。室内堆积中东北部大面积填红褐色烧土块，出土物很少；在室内地面、灶坑和柱洞内发现少量陶器残片，无可复原者，因此发掘者推测 F1 可能是因火而遭废弃[15]（图四）。

庙底沟类型仰韶文化大房子，除水北 F1 稍微有点特殊外，余具有许多共同特征。通过上面的描述，我们可以看得非常清楚：

1）它们都发现在面积很大的遗址中。比如西坡面积 40 万平方米，下河遗址 40 万平方米，水北遗址 12 万平方米，北阳平遗址近百万平方米，东常遗址 12 万平方米。

2）房屋面积大，多为半地穴式（只有水北 F1 是地面式），平面略呈五边形，多有内外两道墙体（水北 F1 似只有一道墙体），结构复杂，工艺先进。

3）都有狭窄的门道、与门道连通的操作间、火口和火塘（水北 F1 例外，火塘位于室内一侧，且不与门道相连，没有操作间，但有烟道通往室外）。火塘均为圆形或圆角方形，既大且深，周壁都被烧成青灰色，肯定经过长期的烧烤。

4）室内柱皆为四个（水北 F1 的室内柱呈线状分布，与两两对称的其他大房子的室内柱也不相同），使用期间有的可能还使用辅柱；室内柱粗大且对称分布，壁柱多在内墙里。

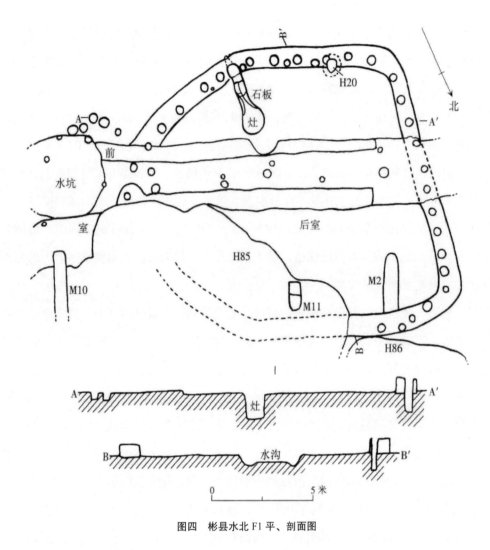

图四　彬县水北 F1 平、剖面图

5）都有狭长的门道，有的还有门棚（水北 F1 的所谓前室应该就是门棚，但结构好像与西坡 F105 的门棚不一样），门棚也有立柱。

6）制造的程序或有不同[16]，但都非常讲究，居住面用料礓石、草拌泥等多层铺垫而成，面上涂抹用料礓石做成的白灰面，有的白灰面上还涂红。

7）居住面下多有厚达 1 米甚至更厚的不同颜色和土质的夯土或者草拌泥房基；墙壁上多涂有一层薄细泥，有的墙壁上还涂有红色的颜料。这种红色的颜料在有的遗址被证明是辰砂。

8）不少室内柱都有石柱础，柱础上还涂有红色。

9）居住面做工讲究，但并没有发现凸起为床的土台子，只有个别房子靠近火塘的一侧隆起约 0.1 米，形成低矮的台子。

10）房子内少见遗物或其他生活设施，也有证据说明大部分情况下这些房子是有计划的拆除。

11）在西坡和下河遗址，都发现上下叠压的大房子，说明这是一批人先后使用的；而两个遗址的情况还说明，同时使用的大房子，也许均不止一个。

12）大房子朝向不同，也不一定分布于遗址的中心。在下河是偏向于遗址的南部边缘；在西坡则是偏向于遗址的北部，已经发掘的 4 座大房子并不位于地势最高的中部地区。

13）虽然一个遗址可能不止一个大房子，但它们的面积是有区别的且区别很大。比如有的超过 300 平方米，有的不足 100 平方米。也许存在功能方面的区别。

14）从壁柱的密度和个别房屋残存的木骨结构看，这些大房子很可能是有木骨泥墙的；假如四周没有窗户和天窗，很可能狭长的门道是唯一的采光口。

15）一般是房屋越大，室内柱就越粗大，壁柱也越粗大，说明它们的承重也越大。

16）这些房屋的外形，复原起来应该同半坡 F1 和庙底沟 F302 的复原图类似，应该是四角锥形的屋顶。水北 F1 的情况也许稍有不同。

二、台湾民族志上所见的"大房子"

台湾民族志中也见有不少"大房子"，似乎可以借用这些民族志材料理解仰韶文化的同类发现。

1. 南势阿美族

该社[17]按年龄分为数个等级，每个等级有级长。统治整个等级组织的是长老（*papeloay*），凡攸关全社利害之大事，皆须经由长老们协议后决定。另设头目和副头目，对外代表该社，对内为执行命令的唯一机构。但实际上头目在社内并无决定权，仅能在长老们的协助及赞同下，发布并执行命令。男子成年后皆加入年龄等级组织，负责修路、架桥以及修缮集会所等公共事务。一旦加入就是终身制，不许退出，此后每八年晋升一级。但组名不变，只是所负责的公共事务将随级数升高而逐渐减轻，直到无须担任公务时，即可专心从事个人事业。这是因为每八年即有新的等级组产生，且可由其继承前一组的工作[18]。

一社有两个集会所，结构如住屋，但没有墙壁，地上有数个火炉，其规模大小因社而异，大的宽约八九至十间，小的约五六间[19]（图五）。每逢攸关全社事宜，头目和长老皆聚居在此

图五　南势阿美族的集会所外观

商议，而全社的共同事务也在此进行。例如，渔捞活动的前一天，壮丁们在此制作筌和帘等渔具。通知头目、长老或壮丁们集合开会时，乃是以敲击木鼓或者竹鼓作为信号[20]。

比如每年 2 月 26 日举行的 *misatalo'an* 祭，就必须在集会所举行。一大早，集合男子年龄等级组织 'Alemet 和 Rarao 两组人员共同搭建集会所。集会所的高度 20 尺，长度七八十尺。下午五点左右，壮丁们携带酒和一只鸡到集会所，等候长老和头目前来祭祀 Malataw。祭祀的祷辞内容大多是祈求谷物丰收、社内平安、社民长寿、坏人如来社即变成疯子或瞎子或死亡等。祭毕，在南门外搭建神殿（在粟收割时拆毁），以祭祀 Malataw、Dongi、Aningayaw 等神。当天晚上，'Alemet 和 Rarao 两组人员在集会所聚餐，而头目、长老以及壮丁们也都受邀前来共饮。第二天夜晚，年龄组织等级中的 'Aramay 等上级者，以及头目和长老等皆来集会所聚餐。酒有下级者提供，麻糬和鸡则是参加者带来的[21]。

以上是 20 世纪初年日本殖民时代的情况。到 50 年代初李亦园先生等对南势阿美族重新调查时，部落会所继续存在。他是这样记述的：

每一部落有一部会所 taroaŋ，位于部落之中央；有几个青年会所或守望所，位于部落大门左边。部落会所为全部落之政治、宗教中心。会所原为一巨形干栏式建筑，面东背西，地基为长方形。此一干栏屋之地板乃以紧密而平行之藤条 t'at'akəl 编成，搭架于高出地面约 70cm 之木椿上，木椿之数目前后各七根，两侧各五根。地板两侧竖起楹柱各三，中央之柱较旁二者为高，用以承栋，旁二柱高约二公尺，用以架梁即楣庪。橼自栋两边下斜，伸出于楣庪之外，其上覆以茅草，屋顶作两坡式（gable sharp）。屋之四周无墙，偶或以茅草围之。长方形之地板上有三方形之火炉孔，炉里生火，终年不息。会所前有一广场，广场四周围以石子，并植有高大之台湾松 titið。广场之面积甚大，遇有祭仪时，部落成员即在此广场上歌舞饮宴。

部落会所象征部落之政治、宗教以至教育之中心。部落中之重要会议如长老会议、村民大会、级长会议等，皆在会所举行；部落领袖在此办理公共事务，审理争讼，处罚罪犯。遇有战争时，部落之战士亦在此集合，听候部落领袖之训话与武士长之分配工作。年龄级举行会议时，参加人员按资格而有一定之席位。大致部落领袖坐于中央靠近中央之火炉，两旁之火炉，则为长老 matoasai 及各级级长之座位，青年人坐于地板四周，不得靠近火炉。

部落中之重要祭祀，亦大都在部落会所举行。计在会所之祭祀有：部落繁荣祭 toŋi no rihsin，五谷祭 paihsin to sak'aorip，除祓祭 paihsin to korot，祖先祭 paihsin to totas，粟收获祭 milihsin，以及最重要之成年礼 misral。每遇有祭仪时，部落成员则在部落会所之广场上，狂歌漫舞，日以继夜[22]。

不仅如此，实际上部落会所也是少年教育中心，其中包括"公民"训练和军事训练。前者教授部落历史、传统和礼俗，后者包括胆量、抛石、弓矢、战术、跑步等方面的训练内容[23]。

2. 阿美族马兰社

马兰社由 321 户母系家族所组成，社内非但无整齐的道路，房子也是三三两两地散居各处。有一名头目和数名副头目负责统治全社，其下有十数名辅佐的长老。头目和副头目由长老选举，且经政府同意后选出[24]。凡攸关全社利害以及惩罚的事宜，皆须由长老及副头目先行商议，再经头目裁决。因此头目拥有极大的权力，有时宛如专制君主。该社自古就存在年龄等级组织，男子十五六岁时称为 *papakarong*，此时仍居住在家中受父母照顾。数年后加入年龄等级组织，称为 *pakarongay*。大约十七八岁时，想进入集会所的年轻人，便结伴到山上练习舞蹈和工作，如此经过多日，社中的 *kapah*（青年级），便上山寻找他们，将其带回加入组织。在集会所再经过三年的艰苦磨炼，主要是学会服从上级的命令，才具有 *kapah* 的身份及结婚成家的资格。*papakarong* 和 *kapah* 每天必须留在集会所过夜，但已婚者除外。马兰社的年龄等级共有八级，各等级的工作是固定的。只有到了最高年龄等级的 *malitengay i sefiay*，才无须再到集会所，多在家中从事自己的工作。

社里有 6 个集会所，建筑构造完全相同。集会所外有石墙围绕，墙内为 18~20 尺见方的空地，走过空地，便是一座以茅草为顶的平房，与住家不同之处在于其屋檐是在前后而非左右（图六）。集会所设有炉子，位于后面两个角落处的台子是单身男子睡觉的地方，故严禁妇女进入。男童长到 *pakarongay* 时，即来此居住，不再跟父母同寝。此外，离婚后恢复单身的 *kapah* 也必须夜宿在此。集会所内铺有茅草以防潮气，也利于睡眠。冬天直接睡在茅草上，夏天闷热则睡在藤床上。长老们有事便在集会所内聚会商议。新年期间年龄等级组织中的 *latokos*，还会在此聚集并吃鱼饮酒[25]。

图六　阿美族马兰社的集会所外观

3. 阿美族奇密社

该社也与其他阿美族一样，有男子年龄组织，大致分为 *kapah*（壮丁）和 *mato'asay*（老人）

两个等级。两者还可细分为若干等级。每个等级有级长，对内负责监督，对外代表该等级。另设有头目，负责统治全社。

该社位于险要之处，约有六十户，一般人家的住居都是由住屋、数间谷仓和一间猪舍组成。社的入口处有一个集会所，所以该社有两个集会所。其周围仅有柱子，未用茅屋围住。茅草屋顶，地板距离地面有六七寸高，上面铺着藤席，中间设置六尺四方的炉子，炉火不分昼夜地燃烧着。集会所负有监察外敌来袭的责任。另外，集会所也是未婚青年的夜宿处。凡攸关全社的事宜亦聚在此处商议，还是祭仪时设宴的地方。集会所屋顶两端装饰着稻草人，这是祛除恶魔的护身符。再者，编制藤或竹类手工艺品时，若需要较宽阔的场地，长老们也都来此进行[26]。

4. 阿美族大巴塑社

该社也有年龄组织，各等级名称系采循环袭名制，与南势阿美族略同。长老和头目齐聚集会所后，召唤十四五岁的青年才俊来组织新等级，受命者随即召集同辈，转达长老和头目的命令，从该日起皆宿在集会所。新等级组织每五年举行一次。各等级有级长，起初由长老任命，对该等级成员有命令和惩罚之权。当这些级长成为老人时，再从中挑选出优秀者担任长老。长老掌握着大权，社民相信如若犯罪而遭长老惩罚，该人必定生病或死亡。

该社有集会所两个，一个在社的中央，惯称 *kapaysinan a soraratan*，是举行祭仪之处；另一处在社的入口处，不仅未婚男子夜宿于此，社务也在此聚众商议，这样的集会所称为 *soraratan*[27]。

5. 阿美族马太鞍社

该社也有年龄组织，且采取循环袭名制。男子约十五六岁时，主动与年龄组织的基层等级 kapah 中的 'Aramay 往来，并且见习壮丁们的工作，成为 'Alemet（实习生）。新等级的诞生，通常是等欲加入组织的新人到达一定人数，头目与长老即召开会议，并依决议组织新等级。举行仪式当天，社群齐聚集会所，宰猪一头以开庆祝宴，而 'Alemet 以上成员（包括青年和老人共六级年龄组织），则从清晨舞蹈至夜晚。级长由各等级成员自行选举产生，其中握有处罚权限者约有三四名。还要从老人（mato 'asay）中推选出数名 papeloay（长老），统治全社。新长老当选时，必须要请长老前辈及老人们到集会所，并杀猪举行就职典礼。典礼过后，举行酒宴，酒过三巡，众人相互牵手跳舞，旧长老为新长老戴羽帽，穿呢绒上衣，并授予饰有黄铜线的红色权杖。

集会所也叫 soraratan，干栏式建筑。规模很大，除了四周支撑屋顶的大柱子外，一人高的干栏屋地板下面还满布着小柱子。屋顶是两面坡式的，用茅草覆盖[28]。

6. 卑南族卑南社

该社由许多母系家庭组成，户数逾两百，包括 tatimul、puepueD、TueTuer 等三个部落。全社设有头目一名、副头目两名，并有十名长老辅佐。凡攸关全社利害以及诉讼事件皆由长老及副头目先行商议，再经头目裁决方可执行。

他们也有发达的年龄等级组织，还有少年和成年两种集会所。少年自穿兜裆布起即夜宿少年集会所，初进入的一年半属于见习时期，称为 *maLaLakan*，受年长者差遣，之后升入 *muwalapus* 始可差遣后进的年少者。第三、四年称为 *malatawan*，此时进入成人集会所当 *miyabetan*（也就是成人集会所成员）的见习生。此后三年凡事听从上级指示，不洗澡也不梳洗头发，此外，还须头戴破皮帽，上身不穿衣，腰部缠兜裆布，并且不可接近火堆。晚餐由家人送到集会所而不在家中食用。第四年即正式变成 *miyabetan* 即成人集会所成员。不仅 *miyabetan* 夜宿集会所，鳏夫亦然，所以也有人认为所谓成人集会所，应改成青年集会所才合适。已有三年经历的 *miyabetan*，经过成年礼成为独当一面的 *bangsaran*，自此穿着黑色兜裆布，且可与女子交往。在 *miyabetan* 阶段，不仅禁止接近异性，每天还必须到成人集会所做事，晚上还要到练习场学习传统习俗或图案技术等等。*Bangsaran* 累计几年经验后，即可成为长老，若是口齿伶俐且为人正直，就有可能被推选为头目而掌握治理全社的统治权[29]。

每逢攸关全社利害的事件，壮丁及长老们到其所属的集会所商议后，再各自派代表到 *raera* 集会所——*karunun* 进行最后协商。有时是长老们聚集一处讨论，若彼此意见冲突，再由头目居中协调，败诉者要赠送酒给胜诉者。全社共有六个集会所，分别设在距离蕃社二至三町处[30]，虽各有名称，但统称为 *palakuwan*。各集会所分别属于该集会所内有权势人家的祖灵屋，且相关祭仪皆在此举行。各集会所的构造相同。前有篱笆，篱笆两侧有入口，进入后是泥地间，地上经常铺设茅草以方便坐卧。再往里面便是小屋，也是前后屋檐、两面坡的平房。内部设置床铺，中间放置大火炉以御寒。集会所以竹子搭建，屋顶覆盖茅草，内部设置上下式的床铺，并有梯子方便上下。屋内没有窗户所以相当黑暗，加上挂着制作皮帽的生鹿皮，所以室内弥漫着臭气（图七）。社内未婚男子夜宿集会所，白天也有数名壮丁在此工作，以备社内发生

图七　卑南族卑南社的成人集会所外观

图八　卑南族卑南社的少年集会所外观

紧急事件时可立即支援。床铺处还挂着称为 *tawLiyuL*（铁磬）的物品，如遇家中有人过世，只要至集会所通报，就会有人在腰间挂上 *tawLiyuL*，代替丧家前往亲戚家报丧。

少年集会所有两处。皆以竹子搭建，屋顶铺茅草。内部构造同成人集会所（图八；图九）。两集会所的成员每年割稻时会比赛角力。个人可随喜好选择加入这两处少年集会所，成人集会所亦然[31]。

需要说明的是，卑南社集会所和少年集会所的规模并不很大，也许跟数量较多有关。以前卑南社分为南北两部，南北部各有三个领有举行岁时祭仪的祖灵屋

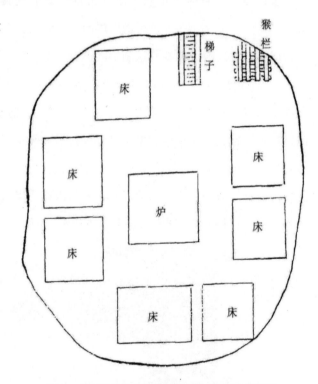

图九　卑南族卑南社的少年集会所内部结构示意图

（*karumaan*）和成人集会所的领导家系。第一任头目 sapay-an 属于北半部，之后皆由其子孙世袭；直到一代豪杰 *raera* 出现才更换新头目，后者属于南半部，是领导南半部的领导家族。文献或传说中所说的"卑南王"，就是来自 *raera* 家。直到日本殖民时期，这个格局才被打破，日本人任命了一个新头目[32]。

7. 邹族

居住在阿里山的邹族，实际上包含着许多部族。北邹族大社及户口多的小社，都设有共同

会所，takopulan 和 kankanávu 两社则均设之。北邹族把共同会所称为 kuba，但小社的会所则仅称为 nɯfɯ（旱田小屋之意）。日本人又称邹族的会所为公廨。

北邹族大社的公廨由全党的人共同建造[33]，位于小社的公廨则仅有该小社的人建造。Takopulan 以及其他两社的公廨也都由全体社民共同建造。公廨大小不一。tapangɯ、tfuya 两党的公廨，正面宽五六间，纵深六七间，都盖有四面倾斜的茅草屋顶，四面不设墙（图一〇）。然后在离地面四五尺的地方铺设木板。另外，在中央设有方约五六尺的方形炉，地板用藤编制，只有前面数尺铺设地板。公廨是一党或一社的集会所，也是收藏敌人头骨之处，所以也是首级祭的祭祀场（但北邹小社的公廨不收藏头骨）。夜间时公廨为未婚青年男子住宿的地方，因此禁止妇女进入公廨，甚至连女人的所有物都不能进入。北邹族将敌人的头骨放在藤制的笼里，放在公廨一角，其他各部族则用藤条系起来，吊在公廨的屋顶内[34]。

图一〇　北邹族达邦部落的集会所外观

北邹族包括下列三个部落——Lufutu，Tufuya，Tapangu[35]。每个部落由大社（hosa）和一些小社（denohiu）所构成。小社是大社的移民所建立。由于大社的扩张，因此某些小社可能是由两个或更多的部落移民所共同组成。Tapangu 的大部分小社均是这种形式。

被称为 kuba 的男子会所，是部落立法、司法和行政的中心。所有会议与公开审判均在会所中举行。与部落事务有关的消息，通常会在会所或会所前当中宣布。在猎首行动或大型狩猎行程之前，参与者通常聚集于会所前的广场，讨论猎程之组织细节与分派各人任务。回来后，亦聚集于此，以分配战利品和庆祝凯旋。总之，男子会所是邹族的社会中心。

在邹族和其他的父系社会中，妇女被排除于许多社会活动之外，尤其是有关政治、战争和狩猎的活动。邹族的会所是训练部落战士的中心，因此只有男性才可进入。虽然邹族并没有如上述阿美族的年龄组织，但是个体成长的每一阶段，还是有其特定的功能和责任。邹族的生命周期一般可分为五个阶段：（1）孩童期，从出生到十岁。（2）男女少年期，约在十岁到十七岁。

（3）青年期，从十七岁到三十岁左右。（4）成年期，从三十岁到约六十岁。（5）老年期，六十岁以上。在第一个阶段，两性之分别不十分明显。男女在他们第一次生日之前均为 foinana，生日之后则均称 oko no naʔno。然而，在男孩首次生日时，即第一次到会所后，从此时起，他们持续地在会所内玩耍或居留；但女孩则被禁止进入会所。从第二个阶段开始，两性的社会分化逐渐明显。在这个阶段内（masatso），女孩（iʔimuʔumu）居留于家中，而男孩（jaefuʔefa）则住在会所里面；男孩在会所内向其长辈学习各种事情，如制造和使用武器的方法、打猎捕鱼的器具制造与使用、军事战术、部落历史、传统、文化英雄故事、社会礼仪。进入第三阶段青年期（sasmojusku），男孩必须通过一成年仪礼（jaʔasmojusku）而成为年轻男子（jufafoinana）。这是必须向长辈与部落服劳役的阶段。除了继续对其少年级成员的训练和指导之外，他们亦必须参与战争与狩猎，并由酋长指示参与各种内政。即使在他们婚后，亦经常留在会所并讨论部落事务[36]。

日本人佐山融吉最早以文、图记录了北邹族的 kuba。他说，达邦集会所面积有 36 尺见方（也即约 12 米见方）。四周无墙，地板离地 5 尺（约 1.5~1.8 米）高，铺竹、藤排或木板。梯子以圆木刻出踏阶，中央设约 5 尺见方的炉，整日不灭。炉上有竹或藤制架子。其左侧亦挂一篮子，收藏钻木取火器（图一一）。研究者推测建造这个集会所的九根大柱子，应该都是大木料[37]。

8. 邵族

居住在日月潭地区的邵族，早在康熙三十二年（1693 年）即以水沙连思麻丹社

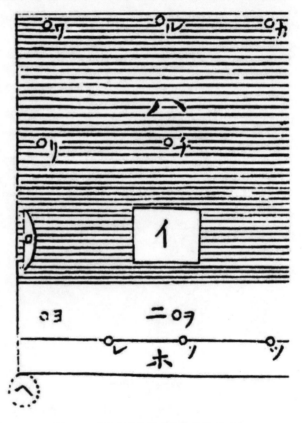

图一一　北邹族达邦部落的集会所平面图

（Sibatan）为名，成为供奉朝廷的化番。之后数百年受汉文化浸淫很深，有关邵族集会所的文献很少。清代头社有位童生名庄士杰，写过一份《头水社化蕃采访资料》，说会所："男子无妻者，同造一大茅屋，就其中建一通眠之床。至夜间，无妻者同住其所安眠，表其名曰公廨，南北蕃皆如斯，又一名'玛璘寮'。"[38]1897 年日本人伊能嘉矩在台湾调查时，记录较详："部落有一种公廨，蕃语叫做 Varin。公廨的大小，差不多是每边两间（十二尺），是用原木支撑的三尺高床屋，木板上铺有藤席，高床上茅顶低垂，进屋后无法站立于其上，也没有墙壁，空荡荡的。公廨是专供单身男子夜间睡觉的地方。高床下面的空间放杂物，也常充作牛舍。"[39]

看来邵族的公廨比较小。南岛语族文化的研究者杨南郡认为，邵族的公廨虽然与他族一样

是所谓高床式建筑，但规模和功能都远不及他族。他认为少年集中在公廨睡觉，似乎是男子集会所的遗留，只是受到汉化的影响，已经失去训练少年或者夜间警戒的作用[40]。

其他如排湾、布农、泰雅人等族也有集会所、青年会所或公廨，大小或有不同，功能也不尽相同。比如布农族的会所，并非男子经常性的夜宿、白天受训的场所，而只是有事时男性开会、集体行事之所在，同时也是举行凯旋祭敌首的地方[41]。排湾族的青年会所，方形，面宽和进深都只有二三间，上盖以半球状的茅草顶，周围以石垒筑或编茅草为壁，其一面宽三四尺、高四五尺之入口，还附有木板门。屋内铺石板，中央设灶，沿着前左右三个墙壁，设高约一尺的竹床为卧铺。入口处左右一侧之壁上有穴龛，收藏敌人首级。但据记载，这种公廨仅为青年男子住宿之用，似没有上举诸族大房子的功能繁多。这也许跟它的面积不够宽大有关[42]。泰雅人的青年会所可以一个家庭建一个，也可以几个人合建一个，一个部落中青年会所的数目并不固定。它是未婚男女交谊的地方，晚上青年男女可以在这里聚会，也可以跟情人在这里约会，只不过已婚少妇则严禁涉足[43]。

三、庙底沟期仰韶文化"大房子"的功能蠡测

汪宁生先生根据世界民族志的材料，曾经把中国考古发现的大房子分为公共住宅、集会场所、男子或妇女公所、首领住宅等四种类型。他推测泉护村 F201 应是集会场所，建筑形式与 F201 类似的、属于半坡类型的西安半坡 F1 也是集会场所，而临潼姜寨的五幢大房子，则是集会或男子公所[44]。西坡遗址的发掘者认为 F105，绝非普通的生活居住用房，而应是一处重要的公共活动场所，很可能具有原始殿堂性质[45]，被认为是"仰韶文化中期社会结构复杂化的重要证据"[46]。水北遗址的发掘者也认为这种大型房屋，应是聚落首领所居，或者用于集会、议事、祭祀及举行某种重要仪式的中心场所[47]。下河遗址的发掘者虽认为大房子的功能难以明确，但也肯定它在聚落中具有特殊的地位，因为修建它需要集中大量的资源，也是社会组织程度提高的表现[48]。

仅靠考古发掘的材料推论仰韶文化大房子的功能是困难的。因为除了个别遗址，我们对发现大房子遗址的整体情况并不清楚，换言之，大房子在聚落中的位置及其与周围房屋的关系我们并不了解，甚至大房屋周围有多少房屋、有什么样的房屋也不清楚。西坡遗址做过仔细的整体钻探，发现至少四五十处房址[49]；大房子除了上述已经发掘的 F102、F104、F105 和 F106 外，遗址中部的公路南侧也曾发现过长逾 10 米的多层房基面，两地相距约 100 米，这说明很可能西坡遗址面积超过 100 平方米的大房子并没有集中分布在一处，同时并存的也可能不止一处。

从大房子本身看，它与同时代的半地穴五边形或方形的中小型房子确有不少类似之处；不同之点，即在于它的体量巨大，加工精巧，装饰讲究，因此耗费的人工和材料必大大超过中小型房子[50]。与小房子相比，大房子普遍使用白灰涂面，不少大房子还在地面和墙壁涂红。大房子多在正对门道的房屋前半部设置圆形深灶，这一点与小房子并无不同；如果我们肯定小房子

的炉灶具有炊事的功能，似乎很难据此否定大房子大型深灶也可能具有类似的功能。比如庙底沟 F301，室内面积不过 20 余平方米，火塘口径竟达 1.17 米，底径 0.91 米，深 1.24 米；F302 室内面积也不过 20 多平方米，火塘的口径也达 1 米，底径和深度则分别达到 0.76 和 0.71 米。与房屋面积相比，大房子的圆形火塘，反而并不显得很大，不过体量依然相当惊人。这或者说明庙底沟仰韶文化的居民，使用灶火的方式特别；或者说明，即便庙底沟遗址这两座小型的五边形房子，也可能具有与大房子相似的功能。

参照台湾民族志的材料，这种不分间的大房子，很可能是集体活动的场所。不管是行母系的阿美族还是行父系的邹族，无论有无年龄等级，上述各族都有男子集会所。这些会所，不仅是未婚男子夜宿的地方，更是部落举行集会、祭祀等大型活动的地方。凡是攸关部落的大事，都是在这里讨论、举行。因此会所是部落的行政中心、礼仪中心，同时也是教育青年，甚至举行集体劳动和安全保卫的场所。台湾民族志所见的集会所，在结构上有不少是可以跟庙底沟期仰韶文化的大房子做比较的。比如，（1）规模大。（2）一个部落有一个集会所，也有两个甚至多个的，数量不等，大小也不尽一致。（3）不论大小都有火塘，且多有尺寸很大的火塘；火塘常年不熄，多做取暖之用；仰韶文化的大房子，火塘周壁烧成青灰色，也可能具有类似的功能。（4）结构同住房相仿，不过多是干栏建筑。（5）多不分间。（6）虽然做工没有仰韶文化的大房子讲究，但不少房屋里面存放人头，这一点很可能同仰韶文化大房子的地面涂红、础石涂红等等的现象相类似，具有某种宗教或仪式的色彩。（7）因为不是家庭住房，青年们白天要回家里吃饭，因此生活用具少见；仰韶大房子罕见生活用具的情况，虽然不排除当时人有计划拆除房屋的可能，但也许与此有关。（8）大社的集会所（比如邹族）由全部落的人共同修建，小社的集会所则只有小社自己的人完成。仰韶文化大型聚落的房屋，也可能不仅仅是由某一个氏族或者村落完成的，而是由包括数个村落在内的整个部落完成的。（9）集会所并不都在村社中心，也可以位于村社的边缘或出入口的地方；两者可以并存，功能也可以不尽一样。（10）集会所虽然都是干栏式建筑，且没有四壁，但因为屋顶低垂，所以光线不好，这也许跟它的仪式功能相关。仰韶文化的大房子，即便四壁有个别的窗户甚至天窗，但考虑到它的体量巨大，室内光线也必定是昏暗的。（11）集会所内因为是男子专用的，集会所又具有全部落集会的特点，所以集会所前面或周围一般都有较大的公共空间，或广场或院落。仰韶大房子前面或者周围的考古资料还嫌不足，但看起来也好像具有较大的空间。

庙底沟期仰韶文化的大房子，在形态上跟台湾民族志所见集会所的情况相类似，因此也可能具有集会所的性质。集会所只是一个简便的称呼，内涵丰富，是集行政、仪式、教育、保卫和集体劳动为一身的公共活动场所。我们不知道庙底沟仰韶文化的先民是否也有年龄等级，甚至也不知道这个集会所是否一定仅仅是专为青年男性建造的，但台湾民族志所见的青年男性集会所或者少年男性集会所，为我们理解庙底沟期仰韶文化大房子的功能提供了可资借鉴的材料。在目前考古资料不足的情况下，我觉得把这些考古上所见的大房子定义为举行部落公共活动的场所，是比较合适的。当然，建造仰韶文化的大房子，比台湾高山诸族所见的干栏式建筑要花费更多的时间、材料和劳力，这也许说明庙底沟仰韶文化先民有更大的经济能力和社会组织能力，社会动员的力量也更加强大。

注释：

［1］严文明：《仰韶房屋和聚落形态研究》，《仰韶文化研究》，文物出版社，1989 年。

［2］河南省文物考古研究所等：《河南灵宝西坡遗址 2001 年春发掘简报》，《华夏考古》2002 年第 2 期。

［3］河南省文物考古研究所等：《河南灵宝西坡遗址 105 号仰韶文化房址》，《文物》2003 年第 8 期。

［4］中国社会科学院考古研究所河南一队等：《河南灵宝市西坡遗址发现一座仰韶文化中期特大房址》，《考古》2005 年第 3 期。

［5］陕西省考古研究院、咸阳市文物考古研究所：《陕西彬县水北遗址发掘报告》，《考古学报》2009 年第 3 期。

［6］张鹏程：《下河遗址》，见陕西省考古研究院：《考古年报 2010》；陕西省考古研究院、白水县文物旅游局：《陕西白水县下河遗址仰韶文化房址发掘简报》，《考古》2011 年第 12 期。

［7］中国社会科学院考古研究所河南一队等：《河南灵宝市北阳平遗址调查》，《考古》1999 年第 12 期；河南省文物考古研究所等：《河南灵宝铸鼎塬及其周围考古调查报告》，《华夏考古》1999 年第 3 期；中国社会科学院考古研究所河南一队等：《河南灵宝市北阳平遗址试掘简报》，《考古》2001 年第 7 期。

［8］河南省文物考古研究所等：《河南灵宝西坡遗址 2001 年春发掘简报》，《华夏考古》2002 年第 2 期。

［9］河南省文物考古研究所等：《河南灵宝西坡遗址 2001 年春发掘简报》，《华夏考古》2002 年第 2 期。

［10］河南省文物考古研究所等：《河南灵宝西坡遗址 105 号仰韶文化房址》，《文物》2003 年第 8 期。

［11］中国社会科学院考古研究所河南一队等：《河南灵宝市西坡遗址发现一座仰韶文化中期特大房址》，《考古》2005 年第 3 期。

［12］陕西省考古研究院、白水县文物旅游局：《陕西白水县下河遗址仰韶文化房址发掘简报》，《考古》2011 年第 12 期。

［13］陕西省考古研究院、白水县文物旅游局：《陕西白水县下河遗址仰韶文化房址发掘简报》，《考古》2011 年第 12 期。

［14］陕西省考古研究院、白水县文物旅游局：《陕西白水县下河遗址仰韶文化房址发掘简报》，《考古》2011 年第 12 期。

［15］陕西省考古研究院、咸阳市文物考古研究所：《陕西彬县水北遗址发掘报告》，《考古学报》2009 年第 3 期。

［16］发掘者推测的建筑过程各不相同，这可能跟目前的认识不足有关，但也可能不同房子建筑的程序略有不同。参见河南省文物考古研究所等：《河南灵宝西坡遗址 105 号仰韶文化房址》，《文物》2003 年第 8 期；中国社会科学院考古研究所河南一队等：《河南灵宝市西坡遗址发现一座仰韶文化中期特大房址》，《考古》2005 年第 3 期；陕西省考古研究院、白水县文物旅游局：《陕西白水县下河遗址仰韶文化房址发掘

简报》,《考古》2011 年第 12 期；陕西省考古研究院、咸阳市文物考古研究所:《陕西彬县水北遗址发掘报告》,《考古学报》2009 年第 3 期。

[17] 这是 20 世纪初日本人调查的记述。"社"略同于后文的部落。

[18] "中研院"民族学研究所:《蕃族调查报告书》第 1 册,2007 年,第 13—14 页。

[19] "间"为日本度量衡中的长度单位,一间约 2 米。

[20] "中研院"民族学研究所:《蕃族调查报告书》第 1 册,2007 年,第 39—43 页。

[21] "中研院"民族学研究所:《蕃族调查报告书》第 1 册,2007 年,第 20—21 页。

[22] 李亦园:《南势阿美族的部落组织》,见《台湾土著民族的社会与文化》,台北联经出版公司,1982 年,第 154—155 页。

[23] 李亦园:《南势阿美族的部落组织》,见《台湾土著民族的社会与文化》,台北联经出版公司,1982 年,第 155—156 页。

[24] 这是 1912 年日本统治台湾期间,日本学者的考察报告。此处乃指日本殖民政府。报告也指出,头目和副头目的设置始于清朝,由长老选举、决议而长生。参见李亦园:《南势阿美族的部落组织》,见《台湾土著民族的社会与文化》,台北联经出版公司,1982 年,第 150—154 页。

[25] "中研院"民族学研究所:《蕃族调查报告书》第 1 册,2007 年,第 153—155、168—172 页。

[26] "中研院"民族学研究所:《蕃族调查报告书》第 2 册,2009 年,第 19—24、35—36 页。

[27] "中研院"民族学研究所:《蕃族调查报告书》第 2 册,2009 年,第 113—114、129—131 页。

[28] "中研院"民族学研究所:《蕃族调查报告书》第 2 册,2009 年,第 157—158、173—178 页。

[29] "中研院"民族学研究所:《蕃族调查报告书》第 1 册,2007 年,第 247—248 页。

[30] "町"为日本旧度量衡中的长度单位,一町约 109 米。因为新社是从旧址搬出的,祖灵屋和集会所都还在旧址,这也就是说集会所距离新社址约二三百米。

[31] "中研院"民族学研究所:《蕃族调查报告书》第 1 册,2007 年,第 265—273 页。

[32] "中研院"民族学研究所:《蕃族调查报告书》第 1 册,2007 年,第 248 页。

[33] 这里所谓的"党",是指包括一个中心社和附属的一个或数个小社,中心社称为 hosa,也译为大社,附属社称为 maemoemoo lenohi'u,译为小社。Maemoemoo 为各户之意,lenohi'u 为离家而居住在外,即分社之意。所谓"党"略同于部落。见"中研院"民族学研究所:《番族惯习调查报告书》第四卷《邹族》第 3 册,2001 年,第 7—8 页。

[34] "中研院"民族学研究所:《番族惯习调查报告书》第四卷《邹族》第 3 册,2001 年,第 91—92 页。

[35] 这里的三分法与前引日本人的四分法不同,拉丁文书写方式也略有差异,本文没有统一。

[36] 陈奇禄:《台湾土著的年龄组织和会所制度》,见《台湾土著文化研究》,台北联经出版公司,1992 年,第 218—219 页。

[37] 佐山融吉:《临时台湾旧惯调查会第一部·蕃族调查报告书·曹族阿里山蕃、四社蕃、简仔务蕃》,余万居译,1985 年（1915 年原刊）,第 57、59—60 页。转引自关华山:《阿里山邹族男子会所 *kuba* 的重构与

变迁》，见《邵、布农、阿里山邹居住文化之比较》，台北稻香出版社，2010年，第125页。

[38] 转引自关华山：《再现日月潭邵族传统居住建筑的构筑与意义》，见《邵、布农、阿里山邹居住文化之比较》，台北稻香出版社，2010年，第273页。

[39] 伊能嘉矩：《台湾踏查日记》（上），杨南郡译注，台北远流出版公司，1996年，第221—222页。

[40] 伊能嘉矩：《台湾踏查日记》（上），杨南郡译注，台北远流出版公司，1996年，第222页。

[41] 关华山：《台湾中部郡、布农、阿里山邹三族居住文化之比较研究》，见《邵、布农、阿里山邹居住文化之比较》，台北稻香出版社，2010年，第391—393页。

[42] "中研院"民族学研究所：《番族惯习调查报告书》第五卷《排湾族》第3册，2003年，第254页。

[43] 宋光宇：《泰雅人——台湾宜兰县武塔村调查》，云南大学出版社，2004年，第130页。

[44] 汪宁生：《中国考古发现的"大房子"》，见《民族考古学探索》，云南出版集团公司，2008年。

[45] 河南省文物考古研究所等：《河南灵宝西坡遗址105号仰韶文化房址》，《文物》2003年第8期。

[46] 中国社会科学院考古研究所河南一队等：《河南灵宝市西坡遗址发现一座仰韶文化中期特大房址》，《考古》2005年第3期，第6页。

[47] 陕西省考古研究院、咸阳市文物考古研究所：《陕西彬县水北遗址发掘报告》，《考古学报》2009年第3期；田亚岐、苏庆元：《咸阳彬县水北遗址》，见《留住文明》，三秦出版社，2011年。

[48] 陕西省考古研究院、白水县文物旅游局：《陕西白水县下河遗址仰韶文化房址发掘简报》，《考古》2011年第12期。

[49] 西坡遗址钻探资料，承李新伟先生示知。

[50] 小房子的实例可参考庙底沟F301、F302。见中国科学院考古研究所：《庙底沟与三里桥》，科学出版社，1959年，第7—15页。

新石器时期大型建筑基址的建筑学解读
——以河南灵宝西坡遗址 F105、F106 为例

◎岳岩敏

一、概述

根据近年考古发掘可知，新石器时代仰韶文化庙底沟类型的聚落遗址主要分布在晋陕盆地带，包括关中盆地、运城盆地、临汾盆地、灵宝盆地等地理单元。该盆地四面环山，南有秦岭山脉横贯东西，北有北山山脉、吕梁山脉为屏，东有太岳山、崤山纵列，西有陇山、汧山隆起，形成一个独立的"新月形"盆地[1]。该区域整体地势平坦，气候温和，水系丰富，是原始农业和聚落的产生与发展的主要地区之一。庙底沟类型[2]聚落遗址即是在这样的自然地理环境中孕育而生（图一）。

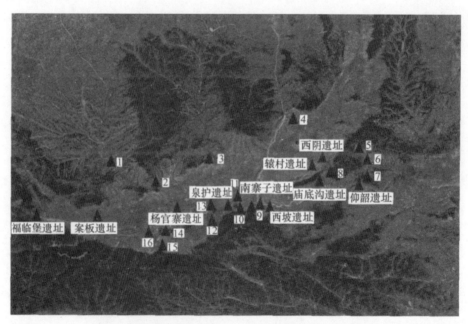

图一　新石器时期仰韶文化庙底沟类型聚落遗址分布示意图
（资料来源：《庙底沟文化的崛起》）

1. 水北遗址　2. 黑豆嘴遗址　3. 白水下河遗址　4. 河津固镇遗址　5. 上亳遗址　6. 小赵遗址　7. 班村遗址
8. 三里桥遗址　9. 西王村遗址　10. 西关堡遗址　11. 兴乐坊遗址　12. 邓家庄遗址　13. 北牛遗址
14. 南殿村遗址　15. 北堡寨遗址　16. 尹家村遗址

二、灵宝西坡遗址

灵宝西坡遗址位于河南省灵宝市阳平镇西坡村西北，坐落在自西南向东北倾斜的铸鼎原上，是铸鼎原仰韶文化聚落群中规模较大的一个，保留遗存约40万平方米，是新石器时代仰韶文化庙底沟类型的中心地带。该遗址地理环境南依秦岭（约2.5千米），北距黄河（约6千米），遥望铸鼎原头的黄帝陵，东西两侧有汇入黄河的支流（图二）。自1999~2004年考古工作者对西坡遗址进行六次发掘，发现了丰富的文化遗存，主要包括建筑基址、蓄水池、

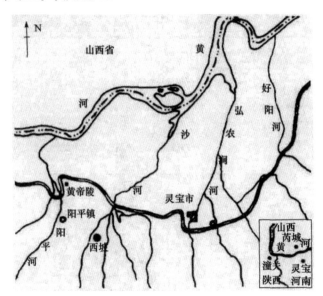

图二　灵宝西坡遗址区位图
（资料来源：作者自绘）

壕沟、墓葬以及有人类活动遗迹的灰坑、灰沟等。2001年公布为第五批全国重点文物保护单位。2005年被列入"中华文明探源工程"六大首选遗址[3]。

庙底沟文化聚落高度发展的表征之一是大型建筑基址的发现[4]。河南灵宝西坡遗址中心部位的两处大型建筑基址（考古学编号为F105、F106）是目前发现的同时期最大的两座单体建筑遗迹。其与河南陕县庙底沟遗址F301、F302[5]，陕西白水下河遗址F1、F2、F3[6]，华县泉护村遗址F201[7]等相似，均为五边形半地穴式（表一）。考古学者通过对如上几处聚落及建筑遗址中出土器物的类型学研究，判断五边形半地穴建筑基址的起源与发展过程应为起源于仰韶文化中期的关中东部，向东影响至豫西地区，湘西至泾河流域[8]。本文依据同时期同类型建筑基址特点，对灵宝西坡遗址F105、F106进行建筑学解读与研究，探讨其建筑形制特征和早期建造技术等。

表一　新石器时期仰韶文化庙底沟类型主要建筑遗址统计表（表中信息来源考古报告）

遗址名称	建筑基址考古平面图
河南陕县庙底沟遗址	F301　　　F302

遗址名称	建筑基址考古平面图
陕西华县 泉护村遗址	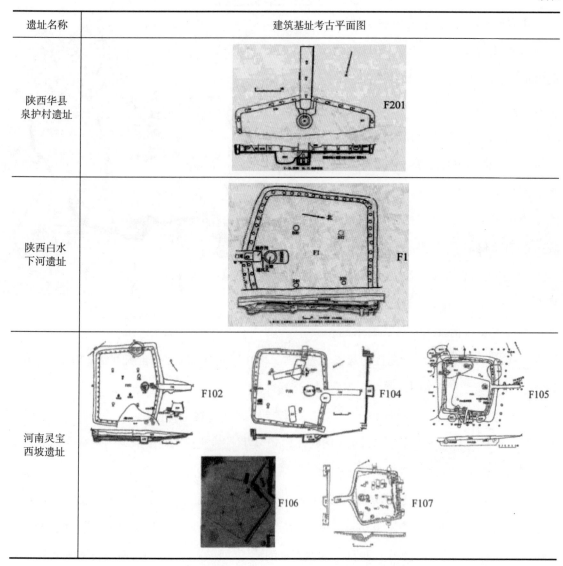
陕西白水 下河遗址	
河南灵宝 西坡遗址	

（一）建筑基址 F105 考古信息及复原推测

F105 是仰韶文化庙底沟类型中发现的面积最大、结构最为复杂、规格最高的房屋基址。据考古报告[9]描述，F105 被西周时期的灰坑、墓葬以及近代墓葬破坏，其上覆压有仰韶文化房址 F104、灰坑、灰沟、蓄水池等，遗址破坏严重。通过对 F105 的地层叠加关系和文化遗迹的整理与分析，得出庙底沟文化类型的建筑基址 F105 的基本信息（图三）。F105 坐西朝东，圆角正边形平面（因一边墙体被门道打断，切成一定夹角，也可称五边形平面），半地穴式主室外周一圈回廊柱洞，东侧有门道，方向 110°；主室加上回廊、门棚总建筑面积约达 516 平方米。

主室为半地穴式，建筑基坑大于室内半地穴面积。基坑上大下小（即口大底小），口部外围最大总尺寸为东西 18.7 米、南北 19.85 米，面积约 372 平方米，口部至底部总深 2.75 米，基坑壁上直下斜，平底；室内（半地穴内）东西 13.7 米、南北 14.9 米，面积约 204 平方米。墙体直壁，残存半地穴及其以下部分，残高 0.7~0.85 米。半地穴墙体是颜色略有区别的内外两壁，分别夯筑而成：内壁宽 0.35~0.7 米、深 1.85~2.05 米，外壁宽 0.4~0.78 米、深 1.25~1.5 米。墙壁柱洞残存 38 个，柱洞直径 0.4~0.65 米、深 2.2~2.65 米，均为圆形，多为直壁、圆底或平底。柱础坑有斜壁圆底或直壁平底，坑底均有朱红色辰砂出土，部分坑底经过夯实处理。根据灵宝西坡遗址 F106、陕西白水下河遗址 F1 等建筑基址均有半地穴内外两层墙壁做法，推测内墙为一土台，埋设墙壁柱；外墙为建筑外围护墙体，两道墙为逐层分段垛泥墙构筑，无夯打痕迹。墙体表面涂抹草筋泥，再涂一层细泥，最后涂成朱红色，现大部分已脱落。

　　建筑基坑与室内地面处理考究。建筑地基和居住面均为层层夯筑而成。基坑下层厚约 1.85 米，为浅灰色土夹杂少许灰褐色土夯实而成；中层为 3 层、每层厚 5~8 厘米灰的白色草筋泥；上层为 5 层黄灰色夯土，土质硬密。最上为居住面，共 5 层，自下而上为厚 3.5~4 厘米的草筋泥、厚 0.1~3 厘米的黑灰色细泥 2 层、厚 1.5~2.5 厘米白灰色料姜（礓）石和厚 0.5~0.7 厘米的灰白色细泥层。在基坑夯土层及草拌泥局部发现有朱红色辰砂（HgS）。在居住面的 5 层中（除下数第 3 层外），每层均涂成朱红色（图四）。半地穴地面低于室外原地表 0.95~1 米。

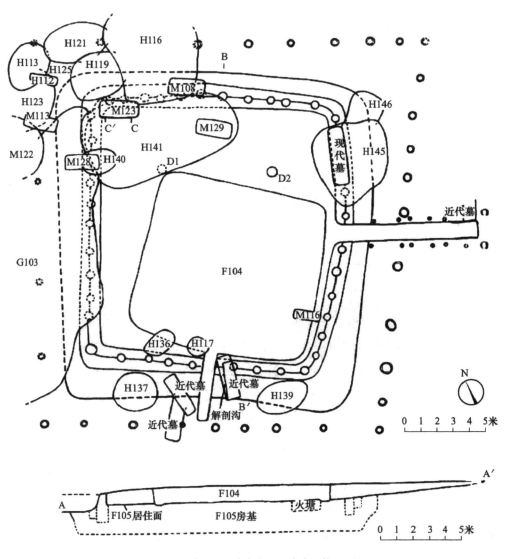

图三　河南灵宝西坡遗址 F105 考古现状平面图

（资料来源：《河南灵宝西坡遗址 105 号仰韶文化房址》）

室内现存柱洞2个，分布在室内东北部、西北部；柱洞呈圆形、直壁、平底，底部有柱础石，石表面涂成朱红色；D1口径0.53米、深0.7米，D2口径0.6米、深0.5米，两者间距6.65米（图四）；柱础石被压在5层黄灰色夯土之下，即在地基夯筑3层灰白色草筋泥时埋入柱础石。按房屋结构与对称原则推测，室内共有4个柱洞。栽立木柱后，柱周围有回填土等对其进行加固、防潮处理，当房子遭废弃或火烧之后，木柱残无，柱洞大于柱径。因此，F105柱洞口径并非柱子直径。根据其平面尺寸与柱间距，以及同时期其他建筑遗址柱洞大小推测室内主要结构性中心柱柱径或为40厘米左右。

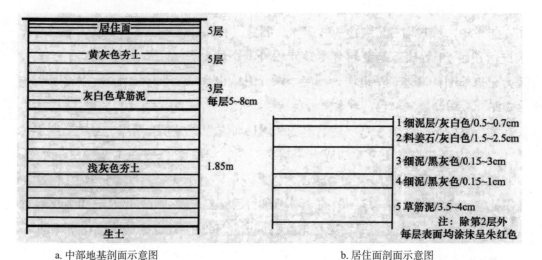

a. 中部地基剖面示意图　　　　　　　b. 居住面剖面示意图

图四　河南灵宝西坡遗址 F105 地基与居住面剖面示意图
（资料来源：据考古报告描述自绘）

由此可知，F105建筑规模大，室内地基、居住面、墙面、柱础或柱坑均处理考究，涂有朱红色。推测F105在聚落建筑群中地位突出，或为聚落中祭祀或殿堂性质的公共空间。

火塘被F104覆盖，根据同时期其他房址推断，应为圆形坑，靠近且正对入口门道。深约0.6米，底部为坚硬的红褐色烧烤面。

门道位于东墙中部偏北，呈长条形直壁斜坡状，长8.75米、宽0.95~1米；底部为硬土踩踏面，坡度6°；两侧共发现柱洞13个，门道两端的柱洞较大，直径0.45米。按照左右对称原则，复原为14个。

围绕半地穴主室四周外侧有柱

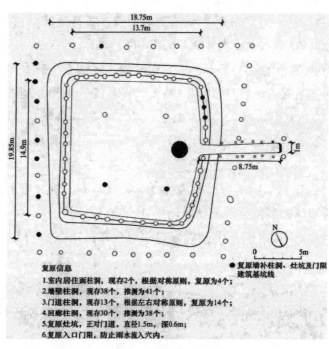

复原信息
1.室内居住面柱洞，现存2个，根据对称原则，复原为4个；
2.墙壁柱洞，现存38个，推测为41个；
3.门道柱洞，现存13个，根据左右对称原则，复原为14个；
4.回廊柱洞，现存30个，推测为38个；
5.复原灶坑，正对门道，直径1.5m，深0.6m；
6.复原入口门限，防止雨水流入穴内。

● 复原墙补柱洞、灶坑及门限
　建筑基坑线

图五　F105 复原平面图
（资料来源：作者自绘）

洞，残存数量 30 个，间距 2~3.5 米。除一个椭圆形外，其余柱础坑均为圆形，坑壁和坑底有四种形式（直壁平底、直壁圆底、斜直壁平底和斜直壁圆底），直径 0.4~0.7 米、深 0.3~0.75 米。柱洞多为直壁平底的圆形，直径 0.27~0.54 米。回廊四周距墙面宽度不一，前部门道两侧宽度 3.55~4.7 米，两侧稍窄 3~4.05 米，后部较窄宽 2.9~3.2 米。根据考古柱洞分布规律及柱间距，推测柱洞总数为 38 个。回廊柱洞位于房屋基坑夯层范围以外，柱础坑处地面及柱洞内均未做夯实或填充等特殊处理，土质松软。在其中一个柱础坑内发现有朱红色辰砂（图五；图六）。

通过对考古发掘整理分析与建筑信息比较解读，F105 回廊有三处疑点：第一，回廊的功能性质，于 F105 建筑整体空间而言，如此大尺度的外廊功能性质尚不能确定，或为室内祭祀等公共活动的补充空间，扩大室内使用面积，或有独立的使用性质；第二，基础防水防潮技术，相较室内四根立柱和墙壁内柱而言，回廊柱位于室外，但柱础坑和柱洞均未发现防潮防水措施，且位于建筑夯筑基坑范围之外，此两点极不利于室外回廊的耐久性使用；第三，形象和上部与墙相交处的建造技术，与同时期具有外廊的建筑基址相比较而言，F105 回廊宽度甚大，柱径和柱间距也较大，其上部构造与外墙相交处的建造技术及其外廊形象均需进一步探讨。以上问题需要考古学者和建筑史学者进一步深入研究。

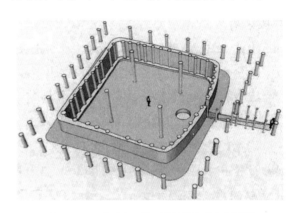

图六　F105 半地穴、柱以及墙体部分复原模型
（资料来源：作者自绘）

因缺乏可靠的实物和图像信息的佐证，早期建筑研究中结构和屋顶形式仅能做一定程度的推测探讨。根据 F105 平面形状为五边形，室内 4 个柱洞均匀对称分布，初步推测，F105 可能为以四柱为中心支点，对角架设四椽形成两对大叉手，其余椽木架于其顶部交点上，因其墙体外围一圈回廊，推测为单檐或重檐"四角攒尖顶"形式。屋架高度由屋盖排水的坡度决定的。参考《周礼·考工记》"匠人篇"载："匠人为沟洫……葺屋三分，瓦屋四分。各分其修，以其一为峻"[10]；"营国"篇注："修，南北之深也。"[11] 由此可知，"葺屋"即茅草屋，屋架高度为进深的 1/3；"瓦屋"屋架高度为进深的 1/4。假定半地穴沿门道方向最大进深为 L，则葺屋屋架高 H 为 L/3，瓦屋屋架高 H 为 L/4。根据西安半坡、大地湾等残留的建筑遗迹，发现有草筋泥块上有椽与柱、椽与横向杆件交接的痕迹，推测新石器时期仰韶文化房屋屋顶应为草筋泥屋面。根据草筋泥屋面的材料和强度，推断其屋架高度应介于葺屋与瓦屋之间，即 L/3 与 L/4

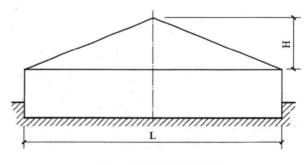

图七　屋架高度计算示意图
（资料来源：作者自绘）

之间（图七）。因此，若 F105 屋顶形式为单檐"四角攒尖顶"，其半地穴室内进深加前后回廊宽度，总跨度 24 米，则屋架高度为 24/4 ≤ H ≤ 24/3，即 6 米 ≤ H ≤ 8 米；若 F105 为重檐"四角攒尖顶"，回廊屋面与半地穴主体屋面分开，半地穴外墙体最大距离 19.85 米，则屋架高度为 19.85/4 ≤ H ≤ 19.85/3，即 5 米 ≤ H ≤ 6.6 米。无论屋架高度为何种尺寸，其体量都是惊人的。

（二）建筑基址 F106 考古信息及墙体建造过程复原

F106[12]与 F105 均处在该遗址的中心，间距约 50 米。建筑基址包括门道、半地穴墙体、墙内柱洞、室内柱洞、半地穴地面、火塘等遗迹。局部被晚期的墓葬破坏，半地穴室内居住面未发现任何生活遗迹，推测可能为聚落中的公共建筑，与 F105 相比等级偏低。

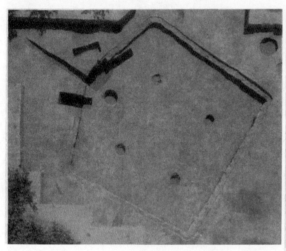

图八　F106 鸟瞰图

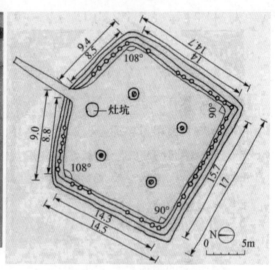

图九　F106 考古信息整理平面图
（资料来源:《河南灵宝市西坡遗址发现一座仰韶文化中期特大房址》）

建筑基址 F106 平面为圆角五边形，半地穴式。半地穴墙体分为内外两壁，夯筑而成，且外墙壁与内墙壁（即半地穴墙壁）平行。外墙壁各边尺寸分别为南壁约 17 米、东壁约 14.7 米、西壁约 14.5 米，门道东西两侧分别为 9 米、9.4 米，外墙壁内侧抹有 5 厘米厚的草筋泥，残存高度 10~30 厘米。外墙内面积约 270 平方米（含墙体约 296 平方米）。内墙壁各边尺寸分别为南壁约 15.7 米、东壁约 14 米、西壁约 14.3 米，东、西

图一〇　F106 半地穴朱红色墙壁
（资料来源:《河南灵宝市西坡遗址发现一座仰韶文化中期特大房址》）

壁与南壁基本垂直，门道东西两侧墙壁长度分别为8.5米、8.8米，且与东、西两壁夹角108°，总室内建筑面积约240平方米。内墙残存高度约40~80厘米，墙顶面为平整的抹泥台面，宽约60厘米，墙体外侧呈棕色，厚约15~20厘米，内侧为青灰色草筋泥，表面涂朱红色（图八至图一〇）。

居住面做法考究，共7层，总厚约25.5厘米。自下而上分别为：

第1层为青灰色草筋泥，厚约8.5厘米；第2层为黄色硬土，厚约4.5厘米；第3层为棕色草筋泥，厚约3厘米；第4层为掺有料姜石的抹泥，青灰色，厚约5厘米；第5层为青灰色草筋泥，厚约3厘米；第6层同第3层，厚约1.5厘米；第7层为含有大量料姜石的坚硬地面，厚约3.5厘米，表面涂成朱红色（图一一）。

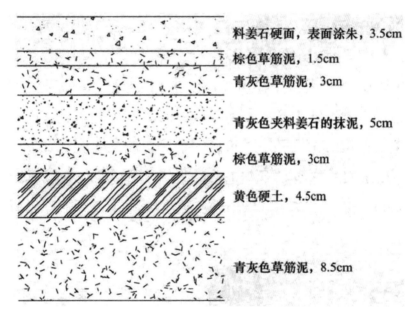

图一一　F106 居住面剖面示意图
（资料来源：据考古报告描述自绘）

门道为斜坡式，朝向东北，方向24°，长约6.8厘米，门道两壁抹泥15厘米，净宽约45~80厘米，入口处最窄，进入半地穴处最宽。

柱洞遗迹内部件木柱腐朽痕迹，其内填充土为房屋倒塌形成的堆积，杂有石块和陶片，考古工作者推测当时房址被废弃时，全部柱子被当时的居民移走用于其他房屋建筑。柱洞分两种：室内中心柱和壁柱。室内中心柱有4个，均匀地分布在室内对角线上，且呈轴对称关系，柱坑为近圆形，直径约1米，应是当时移柱时形成的；位于东北角的柱坑内有平整的柱础石，低于居住面约20厘米，"直径约26厘米，可作为柱径的参考"[13]。壁柱现存41个，间距不等，柱洞直径多为25~30厘米，因移柱时可能造成破坏，实际的柱径应更小。整体而言，F106保存现状较好。根据考古工作者墓葬处的遗址断面推测其建造程序的描述，对其复原如图所示，我们可以清楚地认识到仰韶文化庙底沟类型建筑基址的建筑构造过程复杂，而且需要大量的人力、物力（图一二）。

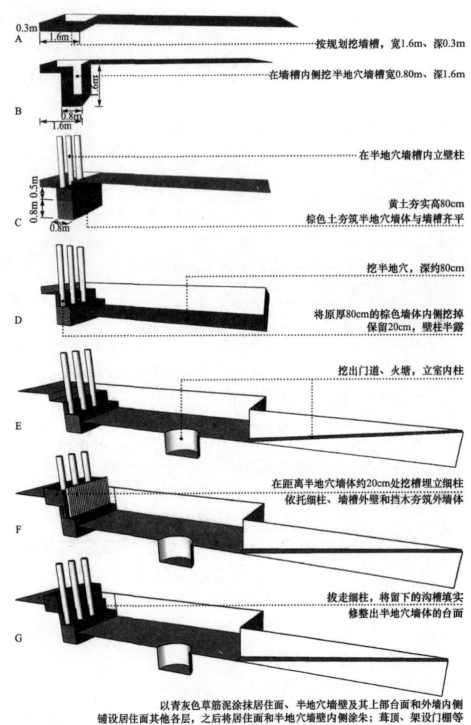

A 0.3m 1.6m ············· 按规划挖墙槽，宽1.6m、深0.3m

B 1.6m 0.8m 1.6m ············· 在墙槽内侧挖半地穴墙槽宽0.80m、深1.6m

C 0.8m 0.5m 0.8m ············· 在半地穴墙槽内立壁柱

黄土夯实高80cm
棕色土夯筑半地穴墙体与墙槽齐平

D ············· 挖半地穴，深约80cm

将原厚80cm的棕色墙体内侧挖掉
保留20cm，壁柱半露

E ············· 挖出门道、火塘，立室内柱

F 在距离半地穴墙体约20cm处挖墙槽埋立细柱
依托细柱、墙槽外壁和挡木夯筑外墙体

G 拔走细柱，将留下的沟槽填实
修整出半地穴墙体的台面

以青灰色草筋泥涂抹居住面、半地穴墙壁及其上部台面和外墙内侧
铺设居住面其他各层，之后将居住面和半地穴墙壁内侧涂朱；葺顶、架设门棚等

图一二 F106 建造程序图
（资料来源：据考古报告描述自绘）

三、结语

新石器时期仰韶文化庙底沟类型是中国史前文明发展的重要时期，"其领域之大、文化认同之广，历史影响之深，世界'罕有其比'"[14]。其聚落与建筑基址是该文明重要的物质载体，河南灵宝西坡遗址是庙底沟类型最具代表性的聚落遗址。本文通过对聚落内大型建筑基址 F105

建筑平面形制、屋架高度范围及其形式，以及 F106 建造程序的复原研究与推想，呈现"中华文化起源"时期原始先民半穴居大型建筑基址的基本特征，其平面形状为五边形，建造程序考究，建筑技术成熟、组织周密。由此推测 F105、F106 大型建筑基址并非普通生活居住建筑，应是该聚落重要的公共建筑空间场所，或具有早期祭祀或宫殿性质的建筑。然而，囿于资料有限，仍有诸如半地穴建筑基址的主要结构、回廊功能、屋面形式等建筑信息需进一步研究与论证。

注释：

［1］杨利平：《庙底沟文化的崛起》，《大众考古》2018 年第 10 期，第 26 页。

［2］在考古学概念上，庙底沟类型是指仰韶文化二期，据 ^{14}C 测定绝对年代在公元前 4000~前 3500 年左右。

［3］"中华文明探源工程"是 2004~2016 年期间完成的多学科结合研究中国历史和古代文化的重大科研项目。六大首选遗址包括河南灵宝西坡遗址、山西襄汾陶寺遗址、河南登封王城岗遗址、河南新密新砦遗址、河南洛阳二里头遗址和郑州大师姑遗址，是早期中国规模宏大、等级较高的"中心城邑"。

［4］杨利平：《庙底沟文化的崛起》，《大众考古》2018 年第 10 期，第 28 页。

［5］中国科学院考古研究所：《庙底沟与三里桥》，科学出版社，2011 年。

［6］王炜林、张鹏程、袁明：《陕西白水县下河遗址大型房址的几个问题》，《考古》2012 年第 1 期，第 54—62 页；陕西省考古研究院、白水县文物旅游局：《陕西白水县下河遗址仰韶文化房址发掘简报》，《考古》2011 年第 12 期。

［7］北京大学考古学系：《华县泉护村》，文物出版社，2003 年。

［8］杨菁：《渭水流域史前房屋建筑形式与技术发展研究》，西北大学硕士学位论文，2014 年，第 64—65 页。

［9］河南省文物考古研究所等：《河南灵宝西坡遗址 105 号仰韶文化房址》，《文物》2003 年第 8 期，第 4—17 页。

［10］孙诒让：《周礼正义》卷八五，王文锦、陈玉霞点校，中华书局，1987 年，第 3503 页。

［11］孙诒让：《周礼正义》卷八三，王文锦、陈玉霞点校，中华书局，1987 年，第 3430 页。

［12］中国社会科学院考古研究所河南一队、河南省文物考古研究所、三门峡市文物考古研究所等：《河南灵宝市西坡遗址发现一座仰韶文化中期特大房址》，《考古》2005 年第 3 期，第 3—6 页。

［13］中国社会科学院考古研究所河南一队、河南省文物考古研究所、三门峡市文物考古研究所等：《河南灵宝市西坡遗址发现一座仰韶文化中期特大房址》，《考古》2005 年第 3 期，第 5 页。

［14］杨利平：《庙底沟文化的崛起》，《大众考古》2018 年第 10 期，第 31 页。

庙底沟文化"大房子"功用的新认识

◎王炜林

对仰韶时代典型庙底沟文化的界定，除传统的标志性陶器重唇口尖底瓶和"花卉纹"彩陶等特征外，其不断发现的半地穴式五边形"大房子"也越来越引人瞩目，它似乎正在成为庙底沟文化的一个新标志[1]。

关于仰韶时代的房屋，严文明很早就有过系统研究，他将考古发现的面积在 60~300 平方米的房址称为"大房子"[2]。依后来的考古新发现看，仰韶时代这种所谓"大房子"出现的概率和建筑规模的峰值似乎都发生在庙底沟文化时期。据不完全统计，仅在灵宝西坡、白水下河、翼城桃园等庙底沟文化的核心区就发现了近 20 座这种"大房子"，其中河南灵宝西坡遗址的 F105，包括回廊在内整个房址的占地面积竟达 517 平方米[3]，白水下河遗址的 F1 仅室内面积就达 300 多平方米[4]。

庙底沟文化的"大房子"除数量多、面积大以外，另一个突出的特征是其平面形状，这种平面呈五边形的房子虽早在半坡文化时就初见端倪[5]，但庙底沟文化时期，其规模更为宏大，结构更为复杂。

包括庙底沟文化半地穴式五边形房址在内的仰韶时代大房子之功能，过去曾有多位学者进行过研究[6]，我们也曾根据白水下河遗址的考古发现，对其功能进行过讨论[7]。最近在对这种建筑的内部结构、周边遗存及相关因素的重新梳理中发现，它很可能还与当时最具影响力的彩陶制作相关联，现就这一认识讨论如下。

一、大房子周边的同时期陶窑与彩陶的烧制

彩陶的烧制离不开陶窑。陶窑不仅是史前社会生产力发展水平的标志，其在聚落中的分布更为了解当时的社会结构提供了重要依据。因此，在仰韶时代的聚落考古研究中，陶窑备受关注。

庙底沟文化半地穴式五边形大房子周边有没有同时期的陶窑，是认识这类建筑功用的一个重要参照。需要说明的是，并不是每一座大房子周边都一定分布有陶窑，同时受有关遗迹保存

状况及考古工作局限等因素的制约，也不可能在每一座大房子旁边都能发现或确认与其同期的陶窑。另，即使是发现且确认了某些陶窑与大房子年代相当，也很难确定这些陶窑就是专门烧制彩陶的。但这种梳理无疑是认识庙底沟文化半地穴式五边形大房子功用的新视角。

庙底沟文化半地穴式五边形房子最早发现于陕县庙底沟遗址，当时发现的两座房址 F301 和 F302 面积只有 40 多平方米，严格意义上讲都够不上所谓的大房子，同时受发掘面积的限制，在其周边也没有发现与房址相关的陶窑[8]。2002 年，河南省考古研究院等单位对庙底沟遗址进行了第二次发掘，在这次发掘中，共发现庙底沟文化时期的陶窑 14 座[9]，其中位于 T35 的 Y2 和位于 T40 的 Y10，从空间分布看，距离 1956 年发掘的 F301、F302 都不远，它们是否存在某种关联不得而知。

真正意义上的庙底沟文化半地穴式五边形大房子，是 1958 年首先在华县泉护村遗址发现的[10]。这座编号为 F201 的房址位于遗址中部的第Ⅲ工区，报告称其为正方形房址，实际上其南墙是由以门道为中轴向外凸出的两段墙体构成，两墙对称略作"八"字形，使整个房址的平面呈所谓的五边形。房址坐北朝南，后半部被破坏，其原有面积可达 225 平方米左右。房址南墙保存完好，高达 75 厘米，在门道内侧有一个方形操作间，东西宽 1.3、南北长 1 米，深约 0.95 米，方形操作间之后即为直径 1.13、深达 1.3 米的圆形火膛，操作间与火膛底部有一高 1.1、宽 0.2~0.4、进深 1.2 米的狭长火道相连。房址的地面和墙壁均涂有很厚的草泥，光滑平坦。

泉护村 F201 周边的主要遗迹除窖穴外，还在其北部的Ⅰ工区、南部的Ⅱ工区发现了大致和 F201 同期的 7 座陶窑[11]，其中距离最近的是Ⅰ工区的 Y1 和 Y2，南距 F201 百余米，从空间分布上看，这些陶窑显然与 F201 关系不大。但在 1997 年的第二次发掘中，在ⅡT2101 内发现的 97Y2，从空间分布看，东距 1958 年发现的 F201 仅几十米[12]，它们之间是否存在某种关系，有待进一步研究。

庙底沟文化这类大房子真正引起学界关注，很大程度上是因为河南灵宝西坡遗址的一系列新发现。2001 年，中国社会科学院考古研究所和河南省文物考古研究院等单位在对西坡遗址进行发掘时，发现了 3 座面积较大，形状相近，布局与结构基本相同的庙底沟文化半地穴式五边形大房子[13]。其后，发掘了占地面积达 517 平方米的特大型房址 F105，该房址以面积达 204 平方米的半地穴式主室为中心，四周设置回廊，东侧有一斜坡式门道，其中出土了陶器座、小蝶、小杯及一件涂有辰砂的石斧等[14]。2004 年，在西坡遗址 F105 以南约 50 米处又发现一座大型房址 F106[15]。他们还初步认定西坡遗址的中部存在一个遗迹稀少的中心广场，广场四角各有 1 座大型房址，F105、F106 正是其中 2 座，门道均指向广场。2011 年，对中心广场东南部的 2 座房址（编号为 F107 和 F108）进行了发掘，发现 F107 是在 F108 上改建而成的，并将 F108 完全叠压。确认了 F105、F106 和 F108 等大房址间的确存在一个中心广场，这几座门道指向中心广场，凸显了其使用时期在聚落中的重要地位。发掘者认为，西坡遗址 F104、F107 从层位关系看，是在原来大型房址的基础上改建的，年代可能稍晚，它们在使用时，中心广场或许已经失去了当时的重要地位，但这里仍然是西坡庙底沟文化的中心区域。

值得注意的是，在F107门口东南发现一座编号为Y1的遗迹单位，但简报在概述2011年西坡考古的成果时，没有提及这个遗迹的相关信息[16]。从简报公布的2011年发掘总平面图看（图一），Y1的操作间在南部，而F107的门道也设在南部，从F107出来不足10米即可进入Y1操作间，这种布局及Y1的形制决定了它们很可能属同时期遗存。如此，这一信息将为认识Y1可能为陶窑及F107这种大房子可能与彩陶等陶器的烧制相关提供了重要线索。

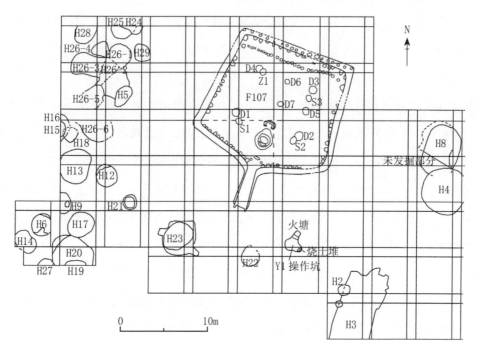

图一　西坡遗址2011年发掘区总平面图
（改绘自《河南灵宝市西坡遗址庙底沟类型两座大型房址的发掘》图二）

庙底沟文化这种大房子旁边分布有同时期陶窑的情况，西坡遗址F107并不是孤例，在陕西白水下河遗址也见到类似的发现。2010年，我们在下河遗址的南部边缘发现3座半地穴式五边形大房子，结构基本相同，均坐北朝南。其中的F1是目前所知庙底沟文化室内面积最大的一座房子，复原后的室内面积达304.5平方米。F2、F3两座房址位于F1的西部，F2叠压并打破了F3，应当是在F3基础上重新缩建的一座房子，复原后的建筑面积约240.6平方米[17]。三座房址南部大约20米处现存一条东西向冲沟，在冲沟的北部断面上残存一座陶窑[18]。当时虽未发掘，但在陶窑断面堆积中发现了一件完整的庙底沟文化彩陶盆（图二），彩陶盆的年代约相当于泉护村庙底沟文化三段，与三座房址的年代大致相当。由于在这个陶窑的周边，除上述三座大房子外再没有其他房址，所以基本可以肯定，这座陶窑的经营者很可能是这些大房子的主人。也就是说，烧制彩陶也是当时下河遗址大房子的功用之一。这或许是目前所知，庙底沟文化半地穴式五边形大房子与烧制彩陶相关的最为直接的证据了。

图二　陕西白水下河遗址陶窑出土彩陶盆

以上这些陶窑信息虽然还不足以说明庙底沟文化半地穴式五边形大房子一定与烧制彩陶相关，但对大房子周边这些同期陶窑的梳理，一定有助于认识大房子的功用。未来在这方面的田野考古中，首先要观察大房子周边是否有陶窑，并且仔细判断其与房址本身的关系，尽可能寻找连接它们之间的路土。其次，要注意观察大房子是否为彩陶绘制的场所，在大房子内部寻找与彩陶绘制相关的遗存，如颜料、研磨盘及其他有机质绘画工具等。由于陶器的易碎性，当时人们在绘制彩陶时不可能没有残破品，这些未经烧制的彩绘陶坯残片也很可能就丢弃在大房子及其周边。同时，还要积极探索大房子周边的陶窑与聚落中其他陶窑的关系，研究彩陶尤其是作为礼器的高等级彩陶在烧制时是否需要使用专门的陶窑等这类技术问题。

二、大房子周边的大型储水池与彩陶器的制作

陶器被誉为土与火的艺术结晶，但这种艺术结晶的核心却是水，没有水就不可能塑造出陶器。所以，仰韶时代与制陶相关的遗存经常发现在聚落边缘临河的地方，在那里淘土、制坯、烧窑等用水都很方便。如仰韶时代早期的姜寨聚落、晚期的杨官寨聚落制陶区都设置在临河处[19]。仰韶时代早期的制陶作坊区具有公共性，"河边的公共窑场也许是整个聚落的财产，由胞族公社组织部分陶器的生产"[20]，但到了仰韶时代中后期，随着部分彩陶礼器功能的突现及某些陶器的批量化生产，部分制陶工作逐渐成为少数人的专利，于是，相关陶器的作坊区也逐渐被移到了制作者居所的附近。作坊区远离河边，意味着制陶所需的汲水问题在当时已经得到解决，也就是说在这特定的作坊区附近可能存在储水池一类人工设施，所以，对聚落中诸如储水池这类水利设施的研究就显得尤为重要。

最早对庙底沟文化聚落中的水利设施进行研究的是灵宝西坡遗址考古。2000年，考古队在西坡遗址南部发现了一座编号为G1的遗迹，G1略呈长方形，底部略呈锅底状，中部深达1.5米，西南—东北向，残宽约10、残长约30米，总面积约300平方米。发掘者认为这是一个仰韶时期的储水池，推测其储水量约300立方米，并且对这种人工储水设施的年代、阻渗等一些具体问题进行了分析[21]。

2001年，在西坡遗址北区又清理了2个灰沟。其中，G102形状不甚规整，平面略呈长方形，长约20、最宽处9.5米，平均深度在0.8米以上。G103平面形状呈长条形，总长约19、宽约2.5~9.5米，平均深约1.2米，G103还被仰韶时期的H122等灰坑打破，打破F105的西部及生土。两个水池的池壁及底部均有一层光滑的黄褐色硬壳，硬壳厚1~2厘米，似用阻渗的料礓砾粉末砸筑而成。发掘者认为这两个沟亦为仰韶时期蓄水池遗迹，估算其蓄水量分别为150和130立方米左右。值得注意的是，G102、G103距离F102、F104等大房子都不远，G103打破F105，东距F104西壁仅1米余，它很可能与F104为同期遗存。

西坡遗址庙底沟文化水利设施的确认，为认识当时的聚落结构提供了重要参照。西坡聚落大房子周边这种相对密集分布的储水池，不仅解决了大房子的日常生活用水问题，也为在大房

子中从事彩陶等高等级陶器的制作创造了条件。

西坡遗址大房子周边设置人工储水池的这种布局，是否就是庙底沟文化半地穴式五边形大房子的一种"标配"，目前还难以确认。但在大房子周边找人工水利设施，应该是未来有关庙底沟文化聚落考古的一个方向。反之亦然，在杨官寨遗址庙底沟聚落环壕的中部，就曾发现有一个面积达 370 平方米，深 2.8~3.1 米的大型人工储水池[22]，目前在其周边虽然还没有发现同期的大房子，但从西坡的聚落布局看，杨官寨半地穴式五边形大房子如果存在，其最大可能会分布在这个水池的附近。

三、大房子内部结构及空间与干坯等制陶流程

从以往制作陶器的流程看，陶器生坯在成形后一般并不能马上入窑烧制，入窑前还要经过一个干坯的过程。因为生坯如果不经过干燥，直接入窑烧制，大量的水分就会在短时间内消失，陶坯也因此急剧收缩，内部结构会快速改变，很容易造成陶坯本身的破裂。彩陶的制作过程可能更为复杂，除了干坯的流程外，还要经过对陶坯进行修磨、设计图案和施彩等过程，这些过程都需要合适的空间，庙底沟文化大房子的内部结构和空间为完成制作彩陶相关流程创造了良好的条件。

火膛是庙底沟文化半地穴式五边形大房子最重要的内部构成，从目前的考古发现看，几乎所有的这种房址都在正对门道靠近房门处设置有一个大型火膛，火膛的底端多有一个通道与火膛的操作间相连。这种形式的火膛基本上继承了半坡文化，只是庙底沟文化火膛的规模更大结构更复杂而已。火膛设置在门道的附近，或许是出于送风排烟的考虑，但这样的设置，客观上有利于房间内部空气的对流，能使室内保持一个比较恒定的温度。

以白水下河遗址 F1 为例[23]，火膛位于房址中部偏南正对门道的位置，朝向门道一侧有与火膛相关的操作间等设施。火膛平面呈圆形，口大底小，斜壁，平底，口径 1.8、底径 1.3、深 2 米。操作间设在门道北端，北与火膛的火门相接，长方形，口底基本同大，东西长 1.6、南北宽约 1、残深 1.5 米，完全可以满足一个人在其中操作。火门位于火膛与操作间之间，圆角方形筒状，直通火膛，火门底部南高北低，宽 0.4、进深约 0.6 米，南端高 0.7、北端高 0.8 米。火膛的壁面、底部均涂抹一层厚 2~3 厘米的草拌泥，经火烧已形成青灰色烧结面。操作间及火膛内的堆积为松散的青灰色土及草木灰、红烧土块、石块等，其中火膛的堆积明显可以分为三层，可见其被长期使用。堆积中出土的陶片以泥质红陶居多，另有少量彩陶片，为其年代的判断和大房子功能的分析提供了线索。

需要指出的是，在以往的考古研究中，我们习惯于将位于这个位置的烧火遗迹称为"灶"，但像 F1 这样直径 1.8、深达 2 米的烧火坑显然与传统理解的用于炊爨的"灶"无关。不排除这种火膛与取暖和举行某种祭祀活动相关，但这种大而深的火膛最有可能是为了使大房子长期保持某个需要的温度，为干坯创造条件。

关于干坯，笔者曾经咨询过一些陶艺师，他们的经验是，陶坯最好在没有风的环境中阴干，除了避风以外，还需要避光，要让陶坯里面的水分自行缓慢蒸发，温度也不能忽高忽低，25 度左右的恒温阴干陶坯的效果最好。干坯在我国一些民族地区传统制陶业中也有反映。据汪宁生 20 世纪 80 年代对滇西南傣族传统制陶业的调查，勐海县曼贺等 6 个村寨傣族居民在以泥条盘筑法制成陶器的器坯后，会采取将其置于屋檐下、"干栏式"房屋下层处阴干及悬于火塘上的竹架上烘干等方式进行干坯[24]。我们不知道像白水下河 F1 这样的大火塘上当时是否有类似于曼贺村那样的竹架，但 F1 巨大的火塘足以使房屋内部保持较高的温度，加之其避风、避光的环境，都是干坯的理想场所。

干坯需要一定的环境，更需要一定的物理空间。白水下河 F1 宽阔平整的地面和室内一圈内墙上端均可以成为晾置器坯的空间。在西坡遗址的考古中，就曾经在 F104 的后墙壁中部上端发现过一件平置的泥质灰陶盆，说明这种房子地穴以上部分平整的内墙顶端是可以放置什物的[25]，那么当然也可以用于晾置陶坯。

庙底沟文化大房子的室内空间不但为干坯创造了环境，其宽敞程度也非常适合先民们完成对陶坯的修磨和施绘图案等彩陶制作流程。修磨陶坯及绘制彩陶诸如刮磨的器具及毛笔等，或许因其有机质构成的特点，基本上都难以得到保存，但有一些工具可能还需要进一步辨认。

我们知道，在姜寨遗址二期的 M84 中，过去曾经出土过包括石砚、研磨棒、水杯及颜料在内的一整套随葬品，发掘者认为其中的曲腹水杯应是当时专门用于绘彩陶的盛水器[26]。在西坡墓地 M11 中曾出土一件曲腹陶钵，这件器物不论是从形制还是大小看，都与姜寨 M84 的水杯相似[27]。如果这种水杯就是当时的绘彩工具之一，就应注意观察，看半地穴式五边形大房子中会不会也有类似的器物。

另外，过去曾在泉护村 F201 房址的西南角及靠近东部南墙中间的地面上各发现过一涂朱石块[28]。在北阳平遗址的一座坐北朝南的半地穴式五边形大房子 F5 中部还发现过一块"磨石"，其上保留有红色颜料（据北阳平遗址考古现场会资料）。泉护村石块上的红色颜料可能是朱砂，而北阳平 F5 "磨石"上的颜料据说是辰砂，因为 F5 地面的涂朱现象与附近西坡遗址 F105 等房屋居住面、墙面及柱础坑周围发现的涂朱现象非常一致，西坡的红色颜料曾经被鉴定为辰砂[29]。也就是说，北阳平 F5 的"磨石"与灵宝盆地庙底沟文化这种建筑装饰涂朱所用的辰砂加工相关，没有与彩陶颜料加工相关的信息。但这种"磨石"既然可以加工辰砂，当然也可以加工绘制彩陶所需的矿物质颜料。在西坡遗址 F102 火塘的北侧，以前曾发现过一块略呈长方形的灰白色石块，石块嵌入并略高于居住面，表面光滑中部下凹，残留有疑为颜料的红色物质，紧邻石块周围还见零星的类似物质，当系研磨颜料时撒落而致[30]。这个发现向我们展现了庙底沟文化半地穴式五边形大房子中的一个非常重要的固定设施——颜料加工设备。从研磨程度看，这种磨石不可能只是为了向大房子涂朱提供辰砂而设，它一定具有长期使用和多种加工的性质。这种设施是否与彩陶颜料的制作相关，值得作进一步的探索。

四、大房子与制作彩陶的正相关及其反映的社会复杂化

彩陶的制作是制陶技术发展的标志，它不仅需要密封程度强而窑温较高的条件，还要准确把握陶系与颜料的色彩知识及具备相当水平的绘画技能。

早在半坡文化时期，绘制彩陶就成了一种专门的手艺。在宝鸡北首岭遗址的 77M15、M17、78M3 和 M162 等墓葬中，都曾发现过以留有颜料痕迹的研磨盘随葬的现象，其中 M162 的梯形大理石研磨盘，平面形状很像后世的"风"字砚，长 18、厚 4.5 厘米，正面有两个凹窝，大窝略作长方形，小窝呈椭圆形，背面平坦，一般认为，这种研磨盘与绘制彩陶相关。在北首岭 78M20 等墓葬中还发现有以颜料棒（块）随葬的现象，这种颜料经鉴定是与彩陶相关的三氧化二铁和石英等[31]。北首岭的这些墓葬均为单人葬，说明它的主人生前可能是绘制彩陶的能手。在姜寨遗址同期的 M84 中，也出土了类似的随葬品，而且是包括了石砚、研磨棒、水杯及颜料在内的一整套绘画工具，颜料经鉴定与北首岭的一样，也是三氧化二铁[32]。M84 是一个埋葬有 32 人的合葬墓，随葬器物 50 余件，绘画工具主要放在一壮年女性（7 号人骨）的脚下，说明在这个家族中，这位女性可能擅长绘画。

可见，半坡文化时期，渭河盆地彩陶的生产基本上是由各聚落自行完成的，但聚落内部的一部分人已经成为当时绘制彩陶的能工巧匠。

与渭河盆地毗邻的三门峡盆地，仰韶时代早期彩陶的生产基本上与半坡文化差不多，也没有出现由哪一个聚落垄断的情况。据研究，相当于半坡文化时期，三门峡地区各遗址彩陶陶坯黏土的成分并不完全一致，显示了其就地取材的特征。与此同时，各遗址彩陶最常见的黑彩颜料的化学成分却基本相似，没有哪一个聚落的彩陶在颜料的配制上显示出与众不同的特性[33]。

上述情况显示，至少从彩陶的制作上，黄河中游地区至半坡文化时期，还看不出聚落之间存在有等级划分的现象。

这一局面至庙底沟文化时期发生了一些变化。这种变化首先发生在聚落的内部，事实上聚落内部的不平衡现象早在半坡文化时期就已经出现，如大房子及周边与其相关的遗迹单位中往往拥有更多的器物，但明显的变化发生在庙底沟文化时期。据研究，仰韶时代中期的三门峡南交口聚落中，彩陶等重要器物多出土于核心区的大型房屋周围面积较大的灰坑等遗迹中，说明这一时期的彩陶主要掌握在大型房屋内生活的人群手中，这里的彩陶纹样复杂，除简单的几何图案外，还发现了像生性鸟纹、复杂的横扁"X"形纹、新月形等纹饰。同时，在与遗址核心区相关的 G2 中，出土了石磨棒和器身带有红色残留物的研磨器等，暗示着彩陶的生产也是在遗址核心区完成的[34]。大房子拥有更多彩陶的情况在西坡遗址也有反映，如西坡的 F102 仅出土的彩陶盆就达 3 件之多[35]，这种对诸如彩陶等珍贵陶器集中占有的情况说明，在庙底沟文化时期，黄河中游史前聚落内部已经出现了等级分化的现象。

不仅如此，这个时期不同聚落的彩陶也显示出了等级的分化。在一些超大的庙底沟文化聚落中，常常会发现一些普通聚落所罕见的彩陶，如杨官寨遗址的"龙纹"彩陶盆、钵，泉护村

遗址华丽的彩陶器盖和白衣彩陶盆，大河村遗址的特大型白衣黑、红彩彩陶盆、桃园遗址的彩陶瓮等，这些器物均为同时期普通聚落所罕见。彩陶所显示的聚落间的分化，说明在庙底沟文化时期已经出现了凌驾于其他聚落之上的高等级聚落，整个社会已经出现了分化。

聚落间的分化还表现在彩陶的制作技术上。在对杨官寨遗址庙底沟文化 M176 进行发掘时，在墓主尸骨旁边发现了一块状颜料，经检测分析其主要成分为赤铁矿，颜料的颗粒度极其均匀、细微，在颜料中还附着有较大的石英、碳酸钙等物质，红外光谱和色谱分析发现颜料中有动物胶类的黏合物。研究认为，这样的颜料可能经过了煅烧、研磨、筛选、掺和动物胶凝结成块等一系列的精细加工过程[36]，表明杨官寨先民已经掌握了更为先进的颜料加工工艺。在陶器的烧制过程中，颜料的配制往往需要高超的技能，汪宁生在对云南傣族制陶的民族学研究中就发现，其中的景洪曼角人的彩釉器物的配"药"（指制作彩釉）就不是一般制陶人所能掌握的技术[37]。可见，像杨官寨这样的庙底沟文化都邑性聚落，在制作彩陶方面很可能掌握了别的聚落所难以企及的技术。

彩陶的纹饰最初也许只是为了美的追求。至半坡文化时期，被人格化的鱼类图像和各种形式的鱼纹可能具有半坡氏族保护神的性质，而各种姿态的鸟纹，亦可能是庙底沟人的保护神。这个时期的具象图形彩陶与自然对象基本相似或极为相似，具备比较强的可识别性，与之相应的彩陶虽然已经作为祭器使用了，但它还没有冲破血缘和文化的束缚，只是在较小的社会集团中得到认可的一种"礼俗"。"伴随着直接经验与间接经验的不断积累，具有理性思考的抽象图形开始介入，在具象图形表现的过程中，出现了半具象半抽象的图形表现形式。"[38]鱼、鸟两种图像的拆解组合应该是半具象半抽象的开始，这种具有明确设计意识的图形变化，可能比较充分地反映了远古先民意识形态及社会结构的发展变化，它很可能是仰韶时代鱼、鸟两个社会集团联合的一种反映。庙底沟文化的陶工们"走过了感性与理性表现相对独立的时代，已经能够根据需要将两者综合，进行比较自如的设计表现"，"华山玫瑰"彩陶纹饰就是在这样的背景下形成的[39]。彼时，庙底沟文化彩陶终于以全新的面貌登上了中国的历史舞台。以"华山玫瑰"为代表的规范的彩陶纹饰在较大范围和不同文化中得以流布，这种彩陶的流行，宣告中国新石器时代古礼完成了由祭器向礼器的转化，这种转变，标志着管理复杂社会古礼的初成，高度一致、统一规范的彩陶纹饰应该就是这种礼制的体现。

"华山玫瑰"等彩陶礼器的制作，需要制陶、绘画等技术支撑，更需要具备复杂社会思维的精英们去设计。在发达的氏族制度下，军事首领、祭司和工匠三种人的社会地位相对较高[40]，他们应该是当时社会精英的主要构成。精英们的社会地位，决定了他们必然是庙底沟文化这种类似于哈尼族村寨"寨心"[41]的五边形半地穴式大房子的主要占据者。这些精英们虽坐拥聚落中最为显赫的建筑，占据着比氏族其他成员及家族更为优越的地位，但并没有完全脱离劳动，他们利用大房子独特的环境，设计绘制了彩陶的神秘图案，升华了当时建立在血缘纽带关系下的祭天礼地和祖先崇拜的形式，将庙底沟社会推向了更高一级的发展阶段。

针对考古发现的庙底沟文化半地穴式五边形大房子的功能，已经形成了许多颇具启发性的认识，但正如有的研究者指出的那样，有关研究并未能很好地将其纳入聚落的视角中进行考察[42]。本文对其周边的陶窑、水池及其内部火膛、地面等设施的分析，目的就是想从聚落和房子本身的结构等角度，尝试对这种独特大房子的功能从聚落考古的视角进行审视。庙底沟文化半地穴式五边形大房子与陶窑的这种聚落格局，向我们展现出了一个既强调血缘关系和平等原则，又显示出初步分化的庙底沟文化社会[43]。

半地穴式五边形大房子和"华山玫瑰"等具有礼器性质的彩陶都是庙底沟文化的突出特征，它们同生共灭，这种正相关关系为认识中国早期文明提供了视角。

注释：

[1] 山西省考古研究院等：《山西临汾桃园遗址 F1 发掘简报》，《中原文物》2021 年第 5 期。

[2] 严文明：《仰韶房屋和聚落形态研究》，见《仰韶文化研究（增订本）》，文物出版社，2009 年，第 235 页。

[3][14][29] 河南省文物考古研究所、中国社会科学院考古研究所河南一队等：《河南灵宝西坡遗址 105 号仰韶文化房址》，《文物》2003 年第 8 期。

[4][17][23] 陕西省考古研究院、白水县文物旅游局：《陕西白水县下河遗址仰韶文化房址发掘简报》，《考古》2011 年第 12 期。

[5] 宝鸡北首岭遗址的 F27 及姜寨遗址的 F84 等均属此类建筑。参见：

　　a. 中国社会科学院考古研究所：《宝鸡北首岭》，文物出版社，1983 年，第 18—19 页。

　　b. 西安半坡博物馆等：《姜寨——新石器时代遗址发掘报告》，文物出版社，1988 年，第 151—152 页。

[6] a. 宋兆麟：《云南永宁纳西族的住俗——兼谈仰韶文化大房子的用途》，《考古》1964 年第 8 期。

　　b. 杨鸿勋：《仰韶文化居住建筑发展问题的探讨》，《考古学报》1975 年第 1 期。

　　c. 汪宁生：《中国考古发现中的"大房子"》，《考古学报》1983 年第 3 期。

　　d. 严文明：《仰韶房屋和聚落形态研究》，见《仰韶文化研究（增订本）》，文物出版社，2009 年，第 194—256 页。

　　e. 戴向明：《庙底沟文化的聚落与社会》，见《古代文明》第 3 卷，文物出版社，2004 年，第 15—39 页。

　　f. 陈星灿：《中国考古发现中的大房子》，见《考古随笔》（二），文物出版社，2010 年，第 215—217 页。

　　g. 陈星灿：《庙底沟期仰韶文化"大房子"功能浅论》，见《考古学研究》（九），文物出版社，2012 年，第 587—611 页。

　　h. 刘莉、王佳静、陈星灿等：《仰韶文化大房子与宴饮传统：河南偃师灰嘴遗址 F1 地面和陶器残留物分析》，《中原文物》2018 年第 1 期。

　　i. 程鹏飞：《仰韶文化庙底沟期大型半地穴式房址研究》，见《文化遗产与公众考古》第 2 辑，北京联合大学文化遗产保护协会，2016 年，第 19—56 页。

[7] 王炜林、张鹏程、袁明：《陕西白水县下河遗址大型房址的几个问题》，《考古》2012 年第 1 期。

[8] 中国社会科学院考古研究所:《庙底沟与三里桥》, 文物出版社, 2011 年, 第 5—10 页。

[9] 河南省文物考古研究院等:《三门峡庙底沟》, 文物出版社, 2021 年, 第 542—545 页。

[10][11][28] 北京大学考古学系:《华县泉护村》, 科学出版社, 2003 年, 第 27—29 页。

[12] 陕西省考古研究院等:《华县泉护村——1997 年考古发掘报告》, 文物出版社, 2014 年, 第 169—171 页。

[13] a. 魏兴涛等:《灵宝西坡遗址发现仰韶文化大型房址》,《中国文物报》2001 年 8 月 19 日第 1 版。

  b. 河南省文物考古研究所等:《河南灵宝市西坡遗址 2001 年春发掘简报》,《华夏考古》2002 年第 2 期。

[15] 中国社会科学院考古研究所河南一队等:《河南灵宝市西坡遗址发现一座仰韶文化中期特大房址》,《考古》2005 年第 3 期。

[16] 中国社会科学院考古研究所河南一队、河南省文物考古研究院、三门峡市文物考古研究所等:《河南灵宝市西坡遗址庙底沟类型两座大型房址的发掘》,《考古》2015 年第 5 期。

[18] 根据我们 2010 年对白水下河遗址的考古调查资料。

[19] a. 西安半坡博物馆等:《姜寨——新石器时代遗址发掘报告》, 文物出版社, 1988 年, 第 350—352 页。

  b. 陕西省考古研究院等:《陕西高陵杨官寨新石器时代遗址》,《考古》2009 年第 7 期。

[20] 严文明:《仰韶房屋和聚落形态研究》, 见《仰韶文化研究（增订本）》, 文物出版社, 2009 年, 第 245 页。

[21] 中国社会科学院考古研究所河南一队等:《河南灵宝市西坡遗址试掘简报》,《考古》2001 年第 11 期。

[22] 陕西省考古研究院史前考古研究室:《2008~2017 陕西史前考古综述》,《考古与文物》2018 年第 5 期。

[24][37] 汪宁生:《云南傣族制陶的民族考古学研究》,《考古学报》2003 年第 2 期。

[25][30][35] 河南省文物考古研究所等:《河南灵宝市西坡遗址 2001 年春发掘简报》,《华夏考古》2002 年第 2 期。

[26] 西安半坡博物馆等:《姜寨——新石器时代遗址发掘报告》, 文物出版社, 1988 年, 第 200 页。

[27] 中国社会科学院考古研究所、河南文物考古研究所:《灵宝西坡墓地》, 2010 年, 第 46 页。

[31] 中国社会科学院考古研究所:《宝鸡北首岭》, 文物出版社, 1983 年, 第 113 页。

[32] 西安半坡博物馆等:《姜寨——新石器时代遗址发掘报告》, 文物出版社, 1988 年, 第 200 页。

[33][34] 杨红艳:《三门峡盆地仰韶文化彩陶生产与聚落形态研究》, 郑州大学硕士学位论文, 2018 年。

[36] 陕西省考古研究院、高陵区文体广电旅游局:《陕西高陵杨官寨遗址庙底沟文化墓地发掘简报》,《考古与文物》2018 年第 4 期。

[38] 王丽红:《仰韶彩陶图形的表象与内在》,《文物世界》2014 年第 1 期。

[39] 王炜林:《试论"华山玫瑰"彩陶》, 待刊。

[40] 苏秉琦:《迎接中国考古学的新世纪》, 见《满天星斗:苏秉琦论远古中国》, 生活·读书·新知三联书店, 2022 年, 第 76 页。

[41] 杨知勇:《哈尼族"寨心""房心"凝聚的观念》,《云南民族学院学报（哲学社会科学版）》1994 年第 2 期。

[42] 程鹏飞:《仰韶文化庙底沟期大型半地穴式房址研究》, 见《文化遗产与公众考古》第 2 辑, 北京联合大学文化遗产保护协会, 2016 年, 第 19—56 页。

[43] 戴向明:《庙底沟文化的聚落与社会》, 见《古代文明》第 3 卷, 文物出版社, 2004 年, 第 21 页。

仰韶文化玉钺群的交叉学科探索

——基于灵宝西坡与咸阳尹家村玉钺群的对比分析

◎叶舒宪

2019年，教育部、中央政法委等13个部门联合启动"六卓越一拔尖"计划2.0，"新文科"建设全面启动，这一命题立足于新时代中国的学术立场之下，其建设意义在于突破"西学东渐"以来文科教学设置方面唯西方理论马首是瞻的局面，以"新"的主题突出新时代人文精神，以"新"的方式转换文科教学模式，以"新"的视野推动各学科间的融合[1]。因此，新文科的推行需要打破各个学科之间的隔阂与固定化界限，鼓励文理交叉和文科各学科间的交叉互动，以激励学术创新、激发人文思潮。自改革开放以来，李泽厚、杨伯达、萧兵、王振复等人对新文科的探索与尝试贡献了力量，他们在力图超越旧学术范式的同时，以全新的学术理念生成新学术范式，为新文科建设指明了方向[2]。从史论结合的角度概括，"人类学转向"标志着21世纪新文科的发展大趋势[3]，由此在国内催生出新兴交叉学科——文学人类学。文学人类学派从汉语言文学专业中走出，先主动交叉文化人类学，后又努力结合考古学和艺术史，大力实践学科交叉研究。换言之，文学人类学派从统领性的视角，自上而下梳理语言、文学、历史、哲学、艺术等领域，进而借"文化"将学科内部的固有视角与学派自身语境重新整合，最终逐个地认识、解读与阐释特定"文化群"。

中国文学人类学派并没有沿袭西方早期文化人类学派的社会演进论、传播论、批评论或文化压力论等[4]，强调"文化研究"各类理论的重要性，也没有沿用当代德国、美国文化研究先锋所关注的权利构成、亚文化与现代性斗争[5]等问题。学派将研究视野聚焦于中国本土学术问题上，将文化自觉与华夏文明根性探寻有机结合在一起，全面讨论文明起源的完整过程，即从无文字"大传统"到书写"小传统"的历史演替过程。文学人类学派坚持实践引导理论，"大""小"文化传统以二分模型的形式深入探究文明形成，从宏观视角激活文明形塑成型的过程中无可替代的"作为文化的文本"，并进一步利用四重证据法将文化文本"再语境化"，溯源"神话中国"[6]。尽管其倡导中国学术理论话语权，但并未将全部研究视野固化在国别文化研究上。文学人类学派还致力于将华夏文明接入"大历史"之研究范式，即将世界史前文化与华夏文明史传統对接成一个不间断的文化编码再编码整体，其溯源性的深度认识程度将达到一万年的超长时段[7]。为了让"上下五千年"的中国历史不再是空口虚谈，学派先是关注先秦思想家文本解读，再转向前文字时代文物符号系统的发现、解读与阐释，最终以合成词"玄玉时代"概括中国文化发生阶段的文化基因[8]的特征。自 2013 年以来，文学人类学派设计并完成三大科研攻关项目，简称"玉成中国三部曲"，并于 2016 年、2019 年和 2023 年 3 次入选国家社会科学基金中华学术外译项目。2023 年入选成果为专著《玄玉时代：五千年中国的新求证》[9]，无独有偶，该成果出版两个月后，中原文明的腹地再度发现一批五千年前的国宝文物玄玉玉钺。那么，文学专业人士若想凸显传统文化资源在全球化语境下获得创造性转化的问题[10]，将要如何在考古文博学方面展开大胆的交叉学科研究的呢？

一、躬行践履：摆脱仰韶玉钺的辨识困境

1921 年，中国第一个史前时期的考古学文化——仰韶文化，首次被瑞典学者安特生发现、认定和命名，这个事件是现代中国考古学诞生的标志。当时所知的仰韶文化遗物主要是陶器和石器，并没有发现规模性的玉器存在。一百年来已经发掘披露的仰韶文化遗址数量已经超过 5000 处，多集中在黄河、渭河与汾河流域，通过建筑风格、制陶技术、石器类型等分类标准，将这些仰韶文化划分为几个地域类型：渭水和汾河下游诸类型、豫中诸类型、豫北和冀南诸类型以及甘肃、青海诸类型[11]。

在渭水和汾河下游诸类型中，陕西汉中龙岗寺遗址有玉器发现。按照魏京武先生所述，4 件玉器中有 3 件为软玉，1 件为蛇纹石玉[12]。这一遗址地处中原以外的边缘区，拥有本地玉料资源得天独厚地利条件[13]，当属全部仰韶文化遗址中的例外情况。尽管身处中原腹地的仰韶文化遗址本地玉矿资源稀缺，但并无法阻止上层社会对于特殊礼仪性奢侈品的需求，玉作为仪式显圣物，既沟通了各遗址之间的河道连接，同时又催动了各个文化群落之间的交流与沟通，例如，渭河、泾河交汇处的陕西高陵杨官寨遗址就曾出土过庙底沟时期的蛇纹石玉钺。目前已知的中原仰韶文化玉器多采用上述案例中单一的墨绿色蛇纹石玉料，即古书中所称的黄帝时代之"玄玉"。玄玉在视觉表现方面偏向黑色，如同墨染，而透过正常光线后，边缘或较薄处则变为绿色，因此"玄"字兼有"黑色"以及"玄妙、变化"之意[14]。"玄"字之深意无论是在中国思想史还是技术史上都具有较高的地位。《老子》首章所言，"玄之又玄，众妙之门"[15]，这便将"玄"字推上了"形而上"且"幽而远"的高度，"玄"指向"道"形成之初不可知性与终极性，通过了"玄门"也就实现了"生"与"死"的循环与转换，将线性时间的两段接垄、闭合，在动态的变换中实现静态的统一，以精神状态的神圣回归实现"永生"。因此，"玄"字之变体现在"玄玉"之中，玉石颜色在光照下的"变化"象征着"玄门"的开启与闭合，也是形而上的精神状态实现神圣回归的唯一机会。此外，在先民所认知"天圆地方"的概念，中天盖动之不息，"天道左旋"使得世界由黑到白，又由白到黑，这成了先民认知自然规律的一种约定俗成，

而"玄玉"颜色之变化，也恰好象征着天空颜色的变换，在没有天青石信仰的中国，能"变"的玄玉就成了天空的"代言人"。因此，玄玉能通过黄河各支流深入中原，除了是神权社会垄断仪式崇拜物，为其打上"精神奢侈品"的宗教化标签[16]，其现象背后更多的是远古神话观念的支配。《山海经·西山经》中黄帝食玉膏，而玉膏之中又出"百工之玄玉"[17]，最后以玉之精华祈祭天地鬼神。由此可见，"玄玉"地位之神圣，换一个角度思考，正是史前初民的信仰观念要素与神圣物质交互作用，催生出文明形成的内在动力[18]。

起初，仰韶遗址中规模性玉礼器的发现如同凤毛麟角一般，尤其是仰韶文化中早期阶段，并没有引人注目的宗教礼器出土[19]，这也就意味着早期研究文献认为社会复杂程度较低。不过，这种认知到1957年时稍有改观，陕西咸阳尹家村仰韶文化遗址在文物普查工作中被发现，并陆续在该遗址采集到陶器和玉石器，其中玉器又以玉钺为主。这一批珍贵的玉钺，数量非常可观，在地下埋藏五千多年之后，得以在渭河北岸边出土。不过，当时学界对仰韶文化的认识水平以及对中国史前玉文化的认识水平都非常有限，以至于这批玉礼器并没有从石器中被有效辨识出来，即没有被当成玉礼器或史前社会中十分稀有的"奢侈物"，而是被认定为一般的石质劳动工具。极为稀罕的仰韶文化出土玉钺，就这样以其发黑发暗的色调和朴素无纹饰的外表，而被混同于一般的黑色石斧类别之中。"显圣物"——玄玉玉钺尘封在咸阳博物院文物库房里无人问津，直到2021年春，中国比较文学学会文学人类学研究分会的专家团队在库房内辨识出同类玉钺群（共计15件，见图一），在数量和质量上并不亚于河南灵宝西坡墓地的玄玉礼器。2021年5月在咸阳博物院举办"仰韶玉韵——尹家村遗址出土文物展"和仰韶文化发现暨中国考古学诞生一百周年"玄玉时代"高端论坛，这批珍贵文物终于从沉睡中苏醒并且再度焕发出光彩。

图一 陕西咸阳尹家村遗址出土的玉石钺群

（图片来源：2021年5月21日笔者摄于咸阳博物院）

注：其中上排左起第2和第3件为石钺，其余多为蛇纹石玉钺，仅有下排左起第5件为透闪石玉钺。

从纪念仰韶文化发现一百周年的视角回看，在这一个世纪里，以中原地区为中心的仰韶文化遗址分布，已经报告总共有 5200 多处，其中陕西省的遗址数量最多（达到 2000 多处），而这些遗址又多集中在渭河流域，属于上文所述的渭水和汾河下游诸类型。此类型石器上无刻纹且多为实用器，而骨器、陶器上则刻有类文字、人像、鱼纹、鸟纹、动物纹等神圣纹样[20]，说明骨器、陶器在上层社会中享有更高的地位，奇怪的是这一地区始终没有一处遗址报告仰韶文化玉礼器群的发现。因此，李伯谦先生认为，"仰韶文化没有走先神权后王权，而是一开始就发展王权的道路"[21]。然而，驱动神权社会的宗教奢侈品拥有巨大的需求，其可以拉动跨地区的贸易交换行为，为文明的发展提供源源不竭的动力。此间指涉的"宗教奢侈品"与现代性语境下的"消费奢侈品"略有不同，在衡量奢侈品定义的指标上，玉石、黄金、圣庙或王陵等非生存必需品，并不具有带有区分性质的"独特、稀缺、奇珍"等特点，其更像是一种弥补精神空缺的依赖物，而这种依赖物被上层社会垄断，同时依赖物被不断刻上新的文化符号与驱动内核，这才造成了依赖物变成了广义上的"奢侈品"。进一步来说，这种"奢侈品"更驱动了"欲望"的扩张与膨胀，变成了社会复杂化、专业化发展的重要驱动因素。作为中原社会复杂化过程必不可少的一环，仰韶文化必然少不了带有奢侈品性质的宗教"显圣物"，去承载部族社会的精神依赖与信仰内涵，并带动黄河支流沿岸"质朴"的部族社会发展为礼教等级森严的三代社会。值得一提的是，与陕西比邻的河南最西端的灵宝西坡墓地，在 21 世纪初发掘出土仰韶文化庙底沟期高等级墓葬群，出土 12 件玄玉玉钺，揭开了中原仰韶文化晚期（豫中诸类型）玉礼器研究的序幕。随后，2005 年 4 月 10 日至 7 月 2 日，马萧林先生率领的河南省考古队在灵宝西坡展开第五次发掘工作，以 15 个大探方的规模，总计发掘面积 1540 平方米，终于找到了仰韶文化庙底沟期墓葬，共 22 座墓。这堪称仰韶文化研究百年史上的石破天惊时分，是 84 年来首次在中原发现仰韶文化中后期的规模性高等级墓葬群。5300 年前埋入地下的 9 件玉钺（8 件为墨绿色蛇纹石，1 件为白色方解石，见图二）重见天日。随后，2006 年由李新伟先生主持的第六次发掘又找到 12 座墓葬和 4 件蛇纹石玉钺[22]。以上总计 13 件承载着五千年以上历史信息的深色玉钺（外加 3 件石钺）在渭河汇入黄河后的南岸一边（即灵宝市黄帝铸鼎原圣地）横空出世，这彻底打破了仰韶文化没有玉礼器传统的成见，为中原玉文化史研究翻开了崭新的一页。这也进一步说明，在仰韶文化豫中诸类型中，以玉石信仰为主导的原始宗教已然处在萌芽阶段，且玉石资源作为宗教"显圣物"，被文化编码形塑成玉钺一类的宗教奢侈品，为后世三代礼教系统打下了坚实的基础。

克劳福德·格尔茨曾经在《文化的诠释》中指出，对于某种文化群体的理解只是异者理解的一种尝试，这种阐释过程不可避免地被他者性打断[23]。因此，强调异者认知的阐释对于文学人类学派显得尤为重要，这也就要求"理解文化"需要建立在"设身处地地体会"（Einfühlen）的基础之上。纸上得来终觉浅，2017 年 4 月，中国比较文学学会文学人类学研究分会、上海交通大学、《丝绸之路》杂志社和中国甘肃网联合组织第十一次玉帛之路文化考察。考察团在高

图二　河南灵宝西坡墓地第五次发掘出土的玉钺和玉环

（图片来源：叶舒宪：《玄玉时代：五千年中国的新求证》，上海人民出版社，2020年，第38页）

注：9件玉钺中，8件为玄玉（即墨绿色蛇纹石玉钺），1件为白色方解石玉钺（上方中央）。

陵杨官寨仰韶文化遗址考古工地发现了刚发掘出土（尚未公布）的2件深绿色蛇纹石玉钺，其地理位置恰恰就在渭河、泾河交汇处。这和灵宝西坡玉钺群的位置在渭河汇入黄河处形成对比，暗示着玄玉玉料的来源和输送方向与渭河密切相关。有关仰韶文化玄玉玉器分布与泾渭两河流域的关联引起了考察团的注意，考察团在田野调研的同时便通过中国甘肃网及时刊发《仰韶玉钺知多少》等系列考察笔记文章[24]，对这种现象作初步的提示。随着考察的深入，团队成员普遍意识到仰韶玉钺在黄河中游地区（特别是渭河、泾河流域）分布不是孤立现象，而具有相当的广泛性，及时写成短文《认识玄玉时代》[25]，成为文学人类学方面研究仰韶文化玄玉礼器的发端之作。随后，在进入陇东地区的宁县、正宁县和庆城县等博物馆以及陕北地区的富县博物馆库房等处，看到一批同类的玉钺且都分布在渭河最大支流泾河及其支流流域，即都是考察团先前假设的最好物证，本次文化人类学躬身实践的田野作业经验模式也给文学研究者带来前所未有的新材料和史前文化的最新信息。"设身处地"理解文化、考察文化之行并未就此结束，笔者完稿后随即踏上第十四次玉帛之路（北洛河道）文化考察的征程，开展对渭河汇入黄河之前的最后一个较大支流——北洛河流域各县的普查工作，再度找到一批仰韶文化至龙山文化的玄玉玉礼器[26]。

由此，宗教"显圣物"——玄玉玉钺将渭河、泾河连成一线，一个由黄河及其支流链接而成的玉石信仰文化群体逐步浮出水面。《越绝书》中关于风胡子的一段历史回溯式的叙事中：

> 至黄帝之时，以玉为兵，以伐树木为宫室，凿地。夫玉，亦神物也，又遇圣主使
> 然，死而龙臧。[27]

黄帝时期"玉"已然被视为神物，上文曾论及"黄帝食玉膏"的神话，即《离骚》所曰"怀琬琰之华英"，又曰"登昆仑兮食玉英"，以及《穆天子传》"得玉策枝斯之英"，这些"玉荣""玉华""玉英"都象征着凝天地之灵气的"精华"所在，食之飨之尚能与其性质相合，那么缘何在此文献中"玉"又变为了制作兵器的材料。其实，无论是"食玉"还是"以玉为兵"，凸显的都是"玉"这一宗教化的神圣奢侈品所蕴含的"神、人"之间沟通媒介的象征意义。"食玉"神话被郭璞注为：黄帝"登龙于鼎湖而龙蜕也"，这在《史记·封禅书》中也可见一斑。《太平御览》卷五十引此注作"灵化也"，即黄帝灵化为龙遨游于天神之境，其与《海外西经》夏后启佩玉璜乘龙，沟通天人之际的神话有异曲同工之妙。不过，"食玉"神话之源带有神权社会的宗教化特征，随着社会结构的改变，其演化向着文学创作中的"玉食"偏移。《尚书·洪范》形容君王的特权说："惟辟作福，惟辟作威，惟辟玉食。臣无有作福、作威、玉食。"孔传："言惟君得专威福，为美食。"[28]后人用成语"作威作福"专指统治者握有生杀予夺的特权。孙星衍疏："此言为君者自治其性而至于中和，则喜怒中节，可以专威福也。辟者，《释诂》云：'君也。'玉食，犹言好食。"[29]《魏书·常景传》云："夫如是，故绮阁金门，可安其宅；锦衣玉食，可颐其形。"[30]陆游《秋夜读书有感》诗云："太官荐玉食，野人徒美芹。"尽管人类始祖黄帝"食玉"神话中"灵化"飞升的文化基因片段逐渐淡漠，但这段华夏特有的文化记忆范式却通过历代君王的玉食，再到达官贵人的锦衣玉食或朱门玉食，由此保留至今。

"食玉"得以"龙蜕"，而"做兵"则得以"龙臧"。灵宝西坡大墓 M6 蛇纹石玉钺在墓主人头顶上方位置，其刃部指向天宇。首先，不由让人联想这种特殊颜色的蛇纹石与"玄天"有关[31]。其次，伊利亚德在《宗教思想史》中讲述古埃及宗教观念时谈道："死者的居所或是在地下，或是在天上——更确切地说，是在星辰之中。"[32]人类所持有的共同升天想象是将死者的灵魂看成脱离肉体单独存在的个体，即灵魂可以完全离开凡世飞升，体现在中国古代神话天文观中恰好有"天钺"星。"钺"在典籍学的阐释中指向"西方之星"，《尚书·顾命》载："一人冕，执钺，立于西堂。"《鹖冠子·天则》载："四气为政，前张后极，左角右钺。"陆佃解："一作越。钺，西方之星也。"[33]因此，将斧钺符号与天上的星象结合，成为解读升天神话的引线，即引导人间掌握生杀大权的"帝王"通向"西方天界"之门[34]。玉钺在墓地的摆放位置无一不体现着宗教观念语境，也就是说，"玉钺"并非代表真正意义上的杀伐兵器，而是一种将"国之大事"——"祀与戎"互相关联的象征性祭祀礼器。保罗·利科（Paul Ricoeur）提出，神话是"对于一个绝无仅有的世界的揭露，它是另外一个'可能的'世界的开端，超越了我们这个'现实的'世界所设立的种种限制"[35]。因此，黄帝"食玉""作玉兵"的神话，借"玉"作为神圣的中介物，贯穿由"生"到"死"的整个阶段，无死角地链接"凡世—神界"。

二、样本编码：仰韶玉钺的社会功能与玄黄二元叙事体系

从目前所知数量来看，咸阳尹家村玉石钺群，略多于 21 世纪初在灵宝西坡出土的玉石钺

群，但是由于这批文物来自当年文物普查的采集，缺少发掘所知的具体地层关系，我们对仰韶文化玉礼器的社会功能认识需要着眼于灵宝西坡考古发掘的玉礼器，由此来对尹家村玉礼器的生产和使用语境作出某种举一反三式的初步推测。

灵宝西坡的玉石钺群，其总数是 16 件，外加 1 件玄玉玉环残件。若将这 16 件玉石钺中的 3 件石钺除外，还有 13 件玉钺，若将其中 1 件浅色方解石玉钺再除外，则剩下总数为 12 件的玄玉玉钺。这个数量略少于咸阳博物院藏的 15 件尹家村玄玉玉钺。灵宝西坡的玉钺全部出自仰韶文化庙底沟期的墓葬，并没有例外的情况，这就给推测咸阳尹家村玉钺的原初语境提供了非常重要的参照系。但在理论上不能排除仰韶文化先于庙底沟期的时间段里也有玉礼器出现的可能。

具体来看，灵宝西坡的 6 次发掘工作，共找到仰韶文化墓葬 34 座，有玉石钺随葬的墓共 10 座，约占墓葬总数比例的三分之一。这 10 座墓中的 M24 随葬 1 件石钺，其余 9 座墓随葬玉钺（或玉钺加石钺）。由中国社会科学院考古研究所和河南省文物考古研究所合著的考古报告《灵宝西坡墓地》，根据墓葬规格和随葬器物情况，将这 34 座墓划分为四个等级。笔者尝试对报告内容再作统计分析。

可以得知，玉钺的大小体量与墓葬等级之间呈现为明显的正相关关系，但是这也不是绝对的，如随葬玉钺的 9 座墓中，属于第一、二、三等级的墓都有，唯独没有第四等级的墓。第四等级墓之所以级别最低，是因为属于该等级的 15 座墓葬中，除了 1 座墓 M5 出土 1 件纺轮，其余墓葬都没有任何随葬品，这应与墓主人在当时社会的身份地位较低有关。

有随葬品的前三等级墓共 19 座，其中有 3 座墓属于第一等级。在第一等级的 3 座墓葬中，随葬品也明显有优势。但也有一座第一等级墓 M27，没有随葬玉钺和石钺，而是以陶器大口缸 2 件和宽大脚坑而领先于其他墓。这座墓为什么有大件陶器随葬却没有玉钺随葬，值得深思。

在 13 件玉钺中，长度超过 20 厘米的仅有 2 件，其中一件长 22.9 厘米的出自第一等级墓 M8，另一件长 23.4 厘米的玉钺则出自第二等级墓 M34。这反映出蛇纹石玉料作为当时中原社会的稀缺资源，墓葬等级高者才拥有更多资源。对照之下，咸阳尹家村 15 件玉钺中体量最大的一件，也是最长者，长度为 26 厘米，这比灵宝西坡墓地最长的玉钺还要长 2.6 厘米。而从已知的玉矿产地（即甘肃天水武山鸳鸯玉矿山），其到咸阳的距离显然更近于到灵宝的距离，也略近于新发现仰韶玉钺的陕西高陵杨官寨遗址，渭河成为五千年前链接这四地之间关联的天然地理纽带。按照近水楼台先得月的道理，是甘肃武山和秦安大地湾遗址的史前先民最早利用称为鸳鸯玉的这一批蛇纹石玉料，其年代也显然要比陕西和河南的仰韶文化玉器更早，距今应该 6000 年以上。笔者特邀大地湾博物馆的专家张正翠女士撰写《大地湾出土玉器简介》[36] 一文，收录在拙著《玄玉时代：五千年中国的新求证》书后，作为附录。

灵宝西坡墓葬中作为第一等级墓的 M8，共有随葬品 11 件（其中，玉钺 1 件，陶器 9 件，骨箍形器 1 件）[37]。另一座第一等级墓 M17，随葬品数量为 12 件（其中包括 2 件蛇纹石玉钺和 1 件石钺），以总数 3 件钺的数量居整个墓葬群的前列。此外，还有整个灵宝西坡墓群随葬品中唯一的一件骨箍形器，出土时的位置在墓主人头顶上方 15 厘米处，若是发箍的话，似乎距离稍远。从其内径 8.8 厘米来看，这件骨箍也可用为臂镯，这在中原地区仰韶文化墓葬中也是少见的奢侈品。此外，在属于第二等级墓的 M11 还出土象牙镯 1 件，内径 6.2 厘米，完全适合成年男性佩戴，却位于该墓中的 3 岁幼儿的尸骨旁，或为对早殇者的某种特殊葬礼待遇。庙底沟期的仰韶社会较为流行的手镯形式是陶镯，象牙镯则罕见[38]。参照有关庙底沟期的考古报告《华县泉护村》，一般称为"陶环"，其内径在 5~6 厘米的陶环应为手镯，4 厘米上下的或为儿童手镯，或为佩饰环，仅在泉护村的庙底沟一期文化的一座灰坑 H28 就出土了陶环 93 件，其中内径在 5~6 厘米的陶环数量在半数以上[39]。除了较为常见的陶镯，仰韶社会还生产少量石镯、骨镯和玉镯，如蓝田新街遗址出土的骨镯（H331：23）和玉镯（环）残件（G22：112；H162：9）等。灵宝西坡墓地仅有 1 件象牙镯和 1 件残玉环出土，这件玉环也是墨绿色蛇纹石玉料制成，是 M22 的随葬品，墓主人为 16~20 岁女孩，现场测量身高为 152 厘米[40]。残玉环放在右膝右侧，虽然没有戴在手腕，但从玉环内径 5.3 厘米判断，恰好适合该身高的女孩佩戴。

灵宝西坡墓地属于第二等级墓的 M11，是所有墓葬中唯一随葬 3 件玉钺的墓，此墓为一位母亲和一个婴儿的二次合葬墓[41]。其随葬器物多且规格高，明显表示其社会等级身份的优越。在 3 件玉钺中，有 2 件分别为深墨绿色和深绿色蛇纹石，1 件为乳白色方解石。3 件玉钺的摆放位置全部是刃部向西，这就对应仰韶晚期墓葬的头向西方之普遍模式。从玉钺与墓主人性别的关联来看，在 9 座随葬玉钺的墓葬中，女性墓占 5 座之多，超过半数；男性墓有 3 座，占总数的三分之一；性别不明墓 1 座。这种玉钺明显偏向为女性墓主人拥有的文化现象，十分耐人寻味。这至少可以表明：在中原的仰韶文化庙底沟期的玉钺礼器出现，未必像考古学界目前认定的那样，玉钺是代表社会的军权象征物[42]。或从另一方面来看，这时期的仰韶社会相对平和安宁，不像中原以外的其他地区或后来的中原龙山文化时期那样充斥着杀伐和战争气息。易华将这个时代概括为玉帛古国，将龙山文化时代概括为干戈王国[43]，这是非常值得探讨的文化价值观溯源问题。而秦始皇统一六国后建都咸阳，"收天下之兵聚之咸阳，销锋镝铸以为金人十二"[44]，并且放弃一切贵金属材料，唯独选用一块珍稀宝玉，打造成万世效法的传国玉玺。这种销金属武器而独尊玉礼器的举措，或多或少暗示着千古一帝希望天下太平和"化干戈为玉帛"的中国式理想。

再将灵宝西坡玉礼器群和咸阳尹家村玉礼器群加以粗略对照，可以看出二者之间具有多方面的一致性。一是玉礼器种类的一致性，即主要的玉器皆为玉钺，仅有个别例外（1 件残玉环）。当时社会像崧泽文化和大溪文化一样，将玉钺视为最高贵的圣物。二是蛇纹石玉料的一致性。虽然二者的用玉情况尚待科学检测才能得出最后结果。据目前的经验推测，二者所使用的是同样的蛇纹石玉材。这种玉料根据其呈色特征，可以大体划分为墨色和绿色两类色谱（图三；图四）。在强光照射下，墨色的玉呈现鲜艳的翠绿色泽，这或许正是史前先民看中这种能够发挥颜色变化特征的玄玉，以其代表天和天神的观念因素吧。三是玉钺的大小和形制的一致性。四是加工工艺的一致性。其打磨和钻孔方式（如单面管钻和双面钻）具有高度的一致性。

目前能够看出的不一致之处，即咸阳尹家村 15 件玉钺中有 3 件玉钺的钻孔位置贴近玉钺底端的边缘，而灵宝西坡玉钺没有这样的情况。

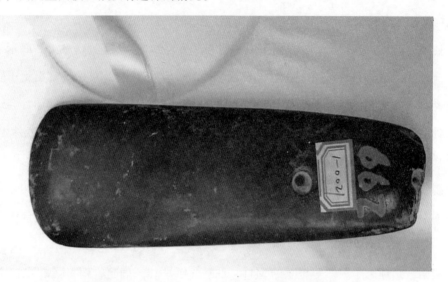

图三　陕西咸阳尹家村玉器中唯一一件透闪石墨玉钺（文物编号 1—0021）
（图片来源：2021 年 5 月 10 日笔者摄于咸阳博物院）
注：该玉钺为墨色，光照下呈翠绿色，其形状与后世玉圭极为近似，或可视为玉钺向玉圭演变的标本。

图四　陕西咸阳尹家村玉器中的深绿色玉钺（文物编号 1—0014）
（图片来源：2021 年 5 月 10 日笔者摄于咸阳博物院）
注：该玉钺的呈色特征和土沁色斑的分布特征，与《玄玉时代：五千年中国的新求证》所列举玄玉标本 10 类似。

此外，在灵宝西坡有随葬品的 19 座墓葬中，随葬陶釜灶的墓葬有 11 座，其中黄土色陶灶对应玄色玉钺的墓葬有 4 座，这是迄今在灵宝西坡墓葬中仅见的仰韶文化墓葬中的玄黄二元色对应礼器结构的现象，非常值得探究。在南方良渚文化高等级墓葬中也有类似的玄黄二元色器物作为对应随葬品的现象，那就是用 1 件"南瓜黄"色的玉钺对应 1 件或多件深色石钺的规则性现象[45]。笔者将此类规则性出现的二元色史前文化现象，视作催生华夏文明早期叙事模式的重要文化基因。为什么需要从上五千年的文化特点中，聚焦催生下五千年文化的所以然奥秘？因为以往的国学传统有关"上五千年"的措辞仅为某种虚拟的修辞，而如今上五千年中原社会玉礼器实物的规模性再现，对于有"玉魂国魄"美誉的华夏文明而言，带来了前所未有的重要学术契机（尤其是对文明起源具体过程的认知）。文学人类学派在 2005 年提出"四重证据法"以来，尤其关注这种在探索中逐渐生长的新文科方法论的实际应用效果。近年来为优化四重证据法的实施操作，再提示"物证优先"原则[46]和"物质阐释学"的思路[47]。仅从以上的文献引用情况便可看出，人文学者若不大量阅读和钻研考古学报告，可能永远也说不清《礼记》《山海经》所记"玄玉"是何物？新文科的交叉学科尝试是创新研究的动力源。

三、价值体现：仰韶玉钺与中原文明传承体系

前两部分将玉器视作神权社会拜物教观念影响下而产生的"显圣物"，并分析了仰韶墓葬玉钺的考古报告统计，给予了宗教学与社会学的参照。笔者认为，对玉礼器的文化学阐释与讨论可以结合当代阐释学的新观点，以便突破学科本位主义，从更宽阔的学术视野重新审视现阶段研究成果。如维特·培特扎克所言，神话可以假定为"对于人类在理解世界时所叙述的创造和再创造"[48]，这种定义就将神话视为一种"叠加在传统现实之上的新秩序"，或者说是先民在寻找宇宙意义、社会秩序或个人生命价值的过程中所产生的统一看法。就社会整体或单独个人而言，每则神话故事叙事所具有的功能都无可替代，当代神话理论家们力求辨别存在于每则神话的核心以及天地万物的整体结构中的"发现"[49]。若将"发现"归纳为个体在寻找最终"意义"时所产生的近似秩序，则证明了这种意义是具有跨文化、跨语言的"可翻译性的"。列维-斯特劳斯将"发现""意义"的过程结构化为最小单位"神话素"，通过对"神话素"单元的历时性和共时性研究，结构主义神话学提出"意义"存在于神话组成成分的不同组合方式之中，尽管每则神话的结构是不连续的且拥有数种异文，但神话叙事的生长则是一个连续不断的过程[50]。换句话说，尽管秩序是"可翻译的"，但在文化表象上神话叙事连续生长的"意义"却塑造了一个"可分离的"且"具有差异的"世界。"可分离的"体现在"发现"最终"意义"的过程中，个体"想象"的实现度不同，而"差异"则源自个体在阶段性实现最终"意义"时所催生出的欲望，欲望进一步驱动想象，想象产生具象的信仰与观念，并影响着个人的下一步行为，由此产生了不同社会文化的"差异性"。起源于如"漫天星斗"一般文化遗址的华夏文化也是"可分离的"与"具有差异的"。溯源而言，华夏神话宇宙观的秩序可简化为二元色编码，以最流行的童蒙读物《千字文》开篇之"天地玄黄，宇宙洪荒"为古汉语表达的典型代表，以八千年前的兴隆洼文化玉器和五六千年前的红山文化玉器之两类主色调（墨绿 VS 青黄）为实物原型。在探明天地万物结构中的"发现"之后，神话叙事不间断地连续生长，其产出的文化编码进一步塑造社会观念。具体而言，华夏共祖黄帝以一种颜色词"黄"为名号；《山海经》所

记黄帝播种的天下至宝又被称为"玄玉";《庄子》讲述的黄帝丢失其国宝称为"玄珠";汉代纬书和房中养生书记载黄帝有一位女导师名曰"玄女";司马迁《史记》记录武王伐纣推翻殷商政权的重大历史事件,还要专门讲述如下历史场面的特写细节:用黄钺斩下纣王的头,用玄钺斩妲己的头。此类可以称之为中国上古历史玄黄二元叙事体系的案例,"玄与黄"所具有的"差异"均可以直接诉诸上五千年出土神圣实物的本色认知方面,即个体在"发现"世界时所创造出的叙事差异。这些"差异"不仅促进了不同群体间的文化多样性发现,其内核秩序的"可翻译性"也大大加强了不同群体间的文化认同。

此外,神话叙事的"意义"连续生长,所塑造出的"可分离的"社会现实也随之进一步发展,由于自然地理环境等客观因素的不同,"想象"的实现度开始出现层级分化,由此不同群体间文化编码的"差异性"催生了不同的社会观念。进而,笔者将中原玉文化自玄玉时代之后的演变轨迹,大致地概括为"玄黄赤白"四字三大阶段。第一阶段为玄玉时代。第二阶段是龙山时代至夏商时期,西部的浅色调透闪石玉料逐渐输入中原,包括马鬃山玉、马衔山玉、敦煌三危山玉和随后的新疆和田玉。其主色调多为偏黄或偏青,可统称为黄玉或青玉,也间或有少量的白玉。尽管新"显圣物"原料——青玉与黄玉的出现冲击着原本固有的文化现象,但从传世文献的角度分析,这一阶段仍少量保存着"玄玉时代"的文化传统,《书·禹贡》云:"禹赐玄圭,告厥成功。"[51]《史记·夏本纪》载:"于是帝锡禹玄圭,以告成功于天下。"[52]由此可见,神话叙事的"意义"并未中断,只是渐渐更加"系统化",如尧舜时代的"辑五瑞"以及"班瑞玉群后"。瑞为天赐玉信,在礼乐征伐的时代,掌握瑞玉圣物者就足以号令天下[53]。除了"系统化"的趋势,新的"显圣物"原料——青玉、黄玉能脱颖而出,也代表着社会对于万物整体结构分离出了更加细致的新"发现"。笔者在《中华文明探源的神话学研究》中将其称为"崇青文化"与"崇黄文化",恰好对应《周礼》所记载的"以苍璧礼天,以黄琮礼地"。第三阶段为商周时代,此时新疆与中原的玉路被打通,和田白玉输入中原的数量大大增多,迎来中国玉文化史上最重要的一次玉色神话观变革,兴起白玉独尊的观念信仰[54]。在传世典籍方面,不仅有《穆天子传》中周穆王为白玉而西行朝圣,更是催生了以玉山"昆仑"为中心的仙山神话。与白玉资源规模性地输入中原文明的同时,还有自南亚、中亚地区输入我国的外来新玉料——酒红色玛瑙,并由此催生出西周社会统治阶层的豪华玉礼器组合现象,即浅色透闪石玉器加酒红色玛瑙珠的玉组佩。不过红玛瑙资源的供应并不像新疆和田玉那样源源不绝,而呈现为昙花一现的相对短暂格局,而自西周以来的白玉独尊却始终延续,直到今日的玉器商品市场,依然是无与伦比的。纵观玄玉时代以来的三大阶段,第一阶段的玉色之"玄"和第二阶段的玉色之"黄"(或"青"),分别具有五千年以上和四千年以上的时代积淀,塑造出某种比夏商时代更古老、更深厚的文化记忆。换言之,玉石神话以象征性的创造力把社会现实的存在秩序化,并生成了一个独具"意义"的世界。斯特伦强调,神话对于意识形态的塑造作用,表现在特定文化群体创造出的某种具有终极价值和"意义"的现实秩序之中,这种秩序暗中支配着文化共同体中的每一位成员的观念与行为[55]。在华夏文明中，通过最初的汉字经典《周易》坤卦之"龙血玄黄"叙事模型，以及早期国家礼服制度"玄衣黄裳"模型（即以效法天地二元色的人之服色），彰显玉石神话中那不曾间断的"天人合一"观念的虔诚。

当最早的汉语经典《周易》采用"龙血玄黄"的二元色叙事模型时，西周人的文化记忆中还依稀保留着中原史前玉文化的颜色由来之真相。20 世纪以来的考古大发现不仅让我们有幸看到比周代和商代都要早得多的中原史前玉礼器的真实颜色，而且让今人逐渐明白龙神话与玉神话的共生现象和相互认同现象。因为在神话信念中，二者具有相同的文化功能，充当天人之间和神人之间的中介圣物，所以从北方红山文化和南方崧泽文化开始，就同时出现六千年前的玉雕龙文化传统。当六朝梁人刘勰撰写《文心雕龙》，用"雕龙"比喻文学创作时，他还完全不知，国人的雕龙传统就潜藏在玉文化大传统内部，这也要拜上五千年文化基因之赐予。玉和龙的神话认同原理，一旦得到史前文化的溯源性揭示，则《周易》"龙血玄黄"说、《山海经》"黄帝玄玉"说和后世的"黄帝玄女"说的系列文本解码工作，就会带来如同亮出底牌一般的认知效果。

四、余论

就笔者管见所及，将整个渭河流域具有 2 件以上出土玄玉玉器的仰韶文化遗址作一个粗略的排列，共有 5 个遗址出土 141 件玄玉制品（包括发掘品和采集品）。其中，灵宝西坡 13 件 +3 件[56]、高陵杨官寨 2 件、蓝田新街 106 件（全部为玉笄，没有玉钺礼器）[57]、咸阳尹家村 15 件、宝鸡福临堡 2 件，总计约 141 件玉器，除了灵宝西坡的 1 件玉钺检测为方解石玉，其余多为蛇纹石玉。这些数据较为充分地证明：中原地区玉文化起源的第一个时代是以"玄玉时代"为基本特色。笔者将"玄玉时代"的肇始时间放在仰韶文化庙底沟期的上限，即距今 5500 年，大致不会有很大的出入，而"玄玉时代"的下限暂定在龙山文化晚期的距今 4000 年，也是大致合理的。陕西蓝田新街遗址出土玉器的情况可提供新的佐证，

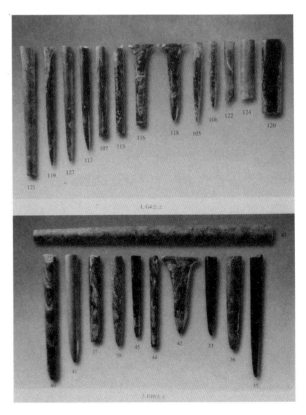

图五　陕西蓝田新街遗址出土的仰韶文化玉笄
（图片来源：陕西省考古研究院：《蓝田新街——新石器时代遗址发掘报告》上册，文物出版社，2020 年，图版八六）

同样的深色玉石材料（即绿墨玉和墨玉）制作的玉笄（图五），从仰韶文化晚期延续到

龙山文化时期，基本没有变化。

由上可知，这是一个先后延续不断的用玉传统。在陕西客省庄遗址、神木新华遗址、神木石峁遗址等处发掘的龙山文化玉器中，普遍存在墨绿色蛇纹石玉料，如今看来大体上是仰韶玉文化用料特征的千年延续。尤其在陇东地区镇原县大塬遗址发现的常山下层文化2件墨绿色蛇纹石玉器，昭示着中原仰韶文化的用玉传统如何辗转影响到龙山文化与西部的齐家文化的迹象。这将给齐家文化玉器溯源研究带来关键性启迪：为什么西部地区此前的马家窑文化没有玉礼器传统，而到齐家文化时期则迎来中国史前玉文化的最后一个大繁荣期。

由于齐家文化期间打通的中原与西部交通线路，西玉东输运动的规模和路线都得到了很大程度的拓展，西部玉矿资源区之新的浅色透闪石玉料从龙山文化时期开始大量输入中原，和更古老的深色蛇纹石玉料并存一段时间，最终以后来居上之势，取代了玄玉独尊一千几百年的统治地位。

目前调研所取得蛇纹石玉料标本实物仅有甘肃武山鸳鸯玉和甘肃酒泉蛇纹石玉等几种，但这并不能排除在渭河流域或黄河上中游的其他地方存在类似蛇纹石玉矿的可能，有待于进一步的考察和采样工作。甘肃武山鸳鸯玉（即蛇纹石玉）成为开启5500年玉路的史前交通证物，这给中国丝路起源研究提供了重要线索。咸阳博物院举办的"仰韶玉韵——尹家村遗址出土文物展"上展出的唯一一件透闪石墨玉钺，其玉料产地从新疆和田地区延伸到喀什地区塔什库尔干县的中巴边界处，见证着"玉之所在，国之所在"的文化地理原理。

2021年在咸阳举办的"仰韶玉韵——尹家村遗址出土文物展"是世界范围第一次玄玉即墨玉的文物与玉料资源的集中展示，而仰韶文化发现暨中国考古学诞生一百周年"玄玉时代"高端论坛能够在纪念仰韶文化发现百年之际，在秦始皇传国玉玺的原产地陕西咸阳举办，是新文科交叉学科研究创新成果的生动案例。学，然后知不足。秉承文史不分家的国学原则，走出学科本位的小圈子，与时俱进更新知识结构，大传统和大历史将向研究者敞开大门。一个从中华上五千年新知识出发，重新认识下五千年所以然的研究新范式正在向我们招手。

注释：

［1］张俊宗：《新文科：四个维度的解读》，《西北师大学报（社会科学版）》，2019年第5期，第13—17页。

［2］李泽厚的巫史研究、杨伯达的巫玉研究、萧兵的巫傩研究、王振复的巫文化研究从典籍、考古、民俗、理论四个维度分别讨论了原始信仰以及中华文化的根性问题。

［3］叶舒宪：《人类学转向：新文科的跨学科引领——以李泽厚、杨伯达、萧兵、王振复为例》，《学术月刊》2022年第8期，第143—154页。

［4］林惠祥：《文化人类学》，商务印书馆，2011年，第33—64页。

［5］劳伦斯·格罗斯伯格：《文化研究的未来》，庄鹏涛、王林生、刘林德译，中国人民大学出版社，2017年，

第6—57页。

［6］叶舒宪：《变：作为新文科探索先驱的中国比较文学》，《中国比较文学》2022年第1期，第79—90、101页。

［7］叶舒宪：《万年中国说——大传统理论的历史深度》，《名作欣赏》2019年第22期，第5—14页。

［8］此处"文化基因"特指每个文明古国诞生前就已经孕育出的独有文化特征。

［9］叶舒宪：《玄玉时代：五千年中国的新求证》，上海人民出版社，2020年。

［10］叶舒宪：《"神话中国"VS"轴心时代"："哲学突破"说及"科学中国"说批判》，见谭佳：《神话中国：中国神话学的反思与开拓》，生活·读书·新知三联书店，2019年，第56页。

［11］张光直：《古代中国考古学》，印群译，生活·读书·新知三联书店，2013年，第112页。

［12］魏京武：《龙岗寺遗址出土的仰韶文化玉质生产工具》，见杨伯达：《中国出土玉器鉴定与研究学术研讨会论文集：出土玉器鉴定与研究》，紫禁城出版社，2001年，第416—425页。

［13］汉中地区更容易获得四川汶川玉等地方玉料。

［14］叶舒宪：《玄玉时代：五千年中国的新求证》，上海人民出版社，2020年，第148页。

［15］朱之谦：《老子校释》，中华书局，2000年，第7页。

［16］吉尔·利波维茨基、埃丽亚特·胡：《永恒的奢侈——从圣物岁月到品牌时代》，谢强译，中国人民大学出版社，2007年，第3页。

［17］郝懿行：《山海经笺疏》，中华书局，2021年，第38—39页。

［18］叶舒宪：《神话观念决定论与文化基因说》，《吉首大学学报（社会科学版）》2017年第5期，第38—42、145页。

［19］这一阶段的礼器较为引人注目的唯有特殊形制的陶器——小口尖底瓶。虽然有学说解释这一器型可以套放在木架上使用，但仍无法阻止人们向宗教礼器方面进行联想。

［20］巩启明：《仰韶文化》，文物出版社，2002年，第203—205页。

［21］李伯谦：《中国古代文明演进的两种模式——红山、良渚、仰韶大墓随葬玉器观察随想》，《文物》2009年第3期，第47—56页。

［22］中国社会科学院考古研究所、河南省文物考古研究所：《灵宝西坡墓地》，文物出版社，2010年，第12页。

［23］安斯加·纽宁、维拉·纽宁：《文化学研究导论：理论基础·方法思路·研究视角》，闵志荣译，南京大学出版社，2018年，第147页。

［24］叶舒宪：《玉石之路踏查三续记》，陕西师范大学出版总社，2020年，第90—141页。

［25］叶舒宪：《认识玄玉时代》，《中国社会科学报》2017年5月25日第7版。

［26］叶舒宪：《玄玉与黄帝——第十四次玉帛之路（北洛河道）考察简报》，《丝绸之路》2018年第11期，第46—54页。

［27］《越绝书》卷一一，见《四库全书·史部》第463册，上海古籍出版社，1987年，第115页。

［28］阮元：《十三经注疏·周易尚书诗经》，清嘉庆刊本，中华书局，2009年，第404页。

[29] 孙星衍:《尚书今古文注疏》，中华书局，1986 年，第 309 页。

[30]《二十五史》第 3 册，上海古籍出版社，1986 年，第 2376 页。

[31] 叶舒宪:《玄玉时代：五千年中国的新求证》，上海人民出版社，2020 年，第 136 页。

[32] 米尔恰·伊利亚德:《宗教思想史》，晏可佳、吴晓群、姚蓓琴译，上海社会科学院出版社，2004 年，第 83 页。

[33] 黄怀信:《鹖冠子校注》，中华书局，2014 年，第 31 页。

[34] 叶舒宪:《盘古之斧：玉斧钺的故事九千年》，上海人民出版社，2021 年，第 109 页。

[35] Pietrzak W., *Myth，Language and Tradition：A Study of Yeats，Stevens，and Eliot in the Context of Heidegger's Search for Being*，Cambridge：Cambridge Scholars Publishing，2011，p. 19.

[36] 此文先刊发于《百色学院学报》2018 年第 1 期，原题为《大地湾遗址出土玉器的初步研究》。

[37] 中国社会科学院考古研究所、河南省文物考古研究所:《灵宝西坡墓地》，文物出版社，2010 年，第 35—40 页。

[38] 笔者在第十次玉帛之路考察期间，针对甘肃漳县晋家坪遗址的仰韶文化手镯残件标本撰写了《戴手镯的仰韶人——漳县晋家坪遗址印象》一文，见叶舒宪:《玉石之路踏查三续记》，陕西师范大学出版总社，2020 年，第 18—26 页。

[39] 陕西省考古研究院、渭南市文物旅游局、华县文物旅游局:《华县泉护村——1997 年考古发掘报告》，文物出版社，2014 年，第 66—68 页。

[40] 中国社会科学院考古研究所、河南省文物考古研究所:《灵宝西坡墓地》，文物出版社，2010 年，第 74 页。

[41] 中国社会科学院考古研究所、河南省文物考古研究所:《灵宝西坡墓地》，文物出版社，2010 年，第 44 页。

[42] 叶舒宪:《盘古之斧：玉斧钺的故事九千年》，上海人民出版社，2021 年，第 127—131 页。

[43] 易华:《从玉帛古国到干戈王"國"》，《甘肃社会科学》2017 年第 6 期，第 62—68 页。

[44] 萧统:《文选》第 6 册，上海古籍出版社，1986 年，第 2236 页。

[45] 叶舒宪:《良渚文化葬玉制度"钺不单行"说——四重证据法求解华夏文化基因》，《民族艺术》2020 年第 5 期，第 85—86 页。

[46] 叶舒宪:《物证优先——四重证据法与"玉成中国三部曲"》，《国际比较文学》2020 年第 3 期，第 415—437 页。

[47] 张进:《从"文本阐释学"到"物质阐释学"》，《中国文学批评》2022 年第 4 期，第 137—146 页。

[48] Pietrzak W., *Myth，Language and Tradition：A Study of Yeats，Stevens，and Eliot in the Context of Heidegger's Search for Being*，Cambridge：Cambridge Scholars Publishing，2011，p. 20.

[49] 古希腊亚里士多德《诗学》中的用语，"发现"和"突转"被视为悲剧情节的主要成分。

[50] 叶舒宪:《结构主义神话学》，陕西师范大学出版社，2011 年，第 15—30 页。

[51] 顾颉刚、刘起釪:《尚书校释译论》第 2 册，中华书局，2005 年，第 821 页。

[52] 司马迁:《史记》第 1 册，中华书局，2014 年，第 96 页。

[53] 叶舒宪：《中华文明探源的神话学研究》，社会科学文献出版社，2015年，第334页。

[54] 叶舒宪：《玉石神话信仰与华夏精神》，复旦大学出版社，2019年，第305—360页。

[55] 斯特伦：《人与神——宗教生活的理解》，金泽、何其敏译，上海人民出版社，1991年，第66页。

[56] 根据灵宝西坡发掘的13件玉钺特征，认定了灵宝市文物保护管理所库房之中的3件玄玉玉钺，见马萧林、权鑫：《河南灵宝三件馆藏玉钺的年代及相关问题》，《中原文物》2017年第6期，第69—71、124、129页。

[57] 陕西省考古研究院于2010年在渭河支流灞河岸边二级台地发掘出仰韶文化至龙山文化遗址，其中仰韶文化晚期灰坑多达345个，出土大量玉笄（106件）、石笄（48件）和骨笄等生活用品，但并没有发现玉钺。其所用玉料被推测为蓝田玉，但还缺乏检测数据支持，有待进一步求证。其玉料颜色描述一律为"绿墨玉"和"墨玉"，疑似蛇纹石玉，目前也不排除来自渭河的武山县鸳鸯玉的可能，见陕西省考古研究院：《蓝田新街——新石器时代遗址发掘报告》，文物出版社，2020年，第16、383、582—585页。

河南灵宝三件馆藏玉钺的年代及相关问题

◎马萧林　◎权　鑫

20世纪七八十年代，河南省灵宝市的文物工作者在灵宝境内若干新石器时代遗址采集到一些玉器。近年也相传有人在仰韶文化遗址发现玉器。在以往的认识中，黄河中游地区的仰韶文化中晚期的墓葬很少见到随葬品，更不用说玉器了，因此我们曾怀疑那些玉器很可能出自龙山文化以后的墓葬，不太可能是仰韶文化时期的器物。然而，2005年灵宝西坡仰韶文化墓地玉器的面世，不但彻底改变了我们先前的认识，而且为确定部分采集玉器的年代，探讨与玉器相关的问题，提供了重要线索。

一、三件玉钺及其年代

在灵宝市文物保管所收藏的玉器中，我们选取三件玉钺，其中两件有比较明确的采集地点，一件采集点不详。

1. 玉钺　馆藏号00281，墨绿色，局部夹杂黄色斑块。器身近长梯形，中部略厚，两侧较薄，窄弧顶，宽弧刃，顶部未打磨。长13.9厘米，宽6.6厘米，厚1.5厘米。近顶部有一穿孔，单面钻，一面穿孔稍作修正，孔径一面1.1厘米，另一面0.9厘米。这件玉钺1983年采自灵宝市西阎乡阌东遗址。（图一；图二）该遗址位于灵宝市西阎乡阌东村西北，黄河南岸的二级阶地上，是20世纪50年代普查中发现的，90年代末实地调查时，遗址上部已遭到严重破坏，文

图一　玉钺（00281）正面

图二　玉钺（00281）背面

化层和灰坑等遗迹大多暴露于地表，有的遗迹已经接近底部，现存面积约 3 万平方米。从采集的陶片判断，遗址年代跨越仰韶文化早中晚三个时期，但以仰韶文化中期为主[1]。

2. 玉钺　藏号 00018，墨绿色，一面有白色条状纹。器身近长梯形，中部略厚，窄平顶，宽弧刃，顶部打磨，未抛光。长 16.3 厘米，宽 6.8 厘米，厚 1.2 厘米。近顶部有一穿孔，单面钻，穿孔稍作修正，孔径一面 1.4 厘米，另一面 1.0 厘米。这件玉钺采自灵宝市豫灵镇寺疙瘩遗址。（图版一，1、2）该遗址位于灵宝市豫灵镇寺疙瘩村，面积约 5 万平方米。遗址断崖上灰坑密集，文化层厚者达 3 米，采集陶片均为红陶，器形主要有钵、盆、罐、灶等。根据包含器物判断，该遗址以仰韶文化中期遗存为主[1]。

3. 玉钺　馆藏号 00023，豆青色，通体似开片纹。器身长条形，两边薄，中部厚而隆起，窄弧顶，舌形弧刃，通体磨光。长 22.9 厘米，宽 6.7 厘米，厚 1.4 厘米。近顶部有一小穿孔，两面钻，孔径一面 0.7 厘米，另一面 0.5 厘米。这件玉钺的采集地点不详。（图三；图四）

图三　玉钺（00023）正面　　　　　　　　　　图四　玉钺（00023）背面

关于三件玉钺的年代，不妨从器物形态，以及相关考古学文化特征等方面进行比较分析。00281 号玉钺在形制上与西坡出土的 M11 ∶ 5 比较接近，00018 号玉钺在形制、色泽、尺寸等方面与西坡出土的 M17 ∶ 10 比较相像，00023 号玉钺在形制、尺寸等方面与西坡出土的 M8 ∶ 2 相近[2]。因此，这三件玉钺的年代应当与西坡墓地出土的玉钺年代相同或相近，可确定为仰韶文化中期或庙底沟期的最晚阶段，绝对年代大致在公元前 3300 年至前 3000 年之间。

黄河中游地区从裴李岗文化、老官台文化开始就出现了墓中随葬铲、斧、刀等石质生产工具的现象[3]，仰韶文化早期墓葬中也有随葬石质工具者[4]。但在仰韶文化核心区的豫陕晋相邻地带，尚未发现早于西坡这批玉钺的玉器随葬品。位于陕西汉水流域的南郑龙岗寺遗址，虽然在属于仰韶文化早期的半坡类型墓葬中曾出土 20 多件玉器，但包含了斧、铲、锛、凿、镞等多种形制的器物，并未像西坡墓葬这样把随葬玉器的形制基本固定在玉钺上，并赋予其特殊含义。值得注意的是，河南临汝阎村出土的彩陶缸上绘有《鹳鱼石斧图》[5]，其中的石斧与灵宝所见的玉钺相似，很可能就是具有礼仪性质的钺，其年代为仰韶文化中期[6]。因此，在黄河中游地区，玉钺的出现应不早于仰韶文化中期或庙底沟期。

在豫西地区还未对仰韶文化晚期遗址进行比较系统的考古发掘，也未发现这个时期的墓地，还不清楚墓葬是否有随葬品。然而，在洛阳地区，属于仰韶文化晚期晚段的孟津妯娌遗址，除了几座墓葬随葬象牙箍之外，其余40余座墓葬均不随葬任何器物[7]。在郑州地区，仰韶文化晚期的墓葬也很少有随葬品，比如郑州大河村遗址、荥阳青台遗址等即是如此[8]。三门峡庙底沟遗址揭露的140多座庙底沟二期阶段的墓葬，同样几乎不见任何随葬品[9]。因此，就目前所知，在豫西的仰韶文化晚期，甚至庙底沟二期阶段，墓葬基本不随葬器物。从这个角度来推测，我们也可将灵宝馆藏的三件玉钺归入仰韶文化庙底沟期。

此外，在与灵宝隔黄河相望的山西芮城清凉寺庙底沟二期文化墓地曾出土一批玉器，但多为玉环、玉璧等器物，个别玉钺在形制上也与灵宝馆藏的这三件玉钺差别较大。

二、三件玉钺及相关问题

通过对三件玉钺年代的认定，结合玉钺采集遗址的基本信息，以及灵宝西坡遗址的考古成果，可以得出以下几点认识。

1. 灵宝境内仰韶文化中期遗址中的玉钺数量相当可观。玉钺不仅出自灵宝境内规模较大的遗址，也见于规模较小的遗址。例如，西坡遗址是以仰韶文化中期遗存为主的新石器时代遗址，面积约40万平方米，是灵宝铸鼎原南部的一个中心聚落。在发掘的34座墓葬中，9座墓葬出土有玉钺，占比达26.4%，即超过1/4的墓葬出土玉钺[10]。上述两件玉钺采集点阌东遗址、寺疙瘩遗址均为面积不大的遗址。此外，在灵宝考古调查时也发现，当地村民在附近遗址采集有类似西坡遗址出土的玉钺。例如，在灵宝市阳平镇程村管区南社走马岭遗址，曾有村民在遗址采集到玉钺，该遗址面积约7万平方米，也是一处以仰韶文化遗存为主的新石器时代遗址。由此推断，玉钺作为随葬品，在灵宝境内的仰韶文化中期墓葬中应当比较普遍。

2. 灵宝境内仰韶文化玉器的原料产地很可能就在当地。灵宝西坡墓地出土玉器的质地，除个别为方解石外，其余均为蛇纹石岩[11]。目前我们尚未对西坡出土玉器的原料产地开展调查研究，还不清楚这批玉器的原料产地，但从上述灵宝境内玉器的较高出现频率来看，原料产地很可能就在附近山中，而非远程输入。这种情况可能与黄河对岸的芮城清凉寺出土玉器的原料来源方式相似，即大部分玉器是用本地的玉石料制作而成的[12]。

3. 玉器在仰韶文化中的功能远不如在红山、良渚等考古学文化中那么重要。首先，就仰韶文化中期而言，以灵宝西坡遗址为例，出土玉钺的墓葬既有大型墓葬，也有小型墓葬，但有的大型墓并未随葬玉器；在墓葬等级指示性方面，墓葬规模及大口缸比玉器更具代表性。其次，在仰韶文化晚期墓葬中，少见随葬玉器者，也就是说，仰韶文化中期墓葬中随葬玉器的现象并未在仰韶文化晚期延续下来，呈现明显的阶段性特征。但这种随葬玉器的现象是否局限于灵宝及其附近区域，尚需今后的田野考古工作来验证。

三、结论

本文根据灵宝西坡墓地出土玉钺的特征，对灵宝市文物保管所收藏的三件玉钺的性质与年代进行了认定，并结合玉钺采集遗址的基本信息及有关考古成果，对三件玉钺的相关问题进行了探讨。三件馆藏玉钺属于仰韶文化中期或庙底沟期的遗物；灵宝一带仰韶文化中期的部分墓葬很可能或多或少都随葬这类玉钺，这种以蛇纹石岩制作的玉器原料产地很可能就在当地；相比墓葬规模及大口缸，玉器在仰韶文化中期的墓葬等级指示性方面不具较强代表性。

注释:

[1] 河南省文物考古研究所、中国社科院考古研究所河南一队等:《河南灵宝铸鼎塬及其周围考古调查报告》，《华夏考古》1999 年第 3 期。

[2] 中国社会科学院考古研究所、河南省文物考古研究所:《灵宝西坡墓地》，文物出版社，2010 年。

[3] 开封地区文管会等:《河南新郑裴李岗新石器时代遗址》，《考古》1978 年第 2 期；中国社会科学院考古研究所:《临潼白家村》，巴蜀书社，1994 年。

[4] 西安半坡博物馆、陕西省考古研究所、临潼县博物馆:《姜寨——新石器时代遗址发掘报告》，文物出版社，1988 年。

[5] 临汝县文化馆:《临汝阎村新石器时代遗址调查》，《中原文物》1981 年第 1 期。

[6] 严文明:《〈鹳鱼石斧图〉跋》，《文物》1981 年第 12 期。

[7] 河南省文物管理局:《黄河小浪底水库考古报告》（二），中州古籍出版社，2006 年。

[8] 中国社会科学院考古研究所、河南省文物考古研究所:《灵宝西坡墓地》，文物出版社，2010 年。

[9] 郑州市文物考古研究所:《郑州大河村》，科学出版社，2001 年。

[10] 中国科学院考古研究所:《庙底沟与三里桥》，科学出版社，1959 年。

[11] 马萧林、李新伟、杨海青:《灵宝西坡仰韶文化墓地出土玉器初步研究》，《中原文物》2006 年第 2 期。

[12] 山西省考古研究所、运城市文物工作站、芮城县旅游文物局:《清凉寺史前墓地》，文物出版社，2016 年。

1. 玉钺（00018）正面

2. 玉钺（00018）背面

引魂升天

——灵宝西坡大墓随葬玉钺与陶灶的二元结构及宗教功能

◎叶舒宪

一、仰韶人的宗教观念和神话想象

20 世纪新建立的中国考古学是应运而生的，它注定会不断地用新人耳目的发掘实景和出土实物，去大大改变中国人对自己的民族国家历史的认识。以安特生 1921 年在河南渑池县发现仰韶文化为起点，九十多年来的新发现足以表明，今人对距今五千年前中原文化的认知程度，已经远远超过从孔子到司马迁再到康有为和梁启超的时代所有相关知识之总合。孔子推崇的最早的圣王是尧，作为夏代之先的古帝王，年代上够不到五千年，应该只有四千年出头。司马迁写《五帝本纪》以黄帝为首，年代上相当于从五千年前起笔，可是他笔录下来的无非是一些捕风捉影的传说，真伪虚实莫辨。晚清民国以来倡导中华认同和华夏正统，强调炎黄子孙说，使得上下五千年的说法流行起来，直到今天。可是从有史以来到民国初年时，国人谁也无缘一见五千年前中国的真实面貌。这种情况，在仰韶文化被发现后的七十多年时间里，彻底得到改变。考古工作者在黄河中游地区累计发现的仰韶文化遗址已经超过五千处。这是一个让人咋舌的数目，它表明我们的中原大地上距今五六千年的先民曾经留下多少遗迹。一个地域性的史前文化，从距今七千年延续到距今五千年，长达二十个世纪，约等于从汉代至清代的全部中国历史的长度。

令人遗憾的是，如此空前和重要的有关国史开端的全新知识，却只是停留在专业考古人员的讨论范围里，远远没有普及到普通民众和教育体制中去。与仰韶文化相关的多学科研究也相当滞后，因为限于专业的壁垒和隔膜，除了专业考古人员，其他学科的学者很难置喙。不论是拿仰韶文化与五千年前的红山文化相比，还是和五千年前的凌家滩文化和良渚文化相比，仰韶文化在物质生活和精神生活方面显得较为单纯和古朴，这里既没有发现规模宏大的庙宇和祭坛，也没有发现大量精雕细刻的玉质礼器群。据此反差很大的现象对比，北京大学的著名考古学者李伯谦提出中国文明起源的两种模式说，认为中原仰韶文化与周边地区史前文化发展道路不同，其节俭质朴的物质文化风格是其能够胜出奢华浪费（以宗教性的玉礼器崇拜为突出代

表）的其他史前文化，最终引向文明国家成立的关键要素。他在《中国古代文明演进的两种模式——红山、良渚、仰韶大墓随葬玉器观察随想》一文中指出，以大规模玉礼器生产为代表的红山文化和良渚文化均为文明起源期的神权模式，因为铺张浪费，所以文化中断，没有后继者，以灵宝西坡遗址为代表的仰韶文化庙底沟类型属于文明起源的王权模式，因为崇尚节俭，不浪费资源，所以能够催生王权国家——夏商周三代文明。[1]李伯谦对自己的认识过程有如下的陈述："过去，我是支持把神权国家当作文明演进过程中一个必经的阶段看待的，灵宝西坡仰韶文化大型建筑基址和大墓的发现，使我不得不对原来的认识加以修正。由神权国家发展到王权国家，一般来说或者从逻辑上说可能符合一般规律，但在文明演化过程中，不同地区、不同文化因环境差别、所受异文化影响的差别，自己所遵循的发展途径和模式也可能是不同的。仰韶文化没有走先神权后王权，而是一开始就发展王权的道路，已清楚地说明了这一点。"[2]李伯谦的高见得到业界的普遍认同，迄今尚未见到有什么批评反对的意见。我们确信两种文明起源模式说的道德含义是很好的，以德治国和勤俭治国的品格人人推崇。但这种说法也确实有把古人理想化的嫌疑。相对而言，世界上所有的狩猎采集部落都是生活简朴的，刀耕火种的初级农业社会也是如此，但是它们均无缘进入文明国家。如果从世界五大文明古国发生的情况看，显然没有一个文明古国是依靠节俭起家的。无论是古埃及的大金字塔，还是苏美尔的神庙和王陵，克里特岛的米诺斯王宫，还有特洛伊城的黄金，每个文明的初起均以神权信仰驱动的宗教奢侈品生产而著称。正是宗教奢侈品的巨大需求所拉动的跨地区贸易交换行为，给文明城市的诞生提供了源源不绝的动力。仰韶文化中晚期的中原社会的复杂化过程，在灵宝西坡大墓和一般小墓的对照中看得分明。就因为中原缺乏优质透闪石玉料资源，才使得仅有的深色蛇纹石制成的玉钺在大墓中充当画龙点睛作用。在西坡大墓随葬玉石钺的十足的宗教含义没有得到分析解读之前，不宜将庙底沟文化视为世俗性的王权模式的中原代表。就连2010年出版的考古报告《灵宝西坡墓地》，都同样附和李伯谦的两种模式说，并在第七章结语部分加以引用。

　　仰韶文化时期在宗教信仰方面究竟表现如何呢？试看下面的情况：仅就仰韶时期的葬俗而言，"在墓葬方向方面，仰韶文化数以千计的墓葬，死者的头向都以西向或略偏西北向为主。渭河地区的大地湾文化，多数墓葬的方向也为西方，可见后来的仰韶文化居民所继承的正是这个传统。墓葬方向的选定，出自多方面的原因，根据民族学资料研究的结果，墓向表现了一种强烈的灵魂信仰观念，人们认为人死后灵魂要回到传说中的祖先生活过的老家去，那是一个可以让灵魂安息的特殊的域界，所以在举行葬礼时要将死者的头颅向着这个方向。墓葬的方向在史前人类的心目中起着引导灵魂回归的作用，在历史上还成为地域或族群间的一个重要区别"[3]。墓葬头向模式本身就是仰韶文化时期宗教观念的突出表现。此外，濮阳西水坡出土的蚌饰龙虎对应格局，极为突出地表现着当时人们的天文神话观念。在半坡遗址1号房址下发现一具人头骨，被认为是建筑房屋基础的人头祭祀遗存，它其实也是半坡人对大地进行崇拜的一个表现。[4]不仅如此，"仰韶文化居民对各种神灵又有不同的崇拜方式。大地湾和案板遗址发现的大型宗教建筑，表明仰韶文化后期已有了专门的宗教活动中心。在案板遗址还发现了一些陶偶像，又表明仰韶文化居民的原始宗教体现有偶像崇拜的特点。"[5]

灵宝西坡大墓的发掘虽然引起巨大反响，但是中原地区首次批量出现的玉礼器却没有得到相应的重视。对于仰韶文化初始出现的玉文化萌芽状态，需要从当地缺乏优质透闪石玉料资源的现实条件出发，提示并探究墨绿色和墨色的蛇纹石玉料的合理来源，即顺着黄河渭河的方向指向甘肃武山的蛇纹石玉矿产地，并尽可能复原五千年前西玉东输的初始路径，[6]但不宜直接与红山文化和良渚文化的玉敛葬情况做简单对比，认为后者都属于宗教狂热的表现，而前者（仰韶文化）则没有明显的宗教倾向，进而归纳为一种世俗王权的发展模式。这样简单化的对比，所得出的只是一些表象的或印象式的判断，缺乏深入细致的宗教学和神话学解析。对仰韶文化缺少宗教信仰内容的说法，近年来影响广泛。考古报告《灵宝西坡墓地》的编写人，便有如下说法："与东部各文化区的复杂社会相比，西坡墓地代表的庙底沟类型社会选择了明显的更简朴的'物化'社会等级的方式，既无奢华的随葬品，也无浓厚的宗教气氛。"[7]窃以为，在考古学界出现这样一边倒的观点，是认知考古学崛起以来的国际性学术新潮流在中国学界远未普及流传的表现。有鉴于此，笔者从文学人类学的大传统理论立场和四重证据法的新探索出发，尝试从"作为人类学的考古学"[8]视角，将新发掘的灵宝西坡大墓作为"文化文本"的解析案例，尝试做宗教学和神话学的观念阐释，以求抛砖引玉，有助于认知考古学研究的本土化实践进程。

二、灵宝西坡墓葬结构的二元对立现象

21世纪以来，灵宝西坡大墓已经发掘的总数为34座，除了14座没有随葬品外，20座墓都有随葬品，这20座大墓还可划分为两类：即有随葬玉器的墓10座（其中8座有随葬玉器和陶器，M9和M22两座未成年人墓仅有随葬玉器没有陶器）和没有玉器只有陶器的墓10座。本文谨选取这前10座墓为分析标本，因为其玉石器与陶器组合的摆放方式很有特色（图一至图五），构成一种标准化的"有意味的形式"，足以说明中原先民在仰韶文化庙底沟期的某些宗教神话观念要素。

这10座墓的随葬器物标本简单明确，共同构成其墓葬结构特征。这个结构特征是：玉石礼器摆放在墓穴上方（西），陶器组合在墓穴下方（东），由此构成一组二元对立、寓意对应的空间象征模型。

灵宝西坡大墓的随葬陶器总计99件，共10种，以灶釜组合为主，还有簋形器、壶、钵、碗、曲腹钵、大口缸、带盖小杯形器、筒形杯和异形器。灶釜组合共有11套，出土于11座墓葬（M6、M8、M13、M14、M16、M18、M24、M27、M29、M30、M31）。这11座有灶釜组合的墓中，M6、M8、M24、M30、M31等5座是同时出土玉石钺，成为当时高等级墓葬的代表性

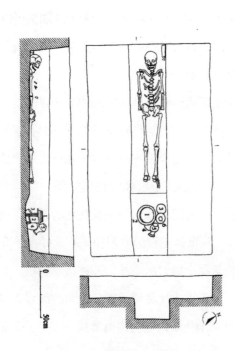

图一　灵宝西坡 M24 结构图[9]

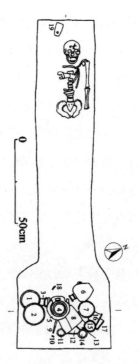

图二　灵宝西坡 M31 结构图[10]

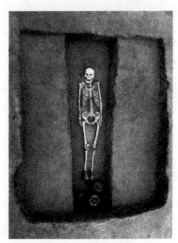

图三　灵宝西坡 M13 发掘实景[11]

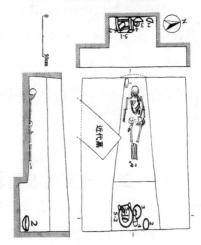

图四　灵宝西坡 M6 结构图[12]

形制（图四）。灶釜组合和其他陶器均放置在墓葬东侧的脚坑里，即位于墓主人脚的下方，表现为相对固定和统一的位置（图一至图三）。这是为什么呢？

研究者很容易看出这种规则性现象：脚坑中的陶器摆放不是随意的，而是规则性的。

灶釜组合常被放置在居中的位置上，灶口向西，其他器物多围护在釜灶两侧和后部。其他器物似无固定的位置。[13]

西坡墓地随葬品分为两部分：放置在

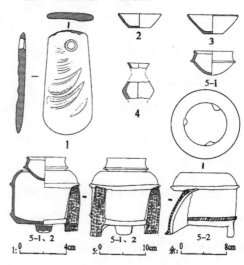

图五　灵宝西坡 M6 出土玉钺和陶灶线描图[14]

墓室内靠近身边的器物和放置在脚坑中的器物。

　　放置在墓室内的器物以玉钺和石钺最为普遍，9座墓葬中均有发现（未计算M30），大致有5种摆放方式。

　　其中3例在右侧小臂外侧。M8：2和M34：1的摆放方式基本相同，均在右小臂边，刃部向西，器身长轴与墓主身体大致平行，靠近墓室南壁的一侧略高起。M11：5和M11：6首尾相叠，紧靠墓室南壁，平放在相当于婴儿右臂边的位置。

　　有3例在墓室西端，均平放，刃端向西。M6：1和M31：9均平置在墓主头右上侧墓室西南角。M24：7石钺放置在头骨左上方，墓室的西北角。

　　有2例靠近墓主脸右侧。M22：1玉钺在面部右侧偏西。M9：1石钺平放在墓主头右侧，局部被压在墓主面下。器身长轴方向与墓向一致，刃部向西。

　　此外，M11：4玉钺侧立在墓室东部靠近北壁的位置，刃端向西。器身长轴与墓主身体大致平行。M17的二件钺（M17：7、8）侧立在墓室中部，刃部向北略偏东和北偏西。

　　由钺的摆放情况看，放置在体侧和脸边的玉钺或石钺很可能都是不带柄的，放置在墓室西端者的附近也没有发现柄的痕迹。

　　其他在墓室中放置的器物有骨箍（M8：1），玉环（M22：2）和骨器（M34：8、9），均为个案。[15]

考古报告的以上陈述，有三点需要修正或补充，一是在取样方面有值得商榷的例子；二是取样时被忽略的石器方面的例子（这两种情况均不利于对墓葬结构模式做整体的系统分析）；三是M30的玉钺放置在墓主身下，与所归纳的5种摆放模式不同。先说报告所忽略的石器，首先是M13中一块有颜色的石头：

　　头骨西面（又是头骨西面！——引者）约22厘米处有自然石块1件（M13：S1，出土时编号为M13：1），绿帘石，青色，粉化严重。

　　随葬陶器6件，均放置在墓主脚下。釜灶1套，直立于墓室西壁（似应为东壁——引者）中部，灶膛口向西。壶1件，直立于釜灶的西北侧。碗1件，紧靠在釜灶南侧，碗口向西倾斜。带盖小杯形器2件，倾倒在碗东侧，距离墓室底部约9厘米。[16]

从西坡大墓的二元对应结构看，M13里的被称为"自然石块"的器物所摆放的位置，正是相当于玉石钺的位置（图六），其所代表的宗教观念功能也应和玉石钺同等看待。与其对应的是下方的陶器釜灶组合。其上下对应、东西对应的规制没有变，只是上方的物质稍变，就让人忽略掉，这是很可惜的。考古报告在书后的彩图图版中也没有给出这块石头的照片。好在报告中明确给出了这石头的石质鉴定——绿帘石。究竟什么是绿帘石呢？原来也是一种广义的玉石或宝石：

绿帘石的基本特性

（一）化学成分

绿帘石（Epidote）是钙、铁、铝的复杂的含水硅酸盐，其化学式为 Ca_2FeAl_2 $[Si_2O_7][SiO_4]O(OH)$。绿帘石中主要的类质同象替代物是 Mn、Mg、Fe、Na、K 等。绿帘石与斜黝帘石 $Ca_2AlAl_2[Si_2O_7][SiO_4]O(OH)$ 可形成完全类质同象系列。

（二）晶体结构与结晶习性

绿帘石属单斜晶系，晶体表现为柱状，常见单形有斜方柱、平行双面，常发育明显纵纹，也有呈纤维状、粒状和块状集合体。

（三）物理性质

绿帘石呈黄绿色到绿色、绿褐色或近于黑色，多色性强（呈黄、绿或棕色）。透明至不透明，玻璃光泽。折射率 1.729~1.768，双折射率 0.038，可见明显的双影。硬度 6-7，密度 3.38-3.50 g/cm^3。[17]

若考古报告的鉴定无误，灵宝西坡 M13 的这块石头，应是中国境内出土的最早的宝石之一，显然具有非同小可的意义（图六）。可惜把宝石当作普通的自然石块，其意义就完全被遮蔽掉了。绿帘石的深绿颜色很接近蛇纹石玉，当然也可视为当时人心目中"玄玉"的另一种类。同样也能像玄玉一样，代表天玄地黄一类二元对应的联想。[18] 这是从有玉器和陶器随葬品的标配墓葬格局中一目了然的。西坡大墓中类似的墓葬（即只有陶器无玉器的墓）还有 2 座，即 M14 和 M5。试做推演分析如下。

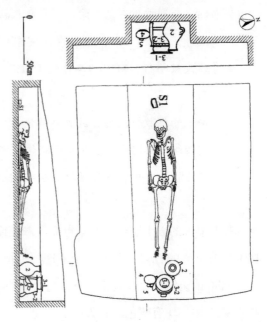

图六　灵宝西坡 M13 结构图[19]

M14 也属于有脚坑和陶器随葬而无玉器的墓葬，墓主人为 40 岁左右的女性，身高 158 厘米。"头骨上方靠近墓室西壁处发现自然石块 1 件，花岗岩，深灰色，有灰白色石皮。形状不规则，有三个平整的梯形面。共发现随葬品 9 件，骨簪 1 件，放置在头顶，尖部指向西北，即墓主的左上方。其余随葬品均在脚坑中。陶器 7 件，集中在脚坑的北半部。釜灶 1 套，立放于脚坑中部，灶膛口向西。"[20] 从有脚坑和 7 件陶器的随葬规格看，无疑属于高等级墓葬。在本应放置玉石钺的头顶上方，却放置一块深色的花岗岩石块，其功能和 M13 相同位置的绿帘石一样，均为玉钺的替代品。可惜这块石头也被简单描述为"自然石块"，书后彩图版中也没有给出图片。这种以石块替代玉钺的做法表明，对于西坡先民来说，陶器和石头都是易得的，唯有玉料是十分稀有的。在举行下葬礼仪时如果实在没有一件现成的玉钺成品，就可用一件有色的石头作为替换之策。这块石头或者在材质方面与蛇纹石玉料相似，如 M13 的绿帘石；或者在颜色方面与玉钺相似，如 M14 的深灰色花岗岩石；或者在形状方面与玉石钺类似，如 M5 中的如同石斧一般的"石片"，其放置位置也还是在墓主头顶上方，紧贴墓室西壁的正中。若是把这

M5 墓穴中除了石纺轮之外的唯一石器随葬品看成可有可无的自然石片，就会和替代玉石钺的神圣想象完全失之交臂了！

> 另外出土有石片 1 件，位于墓室西壁下正对头顶的位置。钠长石板岩。浅灰，内杂大量结晶颗粒。似为一次打击而下的石片。[21]

M5 墓中墓主人头顶上方放置的打制的石斧，虽然不像一般新石器时代流行的磨制石器，会显得粗糙，但那种打制方式依然是来自旧石器时代石器生产的，其带有刃部的外形，显然还可以算是石质的斧钺之类。

最后需要补充的是 M21，此墓中既无陶器也无玉器。考古报告称"未见随葬品"[22]。但是又说："头部右上方靠近墓室南壁处发现石块 1 件，灰色，粉化严重，难以辨认加工和使用痕迹。"[23] 也许因为无法辨识，报告中没有说明这件石块的质地是什么。从出土位置在墓主头顶上方的情况看，应该是下葬仪式行为的有意识摆放，而非天然的石头。或许这是一件在土中埋藏五千年受沁后才完全钙化的玉石？即使不是玉，也应和 M13、M14、M5 的随葬石器同类，明显也是玉石钺的另类替代品。

面对灵宝西坡大墓中墓主人头顶上方一再出现的石器，笔者认为可以援引认知考古学所提出的"特殊堆积"概念，从而揭示出堆积物背后潜藏着的宗教观念功能。认知考古学的简单定义就是"心智的考古学"。其研究范围虽然较广，"但都与信仰、思想、感觉和决策有关。它也研究宗教和仪式，象征和分类……"[24] 什么是"特殊堆积"呢？其特殊处不在于物质本身，而在于特殊的物质或物体所承载的人类信仰观念内涵。判断某种考古学材料是不是史前宗教的证据时，目前较为有效的方式便是诉诸此类"特殊堆积"现象。"如果面对人类尸体的蓄意堆放，或面对异乎寻常的大量单一类型的人工制品，或面对位于异常位置的人工制品堆积时，考古学者认为它们是史前宗教的证据就不再觉得特别牵强了。这类考古学物质被称为特殊堆积。"[25]

玉石钺也好，不知名的石器也好，它们堆积在墓穴西端的位置大体一致（与此不同的是 M33，除了足下有一自然石块外，无随葬品），一共达到 9 例之多，这显然是葬礼上寄托着深意的有意识、有目的的行为结果。考古报告仅仅关注材质和形状都十分明确的玉石钺，却忽略这些替代玉石钺出场的玉石器，没有给出这些石器的细部的或放大的照片，难免会给读者和研究者带来困惑。这是该考古报告不尽完善之处，希望能瑕不掩瑜。

至于《灵宝西坡墓地》在分析取样方面值得商榷的例子是 M17。该座墓葬的保存状况表明，它至少不应列入墓葬总体位置分析的取样样本，因为该墓虽然出土随葬品较多，达到 12 件，玉钺石钺就有 3 件，但是该墓的保存情况不理想，它已经被 3 座近代墓所打破，扰乱了原有的随葬品摆放格局，就连完整的尸骨也难以辨认。这样一个案例作为墓葬结构分析取样的标本，多少会扰乱研究者的思路，是弊大于利的。以下是这座因为被扰乱而失去采样标本意义的墓葬 M17 的具体情况：

> 墓室二分之一被近代墓破坏，残留部分也未见较完整的人骨，仅余极少量骨骼碎

片，主要包括 2 枚门齿和 1 枚犬齿、脚跟骨残片、跗骨残片、零碎脚趾骨和椎骨残片等。墓主的性别不详，应为成人。鉴于骨骼保存太差，无法做进一步具体研究。

　　石钺及玉钺共 3 件。石钺 M17：7 和玉钺 M17：8 均出土玉墓室底的中部，M17：7 出土时侧立，……刃部指向北略偏西。M17：8 出土时也侧立，……刃部指向北略偏东。玉钺 M17：10 出土于脚坑西边中部，平放在脚坑底部，刃部指向西南。[26]

　　我们从出土的玉石钺总体情况看，16 件玉石钺和 1 件玉环总计 17 件玉石器，除 2 件位于脚坑底部以外，其余 15 件均位于墓室中偏上的位置。其中玉石钺位于墓主人头部或头部以上位置的有 5 例，全部是刃部向上（西）摆放的。玉石钺位于墓主人手臂旁侧的 4 例，也全部是刃部朝向身体上方的，即刃部指向西方。唯有 M17 的 3 件和 M30 的 1 件玉石钺放置位置和刃部方向与总体情况完全不同，其分析取样的意义因为墓葬被扰乱而大大降低了。我们无法确认M17 的 3 件玉石钺的摆放位置是原初下葬时的位置，还是被后代墓葬扰乱后移位的结果。

　　为了便于在下文中进一步解读和说明墓葬本身寄寓的宗教观念要素，这里的墓葬图式一律按照上西下东的方位加以呈现。

　　认知考古学研究在此必须面对的问题，是有关仰韶文化庙底沟时期文化文本的支配性法则：为什么西坡的仰韶先民要把墓主人的头和玉石钺摆放大都朝向西方？答案是：因为和整个墓葬选位的朝向有关，玉礼器大都朝西，并且专门让玉钺的刃部朝西，代表太阳落山的方向，国人俗称的"上西天"的方向。以西方为通向天界的上方。这样就可以使墓葬的方位与随葬的玉石器、陶器组合在墓室中的方位意蕴获得整体观照的宗教观念语境，并使墓葬结构的神话宇宙论蕴含得到明晰的揭示。

　　用现代的比喻来说，西坡大墓的墓葬整体设计，大致如同炮膛或枪膛状态，也很像是一种火箭发射状态：点火的动力（灶火）来自下方，相当于火箭尖头的随葬圣物即玉钺，玉钺所指方向为向上升天的方向。墓主人被放置在一个运动方向明确的象征结构里，那就是把墓穴设计为一种类似太空舱的升天工具（图二；图三）。死者头顶上方或头部旁侧有指引升天方向和牵引动力的神秘玉钺；死者脚下有类似发射器或助推器的陶灶陶釜类组合陶器。

　　除 M19 外，西坡墓地其余 33 座墓葬头向均大体朝西，2 座墓略偏西南，1 座墓朝向正西，其余 30 座墓不同程度偏西北。[27]

　　王仁湘曾对我国史前墓向问题进行过系统归纳，提出有些古代居民以日落方向确定墓向。西坡墓向变化范围如此之大，一个可能的解释是，定向时参照的标准是西方的可移动物体，很可能是落日的位置。

　　西坡墓地出于遗址南部的高地，向西可以望到地平线。墓葬的朝向，可能就是死者故去当日或挖掘墓坑当日落日降落到地平线时的方向。[28]

　　点火部位一定在下方，有陶灶为隐喻性的代表；向上的推力由想象中陶灶点燃后所发出的火苗与烟气的蒸腾向上为表现；还由各种陶制容器经过灶火蒸煮后的热气上腾为代表。这些大墓的脚坑设置绝不是可有可无的虚设，而是精心打造出的一幅玉钺引魂升天的神话想象之实景。

除了灶釜组合有明确的象征点火和火燃烧的"炎上"意义，还有一种陶器明显与火有关，那就是M31出土的2件异形器。据考古报告分析，这两件异形器"与内蒙古凉城王墓山坡下遗址所出火种炉外形颇为相似，上部均为敞口罐形，下部均在中部转折。这些火种炉的年代与庙底沟时期相当"[29]。火种炉和釜灶组合，都是以火为主的向上驱动力的象征。所以陶器全部都放置在墓主人脚下。而向上天方向的牵引力一定在上方，这就说明了为什么要让玉钺石钺充当引导方向的神圣象征物。

死者灵魂升天之旅一定还会遭遇艰难险阻，以刃器的刃部代表劈砍运动之方向，以玉石这种承载着神力即正能量的物质来制作斧钺刃器，这真是仰韶人想出来的一种非常生动而形象的表达模式。这说明仰韶先民和北方红山文化先民、南方良渚文化先民一样信奉玉石神话信仰（玉教），所不同的只是中原地区玉料的稀有性限制了其玉礼器生产和使用的规模而已。而用灶火象征的陶器来辅助玉礼器数量的不足，这又体现出仰韶先民的想象创造力（图七）。

图七　象征点火和朝向上天的推动力的陶灶[30]

从陕西临潼姜寨一、二、三期的出土陶器情况看，相当于半坡文化期的一、二期均没有发现这一样式的陶灶，恰恰在相当于庙底沟文化的姜寨三期出土了同类型的陶灶（T234③：7）。[31] 在华县泉护村的庙底沟文化遗存中，发现的情况也是如此，几乎一样的陶灶，出现在同时期的仰韶文化遗址中，显然是当时的一种制陶风俗。[32]

三、从结构到功能：死后升天的宗教观念

灵宝西坡大墓的二元结构表明，仰韶文化庙底沟期的人们已经有了模式化的丧葬礼仪行为，对他们而言，以前时代的中原地区基本上见不到玉（石）钺。玉器初始登场，就能规则性地出现在高等级大墓中，这绝不是作为一般性的工具或武器而使用的世俗物品，而是作为引领死者（魂灵）升天的向上神圣标志物和驱动力。如此一种玉器与陶器的上下对应的格局安排，让玉石中承载的神圣的和神秘的能量，能够在墓葬结构的特殊语境里获得想象的最大发挥。这样的象征语境效果，正是认知考古学研究的独到关注点：那是五千年前中原人发明的一种足以让死者瞑目也让生者坦然的结构设计，是一种敢于面对死亡的精心设计。

玉器可以代表升天的神力，也可以代表永生不死的能量，这两条来自玉教神话信仰的基本教义，在古籍文献中早都有明确的表现。《山海经·海外西经》云："大乐之野，夏后启于此儛

九代，乘两龙，云盖三层。左手操翳，右手操环，佩玉璜。"[33]这里讲述的是礼乐歌舞的由来和掌握者——乘两龙的夏后启。他能够乘龙，为什么还要手操玉环和身佩玉璜呢？参照《山海经》的另一处叙事，可知玉环玉璜皆为沟通天人之际的神圣媒介物，与龙的功能类似，能够助人升天。《山海经·大荒西经》："西南海之外，赤水之南，流沙之西，有人珥两青蛇，乘两龙，名曰夏后开。开上三嫔于天，得《九辩》与《九歌》以下。"[34]把人间的礼乐歌舞之来源，解说成夏启三次上天取来的。其升天工具，照例还是乘龙。将这两个神话文本组合分析，可归纳出天人合一神话观的基本范式，以三个相关母题为表达，即升天者—乘龙—佩玉璜。玉璜是先秦六种主要玉礼器之一，其形状为半璧形，与璧、琮、圭、璋、琥并称"六器"。华夏历史记忆中最重要的一件玉璜就叫"夏后氏之璜"，历经夏商周三代的政权更替，一直传承到西周王室的分封诸侯时，这导致后代的政治家们对这件象征权力的神圣国宝津津乐道。

在五千三百年前的中原地区，玉璜仅有零星的发现，其宗教神话教义可能已经开始流行，在这里代替玉璜而规模性率先出场的，看来只能是玉石钺这种起源于石斧的象征性产物。

玉器能辅助升天，类似今日的"天宫一号"之类宇宙飞船。我们与其说这样的观念是《山海经》作者们发明创造的，毋宁说这是对来自史前文化大传统的深厚信仰观念的一种自觉继承。凭什么说仰韶先民就已经具备这样的观念呢？首先这类深色蛇纹石玉钺的颜色特征，很容易让使用者产生有关"玄天"的联想。而让玉钺的刃部指向天宇，或干脆放在人的头顶上方，这也就不足为奇了。玉石在上，陶灶在下的对应结构，绝不是审美的或艺术的需要之体现，而是现实中陶灶使用方式的一种墓葬仪式性的翻版。

在古代墓葬随葬品中，一直到汉代都十分流行以陶器为主的冥器组合，那时也还有大批量的陶灶出现。汉代人还习惯让圆形的玉璧代表升天之门的联想，并在玉璧形象上写出"天门"二字，更加清晰和直观。不过上溯其死后升天的想象之源头，则非灵宝西坡大墓莫属也！虽然没有文字，但是玉礼器的出场规则，其结构功能的表现是一脉相承的。就因为其被支配的表象背后，有着支配性的玉教观念，那就是以玉为天，以玉为神，以玉为精，以玉为永生不死的一整套神话观念（图八）。

图八　灵宝西坡大墓出土墨绿色蛇纹石玉钺[35]

结论：玉教神话观驱动中原玉文化发生

以上对灵宝西坡大墓的解读表明，仰韶先民在其葬仪行为中，通过宗教神话想象创造出的无字天书一类的墓葬象征结构，其宗教隐喻功能，和五千年前配合宗教建筑大金字塔而一同出现在尼罗河畔的用古埃及象形文字书写的《亡灵书》如出一辙：那就是如何引导死者的魂灵升入天国。据此，可以把西坡大墓的二元象征结构视为中国版的无字的"亡灵书"。古埃及《亡灵书》的叙事功能在于引导法老的亡灵跟随"太阳之舟"，完成其地下的穿越旅行，实现升天梦想。[36] 和巨大的石质金字塔与文字版的《亡灵书》组合相比，仰韶先民的引魂升天术之表达方式，似乎是简朴到了极点。但其玉钺陶灶的二元器物结构所寄托的神话意义，却是明确可观的，并且完全可以和在金字塔顶端放置的斧头的做法相媲美。"把斧头插在金字塔顶或石块的尖顶上，如十七世纪诸多的共济会文献所揭示的模式，人们对此有许多不同的说法，按前面提到的观点分析，斧头可以被看作和光照启示相当，是打开中心，小匣子，秘密和天国的大门，即奥义传授和觉悟的最高行动。石斧的利刃迸溅出火花。"[37] 和古埃及的太阳船神话母题对应，史前文化和早期文明的葬礼图像叙事中常见的升天工具有车和船两类。在瑞典青铜时代的太阳船岩画图像中，有男女二神立于船上，二者均手执斧钺。据信，"这里的斧钺不是一般的武器，而是宗教仪式的法器"[38]。看来斧钺一类器物的宗教蕴含有其相通的一面。

自 2010 年以来，国内有关玉教神话的阐述和讨论，已经有一定的学术积累。[39] 将史前玉器视为玉教仪式法器或拜物教信仰中的显圣物的观点，给仰韶墓葬玉钺的解读带来宗教学的参照。对玉礼器和陶礼器的神话观的探讨，还可以参照当代神话阐释学的新观点。如维特·培特扎克所言：

> 一般来说，神话可以假定为"对于人类在理解世界时所作叙述的创造和再创造"（Coupe 1997，4）。沿着这一途径，神话通常被视为一种"在现实之上加诸秩序"的构造（Ausband 2000，111）。唐·古比特（Don Cupitt）将以上两种说法皆纳入一个命题当中，他这样解释道：显而易见，创造神话是人类初始且共同拥有的能力，它旨在寻找有关宇宙秩序、社会秩序以及个人生命意义尽可能统一的看法。就整个社会和个人而言，神话所具备的故事生成功能似乎无可替代。每个人通过将自己的故事放置在更为宽广的社会和宇宙故事之中，从而找到其个人生命的意义。（1982，29）[40]

以上陈述表明，当代神话理论家们如何赋予神话以"发现"（anagnorisis）[41] 的功能。并认为"发现"存在于每一则神话的核心以及探求天地万物整体结构的观点中。他们同时也强调神话大多情况下都会驶向圆满的结局，在那里，所有的事物都会抵达离最终发现最为接近的地点。一位叫保罗·里考尔（Paul Ricoeur）的学者提出，神话是"对于一个绝无仅有的世界的揭露，它是另外一个'可能的'世界的开端，超越了我们这个'现实的'世界所设立的种种限制"（1991，490）[42]。就其实质而言，通过神话信仰的功能作用，一个可分离的世界在人类的想象中被创造了出来。人类生活于其中的社会现实与自然现实最大的区别，就在于社会现实是被人的想象和人的观念所建构而成的。揭示特定社会的想象模型，对于认识该社会和该文化的特质是至关重要的。面对生死问题，人类的企图超越生死限度的欲望是基本一致的。欲望驱动想象，想象催生信仰和观念，观念决定行为。因为不同社会的想象方式不同，其塑造出的个体性文化行为也就不同。各个社会文化的葬礼上的不同象征叙事，都属于文化编码的范畴。解读这类文化编码，是文学人类学和认知考古学的殊途同归之处。

　　本文对仰韶文化中后期大墓的宗教学解读，可以给出中原玉礼器文化起源的标志性信息。那就是承接在中原以外的周边地区率先发展起来的玉教神话观念，中原先民在距今五千五百年至五千年之际已经完成玉石神话信仰驱动的墓葬行为模式。那种认为中原先民缺乏宗教想象和宗教意识，以简朴的文明化方式直接向世俗化的王权模式发展的观点，在灵宝西坡大墓的二元结构面前是可以受到挑战乃至消解的。中原玉礼文化起步虽然略晚一个节拍，但是它在"玉文化先统一中国"的史前发展历程中的作用，却是后来居上的。从仰韶文化以墨色蛇纹石玉为主的玉礼器生产，到龙山文化时代大量优质的西部透闪石玉料石传入，中原玉礼文化的发展步伐迈出跨越式的一步。玉料种类的增多过程，也就是西玉东输渠道从渭河道的单一性向多元性拓展的过程。伴随齐家文化的崛起以及同中原龙山文化的互动，夏商周玉礼文化的资源供给发生根本变化，从"玄玉时代"深色调模式迈向"玄黄赤白"多色调模式。这就给后世礼书（如《礼记》）所规定的天子佩白玉、大夫佩水苍玉说的由来，奠定了物质基础。白玉崇拜即玉教新教革命的完成，造成周代以后三千年不变的白玉独尊局面。而今我们穿破这种三千年的印象所造成的成见，可以重新确认：黑色的、看上去很不起眼的仰韶玉钺，才是中原三代玉礼文化的真正鼻祖。

注释：

[1] 李伯谦：《中国古代文明演进的两种模式——红山、良渚、仰韶大墓随葬玉器观察随想》，《文物》2009年第3期。

[2] 李伯谦：《文明探源与三代考古论集》，文物出版社，2011年，第52—53页。

[3][4][5] 中国社会科学院考古研究所：《中国考古学·新石器时代卷》，中国社会科学出版社，2010年，第259、252、253页。

[6] 叶舒宪：《武山鸳鸯玉的前世今生——第十次玉帛之路渭河道考察札记》，《百色学院学报》2016年第5期。2017年6月启动的第十一次玉帛之路考察，在泾河渭河交汇处的杨官寨遗址考古工地，观摩到新出土的同样墨绿色蛇纹石玉钺两件。杨官寨遗址距离灵宝西坡仅200公里。两地的同一时期史前文化出土同一类材质的玉钺，应该是二者之间文化关系的明证。同时也表明灵宝西坡大墓中的玉钺一定不是那个庙底沟文化时代的孤例，应该还有尚未发现的同类器物存在，有待于未来更多的考古发掘。

[7] 中国社会科学院考古研究所、河南省文物考古研究所：《灵宝西坡墓地》，文物出版社，2010年，第298页。

[8] 作为人类学的考古学，是考古学理论家路易斯·宾福德1982年提出的研究理念。参见路易斯·宾福德：《作为人类学的考古学》，米如田译，见中国历史博物馆考古部：《当代国外考古学理论与方法》，三秦

出版社，1991年，第43—55页。这方面研究的当今代表性成果，有Donald, R., *Origin of the Modern Mind ：Three Stages in the Evolution of Culture and Cognition*, Cambridge, Mass. ：Harvard University Press, 1991. 还有大卫·里维斯 – 威廉姆斯等人合著《走进新石器时代的心灵》(David Lewis–Willianms, *Inside the Neolithic Mind*, London ：Thames & Hudson, 2005)。

［9］灵宝西坡 M24 结构图：玉钺在上，陶灶在下。中国社会科学院考古研究所、河南省文物考古研究所:《灵宝西坡墓地》，文物出版社，2010年，第77页。

［10］灵宝西坡 M31 结构图：墓穴设计如同一个将发射的炮膛或太空舱，玉钺在上引导，陶灶在下点火，墓主人在炮膛口部，等待发射升天。中国社会科学院考古研究所、河南省文物考古研究所:《灵宝西坡墓地》，文物出版社，2010年，第103页。

［11］灵宝西坡 M13 发掘实景：墓穴设计如同一个将发射的太空舱，绿帘石在上引导，陶灶在下点火，墓主人位于舱体中，等待发射升天。中国社会科学院考古研究所、河南省文物考古研究所:《灵宝西坡墓地》，文物出版社，2010年，图版三二。

［12］灵宝西坡 M6 结构图：墓穴设计如同一个将发射的太空舱，玉钺在上引导，陶灶在下点火，墓主人位于舱体中，等待发射升天。中国社会科学院考古研究所、河南省文物考古研究所:《灵宝西坡墓地》，文物出版社，2010年，第31页。

［13］［14］［15］［16］中国社会科学院考古研究所、河南省文物考古研究所:《灵宝西坡墓地》，文物出版社，2010年，第33、289、288—289、49—50页。

［17］黄作良:《宝石学》，天津大学出版社，2010年，第169页。

［18］有关天玄地黄观念与玉色的关联，参见叶舒宪:《玄黄赤白——古玉色价值谱系的大传统底蕴》，《民族艺术》2017年第3期。

［19］灵宝西坡 M13 结构图：墓穴设计如同将发射的炮膛，绿帘石代替玉钺在上引导，陶灶在下点火，墓主人在炮膛中，静待灵魂升天。中国社会科学院考古研究所、河南省文物考古研究所:《灵宝西坡墓地》，文物出版社，2010年，第50页。

［20］［21］［22］中国社会科学院考古研究所、河南省文物考古研究所:《灵宝西坡墓地》，文物出版社，2010年，第53、30、73页。

［23］［24］［25］肯·达柯:《理论考古学》，刘文锁、卓文静译，岳麓书社，2005年，第159、159、163页。

［26］［27］［28］［29］中国社会科学院考古研究所、河南省文物考古研究所:《灵宝西坡墓地》，文物出版社，2010年，第61、285、286、282页。

［30］灵宝西坡大墓 M8 出土。中国社会科学院考古研究所、河南省文物考古研究所:《灵宝西坡墓地》，文物出版社，2010年，图版一七。

［31］西安半坡博物馆等:《姜寨——新石器时代遗址发掘报告》，文物出版社，1988年，图版一七四，2。

［32］陕西省考古研究院、渭南市文物旅游局、华县文物旅游局:《华县泉护村——1997年考古发掘报告》，文物出版社，2014年，第181、309、318页。

［33］［34］袁柯:《山海经校译》，上海古籍出版社，1985 年，第 191、273 页。

［35］中国社会科学院考古研究所、河南省文物考古研究所:《灵宝西坡墓地》，文物出版社，2010 年，图版九四。

［36］Stanislac Grof, *Books of the Dead*, London : Thames & Hudson, 1994, pp.68-69.

［37］《世界文化象征辞典》编写组:《世界文化象征辞典》，湖南文艺出版社，1994 年，第 232 页。

［38］Ariel Golan, *Prehistoric Religion : Mythology·Symbolism*, Jerusalem, 2003, pp.122-123.

［39］叶舒宪:《玉教——中国的国教：儒道思想的神话根源》，《世界汉学》2010 年春季号；《玉教神话与华夏核心价值——从玉器时代大传统到青铜时代小传统》，《社会科学家》2014 年第 12 期；赵周宽:《中华文明起源"玉教说"的动力学分析》，《思想战线》2014 年第 2 期。

［40］［41］Pietrzak W., *Myth, Language and Tradition : A Study of Yeats, Stevens, and Eliot in the Context of Heidegger's Search for Being*, Cambridge : Cambridge Scholars Publishing, 2011, p.19.

［42］古希腊亚里士多德《诗学》中的用语，"发现"和"突转"被视作悲剧情节的主要成分。

灵宝西坡出土朱砂及相关问题研究

◎马萧林

朱砂，也称丹砂、辰砂，是一种天然红色矿物，主要化学成分为硫化汞（HgS）。在我国古代，朱砂既用作书画的颜料，也作药用或术士炼丹，同时又在奠基仪式、丧葬场合扮演着重要角色。在史前和夏商时期，朱砂在不同的场合被赋予不同的含义。方辉先生通过对考古发现中有关朱砂使用案例的考察，并结合传说及历史文献记载，着重研究了朱砂在史前和夏商葬仪中功能地位的确立过程及其历史背景[1]。张国硕等先生则集中对夏商时期朱砂奠基葬的发展演变过程以及这种丧葬仪式推行的原因、含义进行了详细分析[2]。两篇文章对朱砂葬的论述，加深了我们对史前及夏商时期朱砂功能及含义的理解和认识。本文拟对河南灵宝西坡遗址出土的朱砂遗存进行梳理，并对相关问题展开探讨，以期从不同视角深化对仰韶文化的研究。

一、西坡遗址发现的朱砂遗存

灵宝西坡遗址是一处以仰韶文化中期遗存为主的新石器时代遗址，面积约 40 万平方米。2000 年至 2013 年，中国社会科学院考古研究所和河南省文物考古研究所等单位对该遗址进行了八次考古发掘，发掘面积近 8000 平方米。揭露了几座大型和中型建筑基址，清理了数十座墓葬和数百座灰坑，解剖了遗址南侧和北侧两段壕沟，初步弄清了聚落的基本布局和文化内涵，为研究仰韶文化中期的中心聚落及社会状况提供了十分重要的考古材料。在西坡遗址的考古发掘中，多次在房址和墓葬中发现红色物质，经对部分样本做 X- 射线衍射物相鉴定，确定这些遗存为朱砂，化学成分为天然硫化汞（HgS）[3]。

根据目前发掘所知，西坡遗址考古发现的朱砂遗存见于四座房址和两座墓葬中。在 F105 房址的居住面、墙面、房基夯土层及草拌泥层、柱础石表面、墙壁柱洞底部柱础坑周围等部位，均发现有朱砂遗存；该房址出土的一件石斧表面也粘附有朱砂[4]。在 F106 房址的居住面和半地穴内墙面，发现多处大面积涂抹朱砂的现象，墙面上的朱砂遗存出土时颜色比较鲜艳[5]。F102 室内柱洞下柱础石表面光平，用朱砂涂成红色；居住面上有一略呈长方形的灰白色石块，被固定嵌入并略高于居住面，石块中部略下凹，表面光滑，面上残留有朱砂，紧邻石块周围也有零星的类似红色物质，当系研磨朱砂时撒落而致[6]。F3 居住面上有一较大的黑色扁平石块嵌入居住面，石块平置，中部下凹，表面有红色物质，很可能是朱砂[7]。需要说明的是，F105 和 F106 是两座大型半地穴式建筑，均位于遗址中部，门向分别为东南向和东北向，指向遗址中心；F102 和 F3 是两座中型半地穴式建筑，前者位于遗址中部，后者位于遗址中部偏南，门向均为东南方向。从地层关系和出土器物判断，两座大型建筑的始建、使用和废弃年代均早于两座中型建筑的始建年代。

根据朱砂的出土背景，可以把发现于西坡房址里的朱砂归纳为三类：一是与房屋营建时的奠基活动有关的朱砂，见于房基夯土层、柱础石表面、柱洞周壁；二是与房屋内开展特殊活动或装饰有关的朱砂，见于居住面和室内墙壁上；三是室内研磨工具粘附或撒落的朱砂，见于石磨盘表面或附近，也见于个别石斧表面。

西坡墓地揭露了 34 座墓葬，其中在两座大型墓葬 M8 和 M27 里发现有朱砂遗存。M8 墓主头顶所见的骨箍形器一侧，发现有少量鲜艳的朱砂。M27 随葬的陶大口缸唇部的弦纹内见有红色朱砂，缸中发现有涂朱砂的麻布印痕[8]。需要说明的是，从出土器物形制及碳十四测年推断，这批墓葬的年代（距今约 5300~5000 年）比居住区发现的大型和中型房址的年代明显要晚。

二、民族志和考古中所见红颜料的功能

红色是人的视觉系统能够感知且随处可见的最主要的颜色之一，在世界许多社会群体中，红色特征通常蕴含着相似的含义[9]。在赞比亚的恩敦布社会里，红色象征不同类别的血，包括动物、母亲（分娩）、妇女（月经）、凶杀的血，也是魔力或魔术的血。红色的物质拥有力量，血液是生命的动力[10]。对于马达加斯加人来说，红色往往被赋予生命、财富和力量[11]。北美切罗基印第安人认为，红色代表成功、胜利，并与北方联系在一起[12]。对于澳大利亚土著人，赤铁矿被用作仪式中染红身体的装饰物，覆盖祭祀对象、工具和武器，涂画住所和树皮。在具有象征意义的复杂祭祀场合，赤铁矿通常被当作血的替代物，象征肥沃、活力和力量[13]。在塔斯玛尼亚土著人的社会里，人们在仪式上经常用赤铁矿涂染身体。人死后，在亲属的骨头上涂上赤铁矿和油脂，裹上袋鼠肉，被当作魔力法术来减轻生者的痛苦[14]。

在欧洲、澳大利亚、北美和非洲的考古中，时常发现赤铁矿与埋葬仪式有关的例子[15]。在法国，发现了最早距今约 7 万年使用赤铁矿的墓葬；从英格兰到俄罗斯的广大地区，曾报道了近 30 座使用赤铁矿的旧石器时代墓葬[16]。在澳大利亚新南威尔士蒙戈湖发现了一具距今 3 万年的男性骨骼涂有赤铁矿[17]。在北美大湖区出土了大量灰坑屈肢葬，撒满赤铁矿粉，这就是有名的"赤铁矿文化"[18]。

在中国历史文献中，颜色多被赋予社会含义，朱砂通常与不朽联系在一起。朱砂作为中国南方的贡品见于《尚书·禹贡》篇，年代最早可以追溯到公元前 8 世纪。关于朱砂产地，最早在战国时期的《管子·地数》篇便确切记载了"上有丹沙者，下有黄金"。朱砂产于石灰岩、

板岩、砂岩中。贵州的铜仁和湖南的辰溪、沅陵和麻阳是辰砂的主要产地，除此以外，四川、广西、陕西、甘肃等地也有出产。朱砂矿有的为露天矿，但更多的富矿位于地下较深的部位。宋代科学家宋应星《天工开物》中记载："凡朱砂上品者，穴土十余丈乃得之。"也就是说，最好的朱砂矿埋藏在约30米以下的深度。

在中国，远至史前时代，人们常常把墓中死者用颜色涂染，赋予其生命意义。由于红色是血的颜色且不停地流动，因此它被当作自然魔法，用红颜料象征死者复活[19]。最早的证据为1933年发现的北京周口店山顶洞，距今约1.9万年。山顶洞人戴的石质珠子装饰品用赤铁矿涂染，在死者身体周围散布大量赤铁矿粉和赤铁矿石[20]。

在黄河中游的仰韶文化房屋建筑和墓葬中使用红色颜料或朱砂的现象比较常见。陕西宝鸡福临堡遗址出土了大量带红颜料的墙皮，发掘者认为这里可能有大型建筑，房子内部用红颜料涂染可能具有某种宗教意义[21]。陕西宝鸡北首岭仰韶文化的堆积中发现了四块天然赤铁矿颜料，其中两块见于墓葬的陶器中，一块发现于大房子里，另一块出自一件陶器[22]。陕西白水下河遗址揭露的三座仰韶文化中期大型房址，也发现有加工朱砂的遗迹。其中的F1室内面积304平方米，房址柱洞D8北壁上部发现有红色颜料，并有多个不连续的弧形，发掘者推测应为居民移走柱子所留下的。F2的内墙西北角和北墙东部发现数处残留的红色颜料，F3白灰居住面也有涂朱现象[23]。河南灵宝北阳平遗址发现有地面涂朱的房址，该遗址是灵宝境内一处以仰韶文化中期遗存为主的大型遗址[24]。

陕西华县元君庙仰韶文化早期墓地中，M429内第二号骨架的前额涂有大片红色颜料，M440内第六号骨架的胫骨下端附近及左跟骨上，都涂有鲜红色颜料。发掘者认为这些红色颜料可能为赭石[25]。陕西西乡何家湾仰韶文化早期墓地中，发现不少墓葬的人骨架上有疑似朱砂的颜料，这些墓内同时放置有研磨颜料用的石球和石块[26]。河南洛阳王湾遗址揭露了63座仰韶文化单人墓葬，其中包括11座有二层台的墓葬。二层台墓比没有二层台的墓葬长且宽。大多数二层台墓有棺和随葬品，没有二层台的墓绝大多数没有随葬品。有趣的是，六座二层台墓的死者头骨上涂有红色颜料。这些墓葬中的墓主被解释为生前具有较高的身份，死者涂红颜料很可能与埋葬时的仪式活动有关[27]。河南新安关家仰韶文化中期的墓葬区主要集中在遗址的西北部和东南部。这些墓葬的方向均朝西北，基本为单人仰身直肢葬，大多无随葬品。东南部的墓葬多有生土二层台，且有朱砂涂面的现象[28]。河南孟津妯娌仰韶文化晚期墓地的50多座墓葬中，一座大型墓和两座中型墓内见有朱砂。大型墓M50墓主为男性，有木棺，棺盖用圆木横列平铺，木棺内壁涂朱彩，棺底散见朱砂。中型墓M31和M41墓主均为女性，两座墓底见有朱砂[29]。此外，在个别墓主头骨上涂有红色颜料[30]。

在夏商周时期的遗址里，朱砂常见于与祭祀有关的场合[31]。河南偃师二里头发现的青铜器和玉器用朱砂包裹[32]。郑州商城的三个埋藏青铜器的窖藏坑，无一例外都有朱砂，这些器物被埋藏时可能举行了某种仪式[33]。偃师商城发现了很多祭祀坑，埋葬数以百计的家养动物和一些野生动物。值得注意的是，在一个大的祭祀坑附近发现了一座灰坑葬，里面埋葬了一个成年女性，并随葬六件玉簪和石簪，死者周围发现有朱砂[34]。郑州小双桥商代遗址出土的铲形石器上涂抹有红色颜料，这种器物出自与祭祀有关的遗迹内[35]。到了周代，使用朱砂的现象更加普遍，在很多墓葬里都发现有用朱砂涂染的人骨及青铜器、玉器等器物。有些玉护身符、珠子或蝉发现于死者的嘴里，这些随葬品往往用朱砂或赤铁矿染成红色。

根据中外民族志和考古材料所反映的信息，可以把赤铁矿或朱砂等红颜料的功能和含义概括为以下几点：第一，红颜料通常与象征生命、权力、力量、好运的事情联系在一起，以此表达人们对于内在和外在世界的思想观念；第二，墓葬中发现的赤铁矿或朱砂可能被当作死者复活的一种法器，表明其在仪式活动中扮演着特殊角色；第三，在墓葬和建筑堆积中发现的赤铁矿或朱砂似乎与人们的身份差异和社会角色有关，特别是在中国新石器时代和青铜时代的遗址中有明显表现。

三、西坡遗址所见朱砂的功能及含义

如上所述，红颜料在不同的场合蕴含着不同的含义，承担着不同的功能。西坡遗址大型建筑、中型建筑和大型墓葬中发现的朱砂遗存也当如此。

第一，在 F105 房基夯土层及草拌泥层、柱础石表面、墙壁柱洞底部柱础坑周围发现的朱砂，显然在营建 F105 的奠基仪式中扮演着重要角色，朱砂被当作人们祈求吉祥、摆脱厄运的工具，在祭祀活动中发挥着特殊的媒介功能。F102 柱础石上发现的朱砂也同样是在奠基过程中举行祭祀活动的产物。

第二，在 F105 和 F106 的居住面和墙壁上使用朱砂，意味着这两座大型建筑具有非同寻常的功能。尽管我们不清楚当时人们用朱砂在地面和墙壁上涂画了什么图案，表达了什么含义，但是不可否认朱砂作为特殊介质，在这种大型建筑的空间里，既呈现了其鲜艳的色彩效果，更强化了空间庄严而神圣的功能。在某种意义上，大型建筑与朱砂的有机结合，不仅使大型建筑成为少数人举行仪式的场所，而且成为他们展示能力、取得威望的舞台。

第三，在中型建筑 F102 和 F3 发现的被嵌入居住面上的石磨盘，是在营建房屋时就有意设置的，作为固定研磨工具用来磨制朱砂。由此可见，F102 和 F3 应当在某种程度上承担着朱砂加工场所的职能，朱砂可能是房屋主人时常要用到的物品。在西坡不是所有人都能轻易获得这种特殊物品，不同个人或团体为获取朱砂可能面临竞争的压力，朱砂这种数量有限的珍贵物品或许在西坡聚落乃至灵宝铸鼎原地区的社会角色竞争中发挥了重要作用。同时，朱砂加工场所的发现表明，居住或者使用 F102 和 F3 房屋的主人很可能拥有特殊身份和社会威望。

第四，在 M8 墓主头顶所见的朱砂遗存，以及 M27 随葬的陶大口缸唇部和缸内发现的朱砂印痕，显然是在埋葬死者过程中举行葬仪的结果，朱砂可能被用作祈求死者复活的法器，或者朱砂原本就是墓主生前从事祭祀活动的介质。在西坡墓地揭露的 34 座墓葬中，仅在这两座大墓内发现朱砂遗存,说明朱砂只在特定墓葬中使用,这也进一步表明墓主生前身份的特殊性。

目前,我们还没有就西坡遗址出土朱砂的产地问题开展调查研究。地质工作者在灵宝曾发现 20 多种矿物质,包括金、铁、铅、铜、银、石墨等[36],但没有关于朱砂的报道。如上所述,朱砂矿通常与黄金矿伴生,灵宝南部秦岭山区是中国四大黄金产地之一[37],这里是否存在朱砂矿,还不得而知。尽管难以确定西坡遗址的朱砂是否从当地采集的,也不排除远程交换的可能性,但不可否认在仰韶文化的社会里,朱砂是一种具有特殊使用价值的稀有物品。

四、结语

朱砂或赤铁矿在仰韶文化不同阶段的遗址中均有发现,而西坡遗址出土的朱砂是目前所知仰韶文化遗址中最为丰富的,朱砂作为特殊媒介在西坡聚落不同的时空环境里表达了不同的含义。西坡遗址使用朱砂的现象具有时间上的连续性、礼仪上的传承性,标志着以朱砂为介质来表达人们思想观念的方式,在仰韶文化中期发展到了较为成熟规范的阶段。色泽鲜艳的朱砂与聚落特定空间的有机结合,使得朱砂本身及其使用环境被赋予独特的社会功能,成为鉴别社会角色和身份差别的重要标识物。

注释:

[1] 方辉:《论史前及夏商时期的朱砂葬——兼论帝尧与丹朱传说》,《文史哲》2015 年第 2 期。

[2] 张国硕、贺俊:《试析夏商时期的朱砂奠基葬》,《考古》2018 年第 5 期。

[3] 河南省文物考古研究所、中国社会科学院考古研究所河南一队等:《河南灵宝西坡遗址 105 号仰韶文化房址》,《文物》2003 年第 8 期;中国社会科学院考古研究所、河南省文物考古研究所:《灵宝西坡墓地》,文物出版社,2010 年。

[4][8] 中国社会科学院考古研究所、河南省文物考古研究所:《灵宝西坡墓地》,文物出版社,2010 年。

[5] 中国社会科学院考古研究所河南一队、河南省文物考古研究所等:《河南灵宝市西坡遗址发现一座仰韶文化中期特大房址》,《考古》2005 年第 3 期。

[6][7] 河南省文物考古研究所、中国社会科学院考古研究所河南一队等:《河南灵宝市西坡遗址 2001 年春发掘简报》,《华夏考古》2002 年第 2 期。

[9].[13][14] Sagona, A. G., "The Quest for Red Gold", in A. G. Sagona Edited, *Brusing the Red Earth*, Melbourne University Press, Melbourne, 1994, pp. 8-38.

[10][11][12] Turner, V. W., "Colour Classification in Ndembu Ritual: A Problem in Primitive Classification", in M. Banton Edited, *Anthropological Approaches to the Study of Religion*, Tavistock Publications, London, 1966, pp. 47-84.

[15] Breuil, H., and R. Lantier, *The Men of the Old Stone Age*, George G. Harrap & Co. Ltd, London, 1959; Klein, R. G., *The Ice Age Hunters of the Ukraine*, University of Chicago Press, Chicago, 1973;

Schmandt–Besserat, D., "Ochre in Prehistory : 300,000 Years of the Use of Iron Ores as Pigments", in T. A. Wertime and J. D. Muhly Edited, *The Coming of the Age of Iron*, Yale University Press, New Haven and London, 1980, pp. 127-150; Bowler, J. M., and A. G. Thorne, "Human Remains from Lake Mungo : Discovery and Excavation of Lake Mungo III", in R. L. Kirk and A. G. Thorne Edited, *The Origins of the Australians*, AIAS (Human Biology Series 6), Canberra, 1976, pp. 127-138; Ritzenthaler, R. E., and G. I. Quimby, "The Red Ochre Culture of the Upper Great Lakes and Adjacent Areas", *Fieldiana Anthropology*, 1962, Vol. 36, pp. 243-275; Woodhouse, H. C, *Archaeology in South Africa*, Purnell, Cape Town, 1971.

［16］Schmandt–Besserat, D., "Ochre in Prehistory : 300,000 Years of the Use of Iron Ores as Pigments", in T. A. Wertime and J. D. Muhly Edited, *The Coming of the Age of Iron*, Yale University Press, New Haven and London, 1980, pp. 127-150.

［17］Bowler, J. M., and A. G. Thorne, "Human Remains from Lake Mungo : Discovery and Excavation of Lake Mungo III", in R. L. Kirk and A. G. Thorne Edited, *The Origins of the Australians*, AIAS (Human Biology Series 6), Canberra, 1976, pp. 127-138.

［18］Ritzenthaler, R. E., and G. I. Quimby, "The Red Ochre Culture of the Upper Great Lakes and Adjacent Areas", *Fieldiana Anthropology*, 1962, Vol. 36, pp. 243-275.

［19］Needham, J., Ping–Yu Ho, and Gwei–Djen Lu, *Science and Civilisation in China*, Cambridge University Press, Cambridge.

［20］贾兰坡:《中国大陆上的远古居民》, 天津人民出版社, 1978 年。

［21］宝鸡市考古工作队、陕西省考古研究所宝鸡工作站:《宝鸡福临堡》, 文物出版社, 1993 年。

［22］中国社会科学院考古研究所:《宝鸡北首岭》, 文物出版社, 1983 年。

［23］陕西省考古研究院、白水县文物旅游局:《陕西白水县下河遗址仰韶文化房址发掘简报》,《考古》2011 年第 12 期。

［24］根据河南省灵宝市文物保护管理所宁建民、胡小平等先生的介绍。

［25］北京大学历史系考古教研室:《元君庙仰韶墓地》, 文物出版社, 1983 年。

［26］陕西省考古研究所等:《陕南考古报告集》, 三秦出版社, 1994 年。

［27］北京大学考古文博学院:《洛阳王湾》, 北京大学出版社, 2002 年。

［28］樊温泉:《关家遗址发掘获重要成果》,《中国文物报》2000 年 2 月 13 日。

［29］河南省文物管理局:《黄河小浪底水库考古报告》(二), 中州古籍出版社, 2006 年。

［30］笔者在孟津妯娌遗址考古发掘时, 在几座墓葬人骨额头处发现有明显的涂朱现象, 但遗憾的是在以后出版的考古发掘报告中没有任何描述。

［31］方辉:《论史前及夏商时期的朱砂葬——兼论帝尧与丹朱传说》,《文史哲》2015 年第 2 期; 张国硕、贺俊:《试析夏商时期的朱砂奠基葬》,《考古》2018 年第 5 期。

［32］中国科学院考古研究所二里头工作队:《河南偃师二里头遗址三八区发掘简报》,《考古》1975 年第 5 期;

中国科学院考古研究所二里头工作队:《偃师二里头遗址新发现的铜器和玉器》,《考古》1976年第4期。

[33] 河南省文物考古研究所、郑州市文物考古研究所:《郑州商代铜器窖藏》,科学出版社,1999年。

[34] 中国社会科学院考古研究所:《河南偃师商城商代早期王室祭祀遗址》,《考古》2002年第7期。

[35] 宋国定、谢巍、陈旭:《郑州小双桥遗址发掘获重大成果》,《中国文物报》1995年8月13日。

[36][37] 灵宝县地方史志编纂委员会:《灵宝县志》,中州古籍出版社,1992年。

西坡遗址出土器物的光谱学分析

◎鲁晓珂　◎李伟东　◎李新伟

引　言

随着科学技术的发展，越来越多的光谱学分析技术已应用到考古研究中。包括 X 射线荧光分析、电感耦合等离子体质谱分析、拉曼光谱分析、高光谱分析等等，特别是大多数光谱技术可以做到无损或微损分析，在文物考古领域优势显著。在科技考古的研究中，文物产地与原料来源的探索是一个十分重要的课题，其成果不仅可成为考古分型分类的基础之一，而且可为研究古代不同地区间的文化交流提供有价值的信息。其中，微量元素已经被广泛应用于国内外陶瓷器的产地研究中，研究手段主要包括中子活化分析（NAA）[1-3] 和电感耦合等离子体质谱分析（ICP-MS）等。其中，ICP-MS 由于具有分析精度及准确度高、用样量少（10~100 mg）、样品制备简单等优点，近年来应用更为广泛，特别是李宝平等运用 ICP-MS 对磁州窑、吉州窑、龙泉务窑以及定窑、巩县窑、耀州窑等地瓷器开展了系列分析[4-6]，研究结果成功地揭示了不同窑口瓷胎的微量元素特征。

西坡遗址位于河南省灵宝市阳平镇西坡村西北，通过对西坡遗址进行多次调查和发掘，出土器物所反映的文化面貌与庙底沟类型相同，基本为仰韶文化中期遗存。西坡遗址曾先后发现了大型中心性聚落、特大公共性房址等遗迹，构成了仰韶文化中期复杂社会的显著特点[7]。该遗址出土陶器以红陶、褐陶为主，同时也存在彩陶、红皮陶（带红色陶衣的陶器）、黄色陶、黑灰陶等。以往的研究主要将不同颜色的陶器归结为不同烧制气氛所造成[8]，鲜有研究来讨论不同类别陶器的原料来源。基于西坡遗址所反映的仰韶文化中期社会复杂化的特点，本研究针对遗址出土的不同类别陶器进行 ICP-MS/AES 微量元素分析，期望为研究陶器的生产和流通提供一定的科学依据。同时，利用电子探针（EPMA）和能量色散 X 射线荧光分析（EDXRF）结合显微拉曼光谱分析（Raman），研究了该遗址出土一件青绿色熔块的材料属性及部分彩陶表面的黑彩颜料的矿物组成，取得了一些有意义的结果。

一、实验部分

（一）样品

实验选用的样品皆来自西坡遗址考古发掘出土的器物标本，由中国社会科学院考古研究所提供，包括 50 件陶器（均为泥质陶）和 1 件青绿色熔块标本，时代为仰韶文化中期（4000 B.C.—3300 B.C.），部分样品的外观照片分别如图一（a）至（g）所示。

（二）方法

1. ICP-MS/AES 微量元素分析

先取适量的块状陶片，为了避免陶衣以及埋藏环境的污染物质对胎泥成分的干扰，磨去所取小块样品的表层物质，深度超过 2 mm。用去离子水将磨好的样品超声清洗 3 次，在烘箱中 110℃ 干燥 3 h，然后用玛瑙研钵将样品磨碎。称取粉状试料约 0.1 g，加入 5 mL 氢氟酸（HF）和 2 mL 高氯酸（$HClO_4$），60℃ 低温加热过夜。将加热温度提高至 135℃，样品冒烟，直至蒸发干为止。完全蒸干后加 5 mL HCl，定容到 100 mL 备用。利用 ICP 技术测量了部分泥质陶样品中 16 种元素的含量，包括 Li，Cr，Ni，Cu，Zn，Rb，Sr，Y，Zr，Nb，Cs，Ta，W，Pb，Ba 和 Ti。其中 Ba 和 Ti 含量相对较高用 ICP-AES 测定，其余元素用 ICP-MS 测定，均采用标准曲线获得元素含量。实验采用的 ICP-MS 型号是 X Series II Thermo Fisher（USA），射频功率 1.4 kW，冷却气流量 16 L·min⁻¹，信号采集方式为 TRA 时间分辨分析模式，载气流量 0.8 L·min⁻¹。ICP-AES 型号是 Varian Vista AX（USA），射频功率 1.4 kW，等离子气流量 16 L·min⁻¹，辅助气流量 1.4 L·min⁻¹，载气流量 0.7 L·min⁻¹。

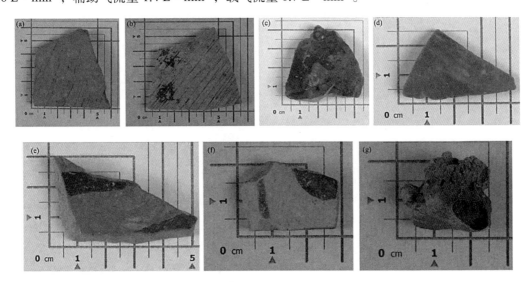

图一　实验选用西坡遗址出土部分样品外观照片

（a）LXP-01 普通红陶样品　（b）LXP-13 黄色陶样品　（c）LXP-70 黑灰陶样品　（d）LXP-95 红皮陶样品
（e、f）LXP-26 / LXP-29 黑彩陶样品　（g）LXP-117 青绿色熔块样品

2. EPMA 电子探针分析

用切割机切取适当大小的样品，先进行包埋加固，再进行断面抛光。实验采用 JXA-8100

型电子探针仪，带有 EDS 能谱仪，测试电压 20 kV，以实现显微结构和成分分析的双重功能。

3. Raman 显微拉曼光谱分析

采用日本 Horiba 公司 Jobin Yvon Xplora-one 型显微共聚焦拉曼光谱仪，532 nm 激发波长，光谱范围 70~3500 cm⁻¹，光谱分辨率 ≤ 2 cm⁻¹，10× 和 50× 物镜，XY 自动平台，可实现样品物相结构的单点及区域的定位分析。

以上分析测试工作均在中国科学院上海硅酸盐研究所完成。

二、结果与讨论
（一）不同类别陶器的原料来源分析

50 件泥质陶器样品中 16 种微量元素的测试数据见表一所示。西坡遗址出土的陶器中一部分表面呈深红色，与内部橘红色有明显区别，典型样品如图一（d）所示，以往的研究证实这些样品表面施加了一层以赭石为着色原料的红色陶衣[9]，因此将这类陶器命名为红皮陶。将陶器按照黑灰陶、红皮陶（带红色陶衣的陶器）、黄色陶和其他类（普通红陶、褐陶等）进行分类。应用多元统计分析技术，将获得 50 个样品的 16 种微量元素的数据作二维对应分析，得到图二所示的样品分布结果。

表一　实验所选西坡遗址出土陶器中 16 种微量元素的含量（μg·g⁻¹）

No.	Kind	Li	Cr	Ni	Cu	Zn	Rb	Sr	Y	Zr	Nb	Cs	Ta	W	Pb	Ba	Ti
LXP-01	红陶	38.0	104.9	48.6	33.6	132.5	102.9	101.5	30.3	70.0	13.9	4.4	0.6	1.2	27.4	568	4598
LXP-03	红陶	41.9	102.2	45.5	30.0	122.2	102.2	119.7	19.8	57.5	13.6	3.9	0.5	1.1	25.3	801	4486
LXP-04	褐陶	44.4	99.9	43.3	30.2	120.8	101.5	129.8	22.2	57.4	13.4	3.5	0.5	1.0	23.9	774	4451
LXP-08	红陶	45.2	102.8	42.6	29.9	115.1	98.9	97.6	20.0	43.3	13.3	3.5	0.4	0.9	22.4	592	4520
LXP-09	红皮陶	41.2	91.4	40.9	33.5	131.3	94.1	160.5	15.9	56.9	12.2	3.1	0.5	0.9	21.7	939	4179
LXP-10	红皮陶	39.2	101.9	41.0	29.1	120.3	94.4	162.0	20.8	48.3	11.5	3.2	0.7	0.9	22.5	963	4098
LXP-11	红陶	48.6	100.5	47.0	34.7	129.0	105.4	85.6	21.5	49.2	13.5	4.5	0.6	1.2	25.9	580	4821
LXP-12	黑灰陶	40.5	94.0	40.6	30.9	115.9	91.3	174.0	16.3	55.3	10.8	3.4	0.4	1.0	20.6	808	3983
LXP-13	黄色陶	36.2	84.2	36.7	30.0	116.0	94.9	209.1	16.0	43.4	9.7	4.0	0.4	0.8	21.1	689	3918
LXP-15	红陶	46.0	90.0	43.3	33.2	150.0	110.5	147.9	17.9	42.2	11.5	4.9	0.4	1.1	21.8	801	4757
LXP-18	红陶	46.5	91.4	43.8	33.1	143.9	111.4	143.0	17.3	43.0	11.0	5.0	0.5	1.0	22.1	731	4553
LXP-21	红皮陶	37.4	98.6	42.6	30.3	118.7	93.1	132.2	25.0	62.4	11.2	4.4	0.5	1.3	26.0	807	4434
LXP-22	黑灰陶	34.1	91.4	38.8	27.8	111.6	94.0	181.4	20.1	49.9	11.7	3.2	0.5	1.1	21.0	1002	4242
LXP-24	红皮陶	51.8	100.6	40.1	27.2	111.6	89.9	171.7	17.3	60.7	11.3	3.5	0.5	1.0	21.2	964	4173
LXP-25	黄胎彩陶	46.3	98.4	45.5	36.7	140.0	116.3	179.1	17.6	43.9	11.9	5.2	0.6	0.9	23.2	695	4510
LXP-26	红胎彩陶	45.4	90.6	42.2	26.2	111.1	95.8	89.2	20.1	41.4	12.6	4.1	0.4	1.2	22.7	558	4668
LXP-27	红胎彩陶	45.6	99.5	44.2	33.8	136.6	118.4	139.7	18.4	48.7	12.8	4.5	0.5	1.2	22.5	640	4744

No.	Kind	Li	Cr	Ni	Cu	Zn	Rb	Sr	Y	Zr	Nb	Cs	Ta	W	Pb	Ba	Ti
LXP-28	红皮彩陶	41.1	86.6	37.4	25.1	120.6	77.3	163.7	17.8	53.6	11.0	3.2	0.5	1.1	21.3	987	4091
LXP-29	黄胎彩陶	40.4	91.5	43.7	27.4	141.1	116.7	186.3	17.5	39.4	11.6	5.8	0.6	1.2	21.7	841	4453
LXP-30	红皮彩陶	35.1	92.8	42.1	30.1	128.0	87.4	174.0	22.0	57.8	9.3	3.8	0.5	1.0	22.6	1042	3750
LXP-31	红胎彩陶	49.1	103.2	41.0	30.0	124.9	90.1	96.6	21.7	47.7	12.5	4.7	0.5	1.3	24.2	520	4100
LXP-40	红陶	39.0	84.2	37.5	34.5	128.4	100.4	223.4	15.4	43.4	10.7	4.2	0.5	1.1	20.0	616	4134
LXP-41	黑灰陶	45.9	99.5	46.4	24.4	121.2	105.3	87.4	22.2	56.3	13.6	5.0	0.6	1.4	25.7	544	4854
LXP-42	黑灰陶	44.4	100.6	42.8	26.1	128.8	99.3	109.0	21.7	44.3	13.5	4.7	0.5	1.3	24.2	599	4641
LXP-53	红陶	44.1	94.3	45.4	34.4	134.5	121.6	124.7	16.8	39.3	13.1	5.1	0.5	1.2	23.0	526	4477
LXP-54	黑灰陶	47.9	121.5	52.9	27.9	145.2	109.9	78.3	25.1	53.3	14.0	5.6	0.5	1.4	33.1	571	4888
LXP-55	黑灰陶	47.9	100.0	44.1	29.1	115.0	96.4	96.4	19.8	46.0	13.5	4.2	0.5	1.2	22.3	622	4703
LXP-61	红陶	40.8	96.2	44.2	34.1	128.0	122.7	94.6	18.7	46.3	14.3	4.9	0.6	1.3	22.4	670	4913
LXP-65	黑灰陶	80.9	128.5	62.4	28.0	189.0	129.3	110.9	31.3	92.7	17.5	8.1	0.9	1.9	36.6	584	4725
LXP-66	黑灰陶	72.8	112.8	52.5	34.2	185.7	133.6	144.2	27.8	63.7	17.9	6.6	0.9	1.6	29.9	660	4608
LXP-67	褐陶	64.9	104.5	52.0	38.2	189.2	141.2	130.2	20.3	51.3	17.2	6.8	0.8	2.7	28.6	573	4561
LXP-70	黑灰陶	60.3	96.9	45.0	29.2	165.4	125.9	132.8	21.5	70.4	18.7	5.8	0.8	1.6	28.2	650	4731
LXP-72	褐陶	61.3	102.2	49.0	32.4	180.0	122.4	222.7	16.1	60.0	15.5	4.9	0.7	1.8	26.0	1163	3900
LXP-76	红陶	83.3	123.9	57.0	36.5	182.2	130.3	127.9	29.1	81.2	17.3	6.5	0.8	1.5	33.8	613	4539
LXP-77	红皮彩陶	62.7	98.0	48.2	37.1	175.0	115.9	227.3	22.8	154.5	16.2	4.5	1.2	1.7	27.7	1127	4225
LXP-80	红皮陶	61.7	97.5	46.9	37.4	174.2	112.1	221.7	20.6	71.8	16.2	4.5	0.7	1.2	27.2	1133	4301
LXP-82	褐陶	51.6	100.0	50.3	33.6	181.0	114.6	197.7	23.1	77.4	15.5	4.5	0.6	1.2	28.4	861	4140
LXP-83	褐陶	51.7	90.0	49.9	36.9	95.0	137.5	141.3	24.5	80.0	16.3	5.4	0.6	1.4	28.7	651	4444
LXP-90	红陶	67.9	100.0	50.0	37.2	184.5	142.6	131.7	17.8	51.2	17.4	5.7	0.7	1.4	28.7	524	4801
LXP-91	黑灰陶	58.7	89.2	48.1	35.2	180.0	137.0	132.3	15.5	61.5	16.8	6.2	0.7	1.5	28.4	570	4621
LXP-95	红皮陶	64.5	100.0	45.3	40.2	177.1	109.7	210.9	15.8	74.7	15.3	4.0	0.5	1.1	26.4	1053	4293
LXP-96	褐陶	68.7	102.0	50.8	39.3	209.3	153.1	194.5	16.0	45.0	17.3	6.0	0.6	1.3	28.5	558	4588
LXP-98	黄色陶	57.8	90.2	41.5	30.5	180.4	122.9	272.9	12.0	48.5	13.0	3.7	0.4	0.7	20.7	596	3635
LXP-100	黑灰陶	56.1	90.0	48.2	30.8	171.6	115.7	226.4	19.4	80.0	15.3	3.9	0.5	1.2	26.2	780	4100
LXP-102	黑灰陶	72.1	101.0	49.4	32.7	173.5	126.6	121.7	20.2	75.0	18.6	5.2	0.7	1.4	26.9	514	4757
LXP-103	红皮陶	52.2	85.0	47.9	40.0	171.1	116.8	190.0	15.2	85.0	15.6	4.9	0.6	1.3	28.4	832	4306
LXP-104	红皮陶	55.0	107.8	51.0	36.1	178.0	129.4	178.6	18.9	88.7	17.1	4.8	0.6	1.4	30.8	800	4559
LXP-105	黑灰陶	44.1	84.1	47.0	32.0	194.3	135.1	193.1	14.4	70.1	16.4	5.1	0.7	1.4	26.4	939	4499
LXP-111	黑灰陶	47.8	96.7	49.7	32.2	172.7	125.6	166.7	22.6	79.4	16.5	4.9	0.6	1.3	30.2	626	4345
LXP-112	黑灰陶	62.6	107.0	52.3	31.3	194.9	133.3	134.9	23.4	84.4	17.7	5.4	0.6	1.4	30.6	508	4584

其中 F1 和 F2 的方差累计值达 86.39%，基本代表了这 16 种元素变量的大部分信息，其因子载荷值如表二所示。

通过对表一所得数据的详细对比分析并结合图二多元统计分析结果，发现大部分的带红色陶衣的陶器（红皮陶）Ba 含量相对较高。样品 Ba–Sr 和 Rb–Zr 元素的散布分析图分别如图三（a）和（b）所示。

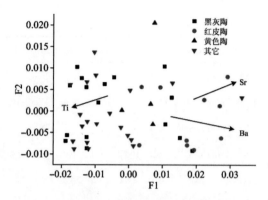

图二 西坡遗址出土陶器微量元素的二维对应分析图

表二 图二对应分析分析中 F1 和 F2 的因子载荷值

变量	F1	F2
Li	−0.003618	0.014737
Cr	−0.003712	0.001476
Ni	−0.002895	0.005025
Cu	0.000792	0.004447
Zn	0.001031	0.026508
Rb	−0.006216	0.015002
Sr	0.037050	0.025874
Y	−0.003536	−0.000970
Zr	0.009337	0.014386
Nb	−0.002299	0.005385
Cs	−0.002984	0.002850
Ta	0.000097	0.000956
W	−0.000826	0.001143
Pb	−0.002635	0.004754
Ba	0.085877	−0.015830
Ti	−0.040333	−0.010730
方差累计值	69.88	86.39

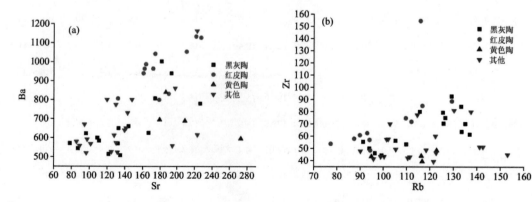

图三 西坡遗址出土陶器（a）Sr–Ba 和（b）Rb–Zr 元素的散布分析图

从图二和图三可以看出，黑灰陶和其他类陶器（普通红陶、褐陶等）微量元素特征基本一致，黄色陶 Sr 含量相对较高。另外，大多数红皮陶在 Ba 含量上具有处于高值区的特征，而在 Rb–Zr 分析图中红皮陶样品基本位于左上方区域，样品点分布相对集中。在样品制备时，表层的红色陶衣经认真观察仔细磨去，所以应该排除了陶衣的影响。因此目前测量数据所表现出来的规律即反映了原料本身。

红皮陶的制作较为讲究，其表面的红色陶衣原料非常细腻，并且是在红陶胎体上再施加深红色陶衣，意义非同寻常。遗址中还发现有以红皮陶为基础，上面再绘黑彩的彩陶（LXP-28，LXP-30，LXP-77）。对于特殊的器物，在古代社会中都属于服务于特殊阶层的产品，那么在社会分工初步形成的情况下，这种现象表明制造红皮陶可能有专门的作坊或者其胎料选取地点有所不同。

（二）彩陶表面黑色颜料的分析

前期对西坡遗址出土陶器的研究表明，西坡遗址彩陶上黑彩主要是含锰的铁矿[10]，但并没有明确是何种矿物类型。所选两个彩陶样品，LXP-26 外表面整体为亚光暗黑色，不光滑，其上画有较深的黑彩，而陶胎基体为红陶；LXP-29 为黄胎上黄色陶衣再加黑彩，外观如图一（e、f）所示。

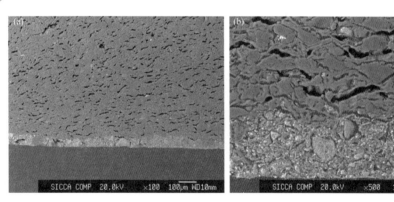

图四　LXP-26 断面显微结构
（a）黑彩与胎体区别（×100）（b）黑彩部位显微结构（×500）

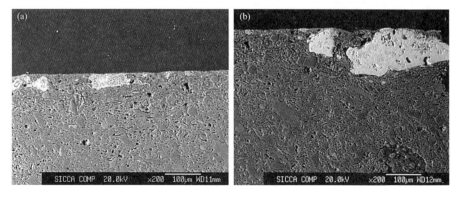

图五　LXP-29 断面显微结构
（a）黑彩与胎体区别（×200）（b）黑彩中残留的大颗粒矿物

运用电子探针对这两个样品进行显微结构观察和黑彩成分分析，结果分别如图四（a，b）和图五（a，b）所示。

从图四和图五可以看出，这两个样品黑彩部位结构明显区别于胎体，厚度不足 100 μm，由于其中重元素含量高，背散射下颜色较亮。LXP-29 黄色陶衣颗粒较细，黑彩中残留有大颗粒矿物。运用电子探针的能谱仪，对黑彩部位的成分进行分析，结果如图六、图七和表三所示。

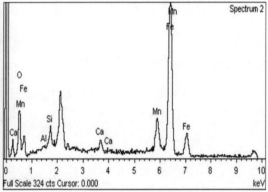

图六　LXP-26 电子探针 EDS 能谱分析结果

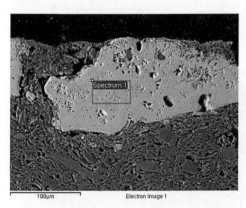
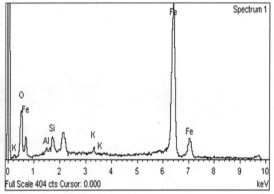

图七　LXP-29 电子探针 EDS 能谱分析结果

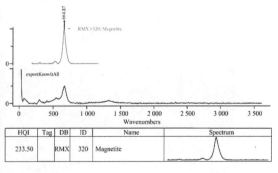

图八　LXP-29 黑彩中残留大颗粒铁矿的 Raman 光谱分析

从表三的数据可以看出，LXP-26 的黑彩中含有一定量的锰元素，而 LXP-29 黑彩中残留的大颗粒基本全是含铁矿物，铁含量高达 92.8%。

用显微拉曼光谱对这个大颗粒铁矿分析如图八所示，结果表明，这个大颗粒矿物正是磁铁矿（Magnetite），因此黑彩所用原料就是磁铁矿，而磁铁矿中常常伴有锰元素。

（三）青绿色熔块的分析

西坡遗址出土了一些青绿色熔块，考古学家初步认为这些熔块样品有可能是炉渣。从图一（g）样品外观照片可以看出，该样品明显经过高温烧制，并且已经玻璃化，为烧熔冷却后的状态，但是表面并不光亮。这种青绿色玻璃化的熔块出现于距今5000多年的仰韶文化时期，比原始瓷釉的出现早1000多年，考虑到其特殊性，很有必要对其材料属性进行深入研究。经能量色散X射线荧光分析EDXRF（束斑$300\,\mu m$，测试区域$600\,\mu m \times 600\,\mu m$）其化学组成如表四所示。

表三　黑彩的化学组成数据（Wt%）

	LXP-26 spectrum2	LXP-29 spectrum1
Al_2O_3	1.08	1.55
SiO_2	4.15	4.66
K_2O		0.99
CaO	2.09	
MnO	12.32	
FeO	80.35	92.8

表四　EDXRF测试青绿色熔块的化学组成数据（Wt%）

	Na_2O	MgO	Al_2O_3	SiO_2	K_2O	CaO	TiO_2	Fe_2O_3	MnO	P_2O_5
LXP-117	1.39	2.00	12.84	65.73	3.06	10.45	0.40	3.14	0.05	0.07

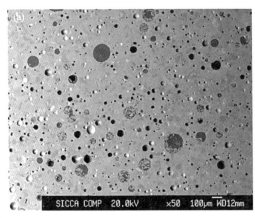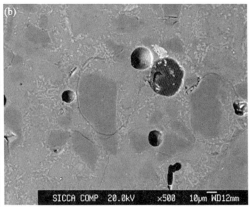

图九　LXP-117断面显微结构

（a）样品中残留较多气泡（×50）（b）样品中残留大颗粒矿物和白色晶体（×500）

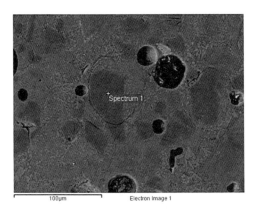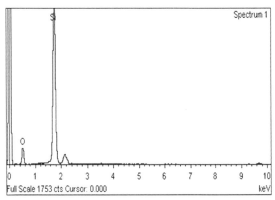

图一○　EDS能谱分析暗黑色颗粒为石英（SiO_2）

从化学组成的结果可以看出，该样品钙含量较高，与后代原始瓷釉的特征有些相似，但是锰磷含量却很低，因此综合其特征与原始瓷釉还是存在差别。为进一步深入研究，对其进行显微结构分析。从图九显微结构可以看出，该样品基体已经玻璃化，有较多气泡，其中残留有大颗粒矿物，还有大量短棒柱状白色晶体。

图一〇的能谱分析表明，大颗粒矿物残留为石英，而白色短棒状晶体组成中 CaO 和 MgO 含量较高，具体结果如图一一和表五所示。

表五　LXP–117 中短棒状晶体的化学组成（Wt%）

LXP-117	MgO	Al$_2$O$_3$	SiO$_2$	K$_2$O	CaO	TiO$_2$	FeO
短棒柱状颗粒	9.65	5.59	50.44	3.06	25.01	0.51	8.81

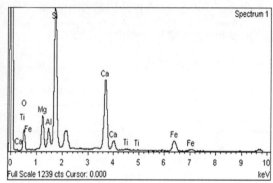

图一一　白色短棒状晶体 EDS 能谱分析图

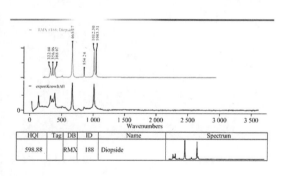

图一二　白色短棒状晶体显微 Raman 光谱分析图

运用显微拉曼光谱对短棒柱状白色晶体进行分析，图一二的结果表明，它们物相结构是透辉石（diopside）。

透辉石一般呈青绿色，理论组成为 CaO 25.9%，MgO 18.5%，SiO$_2$ 55.6%。次要组分 Al$_2$O$_3$ 一般为 1%~3%，可高达 8%；Al^{3+} 可替代 Mg^{2+} 和 Fe^{2+}，也可替代 Si，若替代 Si 超过 7%，称铝透辉石。根据表四的化学组成数据，该样品 MgO 含量只有 2% 左右，除锰磷含量较低外，其他组分与原始青瓷钙釉的组成比较接近，应该是某种黏土矿物被烧熔冷却后的产物。普通辉石在中国古代瓷釉特别是茶叶末釉中较为常见，是结晶釉的重要品种，虽然仰韶文化时期的制陶工艺较为发达，研究数据表明西坡遗址陶器烧成温度最高也可达 1100℃[10]，但是还达不到瓷釉熔融后再析晶的温度。因此该样品中较多的透辉石应该是升温过程中样品处于生烧状态时生成的，这种现象在吉州窑等的生烧样品中也有发现[11]，透辉石属于烧成的中间阶段暂时出现的晶相，随着温度的升高，该晶相会逐渐再熔融而减少。目前关于原始瓷釉的起源大多倾向于"陶衣"和"窑汗"说，笔者曾经在仰韶文化时期的案板遗址发现了陶器表面存在高钾特征的青绿色陶衣涂层[9]，虽然西坡遗址出土仰韶文化时期的熔块样品与原始瓷釉的组成存在一定的差异，但是其熔融态的存在形式或许会对釉的出现有一定的启发作用。在仰韶文化时期出现的青绿色熔块以及青绿色陶衣涂层虽然有可能是偶然无意识形成的，但是这些资料在探索原始瓷釉的起源过程中应该给予充分关注。

三、结论

运用 ICP–MS/AES、EPMA 和 Raman 等光谱学分析技术对河南灵宝西坡遗址出土的仰韶文化时期的陶器和熔块进行科学分析，结论如下：

（1）西坡遗址泥质陶样品的微量元素分析结果表明，大部分带红色陶衣的陶器，其胎体所用原料中 Ba 含量相对较高，与其他陶器有一定的区别，这类陶器有可能存在特殊的原料来源。

（2）显微结构研究表明，西坡遗址彩陶上黑色颜料中残留有大颗粒的磁铁矿，这为仰韶文化时期彩陶中黑彩颜料的鉴定提供了直观依据。

（3）西坡遗址出土的青绿色熔块化学组成，除锰磷含量较低外，与原始瓷釉的化学组成比较接近，样品中残留有较多石英，并且析出了较多透辉石晶体，这为探索原始瓷釉的起源提供了新的参考资料。

注释：

［1］Xu Anwu, Wang Changsui, Chi Jinqi, et al.（徐安武、王昌燧、池锦祺等），*Nuclear Techniques*（《核技术》），1990，Vol. 20，No. 12，p. 727.

［2］Meloni S., Oddone M., Genova N., et al., *Journal of Radio Analytical and Nuclear Chemistry*，2000，Vol. 244，No. 3，p. 553.

［3］Wang Zenglin, Xu Hong（王增林、许宏），"Neutron Activation Analysis of Pottery from Erlitou Site"（《二里头遗址陶器样品中子活化分析与研究》），in *Science for Archaeology*（Second Series）（《科技考古》第 2 辑），Beijing : Science Press（北京：科学出版社），2007，p. 83.

［4］Li Baoping, Zhao jianxin, Kenneth D. Collerson, et al.（李宝平、赵建新、Kenneth D. Collerson 等），*Science Bulletin*（《科学通报》），2003，Vol. 48，No. 7，p. 659.

［5］Li B. P., Greig A., Zhao J. X., et al., *Journal of Archaeological Science*，2005，Vol. 32，p. 251.

［6］Li Baoping，Zhao Jianxin，Greig A.，et al.，*Journal of Archaeological Science*，2006，Vol. 33，p. 56.

［7］Chen Xingcan，Huang Weidong，Wang Minghui，et al.（陈星灿、黄卫东，王明辉等），*Archaeology*（《考古》），2001，Vol. 11，p. 3.

［8］Li Jiazhi（李家治），*A History of Chinese Science and Technology·Ceramic Volum*（《中国科学技术史·陶瓷卷》），Beijing：Science Press（北京：科学出版社），1998，p. 29.

［9］Lu Xiaoke，Fang Yanming，Li Weidong，et al.（鲁晓珂、方燕明、李伟东等），*Huaxia Archaeology*（《华夏考古》），2017，Vol. 2，p. 66.

［10］Lu Xiaoke，Li Weidong，Luo Hongjie，et al.（鲁晓珂、李伟东、罗宏杰等），*Scientific Study on the Pottery from Xipo Site in Lingbao City，Henan Province*（《河南灵宝西坡遗址陶器的科技研究》），Beijing：Science Press（北京：科学出版社），2011，p. 203.

［11］Cheng Xianqiu，Huang Ruifu，Chen Shiping（陈显求、黄瑞福、陈士萍），Shanghai：Scientific and Technical Press（上海：科学技术出版社），1985，p. 266.

灵宝西坡遗址所见青灰色泥及相关问题探析

◎马萧林　◎刘丁辉　◎贺传凯

河南灵宝西坡遗址是一处以仰韶文化中期遗存为主的新石器时代遗址，面积约 40 万平方米。2000 年至 2013 年，中国社会科学院考古研究所和河南省文物考古研究院等单位对该遗址进行了 8 次考古发掘，发掘面积近 8000 平方米。揭露了 7 座大型和中型建筑基址，清理了 34 座墓葬和数百座灰坑，解剖了遗址南侧和北侧两段壕沟，初步弄清了聚落的基本布局和文化内涵，为研究仰韶文化中期中心聚落的结构布局及社会状况提供了十分重要的考古资料[1]。西坡遗址的历次考古发掘中，在大中型建筑基址的奠基层、室内地表、墙壁等部位，以及墓葬中均发现有青灰色泥或青灰色草拌泥，这在同时期的其他仰韶文化遗址中颇为罕见。本文拟对灵宝西坡遗址发现的各类青灰色泥遗存进行梳理分析，并对相关问题予以探讨，以期从不同视角深化对仰韶文化的认识，为相关专题的研究提供有益启示。

一、西坡遗址发现的青灰色泥

经统计，西坡遗址使用青灰色泥的现象主要发现于已揭露的 7 座大中型房址和 32 座墓葬中。

（一）房址

西坡遗址已发掘的 7 座大中型建筑基址中均发现有使用青灰色泥的现象，其中大型房址 3 座，分别是 F105、F106、F108，中型房址 4 座，分别是 F102、F104、F107、F3。在时间上，中型房址一般略晚于大型房址，且多是在原大型房址废弃堆积的基础上又开挖兴建中型房址，房屋规模面积变小，门道朝向等房屋结构、性质用途也发生了变化[2]。与之相应地，因时间、规模、结构和保存情况的差异，7 座房址使用青灰色泥的位置、方式等也有所不同，甚至青灰色泥所呈现的颜色也存在着细微差别。

F102 室内居住面为烧烤过的青灰色细泥土硬面，墙壁表面为烧烤过的灰褐色细泥层，规整光滑。火膛周壁及底部、进风道口部表层为细泥层，并被烧烤成红褐色或青灰色硬面。F104 室内居住面为烧烤过的青灰色硬面，平整光滑。墙壁上面均为烧烤过的细泥层光面。火膛壁、底及进风道周壁均涂抹细泥，火膛壁、底经火烧成青灰色硬面。F3室内居住面为烧烤过的深灰色细泥硬面，平整光滑。墙壁表面为与居住面连成一体的经火烧呈青灰色的细泥层[3]。F105房基坑中部中层为3层灰白色草拌泥，刷抹泥浆。居住面分5层，自上而下第1层是灰白色细泥层，第3、4层为掺有料礓粉、蚌壳末的黑灰色细泥，第5层是草拌泥，除第2层外，每层表面均刷抹泥浆。墙壁表面刷细泥[4]。F106居住面分7层，自上而下第3、7层为青灰色草拌泥，第2、5层为棕色草拌泥，第4层为青灰色加料礓石的抹泥。半地穴部分墙体上面为平整的抹泥台面，内侧为青灰色草拌泥。外墙内侧也抹有草拌泥[5]。F107柱槽、室内柱洞夹杂有青色泥块。居住面以青色泥做铺垫，上面为青灰色石灰硬面。F108形制与F107大体相同，居住面分两层，下层为青灰色泥层，上层为棕色泥夹杂青灰色泥层或青灰色泥夹杂料礓石层[6]。

（二）墓葬

用泥封填墓室是西坡墓地特有的一种葬俗，大墓甚至用泥封填整个墓圹，泥多呈青灰色，其内夹杂大量芦苇茎叶[7]。已发掘的34座墓葬中，在32座墓圹内都见有青灰色泥块，M19、M22因受到后期破坏或扰动，只保存墓室部分，未发现有使用青灰色泥的现象。

32座使用青灰色泥的墓葬中，因各墓保存状况的不同，青灰色泥块的分布位置和用量存在着差异。具体来看，M1~M8、M10~M16、M18、M20、M21、M23、M25、M27、M33墓室上均以青灰色草拌泥封盖，泥层厚约3~10厘米，南北两侧二层台上散落有泥斑，墓室内杂青灰色草拌泥块。其中，M3、M6、M8、M11、M14、M18脚坑内杂青灰色草拌泥块，M8、M25、M33墓圹内填土杂青灰色草拌泥。M27墓室和脚坑以上部分全部以青灰色泥封填，质地坚硬，内杂大量芦苇秆和植物叶子，墓室和脚坑均以木板封盖，南、北两侧二层台上保留的盖板上普遍发现麻布印痕。M26墓室上以青灰色草拌泥杂土封盖，泥层厚约3~5厘米，南北两侧二层台上散落有泥斑。

墓圹内填土混杂青灰色草拌泥，墓室内杂有青灰色草拌泥块。M17墓室上以棕灰色草拌泥封盖，泥层厚约7厘米，延伸到南北两侧的二层台上。墓圹内填土杂有棕色草拌泥块。墓室和脚坑内填土杂有少量草拌泥块。M28、M29、M30墓室和墓圹内填土均杂有青灰色草拌泥块。其中M29清理至距离墓口深约120厘米的层面上时，暴露出大片青灰色草拌泥，几乎布满整个墓圹，最厚部分约10厘米，以西部和墓室周围最集中，墓室和脚坑均以木板封盖，墓室中部的盖板上覆盖有麻布。M30墓室上部和脚坑边缘有大量杂芦苇秆的青灰色草拌泥，厚约8厘米，脚坑内填土也杂有青灰色草拌泥块。M9、M24、M31、M32、M34墓室无明显封盖泥层，其中M9、M32墓圹和墓室内填土内杂有青灰色草拌泥块，M24墓圹、墓室和脚坑内填土均杂有青灰色草拌泥块。M31、M34墓室和脚坑内填土杂有青灰色草拌泥块。

二、西坡遗址青灰色泥的来源

西坡遗址青灰色泥的用量巨大。据统计，仅 M27 的青灰色泥用量就多达 20 立方米，其他墓葬墓室上方和脚坑、填土等处也均使用了大量青灰色泥。建筑基址使用青灰色泥的位置较为分散，尽管不像墓葬那样直接填充大量的青灰色泥，但因房屋基址规模巨大、建造工艺复杂，在墙体和居住面均使用了多层青灰色泥，这样累计下来的青灰色泥使用量也是极为可观的。目前所发现的建筑基址和墓葬仅是西坡遗址的一部分，如若按照西坡遗址 40 万平方米的规模来推测的话，整个遗址的青灰色泥使用量极为巨大，显然不是能够轻易制备的。《灵宝西坡墓地》推测墓葬所用青灰色泥的主体可能来自河边的湿地淤泥，经简单掺杂些干土调解其干湿度后用于封填[8]。但综合建筑基址和墓葬中青灰色泥的使用情况来看，二者对泥质的要求有着显著差异，西坡墓葬中的填泥多掺杂芦苇等植物茎叶，建筑基址中既有青灰色草拌泥，也有直接涂抹青灰色细泥的情况。墓葬中使用的青灰色泥质地一般较为粗糙，有些还掺杂有棕红色土或其他杂物，因此其颜色通常不甚均匀，这种情况符合发掘报告所推测在下葬当天取自河边湿地的淤泥。相比较来说，西坡建筑基址墙面、地坪等部位所用的青灰色泥均质地细腻，颜色也基本一致，显然不是直接使用了河边淤泥，而是人工淘洗加工后的结果。以西坡遗址巨大的规模、人口和较长的延续时间，仅建造房屋方面对青灰色泥的需求量也是极大的，应当存在着专门的制备用泥行为。因此我们推测，为了满足建造房屋时的用泥需求，西坡遗址可能存在着专业化、规模化的制泥行为，且很可能就在房屋基址附近完成。

通过对现有考古材料的分析，我们认为有必要重新认识西坡遗址已发现的 3 座"蓄水池"的功能性质。西坡遗址的 3 座"蓄水池"发现于 2000 年至 2002 年，分别为 G1、G102、G103，均位于建筑基址不远处。G1 平面略呈长方形，蓄水量约 300 立方米。底部略呈锅底状，比较规整，可能经过人工加工。G1 底面是一层厚约 2 厘米的黄褐色硬壳，凹凸不平，十分光滑，其上覆盖一层厚约 10 厘米的细沙，细沙中杂有大量陶片和零星蚌壳、兽骨等。G1 南岸上发现有密集的圆洞，多数直径约 5 厘米，少数达 20 厘米[9]。G102 平面略呈南北向长方形，蓄水量约 150 立方米。底部不平，局部为凹坑或沟槽。池壁及底部为一层厚约 2 厘米光滑的黄褐色硬壳，似用料礓粉末砸筑而成。池内堆积分 3 层，底层为浅黄色细沙层，含较多磨蚀掉棱角的碎陶片。G103 平面呈长条形，蓄水量约 130 立方米。池底近平，局部呈圜底状。池壁中下部与底部有一层厚约 1~2 厘米的黄褐色硬壳，似用料礓粉末筑成。池壁或池底有许多显由人工加工而成的沟槽状遗迹。池内堆积分 6 层，第 5 层为较纯净淤沙土，偶见碎陶片；第 6 层仅在局部低凹处分布，为沙粒堆积，包含大量磨蚀掉棱角的碎陶片。

在发掘简报中，G1、G102、G103 被认为是接纳自然降水、生活废水、调节水量并为人类提供生活用水的蓄水设施[10]。从西坡遗址的地理环境来看，发源于秦岭山地的沙河的两条支流夫夫河、灵湖河，由南向北自遗址东、西两侧流过，西坡遗址位于两条河中间，距离最近水源仅数十米，日常取水用水并不困难，没有必要再专门设置蓄水池。从 G1、G102、G103 的形制来看，结构相似，构造较为复杂，显然是经过精心的设计后再行挖筑。3座"蓄水池"都有着大量的人工加工、修筑痕迹，底部均较为规则，多加工成近平的圜底状，池壁和池底多有人工加工而成的沟槽，均有用料礓粉末砸筑而成的黄褐色硬壳，坚硬致密，表面光滑，根据局部注水实验，这些黄褐色硬壳对水有很好的阻渗作用。池底均覆盖一层细沙，还夹杂有大量碎陶片，这些碎陶片的棱角均已被磨蚀掉，说明这些"蓄水池"使用频率很高，且经常被人为搅拌，陶片相互碰撞以致棱角被磨蚀。最为特殊的是，在G1南岸上发现有密集的圆洞，这些圆洞很可能用于安插木棍，再于木棍上绑扎用于过滤水中杂物的麻布等遮挡物，是过滤设施的一部分，这种设置在我国今天的北方农村地区仍可见到，多用于建房时的澄泥、澄石灰。G102、G103虽未发现岸上圆洞，但其他构造与G1相近，推测原也应有柱洞等设置。综合以上分析，我们认为G1、G102、G103应是澄泥池，而非"蓄水池"。澄泥时，首先把从河中获取的淤泥集中在澄泥池旁边，然后在紧邻澄泥池的高地布置掺水搅拌的场所，形成的泥水利用高差流入池中，在流经岸上圆洞处时，被绑扎于木棍上的麻布等遮挡物过滤掉泥水中较大的杂物。待泥水进入澄泥池后，再不停地搅拌，加速其沉降过程。在G1剖面的最上层，还发现有数十厘米厚的青灰色淤土，应当就是遗留的澄出泥料。根据计算，G1、G102、G103的容量分别为300、150、130立方米，如果按照上述方式循环使用，所产出的泥料是相当可观的。此外，据发掘者回忆，2004年对特大房址F106考古发掘时，在其西侧附近曾发现过一处与上述澄泥池结构相似的沟状遗迹，目前来看，应当也是在建造这处房屋时用来制备青灰色泥的澄泥池。除以上外，在西坡遗址其他房屋基址附近，应当还存在有更多具有同样结构和功能的澄泥池遗迹。

三、西坡遗址青灰色泥的功能及相关问题分析

根据上文分析，西坡遗址房屋基址和墓葬所用青灰色泥在泥料来源和使用方式上均有较大差异，应当有着不同的功能和含义。

（一）房屋建造

西坡遗址已发掘的7座建筑基址遗存形状相近，布局与结构基本相同，均为四面坡式房顶的半地穴式建筑，建造工序复杂，大体包括以下过程：挖成半地穴和门道；沿地穴边缘挖柱槽，填土夯实后再挖坑立柱；放置室内柱的柱础石，铺设居住面垫层；依托立柱建筑半地穴墙体；挖火塘，立室内柱；在居住面铺垫层顶部、半地穴墙壁内面和顶面、火塘内壁抹泥；烧烤抹泥面；填充半地穴墙体和半地穴坑壁间的缝隙，修筑地上部分和房顶[11]。

从考古发掘情况来看，以上房屋建造工序中有多处用到青灰色泥，尤其是7座房址的居住面及墙壁处理极为考究，均有使用青灰色泥涂抹的现象，使用位置包括居住面、墙壁面、墙顶面以及火膛壁、底、进风道等。因此可将青灰色泥看作当时建筑材料的一种，其作用除涂抹墙面、火膛等位置外，还作为房屋地坪的原材料之一。青灰色泥在房屋建造不同的工序和位置，

所发挥的功能也不尽相同。在居住面、墙壁面、墙顶面抹泥，经火烧烤后形成硬面，一方面平整美观，有时还在细泥层上饰以彩绘；另一方面密封坚固，可延长房屋使用期限，还能起到阻寒保暖效果。在柱槽、柱洞及其周围抹泥或铺垫泥块，主要是为了防火、防蛀和防腐。在火膛壁、底、进风道位置抹泥，则是为提高密封性，防止漏火降温。在使用青灰色泥时，西坡先民还会因工序和位置的不同，将青灰色泥与料礓粉、蚌壳末、草茎叶等掺杂在一起，以提升利用效果。如 F106、F108 居住面采用青灰色草拌泥或青灰色泥夹料礓石或青灰色泥夹棕色泥，旨在提高居住面耐用度。F108 墙壁采用青灰色草拌泥，以草为筋，可以防止墙壁龟裂，避免泥层脱落。F105 室内居住面制作考究，自上而下的 5 层中，除第 2 层外，其他各层都是用细泥和料礓粉、蚌壳末等物混合而成，且每层表面均再刷抹一层细泥，并用辰砂涂成朱红色，这些复杂的工序，在提升居住面坚实、耐用和美观程度的同时，显然还被赋予某种原始信仰和宗教色彩。

根据现有考古资料，史前大规模、明确使用青灰色泥的情形仅见于仰韶文化中期的西坡遗址，但在房屋建造过程中于居住面、墙面等部位涂抹细泥的现象在史前时期的我国北方地区较为常见，但泥料的来源和颜色大多未经明确。如早于西坡遗址的中原地区贾湖等裴李岗文化遗址，北方地区白音长汗、敖汉兴隆洼等兴隆洼文化遗址，海岱地区章丘西河等后李文化遗址已经存在居住面、坑壁、墙壁抹泥的情形[12]。与西坡同时期的其他仰韶文化中期遗址中也有涂抹细泥的情形，但泥质略有差异，且颜色均不可考，如郑州大河村遗址仰韶文化三期半地穴房基 F16 使用砂质细泥做地坪、墙皮；地面房基 F1 墙壁、烧火台抹砂质细泥，F23 用草拌泥筑墙，夹砂泥、硬草拌泥铺垫地坪[13]。灵宝北阳平遗址半地穴房基面由草拌泥和夯土做成[14]；陕西华县泉护村遗址 F201 半地穴式五边形房址的墙壁表面、居住面、柱洞周壁等均用草拌泥涂抹后再经火烧，坚硬光滑[15]。彬县水北遗址 F1、F4 半地穴式五边形房址的墙壁内侧和居住面均涂抹一层草拌泥，在 F1 草拌泥层表面还见有少量紫红色彩绘[16]。另外，渑池班村遗址庙底沟一期文化遗存房屋地面和墙壁表面的硬面经科技分析，当时已经掌握烧制石灰的技术，并将其运用至建筑材料中[17]。由此带来的一个重要变化是，从仰韶文化中期开始，随着人工烧制石灰技术的成熟和普及，开始流行在墙壁表面和居住面上先抹一层草拌泥或细泥后，再涂一层白灰，形成"白灰面"，这样原先作为墙面和活动面表层的细泥层逐渐变为白灰面的底层垫土。在新发掘的甘肃庆阳南佐仰韶文化晚期遗址中，包括"宫城"城墙，城内大型建筑基址的内外墙壁、地面，基址外的散水台，以及火坛、火塘等，几乎所有的建筑都发现有涂抹草拌泥和白灰面的现象，其中规模最大的 F1 表面涂抹的白灰多达 6 层[18]。此外，郑州大河村遗址仰韶文化四期的房屋墙面采用木骨泥墙，居住面出现用大砂、黏土和料礓石粉配置的三合土，经火烧成坚硬的青灰色，类似于现在的水泥地坪[19]，这种情况还见于巩义双槐树等遗址[20]。仰韶村、班村、笃忠仰韶文化二期，涧口仰韶文化遗存平地起建的建筑均有"白灰面"地面[21]。龙山文化时期，草拌泥筑墙、泥抹居住面的技术仍然沿用，如郑州大河村遗址龙山文化中期 F24 用草拌泥筑墙，居住面用少许黏泥砸平抹光[22]。但此时居住面、墙面在细泥层之上涂抹白灰已经广泛流行，如泗水尹家城遗址地面建筑的居住面涂抹白灰面[23]，夏县东下冯遗址 F203 居住面、墙壁面均涂抹白灰，安阳后冈遗址 F28 两层居住面皆抹白灰[24]，吕梁信义遗址庙底沟二期至龙山文化时期的数十座窑洞式房址主室地面和壁面多为抹一层草拌泥后，上铺白灰面[25]。

从史前房屋建造技术和建筑材料的发展演变过程来看，至少在我国北方地区长期存在着于房屋居住面、坑壁、墙壁等部位抹泥的现象，但最早大规模且使用精细淘洗加工后泥料的情况应首见于西坡遗址。西坡建筑基址涂抹、铺垫青灰色细泥和草拌泥的情况，在工艺上已接近于后来的白灰面，所不同的只是泥料的来源和加工程序。相比火烤后的细泥层，白灰面更加坚固，吸水性也更好，不仅起到防潮的作用，还可以杀虫、驱虫，是史前房屋建筑技术的重大进步。

（二）葬仪

《灵宝西坡墓地》已指出泥封填墓室是西坡墓地特有的一种葬俗。西坡墓地已发掘的 34 座墓葬中使用青灰色泥的就达 32 座，占比极高，未发现青灰色泥的 M19、M22 受到后期破坏或扰动较严重，推测原也应有使用青灰色泥封填墓圹的现象。这些墓葬不论规模大小均使用青灰色泥封填墓室，看不出有等级上的差异，因此可以认为至少在仰韶文化中期的西坡遗址使用青灰色泥封填墓圹是一种有意识的普遍现象。与建造房屋涂抹细泥的方式不同，西坡墓葬使用大量青灰色泥块充当填土填充整个墓圹，填泥中均掺杂了芦苇的茎叶，M27 填泥中还有柿、枣等多种植物的鲜叶，可见这些墓葬在填泥之前应该还有往青灰色泥中掺杂植物茎叶的制备过程，也是一种有意识的活动，可以看作是西坡遗址仰韶文化中期时葬仪的一部分。这些墓葬的墓室、墓圹、脚坑、二层台的填土中还多发现有泥块、泥斑，应是在涂抹封盖泥层和埋葬过程中不可避免掉落或掺杂的。

西坡墓葬的葬仪极为繁复和隆重，《灵宝西坡墓地》中有着详细分析，并按时间顺序将其分为下葬前、下葬和下葬后三个阶段，包括对尸体的处理、打圹、准备下葬物品、填埋墓圹等数十个环节，其中用到青灰色泥的有"以草拌泥封盖墓室和脚坑"和"填埋墓圹"，均是在用填土填平墓室和脚坑之后。因青灰色泥要事先用芦苇和植物鲜叶特别调制，因此在下葬当天制备青灰色草拌泥也应是葬仪中必备的一个环节。从考古发掘的情况来看，一些规模较大的墓葬如 M27、M29，墓室和脚坑均以木板封盖，盖板上覆盖麻布，且大部分墓主都有包裹尸体的迹象，M8 墓主头顶部和 M27 填泥中还发现了零星的朱砂痕迹。值得注意的是，除 M27 外，其他墓葬墓圹中填埋的并不是单纯的青灰色草拌泥，而是掺杂着取自墓地附近的棕红色土，甚至还有挖掘墓圹时挖出的生土，各种土的比例并不固定，一般大中型墓葬填土中的棕红色土和青灰色草拌泥较多，有几座墓葬四角的填土还有意用了较为纯净的黄色生土，这些现象对判断西坡墓葬使用青灰色泥的功能极为重要。从出土时的情况来看，西坡墓葬中所用的青灰色草拌泥质地坚硬而细密，推测在下葬时的饱水状态下应有较强的隔水性，在填满墓圹时对墓室中的尸体和随葬品有一定的密封效果。这一情况很容易让我们联想到后世曾用作墓葬密封防腐材料之一的青膏泥，青膏泥学名微晶高岭土，在湿润状态下呈青灰色，结构紧密，隔水性强，还有较大的黏性，故称青膏泥，晒干后呈白色或青白色，又称白膏泥。青膏泥是一种很好的密封防腐材料，在我国南方地区考古发掘中常可见到如马王堆汉墓等保存较好的湿尸，正是得益于青膏泥的使用。根据现有考古成果，至迟在商代，人们已经开始有意识地将青膏泥用作墓葬的密封防腐材料，如固始葛藤山六号商代墓葬椁外四周的墓室内皆用青膏泥夯实[26]，罗山蟒张后李商周墓地商代晚期 M43、M44、M45 接近椁顶时都有一层厚约 20~30 厘米的青膏泥[27]。两周至秦汉时期，青膏泥在墓葬中得到更广泛的使用，尤以南方长江流域最为流行，特别是大中型墓葬中的墓室、墓壁、墓底等位置多用青膏泥填充，并逐步积累形成一套稳定的丧葬习俗和一系列有效的防腐措施。与西坡墓葬不同的是，这些晚期墓葬青膏泥的使用量极大，如绍兴印山越王陵的墓坑内青膏泥厚达 6~8 米，总量达 5700 立方米左右[28]。泥的来源也不同，相比西坡墓葬所用青灰色草拌泥需人工澄泥、掺杂植物茎叶调制等复杂工序，青膏泥不可人工制作，是一种在长期的地质过程中形成的含有高岭土成分的黏土，在我国南方的湖南、江西、江苏等地都有分布。综合以上分析，我们认为西坡墓葬使用青灰色泥与后来墓葬所用青膏泥的功能有着显著差异，西坡墓葬所用的青灰色泥并不是为了防腐，或主要目的不是防腐，而应是作为葬仪中的"道具"，在制备后与生土、棕红色地层土等混合后一并填入墓圹，这一现象和过程与木板封盖、尸体包裹等行为构成一整套完整的丧葬礼仪，可看作西坡墓地特有的一种特殊葬仪。

西坡墓地独有的丧葬习俗并不是仅有使用青灰色泥这一种。在西坡墓地的 34 座墓葬中，20 座有随葬品，14 座无随葬品，无随葬品的墓葬大多数位于墓地的东部。经过前期研究发现，西坡墓地是从西往东逐渐形成的，东部墓葬的年代处于仰韶文化中期最晚阶段，墓地东部墓葬不再随葬器物的现象，很可能意味着西坡墓地丧葬习俗的变化[29]。西坡墓地还出土有陶大口缸和玉钺这两种特殊随葬品，其中 4 件大口缸分别成对出自大型墓葬 M8 和 M27，13 件玉钺，分别出自 M6、M8 等 9 座墓葬，这些墓葬皆位于偏西位置，属于墓地的较早阶段。随葬陶大口缸和玉钺的葬俗也是西坡墓地所特有的，目前在黄河中游考古学文化中找不到这种葬俗的来源与流向，该葬俗可能是受到黄河下游和长江中下游考古学文化的影响，其中随葬玉钺是发生在西坡墓地的阶段性现象，该现象既可能与丧葬习俗有关，也可能与玉钺来源有关。由此推测，使用青灰色草拌泥的特殊葬仪也是西坡墓地所独有的，同样未见于黄河中游考古学文化，亦有可能是西坡遗址在仰韶文化中期晚段的一个阶段性现象，可看作是当时西坡人群的一种集体意识取向。

以灵宝西坡墓地为代表的仰韶文化中期葬仪的繁复和隆重程度还应与社会分化情况密切相关。按照现有认识，豫西、关中等仰韶文化核心区在中期的庙底沟类型阶段开启了社会复杂化进程，灵宝西坡遗址是这一时期中心聚落的典型代表，也是当时聚落人群分化程度最显著的地方，不仅其聚落布局发生了根本性的变化，各类原始宗教仪式等活动也成为社会上层的政治统治手段[30]。表现在墓葬方面，陶大口缸和玉钺等特殊随葬物品具备了象征权力或特殊身份的功能，成为区分人群阶层的标识物，除此之外，特殊的丧葬礼仪也是当时社会等级的重要表达方式。这一时期的上层社群有着密切的社会观念交流，上层社会争相以外来的仪式和物品提高自己在当时社会中的声望和地位[31]，如西坡墓地大墓中随葬的玉器、象牙器很可能就是当时聚落社会高等级人群通过上层远距离交流而得来的。与此同时，处于聚落社会较低等级的下层平民阶层也普遍有着模仿上层社会葬仪的现象和趋势，而这些下层平民一般难以有渠道或足够的财富获取玉器、象牙器等贵重的特殊物品，相对来说，通过模仿上层社会的丧葬礼仪更容易实现一些。表现在使用青灰色泥方面，尽管西坡墓地高等级的大墓因规模更大，耗费的泥量和人工更多，但各等级墓葬均有以青灰色草拌泥封盖墓室和回填墓圹的步骤，只不过等级略低的墓葬在用泥量和填泥程序上都有减省的现象，表现出有模仿大墓的嫌疑。

四、结语

综合上文分析，灵宝西坡遗址建筑基址、墓葬中青灰色泥的大量使用和澄泥池的发现，一方面表明仰韶文化中期先民对青灰色泥的使用已是一种有意识的行为，且已经掌握澄泥技术；另一方面把澄泥池的使用追溯到了仰韶文化时期，是我国古代建筑领域的创举。西坡遗址建筑基址和墓葬使用青灰色泥的来源和功能并不相同，应当区别看待。建筑基址中的青灰色泥主要来自房屋附近澄泥池的泥料加工，主要是作为建筑材料的一种，用于涂抹墙面、火塘等位置，还是制作房屋地坪的原材料之一，功能主要是提升房屋的坚固、美观和耐用程度，反映出仰韶文化时期建筑理念和工艺的进步，为后来白灰面建筑技术的出现和长期流行奠定了基础。墓葬中的青灰色泥主要来自经简单处理后的河边湿地淤泥，应当是作为当时葬仪中的"道具"之一，但是很难说明其具有为尸体防腐的目的，这种使用青灰色草拌泥的特殊葬仪，有可能是西坡遗址在仰韶文化中期晚段的一个阶段性现象，可看作当时西坡人群的一种阶段性集体意识取向，等级略低的墓葬可能还存在着模仿大墓葬仪的情况，其背景是仰韶文化中期较晚阶段的大型中心性聚落社会人群的日益分化。

需要说明的是，史前时期大规模、明确地制作青灰色泥，并将其用于房屋建造和丧葬礼仪中的现象，目前仅见于灵宝西坡遗址，但是并不能完全将其定性为一个孤例，例如我们对西坡遗址澄泥池认识的反复过程，可能也会存在于其他史前遗址。希望在未来的考古发掘和研究中能够发现更多此类案例，为相关课题的进一步深入研究提供更多素材和信息。

注释：

[1] 中国社会科学院考古研究所河南一队、河南省文物考古研究所等：《河南灵宝西坡遗址试掘简报》，《考古》

2001 年第 11 期；河南省文物考古研究所、中国社会科学院考古研究所河南一队等：《河南灵宝市西坡遗址 2001 年春发掘简报》，《华夏考古》2002 年第 2 期；河南省文物考古研究所、中国社会科学院考古研究所河南一队等：《河南灵宝西坡遗址 105 号仰韶文化房址》，《文物》2003 年第 8 期；中国社会科学院考古研究所河南一队、河南省文物考古研究所等：《河南灵宝市西坡遗址仰韶文化中期特大房址》，《考古》2005 年第 3 期；河南省文物考古研究所、中国社会科学院考古研究所河南一队等：《河南灵宝市西坡遗址墓地 2005 年发掘简报》，《考古》2008 年第 1 期；中国社会科学院考古研究所河南一队、河南省文物考古研究所等：《河南灵宝市西坡遗址 2006 年发现的仰韶文化中期大型墓葬》，《考古》2007 年第 2 期；马萧林、李新伟、杨海青：《河南灵宝西坡遗址第五次发掘获重大突破》，《中国文物报》2005 年 8 月 26 日；中国社会科学院考古研究所、河南省文物考古研究所：《灵宝西坡墓地》，文物出版社，2010 年；中国社会科学院考古研究所河南一队、河南省文物考古研究所、三门峡市文物考古研究所等：《河南灵宝市西坡遗址庙底沟类型两座大型房址的发掘》，《考古》2015 年第 5 期；中国社会科学院考古研究所河南一队、河南省文物考古研究所等：《河南灵宝市西坡遗址南壕沟发掘简报》，《考古》2016 年第 5 期。

[2] 马萧林：《仰韶文化中期的聚落与社会——灵宝西坡遗址微观分析》，《中原文物》2020 年第 6 期。

[3] 河南省文物考古研究所、中国社会科学院考古研究所河南一队、三门峡市文物考古研究所等：《河南灵宝市西坡遗址 2001 年春发掘简报》，《华夏考古》2002 年第 2 期。

[4] 河南省文物考古研究所、中国社会科学院考古研究所河南一队、三门峡市文物考古研究所等：《河南灵宝西坡遗址 105 号仰韶文化房址》，《文物》2003 年第 8 期。

[5] 中国社会科学院考古研究所河南一队、河南省文物考古研究所、三门峡市文物考古研究所等：《河南灵宝市西坡遗址发现一座仰韶文化中期特大房址》，《考古》2005 年第 3 期。

[6][11] 中国社会科学院考古研究所河南一队、河南省文物考古研究所、三门峡市文物考古研究所等：《河南灵宝市西坡遗址庙底沟类型两座大型房址的发掘》，《考古》2015 年第 5 期。

[7][8] 中国社会科学院考古研究所、河南省文物考古研究所：《灵宝西坡墓地》，文物出版社，2010 年，第 287 页。

[9][10] 中国社会科学院考古研究所河南一队、河南省文物考古研究所、三门峡市文物考古研究所等：《河南灵宝市西坡遗址试掘简报》，《考古》2001 年第 11 期。

[12] 陈明辉：《裴李岗时期的文化与社会》，复旦大学硕士学位论文，2013 年。

[13][19][22] 郑州市文物考古研究所：《郑州大河村》（上），科学出版社，2001 年。

[14] 王巍：《中国考古学大辞典》，上海辞书出版社，2014 年。

[15] 北京大学考古学系：《华县泉护村》，科学出版社，2003 年。

[16] 陕西省考古研究院、咸阳市文物考古研究所：《陕西彬县水北遗址发掘报告》，《考古学报》2009 年第 3 期。

[17] 河南省文物管理局、水利部小浪底水利枢纽、建设管理局移民局：《黄河小浪底水库文物考古报告集》，黄河水利出版社，1998 年，第 9 页。

[18] 甘肃省文物考古研究所、中国人民大学历史学院、西北工业大学文化遗产研究院等：《甘肃庆阳市南佐

新石器时代遗址》,《考古》2023 年第 7 期。

[20] 肖娟英、吴超明、宋国定等:《巩义双槐树仰韶房址地坪的原料与制作工艺研究》,《中原文物》2023 年第 3 期。

[21] 李寒冰:《三门峡地区仰韶文化研究》,河南大学硕士学位论文,2022 年,第 47 页。

[23] 山东大学历史系考古专业教研室:《泗水尹家城》,文物出版社,1990 年,第 156 页。

[24] 傅淑敏:《豫晋龙山文化房屋建筑比较分析》,《文物》1992 年第 9 期。

[25] 山西省考古研究院、山东大学文化遗产研究院、吕梁市文物考古研究所:《山西吕梁市信义遗址新石器时代窑洞式房址》,《考古》2023 年第 3 期。

[26] 信阳地区文管会、固始县文管会:《固始县葛藤山六号商代墓发掘简报》,《中原文物》1991 年第 1 期。

[27] 信阳地区文管会、罗山县文管会:《罗山蟒张后李商周墓地第三次发掘简报》,《中原文物》1988 年第 1 期。

[28] 浙江省文物考古研究所:《浙江绍兴印山大墓发掘简报》,《文物》1999 年第 1 期;浙江省文物考古研究所、绍兴县文物保护管理所:《印山越王陵》,文物出版社,2002 年。

[29] 马萧林:《灵宝西坡墓地再分析》,《考古与文物》2019 年第 5 期。

[30] 马萧林:《仰韶文化中期的聚落与社会——灵宝西坡遗址微观分析》,《中原文物》2020 年第 6 期;马萧林:《河南地区仰韶文化庙底沟期遗存的发现与研究》,《中原文物》2021 年第 5 期;马萧林、刘丁辉:《仰韶文化"陶鹰鼎"的定名及相关问题研究》,《中原文物》2022 年第 6 期。

[31] 张弛:《仰韶文化兴盛时期的葬仪》,《考古与文物》2012 年第 6 期;李新伟:《中国史前玉器反映的宇宙观——兼论中国东部史前复杂社会的上层交流网》,《东南文化》2004 年第 3 期;李新伟:《中国史前社会上层远距离交流网的形成》,《文物》2015 年第 4 期。

中原地区古代居民的健康状况
——以贾湖遗址和西坡墓地为例

◎ **王明辉**

20 世纪 70 年代以后，古病理学在西方得到迅速发展，不同学者对古病理学的研究理论、方法和目的进行了探讨[1-3]。我国的古病理学研究起步较晚，20 世纪 90 年代才得到发展，但基本限于对个别遗址出土人骨标本骨骼病理现象的描述，缺乏对不同时代、不同地区、不同人群的对比研究，尤其是缺少关于古代疾病与不同生业模式之间关系的整合研究。

综合国内外古病理学研究的现状，结合本人近年来从事古人骨研究的经验，我认为古病理学（Paleopathology）是通过古代人类遗骸及其他遗存所提供的有关病理学信息，对人类历史上疾病的发生、发展、分布及其规律进行探讨，同时对各古代人群的健康状况以及人与自然环境之间的关系进行研究的科学。古病理学研究的目的就是要了解各种病理现象（包括疾病、创伤和畸形）在历史上各人群中的发生、发展和分布的证据，从而进一步了解不同人类群体的健康状况以及各种疾病发生、发展的历史及其原因，结合考古学、古人口学、文献史料学等方面的资料，深入探讨古代人类与自然环境之间的关系等。例如：人类的经济生活方式与健康和环境的关系，食物种类对健康的影响；采集、狩猎对资源的破坏（食物缺乏）；迁徙带来的健康问题；传染性疾病的发生和传播与人口密度、人群规模以及隔离程度之间的关系；遗传性疾病与人群组织、婚姻方式、社会形态之间的关系；各类创伤现象的原因，人类与战争（尤其是史前时期）等。相对于中国丰富的古人类学资料，古病理学研究方兴未艾，大有可为。

一、材料与方法

本研究的中原地区是指现在的河南省大部及其周边的晋南和陕西东部地区等，在地理上属于黄河中下游地区。我们选择中原地区不同时代、不同经济类型、出土人骨数量较大、具有代表性的两个遗址和墓地——贾湖遗址和西坡墓地为例，研究史前时期中原地区居民的健康状况及其变化，并探讨这种变化与生业模式之间的关系等。

贾湖遗址位于河南省舞阳县贾湖村，面积 $5.5 \times 10^4 \, m^2$，是河南地区年代较早、保存较好的新石器时代文化遗址之一，距今 9000~7800 年[4]。河南省文物考古研究所于 1983~1987 年连续发掘了 6 次，其中清理墓葬 349 座，出土人骨资料丰富，张振标[5]对人骨资料进行了体质人类学的全面研究，包括古病理学的研究。研究显示，贾湖古代居民的种族特征属于亚洲北部蒙古人种类型，与河南地区新石器时代的庙底沟和下王岗古代居民最为相似[5]。最新研究表明[6]，距今 8000 年前贾湖遗址居民已经开始种植稻谷，但其经济生产活动的主题仍是渔猎采集，稻谷种植近似辅助性的次要生产活动。稳定同位素分析表明[7]，贾湖先民最初以渔猎采集为主要谋生手段，晚期出现原始农业生产。2001 年中国科技大学科技史与科技考古系等单位对贾湖遗址进行了第七次发掘，出土墓葬近百座，笔者[8]对此次发掘出土的骨骼进行了古病理学的研究。发掘者[9]认为贾湖遗址的文化性质属于贾湖文化。

西坡遗址位千河南省灵宝市阳平镇西坡村，面积约 $40 \times 10^4 \, m^2$，是典型的庙底沟文化遗址，距今约 5000 年[10]。2005~2006 年，中国社会科学院考古研究所和河南省文物考古研究所等单位对墓葬进行了发掘，共清理墓葬 34 座，共 35 例个体。笔者[11]对这批墓葬出土的人骨进行了研究，其体质特征主要表现为以南亚蒙古人种为主，在部分颅面部特征上与东亚蒙古人种接近，与晋南、陕西东部及豫西的仰韶和龙山文化居民存在密切的关系，在若干体质特征上与现代华南地区居民颇为相似。研究表明[12]，西坡墓地的生业模式属于农业经济，稳定同位素分析、浮选和牙齿淀粉粒结果显示，西坡古代居民主要食物是粟和黍。

本研究使用的方法主要是对骨骼进行性别年龄鉴定，对骨骼变异和病理特征进行观察、辨认和统计分析，研究骨骼病理的特点和规律以及与生业模式的关系等。

二、研究和讨论

（一）人口年龄分析

人口的年龄结构是人口健康状况的一个重要标志。不同时期不同人群的年龄结构的变化反映了社会发展、环境变迁对人口健康的影响。

2001 年，贾湖遗址发掘 94 座墓葬，共 138 例个体，平均死亡年龄为 28.71 岁，其中男性为 30.77 岁，女性为 29.69 岁。两性的平均死亡年龄差异不大，男性略高于女性，两性的死亡高峰出现在壮年阶段（25~35 岁）[8]。

西坡墓地两性的平均死亡年龄为 38.0 岁，其中男性的平均死亡年龄为 41.3 岁，女性平均死亡年龄为 34.8 岁，男性明显高于女性，两性的死亡高峰出现在中年阶段（36~55 岁）[11]（图一）。

可见，中原地区古代人群随着时代的发展和经济模式的转变，人口的平均年龄

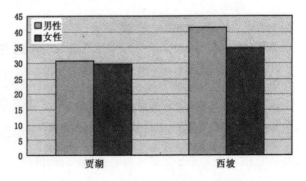

图一　贾湖遗址和西坡墓地居民平均寿命

和结构也发生了很大的变化。从距今 8000 年前的贾湖文化时期的平均死亡年龄在 30 岁左右上升到西坡庙底沟文化阶段的 38 岁，人口的寿命得到了普遍的提高。从死亡年龄的结构上，人口死亡高峰的出现，从贾湖文化时期的壮年阶段延迟至西坡庙底沟时期的中年阶段，即当时有更多的人口可以生存到中年阶段，这也是人口生存质量明显改变的重要现象，暗示了同一地区不同时期、不同经济模式之间人群健康状况的变化。

（二）身高的变化

人体身高是考察人口健康状况的一个重要方面，不仅直接反映了人类健康状况的演化规律，也反映了经济模式甚至生活风俗等的变化。有研究显示，社会地位较高的人，营养和健康状况较好的人，一般身材也较高[13]；身材比较矮小的个体，死亡年龄也较年轻[14]。

通过对肢骨的测量与推算，贾湖古代居民男性身高的变异范围是 163.8~179.93 cm，平均身高是 170.58 cm，身高较高，个体差异明显；女性身高变异范围 159.77~173.86 cm，平均身高为 167.15 cm，身高较高，个体差异明显。两性之间身高差异较小[8]。

西坡古代居民男性身高的变异范围是 161.1~181.3 cm，平均身高是 168.59 cm，身高中等；女性身高变异范围为 157.2~160.8 cm，平均身高为 159.23 cm，身高中等。两性身高差异明显[15]（图二）。

有学者研究认为，黄河流域史前时期人口平均身高呈逐渐降低的趋势，可能与

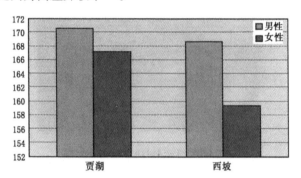

图二　贾湖遗址和西坡墓地居民的身高变化

农业产生后人们劳动强度的增加以及功能压力的增强有关[16]。农业的产生，人群的食物结构由渔猎采集经济的广谱性食物转变为集中单一的富含淀粉和碳水化合物的食物[17]。农业社会的密集型劳动在骨骼和身高上得到集中的体现。从事渔猎采集经济的贾湖遗址居民的身高明显高于农业经济的西坡墓地居民的身高，而且两性身高的差异由贾湖文化时期的差异不明显到西坡墓地的差异明显，这可能暗示了中原地区史前居民人体身高的变化在某种程度上意味着人类健康状况有所恶化。

（三）口腔疾病

贾湖遗址 2001 年发掘墓葬出土的个体中，71 例个体残存有牙齿，占总数的 51.45%。其中，仅 21 例未发现明显的口腔疾病，其余皆有不同程度或类型的口腔类疾病，患病率达 70.42%[8]。西坡墓地 34 座墓葬出土的人骨中，除了 8 例由于年龄较小、牙齿发育不全，或牙齿脱落较早或上下颌骨缺失导致无法有效观察口腔疾病外，有 26 例个体出现不同类型和程度的口腔疾病，占总数的 76.47%[11]，实际比例可能高于这个数据。

口腔疾病包括各类牙齿疾病、牙齿磨耗、齿槽骨变异和创伤等。

1. 龋齿

龋齿是一种古老疾病，也是人类发病率极高的疾病，在人类化石中就有明确的龋齿发生记载[18]；有学者对我国北方古代人群的龋齿率进行了统计比较，认为古代人群的龋齿率随年龄增长而增加，多数遗址女性患病率高于男性，臼齿发病率最高[19]。

图三　贾湖遗址 M417 上颌左右 M2 龋齿图

贾湖遗址 71 例患口腔疾病的个体中，有 14 例个体患有不同程度的龋齿（图三），龋齿率为 19.72%。其中，男性个体有 5 例，女性个体有 9 例，各占患病总数的 35.71% 和 64.29%[8]，女性患病率远远高于男性。

西坡墓地出土的 35 例人骨有 13 例个体上有不同程度的龋齿发生，占个体总数的 37.1%。其中男性有 9 例个体，女性有 4 例个体，分别占男性和女性个体总数的 39.1% 和 40%[11]，统计显示在西坡居民中，龋齿出现率的性别差异不大。

美国体质人类学家 Turner[20] 对全球范围内龋齿与经济类型的关系进行调查后指出，农业居民的龋齿平均水平最高，其根本原因是农业社会发展后，人群的饮食更多依赖种植产品，从而摄入大量的高淀粉和高糖食物而使龋齿的发生率增加。由此可见，古代居民龋齿的发生率与经济类型存在密切关系。因此，龋齿的发生率常被作为区分农业经济与采集—渔猎经济的一个重要参考指标。

何嘉宁[19] 对我国北方古代人群的龋齿率与经济类型间关系的统计表明，龋齿率与经济类型密切相关，农业经济人群龋齿率最高，游牧人群最低。

从龋齿患病率上，贾湖史前居民和西坡古代居民的患病率都相对较高，相对而言，西坡墓地古代居民的龋齿率仍然明显高于贾湖史前居民。从患病性别上，贾湖女性的患病率明显高于男性，除了女性体质本身的原因容易高发龋齿[21-22]外，可能还存在饮食和营养状况的性别差异。西坡古代居民的两性的龋齿率无明显差异，可能暗示两性的饮食和营养状况差异较小[11]。

这可能表明，随着时代的发展以及经济模式的转变，农业在社会经济形态中所占的比重越来越大，人类的食物种类越来越倾向于富含淀粉和碳水化合物的植物型食物，而富含蛋白质的动物型食物逐渐减少。植物型食物的增长虽然解决了人口增长所带来的危机，但是同时也对人类的健康造成了一定的影响，在一定程度上导致了龋齿率的不断增高。因此，西坡墓地较之贾湖遗址高得多的龋齿发病率可能与农业经济模式的转变有关。

2. 牙周病

牙周病是人类最古老，最普遍的疾病之一，与人群饮食和营养状况密切相关，同时又是导致牙周炎进一步发展的重要原因，可能与维生素C的缺乏、维生素D和钙、磷的缺乏或不平衡、营养不良等有关。牙周炎的鉴定和判断一般以齿槽骨萎缩和臼齿齿根暴露达 1/3 以上为标准[11]。

贾湖遗址古代居民中能观察到 5 例个体患有牙周病，占可观察个体总数的 7.04%，其中 3 例女性，2 例男性[8]。

西坡墓地古代居民中，13 个个体明显患有牙周炎（图四），占总个体数的 37.1%。其中，10 例为男性，3 例女性，无论从数量还是占男女性别的比例上都显示男性患病率明显高于女性[11]。西坡古代居民牙周病的患病率明显高于贾湖古代居民，这可能暗示在维生素的摄入和饮食营养健康方面，贾湖古代居民要好于西坡古代居民。西坡古代居民中男性高患病率可能暗示了男性更容易与维生素缺乏或营养不平衡等有关。

图四　西坡墓地 M25 下颌牙周炎现象

3. 齿根脓疡

齿根脓疡，也称根尖脓肿，主要表现为牙齿根部周围骨骼组织形成溶蚀性变异，与口腔卫生状况密切相关。

贾湖遗址中有 17 例个体患有不同程度的齿根脓疡（图五），占总数的 23.94%，其中，男性 8 例，女性 9 例，两性的患病率似乎没有明显差异[8]。

西坡墓地居民有 15 例患有不同程度的齿根脓疡，有 12 例男性，只有 3 例女性，无论从数量还是占男女性别的比例上都说明西坡墓地男性更容易患齿根脓疡，女性患病率则相对较低[11]。

西坡古代居民齿根脓疡的高发病率，显示其口腔卫生状况较之贾湖古代居民要差很多。

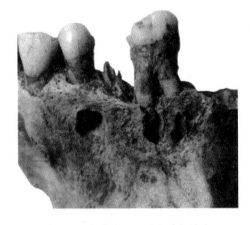

图五　贾湖遗址 M416 上颌齿根脓疡

4. 牙结石

牙结石是一种附着在牙面和龈缘上或龈缘下的一种石状物，它与食物结构和使用牙齿习惯等密切相关。

贾湖遗址有 16 例个体患有牙结石疾病（图六），占总数的 22.54%，其中，男性 8 例，女性 7 例，患病率的两性差异似乎不明显[8]。西坡墓地有 12 例个体患有程度不同的牙结石，占个体总数的 34.3%。其中有 11 例为男性，1 例女性，男性明显多于女性[11]。

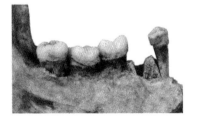

图六　贾湖遗址 M420 下颌牙结石

西坡古代居民牙结石的患病率明显高于贾湖居民，且两性发病率差异较大，也不同于贾湖文化居民差异不明显的两性患病率，说明西坡墓地居民在食物中含沙量较大，或食物的黏性大，更易形成牙结石，暗示了农业经济使得牙结石的发病率明显提高。

5. 釉质发育不全

导致釉质发育不全的外环境因素主要是营养不良，牙齿釉质发育不全出现率可以评估某个人群的营养状况。

贾湖遗址古代居民中有13例个体患有釉质发育不全症状（图七），占总数的18.31%。其中男性7例，女性5例，1例性别不明，两性患病率差异不明显。多数患病个体的年龄集中分布在30~40岁之间[8]。

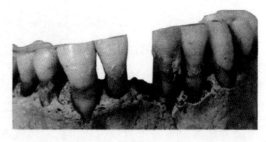

图七　贾湖遗址 M430 下颌釉质发育不全现象

西坡墓地只有1例青少年男性个体上发现明显的釉质发育不全的现象[11]。

Goodman 等[23]认为从采集狩猎人群到农业人群，牙齿釉质发育不全的现象逐渐增加，并认为是经济模式的变化导致生存压力增大；另外，釉质发育不全流行率随着时间推移和社会复杂化而增加[24]，饮食和生存压力的变化是导致牙齿釉质发育不全的主要致病因素之一。贾湖遗址古代居民釉质发育不全的高比例显示该人群在婴幼儿阶段承受的社会和饮食营养压力还是相对较高的；而西坡墓地釉质发育不全患病率较低，这是否说明古代居民在饮食和社会压力方面优于贾湖时期，还需要进一步的验证。

（四）退行性关节病的观察与分析

退行性关节病主要表现为骨质增生和骨质损伤。一般与年龄、性别、营养状况、生活习惯、食物结构等有关。

贾湖遗址古代居民中骨质增生率较高，有28例个体产生不同部位、不同程度的骨质增生现象（图八），占鉴定个体总数的20.29%。其中男性17例，女性11例，男性明显多于女性，这也与男性承担繁重体力劳动多于女性有关[8]。多数骨质增生患者年龄集中在中壮年阶段。

图八　贾湖遗址 M521 腰椎骨质增生

西坡墓地居民骨骼的退行性变化[11]较贾湖古代居民高得多，除了少量个体由于年龄较小没有产生退行性变化或由于骨质保存较差无法观察外，绝大多数成年个体无论男女，都存在不同程度的退行性关节病。

西坡墓地居民骨质增生患病率较高[11]，一方面可能与西坡墓地居民的寿命较贾湖文化居民高有关，容易诱发骨质增生；另一方面可能暗示西坡居民从事繁重的农业劳作，营养水平下降，尤其是钙质摄入不足，导致更易产生骨质增生。

（五）骨质疏松症

年龄是骨质疏松症发展最相关的因素，饮食和营养状况是另一个影响骨质疏松症发展的主要因素。

贾湖遗址古代居民有 7 例个体患有不同程度的骨质疏松症（图九），占鉴定个体总数的 5.07%，其中男性 6 例，女性 1 例，男性患病率明显高于女性[8]。

西坡墓地的骨质疏松现象共计 9 例，占总数的 26.47%，其中男性 8 例，男性明显高于女性[11]。

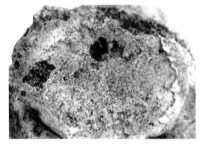

图九　贾湖遗址 M419 甲腰椎骨质疏松现象

西坡墓地骨质疏松的高发率除了可能存在的流失钙质的疾病外，在饮食和营养状况上较之贾湖居民存在一定的差距，可能暗示了农业经济对人体骨质的改变产生了负面作用。

（六）贫血现象

缺铁性贫血是目前在古代人类遗骸上所观察到的贫血类型中最常见的一种。主要表现为多孔性骨肥厚（Porotic hyperostosis）和筛状眶（Cribra orbitalia）（图一〇）。研究证据显示农业社会人群的筛状眶和多孔骨肥厚现象多发[25]。

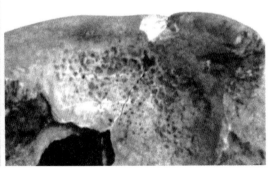

图一〇　贾湖遗址 M417 多孔性肥厚和 M436 筛状眶

贾湖遗址中能观察到的与贫血有关的个体有 5 例，占总数的 3.62%，其中女性 4 例，倾向于男性的 1 例，女性患病率远远高于男性[8]。西坡墓地人骨中，有 5 例个体骨骼上发现了类似贫血的现象，皆为男性，占个体总数的 14.3%，占男性个体总数的 21.7%[11]。

两个遗址的不同患病率可以看出，农业经济模式的西坡墓地较渔猎采集经济的贾湖遗址贫血的发生率高得多。在性别结构上，贾湖遗址的女性更容易发生贫血，而西坡古代居民的男性贫血发生概率更高。

贫血与生业模式、营养状况、饮食结构、生活习惯、健康状况、遗传等有密切的关系[26-27]。中国新石器时代居民中较为多发，在山东广饶新石器时代居民、内蒙古兴隆洼新石器时代居民、安徽尉迟寺新石器时代居民和新疆鄯善洋海青铜时代居民中都有较高的贫血患病率，一般高于30%[28]。贾湖文化居民较低的贫血患病率应与贾湖文化的渔猎采集经济模式有关，居民的饮食结构中肉类、水产类等动物性食物的较多的摄入，以及坚果、蔬菜等保证了矿物质、维生素和铁的吸收，从而在一定程度上抑制了贫血的发病率。相对而言，西坡农业经济造成的单一的、固定以及肉食的缺乏可能是贫血高发的原因之一。另外，贾湖女性贫血发病率高可能是由重复妊娠和妊娠间歇时规律的月经出现而产生血液丧失导致的。

三、结论和讨论

渔猎采集经济向农业经济的转变导致人类健康状况的变化讨论一直是人类学家和考古学家关注的问题[29-31]，也是一个复杂的问题。通过对渔猎采集经济为主体的贾湖遗址和以农业经济为主的西坡墓地出土人骨的古病理学研究，我们对中原地区史前居民的健康状况有了大致的了解。

中原地区史前居民从新石器时代早中期的渔猎采集经济向新石器时代晚期农业经济的转变过程中的健康状况产生了明显的变化，主要表现为中原地区史前居民的某些疾病的发生率与他们平均寿命的提高之间存在着明显的相关现象[32-33]。一方面，体现在骨骼上的健康状况的多项指标产生了恶化或退化现象，主要表现为个体身高逐渐降低，各种口腔疾病的患病率明显上升，与健康相关的退行性关节疾病、骨质疏松症和贫血发生率也是逐渐增高的现象。同时，在渔猎采集经济的贾湖文化时期，两性在骨骼疾病的发生率和身高等方面的差异较小，农业经济的西坡墓地居民两性疾病发生率和身高等方面的差异则较大，暗示了不同经济模式之间两性在社会地位和营养水平上存在较大的差异。另一方面，体现健康状况的一些重要指标得到了提高，主要表现在中原地区史前居民的寿命在进入农业经济后得到了普遍提高。渔猎采集经济向农业经济转变，人群的食肉量和蛋白质摄入量相应可能会减少，或趋向于少数人群；食谱结构的广谱性逐渐呈单一化趋势，更多依赖米面等碳水化合物和含糖量较高的食物，因此体现在骨骼和口腔的健康方面可能会呈现恶化倾向。同时，由于人群寿命的提高、人口的增长和聚落的密集化，一些慢性疾病和传染性疾病也有机会得到发展[24, 34]。中原地区史前居民健康状况的恶化或许与此有关。

同时，考古学研究显示农业时期考古遗址的密度和规模以及承载的人口数量都得到了显著的提高[35-39]。农业经济的发展，提供了更稳定、更普遍的碳水化合物和热量的供给，养活了更多的人口，遗址规模不断扩大，社会复杂化逐渐深化，创造了更多的社会财富，为向文明社会的转化奠定了物质基础。因此，渔猎采集经济向农业经济的转变总体上促进了古代人群的健康状况的发展和文明的进步，农业经济对人类的进步做出了巨大贡献。从这一点上，中原地区史前居民健康状况的变化与生业模式的转变之间存在着密切的关系。

农业经济从根本上改变了人们的生存状态，并引起了人体骨骼上的一系列变化。但是，通过古病理学研究古代人群的健康存在着一定的局限性，古病理学研究结果只能是古代人群健康状况的一种反映，并不能替代其他方法对古代人群健康状况的研究，因此要全面获得古代人群健康状况的知识还需要更多学科的深入合作。

注释：

［1］Aufderheide A. C., Rodiguez-Martin C., *The Cambridge Encyclopaedia of Human Palaeopathology*, Cambridge : Cambridge University Press, 1998, pp. 1-18

［2］Horden P., "The millennium Bug : Heahh and Medicine around the Year 1000", *Social History of Medicine*, 2000, Vol. 13, No. 2, pp. 201-219.

［3］Roberts C. A., Buikstra J. E., *The Bioarchaeulogy of Tuberculosis : A Global View on A Reemerging Disease*, Gainesville, Florida : University Press of Florida, 2003, pp. 1-43

［4］陈铁梅、原思训等：《^{14}C 年代学研究》，见河南省文物考古研究所：《舞阳贾湖》，科学出版社，1999 年，第 515—519 页。

［5］张振标：《人类学研究》，见河南省文物考古研究所：《舞阳贾湖》，科学出版社，1999 年，第 835—882 页。

［6］赵志军、张居中：《贾湖遗址 2001 年度浮选结果分析报告》，《考古》2009 年第 8 期，第 84—93 页。

［7］胡耀武、Stanley H. Ambrose、王昌燧：《贾湖遗址人骨的稳定同位素分析》，见《中国科学（D 辑：地球科学）》2007 年第 37 卷第 1 期，第 94—101 页。

［8］王明辉：《人骨研究》，见河南省文物考古研究院、中国科技大学：《舞阳贾湖》(二)，科学出版社，2014 年。

［9］张居中：《文化性质及与周围文化的关系》，见河南省文物考古研究所：《舞阳贾湖》，科学出版社，1999 年，第 520—544 页。

［10］李新伟、马萧林：《分期、年代和文化性质》，见中国社会科学院考古研究所、河南省文物考古研究所：《灵宝西坡墓地》，文物出版社，2010 年，第 270—281 页。

［11］王明辉：《人骨综合研究》，见中国社会科学院考古研究所、河南省文物考古研究所：《灵宝西坡墓地》，文物出版社，2010 年，第 115—162 页。

［12］雪莲：《人骨碳十三、氮十五同位素分析》，见中国社会科学院考古研究所、河南省文物考古研究所：《灵宝西坡墓地》，文物出版社，2010 年，第 197—209 页。

［13］Steckel H. Richard, "Stature and the Standard of Living", *Journal of Economic Literature*, 1995, Vol. 33, No. 4, pp. 1903-1940.

［14］Gunnell D., Rogers J., Dieppe P., "Height and Health : Predicting Longevity from Bone Length in Archaeological Remains", *Journal of Epidemiology and Community Health*, 2001, Vol. 55, No. 7, pp. 505-507.

［15］邵象清:《从长骨推算身高的公式（中国汉族）》,见邵象清:《人体测量手册》,上海辞书出版社,1985年,第393—404页。

［16］王建华:《黄河流域史前人口健康状况的初步考察》,《考古》2009年第5期,第61—69页。

［17］贾里德·戴蒙德:《人类史上最大的失误》,见中国社会科学院考古研究所:《考古学的历史·理论·实践》,中州古籍出版社,1996年,第315—322页。

［18］Clement J. A., "Caries in the South African Ape-man : Some Examples of Undoubted Pathological Authenticity Believed to be 800,000 Years Old", *British Dental Journal*, 1956, Vol. 102, No. 4, pp. 4-7.

［19］何嘉宁:《中国北方古代人群龋病及与经济类型的关系》,《人类学学报》2004年第23卷增刊,第61—70页。

［20］Turner C. G., "Dental Anthropological Indications of Agriculture among Jomon People of Central Japan", *American journal of Physical Anthropology*, 1979, Vol. 51, No. 4, pp. 619-636.

［21］Larsen C. S., *Bioarchaeology : Interpreting Behavior from the Human Skeleton*, Cambridge : Cambridge University Press, 1997, pp. 72-76.

［22］Hillson S., Dental Pathology, in Katzenberg M. A., Saunders S. R., Eds., *Biological Anthropology of the Human Skeleton*, New York : Wiley-Liss, 2000, pp. 249-286.

［23］Goodman H. Alan, Lallo J., Armelagos G. J., et al., "Health Changes at Dickson Mounds, Illinois（AD 950~1300）", in Coben M. N., Armelagos G. J., Eds., *Paleopathology at the Origins of Agriculture*, London : Academic Press, 1984, pp. 271-306.

［24］Steckel H. Richard, Sciulli W. Paul, Rose C. Jerome, "A Health Index from Skeletal Remains", in Steckel H. Richard, Rose C. Jerome, Eds., *The Backbone of History : Health and Nutrition in the Western Hemisphere*, Cambridge : Cambridge University Press, 2002, pp. 61-93.

［25］Larsen C. S., Crosby A. W., "A Biohistory of Health and Behavior in the Georgia Bight : The Agricultural Transition and the Impact of European Contact", in Steckel H. Richard, Rose C. Jerome, Eds., *The Backbone of History : Health and Nutrition in the Western Hemisphere*, Cambridge : Cambridge University Press, 2002, pp. 406-439.

［26］Stuart-Macadam P., "Iron Deficiency Anemia : Exploring the Difference", in Grauer A., Stuart, Macadam P., Eds., *Sex and Gender in Paleopathological Perspective*, Cambridge : Cambridge University Press, 1998, pp. 45-63.

［27］Reinhard K., "Cultural Ecology of Prehistoric Parasitism on the Colorado Plateau as Evidenced by Coprology", *American Journal of Physical Anthropology*, 1988, Vol. 82, No. 2, pp. 145-163.

［28］张君:《从筛状眶和多孔性骨肥厚考察中国古代人骨上的贫血现象》,《考古》2009年第10期,第86—90页。

［29］Angel J. Lawrence, "Health as a Crucial Factor in the Changes from Hunting to Developed Farming in

三门峡仰韶文化研究·续编

the Eastern Mediterranean", in Cohen M. N., Armelagos G. J., Eds., *Paleopathology at the Origins of Agriculture*, London : Academic Press, 1984, pp. 51-74.

[30] Porter Dorothy, *Health*, *Civilization and the State* : *A History of Public Health from Ancient to Modem Times*, London : Routledge Press, 1999, pp. 9-60.

[31] Larsen C. S., "Biological Changes in Human Populations with Agriculture", *Annual Review of Anthropology*, 1995, Vol. 24, pp. 185-213.

[32] Shipley M., Black C. M., Compston J., et al., "Rheumatology and Bone Disease", in Kumar P, Clark M, Eds., *Clinical Medicine*, Edinburgh, WB : Sannders, 2002, pp. 511-586.

[33] 罗伯茨·夏洛特、曼彻斯特·基思,《关节疾病》,见罗伯茨·夏洛特、曼彻斯特·基思:《疾病考古学》,山东画报出版社,2010 年,第 145—178 页。

[34] Goodman H. Alan, Martin L. Debra, "Reconstructing Health Profiles from Skeletal Remains", in Steekel H. Richard, Rose C. Jerome, Eds., *The Backbone of History* : *Health and Nutrition in the Western Hemisphere*, Cambridge : Cambridge University Press, 2002, pp. 11-50.

[35] 严文明:《仰韶房屋和聚落形态研究》,见严文明:《仰韶文化研究》,文物出版社,1989 年,第 180—242 页。

[36] 严文明:《姜寨早期的村落布局》,严文明:《仰韶文化研究》,文物出版社,1989 年,第 166—179 页。

[37] 严文明:《聚落考古与史前社会研究》,《文物》1997 年第 6 期,第 27—35 页。

[38] 赵春青:《也谈姜寨一期村落的房屋与人古》,《考古与文物》1998 年第 5 期,第 49—55 页。

[39] 中国社会科学院考古研究所河南一队、河南省文物考古研究所:《河南灵宝西坡遗址 2001 年春发掘简报》,《华夏考古》2002 年第 2 期,第 3l—52 页。

古人得牙病

——河南仰韶文化人群龋病研究

◎李 楠

　　龋病是在以细菌为主的多种因素影响下，牙体硬组织发生慢性进行性破坏的一种疾病。食物中碳水化合物和蔗糖成分的增加对龋病的发生影响显著。不同经济形态下人群的食物结构不同，患龋情况也有所差异。根据 Turner 的研究，古代狩猎采集人群的患龋率平均为 1.3%，混合经济人群为 4.84%，而农业经济人群高达 10.43%。以日本绳纹时代为例，人群患龋率随农业发展水平的提高而增加。因此，龋齿的发病情况经常被用作探索古人生业模式和农业水平的重要指标。

　　仰韶文化是黄河中游地区重要的新石器时代文化，分布在陕西、河南、山西及周边地区，年代跨度大致在公元前 5000—前 3000 年。这一时期，原始农业得到长足发展，定居村落大量出现。作为我国早期农业起源的核心，中原地区在仰韶时期率先完成从狩猎采集经济向农耕经济的转变，农业逐渐占据生业模式的主导地位，社会进入全新的发展阶段。

　　学者们对河南仰韶文化人群龋病的研究起步较早。20 世纪 50 年代末，周大成就曾报道过成皋广武遗址人骨的龋病情况。近年来，学者们先后对下王岗、笃忠、西坡、八里岗、汪沟、孙庄等遗址出土人骨进行龋病观察，积累了丰富数据。在此基础上，这里将对区域内资料进

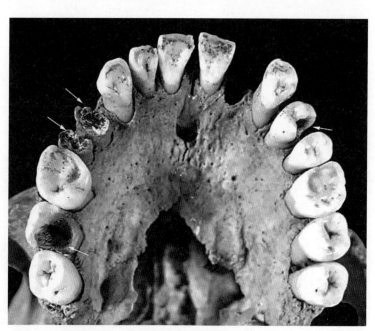

龋齿的病理表现

行整合，归纳河南仰韶文化人群龋病的共性及不同人群间的特性，结合多学科研究成果探讨现象背后的成因。

方法与材料

描述或评价龋病发生情况的指标主要有患龋率、龋齿率和龋均三项。考虑到不同学者观测数据间的可比性，这里以患龋率、龋齿率两项作为研究对象。其中，龋病的患病率（prevalence rate）表示龋病存在或流行的频率，计算公式为患龋率 = 观察时点的龋病例数 / 该时点的人口数 ×100%。龋齿率（dental caries）指患龋牙齿数占总牙齿数的比例，计算公式为龋齿率 = 患龋牙齿数 / 受检牙齿数 ×100%。

材料方面，这里对已公布的河南仰韶文化人群龋病数据尽量全部收集，但一些人骨标本数量过少或龋病观察例数不明的遗址，不纳入统计。患龋率和龋齿率均只考虑成年个体，不涉及未成年人。选取的龋病数据来自西坡、笃忠、妯娌、青台、孙庄、汪沟、沟湾、下王岗、八里岗共 9 个遗址，分布在豫西、豫中和豫西南三个地区。

西坡遗址位于灵宝西坡村，是一处以仰韶中期遗存为主的遗址。遗址发现的植物遗存有粟、黍、水稻、大豆、小麦 5 种，以粟为最多；动物遗存中家猪最多，其他家畜及野生动物很

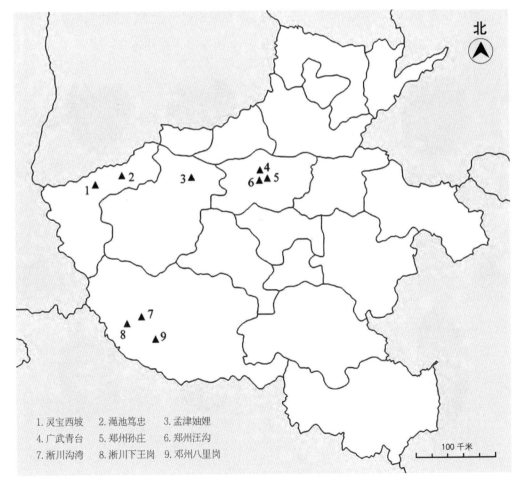

河南仰韶文化人群龋病数据分布

少。由此可知，西坡先民依赖粟作农业和家猪养殖业，很少从事狩猎采集活动。这里所用牙齿材料出自 2005—2006 年发掘的 35 例个体。

笃忠遗址位于渑池天池镇，是一处仰韶中期至龙山早期的聚落。遗址出土了众多用于耕种、收割的石锄、石刀等石质工具；植物遗存有粟、黍；动物遗存中猪、狗数量最多，野生动物也占有一定比例。据此，笃忠先民的生业模式以粟、黍种植业为主，以家畜养殖业为辅，并以狩猎活动为补充。这里所用牙齿材料出自 2006 年发掘的 15 例人骨标本。

妯娌遗址位于孟津妯娌村，年代处于仰韶晚期至龙山早期的过渡阶段。遗址出土了多种用于农业耕种和收割的石器，还有数量较多的石网坠及家猪骨骼，表明人群的生计方式以农业为主体并兼顾渔猎和家畜养殖业。这里所用牙齿材料出自 1996 年发掘的 54 例人骨标本。

青台遗址位于荥阳广武镇青台村，主体文化属于仰韶文化中晚期大河村类型。遗址出土大量陶、石质农业生产工具和珍贵的丝麻织品，说明农业及纺织业较为发达。与其位置相邻、年代相近的西山遗址人骨同位素数据表明，该地区先民以 C_4 类植物（可能是粟、黍）为主食并摄入一定量的肉类。这里所用牙齿材料出自 2015 年发掘以来出土的 91 例个体。

孙庄遗址位于郑州高新区孙庄村，是一处仰韶晚期遗址，文化面貌与大河村三期遗存相似。这里所用牙齿材料出自 2015 年发掘的 54 例人骨标本。

汪沟遗址位于荥阳城关乡汪沟村，是一处仰韶中晚期聚落遗址。遗址的植物遗存主要有粟、黍、稻和豆，粟的绝对数量和出土概率最高，其次为黍，此外还有李属、核桃属等水果、

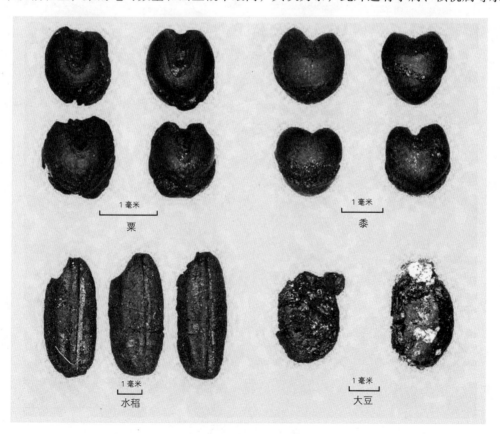

汪沟遗址出土的植物遗存

坚果类果壳核遗存。汪沟先民采用农业为主、采集为辅的混合经济模式，农业中粟、黍种植业最为重要。这里所用牙齿材料出自 2013 年发掘的 174 例人骨标本。

沟湾遗址位于淅川沟湾村东，遗址内仰韶文化遗存最为丰富，基本涵盖仰韶早期晚段到晚期早段。植物浮选结果表明，遗址仰韶时期农作物中黍的数量最多，稻和粟的比重不断变化。人骨同位素数据表明，沟湾仰韶先民的 $\delta^{13}C$ 值位于 C_3、C_4 类之间，$\delta^{15}N$ 值从仰韶文化一期到二期时明显升高。这一时期的沟湾先民已从事农业生产，作物结构以黍为主，粟、稻为辅；农业之外，采集、渔猎活动也十分重要，后期家畜饲养业有所增强。这里的牙齿材料出自 2007—2009 年发掘的仰韶时期 56 例人骨样本。

下王岗遗址位于淅川下王岗村，文化遗存以仰韶时期最为丰富。下王岗仰韶时期植物遗存目前发现很少，但龙山时期以粟的数量最多，其次为水稻；动物遗存中猪和鹿科动物数量最多。因此，下王岗仰韶时期人群也很可能采用以粟为主、稻粟混作的农业生产方式，并以家畜养殖业和狩猎采集活动为补充。这里所用牙齿材料出自 1971—1974 年发掘的 161 例人骨样本。

八里岗遗址位于邓州白庄村北，发现有前仰韶、仰韶及仰韶之后各时代文化遗存。植物浮选结果表明，作物类始终占绝对优势地位，果实类少有发现。前仰韶时期，八里岗先民的植物性资源主要是水稻和橡子，经济方式上稻作农业与野生资源采集并存；进入仰韶时期，新出现的作物种类粟、黍，且占据很大比例，但稻的出土概率最高。动物遗存方面，八里岗仰韶时期主要有大型哺乳动物、贝类和鱼类，大型哺乳动物中猪和鹿的数量最多，且猪在仰韶中期时所占比例开始超过鹿。人骨稳定同位素数据表明，八里岗仰韶时期先民以 C_3 类食物为主，动物性蛋白质较多且来源稳定。由此可知，八里岗仰韶时期农业较之前有明显发展，形成稻粟混作、以稻为主的农业结构；农业之外人们还从事家畜养殖和渔猎活动，家猪逐渐取代野生动物成为主要肉食来源。八里岗遗址仰韶时期遗存丰富，可分为早期、中晚期两大阶段，所对应的人骨标本分为Ⅰ、Ⅱ两组。Ⅰ组牙齿材料出自仰韶早期墓葬中的 135 例个体。Ⅱ组牙齿材料出自仰韶中晚期墓葬中的 166 例个体。

哪些人龋齿更严重？

整体来看，河南仰韶文化不同遗址人群的患龋情况存在很强的共性，具有明显的地域和时代特征，但同时也呈现出复杂的差异化特征。

河南仰韶文化人群的龋齿率较同时代其他地区人群显著偏高。根据何嘉宁对我国北方地区部分遗址人群龋病的统计，相对较发达的农业文化人群龋齿率最高，变化范围为 4.3%~14.8%，平均值为 9.2%；游牧为主的人群龋齿率最低，为 0.2%~0.9%；新石器时代的原始农业经济形态人群龋齿率居中，为 1.2%~8.3%，一般 5% 左右。而在河南仰韶文化人群中，除龋齿率最低的下王岗组（5.3%）和沟湾组（6.7%）外，其余各组均超出原始农业经济形态人群的龋齿率范围，甚至高于青铜时代发达农业文化人群。与同时代其他地区相比，这种高龋齿率特征更为显著。以关中地区为例，同属仰韶时期的半坡遗址人群龋齿率为 2.85%，姜寨遗址仅为 2.63%。

河南仰韶文化人群内部的龋病情况存在地区差异。豫中地区人群的龋患最为严重，无论患龋率还是龋齿率都远高于其他遗址。其中，孙庄、汪沟两处遗址人群的患龋率分别高达 70.4%、69.0%，龋齿率分别高达 22.9%、26.6%。除常见的臼齿患龋外，这两个人群的门齿也具有较高的患龋率，说明龋患已经发展到非常严重的程度。豫西地区数据质量不佳，但从样本较多的西坡、妯娌遗址人群的患龋率来看，龋患普遍性远不及豫中地区。而豫西南地区人群的龋患最轻，患龋率和龋齿率都明显低于豫中地区。值得注意的是八里岗遗址，同一人群的龋病随时代而恶化，从仰韶早期到中晚期患龋率、龋齿率都明显升高。

河南仰韶文化人群的龋病情况

分组		西坡组	笃忠组	妯娌组	青台组	孙庄组	汪沟组	沟湾组	下王岗组	八里岗Ⅰ组	八里岗Ⅱ组
所属地区		豫西	豫西	豫西	豫中	豫中	豫中	豫西南	豫西南	豫西南	豫西南
生计方式		粟黍为主	粟黍为主	粟黍为主	粟黍为主	粟黍为主	粟黍为主	稻粟混作	稻粟混作	稻粟混作	稻粟混作
患龋人数		13	9	31	65	38	120	19	—	77	105
受检人数		35	15	54	91	54	174	56	161	135	166
患龋率（%）	合计	37.1	60.0	57.4	71.4	70.4	69.0	33.9	—	57.0	63.3
	男性	39.1	50.0	—	71.4	76.2	72.5	38.5	—	54.2	62.2
	女性	40.0	100.0	—	80.0	75.0	72.8	45.0	—	72.1	80.0
患龋牙齿数		—	43		256	194	748	54	52	213	233
受检牙齿数		—	376		1913	846	2816	809	975	2284	1511
龋齿率（%）	合计	—	11.4		13.4	22.9	26.6	6.7	5.3	9.3	15.4
	男性	—	11.1	—	11.7	16.2	22.4	6.0	5.7	6.7	16.7
	女性	—	12.1	—	16.3	30.6	30.5	10.2	6.9	12.6	16.4

注："—"表示此项数据缺失。

河南仰韶文化人群的龋病情况存在性别差异。从患龋率来看，除孙庄遗址外其余人群均女性高于男性；从龋齿率来看，除八里岗Ⅱ组外其余人群也均女性高于男性。部分学者对男、女两性的患龋数据进行了卡方检验。其中，孙庄、青台遗址的两性患龋率差异不显著（P > 0.05），但龋齿率差异极其显著（P < 0.01）。汪沟遗址的两性龋齿率差异极其显著（P < 0.01），笃忠遗址的两性龋齿率差异不显著（P > 0.05）。这说明女性虽然普遍比男性更易罹患龋齿且龋患程度更严重，但两性间差异程度并不完全一致，有些遗址差异巨大而有些则差异很小。另外，从八里岗遗址来看，虽然两性患龋情况都随时代而恶化，但男性个体的患龋率和龋齿率提高尤为显著，缩小了与女性间的患病差异。

"吃"出来的牙病

我国气候在距今 8500—3000 年间进入"全新世大暖期"。仰韶文化恰处于大暖期鼎盛阶段，华北地区气温较现今高 3℃，降水量也大幅增加，植物空前繁茂，原始农业进入难得一遇的发展时期。河南仰韶文化遗存丰富，出土了大量用于开垦、耕种、收割和粮食加工的石器、骨器、蚌器等，另有许多储粮窖穴和各类酒器。这些都说明农业繁荣，粮食在满足日常食用后还有了剩余。与此同时，石臼、石杵数量增多并逐渐取代石磨盘、石磨棒成为新的粮食（尤其是水稻）加工工具，大大提高了粮食加工效率。

河南仰韶文化人群普遍采用农业生产方式，与狩猎采集人群相比，食物结构稳定单一，粟、黍、稻等谷物占比很高。这些谷物中含有大量淀粉，加之石臼、石杵的砸击、研磨作用使加工过程更加精细，食物的黏性很强，残渣容易留存在口腔内从而引发龋齿。因此，农业发展水平较高可能是河南仰韶文化人群龋齿率整体偏高的根本原因。

另外，河南地处南北交接的生态过渡带，地貌类型多样，人群的生业模式也因地制宜，存在地域差异。仰韶文化时期，豫西、豫中地区的农作物种类主要为粟、黍，属于典型的北方旱作农业，如西坡、笃忠和青台遗址；豫西南地区则处于"稻粟混作区"，不同遗址作物结构中粟、黍、稻三者比重不一，但稻始终占有不可忽视的地位，如沟湾、下王岗、八里岗遗址。地形地貌上，豫中地区以平原为主，农业发展水平更高，与之相配的家畜养殖业成为人们获取肉食的主要途径，饮食结构相对单一。而豫西、豫西南地区多山地、丘陵和湖沼，野生动植物资源丰富，狩猎、采集、捕捞活动成为农业生产的重要补充，食物种类更为多元化，如笃忠、沟湾、八里岗遗址。

荥阳青台遗址祭祀区

不同谷物的致龋性存在差异，东南亚地区的生物考古研究表明，以稻米为食的人群龋齿率较低。野生的植物类食物如菱角、橡子、芡实等碳水化合物含量低于谷物，也不易致龋。因此，仰韶文化人群龋病的地域性差异可能是由主食类型与食谱结构的不同导致的。以粟、黍为主食的豫中地区人群龋患最为严重，而豫西、豫西南地区人群的龋患则相对较轻。另外，此次所选豫中地区的遗址多为区域性中心聚落，如汪沟遗址有内外三层环壕和夯土广场，青台遗址有四重环壕，聚落内还有专门的祭祀区。居住在这些大型聚落中的人群社会等级普遍高于其他一般性聚落内的人群，人口平均寿命可能更长，食物加工的精细度也会更高，个体罹患龋齿的概率及龋患的严重程度也随之提高。

在河南仰韶文化人群中，女性患龋率和龋齿率普遍高于男性，与现代龋病流行病学规律相一致。Larsen 对美国佐治亚州海岸、Lukacs 对南亚地区两性患龋率差异的研究也表明，在狩猎采集经济向早期农业转变过程中，女性较男性更容易罹患龋齿。这与两性的生理特征、食物结构、社会分工等有关。从生理上来看，女性牙齿萌出比男性早，受致龋因素的影响时间长，患龋概率也随之增加。仰韶时期男女两性墓葬中常随葬不同的生产工具，男性多随葬石镞、骨镞、石斧等，而女性多随葬石球、蚌刀、骨针、骨锥、骨匕、纺轮等。这表明两性存在社会分工的差异，男性主要从事工具制作、狩猎及农业中的部分重体力劳动，女性主要从事农业收割、果实采集、纺织及缝纫、食物加工等轻体力的劳动。在女性的日常活动中，接触、食用致龋性食物的概率可能更高。

总之，随着人类进化和生产经济的发展，龋病发病率整体呈不断升高的趋势。河南仰韶文化人群龋病较同时期人群更为严重，不同人群患龋情况存在地区差别，女性普遍比男性更易罹患龋病。这些特征与河南仰韶时期特殊的地理环境、生业模式、文化行为等密切相关。

河南灵宝铸鼎塬仰韶文化聚落群的结构分析

◎范 洁

河南灵宝的铸鼎塬是一个相对独立的地理单元，在史前时代晚期，铸鼎塬上的河流沿岸分布着众多聚落，这些聚落组合在一起就是一个大型的聚落群。本文仅以铸鼎塬上的仰韶文化聚落群为对象，分析其随年代变化而产生的聚落内部结构的变化。

一、遗址概况

灵宝市位于河南省最西部，在晋、豫、陕三省交界的地方。灵宝境内由于7条大河流的常年冲刷，形成了6道东西并列、南北走向的黄土塬，铸鼎塬便是其中的一道。铸鼎塬位于焦村塬与程村塬之间，其北临黄河，塬上东有沙河，西有阳平河，南为低山丘陵区（图一）。

自20世纪50年代以来，各级文物部门对铸鼎塬先后进行了6次正式的考古调查，其中5次为地上调查，1次为重点钻探。共发现新石器时代遗址29处，包括前仰韶文化、仰韶文化、庙底沟二期、龙山文化各时期的，其中属于仰韶文化的遗址有25处，早、中、晚三期都有发现[1]。其中阳平河分布有8处，沙河及其支流分布有17处（图二）。

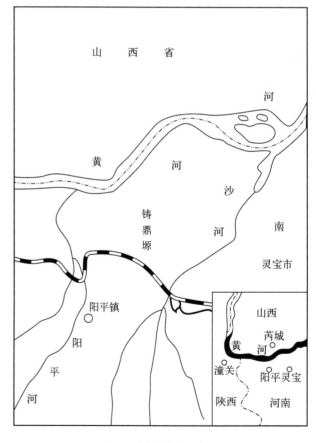

图一　铸鼎原位置示意图

铸鼎塬的25处仰韶文化聚落可以划归为一个聚落群，理由如下：①位置相对集中独立，共同位于铸鼎塬上，东西与焦村塬和程村塬都有河流或深沟相隔，塬地北缘以 30~50 米高的陡壁与黄河阶地相连，南边为低山，所处地势相对比较独立；②所处时代大致相同，据调查发掘证实，这 25 处遗址都为仰韶文化，出土器物带有明显仰韶文化特征；③各聚落之间通过河流相连接，交通方便，文化交流比较频繁，文化面貌相似。

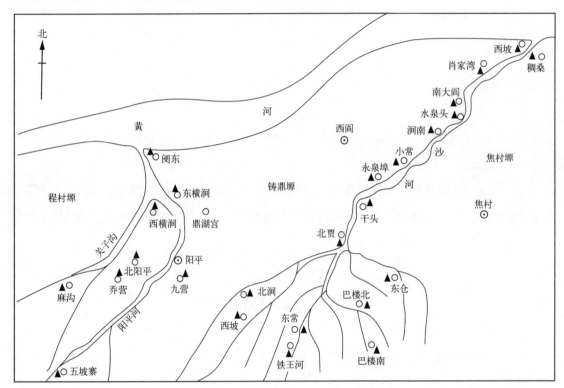

图二　铸鼎塬仰韶文化遗址分布示意图

二、聚落群结构分析

在铸鼎塬聚落群中，对于特级聚落的认定存在着两种不同的观点。一种以许顺湛先生的分级为代表，依据各聚落的面积大小，将铸鼎塬聚落群中的 25 处聚落分成四个等级，认为北阳平遗址是该聚落群的特级聚落[2]；另一种观点以李昌韬先生等为代表，认为西坡遗址才是该聚落群中的特级聚落，虽然其面积不如北阳平遗址那么大，但是在遗迹遗物的特殊性方面已经远远超过北阳平遗址[3]。

铸鼎塬的这 25 处聚落虽然都属于仰韶文化，但是其所处的年代早晚是有差别的。例如，涧南遗址只发现了仰韶早期的遗存，而东横涧遗址、北贾村遗址有仰韶早中期的遗存，小常遗址、阌东遗址等发现了仰韶文化早中晚三期的遗存。这对认识聚落群的发展变化有些许的影响，不同阶段铸鼎塬聚落群的发展变化是不一样的。所以我们在对铸鼎塬上各聚落进行等级划分的时候，应该考虑各遗址所处的年代早晚（表一）。

遗址名称	面积（万平方米）	仰韶早期	仰韶中期	仰韶晚期
西坡	40		√	√
北阳平	95		√	√
乔营	30			√
东常	12		√	
北涧	10		√	
肖家湾	10	√		
西横涧	不明	√	√	√
东横涧	4	√	√	
阌东	3	√	√	√
巴楼北	7.5	√		
东仓	5	√		
北贾村	2	√	√	
水泉埠	3	√		
小常	5	√	√	√
涧南	不明	√		
水泉头	3	√	√	
南大阎	5	√		
西阎西坡	0.3	√		
五坡寨	7		√	√
麻沟	2.5		√	
九营	较小不明		√	
干头	3		√	
巴楼南	5		√	
稠桑	4		√	
铁王河	不明			√

（一）仰韶文化早期遗址

如图三所示，是分布在铸鼎塬的仰韶文化早期的遗址，一共有 13 处，主要分布在沙河左岸和阳平河右岸的下游地区。除肖家湾遗址、巴楼北遗址之外，其他遗址面积都小于 6 万平方米。肖家湾遗址面积最大，达 10 万平方米。经调查所知，基本器物组合为红顶钵、底凹槽盆、敛口卷沿彩唇盆、杯形口和环形口尖底瓶、折平沿彩陶盆等[4]，与该地域的其他同期遗存并无差异。

　　根据以往对仰韶文化早期遗存的分析，可以看出各聚落是比较分散的，无论是聚落内部还是各聚落之间尚未出现显著的社会等级差别或者分层现象，各村落应该是自治的、建立在血缘关系基础上的地方团体；即便是存在超村落的组织或联盟，最多也是结构松散、权力有限的"大人"社会。当时超村落的社会组织可能还没有发展起来。

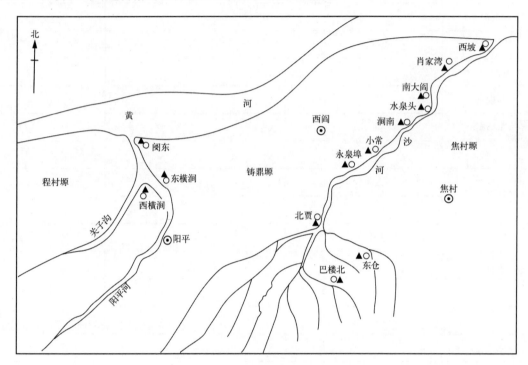

图三　铸鼎塬仰韶文化早期遗址分布图

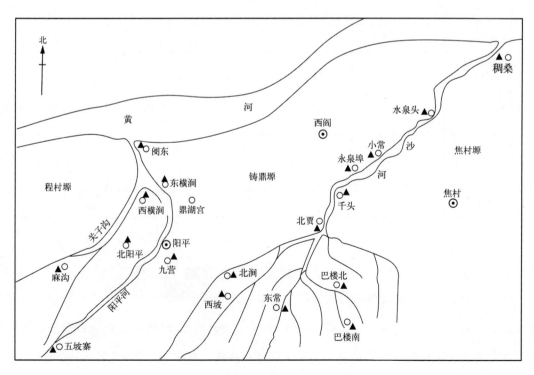

图四　铸鼎塬仰韶文化中期遗址分布图

（二）仰韶文化中期遗址

到了仰韶文化中期，由于气候变得更加温暖湿润，原始农业得到了长足发展，使得人口急剧增加，铸鼎塬呈现出繁盛的带有明显庙底沟一期遗存特征的文化，基本器物组合变成了圆点、勾叶、弧线三角纹彩陶钵和盆、敛口叠唇盆、重唇口尖底瓶、夹砂弦纹罐等[5]。同时，铸鼎塬的区域聚落形态也发生了显著的变化。

1.遗址数量和规模急剧增加，由早期的13处增加到了18处（图四），面积由早期的最大10万平方米发展到了最大的北阳平遗址的95万平方米，并且新出现的聚落规模都比较大，这些情形显示了此期人口数量和社会总规模显著增加，社会结构发生了变化。

2.聚落的分布范围明显扩大。聚落的分布逐渐由河流下游向上游扩展，新出现了大的遗址，如西坡、北阳平、东常等，密集地分布在河岸，这说明随着人口的急剧增加，新的居住空间和生计区域得到了扩展。同时，在巴楼南还发现了一处季节性临时营地遗址[6]；因为调查资料所限，没有报道详细说明。

3.在铸鼎塬上第一次出现了聚落等级的差异。从表一中可以看出，此时出现了面积最大的北阳平遗址，和面积次大的西坡遗址。根据许顺湛先生所分，北阳平遗址应该是该地区的特级中心聚落，但是笔者认为，同一个聚落群中各聚落分级，其面积大小只能作为一个参考，在实际分级中还得考虑其他一些因素，例如特殊建筑物、特殊遗物、墓葬形制及其随葬品等。

所谓"山不在高，有仙则名，水不在深，有龙则灵"，要成为聚落群的中心聚落要具备以下条件：①在聚落群中位置适中；②面积较大；③最重要的是要有具备中心聚落标志性的重要遗迹，如大型建筑基址（大型房基、城址、大型祭礼和宗教活动场所及大型墓葬等）[7]。有了这样的标准，中心聚落就容易确定了。

西坡遗址位于阳平镇西坡村西，沙河支流夫夫河和灵湖河从遗址东西两侧流过。遗址南高北低，面积约40万平方米。先后进行了6次发掘，获得了重大突破。

在西坡遗址上揭露了几座100平方米左右及更大的房址。其中最大的F105（图五），是一座四周带有回廊的方形半地穴式建筑，总面积达516平方米，房基的夯土深达2.75米[8]。显然它的建造需要众多的劳动力，并且其周围没有发现家庭垃圾和废弃物形成的堆积，说明F105很可能是一处大型的举

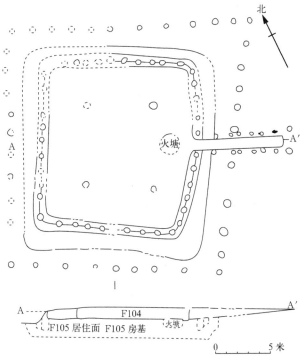

图五　西坡房址 F105 平、剖面图

办公共事务和宗教典礼活动的场所，而非家庭住所。这种大型的公共建筑极有可能是铸鼎塬聚落群仰韶文化中期部落或部落联盟的议事、庆典和祭礼活动的公共场所[9]。在 F105 的附近有 F106，居住面积达 240 平方米，虽然没有 F105 房址结构那么复杂，但是构筑这样大面积的房屋仍然需要大量的人力、物力、财力，以及高超的建筑技术和周密的计划组织。并且这两座大房子相距近，相互对应，对于理解该遗址的建筑布局有重要的意义。这两座特大房址的发现，实际上是仰韶文化中期社会结构复杂化的重要证据。

此外，有两座房子还出土有加工朱砂的磨石。朱砂在史前时期常被用于宗教礼仪，对朱砂的获取与生产的控制很可能显示某些个人或者家庭在社会竞争中更加成功地赢得较高的地位和权力[10]。

2005 年对西坡遗址的壕沟和 22 座墓葬进行了发掘，确定了壕沟的修筑年代不晚于仰韶文化中期中段[11]，与以前揭露的特大型房址的年代相近。

22 座墓葬都属于仰韶文化中晚期，可分为大、中、小三类。大中型墓葬都有生土二层台，部分墓有近似长方形的脚坑，用来放置器物。其中大型墓葬出土了较多随葬品，包括成批的玉器，例如 M8 出土的玉钺[12]，带有明显的军事首领的含义。这 22 座墓葬中有 6 座随葬玉器，占墓葬总数的 1/4 多，共有 10 件，器形有钺和环两类，其中钺 9 件，环 1 件。玉钺均为长舌形，大多中部厚两侧薄，个别器体比较厚重，多数刃部较钝，未开锋，均无使用痕迹。22 座墓葬出土 10 件玉器中，9 件为钺，这应该不是巧合，显然当时人们对于种种珍贵美润的玉器的认知发生了变化，这批玉钺具有礼器的性质[13]。西坡随葬的玉钺，象征着死者生前的身份和地位。原料稀缺且制作复杂的玉钺，并不是一般社会成员可以拥有的。2006 年发掘的 M27 和 M29 规模也很大，超过 2005 年发掘的 M8，并且墓室和脚坑之上盖板并覆盖编织物、M27 整体以草拌泥填封等现象皆为同时期墓葬中罕见。

历年还在西坡遗址发掘出 3 处蓄水池遗迹，可能是当时先民利用自然洼地经人工加工并长期使用的水利设施，提供了仰韶时期人们的用水方式和利用自然环境的直观信息。水池均分布在大房子周围，显然与大房子关系密切。这些蓄水池不仅能够为当时先民储存用水，还可能是一处重要的祭礼池苑。

同时，西坡遗址位于沙河上游，向北对整个沙河流域的仰韶文化遗存辐射，交往便利，向西又靠近北阳平遗址所在的阳平河。

由以上不难看出西坡遗址在整个聚落群中扮演着重要的角色，从相对应的大型房子到等级明显的墓葬，从随葬品中的成组玉器到蓄水池，无一不显露出西坡遗址的特殊性。

与西坡遗址相反，在对有 95 万平方米的北阳平遗址进行试掘后并没有太大突破。正如张光直先生所说的："一个聚落的位置定位是基于生存必需物资的最充分利用和各个点之间的最小位移考虑的结果。"[14] 由此笔者认为，西坡遗址才是铸鼎塬聚落群的特级聚落，其级别应该高于北阳平遗址。而北阳平应该是控制着阳平河流域的一处非常重要的次中心聚落。

因此仰韶文化中期铸鼎塬聚落群的结构应该为：

特级中心聚落1处：西坡遗址，面积为40万平方米。

一级聚落1处：北阳平遗址，面积为95万平方米。

二级聚落2处：东常遗址，面积为12万平方米；北涧遗址，面积10万平方米。

三级聚落15处：面积均小于9万平方米。

从以上分析中，我们很容易看出仰韶文化中期在铸鼎塬上形成的以西坡遗址为中心的四级大型聚落群。西坡统管整个铸鼎塬，同时主要控制沙河流域，北阳平遗址应该是次中心聚落，控制着阳平河流域，东常和北涧均位于西坡北部，连成一线，便于拱卫西坡的安全与地位。

（三）仰韶文化晚期遗址

在铸鼎塬上继庙底沟文化发展起来的是带有明显西王村类型的仰韶晚期文化。基本器物组合为直口或喇叭口尖底瓶、折沿鼓腹罐、宽平沿浅腹盆、带流盆等[15]。

在此期间，铸鼎塬聚落群区域形态发生了重大变化：

1.遗址的数量急剧减少。由中期的18处下降到了8处，原来18处聚落仅保留6处，新出现了乔营遗址和铁王河遗址，中期的两处三级聚落消失。聚落的总面积也相应地大幅度降低了（表一；图六）。

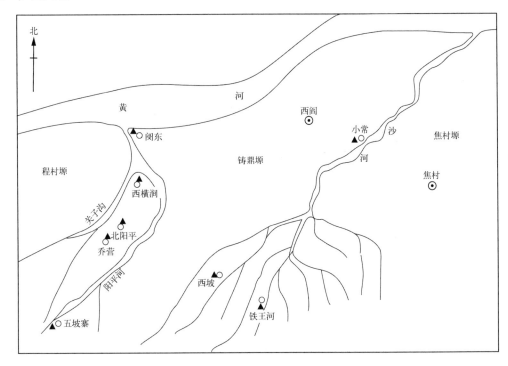

图六　灵宝铸鼎塬仰韶文化晚期遗址分布图

2.聚落群分布范围缩小。分布于沙河中下游的遗存基本消失，仅保留小常遗址。沙河和阳平河流域的遗址分布都趋向于中上游。

3.由于此期的发掘材料所限，中心聚落难以判断。西坡作为中期的霸主，晚期遗存发现不多，已经没有中期的繁盛了。阳平河流域新出现的乔营遗址，面积30多万平方米，且紧挨着北阳平遗址，似乎显示着北阳平在此区域的影响力下降，而乔营遗址是否替代了北阳平遗址，从现有的资料还难以看出，有待以后更多资料的发掘。因此，西坡、北阳平、乔营三者哪个在铸鼎塬仰韶文化晚期发挥着比较大的作用还难以评判。从现有资料看，这一时期的聚落等级应该是两级。

总体看来，此期遗址数量、中心聚落和聚落总面积都显示了社会人口和规模的下降，而聚落等级和聚落整合度的降级可能暗示着政治等级和社会复杂程度的衰减。这种衰落可能与当时的自然环境变化有关，例如气候变冷、资源枯竭；也有可能与人类自身的活动有关，例如政权更迭等，目前我们还无法确证哪种才是主要因素。

按照目前考古发现，铸鼎塬聚落群发生的这些变化在仰韶文化晚期文化分布的中心区域似乎是比较常见的现象，特别是在晋南豫西地区。例如晋南的垣曲盆地此时也发生了类似的变化：遗址数量由24处下降到13处，中心聚落面积由30万平方米下降到只有14万平方米，聚落等级也从三级下降到二级[16]。与某些区域更趋复杂的社会如大地湾聚落系统相比，铸鼎塬地区可能经历了某种程度的社会衰落。这或许意味着仰韶文化晚期阶段社会发展在不同地区之间存在着不均衡的现象。虽然铸鼎塬聚落群显示着发生了某种程度的停滞和衰落，但是并不代表其退化到了一个简单的社会里面，我们应该站在更高的层面上看待整个区域的发展，大区域聚落系统展示的仍然是一个复杂社会的特征。

三、结语

上述分析展示了铸鼎塬聚落群结构的变化过程，并试图通过聚落分析重建各个时期铸鼎塬上聚落之间的关系及社会形态。

仰韶文化早期，铸鼎塬上聚落数量少、规模小，没有明显的等级差别，每个村落都可能是自治的，基于血缘关系组织起来的。而这13处聚落主要是基于地缘关系共存于铸鼎塬上，组成了一个大的聚落群体，或称为"地方团体"。

仰韶文化中期，聚落数量和规模急剧增大，出现了带有比较明显等级差别的复杂社会。规模大、性质特殊的特级中心聚落和三级聚落等级指示着层次分明、联系紧密的这一聚落群，超村落的区域组织已经形成。带有特殊性质的玉钺的出现表明本地区此时的首领应该带有明显的军事性质。

仰韶文化晚期，聚落数量和规模都明显下降，控制等级层次减少，社会整合度相对较弱，显示此时铸鼎塬聚落群的停滞和衰败，但是两级聚落群仍然具备了复杂社会的一些特征，只是更多的证据需要以后工作的开展。

像铸鼎塬聚落群这种结构的变化并不是孤立的，在很多聚落群中都能看到，例如内蒙古敖汉旗地区、垣曲盆地等。

造成这种发展趋势的原因一方面是社会发展的内部规律，即由简单到复杂，由分散到联盟；另一方面是自然气候的变化。据研究，仰韶文化中期气候变得非常温暖湿润，雨水充足，使得原始农业兴盛发展起来，可以养活更多的人口，聚落因此得到扩充；到了仰韶文化晚期，气候走向干凉，阻碍农业的发展，同时影响聚落的发展，促使社会结构为适应这种干凉的气候发生相应的变化。

但是我们必须认识到上面所用材料的有限性，及其在聚落分析中的不充分性，尤其在微观聚落观察上，所以一些分析结果可能带有推测性，而并非最终的结论，这种资料的特性不可避免地会留下许多有待进一步检验和讨论的问题。

注释：

[1] 河南省文物考古研究所等：《河南灵宝铸鼎塬及其周围考古调查报告》，《华夏考古》1999 年第 3 期。

[2] 许顺湛：《河南仰韶文化聚落群研究》，《中原文物》2001 年第 5 期。

[3] 中国社会科学院考古研究所、郑州市文物考古研究院：《中国聚落考古的理论与实践》，科学出版社，2010 年，第 416 页。

[4] 河南省文物考古研究所等：《河南灵宝铸鼎塬及其周围考古调查报告》，《华夏考古》1999 年第 3 期。

[5] 河南省文物考古研究所等：《河南灵宝铸鼎塬及其周围考古调查报告》，《华夏考古》1999 年第 3 期。

[6] 河南省文物考古研究所等：《河南灵宝铸鼎塬及其周围考古调查报告》，《华夏考古》1999 年第 3 期。

[7] 中国社会科学院考古研究所、郑州市文物考古研究院：《中国聚落考古的理论与实践》，科学出版社，2010 年，第 416 页。

[8] 河南省文物考古研究所、中国社会科学院考古研究所河南一队等：《河南灵宝西坡遗址 105 号仰韶文化房址》，《文物》2003 年第 8 期。

[9] 中国社会科学院考古研究所、郑州市文物考古研究院：《中国聚落考古的理论与实践》，科学出版社，2010 年，第 397 页。

[10] 戴向明：《陶器生产、聚落形态与社会变迁——新石器时代至早期青铜时代的垣曲盆地》，文物出版社，2010 年，第 37 页。

[11] 马萧林等：《河南灵宝西坡遗址第五次发掘获重大突破》，《中国文物报》2005 年 8 月 26 日。

[12] 马萧林等：《河南灵宝西坡遗址第五次发掘获重大突破》，《中国文物报》2005 年 8 月 26 日。

[13] 马萧林、李新伟、杨海清：《灵宝西坡仰韶文化墓地出土玉器初步研究》，《中原文物》2006 年第 2 期。

[14] 张光直：《考古学中的聚落形态》，胡鸿宝、周燕译，陈星灿校，《华夏考古》2002 年第 1 期。

[15] 河南省文物考古研究所等：《河南灵宝铸鼎塬及其周围考古调查报告》，《华夏考古》1999 年第 3 期。

[16] 戴向明：《陶器生产、聚落形态与社会变迁——新石器时代至早期青铜时代的垣曲盆地》，文物出版社，2010 年，第 59 页。

灵宝铸鼎原新石器时代聚落变迁的地貌背景考察

◎魏兴涛　◎张小虎

　　人与自然的关系是地理学、考古学等学科所关注的基本问题之一。自然环境提供了人类赖以生存和发展的基本条件，人类活动及其文化等往往受到自然环境的显著影响。这其中，聚落就是人类文化与自然环境相互作用的产物，其分布与变迁受到了自然环境与人类文化的双重影响。在以农业为主要生业经济的新石器时代，自然环境对于聚落的分布更是具有决定性的作用。那么，新石器时代不同阶段聚落分布及其演变与自然环境及其变化的关系究竟如何呢？

　　灵宝市位于河南省最西部，境内河流密布，地貌类型多样，区域地理环境较为封闭，考古工作基础好，古文化序列清楚，文化发展的阶段性特征显著，适合开展小型的环境考古研究。在全国第三次文物普查工作中，河南省文物考古研究院参与了灵宝市新石器时代遗址的调查，除了对原来已发现的遗址进行复查核实外，调查又发现了不少新的遗址[1]。与此同时，2006年10月—12月，我们选择灵宝市境内古文化遗址分布密集的铸鼎原地区即阳平河、沙河流域进行环境考古调查，尤其是古遗址的地貌类型考察，以观察这一区域新石器时代不同阶段聚落分布与区域地貌关系。

一、区域自然环境概况

　　灵宝市位于豫晋陕交界处，地处黄土高原东南缘，北临黄河，南依高耸的秦岭山脉，西通陕西潼关，东接洛阳盆地，境内有著名的函谷关，自古便是扼控东西交通的咽喉之地。全境地势南高北低，从南部海拔2000多米的秦岭山脉向北逐渐倾斜降低到海拔不足300米的黄河谷地。境内洪积、冲积物和坡积黄土广泛分布。地貌类型依次为基岩山地—山麓洪积冲积平原—黄土丘陵、台塬—河谷平原阶地。本文重点考察的铸鼎原位于灵宝中部，南依秦岭，北临黄河，东有沙河，西为阳平河。

　　黄河从灵宝北面流过，发源于小秦岭的多条小河流大致自南向北注入黄河，从西向东主要有双桥河、十二里河、枣香河、阳平河、沙河、弘农涧河、好阳河等。这些河流径流年内分配不均匀，汛期洪水比较大，具有涨落陡、洪峰高和历时短等特点，降水量大时易发生洪水灾害，少时水位跌落，河水断流，成为干河。

本区域属暖温带大陆性季风气候，四季分明，气候温和，光照充足。年均气温 13.8℃，日照 2277.9 小时，无霜期约 215 天，降水量 600 多毫米。冬季多西北风，夏季多偏东风。

本区土壤类型具有明显的垂直分布特征，从黄河岸边到南部山地，依次分布着潮土、褐土、黄棕壤、棕壤。本区植被属于我国南暖温带落叶阔叶林地带，地带性植被为落叶栎林，南部山地分布有小面积的次生林。

二、古文化发展概况

根据已有发现与研究[2]，灵宝地区新石器时代文化发展大致经历了前仰韶文化（裴李岗文化）、仰韶文化、庙底沟二期文化、龙山时代文化四个时期，其中仰韶文化又可以分为初期、早期、中期、晚期四个阶段。据调查，铸鼎原周围共发现新石器时代遗址 55 处（目前铸鼎原周围尚未发现裴李岗文化遗址），按我们划分的一个时期（含阶段）的遗存在一个遗址上作为一处聚落统计，共有聚落 108 处。具体如下：

仰韶文化初期，本地区属于枣园类型。这些遗存发现虽晚，但近年来在本地区屡有发现。与裴李岗文化时期的空白相比，这时本地区已步入了文化快速发展的时期。目前发现这一时期聚落 12 处，其中沙河流域 9 处，阳平河流域 3 处。

仰韶文化早期，本区属于东庄类型。上承枣园类型，东庄类型文化较为发达，遗址数量较多。目前已发现本期聚落 17 处，其中沙河流域 12 处，阳平河流域 5 处。

仰韶文化中期，本区属于庙底沟类型。这一时期是仰韶文化最为繁荣鼎盛的时期，庙底沟类型的分布空间和影响所及超出整个中国新石器时代的任何一种考古学文化，在广大的范围内文化面貌相当一致，本区域作为这一类型的核心区之一经历了该类型形成、发展、繁荣和衰落的全过程。迄今发现这一时期聚落 32 处，其中沙河流域 22 处，阳平河流域 10 处。

与仰韶文化中期相比，仰韶文化晚期最显著的特点是出现了分化，文化走向衰落。本地区这一时期属于西王村类型，昔日辉煌已成过去，文化发展呈现出败落景象，是仰韶文化发展的下降期。这一时期的后期由于受到屈家岭文化、大汶口文化的强烈影响，文化中涌现出较多中原以外系统的文化因素。目前发现本期聚落 20 处，其中沙河流域 10 处，阳平河流域 10 处。

仰韶文化晚期以后，受外来文化的影响，本地区出现了许多新的文化因素，生成为庙底沟二期文化。这一时期的显著特点是出现了大量来自东方海岱地区、南方江汉地区的文化因素，还有来自豫中以及西方、北方的文化因素。目前发现这一时期聚落 16 处，其中沙河流域 8 处，阳平河流域 8 处。

进入龙山时代，本区域发展迟缓，自身缺乏鲜明的文化特征，成为受周边诸文化影响的地区。本区域先后受到了客省庄文化、陶寺文化和王湾三期文化的不同程度影响。目前发现这一时期聚落 11 处，其中沙河流域 3 处，阳平河流域 8 处。

三、区域地貌状况

由于铸鼎原地区大量的古史传说使这一区域受到了学术界的重视。周昆叔先生曾论述铸鼎原的自然环境与古遗址的分布状况[3]，使得我们对于这一区域文化发展与自然环境的关系有了一个基本了解。

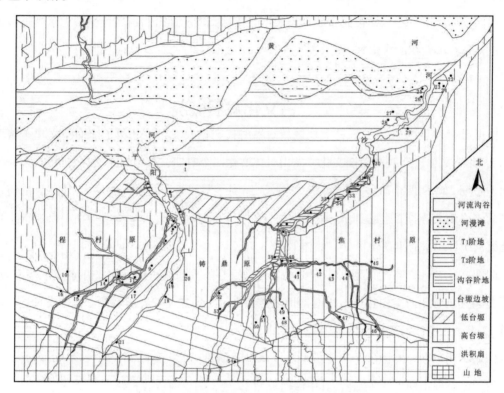

图一　灵宝铸鼎原地区地貌类型与古文化遗址分布图

阳平河流域：1. 阌东　2. 后湾　3. 磨上　4. 东横涧　5. 西横涧北　6. 西横涧　7. 西横涧南　8. 上河村　9. 北阳平　10. 程村　11. 苜蓿岭　12. 童家嘴　13. 走马岭　14. 沙嘴　15. 麻沟　16. 香神　17. 乔营　18. 白家坡　19. 阳平寨　20. 九营　21. 五坡砦

沙河流域：22. 筛子顶　23. 稠桑　24. 稠桑白疙瘩　25. 朱家寨　26. 西闾西坡　27. 肖家湾　28. 周家湾　29. 萧家寨　30. 大闾东坡　31. 南大闾　32. 水泉头　33. 野鸡岭　34. 涧南东　35. 涧南　36. 涌泉埠　37. 干头　38. 北贾寨　39. 南贾寨　40. 常卯　41. 塔底　42. 塔底堂背后　43. 西仓　44. 东仓　45. 坪村　46. 李家山　47. 寨子沟　48. 巴楼南　49. 巴楼北　50. 铁王河　51. 东常　52. 北涧　53. 西坡　54. 荆山　55. 小常

在前人认识的基础上，经过较长时间的野外地貌考察，我们将铸鼎原地区的地貌类型分为河流阶地、黄土台塬、洪积扇及基岩山地等。（图一）具体如下：

河流阶地又分为黄河河流阶地和沙河、阳平河等沟谷河流的河流阶地。其中，黄河沿岸可见有较宽广的河漫滩和两级河流阶地，二级阶地发育较好，阶地面宽阔平坦，而一级阶地发育不好，仅局部地区有分布。沙河、阳平河主要分布在程村原、铸鼎原和焦村原三个黄土台塬之间，属于黄土台塬区的沟谷河流。这两条河流分别可见有两级河流阶地，阶地规模都比较小。其中，沙河阶地比较发育，在河流两岸可见比较连续的二级阶地和一级阶地，而阳平河仅二级阶地呈断续分布。

黄土台塬，可以分为高台塬和低台塬两级。程村原、铸鼎原和焦村原属于高台塬，周围低一级的则是低台塬。无论是高台塬还是低台塬，从暴露出的断面上皆可见明显的数个古土壤条带。其中，高台塬原面较为宽广，表面略有起伏。黄土台塬的边坡地带，地表坡度较小，地势相对较低，距离河流等水源较近，也是适于人类活动的区域之一。

洪积扇，主要分布在山前地区，由于洪积扇的反复发育，接近扇顶处地形切割严重，高度起伏大，地表十分破碎，地表可见较多的河流砾石。洪积扇边缘坡度较小，地形较为平坦，多为水流汇集处，常常是适合人类生产生活的区域。

基岩山地即南部的秦岭山区，海拔高，起伏大，阳平河、沙河等皆发源于这一区域，向北流入黄河。

根据已有研究成果，早在全新世之前包括铸鼎原在内三门峡一带基本的地貌格局就已形成[4]，全新世以来地貌演化的幅度较小，地貌演化对人类活动的影响不显著，人类与地貌的关系主要是人类选择合适的地貌面进行生产生活等活动。

四、不同阶段聚落的地貌分布状况

据调查，铸鼎原地区古聚落分布的地貌类型有黄河二级阶地（T2）、沟谷阶地［包括阳平河二级阶地（T2）和沙河二级阶地（T2）］、黄土台塬（包括低台塬和高台塬）、黄土台塬的边坡地带、洪积扇等（表一；表二），而一级阶地上尚未发现有史前人类居住的迹象。其中，河流阶地（包括沟谷阶地）和黄土台塬是人类居住的主要地貌类型。

表一　灵宝市阳平河流域新石器时代遗址地貌类型、各时期聚落面积一览表

遗址	地理位置	地貌类型	仰初	仰早	仰中	仰晚	庙二	龙山	海拔（米）
五坡寨	阳平镇桑园村西	洪积扇			5	5	2		655~665
程村	阳平镇程村中学西	程村原			1			1	505~615
麻沟	阳平镇麻沟村西南	洪积扇			2.5		2.5	2.5	615~628
香神	阳平镇香神村北	洪积扇				10	20		603~620
白家坡	阳平镇白家坡村东	铸鼎原				2	3		500~505
走马岭	阳平镇上沟村东南	洪积扇				3		8	540~560
苜蓿岭	阳平镇上沟村东	洪积扇				8.5			508~540
阳平寨	阳平镇阳平寨村南	铸鼎原				10	25		475~480
沙嘴	阳平镇周家湾村北	程村原边坡				0.8	0.8		490~500
童家嘴	阳平镇吴家沟村西	程村原边坡		0.5	0.5	1.2			510~525
乔营	阳平镇乔营村北	低台塬				30	6		460~490
九营	阳平镇九营村东北	铸鼎原			0.5				440~455
北阳平	阳平镇北阳平村西	低台塬			85	5	5		440~468
上河村	阳平镇上沟村东	低台塬						4.5	430
西横涧南	阳平镇西横涧村东南	低台塬			2.5	2.5			419

遗址	地理位置	地貌类型	仰初	仰早	仰中	仰晚	庙二	龙山	海拔（米）
西横涧	阳平镇西横涧村西口	低台塬	0.2						417
西横涧北	阳平镇西横涧村北	低台塬		0.2	5	4			416
东横涧	阳平镇东横涧村东北	阳平河 T2	3	4	4				372~380
磨上	阳平镇磨上村北	黄河 T2						1	370
后湾	阳平镇后湾村南	阳平河 T2	3.5	3.5					340~349
阌东	阳平镇阌东村东	黄河 T2		3	3	3			354
合计面积			3	5	10	10	8	8	
			6.7	11.2	109	63	38.3	65	

注：表中"仰初"代表仰韶文化初期，"仰早"代表仰韶文化早期，"仰中"代表仰韶文化中期，"仰晚"代表仰韶文化晚期，"庙二"代表庙底沟二期文化，"龙山"代表龙山时代，下同。面积单位：万平方米。

表二 灵宝市沙河流域新石器时代遗址地貌部位、各时期聚落面积一览表

遗址	地理位置	地貌位置	仰初	仰早	仰中	仰晚	庙二	龙山	海拔（米）
荆山	阳平镇荆山村东南	洪积扇					0.3		605~610
巴楼南	焦村乡巴楼村南	铸鼎原			5				490~520
铁王河	阳平镇东常村中南部	铸鼎原	4			4	4		415~430
东常	阳平镇东常村东	铸鼎原			12		5		415
西坡	阳平镇西坡村西	铸鼎原			40	20			455~475
北涧	阳平镇北涧村	铸鼎原	7						453~456
巴楼北	焦村乡巴楼村北	铸鼎原	4		5		3	3	440
东仓	焦村镇东仓村西	铸鼎原		5	5	5			441~450
西仓	焦村镇西仓村北	铸鼎原			8				433~437
塔底	焦村乡塔底村西	铸鼎原					6		415
塔底堂背后	焦村乡塔底村堂背后	铸鼎原		5		5			420~422
北贾村	西阎乡北贾村南	沙河 T2	2	2	2				401~404
南贾寨北	西阎乡南贾寨村北	沙河 T2		1	1				402
常卯	焦村镇常卯村东南	沙河 T2			12				405~418
干头	西阎乡干头村东	焦村原边坡			3				395~435
永泉埠	西阎永泉埠村西北	沙河 T2			3	3	3		383
小常	西阎乡小常村西	沙河 T2	4		5	4			376
涧南	西阎乡涧南村东北	低台塬		0.5	0.5	0.5	0.5		402
水泉头	西阎乡水泉头村西北	沙河 T2			3	3			362~377

遗址	地理位置	地貌位置	仰初	仰早	仰中	仰晚	庙二	龙山	海拔（米）
野鸡岭	西阎乡水泉头村东野鸡岭	焦村原坡、沙河T2		1	2	3		2	370~385
南大阎	西阎乡南大阎村西南	沙河T2	3	5					368~373
北大阎东坡	西阎乡北大阎村东南	沙河T2					1.5		374~385
周家湾	西阎乡周家湾村南	黄河T2	2	8					342~370
肖家湾	西阎乡肖家湾村南	黄河T2	5	10	10				342~360
萧家寨	西阎乡东上村西北	黄河T2		1	1				350~365
西阎西坡	西阎乡西坡村南	黄河T2		0.3					354
朱家寨	西阎乡西坡村北	黄河T2			10				355~360
白疙瘩	北坡头乡稠桑村白疙瘩	黄河T2		3					379
稠桑	北坡头乡稠桑村北	黄河T2			4				381~395
筛子顶	函谷关镇张嘴村西北	焦村原边坡						4	403~429
坪村	焦村镇坪村南	铸鼎原	0.5						460
寨子沟	焦村镇寨子沟村南	洪积扇			1				525
李家山	焦村镇李家山村西	洪积扇			1				597~603
涧南东	西阎乡涧南村东	沙河T2				3	3		370~385
聚落总数			9	12	22	10	8	3	
合计面积			31.5	36.8	141.5	50.5	23.3	9	

注：面积单位：万平方米。

从聚落分布的地貌类型来看，我们发现，大致以仰韶文化晚期为界，铸鼎原地区新石器时代聚落分布的空间变迁可以分为较为显著的两个阶段（表三）：仰韶文化初期和早期，相对高度较低的河流阶地（包括沟谷阶地）是人类居住的主要空间，黄土台塬则是人类的另一个重要居住空间；仰韶文化中期，伴随人类的扩张，人类居住的地理空间也明显扩大，居址见于除山地外的各种地貌类型，且以相对高度较高的洪积扇、黄土台塬上分布的聚落数量超过了河流阶地上的聚落数量。

表三　铸鼎原地区古聚落分布的地貌类型统计表

时代	地貌类型						
	洪积扇	低台塬	高台塬	塬坡地带	黄河T2	沟谷阶地	总数
仰初		1	4		2	5	12
仰早	2	2	1		5	7	17
仰中	4	4	8	2	6	8	32

时代	地貌类型						
	洪积扇	低台塬	高台塬	塬坡地带	黄河 T2	沟谷阶地	总数
仰晚	3	5	4	2	1	5	20
庙二	4	3	6	1		2	16
龙山	3	1	4	1	1	1	11
总数	14	16	28	7	15	28	108

注：本表据表一、表二做出，沟谷阶地包括阳平河二级阶地和沙河二级阶地。

表四　阳平河流域古聚落分布的地貌类型统计表

时代	地貌类型						
	洪积扇	低台塬	高台塬	塬坡地带	黄河 T2	阳平河 T2	总数
仰初		1				2	3
仰早		1		1	1	2	5
仰中	2	3	2	1	1	1	10
仰晚	3	4		2	1		10
庙二	3	2	2	1			8
龙山	3	1	3			1	8
共计	11	12	7	5	4	5	44

注：据表一做出。

表五　沙河流域古聚落分布的地貌类型统计表

时代	地貌类型						
	洪积扇	低台塬	高台塬	塬坡地带	黄河 T2	阳平河 T2	总数
仰初			4		2	3	9
仰早		1	2		4	5	12
仰中	2	1	6	1	5	7	22
仰晚		1	4			5	10
庙二	1	1	4			2	8
龙山			1	1		1	3
共计	3	4	21	2	11	23	64

注：据表二做出。

从仰韶文化晚期开始，人类居住的空间重心转移到了黄土台塬、洪积扇等地貌类型上，聚落数量明显超过河流阶地，河流阶地上的聚落数量持续减少。庙底沟二期文化时期和龙山时代，聚落的空间分布仍延续了这一趋势，人类聚落完全以黄土台塬、洪积扇为主，河流阶地已不是人类居住的主要地理空间。

具体而言，不同时期沙河、阳平河流域人类居住的地理空间仍存在一定差异。（表四；表五）仰韶文化初期、早期，两个流域人类居址都以相对高度较低的黄河阶地和沟谷阶地为主，黄土台塬是人类居住的另一个地貌类型。从仰韶中期开始，两个流域人类居住的地理空间开始出现了较大差异，阳平河流域人类居住重心转移到了相对高度较高的黄土台塬区和洪积扇上，并且这个趋势一致延续到了龙山时代；而沙河流域则存在河流阶地和黄土台塬两个重心，且保持到了仰韶文化晚期。从庙底沟二期文化开始，两个流域人类居住的地理空间都转移到了相对高度较高的黄土台塬区和洪积扇上，相对高度较低的河流阶地已不是人类居住的主要地貌类型，且这一趋势延续到了龙山时代。

由河流二级阶地依次过渡到低黄土台塬、高黄土台塬、洪积扇，地势上逐级增高。从早至晚，铸鼎原区域的人类居住存在一个较为显著的向高海拔移动的趋势。

此外，通过调查我们还发现，铸鼎原地区古聚落分布明显受区域水系特征影响。一方面，不同水系对人类聚落分布的影响存在差异。本区域主要的水系有黄河以及作为黄河支流的阳平河、沙河。作为一条大河，黄河控制了区域内的地貌、水系发育，阳平河、沙河的水系变迁、河流地貌发育都受黄河的影响。由于其宽广的泛滥空间，当时黄河河流阶地并不是最适合人类开发利用的区域，很少有聚落沿黄河干流两岸分布，黄河对聚落分布影响很小，聚落大多沿沙河、阳平河等黄河小支流两岸分布。

而另一方面，沙河、阳平河不同的水系特征也是造成两个流域古聚落数量及分布形态差异的重要因素。阳平河上游呈平行状水系，少量支流，聚落较少，分布呈现沿河流沟谷两侧的线状特征。沙河上游小支流众多，呈典型的树枝状水系，而下游支流很少，呈线状水系。因此，沙河上游古聚落分布呈现出聚团的特点，围绕各个小支流分布有数量较多的聚落；而下游地区聚落则沿河流阶地两岸分布，呈线状排列。

五、小结

通过上面对区域地貌与水系的考察，可以发现，铸鼎原地区新石器时代聚落分布与变迁具有以下两个显著特征：

1. 从早至晚，人类居址分布存在一个向高海拔的地貌面移动的趋势。仰韶初期和早期，人类主要居住于较低的河流阶地上；仰韶中期，河流阶地与黄土台塬成为人类居住的两个主要地貌类型；仰韶晚期，人类居址的重心转移到了黄土台塬与洪积扇上，河流阶地上的聚落数量显著下降；庙底沟二期文化和龙山时代，人类主要居住于较高的黄土台塬与洪积扇上，而河流阶地已不是人类居住的主要空间。

2. 区域水系也是控制人类聚落数量与分布形态的一个重要因素。阳平河流域及沙河流域古聚落数量与分布形态都受到了各自水系特征的明显影响。阳平河流域聚落较少，呈线状分布；而沙河上游聚落较多，分布呈聚团特点，下游则呈线状排列。

除了人类群体扩大、人类自身能力增强等因素外，铸鼎原地区新石器时代人类居住空间的这种演变趋势背后是否与自然环境变化、社会背景、人群互动等因素有关，尚需进一步深入研究。

注释：

[1] 魏兴涛、胡小平、宁建民：《灵宝新石器时代遗址的"三普"收获及其重要意义》，见《河南文物考古论集》（5），大象出版社，2014年，第6—15页。

[2] 河南省文物考古研究所、中国社会科学院考古研究所河南一队、三门峡市文物工作队等：《河南灵宝铸鼎塬及其周围考古调查报告》，《华夏考古》1999年第3期；中国社会科学院考古研究所河南第一工作队、河南省文物考古研究所、三门峡市文物工作队等：《河南灵宝市北阳平遗址试掘简报》，《考古》2001年第7期；河南省文物考古研究所、中国社会科学院考古研究所河南一队、三门峡市文物考古研究所等：《河南灵宝市西坡遗址2001年春发掘简报》，《华夏考古》2002年第2期；魏兴涛：《豫西晋西南地区新石器时代文化与社会》，北京大学博士学位论文，2010年。

[3] 周昆叔：《铸鼎原觅古》，科学出版社，1999年；周昆叔：《环境考古》，文物出版社，2007年。

[4] 潘保田、王均平、高红山：《从三门峡黄河阶地的年代看黄河何时东流入海》，《自然科学进展》2005年第6期；季军良、郑洪波、李盛华等：《山西平陆黄河阶地与古三门湖消亡、黄河贯通三门峡时代问题的探讨》，《第四纪研究》2006年第4期。

灵宝新石器时代遗址的"三普"收获及其重要意义

◎魏兴涛　◎胡小平　◎宁建民

第三次全国文物普查（简称"三普"）是我国历史上规模最大的一次文物普查。在河南省的"三普"工作中，省文物局为使普查更加扎实、促进普查成果进一步向科研成果转化，适时地抓住这一难得时机，设立多项研究课题，鼓励和资助科研单位积极投入文物普查中，其中河南省文物考古研究院（原河南省文物考古研究所）承担了河南新石器时代早期遗址调查等课题，于 2006 年至 2011 年[1]乘配合郑州至西安铁路客运专线工程建设在三门峡市开展考古发掘工作之机，参与了三门峡市新石器时代遗址的调查，尤其与灵宝市文物保护管理所紧密合作协同普查。普查中我们并不局限于新石器早期遗址的寻找调查，而是以新石器时代遗址为重点将所有古代遗址均纳入了普查范围。经过调查人员数个寒来暑往的栉风沐雨、翻山涉水，调查取得了十分丰硕的成果。以下即对"三普"中灵宝市境内新石器时代遗址调查的主要收获做简要总结，并初步阐述其重要意义。

一、普查发现大批新的遗址

灵宝市位于豫晋陕交界，由于这里处于新石器时代中原文化区[2]的中心区域，因此长期以来受到新石器时代考古研究者的关注。已有线索表明灵宝一带是仰韶文化尤其是其中期的核心区域之一，因而为开展课题研究，我们选取该市作为合作普查的重点区域。合作普查分两种形式，一是对灵宝境内主要河流如阳平河、沙河、弘农涧河、双桥河、十二里河等流域由河南省文物考古研究院相关人员与灵宝市文物保护管理所普查人员协同进行一年多集中的较全面调查，其中不少河流或地段已达到拉网式调查的程度[3]；二是根据灵宝市普查者日常调查发现遗址的线索，河南省文物考古研究院人员不定期前往复查确认。调查以新石器文化遗址为重点兼及夏商以后各时代遗址，一般以发现两组原生文化层或遗迹堆积的间距 200 米作为判定两个遗址的基本标准，既对已知遗址进行认真复查，又慎重认定新的遗址。（图一，1）普查发现一大批遗址。

复查的如五帝遗址，是文物档案资料中已有记录的遗址，然而却有 45 万平方米和 120 万

1. 遗址调查与土样采集

2. 晓坞遗址仰韶文化 M1 调查发现现场（由西向东摄）

3. 晓坞遗址仰韶文化 M1 调查发现现场（由西南向东北摄）

4. 晓坞遗址仰韶文化 M2 调查发现现场（由东向西摄）

5. 五帝遗址西南部（由西北向东南摄）

图一　灵宝新石器时代遗址调查

平方米等多个不同的面积数据。2007 年 5 月我们对其进行了复查。经本次调查可知，遗址分布在大王乡五帝村东好阳河及其支流吉家湾河之间的二级阶地及岭状黄土台塬上，约呈南北向长方形，其西南部为寺上村，西北部与东南部分别被五帝村和吉家湾村占压，对遗址造成较大破坏。但正是土岭东、西侧的层层梯田断面为我们判断遗存的分布提供了较可靠的依据。据此确定遗址的范围长达 1500 余米，宽 700~900 米，海拔 368~421 米，用 GPS 手持机测得遗址面积116 万平方米，然东南部和南部因断崖等障碍所走的线路略大于实际，结合 1：10000 地形图测算遗址现存总面积约 100 万平方米，是目前豫西地区发现的面积最大的新石器时代遗址。遗址堆积十分丰富，断面上暴露的文化层较厚，灰坑巨大，环形口小口尖底瓶、卷沿曲腹彩陶盆等陶器残片遍地可见，根据采集品可知基本存在仰韶文化中期和庙底沟二期文化两个时期遗存。其中前者分布范围甚广，见于整个遗址，表明仰韶中期聚落的规模与遗址整体面积相当，是迄今调查所见灵宝乃至豫西和河南规模最大的这一时期聚落，聚落中心应在遗址中、北部；后者仅见于遗址北部，可知庙底沟二期文化聚落已大大缩小，测算面积约 5 万平方米。（图一，5）

新发现的如猪头寨遗址，2009 年 9 月普查发现，位于阳店镇猪头寨村，处于灞底河支流蒙家沟北岸的黄土台塬上，高出河面 55~75 米。遗址大部分位于村庄以南和以西，南邻河，西亦为深达 50 米左右的冲沟，东为地势更高的塬坡，向北可达村庄北 50 米左右，遗址现地表为东高西低的多层梯田，约呈东西向长方形，长约 900 米，宽 150~300 米，海拔 540~555 米，由GPS 机测数据结合 1：10000 地形图测算遗址现存面积约 22 万平方米。遗址文化堆积丰富，在遗址西北部东西向朝北的梯田断面上暴露出多座大型灰坑，间距 10 余米，排列有序。在遗址西南端的断崖上还发现有更大更深灰沟状的遗迹，是否为聚落环壕尚待进一步调查或勘探发掘确认。陶片随处可见，主要器形有带堆纹的筒形深腹罐、鼎、斝等，皆属庙底沟二期文化。据此得知这是一处较大型、年代较单纯的庙底沟二期文化聚落遗址。该遗址发现后，我们当即确定在调查时热心给我们提供遗址灰土分布信息并带路的一名村民为业余文物保护员，登记其姓名、性别、年龄、文化程度、家庭成员、联系方式，住房位置，还要来了照片，以备制作正式的保护员证件，并告知其工作职责、注意事项和享有的相应待遇。这是我们在调查新发现无论大小遗址或尚无文物保护员的遗址及其他文物点时所必做的一项工作，以加强对田野文物的保护。

二、普查发现宝贵的仰韶文化早期大型二次葬墓和水稻籽实

普查中我们对发现濒临破坏的遗址或文物尽可能采取措施予以保护和妥善处理。如2007 年 4 月我们对阳店镇晓坞遗址进行了调查，遗址地处朱乙河北岸的二级阶地和黄土台塬上，总面积约 10 万平方米，遗址包含仰韶文化初期、早期和二里头文化遗存。调查时发现在遗址南部斜坡的道路一侧一棵树根部暴露出成堆人骨，这里正是旁边大部分已挖下去的宅基地的一部分（图一，2、3），其西约 60 米路边断崖上也暴露出一层人骨（图一，4），普查队意识到很可能这是两座已遭严重破坏的新石器时代二次葬墓，为避免即将面临的被彻底破坏的厄运，我

们立即报请省、市文物管理部门批准后对其进行了抢救性试掘清理。(图二,1、2)清理发现,两墓均为长方形浅竖穴土坑墓,属多人二次葬,未见随葬品。其中前者编号为07LXM1(简称M1),南部已被道路和路中的冲沟破坏,墓坑南北残长3.10米,东西宽1.89米,深0.35米,残存面积约4.1平方米,墓内人骨摆放十分密集,一般有一两层人骨,东南部则有三四层,往往为头骨置于长骨之上。(图二,3;图三,1、2)后者编号为07LXM2(简称M2),东部已被道路破坏无存,西部南北长2.13米,东西残宽1.65米,深0.40米,残存面积约3.2平方米,墓内人骨相对稀疏,仅见一层,既有头骨置于长骨上者,又有仅存长骨,头骨可能处于东端已被毁掉者。(图三,3)为了分清每一个体,我们专门邀请体质人类学者共同起取人骨。经现场起取判定,MI和M2内分别残存79具、17具个体,合计共96具个体,两墓内多为成人,但也均有未成年人[4]。其中MI内人骨众多,显然是一座大型二次合葬墓。据层位关系和墓内填土包含陶片的特征可确定MI、M2均属于仰韶文化早期东庄类型。同遗址还出土有卷沿曲腹饰旋纹的红陶盆等基本可修复完整的陶器。(图四,1、2)这样,我们既抢救了面临彻底破坏的文物遗迹,又获取了十分难得的重要考古资料。

普查中我们还邀请环境考古学者参加一些流域如阳平河和沙河流域的遗址调查,以获取遗址所处地貌位置等相关信息;采集样品送年代学者对调查中发现的重要遗存进行测年,以认识遗存的绝对年代。同时,还对多处遗址重要堆积单位采集土样,以进行水浮选和备作植硅石分析之用。如2007年9月对豫灵镇底董北遗址进行了调查,该遗址处于十二里河西岸二级阶地上,面积约15万平方米,是新发现的一处面积较大的仰韶文化早期遗址。在遗址东南部一段路沟的南北两侧断面上各发现一座斜壁近平底的灰坑,南侧断面上者编号为07LDBH01(简称H01),经铲刮断面后发现坑内堆积可分为两层,对H01取土样浮选获得的炭化农作物籽实鉴定发现,H01第2层中除出土有粟米外,还出土有稻米籽粒[5]。(图四,3)由H01内出土陶片的特征可以确定发现的炭化稻米的年代属于仰韶早期。

三、灵宝新石器时代遗址普查的主要成果与重要意义

经过数年的合作普查,灵宝境内新石器时代遗址的调查取得了丰硕的成果,并有着至少如下重要意义:

第一,调查发现了一大批新的遗址,灵宝市境内现已发现和确定的新石器时代遗址的数量达到182处。(图四,5)20世纪50年代和80年代,我国分别进行了第一、二次全国文物普查,在第二次普查后国家文物局主持编纂了《中国文物地图集》,其中河南分册中公布灵宝市新石器时代以及包含该时代的遗址有87处[6]。而本次普查确定的新石器时代遗址数目比前两次普查发现的遗址增加了一倍还多,是已知豫西地区新石器时代遗址数量最多的县市。

第二,通过研究单位与基层文物部门合作普查,促进了普查工作的扎实开展,保证了普查的质量。文物普查开展伊始我们就着手设计研究课题,并探讨了相关技术性问题[7]。设计的

1. M1 北部
（由北向南摄）

2. M1 东南部
（由东南向西北摄）

3. M1 全景
（由西向东摄）

图二　灵宝晓坞遗址仰韶文化 M1

1. M1 发掘现场
（由东北向西南摄）

2. M1 发掘现场
（由西向东摄）

3. M2 全景
（由西向东摄）

图三　灵宝晓坞遗址仰韶文化 M1 和 M2

1. 晓坞遗址出土仰韶文化陶盆（H：1）

2. 晓坞遗址出土仰韶文化陶盆（TG2③：4）

3. 底董北遗址仰韶文化H01第2层出土稻粒

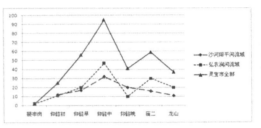

4. 灵宝新石器时代各时期聚落数目变化

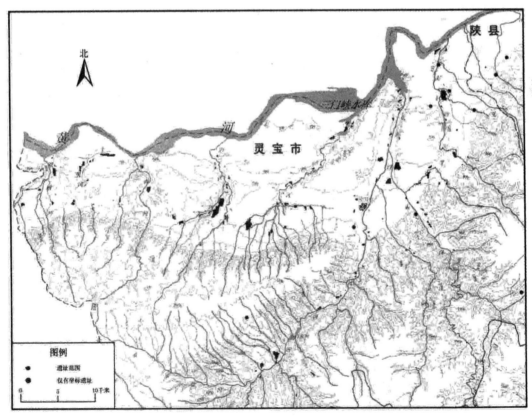

5. 灵宝新石器时代文化遗址分布图

图四　灵宝新石器时代遗址调查

研究课题被文物管理部门采纳后，在研究课题的框架下调查扎实可靠，记录更全面细致，所提取的信息量更丰富。我们并不随意增加或合并减少一处遗址，而是按照调查开始时拟定的原则和"三普"的相关要求谨慎确认遗址，因此确定的遗址可谓货真价实。该课题的开展还带动了其他各时代遗址及文物的普查，并提高了基层文物工作者的业务能力、专业水平，促进了当地文物工作的开展。我们还多次到三门峡市属其他县市参加一些重要遗址的调查，解难释疑，并汇总普查结果、收集新石器遗址的普查材料以供课题研究之用。新石器遗址的调查作为普查的重要组成部分为圆满完成当地的文物普查工作奠定了坚实基础，为摸清文物家底、做好文物保护工作做出了积极贡献。实践证明，与普查同步，充分利用普查所获信息深入研究，能够达到提升文物普查质量与有利于考古研究的双赢效果。

第三，普查结果为豫晋陕交界地区新石器文化与聚落形态的研究提供了坚实的基础资料。多年的合作普查使我们不但对三省交界地区新石器时代各阶段文化的性质及面貌加深了认识，而且对各阶段聚落形态及其发展演变有了基本的把握。大批调查材料与在这里开展的灵宝西坡[8]、底董[9]、三门峡南交口[10]、庙底沟[11]等遗址的发掘材料互相补充，为深入认识该地区新石器文化序列，即前仰韶文化（裴李岗文化），仰韶文化初期、早期、中期、晚期；庙底沟二期文化和龙山时代文化，以及各阶段文化之间的关系与发展谱系增添了实证。同时从聚落考古的角度看，这里聚落遗址的数量和规模并不平衡，如将每一遗址上述一个文化阶段作为一处聚落，则迄今调查发现的诸阶段聚落数目依次是 2 处、25 处、56 处、95 处、41 处、59 处、37 处，总计315处，表明进入仰韶时代，这里的聚落即开始了稳步发展，至仰韶中期达到顶峰，此后急剧衰落，庙底沟二期有所回升，到龙山时代再次衰落。而同在灵宝市境内，沙河阳平河流域和弘农涧河流域各时期的聚落数目也存在一定差别。（图四，4）聚落数量最多的仰韶中期在聚落空间分布及单体聚落规模、聚落内的布局等方面也均有显著性变化，与西坡遗址发掘出的同时期特大型房址和大墓等相呼应，中原社会复杂化初期及文明起步阶段的面貌与特点可得以初步揭示。可见该课题为中国文明起源的研究做出了相应的努力。

第四，晓坞遗址多人二次葬墓的发现对仰韶文化早期埋葬习俗及有关问题的研究有着重要价值。这种埋葬方式以往在关中、豫西南等地较多见，但在豫西三门峡地区仰韶早期中尚属首次发现。就豫西晋南地区和关中地区之间来说，由于 20 世纪 50 至 70 年代在陕西西安半坡[12]、华县元君庙[13]、华阴横阵[14]、临潼姜寨[15]、渭南史家[16]等遗址发现有较多仰韶早期的多人二次葬墓，学术界一般认为这种葬俗存在和流行于关中地区仰韶文化半坡类型等。晓坞遗址的发现，是数十年来仰韶早期这种墓葬的再次集中发现，并修正了相关认识，即同是多人二次葬这种埋葬方式，在关中地区半坡类型许多墓葬有陶器等随葬品，而在豫西晋南东庄类型则无随葬器物，表明还存在一定的差别。其中 M1 在现存仅 4 平方米稍多的范围内就发现 79 具人骨，是豫西晋南地区发现埋葬人数最多的新石器时代墓葬，如不被破坏则内葬个体必更多。此外在灵宝尹庄镇前店遗址等调查中也发现有断面上暴露的同一时期同样葬俗的墓葬，我们也进行了拍照、绘图和描述记录。可见，这是三省交界地区仰韶早期曾十分盛行的埋葬方式，从而为探讨这种埋葬习俗的分布地域及当时的社会结构、社会制度等增添了新的资料。

第五，晓坞遗址仰韶文化墓葬的发现为开展史前人骨的多学科研究提供了难得的标本。尽管如上所述，以前考古发掘中在关中等地区也曾发现不少多人二次葬墓，但囿于当时考古学科的发展程度，对于出土的墓葬人骨往往在鉴定性别、年龄后仅顶多拣选个别保存较好的头骨、盆骨作为样品而绝大部分乃至全部骨骼都被扔弃了。随着学科的进步，大约在20世纪八九十年代之交开始，考古学的研究目标从此前的主要是文化体系的构架提升到了复原或重建历史的高度[17]。晓坞M1、M2内出土大量人骨，因每墓内的个体合葬在一起自然可视为基本同时，其在考古发掘中是难得的"共时性"属性特征明确的遗存。由于这些骨骼直接与"人"相关，对于复原人类历史显然具有特别的重要价值。基于这些考虑，我们在清理发掘中分清所属个体后无论骨骼大小均认真细致地采集了所有人骨遗骸，并按个体妥善包装保管，以便于当下对之进行多学科研究，乃至于以后随着科技手段的发展，能够开展更多方面的研究，尽可能获取更多的古人类信息。目前我们已联合相关学科人员对晓坞仰韶墓葬人骨开展了体质人类学、淀粉粒鉴定、食性分析、DNA测定等多项研究，有的已有重要研究成果，尚待发表。

第六，底董北仰韶文化早期炭化稻粒的发现对这一时期农业经济与环境研究具有重要意义。黄河流域出土的稻作遗存因发现较少故而历来备受人们关注，其中仰韶中期稻作遗存又相对已有稍多发现，但更早的仰韶早期者则属罕见，以往仅在三门峡南交口遗址发现有仰韶早期的炭化稻米[18]。底董北遗址的发现，使两遗址正相印证，仰韶早期出土这种重要作物已不再是孤例，它们一样是黄河中游地区迄今所见年代最早的水稻籽实。同时由于地理位置上底董北遗址在南交口遗址西约100千米，其地已约处于豫晋陕三省的交汇点上，因此底董北遗址便成为仰韶早期迄今发现水稻遗存最靠西的地点。水稻的种植改变了单一种植粟类旱地作物的局面，表明早在仰韶早期之时豫西三门峡地区已是水、旱作物并举的稻、粟混作区，人们已有了更加稳定的植物类食物资源。水稻属高产作物，多品种的种植模式被认为是种植制度先进性的体现，是农业大发展的标志[19]。水稻具有明显喜温湿的特性，它的种植表明当时环境已较温暖湿润。适宜的气候与农业的发展为社会、文化的发展奠定了坚实基础，为日后仰韶中期文化的繁荣、中原社会复杂化进程起步与初步发展提供了良好条件。因此，底董北稻作遗存与晓坞多人二次葬墓等的发现均可视为"三普"中灵宝文物调查所获得的额外重要收获。

附记："三普"中灵宝市新石器时代遗址调查工作的参加人员有河南省文物考古研究院魏兴涛，技工朱家生、邱宏涵、薛国政，灵宝市文物保护管理所胡小平、宁建民、陈建立、张春娥、刘志斌、周杰、王项虎、王勇、赵来坤、郭九行、姜涛、赵云峰等。

注释:

[1] 第三次全国文物普查的实施时间为2007年至2011年。在全国范围的文物普查正式启动前,河南省等被国家文物局确定为普查的试点省份,三门峡市等又被河南省文物局确定为试点地市,灵宝市则又作为三门峡市的重点之一率先开始普查。由河南省文物考古研究院与灵宝市文物保护管理所合作开展的灵宝市新石器时代遗址调查工作于2006年10月开始进行。

[2] 严文明:《中国史前文化的统一性与多样性》,《文物》1987年第3期。

[3] 灵宝市阳平河、沙河流域普查收获,参见魏兴涛等:《河南灵宝铸鼎塬史前聚落考古调查取得重要成果》,《中国文物报》2007年6月29日。

[4] 灵宝晓坞遗址仰韶文化墓葬中出土人骨协助起取、鉴定、研究由西北大学遗产保护中心陈靓博士完成,特此致谢。

[5] 普查中植物遗存取样浮选工作由魏兴涛完成,浮选使用水波浮选仪。植物种属鉴定和拍照由中国社会科学院考古研究所赵志军研究员完成,特此致谢。

[6] 国家文物局:《中国文物地图集·河南分册》,中国地图出版社,1991年。

[7] 魏兴涛:《文物普查中研究课题的设计及相关技术性问题》,《中国文物报》2007年6月29日。

[8] 中国社会科学院考古研究所河南一队、河南省文物考古研究所等:《河南灵宝市西坡遗址试掘简报》,《考古》2001年第11期;河南省文物考古研究所、中国社会科学院考古研究所河南一队等:《河南灵宝市西坡遗址2001年春发掘简报》,《华夏考古》2002年第2期;河南省文物考古研究所、中国社会科学院考古研究所河南一队等:《河南灵宝西坡遗址105号仰韶文化房址》,《文物》2003年第8期;中国社会科学院考古研究所河南一队、河南省文物考古研究所等:《河南灵宝市西坡遗址发现一座仰韶文化中期特大房址》,《考古》2005年第3期;河南省文物考古研究所、中国社会科学院考古研究所河南一队等:《河南灵宝市西坡遗址墓地2005年发掘简报》,《考古》2008年第1期;中国社会科学院考古研究所、河南省文物考古研究所:《灵宝西坡墓地》,文物出版社,2010年。

[9] 魏兴涛:《灵宝底董仰韶文化遗存的分期与相关问题探讨》,《中国国家博物馆馆刊》2011年第1期。

[10] 河南省文物考古研究所:《三门峡南交口》,科学出版社,2009年。

[11] 中国科学院考古研究所:《庙底沟与三里桥》,科学出版社,1959年;樊温泉、靳松安、杨树刚:《庙底沟遗址再次发掘又有重要发现》,《中国文物报》2003年2月14日。

[12] 中国科学院考古研究所、陕西省西安半坡博物馆:《西安半坡》,文物出版社,1963年。

[13] 北京大学历史系考古教研室:《元君庙仰韶墓地》,文物出版社,1983年。

[14] 中国社会科学院考古研究所陕西工作队:《陕西华阴横阵遗址发掘报告》,见《考古学集刊》第4集,中国社会科学出版社,1984年。

[15] 西安半坡博物馆等:《姜寨——新石器时代遗址发掘报告》,文物出版社,1988年。

[16] 西安半坡博物馆等:《陕西渭南史家新石器时代遗址》,《考古》1978年第1期。

[17] 赵辉:《考古学关于中国文明起源问题的研究》,见《古代文明》第2卷,文物出版社,2003年。

［18］秦岭:《南交口遗址 2007 年出土仰韶文化早、中期植物遗存及相关问题》,见《三门峡南交口》,科学出版社,2009 年。

［19］赵志军、方燕明:《登封王城岗水选结果及分析》,《华夏考古》2007 年第 2 期。

三门峡灵宝盆地史前遗址的调查收获及重要意义

◎魏兴涛　　◎崔天兴　　◎张小虎　　◎李天鹤　　◎李金斗

灵宝盆地位于豫陕晋三省交界处黄河南岸，三门峡市西部，东西长 76.4 公里，总面积 3007.3 平方公里。发源于南部小秦岭和崤山的七条河流约自南而北注入黄河，从西向东为双桥河、十二里河、枣香河、阳平河、沙河、弘农涧河、好阳河等。自 1999 年以来，中国社会科学院考古研究所、河南省文物考古研究院等单位联合先后开展了灵宝盆地中部铸鼎原周围考古调查，灵宝北阳平、西坡遗址发掘等工作，取得了重大学术成就，成为史前考古领域的学科前沿性成果。为了全面认识这一区域新石器时代社会结构及其变迁，2006 年至 2011 年河南省文物考古研究院利用第三次全国文物普查之机，与灵宝市文管所协同对灵宝盆地的史前遗址进行了考古调查，2018 年起联合郑州大学历史学院对遗址逐一航拍，进行了必要的复查和系统资料

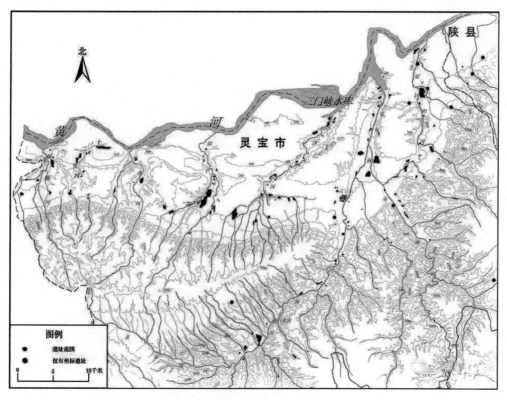

图一　灵宝盆地史前文化遗址分布图

整理，确定史前（包括二里头文化）遗址共 193 处（图一），该区域是中原地区史前遗址数量最多、分布最密集区域之一，取得了丰硕成果，对于深入认识中原地区史前文化和社会发展状况尤其是社会复杂化、文明化进程具有重要意义。

如果按照文化分期确定各时期聚落，灵宝盆地 193 处史前遗址则可划分为 392 处聚落，其中裴李岗文化 2 处、仰韶文化初期 26 处、仰韶早期 72 处、仰韶中期 103 处、仰韶晚期 38 处、庙底沟二期文化 70 处、龙山时期 47 处、二里头文化 24 处（表一；图二）。这些聚落按照 < 10 万平方米者、≥ 10 万 ~20 万平方米、≥ 20 万 ~50 万平方米者、≥ 50 万平方米的标准可划分为小型、中型、大型、特大型四级。

表一　灵宝盆地各流域史前聚落统计表

	裴李岗	仰韶初期	仰韶早期	仰韶中期	仰韶晚期	庙二	龙山	二里头	合计
双桥河			6	7	3	6	1	1	24
十二里河		1	7	4		1	2	1	16
枣香河		1	4	7	5	2	4	2	25
阳平河		2	6	11	10	9	8	1	47
沙河	1	9	13	24	10	13	3	3	76
弘农涧河	1	13	32	45	11	33	27	9	171
好阳河			6	7	5	6	2	7	33
合计	2	26	74	105	44	70	47	24	392

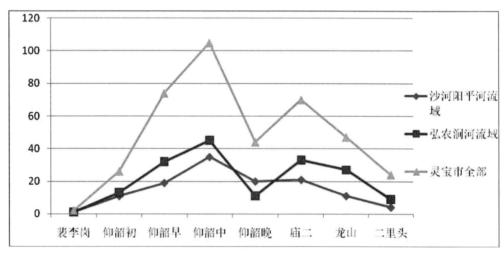

图二　灵宝盆地及一些流域史前各时期聚落数量变化

裴李岗时期聚落少，规模甚小、不分等级，聚落和社会发展水平很低。

进入仰韶时期聚落开始了大发展，聚落分布基本覆盖整个区域，社会发展明显加速。仰韶初、早期聚落已出现中型和小型的差异，但差异较小，中型者甚少，且分布不均。仰韶初期个别大流域出现了聚落群，然中心聚落不明显，一些小流域仅零星聚落，聚落间距一般 3~8 公里。仰韶早期聚落数量激增近 3 倍于仰韶初期，各流域均有聚落群和面积较大聚落，聚落距离 2~8 公里，大的河流还可分为两群，一些群的中心聚落已初露端倪。可见，仰韶早期之前聚落间应当尚未分层，即使有也仅处于较低水平。仰韶中期庙底沟期，聚落继续大幅增加，是灵宝盆地史前聚落最多、社会最为繁荣的阶段。人类活动不断向河流上游、下游拓展，不少遗址处于山区。聚落规模差异变大，出现面积约 70 万平方米的特大型聚落，与最小仅数千平方米者形成巨大反差，特大、大型、中型、小型聚落层级齐全。以河流为基础形成聚落群，中小型聚落环绕呈"团状"聚集分布，大的流域还可划出两个聚落群，每群均有明确的中心聚落，全系大型者，甚至出现区域核心聚落。以沙河流域为例，大型中心聚落西坡与周边中型聚落间距大约 3~5 公里，中型聚落间距 1~3 公里，小型聚落（邻近）间距 1~2 公里最多。存在聚落区、聚落群、聚落组、单个聚落"金字塔"型的多层次区域聚落结构。仰韶晚期比中期聚落急剧减少。弘农涧河上游一些仰韶中期中、小型聚落几乎全部消失，聚落分布较疏散。聚落群的中心聚落规模变小，规格下降。

庙底沟二期聚落数量略有回升，聚落层级与仰韶晚期持平。以阳平河、沙河及弘农涧河三流域聚落最多，聚落群分布格局有所变化，出现多个小流域构成一个聚落群的现象。龙山时期聚落再次减少，按照流域分布的聚落群之间距离进一步变大，一些聚落群的中心聚落为大型者，区域聚落统一性有所强化，最高等级的聚落面积增大，暗示人口出现集中趋势。二里头文化聚落进一步减少且较分散。

综上，仰韶中期是灵宝盆地史前区域聚落真正出现聚落分化和聚落层级最多的时期，各流域均为多层次的聚落结构，出现密集的聚落群丛体。大型中心聚落的出现标志着社会分化的出现，在中原地区最早开启社会复杂化和文明化进程，这是在当地仰韶初、早期聚落长期发展、稳定上升基础上实现的。庙底沟二期和龙山时代较之于仰韶晚期区域聚落也有明显更高程度的发展，具有多层级聚落结构，结合文化谱系研究结果，庙底沟二期文化本身系大量吸收周边文化因素而形成，以及一河之隔黄河北岸芮城清凉寺墓地以殉人和大量玉石器随葬现象为典型特征的材料，表明包括灵宝盆地在内的豫晋陕交界一带出现了显著的社会分层，是这一区域史前社会复杂化的又一重要发展阶段，与仰韶中期一样在中原地区文明化早期进程中同样占有十分重要的历史地位。

灵宝在中国历史上的重要地位和贡献

◎李久昌

  灵宝地处河南省最西部，豫晋陕三省交界处，历史文化深厚，文化资源丰富。千百年来，勤劳勇敢的灵宝人民在这片古老而神奇的黄土地上，辛勤耕作，披荆斩棘，在建设美好家园的同时，创造了极富特色的地域文化——灵宝文化。

  所谓地域文化，就是特定区域在一定地理环境和生产生活方式下历史形成的具有个性特色的物质文化与精神文化。各具特色的地域文化是源远流长的中华文化的多样化绽放。因此，对灵宝文化的评价，最重要的是要放到中华文明的进程中去考察，放到中华文化的全局中去认定，看它究竟在中华文明演进中占有什么样的地位，在中华文化的发展进程中做出了什么样的贡献。

  具体而论，灵宝历史文化的内涵及其对中华文明和中国传统文化的贡献，主要体现在以下8个方面。

一、灵宝是中华文明的重要发祥地，中国古代文明演进"中原模式"的开创者

（一）中国早期人类活动的中心

  灵宝所在的秦岭北麓，是学术界公认的中国古人类生存和演化的重要地区之一。1957年以来，考古学者在灵宝的朱阳、孟村、营里、邢家庄、赵吾、坡根、雷家营、函谷关等地发现了丰富的石器及大量的古脊椎动物化石，包括旧石器文化早、中、晚期三个阶段，古人类活动的年限从100万—80万年前至几万年前，且延绵不断。尤其是1987年，河南地理研究所冯兴祥带队在灵宝豫灵镇下寨附近，文峪河东侧沟头陡壁上发现了一个古人类头骨化石并命名为"豫灵人"，距今约15.6万年±1.3万年，属于中更新世晚期的古人[1]，这也是河南省境内首次发现的一具时代较老、形态较完整的古人头骨化石。这些重要发现，证明灵宝地区是早期人类活动的中心地区之一，他们与豫晋陕交汇地区的运城、渭南、三门峡和秦岭北麓地区的原始人群创造了一种独特的旧石器文化，构成了中原一带旧石器文化的主流和中心，并成为中国旧石器

时代华北"大石片砍砸器——三棱大尖状器"文化传统的策源地。在这片生机勃勃的土地上，灵宝古人类薪火相传、生生不息、连续演化。从穴居野处、构木为巢、茹毛饮血而衣皮革，到削石为器、狩猎捕鱼、学会用火、化生为熟，完成了由类人猿向现代人的进化。他们既是灵宝大地最早的开拓者，也是中华民族最早的先民群体之一，由此拉开了灵宝历史的帷幕。

（二）庙底沟文化的中心地带，最早的中国从这里走出

大约距今1万年左右，人类进入新石器时代。灵宝地区发现的新石器文化遗址遍布阳平河、沙河、弘农涧河沿岸，达110处之多，其遗址分布密度之高在整个黄河中游地区都相当罕见，而且文化面貌构成了包括新石器时代早、中、晚各个时期的完整发展序列，其中尤以庙底沟类型仰韶文化最为繁盛，并呈密集、集中分布的态势。灵宝铸鼎原及其周围300平方千米的范围内分布着北阳平、西坡、东常等30余处仰韶时期的古文化遗址，是我国目前已发现的仰韶文化中晚期遗址中数量最多、遗址等级最全、文化年代最集中的聚落遗址群。最大的北阳平遗址面积近100万平方米，次一级的西坡遗址面积40多万平方米。其中西坡遗址被列入中华文明探源工程六大首选遗址。经过多年的发掘，发现了特大房址、公益设施区、居住区、作坊区、墓葬群、大型人工壕沟等，并出土了大量的石器、骨器、陶器、玉器、编织物以及成套的生活器具。[2]西坡遗址的中心是4000多平方米的广场，广场四角各有一座大型半地穴式建筑。西北角的F106室内面积240平方米；西南角的F105室内面积约204平方米，外有回廊，占地面积达516平方米，是仰韶文化时期所见面积最大、结构最为复杂、规格最高的房屋基址，也是中国古典回廊式建筑中发现最早的一座，开创了中国大屋顶建筑的先河。西坡遗址发现的大广场、大房子、大墓葬，连同其周围众星捧月般环绕的一系列面积较小的遗址，充分显示出西坡、北阳平遗址至高的中心聚落的性质，F106、F105大房子则是这一中心聚落具有公共性质的建筑。庙底沟文化首先发现于灵宝以东的今三门峡湖滨区庙底沟，属于仰韶文化中期，其分布范围北过长城、东临大海、南越长江、西至甘青，是史前时代中国境内分布范围最大、影响最为深远的考古学文化，并首次形成了以中原为核心的文化共同体，其空间范围大体与先秦中国相当，学者们把它称为"最早的中国""最初的中国"或"中国相互作用圈"。[3-5]庙底沟文化是华夏文化的"母体文化"或曰"主体文化"，分布核心在豫西、晋南和关中东部地区，而灵宝恰恰又是这三地的交汇点，目前发现的庙底沟时期大型中心性聚落也多聚集于灵宝境内，是庙底沟文化核心区当之无愧的"中心地带"。著名考古学家刘庆柱考察三门峡地区庙底沟文化的分布及其作用后，提出了最早的"中国"是从三门峡地区走出的科学论断。[6]作为庙底沟文化中心的灵宝，无疑是三门峡地区最耀眼的地方，在这里诞生了像西坡这样的巨型中心聚落、大型广场和宫殿建筑性质的大房子，"最早的中国"由此一步一步走向各地。

（三）华夏族在此孕育并得名

庙底沟文化最引人注目、最具代表性的文化成就是彩陶，最大特色是彩陶的花卉纹。美丽端庄、热情奔放的庙底沟彩陶之花，像旭日东升的朝阳一般，在催生出"最早的中国"的同时，也孕育形成了最早的华夏族。著名考古学家苏秉琦指出："仰韶文化诸特征因素中传布最广的是属于庙底沟类型的。庙底沟类型遗存的分布中心是在华山附近。这正和传说华族发生及其最初形成阶段的活动和分布情形相像。所以，仰韶文化的庙底沟类型可能就是形成华族核心的人们的遗存；庙底沟类型的主要特征之一的花卉图案彩陶可能就是华族得名的由来，华山则是可能由于华族最初所居之地而得名；这种花卉图案彩陶是土生土长的，在一切原始文化中是独一无二的，华族及其文化也无疑是土生土长的"。[7] 许顺湛进一步阐述说，华山是由于在华族居住的地域中心而称华山，华族是因为他们崇拜花卉而得名，华在古代就是花的意思，这是因为华族祖先的图腾是花，所以崇拜花，把花的形状画在陶器上，让他们的祖先随时都可以看到他自己的"后代"，且能够准确地识别，以便施福和保护他们。[8] 华山又叫小秦岭，向东延伸主要分布在今灵宝、陕州区境，所以这里的"华山"是兼指整个小秦岭的。在北魏之前，汉字中还没有"花"字，"华"亦即"花"。《诗经·周南·桃夭》："桃之夭夭，灼灼其华。""华"的繁体字，就似一簇盛开似锦的繁花，比后来出现的"花"字更为形似。庙底沟文化第一次向人们揭示了华夏族形成的历史脉络。庙底沟之"花"的盛开，是"华夏"族形成的重要表现。崇拜"花"（即"华"）的庙底沟文化人群，可以说是最早的"华人"和华夏族的直系祖先。以灵宝地区为中心的庙底沟文化，以绚丽的彩陶为华夏族孕育提供了影响力最深远也最亮丽的纽带，以独特的花卉纹方式为先秦时期华夏族的形成提供了重要文化基因。华夏族就是在这里孕育并扩展开来，最终形成泱泱中华民族的主体民族——汉族。

（四）中国古代文明演进"中原模式"的开创者

庙底沟时代已经迈入了中国古代文明快速演进的阶段。不同地区在向文明演进过程中走上不同的发展道路。学者们在比较了各地考古学文化后，认为出现了三种不同的发展模式，以东北的红山文化为代表的文明，采取的是无限扩大神权的模式，走的是清一色的神权道路；以长江下游的凌家滩文化、良渚文化为代表的文明走的是军权、王权和神权相结合而以神权为主的道路；与这两种发展模式不同的是，灵宝西坡遗址既缺乏红山文化坛、庙、冢突显的辉煌，也没有良渚文化大型城址、大型祭坛、贵族坟山和动辄以几十件、上百件玉器随葬的张扬，而体现出一种"务实进取"的文化，强调军权和王权，注重的是大型的聚落、房屋、墓葬，重视修建大型工程和内部的集体团结，讲究气派却不尚浮华，不太强调那些奢华的用品，走的是军权、王权结合基础上突出王权、发展王权的发展模式。有学者将这样一种文明发展道路称为"中原模式"。[9-12] 由于选择的发展道路不同，崇尚神权的红山文化、凌家滩文化、良渚文化，把创造的大量社会财富都贡献给了神灵，过分地消耗了人力物力，而难以继续扩大社会再生产，难以保证社会持续运转，随着资源的大量消耗，盛极一时后就逐渐萎缩乃至消亡了，并未形成燎原、长久之势和向更高级文明社会发展；而崇尚军权、王权的以西坡遗址为代表的仰韶文化，虽然没有发现什么可以跟其他地区相媲美的东西，而显得十分简朴，甚至比较落后，但因为能自觉不自觉地把握社会可持续发展的方向，秉持"生死有度、重贵轻富、井然有礼、朴实执中"[12]的文明特质，协调稳定内部秩序，避免了社会财富的浪费而得以发展，并为后继者所传承，而数千年绵延不断，对中原地区的文明化进程、对中国第一个王朝最终在中原的建立产生了重要影响。以西坡遗址为代表的庙底沟文化开创的中国古代文明演进的"中原模式"，也成为中国文明发展具有无穷活力而从不间断的根源所在。

二、灵宝是黄帝铸鼎铭功设庙祭祖的圣地，也是黄帝祭祀和崇拜文化传统的发端地

（一）黄帝铸鼎铭功设庙祭祖的圣地

黄帝是古史传说中的五帝之首、中华民族敬仰的人文初祖，对人类文化的贡献至伟至巨。灵宝与黄帝有关的记载和传说丰富而集中。西坡遗址所在的铸鼎原即因传说黄帝在该处铸鼎铭功而得名。铸鼎原旧址上有黄帝陵与黄帝庙遗址，至今存有唐贞元十七年所立石碑，上刻《轩辕黄帝铸鼎原碑铭并序》。铸鼎原一带至今保留着许多与"黄帝"有关的地名。在灵宝丰富而集中的黄帝记载和传说中，最重要的应是《史记·孝武本纪》《封禅书》等史书中有关黄帝在这里铸鼎铭功的记载："黄帝采首山铜，铸鼎于荆山下。鼎既成，有龙垂胡髯下迎黄帝。黄帝上骑，群臣后宫从上者七十余人，龙乃上去。余小臣不得上，乃悉持龙髯，龙髯拔，堕，堕黄帝之弓。百姓仰望黄帝既上天，乃抱其弓与胡髯号，故后世因名其处曰鼎湖，其弓曰乌号。"《纲鉴易知录》卷一《五帝纪》："（黄）帝采首山之铜，铸鼎于荆山之阳，鼎成崩焉。其臣左彻取衣、冠、几、杖而庙祀之。"在今五千年前，黄帝联合炎帝在逐鹿之战中战胜九黎族首领蚩尤，并乘胜统一了中原各部，实现了华夏文明史上的第一次族群大融合，"诸侯咸尊轩辕为天子，代神农氏，是为黄帝"[13]。于是，黄帝"采首山铜，铸鼎于荆山之阳"，"作宝鼎三，象天地人"[14]，铭功记盛，设庙祭祀天地祖先。在中国传统文化中，鼎因"用能协于上下，以承天休"[15]，成为国家社稷和权力的象征、九州一统的象征。"鼎，王者所传宝"[16]。"鼎者，宗庙之宝器也"[17]。黄帝铸鼎铭功于铸鼎原，这一带又是庙底沟文化的分布中心，表明黄帝统一中原后，铸鼎原已成为华夏文化的中心，华夏文化发展程度最高之地，黄帝文化成为华夏的核心文化，也就是华夏、中华民族的"根文化"。在中国历史上，"黄帝铸鼎"使华夏文化具有了"国家文化"、社会主导文化的特定概念，随着其进一步的发展，形成后来延续不断的五千年中华文明主体文化。

（二）黄帝祭祀和崇拜文化传统的发端地

史载，黄帝在灵宝铸鼎原完成建立国家标志性的"铸鼎"设庙大业以后即"升天"逝世。其臣左彻感念黄帝丰功伟绩，率群臣建立祠庙，削木为黄帝像，并将其几杖、衣冠等陈列于庙，祭祀黄帝。如《古本竹书纪年辑校》："黄帝既仙去，其臣有左彻者，削木为黄帝之像，帅诸侯朝奉之。"晋张华《博物志·史补》："黄帝登仙，其臣左彻者，削木象黄帝，帅诸侯以朝之，七年不还，左彻乃立颛顼，左彻亦仙去也。"左彻等在铸鼎原上建立的黄帝祠庙，是历史上文献记载建立最早的黄帝祠庙，也是最早的祭祀黄帝活动。先秦以来，各地纷纷建立黄帝祠庙，林林总总，不计其数。由左彻建庙铸鼎原发端的对黄帝的祭祀，在进入战国以后，更发展成为对黄帝的崇拜和对黄帝中华民族人文初祖的尊奉，成为中华民族尊老敬祖、慎终追远的优良传统和重要社会文化活动之一，成为更广泛意义上的国家政治认同，中华民族文化的认同，也正是在这一思想和文化传统的浸润下，组成中华民族的各个民族单位，经过数千年的接触、混杂、联合和融合，越来越形成一个牢不可破的整体。

三、灵宝是"中华第一关"函谷关所在地，也是襟带两京、连接中原与关中的历史地理枢纽

（一）控扼中原关中的北方交通地理枢纽

灵宝地处豫陕晋交界处，在地理上恰处于北方黄河流域秦、晋、中原三大区域的边缘接触地带。早在建关前，这里就已是关中通往中原的要隘，以"桃林塞"闻名。战国秦惠文王八年至更元元年（前330—前324）在桃林塞东口设函谷关。[18]历史上著名的天险"崤函"，便是由崤山和函谷关构成的。而"关中"的得名，也是因其四周各有分布的关口，其中最重要的就是函谷关。"关"之一字在先秦文献中几乎就是函谷关的专指。"雄关锁古道"。函谷关是关中向东进入中原的门户，也是连接长安洛阳两大古都的崤函古道上的交通咽喉。著名的历史典故"紫气东来""作法自毙""鸡鸣狗盗""公孙白马""终军弃襦"等，真实地反映了当时函谷关非同寻常的交通功能。汉武帝时，虽将秦函谷关迁于今新安县城东，但同时又设置弘农郡，以函谷关为郡治，并将南面的武关也划入辖境，不仅大大增强了京畿地区的实力，而且使中央政府更有力地控制关中东出的通道，秦函谷关因此仍不失其重要的交通地位。至于后起的位于灵宝孟村的魏函谷关同样也是起因于曹操运输粮草的交通需要，并成为后来东西交通的干线要道。"函谷关前一径通，行人多少自西东"[19]。"太平车马如流水，不管关鸡早晚鸣"[20]。历史上，无论中原和关中之间或东西两京之间的交通往还，只能通过崤山和函谷关，别无选择。长安洛阳两京的政治、经济和文化互动也需要借助和依赖崤函古道得以实现和活跃。唐太宗说："崤函称地险，襟带壮两京。""冠盖往来合，风尘朝夕惊"[21]。唐胡宿诗云："天开函谷壮关中，万谷惊尘向北空。"[22]所以，论及函谷关的历史作用和战略影响，首先熔铸于它是连接中原与关中和长安与洛阳之间崤函古道上的交通要塞、两京咽喉，堪称北方交通地理枢纽。以函谷关为

核心，构成了支撑古代连接长安洛阳两京体制的崤函古道交通网络，既是王朝政权的"国脉"，也是社会文化的"血脉"，而这"国脉""血脉"的畅通与否，也决定着王朝政权的强弱盛衰。诚如著名历史地理学家朱士光所说："崤函古道作为联结两京最重要的交通孔道的枢纽路段，在两千年之历史进程中，曾在支撑周、汉、隋、唐等重要王朝对内对外之政治控驭、军事攻防、商贸交易、文化交流等诸多方面都发挥过关键性的作用。可以毫不夸张地说，崤函古道的通塞安危，维系着这些王朝的盛衰存亡。"[23]

（二）兵家必争的北方军事地理枢纽

由于函谷关在交通上的重要作用，自然使它成为中国历史上建置最早、久负盛名的关隘之一。构成函谷关险要形势的地形要素主要是山、道、河、林。唐独孤及《古函谷关铭》说："天作崤函，俾屏京室。崇山回合，连冈丛倚，长河屈盘，万里来束；崖奔岭蹙，谷扼溪斗，崛起重险，为秦东门。截函夏于阃域，锁天府于户牖。外扼八州之咽喉，故百二形焉。"[24]早在战国时，纵横家们便以函谷关为界，划分天下政治军事格局为"关东"与"关中"两大区域。这既是以关中为根本之地突出军事战略的结果，也使函谷关的政治军事意义更加非同寻常。历代王朝政权无论是自关东向关中，还是由关中向关东拓展之时，函谷关即成为军事地理上的枢纽所在，号称"两京锁钥"，谁拥有了函谷关，谁就拥有了战争的主动权，其军事意义远在其他关隘之上。"双峰高耸大河旁，自古函谷一战场"[25]。目前可考的发生在函谷关一带的重要战争达 16 次之多。无论是在诸侯纷争的春秋战国，还是天下归一的秦皇汉武，或是歌舞升平的大唐盛世，函谷关都在军事上发挥过巨大作用，不少战争直接影响或改变了当时的政治、军事格局，可谓是动一关而动全国。秦建函谷关，关东诸国久攻不下，逡巡而不敢进；秦始皇东出函谷，一举扫六合，天下一统；刘邦未王而先据关，以关中为立业之基，兵出函谷，迫使项羽乌江自刎，成就霸业；董卓西逃，凭借函谷关全身而退；安禄山兵指长安，唐军丢了函谷关这张底牌而节节败退，李白也只得叹"函谷如玉关，几时可生还"[26]，东汉李尤《函谷关铭》说："函谷险要，襟带咽喉。"顾祖禹等古代学者甚至以崤函之地的得失作为军事成败之决定性因素："春秋时崤、函晋有也，故能以制秦；秦得崤、函，而六国之亡始此矣。"[27]潼关崛起后，函谷关军事地位有所下降，但仍不失其重要的战略地位。唐"安史之乱"，唐军只守潼关，结果西原大战，唐军"哀哉桃林战，百万化为鱼"[28]，叛军夺取函谷关后，次日即攻破潼关，三天后唐玄宗就弃长安逃往成都。抗日战争时，中国军队据守函谷关、阌乡，重创日军，粉碎了其西进潼关，攻取关中的战略企图，稳定了西北的危急局势。西原大战和灵宝战役都显示出函谷关对拱卫潼关，屏蔽关中的重要作用，只凭一个潼关是难以长久阻挡强敌入侵的。正是以函谷关为首的"关中四关"，使得"关中"成为四塞之国、形胜之区、地形完固的战略奥区，并屡屡在重大历史事件中发挥作用，成就了关中十三朝立都之地的光辉历史。"秦关百二山河固"[29]，"百二山河壮帝畿"[30]。可以说，正是由于有了"崤函之固"，才成就了几千年的"关中之盛"和"长安之安"。

（三）承载中华文化与传播的"诗书之关"

函谷关不仅是中国古代最著名的雄关要塞之一，也是一座承载中华文化，凝聚古代物质文明和精神文化的"诗书之关"。最早留下永恒印记的历史人物是老子，他在这里完成的中国第一部哲学著作《道德经》，奠定了中国道家、道教思想的基础。战国时，商鞅、荀子、苏秦、张仪、范雎、尉缭、公孙龙、吕不韦、李斯等诸子百家往返于函谷关内外，成就了一番伟业[31]，函谷关因此具有了传播文化、磨砺人才的光荣。围绕着这座雄关要塞流传着"鸡鸣狗盗""公孙白马""终军弃缦""一丸泥""玄宗改元"等脍炙人口的历史故事和传说，成为中华民族悠久历史文化的珍贵积淀，也大大丰富了函谷关的文化内涵。在古代关隘中，历代描述函谷关的文学作品数量也是首屈一指的，计约 200 多篇（首）。几乎所有著名的唐朝诗人都曾是函谷关的过客。李白、杜甫、白居易、韩愈、刘禹锡、李商隐、张九龄、岑参、宋之问、韦应物、孟郊、杜牧、皮日休……这些著名的唐代诗人都纷纷写过以函谷关为对象或者与函谷关相联系的诗歌。唐朝皇帝，如唐太宗、唐玄宗也加入其中。他们出关入关，把诗意留在这里，成就了千年传颂的不朽诗篇，让这座"诗书之关"花团锦簇、华美绚丽、诗趣盎然。至今读来，又有谁不为那跨越时空和地域的"函谷关"意象所打动呢？函谷关不仅是承载中华文化的"诗书之关""人文之关"，更是中华文化与技术的传播之门、地域文化的融会之关，在古代文化、技术交流与传播和融合过程中发挥着重要作用。函谷关在战国已成为人们区分关东、关西两大文化区域的标志。战争时的函谷关，既是关东、关西你争我夺的军事交锋点，也是关东、关西不同文化习俗的碰撞之地；和平时这里又成为关东、关西文化交流融合的预热区。中原以儒家为主体的文化和各种知识与科学技术通过函谷关向西部传播，西部文化亦由此东传。秦文化、晋文化和河洛文化在这里双向传播、互相浸染。秦文化便是最早通过函谷关进入中原，开启了秦文化与中原文化交流、碰撞与融合的波澜壮阔的画卷。函谷关这种沟通东西的人文环境和文化交流机制，使其成为多种地域文化和民族文化的交汇点，并在漫长的历史过程中，逐渐蔓延开来，成为多种地域文化和民族文化吸纳异地异族文化，不断丰富和强大自己文化的融会、融合之门。

（四）丝绸之路上中外经贸文化的"交流之关"

灵宝与丝绸之路的关系源远流长。历史上，灵宝不仅种植有茂密的桑树，古地名"桑田""稠桑"便因此而来，而且桑蚕丝绸业也较为发达。虢州（今灵宝）是唐宋的桑蚕生产基地，所产绝、方纹绫、花纱、绢等丝绸品是当时有名的贡品。西周时，灵宝桃林一带盛产名马，周穆王正是乘着来自桃林的盗骊、骅骝、绿耳等名马，完成了最早巡游西域的壮举。丝绸之路开通后，原来连接长安洛阳两大古都的崤函古道，向西与之对接，发展成为闻名于世的丝绸之路的重要路段，故而又被称为"丝绸之路崤函道"。丝绸之路贯穿灵宝全境，虽然路程不长，但由于拥有函谷关天险，灵宝不仅成为丝绸之路的必经之地，而且对维护东西人员往来、

经商贸易、文化交流的正常进行起着重要的保障和支撑作用。随着隋唐时期海上丝绸之路连接大运河直通洛阳、长安，这种保障和支撑作用更加繁重。函谷关成为贡使驿夫、商贾贩客、工匠艺伎进入中原的最初涉足逗留之地，蕃使相望于道，胡商广集而至，进行着丝绸和其他多种商品的贸易，也进行着频繁的文化交流，而这种交流的文化景观尤以文化精神层面的传播交流为标志。东汉以来，西方的佛教、景教、摩尼教等宗教伴随着绘画、雕塑、音乐、舞蹈等由关中通过函谷关进入中原，向东传播。崤函古道沿线地区众多佛教寺院、石窟，便是这种东西方文化交流的结果。近年来，灵宝出土了一批东汉胡人陶质灯俑，胡俑身着汉式袍服，将灯顶于头上，或揽于怀中。研究者认为，这些墓葬的主人主要是本地的居民，而胡人灯俑的产生则是西域少数民族文化、特别是粟特民族文化影响的结果，是一种外来文化与中国传统文化融合的产物，并已融入当地文化习俗之中[32]，体现着文化发展与交流的历程，成为两千年前中外文化交流的见证。

综上所述，尽管中国古代关隘重重，数以千计，各领风骚，但无论从历史的久远、交通和军事价值的重要，还是从中华文化的承载、积淀与传播，多种地域文化的交流融合，中外经贸文化的交流以及对于当代社会经济文化影响的深刻程度来看，函谷关都堪称是"中华第一关"。

四、灵宝是老子《道德经》的诞生地，道家文化和道教的源头
（一）中国最早哲学著作《道德经》的诞生地

中国传统文化，素称有儒释道三教，其中的道家就诞生在灵宝函谷关。老子本为楚国人，后入周朝做官。他学识广博，思想深邃，孔子曾向他请教有关礼学的问题。当他看到周朝国势日衰，天下将乱，遂有归隐的念头。路经函谷关时，"关令尹喜曰，子将隐矣，强为我著书。于是老子乃著书上下篇，言道德之意五千余言而去，莫知所终"[33]。《道德经》又名《老子》，是中国历史上首部完整的哲学著作，虽仅五千言，但文约辞要，博大精深，不仅揭示出宇宙万物的存在根源和规律，而且总结了社会发展的普遍法则，还洞悉人性的本质，由此提出从天道到人道的哲学思考。老子在中国思想史上第一次建立起了以道为核心的哲学体系，从此，中国才有了成系统的哲学。老子在函谷关著成《道德经》，使得函谷关流淌出文明延续的气脉，东来紫气汇聚成华夏的精气神，凝聚着中国文化的内在精神，体现了中华民族的坚实底气，反映出中国智慧的深邃广大，成为中华民族思想文化体系的本源和主干，对中国文化的传承和中华文化精神的塑造有着重大的贡献。老子创立的道家思想，不仅奠定了中国道家哲学的理论基础，而且对先秦诸子百家思想的形成和发展奠定了基础，影响了整个中国哲学史的发展，对历代执政者治国理政也起到了理论指导和策略借鉴的作用。唐玄宗、宋徽宗、明太祖、清世祖四位皇帝先后御解《道德经》，体现出老子思想在治国安邦方面的独特价值。历代对老子《道德经》的诠释与领会，形成了内容极其丰富的"老学"。直至今日，我们日常生活习俗的方面，仍然受到老子思想文化的熏陶和影响。作为一部永恒的经典，《道德经》不仅对中国传统文化

产生了极其深远的影响，而且走出国门，远播海外，是被译成外文版本和语种最多的中国典籍，在世界范围内越来越受到重视，是真正具有世界性影响的中国经典，并且这种影响力还在不断扩大。

（二）道教宗教思想的源头

秦汉以来，在秦始皇、汉武帝等最高统治者的默许乃至提倡下，社会上流行的黄老道、方仙道逐渐与道家思想合流，最终在东汉中叶形成了以"修仙得道"为根本信仰和最高目标的道教，奉《道德经》为主要经典，尊老子为教主，后又尊奉老子为至高无上的"太上老君"。因而在历史上，老子和道教经常纠缠在一起，老子及其著作被赋予哲学和道教双重身份。《道德经》作为道教的最高经典，向来受到道教人士的推崇，函谷关也就成为道教信徒朝圣祭祖的道教圣地。现在函谷关内还有为纪念老子在此著《道德经》而修建的太初宫，被道教信徒称为"道家之源"。历史上，灵宝函谷关所维系的崤函一带，笼罩着浓厚的道家、道教文化氛围。最早对《道德经》作出宗教性的理解，并加以详尽阐发的，是西汉时在今陕州黄河之滨结草为庵的"河上公"，他撰有《道德经章句》一书，对《道德经》从道家学说向道教理论过渡做出了最早的贡献。《道德经章句》也被后来的道教尊为圣典。唐代帝王对老子更加尊崇。唐玄宗因梦见老子，降祥符于其著经之地函谷关，而改年号为"天宝"，改桃林县为灵宝。"灵宝"一词，本身就具有浓郁的道教色彩。唐代陕州人成玄英则通过注解《道德经》阐扬了重玄之学，既提升了道教的理论水平，促发了道教教义的转换，又为宋代理学的产生提供了可资借鉴的思想资源。凡此，都体现出灵宝及其所在的崤函地区在道教文化的形成和发展方面的重要作用。

五、灵宝是中古望族弘农杨氏的郡望地，弘农杨氏文化从这里走向兴旺

（一）"天下杨氏出弘农"

弘农杨氏是我国中古时期世家大族，自东汉至唐末五代，长期保持着著姓与望族的地位。弘农郡始设于西汉元鼎三年（前113），治所在秦函谷关城，下辖弘农等11个县，辖境包括今三门峡市、南阳市西部和陕西东南部的商洛市。东汉时略有调整，新划入华阴县等，领9县，大致范围在今豫陕交界的灵宝、卢氏、华阴等地。西汉宣帝时，丞相杨敞定居弘农，繁衍生息，成为弘农杨氏的奠基者。而最终使杨氏成长为全国一流显族的是被称为"关西孔子"的杨敞玄孙杨震。杨震生于华阴，青年时起与母亲居灵宝豫灵杨家村（弘农郡湖城县），研习儒学，设馆授徒，教书育人30年，50岁后始出仕官至太尉。《郡国志》记虢州有"杨震宅"，宅西有"藏书窟"。豫灵杨家村有其讲学的"三鳝书堂"和"洗笔池"遗迹。杨震以儒学兴家，四世三公，家族大兴，声望远扬，杨震因此被公认为弘农杨氏的开基始祖，弘农成为天下杨氏的共同郡望。汉末魏初弘农杨氏家族渐衰，两晋至南北朝时期得以重振，后于隋唐再次达到鼎盛，成

为具有社会影响力且具有崇高的政治地位和社会地位的士族，位列关中郡姓士族首望。在唐任宰相者有 11 人，有诗作者 74 人。唐史学家李肇曾感叹，"杨氏自杨震号为'关西孔子'，葬于潼亭，至今七百年，子孙犹在阌乡故宅。天下一家而已"[34]。自东汉至唐末五代，其间弘农杨氏虽经历过一些沉浮变化，但长期保持望族的隆盛地位，冠冕不绝，持续繁荣。除过政治地位显赫之外，较之同时期的其他望族而言，弘农杨氏审时度势，经历了文转武、文武结合、武转文的发展过程。世代服膺儒教，以儒家伦理道德为家族核心价值取向，重视文化传统和文学才能的培养，重视由杨震肇始的"廉垂四知""清白传家"优良家风的传承，以文化来维护家族的传承，凸显和提高家族门户声望，从而能够在纷繁复杂的朝代更迭和时代弄潮中屹立不倒，也为中国传统文化书写了光辉的一页，对灵宝乃至中国历史文化都产生了重要的影响。

（二）弘农杨氏后裔遍布各地

弘农杨氏从东汉崛起以来，多次外迁。西汉时进入四川，东汉时已达浙江。隋唐时，除扩散到河北、山东之外，最重要的是向南方和西南地区迁播。弘农杨氏在四处播迁中，为所到地方带去了先进的文化思想、生产技术和生活方式，与当地人一道，为地方开发做出了贡献。至今杨氏后裔已遍布全国及海外。据 2015 年的数据，杨姓人口约 4270 万，是中国第六大姓。分布于全国各地的杨姓大多公认发达于弘农，"弘农堂""四知堂"是最令人引为自豪的堂号。"天下杨氏出弘农，弘农杨氏遍天下"。弘农作为天下杨姓第一地望和传承弘农杨氏文化的源头圣地，是今天所有杨氏后裔的精神寄托和心灵故乡。近年来，海内外杨氏后裔纷纷来灵宝寻根拜祖，认亲归宗。

六、灵宝是中国中西部苹果栽培的发源地和全国最大的苹果之乡，灵宝苹果甲天下

（一）中西部苹果栽培的发源地

苹果是世界上的四大水果之一，在我国栽培的历史已经有 1700 年。据灵宝方志记载，清代灵宝已栽培苹果，因属于小苹果品种，种植零散，果实色绿个小，食之酸绵，影响甚微，推广不开。19 世纪中后期，品优质佳的西洋苹果传入我国，很快扎根繁衍，广为栽培。1921 年，灵宝县焦村人李工生在"实业救国"思想的影响下，从山东青岛、烟台等地引进国光、红玉等良种苹果树苗 200 株，在自家土地上进行栽植，取名"工生果园"，由此开启了良种苹果在灵宝栽植的历史。在李工生身体力行和积极宣传推广下，到新中国成立前夕，灵宝苹果已由最初李工生栽植的 15 亩发展到周边数十个村庄的 3000 多亩，年产 10 万公斤，被誉为灵宝的"三大宝"之一。李工生也因此被誉为"灵宝苹果之父"。1947 年，灵宝苹果又被引种到陕西洛川、河南许昌一带，成为当地特产。灵宝由此成为我国中西部苹果栽培的发源地和黄土高原现代苹果产业的发祥地。

（二）全国最大的苹果之乡

经过近百年的摸索、实践，如今，苹果已成为灵宝农业经济的特色和重要组成部分。每到苹果成熟时节，灵宝 90 万亩苹果树上挂满了红彤彤的苹果，层叠起伏的黄土高坡变成了一片苹果的海洋，年产苹果达 14 亿公斤，可供全国人均 1 公斤。主栽品种也由原来的一两个发展到现在的十余个，如红富士、金冠、华冠、秦冠等。因历史久、面积大、产量高、品色全、果质优而闻名海内外，并因此获得"全国最大的苹果之乡"和"灵宝苹果甲天下"的美誉。2005 年，灵宝苹果被命名为"中国地理标志产品"。2012 年，"灵宝苹果"成为全国唯一获得生态原产地保护的苹果产品。2016 年，灵宝苹果产业品牌价值达 183.40 亿元，稳居全国县级苹果品牌第一位。

（三）芬芳飘香的灵宝苹果文化

灵宝苹果是灵宝独特的地理条件和地域文化的产物。灵宝苹果以果个大、色泽艳、糖分高、香味浓、质脆甜、耐储运著称，这与当地的自然环境特别是气候、土壤条件密切相关。灵宝属于大陆季风气候，境内海拔高，昼夜温差大，在苹果的成熟期有利于糖分的积累和苹果着色。灵宝苹果产区主要在海拔 800 米到 1200 米的高山上，土壤富含磷、钾等营养成分及适度有益微量元素，能有效促进果树生长，提高坐果率，增大果实，提高产量，提高果实维生素和糖含量，增进果实着色，增加果树活力。可以说灵宝独特的地理环境造就了"天赐高原好果"。灵宝苹果历经近百年的沧桑巍然屹立，并且规模不断壮大，主要得益于它是象征财富和健康的吉祥嘉果。本来在域外苹果就是智慧、权利的象征，引进中国后这种象征潜移默化地变成了财富、健康、平安、喜庆的象征。"灵宝苹果之父"李工生在最早引种、栽植苹果时便提出了"要除贫困搞实业，振兴实业栽苹果"的口号。新中国成立后，起步最早、发展最快的寺河山苹果基地，当年也是把山区脱贫、百姓致富寄希望于栽培苹果，最早把平川的苹果引到山上来，建成数万亩"亚洲第一高山果园"，成为远近闻名的苹果致富典型。1985 年 10 月，时任中共中央总书记胡耀邦为灵宝题词："发展苹果和大枣，家家富裕生活好。"把发展灵宝苹果与人民富裕紧紧地联系在一起，灵宝苹果不仅是苹果文化的物质载体，更成为一种崇高思想情感和施政为民理念的物质载体，一种文化象征、一种精神象征，这更促进了这一时期苹果在灵宝的普及和兴盛。"要想富，栽果树，有了果树就能富"。灵宝人认识到苹果生产中蕴藏的巨大财富，把苹果从传统的"副业"变成了发家致富的"主业"。小小的苹果红遍了灵宝，从一个小苹果，做到了一个几十亿的大产业，走出了一条以果脱贫、以果富民的道路，成为灵宝最为亮丽的一道产业链条和文化风景。在这中间，科技创新和引领发展，始终是灵宝苹果发展的一条主线和文化传统。早在李工生时代，他就与北平、郑州、南京等省内外的苹果专家联系紧密，用以指导苹果生产。其后，每一次苹果生产的快速发展，每一个新品种的引进、培育和规模发展，也无不是在生产中"大胆创新、勇于借鉴"和技术上"走出去、请进来"的结果。栽种面积居灵宝第一位的红富士苹果，便是最早在 1983 年从日本引进的。2002 年，灵宝引进中国农大 SOD 新技术，培育出本区域特有的、高品质的苹果品种 SOD 苹果，被评定为中国名牌农产品。灵宝人还把苹果食用和营养价值发挥到极致，将苹果制成果醋、果酒、果汁、果酱等多种产品，打造出全国最大的苹果浓缩果汁加工基地，也使苹果更广泛地深入寻常百姓的生活之中。苹果的食用性、营养性、时令性和象征性，还使苹果与灵宝民间习俗、人生仪礼、民间节日结下不解之缘。在丰富多彩的灵宝民间生活中，苹果的影子随处可见。婚礼上的"咬苹果"习俗、迎来送往中的送苹果即送平安礼节，都是这种情境的表现。为了满足对民俗活动和吉祥寓意的需要，灵宝人发挥自己的聪明才智和创造力，开发和生产出了带有祝福文字图案的贴字、贴图苹果、套瓶苹果等特色鲜明的工艺文化苹果产品，创作了很多与苹果有关的民间艺术品，如苹果剪纸等。苹果能够在贫瘠的黄土高坡生长繁衍，启发了灵宝人强烈的求变求新求富的欲望，对苹果的食用和营养健康使用贴合了灵宝人求实务效的生活态度，苹果的平安、喜庆、美丽、团圆寓意则表达了灵宝人对团结和睦的追求和向往。苹果就是这样与灵宝人文历史水乳交融，它已不仅是物质消费，同时也是一种文化消费。它已超越了物质文化层面，成为一种符号和一种象征，成为灵宝文化的缩影，成为灵宝人积极的生活态度和求真求美的价值取向的反映，也成为灵宝一张最亮丽的名片。总结经验，辉映未来，我们有理由相信，打造灵宝苹果文化品牌，叫响灵宝苹果文化品牌，灵宝苹果的发展明天会更好。

七、灵宝是历史文化精英和客寓文化的荟萃之地
（一）群星璀璨的灵宝历史文化精英

悠久辉煌的历史，必然造就一代代英才俊杰，灵宝自古多名流，江山代有才人出。夏朝大臣灵宝人关龙逄以他的满腔热忱，浩然正气，铮铮铁骨，为民请命，进谏忠言，惨遭夏桀炮烙之刑，赴火而死，被后世赞为"死谏开先第一人"[35]。东汉弘农人杨震博览群经，振兴家族，四世三公，德业相继，清廉著称，被尊为"关西孔子""四知先生"。"四知美誉留人世，应与乾坤共久长"[36]。西晋龙骧将军灵宝人王睿帅 8 万水军，顺长江而下，攻取建业，灭亡东吴，结束了长达半个多世纪的三国分立局面，天下重新统一。"王濬楼船下益州，金陵王气黯然收"[37]。唐代大诗人灵宝人宋之问诗才一流，尤善五言律诗，与沈俭期齐名，时称"沈宋"，被公认为五言律诗的奠基人，在不断继承和创新中，把初唐诗歌引领到一个无比宽畅的发展领域，为盛唐诗歌的繁荣提供了诗歌形式格律上的保障。唐代孝子阌乡人梁文贞以孝著称，三十年如一日为母亲守陵，当地人为他立碑建祠堂，作为典范。明代户部尚书阌乡人范敏是明朝户口赋役黄册制和农村社会基层组织里甲制的规划设计者，将户籍管理与国家基层行政管理结合，为明朝征收赋役、巩固政权提供了保证。明代灵宝人许进父子文武兼修，有"一门四尚书"的美誉，是明代中叶著名望族。许进八子许论所绘的明代北方军事地图《九边图说》，长 10 余米，直观地描绘了包括镇城、关楼、卫所、营堡、驿站在内的多层次、立体性的长城防御体

系，是世界上第一幅长城地图。清代灵宝人薛书常官至翰林编修、苏州知府，署江苏布政使，回乡省亲，以通俗语言作《灵宝县脉论》，被选入乡土教材广为传诵，影响颇大。现代灵宝焦村人李工生把一生献给苹果栽培事业，被誉为"灵宝苹果之父""中国水果大王"，也带动了黄土高原现代苹果产业的兴起。至于弘农杨氏，自东汉至唐末五代，更是人才辈出。如曹魏的杨修，西晋的杨骏、杨准，北魏的杨播、杨钧，隋唐时的杨素、杨尚希、杨凭、杨凌、杨凝、杨敬之、杨元琰、杨仲昌、杨玉环、杨於陵、杨汝士、杨虞卿、杨嗣复、杨汉公、杨夔等。这些灵宝历史文化精英，在他们身上都体现了灵宝人独有的文化气质，也在一个更大的空间建构了灵宝人勤勉、严谨、耿介、务实、好文的形象，影响深远。他们以各自不同的成就，不但为灵宝文化增了光、添了彩，而且为中国文化的发展做出了贡献。

（二）客寓文化在灵宝

灵宝交通发达，崤函古道贯通两京，各色人等络绎不绝，他们中不乏有见识的政治家、文人名士，或经由或客居灵宝，勤勉传文，惠民反恶，在实际上推动了灵宝地域文化的发展和社会进步。这种以客寓形式为载体带来和传播的文化，称客寓文化，它们与灵宝本土文化相结合，深刻地改变了灵宝文化个性，成为灵宝文化的重要建树者，在灵宝文化史上占有重要一席之地。初唐四杰之一的王勃任虢州参军，清洁自守，修仙学道，作《倬彼我系》《怀仙》《忽梦游仙》等诗。因事废官后，立意著述，发愤抒情。盛唐边塞诗人岑参出任虢州长史，一干三年，先后赋诗40余首，占岑参诗集的十分之一，描绘虢州山水和生活，风格清丽峻逸、意境新奇。唐末五代花间词大家韦庄早年举家"尝居虢州十载"，所写虢州村居生活的诗恬淡适意，感情真挚而深沉。晚唐诗坛巨擘李商隐出任弘农尉两年，他在《荆山》等诗中创造性地塑造了黄帝铸鼎地荆山的气象不凡，挺拔险峻这一诗歌意象。因平反冤案，减免受诬刑徒的刑罚，触怒上司，愤而辞职，在《任弘农尉献州刺史乞假还京》告假诗中，又用"愧负荆山"[38]来申明心迹。灵宝作为交通要道，客寓人物众多，他们的到来，大多发挥了其文化优势，对当地社会风气与文化教育产生了良好的影响，是社会进步的一种动力。作为灵宝一笔历史文化遗产，客寓文化无论古今都发挥了其积极的作用。

八、灵宝非物质文化遗产绚丽多姿，非遗文化在这里异彩纷呈
（一）历史悠久的灵宝，文化底蕴深厚，拥有丰富的文化遗产资源

非物质文化遗产是灵宝文化遗产的重要组成部分，是灵宝历史文脉延续发展的重要见证和载体。历经沧桑岁月，灵宝境内大量的非物质文化遗产，得到较好的保护和传承。三门峡市现有列入国家级和省级非物质文化遗产名录的项目31项，灵宝占19项，占总数的61%，居全市之首。其中，被列入国家级非遗名录的有2项，分别为灵宝剪纸和老子传说。列入省级非遗名录的有17项，其中，民间文学4项，分别是王莽撵刘秀传说、黄帝传说、夸父神话、老子传

说；民间美术 4 项，分别是灵宝剪纸、虢州石砚、灵宝刺绣、灵宝面塑；传统舞蹈 2 项，分别是齐天圣鼓、王家热锣鼓；传统技艺 1 项，即棉布豆花印染技艺；传统戏剧 4 项，分别是皮影戏、扬高戏、木偶戏、灵宝蒲剧；传统曲艺 1 项，即锣鼓书；传统体育游艺与杂技 1 项，即东西常骂社火。此外还有一批有待列入更高一级非遗名录的颇具特色和价值的稀有珍贵项目，如传统戏剧线胡戏、眉户、蛤蟆嗡，传统曲艺道情等。灵宝不仅非物质文化遗产数量多，内容丰富，涵盖民间文学、民间美术、传统舞蹈、传统技艺、传统戏剧、传统曲艺、传统体育游艺与杂技等 7 个类别，而且地域特点突出。由于灵宝地处黄土高原东缘，豫晋陕三省交界处，灵宝的非物质文化遗产具有浓郁的黄土地风情和三省交会、融合的特点。如灵宝最早的地方剧种扬高戏，又称秧歌戏，来源于唐都长安，唐末传入灵宝，最终在灵宝南阳村得以完善并成为一个独具特色的地方戏种。灵宝道情皮影戏是在明清时吸收、融汇当地民间音乐和山西蒲剧和陕西潼关碗碗腔等外来艺术，并与皮影艺术相结合而逐渐形成的。慷慨激昂的蒲剧是清道光年间自山西流入的。轻柔婉转的眉户在清中期随着经济贸易的交流由陕西、山西眉户艺人通过从事经商等活动传入，在形成和发展过程中受到陕晋传统戏曲文化的影响，融合了明显的陕晋传统戏曲文化元素。灵宝境内的非物质文化遗产是劳动人民在劳动和生活中创造的，是灵宝区域文化的一个重要组成部分，它犹如民间文化艺术的百科全书，蕴含着灵宝人特有的精神价值、思维方式、想象力、创造性和文化意识，承载着灵宝文化的发展历史，反映了灵宝的历史文化现象，充分体现了这一地区民间文化的特点，折射出灵宝区域文化的绚丽多彩与历史传承，堪称灵宝历史文化的"活化石"，是一份难得的文化遗产，不仅具有极其重要的地域文化价值，而且为中国民间艺术宝库留下了大量传世之作。

综览数千年来的灵宝发展史，无不使人强烈感受到，文化起源的根祖性、文化积淀的承续性、文化发展的开放性、文化遗产的多样性、文化遗存的密集性，是灵宝历史文化中最具特色、最为闪光的亮点，也是灵宝文化在中国文化史上最为突出的特征。

（二）历史为现实服务，历史为未来壮行

悠久而厚重的历史文化对今天的灵宝来说，是一部深刻的教材、一面明亮的镜子、一笔巨大的财富，为我们积累了宝贵经验，带来了深刻启迪，留下了资源富矿，提供了精神支撑。我们要以史为鉴、古为今用，从历史当中去寻找灵宝的精神坐标和文化根脉，增强文化自信，发挥深厚积淀的灵宝历史文化作用，把灵宝内在的精神和文化气质充分体现出来，显现出"文化"的高度，使灵宝充满新活力。我们更要从历史中汲取经验，寻求智慧，为建设"产业优、城市美、百姓富"的新灵宝汇聚强大精神动力，让灵宝儿女复兴圆梦的强烈期盼早日变成美好现实。

本文据 2017 年 6 月 25 日作者在灵宝市文化建设促进会举办的专题讲座上的讲演提纲增改而成。

注释:

[1]冯兴祥、周华山:《"豫灵人"头骨化石的发现与研究》,《地域研究与开发》1993年A1期,第1—7页。

[2]中国社会科学院考古研究所、河南省文物考古研究所:《灵宝西坡墓地》,文物出版社,2010年,第8—12页。

[3]陈星灿:《庙底沟时代:早期中国文明的第一缕曙光》,《中国文物报》2013年6月21日第5版。

[4]韩建业:《庙底沟时代与"早期中国"》,见《先秦考古研究——聚落形态、人地关系与早期中国》,文物出版社,2013年,第173—188页。

[5]李新伟:《"最初的中国"之考古学认定》,《考古》2016年第3期,第86—92页。

[6]刘庆柱:《三门峡地区考古集成·序》,见李久昌:《三门峡地区考古集成》,大象出版社,2011年,第1页。

[7]苏秉琦:《关于仰韶文化研究的若干问题》,《考古学报》1965年第1期,第51—81页。

[8]许顺湛:《中原远古文化》,河南人民出版社,1983年,第432页。

[9]李伯谦:《中国古代文明演进的两种模式——红山、良渚、仰韶大墓随葬玉器观察随想》,《文物》2009年第3期,第47—56页。

[10]中国社会科学院考古研究所、河南省文物考古研究所:《灵宝西坡墓地》,文物出版社,2010年,第208页。

[11]严文明:《重建早期中国的历史》,见《中华文明的始原》,文物出版社,2011年,第36—56页。

[12]韩建业:《西坡墓葬与"中原模式"》,见《先秦考古研究——聚落形态、人地关系与早期中国》,文物出版社,2013年,第84—97页。

[13]司马迁:《史记》卷一《五帝本纪》,中华书局,1982年,第3页。

[14]司马迁:《史记》卷一二《孝武本纪》,中华书局,1982年,第465页。

[15]《左传·宣公三年》,见《十三经注疏·春秋左传正义》(标点本),北京大学出版社,1999年,第603页。

[16]《逸周书》卷四《克殷解孔注》,见黄怀信、张懋镕、田旭东:《逸周书汇校集注》,上海古籍出版社,1995年,第378页。

[17]班固:《汉书》卷一《五行志》,中华书局,1962年,第1401页颜注。

[18]李久昌:《秦函谷关创建年代考辨》,待刊。

[19]贺贲:《函谷关》,见舒绍昌:《三门峡名胜诗选》,中州古籍出版社,1992年,第279页。

[20]彭纲:《过阌乡》,见舒绍昌:《三门峡名胜诗选》,中州古籍出版社,1992年,第340页。

[21]李世民:《入潼关》,见《全唐诗(增订本)》卷一,中华书局,1999年,第5页。

[22]胡宿:《函谷关》,见《全唐诗(增订本)》卷七三一,中华书局,1999年,第8449页。

[23]朱士光:《崤函古道研究·序二》,见李久昌:《崤函古道研究》,三秦出版社,2010年,第5—6页。

[24]李昉:《文苑英华》卷七八八,中华书局,1966年,第4165页。

[25]辛愿:《函关》,见薛瑞兆、郭明志:《全金诗》卷一一一,南开大学出版社,1995年,第523页。

[26]李白:《奔亡道中五首》,见《全唐诗(增订本)》卷一八一,中华书局,1999年,第1849页。

［27］顾祖禹：《读史方舆纪要》卷五二《陕西一》，贺次君、施和金点校，中华书局，2005年，第2488页。

［28］杜甫：《潼关吏》，见《全唐诗（增订本）》卷二一七，中华书局，1999年，第2285页。

［29］陈尧叟：《披云亭》，见舒绍昌：《三门峡名胜诗选》，中州古籍出版社，1992年，第258页。

［30］崔道融：《关下》，见《全唐诗（增订本）》卷七一四，中华书局，1999年，第8288页。

［31］李久昌：《战国诸子名士的求功成名之路与学术传播之路》，《三门峡职业技术学院学报》2015年第4期，第8—14页。

［32］胡国强：《河南三门峡地区胡人灯俑》，见李久昌：《三门峡地区考古集成》（下），大象出版社，2011年，第396—402页。

［33］司马迁：《史记》卷六三《老子韩非列传》，中华书局，1982年，第2141页。

［34］李肇：《唐国史补》（合刊本），上海古籍出版社，1979年，第21页。

［35］初元方：《关龙逄墓》，见舒绍昌：《三门峡名胜诗选》，中州古籍出版社，1992年，第293页。

［36］胡曾：《咏史诗·关西》，见《全唐诗（增订本）》卷六四七，中华书局，1999年，第7479页。

［37］刘禹锡：《西塞山怀古》，见《全唐诗（增订本）》卷三五九，中华书局，1999年，第4065页。

［38］李商隐：《任弘农尉献州刺史乞假归京》，见《全唐诗（增订本）》卷五四〇，中华书局，1999年，第6257页。

卷四

底董、笃忠等遗址研究

河南渑池笃忠遗址仰韶晚期人骨的肢骨研究

◎孙 蕾

一、前言

笃忠遗址位于河南省渑池县城东南 12.5 公里处的天池镇笃忠村，其西北 14.3 公里处为著名的仰韶村遗址，东距洛阳王湾遗址 44 公里。遗址面积约 30 万平方米，主要分布在笃忠村北的缓坡上，水库两岸为遗址的中心区，其分布范围较现代村落海拔稍高，遗址南缘与现代村落重合[1]。2006 年 6~10 月，为配合郑（州）西（安）客运专线建设，河南省文物考古研究所对笃忠遗址进行了抢救性考古发掘。共清理灰坑 104 个，墓葬 2 座，灰沟 1 条。除墓葬和灰沟的年代较晚外，其余 104 个灰坑皆属新石器时期遗存。其中，在仰韶晚期的 4 个灰坑中出土 15 例人骨。按照邵象清[2] 在其有关论著中提出的肢骨各项测量标准，我对这批肢骨进行了观测，并对主要肢骨的各个相关指数进行了进一步的比较与分析，初步了解了该遗址仰韶晚期居民四肢骨骼的发育程度，加深了对笃忠组古代居民体质特征的认识。

二、肢骨各相关指数的观察和测量

1. 肱骨各相关指数的研究

可供测量的肱骨共 22 根，其中男性 17 根，女性 5 根，有关肱骨的各项平均值见表一。肱骨的粗壮指数（Caliber index of the humerus）是指肱骨骨干的最小周与肱骨最大长的比值，反映了肱骨的整体比例和肌肉发达程度。笃忠组男性肱骨右侧平均值为 20.36，左侧平均值为 19.87，右侧较左侧粗壮；女性右侧平均值为 20.18，左侧平均值为 22.18，左侧较右侧粗壮。男性平均值为 20.12，女性为 21.18，可知，总体上女性肱骨的粗壮程度要强于男性。

表一　笃忠遗址古代居民肱骨各项测量值（毫米）及指数

项目		男			女		
		个数	平均值	标准差	个数	平均值	标准差
最大长	L	7	308.29	15.61	1	279.50	—
	R	7	314.00	12.06	2	282.50	0.71

项目		男			女		
		个数	平均值	标准差	个数	平均值	标准差
生理长	L	7	305.00	15.65	1	278.00	—
	R	6	308.42	11.74	2	280.00	0.00
体中部最大径	L	8	22.91	2.39	1	22.60	—
	R	8	22.93	2.45	2	22.10	1.56
体中部最小径	L	8	17.04	2.50	1	16.84	—
	R	8	16.98	2.62	2	14.65	1.63
体最小周	L	8	61.38	6.92	1	62.00	—
	R	8	61.88	7.56	2	57.00	4.95
头周长	L	7	137.00	10.00	1	123.00	—
	R	6	141.83	4.96	3	120.50	1.32
上端宽	L	7	48.36	2.67	1	45.00	—
	R	6	50.25	1.41	3	43.00	1.00
下端宽	L	8	59.21	5.23	2	55.10	1.56
	R	7	60.00	4.32	2	54.00	1.41
滑车和小头宽	L	8	43.39	4.24	2	39.22	1.10
	R	6	40.69	5.72	2	38.40	0.28
滑车矢径	L	9	25.24	2.23	2	22.60	0.00
	R	6	24.97	2.15	2	23.18	1.81
横断面指数	L	8	74.14	4.09	1	74.51	—
	R	8	73.83	5.62	2	66.19	2.69
粗壮指数	L	7	19.87	1.78	1	22.18	—
	R	7	20.36	1.37	2	20.18	1.80

2. 股骨各相关指数的研究

可供测量的股骨共 23 根，其中男性 17 根，女性 6 根，有关股骨的各项平均值见表二。

表二　笃忠遗址古代居民股骨各项测量值（毫米）及指数

项目		男			女		
		个数	平均值	标准差	个数	平均值	标准差
最大长	L	6	439.00	11.47	2	393.00	11.31
	R	5	436.20	16.45	1	384.00	—
生理长	L	7	434.21	11.54	2	389.50	10.61
	R	5	431.80	15.53	1	381.00	

项目		男			女		
		个数	平均值	标准差	个数	平均值	标准差
体长	L	7	383.14	12.14	2	341.50	10.61
	R	5	381.40	12.01	2	342.50	13.44
上部横径	L	9	34.24	2.28	3	32.97	2.12
	R	6	33.92	1.61	3	32.53	0.99
上部矢径	L	9	24.98	2.04	3	22.67	1.97
	R	6	25.16	2.56	3	22.63	1.93
中部横径	L	9	26.86	2.10	3	25.87	1.56
	R	8	26.09	1.80	3	24.68	1.08
中部矢径	L	9	27.61	2.80	3	23.69	2.31
	R	8	28.67	2.50	3	23.58	2.41
中部周长	L	9	86.17	6.85	3	78.67	2.93
	R	8	86.44	5.96	3	76.67	4.19
下部最小径	L	9	30.42	2.67	2	24.50	0.42
	R	8	30.61	2.95	2	24.45	0.35
下部横径	L	9	40.14	4.40	2	34.85	1.34
	R	8	41.11	4.80	2	32.87	2.87
颈头前长	L	7	69.35	5.47	3	59.48	2.17
	R	5	65.30	5.84	1	60.20	—
头垂直径	L	7	42.99	3.60	3	37.85	1.44
	R	5	42.24	4.02	2	37.40	1.27
颈高	L	7	35.55	4.24	2	31.10	3.82
	R	5	33.29	4.93	2	29.35	0.49
颈矢径	L	7	21.00	2.12	3	20.03	1.72
	R	5	21.44	3.41	2	20.65	0.49
两踝宽	L	4	76.88	3.66	2	69.00	2.83
	R	5	79.28	3.46	1	66.50	—
外踝长	L	8	62.75	3.91	2	53.50	2.12
	R	6	62.52	4.46	2	53.77	0.66
内踝长	L	4	58.80	5.61	2	52.82	0.25
	R	7	60.92	5.48	2	52.22	0.88
颈干角	L	7	119.14	4.63	3	115.00	1.00
	R	5	119.60	3.51	1	120.00	—

项目		男			女		
		个数	平均值	标准差	个数	平均值	标准差
头周长	L	7	146.86	11.94	2	131.00	1.41
	R	5	144.30	11.42	2	125.00	7.07
头矢径	L	7	45.88	3.90	2	41.38	0.68
	R	5	45.64	3.45	2	39.30	2.26
粗壮指数	L	7	12.26	0.53	2	12.51	0.30
	R	5	12.21	0.48	1	12.34	—
扁平指数	L	9	73.00	5.08	3	68.85	6.07
	R	6	74.18	6.98	3	69.59	5.81
嵴指数	L	9	103.31	12.86	3	92.06	13.28
	R	8	110.08	9.17	3	95.76	11.56

股骨的粗壮指数（Caliber index of the femur）是指股骨中部矢状径、横径之和与股骨生理长的比值，反映了股骨的整体发育水平，从股骨的粗壮指数可知股骨的粗壮程度，男性左侧为12.26，右侧为12.21，左侧较右侧粗壮；女性左侧为12.51，右侧为12.34，左侧较右侧粗壮。男性平均值为12.24，女性为12.43，所以与两性肱骨粗壮程度的比较情况相同，女性股骨的粗壮程度也强于男性的。

股骨的扁平指数（Platymeric index of the femur）是指股骨骨干上部矢状径与股骨骨干上部横径的比值，反映了股骨上部的粗壮程度。所以，从股骨的扁平指数可知股骨骨干上部的发育程度，男性左侧为73.00，右侧为74.18，右侧的扁平程度强于左侧，两侧平均值为73.59，均为超扁型（Hyperplatymeric type）；女性左侧为68.85，右侧为69.59，右侧扁平程度强于左侧，两侧平均值为69.22，也均属于超扁型（Hyperplatymeric type）。可知，笃忠遗址古代居民股骨骨干上部均发育十分扁平，且男性的扁平程度强于女性。

股骨的嵴指数（Pilastric index the femur）是指股骨骨干中部矢状径与股骨骨干中部横径的比值，反映了股骨中部的粗壮程度以及肌肉的发达程度。笃忠组男性的左侧为103.31，右侧为110.08，右侧的发育程度强于左侧；女性的左侧为92.06，右侧为95.76，右侧的发育程度同样强于左侧。男性的平均值为106.70，女性为93.91，可知女性股骨嵴的发育程度要弱于男性的。

3. 胫骨各相关指数的研究

笃忠遗址古代居民的胫骨可供观测的共23根，其中男性17根，女性6根，有关胫骨的各项平均值见表三。

胫骨的胫股指数（Tibio-femoral index）是指胫骨生理长与股骨生理长的比值，反映了下肢胫骨和股骨长度的比例。男性的胫股指数平均值为77.85，左侧77.50，右侧78.21，女性平均值为81.73，左侧80.87，右侧82.59，所以在胫骨与股骨的比较上，女性的胫骨相较于男性的胫骨长；两性均为短胫型（Brachycnemic type），可知笃忠组两性胫骨骨干在长度上偏短。

胫骨的胫骨指数（Cnemic index）是指胫骨滋养孔处的横径与滋养孔处矢状径的比值，反

表三 笃忠遗址古代居民胫骨各项测量值（毫米）及指数

项目		男			女		
		个数	平均值	标准差	个数	平均值	标准差
最大长	L	8	353.63	15.44	3	328.00	18.33
	R	5	355.50	17.83	3	331.50	13.94
生理长	L	8	336.50	15.34	3	315.00	13.53
	R	5	337.70	17.11	3	314.67	11.68
上端宽	L	8	73.50	5.18	3	64.17	2.36
	R	6	74.17	6.19	2	66.75	1.06
下端宽	L	7	52.00	4.52	3	43.17	4.37
	R	6	51.75	3.66	3	44.17	1.89
下端矢径	L	8	37.88	2.96	2	33.95	1.06
	R	7	37.55	3.30	3	34.19	2.03
中部最大径	L	8	29.65	2.73	3	26.50	1.95
	R	7	30.29	2.63	3	26.37	1.89
中部横径	L	8	21.71	2.59	3	19.97	1.05
	R	7	22.15	3.07	3	21.23	1.76
体最小周长	L	9	75.06	7.16	3	68.00	5.50
	R	7	75.64	7.80	3	69.17	5.48
滋养孔横径	L	9	24.37	2.28	3	21.97	1.34
	R	8	24.88	3.14	3	22.49	3.48
滋养孔矢状径	L	9	34.88	3.19	3	31.00	2.19
	R	8	34.70	3.27	3	30.35	3.34
胫骨指数	L	9	69.99	4.97	3	71.02	5.02
	R	8	71.78	7.10	3	74.00	6.07
中部断面指数	L	8	73.17	4.98	3	75.60	6.43
	R	7	72.99	7.01	3	80.77	8.05
胫股指数	L	7	77.50	2.54	2	80.87	0.57
	R	5	78.21	1.33	1	82.59	—
胫骨长厚指数	L	8	22.31	1.77	3	21.59	1.57
	R	5	22.40	1.63	3	21.98	1.89

映了胫骨上部的扁平程度。男性的胫骨指数左侧为 69.99，右侧为 71.78，左侧属于中胫型（Mesocnemic type），右侧属于宽胫型（Eurycnemic type），两侧的平均值为 70.89，属于宽胫型（Eurycnemic type）；女性左侧 71.02，右侧 74.00，两侧平均值 72.51，均为宽胫型（Eurycnemic type）。由此可知笃忠组两性胫骨骨干为中等偏宽。

胫骨的中部断面指数（Index des Quersc-hnittes der Mitte der Tibia）是指胫骨的中部横径与胫骨中部最大径的比值，反映了胫骨中部的扁平程度。男性胫骨中部断面指数左侧为 73.17，右侧为 72.99，女性左侧 75.60，右侧 80.77，均为厚胫型，且女性比男性更为厚重。可知笃忠组两性胫骨骨干中部均有明显的厚度。

胫骨长厚指数（Langendicken-Index der Tibia）是指胫骨骨干的最小周与胫骨生理长的比值。男性胫骨长厚指数左侧 22.31，右侧 22.40，女性左侧 21.59，右侧 21.98，两性均为粗胫型，男性胫骨略粗于女性。笃忠组两性胫骨均较粗壮。

三、肢骨各相关指数的比较与分析

为了进一步了解笃忠组的肢骨发育状况，本文选择了先秦时期中原地区的西村周组[3]、仰韶村组[4]、西夏侯组[5]、半坡组[6]、四组古代居民肢骨与之进行比较。

西村周组居民在体质特征上与东亚人种有较为密切的关系，具有中眶型、阔鼻型等特点，与黄河中游的仰韶组最接近[7]；而笃忠组介于东亚人种和南亚人种之间的位置上，同样具有中眶型和阔鼻型的特点，与古中原类型的仰韶合并组关系最近[8]。所选用的四个对比组中，仅西村周组的上肢骨保存较为完整，因此，本文着重将笃忠组与西村周组的肢骨指数平均值进行比较，见表四。

表四　笃忠组古代居民肢骨指数与西村周组的比较

		肱骨	股骨			胫骨		
		粗壮指数	粗壮指数	扁平指数	嵴指数	胫骨指数	长厚指数	胫股指数
笃忠组	M	20.12	12.24	73.59	106.70	70.89	22.35	77.85
	F	21.18	12.43	69.22	93.91	72.51	21.78	81.73
西村周组	M	19.96	12.47	74.57	98.49	66.14	22.31	76.53
	F	20.83	12.55	73.61	97.28	69.36	27.28	74.32

笃忠组的肱骨粗壮指数男女均大于西村周组，可知笃忠组的上肢与西村周组相比有较为强壮的发育水平。同时，笃忠组在肱骨粗壮指数方面与西村周组相同的是，两组均为女性平均值大于男性平均值，女性上肢比男性上肢略粗壮。

笃忠组除了男性股骨的嵴指数大于西村周组外，在男女股骨粗壮指数、扁平指数及女性的嵴指数上都小于西村周组，说明笃忠组股骨的整体粗壮程度均弱于西村周组。

笃忠组除了女性的胫骨长厚指数小于西村周组外，在男女胫骨指数、胫股指数上均大于西村周组，说明笃忠组女性胫骨比西村周组的轻薄，男性胫骨比西村周组的厚重，并且笃忠组的两性胫骨均比西村周组的更宽更长。

表五　笃忠组股骨指数与其他古代组的比较

| | 笃忠组 | | 西村周组 | | 仰韶村组 | | 西夏侯组 | | 半坡组 | | 郑家洼子组 | | 大汶口组 |
	M	F	M	F	M	F	M	F	M	F	M	F	M
扁平指数	73.59	69.22	74.57	73.61	75.50	67.70	75.80	75.00	70.55	72.06	81.07	74.94	79.30
嵴指数	106.70	93.91	98.49	97.28	110.10	89.00	100.90	97.50	91.34	90.38	110.50	100.25	98.10

笃忠组股骨的扁平指数在古代组中处于中等偏低的水平，可知股骨的上部粗壮程度中等偏低，发育较为扁平；笃忠组股骨的嵴指数在古代组中处于中等偏高的水平，可知股骨中部的粗壮程度偏高，所附着的肌肉偏多，股骨骨干中部较粗壮。参见表五、图一和图二。

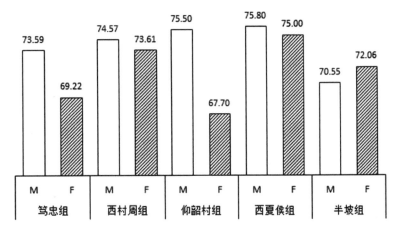

图一　笃忠组股骨扁平指数与其他古代组的比较

通过以上与其他各古代组的比较与分析，笃忠组上肢较西村周组粗壮，且与之相同，均为女性比男性粗壮；笃忠组下肢男女两性股骨比西村周组发育较弱，胫骨在形态上比西村周组更宽更长，股骨骨干上部粗壮程度处于中等偏低水平，发育较扁平，而股骨骨干中部则发育较粗壮。

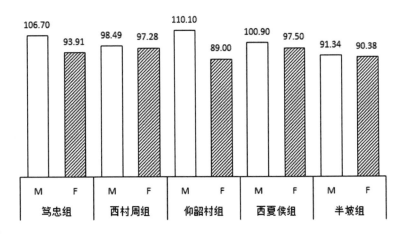

图二　笃忠组股骨嵴指数与其他古代组的比较

四、结语

本文对河南渑池笃忠遗址仰韶晚期灰坑出土的人骨肢骨进行了观测和分析，根据肢骨的测量数据及各项指数，得出以下几点结论：

1.笃忠组男女两性在上肢粗壮程度上均强于西村周组，但和西村周组一样为女性平均值大于男性平均值，女性上肢比男性上肢略粗壮。在该组的下肢中，笃忠组股骨比西村周组的发育弱，胫骨在形态上比西村周组更宽更长。

2. 在对比的各古代组中，笃忠组男女两性股骨骨干上部粗壮程度处于中等偏低水平，发育较扁平，而股骨骨干中部则发育较粗壮。

注释：

［1］武志江：《河南渑池笃忠遗址发掘一处仰韶晚期——龙山早期聚落》，《中国文物报》2007年5月16日第2版。

［2］邵象清：《人体测量手册》，上海辞书出版社，1985年。

［3］焦南峰：《凤翔南指挥西村周墓人骨的初步研究》，《考古与文物》1985年第3期，第85页。

［4］颜訚：《大汶口新石器时代人骨的研究报告》，《考古学报》1972年第1期，第113页。

［5］颜訚：《西夏侯新石器时代人骨的研究报告》，《考古学报》1973年第2期，第121—125页。

［6］颜訚、吴新智、刘昌芝、顾玉珉：《西安半坡人骨的研究》，《考古》1960年第9期。

［7］焦南峰：《凤翔南指挥西村周墓人骨的初步研究》，《考古与文物》1985年第3期，第90页。

［8］孙蕾：《河南渑池笃忠遗址仰韶晚期人骨研究》，《华夏考古》2010年第3期，第100—109页。

河南渑池不召寨遗址发现石磬的音乐考古研究

◎杨柳青

磬，乃我国最古老的击奏体鸣乐器，一般由石或玉制成。"磬"属于我国古代八音中的"石"音，悬挂在架子上方可演奏。按照悬挂方式可分为特磬和编磬两种。单独悬挂使用的称为特磬，是在古代作为氏族"鸣以聚众"的信号乐器，也是皇帝祭天地、祭祖、祭孔时演奏的打击乐器。由多个磬组合编排并可以演奏旋律的称为编磬，编磬由特磬变化发展而来，在古代多于宫廷雅乐或盛大祭典中使用。磬是流行于历代上层统治者各种大型活动的礼乐器，也是雅乐的重要组成部分，在中国古代音乐历史发展中一直扮演者重要的角色。

当今随着考古发掘工作中石磬出土的数量不断增加，引起了更多人们对石磬的关注和研究。位于黄河中下游的渑池县是仰韶文化的发现地，也是中国现代考古学的诞生地。在距离仰韶文化发现地的仰韶村5公里左右，还有一处新石器时代晚期龙山文化遗址——不召寨，本文所探讨的大型石磬便是在这处遗址中所发现。为了更深入了解"磬"这一乐器的历史发展和内涵，笔者对不召寨石磬作了进一步的研究，同时对比其他地区出土的石磬考古资料，提出一些对不召寨石磬的个人见解，旨在能够对新石器时代的石磬有更全面的认识，补充这一时期石磬的相关资料，以期推动这一方面的学术研究发展。

一、渑池县不召寨遗址概况及石磬发现过程

不召寨遗址位于河南省三门峡市渑池县坡头乡不召寨新村南侧，距渑池县城7.5公里，是我国黄河流域发现和试掘最早的新石器时代遗址之一，也是一处以龙山时代遗存为主体的古文化遗址。1921年10月，瑞典地质学家安特生在发掘仰韶村遗址的同时，中国学者陈德广发现了不召寨遗址。同年11月21日，安特生和师丹斯基对不召寨遗址进行了试掘[1]。1937年，我国著名考古学家尹达先生首次指出仰韶村遗址中"含有仰韶和龙山两种文化，其本质各有不同，其时代或有先后"，"不召寨遗址是纯粹的龙山文化遗存"[2]。中国科学院考古研究所夏鼐先生、武汉大学考古学教授方酋生先生等分别于1951年、1964年对不召寨遗址进行过深入调查[3]。

不召寨遗址三面环沟，南低北高，南临东河，西邻西河，中部被一无名沟划为东西两区，

东区长 200 米，南北宽 100 米；西区长 180 米，南北宽 120 米，两区面积共计 41600 平方米。整个遗址保存较为完整，内涵丰富，灰层和灰坑较多，厚度 2~3 米，试掘采集的标本有鬲、甑、鼎等陶类容器，石斧、石锛、三棱石镞等石器，与仰韶村遗址第三期、第四期文化出土的器物基本相同或相似。不召寨遗址 1963 年 6 月 20 日被列为河南省第一批重点文物保护单位。2013 年 3 月 5 日，被列入第七批全国重点文物保护单位。2022 年 4 月，河南省考古研究院对不召寨遗址进行考古调查勘探。

2007 年，不召寨村民史某在对村庄旧址进行平整改造时，在一老房屋地基处发现一长条黑石，史某以为是铁石，便在石头一角敲下一块察看，但又发现石头中部有人为打制的石孔，就认为可能是古代遗物，随即搬回家中保存。之后被渑池收藏爱好者崔学勤发现并认定该物为石磬，史某就将石磬赠予崔学勤收藏至今。

图一、二　不召寨遗址

二、不召寨石磬测量数据情况

不召寨遗址发现的石磬经测量（图三至图九），数据为：长 117 cm，左边高 37 cm、（上沿厚 9 cm，中沿厚 14 cm）；中高 35 cm（上沿厚 5 dm，下沿厚 6 cm）、右边高 28 cm（上沿厚 5cm，下沿厚 6 cm）；左边厚 15 cm、右边厚 5 cm；外孔长 12 cm，高 8 cm，内孔直径 2 cm；重 72.3 kg。该石磬呈类不规则长方形状，表面粗糙，厚薄不均匀，无明显的倨句。右上部略残。悬孔位于磬体中心一侧，呈圆形，系两面对钻而成，孔内有绳索磨痕，应为实用乐器。石磬石材疑为乌金石页岩，其质地坚硬，光泽度高，纯黑发亮。石磬手工打制痕迹明显，正面局部有敲打印迹，局部平面较为光滑。

三、不召寨石磬的断代和测音分析
（一）不召寨石磬的断代

笔者根据已公开的石磬考古资料，以《中国音乐文物大系》为主、知网收录的期刊及论文为辅，收集到全国新石器时代（新石器至夏文化）出土且已公布的石磬共计 37 件，其中公开考古数据资料的有 28 件。

图三 不召寨石磬正面

图四 不召寨石磬背面

图五 不召寨石磬悬孔正面

图六 不召寨石磬悬孔背面

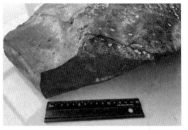

图七 不召寨石磬残部正面

图八 不召寨石磬残部里面

图九 不召寨石磬残缺部分示意图

表一 全国各地新石器时代出土石磬一览表

地区	名称	文化分期	形制类型	材质	音乐性能
山西	襄汾陶寺 M3015 特磬	龙山文化早期	类长方形	灰色角页岩	#F2-23
	襄汾陶寺 M3016 特磬	龙山文化早期	类长方形	火山角砾岩	#G3-23
	襄汾陶寺 M3002 特磬	龙山文化早期	类鱼形	青灰色角页岩	C2-23
	襄汾陶寺 M3072 特磬（残）	龙山文化早期	不详	灰绿色山岩	#C4+27
	襄汾特磬	龙山文化	类五边形	黑色角岩	Gl-38
	襄汾大崮堆山 1 号石磬坯	龙山文化	类长方形	黑色角页岩	#D3+33
	襄汾大崮堆山 2 号石磬坯	龙山文化	类长方形	角岩	C4-23
	五台阳白特磬	龙山文化早中期	类梯形	浅灰色板岩	D2-8
	闻喜南宋村特磬	龙山文化	类长方形	青石	#G2+28
	中阳谷罗沟特磬	新石器晚期	类长方形	不详	Bl+19
	夏县东下冯特磬	二里头文化东下冯类型三期	类长方形趋向三角形	细质砂岩	#C1

地区	名称	文化分期	形制类型	材质	音乐性能
山西	夏县西下冯特磬	东下冯类型三期	类长方形	青石	#F2+46
	襄汾县张槐遗址[4]	夏	类长方形	灰色角页岩	不详
河南	禹州阎砦石磬	龙山文化晚期	类五边形	青石	D4+27
	偃师二里头石磬	二里头文化 三期（夏）	类五边形	青石	G2+39
河北	蔚县上陈庄石磬	龙山文化	类椭圆形	麻青石	不详
陕西	榆林[5]	龙山文化	不详	不详	不详
甘肃	榆中马家岬石磬	齐家文化	类梯形	天然石片	B+38
青海	青海柳湾 1103 号墓石磬（残）	齐家文化早期	类三角形	灰黑色粉砂岩	不详
	民和喇家遗址石磬	齐家文化中晚期	类长方形	深色页岩	不详
辽宁	北票特磬	夏家店下层文化	类三角形	不详	A2
	建平水泉特磬	夏家店下层文化	类三角形	不详	B2
	建平喀喇沁柯东特磬[6]（残）	夏家店下层文化	近似商代虎纹磬	青白色石灰石	不详
	建昌特磬（残）[7]	夏家店下层文化	不详	灰白色泥板岩	不详
内蒙古	喀喇沁大山前石磬坯	夏家店下层文化	类五边形	灰色石灰岩	不详
	喀喇沁大山前石磬[8]（5 件残）	夏家店下层文化	不详	不详	不详
	喀喇沁锦山西府石磬 412	夏	类平行四边形	灰色粉砂岩	A3+10
	喀喇沁锦山西府石磬 413	夏	类长三角形	深灰色泥灰岩	G2+32
	喀喇沁锦山西府石磬 414	夏	类五边形	灰色石英粉砂岩	#D3+9
	喀喇沁锦山西府石磬 415（残）	夏	类长方形	灰色泥灰岩	不详
	喀喇沁锦山西府石磬 416（残）	夏	类长方形	深灰色硅质板岩	G2−15
	喀喇沁锦山西府石磬 1221	夏	类长方形	灰色泥灰质板岩	D2+15
	喀喇沁锦山西府石磬	夏家店下层	类梯形	白色石灰岩	F2−43/#F2+21

注：表中资料主要参考《中国音乐文物大系》。

从表一可以看出，新石器时代出土的石磬大部分分布在黄河流域地区，少部分在辽宁、内蒙古地区。不召寨村遗址地处黄河中游，在黄河中游豫晋大峡谷的河床之上，随处可以见到块状的乌金石石材，不召寨石磬的材质与其相符合，因此笔者判定不召寨石磬是采用本地石材制作。从石磬的形制类型来看，该时期的石磬大多呈不规则形状，按数量分依次为类长方形、类五边形、类三角形、类梯形、类鱼形和类椭圆形[9]。不召寨石磬形似长方形，符合这一时期的形制特点。此外，根据考古资料证实，新石器时代出土的石磬多为特磬，到了约商代晚期才出现编磬。不召寨发现的石磬数量目前已知只有 1 件，并未发现其他形制相似的石磬，故此笔者

认为不召寨发现的石磬为特磬。从制作工艺上看，不召寨石磬表面为素面，凹凸不平，厚薄不一，系打制而成。根据我国学者对现出土石磬的研究资料表明，早期的石磬多以打制为主，更像是石磬的早期形态，到了夏初的石磬才出现了磨制的痕迹。因此，笔者认为不召寨石磬应属于新石器时代的特磬。

（二）不召寨石磬测音分析

2023 年 10 月 4 日下午，笔者在中国社会科学院仰韶文化研究中心办公室对不召寨石磬进行了悬挂和测音测试。石磬由麻绳系结悬挂于定制的钢架上，悬起时底边与水平面形成约 40°的夹角，稳定性较强。（图一〇）

在测音过程中，笔者使用的敲击工具是木质槌（图一一）。由于该石磬打制手法明显，不规则形制，所以敲击点不易确定。"鉴于石磬是一种敲击发声的石质板振动乐器，所用石料的质地及磬体的形状、大小、厚薄、击点的选择，均与音高关系甚大。测试时发现，有的磬体尚有古代击痕可辨，从而易找出击点的准确位置。凡击痕不易识别者，则用木槌遍击股、鼓的各个部位，经过比较，以确定较佳击点的准确位置。然后即按此识点或磬上原有的击痕进行测试与录音。"[10]因此，笔者对磬体表面进行遍击测试，根据音质效果判断出 4 处较为合适的敲击点，分别是股上边、股下角、鼓上角、鼓底边。其中，鼓底边和股下角的音质要优于另外两点，敲击时音色更加浑厚饱满、明亮，且余音绵长。

图一〇　不召寨石磬悬挂测试

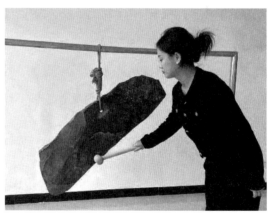

图一一　不召寨石磬敲击测试

表二　不召寨石磬测音数据

敲击点	测音软件 1（Tuner–Pitched）		测音软件 2（KeyTuner）		测音软件 3（Tuner T1）	
	音高	频率	音高	频率	音高	频率
股上边	F4–1	348.9Hz	F4–2	348.7Hz	F4–1	349Hz
股下角	F4–6	348.6Hz	F4–2	348.9Hz	F4–2	348.9Hz
鼓上角	F4–6	348.6Hz	F4–2	348.8Hz	F4–1	349Hz
鼓底边	F4–4	348.9Hz	F4–3	348.6Hz	F4–3	348.7Hz

我国学者曾指出，律制研究要在乐音比较中进行，故打击乐器必成编出现方可。由于目前出土的新石器时代石磬均为特磬，保存情况不一，测音条件各异，律制研究尚不能展开[11]。鉴于此，本段仅对新石器时代出土石磬以及不召寨石磬进行音阶、音列等乐学方面的分析研究，以期对新石器时代音乐水平发展有简要的认识。

笔者对不召寨石磬的四个敲击点分别进行现场敲击测试。为测出相对准确的音高值以及探寻该特磬是否存在不同音高，笔者使用了3款不同的测音软件，对每个敲击点进行多次的敲击测试并作记录。从表二中的数据可以看出，不同敲击点的音高都大致稳定在F4（或F1音，其与钢琴上的乐音分组对照属于F1音），因此不召寨石磬应属于一磬一音的击奏乐器。由表一出土的各个磬的音乐性能来看，分别出现了B、#C/bD、G1、B1、#C2/bD2、D2（2）（2代表出现的次数）、F2、#F2/bF2（3）、G2（3）、#G2/bA2、A2、B2、#D3/bE3（2）、#G3/bA3、A3、C4、#C4/bD4、D4共18个音高，加上不召寨石磬的F1音，共19个音高。所有音列横跨五个八度，但并未出现E音能构成完整的十二平均律音乐体系。新石器时代出土的石磬音高多样，这一时期也并未出现成编的磬，音高各不相同，即使是同出于山西襄汾陶寺的石磬，音高也相异。由此可以推测，这一时期的石磬在制作过程中对音高并无统一固定标准，反而更具有节奏性乐器的功能，它或许可以代表用来区分不同部落、不同氏族的音响信号，并非旋律性乐器。但也正是这些音高的存在，为十二平均律的产生和发展奠定了一定的基础。另外，有研究表明新石器时期出土的特磬存在一磬两音的现象[12]。笔者认为，在早期石磬的初步发展阶段，石磬的发音应是单个音高。由于早期石磬的制作随意性较强、少有琢磨，磬体表面多凹凸不平。加上材质的不同，因而可能会在敲击时出现不同的音高情况。另在已公布数据的特磬中看，多数特磬的音高只有一个，且特磬作为"鸣以聚众"的信号乐器，当时的先民似乎并未有意识地将特磬作为多音高地乐器进行使用。因此，一磬多音是否在新石器时代被广泛使用，还需更多的考古发掘资料来证实。

四、结语

不召寨遗址发现的大型石磬，是中原地区古代音乐发展史的重要标志，也是研究龙山时期礼乐文化的重要物证。综上研究，笔者持有以下观点：一是从目前考古公开的资料数据分析，不召寨石磬应是截至目前河南地区发现的最大的新石器时代石磬。河南目前出土的新石器时代特磬仅有禹州阎砦特磬一件，其石磬的体积比不召寨石磬要小的许多，在河南境内出土体型如此之大的特磬实为罕见。相较于全国各地新石器时代出土的石磬体积来看，不召寨石磬是仅次于山西张槐特磬和襄汾特磬的第三新石器时代大型特磬。二是从石磬的用途来看，不召寨遗址发现的大型石磬能够进一步反映出龙山文化时期不召寨遗址的特殊性。在龙山时期位于韶山脚下，以不召寨为核心的广袤大地，社会分化加快，礼乐文化初露端倪，文明社会在逐步形成。从不召寨遗址独特的地理地形以及以往采集的文物中分析，笔者推断此地可能是一个中心聚落的大型祭祀场所。三是根据现有的公开考古资料显示，不召寨遗址尚未经过正式的考古发掘，针对不召寨石磬的发现地点情况分析，笔者认为不召寨石磬应为公共礼仪活动场所使用的实用打击乐器和礼器，并非墓葬用品。

对不召寨遗址出土大型石磬的研究，目前还尚需借助对不召寨遗址和同时期其他出土的乐器和考古资料的深入研究。本文只是作初步探讨，难免有不足方面，还望专家给予指正。

注释：

[1] 安特生：《河南史前遗址》，王涛、秦存誉、徐小亚译，文物出版社，2021 年。

[2] 渑池县地方史志编纂委员会：《渑池县志（1986—2000）》，方志出版社，2006 年。

[3] 渑池县地方史志编纂委员会：《渑池县志（1986—2000）》，方志出版社，2006 年。

[4] 夏宏茹、梁泽峰：《山西襄汾县张槐遗址出土大型石磬》，《考古》2007 年第 12 期，第 85—87 页。

[5] 李纯一、方建军：《考古发现先商磬初研》，《中国音乐学》1989 年第 1 期，第 82—89 页。

[6] 辽宁省博物馆文物工作队、朝阳地区博物馆文物组：《辽宁建平县喀喇沁河东遗址试掘简报》，《考古》1983 年第 11 期，第 973—981、1003 页。

[7] 冯永谦、邓宝学：《辽宁建昌普查中发现的重要文物》，《文物》1983 年第 9 期，第 66—72 页。

[8] 中国社会科学院考古研究所、内蒙古自治区文物考古研究所、吉林大学考古系等：《内蒙古喀喇沁旗大山前遗址 1996 年发掘简报》，《考古》1998 年第 9 期，第 43—49 页。

[9] 高蕾：《远古磬与夏代磬研究》，《文物》2003 年第 5 期，第 45—52、55 页。

[10] 王滨、贾志强：《五台县阳白遗址龙山特磬及相关问题》，《中国音乐学》1991 年第 4 期，第 44—51、145 页。

[11] 申莹莹：《中国新石器时代出土乐器研究》，中央音乐学院博士学位论文，2012 年。

[12] 项阳：《山西商以前及商代特磬的调查与测音分析》，《考古》2000 年第 11 期，第 58—64 页。

渑池丁村遗址仰韶文化的曲酒和谷芽酒

◎刘　莉　　◎李永强　　◎侯建星

一、引言

　　中国以其悠久的酿酒历史而闻名于世，黄淮流域最早的酒遗存可追溯到 9000 年前的河南舞阳贾湖遗址[1]。对陶器上微体化石遗存的分析表明，新石器时代早期的人们使用小口鼓腹罐来制作谷物发酵饮料，并且在大约 8000 年前就已经掌握了两种发酵技术。这一进展的例证来自渭河流域宝鸡关桃园陶器中发现的曲酒残留物（以发霉谷物和草曲为发酵剂）和临潼零口遗址陶器中发现的谷芽酒残留物[2]。在新石器时代中期，小口尖底瓶作为一种新的陶器类型出现在黄河中游的仰韶文化分布地区（距今约 7000—4900 年）。（图一，A、C）以往对渭河流域仰韶文化早、中、晚期遗址（半坡、姜寨、杨官寨、米家崖、新街）的尖底瓶残留物分析证明，

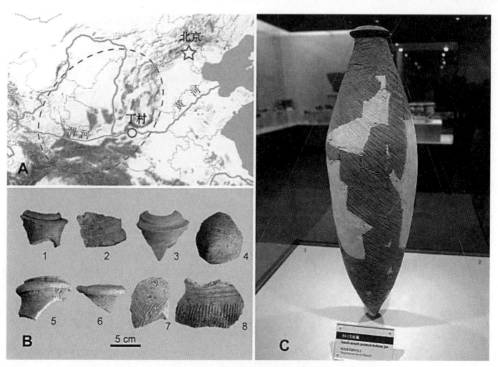

图一　遗址位置和本文分析的陶器标本
A. 仰韶文化庙底沟期遗址分布范围（虚线）及丁村遗址的地理位置　B. 本文分析的部分丁村陶片
（1~7. 小口尖底瓶口沿、器身及器底；　8. 陶罐）C. 渑池仰韶遗址出土的尖底瓶（高 71 厘米，仰韶文化博物馆藏）

这类陶器用于发酵和储存酒精饮料，酿造以黍为主要原料的曲酒和谷芽酒[3]。

小口尖底瓶的造型与其功能有关：小口窄颈有利于密封，以尽可能排出空气，因而形成发酵过程中所需的厌氧环境，并防止产酸微生物的繁殖；而其锥形底部有利于醪液中渣滓（谷壳、酵母等）的沉淀和分离[4]。在发酵过程中，尖底瓶可能与其他类型陶器一起使用，如用于浸泡和糖化谷物的大口瓮，用于将醪液从大口瓮转移到小口尖底瓶的漏斗，以及用于加热醪液的陶灶。在西安米家崖遗址的两个灰坑中各发现了这样一套酿酒陶器[5]，对这些陶器的残留物分析，获得了酿造发酵饮料的明确证据[6]。在所有这些可能与酒精生产有关的陶器类型中，尖底瓶最为重要，它用于酿酒、储酒，同时也可能用于咂酒群饮[7]。

仰韶文化早期主要以渭河流域为中心，代表了一个以种植粟、黍为主的农业社会。其物质文化在中期（庙底沟期）向周边地区扩张（距今 6000—5100 年），延伸到黄河流域中上游的广大地区。这种物质文化扩张背后的动因可能包括农业人口的迁移，技术和思想的传播，或多种因素的结合。无论何种原因，尖底瓶的存在与仰韶文化共始终，是构成其核心文化的最重要因素之一。尖底瓶与仰韶物质文化共同传播也意味着酿酒技术的扩散。值得注意的是，尖底瓶的体积随着时间的推移而增加，在庙底沟阶段许多尖底瓶的高度接近 1 米（图一，C），这表明对酒精饮料的需求不断增加，可能是为了满足大型宴饮仪式的需要。然而，这些假设需要检验。本文以河南省渑池县丁村仰韶文化遗址为研究对象，该遗址处于仰韶文化庙底沟类型的核心地区。（图一，A）我们旨在回答两个问题：（1）丁村的尖底瓶是否与酿酒有关？（2）如果是，涉及哪些发酵方法？

二、考古背景及分析方法

丁村新石器遗址发现于 1962 年，包括仰韶和龙山早期的遗存。遗址位于丁村村东北的台地上，南部曾经有一条小河流经，但现在已经成为水库[8]。丁村遗址以东约 10 公里处便是著名的仰韶遗址，是 J. G. 安特生于 1921 年发现的中国第一个新石器时代遗址。随着仰韶遗址发现 100 周年的临近，人们对了解古代仰韶人的生活方式有了越来越浓厚的兴趣。但是，作为举世闻名的文化遗产，仰韶遗址受到特殊保护，无法从遗址上移走文物进行分析研究。2018 年，本文的第三作者注意到丁村水库附近散布了大量仰韶文化陶器碎片，并意识到丁村的考古遗存有助于揭示仰韶人生活的重要信息。因此我们对该地点进行了初步调查，在黄土断面的地层中发现了仰韶文化陶器遗存，并从遗址地层和附近地面收集了一些包括尖底瓶在内的陶片。根据尖底瓶口沿的特征，这些陶片的年代可定为仰韶文化庙底沟期。

我们分析了九个尖底瓶陶片。首先将它们分别用自来水冲洗以除去器表的浮土，然后将每个陶片分别放入干净的装有蒸馏水的塑料袋中，将其浸入超声波清洗仪中清洗 3 分钟，并将溶液保存在试管中。残留物样品的处理涉及两个步骤：（1）EDTA 清洗法：在装有残留物的试管中加入 4 ml EDTA（$Na_2EDTA \cdot 2H_2O$）溶液（0.1%），震荡 2 小时；（2）重液分离法：加入比重为 2.35 的多钨酸钠（sodium polytungstate）使用离心机分离，以同时获得标本中的淀粉粒、植硅体和真菌。微体植物及真菌的鉴定是基于斯坦福大学考古中心的现代标本库，包括 1100 多件植物和真菌标本，并参考以往发表的文献[9]。我们对实验室的设备和环境定期清洁和检查，以防止环境中淀粉粒对标本的污染。

我们测试了三个控制标本，其中一个是陶罐（炊具）上的残留物（控制 1），两个是从未清洗的陶片上刮下的土壤沉积物（控制 2、3）。处理控制标本和残留物标本的步骤相同。结果显示，控制标本中的微体化石数量比残留物中的低得多，并且两组微体化石的组合也有明显区别，这一结果支持了残留物样品中微化石的原生性（见下文）。

三、结果

利用谷物酿酒涉及两个独立的生化步骤。（1）糖化：谷物中的淀粉通过淀粉酶的水解转化为可发酵的糖；（2）发酵：酵母将糖转化为乙醇和二氧化碳。酿造谷芽酒时，糖化（通过谷物发芽）和发酵（通过添加酵母）是先后连续进行的。但是，如果采用曲作为发酵剂，糖化和发酵两个过程同时发生。这是因为曲是由发霉的谷物（或加草曲）制成，其中含有丰富的微生物（霉菌，酵母菌和细菌）。在曲酒的酿造过程中，霉菌产生的各种酶促进糖化，同时酵母将糖转化为酒[10]。为了研究考古学遗存中存在的酒残留物，并进一步了解发酵技术，我们建立了一套分析方法，有助于判断容器上的残留物中是否存在酿酒证据，如下所述。（1）如果淀粉粒显示的损伤特征是由于酶分解和糖化作用，以及低热温度糊化（65℃~70℃）造成，可以此判断是经过了酿酒的糖化过程；（2）酵母的存在是发酵酒的有力证据；（3）如果酿造的是谷芽酒，容器残留物中可能包括较多谷物颖壳植硅体，因为谷物发芽不需脱壳；（4）另一方面，如果是用曲（包括草曲）作为发酵剂酿酒，则残留物中可能会发现真菌成分（菌丝、孢子和孢子囊等）和草类植硅体；（5）对淀粉粒和植硅体类型的种属来源的鉴定，可提供有关酿酒原料的信息。据此，必须对来自淀粉粒，植硅体和真菌的多种证据进行综合分析，才能回答有关器物的酿酒功能以及酿造方法的问题。

（一）淀粉粒遗存

总共记录了 187 个淀粉粒，其中 133 个（71.1%）可划分为四种类型，并与某些植物种属相对应。许多淀粉粒（n=54；28.9%）损伤严重或缺乏鉴定特征，归于无法鉴定（未鉴定）之类。（图二；表一）

I 型淀粉粒鉴定为黍亚科，出现在 8 个样品中，是出现率最高的类型（Panicoideae；n=50；占总数 26.7%；出现率 89%；长度范围 7.77~21.98 μm）。颗粒大多呈多面体状，脐点居中，消光十字为"十"形。它们可能来自黍（*Panicummiliaceum*），粟（*Setaria italica*）和薏苡（*Coixlacryma-jobi*）[11]。由于大多数颗粒受到严重破坏，因此无法进一步鉴定到属。

Ⅱ型淀粉粒鉴定为水稻，在 3 个样品中发现，是数量最多的类型（Oryza sp.；n=54；占总数 28.9%；出现率 33%；长度范围 2.79~7.24 μm）。颗粒小且呈多面体，以复粒形式出现（n=5）。水稻淀粉粒粒形很小，不易发现；尤其是在发酵损伤的情况下，其粒形模糊，消光十字全无，只能看到双折射光泽，很难鉴定。（图二，5、6 与图三，3 比较）因此，水稻淀粉粒的实际数量很可能超过记录的数量。

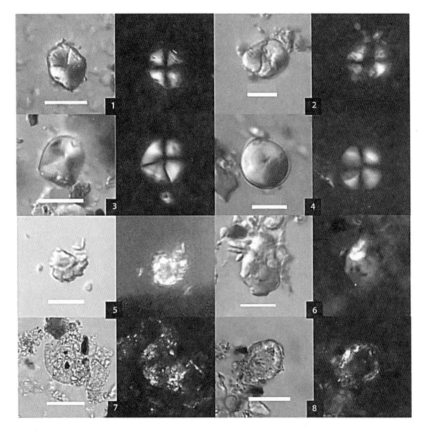

图二　丁村陶器中具有发酵特征的淀粉粒
1、2. 粟黍或薏苡，显示有微型坑、深沟槽、中心部凹陷　3、4. 栝楼根，包括钟形和圆形、表面有微型坑
5、6. 稻米，无消光十字，但可见双折射光泽　7. 小麦族，显示暴露的层纹
8. 未鉴定，膨胀、中空，周边有双折射光泽（比例尺：2、6：10 微米；其他：20 微米）

Ⅲ型淀粉粒为小麦族，出现在 7 个样品中，是出现率居第二位的类型（Triticeae；n=20；占总数 10.7%；出现率 78%；长度范围 16.04~41.39μm）。颗粒形状为透镜体，脐点居中，消光十字为"十"或"X"形。它们很可能来自野生小麦族植物，例如冰草属，披碱草属和赖草属，这些都常见于中国北方地区[12]，但我们无法进一步鉴定到属。

Ⅳ型淀粉粒鉴定为栝楼根，出现在 4 个样品中（Trichosanthes kirilowii；n=9；占总数 4.8%；出现率 44%；长度范围 8.75~23.22 μm）。这种块根的淀粉粒包括有多种形态，如钟形、圆形、多边体和复粒组合。脐点居中或偏心，十字消光臂或直或弯曲。栝楼在中国北方常见[13]，其根部又称天花粉，具有药用功能，古代被用作救荒食物[14]。

这些植物作为酿酒原料也发现在黄河流域其他仰韶遗址出土的酿酒陶器中[15]。

绝大多数淀粉粒被破坏（n=165；88.3%），表现出酶分解和 / 或糊化的特征，与我们现代对比标本中的酿酒发酵的淀粉粒损伤形态相似。（图三）它们可以进一步分为经过发酵（n=146；78.1%）和经过烹饪（n=19；10.2%）两种类型。发酵破坏是由于酶分解和糖化作用引起的低热温度糊化所致。前者包括微型坑、深沟、边缘缺失、中央凹陷或在偏振光下消光十字消失；后者的特征是中等程度的膨胀，中心凹陷，通常在淀粉粒边缘仍保留有双折射光泽，但中心区域黑暗[16]。与此不同，由于烹饪（蒸或煮）而引起的糊化淀粉显示出相当均匀的膨胀表面[17]。值得注意的是，经过发酵的淀粉颗粒有时也表现出类似于蒸煮的糊化模式，但是经过蒸煮的淀粉粒不见发酵糊化的特征。在丁村残留物中，显示有发酵特征的淀粉粒比例很高，而只有极少数有蒸煮损伤的特征，这表明尖底瓶的功能与酒发酵有关。在三个控制标本中仅发现了四颗淀粉粒，远低于残留物中的淀粉粒数量，证明残留物中的淀粉粒不可能是周围环境的污染。（表一）

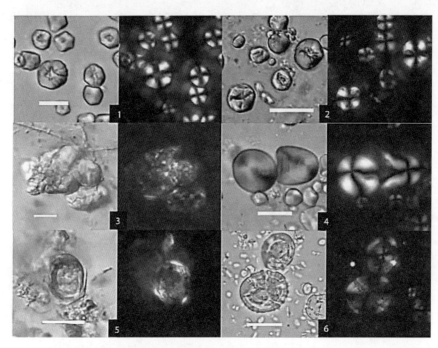

图三　现代对比标本中经过酿酒发酵的淀粉粒

1. 黍　2. 薏苡　3. 大米　4. 栝楼根　5. 粟　6. 小麦（比例尺：1、3：10微米；其他：20微米）

表一　丁村陶器中的淀粉粒记录

植物分类	黍亚科	稻米单粒（复粒群）	小麦族	栝楼根	未鉴定	淀粉粒总计	发酵损伤	蒸煮损伤	损伤总计
残留物标本									
POT1	4	16（3）	6		20	46	44	2	46
POT2	5			3		8	1		1
POT3	3		4	2	1	10	4		4
POT4	11		2	3	9	25	19	2	21
POT5	13			1	4	18	1	15	16

植物分类	黍亚科	稻米单粒（复粒群）	小麦族	栝楼根	未鉴定	淀粉粒总计	发酵损伤	蒸煮损伤	损伤总计
残留物标本									
POT6	5	7（1）	2		4	18	17		17
POT7	2		1		2	5	5		5
POT8	7		4		13	24	23		23
POT9		31（5）	1		1	33	32		32
总数	50	54	20	9	54	187	146	19	165
总数 %	26.7	28.9	10.7	4.8	28.9	100.0	78.1	10.2	88.3
出现率 N	8	3	7	4	8	9	9	3	9
出现率 %	89	33	78	44	89	100	100	33	100
最小长度（微米）	7.77	2.79	16.04	8.75					
最大长度（微米）	21.98	7.24	41.39	23.22					
平均长度（微米）	12.00	4.44	24.56	14.28					
控制标本									
Contl1	1					1			
Contl2						0			
Contl3			2		1	3			

（二）植硅体遗存

丁村标本中发现了大量的植硅体（n=540），大部分来自禾本科植物茎叶（>70%）。在 6 个样品中发现了黍族（Paniceae）颖壳植硅体，其中包括 12 个 η 型的黍颖壳和 20 个只能鉴定到黍族的颖壳。没有发现 Ω 型的典型粟（*Setaria italica*）颖壳植硅体。这种组合表明尖底瓶中黍族植物的主要类型为黍。值得注意的是，这些包含有黍族植硅体的标本中也发现有黍亚科淀粉粒。同样，从陶 1 和陶 4 中发现了两个稻壳的双峰植硅体，与陶 1 和陶 6 中稻米淀粉粒的存在相呼应。

四个样品中均出现了早熟禾亚科植物颖壳的树枝型（显示为硅化骨架和单细胞），也与小麦族淀粉粒的存在相互印证。我们使用鉴定小麦族颖壳植硅体的统计学程序[18]，从两个样品中测量了 136 个树枝型植硅体的波瓣。将结果与统计数据库进行比较，该数据库包括中国北方现代生长的野生和驯化小麦族植物的 9 个属中的 20 个种。遗憾的是，丁村树枝型植硅体与我们当前数据库中的任何物种都不匹配，也许来自某种我们标本库中缺失的野生小麦族植物。将来需要从中国北方收集更多的样品以扩大数据库的对比标本量。

其他禾本科植硅体形态主要包括十字型、哑铃型、帽型和扇形。十字型植硅体中有多种形态，其中有些长度和宽度均大于18μm，属于大型变异体1型（Variant 1 cross）。这类大型的十字型不见于粟黍，但存在于薏苡植硅体中[19]。薏苡植硅体的存在支持薏苡淀粉粒的鉴定，但是这种植物在黍亚科组合中的比例较低。谷物中的植硅体和淀粉粒出现的情况基本可以互为佐证，可判断残留物中存在黍、野生小麦族、稻米和薏苡。在三个样品中发现了来自菊科植物的不透明穿孔片状，但我们无法更精确地确定其分类。值得注意的是，黍和小麦族的颖壳植硅体同时存在于四个样品中（陶1、4、7、8），表明这些谷物可能经过发芽用作糖化剂；但其中有些也有可能是脱壳不净所致。（图四）

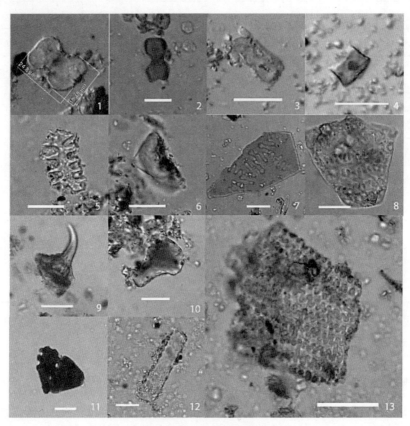

图四　丁村陶器中的植硅体

1. 大型变体1十字型（薏苡）　2. 哑铃型　3. 多铃型　4. 帽型　5. 野生小麦族树枝型　6. 水稻双峰型（只有一个峰可见）
7. η型黍颖壳　8. 未定的黍族颖壳　9. 毛细胞　10. 扇型　11. 菊科　12. 波状棒型
13. 野生小麦族绞合树枝型硅化骨架（比例尺：9、13：50微米；2、11：10微米；其他：20微米）

三个控制标本中的植硅体数量很少（n=3–23），主要来自植物茎叶，仅有一个来自水稻颖壳。显然，控制标本的植硅体组合与残留物样品的植硅体组合差异很大，和淀粉粒组合区别的情况一致。（表二）

（三）真菌遗存

总共记录了264个真菌单位，包括酵母细胞（n=49），菌丝（n=86），菌丝体（n=14），红曲霉（*Monascus* sp.）闭囊壳（n=90），其他霉菌孢子囊（n=3），其他霉菌孢子囊连接孢囊梗

（n=14）和孢子（n=8）。（表三）酵母细胞为圆形或椭圆形（长度 5.56~11.75 μm），其中有些显示为芽殖状态（n=14），其特征是母细胞上有一个或多个小突起，或者在较大母细胞上附着较小细胞。它们在形态上与酿酒酵母（*Saccharomyces cerevisiae*）具有可比性，酿酒酵母是酒发酵中最常用的酵母菌种。（图五，1、2 与图五，4 比较）与我们的对比标本相比，它们比现代驯化培养的酿酒酵母（4.39~8.71 μm）大，但与陕西北部榆林地区石峁农村酿造的小米浑酒中的野生酿酒酵母（3.47~12.16 μm）相似，表明丁村酵母可能是野生菌种。

霉菌出现在每个样品中，但大部分比较残破。其中具备鉴定特征的个体主要是红曲霉的闭囊壳。形状为圆形或椭圆形，内部包含有若干小圆球形子囊，颜色为红色、红褐色及紫红色，有些与菌丝相连；这些特征与现代标本中的紫色红曲霉（*Monascus purpureus*）相似。（图五，5、6 与图五，13 比较）一些菌丝体呈红褐色，与红曲霉的菌丝相似。（图五，7）另一些菌丝很宽，无分隔，呈褐色，与孢囊相连；孢囊梗无分支，无假根。这些特性与毛霉（*Mucor*）一致[20]。（图五，8 与图五，11 比较）还有一些显示为带有顶囊的无色透明分生孢子梗，并可见圆形分生孢子，比较现代标本，与米曲霉（*Aspergillus oryzae*）的形态最为相似。（图五，9 与图五，12 比

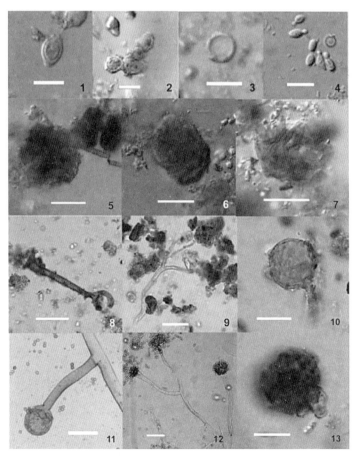

图五　丁村陶器中的真菌（1~3，5~10）与现代标本（4，11~13）对比

丁村样品：1. 芽殖过程中的酵母细胞　2. 一群酵母细胞　3. 孢子（1~3 与 4 比较）　4. 现代酿酒酵母细胞（椭圆形）芽殖状态和曲霉孢子（圆形）　5. 类似红曲霉闭囊壳与菌丝相连　6. 类似红曲霉闭囊壳（5、6 与 13 比较）　7. 菌丝体　8. 类似毛霉，孢子囊连接孢囊梗（与 11 比较）　9. 类似曲霉，带有顶囊的分枝状分生孢子梗（与 12 比较）　10. 带有孢囊梗的孢子囊，种属不明现代标本　11. 毛霉 *Mucor* sp. 12. 米根霉 A. *oryzae*　13. 紫色红曲霉 M. *purpureus*（比例尺：1~4：10 微米；5~7、13：20 微米；8~12：50 微米）

较）红曲霉是酿造红曲酒的主要霉菌，一般认为起源于长江下游地区，近代也主要流行于浙江、福建一带。米曲霉是中国酒生产中最常用的霉菌之一，而毛霉在现代酒曲中也很常见[21]。丁村样品中霉菌的存在表明使用曲作为发酵剂，其中包含了多种霉菌，以红曲霉为主。

四、讨论

结合来自淀粉粒、植硅体和真菌的多种证据，我们可以观察到以下现象。

第一，所有样品中均有显示发酵损伤特征的淀粉粒（表一），表明所有 9 个尖底瓶均用于酿酒发酵。植物原料成分包括黍、薏苡、大米、野生小麦族和栝楼根，这些植物也在黄河流域其他仰韶文化遗址的尖底瓶中发现[22]。显然，丁村尖底瓶与其他地区同类仰韶陶器的酿酒功能一致。

第二，所有样品均显示出与酒发酵有关的微生物，例如酵母、真菌孢子、孢子囊和菌丝等，从而进一步支持了淀粉粒分析的结果。大多数酵母细胞在形态上与酿酒酵母相似，并且与野生种大小更为接近。霉菌中存在多种类型，其中绝大多数为红曲霉，也包括少量米曲霉和毛霉。红曲霉作为主要菌种的出现，值得特别注意。红曲霉有产生红色色素的性能，常作为天然色素；用之酿酒可产出色泽鲜艳的红酒；它也有抑菌防腐的作用，并具有多种药用功能。红曲霉属包括若干种，用于发酵食品的主要有紫色红曲霉和红色红曲霉（M. anka）。其中紫色红曲霉是制曲酿酒的主要菌种，而传统培养红曲霉曲的原料为蒸熟的大米[23]。红曲霉与大米之间的密切关系十分重要。丁村尖底瓶中发现有大米淀粉粒和水稻颖壳中的双峰型植硅体，与红曲霉的存在相互印证。虽然不是每个标本中都发现有大米淀粉粒，但如上所述，经酿酒发酵的大米淀粉粒难以确认，因此影响了鉴定数量。稻米颖壳植硅体的数量也很少，可能是因为酿酒只用脱壳后的大米。总之，这种以红曲霉为主要发酵剂，同时以黍和大米等谷物为主要酿酒原料的方法是丁村仰韶酒的特征。

第三，如果以残留物中出现较多谷物颖壳植硅体作为酿造谷芽酒的标志，以酿酒霉菌的出现作为酿造麹酒的标志，我们可以将标本中谷物颖壳植硅体与霉菌的出现进行比较，并观察到两种模式：（1）所有的样品中都有霉菌，数量不等（n=2–49），但是都包括有红曲霉；而谷物颖壳植硅体只见于六个样品（陶 1、2、3、4、7、8），包括黍，小麦族和水稻（n=3–18）。这些植硅体有可能代表使用发芽谷物为糖化剂，但也有些颖壳数量较少的样品也许只是脱壳不净的结果。（图六，A）另外，虽然我们可以观察到两种酿酒方法，但残留物分析只能说明某一器物中酿酒历史的总和，而无法区别在同一容器中，这两种方法是一次酿造时同时使用，还是数次酿造时分别使用。不过我们至少可以说，酿酒方法包括用曲作为发酵剂和用发芽谷物作为发酵剂。

第四，九个样品表现出不同的微化石组合，例如陶 1 中酵母细胞数量非常高，而陶 2、3、6、7、8 则富含霉菌。（图六，B）这种情况有可能由于受到某些未知因素的影响，但也可能与陶器废弃前经历的酒发酵过程处于不同阶段有关。根据我们数据库中的酿酒标本，霉菌在醪液发酵的早期阶段比较丰富，但酵母菌在后期阶段占据主导地位。

第五，大多数样品中含有大量的植硅体，主要是来自茎叶的棒型硅化骨架或单细胞。尤其是陶8，显示出这类植硅体数量极高（n=168）（表二），这件标本中同时也存在数量较多的霉菌（n=44）。这种组合可能表明使用了某些草本植物作为曲发酵剂的一部分，在古代文献中称为草曲[24]。在陕西宝鸡关桃园新石器时代早期的陶器中发现了类似的现象，是使用草曲的最早实例[25]，而在现代中国南方和台湾少数民族中，仍然普遍存在使用草曲酿酒的方法[26]。

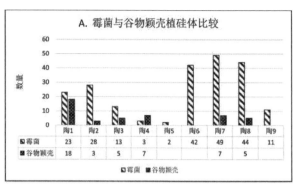

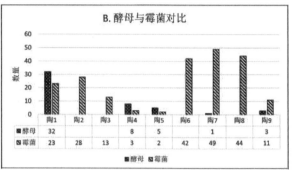

图六　不同种类微体化石遗存的比较（数据根据表三）
A.霉菌与颖壳植硅体比较，显示曲是主要发酵剂，有时也可能利用发芽谷物　B.酵母与霉菌比较，显示在陶1中酵母数量多，但在陶2、3、6~8中霉菌数量多

表二　丁村陶器的植硅体记录

植硅体形态型	陶1	陶2	陶3	陶4	陶5	陶6	陶7	陶8	陶9	总计	%	控制1	控制2	控制3
硅化骨架														
η型（黍颖壳）	7		4				1			12	2.2			
未确定黍族硅化骨架（黍族颖壳）	7	3	1	4			1	4		20	3.7			
长方形绞合状树枝型（早熟禾亚科颖壳）	2						3			5	0.9			
长方形圆齿状纹饰型（主要来自禾本科颖壳）		2					1			3	0.6			1
长方形光滑状/曲波状纹饰（主要来自禾本科茎叶）	13	7	12	2	1	2	9	3	1	50	9.3			
长方形不规则纹饰（禾本科）				3						3	0.6			
不透明穿孔片状（可能来自菊科花序）			4	3				1		8	1.5			
气孔细胞 Stoma sheet	2										0.0			
未鉴定硅化骨架		1		1		1				3	0.6			
单细胞植硅体														
双峰型（水稻颖壳）	1			1						2	0.4			

植硅体形态型	陶1	陶2	陶3	陶4	陶5	陶6	陶7	陶8	陶9	总计	%	控制1	控制2	控制3
凹型哑铃型 Scooped bilobate（稻亚科）	1										0.0			
哑铃型（黍亚科）	14	2	3	7				2		28	5.2		1	
多铃型（黍亚科）	1									1	0.2			
十字型（黍亚科）	4	1	3	3	2		1			14	2.6			
十字型变体1型（薏苡）	1										0.0			
帽型（禾本科）	3	1	1	2		1				8	1.5			
扇型（禾本科叶表皮机动细胞）	2	1				3	4	15	1	26	4.8		1	1
长方形树枝型（早熟禾亚科颖壳）	1			2			2	1		6	1.1			1
光滑状/曲波状棒型（主要来自禾本科茎叶）	39	23	35	2		15	37	165	14	330	61.1	3	21	12
毛状体		1	2					8	1	12	1.1			
毛细胞（真双子叶植物）	3	1	1							1	0.2			
总数	101	43	66	30	3	22	59	198	18	540	100	3	23	15

表三　丁村陶器的真菌记录

	酵母（芽殖状态）	菌丝	菌丝体	红曲霉闭囊壳	其他霉菌孢子囊	其他霉菌孢子囊连孢囊梗	孢子	总计
陶1	32（12）		5	18				67
陶2		16	5	2		5		28
陶3		1	3	9				13
陶4	8（2）			1			2	13
陶5	5			2				7
陶6		19		17	2	4		42
陶7	1	27	1	17		1	3	50
陶8		23		14	1	4	2	44
陶9	3			10			1	14
总计	49（14）	86	14	90	3	14	8	264
%	18.6	32.6	5.3	34.1	1.1	5.3	3.0	100.0

五、结论

酿酒是人类历史上最重要的发明之一，但考古学家在探索古代发酵技术的过程中遇到了很多挑战。比如古代酒液很少能保存至今，因此不易得到酒标本，而用复杂的设备检测酒器样品化学成分的技术复杂且成本较高。本文的研究展示了一种非破坏性的方法，通过使用较简单的设备来分析器物上附着的残留物，也可发现古代酒生产的证据。我们的多学科分析方法（淀粉、植硅体和真菌）显示出巨大潜力，可识别保存在陶器残留物中与谷物发酵过程相关的不同类型的微化石。不仅可鉴定酿酒原料，而且可区分是使用发芽谷物或是利用曲酿酒的不同方法。

我们的研究结果证实丁村遗址的尖底瓶是酿酒器。仰韶人采用曲发酵剂和发芽谷物两种酿酒技术，用黍、大米、薏苡、野生小麦族种子和栝楼根为原料制作发酵酒。制曲的主要菌种为红曲霉，也有少量曲霉和毛霉，很可能以大米为原料，同时也加入草类茎叶。谷芽可能由黍和小麦族制成。

先秦文献《尚书·说命》中有"若作酒醴，尔惟曲糵"的记载，意为用糵（发芽谷物）制作醴和用曲制作酒。使用谷芽酿酒往往能生产出低酒精度的饮料，而使用曲发酵剂会提高酒精含量。这两种技术在丁村都被使用，表明6000年前的仰韶人可能已经在尝试各种酿造方法以获得最佳酒液，或者是在不同的场合、为了不同的需要而酿制不同类型的酒。丁村距著名的仰韶遗址仅10公里之遥，其酿酒方法可代表仰韶文化核心地区6000年前酿酒技术的发展状态。同时，这一时期的尖底瓶器形普遍很大，可能反映了竞争性的宴饮活动流行，而在盛宴中能够提供更高酒精度饮料的能力成为追求的目标。这样的盛宴可能涉及来自较广泛地区的人群，从而促进区域间文化互动。

根据明代《天工开物》的记载，"古来曲造酒，糵造醴。后世厌醴味薄，遂至失传，则并糵法亦亡"。显然，在历史时期由于酿酒技术的改进导致曲酒的繁荣发展和谷芽酒（醴）的逐渐衰落，主要原因是曲酒可以达到更高的酒精含量。如今，类似于醴的发酵饮料已很少见，但是在中国北方一些偏远地区的农家至今仍然保留酿造谷芽酒的传统，例如陕北民间就有使用发芽小麦或玉米为糖化剂酿造的小米浑酒。但相比之下，曲酒已成为现代中国南北地区最主要的酒精饮料，包括蒸馏酒（白酒）和发酵酒（黄酒），是当今中国人盛宴中的首选。

总之，丁村仰韶酒的特征为：发酵剂以红曲霉、曲霉和毛霉为主，同时使用发芽谷物和草本植物茎叶；可能利用野生酵母；酿酒原料以黍和大米等谷物为主，并加入少量薏苡和栝楼根一类的块根植物。利用红曲霉和大米制曲酿酒可能起源于长江下游地区，在近代也主要流行于中国东南沿海地区；但是这一酿酒方法很可能随着水稻栽培的传播在史前时期就已到达黄河流域，并且影响了仰韶文化先民的酿酒传统。

附记：我们感谢河南渑池仰韶酒业侯建光、韩素娜、陈蒙恩、胡晓龙和杨青菊，提供酿酒技术的参考资料及酿酒过程中真菌繁殖状态的标本，并协助鉴定真菌遗存。我们也感谢两位匿名审稿人对原英文稿提出的非常有建设性的意见。本文在原英文文章基础上，根据最近对红曲霉鉴定的结果改写。

注释：

［1］McGovern, Patrick, Zhang, Juzhong, Tang, Jigen, Zhang, Zhiqing, Hall, Gretchen, Moreau, Robert, Nunez, Alberto, Butrym, Eric, Richards, Michael, Wang, Chenshan, Cheng, Guangsheng, Zhao, Zhijun, "Fermented Beverages of Pre- and Proto-historic China", *Proceedings of the National Academy of Sciences*, 2004, Vol. 101, pp. 17593-17598.

［2］［25］Liu, Li, Wang, Jiajing, Levin, Maureece J., Sinnott-Armstrong, Nasa, Zhao, Hao, Zhao, Yanan, Shao, Jing, Di, Nan, Zhang, Tianen, "The Origins of Specialized Pottery and Diverse Alcohol Fermentation Techniques in Early Neolithic China", *Proceedings of the National Academy of Sciences*, 2019, Vol. 116, pp. 12767-12774.

［3］［15］［22］王佳静、刘莉、Ball Terry 等：《揭示中国 5000 年前酿造谷芽酒的配方》，《考古与文物》2017 年第 6 期；刘莉、王佳静、赵雅楠等：《仰韶文化的谷芽酒：解密杨官寨遗址的陶器功能》，《农业考古》2017 年第 6 期；刘莉、王佳静、赵昊等：《陕西蓝田新街遗址仰韶文化晚期陶器残留物分析：酿造谷芽酒的新证据》，《农业考古》2018 年第 1 期；刘莉、王佳静、刘慧芳：《半坡和姜寨出土仰韶文化早期尖底瓶的酿酒功能》，《考古与文物》2021 年第 2 期。

［4］包启安：《仰韶文化遗存与酿酒》，《中国酿造》2007 年第 2 期。

［5］陕西省考古研究院等：《西安米家崖：新石器时代遗址 2004~2006 年考古发掘报告》，科学出版社，2012 年。

［6］王佳静、刘莉、Ball Terry 等：《揭示中国 5000 年前酿造谷芽酒的配方》，《考古与文物》2017 年第 6 期。

［7］刘莉：《早期陶器、煮粥、酿酒与社会复杂化的发展》，《中原文物》2017 年第 2 期。

［8］方酉生：《河南渑池县考古调查》，《考古》1964 年第 9 期。

［9］Lu, Houyuan, Zhang, Jianping, Wu, Naiqin, Liu, Kam-biu, Xu, Deke, Li, Quan, "Phytolith Analysis for the Discrimination of Foxtail Millet（Setaria Italica）and Common Millet（Panicum Miliaceum）", *PLOS ONE* 4, e4448（2009）; Piperno, DoloresR., *Phytoliths*: *A Comprehens* IV e *Guide for Archaeologists and Paeoecologists*, Altamira Press, Lanham, 2006; Madella, M., Alexandre, A., Ball, T., "International Code for Phytolith Nomenclature 1. 0.", Annals of Botany 2005, Vol. 96, pp. 253-260; St-Germain, Guy, Summerbell, Richard, *Identifying Fungi: A Clinical Laboratory Handbood*, Star Publishing Company, Belmont, CA, 2011; 岑沛霖、蔡谨：《工业微生物学》，化学工业出版社，2008 年。

［10］Jin, Guangyun, Zhu, Yang, Xu, Yan, "Mystery behind Chinese Liquor Fermentation", *Trends in Food Science and Technology*, 2017, Vol. 63, pp. 18-28; Zheng, XiaoWei, Tabrizi, Minoo Rezaei, Nout, M. J. Robert, Han, Beizhong, "Daqu-A Traditional Chinese Liquor Fermentation Starter", *Journal of the Institute of Brewing*, 2011, Vol. 117, pp. 82-90.

［11］Liu, Li, Ma, Sai, Cui, Jianxin, "Identification of Starch Granules Using a Two-Step Identification Method", *Journal of Archaeological Science*, 2014, Vol. 52, pp. 421-427.

［12］Wu, Z. Y., Raven, P. H., Hong, D. Y., *Flora of China. Vol. 22*, *Poaceae*, Science Press and Missouri

Botanical Garden Press，Beijing and St. Louis，2006.

［13］Wu，Z. Y.，Raven，P. H.，Hong，D. Y.，Eds.，*Flora of China*，*Vol. 19*，*Cucurbitaceae through Valerianaceae*，*with Annonaceae and Berberidaceae*，Science Press and Missouri Botanical Garden Press，Beijing and St. Louis，2011.

［14］朱橚著，王锦秀、汤彦承译注:《救荒本草译注》，上海古籍出版社，2015 年。

［16］Wang，Jiajing，Li Liu，Andreea Georgescu，Vivienne V. Le，Madeleine H. Ota，Silu Tang，and Mahpiya Vanderbilt，"Identifying Ancient Beer Brewing through Starch Analysis：A Methodology"，*Journal of Archaeological Science: Reports*，2017，Vol. 15，pp. 150-160.

［17］Henry，Amanda G.，Hudson，Holly F.，Piperno，Dolores R.，"Changes in Starch Grain Morphologies from Cooking"，*Journal of Archaeological Science*，2009，Vol. 36，pp. 915-922.

［18］Ball，Terry，Vrydaghs，Luc，Mercer，Tess，Pearce，Madison，Snyder，Spencer，Lisztes-Szabo，Zsuzsa，Peto，Akos，"A Morphometric Study of Variance in Articulated Dendritic Phytolith Wave Lobes within Selected Species of Triticeae and Aveneae"，*Vegetation History and Archaeobotany*，2017，Vol. 26，pp. 85-97.

［19］Duncan，Neil A.，Starbuck，John，Liu，Li，"A Method to Identify Cross-Shaped Phytoliths of Job's Tears，Coix lacryma-jobi L.，in Northern China"，*Journal of Archaeological Science: Reports*，2019，Vol. 24，pp. 16-23.

［20］St-Germain，Guy，Summerbell，Richard，*Identifying Fungi: A Clinical Laboratory Handbood*，Star Publishing Company，Belmont，CA，2011.

［21］Jin，Guangyun，Zhu，Yang，Xu，Yan，"Mystery behind Chinese Liquor Fermentation"，*Trends in Food Science and Technology*，2017，Vol. 63，pp. 18-28；包启安、周嘉华:《酿造》，大象出版社，2007 年。

［23］包启安、周嘉华:《酿造》，大象出版社，2007 年。

［24］凌纯声:《中国酒之起源》，见《民族学研究所集刊》(29)，台北民族学研究所，1958 年，第 883—901 页；Huang，H. T.，*Science and Civilisation in China: Vol 6*，*Biology and Biological Technology*，*Part V: Fermentations and Food Science*，Cambridge University Press，Cambridge，2000.

［26］凌纯声:《中国酒之起源》，见《民族学研究所集刊》(29)，台北民族学研究所，1958 年，第 883—901 页；俞为洁:《酿造江南米酒的草麹》，《东方美食》(学术版) 2003 年第 4 期。

灵宝底董仰韶文化遗存的分期与相关问题探讨

◎魏兴涛

2006—2007 年，考古工作者为配合基本建设发掘了河南灵宝底董遗址，揭露面积约 800 平方米。遗址位于黄河支流十二里河西岸二级阶地上，总面积约 10 万平方米。本次发掘除发现少量以秦人墓葬为代表的东周至汉代遗存外，更重要的是获得了较丰富单纯的仰韶文化遗存，发现房址、灰坑、瓮棺葬等各类遗迹 60 余处，出土大批陶器、石器等遗物[1]。由于这批材料新颖，为仰韶文化有关问题的认识提供了契机。本文在遗存分期的基础上试做初步讨论，不妥之处请大家指正。

一、底董仰韶陶器排序与遗存分期

底董遗址出土仰韶文化陶器（陶容器）众多，现选择典型器物对主要型式进行分析（图一；图二）。

小口瓶　细泥质，多红陶。分二型。

A 型　很少见。有颈，凹肩。如 H43：1。

B 型　甚多见。无颈，溜鼓肩，整器呈枣核形。分六式。

Ⅰ式　口部似置一纵断面呈圆形或近方形的小"陶环"，"陶环"内侧中部一周浅细沟痕。口径小于颈径。如 H1：31、H1：1。

Ⅱ式　口部"陶环"纵断面呈纵椭圆形，即口部宽薄，口径稍小于颈径。如 H25：1。

Ⅲ式　口部"陶环"较Ⅱ式稍宽薄，内侧中部微凹，口径约等于颈径。如 H50：1。

Ⅳ式　口部"陶环"又稍宽薄，内侧中部凹痕明显，口上部内敛，口径略大于颈径。如 H31：1。

Ⅴ式　口部再变宽薄，壁厚与下部一致，口径明显大于颈径，成为浅杯形口。如 H46：1。

Ⅵ式　口部明显加高变薄，口径甚大于颈径，成为较标准的杯形口。如 H22：1。

需要说明的是，与 BⅠ、BⅡ式瓶口相对应的瓶底为小平底，与 BⅢ、BⅣ式瓶口相对应的是甚小的平底或圜底，与 BⅤ、BⅥ式瓶口相对应的为尖底。由 B 型各式可以看到该型小口瓶自敛口、平底向杯形口、尖底转化的清晰步骤。

盆　泥质，少量为细泥质，绝大多数为红陶、黄褐陶，一般弧腹，小平底。分四型。

A 型　折沿。分二亚型。

Aa 型　宽折沿。分五式。

Ⅰ式　腹较斜直，腹较浅。如 H1：2。

Ⅱ式　腹微斜，腹稍深。如 H25：3。

Ⅲ式　腹上部均直，腹较深。如 H13：1。

Ⅳ式　腹上部微外张，腹更深。如 H27：1。

Ⅴ式　腹上部外张，腹比Ⅳ式略浅。如 H28：4。

Ab 型　窄折沿，口沿一般较厚。分五式。

Ⅰ式　腹斜直，腹较浅。如 H36：2。

Ⅱ式　腹微斜，腹稍深。如 H25：5。

Ⅲ式　腹近直，腹较深。如 H50：2。

Ⅳ式　腹上部微外张，腹更深。如 T1 ④：2。

Ⅴ式　腹上部外张，腹比Ⅳ式略浅。如 H28：6。

B 型　卷沿。

C 型　翻沿，沿上仰较高。

D 型　无沿。分二亚型。

Da 型　唇外凸，略似 Ab 型盆口沿，但明显较小，与折沿不同。

Db 型　唇不外凸，弧腹或斜直腹。

窄沿罐　夹砂，多红褐陶，多小折沿。分三型。

A 型　沿面中部起脊棱，脊棱内侧有一周凹槽。分五式。

Ⅰ式　沿甚窄，沿面中部脊棱细矮，内侧一周极细凹槽，腹近直。如 H1：11。

Ⅱ式　沿稍宽，沿面中部脊棱较矮，仅约略高出沿面，内侧一周较细凹槽，腹微弧。如 F2：6。

Ⅲ式　沿较宽，沿面中部脊棱稍高，内侧凹槽稍宽，腹弧鼓。如 H46：13。

Ⅳ式　沿较宽，沿面中部脊棱较高，内侧凹槽较宽，腹微鼓。如 W1：2。

Ⅴ式　沿更宽，沿面中部脊棱明显较高，内侧凹槽宽深，腹较鼓。如 H28：19。

B 型　器口外侧贴一周泥条，沿面中部有一周沟槽，使口沿形成内外两部分。

C 型　沿面多较平。

宽折沿罐　绝大多数夹砂，多红褐陶，沿面较宽，沿内折棱明显。分三型。

A 型　沿较薄，沿面下凹。分五式。

Ⅰ式　腹微弧近直。如 H36：5。

Ⅱ式　腹较弧。如 H25：17。

Ⅲ式　腹微鼓。如 H47：9。

Ⅳ式　腹较鼓。如 W3：2。

Ⅴ式　腹甚鼓。如 H28：14。

B 型　沿较薄，沿面斜直不下凹。

C 型　沿较厚，沿面多斜直，少量沿面下凹。

翻沿罐　夹砂，多灰褐陶，多方唇，深腹，平底。分五式。

Ⅰ式　沿微翻近直，有的仅略有翻痕，腹近直。如 H1：4。

Ⅱ式　沿翻稍明显，沿面上部微有凹痕，腹微弧。如 H40：6。

Ⅲ式　沿翻较明显，沿面上部下凹，腹较弧。如 H32：4。

Ⅳ式　翻沿明显，沿面上部下凹，腹较鼓。如 W10：2。

Ⅴ式　翻沿明显，沿面上部下凹，腹外鼓明显。如 H28：10。

大口罐　夹砂，大多红陶，均折沿，深腹，平底。分二型。

A 型　沿面中部下凹。分三式。

Ⅰ式　腹微鼓。如 F2：8。

Ⅱ式　腹较鼓。如 H35：10。

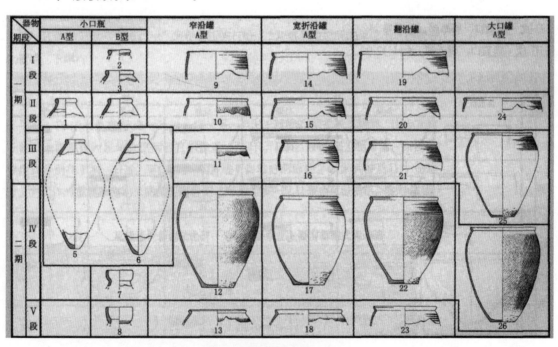

图一　底董仰韶文化陶器分期（一）

1. A 型瓶（H43：1）　2. BⅠ式瓶（H1：31）　3. BⅠ式瓶（H1：1）　4. BⅡ式瓶（H25：1）　5. BⅢ式瓶（H50：1）
6. BⅣ式瓶（H31：1）　7. BⅤ式瓶（H46：1）　8. BⅥ式瓶（H22：1）　9. AⅠ式窄沿罐（H1：11）
10. AⅡ式窄沿罐（F：26）　11. AⅢ式窄沿罐（H46：13）　12. AⅣ式窄沿罐（W1：2）　13. AⅤ式窄沿罐（H28：19）
14. AⅠ式宽折沿罐（H36：5）　15. AⅡ式宽折沿罐（H25：17）　16. AⅢ式宽折沿罐（H47：9）
17. AⅣ式宽折沿罐（W3：2）　18. AⅤ式宽折沿罐（H28：14）　19. Ⅰ式翻沿罐（H1：4）
20. Ⅱ式翻沿罐（H40：6）　21. Ⅲ式翻沿罐（H32：4）　22. Ⅳ式翻沿罐（W10：2）　23. Ⅴ式翻沿罐（H28：10）
24. AⅠ式大口罐（F2：8）　25. AⅡ式大口罐（H35：10）　26. AⅢ式大口罐（W4：2）

Ⅲ式　腹外鼓明显。如W4：2。

B型　沿面斜平。

泥质缸　绝多为泥质红陶，器形大，敛口，弧腹或鼓腹。分四式。

Ⅰ式　口微敛，腹微弧。如H1：28。

Ⅱ式　口较敛，腹弧明显。如F2：17。

Ⅲ式　口敛明显，腹较鼓。如H25：34。

Ⅳ式　口甚敛，腹鼓较甚。如W7：2。

钵　数量最多，大都为泥质，质地细腻，多红陶，流行红褐色、黄色、灰色、灰褐色等颜色的"红顶"现象，偶见红彩宽带纹。形制较复杂，分二型。

A型　斜肩、弧肩或微鼓肩，腹较深。分二亚型。

Aa型　斜肩或微弧肩，深腹，腹斜直。分五式。

Ⅰ式　敞口，斜肩。如H1：12。

Ⅱ式　微敞口，肩微斜。如采集：4。

Ⅲ式　近直口，肩近弧。如H32：20。

Ⅳ式　微敛口，肩微弧。如W10：1。

Ⅴ式　敛口较明显，肩弧稍显。如H28：30。

Ab型　弧肩或微鼓肩，浅腹，弧腹或微鼓腹。分五式。

Ⅰ式敞口，肩略有弧意。如H36：9。

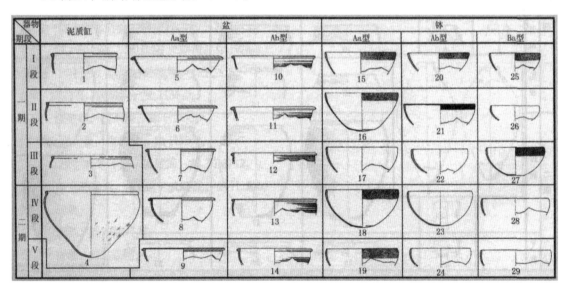

图二　底董仰韶文化陶器分期（二）

1. Ⅰ式泥质缸（H1：28）　2. Ⅱ式泥质缸（F2：17）　3. Ⅲ式泥质缸（H25：34）　4. Ⅳ式泥质缸（W7：2）　5. Aa Ⅰ式盆（H1：2）　6. Aa Ⅱ式盆（H25：3）　7. Aa Ⅲ式盆（H13：1）　8. Aa Ⅳ盆（H27：1）　9. Aa Ⅴ式盆（H28：4）　10. Ab Ⅰ式（H36：2）　11. Ab Ⅱ式（H25：5）　12. Ab Ⅲ式（H50：2）　13. Ab Ⅳ式（T1④：2）　14. Ab Ⅴ式盆（H28：6）　15. Aa Ⅰ式钵（H1：12）　16. Aa Ⅱ式钵（采集：4）　17. Aa Ⅲ式钵（H32：20）　18. Aa Ⅳ式钵（W10：1）　19. Aa Ⅴ式钵（H28：30）　20. Ab Ⅰ式钵（H36：9）　21. Ab Ⅱ式钵（采集：10）　22. Ab Ⅲ式钵（H32：24）　23. Ab Ⅳ式钵（W9：1）　24. Ab Ⅴ式钵（H28：36）　25. Ba Ⅰ式钵（H1：22）　26. Ba Ⅱ式钵（H34：20）　27. Ba Ⅲ式钵（H35：11）　28. Ba Ⅳ式钵（F3：12）　29. Ba Ⅴ式钵（H22：5）

Ⅱ式　微敞口，肩微弧。如采集∶10。

Ⅲ式　约直口，肩较弧。如 H32∶24。

Ⅳ式　微敛口，肩更弧。如 W9∶1。

Ⅴ式　敛口明显，肩微鼓。如 H28∶36。

B 型　鼓肩，腹大都较浅。分二亚型。

Ba 型　肩部胎壁较薄，腹壁近斜直，器形精致。分五式。

Ⅰ式　肩微鼓，鼓肩部分位于近口部。如 H1∶22。

Ⅱ式　肩较鼓，鼓肩部分略下移。如 H34∶20。

Ⅲ式　肩鼓明显，鼓肩部分约位于肩中部。如 H35∶11。

Ⅳ式　鼓肩部分变宽。如 F3∶12。

Ⅴ式　鼓肩部分更宽。如 H22∶5。

Bb 型　肩部，有的连同腹部胎壁较厚，腹壁弧鼓，器形较粗糙。

底董仰韶文化遗迹、地层等堆积单位之间叠压或打破关系较复杂，为遗存的分期、分段提供了一定基础，但有不少单位出土陶器特征相同，有的则出土器物较少，因此笔者结合器物类型学原理进行分析。经筛选、简化，可得到如下几组层位关系。

T7∶H34 →……→ H36（"→"表示叠压或打破；二灰坑层位之间的单位出土物较少，因此省略。下同）

T1∶H21 →……→ H25

T10∶W1 →……→ H50

表一　底董遗址仰韶文化初、早期重要单位主要陶器型式组合表

组别	单位	小口瓶 B	盆		窄沿罐 A	宽折沿罐 A	翻沿罐	大口罐 A	钵			
			Aa	Ab					Aa	Ab	Ba	Bb
1	H1	Ⅰ	Ⅰ		Ⅰ		Ⅰ		Ⅰ	Ⅰ	Ⅰ	
	H36		Ⅰ	Ⅰ		Ⅰ	Ⅰ		Ⅰ	Ⅰ	Ⅰ	Ⅰ
2	H25	Ⅱ	Ⅱ	Ⅱ	Ⅱ	Ⅱ	Ⅱ		Ⅱ	Ⅱ	Ⅱ Ⅲ	Ⅱ
	H34				Ⅱ Ⅲ	Ⅱ	Ⅰ		Ⅱ	Ⅱ	Ⅱ	Ⅱ
3	H21		Ⅲ	Ⅲ	Ⅲ	Ⅲ			Ⅲ	Ⅲ	Ⅲ	
	H50	Ⅲ		Ⅲ		Ⅲ		Ⅱ	Ⅲ	Ⅲ	Ⅲ	
	H31	Ⅳ	Ⅲ			Ⅲ	Ⅲ		Ⅲ	Ⅲ	Ⅲ	Ⅲ
4	W1				Ⅳ					Ⅳ		
	H46	Ⅴ	Ⅳ	Ⅳ	Ⅲ Ⅳ	Ⅳ	Ⅳ	Ⅲ	Ⅳ	Ⅳ	Ⅳ	Ⅳ
5	H22	Ⅵ			Ⅴ				Ⅴ	Ⅴ	Ⅴ	
	H28	Ⅵ	Ⅴ	Ⅴ	Ⅴ	Ⅴ	Ⅴ		Ⅴ	Ⅴ	Ⅴ	

注∶式别下划线者表示此式在该单位与其他式别相比较少者。

另外，T6内虽然有H22→H28一组关系，但出土器物的型式基本相同，出土文物特征独具，应属同时段单位之间的打破关系；而H1、H31、H46出土物丰富，陶器的主要型式分别与H36、H21、W1相同，因此也可参与分期讨论。以上共涉及11个遗迹单位，它们作为重要单位出土的主要陶器型式可列为表一。从表中可以看出，各种器物的型式具有明显的分布规律，层位靠下的单位出土式别较小的器型。个别单位一种器型有两式共存，应分属两种情况，即或为层位靠上单位中的少量较小式别的器型，或为以较小式别器型为主，新出现了少量较大式别器型，这是任何器物在发展演变过程中都可能会出现的正常现象。笔者依多数器物型式归组；有的组内个别器型两式共存，表明这种器型演变较快。这样就可将这些单位分为5组，由层位关系及陶器排序得知分别代表有先后关系的5个时间段。

第1段：以H1、H36为代表；

第2段：以H25、H34为代表；

第3段：以H21、H31、H50为代表；

第4段：以W1、H46为代表；

第5段：以H22、H28为代表。

依据器物特征的不同，我们还可以将以上五段合并为两期，第1、2、3段为一期，第4、5段为二期。两期之间器形的演变脉络是盆和钵由浅到深，夹砂罐的腹部由微弧而变得较鼓。而差别最显著和最易判断、把握的器物是小口瓶，一期为环形口、平底或圜底，一般为磨光或素面；二期为杯形口、尖底，肩、腹部饰绳纹。据此，以代表性器形还可做进一步概括，一期为使用环形口小口平底瓶的时期，二期为使用杯形口小口尖底瓶的时期。

此外，底董仰韶一、二期遗迹及遗物其他方面之间也存在一些差别。如两期的遗迹形制不尽相同，后者发现有较多为前者所不见的瓮棺葬。石器的种类有所差异。两期间夹砂陶逐渐增多，旋纹和绳纹等纹饰呈渐增之势，其中旋纹由宽浅稀疏向窄深稠密演变，第二期旋纹与绳纹同饰一器现象较为常见，新出现了B型大口罐、器座等器形。以上现象，有些与发掘材料的偶然性有关，有的则反映了两期遗存之间的发展变化。这些差异，与陶器器形的差别一起成为区分和认识两期遗存的主要依据。

尽管笔者根据陶器形制等差异将底董仰韶遗存分为两期，但一、二期间有更多的近似之处。如遗迹均有长方形半地穴式房址和以圆形或椭圆形为主的灰坑等。石器均发现较少，主要有斧、锛、磨棒、磨盘等器形。两期出土陶器均以泥质陶为主，夹砂陶较少；陶色以红陶为主，少量为红褐或灰褐陶；器表以素面和磨光陶占优势，钵、碗类习见"红顶"器，纹饰流行旋纹、绳纹，另有少量锥刺纹和红色宽带纹彩陶等；主要陶器种类如以上型式分析所见几乎完全相同。另外，两期均有大量可能用作工具的圆陶片等。既然有以上诸多共同点，则一、二期可视为同一考古学文化即仰韶文化的两大期，是前后紧密相接的两个发展阶段。

二 底董仰韶一、二期遗存相关问题探讨
（一）底董仰韶一、二期与周邻文化遗存对比

通过比较发现，底董仰韶一期的主要陶器群与豫西晋南地区山西翼城枣园[2]、垣曲古城东关[3]等遗址同时期遗存者相一致，如均以小口瓶、夹砂罐（含窄沿罐、宽折沿罐、翻沿罐、卷沿罐、大口罐、无沿罐等）、盆、钵、器盖为基本器物组合，另都有碗、盂、泥质缸、夹砂缸、鼓腹罐、泥质罐、甑、壶等。其器形与枣园、东关遗址这类遗存中尤其是其较晚阶段的器物形制更为接近（图三），则这些遗存的文化性质与年代也应基本相当或相近。枣园、东关等遗址同时期较晚阶段的遗存以往发现较少，底董仰韶一期遗存丰富了这一时期特别是较晚阶段的文化内涵。

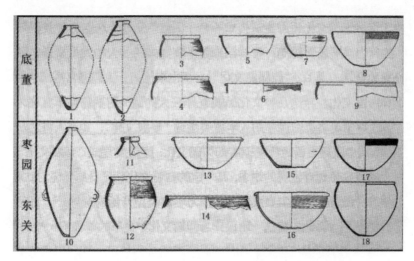

图三 底董仰韶文化一期与枣园、东关同时期部分陶器比较

1、2、10、11.小口瓶（H50：1、H31：1、ⅣH132：30、枣园T3②：6） 3、12.宽折沿罐（H32：14、枣园T2②：1） 4、14.翻沿罐（H32：4、枣园T2②：3） 5、6、13、16.盆（H13：1、H50：2、ⅣH31：18、ⅣH31：22） 7、8、15、17.钵（H32：30、采：4、ⅣG11：12、ⅣH132：37） 9、18.泥质缸（F2：17、ⅣH132：33）

（枣园、东关栏除注明者外，余均东关遗址出土）

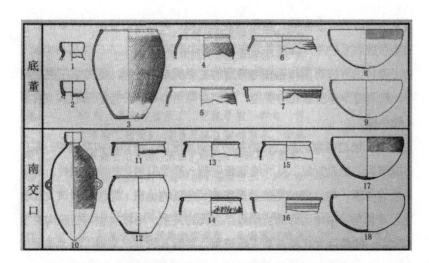

图四 底董仰韶文化二期与南交口仰韶早期部分陶器比较

1、2、10.小口尖底瓶（H46：1、H22：1、H55：1） 3、4、5、11、12、13、14.窄沿罐（W9：2、H46：21、H28：22、T33⑤：6、H46：3、T33⑤：3、T33⑤：5） 6、15.宽沿罐（F3：6、T34⑤：4） 7、16.盆（T10③：3、T32⑤：5） 8、9、17、18.钵（W10：1、W9：1、H43：2、H72：4）

与底董仰韶二期近似的遗存以往发现较少。河南三门峡南交口遗址仰韶一期材料的整理与发表才使这类遗存的文化特征逐渐清晰起来，我们还将其分为前后发展的三个时段，经分析又明确其属于仰韶文化东庄类型[4]。通过对比可知，底董仰韶二期与南交口仰韶一期之间非但陶器群根本相同，两者的主要陶器，如小口尖底瓶（因底董小口瓶有平底和尖底之分，故在上文对仰韶二期这种器物也一并称作"小口瓶"，而在阐述仰韶早期陶器时则可径直称为"小口尖底瓶"）、窄沿罐、宽折沿罐、盆、钵等特征基本相近，而且底董与南交口等遗址仰韶早期遗存之间有许多器物都具有较好的发展递变关系（图四）。从而表明这些遗存之间的年代差距不大，即底董仰韶二期仅稍早于南交口仰韶一期，并且有可能前者第5段与后者第1段系首尾相接的承递关系。当然，还应该看到，两遗址的一些器物也存在某些差别，当是底董与南交口遗址间有近百公里的距离即地域差异造成的。由于底董仰韶二期的陶器明显具有较早特征，如小口瓶杯形口较矮，尖底略带弧意，乃小口尖底瓶刚形成阶段的形态，因此，底董仰韶二期也应属于东庄类型，且为早期遗存。

（二）底董仰韶一、二期遗存发现的重要意义

1. 关于底董仰韶一期遗存

学术界对于底董仰韶一期类遗存的认识有一个逐渐变化的过程，而且至今称谓众多、文化性质归属的意见分歧较大。

与底董仰韶一期类似的遗存发现很早，20世纪50年代中期在黄河三门峡水库的考古调查中就曾见到平底的小口瓶口沿，但被笼统地归入仰韶文化中而未引起注意[5]。此后，同类遗存在豫、晋、陕地区如陕西华县老官台[6]、宝鸡北首岭[7]、福临堡[8]、南郑龙岗寺[9]等遗址的发掘和晋南考古调查[10]中均又有发现，而往往被归入仰韶文化半坡类型。20世纪80年代以来，随着东关、枣园、河南新安荒坡[11]、陕西临潼零口[12]等遗址这类遗存的较多发现，对于其又有"北首岭文化"、"枣园H1遗存"、"枣园文化"、"东关文化"、"零口文化"、"荒坡遗存"等诸多名称。关于文化性质，也有将其视作一个大的发展阶段即中原地区新石器时代中期向晚期的过渡期[13]或新石器时代晚期的早期[14]，认为其跨前仰韶和仰韶两个时期[15]，为仰韶早期豫西晋南地区的土著文化[16]，归入半坡类型或"半坡文化"[17]，称为初期仰韶文化[18]等多种意见[19]。

底董仰韶遗存的分期为认识其一期和枣园、东关等同时期遗存的年代与文化性质等提供了新的依据。我们注意到尽管以往这类遗存已有较多发现，但真正属于较晚阶段的很少，加之未进行完善的分期和缺乏系统的论证，其与仰韶早期的关系尚朦胧不清，难以进行准确的文化与年代定位，以致使上述不少认识产生偏颇。底董仰韶遗存的分期表明，到仰韶二期杯形口小口尖底瓶已经形成，已属于通常所谓的仰韶早期，由于一、二期遗存面貌接近、诸多陶器的演变脉络十分清晰，将后者作为仰韶文化早期则前者也当同属该文化，是更早的仰韶遗存。而枣

园、东关等同时期陶器又与底董仰韶一期者特征基本一致，文化属性也自应相同，既然以半坡、庙底沟和西王类型为代表分别作为仰韶文化早、中、晚三期的认识在学术界较为流行且为时已久，将更早的仰韶遗存作为其初期则顺理成章。这样，底董仰韶一期材料支持了将同类遗存作为初期仰韶文化的主张。同时，通过对底董仰韶一期及类似遗存的考察，笔者将其称为仰韶文化初期遗存，还有以下考虑：

其一，这一时期遗存中仰韶文化的基本特点已经初步呈现，稳定的小口瓶、夹砂罐、盆、钵（碗）、缸等陶器组合已经形成，仰韶文化陶器的共性特征已经具备。其二，小口瓶等每一种器物的产生都有一个从孕育到形成和发展的过程，这一时期的文化尽管与裴李岗文化等有着诸多联系，但小口瓶与裴李岗文化时期的小口壶及仰韶文化半坡期的杯形口小口尖底瓶相比，形态更接近后者。其三，从文化格局上看，这一时期的文化不是裴李岗文化等的直接延续，而是奠定了仰韶文化早期诸类型的发展格局，仰韶文化半坡类型等大都是在这一时期各类型基础上的传承发展。其四，在社会发展阶段上，这一时期较之于裴李岗文化房屋建筑技术等有了明显的进步，陶器的种类和数量大增、形制复杂，生产力水平显著提高，将其归入与半坡类型同一大的发展阶段，较之于裴李岗文化阶段更为合适。其五，"前仰韶文化"一词由来已久，人们通常是指代裴李岗文化、磁山文化和白家文化，与这几种文化面貌差异较大的这一时期遗存不宜称为前仰韶文化。其六，以往有学者将类似遗存归入半坡类型或"半坡文化"，也有人将之归入新石器时代晚期早段，而中原新石器时代晚期实即仰韶文化，半坡类型或"半坡文化"归属于仰韶文化，但由于随着这类遗存发现的增多，其一定的独特文化特征日益显现，加之其延续时间较长，而且学术界已有把小口尖底瓶的形成作为半坡类型开始的意见[20]，即把这一时期遗存排除出仰韶早期，因此应将这一阶段作为仰韶文化中更早的单独的一个时期，即仰韶初期。

以上认识还可扩大范围，大约适用于整个中原地区。即可以这样界定，中原地区在裴李岗文化等之后，仰韶文化早期半坡、东庄类型等之前，文化面貌接近后者且为后者文化主要来源，以小口尖底瓶前身小口平底瓶等为代表的遗存可称为仰韶文化初期遗存。需要说明的是，之所以以平底的小口瓶作为这一时期遗存的代表，一是因为这种器物的形态特征更易辨识和把握；二是想强调小口瓶在辨识和界定仰韶文化中所具有的标尺作用，即对于仰韶文化而言，大部分地区在仰韶早期之前应存在着一个杯形口小口尖底瓶形成中的仰韶初期。

就仰韶初期遗存来说，豫西晋南地区以枣园、东关、底董等遗址为代表的遗存文化面貌较为一致，与关中地区以零口遗址为代表的遗存文化特征有一定的差别。这一时期两地区应分属于不同的类型，两者分别以枣园、零口遗址遗存更为丰富、单纯，且被辨识较早，因此笔者同意"枣园类型"和"零口类型"的命名[21]。这样，底董仰韶一期应属于仰韶文化枣园类型。

还需指出，由于有与仰韶文化东庄、半坡类型等的密切关系，即使退一步说，对底董仰韶一期类似遗存也像对仰韶文化内一些主要类型一样夸大其间差别分别称为不同文化，则也应属于仰韶时代，而不宜视为更早的文化。

2. 关于底董仰韶二期遗存

底董仰韶二期为东庄类型早期遗存的确认，为认识豫西晋南地区仰韶早期遗存的来源与形成提供了依据。以往学术界曾有豫西晋南在仰韶早期归属半坡类型或"半坡文化"[22]和这里属于东庄类型，而东庄类型却是半坡类型在其后期向东扩展，与土著文化相结合形成的[23]等主要意见。归纳这些观点的证据，大约分别为：

首先，仰韶早期关中地区与豫西晋南地区文化面貌相似，两地有不少器物如杯形口小口尖底瓶、鼓腹罐及钵、盆、缸等类器中的某些器形相接近，故被视作一个整体而归入同一类型即半坡类型。

其次，半坡类型遗存丰富，已进行较多分期研究，从其初步形成到繁荣鼎盛以至衰落阶段序列完整，而以往东庄类型遗存发现较少，年代较晚；同时，半坡类型强盛发达，东庄类型则相对低迷。因此，东庄类型被理解为半坡类型成熟以后往东朝较为偏远的豫西晋南地区发展，与土著文化结合，形成了与半坡类型面貌接近而又不尽相同的新类型。

分析产生上述认识的原因，主要有三个方面：

第一，与关中地区已有许多处经过大规模发掘的半坡类型遗址相比，以往豫西晋南地区经过发掘的仰韶早期遗址很少，文化面貌还不甚清晰。

第二，以往对于豫西晋南地区仰韶早期遗存的研究尚有许多欠缺。这时期的遗址没有一处经过哪怕是最粗略的再分期（分段）[24]，加之测年工作未曾开展，尤其是偏早阶段的遗存尚未发现，从而使人们对于此类型历时的长久性估计不足，产生只是仰韶早期较晚阶段在该地区才出现的错觉。

第三，东庄、半坡类型的文化面貌具有一定的相似性，例如都有杯形口小口尖底瓶等器形。关中地区文化发达强势，向东扩展，在豫西晋南地区出现相对弱势、年代又偏晚的遗存似乎理所当然。

豫西晋南地区仰韶早期遗存发现较少的状况，直至近来南交口仰韶一期材料的整理与公布，才在一定程度上得以改变。经过分析我们发现，以南交口仰韶一期为代表的遗存中尽管存在一些与半坡类型近似的器形，表明它们当同属于仰韶早期，但后者中的许多重要特点如尖底罐、蒜头壶、葫芦瓶、带耳罐等器物及象生性鱼纹、人面纹、波折纹、刻画符号以及盆等内壁施彩的现象等缺乏，却有窄沿罐、无沿罐、小卷沿盆等为后者所不见或罕见的基本器类。因此，该地区仰韶早期应属于仰韶文化独立的一个类型即东庄类型。

而底董仰韶二期作为东庄类型早期遗存的确认，加之南交口、底董仰韶早期遗存的再分期（分段），使笔者认识到东庄类型同样形成很早、历时长久，与半坡类型是大约同时形成、并行发展的关系。同时，从底董仰韶器物的分类排序中还可以看到其仰韶文化两期5段之间联系十分紧密、前后相继、没有缺环，既已明确豫西晋南地区仰韶初期和早期的类型归属，则既有层位关系又有器物类型学证据，可知从枣园类型到东庄类型是长期发展、逐渐演变、自然转化的结果。

由豫西晋南及关中地区仰韶初期和早期各类型之间的比较还会发现，东庄、半坡类型文化特征的相似性应是由于两者的前身在仰韶初期之时就有着相近的文化面貌以及两者之间的影响与交流等造成的。如就代表性陶器而言，两类型都有的杯形口小口尖底瓶的前身均为仰韶初期平底的小口瓶，形制便有近似之处。但如果细究起来，两类型的这种器物则不只是整体形制有别，而且有着不同的形成过程和演变轨迹。东庄类型小口尖底瓶以瘦长体为基本特征，系由枣园类型无颈溜肩整体呈枣核形的小口平底瓶演变而来；半坡类型尤其是较早阶段小口尖底瓶多矮胖体，乃由零口类型遗存中有颈凹肩的小口平底瓶演化而成。换言之，仰韶早期东庄、半坡类型有着各不相同的来源与发展谱系，追溯两者的渊源，当分别来自仰韶初期的枣园、零口类型。至于后两类型之间也具相似性，则又与他们来源的一致性直接相关，这自然是另一需要专门论述的问题，在此不再展开讨论。不可否认，从现有材料看，东庄类型不及半坡类型发达，前者在发展过程中确曾受到后者的一定影响，但影响效果有限，并没有改变前者根本的发展方向，而更关键的是形成前者的主体因素并非来自后者的影响。同时，东庄类型与半坡类型关系的确定，还为正确认识半坡类型与庙底沟类型的关系奠定了基础，既然东庄类型与半坡类型大致并行，前者曾孕育出庙底沟类型，则该类型当也具有一定的基础和文化积淀，对其也不可太过小觑。

综上，通过底董仰韶文化遗存的分期及论证，使仰韶初期遗存，东庄类型早期遗存也得以辨识和准确定位；从而使底董仰韶一期类似遗存的文化属性、类型归属和东庄类型的形成原因、与半坡类型的关系等有了全新的认识；还为厘清该文化的其他相关问题如豫西晋南与关中地区仰韶初期遗存之间的关系、半坡类型与庙底沟类型的关系等提供了新资料，使仰韶文化研究有了新进展。尽管其研究已取得了极为丰硕的成果，但有关文化谱系和发展脉络还有许多问题未能圆满解决，尚待于学术界继续努力探索。

注释：

［1］河南省文物考古研究所 2006—2007 年发掘材料。

［2］山西省考古研究所：《翼城枣园》，科学技术文献出版社，2004 年。

［3］中国历史博物馆考古部等：《垣曲古城东关》，科学出版社，2001 年，第 22—89 页。

［4］河南省文物考古研究所：《三门峡南交口》，科学出版社，2009 年，第 21—71、304、305 页。

［5］黄河水库考古工作队：《黄河三门峡水库考古调查简报》，《考古通讯》1956 年第 5 期，第 1—11 页。简报中图三，4 所示实为小口平底瓶的口沿。

［6］北京大学考古教研室华县报告编写组：《华县、渭南古代遗址调查与试掘》，《考古学报》1980 年第 3 期。

[7]中国社会科学院考古研究所:《宝鸡北首岭》,文物出版社,1983年。

[8]宝鸡市考古工作队、陕西省考古研究所宝鸡工作站:《宝鸡福临堡》,文物出版社,1993年,第169—178页。

[9]陕西省考古研究所:《龙岗寺》,文物出版社,1990年。

[10]中国社会科学院考古研究所山西工作队:《晋南考古调查报告》,《考古学集刊》第6集,中国社会科学出版社,1989年,第1—51页。调查报告中翼城古署村遗址"壶"SE172与翼城枣园报告中"溜肩小口壶"G19相近,因此至少古署村分布有仰韶初期遗存。

[11]河南省文物考古研究所:《新安荒坡》,大象出版社,2008年。

[12]陕西省考古研究所:《临潼零口村》,三秦出版社,2004年。

[13]孙祖初:《中原地区新石器时代中期向晚期的过渡》,《华夏考古》1997年第4期。

[14]孙祖初:《半坡文化再研究》,《考古学报》1998年第4期。

[15]田建文、薛新民、杨林中:《晋南地区新石器时期考古学文化的新认识》,《文物季刊》1992年第2期;中国历史博物馆考古部等:《垣曲古城东关》,第487页。

[16]戴向明:《试论庙底沟文化的起源》,见《青果集》,知识出版社,1998年,第18—26页。

[17]赵宾福:《半坡文化研究》,《华夏考古》1992年第2期。

[18]韩建业:《中国西北地区先秦时期的自然环境与文化发展》,文物出版社,2008年,第50页。

[19]除上述之外,河北磁县下潘汪(河北省文物管理处:《磁县下潘汪遗址发掘报告》,《考古学报》1975年第1期)、正定南杨庄(河北省文物研究所:《正定南杨庄》,科学出版社,2003年)、永年石北口(河北省文物管理处等:《永年石北口遗址发掘报告》,见《河北省文物考古论集》,东方出版社,1998年,第46—105页)、易县北福地(拒马河考古队:《河北易县涞水古遗址试掘报告》,《考古学报》1988年第4期;河北省文物研究所:《北福地》,文物出版社,2007年)、北京镇江营(北京市文物研究所:《镇江营与塔照》,中国大百科全书出版社,1999年)、河南长葛石固(河南省文物研究所:《长葛石固遗址发掘报告》,《华夏考古》1978年第1期)、郑州大河村(郑州市文物考古研究所:《郑州大河村》,科学出版社,2005年)、尉氏椅圈马(郑州大学考古系等:《河南尉氏椅圈马遗址发掘简报》,《华夏考古》1997年第3期)、巩义坞罗西坡(巩义市文管所:《巩义市坞罗河流域裴李岗文化遗存调查》,《中原文物》1992年第4期)、方城大张庄(南阳地区文物工作队等:《河南方城县大张庄新石器时代遗址》,《考古》1983年第5期)等遗址也发现有这一时期的遗存,它们有不少也被各遗址发掘者或一些学者分别称为文化或遗存。

[20]孙祖初:《半坡文化再研究》,《考古学报》1998年第4期。

[21]韩建业:《初期仰韶文化研究》,见《古代文明》第8卷,文物出版社,2010年。

[22]张忠培:《试论东庄村和西王村遗存的文化性质》,《考古》1979年第1期;张忠培:《仰韶时代——史前社会的繁荣与走向文明时代的转变》,《故宫博物院院刊》1996年第1期。

[23]戴向明:《试论庙底沟文化的起源》,见《青果集》,知识出版社,1998年,第18—26页。

[24]如对于山西芮城东庄村仰韶遗存,报告把仰韶早、中期等各时期遗存混在一起,未进行分期,严文明先生曾指出这里的仰韶遗存至少可分为两期,分别接近半坡类型和庙底沟类型(严文明:《略论仰韶文化

的起源和发展阶段》，见《仰韶文化研究》，文物出版社，1989年，第122—165页，原文为接近于"半坡早期"和与"西王早期"相同），这为正确认识仰韶早、中期遗存指明了方向，但由于缺乏有用的层位关系，仅凭该遗址材料对其仰韶早期遗存难以做更细致的分期。赵春青对东庄村仰韶遗存进行了较详细的分析，将其分为二期三段，其中第一期第1段属于仰韶早期东庄类型，未做再细的分期分段（赵春青：《山西芮城东庄村仰韶遗存再分析》，《考古》2003年第3期）。

晓坞遗址人骨的碳氮稳定同位素分析

◎舒　涛　◎魏兴涛　◎吴小红

一、遗址介绍

2007 年河南省文物考古研究所（今河南省文物考古研究院）在第三次全国文物普查工作中，于河南灵宝市晓坞遗址发现了 2 座二次合葬墓。从合葬墓中清理出大量人骨，由墓葬的层位、形制和墓葬填土陶片复原陶器的特征，判断属于仰韶文化早期的东庄类型[1]。

体质人类学者对出土人骨做了细致的鉴定分析[2]，结果中值得注意的有以下几点：1. 男女性别比为 0.66，男少女多与中国北方地区其他新石器遗址的普遍情况相反[3-5]；2. 一号墓男女平均死亡年龄为 29.2 岁、24.0 岁，二号墓男女平均死亡年龄为 37.2 岁、26.8 岁，二号墓的男性寿命提高显著；3. 观察 104 颗恒齿，有 9 例发生龋齿，龋齿的概率为 8.65%，有研究指出狩猎经济居民龋齿率平均为 1.3%，混合型为 4.8%，农业型为 8.6%，可作为判断人群经济形态的证据[6]。

二次合葬制度曾广泛流行于关中仰韶文化的半坡类型，众多学者曾进行过广泛深入的研究。豫西地区另有过零星的同类发现[7]，结合晓坞墓地可知二次合葬也应是豫西晋南东庄类型的基本葬式之一。

二、样品制备与结果

晓坞遗址一号墓出土 79 具人骨，二号墓出土 17 具人骨，骨胶原的提取工作在北京大学第四纪年代学教育部重点实验室完成，提取过程依次经过物理剔除、酸碱酸三步浸泡、恒温水解、离心、上清液冷冻干燥步骤[8]。碳氮稳定同位素测试在美国加州大学 Irvine 分校的稳同质谱仪上完成。仪器通过测量骨胶原的碳氮含量比值确保骨样在埋藏过程中保存良好，不受外界污染，通常以碳氮含量比介于 2.8 到 3.6 之间（过高表明受腐殖酸污染，过低表明受无机盐污染）作为骨质样品保存良好的标准[9-11]。

晓坞墓地人骨碳氮稳定同位素测量数据列入表一，一号墓的 79 个个体有 60 个获得有效数据，对保存较为完好的 M1R59 取头盖骨和胫骨独立制样，以验证实验的精确度，结果显示

BA08756A 和 BA08756B 数据几乎完全一致，验证了测量结果的可靠性。二号墓 17 个个体有 14 个获得有效数据。部分个体因骨骼保存情况较差而未能制取到合乎标准的骨胶原蛋白。

在计算 C₄ 类型食物比例时，按照简单二元混合模型[12-13]，只需确定两端的边界值，即完全食用 C₃ 和 C₄ 食物情况下人骨的 $\delta^{13}C$ 值，就能大致了解各自类型的比例。新石器时代 C₄ 食物主要是粟，现代粟 $\delta^{13}C$ 值为 −11.7‰[14]，富集 1.5‰ 成为古代粟，再富集 5‰ 成为人骨，取值 −5.2‰。另一端根据南方几处遗址的测定结果[15-16]，以 −21‰ 为宜，由此可得公式 C₄%=100*（B+21）/15.8，B 为人骨 $\delta^{13}C$ 值。

表一　晓坞墓地人骨稳定同位素数据

人骨编号	年龄	性别	测量编号	$\delta^{13}C$‰	$\delta^{15}N$‰	C₄ 比例 %
M1R2	15~16 岁	女?	BA08699	−9.1	7.4	75.4
M1R3	15~20 岁	女	BA08700	−10.1	7.4	69.2
M1R4	成年	男	BA08701	−11.0	8.3	63.2
M1R5	12~13 岁	不详	BA08702	−10.4	7.5	67.3
M1R6	25 岁左右	男	BA08703	−10.3	7.9	67.4
M1R7	30 岁左右	男	BA08704	−9.1	7.2	75.3
M1R9	24~26 岁	女	BA08706	−9.6	7.3	72.4
M1R10	12~13 岁	不详	BA08707	−10.7	7.1	65.3
M1R11	14~15 岁	不详	BA08708	−10.6	7.5	66.0
M1R12	成年	男?	BA08709	−9.5	7.8	73.0
M1R13	35 岁左右	女	BA08710	−9.2	7.3	74.6
M1R14	17~19 岁	女	BA08711	−9.8	8.0	71.2
M1R15	40 岁左右	男	BA08712	−9.0	7.1	76.0
M1R16	15~20 岁	女	BA08713	−9.9	6.8	70.3
M1R17	20 岁左右	女	BA08714	−9.4	7.0	73.1
M1R18	15~20 岁	女	BA08715	−10.0	7.2	69.6
M1R23	35~39 岁	女	BA08720	−14.1	9.3	43.6
M1R24	13~15 岁	不详	BA08721	−12.7	8.4	52.2
M1R26	15~20 岁	女	BA08723	−9.6	8.1	71.9
M1R28	25 岁左右	女	BA08725	−11.3	8.1	61.4
M1R31	中老年	男	BA08728	−8.7	7.4	77.7
M1R32	30 岁左右	男	BA08729	−9.5	6.9	72.5
M1R33	16~17 岁	女	BA08730	−12.8	8.6	51.9
M1R36	30 岁左右	女	BA08733	−10.9	6.9	63.9
M1R38	40~45 岁	男	BA08735	−10.7	8.2	65.3

人骨编号	年龄	性别	测量编号	δ¹³C‰	δ¹⁵N‰	C₄比例%
M1R39	成年	女？	BA08736	−10.0	8.5	69.6
M1R40	成年	男？	BA08737	−11.0	8.3	63.1
M1R41	15~20 岁	女	BA08738	−11.0	6.9	63.2
M1R42	25~30 岁	女？	BA08739	−11.0	6.9	63.0
M1R43	成年	男	BA08740	−8.4	7.1	79.5
M1R44	35 岁左右	男	BA08741	−11.8	9.0	58.4
M1R45	16~17 岁	女	BA08742	−10.2	7.1	68.4
M1R46	成年岁	女？	BA08743	−10.0	7.1	69.3
M1R47	17~18 岁	女	BA08744	−12.9	8.5	51.3
M1R48	12~13 岁	不详	BA08745	−9.2	7.4	74.6
M1R49	20 岁左右	女	BA08746	−8.8	7.1	77.1
M1R50	20~25 岁	女	BA08747	−11.7	7.8	58.8
M1R51	15~20 岁	男	BA08748	−9.9	7.9	70.2
M1R52	27~28 岁	女	BA08749	−10.0	8.0	69.6
M1R53	17~19 岁	女	BA08750	−11.7	7.9	58.8
M1R54	成年	男	BA08751	−9.4	7.4	73.6
M1R55	30 岁左右	女	BA08752	−11.5	7.9	59.8
M1R56	20~25 岁	女？	BA08753	−11.6	7.8	59.3
M1R57	10~11 岁	不详	BA08754	−10.7	7.0	65.1
M1R59	35 岁左右	女	BA08756A	−11.9	9.3	57.8
			BA08756B	−11.8	9.3	57.8
M1R60	成年	女	BA08757	−10.5	8.2	66.3
M1R61	15~20 岁	女	BA08758	−8.9	6.7	76.9
M1R62	45~50 岁	男	BA08759	−11.2	7.3	62.1
M1R63	15~20 岁	女	BA08760	−11.1	7.4	62.7
M1R64	30~35 岁	男	BA08761	−12.0	6.4	57.0
M1R65	35 岁左右	女	BA08762	−9.9	7.7	70.0
M1R66	30 岁左右	男	BA08763	−9.2	7.4	74.4
M1R67	40~44 岁	男	BA08764	−9.8	7.9	71.2
M1R68	成年	女	BA08765	−10.3	8.2	68.0
M1R69	成年	女	BA08766	−9.3	7.5	74.1
M1R70	30 岁左右	男	BA08767	−11.0	8.6	63.3

人骨编号	年龄	性别	测量编号	δ¹³C‰	δ¹⁵N‰	C₄比例%
M1R71	25岁左右	男	BA08768	−12.0	8.5	57.2
M1R72	20岁左右	女?	BA08769	−10.0	8.0	69.8
M1R73	20岁左右	男	BA08770	−9.8	8.1	70.7
M1R74	25岁左右	男	BA08771	−10.5	7.9	66.3
M2R2	35~39岁	男	BA08773	−10.7	8.5	75.4
M2R3	6~7岁	不详	BA08774	−11.0	10.6	69.2
M2R4	25~30岁	男	BA08775	−10.1	8.8	63.2
M2R5	40~44岁	男	BA08776	−10.2	8.9	67.3
M2R6	成年	男	BA08777	−10.4	8.7	67.4
M2R7	成年	男?	BA08778	−8.3	7.5	75.3
M2R9	40~45岁	男	BA08779	−10.8	9.4	72.4
M2R11	3~5岁幼儿	不详	BA08781	−8.8	9.5	65.3
M2R12	31~34岁	女	BA08782	−9.0	8.1	66.0
M2R13	24~26岁	女	BA08783	−8.8	8.1	73.0
M2R14	30岁左右	女	BA08784	−10.1	7.4	74.6
M2R15	27~28岁	女	BA08785	−8.5	7.7	71.2
M2R16	20岁左右	女	BA08786	−7.8	7.9	76.0
M2R17	成年	不详	BA08787	−7.9	7.9	70.3

三、δ¹³C、δ¹⁵N数据的线性回归分析方法

利用碳氮稳定同位素数据分析食性的基本原理已有较多文献介绍，这里不再赘述。下面对 δ¹³C、δ¹⁵N数据的线性回归分析方法做一下说明。以往对骨胶原δ¹³C、δ¹⁵N数据的数学处理手段较为单一，而且将碳、氮数据割裂开来分析，遗漏了很多有效信息。从两者的线性相关性角度出发、采用线性回归分析方法可以解读出更加精确的食谱构成。

1. 简化假设

建立分析模型时，需要对食物的δ¹³C、δ¹⁵N数值，以及人的新陈代谢机制做简化假设。完全食用C₃或C₄食物的人，骨胶原δ¹³C统一取值−21‰或−5.2‰；完全食用植物性食物的人，骨胶原δ¹⁵N统一取值为5‰；忽略掉食草动物与猪等杂食家畜的δ¹⁵N值差异，完全食肉的人骨胶原δ¹⁵N统一取值9‰。

2. 线性相关系数r

一元线性回归分析中相关系数r的数学意义是：两组数据对线性关系的符合程度。呈完全

的线性关系时，r = 1（正相关）或 -1（负相关），在二维坐标图形上每一个 $\delta^{13}C$、$\delta^{15}N$ 点都处在一条直线上；线性程度降低则 |r| 减小，降至 0 时表示 $\delta^{13}C$、$\delta^{15}N$ 数据完全没有线性对应关系，在图形上散点呈现对称形状的面分布。

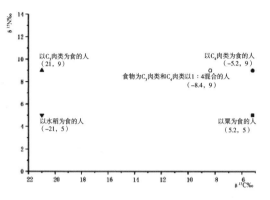

图一　食物的基本类型数目为 1 时的 $\delta^{13}C$、$\delta^{15}N$ 图形

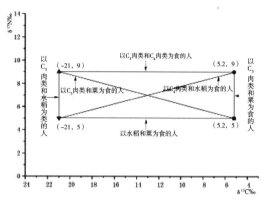

图二　食物的基本类型数目为 2 时的人体骨胶原 $\delta^{13}C$、$\delta^{15}N$ 图形

图一是食物的基本类型数目为 1 时的人体骨胶原 $\delta^{13}C$、$\delta^{15}N$ 图形。如果人类的食物中只有一种基本类型，那么所有人的 $\delta^{13}C$、$\delta^{15}N$ 值在图中将是同一个点，比如一个人群都以水稻作为唯一的食物，那么所有人的 $\delta^{13}C$ 值都是 -21‰、$\delta^{15}N$ 值都是 5‰，散点都堆叠在左下角（-21，5）这一个点上。

一个点的情况不止如此，任意两种基本类型的食物以固定比例搭配，也将是一个点，比如所有人都以 1：4 的比例食用 C_3 野生动物和 C_4 家畜的肉质，人的 $\delta^{13}C$、$\delta^{15}N$ 散点都将堆叠在（-8.4，9）这一个点上。甚至三种、四种基本类型以固定比例混合，所有人的 $\delta^{13}C$、$\delta^{15}N$ 值在图中都将是同一个点。为了方便理解我们可以把这种混合食物当做一种特殊食物，只要混合比例固定它同样具有恒定的 $\delta^{13}C$、$\delta^{15}N$ 值。

图二是食物的基本类型数目为 2 时的图形。如果人类的食物由两种基本类型组成，那么全部四种基本类型有六种组合，每一种组合将对应图二中的一条直线，人们按照这两种基本类型食物的取食比例分布于这条直线上。在研究过程中如果发现 $\delta^{13}C$、$\delta^{15}N$ 散点的线性程度良好，|r| 值接近 1，就意味着人们的食物由两种主要成分组成，个体之间的食物区别在于这两种成分比例的差异。

图三是食物中包括全部四种基本类型、且遍布所有组成比例时的图形，$\delta^{13}C$、$\delta^{15}N$ 散点组成一个矩形面，此时计算得到 r=0。如果食物的基本类型数目为 3，图形将介于图二和图三之间，为一个三角形区域，|r| 值介于 1 到 0 之间。

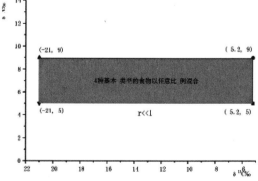

图三　食物包括全部四种基本类型时的人体骨胶原 $\delta^{13}C$、$\delta^{15}N$ 图形

由上述分析可以得出，对 $\delta^{13}C$、$\delta^{15}N$ 数据做一元线性回归分析得到的 |r| 值大小与食物的组成繁杂程度相关，如果 |r| 值很大、接近于 1，此时 $\delta^{13}C$、$\delta^{15}N$ 散点近乎汇聚为直线，那么食物中就只有两种基本类型；如果 |r| 值很小、接近于 0，图形接近于矩形面分布，即为四种俱全；居中的 |r| 值意味着基本类型数目可能为 3。

3. 回归直线的斜率 k

一元线性回归分析所得参数中包括一个直线方程，形式为 y=kx+b，k 是直线的斜率。斜率的数学含义为，纵坐标变化量与横坐标变化量的比值，k＞0 则 x 与 y 同方向变化、正相关，k＜0 则 x 与 y 反方向变化、负相关，|k| 值大则直线陡峭，趋近于无穷大时成为垂直直线，|k| 值小则直线平缓，|k|=0 成为水平直线。

黄河中游地区新石器时代遗址的 $\delta^{13}C$、$\delta^{15}N$ 图形通常表现为负相关，负相关图形的含义是，偏好吃素的人（$\delta^{15}N$ 低）食物结构偏向 C_4 类型（$\delta^{13}C$ 正），吃肉多的人（$\delta^{15}N$ 高）食物结构偏向 C_3 类型（$\delta^{13}C$ 负）。具体而言时人种植 C_4 类型作物粟、黍，同时在饲养业大规模开展之前主要通过渔猎活动获取野生 C_3 类型的肉食，这样的食物结构——C_4 植物性食物与 C_3 类型肉食的组合，导致了人骨 $\delta^{13}C$、$\delta^{15}N$ 数值呈负相关。

在了解 k 值正负的含义之后，可以进一步考究 k 的绝对值的大小的意义。图四绘制了 5 条直线，分别对应各种肉食与粟搭配之后形成的 $\delta^{13}C$、$\delta^{15}N$ 图形。把粟与 C_3 肉类的组合作为基准，k 可以理论计算出为 $k=\dfrac{\Delta y}{\Delta x}=\dfrac{9-5}{-21-(-5.2)}=-0.25$。

直线②，黄河中游地区进入仰韶晚期、龙山时期之后，人们肉食的主要成分是人工饲养的 C_4 家畜，设想极端情况，完全没有了 C_3 肉食的份额，粟和 C_4 肉食的组合是一条垂直直线，k 无穷大。

直线③，人们的肉食成分是 C_3 类型和 C_4 类型以 1：4 的比例混合，|k| 值也较大，典型的例子有仰韶晚期、龙山时代的山西芮城清凉寺墓地后段[17]。

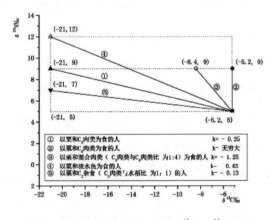

图四　粟与各类肉食组合而成的 $\delta^{13}C$、$\delta^{15}N$ 图形

直线④，当人们的肉食是 $\delta^{15}N$ 值更高的淡水鱼，可想而知在同等肉食、植物性食物比例下，人体骨胶原的 $\delta^{15}N$ 值提高量会比直线①大，|k| 值也就随之增大。

直线⑤，在仰韶早期的一些遗址中会出现类似的图形，人们已经大规模种植粟，但是尚未利用作物副产品饲养家畜，肉食属于 C_3 类型，同时还从环境中采集部分植物性食物。我们可以把粟看做食谱中的一种基本类型，把 C_3 肉食和 C_3 植物性食物混合之后看做第二种基本类型，它的 $\delta^{13}C$ 值为 –21‰、$\delta^{15}N$ 值介于 9‰ 和 5‰ 之间，直线⑤假定混合比例为 1：1，一个人完全食用这种 C_3 混合食物，理论计算其骨胶原的 $\delta^{15}N$ 值为 7‰，$\delta^{15}N$ 值的提高量较小，直线较

为平缓，|k|值较小，晓坞遗址的图形就属于这种类型。

4. 小结

对于 $\delta^{13}C$、$\delta^{15}N$ 数据的相关性与食谱之间的关系，简言之，如果 $\delta^{13}C$、$\delta^{15}N$ 的线性相关性强，说明研究人群的食物来源单一、稳定，相关性弱即处于途径多样或者食谱易变的状态；$\delta^{13}C$、$\delta^{15}N$ 呈正相关，指示肉食的 $\delta^{13}C$ 值比植物性食物偏正，负相关则相反。

四、讨论

1. 一号墓

一号墓有 60 个个体获得稳定同位素数据，将数据绘入图五。其中的未成年人都是 10~14 岁的少年，未成年人因哺乳效应会导致 $\delta^{15}N$ 值畸高，一般不与成年人合并统计，不过在这里这些人年纪都偏大，数量也不多（n = 6），合并统计并做线性回归计算不会产生较大误差。一号墓成员的 $\delta^{13}C$ 值变化范围为 –14.1‰~ –8.4‰，平均值 –10.4‰，对应 C_4 类型食物比例为 43.6%~79.5%，平均值 66.8%。$\delta^{15}N$ 值变

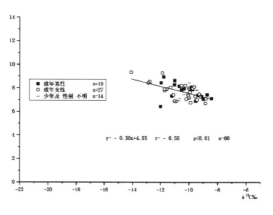

图五　晓坞一号墓成年人的 $\delta^{13}C$、$\delta^{15}N$ 图形

化范围为 6.4‰~9.3‰，平均值 7.7‰。根据环境考古的调查结果，仰韶时期三门峡地区环境中的野生植被以及可供渔猎捕捉的野生动物和鱼类都以 C_3 类型占据绝对优势[18-19]，晓坞一号墓食物组成 C_4 类型为主说明已经拥有成熟的粟或黍作农业，前述晓坞墓地的龋齿率为 8.65%，同样达到了农业型经济的标准。

一号墓中有 50 个个体年龄鉴定结果相对精确，将他们按照下列标准划分为三组：少年10~14 岁；青壮年 15~34 岁，中老年 35 岁以上；有 46 个个体性别鉴定结果相对精确，分类统计结果列入表二。

表二　一号墓的 $\delta^{13}C$、$\delta^{15}N$ 分类统计结果

分类	$\delta^{13}C$‰	$\delta^{15}N$‰	C_4 比例 %
全体（60）	-10.4 ± 1.2	7.7 ± 0.6	66.8
少年（6）	-10.7 ± 1.4	7.5 ± 0.5	65.1
青壮年（34）	-10.5 ± 1.1	7.6 ± 0.6	66.6
中老年（10）	-10.6 ± 1.7	8.0 ± 0.9	65.7
男性（19）	-10.2 ± 1.1	7.7 ± 0.6	68.5
女性（27）	-10.6 ± 1.3	7.7 ± 0.7	65.8

两组数据之间的差异性强弱可以使用数理统计中的 t 检验手段来判断，对三组年龄和两组

性别的 δ ^{13}C、δ ^{15}N 数据分别作 t 检验之后发现 p 值均大于 0.05，说明一号墓成员在不同年龄段和不同性别之间没有产生 C$_3$、C$_4$ 食物偏好和肉食摄取量上的显著差异。

图五中一号墓 δ ^{13}C、δ ^{15}N 散点呈现较为显著的负相关，说明 C$_3$ 食物的 δ ^{15}N 值高于 C$_4$ 食物；|k| 值较小，根据图四的说明，这意味着 C$_3$ 食物并不都是肉类，而是与植物性食物混合组成，类似于直线⑤。在对豫西地区遗址的植物考古工作中，于南交口、底董两处的仰韶早期层位中除发现有大量粟、黍和一定量的野生植物的籽粒外，还有少量稻米，研究者认为这里是目前中国所见最早出现完整稻、粟、黍组合的地点[20-21]。推测 C$_3$ 食物主要由野生植物性食物和渔猎肉食组成，也可能包括少量稻米。

图五中位于右端的人 δ ^{13}C 值在 –8‰ 左右，对应 C$_4$ 类型食物比例约为 82%，δ ^{15}N 值略低于 7‰，肉食量较少，这些人食物中八成的份额为粟和黍，其余是野生植物性食物和渔猎获取的肉食。位于左上端的人 δ ^{13}C 值在 –13‰ 左右，对应 C$_4$ 类型食物比例约为 50%，δ ^{15}N 值在 9‰ 左右，肉食量达到了杂食水平，这部分人食物中一半的份额为粟、黍，剩余部分是比例大致相当的野生植物性食物和渔猎肉食。总体而言一号墓成员的肉食量不高，而且肉食基本上都是 C$_3$ 类型，说明他们没有大规模的开展以粟黍农业为基础的养殖业，如果有少量的家畜也应是放养模式。粟、黍已经成为人们的主食，谷物中可能有少量稻米，采集渔猎活动仍然存在，平均而言人们从野生环境中获取了三成左右的食物。

2. 二号墓

二号墓共测定了 14 个个体，包括 2 个幼儿和 12 个成年人，成年人经体质鉴定有 5 个男性 5 个女性，2 个性别未知。年龄结构上男性年龄普遍偏大，只有 1 个小于 35 岁，其余 4 个都属于中老年（35 岁以上），平均死亡年龄 37.2 岁。5 个女性都属于青壮年（15~35 岁），平均年龄 26.8 岁。二号墓的 δ ^{13}C、δ ^{15}N 分类统计结果列入表三。

表三　二号墓的 δ ^{13}C、δ ^{15}N 分类统计结果

分类	d ^{13}C‰	d ^{15}N‰	C$_4$ 比例 %
二号墓成年人（12）	−9.4±1.1	8.2±0.6	73.6
男性（5）	−10.4±0.3	8.9±0.4	67.0
女性（5）	−8.8±0.8	7.8±0.3	77.0
婴幼儿（2）	−9.9±1.6	10.0±0.8	70.1

对男性和女性的 δ ^{13}C、δ ^{15}N 值做差异显著性 t 检验，得到的 p 值均小于 0.01，表明男性和女性的 δ ^{13}C、δ ^{15}N 值的差异都达到了极显著水平，男性比女性 δ ^{15}N 值高 1.1‰，消费 C$_3$ 类型食物多 10%。同时由于男性和女性在年龄上的特点，上述差异也近似发生在中老年与青壮年之间，而一号墓不同年龄段和性别之间都不存在 δ ^{13}C、δ ^{15}N 值的显著差异。与一号墓相比，δ ^{13}C 值降低 1.0‰、意即 C$_4$ 食物增加了 6.8%，δ ^{15}N 值提高 0.5‰，肉食量得到提高。

把二号墓的 δ ^{13}C、δ ^{15}N 散点及回归直线绘入图六，并与一号墓作对比，可以看到 2 座墓

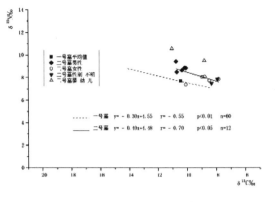

图形都呈负相关，说明二号墓的肉食也属于 C_3 类型。二号墓回归计算所得 |k| 值有所提高，但性质不改图四中的直线⑤，|k| 值提高的原因是 C_3 食物中肉食的比例增加。由 $\delta^{13}C$、$\delta^{15}N$ 平均值和 |k| 值的变化可以看出，二号墓降低了采集食物（C_3 植物性食物）的量，粟、黍等 C_4 植物性食物和 C_3 渔猎肉食的份额得到提高。

图六　晓坞一号、二号墓的 $\delta^{13}C$、$\delta^{15}N$ 图形对比

这一变化也可以解释二号墓的 $\delta^{13}C$、$\delta^{15}N$ 数据线性相性的增强，按照前文对 r 的说明，|r| 值大小与食物的组成繁杂程度相关，食物组成越为简单、越接近两种基本类型时，|r| 值越大、越接近 1。二号墓 C_3 植物性食物减少，使得 C_4 植物性食物和 C_3 渔猎肉食的主干地位突出，所以二号墓的 $\delta^{13}C$、$\delta^{15}N$ 散点较之一号墓更接近线性分布、|r| 值更大。

五、总结

从墓葬和出土陶器的文化特征判断出，晓坞遗址的 2 座二次合葬墓基本属于同一文化类型，即仰韶早期的东庄类型，并且细分二号墓可能略晚。经稳定同位素测定，一号墓 C_4 食物比例约为 66.8%，$\delta^{15}N$ 平均值为 7.7‰，二号墓 C_4 食物增至 73.6%，$\delta^{15}N$ 平均值提高至 8.2‰。两墓食性的共同点是，都以粟和黍等 C_4 旱作谷物为主食，根据植物考古的发现，也可能种植少量水稻，同时采集一定量的野生植物性食物（C_3 类型）。肉食方面，两墓的 $\delta^{13}C$、$\delta^{15}N$ 散点都呈负相关，表明肉食以渔猎获取的 C_3 类型为主，人们尚未大规模开展家畜养殖，较低的 $\delta^{15}N$ 值和 |k| 值都指示人们的肉食量不高。

两墓食性的不同之处在于，二号墓减少了野生植物性食物的采集量，粟、黍和肉食的比例都有所提高，反映了旱作农业的进一步发展和生活水平的改善。一号墓在男女性别和各年龄段之间未发现显著的饮食差异，二号墓男性和女性之间则存在显著差异，男性比女性消费 C_3 类型食物多 10%，$\delta^{15}N$ 平均值高出 1.1‰，也就是说男性吃了较多的渔猎肉食，结合男性平均寿命高于女性，暗示二号墓男女性别存在地位差异。

同时我们看到二号合葬墓的规模远较一号墓小，一号墓显著的男少女多、二号墓男女比例接近，这些区别都表明两墓在社会组织上可能存在较大的差别，这一差别或许就是产生食性差异的原因。

注释：

[1] 河南省文物考古研究所、灵宝市文物保护管理所：《灵宝市晓坞遗址仰韶文化遗存的试掘》，《考古》2011

年第 12 期。

［2］河南省文物考古研究所、灵宝市文物保护管理所:《灵宝市晓坞遗址仰韶文化遗存的试掘》,《考古》2011
年第 12 期。

［3］王仁湘:《我国新石器时代人口性别构成再研究》,见《考古求知集》,中国社会科学出版社,1997 年。

［4］李法军:《河北阳原姜家梁新石器时代遗址人口寿命研究》,《中山大学学报(社会科学版)》2006 年第 1 期。

［5］王明辉:《人骨综合研究》,见《灵宝西坡墓地》,文物出版社,2010 年。

［6］Barbara Li Smith, *Die*, *Health and Life Style in Neolithic North China*, Dr. Dissertation, Harvard University, 2005.

［7］河南省文物考古研究所:《灵宝市文物保护管理所 2007 年调查资料》。

［8］Ambrose S. H., "Preparation and Characterization of Bone and Tooth Collagen for Isotopic Analysis", *J. Archaeol. Sci.*, 1990, Vol. 17.

［9］Ambrose S. H., "Preparation and Characterization of Bone and Tooth Collagen for Isotopic Analysis", *J. Archaeol. Sci.*, 1990, Vol. 17.

［10］DeNiro M. J., "Post-mortem Preservation of Alteration of in Vivo Bone Collagen Isotope Ratios in Relation to Palaeodietary Reconstruction", *Nature*, 1985, Vol. 317.

［11］Van Klinken G. J., "Bone Collagen Quality Indicators for Palaeodietary and Radiocarbon Measurements", *J. Archaeol. Sci.*, 1999, Vol. 26.

［12］Schwarcz H. P., "Some Theoretical Aspects of Isotope Paleodiet Studies", *J. Archaeol. Sci.*, 1991, Vol. 18.

［13］张雪莲、王金霞、冼自强等:《古人类食物结构研究》,《考古》2003 年第 2 期。

［14］McGovern P. E., Zhang J., Tang J., et al., "Fermented Beverages of Pre- and Proto-Historic China", *Proc. Natl. Acad. Sci. USA*, 2004, Vol. 101.

［15］胡耀武、Stanley H. Ambrose、王昌燧:《贾湖遗址人骨的稳定同位素分析》,《中国科学(D 辑:地球科学)》2007 年第 37 卷第 1 期。

［16］胡耀武、王根富、崔亚平等:《江苏金坛三星村遗址先民的食谱研究》,《科学通报》2007 年第 52 卷第 1 期。

［17］舒涛、薛新明、吴小红:《食性分析》(一),见《清凉寺史前墓地》,文物出版社,2016 年。

［18］河南省文物考古研究所:《三门峡南交口》,科学出版社,2009 年。

［19］孔昭宸:《渑池班村新石器遗址植物遗存及其在人类环境学上的意义》,《人类学学报》1999 年第 18 卷第 11 期。

［20］秦岭:《南交口遗址 2007 年出土仰韶文化早、中期植物遗存及相关问题探讨》,见河南省文物考古研究所:《三门峡南交口》,科学出版社,2009 年。

［21］魏兴涛:《豫西晋西南地区新石器时代植物遗存的发现与初步研究》,见《东方考古》(11),科学出版社,2014 年。

卷五

考古学史和考古学家

仰韶遗址发掘和中国考古学的诞生

◎ 李新伟

　　安特生在 1934 年出版的《黄土的儿女》第五章提到，他第一次到渑池是 1918 年。第五章的题目为"龙和龙骨矿"，当时他的兴趣是中国民间被称作"龙骨"的古生物化石。生物进化论是那个时代的显学，欧洲学者们翘首期盼着来自世界各地的标本。1919 年瑞典成立了资助安特生在中国工作的"中国委员会"，主要目标正是收集中国的古生物标本。当年 11 月，第一批 82 箱标本搭乘瑞典帆船"北京号"返回，中途遭遇风暴沉没，获得新标本成为安特生的首要任务。请求提供相关信息的信函被发往中国各地的传教使团，豫西瑞典传教士响应最为积极。

　　1918 年 11 月 29 日，安特生带着助手刘长山来到新安县，重逢瑞典传教团负责人玛利亚·皮特森，在其陪同下对渑池县城北部进行了考察。1920 年秋，安特生再命刘长山去洛阳以西地区寻找第三纪古脊椎动物化石，但叮嘱他也要收集石器时代的物品。

　　1919 年夏，中国地质调查所技师朱廷祜到河北北部做地质调查时，安特生已经要他同时注意石器的采集。考古类型学鼻祖、瑞典学者蒙德留斯 1920 年 5 月 31 日为安特生工作争取经费的一封信中提及，中国像世界其他文明古国一样，"铺天盖地的历史文献传统湮没了那些看起来无足轻重的史前时代的记忆"，"上述西方国家早期文化历史的史实，在不懈的搜求、特别是科学的发掘之后，已经昭然若揭。如果安特生教授能按照他提出的计划开展收集和发掘工作，中国的问题也可能解决"，瑞典科学家也可以"把阳光洒在文明古国中国的远古历史上"。看来安特生当时很可能已经有了探索中国史前史的兴趣。12 月底，刘长山返回北京，带回数百件相当精致的石器，绝大部分收购于渑池的仰韶村。这意外的收获终于将仰韶村带入了安特生的视野。

　　1921 年 4 月 18 日，安特生从渑池县城北行到达仰韶村，在黄土断崖剖面的灰土层中发现石器和彩陶片共存，并初步确认这是一处大规模古代居址。但他认为精致的彩陶的时代会很晚，又因为事前没有申请发掘许可，便很快结束了考察。回京后，他在中国地质调查所看到土库曼斯坦安诺遗址发掘报告，惊喜地发现其彩陶与仰韶相似，时代属新石器时代晚期，敏锐地认识到仰韶遗址的重要性，遂开始了发掘工作的筹备。

1921年秋，安特生得到他受聘任职的农商部和中国地质调查所的支持，获得发掘许可，也得到河南省政府的许可和渑池县政府的帮助，重回仰韶村，10月27日开始发掘，至12月1日结束。袁复礼自始至终参加。1923年，安特生发表《中国远古之文化》，报告了发掘和研究成果，提出仰韶文化的命名。

仰韶遗址发掘的意义可以从以下三点来认识：

首先，这是得到中国政府许可、以探索中国史前文化为目标的第一次科学考古发掘。虽然安特生是瑞典学者，经费也来自瑞典，但他的身份为中国农商部雇员，也是当时中国最早的科研机构中国地质调查所的成员。

发掘文物的归属在当时是颇为敏感的问题。1924年12月31日，瑞典王子和"中国委员会"的两位成员致信中国地质调查所负责人丁文江和翁文灏，提出安特生考古发掘品中的人骨资料全部留在中国；陶器和动物骨骼等遗物先全部运抵瑞典进行研究，此后本着"最慷慨的精神"，挑选有代表性者，最多返还总量的一半。1925年2月2日，丁文江和翁文灏复函，基本同意瑞典方的方案，提出选择返还遗物的工作要本着尽量公平的原则在两年内开始。这是学科草创、举步维艰的困境下的无奈妥协，不宜苛责。

其次，因仰韶遗址发掘而命名的仰韶文化，是第一个依靠现代考古学技术、方法和理论确立的中国史前文化，在万众瞩目中，开启了以科学方法探索和重建中国古史的历程。

1911年，辛亥革命爆发，中华民国成立，黄帝是中华民族共祖的观念被大力宣扬，成为维护国家统一和"五族共和"的重要依托。正当此时，新文化运动蓬勃而起。以顾颉刚为首的"古史辨派"提出："古史是层累地造成的，发生的次序和排列的系统恰是一个反背"的论断，否定了整个三皇五帝时代，传统古史系统崩溃。与此同时，自17、18世纪即初露端倪的中国文化西来说渐有兴旺之势，"文化西来说种种，在二十世纪初年灾难深重的中国知识分子当中引起很大反响。在强大的西方资本主义文明面前，一种交织着爱国主义和民族虚无主义的悲凉情绪支配着大多数知识分子"（陈星灿：《中国史前考古学史研究》）。在此情况下，中国上古有什么样的人文和政治景观成为国人热切期盼解决的问题。

仰韶文化的确立，安特生关于仰韶文化为中华远古文化之论证，令学术界不约而同地把目光投向了现代考古学。1926年，顾颉刚在《古史辨·自序》中明确指出："我知道要建设真正的古史，只有从实物上着手的一条路是大路，我的现在的研究仅仅在破坏伪古史的系统上面致力罢了。"胡适在致顾颉刚的《自述古史观书》中也提出："大概我的古史观是：现在先把古史缩短二三千年，从诗三百篇做起。将来等到金石学、考古学发达上了科学轨道以后，然后用地底下掘出的史料，慢慢地拉长东周以前的古史。"中国考古学的基本任务和学术地位在此时已经奠定。

第三，仰韶的发掘，引发了第一代中国考古学家主持的一系列对中国考古学发展具有里程碑意义的发掘。安特生提出的仰韶文化西来的假说，并未影响对以考古学"科学地"重建古史的信心，反而更激发出中国学者"上穷碧落下黄泉，动手动脚找东西"，以考古资料构建中国文明的史前基础的热情。

1926 年，李济与美国佛利尔美术馆合作，在晋南开展调查，随后对西阴村遗址进行发掘，中国学者目标明确的对中国古史的考古学探索应以此为肇始。李济在谈及西阴村发掘的缘起时，指出安特生的工作证明了中国北部存在一种新石器时代晚期文化，"这文化的来源以及它与历史期间中国文化的关系是我们所最要知道的"。

1928 年，新成立的"中研院"历史语言研究所对殷墟进行发掘，这是中国学术机构组织的第一次田野发掘，其目的用李济的话说是："希望能把中国有文字记录历史的最早一段与那国际间甚注意的中国史前文化联贯起来，作一次河道工程师所称的'合龙'工作。"

西阴村发掘后，李济即提出"我们还没得着十分可靠的证据，使我们断定在中国所找的带彩陶器确发源于西方。"1930—1931 年，史语所对城子崖进行正式发掘，证明除了彩陶文化外，中国文化另有一强大根系，"替中国文化原始问题的讨论找了一个新的端绪"。

1945 年 5 月，夏鼐在甘肃宁定县阳洼湾齐家文化墓葬填土中发现"仰韶式的彩陶"，中国史前文化西来的假说从此烟消云散。但上述早期考古工作中不是削弱，而是更加凸显了仰韶遗址发掘和仰韶文化确立的开创性意义。

中国考古学从仰韶遗址的发掘启程，一路走来，漫漫百年，逐步建立起史前考古学文化的时空框架；以越来越丰满的笔触描绘中国史前社会发展，文化交流，中华文明的形成和发展的画卷，不断以坚实的考古资料开辟古史记载的鸿蒙混沌，重建我们的多民族一体国家形成和发展历程的初心从未改变。

仰韶文化百年学术史（1921~2021 年）

◎马 龙

仰韶文化发现于 1921 年，至今已有百年，是最早发现和研究时间最长的中国史前文化，是华夏文明的主要奠基者。当前，仰韶文化已进入深层次研究阶段，知所从来、方明所往，本文梳理了仰韶文化百年学术史，期望能为仰韶文化研究往何处去提供参考。

一

仰韶文化百年学术史可分为四个阶段。每个阶段都有其核心课题和探路人，分述如下：

（一）第一阶段

始于 1921~1923 年，终于 1930~1931 年。核心课题是探讨仰韶文化的来源与性质，探路人是安特生、李济。

1921 年安特生发掘了河南仰韶村遗址，一年之内，又发现了河南杨河、不招寨、秦王寨等遗址。1923 年他提出这些遗址同属一个中华远古文化"仰韶文化"[1]。

1922 年安特生发现仰韶村彩陶与西方的安诺彩陶相似。为探索二者是否有传播关系，1923 年他奔赴甘青地区，调查、发掘了朱家寨、辛店、齐家坪和马家窑等遗址，并于 1924 年提出仰韶文化西来的假说[2]。但随着考古学、人种学材料的更新和汉学家的接连反对，安氏个人主张逐渐由"仰韶文化西来"转变为"彩陶西来"，即认为仰韶文化中"单色陶器等"是中国本土的，彩陶（或彩陶技术）是西来的[3]。出于民族情感，当时的中国学者们拒绝接受仰韶西来说和彩陶西来说。1926 年，李济发掘山西西阴村遗址的目的之一便是想要找到否定西来说的证据[4]。1928 年殷墟的发掘确立了小屯文化后，李济（1930 年）和徐中舒（1931 年）先后否认仰韶文化是小屯文化及后来的汉民族文化的直系根脉[5]，转而关注起"环渤海一带"等东方地区。

（二）第二阶段

始于 1930~1931 年，终于 1959 年。核心课题是分析仰韶文化的内涵、讨论仰韶文化与龙山文化的关系，探路人是梁思永、夏鼐。

1930 年，山东城子崖遗址龙山文化的确认给学术界提出了"仰韶文化和龙山文化的关系"的新问题，使学界"对中国黎明期文化的认识得到了一个新阶段"[6]。1931 年，梁思永在安阳后岗遗址发现仰韶、龙山、小屯三叠层，指出在豫北地区仰韶文化早于龙山文化[7]，这一发现为解决仰韶文化和龙山文化的关系问题提供了一个思路。

1932~1934 年，学者们又在鹤壁浚县大赉店[8]、鹤壁刘庄和宝鸡斗鸡台等遗址发现仰韶层、龙山层的叠压。根据这些新发现，刘燿（尹达）于 1947 年正式发表仰韶—龙山二元论[9]。同年，安特生在新作中指出灰、黑、红、彩等多种陶器在仰韶村遗址中未经扰动的多层位共存[10]。1951 年，新发掘的点军台遗址和仰韶村遗址的第二次发掘"验证"了彩陶与黑陶共出现象，主持者夏鼐指出在豫西应当存在过"仰韶和龙山的混合文化"[11]。这种混合文化说扩散迅速，1951~1956 年新发现的"有黑陶与彩陶共出现象"的遗址很多被归入"仰韶和龙山的混合文化"[12]。

无论二元论还是混合文化说，均存在认识基础上的缺陷，即以彩陶指示仰韶文化、以黑陶指示龙山文化。但这一认识是集体性的，是历史的局限性，非个人谬误，且后来被明确摒弃[13]，可以采取"了解之同情"的态度不必批判到个人。

然而，应当提出批判的是 1933 年梁思永将安特生《甘肃考古记》所分甘肃六期文化均纳入"甘肃仰韶文化"[14]。此举扩大了仰韶文化的内涵。实际上安特生所分六期是甘肃远古文化的期序[15]，梁思永则误以为甘肃六期是安特生对"仰韶文化"划分的六期。由于当时对考古学有知识的人不多，梁氏观点得到了盲从，使仰韶文化的研究走了弯路，不可谓不是一种遗憾。

幸而，20 世纪 40 年代初，学界意识到甘肃六期中的后三期均已进入青铜时代。1948 年，夏鼐根据阳洼湾墓地首次从地层学上证明甘肃仰韶期较齐家期为早[16]。同年，裴文中指出齐家期非彩陶文化时期，命名为齐家文化[17]，将齐家文化从所谓"甘肃仰韶文化"中摘出。1949 年，夏鼐提出"甘肃仰韶期可称为马家窑文化，或许是与仰韶文化同期的一种考古学文化"[18]。1957 年，在马家窑—瓦家坪遗址发现的马家窑文化—仰韶文化的叠层[19]，使马家窑文化不早于仰韶文化成为定论。至此，受梁思永误导的仰韶文化内涵扩大乱象重归澄明。

（三）第三阶段

本阶段又可分为上、下两个时期。

1. 第三阶段上

始于 1959 年，终于 1977~1978 年。核心课题是对仰韶文化地域类型、分期和渊源的探讨，探路人是夏鼐、安志敏和石兴邦。

1959 年，安志敏在陕县庙底沟遗址识别出的庙底沟二期文化解决了仰韶文化与龙山文化混合遗存的难题[20]。同年，夏鼐提出了"考古学文化定名说"[21]，推动了考古学文化定名、划

分类型及分期等研究的探索。

1959 年底，安志敏和石兴邦同时提出仰韶文化可分为半坡类型和庙底沟类型[22]。但安志敏主张庙底沟类型为早，而石兴邦则持相反观点。

1961 年，安志敏等人又提出仰韶文化在豫北地区存在后岗类型和大司空类型的区别[23]。同年，马承源指出仰韶文化应还有其他类型，并提出半坡类型与庙底沟类型在一个时期内有交错存在的可能[24]。

马承源的意见得到了学者们积极的响应：一方面是响应"其他类型说"。1962 年，杨建芳将仰韶文化划分出后岗、西阴村、秦王寨、三里桥和半坡五种类型[25]；同年，郑绍宗也为河北仰韶文化命名了南杨庄、四十里坡和钓鱼台三种新类型[26]。另一方面是响应"交错存在说"。1962 年，石兴邦提出半坡类型与庙底沟类型平行发展论[27]。

杨建芳、郑绍宗的提法关注到了其他材料的地方性，固然有其进步性，但部分类型的命名违背了夏鼐考古学文化定名说的要求，为后来多种其他类型的提出做出了不好的示范。1963 年，方殿就发表文章指出了杨建芳命名的几种类型的问题，1965 年，严文明针对杨建芳弃用庙底沟类型专门讨论了庙底沟遗址仰韶遗存的分期[28]。而针对石兴邦的平行发展论，有否定者也有支持者。否定者如张忠培和严文明，他们于 1964 年指出下孟村遗址发现了半坡类型和庙底沟类型的可靠叠压，并指出三里桥仰韶遗存是半坡类型和庙底沟类型的过渡遗存[29]。然而，平行发展论的支持者曾琪于 1965 年同样分析了三里桥遗存却否定了三里桥的"过渡形态"[30]。同年，苏秉琦亦指出半坡类型和庙底沟类型不是"仰韶文化先后发展的两个阶段"[31]。他还率先指出了半坡遗址只有早期遗物是半坡类型，为解决半坡类型与庙底沟类型相对早晚的问题指出了一条正确导向。

1966~1972 年考古工作暂停。

1972 年，考古工作重启。但 1972~1977 年关于仰韶文化的研究并未突破 1959 年以来的总体认识水平。学者们对仰韶文化诸类型之间相对早晚的探讨仍是没有地层关系支撑下的讨论[32]。即便 1972 年公布了半坡、庙底沟、后岗等遗址的碳十四测年结果，但由于这些遗址本身尚没有可靠分期结果，且所测数据较少，并没有解决三者所代表类型之间的早晚问题[33]。

可喜的进展是，在此阶段发现了探索仰韶文化渊源的可靠的线索[34]，在陕西华县老官台、元君庙和西乡李家村等遗址均发现有"同半坡类型的仰韶文化具有一定渊源关系"的前仰韶文化遗存，后被命名为老官台文化。

2. 第三阶段下

始于 1977~1979 年，终于 1984~1985 年。此阶段内政治环境放松，考古学工作重新全面开展。虽然核心课题没变，但在新技术、新材料和新理论的催化下，学界对核心课题的研究已经成型。探路人是严文明、张忠培和苏秉琦。

1977 年，夏鼐表态支持了有碳十四测年证据和下孟村层位证据的"半坡类型早于庙底沟类型"的认识[35]。1978 年，陕西史家遗址和姜寨遗址提供了"半坡类型早于庙底沟类型"的新材料[36]。此后，学界基本接受了这种认识。

1977 年，严文明将半坡遗址的仰韶文化分为半坡类型—庙底沟类型—半坡晚期类型[37]。1979 年，张忠培指出陕、晋、豫交界地区的仰韶文化有"半坡—庙底沟—西王村（半坡 4 期）"的序列[38]。两位先生从一个典型遗址到一个关键地区的研究树立了仰韶文化新的分期，即早、中、晚三期说。碳十四测年数据也为三期说提供了佐证[39]。1979 年，河南大河村遗址的报告率先应用了仰韶三期说[40]，此后河南发掘的仰韶遗址大多以大河村遗址为参照。山西、陕西的仰韶遗址则多以张忠培提出的序列为标杆。

同在三期说确立的 1979 年，宝鸡北首岭遗址发现了北首岭下层遗存与半坡类型的叠压关系[41]，为仰韶文化四期说提供了材料。梁星彭（1979 年）和安志敏（1981 年）先后提出仰韶文化有北首岭、半坡、庙底沟、西王村四个前后相承的类型[42]。但由于像北首岭一样早于半坡期的仰韶文化遗存在其他地区尚未发现，这种四期说并没有被广泛接受。

1979 年，苏秉琦在西安召开的全国考古学规划会议上提出考古学文化的区系类型理论[43]。学者们开始根据区系类型理论对已提出的仰韶文化地方类型进行专门研究，如秦王寨类型[44]、大河村类型[45]、后岗类型、下王岗类型、下潘汪类型[46] 等均有了新的论述。1983 年，巩启明对仰韶文化诸类型的划分及其沿革做了总结，提出仰韶文化三期四段八类型的划分方案[47]。1984 年《新中国的考古发现与研究》明确了仰韶文化的时空范围是"公元前 5000 年～公元前 3000 年的黄河中游"，并提出三区七类型的划分方案[48]。1985 年，仰韶村遗址发现六十五周年学术讨论会汇集了关于仰韶文化区系类型、分期、渊源等问题的各家认识[49]，是为第三段的终结。

（四）第四阶段

本阶段又可分为上、下两个时期。

1. 第四阶段上

始于 1984~1985 年，终于 1996~1998 年。核心课题从仰韶文化内部类型、渊源的讨论转变为对黄河中游仰韶时代考古学文化的区系类型和谱系源流的探索，探路人是张忠培、苏秉琦。

1984 至 1985 年出现了两种新的思考：一是思考"仰韶文化"名称的适用性，主张将"仰韶文化"划分为几种不同谱系源流的考古学文化。1984 年，张忠培最先提出半坡文化和庙底沟文化可以命名为单独的考古学文化[50]。1985 年，主持仰韶村遗址第三次发掘的丁清贤则指出河南的仰韶文化与陕西的仰韶文化不同，他还建议抛弃"仰韶文化"概念而分别称为大河村文化和半坡文化[51]。同年，张居中提出"仰韶文化"包含了多支有不同来龙去脉的文化系统，应将这些文化系统各自命名，统归入"仰韶时代文化"[52]。二是将仰韶文化更细致的区系研究提上日程。1985 年，苏秉琦以陇山、崤山为模糊分界线将仰韶文化分为西、中心、东三个区系，并指出渑池和垣曲或为一种"亚区系"、山西可自成一区但非支系[53]。同年，李友谋则提出晋南存在一条"东庄村类型—西王村Ⅰ至Ⅲ期"的支系[54]。

这两种新的研究取向在1990年之前均未得到响应。关于将仰韶文化划分为多种谱系源流的考古学文化的主张受到了一些权威学者们的抵触，导致几位倡导者未能及时展开论述。然而栈道未修，陈仓已渡。执教于吉林大学考古系的张忠培早在1985年就开始指导学生们对仰韶文化诸类型单独命名为考古学文化的可行性进行研究，先后发表关于庙子沟文化、秦王寨文化、半坡文化、后冈一期文化、大司空文化的研究成果[55]。1990~1991年，又有内蒙古的崔璇论述了海生不浪文化；1996年，河南的李昌韬对大河村文化做了专门研究[56]。至此，论述仰韶文化的一些类型可称为单独考古学文化的成果已蔚然绽放。

更细致的区系研究方面的成果也是在1990年前后才有了进展。一方面，学者们根据原有材料对仰韶文化的区系进一步细分。1989年，严文明综论了仰韶文化的起源与发展阶段，提出仰韶文化可分为四期二十一种地方类型[57]。另一方面，新的考古发现为仰韶文化更细致的区系研究提供了新方向。1989年报道的山西万荣西解遗存、1992年报道的翼城枣园H1遗存和1995年报道的垣曲古城东关仰韶早期遗存[58]，为1985年李友谋提出的晋南序列找到了更早的源头。1994年在河南渑池仁村调查发现同类遗存，则验证了苏秉琦1985年提出的仰韶文化"渑池—垣曲亚区系"。1990年报道的河北安新县留村下层遗存、梁庄上层遗存[59]，代表了冀中地区仰韶文化早期的一种新类型。1992年报道的河南登封八方仰韶前期遗存、1992年发现的尉氏椅圈马一期遗存[60]以及1995年论证的陕西零口遗存[61]，都不晚于当地已知的仰韶文化最早遗存。这些新发现指示着在已知的仰韶早期遗存之前存在着更早的仰韶遗存，为梁星彭和安志敏提出的仰韶四期说提供了更多证据。

此阶段，除构建仰韶时代黄河中游的区系类型和谱系来源这一核心课题外，考察古代社会史的研究蔚然成风。其中，探索古代社会结构的研究开始普遍重视采用聚落考古的方法[62]，而逐渐放弃了对世系性质的推断[63]；探索古代社会经济形态的研究主要是通过考察石器和动植物遗存的方法[64]；探索古代精神文化生活的研究则是通过美术考古的方法[65]。

2. 第四阶段下

始于1996~1998年，迄今。核心课题可分为完善黄河中游仰韶时代考古学文化区系／谱系的文化史研究和复原黄河中游仰韶时代社会结构的社会史研究。

仰韶时代文化史课题的学者们在此阶段又可分为严文明和张忠培两方。严文明一方是仍使用仰韶文化概念，强调细致划分区系类型的学者，可称为"区系学统"。（图一）张忠培一方是主张将一些原属仰韶文化的类型命名为考古学文化，强调进行文化谱系研究的学者，可称为"谱系学统"[66]。（图二）

"区系学统"的研究成果主要有两种：第一种是做仰韶文化各类型的专门研究。1996年，袁广阔对严文明提出的仰韶文化阎村类型进行了专门研究[67]；2018年，魏兴涛研究了仰韶文

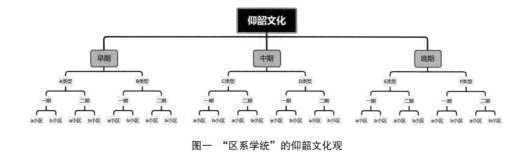

图一 “区系学统”的仰韶文化观

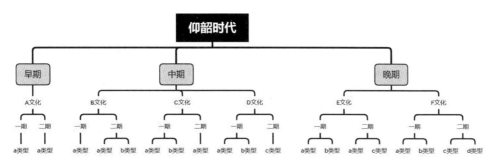

图二 “谱系学统”的仰韶时代观

化东庄类型，明确了其时空范围[68]。2021年，韩建业分析了仰韶文化零口类型和枣园类型的形成过程[69]。第二种是做仰韶文化的区系类型研究。2002年，巩启明采用早、中、晚三期说，但将早期划分为零口—半坡—史家为代表的三段，提出三期五段六区十九类型说[70]。2006年，靳松安采用四期说，提出四期二十三类型的分法[71]。此外还有针对仰韶文化某一时期或某一地区的区系类型研究[72]。

“谱系学统”的学者主要有三种观点：第一种观点采用仰韶早、中、晚期说，代表人物有张忠培、孙祖初和余西云等[73]。第二种观点采用仰韶早、晚期说，以许永杰、朱雪菲为代表[74]。前两种观点的核心区别在于对半坡文化和庙底沟文化相对年代的认识不同[75]。第三种观点采用四期说，以张居中为代表。不同于前两种观点取消了仰韶文化的命名，他提出在华渭腹地存在“典型仰韶文化”，可分为半坡类型和庙底沟类型，各有四期；在典型仰韶文化周围有下王岗文化、大河村文化、下潘汪文化和大司空文化等“仰韶文化的亲缘文化”[76]。

仰韶时代社会史课题的研究并非始于第四阶段下，如1983年元君庙墓地的报告就开创了从墓地布局研究社会制度的模式[77]；1972年就有了对仰韶文化遗址的碳十四测年[78]；1959年半坡遗址的发掘中就明确有了从聚落形态分析社会组织的实践[79]；1925年就有步达生对仰韶村遗址的人类遗骸做科技鉴定[80]。然而这些研究相对仰韶时代文化史的研究而言始终是支翼，直到1996~1998年后，以科技考古和聚落考古为双核的社会史课题才真正成为核心课题之一。一方面，科技考古在此阶段得到长足发展和广泛认可。1996年前后，班村遗址的发掘运用了多种科技手段，产生了良好的示范带头效应；而1996年开启的夏商周断代工程，虽然不是研究仰韶时代的项目，但使得“多学科交叉研究古代社会史的方式”深入人心。另一方面，中外两类聚落考古学方法与实践得到发展与重视。1997年，严文明写成《聚落考古与史前社会研究》，开辟了一套"从单一遗迹到单个聚落再到一个地理单元内的聚落最终到社会结构"的聚落考古学方法体系[81]。1996年，刘莉将聚落考古学的遗址空间位置分析法和酋邦理论相结合的方法介绍了进来[82]。1998年，中澳联合考古队对伊洛河下游进行的拉网式聚落考古调查更是将聚落考古学推入考古实践。

1996~1998年以来，黄河中游仰韶时代的社会史课题在环境（张广如2000年）、工具（阎毓民2002年）、农业（钟华等2020年）、陶艺（李文杰1996年）、酿酒技术（刘莉等2020年）、人类食性（张雪莲2010年）、人类体质与健康（王建华2009年）、人口（辛怡华2004年）、纹饰艺术（王仁湘2011年）、刻划符号（刘民钢1997年）、玉器（李伯谦2009年）、聚落与组织结构（魏峻2015年）、丧葬礼仪（张弛2015年）及文明形态（李伯谦2009年）等专题均有十分亮眼的研究成果。这些成果反映了黄河中游仰韶时代社会结构的方方面面，弥补了文化史研究在复原社会具体情境方面的缺失。但当前的社会史课题的研究往往把话说的过满，我们认为是值得注意的。社会情境的分析要始终以文化史课题研究揭示的时、空、差异和矛盾为基础[83]，要理解考古学提供的材料和考古学手段的局限性，在得出结论时需要更切实和谨慎一些。

（五）小结

综上，仰韶文化的研究经历了四个大的阶段，每个阶段自有其学术特点和这种特点形成的学科背景，总结如下：

第一阶段时，方法和理论尚不具备考古学的基础，对仰韶文化的研究多是基于文化史的视角。其背后是将中国考古学视为"作为历史学的考古学"的学科取向。

第二阶段时，考古学的基本理论、方法得到推广与应用，对仰韶文化的研究开始以考古学为根基。其背后是开始将中国考古学视为"作为考古学的考古学"的学科自觉。

第三阶段时，仰韶文化开始作为一种考古学文化被研究。其背后是将中国考古学完全视为"作为考古学的考古学"的学科定位。

第四阶段时，对仰韶文化所涵盖遗存的研究，由对一种考古学文化的研究转变为对黄河中游仰韶时代多种考古学文化反映的文化史、社会史的研究。其背后是将中国考古学视为一种整合多学科手段的社会科学的学科倾向。

二

仰韶文化百年学术史可以说是中国考古百年史最具代表的缩影。纵观仰韶文化百年学术史，我们可以得到以下几点启示：

（一）对仰韶文化研究的启示

从仰韶龙山二元论到仰韶二期说到仰韶三期说、四期说的发展证明，"给历史搭架子不要用硬邦邦的钢筋水泥"[84]，要与材料俱进。

仰韶文化研究第一阶段有民族主义的影响，第二阶段走了迷信权威的弯路，第三阶段受到了意识形态的干扰，这启示现阶段的仰韶文化研究要提高警惕、坚持求真求实的科学态度。

百年来，几代考古人着力于探索仰韶文化发展脉络、文化成就的努力有目共睹，但对于仰韶文化在中华文明起源中如何发挥作用的研究尚未深入，对仰韶文化对世界文明的贡献的研究更显着力不足。

（二）对中国考古学研究的启示

仰韶文化的研究在各个阶段都有探路人"开拓佛法"[85]，有大批考古"僧众"扎根田野、广辟福田，仰韶文化研究才能花香弥漫。对中国考古学研究的启示有二：一是中国考古学的发展不能放弃开拓自己的"佛法"。在一代代探路人的筚路蓝缕下，目前已建立了一套"包含柴尔德—夏鼐考古学文化定名说、苏秉琦考古学文化区系类型理论和苏秉琦文明发展道路理论的中国考古学理论体系"[86]，取得了巨大的理论进步。面对国外理论的挑战，中国考古学应坚持发扬已创建的理论体系，同时要从本土文化和当代中国的变革实践出发、吸收国外先进理论的合理内核，提出解释中国考古问题的新理论。二是中国考古学的发展离不开考古"僧众"扎根田野考古。田野考古是考古学可持续发展的动力源泉、是考古学理论的摇篮，仅依靠沙发考古是不能长久的。

（三）对考古学学术史研究的启示

往往见到学术史研究将发掘与研究分开记述，实则将遗址的发现过程单独条陈出来并无益处。学术史的考察应该将田野考古发现与研究历程结合考察，考古发现本身与相关研究的交融才是学术史的原貌。

安特生作为仰韶文化的发现者和第一阶段时主要的研究者，理应在仰韶文化学术史上有相当地位，但在第三阶段下之前他受到了过多的苛责和不公正的审视。李济亦然。而对于梁思永将仰韶文化内涵扩大化的失误，则由于为尊者讳的传统未见批判。这提示我们考察学术史需要将实事求是的批判与"了解之同情"相结合。一方面要摒弃有色眼光，与研究者同情而处，理解"其持论所以不得不如是之苦心孤诣"[87]而不去苛求；另一方面要摒弃感情色彩，对事不对人，坚持实事求是的批判，不因"为尊者讳"而给真实的学术史蒙上面纱。

学术史划分阶段不应简单地以单个人物的重要成果或单个重大事件为节点，需要更加关注事件与研究背后的学科发展逻辑。以本文划分的仰韶文化学术史的四个阶段为例，每一阶段的结束往往是由于核心课题本身已发展到临界点，恰巧又在政治环境或学术思潮或探路人方面发生了转变或者有偶然的重大发现等复合催化作用下，使此阶段探讨的核心课题得以解决或转移到新的课题上来，从而迈入新的阶段。而这种转变往往发生在1~2年内，有时或可滞后至3年，需要着力考察，像"20世纪20年代如何，30年代如何"这种模糊化处理我们认为也是不可取的。

注释：

[1] 安特生：《中华远古之文化》，袁复礼节译，农商部地质调查所，1923 年，第 21 页。

[2] J. G. Andersson，Arkeologiska fynd I Provinsen Kansu，*Ymer*，1924，Vol. 43，No. 1，pp. 24-35.

[3] a. 陈星灿：《安特生与中国史前考古学的早期研究——为纪念仰韶文化发现七十周年而作》，《华夏考古》1991 年第 4 期。

　　　b. 陈星灿：《二元对立：30 年代中国史前文化研究的新阶段》，《近代史研究》1993 年第 4 期。

[4] 李济：《西阴村史前的遗存》，清华学校研究院，1927 年。

[5] a. 李济：《小屯与仰韶》，《安阳发掘报告》1930 年第 2 期。

　　　b. 徐中舒：《再论小屯与仰韶》，《安阳发掘报告》1931 年第 3 期。

[6] 李济：《城子崖——山东历城县龙山镇之黑陶文化遗址·序二》，中央研究院历史语言研究所，1934 年，第 xiv 页。

[7] 梁思永：《小屯龙山与仰韶》，见《庆祝蔡元培先生六十五岁论文集》，中央研究院历史语言研究所，1933 年，第 555—568 页。

[8] 刘燿：《河南浚县大赍店史前遗址》，《考古学报》1936 年第 1 期。

[9] 刘燿：《龙山文化与仰韶文化之分析》，《考古学报》1947 年第 2 期。刘燿此文于 1937 年出稿投报。

[10] J. G. Andersson，*Prehistoric Sitesin Henan*，*Bulletin of the Museum of Far Eastern Antiquities*，1947，No. 19.

[11] 夏鼐：《河南渑池的史前遗址》，《科学通报》1951 年第 9 期。

[12] 安志敏：《黄河水库考古工作队在水库区发现大批古代遗址》，《文物参考资料》1956 年第 1 期。

[13] 安志敏：《试论黄河流域新石器时代文化》，《考古》1959 年第 10 期。

[14] 梁思永：《小屯龙山与仰韶》，见《庆祝蔡元培先生六十五岁论文集》，中央研究院历史语言研究所，1935 年，第 555—568 页。

[15] 安特生：《甘肃考古记》，乐森璕译，农商部地质调查所，1925 年，第 3、20 页。

[16] 夏鼐：《齐家期墓葬的新发现及其年代的改订》，《考古学报》1948 年第 3 期。

[17] 裴文中：《甘肃考古》，见《中国史前时期之研究》，商务印书馆，1948 年，第 203 页。

[18] 夏鼐：《临洮寺洼山发掘记》，《考古学报》1949 年第 4 期。

[19] 张学正：《甘肃临洮、临夏两县考古调查简报》，《考古》1958 年第 9 期。

[20] 中国科学院考古研究所：《庙底沟与三里桥——黄河水库考古报告之二》，科学出版社，1959 年，第 117 页。

[21] 夏鼐：《关于考古学上文化的定名问题》，《考古》1959 年第 4 期。

[22] a. 安志敏：《试论黄河流域新石器时代文化》，《考古》1959 年第 10 期。

　　　b. 石兴邦：《黄河流域原始社会考古研究上的若干问题》，《考古》1959 年第 10 期。

[23] 中国科学院考古研究所安阳发掘队：《1958—1959 年殷墟发掘简报》，《考古》1961 年第 2 期。

[24] 马承源：《略论仰韶文化和马家窑文化的问题》，《考古》1961 年第 7 期。

［25］杨建芳：《略论仰韶文化和马家窑文化的分期》，《考古学报》1962 年第 1 期。

［26］郑绍宗：《有关河北长城区域原始文化类型的讨论》，《考古》1962 年第 12 期。

［27］石兴邦：《有关马家窑文化的一些问题》，《考古》1962 年第 6 期。

［28］严文明：《论庙底沟仰韶文化的分期》，《考古学报》1965 年第 2 期。

［29］张忠培、严文明：《三里桥仰韶遗存的文化性质与年代》，《考古》1964 年第 6 期。

［30］李诗桂、曾琪：《关于三里桥仰韶遗存文化性质和年代的讨论》，《考古》1965 年第 11 期。

［31］苏秉琦：《关于仰韶文化的若干问题》，《考古学报》1965 年第 1 期。

［32］a. 唐云明：《试谈豫北、冀南仰韶文化的类型与分期》，《考古》1977 年第 4 期。

　　　b. 杨锡璋：《仰韶文化后冈类型和大司空村类型的相对年代》，《考古》1977 年第 4 期。

［33］安志敏：《略论我国新石器时代文化的年代问题》，《考古》1972 年第 6 期。

［34］夏鼐：《我国近五年来的考古新收获》，《考古》1964 年第 10 期。

［35］夏鼐：《碳 –14 测定年代和中国史前考古学》，《考古》1977 年第 4 期。

［36］西安半坡博物馆、渭南县文化馆：《陕西渭南史家新石器时代遗址》，《考古》1978 年第 1 期。

［37］严文明：《半坡仰韶文化的分期与类型问题》，《考古》1977 年第 3 期。

［38］张忠培：《试论东庄村和西王村遗存的文化性质》，《考古》1979 年第 1 期。

［39］a. 蔡莲珍、仇士华：《碳十四年代数据的统计分析》，《考古》1979 年第 6 期。

　　　b. 佟柱臣：《新的发现、新的年代测定对中国石器时代考古学提出的新问题》，《社会科学战线》1979 年
　　　第 1 期。

［40］郑州市博物馆：《郑州大河村遗址发掘报告》，《考古学报》1979 年第 3 期。

［41］中国社会科学院考古研究所宝鸡工作队：《一九七七年宝鸡北首岭遗址发掘简报》，《考古》1979 年第 2 期。

［42］a. 梁星彭：《关中仰韶文化的几个问题》，《考古》1979 年第 3 期。

　　　b. 安志敏：《中国的新石器时代》，《考古》1981 年第 3 期。

［43］苏秉琦、殷玮璋：《关于考古学文化的区系类型问题》，《文物》1981 年第 5 期。

［44］李昌韬：《秦王寨遗址与秦王寨类型》，《中原文物》1981 年第 3 期。

［45］郑杰祥：《试论大河村类型》，见《中国考古学会第三次年会论文集（1981）》，文物出版社，1984 年，第
　　　50—58 页。

［46］a. 丁清贤：《仰韶文化后岗类型的来龙去脉》，《中原文物》1981 年第 3 期。

　　　b. 丁清贤：《鄂西北、豫西南仰韶文化的性质与分期》，《中原文物》1982 年第 4 期。

　　　c. 丁清贤：《磁山·下潘汪·大司空——从下潘汪仰韶文化第二类型的性质谈起》，《史前研究》1983 年
　　　第 1 期。

［47］巩启明：《试论仰韶文化》，《史前研究》1983 年第 1 期。

［48］邵望平：《黄河中游的仰韶文化》，见《新中国的考古发现与研究》，文物出版社，1984 年，第 42—53 页。

［49］河南省考古学会、渑池县文物保护管理委员会：《论仰韶文化》（《中原文物》特刊），1986 年。

［50］张忠培：《研究考古学文化需要探索的几个问题》，见《文物与考古论集》，文物出版社，1986年，第184页。注：此篇是作者1984年汇报的。

［51］丁清贤：《关于"仰韶文化"的问题》，《史前研究》1985年第3期。

［52］张居中：《仰韶时代文化刍议》，见河南省考古学会、渑池县文物保护管理委员会：《论仰韶文化》（《中原文物》特刊），1986年。

［53］苏秉琦：《纪念仰韶村遗址发现六十五周年》，见河南省考古学会、渑池县文物保护管理委员会：《论仰韶文化》（《中原文物》特刊），1986年。

［54］李友谋：《东庄村西王村遗存的文化性质与年代分析》，《中原文物》1985年第4期。

［55］a. 魏坚：《庙子沟与大坝沟有关问题试析》，见《内蒙古中南部原始文化研究文集》，海洋出版社，1991年，第113—118页。

b. 孙祖初：《秦王寨文化研究》，《华夏考古》1991年第3期。

c. 赵宾福：《半坡文化研究》，《华夏考古》1992年第2期。

d. 张忠培、乔梁：《后冈一期文化研究》，《考古学报》1992年第3期。

e. 陈冰白：《略论"大司空类型"》，见《青果集——吉林大学考古专业成立二十周年考古论文集》，知识出版社，1993年，第72—84页。

f. 吴东风：《大司空文化陶器分期研究》，见《环渤海考古国际学术讨论会论文集》（石家庄·1992），知识出版社，1996年，第153—161页。

［56］a. 崔璇：《"海生不浪文化"述论》，《内蒙古社会科学（文史哲版）》1990年第5期。

b. 李昌韬：《试论大河村文化》，见《河南文物考古论集》，河南人民出版社，1996年，第28—42页。

［57］严文明：《略论仰韶文化的起源和发展阶段》，见《仰韶文化研究》，文物出版社，1989年，第122—165页。

［58］a. 陈斌：《万荣西解遗存的发现及其在仰韶文化中的位置》，《中国历史博物馆馆刊》1989年总第11期。

b. 山西省考古研究所：《山西翼城枣园新石器时代早期遗址调查报告》，《文物季刊》1992年第2期。

c. 中国历史博物馆考古部、山西省考古研究所、山西省垣曲县博物馆：《山西省垣曲县古城东关遗址Ⅳ区仰韶早期遗存的新发现》，《文物》1995年第7期。

［59］保定地区文物管理所、安新县文化局、河北大学历史系：《河北安新县梁庄、留村新石器时代遗址试掘简报》，《考古》1990年第6期。

［60］a. 河南省文物研究所：《登封八方、双庙仰韶文化遗址的试掘》，《华夏考古》1992年第2期。

b. 郑州大学考古系、开封市文物工作队、尉氏县文物保管所：《河南尉氏县椅圈马遗址发掘简报》，《华夏考古》1997年第3期。

［61］周言：《专家论证零口遗存》，《考古与文物》1995年第6期。

［62］a. 李力：《"史前城址与聚落考古学术研讨会"综述》，《文物》1996年第11期。

b. 严文明：《近年聚落考古的进展》，《考古与文物》1997年第2期。注：文章称"80年代以来，聚落考古受到普遍重视"。

［63］严文明：《仰韶文化研究中几个值得重视的问题》，见河南省考古学会、渑池县文物保护管理委员会：《论

仰韶文化》（《中原文物》特刊），1986 年。

［64］安志敏：《中国的史前农业》，《考古学报》1988 年第 4 期。

［65］杨亚长：《仰韶文化的美术考古简述》，《华夏考古》1988 年第 1 期。

［66］陈雍曾指出两方存在分类法上的差异，他称前者为层级分类法又称线分类法，后者为面分类法。但他总

结的面分类法并不能完全涵盖"谱系学统"的学者。参见陈雍：《黄土高原仰韶晚期遗存的谱系·序》，

见《考古杂俎》，天津人民出版社，2016 年，第 348—351 页。

［67］袁广阔：《阎村类型研究》，《考古学报》1996 年第 3 期。

［68］魏兴涛：《仰韶文化东庄类型研究》，《考古学报》2018 年第 3 期。

［69］韩建业：《仰韶文化零口类型的形成及东向扩张》，《文物春秋》2021 年第 2 期。

［70］巩启明：《仰韶文化》，文物出版社，2002 年。

［71］靳松安：《河洛与海岱地区考古学文化的交流与融合》，科学出版社，2006 年。

［72］a. 韩建业：《初期仰韶文化研究》，《古代文明》2010 年辑刊。

b. 魏兴涛：《豫西晋西南地区新石器时代文化与社会》，北京大学博士学位论文，2010 年。

［73］a. 张忠培：《仰韶时代——史前社会的繁荣与向文明时代的转变》，《故宫博物院院刊》1996 年第 1 期。

b. 孙祖初：《中原地区新石器时代中期向晚期的过渡》，《华夏考古》1997 年第 4 期。

c. 周春茂、阎毓民：《零口文化的发现及其意义》，《文博》1997 年第 5 期。

d. 孙祖初：《半坡文化再研究》，《考古学报》1998 年第 4 期。

e. 戴向明：《试论庙底沟文化的来源》，见《青果集——吉林大学考古系建系十周年纪念文集》，知识出版

社，1998 年，第 18—26 页。

f. 山西省考古研究所：《翼城枣园》，科学技术文献出版社，2004 年。

g. 余西云：《西阴文化——中国文明的滥觞》，科学出版社，2006 年。

h. 魏坚、冯宝：《试论白泥窑文化》，《考古学报》2019 年第 1 期。

［74］a. 许永杰：《黄土高原仰韶晚期遗存的谱系》，科学出版社，2007 年。

b. 朱雪菲：《仰韶时代彩陶的考古学研究》，文物出版社，2018 年。

［75］许永杰：《再审半坡文化和庙底沟文化的年代关系——以叠压打破和共存关系为视角》，《考古》2015 年

第 3 期。

［76］张居中：《再论仰韶时代文化》，见《仰韶和她的时代——纪念仰韶文化发现 90 周年国际学术研讨会论文

集》，文物出版社，2014 年，第 46—61 页。

［77］北京大学历史系考古教研室：《元君庙仰韶墓地》，文物出版社，1983 年。

［78］安志敏：《略论我国新石器时代文化的年代问题》，《考古》1972 年第 6 期。

［79］中国科学考古研究所、陕西省西安半坡博物馆：《西安半坡：原始氏族公社聚落遗址》，文物出版社，

1963 年。

［80］步达生:《沙锅屯洞穴与仰韶村及现代华北人骨的比较研究》,《中国古生物志》丁种 1925 年第 1 卷第 6 期。

［81］严文明:《聚落考古与史前社会研究》,见《走向世界的考古学》,三秦出版社,1997 年。

［82］刘莉:《中国新石器时代黄河中下游酋邦社会的发展——龙山文化聚落形态研究》,见《考古学的历史·理论·实践》,中州古籍出版社,1996 年,第 386—403 页。

［83］张忠培:《关于中国考古学过去、现在与未来的思考》,《传统文化与现代化》1999 年第 1 期。

［84］陈星灿:《中国考古向何处去——张光直先生访谈录》,《华夏考古》1996 年第 1 期。

［85］张忠培、李季:《苏秉琦与 21 世纪考古学》,《文物》1999 年第 12 期。

［86］赵宾福:《苏秉琦与中国考古学派》,《中国历史文物》2010 年第 1 期。

［87］陈寅恪:《冯友兰中国哲学史上册审查报告》,见《陈寅恪集:金明馆丛稿二编》,生活·读书·新知三联书店,2001 年,第 285 页。

三门峡百年考古的回顾与展望

◎ **祝晓东**

作为最早开展考古工作的地方，三门峡的考古大致可以分为两期四个阶段。

第一个时期： 新中国成立前的考古工作（第一阶段 1921 年至 1949 年），为三门峡考古工作的源起。从某种意义来说，三门峡的考古工作应始于 1920 年刘长山在渑池开展的田野调查，他带回 600 余件各式各样的磨制石器，促使安特生最终选择在仰韶村进行发掘。1921 年 10 月至 12 月，安特生组织发掘了仰韶村遗址；1921 年至 1922 年，安特生、师丹斯基、袁复礼还调查发掘了渑池不召寨遗址。仰韶文化的发现，打破了中国无史前时代的谬论，作为分布范围最广、延续时间最长，内涵丰富、类型众多的新石器时代考古学文化在我国考古学上占据重要地位，是中华文明起源的主根脉。

第二个时期： 新中国成立以后的考古工作（1949 年至今），这时期的考古可大致分三个阶段：

20 世纪 50 年代至 60 年代中期的考古工作（第二阶段）是三门峡考古的再起航。新中国成立之初百废待兴，三门峡的考古工作主要由中国科学院考古所来开展。重要的考古工作有：1951 年夏鼐先生主持了仰韶村遗址的第二次发掘；1955 年至 1957 年，为配合国家重大建设尤其是 "一五" 期间黄河水利工程建设重点工程——三门峡大坝的建设，成立了以夏鼐为组长、安志敏为副组长的黄河水库工作队，先后发掘了上村岭虢国墓地、庙底沟与三里桥遗址、陕县东周秦汉墓、刘家渠汉唐墓，调查了黄河漕运遗迹以及灵宝、陕县（现陕州区）、渑池等新石器、夏商周时期古文化遗址。

对仰韶村遗址的第二次发掘，证实该遗址存在仰韶和龙山两种考古学文化，进一步摸清了两者之间的关系；庙底沟遗址的发掘发现了处于仰韶文化繁荣阶段的庙底沟类型，为研究仰韶文化的分期奠定了基础；庙底沟二期文化解决了仰韶文化向龙山文化过渡问题；上村岭虢国墓地的第一次发掘为研究虢国历史提供了实物资料，虢文化研究初露尖尖角。

20 世纪 60 年代至 80 年代中叶（第三阶段），三门峡考古平稳发展。此时隶属于河南洛阳地区的三门峡考古工作主要是在河南省考古研究所、河南省博物馆和洛阳市文物工作队主持下进行。主要考古工作有：河南省文物研究所发掘了三门峡第二印染厂墓地、唐代姚懿墓，对仰韶村遗址进行了第三次发掘；洛阳地区文物工作队发掘了三门峡573干休所墓葬75座、房产局干部楼元代墓；洛阳地区文管会调查了灵宝、渑池、三门峡的碑碣；河南省博物馆发掘了灵宝张湾汉墓，调查了渑池古代窖藏铁器；洛阳市第二文物工作队对义马新市区西汉墓进行了发掘，在三门峡甘棠市场、氧化铝厂等地发掘一批北朝墓和隋墓。这些发现主要配合基建进行，以墓葬发掘为主，为研究三门峡地域文化提供了可靠的实物资料，初步建立了三门峡考古学文化谱系和时空框架。

20世纪80年代中叶至今（第四阶段），三门峡考古进入繁盛阶段。1986年因区划调整，三门峡市从洛阳地区分离出来，成立了三门峡市文物工作队，开始了相对独立的考古工作。在做好基建考古的同时，配合中国社会科学院考古研究所、河南省文物研究所等单位开展主动考古工作。主要考古工作有：

旧石器时代： 调查了灵宝朱阳镇、卢氏县段家窑、洛河流域包括卢氏县等地的旧石器遗址和地点。

新石器时代： 调查发掘了灵宝涧口新石器时代遗址、灵宝铸鼎塬及其周围遗址、北阳平遗址，发掘了三门峡南交口、渑池关家、渑池西湾等遗址。1991年至1996年中国历史博物馆联合河南省文物考古研究所、陕西省考古研究所、西北大学等对渑池班村进行了第一个多学科综合考古发掘；2002年再次发掘了庙底沟遗址；2005年又发掘了三里桥遗址；2000年至2006年先后6次发掘灵宝西坡遗址，发现大房屋、墓葬、蓄水池等重要遗迹现象。2006年发掘渑池笃忠仰韶至龙山时期遗址，调查了灵宝铸鼎塬史前聚落（三普）；2019年发掘灵宝城烟遗址和底董遗址；2020年发掘灵宝北阳平遗址、对仰韶村遗址进行第四次发掘。

夏商周时期： 1990年至1998年对虢国墓地进行了第二次发掘，发掘了虢季、虢仲等国君墓，发现了虢国兆域，进一步弄清了虢国墓地范围，加深了对虢国埋葬制度的研究和了解。2000年发掘了虢都上阳城，发现宫殿区、排水设施，城墙及双城壕设施。此前三门峡市文物工作队陆续发现上阳城铸铜区、陶窑、粮仓。上阳城的发掘对于我们了解当时城市的布局、功能提供了线索，是虢国研究的重大进展。2017年至2018年，在义马上石河发掘了一批虢国墓，为了解虢国灭亡后的去向提供了可靠信息。

此外还发掘了一批疑似为焦国的墓葬，为研究焦国历史提供了参考。在三门峡盆景园、人民银行生活区、西苑小区、九州通、阳光小区、湖滨佳苑小区等工地发现一批战国墓及车马坑。

秦汉时期： 秦汉墓在三门峡地区分布范围广、随葬品丰富，数量众多，在历年的考古中均有发现。较为重要的有：1990年至1991年，2003年至2004年，2012年，为配合三门峡大唐火电厂建设，对该工地进行了三次发掘，发现古墓葬约2700座，以秦人墓为主；2017年至2020年三门峡后川城中村改造工地发掘秦汉、唐、元等时期的墓葬600余座，主要以秦和西汉早期墓为主。这批秦汉墓葬，数目众多，类型丰富，完整显示了三门峡地区从秦文化向汉文化转变的过程。此外，在司法局、刚玉砂厂、三里桥、干休所等也发掘一批秦人墓。1997年三门峡南交口发掘一批东汉墓，2001年在三门峡向阳发掘一批西汉中晚期墓葬。

南北朝考古：2015年至2016年，在三门峡上村发掘一批北朝墓；2020年，在灵宝大王镇发掘一批北朝墓。

隋唐考古：三门峡唐墓数量发掘较多。在三门峡市开发区、后川村、商务区、庙底沟、三里桥、陕县七里铺等均有发现。墓道形制多样，有长斜坡墓道（或带天井）、台阶式、台阶与斜坡混合式、方坑竖穴式等，墓室多为土洞单室，偶见壁龛，部分有砖铺底。葬式为单人仰身直肢，少见合葬，基本都有木质葬具。出土器物较为丰富，女性伴有铁剪刀、瓷化妆盒、铜簪、铜钗等，男性多出砚台、铁犁。陶器主要有塔形罐、陶瓶，瓷器主要有瓷罐、瓷盂、瓷碗、执壶等。

宋元考古：主要有1993年及1994年发掘漏泽园，发掘墓葬103座，按千字文排序，墓葬规模较小，葬具简单，基本没有随葬品，墓主身份为贫民、士兵、充军的人或罪人。在中隆观山水、锦江公寓、庙底沟等工地，发掘一批宋代平民墓。墓葬形制为方坑竖穴墓道、小土洞室。葬式为单人仰身直肢体葬，葬具单棺。随葬品较少，瓷器有瓶、罐、碟、碗、盏等，陶器有瓶、罐等。

成果综述

服务经济建设，基建考古成效显著　作为一个基层考古部门，每年配合国家、省、市基建项目开展考古发掘多达10余次。较为重要的基建项目有：国家重点项目南水北调工程、蒙华铁路、连霍高速及改扩建、三淅高速、大唐火电厂等。

机构建设不断健全，人才队伍不断加强　1986年三门峡市文物工作队成立之初，仅有工作人员两名。此后在三门峡市历任文化局、文物局党委的领导下，1990年建了占地1300平方米，办公面积400平方米，文物库房2000平方米的办公区，编制由两人增加到13人，后又扩编至20人。2003年，改名为三门峡市文物考古研究所。2021年根据三门峡市委决定，成立三门峡仰韶文化研究中心，挂三门峡市文物考古研究所牌，基本形成了老中青年龄结构相对合理的考古队伍。

重大发现层出不穷，科研成果不断涌现　一是曾三次入选全国"十大考古新发现"，分别是1990年上村岭虢季M2001、1991年上村岭虢仲M2009、2006年灵宝西坡新石器时代大型墓地；两项考古发现入选国家百大考古新发现即仰韶村遗址、虢国墓地。

二是科研成果丰硕。自三门峡市文物工作队（文物考古研究所）成立以来，先后出版专著10余部，在各级报刊发表专业文章百余篇。主要著作有《三门峡考古文集》《三门峡文物考古与研究》《三门峡向阳汉墓》《三门峡文物精粹》《北宋陕州漏泽园》《淅川熊家岭墓地》《镜鉴陕州——三门峡出土铜镜选》，与河南省考古研究院合作出版《三门峡虢国墓》（第一卷）。

新 的 征 程

立足基建考古，开展文物保护　配合城市基本建设开展考古发掘，做好文物保护工作一直是三门峡市文物考古研究所重要职责之一。随着我国城市化和城市现代化进程加快，城中村、棚户区改造持续深入，基建考古工作任务更加繁重；考古前置作为一种新型基建考古模式的施行，给基建考古工作提出了更高的要求：基建考古要树立课题意识，做好学术规划；要充分利用现代科技成果，完整提取发掘信息；要开展多学科综合研究，提高研究水平，提升科研高度。

健全人才队伍，推动科研深入　以成立仰韶文化研究中心为契机，招贤纳士，广泛引进人才。历年来，三门峡市文物考古研究所先后从武汉大学、郑州大学、西北师范大学、安阳师范学院引进本科及硕士以上人才十余名，初步形成了以技能型为主变为科研型人才为主的结构。但囿于各种条件限制，目前博士以上高学历人才、考古学研究领域的领军人才及考古发掘项目负责人较为缺乏。

加强软硬件建设，提升发掘水平　要注重田野考古工地标准化建设，逐步推行考古工作平台，为考古发掘提供良好的外部环境及现场文物保护提供技术支持；不断推动科技设备在考古研究中的使用，将无人机、RTK、GIS 系统、航测航拍等技术应用于工作实际；加强考古的数字化和信息化，实现考古数字化保管、储存、交流。开展院（校）所合作，打造研学平台。

2017 年与郑州大学签订合作协议，将三门峡市丰富的文物资源和郑大较强的科研能力、人才实力相结合，推动考古研究纵深发展；三门峡市基建项目多，考古任务重，近年来与安阳师范学院开展合作，为该院提供实习基地，培养考古后备人才。陆续有近百名安阳师院学生在三门峡市学习田野考古技术。

新时期，新起点，新征程，三门峡市考古工作者将继续践行考古人的初心与使命，履职尽责，砥砺前行，做好文物保护，传承历史文化。

仰韶文化西来说的形成及论争

——学术史视野下的考察

◎周书灿

1921 年 10 月，瑞典学者安特生（J. G. Andersson）首次在河南省渑池县对仰韶遗址进行发掘，结束了"中国无石器时代"的历史，拉开了中国近代考古学的序幕。1923 年，安特生发表《中华远古之文化》（*An Early Chinese Culture*）[1] 的报告。报告在认为仰韶文化是中华远古文化的同时，提出了以彩陶为代表的仰韶文化西来的假说。1925 年，安特生发表《甘肃考古记》（*Archaeological Research in Kansu*）[2]，梳理和总结了他在甘肃地区的考古发现，并根据类型学的原则，建立了甘肃史前文化"六期说"的年代框架，进一步完善了其仰韶文化西来的假说。安特生的两部堪称里程碑式的著作及其所建立的仰韶文化西来说长期受到学术界的质疑、批判并最终被彻底否定，然随着中国新石器时代田野考古工作的蓬勃发展，安特生仰韶文化西来说的学术史价值却日益受到考古学界、历史学界的高度关注与重视，显然，从现代学术史视角对仰韶文化西来说重新予以新的审视，仍是一个全新的学术命题。

一、仰韶文化的确认与安特生仰韶文化西来说的形成

经过长期的调查，1921 年 10 月至 12 月，安特生采用开探沟的方法首次对仰韶村遗址进行发掘。安氏《中华远古之文化》说："此址面积广阔，遗留器物甚多，破碎陶器尤夥，其中多有磨光而带采色者"[3]12。安氏将深度 3.2 米的探沟 II 分为六层，并按照发掘深度记录出土遗物的数量、种类和特征，将陶器分成红、黑、灰三种，并据此初步认为，仰韶村遗址是一个文化的连续堆积。安氏推测："从仰韶遗址全部而论，似当为新石器时代之末期"[3]19，"而仰韶遗器绝无文字，其为时更古"[3]20。安氏"取本地之名而名之为仰韶文化时代"[3]21。安氏还推测，"自仰韶器物形状观之，则全似为汉族遗迹"[3]22。安氏将仰韶陶器与古代西方陶器进行比较后推测：

> 仰韶陶器中，尚有一部分或与西方文化具有关系者。近与俄属土耳其斯坦相通，远或与欧洲相关。施采色而磨光之陶器，即其要证。……与此相似之陶器，欧洲新石

器时代或其末期亦有之。如意大利西西利岛之启龙尼亚，东欧之格雷西亚，及俄国西南之脱里波留，俄属土耳其斯坦安诺地方，皆曾发见。各处之器，各有特点。然与河南仰韶古器之器工花纹，皆又极相似之点。……以河南距安诺之器相较，其图形相似之点，既多且切，实令吾人不能不起同出一源之感想。[3]25

为支持以上假说，安氏试图从"亚东河南与西方安诺、脱里波留及欧洲之西西利曾有交通"[3]26作为旁证，并高度关注了考古学家郝步森（文后又译为"郝伯森"）和施密特的意见。应该强调的是，在未获得同时代遗物作为参考之前，安氏对其提出的假说始终保持着高度谨慎的态度。诸如其反复指出，"解决此问题，尚须多加研究"[3]21，"欲完全解决此问题，为日尚远。是在考古学家、人种学家及语言学家同力合作，取固执之成见，为诚实之讨论，庶能渐达真理"[3]29。安氏对英国考古学家郝伯森和施密特的意见作出如下评论：

英国郝伯森氏论断较速，以中国之器与近东各处，大可比较。德国施密特氏则取一格外谨慎态度，承认此项发见之重要，而以为仍须继续研究，方可明定其与他处之关系。……余以为施氏慎重态度，深为可法。要当继续研究，方能定论也。……仰韶与近东各地之交通，暂可作一假定之理想。再按事实研究，以肯定或否定之可也。[3]28

尽管在今天看来，安氏"按水平层位深度记录遗物的方法是不科学的"[4]8，"他不了解文化层与绝对深度没有关系，从而忽略了文化层中遗迹、遗物复杂的叠压和打破关系，遂使他得出了错误的结论"[4]8，但不少学者还是充分肯定了安特生借鉴民族学中的"文化"概念命名仰韶文化的科学价值。如陈星灿指出，安特生"将仰韶文化的遗物及所表现出来的风俗与现代汉族、蒙古族及历史时期的华夏族（汉族前身）的同类现象相类比，这种方法虽然现在看来很粗糙，没有考虑到民族是一个不稳定的经常变化的文化概念，但是却帮助安特生抓住了仰韶文化的本质，其结论也是基本正确的"[5]115。陈氏充分肯定仰韶文化发现的学术价值和意义："仰韶文化的发现，不仅使中国无石器时代的理论不攻自破，而且也为寻找中国文化与西方史前文化之间可能的联系开辟了广阔的前景，因此引起国际学术界的注目"[5]91。迄今为止，学术界普遍赞同，安特生对仰韶文化性质的判定，具有重要的学术价值。

以后，随着甘、青地区同属仰韶时代文化遗址的发现，安氏进一步完善了此前提出的仰韶文化西来的假说。

1923—1924年，安氏在甘、青地区进行考古发掘，安氏《甘肃考古记》一书说：

此次甘肃考古，为期二年（一九二三至一九二四）。足迹所涉，几及甘省大半。所得结果，颇出意料所及。盖不仅器物丰盈之仰韶纪遗址，为吾人所获，而多数前古未闻之重要葬地，亦竟发现。其中完整之彩色陶瓷多件，类皆精美绝伦，可为欧亚新石器时代末叶陶器之冠。[6]2-3

该书中还说：

除于仰韶文化更为阐明者外，又得一遗址于齐家坪。此中绝无彩色陶器之迹，但美丽之单色压花陶器，极为特别。余视此等遗物，似较仰韶者为早。[6]3

安氏将甘、青地区的史前考古文化分为六期，并推定其时代"当在西历纪元一千七百年以前，乃至纪元前三千五百或三千年以后"[6]3，与此同时，安氏将仰韶文化的年代"暂定为纪元前三千年"[6]24，通过对甘、青六期绝对年代的推测，以证"齐家坪文化较早于仰韶"[6]28。受李希霍芬中国人乃迁自中国土尔基斯坦（新疆）假说影响，安氏指出："中国民族，当仰韶文化期自新疆迁入黄河河谷"[6]38，"精美陶器之有彩纹者，其制作之术，首抵甘肃，次及河南。……彩色陶器来甘肃者，当较河南者为早"[6]44。对于当时学者的若干质疑，安氏以"自西方原来之新文化，当其直达黄河流域（现代甘肃中部）之际，影响传播，极为迅速。倾刻逐流而下，以至黄河之支流。遂与原有土著之文化相混合"[6]44-45进行解释。至此，安氏以彩陶为代表的仰韶文化西来说论点体系，渐趋完善。

二、20 世纪 30 年代前国际汉学界对安特生仰韶文化西来说的关注与回应

以彩陶为代表的仰韶文化西来说提出后，很快引起国内外学者的高度关注。除了极少数学者保持谨慎的怀疑态度外，从总体来看，仰韶文化西来说提出之初，仰韶文化一度"被当作被西亚传播而来的史前文化被中外学术界广泛接受"。[5]21-22

早在仰韶文化西来说形成过程中，英国学者郝步森较早对仰韶陶器提出如下意见：

> 红陶器带黑色采纹……从前欧洲学者以分布范围，自近东至俄属土尔基斯坦。今既在河南亦有发见，则可见其东西流传之远，其间所有连接二地，如中国新疆等地，亦应有同类发见之望也。[3]27

郝氏以上推论，明显带有先入为主的主观倾向，其在客观上为安氏假说提供了一定的支持。无独有偶，德国汉学家傅兰克坚信，不仅彩陶，甚至古代中国文明的许多因素都可以说是从西方输入中国的。安特生的发掘结束了关于中国文明是绝对土生土长的教条[7]。阿恩就仰韶文化与近东及欧洲新石器时代暨石铜器过渡期渊源阐述了如下意见：

> 考三足陶器之出现，最古之突罗邑市（第一市）即已有之。相传此等三足器，形状如釜，有高足三，宽大之直耳一。依其形式，常使吾人忆及中国之鼎。因此则中国之鼎，或系脱胎于西方流入之三足器，亦未可知。仰韶村所获之双凸瓶其底部有空洞者，亦与最古突罗邑市之文化有关。而埃及与太仆茂宣者，亦复如是。此种陶器之存于高丽者，为时极久。安博士所称长大之尖底陶器（Pithoi）不仅与埃及者相似，且与来自赫沙利克、突罗邑及印度者相类。……今就此不甚充分之考古资料而论。河南文化之中，即今外来特质，久存于中国文明长成之期。其显然属于中国者，仅限极小部分。虽然，此种新见之文化，当在人类未有历史之前。约为纪元前三千年至二千年之间。似属中国民族祖先之所有。[3]41-42

显然，阿恩似乎在用以往国际汉学界流行的中国文化西来说来验证安氏假说的"合理性"。除以上所举欧洲汉学界的意见外，中国学者章鸿钊也对安氏假说予以附和支持：

> 若遽以仰韶古物归诸汉族所遗，似尚未敢尽信。盖葬仪固显与汉族不类也。即其所出石镞形制既与东北所见小异，尤与周汉铜镞不同。意乃距今五千年前尚有他族生聚于斯。[8]398-399

事实上，早在安氏假说形成过程中，即有学者开始对其假说产生怀疑。如德国考古学家施密特答复安特生的函中说：

> 仰韶与亚诺二处陶器相同支点，并不充分。欲详为比较，除花纹样式外，如制造之技术，所用之彩色，及表面磨光之程度，亦均须注意……如欲确定河南陶器与西方诸地之关系，须先知河南古址之确定年代。不特与中国历史作比较，亦应与西方各地之时代作一比较，方可。且花纹形式不必定为某种文化之特征。[3]28

瑞典语言学家高本汉（乐森璕译为"加尔格林"）基本否定了安氏的中国文化新疆起源说。高本汉认为安氏的推论与考古学上的发现自相矛盾。"若中国文化系导源于新疆，则甘肃文化之发达自当较胜于河南，故器物之来自甘肃者，当较丰于河南"[9]，然而，甘肃仰韶文化中，"鼎与鬲之陶器，则属稀见。此外如为中亚及东亚特有之瑗戈等物，则一无所获"[9]。又甘青地区发现的石刀骨刀等遗物"为河南从未见及者"[9]。高氏还指出，甘肃所出彩陶，与河南仰韶彩陶并非完全一致[9]。应该强调的是，20世纪30年代前夕的欧洲汉学家，除施密特外，郝步森、阿恩、高本汉等人关于仰韶文化与近东史前文化的关系的认识与安特生存在一定的分歧，但他们认为以彩陶为代表的新石器时代晚期文化由西向东传播的看法"是一致的"[5]125。因此，迄20世纪40年代前，安特生仰韶文化西来说在国际学术界一直具有相当强的影响力，并直接影响到20世纪30年代前后中国上古民族文化形成发展的理论建构。

然而随着研究材料的增加和研究的逐步深入，尤其随着中国学者广泛参与讨论，迄20世纪20年代末，学术界对仰韶文化西来说很快从附和支持转向质疑批判。1926年冬李济和袁复礼在山西夏县西阴村进行考古发掘，这是中国人自己领导的第一次考古工作。李济在1927年出版的《西阴村史前的遗存》中谈到挖掘西阴村史前遗址的动机：

> 近几年来，瑞典人安特生考古的工作已经证明中国北部无疑的经过了一种新石器时代晚期的文化。西自甘肃东至奉天，他发现了很多这一类或类似这一类文化的遗址。因为这种发现，他们对于研究中国历史上的兴趣就增加了许多。这个问题性质是极复杂的，也包括着很广的范围。我们若要得到一个关于这文化明瞭的观念，还须多数细密的研究。这文化的来源以及它与历史期间中国文化的关系是我们所需要指导的。安特生在他的各种报告中对于这两点已有相当的讨论。他所设的解释，好多还没有切实的证据。这种证据的需要，他自己也认得很清楚。所以若是要得关于这两点肯定的答案，我们只有把中国境内史前的遗址完全考察一次。不作这种功夫，这问题是

解决不了的。[10] 170

以上文字如果仅仅说到安特生"所设的解释，好多还没有切实的证据"，仅仅是一种质疑，以下文字则已暗含对安氏假说批判之旨趣：

> 考较现在我们所有的材料，我们还没得着十分可靠的证据，使我们断定在中国所找的带彩陶器确发源于西方。这句话根据在一个极紧要的观察，到现在这个观察还没得着相当的解释。比较各处带彩的陶片的作工及厚薄，中亚及近东的出品很少可以比得上仰韶。比较西阴村与地质调查所陈列的甘肃的仰韶期出品，那西阴村的出品又细致得多。换一句话说，西阴村的陶人等到陶业发达到很高的程度方着手于加彩的实验，甘肃的陶人却在陶业尚粗陋的时候就加彩了。……不过我们还不知道那甘肃的作工是否到过西阴村最高的境界，那甘肃不带彩的陶器的种类是否有西阴村的多。这两点要没研究明白，那带彩的陶器的原始，及移动的方向，我们不能断定。[10] 181

1928 年 11 月李济在广州中山大学所作《中国最近发现之新史料》的演讲中，批评安特生的方法"还不精密，非科学者最成功的方法"[11] 323。李济不同意安特生以仰韶陶器"带彩者为自西方，不带彩者为原有的"[11] 323 观点，认为"它们的土质都相似，带彩与不带彩并没有这样大的区分"[11] 323。李氏同意英人法兰克复"带彩陶器并不来自一源"[11] 323 的观点及其对安特生研究结果的批评，和所得出的结论："仰韶期已不可靠，安特生的结论根本动摇"[11] 323。西阴村新石器时代遗址的发掘，为仰韶文化研究增添了一些有价值的第一手研究资料，学术界也由此对仰韶文化内涵的认识向前进了一步，然总的来看，迄 20 世纪 30 年代前夕，尽管李济等学者根据自己的判断对仰韶文化西来的假说表示了怀疑，但他们并"没能提出更富于力量的反对意见"[5] 131，所以直到 20 世纪 30 年代初，学者仍实事求是地指出："中国新石器时代彩陶的发祥地及其与安诺报告中所载彩陶间明显关系的真实意义迄今仍不易解决"[12] 47。

我们今天看来，20 世纪 30 年代前夕，无论是安特生或国际汉学家对仰韶文化西来说的倡导、附和，还是来自中国学术界的质疑与批判，并不带有明显的偏见。应该强调的是，该阶段仰韶文化的发掘尚具有很大的局限性，甚至迄 20 世纪 30 年代初，李济仍认为："仰韶文化的内容我们也只知道很简单的一个大略，尚待将来大规模有计划的挖掘给我们关于它较为彻底的整个的观念"[13] 250。因此，20 世纪 30 年代前夕国际学术界对仰韶文化和仰韶文化西来说的讨论总体上未有什么突破。正如有的学者指出，即使站在 20 世纪 20 年代发掘材料的基础上，也可以发现："安特生、阿恩及郝伯森等人关于仰韶彩陶与西方彩陶的对比是片面的"[5] 131；"与仰韶进行对比的安诺、特里波列、苏萨等遗址本身的年代并不确定"[5] 131-132；"安特生关于甘肃史前文化（即所谓仰韶文化）的下限也是靠不住的"[5] 132。凡此表明，迄 20 世纪 30 年代学术界对仰韶文化及仰韶文化西来说的认识，仅仅处于起步阶段。

三、20 世纪 30—40 年代：仰韶文化西来说
从受到普遍质疑到被彻底否定

20 世纪 30 年代以来，殷墟科学发掘工作的全面展开与龙山文化的发现，为中国考古学家积极探寻中华文明的东方起源提供了新的第一手实物资料。在对仰韶文化"源头"的探寻和对安特生仰韶文化六期说的讨论过程中，仰韶文化西来说日渐失去考古学方面的证据支持。与此同时，在中外学术界的普遍质疑与批判声中，安特生对彩陶文化来源的认识亦不断发生若干新的变化。迄 20 世纪 40 年代，随着齐家文化得到确认，仰韶文化西来说在学术界的普遍质疑与批判声中，不攻自破。

早在 1930 年，李济就指出，安特生标年的依据，"确有可以商榷的地方"[13]252："甘肃仰韶以后的四期石铜文化在河南是否有同样的进展，我们完全不知道；我们不能否认带彩的陶器在中原以仰韶期为止的这个可能"[13]252。李济对安特生全靠着阿尔纳（即阿恩）的意见以苏萨及安诺丁仰韶期年代提出两点疑问："（1）关于苏萨一二期及安诺一二期等遗址的年代是否已如此肯定；（2）仰韶期文化是否无疑的与它们同时"[13]252。李济注意到法兰克复（Frankfurt）图案与花纹偶尔的相似不一定是因为传播的论点：譬如螺纹在河南所见的与居波里亚（Tripolje）的极相似；但这种花纹是一种很可独演得到的。它在河南带彩的陶器图案中并不居重要的地位[14]。李氏由此判定："安特生所定那甘肃仰韶年代的基础又根本动摇了"[13]253，"仰韶与安诺陶器的类似问题也有好些不可解释的地方"[13]253，并由此得出结论："不但我们不能断定仰韶文化是否与安诺、苏萨等处确为同时，就是这两处的本身标年问题也尚有若干疑问"[13]253。较之 20 世纪 20 年代，李济对仰韶文化和安特生仰韶文化西来说的认识不断深化。尽管李氏对安氏假说的意见仍停留于"可以商榷""不可解释"层面，但相对于此前"还没有切实的证据"等话语表述，其对安氏仰韶文化西来说的怀疑，态度越来越明确。

1931 年 6 月，力主"小屯与仰韶两遗址的文化，必各有其源流"[15]，"仰韶似为虞夏民族遗址"[15]的徐中舒，极力批评安特生据阿恩意见推算仰韶时代年代"可信的程度也很薄弱"[15]，并从交通史等视角对于仰韶与苏萨、安诺两地间彩陶的关系提出颇有说服力的疑问："纵使苏萨、安诺与仰韶有若何显著的关连，我们只看有记载以来的交通，从小亚细亚传播到黄河流域，也须要相当的时日，何况这两方面的关系，我们还无从明瞭呢？"[15]与此同时，徐氏结合文献资料力证"大月氏、大夏为虞夏民族西徙后的名称"[15]。徐氏强调其所作以上推论，所采用的并"不是健全的方法"[15]，其所作"大月氏、大夏为虞夏民族西后的名称"之推论，显然呈现出从文献上否定安特生仰韶文化文化西来说的学术旨趣。在我们今天看来，徐氏的相关论点仍有待商榷甚至明显是错误的，然学者仍实事求是地指出，"在关于中西文化的交流与传播的问题上，徐先生的态度是相当的客观和冷静的"[16]324，徐氏强调大月氏、大夏为夏民族由东向西迁徙，"实非出于民族感情而故意否认西方文化对中国文化的影响"[16]324。

和李济、徐中舒对安特生彩陶文化西来说的质疑不同，早在 1930 年，傅斯年主要从对安

特生的发掘方法提出尖锐批评：

> 安特生的考古方法，确实是比中国人有进步，所得的有趣味的材料，亦为不少；但是他的实际工作甚多可议之点：（一）不能利用中国的材料；（二）走马看花，不辩充分的考验；（三）粗心挖掘，随便毁坏；（四）如掘不得，即随便购买。关于购买一层，最不可靠，因为不知道它的来源，不如亲自掘出来的较为确实可信。把掘出来的考订完竣，再把买来器物做个比较，是不能把买来的当作材料的。安特生对于考古的功劳，着实不小，但是他对于甘肃一带的古物，因发掘时的不细心而毁坏去的，却也是不少。[17]

1934 年 11 月，傅斯年又在《城子崖序》一文中，对包括安特生彩陶文化西来说在内的中国民族文化西来说继续提出质疑与批判：

> 在中国遍求于中央及西方亚细亚采色陶器有亲属关系之中国采色陶器之分布，诚然是一件绝重大的考古工作。然中国史前及史原时代之考古，不只是这么一个重大问题，若以这个问题为第一重心，则仿佛觉得先秦二三千年间中土文化之步步进展，知识西方亚洲文化之波浪所及，此土自身若不成一个分子。我们现在所有的知识，已使我们坚信事实并不是如此的。又如近年时兴讨论的斯基太形象，有的欧洲学人在未断定此物品出现于中国土地之年岁之前，先预断其流传方向是自西向东的。我们不是说这个断定事实上的错误，我只是说这个断定尚无事实为之证明。总而言之，西洋人作中国考古学，犹之乎他们作中国史学之一般，总是多注重在外缘的关系，每忽略于内层的纲领，这也是环境与凭藉使然。[18]352

在我们今天看来，傅氏对包括彩陶文化西来说在内的中国民族文化西来说的质疑与批判，仍仅仅停留于一般性的逻辑推理层面，但其关于中国的考古学"决不能仅凭一个路线的工作，也决不能但以外来物品为建设此土考古年代学之基础"[18]352；"中国的史前史原文化本不是一面的，而是多面互相混合反映以成立在这个文化的富土上"[18]352 的论述，则为推翻安特生仰韶文化西来的假说，具有重要的启发意义。傅氏的以上论点，在 20 世纪 30 年代的中外学术界，具有很大的影响。如 1935 年 1 月，梁思永《小屯、龙山与仰韶》一文中，虽然保留了安特生仰韶文化文化西来说的现成观点，但仍强调其修改过的安特生甘肃年代表，"没有坚固的根基"[19]97，与此同时，梁氏指出："（龙山文化）在河南有了相当的势力之后，渐渐向西发展，沿途与先在的彩陶文化混合，大约在公元前 2000 年出现于甘肃，与辛店期的彩陶文化混合"[19]97。显然傅氏建设中国史前考古年代学基础的主张及中国史前文化"多面混合"说，大体可以视为 20 世纪 30 年代初李济、徐中舒、梁思永等学者学术见解的进一步系统化。

20 世纪 30 年代后半期，越来越多的学者对安特生仰韶文化的分期，尤其是齐家期划分，不断提出新的质疑。早在 1935 年，西方学者孟欣（O. Mengcin）即较早指出，安特生将齐家

期的年代定得偏早[20]。巴霍芬（L. Bachhofer）于1935—1937年的著作中，均把齐家期置于仰韶期之后[21]。此后，在齐家文化得到确认之前，刘燿（尹达）则明确指出："齐家坪遗址是否早于仰韶期，其间问题很多，不得遽为定论"[22]。此后，学术界对齐家坪遗址的文化性质逐渐提出新的认识。如1936年，徐炳昶（徐旭生）亦指出，"至于齐家坪的遗址同仰韶期的遗址散见各处，并无地层上下的关系，不过因为陶器的作用间接的推断，至于直接的证据却是没有"[23]208。1938年，吴金鼎在其博士论文《中国史前陶器》一文中则突破安特生"齐家期"的局限，从陶器的特征出发，第一次提出齐家文化可能是一支独立的地方文化[24]50。1939年，刘燿（尹达）继续指出："齐家期是否与仰韶文化同一系统，正是一尚待详加研究的问题，我们不能将它混入仰韶文化系统之中，更不应于简单且机械的比较之后，即以为它是早于仰韶期的遗存。……因之，我们在论及仰韶文化时应当将齐家坪遗址除去"[25]90。由此可见，20世纪30年代后半期，学术界不仅对齐家期和仰韶期的相对年代不断提出质疑，而且逐渐将齐家坪遗址从仰韶文化系统中区分出来，这一区分，则"从根本上动摇了安特生仰韶文化分期的架构"[4]75。

迄20世纪40年代，齐家文化为不同于仰韶文化的独立的史前文化，逐渐得到学术界的确认。1945年夏鼐在阳洼湾发掘中发现的齐家墓葬对判定齐家期的年代具有决定性的意义。1947年，裴文中对齐家坪遗址调查发掘后认为："安特生氏谓齐家坪之产物，代表彩陶文化系统最早之一期，在仰韶时期之前。吾人此次由地层及所采陶器之观察，皆不能证明之。若再参考吾人在他处之观察，则吾人暂时认为，居住和埋藏于齐家坪之人类，除辛店期者外，似为另一民族，有不同之另一种文化，名之为'齐家文化'，与彩陶文化为不同之系统"[26]234-236。至于齐家文化的年代，裴氏认为，可能与辛店、寺洼的年代相当[26]246。夏鼐亦明确指出："从陶器方面来研究，齐家陶与仰韶陶是属于两个系统，我们不能说齐家陶是由仰韶陶演化而来，也不能说仰韶陶是由齐家陶演化而来"[27]。与此同时，夏鼐指出："这次我们发掘所得地层上的证据，可以证明甘肃仰韶文化是应该较齐家文化为早"[27]。至此，在学术界的一片质疑与批判声中，仰韶文化西来说的错误理论最终不攻自破。

四、20世纪20年代以来仰韶文化西来说论争的性质

安特生仰韶文化西来说自20世纪20年代提出迄今30—40年代经历了长达20余年的补充完善到最后放弃的过程。安特生仰韶文化西来说错误的最主要根源，目前，学术界多归结为中国考古发掘的局限性及19世纪以来中国民族文化西来说的影响。自20世纪20年代一直延续到20世纪50年代初，中外学术界对安特生仰韶文化西来说的批判，从总体上看，"都不出学术范畴，而且往往停留在技术的层面上"[28]179。

20世纪50年代以后，李济始终关注彩陶文化问题。1950年，李济在《中国古物学的新基础》一文中评论说："他（按：指安特生）的有名甘肃史前六期的推断，照最近在田野的复察，已

需要基本的修订；他的更有名的《中国远古之文化》所作的推论，是否完全符合地下的实在情形，已招致了不少的疑问，到现在已成为史前考古在中国的一件亟需解决的公案了"[29]336。迄1968年，李济在《华北新石器时代文化的类别、分布与编年》一文，继续在新的学术背景下对安特生的仰韶文化西来说提出尖锐的批评：

仰韶文化西来说的形成及论争

> 安特生的《甘肃考古记》，与他的比较通俗的《黄土的儿女》仅把在这一带的工作，做了很有效的宣传，引起了世界考古学家的一般注意。并根据这一资料，安特生认为河南一带的彩陶文化是由西北输入的，间接受了小亚细亚、甚至于东欧的影响。这一假设因为有其他有利的背景，得到不少国际学术界的支持；不过他的根据如何，最近我们中国的考古学家曾做过几件很切实的复勘工作与检讨。安特生在甘肃所采集的资料，并不比他在仰韶所发掘的更为可靠；譬如他在罗汉堂、马家窑及半山等重要区域的采集，大半都没有田野的详细记录，虽然他本人也都到过这些地方，做过若干很有用的地形观察，并记录了比较有用的有关发掘的知识。实际上这些地方都没有经过正式的考古发掘，所以他前后报告中的一切推断，仅能专凭实物的形制与文饰而作判断。至于实物本身在地下情形的记录都是模糊不清的。这里自然也有若干例外，但是为讨论全盘性的问题，这些价值不等的材料往往可以导致很大的偏差。[30]150

综上可见，20世纪50年代以后，李济对安特生仰韶文化西来说的批判，和20世纪20年代至20世纪50年代初国际学术界对仰韶文化西来说的质疑与批判的性质类似，仍属于"学术范畴"。然自20世纪50年代后相当长时期，由于受政治影响，大陆学者对仰韶文化西来说的批判，融入了不少非学术因素，从而影响到仰韶文化西来说及论争的学术价值。1955年9月，尹达发表《论中国新石器时代的分期问题——关于安特生中国新石器时代分期理论的分析》一文。从总体看，尹文结合考古资料对安特生分期理论的批判及"应当用科学的方法，综合大量的关于我国新石器时代的新资料，早日建立起新石器时代分期的标准"[31]的主张，大体上属于20世纪20年代以来"学术范畴"的仰韶文化西来说学术论争的延续。然尹文中屡屡指斥安特生"形而上学"的方法和"民族偏见"，则明显带有特殊年代上纲上线的深刻的政治烙印。同一年，夏鼐《批判考古学中的胡适资产阶级思想》一文，在批判胡适实验主义方法的同时，批判安特生"将甘肃所发现的他认为六种不同的文化，唯心地排成前后的六期，每期又武断地假定为三百年……这完全是唯心主义的看法"[32]，批判安特生的发掘是"'老爷式'的考古"[32]，将包括安特生仰韶文化西来说在内的中国文化西来说一概斥之为帝国主义"为'种族优劣说'找根据"[32]。一直到20世纪70年代末，仍有不少学者继续将安特生视为"帝国主义分子"，批判安特生鼓吹"仰韶文化西来说"，"使久已湮没无闻的'中国文化西来说'死灰复燃，……打着'考古研究'的招牌，给'西来说'披上了科学的外衣"[33]。在我们今天看来，以上尹达、夏鼐等学者对安特生仰韶文化西来说上升到"理论高度"的批判，则明显已远远超出学术论争的范畴，毫无学术价值可言。直到1986年，安特生才开始被重新回归到学者身份，仰韶文化西来说方重新作为一个学术问题再次被提出。严文明充分肯定安特生对于中国考古事业的巨大贡献，指出："安特生的仰韶文化西来说肯定是错了，但毕竟是个学术问题，与政治问题没有任何关系"[34]。自 20 世纪 90 年代以后，陈星灿等学者继续在新的学术背景下对安特生仰韶文化西来说予以新的审视，并不断推进这一考古学史上重大问题的研究持续走向深入。然值得注意的，迄 21 世纪之初，仍有学者指斥安特生 20 世纪 30 年代以后仍固执己见并继续重弹"中国文化西来说"老调，"则完全是出于民族的偏见"[35]145，这也代表了一种倾向。

注释：

[1] 安特生（J. G. Andersson）：《中华远古之文化》（"An Early Chinese Culture"），袁复礼节译，《地质汇报》1923 年第 5 号第 1 册。以下征引该书，采用文物出版社 2011 年版。

[2] 安特生（J. G. Andersson）：《甘肃考古记》（"Archaeological Research in Kansu"），乐森璕译，《地质专报》1925 年甲种第 5 号。以下征引该书，采用文物出版社 2011 年版。

[3] 安特生（J. G. Andersson），《中华远古之文化》（*An Early Chinese Culture*），袁复礼节译，文物出版社，2011 年。

[4] 巩启明：《仰韶文化》，文物出版社，2002 年。

[5] 陈星灿：《中国史前考古学史研究（1895—1949）》，生活·读书·新知·三联书店，1997 年。

[6] 安特生（J. G. Andersson）：《甘肃考古记》（*Archaeological Research in Kansu*），乐森璕译，文物出版社，2011 年。

[7] O. Flanke, Die Prahistorischen Funde in Nord China Und Die Alt–Este Chinesische Geschichte, MSOS, JG XXIX, 1926, Abt, 1, pp.107-108.

[8] 章鸿钊：《石雅》，上海书店，1990 年。

[9] B. Karlgren, "Andersson's Arkeologiska Studier I Kina", *New Society of Litterisof Land*, 1924, Vol I, pp. 142-153.

[10] 李济：《西阴村史前的遗存》，见《李济文集》卷二《西阴村发掘》，上海人民出版社，2006 年。

[11] 李济：《中国最近发现之新史料》，见《李济文集》卷一，上海人民出版社，2006 年。

[12] 梁思永：《山西西阴村史前遗址的新石器时代的陶器》，见《梁思永考古学论文集》，科学出版社，1959 年。

[13] 李济：《小屯与仰韶》，见《李济文集》卷二《安阳殷墟发掘》，上海人民出版社，2006 年。

[14] H. Frankfurt, *Studies in Early Potteries of Near East*, p. 179.

[15] 徐中舒：《再论小屯与仰韶》，《安阳发掘报告》1931 年第 3 期。

[16] 陈力：《徐中舒先生与夏文化研究》，见杜正胜、王汎森：《新学术之路——"中央研究院"历史语言研究所七十周年纪念文集》上册，台北长达印刷有限公司，1998 年。

[17] 傅斯年讲，王培棠记：《考古学的新方法》，《史学杂志》1930 年第 1 期。

[18] 傅斯年：《城子崖序》，见刘梦溪：《中国现代学术经典·傅斯年卷》，河北教育出版社，1996 年。

[19] 梁思永：《小屯龙山与仰韶》，见《梁思永考古论文集》，科学出版社，1959 年。

［20］O. Mengcin，*Weltgeschte der steinzeit*，1935，p. 81.

［21］转引自 J. G. Andersson，"Researches into the Prehistory of the Chinese"，*BMFEA*，1943，No. 15.

［22］刘燿：《龙山文化与仰韶文化之分析——论安特生在中国新石器时代分期问题中的错误》，《中国考古学报》第 2 册，1947 年。尹达的该篇论文写作于 1937 年，发表于 1947 年 3 月．在此仍将其视为 20 世纪 30 年代的研究成果。

［23］徐炳昶：《陕西最近发现之新石器时代遗址》，《北平研究院院务汇报》1936 年第 7 卷第 6 期。

［24］Wu. G. D.，*Prehistoric Pottery in China*，London，1938.

［25］刘燿：《中国新石器时代》，见《尹达集》，中国社会科学出版社，2006 年。

［26］裴文中：《甘肃考古报告》，见《裴文中史前考古学论文集》，文物出版社，1987 年。

［27］夏鼐：《齐家期墓葬的新发现及其年代之改订》，《中国考古学报》第 3 册，1948 年。

［28］马思中、陈星灿：《安特生在中国的命运：从学者到学者的回归》，见陈星灿：《20 世纪中国考古学史研究论丛》，文物出版社，2009 年。

［29］李济：《中国古物学的新基础》，见《李济文集》卷一，上海人民出版社，2006 年。

［30］李济：《华北新石器时代文化的类别分布与编年》，见《李济文集》卷二《石器时代史》，上海人民出版社，2006 年。

［31］尹达：《论中国新石器时代的分期问题——关于安特生中国新石器时代分期理论的分析》，《考古学报》第 9 册，1955 年。

［32］夏鼐：《批判考古学中的胡适资产阶级思想》，《考古通讯》1955 年第 3 期。

［33］杨建芳：《"仰韶文化西来说"旧调的重弹——评瓦西里耶夫的两篇反华文章》，《四川大学学报（哲学社会科学版）》1977 年第 1 期。

［34］严文明：《仰韶文化研究中几个值得重视的问题》，见河南省考古学会、渑池县文物保护管理委员会：《论仰韶文化》（《中原文物》特刊），1986 年。

［35］郭胜强：《河南大学与甲骨学》，河南大学出版社，2003 年。

建国以来国内学术界安特生研究综述

◎张　华

安特生（Johan Gunnar Andersson，1874—1960）是瑞典优秀的地质学家。1914 年，安特生以"中国北洋政府农商部矿政司顾问"的身份来到了中国。来华后，他被派去调查北方煤矿的分布与储藏情况，还参与了培养中国地质勘探和地理学研究人员的工作，后来其兴趣逐渐转向考古。1921 年夏，安特生发掘了辽宁锦西沙锅屯遗址。同年 10 月，安特生在河南省渑池县仰韶村附近发现了史前文化遗址。仰韶文化的发现，不但结束了"中国无石器时代"的历史，同时也完成了安特生从一名地质学家向考古学家的转型。可以说，正是安特生在中国北方的一系列考古活动，揭开了中国近代考古学的序幕。[1]39

安特生因考古与中国结缘，然而，由于他曾经提出"中国文化西来说"，使他备受争议，中国学术界对安特生的评价，也随时而变。安特生在中国的命运，大致经历了从学者到殖民主义者到帝国主义者的帮凶最后再到学者的回归。[2]177 因此，学界对安特生研究的概况可分不同的时间段来评述。

建国以前，学术界对安特生及他的发现，都给予了充分的肯定，即使是对安特生的批评，都不出学术范畴，只停留在技术的层面上。[2]179

20 世纪 50 年代，随着批判胡适运动的不断高涨，安特生也被卷入其中，一度被冠以"殖民主义者和帝国主义者的帮凶"之名，在相当一部分学者中间，安特生仅仅是"中国文化西来说"的始作俑者，在相当长的一段时间里，他的学说被简单化地视为政治问题而横遭指责。[1]39 在这一时期涉及安特生的专著论文中都是对他的批判。1955 年，尹达发表了《论中国新石器时代的分期问题》一文，对安特生的理论进行了批判，认为安特生提出这样的观点是一种民族偏见。在 1957 年马承源著的《仰韶文化的彩陶》一书中，第二章的题目就是"殖民主义考古家安特生及其错误的理论"。此外，1975 年，岳涛在《陈旧的货色，险恶的用心——评苏修在中国古代文明起源问题上的谬论》一文中指出，安特生依据个别因素的某些类似，便妄言仰韶文化西来，是毫无科学根据的，但提到原因时，作者则认为是"出于偏见和不可告人的政治目的"。1977 年，杨建芳在《"仰韶文化西来说"旧调的重谈——评瓦西里耶夫的两篇反华文章》

一文中，提到安特生时，用的称呼是"帝国主义分子安特生"。在那段泛政治化的岁月中，对安特生及"中国文化西来说"的批判全部指向了政治，学术上可以说是毫无进步。

"文革"结束后，随着政治气氛的改变，安特生"殖民主义和帝国主义帮凶"的身份得到了拨乱反正，对安特生的评价也掀开了新的一页。标志性的转折是 1985 年 11 月在河南渑池召开的纪念仰韶文化发现六十五周年学术研讨会，考古学家严文明对长期以来把政治和学术混为一谈的做法，进行了有力的批评，对安特生的学术贡献重新给予高度评价。[2] 184 此后，学界对安特生的研究态度渐趋向于客观，研究内容广泛，取得的研究成果颇多，涉及安特生对地质学、考古学、汉学、中外交流等方面的贡献。

一、总体评价问题

安特生最初是以地质学家的身份来到中国的，随后，他的兴趣逐渐转向考古，更大的成就也是在考古学方面。然而，80 年代末出现的两篇文章只是论述安特生在地质学方面的贡献，对安特生在考古学方面的成就则没有提及。究其原因，是因为"中国文化西来说"，这也是中国近代以来一个非常敏感的话题。如何正确认识安特生与"中国文化西来说"，关乎安特生的声誉问题。因此，要对安特生进行公正、客观的评价，"中国文化西来说"是一个不可绕开的话题。进入 90 年代后，有关安特生研究的文章专著开始增多，对"中国文化西来说"的讨论也逐渐展开。

最有代表性的是 1991 年陈星灿的《安特生与中国史前考古学的早期研究——为纪念仰韶文化发现七十周年而作》一文，作者详细论述了安特生在中国的史前考古活动，弥补了前人研究的不足，同时对争议较大的"中国文化西来说"进行了深入分析，认为随着中国史前文化遗址的不断发现，40 年代时，安特生已重新认识了中国的史前史，并且修正了他的"中国文化西来说"观点。1924 年，安特生在结束甘青地区的田野考察工作后，对甘青地区的史前文化进行了年代的判断和分析。由于发掘上的局限性，安特生在中国史前文化年代和分期上的认识存在错误。为此，学界一度把安特生的分期和断代简单斥为"唯心主义"。针对这种评价，陈星灿教授指出，应当把安特生的学说置于当时的学术背景中，客观地分析安特生分期和断代的依据。因此，把"中国文化西来说"当成安特生始终一贯的学说进行批判是失之公允的，将安特生当成一个有种族偏见的帝国主义御用学者更是错误的，不能就此抹煞安特生对中国史前文化年代学的初创之功。最后，作者得出结论：安特生是中国史前考古学和现代田野考古学的开拓者，在许多方面对中国现代考古学作出了贡献。这篇文章具有开创性的意义，也是迄今为止对安特生"中国文化西来说"观点较为权威全面的分析。

2001 年 11 月，仰韶文化发现 80 周年纪念会在河南渑池召开，中国社会科学院领导、河南省政府领导、瑞典驻华使节及众多专家学者在热烈友好的气氛中缅怀安特生及其仰韶文化的伟大发现。这也等于非正式地宣布，安特生的学术贡献已得到中国政府的认可。[2] 186

2009 年，陈星灿教授出版了他的另一部专著——《20 世纪中国考古学史研究论丛》，这部著作是其多年来学习中国考古学史的心得，书中共收录了他二十多篇文章。其中涉及安特生的文章较多。自 2001 年 9 月以来，陈星灿教授先后几次访问东方博物馆，翻拍和阅读了馆藏安特生的一些通信档案，观摩了安特生带回瑞典的中国史前文物，对东方博物馆和安特生等瑞典学者与 20 世纪前半叶中国考古学的关系有了更加深入的了解。因大都是原始资料，所以学术研究价值很高，如：《裴文中与安特生——跋新发现的裴安通信》《中国近代科学史上的重要文献——安特生致瑞典太子的信及其释读》《安特生先生半个世纪以前的一封信》，从这些新材料中，可以发现，安特生是一个有着高尚人格的学者。尊重事实，即意味着对历史的尊重，陈星灿教授的这部著作，对于我们进一步认识安特生有重要帮助。

除了"中国文化西来说"，盗挖彩陶问题同样是一个敏感话题。2010 年王文元的《安特生：被误解的开路者》一文，就安特生在甘肃的相关活动情况、如何认识安特生在中国北方及兰州周边进行的考古活动，以及所谓的盗挖彩陶问题一一作了介绍。以往，人们对于许多来到中国的西方学者给予批评，是因为他们打着文化研究的幌子，在中国大地上大肆盗挖中国文化珍宝。然而，对于安特生在中国发掘彩陶的问题，作者明确指出，安特生在中国各地进行的一系列田野考古调查活动得到了当时中国北洋政府的批准，和那些强盗学者的行为是截然不同的。

二、安特生对中国地质学的贡献

安特生 1914 年来华之前，时任瑞典国家地质调查所所长，北洋政府聘请他来华担任农商部矿政司顾问，也是因为他的地质学家身份。安特生来华后，最初的一系列活动，也都与地质学有关。自纪念仰韶文化发现六十五周年研讨会上学界为安特生正名后，80 年代末出现的两篇关于安特生的文章，主要集中论述安特生对中国地质学的贡献。1987 年，吴鸣率先发表《华北地文期的早期研究者——安特生（1874—1960）》一文，重点介绍安特生来中国后参加的地质活动，同时提到安特生在华期间的两部著作《斋堂河谷之地文发展》和《华北河谷地文期演化》，指出安特生在这两篇文章中所提出的华北地文期划分，对华北新生代地质发育史的研究起了一定的先导作用，引起了学界对安特生地质学成就的关注。然而，文中对安特生 1912 年来中国的时间记录有误，根据裴文中先生为安特生撰写的年谱表，安特生来中国担任顾问的时间应为1914 年。

1989 年，甄朔南的《安特生对中国现代地质学的贡献》一文，主要论述了安特生为中国现代地质学的创建与发展作出的巨大贡献。此外，作者还通过对安特生在中国从事地质工作的总结，得到了有益的启发。甄朔南认为，过去曾经把所有的外国科学家在华工作都看成是文化侵略的观点，显然是错误的。因此，大力宣传中国现代地质学创建时期的国际合作的经验是十分必要的。这些认识也得到了学术界的广泛认可，90 年代以后的文章专著中都提到了国际合作的重要性。

三、安特生对中国考古学的贡献

安特生在华期间考古学方面的成就，主要集中在三个方面：发现"仰韶文化"，发现"北京人"地点，甘青地区的考古发现。1997年，陈星灿教授出版了他的专著《中国史前考古学史研究（1895—1949）》，书中分别在不同的章节对安特生的考古发现以及安特生在田野考古上的得失，作了全面深入的论述，充分肯定了安特生对近代考古学的贡献。1999年，李季的《安特生与仰韶文化》一文，就安特生考古发现仰韶文化的重大意义做了具体论述。2001年，安志敏的《仰韶村和仰韶文化——纪念仰韶文化发现80周年》一文，再次肯定了安特生发现仰韶文化的功绩。郭鸫群的《仰韶村与安特生》一文则详细介绍了安特生发现仰韶文化的前后经过。这些文章着重介绍安特生发现仰韶文化的功绩，对于安特生在发现"北京人"遗址的先导作用则较少论述。2006年，宁娟、王海军等发表《安特生他发现了"北京人"》一文，弥补了这一不足。文章介绍了安特生当年来中国担任矿政司顾问的背景，发现"北京人"遗址的详细经过以及发掘文物的归属问题。

四、安特生对瑞典汉学研究的贡献

安特生于1925年回国后，主要从事远东文物博物馆的建设和学术研究工作，极大地推动了瑞典汉学的发展。然而，以往的论文专著中对此几乎没有论述。1998年，张静河发表《安特生在华北的考古活动》一文，首次对安特生的汉学成就做了详细介绍，如：安特生与远东文物博物馆，安特生对中国文化的关注，安特生出版专著，总结在中国考古经历等等。这篇文章是1995年张静河的专著《瑞典汉学史》的一部分，作者把安特生的活动置于整个瑞典汉学研究的背景下进行分析，对于瑞典汉学研究具有重要意义。安特生的考古发现活动，不仅在一定程度上奠定了现代中国考古事业的基础，同时，也为瑞典成为欧洲的中国古代文物收藏中心奠定了坚实的基础。

五、安特生与中外文化交流

安特生的一系列考古发掘活动，不仅促进了近代中瑞两国的交往，更为当代中瑞文化交流架起了一座桥梁。自20世纪90年代以来，中瑞两国在考古学方面的交流逐渐增多。2004年9月，陈星灿教授应邀到东方博物馆作学术访问，时值瑞典东方博物馆举办"中国之前的中国"的大型展览；展览围绕安特生当年在中国考古的采集品展开。为了让读者了解这批采集品的来龙去脉，陈星灿教授与东方博物馆馆长马思中（Magnus Fiskesjo）博士于2004年合著了《中国之前的中国：安特生、丁文江和中国史前史的发现》，由瑞典东方古物博物馆出版发行。书中以这批馆藏的中国精美的史前文物为重点，详细介绍了个中鲜为人知的背景故事。同时，两位作者以详尽的原始日记、书信、手记、田野日志等第一手资料，介绍了中瑞科学家为开拓中国考古事业精诚合作的情谊，提出了对中国遗留海外文物命运的思考。该书为我们展示了一段弥足珍贵的中外近代学术交流发展史[3]142，为近代以来中外文化交流研究提供了丰富的素材。遗憾的是，因为此书是由瑞典东方博物馆出版发行，目前国内仍然较少见。

自 2005 年以来，陈星灿教授根据瑞典东方博物馆的大量馆藏档案，特别是安特生和丁文江、翁文灏、胡适、杨钟健等中国前辈学者的通信，先后发表了数篇文章，这些原始资料的发掘具有重要的学术价值。如：《胡适与安特生——兼谈胡适对 20 世纪前半叶中国考古学的看法》，可以看出胡适对于安特生工作的肯定和对他本人的仰慕。《新发现的杨钟健和安特生交往的一点史料》一文中，通过安特生和翁文灏、安特生和杨钟健之间的通信，可以考证杨钟健利用安特生在中国的采集品完成其博士论文的过程。通信的发现，见证了安特生作为中国人民的老朋友，在其中所起到的关键作用。2007 年，《李济与安特生——从高本汉致李济的三封信谈起》一文，展示了两位前辈宽厚的内心世界和令人景仰的高贵品质。

以往的论文及相关专著为学界的研究提供了丰富的资料。可喜的是，文物出版社于 2008 年出版了刘大有、刘晓龙的专著——《安特生评传——周口店遗址仰韶文化甘肃青海彩陶的发现者》，这是目前国内出版的第一本专门介绍安特生的专著，对于我们了解安特生的生平活动有重要帮助。全书分人物传记篇、发现交流篇、民俗资料篇三大部分，书中涉及内容广泛，如人物传记，除了介绍安特生，对同时代的中国专家丁文江、翁文灏等也进行了详细介绍。内容上涉及新石器时代晚期的考古研究，彩陶绘画，民俗学方面内容，包括作者自己的经历，也正因为此，从某种意义上说，削弱了它的学术价值。此外，书中还配有多幅彩陶图片及插图，为彩陶爱好研究者提供了丰富的素材。

据悉，刘大有先生同时也是安特生博士纪念馆的馆长，他将自己多年收藏的有关安特生的书籍、图片、文物等珍贵资料捐献出来，于 2007 年 2 月 2 日在天水市成立了安特生博士纪念馆。这是我国首家安特生博士纪念馆，对于安特生研究和中外文化交流有着重要的意义。

六、结语

综上所述，自 1985 年以来，学术界对安特生的研究取得了显著的成就，充分肯定了安特生的学术贡献。此外，尚有两个方面有待完善和补充。一是对安特生的汉学研究贡献仍然关注不够。目前，对安特生的研究，主要集中在考古学领域，更多的是在谈及"中国文化西来说"时涉及安特生。2005 年 2 月，欧洲第一个"孔子学院"——"北欧斯德哥尔摩孔子学院"在瑞典斯德哥尔摩大学中文系成立，对于促进瑞典及欧洲的汉学研究有重大意义。今天瑞典的汉学研究硕果累累，这与安特生等早期汉学家的努力分不开。二是对安特生在中瑞文化交流中所起的作用缺乏足够的研究。安特生在中国北方的一系列考古活动，在中瑞两国之间架起了文化交流的桥梁。中瑞两国虽然相隔遥远，但双方友好交往的历史并不短，两国人民之间的友谊也很深厚。瑞典是第一个与新中国建交的西方国家，自建交以来，两国在政治、经济、文化等各领域、各层次的交流与合作日益增多并取得显著成果。在中外关系史研究和汉学研究领域，总结安特生在中国的史前考古活动以及他对中国考古学的关注研究，分析安特生的考古研究活动对中瑞文化交流带来的影响，有着重要意义。

注释:

［1］陈星灿:《安特生与中国史前考古学的早期研究——为纪念仰韶文化发现七十周年而作》,《华夏考古》1991年第4期。

［2］陈星灿:《20世纪中国考古学史研究论丛》,文物出版社，2009年。

［3］沈辰:《安特生与丁文江的早期中外考古合作及其影响——读〈中国之前的中国〉》,《华夏考古》2007年第3期。

履约与权变：安特生、翁文灏在仰韶文化研究中的互动

◎李学通　　◎李锐洁

1921 年仰韶文化的发现与研究，以及 100 年来的一系列重大考古发现，"展现了中华文明起源、发展脉络、灿烂成就和对世界文明的重大贡献，为更好认识源远流长、博大精深的中华文明发挥了重要作用"[1]。仰韶文化的发现者安特生，与中国地质调查所的两任所长——丁文江、翁文灏共同建立起的中外科学合作模式，及其在中国考古学史上的意义，既往研究已多有揭示[2]。然而中瑞学者在仰韶文化研究中的具体合作如何展开，合作中双方如何争取各自权利及履行义务等问题，仍有进一步厘清和讨论的空间。本文利用瑞典东方博物馆藏安特生通信档案，梳理安特生与翁文灏[3]在仰韶文化研究中的互动，探讨中国近代科学发展史上中外合作的真实面貌及其意义。

一、订约：仰韶文物分配与合作协议

安特生（J. G. Andersson，1874~1960 年）是著名的瑞典地质学家，仰韶遗址的发现者。1914 年 8 月，安特生受聘担任北京中国政府农商部矿政顾问[4]。在华初期，安特生致力于煤铁矿产的调查，1916 年后，学术兴趣逐渐转向古生物学和考古学[5]。与此同时，安特生参与创建中国地质科学事业，与地质调查所结下不解之缘。1913~1916 年间，安特生承担农商部地质研究所的教学工作，与章鸿钊、丁文江和翁文灏等人，共同培养中国第一代地质专业人才。1916年初，被任命为中国地质调查局的会办（副局长）[6]。1920 年，兼任地质调查所矿产陈列馆馆长[7]。1922 年初，参与创建中国地质学会，成为首批创始会员之一。

丁文江、翁文灏等人的全力支持，是安特生在华顺利开展科学工作不可或缺的因素。安特生前往各地调查地质矿产，常有地质调查所人员协同开展。丁、翁二人对安特生的古生物学和考古学工作也表示深刻理解，并提供必要支持。如安特生在仰韶及甘肃等地的考古发掘，得到地质调查所技师袁复礼等人的协助[8]。安特生也承认："从 1914 年到 1927 年，我担任了十三年的中国政府矿务顾问。从一开始我便很幸运地与中国地质学家和采矿工程师建立友好合作关系，北京中央政府及各省当局向我提供了一切可能的支持和便利"[9]。

据丁文江回忆，1919 年他赴欧考察时，所长职务由翁文灏代理，"当时我的朋友农商部顾问安特生先生很不以为然。等到我回来，他对我认错道：翁先生是一个受过完全教育的地质家，在任何国家都不容易找到的"[10]。可见安、翁二人相识之初，翁文灏便以专业能力赢得安特生的敬重。1921 年，因丁文江担任北票煤矿总经理，翁文灏代理所务，并于 1926 年正式接任所长一职[11]。1924 年中瑞仰韶文物分配与合作协议的签订，正是发生在翁文灏任代理所长期间。

在 1924 年签订仰韶文物分配与合作协议之前，安特生 1922 年曾就古动植物标本的采集与分配，与地质调查所签订过相关协议。1922 年 7 月 1 日，安特生向瑞典驻华公使柏古通（David Bergström）[12] 汇报标本分配办法[13]。

> 窃余于 1917 年得瑞典友人之助，及国会之许可，与中国同人合采集关于地质学、动植物学之物品，以期有益于中瑞两国之学会。原意本欲将所得之物，均分于中瑞两国，而实际分配之法由各种门类之不同，故于与中国同人与瑞典博物馆主任原定之条款，不得不稍有出入。兹将各种分配手续，解释如左：

> 凡近世动植物，每皆分取一份，呈于北京教育部。此系余于寄送他种种采集在于瑞典之前，亲手选择者。余所采集之险地介类及淡水介类，其全部皆寄于瑞京里克斯博物馆奥德纳博士，令其加以叙述，然后送还一份于中国地质调查所。余所采集之物品，其大部分为植物，加以述叙，编为一书，而出版于中国，命名□□□。其叙述之事，已由余瑞典友人赫雷、维曼二教师担任，允将稿本送来，并允照各物原形制成图报，寄送来华，以便随时印刷。其制图之费，则系二君所在之机关自备者。此因属二博物馆主任者之友谊。而中国政府对于此种科学事业，能与以重要之助力，与夫中国地质所诸同人，倾心助余，共成斯举，亦实令彼等有不胜感佩者也。

1922 年 7 月 5 日，瑞典公使致函北京中国政府外交总长颜惠庆，承认安特生与中国所订之合同，并代表瑞典政府声明："凡所有采集品已送或将送于瑞典，以求其整理而审定之者，由瑞典次第将其副号，送还中国，力求完备，俾可代表全体，交中国相当之机关收存"[14]。7 月 7 日，颜惠庆复函，将安特生所呈副本转送瑞典公使。中瑞政府当局以换文的形式，确认了安特生对中瑞合作研究及化石、标本分配办法的解释。基于上述经验，中瑞两国关于仰韶文物分配与合作协议的签订，便显得顺理成章[15]。

在安特生完成甘肃考古发掘后的 1924 年 11~12 月间，翁、丁二人与安特生就所获考古采集品的归属问题，进行了具体讨论与反复协商。在标本分配问题上，双方更是字斟句酌，其大致经过如下。

关于如何分配所搜集的考古标本问题，翁文灏于 1924 年 11 月 10 日复函安特生，提议在其来函的第二段中加上一句[16]。

> The set thus returned to the Geological Survey shall be, as far as possible, approximately one half of the material collected.［译文：返还中国地质调查所的标本，应尽可能达到所

收集材料的一半左右。]

1924 年 11 月 12 日，安特生复信表示同意，认为这符合双方此前口头协议的精神，同时建议将该句修正如下[17]。

The set thus returned to the Geological Survey shall（including the smaller sets previously delivered to Chinese institutions）be as far as possible approximately one half of the material collected.［译文：返还中国地质调查所的标本（包括先前已经分给中国研究机构的少量标本），应尽可能达到所收集材料的一半左右。]

17 日，翁文灏再度复函安特生，完全同意他的修正意见，同时又对该句作出新的微调[18]。

The set thus returned to the Geological Survey（including the smaller sets previously delivered to Chinese Institutions）shall be as far as possible approximately one half of the material worth keeping.［译文：返还中国地质调查所的标本（包括先前已经分给中国研究机构的少量标本），应尽可能达到值得保存之材料的一半左右。]

从上述商讨和措辞推敲过程，可总结出三个要点。一是 1924 年分配协议由安特生根据此前双方口头协议起草，其分配原则是中瑞两国平分考古标本。这与 1922 年协议的精神是一致的。二是翁文灏首先提议对瑞方所返标本数量增加具体文字表述，而安特生提出计算数量时应包含先前已送返中国的标本。三是翁文灏的再度修订稿强调所返标本应是"值得保存之材料"，以避免大量无保留价值的残碎片可能被计算在内。

1924 年 12 月 31 日，瑞典方面以"瑞典中国研究委员会"的名义[19]，致函丁文江和翁文灏，就考古标本分配事宜发表正式书面声明，从而达成一项新的协议[20]。1925 年 2 月 2 日，丁、翁复函"瑞典中国研究委员会"，确认 1924 年 12 月 31 日的协议内容，补充标本返还的时间规定，并宣布"现在全部事宜均已得到官方认可"[21]。1924 年 12 月 31 日和 1925 年 2 月 2 日的两封信，构成了中瑞仰韶文物分配与合作协议的最重要根据[22]。其中，关于仰韶文物的分配数量和质量、返还时间和成果发表等内容可归纳如下。

（1）178 具完整或近乎完整的人类遗骸全部归中方所有，少数几具完成科学研究后，可作为礼品赠予瑞典，以便瑞方在展览中使用。

（2）这些材料先送至瑞典进行科学描述和研究，然后挑选一套精美且尽可能完整地代表各种不同类型的标本，返还给中国地质调查所，其数量应尽可能达到有保存价值材料的一半左右。

（3）先行研究完毕的部分，须于自中国装船运出之日起计的两年内返还，其余部分亦需尽快完成研究。

（4）所有研究成果均由中国地质调查所来出版，瑞方提供 5 万克朗的出版和印刷费用。

另有一些补充的内容，如返还工作应及时进行，避免不必要的拖延；经向中方通报后，可用瑞典文出版研究报告的简本；瑞方支付标本运抵上海的运输和保险费用；中国驻斯德哥尔摩公使有权查看留在瑞典的材料和监督协议的执行^[23]。

值得注意的是，许多研究者对中瑞文物分配与返还数量的理解，与协议原文存在偏差。仔细研读安、翁二人通信及"瑞典中国研究委员会"的声明可知，关于返还中国的文物数量，协议中并无确切规定，其核心实质如下[24]。

> a beautiful and, as far as possible, complete representation of the different groups of artefacts.［译文：精美且尽可能完整地代表各种不同类别的标本。］

至于数量，协议只是要求"尽可能"达到有保存价值之材料的一半。其含义可理解为双方对半平分，但实质上并未要求返还标本在数量上绝对达到全部材料的一半。且采集品运出之时，并无具体统计数字，故返还多少即可视作"尽可能的一半"，也没有确切依据。因此，相当程度上讲，这是一份典型的君子协议。对于当时双方的这种安排，今日如何评价可以见仁见智，但文本的原意不可不察。

这种安排，或许是基于 1922 年协议的经验。1922 年协议最初也是"本欲将所得之物，均分于中瑞两国"[25]，但执行中发现存在困难，因此改为"每皆分取一份"[26]。1924 年协议分配原则也只是"we will see to that a representative selection also of this material will be sent to the Survey"[27]［译文：我们确保会挑选具有代表性的材料送交调查所］，即每样材料都选择一份有代表性的副本送还中国，以确保不同类别的材料在返还标本中都各有其代表性作品，并在数量上尽可能达到一半。这便存在某些无法等分的可能性，如某一类材料有三件，其中一件返还中国，两件留在瑞典；或是某类材料仅有一件。安特生在 1924 年 11 月 12 日给翁文灏的信中就曾提到如下内容[28]。

> 幸运的是，只有少数情况是不能分配的。以我们最精美的宝物为例：R242 号（野外编号）箱子里有两件从半山地区买来的陶器，器盖成人头形状……至少从科学的视角来看，这是两件真正的珍宝。这两件陶器的造型和彩绘都很不相同，不是可以互为副本的。尽管如此，我仍坚持并确保它们将返还给地质调查所。

应当承认，瑞典方面对于协议的执行持有认真严肃的态度。如在考古采集品尚未运抵北京前，安特生在兰州将一两件彩陶作为礼物，送给曾予以帮助的大英博物馆的霍布森（Hobson）及美国的兰登·华尔纳（Landon Warner）。他不仅主动向翁文灏报告此事，而且提议将所送采集品数量从分配给瑞典的份额中扣除[29]。

二、履约：文物返还与成果发表

1925 年 7 月，安特生回到离别 10 年的瑞典，首要任务便是为这批考古采集品寻找安置点。采集品最先由私立的"瑞典中国研究委员会"统筹保管，存放在废弃的厄斯特马尔姆监狱（östermalmsfängelset）。因监狱空间有限和研究经费不足，安特生转向瑞典政府求援。在王家文物保管人库尔曼（S. Curman）支持下，"瑞典中国研究委员会"向国会提议建立国立博物馆，并找到新建的商业大学学院（Commercial University College）来存放和展览这些标本。1926年3月，瑞典政府成立东方博物馆（Museum of Far Eastern Antiquities），任命安特生为首任馆长兼斯德哥尔摩大学东亚考古教授[30]。

原本还设想两年后重返中国的安特生，基于"有责任看管考古标本"和"北京不安定的政局"等现实考虑，接受了瑞典政府的安排。1926年3月，他向丁、翁解释："为确保所采集标本的整理工作不受干扰，我认为唯一的办法就是在此地拥有一个长期的职位，以同时获得必要的空间和资金支持，永远回到中国或将所采集的标本交给瑞典考古学家去研究等做法实不可取。我已经清楚地看到，我的监管和不断协作是必要的，尤其是在当前，在仅有半数材料被开箱归类的情况下。……同时，促使我不能回到中国而切断与瑞典方面联系的，还有北京不安定的政局。如果我切断了与瑞典的联系，再遇到资金缺乏的情况，不接受繁重的教学任务，我就难以在北京继续从事科学工作，或遭受其他阻碍"[31]。5月29日，翁文灏复信表示，待下半年安特生陪同瑞典王储访华时，再与农商部洽谈合同事宜[32]。丁、翁显然接受了这项安排。

在陪同瑞典王储访华后，安特生再次回到斯德哥尔摩已是1927年5月底，此时距仰韶文物运出中国已近两年，整理及返还工作远未达到预期目标。翁文灏对于安特生因访华而耽误标本返还工作表示理解，但仍希望他能"意识到在现有条件下守时的重要性"："关于您遵守承诺返还考古材料之事，我收到来自各方的质疑。我毫不质疑相关协议将在文字和精神上及时得到充分履行，但鉴于这里普遍存在的不信任气氛，我想您尽快返还承诺的材料会比我的解释或声明更有说服力。我相信，当北京的人们看到大量精美藏品迅速返还这里时，他们对您的印象会发生根本性变化，地质调查所的困境也会随之消除"[33]。8月间，安特生函告翁文灏：第一批返还标本已在准备之中，他已"挑选另一大批不同时期的完整史前陶器（Urns）"[34]。为了撰写研究专著，在标本返还中国前，瑞典方面需要对每件标本进行清理、拍摄和文字描述。此项工作费时颇多，但安特生保证"数月内将有大量标本返还"[35]。从翁文灏11月28日复信中可知，首批返还标本在北京的展览中受到参观者的青睐[36]。

第二批返还标本于1928年9月14日从斯德哥尔摩运出[37]，包含20个箱子，其中有50个甘肃仰韶时期的陶器[38]。1929年9月4日，安特生告知翁文灏："一批史前陶器即将运往北京"[39]，此为第三批。然而数月过后，第三批返还标本仍杳无音信，翁文灏为此于11月19日致信安特生，重申1924年协议要点，并强调地质调查所正在面临的舆论压力[40]。

> ……我希望您能明白，地质调查所正在被中国朋友指责（无论对错），过去在处理收藏品时表现得过于慷慨。我们的政策是避免与外国有任何复杂的联系，除非对方可以完全为地质调查所工作，调查所对所有收集的材料和完成的工作拥有完全的所有权。
>
> 很高兴收到您最后一封信，告知一批新石器时代的陶器正在运回中国。我只是想提醒您，1924年您与农商部约定，大约一半的出口标本将在两年内退回。现在已经过

去五年了。我十分理解准备和研究工作需要时间，但是鉴于您获得部里许可的条件，您应当对延迟和延期做出必要声明或解释。……延迟返还工作，除了给中国学界的攻击提供靶子，还可能成为进一步削减您欠薪的借口。当收到更多返还藏品时，我们想举办一次特别展览，向北平的其他科研机构表明，您的藏品条件并不比此前其他外国探险队差，从而为您未来的工作打下基础。总之，我想让您尽快把考古材料航运到中国，并让我清楚知道需要多长时间才能完全返还标本。如有必要，我将从部里获得必要的授权，以合理延长特定种类的时间。此事受到社会广泛关注，为了双方的利益，有必要明确条件并忠实执行。我觉得我有责任坦率地告诉您确切的情况。丁博士对于您长时间的缄默也表示担心。

早在 1927 年，翁文灏即在国内舆论压力下，退出与斯文赫定的联合科考活动，地质调查所与瑞典的科学合作也因此被推上风口浪尖。此时，地质调查所已归属"南京国民政府"，瑞典的标本返还进度更"受到社会广泛关注"。翁文灏表明地质调查所承受的压力，敦促安特生加快标本的返还进度。1930 年 3 月 1 日，第三批共 24 箱标本返还，内含 65 个甘肃史前第三期（马厂期）的陶器[41]。

1930 年 7 月 3 日，安特生向翁文灏汇报瑞典方面的工作进展，解释延期原因在于他是"并非受过专业训练的考古学家"，且"史前陶器的修复工作比最初预期的困难且繁琐得多"，并表示第四批归还标本正在准备中，包括"第四期的史前陶器（辛店）"、"仰韶村彩绘陶片"和"大量来自各地的石器"[42]。从此信中可知，中国驻瑞典公使诸昌年此前曾到访东方博物馆，督察考古标本的修复状况和返还进度。

而后，安特生因工作劳累过度和私事缠身，一时又未能及时回复丁、翁通信。丁文江为此于 1930 年 10 月 30 日直接致信瑞典王储，试图通过王储解决《中国古生物志》的合作出版问题，并督促标本的返还。丁文江重申中瑞科学合作的必要性，提出新的出版合作方案，并表示愿意"不惜一切代价资助安特生博士的出版物，前提是安特生博士尽快返还承诺已久的副本"[43]。11 月，安特生给丁、翁回信，确认了原有协议，并解释由于他分身处理家庭事务和编写纪念册，才耽误了第四批标本的返还进度[44]。12 月底，第四批标本返还[45]。

1931 年 8 月 3 日，翁文灏告知安特生已收到第五批返还标本，并在展览会上展出[46]。1932 年 1 月，翁文灏希望安特生提供一份完整报告，说明已送归中国的标本质量和数量，以及尚留在瑞典的标本情况[47]。1932 年 7 月 11 日，第六批标本返还。安特生告知翁文灏，这批材料全部来自奉天沙锅屯洞穴，由于难以两分，故全部返还中国，"我们发现这个材料很难分成两部分，最终决定把完整的材料发给您"[48]。其中含有"一些绝妙的大型三足器和尖底容器修复品"[49]，瑞典方面也是"首次了解这些令人惊叹的器物"[50]，且"花了几个月的时间和大量费用来修复"[51]。翁文灏亦对这批标本赞许有加，"我注意到一些陶器修复得非常好，很高兴有这样一个有代表性的收藏品，我们现在把它放在丰盛胡同大院里"[52]。

1934 年初，翁文灏遭遇车祸，休养几月后，8 月即被蒋介石任命为河南中福公司整理委员，工作重心逐渐偏离地质调查所[53]。安特生由于身体不济，也开始策划最后一次远东之旅，他于 8 月 15 和 17 日分别向翁、丁二人表明，计划来华前将地质调查所的标本全数返还，并将考古专著编得非常出色[54]。1936 年 9 月，安特生和第七批返还标本一同来到中国南京[55]。

在送返考古标本的同时，瑞典方面也在积极筹划相关的成果发表。1924 年协议规定，研究成果必须发表在地质调查所的系列刊物——《中国古生物志》上。该刊创办于 1922 年，为不定期刊物，分甲、乙、丙、丁四个系列。甲种为古植物学，乙种为古无脊椎动物学，丙种为古脊椎动物学，丁种为古人类学。每种又分若干号、册，丁、翁共为编辑。1923 年，安特生出版《奉天锦西县沙锅屯洞穴层》，列为《中国古生物志》丁种第一号第一册，并在序言中说明该系列"专作研究中国远古人类之出版品"[56]。1924 年，远在兰州的安特生收到阿尔纳（T. J. Arne）的《河南石器时代之着色陶器》，经他的积极推动，该书由瑞典文译成英文[57]，列入《中国古生物志》丁种第一号第二册，于 1925 年出版[58]。

1934 年，尼尔斯·巴尔姆格伦（Nils Palmgren）的《半山及马厂随葬陶器》发表在《中国古生物志》丁种第二号第一册[59]。巴尔姆格伦作为安特生助手，在东方博物馆负责东亚收藏品的整理、编录、研究和策展工作[60]。安特生向丁、翁汇报时也常提到巴尔姆格伦的工作。如安特生在 1926 年信中提及，由于青铜器被氧化后变得非常脆弱，因此清理制备工作极为困难，他的助手巴尔姆格伦博士正在哥本哈根研究一种保护青铜器的新方法[61]。1927 年 8 月 25 日的信中写道："一位摄影师已经工作几周，为这些器物拍摄了一组完整的照片，我的助手巴尔姆格伦博士将在接下来的四周内对这些器物进行详细描述"[62]。在瑞典出版基金耗尽，地质调查所经费极其紧张的情况下，翁文灏"同意出版巴尔姆格伦的调查专题"，并特别说明，"印刷这一份及之后的《中国古生物志》专著，将会给调查所带来很大的财政负担，尤其是在目前的困难情况下"[63]。1934 年，该书在瑞典完成印刷，由安特生向地质调查所寄送 700 本[64]。这部专著或可视作安特生与巴尔姆格伦的合作成果。

与此同时，安特生也在筹备自己的考古学专著。1930 年，安特生向中方汇报工作进度时提到，他所在考古部门的主要工作是：（1）描述并送返所有标本材料。（2）与巴尔姆格伦共同完成半山随葬陶器[65]专著。（3）完成中国北方史前遗址地形学专著[66]。在提交给翁文灏的《中国古生物志》1932 年待印清单中，考古专著除《半山及马厂随葬陶器》外，另一部便是他的《中国北方史前遗址》（Prehistoric Sites of N. China）[67]，但由于种种原因最终选择先出版前者。

除此之外，瑞典方面的合作专家也相继完成仰韶文物标本的描述和研究。比林·阿尔丁（Margit Bylin-Althins）于 1931 年受安特生委托，研究甘肃齐家坪时期的考古材料[68]，1932 年基本完成《齐家坪遗址》（The Ch'i Chia P'ing Site）的撰写[69]。从安、翁二人通信可知，中瑞双方也在积极筹备该专著的出版[70]。

在成果发表过程中还有些小插曲。安特生的合作研究者汉娜·赖（Hanna Rydh）在瑞典《东方博物馆馆刊》第 1 号发表的《试论随葬陶器的象征意义》(*On Symbolism in Mortuary Ceramics*)[71]，以及高本汉（Bernhard Karlgren）在第 2 号发表的《中国古代生育符号》(*Some Fecundity Symbols in Ancient China*)[72]，两篇文章均利用了部分甘肃考古材料来佐证他们的观点。为此，安特生主动向丁、翁说明情况并表示歉意[73]。

三、权变:《中国史前史研究》的发表

1936 年 9 月，安特生携带着三部计划在《中国古生物志》发表的考古学报告[74]，与第七批返还标本一同重返中国。12 月 11~12 日，安特生造访于 1935 年末迁至南京的地质调查所"新家"，见到阔别多年的老朋友翁文灏，并参观了地质调查所陈列馆内展出的瑞典返还标本[75]。

安特生此行目的有三个，为出版考古报告、发表学术演讲和四川考察。在翁文灏的安排下，安特生于 1937 年 3~4 月间在南京发表了一系列学术演讲。在 4 月初赴欧洲访问前，翁文灏还特意为安特生开具给四川省建设厅厅长卢作孚和四川大学校长任鸿隽的推荐信。几番周折后，安特生终于在傅斯年的协助下，与秘书多尔夫女士（Vivian Christine Dorf）、华西协合大学葛维汉（David Crockett Graham）、四川大学周晓和及"中研院"青年考古学家祁延霈，组成西康考察团，于 6~8 月在川康地区进行野外考察[76]。然而，由于日本发动全面侵华战争，北平、上海、南京很快沦陷，安特生被迫提前结束西康考察，转道香港，赴越南考察[77]。安特生此次中国之行的主要目的在《中国古生物志》发表最新考古成果，最终未能实现。

安特生回到瑞典后，很快出版通俗著作《战火之中》(*Under Brinnande Krig*) 及《中国为世界而战》(*China Fights For The World*)，以声援中国抗日战争。安特生也并未放弃在《中国古生物志》出版学术成果的努力，他多次向地质调查所追问三部考古学专著的下落。早在 1937 年 5 月前往四川的途中，安特生已经读到《中国北方史前遗址》的第一次校样。当他结束西康考察到达香港后，立即写信给地质调查所，请其将新校样寄到上海[78]。在撤离南京迁往长沙的一周前的 11 月 23 日，地质调查所以挂号邮件的形式，将该书的二校样与其余专著的一校样寄发上海国际饭店（Park Hotel）。由于撤离仓促且交通不便，地质调查所的许多出版物甚至瑞典返还的标本，都未能携带西迁。幸运的是，阳士（O. Janes）和比林·阿尔丁的著作，连同安特生专著的图版底片被安全带到了长沙，但由于缺乏印刷设备和纸张，出版工作遇到极大困难，接替翁文灏的新任所长黄汲清不得不派人赴港寻找出版的可能性[79]。

当次年 5 月 15 日安特生再次追问书稿印刷事宜时，地质调查所已经被迫再次西迁至重庆北碚。6 月 29 日，地质调查所行政事务负责人周赞衡回信告知，尽管比林和阳士的手稿及图版已被带到北碚，但是"由于缺乏印刷材料和设备，科学论文印刷更加困难"[80]。虽然周赞衡表示："我们期待在条件允许的情况下尽快印刷这些专著"[81]。然而由于战争的持续，《中国古生物志》不得不被无限期地推迟出版。

全面抗战爆发后，为满足后方需要、增强中国抗战实力，时任经济部长的翁文灏一再要求

地质调查所将更多精力转向实用性的矿产资源调查，学术著作的出版则"宜力求简单，印刷纸张不必过求华美，著述文章不妨略为紧缩"[82]。1939年6月24日，黄汲清正式致函安特生："（来自科学界的）舆论迫使我们停止出版《中国古生物志》。在公众眼里，甚至那些研究古生代和中生代化石的工作都比考古更有实用价值。况且可资利用的基金已不足以出版长篇且'豪华的'《中国古生物志》"[83]。

然而，面对无休止的战争和即将退休的年龄，深感时不我待的安特生决定重写一本"浓缩的概要"，一部《甘肃考古记》的"扩写版"并公开出版。由于《中国古生物志》宣布停刊，出版问题必须另辟蹊径。为此，安特生与时任东方博物馆馆长的高本汉，反复研讨如何克服他们所面临的一系列障碍。

（1）与中国地质调查所的协议。1924年协议明确规定，所有研究成果必须发表在《中国古生物志》，而中方迫于形势已正式宣布《中国古生物志》停刊。如果安特生能从瑞典私人赞助者募集到足够资金，仍可按此前先例以《中国古生物志》的形式在瑞典印刷出版。然而，尽管作为中立国的瑞典没有直接介入战争，但是经济同样困难重重，"税率太高，生活费用飞涨"[84]，募集私人资金支持学术著作出版的美景不再，安特生与高本汉"维持原出版计划的所有努力均惨遭失败"[85]。

（2）寻求瑞典政府的基金资助。当时瑞典有一项已经成立15年的"人文基金"，专门补贴期于出版，"但它有一条基本原则——凡用政府基金出版的论文，必须在瑞典出版物上发表。这是不可变更的条款，从来不曾有例外。在此项规则的约束下，瑞典政府补助金不可能资助《中国古生物志》的出版"[86]。

（3）是死守1924年协议，继续等待，直至恢复战前状态，还是另辟蹊径，寻求现实可行的权变之路？年近七旬的安特生希望有生之年能看到自己的重要成果公开出版。若想尽快出版这些报告，争取瑞典政府资助是唯一现实的选择。安特生与高本汉的结论是：撰写一部总结性的概要，发表在由瑞典政府资助出版的《东方博物馆馆刊》。突破中瑞1924年合作协议，能否得到中方的同意便成为关键。

安特生于1940年8月致信黄汲清，一方面请其将此前交付出版的著作手稿和图版退回，一方面探讨变通出版的可能。此时黄汲清已辞去所长职务，安特生并未得到期待的回复。于是，他于1941年11月28日再次向翁文灏求助，希望翁文灏与新任所长商讨这个"变通"的出版方案[87]。次年2月17日，安特生再度致函翁文灏，催问中方意见，并请翁文灏与现任所长讨论出版事宜。他表示，鉴于动荡的政局和日渐衰老的年纪，他已将全部史前考古研究成果撰写成一部总结性概要，如能出版，将赠送地质调查所200份。此后，安特生收到过地质调查所代理所长李春昱1942年9月18日的回复[88]。1943年4月末，安特生再度向高本汉提出退休返乡和论文早日付印的请求，"要求高本汉教授将此作为一项不可抗力事件来处理，开始出版我的概要"[89]。

1944 年年中，翁文灏收到一份来自遥远北欧的礼物——《东方博物馆馆刊》第 15 号，以及安特生和高本汉发自 1944 年 1 月 4 日的信函。《东方博物馆馆刊》第 15 号的红色封面上印有仰韶陶器人头形器盖，扉页上标注着："本刊由人文基金资助出版（This Volume Has Been Printed with A Grant from Humanistiska Fonden）"[90]。全刊共有正文 300 余页，照片与器物绘图 200 余页，全刊内容为安特生《中国史前史研究》（Researches into the Prehistory of the Chinese）。安特生在信中向翁文灏解释：由于战争造成的经济困难，他在瑞典未能获得私人资助，无法按照当年协议以《中国古生物志》系列著作的形式出版。经与高本汉协商，决定以概要的形式在《东方博物馆馆刊》发表。该刊将赠送地质调查所 200 份，正等待装船运往中国。高本汉也在信中详细解释瑞典方面在《东方博物馆馆刊》发表安特生研究总报告的考虑，并与翁文灏商议剩余报告的出版计划。他一再表示如下内容[91]。

> 我们诚挚地希望您能够发现我们使用的救命良方对中国和整个科学界都是有利的。战争毕竟属于不可抗力，不能无视它的存在，更无法轻易消除它，我们已经在困境中做了最大的努力。……
>
> 我写下如此详尽的报告寄给您，而不是直接寄给中国地质调查所所长，是因为我知道您是最早与安特生博士和丁文江博士共同组织开展这项伟大计划的人，能够更准确地判断此事的现实性，并且更清楚地认识到面临的困难和新计划的优势。若您愿意出面代表我们与现任中国地质调查所所长接洽，我将不胜感激。如果您或者现任所长能够复电，告知您们赞同新的出版计划，我将不胜感激。为方便沟通，电报最好发给中国驻斯德哥尔摩公使馆。

收到《东方博物馆馆刊》后，翁文灏于 1944 年 6 月 5 日复函安特生，对安特生和高本汉表示感谢和祝贺[92]。

> 很高兴收到两卷精美的《东方博物馆馆刊》，献给王储古斯塔夫·阿道夫 60 岁生日的第 14 号和刊有大作《中国史前史研究》的第 15 号。这些出版物，让我们与瑞典对我国早期文化和文物进行的卓越研究再度建立起联系。特别是在这个世界动荡时期，这些刊物能够安全抵达的确是一件非常令人高兴的事。对您和现任东方博物馆馆长高本汉博士表示诚挚的感谢，感谢您们从那么遥远的地方给我寄来这些著作，恢复了我们早先在中国科学工作中的伟大友谊。艰苦抗战已经七年，中国仍在严峻的战争压力下苦苦挣扎，瑞典科学工作的消息在这里永远受到欢迎。

翁文灏的感谢和祝贺，可以视为中方对瑞方这一"权变"安排的认可。《中国史前史研究》在世界大战的烽火中出版，不但是学术进步的重要成果，人类科学史的光荣一页，有益于中国考古学的进步和国际影响力的拓展，也给"战争压力下苦苦挣扎"的人们带来一缕温暖的亮光。

四、结语

1924 年，安特生与丁文江、翁文灏在平等互信互惠的原则下，共同协商、签订中瑞有关仰韶文化研究的合作协议，包括文物分配与成果出版的原则与具体办法，成为中瑞科学合作的法律性保障。

截至全面抗战爆发前，瑞典方面总共返还七批仰韶文物。在返还过程中，中瑞学者信守协议精神，共同履行协议内容。虽然返还进度延误，甚至出现误解和矛盾，但双方均秉持以科学为重的精神和相互尊重的态度，使问题得到恰当处理。瑞方的延误，也并非完全不能理解。首先是考古标本的安置、拆包、贴标、登记、修复、摄影、绘图、研究等一系列工作，需要耗费大量时间和人财物力[93]。其次，安特生也曾多次表明自己"并非专业的考古学家，更不是汉学家"[94]。这些都增加了研究的难度，也造成了返还的难度。

在成果发表方面，1934 年巴尔姆格伦的《甘肃半山及马厂随葬陶器》，"应用类型演变原则分析随葬陶器，首次在史前考古领域具体展示了文化内部器型变化"，成为中国史前考古研究中的第一本类型学专著[95]。此后，瑞典方面已完成多部著作，但因资金、战争等原因，出版被无限期搁置。最后，在安特生、高本汉的权衡变通之下，安特生的考古学研究概要《中国史前史研究》发表在瑞典《东方博物馆馆刊》第 15 号。比林·阿尔丁在原作《齐家坪遗址》基础上补充罗汉堂资料，最终以《甘肃齐家坪和罗汉堂遗址》发表在《东方博物馆馆刊》第 18 号[96]。马家窑遗址发掘报告则迟至 1956 年才出版，由夏义普（Bo Sommarström）撰写发表在《东方博物馆馆刊》第 28 号[97]。

虽然安特生曾表示过，计划在重返中国之前完成全部文物返还工作，然而是否已经应还尽还，21 世纪初亲临东方博物馆的中国考古学家注意到："目前存放在东方博物馆的文物上，还有不少写着 P（北京）字样，这些文物原本就是准备归还中国的"[98]。如果没有战争，是否还会有后续文物返还呢？至少并没有看到双方确认文物返还工作完成、合作全部结束的相关记录，是否也可以说协议至今仍尚未执行完毕？

中瑞仰韶文化研究合作是建立在双方平等互利互信基础之上，并得到两国政府官方批准授权，是有计划有目标、采用科学方法、执行科学标准的纯科学活动，既不是盲目的更不是投机性的。这些成果也凝结着翁文灏及中国科学家们的智慧、汗水和心血。中瑞双方学者在仰韶文化研究中的互动，也是中外科学合作的成功范例，对于中国考古学乃至整个近代科学事业的发展，均有重大意义和深远影响。

注释：

［1］《发扬严谨求实艰苦奋斗敬业奉献的优良传统 努力建设中国特色中国风格中国气派的考古学》，《人民日报》2021 年 10 月 18 日第 1 版。

［2］安特生在中国的命运经历从"学者"到"殖民主义和帝国主义的帮凶"再到"学者"的回归。1985 年后，

出现探讨中瑞仰韶考古合作的相关研究，这些研究从学术史角度论及瑞典学者对中国考古学的影响与贡

献，展示了中瑞学者在仰韶文化考古过程中的交流与合作。陈星灿还利用瑞典东方博物馆所藏档案，揭

示中瑞之间的科学合作及安特生与丁文江、翁文灏、李济、胡适、杨钟健等中国学者的学术交往。

a. 陈星灿：《安特生与中国史前考古学的早期研究——为纪念仰韶文化发现七十周年而作》，《华夏考古》

1991 年第 4 期、1992 年第 1 期。

b. 陈星灿：《中国史前考古学研究（1895—1949）》，生活·读书·新知三联书店，1997 年。

c. 马思中、陈星灿：《中国之前的中国：安特生、丁文江和中国史前史的发现》，瑞典斯德哥尔摩东方博物

馆，2004 年。

d. 陈星灿：《20 世纪中国考古学史研究论丛》，文物出版社，2009 年。

［3］1921 年翁文灏任地质调查所代理所长，开始主持所务，1926~1938 年间任所长，参与了 1924 年中瑞仰韶

文物分配与合作协议的签订及此后执行的全过程。

［4］关于安特生在华身份，各种记述颇有出入。安特本人名片标识其为"中央政府矿务顾问官"。亦有文献

记载安特生系由农商部地质调查所聘用，如"南京国民政府"1929 年在清理前北京政府积欠技术教育各

洋员薪金之时，因历史案卷无从查核，遂依据前农商部职员回忆，确定其为地质调查所聘用人员。但据

北京政府的《政府公报》所载，安特生系由农商部聘为矿政顾问。为此农商部矿政局还先后聘用新常富

（Erik T. Nyström）、丁格兰（T. R. Tegengren）为安特生之"记室"（助手）。

a. "训令第 4004 号"，《行政院公报》第 101 号，1929 年 11 月 14 日。

b. 中国第二历史档案馆第 1038 全宗，第 2195、2297 卷。

［5］韩琦：《从矿务顾问、化石采集者到考古学家——安特生在中国的科学活动》，见《旧学新知——中欧知识

与技术之演变》（法国汉学·第 18 辑），中华书局，2019 年。

［6］1916 年 1 月 15 日，北京政府任张轶欧为农商部地质调查局局长，安特生、丁文江为会办。参见"本部

纪事"，《农商公报》第 2 卷第 7 册，1916 年 2 月 15 日。

［7］翁文灏：《地质矿产陈列馆第一次报告》（1925 年 5 月 9 日），中研院近代史研究所档案馆，档案编号 08-

24-005-01。

［8］翁文灏：《近十年来中国史前时代之新发现》，《科学》1926 年第 6 期。

［9］Andersson J. G.，*China Fights for the World*，London：Kegan Paul，Trench，Trubner &Co. Ltd，1939，p.

ix，中国历史研究院图书档案馆藏。

［10］丁文江：《我所知道的翁咏霓——一个朋友病榻前的感想》，《独立评论》第 97 期，1934 年 4 月 22 日。

［11］翁文灏：《丁文江先生传》，《地质论评》1941 年第 1、2 期合刊。

［12］柏古通（David Bergström），1919~1922 年任瑞典驻华公使。参见石源华：《中华民国外交史辞典》，上海

古籍出版社，1996 年，第 811 页。

［13］半：《中瑞科学会之梗概》，《申报》1922 年 7 月 16 日第 7 版。

［14］同［13］。

［15］实际上，1927 年中瑞合组西北科学考察团所草签的协议，也仍是以 1922 年协议为蓝本。参见陈星灿：
《安特生当年发掘的文物是如何运出中国的》，《中国文物报》2007 年 6 月 8 日第 7 版。

［16］翁文灏致安特生函（1924 年 11 月 10 日），《翁文灏往来函电集（1909~1949）》，团结出版社，2020 年，
第 9 页。下引此书，版本均同。引用时对书中翻译有所修正，本文所征引英文信件均由本文作者翻译。

［17］《翁文灏往来函电集（1909~1949）》第 10、11 页，安特生致翁文灏函（1924 年 11 月 12 日）。

［18］《翁文灏往来函电集（1909~1949）》第 12 页，翁文灏致安特生函（1924 年 11 月 17 日）。

［19］签名者为瑞典王储古斯塔夫·阿道夫（Gustaf Adolf），贡纳尔·安德森（Gunnar Andersson），安列克
塞·拉各留斯（Axel Lagrelius）。

［20］《翁文灏往来函电集（1909~1949）》第 251、252 页，瑞典中国研究委员会函（1924 年 12 月 31 日）。

［21］《翁文灏往来函电集（1909~1949）》第 253 页，翁文灏与丁文江致瑞典中国研究委员会函（1925 年 2 月
2 日）。

［22］协议译文参见陈星灿：《安特生当年发掘的文物是如何运出中国的》，《中国文物报》2007 年 6 月 8 日第
7 版。

［23］在此期间任中国驻瑞典公使的有戴陈霖（1924~1926 年）、曾宗鉴（1926~1929 年）、诸昌年（1929~1934
年）、谭伯羽（1934~1936 年，代办）、王景岐（1936~1938 年）、谢维麟（1938~1947 年）等人。参见郭
卿友等：《中华民国时期军政职官志》，甘肃人民出版社，1990 年，第 101、703 页。在安特生通信档案中，
有不少与诸昌年的往来通信。

［24］同［20］。

［25］同［13］。

［26］同［13］。

［27］同［20］。

［28］在七批瑞典返还文物目录中有 1 件陶器盖。安特生《中国史前史研究》一书中，共有 3 件人头形陶器盖
插图。其中 1 件返还中国，1 件留在瑞典，另 1 件头顶盘蛇的陶器盖系购自巴黎。

a. 同［17］。

b. Andersson J. G., "Researches into the Prehistory of the Chinese", *The Bulletin of the Museum of Far Eastern
Antiquities（BMFEA）*, 1943, No.15, pp. 186-187.

c. 马思中、陈星灿：《中国之前的中国：安特生、丁文江和中国史前史的发现》，瑞典斯德哥尔摩东方博
物馆，2004 年，第 145、147—149 页。

［29］同［17］。

［30］Andersson J. G., "Origin and Aims of the Museum of Far Eastern Antiquities", *BMFEA*, 1929, No. 1, pp.
24-25.

［31］《翁文灏往来函电集（1909~1949）》第 17 页，安特生致翁文灏函（1926 年 3 月 15 日）。

［32］商谈结果如何尚不得而知，似乎续订了合同，因为1927年7月翁文灏与安特生协商《中国古生物志》出版计划时，其出版预算包含了安特生未来六年的工资。

  a. 翁文灏致安特生函（1926年5月29日），安特生通信（1924~1927年）EIA-01，0380~0382，东方博物馆档案。

  b. 翁文灏致安特生函（1927年7月5日），安特生通信（1924~1927年）EIA-01，0792~0797，东方博物馆档案。

［33］翁文灏致安特生函（1927年5月25日），安特生通信（1924~1927年）EIA-01，0802、0803，东方博物馆档案。

［34］安特生致翁文灏函（1927年8月25日），安特生通信（1924~1927年）EIA-01，0810a、0810b，东方博物馆档案。

［35］同［34］。

［36］翁文灏致安特生函（1927年11月28日），安特生通信（1924~1927年）EIA-01，0806，东方博物馆档案。

［37］安特生致翁文灏函（1928年9月8日），安特生通信（1928年）EIA-02，0712，东方博物馆档案。

［38］安特生致翁文灏函（1928年8月15日），安特生通信（1928年）EIA-02，0713、0714，东方博物馆档案。

［39］安特生致翁文灏函（1929年9月4日），安特生通信（1929年）EIA-03，0649，东方博物馆档案。

［40］翁文灏致安特生函（1929年11月19日），安特生通信（1929年）EIA-03，0644~0646，东方博物馆档案。

［41］a. 安特生致翁文灏函（1930年2月27日），安特生通信（1930年）EIA-04，0689，东方博物馆档案。

  b. 安特生致翁文灏函（1930年4月25日），安特生通信（1930年）EIA-04，0688a、0688b，东方博物馆档案。

［42］安特生致翁文灏函（1930年7月3日），安特生通信（1930年）EIA-04，0683、0684，东方博物馆档案。

［43］丁文江致瑞典王太子函（1930年10月30日），安特生通信（1930年）EIA-04，0302~0305，东方博物馆档案。

［44］安特生致丁文江函（1930年11月21日），安特生通信（1930年）EIA-04，0605a、0605b、0606a、0606b，东方博物馆档案。

［45］安特生致丁文江函（1931年1月19日），安特生通信（1931~1932年）EIA-06，0106、0107，东方博物馆档案。

［46］翁文灏致安特生函（1931年8月3日），安特生通信（1931~1932年）EIA-06，0248、0249，东方博物馆档案。

［47］翁文灏致安特生函（1932年1月12日），安特生通信（1932年）EIA-07，0802，东方博物馆档案。

［48］安特生致翁文灏函（1932年8月9日），安特生通信（1932年）EIA-07，0815，东方博物馆档案。

［49］安特生致翁文灏函（1932年7月4日），安特生通信（1932年）EIA-07，0813a、0813b，东方博物馆档案。

［50］同［49］。

［51］同［49］。

［52］翁文灏致安特生函（1932 年 10 月 21 日），安特生通信（1932 年）EIA–07，0826，东方博物馆档案。

［53］李学通：《翁文灏年谱》，山东教育出版社，2005 年，第 94、97 页。

［54］a. 安特生致翁文灏函（1934 年 8 月 15 日），安特生通信（1934 年）EIA–10，0531、0532，东方博物馆档案。

　　　b. 安特生致丁文江函（1934 年 8 月 17 日），安特生通信（1934 年）EIA–10，0459a、0459b，东方博物馆档案。

［55］安特生致翁文灏函（1936 年 9 月 22 日），安特生通信（1936 年）EIA–14，0440，东方博物馆档案。地质调查所已于 1935 年从北京迁至南京。

［56］安特生著，袁复礼译：《奉天锦西县沙锅屯洞穴层》序，见《中国古生物志》丁种第 1 号第 1 册，农商部地质调查所，1923 年。

［57］《翁文灏往来函电集（1909~1949）》，安特生致翁文灏函（1924 年 9 月 25 日），第 4~9 页。

［58］阿尔纳：《河南石器时代之着色陶器》，乐森璕译，见《中国古生物志》丁种第 1 号第 2 册，农商部地质调查所，1925 年。

［59］巴尔姆格伦：《半山及马厂随葬陶器》，见《中国古生物志》丁种第 3 号第 1 册，实业部地质调查所、北平研究院地质学研究所，1934 年。

［60］王学深：《民国时期瑞典汉学家潘古仁其人及护照藏品考释》，《档案》2020 年第 7 期。潘古仁，即是尼尔斯·巴尔姆格伦（Nils Palmgren，1890~1955 年）的中文名。

［61］安特生致丁文江、翁文灏函（1926 年 5 月 3 日），安特生通信（1924~1927 年）EIA–01，0354、0355，东方博物馆档案。

［62］同［34］。

［63］翁文灏致安特生函（1932 年 9 月 16 日），安特生通信（1932 年）EIA–07，0976~0978，东方博物馆档案。

［64］同［54］a。

［65］原文为：Pan Shan Mortuary Ceramics。

［66］同［44］。

［67］"1932 年《中国古生物志》待印出版物"（1931 年 12 月 11 日），安特生通信（1931~1932 年）EIA–06，0257，东方博物馆档案。

［68］Bylin–Althins M.，"The Site of Ch'i Chia P'ing and Lo Han Tang in Kansu"，*BMFEA*，1946，No. 18，p. 383.

［69］同［49］。

［70］a. 翁文灏致安特生函（1932 年 12 月 31 日），安特生通信（1932 年）EIA–07，0830，东方博物馆档案。

　　　b. 安特生致翁文灏函（1933 年 2 月 23 日），安特生通信（1933 年）EIA–09，0417a、0417b，东方博物馆档案。

　　　c. 翁文灏致安特生函（1933 年 4 月 25 日），安特生通信（1933 年）EIA–09，0428~0430，东方博物馆档案。

［71］Rydh H.，"On Symbolism in Mortuary Ceramics（with 11 Plates）"，*BMFEA*，1929，No. 1.

［72］Karlgren B.，"Some Fecundity Symbols in Ancient China（with 6 Plates）"，*BMFEA*，1930，No. 2.

［73］安特生致丁文江函（1931 年 1 月 10 日），安特生通信（1931~1932 年）EIA-06，0096~0100，东方博物馆档案。

［74］即以下三项研究：a. Andersson J. G.，*The Prehistoric Sites of Northern China*.
b. Bylin-Althins M.，*The Ch'i Chia P'ing Site*.
c. Janse O.，*The Sien Tien Mortuary Pottery*. 参见安特生致翁文灏函（1936 年 8 月 8 日），安特生通信（1936 年）EIA-14，0361a、0361b、0362a、0362b，东方博物馆档案。

［75］Andersson J. G.，*China Fights for the World*，London：Kegan Paul，Trench，Trubner & Co. Ltd，1939，pp. 12，17-25.

［76］李学通、李锐洁：《安特生访华与〈中国为世界而战〉》，《科学文化评论》2022 年第 3 期。

［77］安特生致戈岱司函（1937 年 11 月 17 日），安特生通信（1936~1938 年）EIA-15，0169，东方博物馆档案。越南之行系受河内法兰西远东学院教授戈岱司（Mons. George Cœdès）邀请。

［78］安特生致瑞典中国研究委员会函（1937 年 11 月 15 日），安特生通信（1936~1938 年）EIA-15，0165、0166，东方博物馆档案。

［79］周赞衡致安特生函（1938 年 3 月 30 日），安特生通信（1937~1938 年）EIA-16，0038，东方博物馆档案。

［80］周赞衡致安特生函（1939 年 6 月 29 日），安特生通信（1939 年）EIA-18，0004，东方博物馆档案。

［81］同［80］。

［82］翁文灏：《抗战时期几种地质工作的商榷》，《地质论评》1940 年第 4 期。

［83］据安特生致翁文灏函（1944 年 1 月 4 日）中转述。安特生致翁文灏函（1944 年 1 月 4 日），安特生通信（1939~1950 年）EIA-19，0691a、0961b，东方博物馆档案。

［84］安特生致翁文灏函（1944 年 1 月 4 日），安特生通信（1939~1950 年）EIA-19，0692，东方博物馆档案。

［85］高本汉致翁文灏函（1944 年 1 月 4 日），安特生通信（1939~1950 年）EIA-19，0688b，东方博物馆档案。

［86］同［85］。

［87］《翁文灏往来函电集（1909~1949）》，安特生致翁文灏函（1941 年 11 月 28 日），第 20、21 页。

［88］目前没有发现李春昱的回信，不了解其具体内容。在 1942 年 2 月 17 日安特生给翁文灏的信后附注有如下信息："据代所长李春昱先生 1942 年 9 月 18 日来函证实，我 1941 年 11 月 28 日的信函您已收悉"。见安特生致翁文灏函（1942 年 2 月 17 日），安特生通信（1939~1950 年）EIA-19，0693，东方博物馆档案。

［89］安特生致翁文灏函（1944 年 1 月 4 日），安特生通信（1939~1950 年）EIA-19，0691b，东方博物馆档案。

［90］Andersson J. G.，"Researches into the Prehistory of the Chinese"，*BMFEA*，1943，No. 15.

［91］高本汉致翁文灏函（1944 年 1 月 4 日），安特生通信（1939~1950 年）EIA-19，0689b、0690a、0690b，东方博物馆档案。

［92］《翁文灏往来函电集（1909~1949）》，翁文灏致安特生函（1944 年 6 月 5 日），第 23 页。

［93］安特生于 1928 年致步达生函中提及，未来五年仍需额外助手，协助处理仰韶考古标本的贴标登记、铜器修复、陶器修复、摄影、绘图等工作。参见安特生致步达生函（1928 年 7 月 26 日），安特生通信（1928）EIA-02，0048、0049、0050，东方博物馆档案。

［94］安特生致丁文江函（1931 年 1 月 10 日），安特生通信（1931~1932 年）EIA-06，0096~9100，东方博物馆档案。

［95］参见陈星灿：《中国史前考古学史研究（1895—1949）》，生活·读书·新知三联书店，1997 年，第 243—249 页。

［96］Bylin-Althins M.，"The Site of Ch'i Chia P'ing and Lo Han Tang in Kansu"，*BMFEA*，1946，No. 18.

［97］Sommarström B.，"The Site of Ma-kia-yao"，*BMFEA*，1956，No. 28.

［98］同［22］。

《中华远古之文化》重要价值再认识

——纪念中国考古学初创标志性发掘研究报告发表100年

◎魏兴涛　◎宋　倩

仰韶村遗址的发现发掘与《中华远古之文化》的发表

1914—1924年，瑞典籍学者安特生（Johan Gunnar Andersson，1874.7.3—1960.10.29）受聘为中国北洋政府农商部矿政顾问，主要负责寻找铁矿和煤矿，并着重于新生代地质学的研究，后来兴趣逐渐转移到古生物学和考古学方面。1918年安特生在河南省的一些地点考察，曾到渑池县一带调查古生物化石。1920年秋他又派采集员刘长山来河南进一步收集哺乳动物化石，同时搜寻石器及相关线索，此次采集、收购到600余件石器大多为磨制石器且主要来自渑池县仰韶村附近。安特生见到运回的石器后，初步判断仰韶村一带很可能存在远古人类生活遗迹。1921年4月安特生一行来到渑池，前往仰韶村进行详细调查，其确信这里为一处重要的中国远古时代文化遗址。为了进一步搞清遗址内涵和文化特征，认为极有必要进行一次科学的考古发掘。1921年秋在中国地质调查所领导的支持下，经农商部呈报北洋政府国务院的发掘申请获得批文后，安特生带领其在地质调查所的刘长山、陈德广、白万玉、姚某等五位中国助手，新聘技师袁复礼，以及加拿大人类学家步达生（Davidson Black）和奥地利古生物学家师丹斯基（Otto Zdansky），对仰韶村遗址进行了正式发掘。10月27日开始，至12月1日，历时35天。发掘所获资料经过仔细整理研究，1922年1月安特生将其主要成果即《中华远古之文化》主体部分在北京中外学者联谊会（文友会）上演讲，同年9月考古报告英文稿撰写完成。1923年1月袁复礼在首刊的北京大学《国学季刊》（第一卷第1号）上发表《记新发现的石器时代文化》，简略介绍本次发掘工作的发现和收获，是中国现代考古学史上的第一篇中文考古简报。1923年10月安特生在农商部地质调查所主办的《地质汇报》第五号第一册上正式发表《中华远古之文化》（*An Early Chinese Culture*），并发行摘印本，报告仰韶村遗址发掘和研究成果。

安特生1902年毕业于瑞典乌普萨拉大学，获博士学位，地质学家、古生物学家、考古学家。1906—1914年任瑞典地质调查所所长。1914年开始受聘为中国政府农商部矿政顾问，任职于中国近代成立最早、规模最大、最具国际声誉的国立科研机构中国地质调查所（新中国建立后改组为中国科学院地质研究所，即现在的中国科学院地质与地球物理研究所的前身之一），1920—1924 年又兼任中国地质调查所地质矿产陈列馆（中国地质博物馆前身）馆长。他 1921 年领导发掘了仰韶村遗址，1923 年编著、发表《中华远古之文化》，拉开了中国现代考古学的序幕，被誉为"仰韶文化之父"。1923—1924 年他前往甘肃、青海地区进行考古调查，成果于 1925 年出版，即《甘肃考古记》（ *Archaeological Research in Kansu* ）。1924 年聘任期满后他返回瑞典，1926—1939 年任瑞典远东古物馆馆长，直至退休。怀着对中国的深厚感情，他于 1926、1937 年再回中国访问，与有关学者进行学术交流。1934 年，他把在中国从事考古活动的经历写成《黄土的儿女》（ *Children of the Yellow Earth* ），后于 1943、1947 年又分别出版《中国史前史研究》（ *Researches into the Prehistory of the Chinese Culture* ）、《河南史前遗址》（ *Prehistoric Sites in Honan* ）等专著。

仰韶村遗址的发掘（左图为安特生、袁复礼和当地村民，右图为发掘现场）

袁复礼（1893.12.31—1987.5.22），河北徐水人，毕业于美国哥伦比亚大学，著名地质学家、地质教育家。1921 年入职为中国地质调查所技师，既是仰韶村遗址发掘的主要成员，承担发掘、现场记录、地形调查、测绘遗址图、英语翻译、协调处理发掘中遇到的纠纷等工作，又帮助安

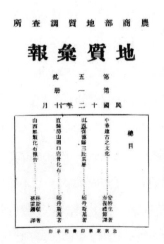
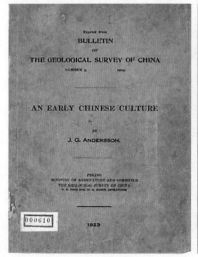

《中华远古之文化》的刊印

特生整理发掘资料，并于 1923 年 1 月在北京大学《国学季刊》上刊发仰韶村遗址考古发掘简报，尤其用中文节译《中华远古之文化》主要内容，实际上应是《中华远古之文化》的第二作者。

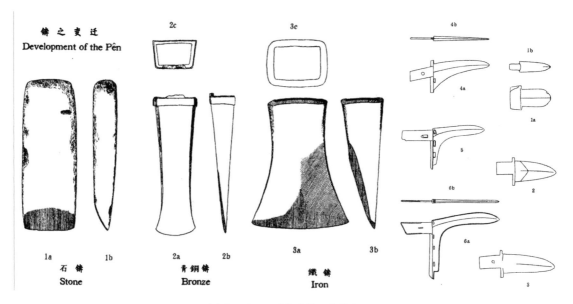

《中华远古之文化》中锛和戈的变迁

《中华远古之文化》的主要内容

《中华远古之文化》由安特生撰写英文，主要内容经袁复礼中文翻译，分为英、中文两部分。英文部分原文共 68 页，另附图版 17 张。其中正文分六个章节，章节无标题，计 42 页。正文后为 17 张图版的文字说明，计 26 页。中文部分对六个章节正文内容归纳命名了标题，正文 27 页，其后 18 页为文后图版的文字说明，共计 45 页。中文为繁体字竖排。《中华远古之文化》是一部英文、中文或谓中英文双语的考古发掘研究报告。

袁复礼对六个章节中文标题定名为（以下均引自重印版安特生：《中华远古之文化》，袁复礼节译，文物出版社，2011 年，中文为简体字横排）："绪言""中国器形之源流""古代文化之遗址""石器遗址之年代""仰韶文化与中国人种之关系""仰韶文化与古代外国文化之关系"。

在"绪言"中，安特生介绍他"在中国北方诸省调查地质上之第三纪第四纪地层"，兼及"远古人迹之研究"，"今所发见最多、散布颇广者，似当属之新石器时代之末期"。他认为对遗址的调查采掘，地质学与考古学实际研究往往互相为用。"关于方法者，如判别古代器物之新旧，文化发达之次第，为考古学之要事，皆不得不借助于地质学之测绘地形鉴定地层诸方法"。

"中国器形之源流"部分，考证中国古代长方刀、锛、戈三类器物的源流与发展，认为"中国金属器物数种，如铚镰、锛、戈等，或为近今物，或为铜器时代或铁器初期时物。然重要之点在其形所自出之石器远祖，皆可于中国北部土中得之，足为近今与远古文化连接之实证"。

指出中国存在石器时代。"盖吾人已发现规模宏大之遗址，所极力搜寻，从未得一金属器。而所得者为石，为骨，为鹿角，为猪牙，为贝壳所制诸器，计百余种。布散于黄河流域河南一带，有史以来即为中国人种发祥之地者也。所遗石器表明当时石器工业发达完善……此皆事实证明无可疑者"。

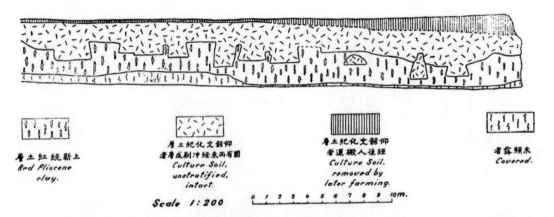

《中华远古之文化》中仰韶村遗址道路旁露出地层及"袋形窟穴"

"古代文化之遗址"部分主要介绍对沙锅屯洞穴和仰韶村遗址的发现和发掘过程及获得的遗迹遗物信息。

（1）奉天锦西县沙锅屯洞穴。安特生 1921 年在东北奉天一带调查煤矿时发现。洞穴中古代器物甚多，且有人类骨骸。书中简要交代了沙锅屯洞穴周围的地质环境和地貌，所出史前石器、骨器、陶器，尤其发现较多石瑗、贝瑗及"红地黑花之陶器残片"，认为"土壤中所得器物皆具'新石器时代'形态"。对比奉天与河南陶器，相同点较多，认为"奉天洞穴之文化当与河南大致同时"。

（2）河南渑池县仰韶村遗址。1920 年采集员刘长山由仰韶村带回石器数百件后，安特生预料此村附近当有石器时代遗址。1921 年 4 月前往调查，在仰韶村南约二里处发现深沟，由沟北道旁见沟壁第三世纪红土之上的灰土层内富含陶片，并发现遗址面积广阔，遗物甚多，破碎陶器最为丰富，其中多有磨光彩陶。"是年秋季呈请中国政府准许复至渑池县仰韶村采掘，蒙农商总次长及地质调查所所长极力赞许，河南省长官及渑池县知事亦均尽力襄助"。

对仰韶村遗址范围、周边环境、地形地貌、水文等进行了考察。遗址甚广，南北 960 米，东西 480 米，平均厚约 3 米。遗址及附近沟壑地形，均经袁复礼详细测量，并按 1：4000 比例、5 米等高线绘制地图。得出"可知在石器古人时代其地当为一大村落无疑矣"的结论。除有临时试探发掘外，采掘地点 17 个。观察到"灰土层每作袋状，包于红土层上部，形如长筒，而上下直径不一。计其直径 1.9 至 2.8 公尺（按：米），深 0.5 至 1.5 公尺。此种袋形层中，未曾发现骨骸，故不能指为坟墓。又中皆实以此址各处寻常所见之灰土，而所藏陶器及他器物又复极为破碎。推究其成因，在未经灰土淹没之前，形状颇似地穴。或即古时石器时代人民所居之地穴"。认为其与欧洲曾发现的储藏之用的窖穴遗迹相近，"欧洲古址尚有他种可与此仰韶穴室相比，即所谓窖穴者"。欧洲"发现之窖穴，曾经学者研究，皆以为地下收藏器物之所。据佛雷尔氏所述似兼作储藏及住室二者之用"。因"吾人对于袋形层尚未得一充分了解"，"希望将来"

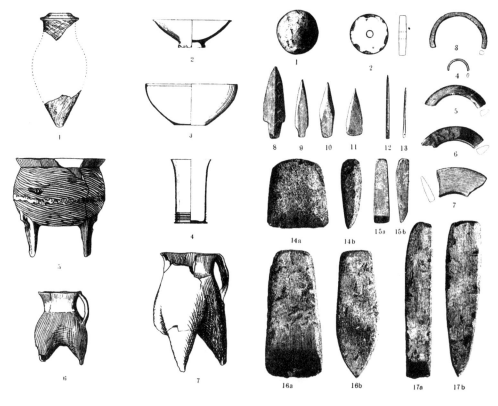

《中华远古之文化》中仰韶村等遗址出土器物

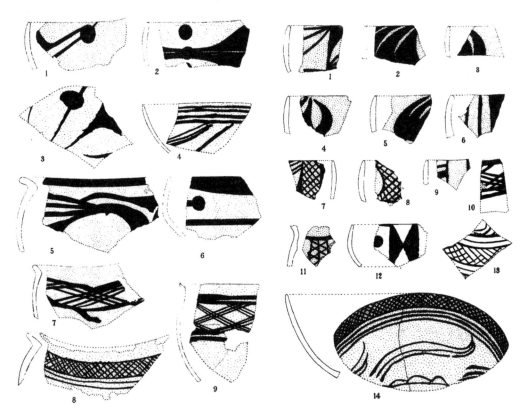

《中华远古之文化》中仰韶村遗址出土彩陶

"再为详查"。

描述所采器物特征，"石斧极多，形式大小不一，无孔"，"更有石凿，及如凿刀之石斧如近世之铸者"，"据石器之大者观之，如耰，如锄，可知在该石器时代亦已有农业矣。更有石或泥烧制之圆锭，作纺织上合线底坠之用，纺织材料当出于植物，可知当时亦已有种植矣。又如陶器上之印文，有绳印或布印者，其绳印显系苎麻所编之绳，亦可见其时已种苎麻。长方石刀碎片甚多，中有一完整者，只具一孔，为区域内所特见者。少数石杵，作磨捣之用"。还介绍扁平石环、石瑗、石镞，少数精小缝纫之骨针，以及骨锥、鹿角斧（应为锄）等。

将仰韶村遗址所出陶器暂分两类，一类为"粗陶器，灰色上有印纹或刻纹。多系手制，工亦粗糙。但亦有经'陶人之磨轮'推圆者，薄而小，手工精细。手制之陶器，其制法多先由布或麻绳作模形，外敷以泥，然后烧之，故各器每有此印纹"。另一类"较前者精致，色多红，因烧时火力强氧化所致。其上每有黑色或间有白色花样者，面皆磋磨光平"。

"石器遗址之年代"部分，安特生认为该遗址"最重要之问题乃其年代"。"从遗址全部而论，似当为新石器时代之末期"，"可以约略推定仰韶时代"，"属于石器及金属器时代之过渡期"，"取本地之名而名之为仰韶文化时代。此时代之遗迹，河南他处亦有发现"。

"仰韶文化与中国人种之关系"部分，判定仰韶文化为"远古之中华文化"。"自仰韶器物形状观之，则全似为汉族遗迹。推想此址历史，当系一生聚已繁之村落，农业亦已甚发展者。所有兽骨尽属豕类，亦有以猪骨作刀环玦者。察其种属要当属家畜之猪，而非野豕。今之汉族固仍以猪肉为食品大宗"。安特生写到在仰韶村遗址采得陶尊，"与周代铜尊亦极相似"。"尤堪注意者为一种三足器，足部为空袋式，每于仰韶灰土层发见之"，"与古物陈列所之周鬲足相近似……惟河南所得之瓦鬲，全部较高而细，并具一耳，余均与铜鬲逼似……更显系为周鬲像形文字"。他提出两种可能，"一，如以鬲足可表明时代为周，则仰韶石器当为周时杂处夷狄之遗迹。二，即仰韶石器为周代以前汉族之器物，其形状至周时仍沿袭不变……如谓周时器形脱胎于石器，自更无不可"。"然余个人意见，则以为仰韶文化之人种当为现代汉族之远祖，或与汉族极近之一民族。换言之，据已发现之各器观之，余以为仰韶遗址，实为未有文字记载以前汉

《中华远古之文化》中"鬲"字演变及新石器时代陶鬲、周代铜鬲（图①为龙山文化陶鬲，图②③为周代铜鬲）

890

族文化所遗留也"。

"仰韶文化与古代外国文化之关系"部分，安特生将仰韶文化制作精美的磨光彩陶器与意大利西西利岛启龙尼亚，东欧格雷西亚、脱里波留（现多译作特里波列），中亚安诺（又译作亚诺）等地彩陶对比，认为"器工花纹，皆有极似之点"，"河南与西方安诺、脱里波留及西西里曾有交通"，器物可能同出一源。就此问题向国外其他考古学家征询，并罗列了英国郝伯森氏和德国施密特博士的答复观点。安特生认可施密特的谨慎态度。仰韶村彩陶与安诺等近东和欧洲彩陶近似。而仰韶村陶器的年代"当在去今四五千年前之间，是即远在巴比伦之后"，故提出中国彩陶可能是由西方传入的假想，当然"欲完全解决此问题，为日尚远"，认为要"继续研究，方能定论"。

《中华远古之文化》的重要意义

《中华远古之文化》的主体是仰韶村遗址发掘（实为第一次发掘，此后1950年、1980—1981年、2020—2021年又进行了第二、三、四次发掘）的收获和研究成果报告。通过重读《中华远古之文化》及查阅相关材料，我们再次认识到它的重要价值意义：

第一，仰韶村遗址的发掘得到了中国政府正式批准，安特生带领当时中国最早科研机构农商部地质调查所的五名中国助手与同事袁复礼，以及步达生、师丹斯基两位外籍学者，是有计划、有充分准备的一项系统性科学工作。尽管主持者安特生是瑞典籍学者，但其身份为中国政府雇员，是地质调查所的成员，他持有农商

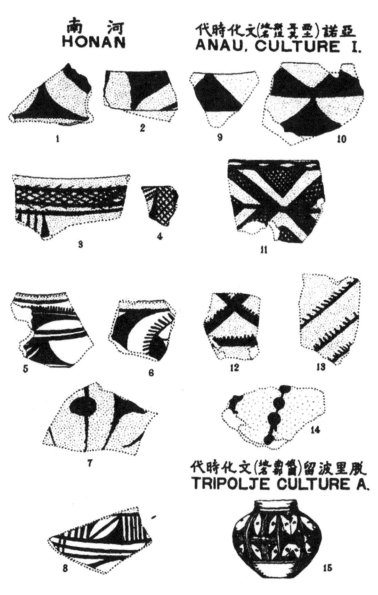

《中华远古之文化》中河南（含仰韶村）与亚诺（即安诺）、脱里波留遗址器物对比

部"护照"要求地方当局接洽支持。师丹斯基等人当时也受聘于地质调查所。本次发掘和仰韶文化的发现是中国自己科学研究机构的工作（陈星灿：《中国现代考古学为何从1921年的仰韶村发掘算起》，《仰韶文化发现暨中国现代考古学诞生100周年纪念丛书》序言，文物出版社，2021年）。发掘工作实属政府行为并具团体考古发掘性质。

第二，田野考古学的主要方法之一地层学借鉴并来源于地质地层学，安特生原来就是著名地质学家，发掘主要人员袁复礼为留学归国的地质学者，其他成员也多为地质工作者，因此发掘中充分运用地质地层学原理，将地层学引入中国考古学，科学属性显著。发掘的动因是旨在搞清楚这处新石器时代遗址的内涵和文化特征，这次工作较成功地初步揭示了遗址的史前文化面貌，是中国第一次以学术研究为目的的正式考古发掘。

第三，采用开探沟的方法发掘，这至今仍是考古发掘的主要方法。袁复礼详细测绘了仰韶村一带地形及遗址范围图、局部地貌平剖面图，其精准程度于今仍具有参考价值。发掘中自上而下按顺序编层，记录出土遗物的数量、种类和特征。发掘所用手铲、毛刷、皮尺、卷尺等现在依然是考古发掘中的必用工具。

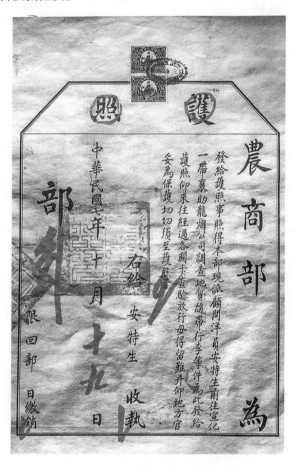

安特生持有的农商部颁发的"护照"

第四，按石、骨、陶等质地介绍出土器物，将陶器分为粗陶器等两类，挑选标本描述、绘图、拍照，将类型学运用于中国考古研究。安特生等人发掘期间还在渑池调查了几处史前遗址，并开展小规模试掘。其研究工作包括考古调查发掘、整理资料、比较分析、编撰报告、论述认识、发表研究成果，基本涵盖今天田野考古和研究工作的全过程。

第五，工作目标明确，即为了探索中国史前文化。经过发掘和研究系统提出"仰韶文化"，以及"仰韶文化时代""仰韶时代"的概念，不仅确立了中国第一个史前文化——仰韶文化，还对此文化尤其是彩陶的分布范围、来源等特别关注，引入了国际考古学术语，始创运用考古手段从实物资料方面发现、命名、研究中国古代文化，由首次发现且经过研究具有典型特征的小遗址命名考古学文化成为惯例。

第六，从1921年10—12月发掘，1922年1月安特生演讲公布主要成果，9月完成报告撰稿，到1923年1月袁复礼刊发简报，同年10月正式发表发掘研究报告，开创发掘后尽快整理出版考古报告的良好传统。安特生将仰韶村及其后在甘肃、青海的发掘明确自称为"考古工作"，并就仰韶村遗址出土器物、所属文化及渊源征询英、德等国考古学家的意见，修正自己的认识，其本人也开始被公认为考古学家。

第七，仰韶村遗址发掘与研究取得的重大成果震惊了当时的中国知识阶层，并引起国外学者关注，成为 20 世纪初叶中国科学界的一项重要成就。其示范效应，旋即激发学术界将目光和精力投向广阔田野，开辟了通过出土古代实物研究中国历史的新方法、新思路与新的学术类别，对中国现代考古学技术、方法和理论体系的建立给予了启发。

第八，注重运用多学科知识认识仰韶村遗址和史前遗存，开创以地形地貌的分析解释考古学文化的环境考古学传统；重视人骨、动物骨骼的鉴定和植物痕迹、陶土的分析，开创动植物考古、陶器分析等方面多学科研究的合作传统；考证一些器物的源流与发展，开创以民俗学遗物印证史前文化的人类学传统等，是考古学探究中国文化来源的开山代表之作。

第九，得到史学界、考古学界的高度评价。一些中国考古学史的论者，提出将 1926 年山西夏县西阴遗址发掘和 1928 年开始的河南安阳殷墟遗址发掘尤其是后者作为中国考古学的开端，而西阴与殷墟遗址发掘的主持者、中国考古界早期重要代表人物李济，称仰韶村遗址的发掘，"通过各种专业性和通俗性的报导，发掘成果得到广泛传播"，指出"这一划时代的科学成果，标志着田野考古在欧亚大陆上最古老的国家之一的中国的开始"（李济：《安阳》，河北教育出版社，2000 年）。李济所谓专业性的报道，应主要是指《中华远古之文化》的发表。

陈星灿先生曾充分肯定安特生对中国考古学做出的重要贡献，认为他是中国史前考古学和现代田野考古学的开拓者，只是"由于时代认知及考古材料的有限性"，在书中提出彩陶西来的错误假说，"安特生是一个真正的"并且有"正直的高尚人格的学者"（陈星灿：《安特生与中国史前考古学的早期研究——为纪念仰韶文化发现七十周年而作》，《华夏考古》1991 年第 4 期、1992 年第 1 期）。

第十，除了将仰韶村遗址史前遗存命名为仰韶文化，还最早指出仰韶文化人种当为现代汉族的远祖或与汉族极近之一民族，明确判定仰韶文化的性质为"中华远古之文化"，强调仰韶文化的土著性和民族特点，从根本上否定了中国无石器时代的论调，实证了我国存在发达的新石器时代文化，对中国历史学、人类学、民族学和文化史等具有无比重要的意义。

当然，由于材料和时代的局限性，书中也有一些不太妥帖甚至错误之处。首先，由于安特生采用的是当时国际通行的水平层位发掘法，因此未能区分出不同文化层及各遗迹间的早晚关系，将龙山文化遗物混淆到仰韶文化之中。这涉及黄河中游地区新石器时代文化序列问题，仰韶文化和龙山文化年代关系问题，要到 20 世纪五六十年代三门峡庙底沟遗址的发掘（中国科学院考古研究所：《庙底沟与三里桥》，科学出版社，1959 年）和对洛阳王湾遗址发掘资料深入研究（严文明：《从王湾看仰韶村》，见《仰韶文化研究》，文物出版社，1989 年。本文后标明完成于 1963 年 2 月）后才最终解决。其次，书中遗迹及器物的描述过于简略，如注意到"袋形窖穴"，却未能按单位采集和叙述发掘情况，对发掘出土的遗物，虽谈及质地、种类并注意到其功用，但缺乏对器物的具体信息，诸如数量、规格大小、形制特征等的系统描述。再者，当时国内丰富的史前遗址尚未被发现和发掘，囿于认知的局限，安特生在探讨仰韶村遗址文化源流时将其与欧洲及西亚地区发现的史前彩陶文化对照，提出了错误的"中国彩陶西来说"，等等。

综上所述，仰韶村遗址的发掘，所获资料经详细整理研究，发表了考古发掘研究报告，系统提出、确立中国第一支考古学文化，从此揭开了考古学探索中国史前文化、中华早期文明的精彩序幕。著名考古学家严文明、李伯谦、王巍、陈星灿、李新伟等也都认为这标志着中国考古学的诞生。此后，涌现出一批批优秀考古工作者和史前文化研究者，出版了大量考古报告和研究论著论文，使得 100 年后的今天，仰韶文化研究成就卓著、硕果累累。安特生书中的内容和观点尽管存在一些缺陷，但瑕不掩瑜，其贡献远大于不足。当我们发掘、研究、弘扬仰韶文化，便不能不想起承载仰韶村遗址第一次发掘成果的、在考古学史上拥有重要地位的、影响极为深远的《中华远古之文化》。

文中图片来源：安特生：《中华远古之文化》，袁复礼节译，文物出版社，2011 年；或者为资料图片。

中国新石器时代考古学上的一座里程碑

◎ **张光直**

  摆在大家面前的这部被译成英文出版的考古报告——《庙底沟与三里桥》，是中国新石器时代考古学的一个重要的里程碑。简单回顾原报告产生的历史背景，对读者或许不无裨益。

  直到中华人民共和国成立之前的四十年代后期，中国新石器时代考古学其实可以用两个概念加以总结：仰韶和龙山。仰韶是河南西部渑池县的一个村庄，1921 年安特生在这里发现了中国第一个新石器时代遗址。作为"新石器时代晚期"文化的代表，它的年代被推定为公元前三千纪，以彩陶和截面呈椭圆形的磨光石斧为特征。仰韶文化主要分布在华北西部的黄土地带，集中于河南西部、山西、陕西和甘肃。龙山是山东中部的一个小镇，地处华北东部，1928 年在这里发现了一个新石器时代遗址，因此就用它命名中国的第二个"新石器时代晚期"文化，它以发亮的蛋壳黑陶和方形的磨光石锛著称。

  考古学上所谓的仰韶文化和龙山文化，通过一系列遗址的发现和很少几个遗址的发掘，确实在四十年代后期得以确立，但是它们各自的年代和地理分布范围，它们之间的关系却远非清楚。对仰韶文化遗址调查最为深入的安特生，相信该文化也许是公元前三千纪中叶从西亚进入华北西部地区的。龙山城子崖遗址考古发掘队的领导人李济和梁思永，却认为龙山文化的居民是土著的中国人，分布在东部沿海地区。这两个文化，一个由西向东发展，一个由东向西发展，似乎在河南相遇。河南的考古遗址，出土遗物兼有上述两种文化的特征，既出彩陶也有黑陶片。这些所谓"混合遗址"很自然地被视为两种文化相接触的产物。

  如果庙底沟的发现是在四十年代，那它很可能也会贴上"混合遗址"的标签。但是，五十年代的考古发生了很大变化，新发现带来了新认识，导致重新估价中国新石器时代考古学。庙底沟和三里桥这两个遗址就对新认识的提出做出了自己的贡献。

  随着中华人民共和国的成立，有两件事情对考古学的发展产生了深远影响。第一件是众多大型基本建设项目的实施，使从史前到历史时代的数不尽的考古遗址意外发现。第二件是文物保护法规在全国范围内得以实施。今天，考古学家必须与基建工程的工作人员协同作战，意外的发现也必须妥善处理。

　　五十年代最重要的基建项目，是基于电力和灌溉需要而进行的华北地区多处黄河水库的建设。其中就包括河南西北部三门峡附近的三门峡水库。中国科学院考古研究所（1977 年以后隶属中国社会科学院）因此组成了三门峡水库考古队，在 1955—1959 年间做了大量工作。庙底沟和三里桥就是在此期间因为水库建设而发现和发掘的两个遗址。

　　庙底沟和三里桥遗址出土各类文化遗物的特征，以及它们出土的文化层，本报告均予描述。简要概括如下：三里桥是河南西北部陕县境内的一个小村庄，在这里发现了仰韶文化和典型的龙山文化（即习见的河南类型）遗存。在同属陕县的另外一个村庄，三里桥村南仅 1400 米的庙底沟村，也发现有叠压关系的两种文化遗存。早期的庙底沟一期文化属于仰韶，晚期的庙底沟二期文化，兼有仰韶和龙山两种文化的特征，与四十年代晚期所谓的混合文化遗址相类似。两个遗址三种文化的年代关系略如下述：

　　　　仰韶文化（庙底沟一期和三里桥一期）

　　　　"混合文化"（庙底沟二期）

　　　　龙山文化（三里桥二期）

　　这说明所谓"混合文化"遗址实在只是"过渡期"文化的遗存，也就是说它代表了连续发展的新石器时代文化的一个新的阶段，始于仰韶，终于龙山。这个看似微不足道的结论，却动摇了华北中国的新石器时代考古学。黄河流域的河南，因此不再被不认为是一个起源于东、一个起源于西的两个同时代史前文化的相遇之地，相反，它担当起史前文明发源地的角色，这个史前文明显然是经历了自身内在发展和变化的历史时期中国文明的前身。无怪乎就在《庙底沟和三里桥》这部专刊出版的 1959 年，有几篇文章差不多同时提出中国史前文化的连续发展说，这其中就包括安志敏的《试论黄河流域新石器时代文化》（《考古》1959 年 10 期，第 559—565 页），石兴邦的《黄河流域原始社会考古研究上的若干问题》（《考古》1959 年 10 期，第 565—570 页）；许顺湛的《关于中原新石器时代文化的几个问题》（《文物》1960 年 5 期，第 36—39 页）；和我本人的《中国新石器时代文化断代》（《中央研究院历史语言研究所集刊》1959 年第 30 本，第 259—309 页）。

　　庙底沟和三里桥并不是建立仰韶 – 庙底沟二期和龙山文化连续发展序列的孤例，五十年代后期调查的河南西部的其他一些遗址，特别是洛阳的王湾，也具有同样的性质。但是，本专刊报告的两个遗址，是经过最全面发掘的，它们依然是仰韶文化（庙底沟类型）和庙底沟二期文化的典型遗址，其上述发展序列直到今天在豫西地区依然有效。但是，在 1959 年以后的二十多年间，我们从中国考古学的研究中获益良多，我们有关中国新石器时代考古学的某些观点，与本专刊出版时候的看法大相径庭。指出下面这些新进展对读者也许不无补益，因为它们仍跟庙底沟和三里桥的发现有关。

　　1. 中国科学家从六十年代开始测定考古标本的碳素年代，并在 1972 年发表了第一批数据，因此对我们有关史前中国年代学的认识带来革命。在他最近发表的综合性研究论文《碳 –14 测定年代和中国史前考古学》（《考古》1977 年第 4 期，第 217—232 页）中，中国社会科学院考古研究所的夏鼐所长，把仰韶文化放在公元前 5000—3000 年，龙山文化放在公元前 2800—2300 年。后者在夏鼐的概念里包括龙山早期（庙底沟二期）和晚期（河南龙山文化）。庙底沟和附近一个遗址的年代与这个年代框架恰相符合。

  1. 庙底沟一期（仰韶）

  ZK110 5030±100（半衰期 5568）or 3910±125（树轮校正）

  ZK112 4905±170（半衰期 5568）or 3545±190（树轮校正）

  2. 庙底沟二期（庙底沟二期）

  ZK111 4140±95（半衰期 5568）or 2780±145（树轮校正）

  3. 王湾二期（河南龙山文化）

  ZK126 3838±95（半衰期 5568）or 2390±145（树轮校正）

  最后一个年代数据来自洛阳王湾遗址的龙山文化层，王湾位于陕县之东，其龙山文化同三里桥刚好平行。（以上数据均取自夏鼐 1977 年的论文，只有 ZK112 采自《考古》1978 年第 4 期）。随着华北特别是豫西地区年代数据的增长，庙底沟和三里桥遗址的新石器时代年代学将会更加完善和准确，但是上述数据仍能给我们一个清晰的概念。

  2. 如果说庙底沟和三里桥在史前中国文化连续发展序列的建设初期发挥了至关重要的作用，那么这本专刊发表之后华北地区的考古工作则进一步强化了对文化连续性的认识。尽管庙底沟一期仅仅代表仰韶文化一个地方类型的晚期阶段，但是仰韶文化作为一个整体，在河南北部和陕西至少可以上溯到公元前 5000 年却早为人知。现在，从七十年代后期开始，一系列早期遗址在河北南部、河南中部、陕西和甘肃最东部的渭水流域被发现，这些遗址，以河北南部的磁山和河南中部的裴李岗遗址为代表，经碳十四年代测定在公元前六千纪，其文化遗存在许多方面早于仰韶文化。我们目前在考古上非常接近黄河流域中国农业生活方式的起始阶段了。

  3. 现在很清楚正是由于庙底沟和三里桥的发掘开始解决河南龙山文化的起源问题。但是，山东和沿海地区龙山文化又当如何呢？在 1959 年讨论仰韶 – 龙山文化连续发展的文章中，安志敏和石兴邦都十分慎重地申明，庙底沟的证据只适用于河南龙山文化，山东龙山文化的起源仍然不明。

  为了试图解释山东龙山文化的起源，以及庙底沟二期文化和同时期几个文化的相似性，我在 1959 年提出了"龙山形成期"的概念。所谓"龙山形成期"是指一个跨地区的文化层，即很大范围内的中国史前文化均具有类似的文化形貌，这主要包括河南的庙底沟二期文化、江苏的青莲岗文化、湖北的屈家岭文化、浙江的早期良渚文化等。因为当时河南之外的任何一个地区都没有发现早于这些文化的史前文化，我推测整个龙山形成期文化都是从河南向周围地区的迅速扩张中造成的，这个扩张既包括文化扩张也包括人的移动，起因则是华北核心地区农业革命带来的内部动力。

关于龙山形成期文化起源的假说现在看来是不太可能的。首先，碳素测年不支持庙底沟二期文化是龙山形成期最早期的文化。更重要的是，比龙山形成期更早的很可能是其沿海地区先导文化的史前文化，也相继发现。

另一方面，上述以及一些其他新发现的大致同时的许多龙山形成期文化形貌上的相似性这一重要事实，仍需要加以解释。这个文化层似乎表示一个很大范围的交互作用圈的存在，这是我从已故的约瑟夫·考德威尔借用的概念，交互作用圈由发源于中国不同地区的几个更早的先导文化所构成。这篇新作最近发表在《美洲科学家》（第 69 卷 2 期，1981 年 3—4 月号，第 148—160 页）上。

以三里桥二期文化为代表的河南龙山文化的走向，是中国考古学界讨论的一个重要话题。实际上河南龙山文化遗址众多，河南龙山文化至少可以细分为三种地方类型，即豫中和豫西类型、豫北类型和豫东类型。豫西和豫中地区的河南龙山文化，又被称为王湾类型，一般认为是二里头文化的源头，二里头文化的碳素测年集中在公元前 2000 年前后的几个世纪，二里头文化被许多学者视为是首先从庙底沟和三里桥建立起来的文化发展程序中的夏文明，因此河南龙山文化现在也被纳入中国文明的连续发展的历史长河之中。

这些新进展充分说明华北地区的新石器时代考古学已经迈入一个复杂而多彩的时代，这是 1959 年本专刊出版时我们无法预见的。但是，本专刊对这些新进展的发生发挥了至关重要的作用，其中的考古发现依然有效和重要。本书的英文版无疑将有助于把它置于世界考古经典之列。

此文原是 20 世纪八十年代初张光直先生为《庙底沟与三里桥》一书英文版（后因故未出版）所写的序言，由陈星灿翻译成中文。该书的中英文双语版（中国社会科学院考古研究所编著）即将由文物出版社出版。

中国古代文化连续发展的标杆之作：
重读《庙底沟与三里桥》有感

◎ 朱乃诚

　　《庙底沟与三里桥》是 1959 年出版的新中国第一部新石器时代田野考古专刊，也是中国第二部被翻译成英文出版的中国田野考古专刊，被张光直誉为"是中国新石器时代考古学的一个重要的里程碑"，"世界考古经典之列"[1]。这部田野考古专刊之所以享有如此高的荣誉，是因为她为中国学术界、中国学者解决了被困惑长达 30 多年的一个学术谜团而扬眉吐气。

一、庙底沟与三里桥遗址发掘及《庙底沟与三里桥》产生的学术背景

　　庙底沟与三里桥遗址是在 1953 年冬开展的河南省陕县灵宝考古调查中发现的[2]，1956 年秋至 1957 年底，为配合三门峡水库建设工程，先后对庙底沟遗址和三里桥遗址进行了大规模发掘。

　　20 世纪 50 年代，中国的新石器时代考古研究相当薄弱。在庙底沟、三里桥遗址发掘之前，除了在地域上填补新石器文化遗存分布的空白点外，主要面临着两大学术主题。一是黄河流域的新石器文化发展序列问题，以便以考古学的实证研究澄清中国文化西来的错误学说；二是如何以考古学资料研究中国古代社会，解决从原始公社到奴隶制社会一段中国古代历史中某些关键问题，完善马克思列宁主义的历史理论[3]。后面一项学术主题，在 1954 年开始大规模发掘西安半坡聚落址而正在进行探索，而前面这项学术主题尚未获得突破的线索。

　　1956 年以前面对的黄河流域新石器文化发展序列问题，主要是仰韶文化与龙山文化之间的年代关系、文化关系等问题。这些问题成为束缚中国新石器时代考古研究发展的认识上的瓶颈。

　　仰韶文化与龙山文化的文化关系问题，现在略微具备考古学知识的学者都能认识清楚。然而在庙底沟遗址发掘之前，却是笼罩在中国考古学者头上的一团迷雾。这团迷雾是中国考古学诞生以来所走过的一条特殊的学术发展道路而形成的。

　　1921 年秋，北洋政府农商部矿政顾问、瑞典地质学家安特生发掘河南渑池县仰韶村遗址，

标志着中国考古学的诞生。这次发掘收获，明确了中国存在着新石器时代，命名为"仰韶文化"。安特生还依据发掘仰韶村遗址出土的陶鬲认识到仰韶文化为中华远古文化，而依据仰韶村遗址出土的彩陶，认为这可以证明中国文化西来说[4]。于是，中华远古文化源自西方的实证性认识，伴随着中国考古学的诞生而产生。尔后，安特生通过对青海、甘肃的一系列考古调查与个别遗址的发掘及初步的分析，提出了甘肃远古时代的齐家期、仰韶期、马厂期、辛店期、寺洼期、沙井期先后的六期说，以进一步论证这一观点[5]。

安特生发掘仰韶村遗址在中国学术界激起千层浪，发现的中华远古文化，为中国学者所振奋，而得出的中华文化源自西方的认识则为中国学者所不能接受。然而，苦于没有掌握考古学的反驳证据，中国学者纵然不能接受中华文化西来说，却不能给予有分量的反击。即使李济在1926年10月至12月开展了中国学者第一次主持的考古发掘，在山西省夏县西阴村遗址发掘了200多平方米之后，仅是提出了"西阴村带彩的陶片原始于西阴村"的可能的认识[6]。这一现状至1930年因山东省历城县（今章丘市）龙山镇城子崖遗址的发掘，以及1931年河南省安阳后岗遗址的发掘而开始有所改观。

1930年秋，依据1928年4月吴金鼎发现城子崖遗址的线索开始发掘城子崖遗址，至1931年秋的第二次发掘，确立了龙山文化，李济意识到这一发现"使得对中国文化原始的讨论找到了一个新的端绪"[7]。而1931年梁思永发掘后岗遗址发现小屯、龙山、仰韶三叠层，确认仰韶早于龙山[8]。

然而，当时将山东的龙山遗存与河南的龙山遗存视作为同一类文化遗存，并且仍然认同在仰韶村遗址的彩陶遗存与素面陶遗存是共存关系，接受在甘肃地区齐家期早于仰韶期的认识，于是以仰韶文化由西向东发展，比龙山文化先到豫北地区，龙山文化由东向西发展，到了豫北之后再向豫西发展到达仰韶这么一种地域、时间差关系，来解释后岗遗址发现的仰韶与龙山的早晚关系以及仰韶村遗址中仰韶遗存与龙山遗存混存的现象[9]。

梁思永的这一解释及其认识，成为20世纪三四十年代中国学术界的主流观点，影响极大。以至于夏鼐在1945年发掘甘肃省宁定县（今广河县）阳洼湾遗址，以齐家文化墓葬填土中的

庙底沟遗址（2015年7月26日拍摄）　　　　庙底沟遗址局部地层断面（2015年7月26日拍摄）

半山彩陶片现象，一举纠正了被安特生错置的齐家期早于仰韶期的问题之后[10]，在1951年春再次试掘了仰韶村遗址，却认同仰韶村遗址的"文化是一种仰韶与龙山的混合文化"。[11]

安特生发掘仰韶村遗址将以彩陶为代表的文化遗存与以素面陶、陶鬲为代表的文化遗存混合在一起的问题，尹达在1937年已经开始认识到。他指出：龙山文化与仰韶文化同为中国新石器时代末期的两种不同系统的文化遗存，仰韶村遗址含有龙山和仰韶两种文化遗存，安特生发掘仰韶村遗址将龙山与仰韶两种文化遗存混在了一起；齐家坪遗址是否早于仰韶期，不得遽为定论。尹达在1937年7月7日形成的这一认识因日本侵华战争而拖延至十年之后的1947年才得到公布[12]，没有及时得到学术界的重视。

但是，1953年安志敏等人对河南陕县、灵宝的考古调查，在三里桥遗址发现了龙山文化压在仰韶文化之上的地层关系[13]；1954年河南文物工作队第二队发掘洛阳孙旗屯遗址区分出仰韶文化早晚两期遗存，而晚期遗存中有龙山文化因素[14]；这些现象，引起尹达的特别关注。1955年，尹达在担任中国科学院考古研究所副所长之后提请大家注意：在河南西部也很可能发现龙山文化与仰韶文化的叠压堆积现象，注意把这种层位关系弄清楚。因为，这将是解决龙山文化和仰韶文化在河南西部的先后序列的关键。并希望能够全面而系统地作些典型发掘，对这两种有复杂因素的文化遗址的全貌作一较彻底的认识[15]。

从学术史的角度观察，中国新石器时代考古研究发展至1955年，在河南西部寻找典型遗址进行全面而系统的发掘，以彻底解决仰韶文化与龙山文化的关系问题，成为庙底沟与三里桥遗址发掘之前学术发展迫切需要着手进行的考古工作以及解决的重大学术课题。三门峡水库工程的建设，恰好为实施这一愿望提供了难得的机会与条件。真可谓天赐良机。

二、庙底沟与三里桥遗址发掘的主要收获

庙底沟遗址面积约240000平方米，1956年9月30日至12月6日进行了第一次发掘，1957年3月26日至7月25日进行了第二次发掘，两次发掘了280个探方，揭露面积4480平方米。发现仰韶文化庙底沟类型房址2座、灰坑168个，庙底沟二期文化房址1座、灰坑26个、窑址1座、墓葬145座，以及一批东周、汉唐文化遗存。

三里桥遗址面积约180000平方米，1957年4月12日至8月7日进行了第一次发掘，1957年10月7日至11月20日进行了第二次发掘，揭露面积1526平方米。发现仰韶文化半坡类型晚期后段的灰坑47个、窑址2座、墓葬2座，河南龙山文化灰坑103座、窑址1座、墓葬1座，以及一批东周遗存。

庙底沟与三里桥两处遗址发现的四种文化遗存都还有一批陶器、石器、骨角器，以及自然遗物。其中，庙底沟遗址发现的大批遗存都是首次发现或是首次明确其年代坐标。这些重要遗存主要有以下这些。

1. 仰韶文化庙底沟类型的房址

1956~1957年发掘庙底沟遗址发现的仰韶文化庙底沟类型的房址仅有2座。都为浅穴式方

形房址。其中一座基本完整，边长约 6~7 米许，面积约 45 平方米。门朝南开，为外凸的狭长斜坡式门道，门道长 2.84 米，宽 0.6~0.72 米，正对门道的屋内设一直径 1 米余的大烧灶坑。沿墙四边设有分布规则的柱子洞，是为墙柱。在屋内中部四角各设一支撑横梁的柱子洞，柱洞内置有石柱础。这是仰韶文化庙底沟类型完整房址的首次发现，后来的发现证实这类房址是庙底沟类型常见的房址。所以，这次发掘为后来发现、清理、复原庙底沟类型房址积累了经验。

2. 仰韶文化庙底沟类型的灰坑

庙底沟遗址发现的仰韶文化庙底沟类型的灰坑有 168 个，有圆形和椭圆形两种，分别为 103 个和 65 个。形制有口大底小的斗状、直筒状、口小底大的袋状。在 9 座灰坑里埋有人或动物。其中 4 座灰坑有 5 具人骨架，1 座灰坑有 1 具猪骨架，1 座灰坑有 1 具猪骨架和 3 具狗骨架，1 座灰坑有 4 具狗骨架，另有 2 座灰坑各有 1 具狗骨架。这是首次发现的成批量的庙底沟类型的灰坑以及人骨乱葬坑与猪狗祭祀坑。

3. 仰韶文化庙底沟类型的典型陶器群与成批量的彩陶

庙底沟遗址发掘出土的仰韶文化庙底沟类型的陶器与彩陶，以往在仰韶村、西阴村等遗址都有发现。但是，仰韶村遗址发现的庙底沟类型的陶器与龙山期的陶器混在了一起，西阴村遗址发现的庙底沟类型的陶器一直没有全面整理、公布。所以，庙底沟遗址发现的庙底沟类型的陶器成为首批展示的考古学单位明确的庙底沟类型陶器群。

这批陶器群，依据发掘报告的分类与描述，有细泥质红陶的圜底罐、盘、浅腹碗、深腹碗、敞口碗、曲腹碗、圈足碗、浅腹盆、敛口盆、深腹盆、椭圆盆、筒状盆、甑、杯、盂、敛口罐、长颈罐、尖底瓶、平底瓶、器盖、器座等；有泥质灰陶的盘、敞口碗、曲腹碗、浅腹盆、敛口盆、敛口罐、长颈罐、器盖、器座等；有细泥黑陶的圜底罐；有夹砂粗红陶的圜底罐、釜、鼎、灶、盘、敞口碗、浅腹盆、深腹盆、杯、盂、敛口罐、小口镂孔罐、器盖；以及陶刀、锉、瓶、纺轮、弹丸、陶环等工具与装饰品；还有陶鸟首、钟形器、坠形器等。其中各种曲腹彩陶盆、曲腹彩陶碗以及双唇尖底瓶、釜、灶等一群陶器，成为首次明确的庙底沟类型的典型陶器群；而特征鲜明、极富艺术价值的彩陶纹饰，首次全面展示了庙底沟类型彩陶图案的基本特征，吸引了许多研究者，成为永不衰竭的艺术创作的源泉之一。

4. 仰韶文化庙底沟类型的石工具——石铲与穿孔石刀

庙底沟遗址发现的庙底沟类型的石质工具有盘状器、网坠、刀、小石片、锤、斧、锉、凿、铲、纺轮、球、磨杆、磨盘，以及各种装饰品。其中盘状器数量最多，但用途未能究明；而石铲与穿孔石刀，形制进步，反映了农业的发展，具有鲜明的时代特征。

石铲共发现 130 多件。小的长 13.4 厘米，大的长 29 厘米以上，形制为舌状，有的在背部有凹口，形制特征表明其便于铲土。穿孔石刀有 71 件，通常在中部偏上穿一孔。这种穿孔石刀比两侧呈凹口的石刀更便于割穗。这两类石工具的发现，而且数量较多，表明庙底沟类型的农业生产有了明显的发展。

5. 庙底沟二期文化的房址

发现的庙底沟二期文化的房址仅 1 座，基本完整，为半地穴圆形房址。口小底大，穴深 1.24 米，底径 2.7 米。外凸阶梯式门道，门道长 0.74 米，宽 0.56 米，有一个台阶。在半地穴周边设有略微内斜的柱洞，在屋内中央一侧设一中央柱洞。在室内居住面至墙根上铺白灰面。室内还设有一座低墙壁龛。这是首次发现的庙底沟二期文化深半地穴弧壁圆形房址。

6. 庙底沟二期文化的窑址

发现的庙底沟二期文化的窑址 1 座，为小型竖式窑。由窑室、火口、火膛、火道、窑箅等构成。窑室直径 0.93~0.78 米，窑壁呈弧形，推测窑顶为半球状。火膛在窑室的下部，长 0.94，宽 0.6 米，深 0.96 米。火道分作八股，由火膛向上通入窑室的底部。窑箅厚 0.16~0.3 米，开有 25 个火眼。这是首次发现明确的庙底沟二期文化的竖式窑。

7. 庙底沟二期文化的灰坑

发现的庙底沟二期文化的灰坑 26 个，有圆形和椭圆形两类。圆形灰坑中以口小底大的袋状灰坑为主，有 17 个，而且坑壁经过修整，一般比较整齐。由此明确这种口小底大的袋状灰坑是庙底沟二期文化的一种生活使用的窖穴。在两座袋状灰坑中分别葬有一具人骨。在另外一座灰坑的坑壁上清理出类似木耒的双齿形铲土工具痕迹。这是中国新石器时代考古的首次发现。

8. 庙底沟二期文化的墓葬

发现清理的庙底沟二期文化的墓葬有 145 座，都为长方形竖穴小墓。墓圹长约 1.8~1.9 米，宽约 0.41~0.51 米。都为单人葬。其中 138 座为直身葬，2 座为屈肢葬，只有 2 座墓各随葬 1 件小陶杯，其余均无随葬品。这批墓葬大致成十排分布。这是首次发掘揭露的埋葬有规则的庙底沟二期文化的墓地。

9. 庙底沟二期文化的一批陶器

庙底沟二期文化的陶器，在仰韶村、万荣县荆村等遗址的发掘中已有发现，但没有区分辨识出来。庙底沟遗址的发掘，揭示了属于庙底沟二期文化堆积的考古学单位，于是一大批庙底沟二期文化陶器的时代坐标得以确立。这些陶器，依据发掘报告的分类与描述，有夹砂粗灰陶的圜底罐、双耳盆（包括刻槽盆）、浅腹盆、深腹盆、大口罐、单耳罐、敛口罐、鼎、斝、灶、器盖；泥质灰陶的碗、双耳盆、浅腹盆、深腹盆、杯、小口罐、小口尖底瓶、小口圆肩罐、豆、器盖；细泥红陶的杯、三耳盆、深腹盆；细泥黑陶的盆、敛口罐、小口罐、圈足碗、器盖；以及陶刀、陶垫纺轮、弹丸、陶珠、陶管（耳珰）、柱状器等工具与装饰品。其中附加带状泥条堆纹的陶鼎、大口深腹罐、刻槽盆，以及饰篮纹或绳纹的斝、灶、小口折肩罐、小口折肩尖底瓶、菱形带状纹彩陶深腹盆等成为庙底沟二期文化的典型器物，具有鲜明的时代与地域特征。而细泥红陶的菱形带状纹彩陶深腹盆的时代确认，为说明仰韶文化的后续发展找到了重要的证据。

此外，玉石璜、陶耳珰、骨梳等，也是中国新石器时代考古的首次发现，但长期不为研究者重视。

庙底沟与三里桥遗址的这些考古发现，尤其是庙底沟遗址的仰韶文化庙底沟类型与庙底沟二期文化的一系列的新发现，极大地充实并且改变了当时对仰韶文化、龙山文化的许多认识。

三、《庙底沟与三里桥》的编写体例与主要特点

《庙底沟与三里桥》是新中国成立之后编写的第一部新石器时代遗址发掘专刊。其编写体例在继承 1934 年编写出版的中国第一部田野考古专刊《城子崖——山东历城县龙山镇之黑陶文化遗址》的基础上，有许多创新。

《城子崖》的编写体例主要是由梁思永在吸收当时欧美考古专刊编写体例，并且经过数易其稿而开创的，主要是客观介绍对遗址的发掘经过、详细叙述发现的遗址地层堆积情况、建筑遗迹、各种各类各式陶片与陶器、石器、骨角蚌器、金属制品、墓葬与骨骸、各种动物骨骸，并附录董作宾所写的城子崖与龙山镇的历史沿革。其中对陶片进行质地、范式、制作、使用痕迹、刻画印迹等的分析，对陶器进行分门、种、类、式、件的分析，可谓极为细致。

《庙底沟与三里桥》专刊由主持发掘者安志敏确定编写体例，并与发掘主要参与者谢端琚、郑乃武一起编写。全书分为五章。分别为壹序言、贰庙底沟、叁三里桥、肆文化性质及年代、伍结束语。其编写的特点是以简洁的方式全面公布各项发掘收获与资料以及研究认识。

第一章，序言，介绍开展庙底沟与三里桥遗址发掘的社会背景、工作背景，以及专刊的编写情况。

第二章，庙底沟，分为地理环境及工作概况、文化堆积、仰韶文化遗物、龙山文化遗物、东周文化遗物等五节。

在地理环境及工作概况一节中，详细介绍了遗址所在的地理地貌与环境以及遗址位置的特点与面积、对遗址的发掘过程以及总的收获，并公布参加各次发掘的人员名单。

在文化堆积一节中又分为地层情况、建筑遗存、墓葬等三小节，即将发现的各种遗迹与地层情况合在一大节中介绍。地层情况小节中详细介绍庙底沟遗址 5 个不连接的发掘区的发掘总收获以及地层堆积情况。建筑遗存小节中按仰韶文化、龙山文化分别介绍发现的房址、窑址、灰坑。对建筑遗迹的介绍十分详尽。如对房址的介绍，描述其位置、堆积情况、大小、方向、平面结构、四壁、柱洞、地面、火塘等各种遗迹现象以及出土物，并配房址的平面图、纵横剖面图、详细的房址柱洞登记表，还依据发现情况，复原房址的立体结构并配复原图表示。墓葬小节中分别介绍了仰韶文化墓葬与龙山文化墓葬以及汉代墓葬。

仰韶文化遗物和龙山文化遗物两节内容，是《庙底沟与三里桥》专刊中所占篇幅最多的部分，并且以仰韶文化遗物所占的篇幅最多。考古发掘专刊中对出土遗物的介绍，通常是占篇幅最多的部分，也是反映编写者对出土物的掌控与认识，包括对出土物的整理能力、分析与研究能力、表达能力与描述能力。

在仰韶文化遗物和龙山文化遗物这两节中，按质地逐渐分类的方式归纳出土物，按器物用途、种类、型式介绍出土物，形成一个多级分类的出土物描述网。如仰韶文化遗物按质地分为陶器、石器、骨器、自然遗物，龙山文化遗物分为陶器、石器、骨蚌器、自然遗物。这是第一级分类。在仰韶陶器中按用途分为容器与炊器、工具、装饰品、其他。这是第二级分类。在仰韶陶容器与炊器中按陶质分为A细泥红陶系、B泥质灰陶系、C细泥黑陶系、D夹砂粗红陶系。这是第三级分类。在介绍A细泥红陶系时，先综述其陶质、器物制法、陶色、陶衣、彩陶色彩、纹饰与彩陶图案及装饰器物的特点，然后按圈底罐、盘、浅腹碗、深腹罐等20种器形具体介绍器物。这是第四级分类。在有的器物下还进行式的划分。如敞口碗分为a、b、c三式，曲腹碗分为a、b两式，深腹盆分为a、b、c、d、e、f、g、h、i九式。这是第五级分类。

出土物经过这五级分类介绍，既全面而系统又简洁而明确地得到了详尽的公布。而后三级分类还配上英文字母和阿拉伯数字组合表示。如A代表细泥红陶，18代表第18种器物——瓶，a、b分别代表两式瓶，即尖底瓶与平底瓶，于是一看到A18a代码，就知道是指细泥红陶尖底瓶。值得称道的是，在介绍器物所配的线图上端，标上了器物的代码和标本号，使读者看图识物，一目了然。

但是，由于这种代码式的器物介绍方式，要求编写者与读者具有清晰的逻辑思维与形象思维而不至于搞混，更由于这为专刊的编排带来了许多琐碎事，所以这种代码式描述的器物介绍方式在后来的考古发掘专刊中未被全部承袭，而仅是将器物的型与式以代码式描述的方式发展了下来。然而，近10多年来，器物的型、式代码式描述的介绍方式，因嫌琐碎正在遭部分中青年考古学家所遗弃。这是考古学学科发展值得反思的。

第三章，三里桥，编写体例和特点与第二章的相同。

第四章，文化性质与年代，是对庙底沟与三里桥遗址发掘资料分析的提炼与研究，提升有关认识。表达方式是先按前述的第二章、第三章的结构分为庙底沟、三里桥两节，并且分仰韶文化层、龙山文化层进行分析阐述，提出有关认识。如庙底沟一节中的仰韶文化层部分，讨论了以往对仰韶村遗址发掘的问题与仰韶文化一名的问题，以庙底沟遗址代表的仰韶文化遗存的分布范围，房屋、灰坑、墓葬的特点，陶器、石器、骨器、装饰品的特点，分析仰韶文化的年代以及类型划分与发展阶段的划分问题，当时的农业生产、手工业、家畜、社会组织与经济形态等发掘资料所涉及的各个方面，明确仰韶文化的基本性质。然后，再设庙底沟与三里桥的关系、仰韶文化与龙山文化的关系两节，重点分析了庙底沟与三里桥四种文化遗存之间的关系，提出对仰韶文化与龙山文化关系的新的认识。

第五章，结束语，归纳对庙底沟遗址、三里桥遗址发掘的主要收获以及研究认识上的重要成果。

四、庙底沟与三里桥遗址发掘及《庙底沟与三里桥》的主要学术贡献

庙底沟与三里桥遗址在 1957 年 11 月结束发掘工作之后，即开展对发掘资料的整理以及发掘专刊的编写工作，并且在不到两年内，发掘专刊于 1959 年 9 月由科学出版社出版。这种快速的工作与研究方式，使得广大研究者较早地了解到遗址发掘的收获与研究成就，在学术界产生了广泛的影响。所以，《庙底沟与三里桥》是 20 世纪 50 年代我国新石器时代考古发掘研究影响最大的一项成果。其学术贡献主要有以下几个方面。

1. 明确了仰韶文化的基本内涵与特征

庙底沟与三里桥遗址的发掘，由于划分出四种文化内涵不同的文化遗存，尤其是庙底沟遗址的发掘划分出文化内涵单纯的仰韶文化层以及庙底沟二期文化层，使得仰韶文化的文化内涵首次得到了经大规模考古发掘的清晰表现。

庙底沟遗址与仰韶村遗址相距不足 50 公里。这两处遗址的仰韶文化的文化面貌基本相同，只是仰韶村遗址在地域上更接近豫中。由于安特生对仰韶村遗址的发掘没有掌控好发掘的遗址层位，将仰韶文化陶器与龙山文化陶器混在了一起，使得他命名的仰韶文化的文化内涵十分杂乱。所以，仰韶村遗址的发掘，在促进中国考古学的诞生，掀起中国新石器时代考古研究的同时，在很大程度上影响了我国新石器时代考古研究的后续发展。

庙底沟遗址的发掘以及一大批仰韶文化遗存的发现，为学术界展示了文化面貌单纯的仰韶文化的基本内涵与特征，如仰韶文化的房址、灰坑、生产工具、陶器群以及彩陶等一大批文化遗存的基本特征。

需要指出，安志敏在《庙底沟与三里桥》发掘专刊中没有否定仰韶文化一名，只是以庙底沟遗址的发掘成果修订仰韶文化的文化内涵与特征。现在看来，如果那时以庙底沟遗址的发掘成果将仰韶文化更名为庙底沟文化，那么 50 年后对这一考古学文化的认识，不至于像现在那样枝蔓难理，极不统一。

2. 发现确立了庙底沟二期文化

庙底沟二期文化的发现与确立，是这次发掘的最大成果。发现的庙底沟二期文化遗存叠压在仰韶文化层之上，证明庙底沟二期文化晚于仰韶文化；庙底沟二期文化的文化面貌，与仰韶文化以及在三里桥遗址发现的河南龙山文化遗存，存在着明显的区别，并且介于他们两者之间，既具有仰韶文化的余韵，又开河南龙山文化的先声，于是确立为由仰韶文化向河南龙山文化发展的过渡时期的文化遗存。

由于庙底沟二期文化的确立，其他遗址的一批庙底沟二期文化的遗存也得到了明确，于是作为仰韶文化向河南龙山文化发展的过渡时期的庙底沟二期文化的房址、窑址、灰坑、墓葬、生产工具、陶器、家畜等遗存以及社会组织、经济形态等议题，都可以进行与仰韶文化、河南龙山文化的对比研究，以揭示社会不断发展的状况。意义十分重大。

3. 厘正了仰韶文化与龙山文化的关系

仰韶文化与龙山文化的关系，在庙底沟遗址发掘之前，一直不能明朗。庙底沟与三里桥遗址的发掘，证实了河南龙山文化是由仰韶文化通过庙底沟二期文化发展而来的，否定了仰韶与龙山混合文化的存在，还动摇了在学术界流行了 20 年的豫北地区仰韶文化与龙山文化是两种来源不同的文化的认识。

安志敏还将豫西三里桥龙山文化遗存及豫北后冈龙山文化遗存统一归入河南龙山文化，而且将河南龙山文化中的山东地区的龙山文化典型陶器认作为是受山东地区龙山文化的影响，于是进一步认识到山东地区的龙山文化很可能另有来源。这一认识被后来在山东地区发现的大汶口文化所证实。

厘正了仰韶文化与龙山文化的关系，使得梁思永提出的仰韶文化由西向东发展，龙山文化由东向西发展的黄河流域新石器文化发展格局的认识被终止。这是庙底沟与三里桥遗址发掘研究产生的一个超越遗址发掘本身的重大成果。

此外，庙底沟与三里桥遗址发掘成果还揭示了仰韶文化存在着不同的类型或可以划分为不同的发展阶段。如庙底沟遗址的仰韶文化面貌与三里桥遗址的仰韶文化面貌不一致，安志敏据此提出了可以分为两个类型。但误认为庙底沟仰韶文化早于三里桥仰韶文化，其实是三里桥仰韶文化早于庙底沟仰韶文化。

五、结语

庙底沟与三里桥遗址的发掘是中国在 20 世纪 50 年代仅次于西安半坡遗址发掘的大规模发掘之一。中国科学院考古研究所 40 多位刚入所的考古工作者以及全国各省区文博单位 20 位干部在这次发掘中得到了专业训练，这些人员后来成为该研究所以及那些文博单位田野考古工作的中坚。而发掘成果与研究认识则开创了黄河流域新石器文化编年与谱系研究的新局面。其学术影响，蜚声海内外。

庙底沟与三里桥遗址发掘及《庙底沟与三里桥》明确的仰韶文化的基本内涵与特征、确立的庙底沟二期文化及其文化面貌、解决的仰韶文化与龙山文化的关系，清晰地展示了仰韶文化发展为庙底沟二期文化、庙底沟二期文化发展为河南龙山文化与陕西龙山文化。由此黄河中游地区的新石器文化连续发展的线索开始厘清并得到公认。

《庙底沟与三里桥》首次证实了中国新石器文化连续发展的史实，是中国古代文化连续发展的标杆之作。这也是中国考古学发展至 20 世纪 50 年代中后期必然要经历的一个重要的学术事件。

注释:

[1] 张光直为《庙底沟与三里桥》英文版所作的序,文物出版社,2011 年。

[2][13] 中国科学院考古研究所河南省调查队安志敏、王伯洪:《河南陕县灵宝考古调查记》,《科学通报》
1954 年第 7 期。

[3] 尹达:《论我国新石器时代的考古研究工作》,见《新石器时代》,生活·读书·新知三联书店,1955 年。

[4] 安特生:《中华远古之文化》("An Early Chinese Culture"),袁复礼节译,《地质汇报》1923 年第 5 号第 1 册。
2011 年由文物出版社重新出版。

[5] 安特生:《甘肃考古记》("Archaeological Research in Kansu"),乐森璕译,《地质专报》1925 年甲种第 5 号。
2011 年由文物出版社重新出版。

[6] 李济:《西阴村史前的遗存》,清华学校研究院,1927 年。2006 年汇入《李济文集》,由上海人民出版社
出版。

[7] 李济:《城子崖——山东历城县龙山镇之黑陶文化遗址·序二》,中央研究院历史语言研究所,1934 年。

[8] 梁思永:《后岗发掘小记》,见《安阳发掘报告》1933 年第 4 期。

[9] 梁思永:《小屯龙山与仰韶》,见《庆祝蔡元培先生六十五岁论文集》,中央研究院历史语言研究所,1935 年。

[10] 夏鼐:《齐家期墓葬的新发现及其年代的改订》,《考古学报》1948 年第 3 期。

[11] 夏鼐:《河南渑池的史前遗址》,《科学通报》1951 年第 2 卷第 9 期。

[12] 刘耀:《龙山文化与仰韶文化之分析》,《中国考古学报》第 2 册,1947 年。

[14] 河南文物工作队第二队孙旗屯清理小组:《洛阳涧西孙旗屯古遗址》,《文物参考资料》1955 年第 9 期。
该简报中报道的仰韶文化晚期遗存,其主要部分即是庙底沟二期文化遗存。

[15] 尹达:《论中国新石器时代的分期问题》,见《新石器时代》,生活·读书·新知三联书店,1955 年。

献礼中国考古百年

——《三门峡庙底沟》编辑手记

◎宋　丹

2021年10月17日"仰韶文化发现暨中国现代考古学诞生100周年纪念大会"在河南三门峡举行。习近平总书记发来贺信，充分肯定了百年来我国考古工作取得的辉煌成就，并对广大考古工作者提出殷切希望。《三门峡庙底沟》在此次会议的新书发布环节首次与读者见面。

庙底沟遗址位于河南省三门峡市西南3公里处的湖滨区韩庄村北，地处青龙涧河南岸、黄河东岸二级阶地上，西北距黄河仅有1公里。1950年，黄河三门峡水利枢纽工程开始设计勘探。1953年，为了解三门峡水库库区内的文物分布情况，以便在蓄水前确保文化遗产的安全，中国科学院考古研究所河南考古调查队开始在陕县、灵宝开展考古调查，在陕县（今三门峡市陕州区）县城南关东南发现了庙底沟遗址。

《三门峡庙底沟》为河南省文物考古研究院田野考古报告甲种第60号图书，由河南省文物考古研究院、三门峡市文物考古研究所、武汉大学历史学院考古系共同编撰。全书共分三册：报告卷、图版卷、彩版卷，共计1172面。全书50万字、600张线图、1500幅图版。本报告是庙底沟遗址2002年发掘材料的综合整理成果。北京大学考古文博学院资深教授、考古学家严文明先生亲自为本书题写书名。

自2021年4月承担该出版项目后，作为责编团队成员之一，我们对图书编辑工作高度重视，努力推进各项工作进程，最终保障在"仰韶文化发现暨中国现代考古学诞生100周年纪念大会"上顺利推出。

在编辑出版过程中，我们编辑团队也受到了不小的挑战。在书稿成书前期，编辑积极参与，与作者充分沟通。

第一根据本书目录大纲，结合考虑图书的印刷装订工艺，编辑团队建议作者将报告分为三卷。除常规文字线图以及彩版之外，增加黑白图版卷。

第二是在确定图书开本、装帧设计和体例格式的时候，需要全盘考虑，既符合考古发掘报告的体例规范，又需要体现文物出版社的图书风格。根据图书内容和报告特点，将本套图书设计为 8 开本，精装。并根据图书整体内容，分为报告卷、图版卷、彩版卷。确定全书框架之后，目录定为两级，既可以提纲挈领全面表现图书内容，又不会过于冗长繁琐。各级标题、图说、正文的字体字号的使用也在全面考虑图书版式以及全套图书的内容和构架之后确定下来。修正了稿件中文字方面的细节问题、图文不符的情况以及文献引用方面的错误。这种考古报告类图书，除了文字比较多，还涉及大量图片。我们将平面图等大型图片尽量放大。在不影响全书阅读体验的前提下，尽量表现图片细节。

第三是图版方面。这部分包括 1500 幅图版，分为黑白图版和彩色图版。为保证图片的写实性，我们在处理过程中与河南省文物考古研究院的樊温泉老师、武汉大学历史系的宋海超老师等作者及时沟通、修改。黑白图版采用中性灰，这种颜色比较柔和，易于读者翻阅，另外，我们尽量加大图片黑白对比度，力求用黑白阴影表达最多的文物信息。在彩版图片处理上，我们编辑团队需要盯机调试，使图片呈现出最为真实的状态，极力做到图书印刷色彩接近于实物原色，并与作者进行一遍又一遍的彩样调试。

第四是文字与黑白线图方面，由于这部分体量较大，有 600 张线图，50 万文字。线图的缩放大小与相关文字的描述相符合，按作者提供的比例尺逐个计算，在排版时，需要加以辅助线量度每一块或每一个器物的尺寸大小；报告中涉及地层内容也需要将文字与线图进行一一核对。在全书最后，我们制作附表，即灰坑、房址、陶窑的等级表以及测年数据表。这部分内容主要是为了资料的完整性以及方便读者查阅，但也给编辑工作带来了一定困难。这部分数据也需要与前文一一核对，避免出现前后矛盾以及数据错误的问题。

整个编辑工作繁复枯燥，且时间紧任务重，但是我们并未因为工作单一复杂而懈怠，在出版社各位领导与同事的帮助下保质保量顺利出版。

《三门峡庙底沟》一书与其说是庙底沟遗址发掘材料的整理与总结，不如说是对中国考古百年的纪念与献礼。文化自信源于中华文明优秀的传统文化。

首先，中华文明是人类文明发展中唯一没有中断的文明，是人类文明发展中时间跨度最长、内涵最丰富、最有价值的文明。《三门峡庙底沟》报告中提到，"根据地层关系及陶器面貌，报告将此次发掘所获材料分为庙底沟文化、西王村文化、庙底沟二期文化"，"庙底沟文化在庙底沟遗址 1956 年的发掘中即有发现，本次（2002 年——编者注）发现的庙底沟文化从文化面貌来说差异不大，但遗存丰富程度远超第一次"。可见，庙底沟遗址作为重要的考古遗存，其文化是具有延续性、发展性的。窥一斑而知全豹，庙底沟遗址体现了中华文明的特殊之处，这是其他世界文明所不具备的。这也就是我们中华文明的魅力所在，也是我们考古工作者努力的动力。梳理文明脉络，增强历史信度，揭示中华优秀传统文化的载体。

其次，中华优秀传统文化博大精深，超越时空，跨越国度，富有永恒魅力。庙底沟遗址作为位于中原地区的史前遗址，本次发掘面积 22000 平方米左右。地层相对简单，出土遗物丰富。由此可见，庙底沟遗址范围广大，且文化丰富。通过对出土遗物的研究整理，可清晰地划分时代脉络，看清文明发展的趋势。书中将考古发掘的地层信息详细记录并绘图。既保证考古资料的具体性与完整性，又成为梳理中华文明时间脉络的坚实证据。坚定文化自信的主要途径之一就是要坚持民族的文化认同。这次发掘极大地延伸了我国的历史轴线，丰富了史前遗址的资料。《三门峡庙底沟》在作为考古成果的整理与总结的同时，也成为将我国丰富的传统文化传承下去的载体。

再次，中华优秀传统文化蕴含包容互鉴、历久弥新的鲜明特色。我们作为 21 世纪的人，之所以今天可以以《三门峡庙底沟》为介质，与史前的中华文明进行跨越时空的对话，就是因为我们中国的传统文化经得起时间考验，历久弥新。庙底沟文化陶器以泥质黄褐陶、夹砂红褐陶为主。彩陶以彩陶钵、彩陶盆为主，彩陶罐、彩陶壶所占比例极低。陶器上多可以看到制作痕迹。部分石器上有红色的颜料痕迹。这些痕迹基本可以复原庙底沟遗址陶器的制作流程，尤其是彩陶。这也体现了我们考古人的工作，不仅仅是关于历史学或考古学的学科，更是研究古人社会生活以期服务于当代社会的学科。

最后，中华优秀传统文化中蕴含着丰富的哲学思想、人文精神、教化思想、道德理念等，也蕴藏着解决当代人类面临的难题的重要启示，可以为人们认识和改造世界提供有益启迪，可以为治国理政提供有益启示。习近平总书记在致仰韶文化发现和中国现代考古学诞生 100 周年的贺信中提到，"100 年来，几代考古人筚路蓝缕、不懈努力，取得一系列重大考古发现，展现了中华文明起源、发展脉络、灿烂成就和对世界文明的重大贡献，为更好认识源远流长、博大精深的中华文明发挥了重要作用"。可见，考古学不仅仅是一项重要的文化事业，更是一项具有重大政治意义的工作。不仅仅是《三门峡庙底沟》，很多考古类专业图书都是传承中华传统文化的优秀载体。例如我们编辑的另一套图书——《仰韶百年系列丛书》。这套丛书中除了国内学者关于仰韶文化的最新研究成果、仰韶村遗址发现百年记事、渑池县文物志，还包含近代瑞典地质学家、考古学家安特生的部分专著的翻译本。中国传统文化的传播以及中外文化的交流，不仅仅发生在当代，这种交流由来已久。安特生将仰韶文化的发现与考察情况记录下来，并出版图书，将中国的文明传播到全世界。而我们作为当代的考古工作者，更应该从自己的本职工作中感受中国传统文化的厚重与辉煌，通过自己的努力，把中国的文化更好地传承下去，并且推向全世界。

今天，中国现代考古学已经走过百年历程，也迎来了更好的发展机遇。习近平总书记在贺信中对我们提出了希望和要求，要求我们"增强历史使命感和责任感，发扬严谨求实、艰苦奋斗、敬业奉献的优良传统，继续探索未知、揭示本源"。作为文物考古类专业编辑，应该认识到考古工作的重要性和必要性，努力提升自己的专业技能，发扬工匠精神。同时，我们将继续配合全国各地的考古发掘与学术研究工作，深入挖掘整理、出版展示文物考古学术价值和时代价值，传承优秀中华传统文化，深化考古学理论探索与建构，实证中华五千多年文明史，推动建设中国特色中国风格中国气派的考古学。

追祭仰韶先民　致敬考古前辈

——《河南史前遗址》译后记

◎王　涛

　　一百年前，1921 年 10 月，北洋政府农商部矿政顾问安特生在河南渑池县仰韶村开始了中国的第一次考古发掘，仰韶遗址从此被载入史册，中国现代考古由此起步，仰韶文化因此命名。

　　二十七年前，1994 年 9 月，我无意间踏入考古学大门，开始了和仰韶文化的不解之缘。1997 年，我在仰韶村东北 40 公里的河南省新安县盐东遗址参加考古实习，在这里发现了丰富的仰韶文化遗存；这是我的第一次田野考古经历，那些经我一铲一刷清理出来的精美彩陶，成为我穿梭时空，与古人对话的密钥。1998 年，我在西北大学攻读硕士学位，开始较为系统地学习新石器时代考古，导师王建新教授开设仰韶文化研究研讨课，并指定严文明先生所著《仰韶文化研究》为必读书，其间我还参加了渑池班村遗址庙底沟时期遗存的发掘工作。参加工作后，我整理并撰写的第一篇考古简报也和仰韶文化有关（《洛阳市南陈遗址仰韶文化遗存的发掘》，《中原文物》2008 年 2 期）。以上或理论学习或田野实践，让我对仰韶文化的认识逐渐深入。

　　2013 年 10 月，趁着首届中国公众考古·仰韶论坛会后参观，我终于有机会来到仰韶村遗址进行实地踏查。记得那是一个雨天，我和同行的友人走散了。我并未急于追赶，索性一个人在路上徘徊；看着断崖上的灰坑、白灰面等丰富的遗迹，不由想起安特生在《黄土的儿女》里的描述，这时恍然有种穿越的错觉，仿佛穿越到五千年前，与仰韶先民擦肩而过；又仿佛穿越到一百年前，与安特生瞩目同样的人与物。事后得知，我走的这段小路，正是安特生当年走过的。由此，我对安特生和仰韶文化的相关研究更加关注。

　　仰韶村，中国考古学史上的圣地，安特生，仰韶文化研究的拓荒者。无论是人还是地，我皆景仰之。所以，当渑池县杨拴朝先生委托我翻译这本安特生所著《河南史前遗址》时，我虽然知道是个苦差事，但还是欣然同意。

　　研究生求学期间，曾拜读过安特生的《黄土的儿女》和《甘肃考古记》，那种流畅的叙事方式记忆犹新。不过，这本《河南史前遗址》的风格似乎很不相同，更像是一本传统意义上的考古报告，较为详细地记录了安特生在河南地区仰韶村、不召寨和河阴县等地的考古发掘与调查收获，其中既有工作方法介绍，亦有大量细致入微的地层和遗迹、遗物描述，还别具特色地包括不少遗址地貌环境背景记述与分析。

如果依王巍先生对中国考古学从科学化、国际化和大众化三个层面的概括，结合本书，回望安特生的田野工作，我们会发现，仰韶村遗址的第一次发掘无疑是中国考古学科学化、国际化和大众化的重要起点。

就科学化而言，仰韶村遗址无论是发掘还是测绘，都极具科学性。遗址发掘期间，安特生、袁复礼及其助手在河南新安县和渑池县做了大量工作，系统了解了遗址所在地的自然环境状况。他们对仰韶村遗址地形环境的分析，对地貌演变和人地关系的推断，对发掘区域地形图的绘制，对发掘地点的划分，都是在科学规范的准则下完成的。发掘结束后，他们按照质地、色泽、形制等内容，对出土遗物进行了科学分类和描述，这种记录方式至今大多仍在沿用。

就国际化而言，仰韶村遗址是中外学者合作开展考古发掘工作的典范。仰韶村遗址的发掘团队中，安特生、袁复礼分别是瑞典和中国地质学专家，师丹斯基是奥地利古生物学博士，布达生是加拿大解剖学家。这样一支各有专长、分工有序的队伍，保证了中国第一次科学考古发掘工作较为圆满的开展。除了国际化的团队，安特生还带来了一套当时欧洲较先进的田野考古发掘工具。此外，安特生还在《中华远古之文化》《中国史前史研究》等多部著作中提到了仰韶村遗址的相关考古发现，促进了中国考古工作的国际化传播。

就大众化而言，仰韶村遗址发掘成果的文字描述十分通俗易懂。安特生多次提及他在仰韶村工作期间的情绪变化，乐于分享他或困惑或失落或欣喜的心情，更乐于展示他解决问题的过程，这对初读考古发掘报告的研究者而言，无疑具有很好的启发作用。他在描述一些遗迹或遗物的时候，更青睐于用轻松、活泼的词汇，如袋状灰坑写作"Pockets"，箭镞写作"Heads"，等等。在描述一些特殊社会现象时，他还会谈古论今，抨击时政，表达对中国老百姓的同情。这种撰写风格让我在阅读《河南史前遗址》时，有身历其境之感，安特生等前辈好像就在面前，与读者亲切交谈和分享他在发掘期间的收获与感悟。

一百年倏忽而过，但却没有改变考古工作者对仰韶文化的追寻。目前，仰韶村遗址的发掘重新启动，仰韶文化的研究不断深入。2021年4月，我带领学生来到河南荥阳市，亦即《河南史前遗址》中提及的河阴县，也开启了另一处仰韶文化遗址——楚湾遗址的考古发掘工作。从1997到2021，从盐东到楚湾，从学生到老师，我用二十多年的时光，换来与五千年前仰韶先民和一百年前研究仰韶先民的先驱安特生的不期而遇，这是一种不可思议的喜悦。

如果从1921年仰韶村遗址的发掘算起，今年是中国考古的第一个百年，也是仰韶文化发现的第一个百年。恰在今年，我带领学生发掘了一处仰韶文化遗址，翻译了一部仰韶文化著作，很有纪念意义。谨此追祭仰韶先民，致敬前辈学者！

本书是河南省渑池县资助出版的仰韶百年系列丛书之一，由中国社会科学院考古研究所所

长陈星灿先生审定。本书原为远东古物博物馆馆刊第 19 号，1947 年在瑞典出版，全书包括文字 124 页、地图 4 张、图版 149 张，共 277 页，英文。

本次翻译工作由首都师范大学历史学院考古学专业教师王涛和新石器考古方向研究生秦存誉、徐小亚合作完成。全书共分三章，第一、二章较为详细地记录了仰韶村、不召寨遗址的考古工作，第三章择要记录了河阴县秦王寨、牛口峪、池沟寨、王家沟等遗址的考古工作。第一章由王涛、徐小亚翻译，第二、三章由秦存誉翻译。随后历经三次校对，三人轮流通读订正；最后由王涛通稿、定稿。翻译虽然枯燥，但并非毫无收获的复盘前人成果，其实也是不断学习的过程。书中多有专业词汇，文中原有中文为威妥玛式汉语拼音，还有部分德语，我们反复核对，列出绝大多数地名、遗址名，制成译名对照表。所有专有名词，也在文中第一次出现时标注英文，以免翻译时词不达意。限于水平与条件，书中错漏不当之处，还请读者见谅并指正。

本书在翻译过程中，得到中国社会科学院考古研究所所长陈星灿先生、北京大学考古文博学院秦岭老师、山西省考古研究院薛新明、张光辉先生指导帮助，谨此衷心感谢。文物出版社李睿、吕游二位编辑细致入微且高效的工作使得本书得以顺利付梓，深致谢忱。

中国考古学 起自仰韶村

——从仰韶开始的中国考古启蒙

◎陈洪波

1921年安特生在仰韶村首次发掘时与地质古生物学家袁复礼（左一）、村长王先生（右一）及一位布道人合影

以人文社会科学为主线的中国现代考古学，其起始阶段，有几个重要的时间节点，分别是1895年、1921年、1926年、1928年。这几个年份，各有其重要意义。

1895年，日本学者鸟居龙藏在辽东半岛开展田野调查，这是中国土地上第一次以考古研究为目的的田野活动。

1921年，瑞典学者安特生先后发掘了辽宁锦西沙锅屯遗址和河南渑池仰韶村遗址，揭开了中国新石器时代考古研究的序幕。

1926 年，李济发掘西阴村遗址，挖下中国人独立考古的第一锹。

1928 年，中央研究院历史语言研究所发掘安阳殷墟，开始书写中国现代考古学最辉煌的篇章。

其中对于中国现代考古学的发展而言，意义最为重大的当是 1921 年的仰韶发掘和 1928 年的殷墟考古。二者的成就，分别构成了中国现代考古学中新石器时代部分和历史部分的主体。特别是仰韶文化的发掘和研究，因为其开创性，成为中国现代考古学的真正起点。而其组织者和领导者，约翰·贡纳尔·安特生（Johan Gunnar Andersson），也成为中国现代考古学的奠基人。

安特生与仰韶村遗址发掘

安特生（1874~1960 年），瑞典地质学家，本名约翰·贡纳尔·安德松，安特生是他的中文名字。他是一个富有传奇色彩的人物，青年时代曾经两次去南极从事科学考察，壮年时期在中国度过，在此成为一个卓有成就的考古学家和古生物学家，在多个方面做出过开拓性贡献。仅以他对中国考古学的贡献而言，他是周口店龙骨山洞穴发掘的倡导者，是仰韶文化的发现者和最重要的研究者，他可能还是红山文化遗址的第一个发现者（奉天锦西沙锅屯遗址），对鄂尔多斯青铜器和中国古代金银镶嵌技术有所研究，在香港和越南一带从事过考古调查和发掘。

在 1914 年应邀来到中国之前，安特生是瑞典乌普萨拉大学地质学教授，兼任国家地质调查所所长，在国际地质学界享有盛誉。在丁文江的建议下，北洋政府决定聘请安特生担任农商部矿政司顾问，以帮助中国寻找煤、铁等矿产。1914 年，安特生来到中国，作为中国地质调查所的外国专家一直工作到 1924 年。

1926 年李济主持的西阴村发掘

1920 年代的仰韶村

1930 年代中研院主持的殷墟发掘

1918 年在河南进行地质调查时的安特生

今天的仰韶遗址

在中国考古学的起始阶段，仰韶、西阴和殷墟的发掘是几个重要的节点，尤其是仰韶的发现和发掘，可谓中国现代考古学的真正起点

　　丁文江、翁文灏领导的中国地质调查所，是中国近代科学事业的先驱，其雄心所在，不仅仅局限于地质学，也旁及古生物学、考古学等一切可能作出科学贡献的学科，由此催生了中国旧石器时代考古学的诞生（以周口店遗址发掘和研究为代表）以及中国新石器时代考古学的诞生（以仰韶村遗址发掘和研究为代表）。至于安特生本人，以其科学素养，对于地质学和考古学之间在理论方法和技术上的联系，有很清晰的认识（见《中华远古之文化》），故而由地质学兼及考古学，乃至后来完全转向考古学，是一个很自然的过程。

　　安特生第一次踏上仰韶村的土地是 1918 年 12 月 8 日，这次是来调查脊椎动物化石。1920 年深秋，他又派采集员刘长山继续来此调查。次年 1 月，刘长山回到北平，带回了 600 余件磨制石器，安特生由此推断仰韶村可能有一个很大的新石器时代遗址。1921 年 4 月 18 日，安特生第二次来到仰韶村，经过详细的调查和地层断面观察之后，他确信这是一处丰富的史前遗存，值得发掘。他回到北京，征得农商部总长张国淦以及地质调查所负责人丁文江、翁文灏等人的同意，又同河南省政府以及仰韶村所在的渑池县政府联系，得到了他们的支持，于同年 10 月奔赴河南。渑池县知事胡毓藩亲自接待，并安排县政府第三科录事王茂斋陪同协助，故而整个田野工作过程十分顺利。

1921 年安特生第一次到仰韶村，助手指着露出陶片的史前文化层

　　正式发掘时间是从 1921 年 10 月 27 日到 12 月 1 日，持续了一个多月。参加工作者除了安特生和刚从美国留学归来的地质学者袁复礼（1893~1987 年）之外，还有地质调查所的五位采集员姚、刘（长山）、张、陈（德广）、白（万玉），师丹斯基（O. Zdansky）和步达生（D. Black）也曾经短暂参加，主要负责人骨的发掘和测量。他们在仰韶村共发掘了 17 个地点，并发现了不

招寨、杨河村、西庄村三处史前遗址，安特生和师丹斯基还在不招寨进行过小规模的试掘。仰韶遗址和不招寨都出土有黑陶，这也是龙山文化遗存的首次发现，只是当时并没能辨识出来。

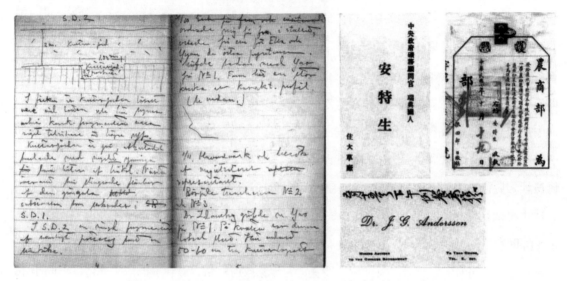

安特生 1921 年仰韶首次发掘时的日记以及在中国内地使用的护照和名片

在仰韶村发掘期间，安特生和袁复礼主持日常发掘事宜，同时还担任测量工作，所完成的仰韶村遗址地形图，在中国考古学史上是最早的一幅作品，弥足珍贵。

仰韶村遗址正式的发掘报告直到 26 年之后的 1947 年才得以面世，即《河南史前遗址》(J. G. Andersson，"Phrehistoric Site in Honan"，*Bulletin of Museum of Far Eastern Antiquities*，1947，No. 19.)，此书直到今天也没有被译成中文。

仰韶村当时参与首次发掘的男青年

安特生关于仰韶文化的研究及其影响

安特生发掘仰韶村结束以后，迅速对这批丰富的材料展开了研究。虽然正式发掘报告的出版旷日持久，但并不妨碍就其中的某些重要问题展开讨论。

关于仰韶村遗址和发现物的介绍，以及他对仰韶文化的认识，集中体现在他的专著《中华远古之文化》（ J. G. Andersson, "An Early Chinese Culture", *Bulletin of the Geological Society of China*, 1923, No. 5. ）。原稿为英文，发表在 1923 年《地质汇报》第五号第一册，并有袁复礼的中文节译。这本规模不大的书，堪称里程碑式的作品，引起了国内外学术界对仰韶文化的高度关注，它也是讨论仰韶遗存的主要资料依据。该书主体部分成稿于 1922 年 1 月，是发掘仰韶遗址之后，安特生在北京中外学者联谊会（文友会）上的一个发言（1 月 24 日）。该书出版时，安特生将他征询的英国考古学家郝伯森（R. L. Hobson）和德国考古学家施密特（H. Schmidt）关于仰韶彩陶与西亚及欧洲彩陶的关系的意见补充进去，同时又发展了自己的看法（写于 1922 年 9 月 ）。

正是在这本书以及另外一本书《奉天锦西县沙锅屯洞穴层》（《古生物志》丁种第一号，1923 年 ）中，安特生将他在河南及沙锅屯的发现命名为"仰韶文化"，这是中国现代考古学史上出现的第一个考古学文化名称。安特生之所以以"文化"命名之，是认为河南这批遗存足以"代表古代文化中之重要时代"。而使用"仰韶"这个小地名，是因为仰韶村遗址是最早发现的重要遗址。这种命名方法刚刚被考古学家从民族学中借用过来，安特生就采用了，这个命名原则至今仍然为我们所遵循。

仰韶遗址的年代是一个关键问题，安特生经过与欧洲、西亚等各地材料的详细对比讨论，认为属于新石器时代晚期。这一判断推翻了"中国无石器时代"的假说，极大延伸了中国的历史，具有重要意义。

仰韶文化最典型的遗物无疑是彩陶，但安特生当时并没有立即认识到它的意义。后来他到北京地质调查所图书馆，看到美国地质学家彭北莱（Raphael Pompelly）写的 1903~1904 年在中亚安诺遗址的考察报告，才知道彩陶可能存在于原史时代，并且在相当广泛的范围内存在，于是对这个发现热情大增。他广泛研究了中国的发现，提出了一个带有"考古学文化"色彩的观点，并以国际上流行的文化传播论加以解释。

他说，在中国北部自奉天迄西至甘肃一带有一种很普遍的石器时代的遗址；遗址中除石器外，有兽骨、陶器、骨器、蚌器等实物。各种实物的形制，均有特别的地方，尤引人兴趣的为一种带彩的陶器，上面绘着好些几何式的花纹。这些花纹的

1923 年，安特生的助手白万玉拿着
在中国西北最早发现的史前陶器

向安特生出售史前陶器的甘肃村民，这些陶器均来自盗掘

组织，虽是随地而异，但大致是相同的。最可注意的是这种陶器颇与在中亚、西亚、南欧一带石器时代遗址所出的带彩陶器有很类似的地方。对于这种相似性，他认为可能体现了自西向东的传播，并进而重申了一个富有刺激性的观点，"因仰韶遗址之发现，使中国文化西来说又复有希望以事实证明之"。因为仰韶文化的彩陶当时只出在河南郑州以西的广大地区，而且越往西越多，而当时世界上已知的彩陶，大都分布在中亚和欧洲，所以他就拟定了仰韶文化——也就是中国文化的"西来说"。这个看法虽然极富争议，但在材料有限的情况下，却是 1920 年代的权威观点。为了验证彩陶西来的假说，安特生用两年时间调查了甘青地区的史前遗存，写成了又一部名著《甘肃考古记》（安特生著，乐森璕译，《地质专报》1925 年甲种第 5 号），提出著名的"六期说"，进一步推进了中国新石器时代考古研究。

安特生的第一手资料和学术观点，丰富、新鲜而刺激，持续激荡了国内外学术界研究仰韶文化的热情。并且由于其特殊身份，起到了沟通中外学术界的桥梁作用，使得中外考古界能够就此问题形成良好的互动和交流。他的著作皆由英文写成，而且他与西方不少学者保持密切的联系，故而他的发现能够很快在西方发生影响。例如，高本汉（B. Kalgren）、阿尔纳（T. J. Arne）、水野清一、关野雄等著名学者都对安特生的观点进行过积极回应。而他在中国的意义更是非同凡响。与之前在中国单独活动的外国探险家和学者不同，安特生是中国政府正式聘请的专家，他的很多活动实质上属于中国政府和学术机构的官方行为，其成果自然而然为中国知识界所分享，故而能够切实推动中国学术的进展。他的著作都是通过中国地质调查所的刊物使用中英文同时发表，可以为中国知识分子广泛了解。在 20 世纪二三十年代，安特生和仰韶文化，实际上代表了中国史前考古的最高成就。

1936~1938 年，安特生最后一次到亚洲时
与中研院史语所所长傅斯年合影

安特生和瑞典王太子古斯塔夫·阿道夫观摩中国出土文物

仰韶村发掘及研究对中国考古学的意义

之所以说仰韶村是中国现代考古学的发祥地，有多方面的理由。

第一，在于仰韶文化本身的重要性以及发掘资料的丰富性。

仰韶文化是中国新石器时代最重要的部分之一，近一个世纪以来，在全国已经发现的新石器时代文化遗址中，大汶口文化遗址有 600 多处，良渚文化遗址约 500 处，而仰韶文化遗址却超过了 5000 处，且分布在以黄河中游为中心的 9 个省区，绵延时间达 2000 年之久，以其分布之广泛，延续之长久，内涵之丰富，影响之深远，而成为中国原始社会文化中的一支主干。仰韶村的发掘并不是安特生更不是中国境内的第一次史前考古发掘（实际上就在 1921 年的 6~7 月，安特生的团队已经发掘过辽宁锦西沙锅屯洞穴遗址），但却是他进行的规模最大、最为细致的一次发掘，影响至为深远。安特生有意无意之间在仰韶村落下的这一锹，实际上

安特生晚年像

和后来的殷墟考古一样，挖到了中国考古学中最为丰富的矿藏，也可以说触发了中国史前研究中最关键的一个按钮。

第二，安特生关于仰韶文化的研究，奠定了中国新石器时代考古研究的基础。

仰韶村的发现物固然重要，然而将它的学术内涵发掘出来，引起学界关注，推动学术进步，则更为关键。在这个方面，安特生居功至伟。安特生正确判断出仰韶遗址的年代，辨识出中国存在史前文化，赋予中国历史新的内容。他命名了中国第一个考古学文化，命名原则直到今天仍在沿用。安特生尽可能全面揭示仰韶文化的内涵，所使用的理论、概念、方法，展现出一个新的研究范例，使后学们有所遵循，由此中国学术界诞生了一门崭新的学科——新石器时代考古学。后来历史语言研究所考古组的考古学家们，对于仰韶文化和龙山文化的讨论，以及对甘肃史前文化"六期说"的纠正，基本上都没有脱离安特生建立的框架。即使人们对其"中华文化西来说"等观点的批判，实际上也不过是后来者站在巨人肩膀上的批判。在持续不断的批判过程中，中国新石器时代考古学逐渐走向成熟。并且安特生本人并没有脱离这个过程，甚至还继续引领这个过程，最早否定自己，由"西来说"走向"中原中心说"这一新的文化发展模式。而且他的影响不仅仅限于考古界，因为他的贡献，中国的历史由三皇五帝的传说走向了石器时代的信史，改变了中国人数千年来的历史观。

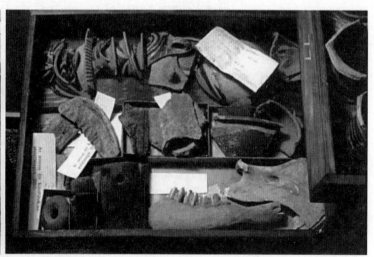

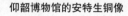

仰韶博物馆的安特生铜像　　　　　　瑞典东方博物馆存放的来自中国的发掘材料

第三，仰韶遗址发掘在田野工作方法和人才培养上的贡献。

仰韶村发掘中所采取的田野工作方法，对于后来的中国田野考古有示范效应。安特生本人虽然并非专业的考古学家，但他在中国进行的一系列考古发掘却为中国田野考古尤其是史前考古奠定了基础，在发掘工具、发掘程序、遗物提取、记录、照相等方面为后来史前考古调查和发掘提供了一整套成功的经验。他在仰韶村采取了探沟方法以及精确记录出土遗物现象的，难能可贵。虽然在关键的地层学上，他仍然采取了地质学的水平层发掘方法，但这是由于时代的局限所致，对他不应苛责。依照文化层和遗迹的叠压打破关系逐层揭露的方法，直到1930年代才开始逐渐成熟。他的中国同事和助手，如袁复礼和白万玉等人，长期和他在一起工作，也都学会了他的方法，这为中国田野考古培养了第一批人才。

总之，仰韶村的发掘是中国现代考古学的起点，以仰韶村为代表的中国史前遗址的研究，开启了中国现代考古研究的大幕。安特生是这个历史事件真正的主角，从而成为中国现代考古学的奠基人。如果说中国现代考古学，起自仰韶村，确实当之无愧。

本文关于安特生的老照片均引自马思中、陈星灿：《中国之前的中国：安特生、丁文江和中国史前史的发现》，瑞典斯德哥尔摩东方博物馆，2004年。

严文明：我的仰韶文化研究之路

◎韩建业　◎程鹏飞　◎李金涛　◎王月梅

仰韶文化是中国第一个被发现和命名的考古学文化，自 1921 年发现至今已经有 90 多年的研究历史。同时，她历时两千多年，占据中国腹地，历史地位至关重要。从某种意义上讲，仰韶文化就是中华文化的象征，仰韶文化研究史就是中国考古学研究史的缩影，仰韶文化的研究水平也代表着中国考古学的研究水平。本着抚今追昔、继往开来的目的，我们对仰韶文化研究的资深研究者严文明先生做了一次专访，严先生的叙述，引领我们回顾了仰韶文化研究的坎坷历程，触摸了仰韶文化研究的巨大成就，感受了仰韶文化的灿烂辉煌。

1980 年夏在家中备课，之后以《姜寨早期的村落布局》为标志，严文明先生提出仰韶文化的聚落学说

仰韶文化发现已 90 多年，值得怀念的第一个人就应当是仰韶文化的发现者安特生。但这样一个人却曾经被骂作"殖民主义和帝国主义的帮凶"，是严文明先生首先对他做了"平反"。

关于安特生，我在仰韶文化发现 65 周年纪念的时候做了一个比较全面的评价。当时是有感而发，因为不少人说他是"殖民主义和帝国主义的帮凶"。我从安特生的经历和他在中国所做的工作对他进行了评价。他是北洋政府聘请的矿政顾问，资深地质学家。他到中国以后，应该说也是中国地质学的奠基人之一，"马兰黄土"就是他发现并命名的，周口店遗址也是他最先发现的。安特生这个人不能否定，如果否定安特生，不但仰韶文化的历史没法写，中国田野考古的历史也没法写。那是中国田野考古的开端，他是奠基人！他对中国古代文化非常尊崇，跟西方那些借探险名义盗掘中国文物的人大不一样。

1921 年安特生对仰韶村遗址进行发掘，之后很快就出版了报告《中华远古之文化》。安特生在书里提出了一个重要观点，认为仰韶文化就是"中华远古之文化"，而且是汉民族祖先的文化。仰韶村遗址的发掘是中国第一次正式的田野考古，标志着中国考古学正式诞生；中国考古学从一开始就在探索中国文明的起源，这和我们今天正在进行的课题扣得多么紧！

1989 年版的《仰韶文化研究》，被学术界奉为仰韶文化研究的经典图书。2009 年文物出版社再版时增加了很多内容

对于仰韶遗址，安特生自己觉得最没有把握的就是那些彩陶。后来他请教了一些欧洲的考古学家，他们说很可能就是从西边传到中国来的。但安特生只是说河南的彩陶跟（中亚）安诺的有"出于一源"之感，而不能确定到底是从中国传到中亚，还是从中亚传到中国。安特生想到，如果要是西边传来，就应该有个通路，应该到后来"丝绸之路"的要道甘肃去做考古工作。后来他到甘肃做了很广泛的调查，收集了很多彩陶，给他的印象是甘肃彩陶发达的不得了。于是他才在《甘肃考古记》里面提出，彩陶有可能是"西来"的。他还将甘肃的文化排了六期，第一期是齐家，第二期是仰韶——也就是马家窑、半山这类遗存，第三期是马厂，第四期是辛店，第五期是寺洼，第六期是沙井。

我们现在当然可以说，他的"彩陶文化西来说"不对，分期排得不对。但是不是就因为这个要对安特生口诛笔伐呢？就说他的推理过程中有民族偏见呢？不能这样！我们要知道，当时西方的田野考古也不是很发达，对"彩陶文化"的研究也不到位。比如说，俄罗斯的赫沃伊科就曾提出特里波列的彩陶从中国而来的"彩陶东来说"。所以，无论是"西来说"，还是"东来说"，这都是在考古学刚开始起步时构建的某些假设。真相如何，应该通过进一步的田野工作解决。何况安特生就在甘肃这么"跑"了一趟，也没怎么发掘，竟然能够把这些东西排比出六期，只是把仰韶齐家颠倒了，其他都正确，太不容易了！

1937 年安特生再次来到中国，尹达等就拿出他们自己在后岗、大赉店等遗址发现的"彩陶在下、黑陶在上"的情况质问安特生。安特生回去后仔细检查他的笔记，觉得没错啊，仰韶村的最下面就有黑陶，上面也有彩陶。实际上这表明安特生对于考古学地层当时还没有认识清楚。直到1951年夏鼐先生到仰韶村试掘的时候，对地层也还是没有完全认识清楚，仍然得出了"混合文化"的结论。这都是学科发展过程中难以避免的事情，不到证据很明确的时候，不到方法比较完善的时候，很难得出正确的结论。

1987年5月，在胶东向苏秉琦先生和郑笑梅先生介绍长岛大黑庄北庄遗址出土陶器

安特生对中国有非常深厚的感情。日本发动侵华战争后他还专门写过一段话，他说他相信中国这么一个伟大的民族，会取得最终的胜利。而且在诸如"西来说"这类的问题上更是反省说："当我们欧洲人在不知轻重、缺乏正确观点的优越感和偏见的影响下，谈到什么把一种优越文化带给中国的统治民族的时候，那就不仅是没有根据的，而且也是丢脸的。"他都这么检讨了，我们还能说他是"帝国主义者""殖民主义者"吗？

新中国成立以后仰韶文化的重大发现首推西安半坡。严文明先生对半坡遗址的得与失进行了客观评价。

1954年到1957年进行的半坡遗址的发掘，由石兴邦先生主持。半坡遗址是第一次对一个仰韶文化的村落遗址进行大规模发掘，在中国的新石器时代考古研究中占有非常重要的位置。而且是分了探方发掘的，在田野工作方法上有一些进步。半坡遗址以一个聚落的概念去发掘一个遗址，还明确提出来要研究当时的社会，《西安半坡》发掘报告副标题就是"原始氏族公社聚落遗址"。报告里面还讲了氏族有多大的规模，等等，想得很多。只是这个遗址地层关系很复杂，遗迹遗物很丰富，发掘缺乏经验，工作没有跟上，这都是考古学发展的早期阶段难以避免的事情，不能过于苛求。

那时候流行学习苏联，苏联有个模版就是特里波列遗址，石兴邦先生还特别把特里波列遗址的发掘方法翻译出来，发表在当时的《考古通讯》上。半坡遗址的发掘基本上就是按照特里

庙底沟遗址发掘现场

1960 年在洛阳王湾指导考古实习时和学生在一起

波列遗址的发掘方法来进行的。当时主要从一个基本的理念出发：特里波列是母系社会，仰韶文化也一定是母系社会；半坡遗址是个仰韶文化的聚落遗址，一定也是个母系社会的聚落；特里波列的房子是围成圆圈的，那半坡的房子也一定是围成圆圈的。《西安半坡》发表的平面图，实际上看不出来构成一个圆圈，但是在书里面描述的是周围一个圆圈，中间一座大房子。

半坡遗址也分了早期、晚期。其实一开始并没有分期，夏鼐先生看过这个报告的资料，觉得肯定有早有晚，所以后来编写报告的时候就分了期，但并没把资料具体分清楚。地层划得很细，但还没有找出利用和研究这些地层的办法，特别是还不知道利用打破关系来进行分期研究。

严文明先生对仰韶文化的研究主要始于王湾遗址的发掘，他根据清楚的地层关系对王湾遗址进行了细致分期，建立了仰韶文化年代标尺。

北大对王湾遗址的发掘，是在元君庙和泉护村遗址发掘的基础上进行的。

看一个东西，是拿单纯的去甄别复杂的，不能反过来。元君庙遗址是单纯的半坡类型遗存，泉护村一期是单纯的庙底沟类型阶段的遗存，一看就清楚。而半坡遗址有好几个时期的遗存，当时没有分清楚。

当时在泉护村遗址挖出了很多东西，学生觉得头大。正逢苏秉琦先生去了工地，就让他们拿几个典型的灰坑进行排比。排比的结果，苏先生把那些最经常出现的、前后发展有序的器物，一共分了四类八种，分了三期。然后学生拿了这个标准逐坑去核对，百试不爽。这就是坚持地层学和类型学相结合的结果。

1973 年给北大考古专业 73 级学生讲课

我是 1960 年参加王湾遗址发掘的。王湾遗址的特点是延续时间特别长，打破关系特别复杂。相当于仰韶文化这个阶段的，我细分了两期六段。前面是邹衡先生带的队，他已经把新石器时代分了三期。王湾实习以后，我们又到伊洛地区调查了很多遗址，有的遗址还做了试掘，这样就等于把伊洛地区的仰韶文化、龙山文化，一直到后面周代这个阶段的遗存都建立了一个非常详细的年表。

严文明先生以基于王湾遗址建立的标尺，结合每个遗址的地层关系，逐个厘清了仰韶、半坡、庙底沟等重要遗址的年代分期，为探讨半坡类型和庙底沟类型的关系奠定了基础。

"王湾一期"，我把它分了两段，前段和半坡的很像，后段和庙底沟一期的很像。王湾的地层非常可靠。有一座遭火毁的房子，房顶把房子里面都盖上了，里面有两个小孩躺在"床"上，旁边还有好几件器物。器物看上去跟半坡的不完全一样，但是时代风格差不多，特别是两个"杯形口"尖底瓶。这座房子上面有五六个打破屋顶的瓮棺，瓮棺都是"双唇口"尖底瓶。拿这个一比庙底沟和半坡，谁早谁晚就很清楚了。

"王湾二期"，我把它分了四段，前三段和半坡遗址的晚期很像，最后一段和庙底沟二期的很像。这个"王湾二期"里面就包括所谓"庙底沟二期"，所以我就不认为"庙底沟二期"是"龙山早期"，也不赞成叫"过渡文化"。

回头再翻安特生仰韶村那个报告——《河南史前遗址》，就可以一段一段非常清楚地把它们分开来。因为仰韶村的仰韶文化遗存更接近洛阳这边而不是接近西边的，所以很好分。我还利用王湾分期的经验，将半坡遗址的仰韶遗存分为早、中、晚三期，认为只有早期才属于半坡类型，中期则属于庙底沟类型，而晚期可称之为半坡晚期类型。在分期的基础上观察房屋等遗迹布局，会发现 3 个时期的村落都不直接连续，哪里存在什么延续了 1000 多年的"原始氏族公社聚落遗址"！

1958 年发掘了河南陕县庙底沟遗址，发掘者大致区分出庙底沟的遗存和半坡的不一样，据此提出（仰韶文化可分为）庙底沟类型和半坡类型。我当时觉得不是两个类型那么简单。因为什么呢？1957 年我还是个学生，在邯郸实习的时候我们调查了上庄、韩庄等遗址，和后来所谓"后岗类型"的东西是一类；我们在发掘邯郸涧沟的时候，也清理了一下旁边的百家村遗址，发现了后来所说的"大司空类型"的遗存，这两类遗存和半坡、庙底沟很不一样。在当时观念下，那都是仰韶文化。这样"仰韶"就不是两个，显然用半坡、庙底沟两个类型概括不过来，这是我最早的一个认识。

1960 年代初，严文明先生在仰韶文化研究中发展出一套逻辑清晰、行之有效的分期方法，对此后的考古研究深有影响。

我研究仰韶文化的方法在《略论仰韶文化的起源和发展阶段》这篇文章中有集中体现。我是以对单个遗址的分期作为研究基础的，弄清每个遗址分期后再归纳出小区分期，最后归纳出整个文化的分期。遗址的分期可以很细，小区的分期可以粗一点，大区或文化的分期就应当更粗。

河南邓州八里岗遗址 1994 年发掘现场，在严先生的直接指导下，该遗址在 1990 年至 2007 年作为北大考古系的田野实习基地，历经十余次发掘，清晰揭露了一处仰韶晚期聚落的布局

山东烟台博物馆的长岛北庄遗址复原场景。在严文明先生指导下，北庄遗址在 1980 年代初进行了多次发掘，并作为北大考古系 79、81、83 级的田野实习工地，发现一批大汶口文化的房址和墓葬，为探讨当时海岛上的史前聚落形态及其所反映的社会组织提供了重要资料（费米供图）

2011 年在山东青岛北阡遗址发掘工地

2006 年在山西夏县西阴遗址

　　我把仰韶文化的第一期叫半坡期，地方差异还较大；但第二期即庙底沟期统一性就增加了很多；第三期也就是仰韶晚期，明显有分化趋势；第四期分化更大。从这个过程可以看出仰韶文化是怎么发展变化的，内部机制是什么，外部原因是什么。比如说仰韶第三期的时候，大汶口文化的因素就进来了。如果对仰韶文化分期本身没有弄清楚，外面的文化怎么影响就说不清楚了。这样避免了两个误区：一是避免了"外因论"，仰韶文化前后发展清清楚楚，不是西来的，也不是南来的、北来的；二是避免了"孤立发展论"，当时很流行这个理论——尽管没有用这个词表述。而其实这个问题苏秉琦先生早就已经涉及，他讲到过仰韶文化同大汶口文化、屈家岭文化的关系。

　　这样，我们就看到一个文化在发展过程中会有范围和地方类型的变动，这就是内部的矛盾运动，这么分析才能把文化的发展弄清楚。所以我把这篇文章拿给苏先生看的时候，苏先生说："你找到了一把研究新石器时代文化的钥匙"，"应该把这个方法推广到全国新石器时代文化的研究中去"。

上世纪五六十年代也掀起过对仰韶文化社会性质的讨论，严文明先生对于通过墓地讨论母系氏族社会还是父系氏族社会的做法有自己独到的见解。

我从来不相信仰韶是母系社会、龙山是父系社会的说法，因为当时提供的证据没有一项能说得通的。比如，有人说半坡 152 号墓是一个"女孩"厚葬墓，所以当时是母系社会。可实际上四岁的孩子是判断不出性别的。而且退一步讲，那么多墓，女孩应该不止一个，其他人怎么没有被"厚葬"？

从理论上讲我也不相信那些关于母系氏族的提法。比如有人说我国纳西族是典型的母系社会，台湾的高山族和美洲的印第安人也是。我仔细分析，发现纳西族、易洛魁里面都有父系社

2001 年，在沈阳为费孝通先生讲解红山文化玉器

1994 年 12 月，与苏秉琦、张忠培先生拜访历史学家白寿彝先生

会；摩尔根写文章的时候，易洛魁绝大部分就已经是父系社会了，只是传说中以前有母系，台湾高山族也是如此。根据西方人类学家做的很多调查，母系社会当然是有，但它并不代表一个阶段。

在《甘肃彩陶的源流》一文中，严文明先生清楚地展现了彩陶文化自东向西渐次拓展的生动图景，澄清了"仰韶文化西来说"的错误。

1963 年我带几个学生到甘肃去调查实习，发现雁儿湾和西坡坬遗址的资料非常重要。雁儿湾的一个灰坑，出土了三十几包陶片，彩陶占相当大的比例。我们花了很多精力拼对陶片，复原了不少器物。雁儿湾和西坡坬遗存很像，仔细分析发现，西坡坬里有一部分东西和雁儿湾的一样，有一部分不一样。然后再看兰州的王保保遗址，又是一个样。这样我就把马家窑（类型）分了好几段。这个时候有人已经提出"石岭下类型"，我觉得它就是马家窑类型的前身。然后找半山类型、马厂类型，划定它们的分布范围。

1963 年在兰州青岗岔遗址指导实习。在兰州期间通过雁儿湾等资料的整理，严文明先生搞清了彩陶文化自东向西拓展的轨迹

姜寨遗址 1970 年代发掘现场。对姜寨布局的考察是严文明先生关注中国聚落研究之始（巩启明供图）

我发现甘肃这些文化很明显一个个往西跑。半坡类型仅仅到了陇东，相当于庙底沟类型的遗存就到了甘肃和青海交界的地方，半山类型到了河西走廊，马厂类型到了河西走廊最西边的酒泉。这样排比下来，这不是"东来说"或是"西去说"吗？如果换其他人或许会写一篇批判"西来说"的文章。我不批判所谓"西来说"——因为那是学科发展特定阶段的产物。

另外，安特生曾经提出过一个观点，说马家窑彩陶是活人用的东西，半山彩陶是死人用的东西。我不相信。因为根据经验，死人用的明器风格还应该和活人用的一样，况且半山那么大的彩陶瓮不可能是明器。所以我就非得找一个半山遗址，后来就找到了断面有红烧土的青岗岔。在青岗岔的发掘，找到一座房址，里面有 12 件陶器，都是半山类型的，那么还能说半山类型的陶器就是给死人用的吗？

从对姜寨早期村落布局的研究开始，严文明先生对仰韶文化聚落形态进行了系统研究，揭示了仰韶文化社会发展的基本历程。

　　我觉得用聚落来研究社会比从家系（母系、父系）研究社会更可靠。不是从一个理念出发，而是从一些实际的资料看这个社会怎么演变。我特别讲，不要过分强调一个墓里面随葬品多几件少几件，主要看什么东西多。有的人贡献大，或者死的时候年成好，就可能给他（她）多埋点东西，不是有很多类似的原因吗？为何都往母系、父系上联系呢？

　　当时首先分析姜寨聚落，它基本上是个平等社会；整个半坡类型从墓葬上分析，基本上也是平等社会。但是到后来分化开始了，不但一个聚落本身里面有分化，聚落之间也有分化，所以有了中心聚落。"中心聚落"的概念可能是我先提出的。在中心聚落的基础上，后来又发现了一些城。我对城的分析，首先明确，城只是有围墙的聚落，关键得看城里面的内容，不是说有个"圈"就一定高于一般聚落。

　　研究聚落是为了研究社会发展，而社会的发展必须有生产的基础。对一个社会的发展影响比较大的是农业的产生，因此后来我就花了比较大的功夫研究农业，特别是研究水稻。研究水稻怎么起源、怎么发展、怎么演变，怎么达到一定的发展水平后来影响社会的进程。然后再看看世界上如西亚、埃及、美洲的社会是怎么发展的。

　　仰韶文化分布地域广大，1980年代以来出现了一种"肢解"仰韶文化的趋势，而严文明先生认为考古学文化命名应当慎重，应当尊重学术史。

　　现在一些人想"肢解"仰韶文化，废除仰韶文化的名称，另立新名，我不太赞成。第一，这个名字本身是历史形成的，已经成为历史了。第二，跟周围的文化比，仰韶的遗存无法归并到其他考古学文化中去。仰韶文化这一大块是客观存在的。

　　我经常喜欢举两个极端的例子。日本的新石器时代只有一个绳纹文化，无非是把绳纹文化分作早、前、中、后、晚，后来前面又加一个"草创期"；另外他们分了很多"式"，相当于我们的"类型"。而罗马尼亚很小一个国家，新石器时代到铜石并用时代有四十几个文化。那么到底哪个对？所以我就提出来两条：第一条，要尊重历史，就像一个人的名字，不能随便改。涉

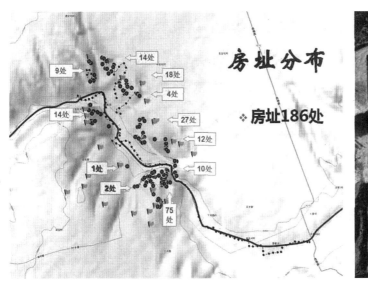

陕西白水下河遗址的调查和发掘理念代表着今天仰韶文化研究的新趋势（陕西省考古研究院供图）

及仰韶文化的著作很多，国内外都在讲，忽然之间仰韶文化没有了，变成了一个别的什么文化，这样不好。第二条，仰韶文化下面可以有小文化，或者叫作亚文化。实际上马家窑文化也就是仰韶文化里面的一个亚文化；河套地区的叫"海生不浪文化"，也可以算是仰韶文化的亚文化。但是像"半坡文化"，既不是半坡类型，也不是半坡晚期类型，范围都不好界定。而所谓"庙底沟文化"的范围就是整个仰韶文化的范围，等于把一个文化里面的一个时期叫一个文化，没有必要，不如叫"庙底沟期"。

1986 年仰韶文化发现 65 周年的时候，严文明先生曾对仰韶文化研究做了很好的总结评述。今天他对近些年仰韶文化研究的主要进展也谈了自己的看法。

现在有的研究在推进，比如对仰韶文化的经济和生产水平的研究，对石器的鉴定研究，对与人有关的动物、植物遗存的研究等。在《灵宝西坡墓地》报告里面，涉及对墓葬人骨详细的体质人类学分析和食性分析，能够看出大墓中墓主人生前吃肉比较多，小墓的墓主人生前吃肉比较少，这些分析就非常好。我们以前无非就是从文化特征、类型等方面做一些大而化之的研究，现在科技考古概念引进以后，这种细致研究非常好。

在仰韶文化 65 周年讲话的时候，我就已经谈到这些事了。以前大家判断的农业工具，有什么证据？只是看着有点像不行，必须要有科学分析。这些事现在逐渐有人在做，是很好的趋势。另外就是早已经避免了用"母系"或"父系"那个框子去套仰韶文化的社会性质，注意了对聚落形态的研究。我想聚落形态这个概念现在已经很普及了，比如近几年河南灵宝西坡遗址和陕西白水下河遗址的大房子都做得很精细，都是在用一些聚落的理念去探寻，这都是很好的事。

1993 年 9 月，在北大赛克勒博物馆签署中美农业考古合作协议，此后严先生将较多的目光放在农业起源研究

苏秉琦先生与彩陶研究

◎王仁湘

苏秉琦先生似乎没有做过专题彩陶研究，没有发表过专篇彩陶研究论文，但他又确实非常关注彩陶研究，他的一些彩陶相关研究，其实做得非常深入，他的彩陶研究甚至影响了中国史前考古研究的行进方向。苏秉琦先生的彩陶研究，大体可以分为三个方面，一是彩陶与考古学文化研究，以考察考古学文化特征为目的；二是彩陶演变研究，以判明考古学文化年代为目的；三是彩陶象征意义研究，以探讨彩陶的内涵为目的。苏秉琦先生的这些研究包括了彩陶研究最主要的几个层面，而且都有重要成果问世，对考古学文化研究和彩陶研究产生了深远影响。

一、彩陶与考古学文化研究

在新石器时代的特定阶段出现了彩陶，不少考古学文化中都发现了各具特色的彩陶，彩陶因此成为研究考古学文化的一个重要切入点。彩陶的种类的异同也是了解考古学文化之间的联系与区别的重要标志，不少学者都将彩陶作为研究相关考古学文化的重要路径。如仰韶与龙山文化的区分，又如仰韶文化类型的划分，彩陶就被作为一个重要的内涵。半坡和庙底沟类型的区分，彩陶纹饰就是一个明确的标志。

和许多学者一样，苏秉琦先生将彩陶作为区别不同考古学文化类型的一个重要标志，不过他的研究显得更细致更具体。例如在《关于仰韶文化的若干问题》中，他不赞成将王湾一期文化划归庙底沟类型，他从彩陶强调了两者的区别，说："白衣彩陶，先出现的是白衣黑彩，后来出现白衣黑红彩，最后白衣变成灰白色。……这类遗存中尽管出有少量类似庙底沟的植物图案彩陶，但白衣彩陶、红衣彩陶在全部彩陶中占大部分；用宽带、直线、平行线、弧线构成的简单几何图案，以及后来流行的以网纹带为主体的图案均富特色。"这是由色彩和图案构成的变化，强调两者的不同。苏先生还指出，山西芮城西王村下层"也不宜归入庙底沟类型"，因为"这类遗存同样缺乏如庙底沟那样发达的植物图案彩陶，彩陶比例小，而多打制石器、细石器"。苏先生由彩陶分析考古学遗存，这些判断的准确性后来都一直为学术界所认可。

在《关于仰韶文化的若干问题》中，苏先生又由半坡和庙底沟彩陶的分布论及两者的关系。

他说"两类遗存的分布，虽然常常互相交错，但不是没有分际；两者的影响所及虽然都相当广，但它们各自的主要分布范围都不很大。半坡类型遗址中，含有葫芦口瓶和鱼纹彩陶盆两项主要特征因素，并包括其早晚发展阶段的，据现有发掘材料，只有半坡和北首岭。由此推测，这一类型的主要分布地区是在关中的西半部。庙底沟类型遗址中，含有鸟纹、蔷薇花纹、双唇口瓶三种主要特征因素．并包括它们的早晚发展阶段的，据现有资料，还只有泉护村一处；含有除鸟纹以外其他两种特征思想因素，并包括它们的早晚发展阶段的，据现有资料，大约东不过陕县一带，西不过西安一带。由此推测，这一类型的主要分析地区是在关中东部和河南极西一部"。因为觉得两者分布有明确的范围，所以苏先生从不认为半坡有向庙底沟发展的趋向。

苏先生还曾由彩陶分析姜寨遗址仰韶文化的分期，他看到姜寨二期是接近写实的鱼纹彩陶盆、阴阳三角纹彩陶盆，三期是图案化、长体化彩陶盆，松散化花卉纹彩陶盆，四期变体花卉图案彩陶盆。[1] 从彩陶盆的变化，看到了考古学文化的演进过程。

在仰韶文化的研究中，彩陶一直都很受关注，彩陶的研究不仅影响到考古学文化类型的划分，也影响到考古学文化发展演变的进程，还影响到考古学文化关系的认识。更进一步说，彩陶研究也会促进对考古学文化内涵的了解，提升考古学文化研究的整体水准。

二、彩陶演变与年代学研究

当遗址发掘有了一定数量和规模时，仰韶文化研究中提出了类型划分问题，最早确定的是半坡和庙底沟两个类型。最初在缺乏地层资料的时候，研究者急切地为半坡和庙底沟两个类型的早晚年代作了判断，有相当多的人是以彩陶的繁简为出发点的，所依据的材料一样，因为判断的标准不同，所以结论相反。当时的标准基本是以主观的感受为主，并无客观的标尺。空论花纹繁缛为早期特点或是简单为早期特点，其实只能说服论者自己，而不能说服争辩的对方。最初安特生判断齐家期早于仰韶，就是以为齐家期少而简的彩陶一定是彩陶开始出现时的景象。避开具体的讨论不谈，说彩陶纹饰简单是年代较早或较晚，这两种可能性都是存在的，不能以主观的感受一概而论，而应当列举确凿的论据。

当许多学者在以彩陶的繁简论早晚之时，苏先生并没有发表什么意见，不过他的看法应当已在胸中酝酿。

苏秉琦先生在讨论半坡和庙底沟类型主要文化特征及它们的相互关系时，虽然也是首先由彩陶纹饰的分析入手的，不过并不是简单地以繁简定乾坤。在《关于仰韶文化的若干问题》中讨论半坡与庙底沟的关系，苏先生认为"两类型中主要彩陶图案作风变化序列相似"。将两类型的彩陶进行比较，他的结论是"庙底沟类型中的植物花纹图案无疑不是从鸟纹发展变化而来，两者是平行发展的。这是从它们的层位、共生关系业已证明了的。庙底沟类型中的鸟纹和蔷薇花纹的原始型式都很逼真，到它们的最后型式都呈现分散解体，这正同半坡类型的鱼纹变化序列互相一致。我们看不到在半坡类型中的鱼纹的最后型式向庙底沟类型中的鸟纹或蔷薇花纹最初型式之间具有发展关系，反过来说也一样。而两类型中的两种彩陶盆的型式变化序列之间则具有相似之处。尽管两种彩陶盆具有不同的体型和风格，但在两者前后期之间的型式变化却具有明显的共同之点：两者的唇沿部分都是从沿面向上变为沿面向里；圆角变为棱角；侈口收腹（口径大于腹径）变为收口曲腹（口径腹径相似或口径小于腹径）"。

苏先生对半坡鱼纹的演变进行了研究，他以西安半坡、宝鸡北首岭两地出土的 4 件标本为例，将鱼纹的变化序列归纳为四式：

Ⅰ式　写实鱼形，画在盆的里壁；

Ⅱ式　简化写实鱼形，鳞纹简化，画在盆的里壁；

Ⅲ式　图案化鱼形，鳍消失，上下对称，画在盆的腹部外壁；

Ⅳ式　发展的图案鱼形，各部分解为几何图案纹（图一）。[2]

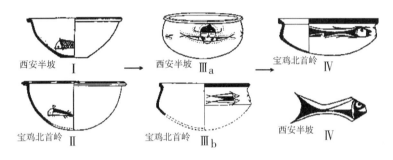

图一　半坡文化鱼纹彩陶

苏先生的这个归纳，在当初资料还不是很充足的前提下，勾画的鱼纹演变脉络还只是一种粗线条，以后人进一步研究所得的结果来检验，应当说是很准确的。至于他说的鱼纹"各部分解为几何图案纹"，其实他并没有再细分下去，也没有列举相关的例证，不过这后面的演变已有另外一些学者进行了充分研究，这一点在此不再论及。

苏秉琦先生在对半坡鱼纹研究的同时，对庙底沟鸟纹的演变也进行了研究，他将鸟纹的变化序列归纳为以下五式：

Ⅰ式　圆框，内加圆点，圆头，有眼、喙，短身；

Ⅱ式　圆框，长头，有眼、喙，短身；

Ⅲ式　长头，有眼、喙，长身；

Ⅳ式　圆点形头，无眼，长喙，长身；

Ⅴ式　圆点形头，无眼、喙，鸟形特征大部消失（图二）。[3]

图二　庙底沟文化鸟纹彩陶

这样的一个变化的脉络，正是写实向抽象发展的脉络。当然苏先生列举出来的证据，同他

研究鱼纹的变化一样，也还没有提及典型的几何形图案。后来严文明先生也曾指出，"早期的鸟纹还是比较写实的，到庙底沟类型晚期已有简化趋势"。[4]仅由后来发表的华县泉护村的例证可以看出，鸟纹由比较写实到抽象的变化脉络确实比较清晰。前期鸟体壮实，细部刻划认真。后期鸟体修长，有的已没有颈与腹的区别。

正是基于对彩陶演变序列的认识，支撑着苏先生对半坡和庙底沟类型相互关系—主要是年代关系的判断，他始终认为庙底沟与半坡同时，他的认识一直到他去世都没有改变。在《关于仰韶文化的若干问题》一文中，[5]苏先生将半坡类型和庙底沟类型的内涵作了界定，他不同意两类型中有孰先孰后的说法，而认定"两者是大体同时的"。他的根据一是"两类遗存中主要器物变化序列相似"，如小口尖底瓶、平底葫芦瓶都有类似的演变序列；其次是"两类型中主要彩绘图案作风变化相似"，半坡的鱼纹和庙底沟的鸟纹变化趋势相似，两者之间并无演变关系可寻，不存在由此到彼的发展关系。

苏秉琦先生一直坚持着他的这个观点。1981年他发表《姜寨遗址发掘的意义》，又一次谈到半坡与庙底沟两个类型是同时并存的关系，主要理由是"半坡类型的重要文化特征因素包括壶罐形口尖底瓶、鱼纹彩陶盆等，庙底沟类型的重要文化特征因素包括双唇口尖底瓶、蔷薇科（玫瑰或月季）花卉图案和鸟形彩陶盆等，它们都有自己的完整发展过程"。[6]

不以彩陶的繁简论早晚，而是以发展的眼光先探讨彩陶的演变，再由演变的脉络判断考古学文化的年代关系，这样的方法树立了彩陶研究新的里程碑。

三、彩陶象征意义研究

在考古学文化关系讨论上涉及彩陶问题的同时，也开始有学者对彩陶纹饰的含义尝试着进行解释，探讨纹饰演变的规律，还有纹饰所体现的意义的研究。

彩陶是什么？在艺术家眼中彩陶是绘画，在文学家眼中彩陶是诗文，在学者眼中彩陶是历史。其实学者看彩陶也是可以吟出诗文来的，下面便是难得见到的一首吟咏彩陶的诗：

> 华山玫瑰燕山龙，大青山下斝与瓮。
>
> 汾河湾旁磐和鼓，夏商周及晋文公。

这是苏秉琦先生所作的七言诗，他还请张政烺教授篆书悬挂在办公室的墙壁上。此诗作于1985年山西晋文化学术讨论会，那个时候苏先生已经是76岁高龄，他并不是诗人，他似乎极少写诗，是彩陶打动了他。[7]史前考古学文化特征与中国文明的形成发展，都融会在这激情的诗文中了。

对于自己的这首诗，苏先生特别珍爱，他在公开场合反复提到，也反复作过注解。第二次提到是1987年，见于他发表在《辽宁画报》上的《象征中华的辽宁重大文化史迹》一文。[8]第三次提到是1988年，见于他发表在《东南文化》上的《中华文明的新曙光》一文。[9]第四次提到也是1988年，见于他在山东青州考古会议上发表的讲话。[10]

他说"华山玫瑰"指的是"源于华山脚下仰韶文化的一个支系，它的一部分重要特征是重唇口尖底瓶和一枝玫瑰花图案彩陶盆"。所谓的"玫瑰花图案"，是庙底沟彩陶上最常见的一种纹饰，苏先生对这类纹饰特别关注，他揭示了它的象征意义，赋予了它特别的含义。

庙底沟文化彩陶上由弧边三角、圆点、勾叶组成的"花卉纹"图形，或简或繁，曲回勾连，是中国彩陶中最具特点的图案之一，也是最富魅力的图案之一。同样风格构图的彩陶，在大河村文化和大汶口文化中也相当流行，它的影响还波及范围更为广大的其他新石器文化，这使它成为许多晚期新石器文化一种共有的图案结构模式。

对于这类彩陶纹饰的研究，自20年代安特生发现河南渑池仰韶村遗址之后就开始了。安特生当初虽由仰韶村的彩陶提出了"彩陶文化"的概念，但是因为当时只见到这种纹饰的碎片，没有完整器形，所以并没有引起特别的注意。阿尔纳1925年发表《河南石器时代之着色陶器》，将仰韶村等遗址出土的这类彩陶纹饰名之为"真螺旋纹"。[11]不久以后山西夏县西阴村发现了更多的相关彩陶资料，李济先生1927年在报告《西阴村史前的遗存》中，对于这类纹饰没有作进一步分析，几乎没有对纹饰的组合进行任何认定。[12]梁思永在研究了西阴村的这批彩陶标本后，在1930年发表的论文中称这纹饰为"流动的曲线带"，说它的"形状最近似螺旋纹"，又说"西阴陶器上没有发现真正的螺旋纹"。[13]

安志敏先生主持陕县庙底沟遗址发掘中，发现了不少彩陶。1959年他在《庙底沟与三里桥》的结语中说，庙底沟遗址的彩陶"图案比较复杂而富于变化，基本上是用条纹、涡纹、三角涡纹、圆点纹及方格纹等组成，但在结构上缺乏固定的规律。花纹虽可以分成许多不同的单元，但这些单元很少固定不变，而互有增减，比较难于把它们固定的母题分析出来"[14]。他的这个说法，到80年代还有影响，巩启明先生论仰韶文化，基本上接受了这些说法。[15]不过后来安志敏先生本人对这类纹饰的定名有了明显的改变，20年后的1979年他在《裴李岗、磁山和仰韶》一文中改用了当时已比较流行的"圆点、钩叶、弧线三角和曲线等构成繁复连续的带状花纹"这样的说法。[16]

面对庙底沟遗址的彩陶资料，有不少研究者产生了浓厚兴趣，纷纷著文研究。当然研究者们当时最关注的还是根据彩陶纹饰进行文化的分期研究，至于对纹饰本身的研究却并没有很快深入下去。如吴力先生的《略论庙底沟仰韶文化彩陶纹饰的分析与分期》，就没有具体讨论这类纹饰。[17]杨建芳先生在《庙底沟遗址彩陶纹饰的分析》一文中，采用分解纹饰的方式，分别命名为钩叶、弧形三角、圆点，但却没有提出一个整体名称来。[18]

苏秉琦先生在《关于仰韶文化研究的若干问题》中，[19]依据陕西华县泉护村出土的标本，首次仔细研究了庙底沟时期的这类彩陶。他以阳纹和阴纹混观的方法，辨认出这类彩陶所描绘的是菊科和蔷薇科的两种植物花卉图案，而且花瓣、茎蔓、花叶齐全。他说"仰韶文化诸特征因素中传布最广的是属于庙底沟类型的。庙底沟类型遗存的分布中心是在华山附近。这正和传说华族发生及其最初形成阶段的活动和分布情形相像。所以，仰韶文化的庙底沟类型可能就是形成华族核心的人们的遗存；庙底沟类型的主要特征之一的花卉图案彩陶可能就是华族得名的由来，华山则是可能由于华族最初所居之地而得名；这种花卉图案彩陶是土生土长的，在一切原始文化中是独一无二的，华族及其文化也无疑是土生土长的"。苏先生认为，庙底沟类型彩陶上的花纹，很可能就是生活在华山周围"花族"的图腾。因为远古时期"花"同"华"，所以这里很可能就是华夏名称最早的起源地。在远古时期，庙底沟人以这种神圣的花卉图案控制着诸多群体部落，并向四周相邻的地区施加影响。

从此以后，在30多年的时间里，他不断坚持并发展着这种认识，将彩陶上的这种"花卉"纹饰升格，与红山等文化的龙形图案相提并论。[20] 在对庙底沟文化彩陶众多的解释中，以苏秉琦先生"花卉"说的影响最大，也最受学术界重视（图三）。

在《纪念仰韶村遗址发现六十五周年》一文中他也提到见于庙底沟的"两种花卉纹彩陶盆"，不赞成"圆点钩叶弧边三角纹"的提法。两种动物图案彩陶盆，"鱼鸟图像彩陶初现时间和鱼纹开始图案化时间，彩陶图案常以底色（陶色）为主而不是着色为主的技法初现时间，花卉

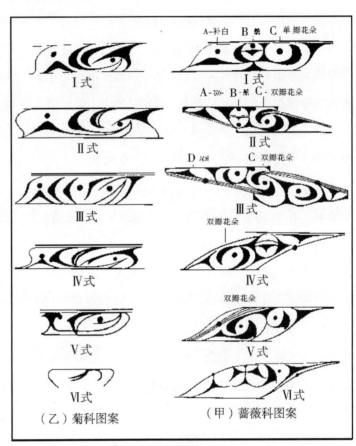

图三 苏秉琦先生归纳的彩陶花瓣纹

图案初现的时间等都从北首岭遗存得到证明。"玫瑰花图案为"一枝花"或"一朵花"，后者的传播力比前者大得多。[21] 这样的观点，在《中国文明起源新探》一书中，又有过强调。在《华人·龙的传人·中国人》一文中，又谈到了花与龙的结合，简绘有旋式花瓣纹图案。

在《关于仰韶文化的若干问题》一文中，苏秉琦先生提出了"仰韶文化的庙底沟类型可能就是形成华族核心的人们的遗存，庙底沟类型的主要特征之一的花卉图案彩陶可能就是华族得名的由来，华山则可能由于华族最初所居之地而得名"的论点。[22] 到现在为止，还没有一个人对"花卉纹"图案这么重视。"花卉纹"作为一种图案确实是在华族居住区首创的，可很快它就传播到文化传统并不相同的东夷、西戎、南蛮的祖居之地，这又意味着什么呢？

苏秉琦先生1985年在山西侯马晋文化研究会的发言，谈到庙底沟文化时期"花卉"图案彩陶的传播，[23] 他说："仰韶文化的主要文化特征是两种小口尖底瓶（壶罐口、双唇口），两种

花卉图案彩陶（玫瑰花、菊花），两种动物图案彩陶（鱼、鸟），是两类六种。其中生命力最强的是双唇口尖底瓶和玫瑰花图案彩陶。玫瑰花的完整图案是包括花、蕾、叶俱全的'一枝花'，向东去，洛阳郑州间仰韶文化中的玫瑰花是'一朵花'，而不是'一枝花'。向东北方向，经过山西省境，到达河北省西北部张家口地区蔚县西河营一带（属仰韶文化传布范围）的玫瑰花则是'一枝花'。……而'一朵玫瑰花'图案彩陶更远达辽宁朝阳、阜新地区大凌河流域红山文化范围，并有一个相当时间的发展序列，始终保存着玫瑰花'覆瓦状'花冠图案基本特征"。后来他在根据这个发言改写的另一篇文章中，依然表达了这样的认识："源于陕西关中西部的仰韶文化，约当距今六千年前分化出一个支系（宝鸡北首岭上层为代表），在华山脚下形成以成熟型的双唇小口尖底瓶与玫瑰花枝图案彩陶组合为基本特征的'庙底沟类型'，这是中华远古文化中以较发达的原始农业为基础的、最具中华民族文化特色的'火花'（花朵），其影响面最广、最为深远，大致波及中国远古时代所谓'中国'全境，从某种意义上讲，影响了当时中华历史的全过程。"[24]

彩陶的出现，彩陶的传播，它的动能全在于象征性，象征性也是彩陶的灵魂之所在。对于彩陶象征意义研究，许多学者都作过努力，但都仅仅限于讨论彩陶描述的客体，认识比较零乱，难以形成一个整体的架构。苏秉琦先生很早涉及彩陶的象征意义研究，他的解释明显高出一筹。在《关于仰韶文化的若干问题》中，苏先生对彩陶的象征意义有过特别的关注，主张对一些特别的纹饰进行全面的解释。他说："在庙底沟、半坡两类型典型遗址出土的彩陶纹饰的变化，鱼、鸟和植物图案从写实或逼真，描绘谨严，变化到图案化、简化，直到分解、消失，我们不仅应从技术、经济力面去寻找原因，还应该从社会意识形态的变化中来加以解释"。

后来苏先生还进一步指出，以玫瑰花图案彩陶为主要特征因素的仰韶文化庙底沟类型，与以龙鳞纹图案彩陶为主要特征因素的红山文化，这两个不同文化传统共同体的南北结合是花（华）与龙的结合。山西襄汾的陶寺遗址表现出南北文化综合体性质，突出晋南是"帝王所都曰中，故曰中国"的地位。因此他指出，"大致在距今4500年左右，最先进的历史舞台转移到了晋南。在中原、北方、河套地区文化以及东方、东南方古文化的交汇撞击之下，晋南兴起了陶寺文化。它不仅达到了红山文化后期社会更高一级阶段的'方国'时代，而且确立了在当时诸方国中的中心地位，它相当古史上的尧舜时代，亦即先秦史籍中出现的最早的'中国'，奠定了华夏的根基"。[25]

苏先生在他的诗中将"华山玫瑰"和"燕山龙"相提并论，所谓"燕山龙"指的是红山文化的玉龙。1986年在辽宁兴城会议上，苏先生提到"花"与"龙"的关系问题。"庙底沟类型完整的玫瑰花图案，枝、叶、蕾、花瓣俱全，这种图案的分布从华山延伸到张家口，正是一条南北天然通道。红山文化彩陶中特征最明显的是鳞纹，其最早材料见于赤峰西水泉遗址，其演变有头有尾，与庙底沟类型玫瑰花图案演变并行，其向南延伸最远到石家庄、正定一线，与玫瑰花交错是在张家口。"苏先生特别指出，"龙与玫瑰花结合在一起，产生新的文明火花，年代

是距今 5500 年左右，这是两种不同文化传统撞击产生的文明火花"[26]。

由这样的一些论述，我们更加理解了彩陶的重要性。绘有特定纹饰的彩陶可不是普通的日用器具，由纹饰具有的象征性，我们会很自然地对彩陶器皿的用途作出新的判断。关于彩陶的用途，苏先生也作过考察。1992 年在《迎接中国考古学的新世纪》一文中，他在明确阐明距今 6000 年是从氏族向国家发展的转折点的时候，指出"之所以特别看重距今 6000 年这个界标，因为它是该区从氏族向国家发展的转折点。这并不是说距今 6000 年前已出现了国家，而是说氏族社会发展到鼎盛，由此转而衰落，文明因素出现，开始了文明、国家起源的新历程。距今 6000 年，社会生产技术有许多突破，社会一旦出现了真正的大分工，随着就会有大分化，人有了文、野、贵、贱之分。酉瓶和绘有动、植物纹样的彩陶并不是日常使用的汲水罐、盛饭盆之类，而是适应专业神职人员出现的宗教上的特需、特供"[27]。对彩陶这样的定位，是很有启发意义的。

在《中国文明起源新探》一书"开头的话"中，苏秉琦先生的第一句话意味深长，"我从考古学上探索中国文明的起源是由彩陶和瓦鬲开始的"。由彩陶探索中国文明的起源，确实是一条非常重要的路径。我也以为，"庙底沟文化彩陶的传播，不仅仅是一种艺术思潮的扩散，它有着更深刻的背景。这种传播标志着古代华夏族艺术思维与实践的趋同，也标志着更深刻的文化认同。从这一个意义上看，6000 年前以彩陶传播为象征的艺术浪潮，也许正是标志了华夏历史上的一次文化大融合。看来庙底沟文化彩陶传导给我们的信息，远不只是那些闪烁着艺术光芒的斑斓纹样，它还包容着逐渐集聚的文化意识，演化着戚速认同的象征符号，预示着一个伟大文明的开始形成。从这个意义上说，探讨中国文明的形成，彩陶应当是一个非常重要的研究对象"[28]。我也希望在中华文明探源工程新的课题规划中，注意到苏秉琦先生过去的提示，不要忽略了史前彩陶的研究。

苏秉琦先生虽然一直关注史前彩陶研究，但在为张朋川先生《彩陶图谱》所作的序中，我们却没有读到他更多的相关文字，在专门讨论彩陶的著作里没有发表系统的见解，感觉是一个遗憾。不过他在开篇就提到"中国彩陶成为学者研究专题差不多同近代中国考古发展史一样长，这说明它的重要性早就被人们认识到了"。[29]通过苏先生的研究，我们也进一步认识到了彩陶的重要性，相信后来者在这个基础上会有更深入的研究。

注释：

[1] 苏秉琦：《姜寨遗址发掘的意义》，《考古与文物》1981 年第 2 期。

[2] 苏秉琦：《关于仰韶文化的若干问题》，《考古学报》1965 年第 1 期。

[3] 苏秉琦：《关于仰韶文化的若干问题》，《考古学报》1965 年第 1 期。

[4] 严文明：《甘肃彩陶的源流》，《文物》1978 年第 10 期。

［5］苏秉琦:《关于仰韶文化的若干问题》,《考古学报》1965 年第 1 期。

［6］苏秉琦:《姜寨遗址发掘的意义》,《考古与文物》1981 年第 2 期。

［7］苏秉琦:《晋文化问题》,见《华人·龙的传人·中国人——考古寻根记》,辽宁大学出版社,1994 年,第 17—21 页。

［8］苏秉琦:《象征中华的辽宁重大文化史迹》,《辽宁画报》1987 年第 1 期。

［9］苏秉琦:《中华文明的新曙光》,《东南文化》1988 年第 5 期。

［10］苏秉琦:《环渤海考古与青州考古》,《考古》1989 年第 1 期。

［11］阿尔纳:《河南石器时代之着色陶器》,《古生物志》丁种第 1 号第 2 册,1925 年,第 11 页。

［12］李济:《西阴村史前的遗存》,清华学校研究院,1927 年。重刊《三晋考古》第 2 辑,山西人民出版社,1996 年,第 265—286 页。

［13］梁思永:《山西西阴村史前遗址的新石器时代的陶器》,见《梁思永考古论文集》,科学出版社,1959 年,第 1—49 页。

［14］安志敏:《庙底沟与三里桥的文化性质及年代》,见《中国新石器时代论集》,文物出版社,1982 年,第 132 页。

［15］巩启明:《试论仰韶文化》,《史前研究》1983 年第 1 期。

［16］安志敏:《磁山、裴李岗和仰韶》,见《中国新石器时代论集》,文物出版社,1982 年第 41、42 页。

［17］吴力:《略论庙底沟仰韶文化彩陶纹饰的分析与分期》,《考古》1973 年第 5 期。

［18］杨建芳:《庙底沟遗址彩陶纹饰的分析》,《考古》1961 年第 5 期。

［19］苏秉琦:《关于仰韶文化的若干问题》,《考古学报》1965 年第 1 期。

［20］苏秉琦:《华人·龙的传人·中国人》,《中国建设》1987 年第 9 期。

［21］苏秉琦:《纪念仰韶村遗址发现六十五周年》,见《华人·龙的传人·中国人——考古寻根记》,辽宁大学出版社,1994 年,第 17 页。

［22］苏秉琦:《关于仰韶文化的若干问题》,《考古学报》1965 年第 1 期。

［23］苏秉琦:《晋文化问题》,见《华人·龙的传人·中国人——考古寻根记》,辽宁大学出版社,1994 年,第 17、18 页。

［24］苏秉琦:《谈"晋文化"考古》,见《华人·龙的传人·中国人——考古寻根记》,辽宁大学出版社,1994 年,第 27 页。

［25］苏秉琦:《迎接中国考古学的新世纪》,《东南文化》1993 年第 1 期。亦见《华人·龙的传人·中国人——考古寻根记》,辽宁大学出版社,1994 年,第 243 页。

［26］苏秉琦:《文化与文明——1986 年 10 月 5 日在辽宁兴城座谈会上的讲话》,《辽海学刊》1990 年第 1 期。

［27］苏秉琦:《迎接中国考古学的新世纪》,《东南文化》1993 年第 1 期。

［28］王仁湘:《彩陶:庙底沟文化时期的艺术浪潮》,《文物》2010 年,待刊。

［29］苏秉琦:《〈中国彩陶图谱〉序》,见《华人·龙的传人·中国人——考古寻根记》,辽宁大学出版社,1994 年,第 174 页。

考古人生　缅怀父亲安志敏先生

◎ 安家瑶　◎ 安家瑗

　　作为已故考古学家安志敏的女儿，我们姐妹从年轻时就都选择了考古或与考古相关的工作，一直干到退休并延伸到现在。我们对父亲的了解可能要比一般人更多一层。我们想从父亲的家庭背景，成长经历，父亲怎样对我们耳熏目染、言传身教、引领我们走上考古之路，以及我们所知道的父亲对中国考古学贡献几个方面来谈谈父亲的考古人生。

1980 年，安志敏先生于考古研究所办公室

少年志向，终身求索

　　父亲安志敏 1924 年 4 月生于山东烟台，4 岁随祖父母迁居大连，在大连度过了他的小学和初中时代。当时大连是在日本的统治之下，所上学校都是日本学校。因为不满日伪的殖民统治，不能忍受日本人的奴化教育，特别是在学校屡受高年级日本学生的欺凌，父亲初中毕业之后，1941 年只身来到古都北平读书。虽然在大连父亲上的是日本学校，但祖父为了拮抗这种奴化教育，给父亲和姑姑安静娴分别聘请了品学俱佳的家庭教师长住家里，负责教他们国语和学校里不教的知识，这对他们树立正确的人生观和理想起了重要的作用。

　　姑姑后来选择了药学专业，在医药领域有多项重要发明与成果，成为第一位从制药企业里推选出的中国工程院院士。

　　父亲较好的国学功底，应该归于他的家庭教师和他本人的兴趣及爱好。他刚到北平时写的一首《北海》："柳柏青青何日栽，玉柱琼楼满青苔；旧时天子今安在，只有春风去又来。"由此可看出父亲将终身的志趣投向考古和历史研究的端倪。

　　在高中读书期间，一个偶然的机会，父亲开始对考古学产生了兴趣。当时就读的艺文中学

（今北京一六一中学）组织班级间的演讲活动，父亲以梁启超《中国考古学之过去及将来》一文为蓝本，试作了有关中国考古学的讲演，并得到校方的好评。由此，父亲对考古学的兴趣更高了。不过那时能够看到的资料很少，父亲曾结合日语的学习，将滨田青陵所著《考古学入门》（大阪创元社，1941）一书，边读边译出来。父亲高中时选定的专业，终身不变，一生求索。

左图为 1941 年，安志敏先生（右一）与其父亲安式文先生（右二）、母亲季子平女士（左二）、妹妹安静娴女士（左一）于大连

右图为 1948 年，安志敏先生中国大学毕业照

1944 年高中毕业，父亲考入北平中国大学史学系，由于勤奋好学，很快脱颖而出，深得史学系著名教授齐思和、翁独健的赏识。两位教授不仅学术上成绩斐然，而且都对本学科的发展具有深入的见解。他们都认识到，历史学要有新的突破，离不开考古学的发展。父亲立志学习考古学，与两位老师的见解不谋而合。1945 年，齐先生和翁先生将父亲引荐给当时在国际考古界享有崇高威望的大师裴文中先生和鸟居龙藏先生。

1945 年抗战胜利后，父亲常去拜访在燕京大学任教的日本考古学家鸟居龙藏先生，据父亲回忆那时每逢周末，父亲都会骑上自行车从西单东斜街的住处奔往燕京大学校园鸟居龙藏的居所，向鸟居龙藏先生求教，常常一谈就是两三个小时。父亲主要是听取先生的考古经历和有关见解，还随时提出一些问题，都得到先生的充分解答。同时父亲还练习了说日语，可谓从他那里获得了不少的教益。父亲在大学学习期间，就开始撰写论文。1945 年，父亲在《天津国民日报》的《史地》副刊上发表他的论文《爵形原始及其演变》。这应该与他在大学时遇到了这几位恩师有关。

1946 年，父亲在中法大学文史系旁听裴文中讲授史前考古学，还在地质调查所新生代研究室实习，其间和裴文中先生建立了良好的师生关系，并伴随一生。

1948 年父亲大学毕业，当时的大学生毕业即失业，是齐思和先生力排众议，聘请父亲到燕京大学历史系兼任助教，协助裴文中史前考古学的教学实习，并负责史前陈列馆的整理工作。父亲毕业的学校是中国大学，远没有燕京大学有名，没有齐先生的鼎力提携，父亲不可能进入燕大。1949 年 2 月，父亲代裴文中讲授史前考古学。9 月入北京大学史学研究所，成为考古组的研究生。

其实在父亲刚从事考古工作时，也碰到一些生活上的困难。父亲出生在一个富裕家庭，我们的祖父是一位爱国的民族资本家，笃信实业救国，在烟台、大连、北京都有商号。因没有子承父业，祖父可能不太高兴，在父亲大学毕业后，即切断了一切经济援助。当时父亲已经成家，有3个孩子需要抚养。但父亲并没有屈服于经济压力，坚定地从事了自己热爱的考古事业。

1950年4月，父亲参加中国科学院考古研究所筹备成立期间派出的发掘团，前往安阳参加因战争中断13年之久的殷墟发掘。临行前需要自备购置发掘工具和草帽等物品，家里没有钱，还是母亲变卖了首饰为父亲准备好行装。8月考古研究所成立。10月，父亲参加了考古所成立后在河南辉县进行的首次考古发掘，从此开始了他长达半个多世纪的职业考古生涯。

1960年，安志敏先生与夫人张裕珠女士合影

1950年4月，在河南安阳发掘武官村大墓（左一为安志敏先生）

1950年10月在河南辉县发掘

父亲进入考古研究所后，梁思永是他的导师，据父亲回忆，自他到考古所的那天起，梁思永先生便给他们年轻人布置必读书目和学习计划，每周要求他们填表逐日汇报学习和工作情况，并经常同年轻人谈话，从治学方法到思想修养无所不谈，为考古所培养了一批新的骨干。父亲便是受益人之一。

之后父亲又跟随夏鼐到河南辉县、豫西地区和长沙近郊，参加调查和发掘，那时夏鼐先生带领父亲及几个年轻同志，头顶烈日，每天跑几十里路，却总是走在最前头。他亲自动手，也为父亲示范，并要求父亲亲自动手和独立思考。经过这样严格的考古学田野训练，更坚定了父亲坚持走田野考古的道路。虽然父亲以新石器时代考古为主，但也旁及旧石器时代和历史时代，其视野开阔，领域广博，研究深入，是跟他所受的专业训练和他的师从有很大关系。

新中国成立初期，中国科学院考古研究所承担着繁重的全国范围内的考古调查和发掘任务。父亲边学边干，逐渐成长为一名新中国考古事业的中坚分子。50年代和60年代初，他参加和主持的考古工作，遍及黄河、长江和东北各地。除了前述河南、湖南的田野工作外，重要

上图为 1951 年秋在长沙参加考古发掘

中图为 1974 年，左起郭仁先生、安志敏先生、杨钟健先生、赵信先生于河北阳原

下图为 1977 年 5 月，安志敏先生（右）、郑乃武先生（左）陪同裴文中先生（中）考察裴李岗遗址

的有：1952 年主持河北唐山贾各庄战国墓地发掘；1953 年主持河南陕县考古调查；1954 年调查河北怀来大古城遗址、曲阳商代遗址；同年及次年参加洛阳中州路发掘，调查河北唐山大城山龙山文化遗址；1956 年主持黄河三门峡水库复查、刘家峡水库普查及河南陕县庙底沟和三里桥的发掘；1957 年主持陕县上村岭和后川墓地发掘，调查河北易县燕下都遗址；1958 年主持调查青海湟水流域及兰青铁路沿线遗址；1959 年主持安阳发掘殷墟遗址；1961 年主持河南安阳小南海旧石器晚期洞穴遗址发掘；1962 年调查内蒙古海拉尔松山细石器遗址；1963 年出任考古所东北队副队长兼第一组组长，主持调查内蒙古赤峰、宁城、辽东半岛和辽西地区的史前遗址，次年主持旅顺双砣子、将军山、岗上、楼上等遗址的发掘；1965 年春主持沈阳郑家洼子遗址发掘。此后，历经"四清"和"文革"，虽然直到 1997 年，他还不断深入田野工作第一线，但由他主持的考古工作，基本上结束于郑家洼子的发掘，那一年他 41 岁。

田野工作是父亲考古研究的基础。在坚持田野工作，及时完成考古报告之余，他对不少问题进行了深入细致的综合和专题研究，使他享誉国内外，成为有国际影响的中国史前考古的权威学者。从 1950

年父亲入所算起，到 1956 年短短的 7 年间，他发表的各类研究论著多达 37 篇（部），优异的成绩使他在 1956 年 32 岁被擢升为副研究员，成为当时考古研究所最年轻的高级研究人员。

除了繁重的田野和研究工作，父亲还参与了新中国考古教育事业的开拓。1952 年，28 岁的他刚从北京大学史学研究所毕业，就参加第一届考古工作人员训练班教务处，担当起新石器时代考古、商周考古、陶器和田野考古的授课工作。

1953 年，父亲又参加了第二届考古工作人员训练班的授课，并辅导在郑州二里岗、洛阳烧沟开展的田野实习。1953~1957 年，他参加刚组建的北京大学史前考古学教研组，为本科生讲授新石器时代考古学。此外，他还在河北、陕西等省的考古训练班或集训班上讲授新石器时代考古学。

1978 年中国社会科学院研究生院成立，父亲曾任考古学系主任，招收了多届硕士和博士研究生，他们是马洪路、金则恭、黄其煦、傅宪国、曹勇、陈星灿、焦天龙、谢仲礼、巫新华，父亲不仅亲授《考古学概论》《中国新石器时代考古学》等基础课程，还亲赴田野第一线指导研究生的实习。为中国考古人才的培养尽心竭力，做出了重要的贡献。

1971 年秋，父亲奉命从"五七干校"回所，筹备《考古》和《考古学报》的复刊事宜，并与夏鼐、王仲殊组成三人小组，负责两刊的编辑工作。1978 年成为《考古》主编。同年晋升为研究员并担任第一研究室主任。1982~1985 年任考古研究所副所长。还担任考古研究所第二届（1979）、第四届（1994）学术委员会委员、中国科学院古脊椎动物与古人类研究所学术委员会委员（1984）等职。1979 年，父亲参加在西安举行的"中国考古学会成立大会"，为大会秘书长，并当选第一至三届理事会常务理事。1979 年又被推选为中国史学会理事和中国第四纪研究委员会全新世分委员会副主任。1983 年任国家文物委员会委员。1986 年，被推选为德意志考古研究院通讯院士，1990 年当选为亚洲史学会评议员。父亲还担任《中国大百科全书·考古学卷》（1986）编辑委员会的副主任委员兼新石器时代部分主编，他也是总结新中国考古成就的《新中国的考古发现和研究》（1984）一书的编辑委员会成员。

父亲兼通日语和英语，曾先后访问过十多个国家和地区，与国际学术界有着广泛的交往和

1997 年 9 月，安志敏先生（右）与李亨求先生（左）于香港　　　　1984 年 9 月，安志敏先生（左）与江上波夫先生（右）于日本金泽

联系。1991 年 12 月至 1992 年 5 月，年近七旬的父亲担任日本京都大学人文科学研究所客座教授，为中日考古学界的交流做了许多有益的工作。

携女儿手，走考古路

父亲选定了考古学专业，是出于对考古学的热爱，从一开始就没有什么名利的追求，而总是有一种强烈的责任心和使命感。这一点也深深地影响到我们姐妹。

1961 年夏天，姐姐家瑶小学毕业，与父亲去大连看望祖母。父亲利用这个机会天天在山中转，发现了贝丘遗址，并决定带着她进行一次试掘。那天父女俩带着铁锹、小镐等工具上了山，在山上足足待了一天。父亲一会儿挖，一会儿记，忙得不亦乐乎。那天的太阳很足，没有一点儿风。女儿在旁边只是递递工具，也是汗流浃背。带来的一壶水早就喝光。那次田野考古留在姐姐家瑶记忆里的只是口渴，父亲却发表了《记旅大市的两处贝丘遗址》，为我国的贝丘考古奠定了基础。

1962 年夏天，中国科学院组织一批专家赴内蒙古海拉尔休养。回来时父亲来信要我们去火车站接他。那时我国还是处于困难时期，我们兄妹几个正处在长身体的阶段，经常吃不饱，我们盼望父亲从海拉尔带回些好吃的。火车站上人很多，回来的专家们都带了不少大包小箱。拿现在的眼光看，他们的大包小箱中也没装什么好东西，只是海拉尔的特产土豆。可是在当时，土豆也是在北京难以买到的可以填饱肚子的好东西。父亲的纸箱格外沉，回家后一打开，却让我们失望。箱子里装的全是不能吃的石器。父亲利用那次休假，对海拉尔松山细石器遗址进行考古调查。后来，父亲发表了《海拉尔的中石器——兼论细石器的起源和传统》，这篇论文得到国内外学术界的高度评价。

有一件事至今想起来姐姐还很愧疚。1966 年夏，家瑶高中毕业，"文革"也在全国爆发了。她就读的学校是北京师范大学附属女子中学，学生们主要来源于高级干部家庭和高级知识分子家庭。像我们这样的家庭出身是不能参加红卫兵的，更不能乘免费的火车轮船全国串联，她又不愿意留在学校接待外地来京串联的学生。1966 年国庆节那天，报纸报道了大连海运学院的学生从大连步行来北京的消息。这个消息传递了一个希望，于是姐姐参加了清华大学的一个长征队，准备从北京走到延安。父亲知道姐姐要西行，便嘱咐她路上注意有没有石器和陶片。当时被"文革"冲昏了头脑，把历史考古都一股脑当成"四旧"，姐姐早把父亲的嘱咐当成耳边风了。他们每天背着几十斤的行李和宣传品，迈开双脚走七八十里路，晚上到了村子里，还开辩论会，辩论"文革"的方向和路线问题。现在想起当时走的路，很多都是 20 世纪 60 年代刚刚沿山开辟的战备公路，路边的断崖上肯定能发现古人类活动的遗迹和遗物。由于当年的幼稚，错过了那次考古发现的好机会。然而，在那个动荡不安的时候，还能关注考古的可能只有我们的父亲。

在对待子女的教育上，父亲从来不多干预，更没强迫，一切都凭我们自己的兴趣和志愿，

但这并不意味着他不关心。

姐姐家瑶在经历了赴东北上山下乡，到西北工厂子弟学校当老师，去师范大学进修英语后，"文革"结束了。恢复高考后，姐姐毫不犹豫地报考了考古。父亲认为她有英文的底子，建议她专攻中西交通考古方向。她硕士论文的题目"中国古代玻璃器"也是父亲给她的建议，事实证明父亲学术眼光的独特与深远。

1976年，妹妹家瑷高中毕业，到顺义插队落户。1977年恢复高考，和当时许多知青一样，她积极报名参加了高考。记得考前决定报历史专业时，父亲很支持，父亲还提出考试的前几周，带她去中国历史博物馆看中国通史陈列。

父亲亲自参与过通史陈列的内容设计，参观中边看边讲，特别生动。那是妹妹第一次仔细观察考古遗迹和遗物，因此她对考古工作有了感性认识。那次参观，让她把教科书上的文字与鲜活的历史文物联系起来，加深了对历史的理解和记忆。高考中获得了较高的历史分数，如愿以偿考上历史专业。

妹妹记得1979年刚上大学时，在听了朱龙华老师世界古代史第一堂课后，朱老师布置要看的参考资料是吴汝康先生和父亲关于从猿到人的辩论文章。当时他们五六个同学一起相约到位于文津街的老北图去读这两篇文章。从北图出来，同学们七嘴八舌，有的说吴先生说得对，有的说安先生说得也没错。正当争论激烈的时候，妹妹说安志敏是我父亲，大家一时目瞪口呆，也有些尴尬。当时的情景，现在回忆起来还是历历在目。

大学毕业后，妹妹被分配到中国历史博物馆陈列部工作，一直负责通史陈列史前部分的内容设计。高考前的最后复习，就是毕业后的工作方向。不知是纯属巧合，还是冥冥之中的命运？但她选择的专业肯定是受父亲潜移

2001年11月，安志敏先生（中）与安家瑶（左）、安家瑷（右）于河北正定

2001年5月，安志敏先生（右）与安家瑷（左）在山西沁水下川遗址考察

默化的影响。由于工作的需要，妹妹又去北大进修考古课程，并随历史博物馆考古部参加考古发掘。学了考古课程和亲历田野考古之后，她爱"班门弄斧"，给父亲讲点感受。父亲高兴之余，鼓励她学着写点小文章。他建议妹妹搜集一下新石器时代遗址出土的一种内壁含有刻槽纹的陶器资料，对其名称、功能以及演变做初步的探讨。

父亲手把手教给妹妹怎样查找和运用考古文献，如何从大处着眼，小处着手，强调考古学一定要注重实证性，还建议她在这篇文章中加进一些国内外民俗学的资料。初稿完成后，在父亲的指导下，她一次次的改稿，从知其然，逐渐到知其所以然。"好雨知时节，当春乃发生。随风潜入夜，润物细无声。"父亲的言传身教，让她懂得了应有的治学态度和基本研究方法。后来这篇文章以《雷钵小议》为题刊登在《考古》上，那是妹妹发表的第一篇考古文章。

在专业上，能体会到父爱，大多数人没有我们这般幸运，是父亲牵着我们的手走上了考古研究之路。

勇于探索，勤奋耕耘

父亲主要的研究领域是新石器时代考古，在这个领域他用力最多取得的成就也最大。他最大的特点是善于从田野考古中提出问题，并解决问题。

众所周知，自从仰韶文化和龙山文化发现以来，这两种文化之间的关系，就成为中国考古学界最为关心的问题之一。直到 20 世纪 40 年代，学术界的主流看法是，仰韶文化自西而东，龙山文化自东而西的"东西二元说"。后来虽有学者质疑这种看法，但这个问题的最后解决，是通过父亲主持的庙底沟遗址的发掘完成的。他们在庙底沟等遗址发现，仰韶和龙山文化不仅有层次上的区别，在文化内容上也互不相同。庙底沟遗址发现的晚于仰韶文化的遗存，在面貌上既不同于仰韶文化，也与所谓"河南龙山文化"不同，而介乎两者之间。由此父亲提出"庙底沟第二期文化"的概念，认为它属于龙山文化早期的遗存，"具有由仰韶到龙山的过渡性质，最低说明了豫、晋、陕一带的龙山文化是由仰韶文化中发展来的，对中国古代文明发展的连续性上提供了有力的线索。"这是中国史前考古学研究的重大突破。它对于弄清仰韶文化的概念和内涵，全面审视仰韶文化与龙山文化的关系，进而认识中国古代文明的起源具有重要的学术意义。

父亲注重考古学理论的探讨，比如仰韶文化和龙山文化是中国最早发现的两个史前文化。父亲曾根据当时的考古材料，最先明确提出两种文化的分期和分区研究。考古学界所熟知的仰韶文化半坡类型、庙底沟类型的概念、"典型龙山文化""河南龙山文化""陕西龙山文化"的概念，都是由他率先提出的。随着田野资料的积累，父亲又把这三个地区扩大为沿海地区、中原地区和江浙地区，同时根据文化特征的分析，对各区内部进行了划分。父亲还通过类型学的考察，认识到各地史前文化的复杂性和多元性。

父亲提出并不断完善"黄河地区为中国文明起源地"的学说。他曾指出："黄河流域是世界

古代文明中心之一，特别是以中游为代表的中原地区在中国古代史上具有尤为重要的地位。新石器时代的农耕经济在这里经过长期的繁荣和发展，在仰韶文化的基础上成长起来的龙山文化，又进一步奠定了商、周国家出现的基础。至少这一系列继承发展，脉络清楚，同时也不断同周围地区进行文化交流和影响，在文明的形成过程中，当然也吸收了中原地区以外的许多文化因素。从而黄河流域是中国文明的起源中心，已成为无可怀疑的历史事实。"以黄河流域为中心的古代文化，始终对周围地区起着推动和影响的作用，特别是进入阶级国家以后，这种核心作用就变得更加突出，为中国的统一做出了重要的贡献。"他的这些看法，不仅广泛流行于国际学术界，也是 20 世纪 80 年代中期以前中国学术界的主流看法，影响深远。

父亲非常重视中国史前文化的年代和关系问题，也是最早利用 ^{14}C 测年讨论我国史前文化的考古学家。通过对第一批 ^{14}C 年代数据的分析，他一方面证明仰韶文化可以早到距今 6000 年以前，其年代甚至比中亚或者欧洲的某些具有彩陶的遗存还要早，因而"宣判了'中国文化西来说'的彻底破产"，另一方面却也肯定"以黄河流域为中心的仰韶文化，是我国较早期的新石器时代遗存；而周围地区具有彩陶的新石器文化，如马家窑文化、青莲冈文化以及屈家岭文化等，都与仰韶文化有着密切的联系，在年代上则晚于仰韶文化。继而兴起的龙山文化，分布范围愈加广阔，虽然所呈现的地域性上可能分成不同的文化或类型，但它们的共同特征愈来愈明显，说明在共同发展的过程中，它们有逐渐趋于一致的倾向。"另外，父亲也肯定了各地区文化的土著性，认为在中原仰韶—龙山文化的系统之外，还有许多其他文化系统存在。这是他在综合新的考古材料基础上，对中国新石器时代文化年代和关系问题的重新审视，也可以说是在新的 ^{14}C 测年数据基础上对中国新石器时代文化谱系的第一次认真梳理。

父亲对远古文化的远距离联系和交流问题，也做出很多开创性的贡献。除了讨论国内各文化区之间的交流，比如讨论山东半岛和辽东半岛史前文化的关系、马桥文化对二里头文化的影响、商周文明同北方地区青铜文明的关系等外，还对长江下游史前文化对日本列岛的影响，发表了《长江下游史前文化对海东的影响》《江南与古代的日本》《记日本出土的鬲形陶器》等多篇论文。他认为中国到日本的东海航线，可能早在汉魏以前就开始了，东海航道应是文化交流的重要路线之一。日本的稻作农耕、干栏式建筑、玦形耳饰、漆器、鬲形陶器和印纹陶甚至环壕聚落、坟丘墓等，都与江南文化有密切的关系。这些观点，已引起中日两国考古学界的广泛注意。

父亲晚年发表了几篇重要的论文。在《塔里木盆地及其周围的青铜文化遗存》《试论中国的早期铜器》里，提出"铜器的起源，很可能是通过史前时期的'丝绸之路'进入中国的，例如偏处西北部地区的齐家文化，早期铜器的发展便远胜于中原地区，可能是首先接触到铜器的使用，并影响及龙山文化。在古代文化的交流影响中，并不排斥外来的因素，至少早期铜器的突然出现，便是典型的一例"。他说："我们可以设想，最初导源于西亚的青铜器和铁器，首先影响到新疆地区，然后到达黄河流域，这标志着新疆处于金属文化东传的中心环节，有关生产

1977 年 6 月，安志敏先生（前右一）、张光直先生（前右二）、夏鼐先生（前中）、卢兆荫先生（前左二）、刘一曼女士（前左一）、王世民先生（后中）于考古所

技术的传播及其交互影响，自然是考古研究的重要课题之一。不过文化的传播和交流毕竟出于外因，只有通过内因才能产生根本性的变化。金属工具作为新兴生产力的代表，终于在商周文明的基础上形成独具特色的文化因素，并对亚洲地区产生了广泛的影响。"这种说法虽然还有不少环节有待证实，但已引起学术界广泛的注意。

对中国考古学许多问题的专题研究，是父亲一生坚持不懈的追求，有不少是具有开创性的。从 20 世纪 40 年代开始，他就发表过《殷墟之石刀》，50 年代又根据新的考古材料，撰写了《中国古代的石刀》，全面收集出土材料，系统考察石刀的发展历史，提出两侧带缺口的石刀和长方形石刀流行于仰韶文化，半月形石刀和石镰开始于龙山文化，有柄石刀则可能是模仿金属工具。《古代的糙面陶具》，对新石器时代至汉代的遗址与墓葬出土的糙面陶器，进行了深入细致的研究，提出某些跟盥洗用品共存的可能是搓洗用具，其他绝大部分标本可能是刮治皮革的用具，而非制陶工具。这些早年的研究成果至今仍然受到学术界的重视。

史前农业的发展也是父亲始终关注的课题。在石刀研究的基础上，1949 年他即根据此前发表的考古材料，发表过综合性的研究论文《中国史前之农业》，晚年又发表过《中国史前农业概说》《中国稻作文化的起源和东传》等多篇论著，系统总结中国史前农业的发展和成就，提出"中国是自成系统的另外一个农业起源中心。中国史前的家畜以猪、狗为主，也不像西亚那样以山羊、绵羊为代表，这也表明它们分别属于不同的农业体系"。他认为犁耕开始很晚，"以畜力破土的所谓犁耕农业，新石器时代还远远没有出现"；镰的发展也自成系统，跟西亚那种镶嵌石刃的石镰完全不同，总之，中国史前农业的谷物、家畜、农具以及生产活动等，都自成体系，并对邻近地区产生了深远的影响。同时他还关注与农业起源有关的动植物的起源问题，曾对新石器时代出土的花生、高粱等植物种子，都进行过有理有据的质疑。

　　父亲研究中国考古还有一个特点，就是视野往往兼顾朝鲜半岛、日本、西伯利亚、中亚和东南亚等地，把中国的材料放在世界文化的背景里加以考察。

　　父亲对旧石器时代考古和历史时代考古也发表过很多研究论著，除了安阳小南海的发掘报告之外，他还参与了讨论从猿到人的过渡及界限的问题。详细论述过细石器的起源和传统问题，在否定所谓"细石器文化"概念的基础上，指出细石器传统最初流行于黄河流域，并影响到我国广大地区，以及东北亚洲和西北美洲一带。他把细石器视作一种技术传统，明确指出以细石器为代表的文化遗存，不仅分布广泛，而且分属于不同文化系统，这对后人深入探讨北方地区史前文化的源流都是非常重要的。

　　父亲自学生时代起，就对历史时代考古发表过不少意见，虽然后来专攻新石器时代考古，但对历史考古的兴趣始终未断，直到晚年还

安志敏先生篆字，写于 1997 年

1998 年 10 月，安志敏先生（左）、马得志先生（中）、郑振香女士（右）于安阳

发表过不少论著。仅收入其《东亚考古论集》的就有讨论楚汉金币问题的《金版与金饼》、释读马王堆帛画的《长沙新发现的西汉帛画试探》、对20世纪20年代蒙古国诺音乌拉匈奴墓出土汉绢铭文加以解释的《新莽锦铭试释》、根据同墓出土漆耳杯讨论汉哀帝改元的《汉建平改元问题》、根据山东沂南北寨村一座画像石墓的图像讨论其年代的《论沂南画像石的年代问题》、结合文献和考古材料讨论内蒙古扎赉诺尔古墓群族属问题的《关于内蒙古扎赉诺尔古墓群的族属问题》、根据朝鲜民主主义人民共和国大安市德兴里高句丽广开王永乐十八年（408）的一座纪年壁画墓讨论相关问题的《朝鲜德兴里壁画墓及其相关问题》等文，皆自成一家之言，不少为学术界所接受。

父亲一生勤奋，从1945年发表第一篇文章起，总共发表300多篇（部）论著。他参与编写或主编的报告就有《辉县发掘报告》（1956）、《三门峡漕运遗迹》（1959）、《庙底沟与三里桥》（1959）、《洛阳中州路》（1959）、《双砣子与岗上——辽东史前文化的发现和研究》（1996）等多部，许多论著被翻译成英、日、德文等外国文字发表，产生了广泛的国际影响。

2014年新近由英国著名考古学家保罗·巴恩编辑出版的《考古学历史》一书（*The History of Archaeology*—an Introduction，Edited by Paul Bahn，first published 2014，by Routledge），对19到20世纪中国考古学的历史进行总结概括，其中将父亲列为中国现代考古学最具代表性人物之一，并附上父亲的学术传记，其他附有学术传记的中国考古学家是裴文中、李济和张光直。这也从一个方面反映了父亲在国际考古学界的地位。

回顾父亲的一生，他一辈子没有烟酒的嗜好，也没有特别的业余爱好，偶尔喜欢写写篆书，还多与考古相关，"考古"就是他的唯一爱好和全部。他所主持、参与的考古发掘，以及他留下的学术成果为中国考古学的历史增添了浓重的一笔。应该说父亲是幸福的，他是一个把爱好和工作结合在一起的人。父亲走后，我们按照父亲生前的愿望把他近万册的藏书捐给中山大学图书馆，中山大学图书馆为此专门设立了安志敏教授纪念室，并将书籍对学子和研究者开放阅读。

父亲的一生是考古的一生，也是无悔无憾的一生。

致谢：关于父亲的学术成就，部分采用了中国社会科学院考古研究所副所长陈星灿研究员撰写的条目"安志敏"，见《20世纪中国知名科学家学术成就概览·考古学卷》（待刊），特此致谢。

夏鼐先生与仰韶文化研究

◎袁　博

2021 年是中国考古学诞生一百周年，其诞生是以仰韶文化的发现为起点的。对于仰韶文化的研究伴随着中国考古学的发展已历百年，其中涌现出众多杰出的考古学者，夏鼐先生（以下省略敬称）便是其中一位，他对于仰韶文化的研究主要是针对安特生的考古工作所带来的问题，通过对甘肃阳洼湾齐家期墓葬和仰韶村遗址的发掘与分析进行的。本文拟从安特生研究的局限性出发，逐步梳理夏鼐探索仰韶文化的脉络，分析其所作的贡献，并对不足之处予以讨论。

一、安特生带来的问题

1921 年安特生发掘仰韶村遗址，确立仰韶文化，是中国现代考古学的开端，具有重大意义。但另一方面，安特生的发现和研究因其方法和认知上的局限性，导致了两个问题：①中国文化西来说重新抬头；②仰韶文化内涵混杂，进而导致仰韶文化与龙山文化二元对立格局及豫西地区"混合文化"说的提出。

第一，仰韶文化确立后，有关这支文化的源流问题成为当时讨论的重点。"中国史前考古的一条主线却是中国史前文化的源流问题。这个问题贯穿在整个中国史前考古学史中，在 20 世纪 20 年代，它突出地表现为仰韶文化的源流问题，因为仰韶文化渊源的确定，乃是解开中国文明起源问题许多纽结的关键。"[1]为寻找这支文化的来源，安特生于 1923—1924 年前往甘青地区进行考古调查和发掘，将其成果写成《甘肃考古记》一书，提出了这一地区齐家期、仰韶期、马厂期、辛店期、寺洼期、沙井期依次发展的"六期说"，这使得沉寂已久的中国文化西来说获得了"科学"证据的支持。安特生的结论深深刺激了中国学者的民族自尊心，也启发和引导中国学者走上考古之路探索历史。正如徐坚所说："这样，中国古史研究者开始面对一个两难困境：一方面，仰韶发掘是近世科学发掘的成果，其结论不可能视而不见；虽然我们今天可以批评其中纰误，但在三十年代的中国学术界，其'科学性'并未受到挑战；另一方面，从民族心理而言，中国人，不论教育程度的高下，都会自然抵制关于五千年文明是源自化外蛮貊之地的假说。"徐氏认为当时的学者要解决这一问题，无外乎将西来因素在中国文化中进行否定或排除出核心成分。而前者因为受到田野发掘"科学性"的限制，学者们大都选择了第二条路。"为了推翻这个理论，学者们开始关注安特生的理论：或者检查其推演材料的错误，或者试图发现另一种考古学文化取代仰韶在这个年表中的位置。前者引发了夏鼐的西北之行及对安特生西北彩陶年代的校正，而后者导致了'龙山夏文化说'的生成"[2]。

第二，仰韶村遗址的堆积十分复杂，张忠培便认为仰韶村遗址有着半坡类型、庙底沟类型、庙底沟二期文化乃至周文化等多个时期的堆积[3]。安特生所采用的是当时国际通行的水平层位发掘法，未能正确区分出文化层，导致其将不同时期、不同文化的遗存混淆在了一起，这使得他所谓的仰韶文化内涵十分庞杂，龙山文化发现后，梁思永通过"三叠层"，证明了在豫北地区龙山文化晚于仰韶文化，但却没有正确审视安特生的错误，导致其提出仰韶文化和龙山文化二元对立的观点，进而认为豫西地区特别是仰韶村遗址的"混合文化"说。1937年，尹达写成《龙山文化与仰韶文化之分析》一文[4]，提出安特生在仰韶村的发掘混淆了仰韶和龙山两个文化的遗物，不招寨等地的遗物应属于龙山文化，而不是仰韶文化。仰韶村的文化并不是"混合文化"，而是两种文化的堆积。虽然尹达突破了"混合文化"的观点，但是依然没有突破二元对立说。

总的来看，在当时的学术背景下，特别是类型学尚未成熟并普及，地层学作为决定性证据之时，以李济、梁思永和尹达为代表的学者想要奋力挣脱中国文化西来说，虽然有所建树，但在缺乏普遍地层学证据的情况下，滑向了仰韶文化与龙山文化的二元对立学说，以及豫西地区"混合文化"说。夏鼐对于仰韶文化的研究，便是在这样的背景下展开的。

二、早年的夏鼐

1921年，当安特生与袁复礼在仰韶村遗址进行发掘时，年仅13岁的夏鼐年正在温州十师附小四年级读书。1930年，22岁的他考入燕京大学，不久后便转学清华大学，在短暂纠结后，最终走上史学道路。夏鼐对于考古学的最初认知应是在燕京大学时期阅读克罗伯的《人类学》，其第14章为先史时代及考古学[5]。随后他还阅读了杨钟健《周口店之骨化石堆积》、裴文中《中国猿人化石之发见》[6]、"The Peking Man"（*Scientific American*，June 1930）[《北京人》（《科学美国人》1930年6月）]、*The Peking Man*，*A new Chapter in Human History*，by G. Elliot Smith（Illustrated London，New，Oct 19，1929）[G. 埃里奥特·史密斯：《北京人：人类史上的新篇章》（《图说伦敦》新版，1929年10月19日）] 等书籍和文章[7]。转入清华大学学习历史以后，他阅读过沙畹《北中国考古调查记》[8]，想翻译基思《有关古代人类的新发现》中关于北京猿人的几章[9]，并花一天工夫在图书馆中搜集相关材料[10]。此外，他还听过伯希和讲述其在新疆的考古工作[11]，参观利玛窦墓、地质调查所藏周口店化石、北京猿人头骨模型和用具、新石器时代的各种遗物[12]，以及卫聚贤发掘的万泉县汉汾阴后土祠遗址和出土的新石器时代遗物[13]。可以看出，大学时期的夏鼐对考古学也是比较关注的。除了对旧石器时代考古比较感兴趣外，对新石器时代，特别是对安特生定义的仰韶文化及"六期说"也有初步的了解，他在地质调查所参观新石器时代遗物时，就记录了"齐家、仰韶、马厂为新石器时代末期，辛店、寺洼、沙井为金石并用期"。

1934年10月2日，夏鼐通过了公费留美考试，走上了考古学的道路。第二天他便阅读了李济的《西阴村史前的遗存》[14]，西阴村遗址是一处较为单纯的仰韶文化遗址，在文中，李济表明自己发掘这处遗址的动机便是安特生关于中国史前文化，特别是仰韶文化的学说，"这文化的来源以及它与历史期间中国文化的关系是我们所最要知道的。安特生在他的各种报告中对于这两点已有相当的讨论。他所设的解释，好多还没有切实的证据。这种证据的需要，他自己也认得很清楚。所以若是要得到关于这两点肯定的答案，我们只有把中国境内史前的遗址完全考察一次。不做这种功夫，这问题是解决不了的"[15]。可见，夏鼐正式学习考古学便是从接触仰韶文化及其相关问题开始的。

在这之后，夏鼐又阅读了安特生《中华远古之文化》[16]、《甘肃考古记》[17]、《奉天锦西沙锅屯之洞穴层》[18]、《黄土的儿女》[19]，阿尔纳《河南石器时代之着色陶器》[20]，巴尔格姆伦《半山马厂随葬陶器》[21]等书和文章，初入考古的夏鼐已经对安特生等人的观点有了一定了解。虽然他此时只是一名初入考古的新兵，连田野考古都尚未接触，但对于书中的观点他并不只是吸收学习，还会发现问题并与老师探讨，他曾问过李济"安特生关于仰韶文化衰纹的象征解释，是否确定？"[22]"彩陶的分期，后岗彩陶是初期抑系退化品？小屯彩陶片来源有否是殷时所掘的旧墓葬或遗址的可能？"[23]等等，可见夏鼐不仅用功苦读，而且勤于思考，善于发现问题。

1935年，在殷墟进行了近三个月的实习之后，夏鼐前往英国学习考古学。抵英后，他在维多利亚与艾尔伯特博物馆第一次看到仰韶彩陶实物[24]。在伦敦大学，他对考古学有了更加深入的学习和思考，进而对安特生的考古工作进行了检讨，"安特生之考古工作，以沙锅屯所作最佳，仰韶村次之，至于甘肃的考古工作，仅代博物院购古董而已，无科学精神可言"[25]。他不仅对安特生考古工作的科学性进行质疑，还在与李济的交流中进一步怀疑其六期说，"旋谈国内考古情形，我对于梁先生无条件地接受安特生甘肃史前分期，表示不满"[26]。这些对安特生考古发掘工作及其研究成果的不满，也成为夏鼐努力学习的动力之一。

夏鼐是一个勤奋努力的人，在全面抗日战争爆发后，身在国外的他对国内局势十分担心，"远居异国的人，一天天焦急地等候故国的消息，不知道这垂危的祖国，说不定什么时候断气，每天看三次报（晨报、午报、晚报），还感觉不满足，晚间还听无线电报告新闻"[27]，虽然他时常自惭自恨在这国家危亡之时"自己反仍从事于此不急之务，故纸堆中弄生活"[28]。但他并没有因此自怨自艾，反而更加刻苦地学习考古知识，不顾艰辛地投身田野实习，想着有朝一日将学到的满身本事挥洒在祖国的考古事业中。格兰维尔教授曾在一封信中称赞夏鼐道："他是一个出类拔萃的学生……从他在埃及和巴勒斯坦的考古经历来看，不只一两位考古学家证明他对不同类型的遗址的发掘技能都能掌握，并融会贯通。我坚信，一旦他回到中国，他就会成为蜚声考古界的学者。"[29] 1941 年初，夏鼐终于回归祖国，在四川发掘崖墓小试身手后，他在向达的推荐下参加西北科学考察团，前往西北进行考古工作。1944 年 4 月，夏鼐抵达甘肃，这里便是安特生曾经工作过的地方，学成归来的他终于有机会用学到的知识与技能检验安氏的学术成果了。

三、齐家坪的发掘

1945 年 4 月 3 日，夏鼐从兰州出发，前往洮河流域进行调查，他在洮沙县对一个辛店期遗址进行发掘。他在辛店 B 仰韶遗址的地面上发现柳条纹灰陶，认为属于齐家文化，又在辛店 C——满是齐家式陶器的灰坑里发现了一片仰韶式彩陶，在其上也发现了两片。这些现象提醒着他齐家的时代不可能早于仰韶，只能同时或较晚，他心中已经有所倾向，但还缺乏更可靠的证据，为此他决定"将来赴齐家坪，将此问题再作一决定性之解决"[30]。4 月 30 日，在发掘完寺洼山 A、B 区后，夏鼐认为"甘肃仰韶与马厂，似属一期，今名之为半山马厂期，此为一新石器文化，与河南仰韶文化，有相似亦有不同处，似较齐家为早"[31]。夏鼐举出了四点证据：①地层学证据，在夏鼐看来，安特生确立齐家期早于仰韶期的最大问题便在于没有地层学证据，而自己在辛店 B、C 两处的发现则很明确，至于安特生认定齐家期全为单色陶，自己在齐家坪和阳洼湾的发掘已经证明齐家期是有彩陶的；②齐家期的陶器形式多显金属样式，"似他处已有铜器，此处□无铜而仍滞留于新石器文化"；③齐家坪有绳纹鬲足；④陶器形式和白灰面都和龙山文化很相似。5 月 8 日，他在齐家坪开了一条探沟，"结果得有各种石器（石斧，石刀）十余件、骨器数件，未有陶环，与仰韶文化不同。又于深 1 米处得一彩陶片，足证齐家期已在彩陶文化之后"[32]。证据越来越多，真相也越来越明显，但一生严谨的他依然想要有无可辩驳的地层学证据来支撑他的观点。

随后几天，夏鼐分别在瓦罐嘴、边家沟等地进行调查发掘，但因为 1924 年安特生在此工作时出钱收购文物，使得村民大肆盗掘，导致这些地方"破坏过甚"[33]。夏鼐的多次发掘收获甚微，特别是在 5 月 11 日发掘瓦罐嘴时，工作一天仅得半块破碗，他渐渐觉得希望渺茫。连日来辛勤工作不得成果，夜间睡觉又饱受蚊虫骚扰，精神不佳，这些都让他无比灰心失望，"田野工作至此地步，已入穷境"[34]，他决定明天再在附近调查一番，后天便收工回县城。第二天起来，夏鼐跑遍梁土墙、瓦罐嘴和齐家坪仍是所获无多，有村民约他秋后一起发掘，"余漫应之，明知其绝少掘得完整墓葬之希望，以当年盗掘过甚也"[35]。夏鼐已近乎放弃，那决定性的地层证据对他而言似乎是可遇而不可求的，时间和经费都所剩无多，明天回归县城后可能鲜有机会来此发掘了，此时他的情绪反而平静了下来，"余独自徘徊于田边，时已暮色苍茫，想象当年石器时代之送葬，民十三年之盗掘，似觉黑暗中人影憧憧，想见当年之热闹，不禁神往"[36]。就在夏鼐返回时，遇到村民反映在阳洼湾斜坡上发现有墓葬，看到他们带回的陶罐，夏鼐抑制不住自己激动的情绪，这分明是典型的齐家两耳瓶和单耳瓶，这可是连安特生都未曾发现的齐家文化墓葬啊！幸运女神终究没有辜负不辞辛苦的夏鼐。

5月13日，夏鼐正式发掘阳洼湾的两座墓葬，通过墓葬随葬的陶器，断定这两座墓是齐家文化时期的。随后他清理掉墓葬被扰动的上半部填土，在下半部填土中发现了两片距离人骨十分近的彩陶，如果这是后期扰乱进来的，那么尸骨也应被扰动，事实则是尸骨绝对没有任何被扰动过的迹象，"因此我们断定这两片彩陶是由墓穴中未被扰乱过的下半部填土中出来的"[37]。而这两片彩陶则是标准的甘肃仰韶文化彩陶。在齐家文化墓葬的填土中发现有甘肃仰韶文化的彩陶，夏鼐认为这有两种可能：①两片彩陶的制造者是另一个更古老的民族；②两片彩陶的制造者就是齐家文化的居民。夏鼐根据齐家坪和辛店丙址两处遗址几乎未发现彩陶片，从而断定这是两片彩陶不是齐家文化居民制造的，那便只有这样的可能："若不是较古的仰韶文化的遗物，便是临近残存的仰韶文化区的输入品。"[38]总之，甘肃仰韶文化一定是早于齐家文化的，至此，夏鼐终于找到了最为可靠的证据，"齐家期之较后，更得一明证矣"[39]。

1948年，夏鼐发表《齐家期墓葬的新发现及其年代的改订》一文，通过地层学证据纠正了安特生六期说中齐家早于仰韶的观点，证实了齐家文化晚于甘肃仰韶文化（马家窑文化）。陈星灿认为这一发现"第一次以明确的无可辩驳的证据，证实了前人怀疑的是正确的，从根本上否定了安特生仰韶文化六期说的合理性，因此夏鼐的这次发掘无论在发掘技术上还是在中国史前考古的理论方面的研究都具有重要意义"[40]。

夏鼐在离开齐家坪时，曾感慨道："颇希望有机会发掘此一墓地，不知将来能如愿否？"[41]虽然他最终未能如愿来此发掘，但多年后在此地开展考古工作的张学正等人[42]，正是在夏鼐培育下成长起来的新中国第一代考古学者。他们通过大量的考古发现，不断证明着夏鼐的正确结论。

四、第二次仰韶村发掘

如前文所述，安特生因为发掘方法的局限性，导致其将仰韶村遗址不同时代、不同文化的遗存混淆为单一的仰韶文化。在龙山文化发现以后，人们就开始探讨二者之间的关系。之后的很长时间里，学者们基本认识到两个文化之间存在着相对年代的早晚关系，但对于仰韶村遗址的分析上，囿于二元对立学说的框架，对安特生发掘方法的轻信及地层学证据的缺乏，并未得到准确的答案。而这便是夏鼐1951年豫西考古的背景。

夏鼐在中华人民共和国成立后即被任命为考古所的副所长，上岗后的第一次所务会议上，他便下定决心前往豫西进行史前遗址的考古工作。对于夏鼐来说，这里是安特生曾经做过工作的地方，仰韶文化与龙山文化在豫西地区的先后关系究竟如何，是否为混合文化等问题，他都十分关注，本就对安特生发掘方法不满意的他，自然要前往实地进行考察。正如他自己所说："安特生所发表的渑池仰韶村遗址的发掘品中，仰韶文化式的遗物和龙山文化式遗物都有。当他发掘的时候，中国史前文化的研究刚开始，龙山文化还没有发现。并且安氏的划分地层，不

注意土色，而以离地的深度为标准，例如 0.3 米或 0.5 米为一层。虽然他坚决表示每层都有彩陶和黑陶。大家总怀疑他把两层文化的遗物混在一起了。因为依照他的划分地层的方法，很有混淆二层文化的可能。"[43]

1951 年 4 月，夏鼐奉命带领安志敏、王仲殊、马得志三人前往豫西，在经过一番踏查之后，4 月 30 日对点军台遗址进行了发掘。他在第三层和第四层的龙山文化地层中发现了典型的龙山式陶，又发现其中包含着仰韶文化式的彩陶和仰韶文化系统的鼎足、红陶片和陶环。基于这样的发现，夏鼐认为"我们在点军台的工作范围虽不大，但可证明在豫西的仰韶和龙山文化二者间关系，是和豫北不同的……这次我们点军台的发掘，利用正确的划分地层法，知道在豫西有一些地点在某一时期，确会产生过一种混合文化。仰韶村遗址也有属于这种混合文化的可能，但是也可能是发掘时将它们混淆了"[44]。随后，他们又对青台遗址进行了发掘、仍未找到满意的答案，夏鼐决定前往仰韶村一探究竟。"这里的工作所引起的豫西仰韶文化的分期及仰韶与龙山二文化的关系的问题，还需向西找寻线索。"[45]

1951 年 6 月 28 日，夏鼐一行到达渑池县，准备对仰韶村遗址进行发掘，因 8 天前其接到梁思永的信，告知最迟在 7 月初返回北京[46]，因而对于仰韶村的发掘，在时间上便极为仓促，事实上他们只进行了为期一周的发掘工作，发掘面积也十分有限。在打探沟进行发掘后，他们发现这里的地层关系十分简单，只有两层，耕土层之下便是文化层，而文化层中包含着仰韶与龙山二文化的陶片，似乎进一步证明了混合文化的可能性。出于一贯的谨慎态度，他意识到必须再发掘一处地点才能解决问题。但因为时间紧促，他们难以完工深厚的文化层，被迫发掘了一座灰坑 H2，而这座灰坑中所见的灰褐陶、红陶、黑陶和彩陶的共存现象，让夏鼐最终认定"这里的文化是一种仰韶和龙山的混合文化"[47]。虽然夏鼐已经确定仰韶村遗址是杂糅了仰韶和龙山的混合文化，但他也深知自己的发掘规模实在太小，在最后还是留有余地地说，"要想对仰韶村史前文化作更进一步的了解，需要规模较大的发掘"[48]。

夏鼐这一结论虽然证明了仰韶村事实上存在仰韶文化和龙山文化遗存，但却将二者的关系判断为混合文化，使得中华人民共和国成立后学术界在一段时期内依然流行着这样的观点，仅有尹达对于这一结论依然持有保留态度[49]。许多学者在回顾这一发掘时，往往是一带而过，未对夏鼐这一错误的结论进行深入的分析。而通过研究梳理，我们可以看出造成夏鼐出现这一误判的原因是众多的。

（1）仰韶文化与龙山文化二元对立学说尚未得到突破，这是一个重要的学术背景。在当时发掘遗址较少的情况下，关于豫西，乃至陕西、甘肃等地区的龙山文化和仰韶文化的关系究竟如何，并没有准确的答案，以至于许多学者即使事实上已经触及这一学说的问题所在，却都没有从根本上突破它。二元对立学说又和混合文化论一脉相承，正如陈星灿所言："混合文化是二元对立的一种表达形式，既然二元对立被人们广泛接受，那么混合文化也为人们所普遍接受。"[50]虽然尹达通过类型学比较区分出了仰韶村遗址中的龙山文化因素，并且明确表明仰

夏鼐先生与仰韶文化研究

961

韶村遗址不是混合文化，但在当时类型学尚未被普遍接受，而地层学被认为是绝对证据的背景下，这自然难以挑战夏鼐的结论。

（2）当时对于仰韶文化的认知尚不清晰。早在安特生确定仰韶文化之时，其内涵便包括仰韶村遗址及锦西沙锅屯等地的发现，在甘青地区调查之后所划定的六期也都属于他所认为的中华远古文化——仰韶文化系统。可以说他所谓的仰韶文化实质上是一个包含着不同考古学文化类型的"大杂烩"，反映了安特生把整个中国史前文化视为单线进化，而忽视了文化的多样性和各地区发展的不平衡性。在这之后，随着新发现的不断增多，人们对于中国史前文化有了新的认识，新的文化命名如龙山文化、齐家文化、马家窑文化等，不断解构着安特生的仰韶文化系统，但就当时的发现来说，这一工作远未完成，至于仰韶文化内部是否可以分出类型，是否有早中晚期的区别更是空白，龙山文化同样也面临着这样的问题。当时以彩陶文化和黑陶文化代指这两个文化的现象依然普遍，在这样的情况下，夏鼐对于H2中出土的陶器难以进行准确细致的区分，从而忽略了其可能属于同一文化，或早期遗物混入晚期遗迹的可能，直接将其认定为混合文化。仰韶村第二次发掘公布的材料信息太少，根据目前对于仰韶村遗址的认识，当时的夏鼐很有可能发掘到了仰韶晚期地层及灰坑，因此出现各色陶片混杂，陶片形式带有龙山特征的现象，但在当时的背景下，这确实是难以分辨的。石兴邦先生也曾指出："五十年代初，他在仰韶村遗址试掘中，发现有仰韶和龙山文化陶片混合在一层的现象，便提出用'混合文化'一辞概括，这个命名不一定合适，但符合客观事实，其实这就是'庙底沟二期'遗存，两种因素是互相渗透的。"[51]

（3）发掘时间和面积的局限。夏鼐在到达仰韶村后，因梁思永要求其尽快回京，从而在7月2日开始发掘，至7月9日便结束，不过短短8天时间。这样短的时间使得他难以选择文化层深厚的地点进行系统发掘，其所选择的两处地点，一处为安特生曾发掘过的地点，打探沟发现地层关系过于简单，另一处则为一灰坑，所获得的证据并不多，这也是他判断失误的重要原因。

综上来看，夏鼐的误判更多的在于当时深层次的学科发展背景，是考古学的学科性质决定的，而不在于其发掘技术上。我们不能拿着显微镜去挑前人的错误，所要做的是在当时的历史背景下进行客观分析。由此也可以看出，考古研究不仅需要坚实的地层学功底获取更多典型地层证据，也需要扎实的类型学分析以更加细致地区分出不同时期、不同类型及不同文化，不仅需要对已有材料进行深入研究，也要不断发掘新材料加以修正。

之后的几年里，夏鼐依然坚持着混合文化的观点[52]。众所周知，庙底沟与三里桥遗址的发掘，在豫西地区发现了明确的龙山文化叠压在仰韶文化之上的地层证据，还分辨出了作为两个文化过渡期的庙底沟二期文化，这使得二元对立说和混合文化说彻底失去舞台。在中国考古学史上具有重要意义的《庙底沟与三里桥》，便是在夏鼐的校阅与修改下完成的[53]。在同年写成的《新中国成立十年来的考古新发现》中，夏鼐便摒弃了混合文化的错误观点，接受了仰韶文化与龙山文化早晚相承这一正确结论。作为一名实事求是的考古学者，他并不掩盖自己的错误，面向晚辈坦然承认自己观点的不足[54]，给后世学者树立了正确的学术研究态度。

五、结语

作为新中国考古事业的掌门人，夏鼐的一生无疑是十分辉煌的，其对于仰韶文化的研究和贡献远不止这些，例如他对仰韶文化的来源问题一直十分关注，20世纪60年代初，他认为陕西西乡李家村遗址是探索仰韶文化前身的一个关键线索，70年代末他又根据^{14}C测年，认定"磁山·裴李岗文化"早于仰韶文化。同时，作为中国考古学的先驱人物，夏鼐对于仰韶文化考古工作的指导和人才培养更是难以估量的，石兴邦、安志敏、严文明、张忠培等仰韶文化研究大家无一不接受过他的教育和培养，这些都是本文难以承载的，只求管中窥豹，留给读者讨论。

除了考古研究外，夏鼐在田野发掘中不怕吃苦的精神，同样值得我们学习。他曾回忆在洮河流域考古时的经历来勉励考古同仁，"例如1945年4—5月在甘肃洮河流域一个人单枪匹马搞调查，凭着两条腿翻山越岭，有时好几天只有煮土豆蘸点盐巴当饭吃"[55]。安志敏清晰记得夏鼐在豫西地区进行史前遗址调查时的身影，"给我印象最深刻的是1951年的豫西调查，夏鼐同志带领我们几个青年同志，每天要跑几十里路，加上天气酷热，确实疲劳不堪，但他总是走在前面，这样我们也就无法落后。发掘中他要求我们亲自动手和独立思考，这对初次上阵的新手确是一次必要的训练。我清楚地记得，在成皋点军台发掘时，周围没有一棵树木，头顶着六月的骄阳，连中午休息也无处躲藏，夏鼐同志却独自在探沟里清理墓葬。这时我们几个青年同志再也坐不住了，就一起跑去干了起来。这个季度的工作，不仅培养了我们独立工作的能力，更重要的是他的献身精神和工作作风给我们以深刻的影响，终身受益匪浅"[56]。

仰韶文化是中国考古学百年史上最重要的发现之一，夏鼐是中国考古学百年史上最重要的学者之一。夏鼐关于仰韶文化的发掘和研究事迹，将永远激励着后辈们不怕辛苦、扎根田野、努力研究，共同推动中国考古学新的辉煌！

注释：

[1]陈星灿：《中国史前考古学史研究（1895—1949）》，生活·读书·新知三联书店，1997年，第113、114页。

[2]徐坚：《追寻夏文化：二十世纪初的中国国家主义考古学》，《汉学研究》2000年第1期。

[3]张忠培：《梁思永先生与中国现代考古学——纪念安阳后冈遗址发掘五十周年》，见《中国考古学：实践·理论·方法》，中州古籍出版社，1994年。

[4]尹达：《龙山文化与仰韶文化之分析》，《中国考古学报》1947年第2期。

[5]夏鼐：《夏鼐日记》卷一，华东师范大学出版社，2011年，第30页。以下所引《夏鼐日记》，均据此版本，仅标明页数，不再重新注释。

［6］《夏鼐日记》卷一，第 57、58 页。

［7］《夏鼐日记》卷一，第 58 页。

［8］《夏鼐日记》卷一，第 228 页。

［9］《夏鼐日记》卷一，第 227 页。

［10］《夏鼐日记》卷一，第 227 页。

［11］《夏鼐日记》卷一，第 158 页。

［12］《夏鼐日记》卷一，第 198 页。

［13］《夏鼐日记》卷一，第 231 页。

［14］《夏鼐日记》卷一，第 264 页。

［15］李济：《西阴村史前的遗存》，见《李济文集》卷二《西阴村发掘》，上海人民出版社，2006 年。

［16］《夏鼐日记》卷一，第 272 页。

［17］《夏鼐日记》卷一，第 272 页。

［18］《夏鼐日记》卷一，第 274 页。

［19］《夏鼐日记》卷一，第 289 页。

［20］《夏鼐日记》卷一，第 272、273 页。

［21］《夏鼐日记》卷一，第 288 页。

［22］《夏鼐日记》卷一，第 292 页。

［23］《夏鼐日记》卷一，第 294 页。

［24］《夏鼐日记》卷一，第 358 页。

［25］《夏鼐日记》卷二，第 4 页。

［26］《夏鼐日记》卷二，第 91 页。

［27］《夏鼐日记》卷二，第 116 页。

［28］《夏鼐日记》卷二，第 119 页。

［29］书玉：《夏鼐先生的英伦之缘》，《文物天地》1998 年第 6 期。

［30］《夏鼐日记》卷三，第 307 页。

［31］《夏鼐日记》卷三，第 321、322 页。

［32］《夏鼐日记》卷三，第 326、327 页。

［33］《夏鼐日记》卷三，第 327 页。

［34］《夏鼐日记》卷三，第 328 页。

［35］《夏鼐日记》卷三，第 329 页。

［36］《夏鼐日记》卷三，第 329 页。

［37］夏鼐：《齐家期墓葬的新发现及其年代的改订》，《考古学报》1948 年第 3 期。

［38］夏鼐：《齐家期墓葬的新发现及其年代的改订》，《考古学报》1948 年第 3 期。

［39］《夏鼐日记》卷三，第 329 页。

［40］陈星灿:《中国史前考古学史研究（1895—1949）》，生活·读书·新知三联书店，1997 年，第 312 页。

［41］《夏鼐日记》卷三，第 330 页。

［42］张学正:《甘肃临洮、临夏两县考古调查简报》，《考古》1958 年第 9 期。

［43］夏鼐:《河南成皋广武区考古记略》，《科学通报》1951 年第 7 期。

［44］夏鼐:《河南成皋广武区考古记略》，《科学通报》1951 年第 7 期。

［45］夏鼐:《河南成皋广武区考古记略》，《科学通报》1951 年第 7 期。

［46］《夏鼐日记》卷四，第 399 页。

［47］夏鼐:《河南渑池的史前遗址》，《科学通报》1951 年第 9 期。

［48］夏鼐:《河南渑池的史前遗址》，《科学通报》1951 年第 9 期:

［49］尹达:《论中国新石器时代的分期问题——关于安特生中国新石器时代分期理论的分析》，《考古学报》1955 年第 1 期。

［50］陈星灿:《中国史前考古学研究（1895—1949）》，生活·读书·新知三联书店，1997 年，第 278 页。

［51］石兴邦:《沉痛悼念夏鼐同志逝世》，《考古与文物》1985 年第 5 期。

［52］夏鼐:《考古工作在新中国的蓬勃发展》《一九五四年我国考古工作》，见《夏鼐文集》卷四，社会科学文献出版社，2017 年，第 374—390 页。

［53］《夏鼐日记》卷六，第 26、27 页。

［54］严文明:《深切怀念夏鼐先生》，见《足迹：考古随感录》，文物出版社，2011 年。

［55］夏鼐:《考古工作者需要有献身精神——在 1985 年 3 月 1 日中国考古学会第五次年会上的讲话》，《考古》1985 年第 6 期。

［56］安志敏:《为考古工作而献身的人——沉痛悼念夏鼐同志》，《中原文物》1985 年第 3 期。

袁复礼与仰韶文化

◎员雪梅　◎刘晓鸿

　　袁复礼是中国著名的地质学家、地质教育家，是中国地貌学及第四纪地质学的创始人，也是中国考古学的先驱者之一，为中国现代考古学的诞生和发展作出了不可磨灭的贡献。

　　中国现代考古学的诞生与地质学科对其的促进与融合有着密不可分的关系。早期的一些地质学者也兼职从事考古学的调查和发掘研究工作，袁复礼即是其中的代表人物之一。他学识渊博，精通多门学科；他严谨求实的治学精神、敢为人先的创新精神、吃苦敬业的奉献精神、科学求是的实践精神和团结协作的协同精神，造就了他在中国考古学、中国地质科学、地质教育等方面辉煌的成就，成为激励新一代人奋发向上的精神源泉。

　　袁复礼是仰韶文化仰韶村和西阴村遗址首次发掘的重要参与者和见证者。仰韶文化的发现，是中国现代考古学的发端。仰韶文化的发掘，是地质学科在考古上应用的典范，揭开了中国田野考古史的第一页，在中国考古史上属于划时代的标志。仰韶文化的多学科研究，为考古学与地质学等其他相关学科的交叉融合提供了范例，对于研究中华文明史有重大意义。关于袁复礼对仰韶文化遗址的发掘和研究，前人已有一些论述（严文明[1]；安志敏[2]；袁疆等[3]），在当前，进行文化建设和双一流高校学科建设的关键时期，本文从分析袁复礼对"仰韶文化"考古发掘过程和研究的相关资料入手，总结其科学家精神，指引师生开拓进取，敢挑重担，攻坚克难，勇毅前行；探讨其将地质学与中国现代考古学的促进和融合中获得几点重要启示，进一步挖掘仰韶文化的时代价值，在新时期提升仰韶文化的生命力，为更好地弘扬中华优秀传统文化，坚定文化自信、推动学科发展奋力而为。

一、袁复礼与仰韶文化遗址的发掘

　　仰韶文化，是指黄河中游地区一种重要的新石器时代彩陶文化，其持续时间大约在距今约7000 至 5000 年。其分布范围，东起豫东，西至甘肃、青海，北到河套内蒙古长城一线，南抵江汉，中心地区在豫西、晋南、陕东一带。仰韶文化因在河南省渑池县仰韶村遗址首次发现而得名[4]。

1. 袁复礼与河南渑池县仰韶村遗址发掘

仰韶村遗址位于河南省渑池县仰韶乡境内，属于新石器时代中晚期文化遗址。遗址坐落在仰韶村南、寺沟村北的台地上，面积约 36 万平方米[4]。

到目前为止，仰韶村遗址开始发掘已走过 100 多年的历程，先后进行过四次发掘[5]，袁复礼是第一次仰韶村遗址发掘的重要参与者。

第一次发掘工作于 1921 年 10 月 27 日开始，12 月 1 日结束，历时 36 天。当时参加发掘工作的人员，除北洋政府农商部矿政顾问、瑞典地质学家安特生和刚从美国留学归来的中国地质调查所技师袁复礼之外，此外还有地质调查所的采集员刘长山、陈德广、白万玉、姚某、张某（后二人佚名）等人，加拿大骨骼研究专家步达生（D. Black）和奥地利生物学名誉技师师丹斯基（O. Zdansky）也短暂参加了后期的发掘工作。此次共发掘了 17 个地点，收获相当丰富，发现大量的文化堆灰层和袋形灰坑，获得了一批磨制石器、骨器、蚌器和大量陶器等一大批珍贵遗物，分装为 11 箱[4]。

此次冬季发掘，在天气寒冷，搭建帆布篷，夜里点着汽灯、马灯等艰苦条件下，袁复礼始终坚守在一线，不分昼夜地开展工作。他运用在国外留学时所学的多学科知识在仰韶村遗址的发掘工作中发挥了不可替代的核心作用。

袁复礼除参加日常发掘工作外，还兼任现场记录和测量工作，他按照 1∶2000 和 5 厘米等高线绘制了仰韶村遗址地形图[6]和仰韶村南部等高线图。仰韶村遗址地形图在中国考古学史上是最早的一幅弥足珍贵有科学价值和学术价值的科学史料作品，后来此地多次的考古调查和发掘，也常以此图为依据。此外，他还承担了翻译与协调处理发掘中出现的一些纠纷等现场事务。

关于袁复礼对仰韶村遗址第一次发掘所作的贡献可从文献中获知。胡适说："袁先生曾帮助安特生博士整理此次发现的材料，安先生自己曾说得他的力不少。"[7]安特生 1923 年在《中华远古之文化（An Early Chinese Culture）》一文中，对袁复礼在仰韶村遗址发掘工作中的贡献也作了公正的评价。1934 年安特生所著《黄土地的儿女（Children of Yellow Earth）》[8]第十章对袁复礼先生发掘作了描述："我们发现了第一个史前村落"的题头画是一幅漂亮的素描，安特生右面站立着一位脚穿长靴、戴眼镜的学者就是袁复礼。安特生在书中写道："在整个发掘阶段，北平地质调查所的地质学家袁复礼先生一直帮助我进行工作。……由于他为人机智并善于待人接物，我们的发掘工作从未受到任何阻碍。"

仰韶村遗址的发掘，第一次证实了中国有非常发达并且富有自己特色的新石器时代，使"中国无石器时代"的论断不攻自破，有力地证明了中国存在着非常发达的远古文化，中国有自己的新石器文化。在当时轰动世界，引起了国内学术界和有识之士以及世界文化界的关注和重视。仰韶村仰韶文化遗址的发现和发掘其意义非同凡响，是中国新石器时代考古和现代考古学的发端。袁复礼 1923 年 1 月在《国学季刊》上发表的《记新发现的石器时代文化》，是一篇

关于仰韶村遗址第一次发掘后最早介绍的文章。从文中可见：袁复礼这篇文章是应胡适约稿，经丁文江、翁文灏两所长和安特生博士同意撰写并发表的，两所长极为赞成袁复礼从地质方面去研究文化史；中国文化史上确有一石器时代；仰韶村这样的文化遗址是不常见的，挖掘亦应有科学家的指导下进行科学发掘；这次发掘除对于文化史的贡献外，对于农业田亩之变迁、天气之转徙、森林之盛衰、潜水之升降、河沙之增减，均有考据[7]。安特生 1923 年在《地质汇报》上撰写的《中华远古之文化（An Early Chinese Culture）》论文，用英文报道了仰韶村遗址发掘的成果和重大意义。袁复礼先生以《中华远古之文化》为题做了中文节译[9]。该文通俗易懂，译成中文方便国内相关人员阅读及研究时参考，在中国现代考古学的发展和文化史的研究上也起了积极的推动作用。1924 年应清华学校校长曹云祥之邀，袁复礼为清华学生们做了"石器时代"的报告[10]，让学生们了解石器时代知识，学生们受益良多。

袁复礼参与考古的第一件大事就是在仰韶村开始了中国的第一次考古发掘。袁复礼把他所学的考古学、地层学、地貌学、测量学、制图学在田野考古中进行了首次应用，对仰韶村地形、地貌环境的分析，对地貌演变和人地关系的推断，对发掘区域地形图的绘制等都为仰韶村遗址第一次发掘留下了珍贵的科学史料。此次发掘是中国考古学科学化、国际化的重要起点，意义重大，影响深远。仰韶村遗址从此被载入史册，中国现代考古学由其开端，仰韶文化因此命名。袁复礼在当时天气寒冷和发掘工地艰苦的条件下，坚守一线，吃苦耐劳，重视团队合作，敢于开拓，运用自己地质学、考古学等多学科知识从多个角度综合进行田野考古发掘、绘制地形图、搜集资料、协调工作等科学方法和科学精神都是值得我们后人借鉴和学习的。

2. 袁复礼与山西夏县西阴村遗址发掘

西阴村仰韶文化遗址位于山西省夏县尉郭乡西阴村西北部一高地，俗称"灰土岭"的地方，总面积约 30 万平方米。

西阴村遗址发掘已走过 97 年的历史，先后进行过二次发掘[11]。1926 年，由李济和袁复礼调查发现并首次发掘，在中国考古学史上占有重要地位，主持发掘工作的李济也因此被称为近代中国的第一位考古学家[12]。

1926 年 2 月，时任清华学校（清华大学前身）国学研究院人类学教师李济和中国地质调查所袁复礼，到山西汾河流域晋南考察传说中的"尧帝陵""舜帝陵""夏后氏陵"时，由于前期无所收获，3 月 1 日晚李济与袁复礼讨论更改调查路线，3 月 24 日路经夏县西阴村时，"突然间"意外地发现了西阴村遗址。当时第一个陶片是由袁复礼看到的[13]。他们采集了 86 片陶片，其中有 14 片是带彩的。

此后，经清华学校研究院组织考古团，李济和袁复礼再次到山西西阴村，于 1926 年 10 月 15 日至 12 月初，第一次发掘了属于仰韶文化的西阴村遗址。此次发掘他们采用了"探方法"，即每个探方 2 米 ×2 米，共 8 个，另有 4 个探方因不完整而未编号。全部出土文物都按照其准确位置做了详细记录。采用了三向坐标"X-Y-Z 三点记载法"和"层叠法"进行登录，重要的出土文物都编有号码并注明出土时间[3]。这是在中国田野考古中第一次采用探方发掘的方法，标志着田野考古工作向科学化方面迈进了重要的一步[1]。袁复礼承担具体发掘和测量两项工作，用他自己的话说："画图的时间是断断续续的，因为我经常要管理挖掘的事，每日以 8 小时计算，我总费了 25 天的功夫。"由此可见，在这次发掘中袁先生也承担着大量的工作，工作的辛苦程度也是可想而知。发掘工作进行得很细致，发掘陶片共装了 60 多箱，遗迹有窖穴，另有石锤、石斧、石刀、石箭头、石杵、石臼、石球、骨锥、骨簪、骨针、骨环和半个人工切割下来的蚕茧标本等，可谓收获甚富[11]。在当时军阀混战、社会动荡，交通不便的情况下，将这些出土文物由山西夏县安全运回北平，路途遥远，晓行夜归，风餐露宿，路上所遭遇的困难、协调的难度和艰辛是可想而知。

这次考古发掘成果，1927 年清华学校研究院以丛书第三种出版了李济的《西阴村史前的遗存》一书[14]。这是现代考古学上由中国人发表的第一本考古报告，其学术影响力和学术意义重大。

该报告中的"探坑地层剖面图"和"掘后地形图"均为袁复礼绘制，书中附录一"图说"和附录二"山西西南部地形"亦为袁复礼所著。但花费时间多，付出辛苦劳动所画的西阴村遗址地形图，因当时条件有限，石印制版不佳，未能发表，也是科学史料上一大遗憾和损失。

西阴村遗址的发掘，为仰韶文化进一步研究提供了新资料，从这批资料上证明，中亚及近东的彩陶很难比得上仰韶文化，使安特生提出彩陶文化起源于西方的说法产生了动摇。而西阴村的出土物比甘肃仰韶彩陶又细致得多。通过对西阴村遗址发掘材料的研究，李济认为："中国在有文字之史前已有文化，为固有文化。"

发掘之后不久，梁思永在美国留学时于 1927 年 6、7 月间回国，整理并研究了从西阴村采集回来的陶器，用英文发表《山西西阴村史前遗址的新石器时代之陶器》一书[15]，获得哈佛大学研究院考古专业硕士学位，该书统计了各类陶片的出土数量和百分比，并探讨了彩陶和陶片的分布规律，发现了其中的复杂性，对深化仰韶文化的研究起了关键性的作用。

仰韶村遗址仰韶文化发掘后，在史学界，瑞典人安特生提出了影响深远的关于中国文化起源的"仰韶文化西来说"。这是对中国传统史学的一个极大冲击。面对"仰韶文化西来说"，从考古上找到实物资料以研究中国文化的起源，以从文化上增强民族自信，是中国考古学诞生初期面临的又一项任务。晋南汾河流域调查和西阴村发掘就是在这一学术背景下开展的。这次调查正因为有对史前考古感兴趣、具有考古学与地质学等多学科知识和野外实践经历、有仰韶村遗址发掘经验的袁复礼的同行，促成了调查的很快成行。晋南汾河流域调查最初是以探索与夏有关的遗迹为目的的，在前期调查没有收获时，李济和袁复礼不断协商讨论，及时调整思路，更改调查路线，使其后来在工作中加大了对"史前定居点"的关注。在这次调查的最后阶段，就"突然间"有些意外地发现了西阴村遗址[16]。从而为西阴村的发掘提供了可能。在发掘中，利用学科优势，互相配合协同合作积极解决问题；运用现代科学方法进行发掘外，还要运用扎

实的画图功底进行大量的画图工作，用创新方法详细记录和登录出土文物，不怕吃苦的工作态度以及在环境艰苦的条件下，敢于付出的奉献精神在当时都是难能可贵的。可以说，袁复礼在西阴村遗址调查和发掘中，起到了至关重要的作用。

西阴村遗址的第一次调查与发掘对研究仰韶文化的来源及它与历史时期中国文化的关系，以及在中国考古学的发展上都具有特别重要的意义，是中国学术自强、民族自信的根基。这次发掘，是首次由中国人独立主持的现代意义上的科学考古发掘，开启了中国考古学的新纪元，成为"中国近代考古学史上的标志碑"[17]。

此外，袁复礼还参与了甘肃辛店遗址的考古调查工作。辛店遗址，位于甘肃省定西市临洮县。1924 年袁复礼和安特生在甘肃洮河流域进行考古调查，发现了许多彩陶。袁复礼曾以辛店墓地为中心测量绘制了附近的地形图，但没有发表[3]。

二、袁复礼与仰韶文化发掘的启示和时代价值

2021 年，是仰韶文化发现 100 周年和中国现代考古学诞生 100 周年的双百年之际，2023 年恰逢袁复礼 130 周年诞辰，中国地质大学的袁复礼教授，作为仰韶文化遗址的发掘者和中国考古学的先驱者之一，以及在中国地质科学史上有重要贡献的前辈学者，他博览广学的治学精神，他勤于实践的求是精神，他甘为人梯的团队精神，他吃苦耐劳的奉献精神，他追求真理、献身科学的科学精神，都需要我们新一代人继续学习，并发扬光大。中国社会科学院考古研究所的研究员、中国考古学会副理事长安志敏称袁复礼为中国考古学做出了杰出贡献[2]。中国科学院古脊椎动物与古人类研究所贾兰坡说："袁复礼在中国人中，他是参加史前考古发掘的第一人。"[18]我们要继续挖掘仰韶文化在中国科学史和文化史上的价值，坚定文化自信。在梳理袁复礼对仰韶文化遗址的发掘、探讨地质学与中国现代考古学的相互促进和融合中获得了以下几点重要启示，进一步挖掘仰韶文化的时代价值。

1. 获得的启示

（1）搭建一流平台，培养多学科人才。20 世纪初是中外地质交流合作的第一次高潮，在西方地质学家来华、留学生归国、中国地质调查所成立、中国地质学会创立的大背景下，通过聘请西方地质学家来华工作；联合组建考察团；联合组建研究实体以及参加国际地质大会等方式进行中外地质交流与合作。农商部矿政顾问、瑞典地质学家安特生和刚从美国留学归来的中国地质调查所技师袁复礼就是在这种大环境下，代表中国地质调查所参加仰韶村遗址的发掘，造就了中外合作进行考古工作的一段佳话。他们在中国地质调查所这个平台上，有丁文江和翁文灏两位宏大格局局长的鼎力支持，他们运用所学的科学知识和科学方法，使得仰韶文化发掘取得了举世瞩目的重要成就。仰韶村遗址的发掘是中外合作开展考古发掘工作的典范，得益于当时中国地质调查所的平台、领导者的眼界以及发掘者所拥有的渊博知识、敏锐思想、科学方法、敢于开拓的创新精神，充分说明了地质学与考古学的密切关系，也为地质学和考古学的深

度融合开启了先河。

（2）打造团队凝聚力，提升组织协调能力。袁复礼具有多学科渊博的学识，严谨求实的作风，敬业奉献的精神，诚于合作的科研道德促成了他在中国考古学和地质科学的重要成就。特别是他在仰韶文化的发掘中的团队协作精神和组织协调能力是值得被人称道的。当今一些重大科研项目，都是多学科、多专业交叉融合进行的，在任何一项综合研究中，都要和不同专业、不同学科的研究者协同合作，这就要求每个参加者既要具有团队合作，甘当配角的精神，又要具有组织攻关的能力。这种精神和能力是一个科学工作者必备的素质，是一个普通青年工作者能够成长为大科学家的重要保证。

（3）整合学科知识，促进学科交叉融合。袁复礼是我国地貌学和第四纪地质学的创始人，这些学科的专业知识正是袁复礼在仰韶文化发掘时的优势所在，同时考古学上的成就对他在地貌学和第四纪地质学上也是一个促进作用，相互成就。袁复礼的地质学的学科背景以及所具备的考古学知识促成了他早期参与仰韶文化的发掘。第四纪地质学与考古学相遇、相识和融合，遂成为相伴的姐妹学科。一个研究有人类以来的自然状况与演变过程，一个研究有人类以来的人文状况和社会发展的过程，二者互为补充，相互促进。

（4）运用科学方法，搜集相关资料。袁复礼把他所学的考古学、地层学、地貌学、测量学、制图学在田野考古中进行了首次应用，除自始至终参与发掘外，对仰韶村地形、地貌环境的分析，对地貌演变和人地关系的推断，对发掘区域地形图的绘制，为仰韶村遗址第一次发掘留下了珍贵的实物资料。自然环境是人类生存的环境；自然资源是人类赖以生存的物质基础。自然环境和自然资源与人类活动密切相关。从考古材料研究先民开发利用自然资源与环境，都是需要我们地质人关注的，进而树立尊重自然、顺应自然、保护自然的生态文明理念。

（5）立足基础工作，敢为人先求创新。袁复礼发掘仰韶文化遗址时，不仅挖掘出土器物及遗迹，还涉及农业、气候、水利、森林、河流等方面的环境因素，关注环境考古这在当时也是开创性的。今后充分认识仰韶文化环境演变过程中，地质、地貌、气候、资源等环境因素对人类生活场所、生存条件的选择、变更、迁徙所造成的影响，以及环境与人类自身及其文化、社会、政治、经济活动等方面之间的相互关系。

（6）利用文化影响力，助力文化产业发展。仰韶文化产业发展，除了着眼仰韶文化遗存和遗物展示、复原和复制外，还要注重当地其他人文资源、自然环境和自然资源的研究、开发和利用，挖掘自然文化，与当地的农业、手工业、旅游业等产业合力打造形成一个完整的具有当地特色和优势的产业链。

（7）开展跨学科研究，推动跨学科课程体系建设。仰韶文化的多学科研究，为考古学与其他学科的交叉融合提供了范例。在新时期，需要进一步促进学科交叉融合，推动跨学科课程体系建设，培养综合的多学科的人才队伍，胜任地质、考古等综合工作的新一代学者。同样，考古学对其他学科科学研究也有一定的促进作用，考古学的研究成果也可以被其他学科所吸收。

多学科的合作已经成为田野考古工作和整个考古学研究的一种发展趋势。通过这个契机，考古学与多学科结合必然会更上一个新的台阶，取得可喜的成果，在世界文化之林中，如仰韶文化彩陶上的花一样开出光彩夺目的花朵。未来繁花似锦！

2. 仰韶文化的时代价值

仰韶文化影响深远，对中国古代文明的贡献显而易见，而且也深刻影响当下和未来。在目前研究仰韶文化对认识中华远古文化有非常重要的时代意义，由此认识到人类文化的起源和发展的历史脉络，认识中华文明对人类文明的重大贡献，为弘扬中华优秀传统文化、树立文化自信提供强有力的支撑。中华民族的复兴伟业，文化是灵魂和根本，文化自信是更基本、更深沉、更持久的力量。

仰韶文化是华夏文明的奠基者，以仰韶文化发现为源头，中国考古学经过100多年的发展，取得了辉煌的成绩。正如习近平致信祝贺仰韶文化发现和中国现代考古学诞生100周年，指出："100年来，几代考古人筚路蓝缕、不懈努力，取得一系列重大考古发现，展现了中华文明起源、发展脉络、灿烂成就和对世界文明的重大贡献，为更好认识源远流长、博大精深的中华文明发挥了重要作用。"

今后我们要以仰韶文化多学科研究为范例，从学科建设的角度更好地认识考古、地质、地理、环境等方面跨学科研究的重要性，继续探索未知、揭示本源，从探索仰韶文化认识中国文化形成的特点，探索仰韶文化促进中国考古学的发展。以仰韶文化国际化合作为典范，加强国际学术交流，不断扩大中国考古学在世界考古界的影响力和话语权，为人类文明的进步贡献中国智慧。不断推进仰韶文化与时代结合，焕发新的生机，实现最大的人文效益、社会效益和经济效益。从考古材料研究先民开发利用自然资源与环境，都是需要我们地质人关注的，进而树立尊重自然、顺应自然、保护自然的生态文明理念。

面对世界百年未有之变局，面对中国百年未有之机遇，我们与考古学相关的学科（如第四纪地质学、生态环境地质学、宝玉石与文化、地质学史等）也应当紧抓机遇，以更高站位、更宽视野、更大力度进行学科深度交叉融合，不断挖掘文化元素，为推动文化建设和"双一流"学科发展勇毅前行。

致谢：中国地质图书馆焦奇副研究员为作者查询资料提供了支持与帮助，蔡克勤教授、戴进业教授级高级工程师帮助修改文章，在此一并表示感谢！

注释：

［1］严文明：《仰韶文化研究（增订本）》，文物出版社，2009年，第382—404页。

［2］安志敏：《袁复礼教授和中国考古学》，见杨遵仪：《桃李满天下——纪念袁复礼教授百年诞辰》，中国地质大学出版社，1993年，第235—241页。

[3]袁疆、袁刚、袁扬等:《西北科学考察的先行者——地学家袁复礼的足迹》,新华出版社,2007 年,第 2 页。

[4]渑池县地方史志编纂委员会:《渑池县志》,方志出版社,2000 年。

[5]刘社刚:《仰韶村遗址的四次考古发掘》,https://hct.henan.gov.cn/2022/06-18/2470714.html。

[6]安特生:《河南的史前遗址》,王涛、秦存誉、徐小亚译,文物出版社,2021 年。

[7]袁复礼:《记新发现的石器时代文化》,《国学季刊》1923 年第 1 期,第 188—191 页。

[8] Andersson J. G., *Children of the Yellow Earth : Studies in Prehistoric China*, London : Routledge & KeganPaul, 1934.

[9]安特生:《中华远古之文化》,袁复礼节译,《地质汇报》1923 年第 5 号,第 1—46 页。

[10]杨光荣:《袁复礼:我国地貌学及第四纪地质学的先驱》,https://www.tsinghua.org.cn/info/1951/19098.htm。

[11]卫斯:《我国近代考古学史上的标志碑——西阴遗址首次考古发掘的经过与意义》,《山西日报》2006 年 2 月 21 日第 3 版。

[12]陈星灿:《中国史前考古学史研究(1895—1945)》,生活·读书·新知三联书店,1997 年,第 98 页。

[13]李济:《山西南部汾河流域考古调查:中国文明的开始》,外语教学与研究出版社,2011 年。

[14]李济:《西阴村史前的遗存》,清华学校研究院,1927 年。

[15] Liang S. Y., *New Stone Age Pottery from the Prehistoric Site at Hsi-yin Tsun, Shansi, China*, Menasha : the American Anthropological Association, 1930.

[16]刘中伟:《李济晋南汾河流域考古调查和西阴村发掘的学术目的》,《江汉考古》2023 年第 5 期,第 139—144 页。

[17]王媛:《传承"西阴遗产"溯源中华文明》,https://baijiahao.baidu.com/s?id=1711982194178202978&wfr=spider&for=pc。

[18]贾兰坡:《要像袁复礼先生那样做人》,见杨遵仪:《桃李满天下——纪念袁复礼教授百年诞辰》,中国地质大学出版社,1993 年,第 9—10 页。

花开中国　献礼百年

——三门峡庙底沟博物馆基本陈列综述

◎王宏民　◎张　翼

　　三门峡庙底沟博物馆是建立在庙底沟遗址上的专题性博物馆，占地约 95 亩，建筑面积约两万平方米。整体建筑设计以"交融"为出发点，将建筑南北分为七个楔形体块，西高东低或东高西低交错布局，如同交握的双手。采用覆土建筑形式，馆内分为地下一层，地上两层，主体建筑位于地下，与自然景观相互融合呼应，形成"意"与"境"的完美结合。

　　2021 年，仰韶文化发现暨中国现代考古学诞生 100 周年纪念大会在河南省三门峡市召开，习近平总书记发来贺信。三门峡庙底沟博物馆作为双百周年纪念大会的重点工程之一，精心筹备策划推出献礼展览"花开中国——庙底沟与中华早期文明的发生历程"。它是展现仰韶时代最繁盛、影响力最大的庙底沟文化原创性展览，也是目前国内展示仰韶文化彩陶数量最大、类型最全的史前文化展览。

构建文化意义上"最早的中国"　增强民族凝聚力和自豪感

　　习近平总书记指出，要加强考古成果和历史研究成果的传播，教育引导广大干部群众特别是青少年认识中华文明起源和发展的历史脉络，认识中华文明取得的灿烂成就，认识中华文明对人类文明的重大贡献，不断增强民族凝聚力、民族自豪感。

　　庙底沟文化是仰韶文化鼎盛期最具代表性的文化类型。仰韶文化是中原文明起源和发展的关键阶段，其社会形态经历了从简单的平等社会到复杂社会的重要转变，完成这一重要转变的节点即是仰韶文化中期的庙底沟期，或称庙底沟类型，也称庙底沟文化。庙底沟二期文化的发现阐释了仰韶文化和龙山文化过渡时期的文化特征及承接关系，进一步证明中华民族历史的一脉相承和中华文明的源远流长。

　　庙底沟文化以其绚丽多姿的彩陶花纹为旗帜，尤其是"华夏之花"彩陶的出土，奠定了庙底沟文化中国艺术之源的地位。庙底沟遗址第二次发掘领队樊温泉认为，庙底沟文化的彩陶鲜艳多彩、构图丰富、寓意深刻，以彩陶为标识的文化因素向周边扩张推进，影响了东到海岱、西达甘青、南至长江、北抵燕山的广大区域，这正是中国历史演进的核心区域。所以，庙底沟文化的彩陶不仅是庙底沟文化的标识，它所蕴藏的文化意义更是标志着华夏主体族群的确立和早期中华文化共同体开始形成。

展览以庙底沟文化中最具代表性的"花"多层隐喻展开讲述：一为繁衍之花，即花瓣纹，花具有生命繁衍的意义，在生活器物上描绘花的纹饰是对生命繁衍的美好寄托；二为文化之花，即盛行花瓣纹的庙底沟文化，它分布范围广，辐射范围大，似重瓣花朵般盛开在中华大地上；三为华夏之花，即华夏族，古汉语中"花"本作"华"，两者意义相通，故彩陶上的花瓣纹即是华夏民族名称的来源和文化基因。

展览以严文明先生的"重瓣花朵"理论为依据，以历史发展轴线为顺序分为"鸿蒙初开　乾坤始奠""百卉含英　花萼相辉""芳花未央　永续华章"三部分，讲述庙底沟文化的发展历程、文化面貌及重要影响，揭示庙底沟在中华文明发展中的主根脉地位，构建文化意义上"最早的中国"。

依托新时代考古发掘成果　展示史前彩陶文化特色

展览依托近年来考古发现和学术研究，特别是庙底沟遗址第二次发掘成果，展出文物近4000件（套），类型包括陶器、石器、骨器等。其中，75%的文物集中于"百卉含英　花萼相辉"部分，包含庙底沟遗址出土的彩陶400余件，各种精美纹饰如花瓣纹、旋纹、鸟纹、鱼纹、火焰纹、人面纹、网格纹、西阴纹、条带纹、垂弧纹等，集中展示了庙底沟文化的彩陶特色。

展示最新考古发掘品。陈列中的文物展品均为考古发掘品，地层关系明确，文化信息完整。涉及的遗址有前仰韶文化及仰韶文化早期代表性遗址裴李岗、底董、城烟、荒坡等；仰韶文化中期代表性遗址庙底沟、西坡等；仰韶文化晚期及龙山、二里头时期遗址双槐树、平粮台、新砦、二里头等。通过这些典型的文物展品诠释早期中华文明主体的深刻文化内涵，如裴李岗文化的石磨盘、石磨棒，贾湖遗址的骨笛；仰韶文化早期的陶窑、瓮棺葬群；仰韶文化中期的彩陶、素陶等，以及其他代表仰韶文化晚期到二里头时期的各类器物。

运用最新考古研究成果。展览集合权威考古学家论述，如严文明的"重瓣花朵"理论、韩建业关于"早期中国"解读观点、王仁湘对彩陶纹饰的系统性梳理、樊温泉对庙底沟遗址第二次挖掘的学术观点等，以及其他考古和文化大家对以庙底沟文化为代表的中国仰韶文化的论述评价，仰韶文化的重要遗址和发展演变分期等前沿的研究成果，博采众长、兼容并包，客观地展现最新研究成果，科学还原庙底沟时代面貌，不仅为公众提供了更为全面、客观的展览内容，也为其提供多种观点理论资料，引发思考和共鸣，推动学术研究向更深更广的方向发展。

打破传统模式　实现陈展设计的再创作

当代主流博物馆正在着意打破类型限制和体系结构，从而更广泛地传播有益信息，更有效

地影响区域人群思维，更迅速地提升国民文化素养。三门峡庙底沟博物馆在形式设计方面，紧跟博物馆发展趋势，联手龙邦建设，深入解读陈展文本大纲内容，结合庙底沟文化的内涵与代表性元素以及史前文物的特点，遵循陈展形式总设计师河南博物院陈列部主任徐雷提出的五点设计理念，即一条主线：从哲学高度，建立指导思想，将人类社会发展变迁作为贯穿陈展首尾的鲜明主线。两个核心：庙底沟文化彩陶上的花瓣纹即是绽放在中原地区的"华夏之花"；研究庙底沟文化的发展历程，就是解读和构建文化意义上"最早的中国"。三重解读：从观众知识结构差异的比例出发，设定博物馆整体陈展结构面对不同知识层级的占比关系，初级感知层、中级阅读层、高级研究层。四个原则：以人为本——讲人的故事、为人讲故事，宣示文明是人类创造的，社会是人类构成的，人类是万物之灵。利用视觉、听觉、触觉等，点化人类认知心理元素，整体把握构建完整感知系统，多方位多渠道，施教化于无形。内容与形式统一，科学把握、精准解读、宏观表现、深度延伸。建立历史考古与艺术、自然、人文对话的宏观结构；区域文化的影响碰撞；东西方文明的对比；历史与当代的关系。五个平台：全方位的仰韶文化展示平台、人类学知识教育平台、华夏文明传播平台、新石器考古研究平台和爱国主义教育平台。

博物馆整体空间宏伟大气，展览面积 8736 平方米，由公共大厅、基本陈列展厅、专题展厅、临展厅、环幕影院和数字化展厅组成。展线长度 910 米，为顺时针单线交通，既蜿蜒成趣，又流畅自然。展览总体风格简约庄重、大气典雅，空间色调以沙黄色为主，寓意史前文明在豫西黄土地生根发芽，彰显鲜明的地域特色。陈展设计亮点颇多，使观众在观展过程中惊喜频现、体验丰富、记忆深刻，形成浑然浩渺的时空感受，营造若幻若真的情感体验。

亮点一：艺术品设计展现庙底沟时代的神秘悠远

进入博物馆大厅映入眼帘的是巨大的艺术穹顶和三组栩栩如生的主题雕塑。大厅中央展示中华早期文明复杂化进程的主题组雕、寓意中华民族史前艺术浪潮的主题墙面和渲染史前艺术浪漫氛围的穹顶，展现庙底沟时代的神秘悠远，呈现典型的史前文化艺术殿堂的视觉氛围。

艺术穹顶重达 13 吨，直径 15 米。其灵感来源于庙底沟彩陶上的各类纹饰，两层钢架结构错位重叠，镂空雕刻，光线透过缝隙洒下来，仿佛漫天飞舞着花瓣，"一眼望去，仰韶人的彩陶是繁花世界"。主题墙面是以庙底沟纹饰为主题的象征性壁雕，参考世界范围内同时期艺术风格，中间圆心是庙底沟文化最具代表性的"五瓣花"纹饰，第二、三层分别是单旋纹和双旋纹，逐渐向外扩散，整体墙面仿佛一个巨大的暴风眼，掀起中国史前的艺术浪潮。三组主题雕塑的艺术形象科学严谨、精细逼真，不论从单体形象创作还是群体组合关系，都集科学性和艺术性于一身。

亮点二：直立体展示神秘的史前文化

神秘的史前文化与现代生活相距久远，如何让观众获得情感共鸣，是值得思考的问题。因此，博物馆在展示方面不仅要考虑科学性，更要丰富展览手段，从场景的直观生动性、设计的人性化、观众的参与性、展览的个性化等方面整体进行规划，将晦涩抽象的学术研究成果转化为直观的、可互动的展项，让观众通过视觉、触觉、听觉去感受，在轻松沉浸的观展氛围中获取知识，引发思考。

除了"花开中国"主展厅外，还设置了环幕影院和数字化展厅作为延伸展示，构建全方位传播体系。低反射抗弯玻璃的全面应用，大大优化了观展体验。多维通道、沙盘模型、互动游戏、幻影成像等辅助手段的应用，增加了展览的科技性和趣味性。"花之绽放"形象展示重瓣花朵之早期文明的起源理论，"远古回声"立体营造沉浸式体验原始声音的氛围，"彩陶之路"重构多元文化交融的历史长廊，"人类脚步"以变幻的感应装置象征人类文明的不断演进……

亮点三：创新的陈列设计打破传统文物展示形式

史前博物馆存在文物类别较少、形制较单一的特点，如果文物展示方式因循守旧，会使观众在观展过程中产生审美疲劳。创新陈列设计形式，结合上展文物特点，打破传统文物展示方式，既丰富展陈元素，又提升展陈艺术效果。

仓储式陈列形式集中大量展示庙底沟遗址出土的各类陶器，不仅弥补了陶器的观赏性，使其产生强烈的视觉刺激，而且方便观众对比了解庙底沟时期的陶器种类以及形制区别，更好地折射距今六千年原始人类的生活景象。

千件盘状器阵列式展示庙底沟遗址两次发掘出土大量形制相似的石盘状器，对于它的用途，众说纷纭，始终没有定论。通过阵列式展示形式，体现量大的特点，同时震撼的展示效果吸引观众驻足观赏，引起探讨和思考，体现了博物馆展览传播的意义。

华夏之花展厅是展览内容的重点和亮点，庙底沟遗址出土的最具代表性的花瓣纹和旋纹彩陶盆是展览的高潮部分。该部分使用可触摸式透明数字独立柜、弧形平柜、龛柜、定制展柜、带滑屏式展柜、通柜等，综合考古、历史、美术史的多方研究成果，系统分析、重点表现，从丰富的彩陶纹饰映射中华早期文明的发展轨迹、庙底沟文化的传播脉络、历史的前进脚步和人类的智慧光芒。

展厅出口走廊地面上，按序向前闪现原始人脚印、草鞋脚印、布鞋脚印，直至现代皮鞋脚印，两侧墙面介绍了100年来的考古大家。古与今，来与去，令人沉思。在中国现代考古学发端之地，追寻中华民族的祖根，回首百年，俯首致敬。

回顾历史是为了更好地前行。习近平总书记强调，在历史长河中，中华民族形成了伟大民族精神和优秀传统文化，这是中华民族生生不息、长盛不衰的文化基因，也是实现中华民族伟大复兴的精神力量，要结合新的实际发扬光大。三门峡庙底沟博物馆站在历史的节点上致敬过

去，也在盛大的开端上迈向未来，今后，我们将深入贯彻习近平总书记的贺信精神，围绕"建设中国特色、中国风格、中国气派的考古学"主题，聚焦新时代新使命，谋划博物馆建设发展，做好考古成果研究、阐释和传播，发扬严谨扎实、实事求是的优良学风，不断探索未知、揭示本源，把握历史规律，坚定文化自信。

描画史前繁荣图景　弘扬中华灿烂文明

——三门峡庙底沟博物馆基本陈列"花开中国"解读

◎李清丽　◎种　坤

　　陈列展览是博物馆的核心文化产品，而重大历史文化题材的展览内容则是博物馆核心中的核心。高度的立意、鲜明的主题、突出的主线、独创的内容，既是博物馆陈列展览的重点和难点，也是焦点和亮点。三门峡庙底沟博物馆基本陈列"花开中国——庙底沟与中华早期文明的发生历程"，自2016年启动以来，秉持"见物、见人、见精神、见文明"的策展理念，反复打磨，数易其稿，从选题策划、内容组织、公众服务等方面，展现了原创展览的高度、深度、厚度和温度，绘就了庙底沟在中华文明发展史上的绚丽篇章，向仰韶文化发现暨中国现代考古学诞生一百周年献上一份大礼。

一、高度：以中华文明发展作为展览的出发点和立足点

　　1921年，瑞典地质学家安特生在河南省渑池县仰韶村首次以田野发掘的方式，发现并命名了中国第一支考古学文化——仰韶文化，中国现代考古学由此诞生。自彼时起，探寻中华文明的起源问题成为中国考古学的重要特色之一。2002年，"中华文明起源与早期发展综合研究"（简称"中华文明探源工程"）重大科研项目正式启动，2016年完成结项，中华文明"多元一体、兼收并蓄、绵延不断"的总体特征清晰确立。而在中华文明发展历程中，庙底沟文化是中华早期文明发展的关键阶段。

　　庙底沟遗址位于三门峡市，发现于1953年，先后经过1956年和2002年两次大规模考古发掘，两次发掘基本确定了庙底沟遗址的大致分布范围、绝对年代和文化层结构，发现并命名了"仰韶文化庙底沟类型"和"庙底沟二期文化"，为丰富仰韶文化和研究中国古代文明传承有序提供了重要的实物例证。此后，考古界对该遗址和与其面貌内涵相近的遗址文化的命名和研究从未停止。随着考古发现和学术研究的不断深入，"庙底沟类型"的内涵和外延不断扩大、学术意义渐趋提高，"庙底沟文化"的概念被更多学者提出和使用。

　　一般认为，庙底沟文化是中国史前分布范围最广、文化相似度最高、对后世文化影响最深

的一支考古学文化。而这一时期最为亮眼瞩目的彩陶，似乎并非简单的日用器类。尽管学界对彩陶纹饰解读不同，但多数学者认为彩陶代表了一种精神层面的共性，是"早期中国文化圈"的核心要素。尤其是植物考古、古 DNA 检测等新技术手段的研究，表明庙底沟彩陶的传播与成熟粟作农业、人群的传播是同步展开的。可见，庙底沟文化的繁荣与扩张对推动中国史前文化的交融发展起到了关键作用。之后，庙底沟文化核心区，又逐渐成为中国历史演进的最中心地区，并推动了其他地区考古学文化的互惠交融。庙底沟文化，见证了早期中国文明的第一缕曙光。

正是基于对庙底沟文化在中华早期文明发展中重要作用与意义的认识，三门峡庙底沟博物馆在展览定位上，以探索中华早期文明为出发点和立足点，以庙底沟遗址为切入点，站在历史的高度，从中华文明发展的角度，展示庙底沟文化的发展历程、社会面貌和重要影响，探讨其成就的中国历史上第一次文化大融合，从而揭示庙底沟文化在中华文明发展中的主根脉地位。旨在让人民群众全面了解史前中原先民的社会生活及精神面貌，深入感受庙底沟文化的内涵及其对周边文化的影响，深刻理解庙底沟文化在中华文明发展中的主根脉地位和重要作用，增强对中华优秀传统文化的认同，坚定文化自信。

二、深度：以学术研究挖掘更深刻的历史文化内涵

作为中国史前考古学研究的中心课题，仰韶文化的研究经历了近百年的发展历程。特别是在庙底沟遗址发掘后，仰韶文化进入全面研究的成熟阶段。近十年来，随着考古发掘数量的增多、专题研究的蓬勃开展以及自然科学技术的广泛运用，促进了研究的进一步发展。通过多角度的全面深入研究，对中国早期文化发展的了解也更加全面透彻，但中国的史前文化研究仍然存在争论与分歧。作为史前遗址的专题性博物馆，展览面临考古学研究成果信息解读和阐释不够透彻，无法为展览提供切实可用的内容脚本等现实问题。因此，针对展览需要进行考古学信息的"选择"和"阐释"，成为展览内容策划的关键环节。

庙底沟博物馆在筹展阶段，多次邀请考古学家、行业学者座谈、研讨，以学术研究为支撑，综合各项最新的发掘研究成果，深度分析解读考古学信息，挖掘和整合历史文化内涵，提取文物或遗址文化的重点与亮点，探讨陈列内容的侧重和陈列方式的原则。经过充分讨论和多次论证，最终选取庙底沟彩陶中最具代表性的纹饰"花"为意象，融合考古学家苏秉琦"庙底沟类型的主要特征之一的花卉图案彩陶可能就是华族得名的由来"的观点，以及考古学家严文明"中国史前文化已形成一种重瓣花朵式的向心结构"的理论，将展览主题定位为"花开中国"。

展览主题中的"花"具有三层含义：第一指繁衍之花，即花瓣纹，花具有生命繁衍的意义，在生活器物上描绘花的纹饰是对生命繁衍的美好寄托；第二指文化之花，即盛行花瓣纹的庙底沟文化，它分布范围广、辐射影响大，似重瓣花朵般盛开在中国大地上；第三指华夏之花，即华夏族，古汉语中"花"本作"华"，两者意义相通，故彩陶上的花瓣纹即是华夏民族名称的

来源和文化基因。

展览以严文明的"重瓣花朵"理论为依据，以最新的考古发掘及研究成果为基础，以时间为序分章节，根据"中华文明探源工程"中社会分工、阶级分化、城市出现、强制性权力等文明标准，从聚落形态、生业经济、手工技艺、文化艺术、精神信仰等方面，横向展示社会文明发展状况。

三、厚度：以丰富内容诠释"早期中国"蕴藏的文化信息

中华文明起源可以追溯到什么时候，学界有很多不同意见，但绝不能简单理解成现今中国境内的史前时期文明化现象。在考古学家严文明和张光直的相关理论基础上，著名学者韩建业提出文化上的"早期中国"或"早期中国文化圈"的概念。展览采纳韩建业中华文明起源的理论观点，精选了4000件（套）文物，以三个部分的展览框架展示距今九千年至四千年左右中华早期文明的发展历程和"花开中国"的宏大故事。

第一部分"鸿蒙初开　乾坤始奠"　主要展示距今九千年至六千年左右，庙底沟文化形成之前的社会面貌。分为两个单元，揭示仰韶中期的庙底沟文化是经过前仰韶文化的长期积累，又吸收了仰韶文化早期关中豫西晋南地区不同文化精华的基础上孕育而生成的。

第一单元"东方欲晓——前仰韶文化时期"，以著名的裴李岗遗址、贾湖遗址考古资料为依托，以投影沙盘、微缩景观辅助文物展示的形式，表现了裴李岗先民已开始聚族生存，过着以原始农业为主，畜禽饲养、渔猎采集为重要补充的定居生活。第二单元"千年酝酿——仰韶文化早期"，以三门峡最新考古发掘的城烟遗址、底董遗址为代表，通过"相土之宜""农耕本""陶韵初化""葬俗信仰"四组内容，展示了仰韶文化早期，人类以氏族为单位建立村落，种植粟稻混作农业，共同劳动、共同消费，平等互助的母系氏族社会景象。展出文物中最值得关注的是从城烟遗址搬迁过来的竖穴式陶窑，结构保存完整，火口、火道、火塘、窑箅、窑室等清晰可见，窑室底部一周有11个圆形火眼，上面还有正在烧制的陶器，是迄今考古发现的保存最好的仰韶早期升焰窑，也是同时期技术最先进的一座陶窑。

第二部分"百卉含英　花萼相辉"　主要展示距今六千年至五千五百年左右，庙底沟文化时期的社会面貌。这一部分是整个展览的核心，分为三个单元，诠释庙底沟文化的内涵和影响，描绘庙底沟时代的社会与文化景象，解构融合与统一的文明起源模式。

第一单元"触手生春——庙底沟人的生产生活"，从"聚落林立""农桑繁荣""先民智慧""心灵追寻"四个方面，以庙底沟遗址和西坡遗址的考古成果为依托，展示这一时期大型中心聚落和层级关系、复杂化的社会结构、高度发达的农业经济、繁荣发展的手工业以及庙底沟人的精神信仰。采用大型投影沙盘、视频影片和文物组团化展示的方式，呈现庙底沟遗址的地貌、功能分区和发掘情况，让观众深入理解庙底沟遗址的重要价值。采用多重信息叠构方式表现西坡遗址的向心式结构、特大型房址、大型墓葬，体现史前社会的复杂化以及中华文明发

展的"中原模式"。数量众多的陶器、石器、骨牙器等，展现了庙底沟时期经济的繁荣和手工技艺的高超。

第二单元"丹青不渝——庙底沟人的彩陶艺术"，从"绘彩写韵""华夏之花""旋之又玄""源于自然""简化之象"五个方面，阐释庙底沟文化彩陶高超娴熟的绘彩技艺，以及花瓣纹、旋纹、动物纹、几何纹等主要纹饰。这部分的文物比较精彩，全部是庙底沟遗址出土的彩陶文物。庙底沟彩陶是仰韶文化彩陶的代表，其数量众多，色彩艳丽、图案繁缛、技术高超，纯手工绘制，每一件都是独一无二的，达到了史前彩陶艺术的顶峰。庙底沟彩陶强调颜色和纹饰的对比，采用二方连续形式构图，注重图案的对称和均衡，具有敏锐的审美感和很强的装饰性。最具特点的是花瓣纹和旋纹，对周围文化产生显著影响，传播地域之广阔、影响之深远，形成了"中国史前时代的第一次艺术浪潮"。花瓣纹彩陶盆，上腹以黑彩绘出多组交错的弧线三角、圆点、线纹等，组成一周连续的花瓣纹。相邻图案共用一片花瓣，明示了你中有我、我中有你的表象，暗示着文化的交流互鉴和文明的互惠交融。同时，因古汉语中"花"本作"华"，两者意义相通，故彩陶上的花瓣纹即是华夏民族名称的来源和文化基因。旋纹由弧边三角、圆点、勾叶组成，是庙底沟彩陶中最具神秘色彩的纹饰，学者对其有不同的释读。我们采用王仁湘的观点，认为以二方连续式图案为主，首尾相连，无始无终，似是表达一种周而复始、循环无限的心灵韵律，体现了古人对宇宙天体和大自然流转运行的初步认识。

第三单元"花之绽放——文化意义上的中国初步形成"，分为"冲融一脉""流晖四域"两个小组，分别展示了庙底沟文化携带着彩陶因子对不同区域的强势辐射。它以今天黄河金三角地区为"花心"，在周边仰韶文化主体区传播扩散，在边缘地区强势辐射。从而形成由核心区、主体区和边缘区构成的"重瓣花朵"文化格局，揭示了彩陶文化传播所带来的先民艺术思维与实践趋同，以及背后更为深刻的文化认同，标志着华夏主体族群的确立和早期中国文化共同体开始形成。

第三部分"芳花未央　永续华章" 主要展示距今五千五百年至四千年左右庙底沟文化之后的社会面貌。分为四个单元，通过连贯有序的考古学文化面貌，实证中华文明在传承发展、交流融合、碰撞裂变中波浪式前进，在黄河流域不断发展并创造高度文明，由部落到古国，最终走向华夏王朝。

第一单元"兼容并蓄——仰韶文化晚期"，通过庙底沟遗址西王村类型出土文物以及双槐树遗址的考古成果，表现仰韶文化晚期，庙底沟文化对外的辐射力和影响力逐渐减弱，周边各种文化不断崛起，交流碰撞。豫中地区社会分工和阶层分化充分发展，出现复杂的社会管理运作体系和强权社会，在不同聚落群的权力整合中，"古国"形态脱颖而出。第二单元"继往开来——庙底沟二期文化时期"，通过庙底沟遗址二期文化的出土遗迹遗物，展示这一时期受周边先进文化的影响，庙底沟先民制造了以盆形鼎和釜形斝为代表的具有时代变革性质的器物，显现出崭新的文化面貌和时代精神。第三单元"发轫中原——河南龙山文化时期"，通过陶寺遗址、王湾遗址、平粮台遗址的遗迹遗物，表明承袭庙底沟二期文化的中原龙山时代，是一个城址林立、经济高度发达、制陶技艺革新、社会深刻变革的时期，也是国家形成前的最后冲刺阶段。第四单元"王朝诞生——夏文化时期"，通过新砦遗址、二里头遗址、南家庄遗址的遗迹遗物，表现河南龙山文化在向前发展的过程中，以王湾三期文化为主体的多元一体文化，以前所未有的强势辐射态势，形成了广域王权国家，国家文明诞生了。

尾厅部分展示了近百年来考古专家论庙底沟的相关论断暨访谈，高度升华了"花开中国"的展览主题，增加了展览信服力，实为点睛之笔。

四、温度：以公众需求为导向活化展览的延伸拓展

"花开中国"自 2021 年 10 月 17 日开幕以来，收获了业界和观众的广泛好评，是一个兼具学术性与通俗性的展览。《人民日报》、中央电视台、新华网、人民网、东方卫视、河南卫视等媒体，在展览的不同阶段进行全方位、多角度、立体化的报道，实现了向公众传播庙底沟文化丰富内涵的根本目标。

除了为公众提供展览核心产品外，我们还认真做好展览的延伸服务，活化中华早期文明发展和庙底沟文化考古研究成果的展示与传播。举办专题学术研讨会，呈现庙底沟文化研究的不同视角与观点；参与策划公众考古讲座，让公众从不同角度了解史前文化研究的多方面成果；围绕展览内容，开展 22 场线上线下社会教育活动，生动有趣、寓教于乐，有力地促进青少年和广大民众深入了解庙底沟文化和中华文明；研发 85 种特色鲜明、层次多样的文创产品，涵盖文具、生活用品、首饰摆件等多个品类，让观众在参观之余把"文化"带回家。

"花开中国"展览从提议到诞生，历经五载春秋，最终打造成为主题鲜明、内容丰富、形式新颖、制作精良的优质展览。展览的诞生，不仅凝结了考古专家、博物馆专家和策展团队的心血和汗水，也凝集着展览制作公司的智慧和力量。河南省文物考古研究院给予展出文物的大力支持，其他涉及的遗址发掘单位也提供了展览所需的图片资料，在此一并表示深深的感谢！

附一　本书论文初刊信息

特稿

习近平致仰韶文化发现和中国现代考古学诞生 100 周年的贺信 / 新华网，2021 年 10 月 17 日。

仰韶文化发现暨中国现代考古学诞生 100 周年纪念大会在三门峡举行 / 王征，《大众考古》2021 年第 10 期。

卷一　仰韶村遗址与仰韶文化研究

仰韶文化的文化成就以及在中国文明起源中的地位与作用 / 朱乃诚，《仰韶和她的时代——纪念仰韶文化发现 90 周年国际学术研讨会论文集》，文物出版社，2014 年，第 24—44 页。

从文化到文明化——仰韶文化百年历程及其文明化成就 / 魏兴涛，《华夏考古》2021 第 4 期。

华族开始的标志——仰韶文化的审美意义 / 陈望衡，《艺术百家》2013 年第 4 期。

仰韶文化：华夏文明的奠基者 / 曹兵武，《中国文物报》2020 年 11 月 20 日第 6 版。

仰韶文化年代讨论 / 张雪莲、仇士华、钟建、卢雪峰、赵新平、樊温泉、李新伟、马萧林、张翔宇、郭永淇，《考古》2013 年第 11 期。

纵论仰韶时代 / 赵春青、高范翔，《中国社会科学报》2023 年 3 月 22 日第 A10 版。

从中国文明化历程研究看国家起源的若干理论问题 / 李伯谦，《中原文化研究》2016 年第 1 期。

中国早期文明路径与文明史观的产生 / 张天恩，《三代考古》（九），科学出版社，2021 年，第 146—159 页。

大仰韶与龙山化——管窥史前中国文化格局的关键性演变 / 曹兵武，《中原文化研究》2022 年第 1 期。

豫西晋西南地区新石器时代植物遗存的发现与初步研究 / 魏兴涛，《东方考古》第 11 集，科学出版社，2014 年，第 343—364 页。

河南仰韶村文化遗迹点分布特征研究 / 查理思、吴克宁、冯力威，《江西农业大学学报》2016 年第 4 期。

河南仰韶村遗址原始农业活动研究 / 杜凯闯、王文静、吴克宁、查理思，《土壤》2018 年第 4 期。

仰韶村遗址土壤理化特征及古环境研究 / 查理思、吴克宁、梁思源、庆大昌，《生态环境学报》2020 年第 6 期。

考古学视角下月牙纹彩陶罐纹饰的解读 / 黄洋，《大众考古》2023 年第 3 期。

卷二　庙底沟遗址与庙底沟文化研究

庙底沟时代与"早期中国"/ 韩建业,《考古》2012 年第 3 期。

庙底沟时代:早期中国文明的第一缕曙光 / 陈星灿,《中国文物报》2013 年 6 月 21 日第 5 版。

庙底沟文明是迄今发现的中国最早文明 / 赵春青,《中国社会科学报》2023 年 11 月 17 日第 A6 版。

"彩陶中国"的重新思考 / 李新伟,《三门峡职业技术学院学报》2013 年第 2 期。

彩陶与史前中国的文化融合 / 王炜林,《文博》2020 年第 3 期。

庙底沟化与二里头化:考古所见华夏族群与华夏传统的形成与演进 / 曹兵武,《南方文物》2022 年第 2 期。

从仰韶文化鱼纹的时空演变看庙底沟类彩陶的来源 / 张宏彦,《考古与文物》2012 年第 5 期。

庙底沟文化起源的机制和地域 / 薛新明,《彩陶中国——纪念庙底沟遗址发现 60 周年暨首届中国史前彩陶学术研讨会论文集》,上海古籍出版社,2020 年,第 38—45 页。

庙底沟期仰韶文化研究的几个问题 / 韩建业,《文物世界》2021 年第 2 期。

河南地区仰韶文化庙底沟期遗存的发现与研究 / 马萧林,《中原文物》2021 年第 5 期。

中原地区庙底沟时期农业生产模式初探 / 钟华、李新伟、王炜林、杨利平、赵志军,《第四纪研究》2020 年第 2 期。

仰韶文化兴盛时期的葬仪 / 张弛,《考古与文物》2012 年第 6 期。

庙底沟二期文化再研究——以豫西晋西南地区为中心 / 魏兴涛,《考古与文物》2016 年第 5 期。

庙底沟遗址"龙山文化"陶器再分析——兼说庙底沟二期文化已进入龙山时代 / 邵晶,《华夏考古》2019 年第 1 期。

60 年来的中国史前彩陶研究 / 张弛,《彩陶中国——纪念庙底沟遗址发现 60 周年暨首届中国史前彩陶学术研讨会论文集》,上海古籍出版社,2020 年,第 6—14 页。

仰韶文化彩陶研究日趋兴盛 / 赵春青,《中国社会科学报》2021 年 11 月 15 日第 A5 版。

庙底沟遗址的发掘与庙底沟彩陶的分期 / 赵春青、樊温泉,《华夏之花——庙底沟彩陶选粹》,上海古籍出版社,2013 年,第 I—V 页。

仰韶文化发现九十年来的又一个重要发现——关于"鸟龙"纹彩陶盆学术认识的综述 / 李宝宗,《重庆文理学院学报(社会科学版)》2013 年第 6 期。

庙底沟彩陶上的指印纹饰——庙底沟彩陶艺术的新发现 / 杨拴朝,《仰韶和她的时代——纪念仰韶文化发现 90 周年国际学术研讨会论文集》,文物出版社,2014 年,第 172—190 页。

鱼鸟共融图试析 / 赵春青,《南方文物》2016 年第 4 期。

仰韶文化庙底沟类型彩陶鸟纹研究 / 朱乃诚,《南方文物》2016 年第 4 期。

"西阴纹"的解读 / 李新伟,《文物世界》2021 年第 2 期。

仰韶文化庙底沟类型彩陶的鱼鸟组合图像 / 李新伟,《考古》2021 年第 8 期。

庙底沟类型彩陶鸟纹的解读与研究 / 金秀妍,《华夏考古》2023 年第 6 期。

庙底沟遗址出土仰韶文化彩陶的科学研究 / 赵灵委、陈海龙、赵虹霞、董俊卿、李青会,《光谱学与光谱分析》2018 年第 5 期。

庙底沟文化核心遗址彩陶图案分析 / 朱雪菲,《彩陶中国——纪念庙底沟遗址发现 60 周年暨首届中国史前彩陶学术研讨会论文集》,上海古籍出版社,2020 年,第 131—157 页。

庙底沟遗址陶器制作研究 / 苏明辰、宋海超、董祖权、樊温泉,《华夏考古》2021 年第 5 期。

庙底沟遗址出土石制品的初步研究 / 樊温泉、贺存定、郑立超,《华夏考古》2021 年第 4 期。

庙底沟遗址动物遗存的鉴定与研究 / 刘一婷、李婷、樊温泉,《华夏考古》2021 年第 5 期。

庙底沟遗址出土陶鼓的初步研究 / 郑志强,《华夏考古》2022 年第 4 期。

卷三　西坡遗址研究

西坡墓葬与"中原模式" / 韩建业,《仰韶和她的时代——纪念仰韶文化发现 90 周年国际学术研讨会论文集》,文物出版社,2014 年,第 153—164 页。

西坡墓地再讨论 / 张雪莲、李新伟,《中原文物》2014 年第 4 期。

灵宝西坡墓地再分析 / 马萧林,《考古与文物》2019 年第 5 期。

西坡墓地初探 / 孙卓,《华夏考古》2019 年第 1 期。

仰韶文化中期的聚落与社会——灵宝西坡遗址微观分析 / 马萧林,《中原文物》2020 年第 6 期。

庙底沟期仰韶文化"大房子"功能浅论 / 陈星灿,《考古学研究（九）——庆祝严文明先生八十寿辰论文集》,文物出版社,2012 年,第 587—611 页。

新石器时期大型建筑基址的建筑学解读——以河南灵宝西坡遗址 F105、F106 为例 / 岳岩敏,《文物建筑》第 13 辑,科学出版社,2020 年,第 144—154 页。

庙底沟文化"大房子"功用的新认识 / 王炜林,《考古与文物》2024 年第 3 期。

仰韶文化玉钺群的交叉学科探索——基于灵宝西坡与咸阳尹家村玉钺群的对比分析 / 叶舒宪,《学术论坛》2023 年第 5 期。

河南灵宝三件馆藏玉钺的年代及相关问题 / 马萧林、权鑫,《中原文物》2017 年第 6 期。

引魂升天——灵宝西坡大墓随葬玉钺与陶灶的二元结构及宗教功能 / 叶舒宪,《民族艺术》2017 年第 6 期。

灵宝西坡出土朱砂及相关问题研究 / 马萧林,《中原文物》2019 年第 6 期。

西坡遗址出土器物的光谱学分析 / 鲁晓珂、李伟东、李新伟,《光谱学与光谱分析》2020 年第 4 期。

灵宝西坡遗址所见青灰色泥及相关问题探析 / 马萧林、刘丁辉、贺传凯,《中原文物》2023

年第 6 期。

中原地区古代居民的健康状况——以贾湖遗址和西坡墓地为例 / 王明辉,《第四纪研究》2014 年第 1 期。

古人得牙病——河南仰韶文化人群龋病研究 / 李楠,《大众考古》2023 年第 2 期。

河南灵宝铸鼎塬仰韶文化聚落群的结构分析 / 范洁,《洛阳考古》2014 年第 3 期。

灵宝铸鼎原新石器时代聚落变迁的地貌背景考察 / 魏兴涛、张小虎,《中原文物》2017 年第 6 期。

灵宝新石器时代遗址的"三普"收获及其重要意义 / 魏兴涛、胡小平、宁建民,《河南文物考古论集》(五),大象出版社,2013 年,第 6—15 页。

三门峡灵宝盆地史前遗址的调查收获及重要意义 / 魏兴涛、崔天兴、张小虎、李天鹤、李金斗,《中国文物报》2020 年 4 月 3 日第 5 版。

灵宝在中国历史上的重要地位和贡献 / 李久昌,《三门峡职业技术学院学报》2017 年第 4 期。

卷四　底董、笃忠等遗址研究

河南渑池笃忠遗址仰韶晚期人骨的肢骨研究 / 孙蕾,《江汉考古》2014 年第 5 期。

河南渑池不召寨遗址发现石磬的音乐考古研究 / 杨柳青,《中国拍卖》2023 年第 12 期。

渑池丁村遗址仰韶文化的曲酒和谷芽酒 / 刘莉、李永强、侯建星,《中原文物》2021 年第 5 期。

灵宝底董仰韶文化遗存的分期与相关问题探讨 / 魏兴涛,《中国国家博物馆馆刊》2011 年第 1 期。

晓坞遗址人骨的碳氮稳定同位素分析 / 舒涛、魏兴涛、吴小红,《华夏考古》2016 年第 1 期。

卷五　考古学史和考古学家

仰韶遗址发掘和中国考古学的诞生 / 李新伟,国家文物局网站,2021 年 5 月 31 日。

仰韶文化百年学术史(1921~2021 年)/ 马龙,《华夏考古》2022 年第 3 期。

三门峡百年考古的回顾与展望 / 祝晓东,《中国文物报》2020 年 4 月 3 日第 5 版。

仰韶文化西来说的形成及论争——学术史视野下的考察 / 周书灿,《河北师范大学学报(哲学社会科学版)》2016 年第 4 期。

建国以来国内学术界安特生研究综述 / 张华,《洛阳师范学院学报》2011 年第 10 期。

履约与权变:安特生、翁文灏在仰韶文化研究中的互动 / 李学通、李锐洁,《考古》2024 年第 2 期。

《中华远古之文化》重要价值再认识——纪念中国考古学初创标志性发掘研究报告发表 100 年 / 魏兴涛、宋倩,《大众考古》2023 年第 12 期。

中国新石器时代考古学上的一座里程碑 / 张光直,《中国文物报》2011 年 11 月 25 日第 7 版。

中国古代文化连续发展的标杆之作:重读《庙底沟与三里桥》有感 / 朱乃诚,《南方文物》2015 年第 3 期。

献礼中国考古百年——《三门峡庙底沟》编辑手记 / 宋丹,《中国文物报》2022 年 9 月 2 日第 8 版。

追祭仰韶先民　致敬考古前辈——《河南史前遗址》译后记 / 王涛,《中国文物报》2021 年 10 月 15 日第 8 版。

中国考古学　起自仰韶村——从仰韶开始的中国考古启蒙 / 陈洪波,《中国文化遗产》2012 年第 6 期。

严文明:我的仰韶文化研究之路 / 韩建业、程鹏飞、李金涛、王月梅,《中国文化遗产》2012 年第 6 期。

苏秉琦先生与彩陶研究 / 王仁湘,《四川文物》2014 年第 5 期。

考古人生　缅怀父亲安志敏先生 / 安家瑶、安家瑗,《大众考古》2014 年第 7 期。

夏鼐先生与仰韶文化研究 / 袁博,《西部考古》2022 年第 1 期。

袁复礼与仰韶文化 / 员雪梅、刘晓鸿,《中国地质教育》2023 年第 4 期。

花开中国　献礼百年——三门峡庙底沟博物馆基本陈列综述 / 王宏民、张翼,《中国文物报》2022 年 4 月 29 日第 4 版。

描画史前繁荣图景　弘扬中华灿烂文明——三门峡庙底沟博物馆基本陈列"花开中国"解读 / 李清丽、种坤,《中国文物报》2022 年 5 月 6 日第 4 版。

附二　三门峡仰韶文化研究文献存目（2011—2024）

◎李久昌

一、书目

史前中国的艺术浪潮——庙底沟文化彩陶研究 / 王仁湘著，文物出版社，2011 年。

三门峡地区考古集成（上、下）/ 李久昌主编，大象出版社，2011 年。

三门峡仰韶文化研究 / 李久昌主编，河南科学技术出版社，2011 年。

庙底沟与三里桥（中英文双语版）/ 中国社会科学院考古研究所编著，文物出版社，2011 年。

彩陶世界 / 贾建威、徐睿、张东编著，甘肃人民出版社，2021 年。

《山海经》与仰韶文化 / 王克林著，山西人民出版社，2011 年。

甘肃考古记 / 安特生著，乐森璕译，文物出版社，2011 年。

豫晋陕史前聚落研究 / 许顺湛著，中州古籍出版社，2012 年。

华夏之花——庙底沟彩陶选粹 / 河南省文物考古研究院编著，上海古籍出版社，2013 年。

仰韶和她的时代——纪念仰韶文化发现 90 周年国际学术研讨会论文集 / 陈星灿、方丰章主编，文物出版社，2014 年。

中国玉器通史　新石器时代北方卷 / 陆建芳主编，方向明、周晓晶著，海天出版社，2014 年。

早期中国——中国文化圈的形成和发展 / 韩建业著，上海古籍出版社，2015 年。

仰韶文化中的天文星象符号 / 和士华著，中国社会科学出版社，2016 年。

文明曙光　原始社会时期 / 河南博物馆编，科学出版社，2016 年。

满天星斗　苏秉琦论远古中国 / 苏秉琦著，赵汀阳、王星选编，中信出版集团，2016 年。

仰韶时代彩陶的考古学研究 / 朱雪菲著，文物出版社，2017 年。

中国史前考古论集续集 / 王仁湘著，文物出版社，2017 年。

新石器考古研究文集 / 李友谋著，科学出版社，2017 年。

史前考古文集 / 赵春青著，科学出版社，2017 年。

良渚时代的中国与世界 / 陈明辉著，浙江大学出版社，2019 年。

仰韶文化 / 安志敏，北京人民出版社，2019 年。

中国史前遗址博物馆：考古圣地　仰韶卷 / 侯建星主编，陕西科学技术出版社，2020 年。

仰韶文化（文化三门峡丛书）/ 毋慧芳、梅良川主编，河南人民出版社，2020 年。

陕州文化（文化三门峡丛书）/ 李久昌等著，河南人民出版社，2020 年。

彩陶中国——纪念庙底沟遗址发现 60 周年暨首届中国史前彩陶学术研讨会论文集 / 赵春青、贾连敏主编，上海古籍出版社，2020 年。

河南新石器时代考古研究 / 袁广阔著，科学出版社，2020 年。

彩陶·中华：中国五千年前的融合与统一 / 王炜林主编，陕西师范大学出版总社，2020 年。

大仰韶——黄土高原的文化根脉 / 王仁湘著，巴蜀书社，2021 年。

中原核心区文明起源研究 / 张海，上海古籍出版社，2021 年。

仰韶文化尖底瓶研究 / 卫雪、钱耀鹏著，中国社会科学出版社，2021 年。

仰韶之美——仰韶文化彩陶研究（仰韶文化发现暨中国现代考古学诞生 100 周年纪念丛书）/ 赵春青、樊温泉著，文物出版社，2021 年。

仰韶文化与酒（仰韶文化发现暨中国现代考古学诞生 100 周年纪念丛书）/ 刘莉著，文物出版社，2021 年。

圣地百年——仰韶村遗址发现百年纪事（仰韶文化发现暨中国现代考古学诞生 100 周年纪念丛书）/ 侯俊杰主编，文物出版社，2021 年。

河南史前遗址（仰韶文化发现暨中国现代考古学诞生 100 周年纪念丛书）/［瑞典］安特生著，王涛、秦存誉、徐小亚译，文物出版社，2021 年。

从极地到中国：瑞典考古学家安特生传（仰韶文化发现暨中国现代考古学诞生 100 周年纪念丛书）/［瑞典］扬·鲁姆嘉德著，万之译，文物出版社，2021 年。

巨龙与洋人（仰韶文化发现暨中国现代考古学诞生 100 周年纪念丛书）/［瑞典］安特生著，麻保全、杨柳青译，文物出版社，2021 年。

渑池县文物志（仰韶文化发现暨中国现代考古学诞生 100 周年纪念丛书）/ 渑池县文物局编著，文物出版社，2021 年。

中国出土彩陶全集（4）河南卷 / 陈星灿主编，刘海旺、马啸林、顾万发河南卷主编，科学出版社，2021 年。

三门峡庙底沟（全三册）/ 河南省文物考古研究院、三门峡市考古研究所、武汉大学历史学院编著，文物出版社，2021 年。

中国彩陶——庙底沟文化图谱 / 王仁湘著，巴蜀书社，2022 年。

农业起源和人类活动与环境关系研究 / 王灿、吕厚远著，科学出版社，2022 年。

崤函遗珍品鉴 / 李书谦、崔松林主编，大象出版社，2022 年。

彩陶之路——考古所见早期东西文化交流和亚欧世界体系 / 韩建业，中国社会科学出版社，2024 年。

三门峡地区考古集成·续编（三门峡市仰韶文化研究中心考古·研究丛书）/ 李久昌、郑立超主编，樊莉娜、祝晓东、张静副主编，陕西师范大学出版总社，2024 年。

三门峡仰韶文化研究·续编（三门峡市仰韶文化研究中心考古·研究丛书）/ 李久昌、杨鸿星主编，马啸、樊莉娜、李敏副主编，陕西师范大学出版总社，2024 年。

虢国与虢文化研究·续编（三门峡市仰韶文化研究中心考古·研究丛书）/ 李久昌、杨鸿星主编，杨海青、樊莉娜、上官荣光副主编，西安地图出版社，2024 年。

花之蕊——豫晋陕仰韶文化核心区考古成就展（三门峡市仰韶文化研究中心考古·研究丛书）/ 马啸、李敏主编，西安地图出版社，2024 年。

仰韶百年纪念文集（三门峡市仰韶文化研究中心考古·研究丛书）/ 刘云晓主编，中州古籍出版社，2024 年。

漫画仰韶（三门峡市仰韶文化研究中心考古·研究丛书）/ 王鹤伟、薛云岳、杨原野编著，中州古籍出版社，2024 年。

崤函古道史（上、下）/ 李久昌著，大象出版社，2024 年。

二、硕博学位论文

庙底沟二期文化研究 / 吕国豪，河南大学硕士学位论文，2023 年。

豫西晋南地区新石器时代铲类遗存研究 / 姚宗禹，郑州大学硕士学位论文，2023 年。

公共考古视野下的仰韶村遗址研究 / 潘璐璐，郑州大学硕士学位论文，2023 年。

仰韶传统村落共生保护性设计研究 / 杨博，长春工业大学硕士学位论文，2023 年。

大中原地区仰韶化研究 / 李双楠，河南大学硕士学位论文，2023 年。

史前彩陶文化生育信仰研究 / 李迎风飞，河南师范大学硕士学位论文，2023 年。

三门峡地区仰韶文化研究 / 李寒冰，河南大学硕士学位论文，2022 年。

豫西晋南地区史前镞类制品研究 / 贾永强，郑州大学硕士学位论文，2022 年。

庙底沟彩陶艺术及其纹饰的内涵与传播 / 王璐瑶，景德镇陶瓷大学硕士学位论文，2022 年。

庙底沟文化彩陶盆口沿图案研究 / 贾慧琼，山西大学硕士学位论文，2022 年。

庙底沟类型彩陶鸟纹的解读与研究 / 金秀妍，中国社会科学院大学硕士学位论文，2022 年。

彩陶鱼纹在服装设计中的创新应用研究 / 郑冰清，武汉纺织大学硕士学位论文，2022 年。

彩陶文化元素在文创产品设计中的应用创新研究 / 陈璐，青岛大学硕士学位论文，2022 年。

仰韶彩陶纹样在包装设计中的应用研究——以"彩陶坊"酒包装改良设计为例 / 高晶晶，长春工业大学硕士学位论文，2022 年。

晋南豫西地区仰韶早期考古学文化再研究 / 步蕃，吉林大学硕士学位论文，2021 年。

庙底沟文化"圆点和弧边三角"组合图案研究 / 陈艺方，辽宁大学硕士学位论文，2021 年。

中原地区仰韶文化中晚期的农业与社会 / 杨凡，山东大学博士学位论文，2021 年。

中原地区新石器时代中、晚期农业化进程的考古学研究 / 赵雅楠，中国社会科学院大学博士学位论文，2021 年。

基于仰韶文化的文创产品设计研究 / 刘海银，北方工业大学硕士学位论文，2021 年。

仰韶文化庙底沟类型艺术事象研究——以陶器为中心 / 张雅琼，淮北师范大学硕士学位论文，2020 年。

陶艺融入小学美术教学的实践与研究——以渑池县仰韶小学为例 / 段云霄，温州大学硕士学位论文，2020 年。

仰韶文化尖底瓶研究 / 卫雪，西北大学博士学位论文，2019 年。

陕西梁山村旧石器遗址与河南仰韶村新石器遗址释光测年研究 / 曾琼萱，南京大学硕士学位论文，2019 年。

地域性视角下的城镇街道景观改造设计研究——以渑池县中心城区街道为例 / 闫静，桂林理工大学硕士学位论文，2019 年。

仰韶彩陶纹样在文创产品造型中的立体演绎 / 杨淑瑞，西南交通大学硕士学位论文，2019 年。

基于仰韶文化的渑池县仙门山休闲农业园总体规划 / 何珊，河南科技大学硕士学位论文，2019 年。

仰韶文化陶器符号研究 / 宁如雪，中国海洋大学硕士学位论文，2019 年。

三门峡盆地仰韶文化彩陶生产与聚落形态研究 / 杨红艳，郑州大学硕士学位论文，2018 年。

仰韶遗址土壤的特征和功能及古环境演变 / 查理思，中国地质大学（北京）博士学位论文，2017 年。

建筑表皮的图像传达——以庙底沟博物馆设计为例 / 黎雪伦，清华大学硕士学位论文，2017 年。

中原腹地新石器时代中晚期房屋基址研究 / 荣焱，河南大学硕士学位学位论文，2017 年。

仰韶文化彩陶纹饰与中国现代绘画艺术的审美同构性研究 / 柏静，湖南师范大学硕士学位论文，2017 年。

安志敏与黄河流域新石器时代考古研究 / 蔡治东，中山大学硕士学位论文，2017 年。

仰韶文化彩陶线条纹饰的符号研究 / 张丁茜，景德镇陶瓷大学硕士学位论文，2016 年。

仰韶彩陶纹样在环境导识设计中应用设计研究——以黄河公园方案为例 / 樊晨阳，昆明理工大学硕士学位论文，2016 年。

仰韶文化遗址区古土壤微形态特征研究 / 姜钰，中国地质大学（北京）硕士学位论文，2016 年。

仰韶文化遗址区古植被重建及原始农业研究 / 王文静，中国地质大学（北京）硕士学位论文，2015 年。

仰韶文化遗址区古土地利用研究 / 冯力威，中国地质大学（北京）硕士学位论文，2015 年。

中原地区仰韶文化时期古代人类遗骸的遗传多态性研究 / 李佳伟，吉林大学硕士学位论文，2015 年。

论安特生在中国考古学史上的地位 / 王浩辉，兰州大学硕士学位论文，2015 年。

仰韶时代彩陶的考古学研究 / 朱雪菲，中山大学博士学位论文，2015 年。

基于庙底沟彩陶纹样分析的再设计 / 耿健斌，山东工艺美术学院硕士学位论文，2015 年。

古代鱼图像的信仰内涵与表现形态研究 / 周连华，山东艺术学院硕士学位论文，2015 年。

论豫西庙底沟二期文化陶器分期及相关问题 / 张若衡，中央民族大学硕士学位论文，2014 年。

仰韶村遗址古土壤的气候意义及文化遗产功能研究 / 查理思，中国地质大学（北京）硕士学位论文，2014 年。

论安特生在近代中瑞考古学交流中的作用 / 温丽骁，兰州大学硕士学位论文，2014 年。

仰韶文化时期陶质食器造型设计研究 / 王娟，景德镇陶瓷学院硕士学位论文，2014 年。

仰韶彩陶纹样在河南白酒包装中的应用研究 / 李娜，中原工学院硕士学位论文，2012 年。

新石器时代中期伊、洛河流域考古学文化观察 / 杨小燕，首都师范大学硕士学位论文，2012 年。

安特生与中瑞文化交流 / 张华，海南师范大学硕士论文，2012 年。

具有文化遗产功能的河南省典型土壤特征与分类研究 / 党胤，中国地质大学（北京）硕士学位论文，2012 年。

河洛地区仰韶文化彩陶艺术初探 / 张秦，郑州大学硕士学位论文，2011 年。

黄河流域仰韶时代晚期——龙山时代陶窑研究 / 高兴超，吉林大学硕士学位论文，2011 年。

试论西阴文化与半坡四期文化的交替 / 朱雪菲，中山大学硕士学位论文，2011 年。

三门峡及邻区公元前 5000–2000 年环境变化与人类响应研究 / 倪爱武，中国地质大学（北京）博士学位论文，2011 年。

中原黄帝神话传说及旅游价值研究 / 平楠，重庆大学硕士学位论文，2011 年。

后记

　　三门峡市是仰韶文化的发现地、命名地，也是中国现代考古学的诞生地。1921 年安特生在三门峡市渑池县主持发掘仰韶村遗址，不仅发现并命名了我国第一支考古学文化——仰韶文化，也揭开了中国现代考古学的序幕。仰韶文化是中华文明的奠基者和主根脉。三门峡在仰韶文化研究史上拥有三大里程碑式的发现，具有非常重要的地位：仰韶遗址开启了仰韶文化发现的历史；庙底沟遗址改变了中国史前文化的东西"二元对立说"；西坡、北阳平遗址的发掘，让我们对整个仰韶文化中晚期社会有了重新的认识。

　　2011 年，在仰韶文化发现九十周年之际，三门峡职业技术学院李久昌教授等组织编辑出版了《三门峡仰韶文化研究》，集中收集梳理了仰韶文化发现以来学者研究三门峡仰韶文化的主要成果，受到了学界的关注和好评。近十多年来，经过考古人接续奋斗，三门峡仰韶文化考古工作取得了重大成就，三门峡仰韶文化研究取得了丰富成果。

　　习近平总书记指出，在历史长河中，中华民族形成了伟大民族精神和优秀传统文化，这是中华民族生生不息、长盛不衰的文化基因，也是实现中华民族伟大复兴的精神力量，要结合新的实际发扬光大。2021 年 10 月 17 日，仰韶文化发现暨中国现代考古学诞生一百周年纪念大会在三门峡市召开，习近平总书记专致贺信。习近平总书记的期许点赞和殷切嘱托是对广大考古工作者的极大鼓舞。

　　薪火相传，赓续华章。三门峡市仰韶文化研究中心是在整合原三门峡市文物考古研究所基础上成立的专业考古发掘和科研机构。仰韶文化考古和研究是中心的主要优势研究方向。为进一步推动三门峡仰韶文化研究，助力三门峡建设全方位多角度立体化呈现的仰韶文化高地，我们特组织编辑《三门峡仰韶文化研究·续编》，作为"三门峡市仰韶文化研究中心考古·研究丛书"之一种，整理汇集 2011 年至今关于三门峡仰韶文化研究的主要研究成果，以进一步揭示三门峡仰韶文化在中华文明的起源、发展、演变过程中的独特意义和价值，促进三门峡区域文明起源的探索，更好展示中华文明风采，弘扬中华优秀传统文化，同时也为学界和读者深入研究三门峡仰韶文化和中华文明，探索未知、揭示本源，提供借鉴与参考。

　　在本书编辑出版过程中，得到了许多专家、学者及相关部门的关心和帮助，得到了中国文化遗产研究院总工程师曹兵武先生的热心指导和帮助，得到了论文作者的慷慨支持和帮助，北京大学考古文博学院教授赵辉先生欣然为本书作序，陕西师范大学出版总社社长刘东风先生给予了大力支持，编辑徐小亮也付出了辛勤劳动。在此一并表示诚挚的感谢。

需要说明的是，在本书编辑过程中，我们征求了论文作者的意见，得到了大部分作者的同意确认。但由于本书所选作者较多、时间跨度较长，虽已尽力联络，仍有部分作者未能取得联系，在此一并说明并致歉。为了保证各项工作的顺利进行，本书按照既定计划出版。部分尚未联系到的作者，看到本书后请与本中心联系。

仰韶文化博大精深，内涵丰富。因编者水平所限，加之时间较为紧迫，书中难免会出现疏漏和不足，敬请读者不吝赐教，并期待本书的出版能够为更多的相关学术研究提供绵薄助力，共同推动仰韶文化的发展与繁荣，助力三门峡仰韶文化高地建设。

编者

2024 年 8 月